LETTRES
DE
JEAN CHAPELAIN,

DE L'ACADÉMIE FRANÇAISE,

PUBLIÉES

PAR PH. TAMIZEY DE LARROQUE,

CORRESPONDANT DE L'INSTITUT
ET DU MINISTÈRE DE L'INSTRUCTION PUBLIQUE.

TOME PREMIER.
SEPTEMBRE 1632 - DÉCEMBRE 1640.

PARIS.
IMPRIMERIE NATIONALE.

M DCCC LXXX.

COLLECTION

DE

DOCUMENTS INÉDITS

SUR L'HISTOIRE DE FRANCE

PUBLIÉS PAR LES SOINS

DU MINISTRE DE L'INSTRUCTION PUBLIQUE.

DEUXIÈME SÉRIE.

Par arrêté du 22 janvier 1877, le Ministre de l'Instruction publique, sur la proposition de la section d'histoire et de philologie du Comité des travaux historiques et des Sociétés savantes, a ordonné la publication de la *Correspondance de Chapelain*, éditée par M. TAMIZEY DE LARROQUE, correspondant du Ministère.

M. MARTY-LAVEAUX, membre du Comité, a suivi l'impression de cette publication en qualité de commissaire responsable.

LETTRES

DE

JEAN CHAPELAIN,

DE L'ACADÉMIE FRANÇAISE,

PUBLIÉES

PAR PH. TAMIZEY DE LARROQUE,

CORRESPONDANT DE L'INSTITUT
ET DU MINISTÈRE DE L'INSTRUCTION PUBLIQUE.

TOME PREMIER.

SEPTEMBRE 1632 – DÉCEMBRE 1640.

PARIS.

IMPRIMERIE NATIONALE.

M DCCC LXXX.

AVERTISSEMENT.

Chapelain, par son testament olographe du 12 novembre 1670, recommandait à ses héritiers de garder « sur toutes choses les registres originaux » de ses lettres « sous la clef » dans sa bibliothèque, « laquelle, » ajoutait-il, « formée par nous avec beaucoup de choix et de curiosité pendant l'espace de plus de cinquante années, nous voulons et ordonnons estre conservée en nostre famille toute entière comme elle se trouvera au jour de mon deceds, sans estre vendue ny partagée, la substituant à perpétuité à ceux de mes proches seulement et neveux descendans qui ne feront profession que des belles-lettres, et qui, sans autre employ, y auront la mesme inclination et le mesme attachement que moy..... [1] »

Revenant, dans un codicille du 15 avril 1671, sur un sujet qui lui était particulièrement cher, Chapelain indiquait ainsi les précautions à prendre : « Il faudra mettre toutes les lettres que j'ay receues des princes et princesses, cardinaux, ducs et pairs, mareschaux de France, marquis, comtes et autres personnes de haute qualité qui m'en ont honoré; celles dont j'ay gardé copie pour me conduire avec mes cor-

---

[1] *Documents relatifs à Jean Chapelain, de l'Académie française, 1594-1674*, par E.-J.-B. Rathery (*Bulletin du bibliophile*, de 1863, p. 277-292 et 329-349). Les intéressants documents reproduits ou analysés par M. Rathery, trop tôt enlevé aux lettres et à l'amitié, avaient été trouvés par ce zélé chercheur dans un recueil qui appartenait alors au département des imprimés de la Bibliothèque Nationale et qui a été trans- porté depuis dans le département des Manuscrits, où il est classé sous le n° 318 du Fonds français (Nouvelles acquisitions). Ce recueil (in-folio à la vieille reliure en veau) est orné du beau portrait de l'auteur de *la Pucelle* gravé par Nanteuil en 1655, et est intitulé : *Catalogue de tous les livres qui composent la bibliothèque de feu M. Chapelain, 1676*. La copie du testament commence au folio 1.

respondans, comme M⁽ʳˢ⁾ Balzac, Heinsius, et toute cette foule d'excellens hommes de toutes nations, à qui mon tesmoignage seul a eu le bonheur de procurer des bienfaits du Roy, seront aussi enfermées avec soin dans le plus long de mes coffres que j'ay destiné à cela, comme aussi celles qu'ils m'ont escrites, qui sont autant de monumens de la glorieuse habitude que j'ay eue avec eux pendant ma vie et que j'ay par tant d'années fidellement et constamment entretenue, pour ne les jamais publier, non plus que les miennes, qu'en cas qu'elles fussent nécessaires non pas pour ma gloire, mais pour la défense de ma réputation[1]. »

Malgré toutes ces minutieuses prescriptions, les dernières volontés de Chapelain ne furent pas longtemps respectées. Les gardes de sa bibliothèque se succédèrent, il est vrai, sans interruption, comme les vestales autour du feu sacré, et l'on en compta jusqu'à cinq de 1674 à 1778[2]; mais ils ne veillèrent pas attentivement sur le trésor qui leur avait été remis, car lorsque le premier d'entre eux, Claude Ménard, vint à mourir, plusieurs ouvrages avaient déjà disparu, et le personnage que Chapelain avait investi de toute sa confiance[3] désira que sa

---

[1] *La Bibliothèque de Jean Chapelain*, par Alph. Briquet (*Bulletin du bibliophile*, de 1872, p. 337). Cet article, qui s'étend de la page 332 à la page 348, a été rédigé d'après les mêmes documents qu'avait si bien mis en œuvre M. Rathery, et d'après quelques autres documents qui ont permis à l'auteur de compléter sur deux ou trois points le travail de son devancier, travail qu'il ne mentionne même pas et dont il semble n'avoir pas eu connaissance. M. Briquet ne nous dit pas non plus d'où il a tiré les pièces diverses utilisées par lui, mais je suppose qu'elles proviennent de quelque étude de notaire. L'exemplaire qu'il a eu en main du *Catalogue* des livres de Chapelain n'est pas le même que celui de la Bibliothèque Nationale, car il le décrit ainsi (p. 342) : «Jetons maintenant un coup d'œil sur la bibliothèque de Chapelain, dont nous possédons le catalogue ou plutôt l'inventaire, commencé le 23 mars 1674 et achevé seulement le 13 septembre suivant. Ce catalogue forme un beau volume grand in-folio de 250 feuillets, relié en maroquin rouge avec tranche dorée...»

[2] M. Briquet en donne l'énumération, avec les dates de nomination de chacun d'eux (*ibid.*, p. 340).

[3] Chapelain dit de lui dans son testament (*Bulletin du bibliophile*, 1863, p. 284) : «Nous choisissons pour garde de ladite bibliothèque nostre petit neveu Claude Ménard, dit l'Abbé, comme n'ayant autre profession que les lettres, et estant engagé à garder toute sa vie le célibat, sans que les soins ny les suites du mariage le puissent détourner de cette occupation qui veut un homme entier.» A Claude Ménard fut aussi confié (*ibid.*, p. 290) le soin de l'édition de la seconde partie de *la Pucelle*, sous la surveillance de Conrart, édition qui n'a jamais été donnée.

bibliothèque fût réunie à celle de son oncle, «à condition que ses héritiers ne seraient pas inquiétés pour les livres perdus depuis 1674.» Sous les successeurs de Claude Ménard, le désordre s'accrut dans des proportions effrayantes, et quand Sébastien Blandin fut désigné par le conseil de famille (24 février 1778) pour avoir soin des précieux objets laissés par Chapelain, il n'accepta le dépôt qu'avec les expresses réserves que voici : La bibliothèque devra être prise «dans l'estat où elle est actuellement et sans avoir égard aux catalogues faits après le décès des sieurs Chapelain et abbé Mesnard, attendu que la plus grande partie des livres compris auxdits catalogues n'existent plus et se sont trouvés égarés, ou ont péri de vétusté, et par les divers changemens et transports d'un lieu à un autre que ladite bibliothèque a éprouvés depuis plus d'un siècle[1]; à la charge cependant de la remettre à la famille dans le mesme estat où elle est actuellement, et sans aucun des meubles et effets compris auxdits estats, attendu qu'il n'en existe aucun[2].»

Sept mois après sa nomination, le 14 septembre 1778, Sébastien

---

[1] La malheureuse bibliothèque fut successivement transportée de la rue Salle-au-Comte, où demeurait Chapelain lorsqu'il mourut, à la rue Saint-Denis, où demeurait Claude Ménard; de la rue Saint-Denis à la rue Portefoin, au Marais, où demeurait Pierre-Joseph Leleu; de la rue Portefoin à la rue Neuve-Saint-Merry, qu'habitaient les frères Lequeux, et nous la retrouvons enfin, sous l'administration de Sébastien Blandin, dans la rue Saint-Martin. (*Bulletin du bibliophile*, 1872, p. 340.)

[2] Chapelain, dans un chapitre de son testament (*Bulletin du bibliophile*, 1863, p. 284) nous fait ainsi connaître ces meubles et effets : «Nous entendons aussi laisser dans nostre bibliothèque, non moins inaliénable que les livres qui la composent, nostre portrait peint en huile et celuy de feu M. Gassendi avec celuy de la Sérénissime reyne de Suède, dont elle m'a honoré, nostre grande écritoire d'ébène, nostre petite écritoire persanne, nostre grand bureau à armoires, nostre chandelier de bois de poirier noir à verrière verte, et nostre grand télescope avec son pied et sa gouttière où il s'emboeste et se couche pour observer le ciel, nos deux anciens fauteuils de tapisserie à fleurs, et nos six sièges ployans anciens de mesme, outre cela y comprenant les tablettes pour ranger les livres et les rideaux de taffetas verd pour leur conservation.» Chapelain voulut encore (*ibid.*, p. 285) que les portraits de la duchesse de Nemours-Longueville, de la marquise de Flamarens, du marquis et de la marquise de La Trousse, de la comtesse de Maure, de Mme Tallemant, restassent à jamais placés dans sa bibliothèque. Notons, en passant, que M. Briquet a mal lu (*Bulletin du bibliophile*, 1872, p. 333) le passage relatif à la petite écritoire que probablement Chapelain tenait de son ami Bernier, le grand voyageur, et qu'il a pris une écritoire *persane* pour une écritoire *perçante*.

AVERTISSEMENT.

Blandin alla rejoindre dans la tombe ses quatre prédécesseurs, et les parents de Chapelain, de plus en plus négligents, ne s'assemblèrent que le 14 mars 1780 pour choisir un nouveau garde. On ignore quel fut le résultat des délibérations de l'assemblée[1], et nul ne peut dire ce que devint, depuis cette époque, la magnifique collection de livres et d'autographes formée par Chapelain[2]. Fut-elle dispersée et détruite dans les orages de la Révolution? Les débris s'en cachent-ils en France ou hors de France? Nous sera-t-il jamais donné de voir reparaître quelques-uns de ces débris, et aurons-nous enfin la joyeuse surprise de rapprocher des six *registres originaux*, qui seuls nous restent maintenant (cinq consacrés à la prose, un consacré à la poésie), le complément des lettres de Chapelain et un certain nombre de lettres de ses plus renommés correspondants[3]?

[1] M. Briquet (*Bulletin du bibliophile*, 1872, p. 341) n'a eu sous les yeux qu'une copie inachevée du procès-verbal de l'assemblée.

[2] M. Rathery (*Bulletin du bibliophile*, 1863, p. 329) s'étonne de ne pas trouver les moindres traces de la vente de cette collection dans les catalogues des XVIII° et XIX° siècles.

[3] Je relève, dans le recueil déjà cité (Fonds français, Nouvelles acquisitions, n° 318, f° 153) cette *Liste des lettres écrites audit deffunt sieur Chapelain, lesquelles sont chacunes en liasses*: Duc et duchesse de Longueville, cardinal Bentivoglio, évesque de Saintes [Louis de Bassompierre], évesque d'Angers [Henri Arnauld], évesque de Rhodez [Hardouin de Peréfixe], Godeau, Colbert, évesque d'Auxerre, reyne de Suède, cardinal Mazarin, duc et duchesse de Montauzier, Colbert, secrétaire d'Estat, [Hugues] de Lyonne, Abel Servient, marquis de Gesvres, marquis de La Trousse, Arnauld, Boisrobert, [maréchal] d'Estrades, Gassendi, Esprit, Vaugelas, Mainard, du Maurier, de Grentemesnil, Huet, Doujat, Scudéry et sa sœur, Thévenot, Conrart, Pellisson, abbé Fléchier, Girard, Racan, Medon, Huyghens, de la Mesnardière, Hevelius, Perrault, de Bussières, Grævius, Gronovius, Bœclerus, etc. » M. Rathery a publié cette liste, en l'enrichissant de doctes observations (*Bulletin du bibliophile*, 1863, p. 337-341). M. Briquet, qui a eu à sa disposition un document plus détaillé, et où est indiqué notamment le nombre des lettres de chacun des correspondants de Chapelain, complète ainsi (*Bulletin du bibliophile*, 1872, p. 348) les renseignement déjà donnés: «Les derniers feuillets de l'inventaire (n°° 4443-4561) contiennent la *liste et estat des lettres escrites audict defunct sieur Chapelain*. Ces lettres, au nombre de 4,066, forment une collection précieuse d'autographes, dont nous extrayons les indications suivantes: Le duc et la duchesse de Longueville, 330; la reine de Suède, 20; le duc et la duchesse de Montausier, 210; Conrart, 280; Godeau, 136; M. et Mlle de Scudéry, 78; Gassendi, 75; le marquis de Gesvres, 53; Chevreau, 45; Perrault, 40; Arnauld d'Andilly, 38; Huet, 37; Pellisson, 35; Fléchier, 34; Boisrobert, 30; Racan, 28; Col-

AVERTISSEMENT.

L'histoire des six volumes manuscrits qui représentent jusqu'à présent à peu près[1] tout ce qui a été sauvé des papiers laissés par l'ami de Mme de Rambouillet et de Mme de Sévigné est fort obscure et fort incertaine. Le *Catalogue de tous les livres qui composent la bibliothèque de feu M. Chapelain* nous apprend (fol. 152 v°) qu'à l'époque où ce document fut rédigé (1676), « toutes les lettres écrites par ledit sieur Chapelain d'année en année depuis 1632 jusques au 22 octobre 1673 » étaient réunies dans des « cahiers de douze feuilles chacun[2]. » Le recueil fut communiqué, un demi-siècle après environ, à l'abbé d'Olivet, qui s'en est beaucoup servi (1729) pour la continuation de l'*Histoire de l'Académie française* de Pellisson, et qui en parle ainsi : « On s'étonnera peut-être de me voir tant de zèle pour la mémoire de M. Chapelain. J'en dirai naïvement le motif : c'est qu'ayant lu plusieurs volumes de ses lettres manuscrites, où son âme se découvre à fond, je lui paye, sans avoir égard aux préjugés, le tribut d'estime que je crois lui devoir[3]. » La même correspondance, vers la même époque, fut mise entre les mains de Denis-François Camusat, lequel en fit des extraits qu'il publia sous ce titre : *Mélanges de littérature, tirez des lettres manuscrites de M. Chapelain, de l'Académie française*[4]. L'éditeur, dans son épître dédicatoire à « M. Couvay, secrétaire du Roy, chevalier de l'ordre du Christ, » après avoir retracé l'éloge de Chapelain considéré comme

---

bert, 27; Corneille, 22; le P. Rapin, 20; Lancelot, 5; Scarron, 3; Heinsius (Nicolas), 180; Heinsius (Daniel), 35; Huyghens, 40; Vossius, 38; Gronovius, 28; Grævius, 14; Spanheim, 9. »

[1] Je dis : à peu près, car on conserve au département des Manuscrits de la Bibliothèque Nationale, sans parler des douze derniers chants de *la Pucelle* (Fonds français, n° 15002), un recueil des *OEuvres diverses* de Jean Chapelain (même fonds, n° 12847) et un *Dialogue de la gloire* qu'il avait dédié à la marquise de Rambouillet (même fonds, n° 12848).

[2] Le *Catalogue de tous les livres de feu M. Chapelain* indique (f° 152, 7°) « un paquet de plusieurs brouillons de lettres par luy écrites avant le 13 septembre 1632 ». On ne sait ce qu'est devenu ce paquet de lettres de jeunesse.

[3] Édition de M. Ch.-L. Livet, 1857, t. II, p. 137. D'après une lettre de l'abbé d'Olivet au président Bouhier, du 16 août 1725 (*ibid.*, p. 407), ce fut en 1724 que le manuscrit des lettres fut prêté à d'Olivet.

[4] Vol. in-12 de xx-257 pages, sans date, sans nom d'auteur ni d'imprimeur et sans nom de lieu. L'approbation nécessaire pour que le livre fût imprimé est datée de Paris le 4 mai 1726.

« grammairien profond, historien habile, politique consommé, critique sage et judicieux, » continue en ces termes (p. v et vi) : « Je souhaitois passionnément recouvrer celles de ses lettres qui n'étoient pas encore égarées : une des personnes du monde que j'honore davantage, et qui me fait l'honneur de m'aimer, m'en prêta enfin un recueil en trois volumes in-quarto assez épais : cette lecture acheva de me convaincre qu'il est dangereux de juger d'un homme sur quelques plaisanteries... » Un peu plus tard, l'abbé Goujet mentionnait de cette façon la correspondance de Chapelain : « Il devint dès lors, si même il ne l'étoit déjà avant l'impression de cet écrit [*Sentimens de l'Académie sur le Cid*], l'oracle de presque tous les gens de lettres, et en particulier des poètes de son tems. C'est ce qu'on voit par cette multitude de lettres qu'il étoit obligé d'écrire à tous ceux qui le consultoient. J'en ai vu six gros volumes in-4° qui vont d'année en année, depuis le 18 septembre 1632, jusqu'au 22 octobre 1673, c'est-à-dire jusques vers la fin de sa vie[1]. »

Telles sont les données que nous possédons sur l'histoire des lettres de Chapelain jusqu'à la fin du xviii° siècle. Devant ces incomplets renseignements, on se demande si les *cahiers de douze feuilles* de 1676 ont constitué, une fois reliés, les *plusieurs volumes* consultés par l'abbé d'Olivet en 1724, les *trois volumes in-4°* consultés par Camusat vers 1725, les *six gros volumes in-4°* consultés par l'abbé Goujet vers 1750. Y a-t-il eu deux recueils distincts, l'un en trois volumes, l'autre en six volumes, ou, ce qui serait moins vraisemblable[2], doit-on admettre que Camusat a seulement eu à sa disposition la moitié de l'exemplaire que Goujet, plus heureux, vit tout entier? Quoi qu'il en soit, une

---

[1] *Bibliothèque françoise*, in-12, t. XVII, 1756, article *Jean Chapelain*, p. 361 et 362. L'abbé Goujet a puisé à pleines mains, pour rédiger ce volume et le suivant, dans la correspondance de Chapelain. Voir surtout les articles *Brébeuf, Boisrobert, Bouillon, La Mesnardière, Scudéry, Carpentier de Marigny, Esprit, Cotin, Corneille, Mayret, Doujat et Ménage*.

[2] M. Rathery (*Rapport sur la publication de la correspondance de Chapelain*, dans la *Revue des sociétés savantes* de mai-juin 1874, p. 83) constate que le signalement du manuscrit dont s'est servi Camusat ne répond pas au signalement du recueil de M. Sainte-Beuve, et il ajoute : « En effet, dans la compilation de Camusat, écourtée, confuse, incorrecte, nous avons trouvé des passages de lettres et des réponses qu'on cherche inutilement dans celui-ci. »

chose reste incontestable, au milieu de tant d'incertitudes : c'est que, vers 1750, la série des lettres écrites par Chapelain de 1632 à 1673 existait encore intégralement. Le volume qui nous manque aujourd'hui, et dont la perte définitive serait si regrettable, a-t-il disparu, avec la plupart des manuscrits de la collection, pendant les dernières années du XVIIIe siècle? Ou par hasard serait-il resté enseveli dans quelque coin de la mystérieuse maison religieuse de Paris d'où les cinq autres volumes (plus le volume de vers) passèrent, par l'intermédiaire d'un des libraires de la rue Cassette, M. J.-A. Toulouse, dans les mains de M. Sainte-Beuve?

Le précieux recueil ne pouvait trouver un plus digne possesseur. Non-seulement l'illustre critique en tira le plus habile parti, soit pour son *Port-Royal*[1], soit pour ses *Causeries du lundi*[2], mais encore il permit à divers travailleurs d'élite d'y prendre à leur gré toutes sortes d'informations et de citations. C'est ainsi que les manuscrits de Chapelain furent avec la meilleure grâce successivement communiqués à MM. J. Taschereau, Ch. L. Livet, Adolphe Regnier, Pierre Clément, L. de Lens, E.-J.-B. Rathery, etc., et enrichirent tour à tour l'*Histoire de la vie et des ouvrages de P. Corneille*[3], l'*Histoire de l'Académie française par* PELLISSON *et d'*OLIVET[4], les *Lettres de Madame de Sévigné, de sa famille et de ses amis*[5], les *Lettres, instructions et mémoires de Colbert*[6],

---

[1] Voir dans la dernière édition (t. VII, 1871), au mot *Chapelain*, l'excellente *Table alphabétique et analytique* rédigée par M. Anatole de Montaiglon.

[2] Voir, dans la troisième édition, les articles *Huet* (t. II), *Patru* (t. V), *Madame Dacier* (t. IX), *Dangeau* (t. XI), *Fléchier* (t. XV), et dans les *Nouveaux lundis* (t. VI de la troisième édition), l'article *Vaugelas*. En parlant de Huet, si fervent admirateur de Chapelain, M. Sainte-Beuve remarquait, le 3 juin 1850 (p. 168), que Chapelain était, «somme toute, et sur bien des matières, un sensé et savant homme,» et il ne manquait pas de joindre à cet éloge (p. 169) la citation du mot du cardinal de Retz,

en ses *Mémoires* : «Chapelain, qui, enfin, avait de l'esprit.» Voir, sous ce mot, dans l'édition des *Œuvres complètes*, de la collection des *Grands écrivains de la France* (t. I, p. 234), une note de MM. A. Bazin et A. Feillet.

[3] Seconde édition augmentée, Paris, Jannet, 1855, p. VII et *passim*. Voir aussi le *Corneille* de M. Marty-Laveaux dans la collection des *Grands écrivains de la France*, t. X, p. 488-496.

[4] Paris, Didier, 1858, t. I, p. 361-390, t. II, p. 502-512.

[5] Paris, Hachette, 1862, t. I, p. 429.

[6] Paris, Imprimerie Nationale, 1868, t. V, p. 587.

Les correspondants de François Bernier pendant son voyage dans l'Inde[1], *Mademoiselle de Scudéry, sa vie et sa correspondance avec un choix de ses poésies*[2]; etc. Non content d'avoir si libéralement fait profiter tant d'érudits des inépuisables ressources de son recueil, M. Sainte-Beuve, couronnant cette série de bienfaits par un bienfait suprême, a voulu, avant de mourir, que désormais ce recueil restât à jamais accessible à tous, et c'est ainsi que, depuis 1870, chacun peut librement le consulter à la Bibliothèque Nationale (Fonds français, Nouvelles acquisitions, n°s 1885-1890).

Laissant de côté le n° 1890 (*Suite des pièces fugitives de Chapelain*)[3], j'indiquerai le contenu des cinq autres volumes, lesquels, en moyenne, n'ont guère moins de mille pages chacun[4] :

N° 1885. Lettres des années 1632-1638.
N° 1886. Lettres des années 1639 et 1640.
N° 1887. Lettres des années 1659-1663.
N° 1888. Lettres des années 1664-1668.
N° 1889. Lettres des années 1669-1673.

La lacune qui s'étend de janvier 1641 jusqu'à la fin de décembre 1658 est d'autant plus déplorable que, pendant ces dix-huit années, c'est-à-dire avant, pendant et après les troubles de la Fronde, la correspondance de Chapelain devait présenter un intérêt exceptionnel. Un éminent critique, M. B. Hauréau, auquel, il y a près de trente ans, M. Sainte-Beuve avait confié son manuscrit, a pensé que les lettres écrites de 1641 à 1658 remplissaient deux tomes[5]. Cette conjecture ne

---

[1] *Les correspondants de François Bernier pendant son voyage dans l'Inde*. Angers, 1872, brochure in-8°.

[2] Paris, Léon Techener, 1873, p. 414.

[3] Dans ce recueil, Chapelain réunit à ses poésies déjà imprimées un choix de celles qui ne l'avaient pas encore été et qu'il voulut transcrire de ses propres mains. Voir sur les pièces de vers inédites renfermées dans ce volume, et sur quelques autres qui n'y ont pas été admises, le *Bulletin du bibliophile* de 1863, p. 330-334.

[4] Un de ces volumes, le second, se compose de 559 feuillets, soit de 1,118 pages.

[5] *Bulletin du Comité historique*, tome III, 1852, page 107. M. Hauréau espérait, à ce moment, que les lettres écrites de 1641 à 1658 pourraient être retrouvées, et M. Sainte-Beuve (*Port-Royal*, tome III, page 605) a exprimé le même espoir. Peut-être la publication actuelle fera-t-elle sortir de l'ombre, s'il existe encore, le volume tant désiré!

me semble pas pouvoir être acceptée. Le tome absent, il est vrai, aurait à lui seul contenu les lettres de presque autant d'années que quatre des tomes qui nous ont été conservés, et c'est probablement par cette difficulté que le savant académicien a été amené à attribuer aux lettres de 1641-1658 un espace double de l'espace, en apparence insuffisant, qui leur était assigné. Mais les formelles indications d'un témoin oculaire tel que l'abbé d'Olivet ne permettent pas d'admettre que le nombre total des volumes ait été de plus de six. Quant à expliquer comment les lettres des dix-huit années écoulées de 1641 à 1658 auraient pu être contenues en un seul volume, alors qu'il en avait fallu un tout entier pour les lettres de sept années (1632-1638), même pour les lettres de cinq années (1659-1663, 1664-1668, 1669-1673), même surtout pour les lettres de deux années (1639-1640), je ne l'essayerai pas. C'est un problème dont la solution ne pourrait nous être fournie que par la découverte du volume relatif à la période de la Fronde ainsi qu'aux années qui précédèrent et qui suivirent[1].

Un autre problème qui se pose devant nous est celui-ci : le manuscrit auquel je demande la permission de donner le nom, que je voudrais lui voir garder toujours, de *manuscrit Sainte-Beuve*, est-il original? J'avouerai que j'ai quelque temps hésité à répondre affirmativement. Je trouvais çà et là de singulières différences entre l'écriture des lettres autographes de Chapelain et l'écriture de son recueil. Me méfiant de mes premières impressions, je n'ai pas manqué d'interroger plusieurs paléographes des plus distingués: si quelques-uns ont combattu mes scrupules, quelques autres m'ont reproché de ne pas douter assez. Mais, après avoir plus attentivement étudié les deux écritures, et à force de me familiariser avec les habitudes calligraphiques de Chapelain, j'ai fini par acquérir la conviction que les différences qui m'avaient frappé sont purement accidentelles. Oui, les *minutes* proviennent de la même main que les lettres, de la plus incontestable authenticité, qui sont éparses, revêtues de la signature de

---

[1] M. Sainte-Beuve (*Port-Royal*, t. III, p. 605) a cru, comme l'a cru aussi M. Rathery, comme l'ont cru presque tous ceux qui ont examiné le recueil des lettres de Chapelain, qu'il n'y manque qu'un seul volume.

Chapelain, dans divers recueils de la Bibliothèque Nationale ou dans diverses collections particulières, et je crois avoir le droit d'assurer que tous ceux qui, comme moi, seraient tout d'abord tentés d'attribuer à une autre plume les pages du manuscrit Sainte-Beuve, reconnaîtront, après une patiente vérification, que ce sont bien là les pages dont l'ensemble formait ce que le testament appelle des *registres originaux*[1]. Quant à l'objection que l'on tirerait de certaines fautes qui semblent appartenir beaucoup plus à de mauvaises transcriptions qu'à des négligences de l'auteur, il me suffira, pour la réfuter, de rappeler que Chapelain lui-même s'accuse d'employer souvent un mot pour un autre. On peut être un grand distrait sans être un grand poète. S'imagine-t-on l'auteur de *la Pucelle* transcrivant des milliers de lettres sans jamais broncher? L'absence complète de fautes serait plus étonnante que ne l'est leur multiplicité, et il serait moins naturel de trouver en Chapelain, recopiant sa propre prose, un copiste constamment infaillible, que parfois infidèle.

J'aurais maintenant à examiner, quant au fond et quant à la forme, la valeur des lettres que je suis chargé de mettre en lumière, mais cette appréciation a été déjà si bien faite par M. E.-J.-B. Rathery, dans son *Rapport sur la publication de la correspondance de Chapelain*, que je regarde comme une bonne fortune pour les lecteurs et pour moi de pouvoir la lui emprunter:

« Nous allons chercher à caractériser l'intérêt que présentera la publication proposée, à dire ce qu'on y trouvera et aussi ce qu'il ne faut pas y chercher.

---

[1] Un critique dont la parole jouit d'une immense autorité, M. Léopold Delisle, a résumé et confirmé les plus sûrs témoignages, en déclarant, au sujet des volumes légués par M. Sainte-Beuve à la Bibliothèque Nationale, qu'ils sont «écrits de la main de Chapelain». (*Le cabinet des manuscrits de la Bibliothèque Nationale*, tome II, 1874, page 315.) N'oublions pas que c'était l'usage, au XVIIe siècle, de garder copie des lettres que l'on écrivait, quand on se piquait de bien écrire, et, pour n'en citer qu'un exemple, reproduisons cette phrase de Balzac à Chapelain (lettre du 10 décembre 1637, *OEuvres complètes*, 1665, in-folio, tome I, page 758): «J'ay peur que la despesche du mois passé se sera perdue, et qu'il faudra la chercher dans les registres de Totyla,» c'est-à-dire du secrétaire de Balzac.

AVERTISSEMENT.

« Bien que le premier et le cinquième volume renferment un assez grand nombre de détails sur les campagnes de 1636 et de 1667, bien que les lettres adressées à des personnages importants, tels que le duc et la duchesse de Longueville, M. et Mme de Montausier, Colbert et autres revêtus de fonctions officielles ou diplomatiques, reproduisent parfois un écho des événements militaires ou politiques, il faut dire que l'intérêt dont nous parlons portera principalement sur l'histoire littéraire, et encore il ne faut pas entendre ce mot dans un sens trop restreint.

« Sans doute la curiosité sera piquée tout d'abord en voyant apparaître de loin en loin, parmi les noms des correspondants, ceux de Corneille, de La Fontaine, de Mmes de Sévigné et de Grignan, de Mairet, de Maynard, de Racan, plus souvent ceux de Balzac, de Godeau, d'Huet. On glanera précieusement çà et là des souvenirs personnels de l'auteur sur Malherbe, sur François de Sales; des mentions trop fugitives sur Molière, Pascal; on lira avec intérêt les nombreux détails que fournit Chapelain sur l'hôtel de Rambouillet, sur l'Académie française et parfois sur certaines académies de province; l'historien des beaux-arts ne parcourra pas sans profit quelques pages où l'auteur répond à Colbert, qui l'avait consulté sur l'emploi de l'allégorie dans les tableaux et dans les tapisseries commandés par le roi; on remarquera des critiques savantes, ingénieuses, relatives à l'antiquité classique, aux littératures étrangères, surtout en ce qui touche l'Italie et l'Espagne, à la condition de ne pas remonter trop haut. Pour l'Allemagne, la Hollande et les pays du Nord, la correspondance de Chapelain, très active et très étendue, ne porte guère que sur des travaux d'érudition écrits en latin.

« Mais c'est ici le lieu de le dire, en insistant sur notre observation, il s'agit moins souvent, dans cette correspondance, de littérature proprement dite, que d'érudition, de philosophie, dans le sens étendu qu'on attachait alors à ce mot, de science enfin, telle que mathématiques, physique, numismatique, médecine, etc. Et, afin de donner une idée de la proportion pour laquelle les lettres pures entrent dans le tout, nous dirons que, sur une ou deux lettres à Corneille et à La Fontaine, trois ou quatre à Mme de Sévigné, etc., il y en a des centaines adressées, soit à des rimeurs de sonnets, à des professeurs d'éloquence italiens, soit à des savants en *us* de Hollande et d'Allemagne. Hâtons-nous d'ajouter que parmi ces savants on rencontre des noms comme ceux des Grotius, Grævius, Gronovius, Gruterus, Huygens, Hevelius, auxquels sont adressées un grand nombre de lettres offrant un véritable intérêt scientifique, sans compter les épîtres ou du moins les passages, malheureusement plus rares, s'appliquant à ces princes de la science qui s'appellent Galilée, Pascal, Descartes, Gassendi. Toute cette partie de la correspondance a pour point de départ ou pour occasion la mission honorable dont Chapelain fut chargé par Louis XIV et par Colbert pour l'encouragement des savants et gens de lettres en France et à l'étranger.

« On l'y voit déployer, avec le zèle le plus louable pour la science, une adresse véritablement diplomatique vis-à-vis de tous ces savants difficiles à manier, provoquant des témoignages de reconnaissance envers le roi et le ministre leurs bienfaiteurs, poussant même l'attention jusqu'à leur en dicter les formules, mais parfois aussi tempérant leurs excès de zèle, entremêlant les éloges aux conseils, et joignant au stimulant de la gloire littéraire celui des lettres de change, auquel, s'il faut le dire, les doctes correspondants de Chapelain ne paraissent guère moins sensibles.

« Si du fond nous passons à la forme, nous n'étonnerons personne en disant qu'il ne faut demander au recueil dont il s'agit ni les grâces piquantes de Mme de Sévigné, ni cette légèreté de plume, cette variété inépuisable de sujets qui distinguent la correspondance de Voltaire. Mais on n'en est plus à ne voir dans Chapelain que l'auteur de *la Pucelle*, la victime de Boileau. On sait que, malgré les défauts de son style, il fut un critique judicieux et autorisé, l'intermédiaire des grâces entre le souverain et les lettrés de son temps; ce sont là des titres suffisants pour recommander sa correspondance, sinon aux amateurs de lectures faciles et légères, du moins à tous ceux qui veulent se faire une idée du mouvement général de la littérature et de la science pendant une partie considérable du xviie siècle[1]. »

---

[1] *Revue des sociétés savantes*, mai-juin 1874, p. 80-82.

AVERTISSEMENT.

Je n'ajouterai rien à cette appréciation, avec laquelle s'accordent du reste les appréciations de deux des hommes qui (l'un autrefois, l'autre aujourd'hui) ont le mieux connu la correspondance de Chapelain : je veux parler de l'éditeur des *Mélanges* de 1726, Camusat[1], et du biographe du chancelier Séguier, M. René Kerviler[2].

Pour publier *in extenso* toute la partie épistolaire du manuscrit Sainte-Beuve, il n'aurait guère fallu moins de cinq volumes du format et de l'épaisseur de celui-ci. Le Comité des travaux historiques ayant décidé que l'édition se composerait de deux volumes, j'ai dû diviser les lettres de Chapelain en trois catégories : 1° lettres à reproduire en entier; 2° lettres à faire connaître par de courts extraits ou de rapides analyses; 3° lettres à rejeter absolument.

J'ai placé dans la première catégorie tous les documents qui, à un point de vue quelconque, m'ont paru dignes d'attention. On y trouvera, par exemple, tous les documents qui, selon l'expression de M. Léopold Delisle[3], font de la correspondance de Chapelain « un véritable journal littéraire. » Les lettres adressées à nos écrivains, à nos érudits, à quelques écrivains et érudits étrangers, surtout à Nicolas Heinsius, formeront, avec les lettres adressées à Colbert et à quelques autres éminents personnages, le fond même de la publication. Autour de ces lettres viendront se grouper quelques pages écrites à des hommes ou à des femmes du monde, pages qui nous aideront à mieux connaître

---

[1] Camusat (p. vi) vante surtout dans les lettres de Chapelain « des jugements que la capacité de l'auteur rend plus précieux, et des anecdotes qui répandent un grand jour sur l'histoire littéraire de son temps ». Un peu plus loin (p. xvi), il annonce que l'on y trouve aussi plus d'un portrait « tracé de main de maître ». Enfin (p. xvii) il ajoute que « d'un bout à l'autre y règne un grand fonds de candeur et de vérité ».

[2] *Jean Chapelain*, étude très-développée qui a commencé à paraître en avril 1875, dans la *Revue de Bretagne et de Vendée*, et qui est sans contredit la meilleure à tous égards des notices consacrées au principal auteur des *Sentimens de l'Académie françoise sur la tragi-comédie du Cid.* M. Kerviler signale (*passim*) les solides qualités qui distinguent la correspondance de Chapelain, et il montre, à l'aide de nombreuses et décisives citations, combien fut grande l'influence qu'exerça sur son époque cet érudit qui (en dehors de *la Pucelle*) eut à la fois tant de bon sens et tant de bon goût.

[3] *Rapport au Ministre sur la collection des documents inédits de l'histoire de France et sur les actes du Comité des travaux historiques.* Paris, 1874, in-4°, p. 145.

les mœurs et les anecdotes du siècle le plus brillant de notre histoire.

A la seconde catégorie appartiendront les lettres d'une médiocre importance, celles dont quelques passages seulement méritent d'être lus. Les extraits ou les résumés que j'en donnerai trouveront leur place, par ordre chronologique, dans les notes qui accompagneront le texte des lettres intégralement reproduites.

Enfin, dans la troisième catégorie, je rangerai, selon le conseil si spirituellement formulé par M. Rathery[1], les lettres « qui traitent des intérêts privés, des affaires de famille, ou même des infirmités de l'auteur, car le pauvre Chapelain, surtout vers la fin de sa vie et de sa correspondance, revient à satiété sur sa gravelle, sa bile, ses humeurs mordicantes, le tout dans un style qui rappelle moins un académicien que M. Argan du *Malade imaginaire*. » Je sacrifierai également, sans le plus petit regret, les lettres qui, « tout en roulant sur des matières moins étrangères à la littérature, ne sont guère que des consultations grammaticales, moins encore, des corrigés[2]. »

Ainsi allégée, ainsi épurée, la correspondance de Chapelain, qui aurait été insupportable, si elle avait rempli cinq volumes, et insuffisante, si elle n'en avait rempli qu'un seul, sera bien accueillie, je l'espère, par les sérieux amis de l'histoire et de la littérature. Sans doute bon nombre des lettres qui auraient le plus vivement excité la curiosité ont déjà vu le jour, et il leur manquera ce charme de la nouveauté que le lecteur français, assure-t-on, goûte tout particulièrement ; mais peut-être aimera-t-on à retrouver ces lettres (cent cinquante environ sur plus d'un millier) rapprochées de celles dont, dans diverses publications spéciales, elles avaient été séparées, et regagnant ainsi en clarté (*lucidus ordo*) ce qu'elles ont perdu en fraîcheur.

J'ai cherché à rendre la lecture de la correspondance de Chapelain plus aisée par la division du texte en paragraphes de peu d'étendue. Généralement rien ne coupe l'uniformité des pages du manuscrit, et Chapelain a beaucoup trop méconnu les agréments de l'alinéa. J'ai dû

---

[1] *Revue des Sociétés savantes*, déjà citée, p. 84. — [2] *Ibid.*, p. 84.

multiplier aussi les signes de ponctuation, extrêmement rares dans le recueil original, ce qui, remarquons-le, a pu contribuer à faire croire que la prose inédite de Chapelain manque trop souvent de netteté. Sans doute, son style n'est jamais cette *chose légère, ailée,* qui donne aux lettres de nos grands écrivains un attrait incomparable; mais, si je ne m'abuse, ses lettres mieux ponctuées, mieux éclairées, auront une allure moins lourde et moins embarrassée, et démentiront moins le second hémistiche du fameux vers de la neuvième satire de Boileau :

Il se tue à rimer : que n'écrit-il en prose [1]?

Quant à l'orthographe de Chapelain, j'ai cru devoir la respecter, sans pousser toutefois, en ce qui regarde les accents, le respect jusqu'à la superstition. Là encore, je me suis préoccupé de rendre le texte plus abordable, plus coulant, espérant que les lecteurs ne me reprocheront pas d'avoir dépassé, dans les diverses modifications qui m'ont paru indispensables, la juste mesure qu'il fallait observer.

On m'a recommandé d'annoter avec le plus de sobriété possible les lettres de Chapelain [2]. Je serai d'autant plus discret, que je l'ai moins été dans l'annotation des *Lettres de Jean-Louis-Guez de Balzac* [3], et que, parmi les personnages mentionnés dans la correspondance du premier (surtout pour la série de 1632 à 1640), nous revoyons presque tous ceux qui ont déjà figuré dans la correspondance du second et qui ont été l'objet de petites notices où des juges, d'ailleurs des plus bienveillants, ont parfois trouvé quelque exubérance. Je me contenterai donc de renvoyer, dans un grand nombre de cas, au commentaire des *Lettres de Balzac,* y ajoutant, à l'occasion, les renseignements utiles que de nouvelles recherches m'auront fait découvrir. Quant aux personnages et aux événements dont il n'est pas question

---

[1] S'il fallait en croire le malicieux Tallemant des Réaux (*Historiettes,* tome III, page 266), Chapelain n'aurait pas été meilleur écrivain en prose qu'en vers : «Il n'est guère plus né à la prose, et il y a de la dureté et de la prolixité à tout ce qu'il fait.» Bien des pages de ce volume et du volume suivant donneront tort à cette cruelle sentence.

[2] *Revue des Sociétés savantes,* p. 83.

[3] *Mélanges historiques,* 1873, p. 391-824. Je ne citerai pas le tirage à part, dont les exemplaires sont si peu nombreux et ont tous été placés en des mains amies.

dans la correspondance du grand ami de Chapelain, je n'en dirai, au bas des pages du présent recueil, que ce qui sera véritablement indispensable, n'oubliant pas que la place réservée au commentaire est assez étroite, et que d'ailleurs, suivant le précepte antique, il n'est pas nécessaire de semer le grain à plein sac, pour obtenir des gerbes fécondes[1].

Je tiens à rappeler ici que les deux volumes des *Lettres de Chapelain* sont exclusivement consacrés à la publication du manuscrit Sainte-Beuve. Par conséquent, il ne faudra pas se plaindre de n'y pas trouver ce que les instructions du Comité des travaux historiques ne m'ont pas permis d'y introduire, je veux parler de la portion (soit imprimée, soit inédite) de la correspondance qui manque à ce manuscrit. Seulement, comme quelques lecteurs seront sans doute bien aises de savoir quelles sont les lettres de Chapelain que l'on possède en dehors de l'édition qui m'est confiée, je donnerai (en appendice, à la fin du premier volume) la liste de ceux de ces documents dont l'existence m'aura été révélée par les catalogues d'autographes et par divers autres recueils.

A la fin du second volume, on trouvera deux tables que je chercherai à rendre aussi complètes que possible; — l'une offrant la série chronologique, avec leur date et le nom des destinataires : 1° des lettres publiées intégralement; 2° des lettres simplement analysées; 3° des lettres omises; les premières désignées par un I, les secondes par un A, les troisièmes par un O; — l'autre, renfermant, outre les noms de lieux et de personnes, l'indication des choses remarquables, telles que : *Académie française*, *Gratifications aux savants et lettrés*, *Pucelle (Poëme de la)*, *Rambouillet (Hôtel de)*, etc.

---

[1] Comme je l'avais fait en commentant les *Lettres de Balzac*, j'ai cru devoir, toutes les fois que s'en est présentée l'occasion, compléter tels ou tels articles du *Dictionnaire de la langue française* de M. Émile Littré. Le savant académicien n'a connu ni les nouvelles lettres de Balzac ni la correspondance de Chapelain, et il m'a semblé que c'était un devoir pour moi de signaler les mots de ces deux recueils qui auraient dû trouver place dans un ouvrage que, malgré d'inévitables lacunes, on regardera toujours comme un des plus beaux monuments de l'érudition de notre époque. Voir, à la suite de la *Table alphabétique des noms de lieux et de personnes*, une *Table alphabétique des mots qui ont été l'objet d'une note dans les deux volumes des Lettres de Chapelain*.

AVERTISSEMENT.

Je ne veux pas terminer cet Avertissement sans témoigner ma vive gratitude à tous les érudits qui m'ont prêté quelque assistance. Parmi ceux à qui je dois le plus, je nommerai M. Charles Defrémery, de l'Académie des inscriptions et belles-lettres et du Collége de France, qui a mis à ma disposition avec une infatigable obligeance les livres de sa belle bibliothèque et les trésors de sa vaste mémoire; M. Léopold Delisle, qui, comme administrateur général de la Bibliothèque Nationale, a daigné m'accorder avec une extrême bonté toutes les facilités que j'ai pu souhaiter pour accomplir l'immense travail de la transcription des trois ou quatre mille pages de Chapelain; M. Paul Lacroix, qui le plus gracieusement du monde m'a fait les honneurs de cette bibliothèque de l'Arsenal qu'il connaît si bien et où il m'a aidé à trouver certains recueils bien rares du xviie siècle; M. Paulin Paris, auquel je n'ai pas demandé en vain de compléter pour moi, dans ses aimables lettres, l'inappréciable commentaire de son édition des *Historiettes;* le très-regrettable M. E.-J.-B. Rathery, qui m'avait prodigué les sages conseils et les fructueuses indications; enfin, M. Charles Marty-Laveaux, que j'ai eu le bonheur d'avoir pour commissaire, et dont je ne puis trop louer la complaisance et le savoir, également inépuisables[1].

Il me reste encore un devoir à remplir, celui de payer à la mémoire de M. Sainte-Beuve un pieux tribut de reconnaissance. L'écrivain dont je n'ai point exagéré le mérite, ce me semble, en le proclamant, un jour, «le premier des critiques de notre temps, et peut-être de tous les temps[2],» l'écrivain qui, pendant sa vie, a rendu de si éclatants services à l'histoire littéraire, lui rend, après sa mort, par la générosité de ses dernières dispositions, un nouveau service des plus considérables et qui

---

[1] Sur certains points spéciaux, j'ai consulté de savants amis que je remercie de tout mon cœur de leurs excellentes communications : M. Reinhold Dezeimeris, un de nos humanistes les plus distingués, correspondant de l'Institut; M. Léonce Couture, rédacteur en chef de la *Revue de Gascogne*, qui possède la langue italienne aussi bien que sa propre langue; M. Alfred Morel-Fatio, archiviste-paléographe, pour qui la littérature espagnole n'a pas de secrets.

[2] *Vies des poëtes bordelais et périgourdins* par Guillaume Colletet, *de l'Académie française, publiées d'après le manuscrit autographe du Louvre avec notes et appendices* (1873, in-8°, p. 59, note 2).

recommande une fois de plus son nom devant la plus lointaine postérité. Il m'est doux de croire que je n'exprime pas seulement ici mes sentiments personnels, mais que je suis aussi l'interprète de tous ceux qui, d'âge en âge, trouveront du plaisir et surtout du profit à étudier la correspondance de Chapelain, c'est-à-dire de tous ceux qui s'intéresseront à jamais aux nobles choses de l'esprit.

LETTRES
DE
JEAN CHAPELAIN.

I.
À M. GODEAU[1],
À DREUX.

Je veux croire ce que M. Conrart[2] a soupçonné, que vous avés esté à la campagne toute cette semaine, et que vous n'avés point receu vos dépesches, plustost que de penser qu'on vous les ait rendues et que vous ayés négligé de nous faire response. Néantmoins il n'est pas impossible que le devoir auquel nous nous sommes mis en tesmoignant du souvenir à vos belles druides[3] n'ait piqué vostre jalousie et ne vous ait obligé de nous

---

[1] Antoine Godeau avait alors vingt-sept ans. Voir, sur le futur évêque de Grasse et de Vence, les renseignements réunis dans la note 4 de la page 440 des *Mélanges historiques* (*Lettres de J. L. Guez de Balzac*, n° XI).

[2] Valentin Conrart, cousin de Godeau, avait alors vingt-neuf ans. Voir, sur le premier secrétaire perpétuel de l'Académie française, la note 3 de la page 407 du même recueil (lettre II). Il faudra voir surtout le livre que MM. Ed. de Barthélemy et René Kerviler vont faire paraître sous ce titre : *Un bourgeois lettré au xviie siècle. Valentin Conrart.* 1 vol. avec lettres et poésies inédites.

[3] Le mot *druidesse* était inconnu du temps de Chapelain, et je ne sais même s'il fut jamais employé avant que Châteaubriand l'eût placé dans les *Martyrs* (1809). Les auteurs du *Dictionnaire de Trévoux* disaient encore en 1771 : « Il y avoit aussi chez les Gaulois des femmes que l'on nommait druides, comme les hommes dont nous venons de parler. » Les *belles druides* étaient les dames de Clermont-d'Entragues (la mère et les deux filles), que le jeune Godeau voyait au château de Mézières, près de Dreux. C'est aussi de ces trois dames qu'il s'agit (f° 1) dans une épître du genre de celles qu'écrivaient les bergers de l'*Astrée*, et dont voici quelques lignes : « Depuis que nous eusmes quitté les bords de vos belles prairies, il sembla que le Ciel m'eust pris pour l'objet de son courroux, et qu'il me voulust punir des plaisirs que j'avais goustés en vostre compagnie, comme s'ils n'eussent pas esté innocens. Je me suis tousjours recogneu malheureux, mais pendant le temps que j'ay vescu parmy vous j'ay remarqué visiblement la protection que vous me donnés contre la fortune et n'ay senti aucun mal que celuy que je pouvois prendre par l'appréhension de l'avenir. Vous me faisiés un climat tempéré, dont la douceur me passoit jusques dans l'âme, un orison (sic) d'où le soleil chassoit également les ténèbres et les soucis, un séjour inaccessible à tout ce qui est capable de troubler la tranquillité de la vie... » Quand, sous le nom de Lycidas, Chapelain envoyait ces fadeurs *Aux aymables Bergères Druides Celidée, Diane et Philis*, il avait déjà près de trente-sept ans, étant né le 5 décembre 1595. Balzac (lettre LXIV du livre VI, édition in-f°, 1665, p. 263) écrit à Godeau : « J'ay sceu que vous n'estes plus druide, et que dernièrement vous fistes vostre entrée à Paris. »

tesmoigner par un semblable desdain que vous les voulés posséder toutes entières et qu'on ne vous fait pas plaisir d'y prétendre aucune part. Mandés nous à cette fois ce qui en est, et offensés nous plustost en nous escrivant, que de nous affliger en nous laissant davantage sans la consolation de vos lettres.

Surtout asseurés nous de cette précieuse santé sans laquelle nous ne nous sçaurions bien porter et en faveur de laquelle je peste à toute heure contre la peste qui estoit encore en vos quartiers quand nous en partismes[1]. Je vous pardonne tout pourveu que vous nous rendiés bon conte[2] de cette partie qui vous tiendra tousjours lieu de tout. Pour mon regard, je ne la puis guère avoir plus ferme et veux espérer de vous lui conserver de mesme à l'avenir. Je n'oserois vous en tant asseurer du costé de nostre amy[3], bien que je ne le trouve empiré du bon estat où vous l'aviés mis que de ce que ce païs est moins sain que le vostre[4]. Il vous dira par luy mesme le voyage qu'il va faire et le temps qu'il y emploiera, afin que vous ne manquiés pas de me tenir pour vostre correspondant, au moins jusques à ce qu'il en revienne.

Cependant travaillés glorieusement, mais avec la restriction que nous vous avons ordonnée, car je ne veux pas que vous nous laissiés héritiers de vostre réputation, et faisant les miracles que nous voyons, j'entens que vous nous reserviés assez de vie pour jouir vous mesme de vostre honneur.

Les nouvelles que je vous avois escrittes du succès des armes du Roy en Languedoc sont très certaines[5]. Chaudebonne est auprès de Sa Majesté pour recevoir la paix d'Elle à telles conditions qu'il luy plaira[6]. On croit qu'après cela nos efforts se tourneront du costé de Picardie. Il court un bruit d'un grand combat passé entre le roy de Suède[7] et Fridland[8], où ils disent qu'il est demeuré vingt deux milles hommes sur la place, les deux

---

[1] Cette peste, qui ravagea presque toute la France, avait commencé à sévir en 1628. On trouvera divers détails sur la terrible épidémie dans les lettres de Guy Patin. Voir notamment les lettres au docteur Belin des 18 et 28 octobre 1631 (édition Reveillé-Parise, t. I, p. 7-12).

[2] *Sic* pour *compte*. Chapelain donne à ce mot l'orthographe du xiiie siècle, l'orthographe du *Livre des métiers* et de Beaumanoir. Voir le *Dictionnaire de la langue française* de M. Littré, au mot *compte*. Balzac (lettre LVI du livre IX, p. 457 de l'édition déjà citée et que je citerai toujours) dit, lui aussi, comme, du reste, la plupart de ses contemporains : *à ce conte là* pour *à ce compte là*.

[3] Conrart, qui toute sa vie fut maladif, ce qui ne l'empêcha pas de mourir septuagénaire (23 septembre 1675).

[4] La ville natale de Godeau, Dreux, doit principalement sa grande salubrité à son altitude (126 mètres au-dessus du niveau de la mer).

[5] Louis XIII était parti de Lyon le 4 septembre, pour aller achever la pacification du Languedoc, fort avancée déjà par la victoire du maréchal de Schomberg à Castelnaudari, le 1er du même mois. Le roi, dès le 13 septembre, était à Valence, et dès le 15, au Pont-Saint-Esprit.

[6] Claude d'Urre du Puy-Saint-Martin, seigneur de Chaudebonne. Ce gentilhomme, à qui Tallemant des Réaux a consacré une de ses historiettes (t. III, p. 207, édition de 1854), était, suivant ce chroniqueur, «le meilleur des amis de Mme de Rambouillet,» et «ce fut luy qui mit Voiture dans le grand monde et qui l'introduisit chez Monsieur, à qui il estoit.» Voir dans la *Gazette* les «propositions faictes au Roy par M. de Chaudebonne, de la part de Monsieur, le 13 septembre 1632,» aux *Nouvelles ordinaires de divers endroits* du 29 septembre (p. 381 et 382).

[7] Gustave Adolphe, qui, deux mois plus tard, allait mourir, âgé de trente-huit ans, sur le champ de bataille de Lutzen.

[8] Le duc de Friedland n'était autre que le célèbre Waldstein, plus souvent appelé Wallenstein.

tiers du dernier et le reste du premier, auquel on donne la victoire[1]. Si cela estoit, nous serions hauts et puissants. M. des Marests[2] est de retour de Trèves triomphant et vous baise les mains. Aussi fait de tout son cœur vostre, etc.

De Paris, ce 18 septembre 1632.

II.
À M. DE BALZAC[3],
À BALZAC.

Monsieur, vous m'avés délivré de la crainte que j'avois pour le paquet où estoient enfermés les vers d'Olympe[4] et les méditations sur la deffense de vostre *Prince*[5]. Je loue Dieu de ce qu'il luy a pleu me donner un fidelle porteur et que la chose soit parvenue en vos mains sans qu'elle ait esté veue. Mais n'estes-vous point un peu coupable devant la vérité et la rigueur philosophique de m'en faire de si beaux remercîmens et de passer mesme jusques aux louanges? Nous ne sommes pas tels, Monsieur, que nous méritions le moindre trait d'une plume comme la vostre, et nostre foiblesse ne peut supporter autre recommandation que celle de sa bonne volonté. Vous ne ferés jamais rien de moy qu'en me chastiant et qu'en m'ouvrant les yeux sur les deffauts dont toutes mes productions sont remplies. C'est une grâce que j'attens de vous, laquelle si je n'eusse creu obtenir, je ne me fusse jamais résolu à vous obéir en ce qui regarde la révision de vos ouvrages, la connoissant infiniment au dessus de tout ce que je pourray jamais. En cette espérance et sur l'instance que vous m'en faittes, je continueray le dessein de ma *Pucelle*[6], et si la mort ne s'y oppose point, je vous feray voir que toutes choses me manqueront plustost que la patience.

Pour les matières politiques, je vous avoueray qu'elles sont plus de mon intention

---

[1] Le combat dont parle Chapelain est celui que Gustave-Adolphe et Bernard de Saxe-Weimar livrèrent, le 3 septembre, à Waldstein, qui ne put être forcé dans ses retranchements.

[2] Jean Desmarets, sieur de Saint-Sorlin, né comme Chapelain, en 1595, à Paris, n'était pas seulement homme de lettres, mais aussi contrôleur général de l'extraordinaire des guerres, et c'était sans doute en cette dernière qualité qu'il était allé à Trèves remplir une mission politique et militaire. On sait qu'il fut fort aimé du cardinal de Richelieu, comme Bayle le rappelle en son *Dictionnaire critique* (lettre M), où il écrit le nom de l'académicien ainsi que l'écrivait Chapelain.

[3] Jean-Louis Guez, alors âgé de trente-cinq ans, s'était, depuis quelque temps déjà, retiré dans cette terre de Balzac (à 2 lieues d'Angoulème), où devait s'écouler presque tout le reste de sa vie.

[4] On ne retrouve pas ces vers dans le recueil intitulé : *Joan Ludovici. Guezii Balzacii carminum libri tres* (Paris, 1650, in-4°; 1651, in-12), recueil réimprimé dans les *Œuvres complètes* (Paris, 1665, in-f°, à la fin du tome II). Ce devaient être des vers d'amour, à en juger par la lettre de Balzac *à Olympe*, du 20 juillet 1630 (t. I, p. 90).

[5] Le *Prince* avait paru à Paris en 1631, in-4°; il reparut (*ibid.*) en 1632, in-8°.

[6] D'après l'abbé d'Olivet (*Histoire de l'Académie française*, édition de M. Livet, t. II, p. 129), Chapelain employa d'abord cinq années de suite à méditer son poëme, et il avait plus de trente-quatre ans quand il se décida à écrire le premier vers. Voir ce que Balzac lui dit de la future *Pucelle* dans une lettre du 1er août 1632 (lettre L du livre IX, p. 450). C'est la cinquième en date des lettres de Balzac à Chapelain qui nous aient été conservées. La première, du 10 septembre 1631 (lettre XXII du livre VI, p. 221), suivit de très-près le retour en Angoumois de l'auteur du *Prince*. Les trois autres sont du 3 janvier, du 20 février et du 1er mars 1632 (p. 448-450).

et qu'il me semble, quand je resve ou raisonne sur la conduitte des Estats, que je fais la plus noble action qui tombe sous la capacité de l'homme. Il me semble qu'en cela je contribue au bien de la société ce qui luy est de plus important, au lieu que l'avantage que la Poésie apporte à la vie civile n'est autre que le plaisir, et ne considère que sa moindre partie.

Mais outre que je suis desjà embarqué avec cette dernière et que je ne puis plus changer de route sans courir fortune de naufrage, je reconnois encore que l'autre est une dame sévère et glorieuse, d'humeur toute contraire à celles du commun et qui ne souffre la communication que des vieillards seulement. Aussi dans l'âge où je suis, je me contenteray de l'honorer, sans entreprendre de la servir, à condition néantmoins de me déclarer un jour hautement et d'essayer à n'estre pas trouvé indigne d'elle, s'il plaist au Ciel de me laisser aller jusques aux cheveux blancs. C'est un vœu que je fay entre vos mains pour l'accomplir en son temps, vœu dont l'intention ne m'est pas venue de cette heure, et auquel il y a plus de dix ans que j'ay pensé, mais que tousjours *tanquam uberiorem materiam senectuti seposui*.

Nostre ami Monsieur Godeau est encore à Dreux, attaché à ses *Églogues sacrées*, qui sont des imitations ou paraphrases du *Cantique des cantiques*[1]. Durant le séjour que nous y avons fait avec luy, il nous en monstra les deux premières auxquelles, si l'amour ne m'aveugle point, *che spesso occhio buon fa veder torto*, je ne croy pas qu'il y ait rien eu encore de comparable en ce genre chés nous[2]. C'est un homme qui a une passion véritable pour vostre vertu et qui vous estime de luy mesme sans qu'il ait besoin de solliciteur pour l'en faire resouvenir. Il est vray que le travail auquel il s'est engagé et son esloignement de Paris font qu'il se dispense de la plus part de ces petits devoirs qui entretiennent bien les amitiés anciennes, mais qui ne sont nécessaires absolument que pour celles qui commencent ou qui ne sont pas encore dans leur perfection. Il vous croit plein de bienveillance pour luy et ne vous en demande point de pleige[3]: s'il en avoit besoin envers vous, je luy en veux servir et vous respondre de son affection comme de la mienne mesme.

M. Conrart, son cousin, n'est pas maintenant icy. Je luy mande avec quels termes obligeans vous le traittés en la dernière lettre que vous m'avés escritte[4]. Je sçay qu'il les recevra comme il doit et que désormais vous le tiendrés aussi bien par vostre courtoisie, que vous le possédiés desjà par son inclination.

La fortune est venue me tenter au mesme temps qu'elle a sçeu le dessein de ma retraitte, et s'est servie de merveilleux attraits pour me rejetter dans l'agitation. Je ne sçay si j'auray assés de force pour luy résister, mais si je succombe, ce ne sera pas sans avoir bien combattu. Quoyqu'il en arrive, je ne disposeray jamais de ce que je vous ay donné, et quand la violence de mon destin m'auroit séparé de toute la longueur

---

[1] Les *Églogues sacrées*, qui sont au nombre de huit, parurent dans les *OEuvres chrestiennes d'Antoine Godeau* (Paris, Jean Camusat, 1633, in-12).

[2] Ces deux phrases ont été citées par Camusat (*Mélanges de littérature*, p. 44), avec cette variante finale: «de comparable en notre langue.»

[3] Garant, caution, mot que M. Littré a retrouvé dans Corneille, dans Pascal, dans Bossuet et jusque dans Diderot.

[4] Conrart n'est mentionné dans aucune des lettres de Balzac à Chapelain antérieures au 25 septembre 1632. Nous avons donc perdu la lettre à laquelle répond ici ce dernier.

de la terre, mon cœur et ma pensée seront tousjours où vous serés[1].

Depuis mes dernières, nous avons avis de la suitte des progrès des armes royalles en Languedoc. Toutes les villes se remettent d'elles mesmes dans le devoir, et Monsieur, désormais, au lieu de faire des demandes peu convenables à un sujet et à un vaincu, sera trop heureux de recevoir ce qu'il plaira au Roy de luy accorder par sa bonté[2].

La province de Limbourg, depuis la prise de Mastrik[3], est venue avec la ville de mesme nom en la puissance des Hollandois, et les Espagnols ne sont pas trop asseurés pour Namur qui leur reste seul sur la Meuse.

J'ay veu vostre lettre à M. Dumoulin[4] entre les mains de M. Gaillard[5] qui n'eust point fait de difficulté de m'en laisser coppie, s'il eust sceu ce que vous m'estes et ce que je vous suis.

Je suis, Monsieur, vostre, etc.

De Paris, ce 25 septembre 1632.

Je vous envoye la coppie d'une lettre qui court à la main composée dans un air de raillerie qui n'a pas despleu aux honnestes gens. Elle est de celuy de vos amis à qui vous confiastes le secret de vostre départ et qui est dépositaire de vostre cassette[6], mais il ne veut point estre nommé *per buoni respetti*.

III.

À M. GODEAU,

À DREUX.

L'impatience que je me donne dans vostre esloignement est une des moins raisonnables passions que j'aye. Quand je ne vous voy point, il est impossible que je ne me plaigne, mais lorsque je vous accuse de me retenir ce bien, je pense beaucoup moins à vous condamner qu'à esventer ma peine. C'est une grâce que je vous demande et que je vous donne aussi, que nous puissions tousjours de la sorte nous mettre en colère sans nous fascher, et presser qu'on nous face raison sans nous soucier que l'on nous la face. Allons nostre chemin, acquittons nous de ce que nous devons aux nécessités et aux bienséances de la vie, et laissons crier la partie inférieure qui ne désire que ses aises et que souvent il n'est pas inutile de mortifier. De sens rassis je sçay que vous voudriés estre icy avec nous et que les amitiés que vous avés à Paris l'emportent infiniment sur celles que l'on a pour vous à Dreux. Je ne doute point que vous ne vous défaciés de ces dernières aussitost que vos affaires vous auront remis en liberté. Je me pourrois passer de l'éclaircissement que vous m'en donnés, et néantmoins je prens plaisir à me lamenter de vous, comme si vous estiés coupable, et ne voy pas sans chatouillement [ni] beaucoup de contentement vos-

---

[1] Chapelain fait ici allusion à l'emploi, qui lui avait été offert, de secrétaire de l'ambassade à Rome. Voir la lettre IX.

[2] Chapelain était bien informé : le duc d'Orléans, après avoir essayé d'obtenir un plus facile accommodement, dut se résigner à subir les dures conditions du traité du 29 septembre 1632.

[3] Maëstricht, chef-lieu du Limbourg, se rendit à Frédéric de Nassau, prince d'Orange, le 22 août 1632.

[4] C'est la lettre si remarquable adressée au ministre Pierre du Moulin, le 28 août 1632 (lettre III du livre V, p. 148-151).

[5] On a deux lettres de Balzac à M. de Gaillard, l'une du 10 janvier, l'autre du 20 mars 1634 (lettres XXXIV et XXXV du livre IX, p. 434 et 435).

[6] Cet ami m'a bien l'air de n'être autre que Chapelain lui-même.

tre innocence dans les raisons que vous m'en allegués.

Je suis bien aise encore que vous vous disposiés à recevoir l'hommage que ce grand monde vous veut rendre, et que vostre vertu ne soit pas si austère qu'elle refuse la seule récompense qu'on luy peut offrir. Si vous m'eussiés mandé le sujet de vostre nouvelle Ode, vous ne m'auriés pas laissé à deviner. Si ce n'est saint Paul, il vous appellera en jugement devant les Muses qui sçavent bien qu'il est le premier en datte entre vos créantiers[1].

Le conte[2] de Fiesque[3] m'a amené Rotrou[4] et son Mécène[5]. Je suis marri qu'un garçon de si beau naturel ait pris une servitude si honteuse, et il ne tiendra pas à moy que nous ne l'en affranchissions bientost[6]. Il a employé vostre nom, outre l'authorité de son Introducteur, pour se rendre considérable, dit-il, auprès de ma personne. Mandés moy si vous prenés part dans l'assistance et les offices qu'il attend de moy et à quoy je me suis résolu.

Ne nous demandons plus de continuation d'amitié de peur de faire tort à la créance que nous devons avoir l'un de l'autre.

Le secrétaire à la grande femme, que je ne voyois plus, m'est venu visiter avec façon et, comme il y a apparence, avec repentir du passé[7]. Il monstre de vouloir renouer pratique[8]. Je luy rendray civilité jusques à ce que vous m'ayés conseillé si je luy dois rendre amitié.

Il n'y a aucunes nouvelles.

De Paris, ce 30 octobre 1632[9].

---

[1] Saint Paul inspira perpétuellement Godeau, avant comme pendant son épiscopat: Odes, stances, poëme, l'ami de Chapelain employa tous les genres de poésie pour célébrer la gloire du grand apôtre. La *Paraphrase sur les épîtres aux Corinthiens, aux Galates et aux Éphésiens* (Paris, 1632, in-4°), tant vantée par Balzac (lettre à l'auteur, du 10 mai 1632, n° XXII du livre V, p. 179), fut suivie de plusieurs paraphrases (in-4° et in-12) sur les autres épîtres (de 1635 à 1641), et enfin Godeau fit paraître (in-12, 1654) *Saint Paul, poëme chrétien*.

[2] De même que Chapelain écrit *conte* pour *compte*, il écrit *conte* pour *comte*, comme de son temps écrivait presque tout le monde. C'est, du reste, l'orthographe du moyen âge. Voir les exemples empruntés par M. Littré à divers romans de chevalerie.

[3] Charles Léon, comte de Fiesque, sur lequel on peut voir la note 2 de la page 518 et la note 1 de la page 529 des *Mélanges historiques* (*Lettres de Balzac*, n°ˢ XXXVIII et XLIII).

[4] Jean de Rotrou, né à Dreux, comme Godeau, était à cette époque un jeune homme de vingt-trois ans. Son *Hercule mourant*, imité de Sénèque, fut joué l'année même où Chapelain reconnaissait en lui, à première vue, un «si beau naturel».

[5] Je ne trouve nulle part le nom de l'indigne Mécène du jeune Rotrou. Malheureusement, Tallemant des Réaux a oublié, dans ses *Historiettes*, l'auteur de *Venceslas*. Plusieurs critiques, notamment M. Guizot (*Corneille et son temps*, édition de 1866, in-12, p. 366), ont cru que Rotrou avait pris quelque engagement dans une troupe de comédiens en qualité d'auteur, selon l'exemple d'Alexandre Hardy. Cette explication ne me paraît pas très-satisfaisante. Faute d'autre, on doit pourtant l'accepter, puisque surtout le judicieux auteur d'un travail spécial, M. J. Jarry (*Essai sur les œuvres dramatiques de Jean Rotrou*, 1868, in-8°, p. 11), la juge vraisemblable.

[6] Cette phrase a été reproduite par Camusat (*Mélanges*, p. 4); seulement les mots: *Je suis marri* ont été remplacés par les mots: *c'est dommage*.

[7] J'ai vainement cherché quel pouvait être ce *secrétaire à la grande femme*.

[8] *Pratique* veut ici dire relation, habitude, commerce.

[9] Suit (f° 5 v°) une lettre non datée, dont le

IV.

À M. GODEAU,
À DREUX.

La liberté de laquelle nous usons ensemble est la plus chère production de nostre amitié. C'est le fruit du mariage de nos esprits et le gage de nostre fidélité mutuelle. Je l'entretiendray tousjours comme la chose qui m'est la plus précieuse et par laquelle le monde ne m'est pas tout à fait odieux. Tant s'en faut que je vous face des excuses de la résolution que j'ay prise de ne m'en défaire jamais, que j'attens que vous m'en

---

destinataire n'est pas nommé. Ce devait être un magistrat d'un rang élevé. Chapelain le remercie en ces termes : « C'est faire faveur de bonne grâce lorsque, pour une recommandation que l'on demande, on expédie un arrest définitif. Vous ne sçauriés agir médiocrement, estant dans le haut estage des hommes. Dieu vueille qu'en chose qui regarde vostre service, je trouve occasion de vous monstrer que je vous sçay bien imiter. Mon amy sçaura ce que ma prière a obtenu de vous..... Je vous iray desrober au premier jour une heure de cette ravissante conversation d'où je sors tousjours meilleur, et, si je n'estois point si pesant, je dirois mesme plus habile. » L'ami pour lequel Chapelain intervint auprès de l'obligeant magistrat était le poëte Claude de Malleville (né à Paris en 1597). C'est ce que nous apprend un billet sans date (f° 6) dans lequel il dit au futur académicien : « Vous verrés par la response que je viens de recevoir de luy que j'ay réussy plus avantageusement en ma sollicitation que nous n'espérions tous, et que j'ay esté assés heureux pour vous faire avoir le principal, quand vous ne demandiés que l'accessoire. » Dans une lettre (f°s 6-9), du 24 novembre 1632, adressée à « M. de Bretonvilliers, en Court» [Claude Le Ragois, sieur de Bretonvilliers, secrétaire du Roi, mort en 1645], Chapelain remercie avec une intarissable effusion ce personnage, qui paraît avoir été pour lui le plus obligeant protecteur. De cette longue lettre, presque toute remplie de protestations de gratitude, je ne citerai que ces deux passages : « Le temps que j'ay perdu auprès de feu M. de la Trousse ne me touche point comme il feroit l'ordinaire des hommes pource que dedans ma philosophie il m'a assés payé lorsqu'il m'a aymé et il m'en a donné d'assés grandes preuves lorsqu'il m'a confié ce qui luy a jamais le plus importé [c'est-à-dire l'éducation de ses enfants], et puis, quand il ne me seroit venu de sa maison autre bien que celuy de vostre connoissance et que le moyen de jouir d'une si singulière bonté que la vostre, je penserois tousjours luy demeurer en reste et n'avoir jamais rien fait pour son soulagement qui pust égaler ce bienfait. » — «Au reste, la Mort de M. de Montmorency [le duc et maréchal Henri II de Montmorency, décapité à Toulouse le 30 octobre précédent] a touché icy les esprits, comme au lieu d'où vous m'escrivés. Les amis, les dépendants et les intéressés, en pensant le pleurer, se pleurent eux mesmes et donnent des larmes assés proches [sic pour à ses proches, c'est-à-dire à ses parents] qu'ils se sont donnés à eux auparavant. Et certes il y a sujet de compassion de voir finir ainsi misérablement une teste si illustre par tant de circonstances et à qui la France avoit quelque non légère obligation. Néantmoins il faut dire le vray sans passion, cette dernière action où il s'est perdu estoit si criminelle et les conséquences si dangereuses, que je ne sçay si le Roy se pouvoit faire un plus grand tort pour l'avenir que de se laisser fléchir par les prières qui luy ont esté faittes pour son salut. Je ne doute point que le Roy n'ait long-temps combattu, en luy-mesme, s'il s'accorderoit cette vie ou s'il la refuseroit; mais la Justice en matière d'Estat est plus seure que la Clémence, et l'exemple estoit trop nécessaire pour manquer à le faire en un temps où l'on veut persuader aux Peuples qu'il y a du mérite dans la faveur de l'Estranger. La suite du pardon que les particuliers donnent à ceux qui les ont offensés n'est à rien près si dangereuse, parce que tout le mal qui en peut arriver ne regarde qu'un seul homme là où le Prince ne se peut relascher quand il est attaqué, que le Public n'en pâtisse et que chacun n'y soit blessé... »

donniés de bonnes louanges et que vous croyés que je ne mérite rien de vous que par là. Après cette déclaration, je ne pense pas que vous doutiés à l'avenir si je trouveray bon que vous traitiés sans façon avec moy et si j'aymerois mieux que nous vescussions en contrainte. Au reste, il seroit bien peu convenable qu'une fille Bergère, simple, pauvre et d'un langage si grossier, voulust faire des comparaisons et aller du pair avec une femme de si bonne maison, si habile, si bien disante et qui a pour mari le plus grand Roy du monde[1]. Non, vostre modestie ne me fera jamais sortir de celle que je professe avec tant de raison et je ne souffriray jamais que ma Pucelle soit autre que la très humble de vostre épouse.

Nous manquasmes heureusement la Damoiselle de Montagne[2] en la visitte que M. Conrart et moy luy fismes il y a huit jours. Je prie Dieu que nous les facions tousjours de mesme chés elle et que, sans nous porter aux insolences de Saint-Amand[3], nous en soyons aussi bien délivrés que luy[4].

Nous nous voyons presque tous les jours l'amy de mon ennemi et moy. Il est vray que c'est en lieu tiers[5] et que, depuis nos deux premières veues chés luy et chez moy, nous n'avons pas apporté grande chaleur à nous entre-importuner. On vit civilement à la rencontre et comme si de rien n'estoit.

J'ay veu le Mémoire de la terre qu'on vous veut vendre. Je suis estonné que ces meschans ne vous ont mis en ligne de conte la quantité d'air qui la couvre et environne et qu'ils ne vous l'ayent taxé à tant l'arpent. Il n'y eust jamais rien de si exact. Le bastiment, comme il est figuré, me semble raisonnable. L'enclos et la situation ne me desplaist pas. Ils n'y ont point fait mention de la veue; il faut croire qu'il n'y en a point : pour le revenu des terres et des prés, menudences[6] comprises, vous avés à prendre garde de près sur les lieux si l'on vous a dit vray : ce sera sur ce pied là principalement qu'il vous faudra résoudre si vous y trouvés vos contes et qu'on vueille descharger de tout ce qu'on vous doit en parcelles. Vous ferés, au moins, cela de mieux, en l'acheptant, que la vente de la pièce mesme, s'il vous venoit envie de vous en défaire par après, vous seroit plus aisé. Mais, outre cela, vous avés à

---

[1] Allusion à l'héroïne du *Cantique des cantiques* et des *Églogues sacrées*, à l'épouse de Salomon.

[2] Marie de Jars de Gournay, la fille adoptive de Michel de Montaigne, alors âgée de soixante-seize ans environ. Voir sur cette femme de lettres les notes 4 et 5 de la page 552 des *Mélanges historiques. Lettres de Balzac*, n° LIII.

[3] Marc-Antoine de Gérard, sieur de Saint-Amant, alors âgé de trente-huit ans. C'est dans la satire intitulée : *Le poëte crotté* (OEvres complètes publiées par M. Ch.-L. Livet, Paris, Jannet, 1855, t. I, p. 209-236) que Saint-Amant s'est montré si insolent envers la vénérable *fille d'alliance* de l'auteur des *Essais*. Le témoignage de Chapelain confirme celui de Tallemant des Réaux disant (*Historiettes. — Mademoiselle de Gournay*, t. II, p. 347) : « Saint-Amant l'a furicusement maltraittée; car c'est d'elle et de Maillet qu'il veut parler dans le *Poëte crotté*. »

[4] Camusat (*Mélanges*, p. 11) a reproduit ce passage, depuis : « *Nous manquasmes*, jusqu'à : *aussi délivrés que luy.* » Il a donné au nom de l'auteur du *Moïse sauvé* la même orthographe que Chapelain, orthographe que nous retrouvons dans le *Manuel du libraire* (t. V, col. 39).

[5] Ce que nous appelons un terrain neutre.

[6] On lit bien distinctement *menudences*. J'ai vainement cherché ce mot dans nos vieux dictionnaires, et ne l'ayant pas trouvé, j'en suis réduit à me demander si nous ne sommes pas en présence d'un *lapsus* de l'auteur, et s'il ne faut pas lire *menues rentes*. Il y avait de *menues rentes*, comme de *menues dîmes* (dîmes qui se prenaient sur les récoltes autres que celles du blé et de l'avoine).

vous asseurer des lots et ventes[1] si vostre principal payement est en argent et à ne l'acquérir qu'à la charge du Décret qui purgera toutes les hypothèques.

Je n'ay point de lettre de Balzac depuis trois semaines, j'en attens tous les jours. Les dernieres me tesmoignent sa santé depuis celles qu'il vous a escrit.

De Paris, ce 28 novembre 1632.

V.
À M. DE BALZAC.

Monsieur, vous devés avoir reçeu maintenant les ballots que M. Granier[2] vous gardoit, si vos rouliers ont fait la diligence requise. Le soin que j'ay pris est de mon devoir, et si je m'en estois attendu à d'autre qu'à moy mesme, mon amitié me l'auroit reproché toute ma vie. Ne me traittés donc plus de civilité ni en cela ni en quelque autre chose que ce puisse estre où vous jugerés que je vous puisse soulager, et croyés qu'il est aussi bien de vostre devoir d'user librement de moy, comme il est du mien de ne vous refuser jamais d'assistance.

Vous m'avés remis l'esprit en l'appréhension où j'estois que vous ne vous fussiés desgoutté de nostre monde et que vous ne le voulussiez priver[3] d'un si grand ornement pour tousjours. Mon opinion est que, dans ce jeu, il ne faut jamais quitter la partie, et que quand il ne serviroit pas à la fortune de continuer à espérer, il serviroit à la réputation, qui est le vray bien des gens d'honneur. Je ne seray jamais d'avis que vous vous défaciés de vos prétentions, du moins au respect du Public[4]. Car, pour le dedans, c'est Philosophie et vigueur d'esprit que de se résoudre à tout. Vous me pardonnerés assurément si je m'ingère jusques là. Je pense que nostre union exige ces rusticités de ma franchise et ne vous en fay point d'excuse.

Je ne sçay encore ce que mes amis veulent faire de moy : on me propose en termes généraux certains employs auxquels on s'imagine que je pourrois réussir. Par bienséance et pour ne me pas laisser blasmer de peu de courage, je consens à ces charges, mais je n'y fais que consentir. Un certain amour du repos et de la tranquillité, que le monde appelle fainéantise, s'est glissé et rendu maistre dans mon âme, de telle sorte que les avantages du Ministériat[5] ne me satisferoient pas tant que la douceur de mon genre de vie d'à présent. Cependant la persécution de ceux qui me veullent du bien, me fait violence, et, pour ne me pas faire abandonner à eux, maintenant ma parole y

---

[1] Les auteurs du *Dictionnaire de Trévoux* disent : «Il faut écrire *lods*, suivant l'étymologie.» Voir, en effet, Du Cange, *Glossarium ad scriptores mediæ et infimæ latinitatis*, v° *Laudes*. C'était la taxe due au seigneur par celui qui venait à acquérir un bien dans sa censive, taxe qui correspondait à notre droit de mutation.

[2] Auger de Mauléon, sieur de Granier, fut l'éditeur des *Mémoires* de Marguerite de Navarre, des *Mémoires* de Villeroy, des *Lettres* du cardinal d'Ossat, des *Lettres* de Paul de Foix. Nommé membre de l'Académie française, en septembre 1635, il en fut exclus, pour une mauvaise action, le 14 mai 1636. (Pellisson, *Histoire de l'Académie française*, t. I, p. 152, 153.)

[3] Le texte porte : *punir*, mais c'est bien probablement là un *lapsus*, à moins que dans le style si prétentieusement concis de Chapelain «vous ne le voulussiez punir d'un si grand ornement» ne signifie : «Vous ne le voulussiez punir (par la privation) d'un si grand ornement.» Le lecteur en décidera.

[4] Synonyme de : *à l'égard*, de *respectus*, regard.

[5] Ce mot a été employé, dans la seconde moitié du xvıı° siècle, par le cardinal de Retz, que cite M. Littré. *Ministériat* est aussi dans le *Mascurat* de Gabriel Naudé (1649).

est engagée, et il n'y a plus que quelque bon malheur qui me puisse délivrer de cet embarras. Je ne vous en puis dire davantage par escrit et ce que je vous en pourrois dire de plus, aussy bien est-ce peu de chose.

Vous perdrés, à n'estre pas icy, une lecture d'importance, le premier volume[1] de la Guerre de Flandre, du Cardinal Bentivoglio[2]. L'exemplaire est seul dans Paris, et M. de Granier, l'ayant recouvert[3] de l'un de ses amis[4], m'a voulu donner ce contentement et il est vray qu'il a esté grand, car je n'ay point veu encore de moderne aller si bien sur les pas des grands Anciens[5].

Vous avés sçeu la troisiesme sortie de Monsieur hors de France, ensuitte de la mort de M. de Montmorency[6]. C'est un effet de ses mauvais Conseillers qui ne croyent pas estre en seureté dans le Royaume.

Je vous baise très-humblement les mains, et suis, Monsieur, vostre, etc.

Ce [ ] novembre 1632[7].

---

[1] Chapelain, qui prodigue les majuscules, écrit Volume comme il écrit Autheur, Lettres, Poëte, Vers, etc. Je signale cette habitude, sans croire devoir la respecter toujours.

[2] La première partie du livre de Gui Bentivoglio : *Della guerra di Fiandra*, parut en 1632 (Cologne, in-4°).

[3] « *Recouvert* pour *recouvré* est un mot que l'usage a introduit depuis quelques années contre la reigle et contre la raison... il n'y a point de difficulté qu'il est bon : car l'usage est le Roy des langues... Je voudrois tantost dire *recouvré*, et tantost *recouvert*... dans une lettre... je mettrois plutost *recouvert* comme plus usité. » (Vaugelas, *Remarques*, 1647.)

[4] M. de Granier était, d'après Pellisson (t. I, p. 153) un « curieux de bons manuscrits », un amateur de beaux livres, de belles reliures.

[5] On trouvera, dans quelques-unes des lettres suivantes, notamment dans la lettre VII, des appréciations étendues et où certaines critiques se mêlent à de grands éloges. Chapelain s'est plu à revenir sur le même sujet dans des dissertations spéciales qu'indique le catalogue de ses livres (Bibliothèque Nationale, fonds français, nouvelles acquisitions, n° 318), et qui sont conservées, parmi ses autres productions en prose (*Œuvres diverses*), sous le n° 12847 du fonds français, f° 1 à 5 et 6 à 10.

[6] Le duc d'Orléans, ayant appris à Tours la nouvelle de la mort de Montmorency, quitta cette ville, le 10 novembre, et gagna la Flandre en toute hâte. Les auteurs de l'*Art de vérifier les dates* (édition in-8°, t. VI, 1818, p. 248) sont d'accord avec Chapelain et assurent que le complice du duc de Montmorency sortit « une troisième fois du royaume. » Mais, dans un document officiel, dans la lettre adressée par Louis XIII à son frère, le 25 novembre 1632, et qui fut rédigée par le cardinal de Richelieu, on lit : « Je ne vous puis dire combien j'ay de desplaisir du prétexte que l'on vous a fait prendre pour sortir cette 4ème fois de mon royaume. » (T. IV du *Recueil* de M. Avenel, p. 406.)

[7] Le jour n'est pas indiqué, mais comme on ne dut pas connaître à Paris, avant une semaine au moins, l'arrivée de Monsieur en Flandre, on peut dire que la lettre a été écrite dans la seconde quinzaine de novembre. — Au f° 11 (v°) se trouve une lettre à Godeau, des premiers jours de décembre et, au plus tard, du 8 de ce mois, qui serait sans importance, si l'on n'y remarquait cette mention de la naissante Académie, mention qui est la première que nous rencontrions dans la présente correspondance : « Il ne peut plus y avoir qu'une maladie inopinée qui vous oste à ce coup à vos amis, mais Dieu n'est pas assés irrité contre nous pour vous donner une mauvaise excuse de retardement. Il y va trop de son service pour permettre qu'une si digne trompette de sa grandeur perde son éclat dans le plus beau de son chant. Vous viendrés donc assurément et vous rendrés par vostre présence le contentement que Dieu nous a retenu si longtemps : vous nous rendrés mesme l'Académie, de laquelle nous sommes apperçeus que vous estes le prince et le chef, chacun ayant remis à vostre retour l'assemblée de nos conseils et la tenue de nos Estats. Cela vous doit tenir pré-

VI.

À M. DE BALZAC.

Monsieur, si vous n'estes malade, vous me permettrés de vous croire paresseux contre vostre coustume, car de penser que ce petit voyage, qu'il y a cinq semaines que vous m'accusiés, vous retienne encore hors de chés vous, ce seroit chose assés peu vraysemblable, principalement la saison estant si mauvaise et si avancée que nous la voyons. Soiés toutesfois plustost parresseux que malade et manqués plustost d'excuse que de santé. Je me suis peu passer jusques à présent de la consolation de vos lettres, mais à l'avenir il n'y en auroit point d'assés grande pour moy, s'il falloit que j'eusse quelque mauvaise nouvelle de vous.

Pour moy, je vous ay desja escrit quatre fois sans response. Dans les derniers de mes paquets j'avois enfermé une lettre de M. Conrart, laquelle je serois marri qui se fust perdue, car je m'imagine que la façon noble avec laquelle il se donne à vous n'est pas une chose que vous n'aymassiés, si elle venoit jusques à vous, et qui ne se peust plaindre, si elle estoit perdue sur les chemins : c'est un homme de bon cœur et de bon esprit, un ami chaud et adroit et qui va tousjours au devant des occasions de faire office à ceux à qui il a voué de l'affection, sur tout jaloux de sa parole et qui se tient mieux obligé par sa promesse que par tout ce que les Loix ont inventé de liens et de chaisnes pour tenir les hommes dans le devoir[1]. Je le connois de longue main pour tel, et s'il n'estoit plus solvable, je voudrois le cautionner de tout ce que j'ay de générosité et de franchise. Je sçay bien qu'à moins que cela, vous aymés et qu'avec cela, vous luy voudriés un bien qui ne sera pas de l'ordinaire.

Dans cette despesche cy, vous trouverés un souvenir de son cousin[2], duquel je ne vous diray rien sinon qu'il est tousjours luy mesme et qu'il ne me cède point en persévérance à vous honnorer. Le reste de ses vertus vous est d'autant plus connu que vous avés plus de lumière que les autres hommes. Il y a quatre ou cinq mois que Paris l'a perdu et qu'il y est désiré de l'un et de l'autre sexe. Nous l'y attendons vers Noël. Si vous y arrivés en mesme temps, nous n'aurons plus rien à demander à la fortune.

Il me tombe présentement en l'esprit que vous aurés voulu profiter du séjour que M. le Cardinal fait en Xaintonge[3] et qu'il vous aura eu, en l'occasion de son mal[4] pour un de ses plus assidus courtisans. C'est chose au moins que je voudrois que vous

---

paré à nous faire une belle ouverture et à nous haranguer lorsque nous remonterons sur les fleurs de lys du Parnasse... » M. Livet (*Histoire de l'Académie française*, t. I, p. 362) a cité la phrase : *Vous viendrés donc assurément* jusqu'à *Cela vous doit tenir préparé.*

[1] Ce portrait de Conrart, depuis les mots : *C'est un homme de bon cœur*, a été reproduit par Camusat, qui le déclare ressemblant (*Mélanges de littérature*, p. 28).

[2] On a reconnu là Godeau. Balzac, Chapelain, Conrart et Godeau formaient un *quatuor* d'amis, dont les relations entre-croisées ne furent brisées que par la mort. J'interromprai le moins possible la cordiale causerie de Chapelain avec les trois académiciens, surtout sa causerie avec Balzac, plus intéressante qu'aucune autre.

[3] D'après deux lettres du *Recueil* de M. Avenel (t. IV, p. 410 et 411), le cardinal de Richelieu était en Saintonge (à Cozes, aujourd'hui chef-lieu de canton de l'arrondissement de Saintes) dès le 26 novembre 1632, et il se trouvait encore dans cette province (à Brouage, canton de Marennes) le 9 décembre suivant.

[4] Richelieu avait été gravement malade à Bordeaux, où, comme nous l'apprend la *Chronique bourdeloise* (continuation de 1620 à 1672, in-4°, p. 38), il était arrivé le 9 novembre, déjà cin-

eussiés faitte qui ne sçauroit nuire et qui vous peut estre de notable utilité¹. Je ne laisserois jamais perdre le fruit de ce que vous avés mérité de luy, faute de me présenter et de le demander mesme. Ces sortes de Grands font vanité d'estre pressés et tiennent les importunités pour une des marques de leur puissance ; ils ayment l'éclat, travaillant pour l'apparence, et se font payer par avance du bien qu'ils veulent faire à ceux mesmes qu'ils ayment le mieux : on attend d'eux en vain les généreuses reconnoissances, les offices volontaires et les soins obligeans. Leur grandeur les occupe et les remplit : ils ne voyent rien hors d'eux mesmes et dorment continuellement pour autruy : il les faut resveiller sans cesse, si l'on en veut tirer quelque faveur ou si l'on les veut faire acquitter de leurs debtes. Sur ces considérations, vous aurés sans doute mesnagé le temps de la demeure de ce grand homme en vos quartiers pour vostre avantage et ce sera la cause de vostre long silence de deça.

J'apprens que le sieur du Moulin vous a rescrit amplement et ennuyeusement sur vostre belle lettre². Ceux qui m'en ont parlé m'ont fait entendre qu'il s'estoit eschauffé sur ce que vous le traittés de fin et qu'il avoit creu que c'estoit une injurieuse louange pour luy³. S'il est vray et que ce qui a esté commencé entre vous civilement se soit converti en aigreur et dispute, je ne voudrois point entrer en nouvelle dance, je veux dire en nouveau procès d'escriture, mesmement avec un homme dont le talent principal est la satyre⁴ et qui n'a pas mauvaise grace à mal parler. Et si d'abord il produisoit la lettre que vous luy avés escritte, vous ne pourriés éviter qu'il ne se prévalust contre vous de toute la qua-

---

disposé de sa personne.» La mort foudroyante de son ami, le maréchal de Schomberg [18 novembre; 17, selon d'autres témoignages], «donna de l'effroy,» continue le chroniqueur, «à M. le cardinal de Richelieu, et le fit résoudre de se faire emporter le mesme jour à Blaye sur des matelas portés par des hommes.»

¹ Balzac n'alla pas faire une visite de bon voisin au cardinal convalescent, mais il était allé le voir, quelques jours auparavant, chez le duc d'Épernon, au château de Cadillac, comme il l'écrivit à Chapelain le 1ᵉʳ décembre 1632 (Recueil de 1665, lettre L du livre IX, p. 451) : «J'ay esté au devant de la cour jusques à Cadillac. J'eus l'honneur d'y faire la révérence à Monseigneur ***. Mais son mal qui le prit le jour mesme qu'il y arriva, et le mien qui n'attendit pas davantage à m'attaquer, m'obligèrent de reprendre le chemin de mon village, où j'ay trouvé vos despesches.»

² Pierre du Moulin, alors retiré à Sedan, était, quoique bientôt septuagénaire, un des plus intrépides et des plus infatigables athlètes du calvinisme, comme le remarquent MM. Haag (France protestante). On a publié à part sa Lettre à Monsieur de Balzac (1633) et sa Réponse à la lettre de Monsieur de Balzac (1633). Voir ce que Balzac, au sujet de la nouvelle épître de P. du Moulin, répond à Chapelain (lettre LII du livre IX, p. 453), non comme on l'a imprimé (p. 454), le 10 janvier 1632, mais bien le 10 janvier 1633.

³ Dans la lettre de Balzac, déjà citée plus haut (n° II), lettre qui, après avoir paru isolément à Paris (1633), reparut à Genève, à la suite de la lettre de son antagoniste, on lit (p. 149) : «Nous avons le droit et l'authorité, mais vous avez l'adresse et les stratagèmes, et ne vous asseurez pas moins en vostre esprit que nous nous fions en nostre cause.»

⁴ MM. Haag (article déjà cité) justifient ainsi cette appréciation : «Quelquefois même son esprit, naturellement satirique et malin, descendit à des attaques peu dignes d'un ministre de l'Évangile.» Pour me servir de la pittoresque expression de Chapelain, Balzac, suivant les conseils de son ami, n'entra pas en nouvelle danse. Voir dans le Recueil de 1665 (p. 399) une lettre (n° II du livre IX) qu'il écrivit à son ancien adversaire, le 30 octobre 1636, et qui est pleine de raison et de sagesse.

triesme page, laquelle me semble hardie pour le temps et que j'ay toute retranchée pour vostre intérest dans les copies que j'en ay fait faire pour la donner à nos amis[1]. Vous voyés mon sens, que je me tiendrois coupable envers nostre amitié, si je vous avois celé, principalement une chose que je pense qui vous importe.

Nos nouvelles sont tristes, non seulement par l'éloignement de Monsieur, qui est repassé en Flandre, mais encore par la mort de ce grand Roy de Suède, qui nous a fait voir dans ces derniers temps tout ce que les Anciens ont eu de plus grand et de plus généreux[2]. Il est mort dans la plus grande bataille qui se soit donnée depuis plus de cent ans, victorieux de l'Allemagne et on peut dire à son égard Empereur. Je dis de le Lipsik[3] où le combat est arrivé ce que Lucain dit de Pharsale : *iterumque Philippos*[4], mais bien plus glorieusement pour luy, puisque les deux batailles qu'il y a données ont esté pour la liberté de l'Europe, où celles des Césars estoient pour son oppression.

Je suis, Monsieur, vostre, etc.

De Paris, ce 8 décembre 1632.

VII.
À M. DE GRANIER.

Monsieur, je vous ay une extrême obligation de la faveur que vous m'avés faitte de m'envoyer l'Histoire des guerres de Flandres du Cardinal Bentivoglio, pièce de très-grand mérite et de la lecture de laquelle j'ay tiré un particulier contentement. Je vous en rends icy très-humbles grâces et vous en iray remercier plus amplement lorsque je vous reporteray le Volume que j'ay mis, selon vostre ordre, entre les mains de M. Conrart afin qu'il la lise. Pour le jugement que vous m'en demandés, il me pourroit suffire, sans trahir mon sens, de vous dire que c'est une des meilleures histoires que nous ayons encore veues, et que je trouve que ce grand Prélat a laissé derrière luy en ce genre beaucoup d'escrivains qui se persuadent d'en sçavoir la finesse et d'en avoir atteint la perfection. Néantmoins j'ay sujet de croire par la vostre que vous désirés de moy quelque chose de plus et que je n'en puis pas estre quitte envers vous pour une déclaration si généralle, ce qui m'oblige pour vostre satis-

---

[1] En retranchant cette quatrième page, où étaient exprimés des sentiments de tolérance qui attestaient l'élévation de cœur et d'esprit de Balzac, Chapelain méritait plus que jamais cette épithète de *circonspectissime* que son ami s'amusait à lui appliquer, qu'il lui appliquait notamment, le 27 janvier 1639, dans cette phrase de la lettre II du livre XX (p. 784) : « Vous estes circonspectissime dans les moindres actions de vostre vie. » Camusat (*Mélanges de littérature*, p. 62 et 63) a cité tout le passage relatif à l'affaire Du Moulin.

[2] C'est là un bel éloge de ce Gustave-Adolphe, dont la vie fut à la fois si courte et si pleine, et qui venait de mourir dans les bras de la victoire (16 novembre 1632).

[3] *Le Lipsik* est là pour le pays de Leipsick, Lützen appartenant à cette région de la Saxe dont Leipsick est la plus importante ville. C'est le tout pris pour la partie.

[4] N'ayant pas trouvé *iterum Philippos* dans la *Pharsale*, j'ai consulté, sur cette difficulté, mon ami M. Reinhold Dezeimeris, et ce savant humaniste a bien voulu me répondre que la citation de Chapelain lui rappelait tout d'abord le vers de Virgile (*Georg.*, I, 490) :

Romanas acies iterum videre Philippi.

Chapelain, selon M. Dezeimeris, a pu facilement être entraîné à mettre sur le compte de Lucain un vers sonore où il est question de Pharsale, et la même défaillance de mémoire lui aura fait dire que les armées ont vu deux fois les champs de Philippes, quand le poëte avait dit que les champs de Philippes avaient vu deux fois les armées.

faction de descendre au particulier et de me faire juge sévère de ce beau travail.

Quoyque je sçache qu'il y a beaucoup de témérité à vous obéir en une chose de cette qualité et qui est si fort au-dessus de ma suffisance, ce sera toutes fois après vous avoir dit que la haute dignité et les éminentes vertus de l'autheur sont les objets de mon respect et que ma censure ne s'estendra que sur les conditions requises et peut estre mal observées en quelques endroits de son histoire. Il me semble donc qu'en cet ouvrage on trouve la nécessaire œconomie selon les temps et les évènemens, laquelle jointe à une pleine information des motifs, produit en sa narration la clarté qui instruit sans peine et qui laisse le lecteur content. Mais cela n'est pas proprement de la louange de l'histoire, pource qu'aux choses qui regardent l'ordre, la disposition des succès le conduit par la main et qu'il n'y a rien presque en ce qu'il raconte qu'une infinité de gens n'ait desja traitté devant luy. Ce que j'estime qu'il faut considérer comme sien, et sur quoy l'on doit juger de son prix, son style, ses harangues et ses jugemens :

Pour le premier, je le tiens net, courant et nombreux, et je le croirois accompli s'il ne me paroissoit point un peu affecté, lorsqu'il parle en sa personne et qu'il est dans le cours de sa Narration. Je voudrois qu'il employast moins de ces termes pompeux, nouveaux et, comme ils appellent, *cortigianesques*[1], lesquels dérogent, à mon avis, à cette Majesté négligente que l'historien doit monstrer quand il parle de luy mesme, car je suis d'opinion qu'il n'y a rien que doive davantage éviter celuy qui escrit les succès publics, que de donner lieu de soupçonner qu'il face (*sic*) servir les choses aux paroles, et qu'il pense que la beauté du langage soit essentielle à son sujet. Vous observerés, si vous y prenés garde de prés, qu'en cette partie non seulement il descouvre trop le soin qu'il a de parler avec ornement, mais qu'il employe mesme, à cette intention et souvent en pure narrative, des mots et des frases que les seuls Poètes Italiens nouveaux ont introduit et employé et mesmes jusqu'à des comparaisons directes, chose qu'aucun des bons historiens de l'Ancienneté ne s'est jamais permise. Du reste, le caractère en est égal et réglé, imité de celuy de Tacite plustost que de pas un autre, composé de Périodes courtes et nerveuses, dont les membres sont divisés et tournés de son mesme air.

Quant à ses harangues, soit droittes, soit obliques, je ne voy rien de mieux dans les bons siècles, et c'est bien en cette partie que je le dis hardiment qu'il a excellé sur tous ceux de celuy cy. Le génie de Tacite y paroist tout entier ; il est plain, ferme, relevé, serré et toutesfois véhément. Son éloquence est toute masle ; il preuve et n'amuse point. Je m'estois imaginé jusqu'icy que le seul Ammirati, dans son Histoire Florentine[2], avoit esté capable entre les Modernes de s'acquitter bien de cette obligation, mais j'avoue que cet Autheur l'y surpasse infiniment et que je n'y puis rien désirer davan-

---

[1] Épithète formée avec le titre du chef-d'œuvre de Balthazar Castiglione, *il Cortegiano* (Venise, 1528). Voir sur ce livre la note 2 de la page 587 des *Mélanges historiques*. *Lettres de Balzac*, n° LXIV, et, de plus, d'excellentes pages d'un livre couronné par l'Académie française, l'*Histoire de la littérature italienne*, par Louis Étienne (Paris, 1875, p. 373-375).

[2] Scipion Ammirato, né en 1531, dans le royaume de Naples, à Lecce, mort à Florence en 1601, fit paraître, en 1600, la première partie de son *Istoria fiorentine* (in-fol.). La seconde partie, qui s'étend de 1434 à 1574, ne parut qu'en 1641 (in-fol.). Les Italiens, auxquels les éloges excessifs coûtent peu, l'ont surnommé *le Tite-Live moderne*.

tage : les jugemens qu'il fait sont rares, et, en cela, s'il a pris Tacite pour son modelle, il paroist qu'il ne l'a pas néanmoins suyvi. Peut estre s'est-il volontairement tenu dans les bornes que quelques uns ont prescrit aux historiens, de rapporter sans préoccuper ; peut estre ne s'est-il pas senti assés fort pour bien soustenir cette partie.

Dans l'opinion de ceux qui ne permettent pas les jugemens, il passera pour d'autant plus louable qu'il s'en est abstenu plus soigneusement ; dans la mienne, qui les pense nécessaires, pour peu qu'ils soient raffinés et exquis, il passera pour d'autant moins parfait qu'il s'y en trouvera moins dans son ouvrage. C'est ce qui met l'Histoire du Concile de Fra Paolo [1] hors de conte entre les productions de ce temps et ce qui a donné autant de nom au Guicciardin [2] qu'aux Escrivains des premiers aages. Le jugement qu'il fait dans le premier livre, page 29, sur le sujet d'Anne de Boulen, la taxant de peu de Religion, me semble mal fondé, pour ce que cette femme a esté jusqu'à présent deshoneste, et non pas impie [3], et la conséquence qu'il veut que cela ait porté pour l'altération du culte divin en Angleterre sous Élizabeth, sa fille, me semble aussi beaucoup plus foible que l'on ne devoit attendre d'un si grand politique que luy. En la page 31, le péril qu'il veut induire que court la Flandre du costé de la France, ou n'est pas assés expliqué, ou c'est (*sic*) trop obscurément. Je voudrois surtout qu'il n'eust point traitté ainsi méthodiquement et en forme de leçon la nature de la mutinerie, laquelle il définit et circonstantie [4] positivement, comme s'il estoit de necessité qu'elle arrivast tousjours ainsi ; en cela il m'a paru au dessous de sa dignité et de la liberté ingénue de l'histoire, et mon opinion qu'il n'estoit point à propos d'examiner cette matière de la sorte. Je suis trompé si ce n'estoit une pièce détachée et une considération faitte à part sur ce sujet long temps auparavant, laquelle il luy a pleu d'enchasser en ce lieu toute crue, estimant qu'elle y réussiroit et y feroit enrichissement.

Mais, pour revenir à la fidélité historique, laquelle constitue l'essence de cette profession, mesme plus que la partie qu'ils nomment diligence, on croira facilement que la matière qu'il s'est proposée pour sujet et le lieu où il la devoit publier, ne luy ont pas permis de la garder en tout, particulièrement pour ce qui regarde la neutralité qu'il estoit obligé d'observer entre le parti Espagnol et le Hollandois. Toutesfois je ne puis pardonner à un si excellent homme d'avoir entrepris l'histoire comme histoire et de n'avoir pas tenu la balance égale entre les intéressés ; il falloit sans difficulté qu'il s'affermist dans cette généreuse indifférence de laquelle font profession tous ceux qui veulent donner authorité à leurs relations.

Je tiens, pour moy, que l'histoire est instituée seulement pour l'utilité de la vie civile, et qu'on y doit regarder le Vice moral, pour le rendre odieux, et la Vertu, sa contraire, pour en persuader l'amour aux

---

[1] Pierre Sarpi, si célèbre sous le nom de *Fra Paolo*, né à Venise en 1552, mort en 1623, vit imprimer, peu de temps avant de mourir (Londres, 1619, in-fol.), cette *Histoire du concile de Trente*, qui devait être tant de fois rééditée, tant de fois traduite et tant de fois discutée.

[2] François Guichardin, né à Florence en 1482, mort en 1540, l'immortel auteur de l'*Histoire d'Italie* (Florence, 1561, in-fol.

[3] Chapelain, ce me semble, a tort ici contre Bentivoglio, et Anne de Boulen, aux yeux des meilleurs biographes, passe pour avoir eu un égal souci de la religion et de la morale.

[4] Le verbe *circonstancier* a été employé par La Fontaine et par Bossuet. M. Littré n'en a cit aucun exemple antérieur à ces deux écrivains.

Peuples. Ce sont deux fondemens dont tout le monde tombe d'accord et qui ne souffrent point de contradiction. La bonne Religion, qui devroit bien plustost avoir ce privilège, n'est pas si heureuse. Chacun appelle la sienne la meilleure et l'on ne preuve rien à son ennemi de diverse créance, lorsqu'on prend ses argumens et ses moyens sur la fausseté de ce qu'il croit. C'est pourquoy je tiens que l'historien judicieux qui veut profiter en public ne doit point tirer de là ses raisons, puisqu'elles ne doivent pas estre généralement approuvées, mais qu'il se doit arrester simplement à celles qui ne sont point en contestation, comme le salut, le repos, la richesse et l'agrandissement de l'Estat.

Tout homme qui sortira de ces limites se rendra aussitost suspect de partialité et ses plus louables intentions seront interprétées et prises pour des bassesses et des artifices. Bien que chés les Anciens il s'en trouve quelques uns qui font valloir avec soin la Religion de la République ou du Prince, il faut considérer que c'est comme une chose bonne et qui contribue infiniment au bien de la société, non pas comme une chose controversée et sur laquelle il se formast des troubles dans l'Estat.

Si le Cardinal Bentivoglio avoit aussi bien voulu faire ces[1] réflexions, comme il en est très capable, je m'assure qu'il se seroit moins déclaré partisan d'Espagne qu'il n'a fait et qu'il n'auroit pas tant de fois redit que la rébellion des Hollandois contre leur Roy avoit sa cause primitive dans la rebellion qu'ils avoient faitte à Dieu. Il auroist plustost reconnu ingénument que la violence qu'ils souffroient les avoit précipité dans l'hérésie, que de poser pour fondement que l'hérésie les ait porté au souslèvement contre leur Prince. Il auroit avoué que la plus puissante raison qui les retient encores à présent dans l'erreur, est qu'ils estiment avoir plus de seurcté dans cette opinion nouvelle, par ce qu'elle est opposée à celle de leur Adversaire, que dans l'Ancienne pour ce que ce luy seroit une ouverture pour les désunir plus facilement. En parlant de cette guerre, il seroit demeuré dans les termes nuds de la révolte, et se contentant d'appeler les Hollandois souslevés comme il fait en quelques endroits, il en eust attribué la véritable cause aux barbaries Espagnoles et au changement universel que Philippes second apporta en l'ordre du gouvernement de leur Païs. Je remarque presque partout qu'il touche les vices de ces derniers légèrement et comme à regret, qu'il adoucit leurs malheurs, et qu'il parle avec compassion de leurs pertes, où au contraire il appuye aigrement et injurieusement sur les desseins, actions et désastres des premiers. Cela m'a paru principalement dans la description des deux sieges de Harlem et de Leyden[2], le premier desquels il a traitté très-exactement pour ce qu'il estoit glorieux à l'Espagnol, et l'autre comme en courant, quoyqu'il fust sans comparaison plus mémorable, pour ce que les Hollandois y avoient eu de l'avantage.

Conestaggio[3], qui a escrit les mesmes guerres et qui est venu encore plus avant que luy, se monstre beaucoup plus équitable envers les Estats dans cette action particu-

---

[1] Il y a *ses* dans le manuscrit.

[2] Sur le siége de Harlem (1572-1573), et sur celui de Leyde (1574), on peut voir l'ouvrage (qui résume et complète tous les travaux précédents) publié par M. Motley (*La Révolution des Pays-Bas au XVIe siècle*, traduction française, Bruxelles, 1861, 4 vol. in-8°).

[3] Jérôme Franchi de Conestaggio, mort, archevêque de Capoue, en 1635, publia (Venise, 1614, in-4°), en italien, une *Histoire de la guerre de la Germanie inférieure*, qui eut longtemps beaucoup de réputation.

lière, de laquelle il pèse la grandeur comme il doit, reconnoissant le mérite du prince d'Orange, au secours qu'il donna à cette ville, tout autrement que le cardinal Bentivoglio n'a fait. A propos de quoy je ne puis vous dissimuler que je plains ce grand personnage d'avoir fait eslection de ce sujet, pour l'escrire après le Conestaggio, duquel on ne peut douter qu'il ne suive immédiatement le Guicciardin dans le mérite de cette profession. Il faut qu'il ait creu valoir mieux aussi bien en tout, comme il est vray qu'il le surpasse en partie, ou qu'il ait entrepris ce travail après luy, espérant de le conduire jusqu'à la fin et de nous le donner complet.

Mais tel qu'il est, je vous suis extrêmement obligé de me l'avoir fait voir. Je me resjouis que les bonnes lettres ayent un si grand ornement et vous exhorte d'user du crédit que vous avés près de son autheur[1] pour l'obliger à l'achever, et de ne le point laisser en paix qu'il n'ait honoré son siècle d'un corps parfait d'histoire que je ne voy pas que nous puissions attendre que de sa plume. Je ne vous demande point pardon de ma hardiesse. Je n'ay esté insolent que par vostre ordre et je sousmets la foiblesse de mes sentimens à la solidité des vostres, lesquels j'apprendray au premier jour, et cependant vous asseureray que je suis plus qu'homme du monde, Monsieur, vostre, etc.

De Paris, ce 10 décembre 1632.

VIII.
À Mlle DE GOURNAY.

Mademoiselle, je ne pense pas avoir tiré un petit proffit de la visite que je vous rendis, ces jours passés, puisqu'elle m'a produit un si bon souvenir que le vostre, et qu'elle m'a fait juger digne que vous prissiés la peine de m'envoyer escrits de vostre propre main les vers que vous aviés composés à la louange de la Pucelle, bien que je les peusse voir aisément dans vostre volume[2]. Je n'entreprendray pas icy de vous remercier de cette grace qui sans doute est trop grande pour se payer d'un simple compliment. A la première conférence, vous y mettrés le prix et j'essayeray de m'en acquitter.

Au reste, pour l'entreprise du poème héroïque de laquelle vous me parlés, comme si j'en faisois ma principale estude, je reconnois ingénument qu'elle est au dessus de mes forces et que la tentation qui m'en est venue et que je n'ay pas rejettée est l'un de mes plus grands péchés. Il est vray que, sans faire le fin, je vous puis dire que ce n'est qu'un divertissement pour moy et que

---

[1] Voilà un renseignement à joindre aux trop rares renseignements que nous possédons sur Granier de Mauléon. Cet ex-académicien recevait autrefois en son logis, comme Pellisson nous l'apprend (p. 152), des personnes d'esprit et des gens de lettres. Peut-être Bentivoglio, pendant sa nonciature à Paris (1617 et années suivantes), avait-il été un des habitués de la maison.

[2] Chapelain veut parler du livre que voici : *L'ombre de la damoiselle de Gournay, œuvre composé de meslanges* (Paris, chez Jean Libert, rue Saint-Jean-de-Latran, 1626, in-8°, de plus de 1,200 pages). Il y a là diverses pièces sur la Pucelle d'Orléans (pages 1180-1183). La plus remarquable est le quatrain intitulé :

A l'image de la mesme Pucelle ; l'espée nue au poing.
Dialogue.
Peux-tu bien accorder, Vierge du ciel chérie,
La douceur de tes yeux et ce glaive irrité ? —
La douceur de mes yeux caresse ma patrie
Et ce glaive en fureur luy rend la liberté.

M. Léon Feugère (*Notice sur Mlle de Gournay*, réimprimée dans *Les Femmes poètes au XVIe siècle*, Paris, 1860, in-8°) a rappelé (p. 218) que Marie de Jars avait d'avance chaleureusement applaudi le poëme de Chapelain, comparant ce poëme au *soleil* et comparant ses propres vers à *l'aurore*.

je n'eus point d'autre but, lorsque je m'y laissay aller, que de me désennuyer et passer de mauvaises heures sur d'agréables objets. Mais je vous avoueray bien que si vous ou ceux qui vous ressemblent avoient bien jugé de mon travail, je ne luy envierois pas la lumière et permettrois à mes amis d'en faire ce qu'ils trouveroient bon.

Que si, en cela, j'avois à tirer vanité de quelque chose, ce seroit beaucoup plus de l'invention et de la disposition de l'ouvrage que de la versification. Et je vous diray, en passant, sans taxer la foiblesse du siècle, que j'estimerois estre le premier qui lui auroit fait connoistre que les principales vertus de la poésie ne sont pas dans le vers, lequel, au jugement des premiers hommes de l'antiquité, a esté tenu mesme non nécessaire pour constituer l'essence du poème.

Cette entreprise, toutesfois, est d'entre mes desseins celuy qui m'empeschera tousjours le moins de dormir et qui n'arrivera à sa fin qu'au cas que je vive long temps ou que je n'aye point d'occupation plus sérieuse. Car je tiens qu'il faut traitter et ce genre de poësie et tout autre comme une chose qui est d'ornement et non pas de nécessité, en faire un jeu, non pas un exercice, et en mériter la louange et le titre sans les affecter, ni mesme les accepter. Vous voyés à quoy en sont tous ceux de ce temps qui y ont prétendu ouvertement, et qui en ont fait profession déclarée. Il y a quinze ou seize ans que je les observe à la Cour, où est leur théâtre, et que je trouve que poète, chantre, balladin, caymand[1], bouffond et parasite, pour ne rien dire de pis, y sont sinonimes et n'y passent que pour un. Dans l'infamie où cette belle langue des Dieux est tombée, il n'y a point d'homme, tant soit peu soigneux de son honneur, qui n'en doive fuir non seulement l'usage, mais mesme la communication, et désormais celuy là des poëtes méritera plus d'estime qui en recherchera le moins et qui sçaura mieux cacher sa vertu.

Quant à l'homme que vous appellés mon prototype[2], il a valu beaucoup en son temps, mais non pas assés pour me rendre son imitateur, comme vous le supposés[3]. Plus jeune de douze ans que je ne suis, j'ay remarqué en luy des deffauts où j'eusse esté bien marri d'estre tombé. Homère et Virgile, qui sont des divinités pour moy, ont bien de la peine à estre mes patrons, et vous vous souvenés bien que je vous ay fait remarquer en l'un et en l'autre des choses qu'ils pouvoient mieux ordonner. L'idée de l'art est mon seul exemplaire, sur lequel je me règle uniquement, et qui seul me feroit espérer ne marcher pas indignement après ces grandes lumières, si j'avois autant d'ardeur pour cette belle poésie qu'il le faudroit, et que vous le croyés.

La maistresse de vostre père[4], cette haute sagesse qui luy a tant donné d'amour est celle qui règne dans mon esprit et qui me fait avoir, à quoy que je m'applique, les

---

[1] Le *Dictionnaire* de M. Littré donne les formes *caïmandeur, quémand, quémandeur*. Le *Dictionnaire de Trévoux* signale la forme *caïmand* comme peu usitée. Tallemant des Réaux écrivait le mot comme l'écrit Chapelain. Voir le passage où ce chroniqueur assure que Richelieu trouvait le poëte Mainard trop *caymand* (*Historiettes*, tome IV, page 94).

[2] Le premier emploi connu du mot *prototype* est celui qu'en fit Jacques Ier parlant de Henri IV à Sully. (*Dictionnaire* de M. Littré.)

[3] François de Malherbe, mort le 6 octobre 1628. On sait que Malherbe et Mlle de Gournay eurent souvent maille à partir ensemble.

[4] Revoir (*Essais*, l. II, ch. xvii) ce que dit Michel de Montaigne de sa fille adoptive, « certes aimée de moy beaucoup plus que paternellement. »

plus belles distractions du monde. Je ne trouve que cet objet digne de l'homme. Il n'y a que luy dans mon esprit qui le puisse remplir. Partout ailleurs il fait l'enfant, s'abuse de la noblesse de sa nature, et se desrobe le temps qu'il y met.

Si je ne me commandois, je ne vous parlerois plus de rien que de cela, car je me sens desja emporté par la douceur des méditations que me fournit une si belle matière. Je reviens à ce moderne dont vous me faittes l'escolier avec si peu de fondement et vous dis qu'il estoit parfait en ce mestier, de la sorte que le commun en imagine la perfection. Je vous dis qu'il tournoit mieux les vers ni que moy ni que vous mesme. Mais je vous dis aussi qu'il ignoroit la poësie, de la sorte que tous les maistres des bons âges l'ont connue, et qu'il l'ignoroit beaucoup plus que vous ni que moy mesme, c'est à dire extrêmement[1].

Après cette déclaration, je n'ay plus, pour vous respondre à tout, qu'à vous rendre à ma mode ce demy vers de Virgile, *Sanguineam volvens aciem*[2], sans y employer ces mots de *rouer la prunelle* que vous aymés tant et que je ne puis approuver[3]. Je dirois donc pour en exprimer la force en un vers comme vous le demandés :

Roulant des yeux couverts et de flamme et de sang[4].

Que si ce n'est pas avec la pompe et la majesté de son autheur, il y pourroit premièrement de ma faute, ne l'ayant pas sçeu faire comme un autre l'auroit fait. Ce pourroit bien estre aussi la faute de nostre langue, à laquelle je ne fais point de tort de dire qu'elle cède en gravité à la latine, puisque la grecque mesme, qui est la plus belle des langues au jugement de tous[5], luy est inférieure en cette partie là. Cela pourroit encore venir de ce que c'est une maxime reçeue parmy les habiles, que jamais, en quelque langue que ce soit, la pure traduction n'égale l'original, et que c'est un grand avantage à celuy qui compose de son chef de n'estre point obligé de dire une chose plustost que l'autre, pourveu que ce qu'il dit soit bien dit, de manière que si Virgile renaissoit et vouloit traduire en son langage les pièces d'invention du cardinal

---

[1] Ainsi, Chapelain daigne accorder à Malherbe un admirable talent de versificateur, mais il lui refuse l'inspiration. C'est méconnaître étrangement l'auteur de quelques-unes des strophes les plus élevées, les plus lyriques de notre langue. Tallemant des Réaux (*Historiettes*, t. III, p. 266) a vengé Malherbe en reprochant à Chapelain de mettre trop de raison, trop de sagesse, dans ses vers, résumant toute sa critique en ce mot : «Cela ne sent pas assez la fureur poétique.»

[2] *Æneid. lib.* IV, *vers.* 624. Mlle de Gournay avait publié, dès 1619 (Paris, en une plaquette in-8°), une *Version de quelques pièces de Virgile*. En 1632, on le voit, elle avait recommencé à traduire, ou, pour parler plus exactement, à essayer de traduire ce poëte.

[3] Ce verbe *roüer*, employé de la sorte, était une de ces expressions adoptées par Montaigne et ses contemporains, et auxquelles Mlle de Gournay ne renonçait pas volontiers. Du Bellay a dit :

D'un horrible regard roüant ses yeux ardents
Et d'un horrible son faisant craequer ses dents.

Voyez le *Dictionnaire* de M. Littré.

[4] C'est plutôt une paraphrase qu'une traduction, car il n'est nullement question de flamme dans le texte. Notons, en outre, que des yeux ne sauraient être *couverts* de flamme. Ce passage de l'*Énéide* a eu du malheur avec les traducteurs : l'abbé Desfontaines n'a-t-il pas osé rendre *sanguineam aciem* par *les yeux rouges* ? (*Les Œuvres de Virgile*, t. II, 1770, p. 383.)

[5] Il serait difficile de ne pas penser ici aux admirables vers d'André Chénier dans son poëme *De l'invention* (p. 325 de l'édition Becq de Fouquières, grand in-8°, 1862) :

Un langage sonore, aux douceurs souveraines,
Le plus beau qui soit né sur des lèvres humaines.

3.

Du Perron qui sont vos délices¹, quelque bien qu'il travaillast, il seroit tousjours au dessous de ce qu'il auroit entrepris de copier.

Avec un peu plus de papier je vous amuserois un peu davantage. J'eus hier compagnie toute l'après disnée qui m'empescha d'expédier sur le champ vostre nain, comme j'y avois commencé.

Le 10 décembre 1632².

IX.
À M. DU TREMBLAY.

Monsieur³,

Je fus assés heureux, hier, pour rencontrer M. vostre frère⁴ à Ruel⁵ et luy présenter la lettre que vous luy escriviés sur mon sujet. Il est vray que les importantes occupations qui ne luy laissent pas un moment de libre et la nécessité qu'il eust d'aller à l'instant mesme trouver Mgr le cardinal me donnèrent à peine le temps de luy dire qu'ayant appris par MM. de Cercelles et Mainard⁶ que M. de Saint-Flour⁷ avoit pensé à moi pour le secrétariat de l'ambassade de Rome, je n'avois point voulu entendre à cette proposition qu'auparavant je n'eusse veu si S. Em. me jugeroit un sujet capable de remplir cette place.

Mais, comme mon malheur a permis que si je vaux quelque chose, M. vostre frère n'a pas eu le loisir de le reconnoistre, et qu'aussi il ne seroit pas raisonnable qu'il s'engageast à dire du bien de moy sur la seule bonne réputation, laquelle est souvent trompeuse, je suis réduit à vous supplier de rendre le tesmoignage à la vérité en cette occurrence et de déposer ce que vous avés observé en moy depuis quinze ans.

Toutesfois, je vous conjure que ce soit sans faveur et sans courtoisie, car encore que je fasse un extreme cas de la chose qui m'est proposée, et que je la peusse souhaitter comme mon souverain bien, je la perdrois néantmoins plus volontiers avec tout ce que j'ay au monde, que de songer seu-

---

¹ Voir dans *L'Ombre de la damoiselle de Gournay* (p. 938) l'enthousiaste chapitre intitulé : *De la façon d'escrire de MM. Du Perron et Bertault, qui sert d'advertissement sur les poésies de ce volume.*

² Suit (f° 20) une lettre (sans date) adressée à M. de Saint-Christophe, relative aux affaires d'Allemagne, et où Chapelain exprime la crainte qu'un *orage*, venu de la maison d'Autriche, n'éclate au printemps. Mentionnons, dans cette lettre, une vive tirade contre Gaston d'Orléans, «celuy que la faction espagnole nous a corrompu.»

³ Charles Leclerc du Tremblay, frère puîné du capucin si fameux sous le nom du P. Joseph, avait le gouvernement de la Bastille, qu'il garda jusqu'au 13 janvier 1649, où il fut remplacé par Pierre de Broussel.

⁴ François Leclerc du Tremblay avait alors cinquante-cinq ans. Il venait de signaler son zèle et son talent dans la négociation de la paix de Ratisbonne (13 octobre 1630).

⁵ Canton de Marly-le-Roy (Seine-et-Oise). Le nom de ce château, que le cardinal de Richelieu aimait tant à habiter, s'écrivait encore *Ruel* au milieu du siècle dernier. Voir, à ce nom, le *Dictionnaire* de Moréri (édition de 1759).

⁶ Si M. de Cercelles est inconnu autrement que comme un des correspondants de Chapelain, en revanche qui ne connaît François de Mainard, illustre à la fois comme prosateur et comme poète, et qui était alors âgé de cinquante-cinq ans? Voir sur Mainard, la note 1 de la page 431 des *Mélanges historiques*. *Lettres de Balzac*, n° VIII.

⁷ Charles de Noailles, né en 1589, mort en 1648, fut d'abord abbé d'Aurillac, puis évêque de Saint-Flour (1610-1646), enfin évêque de Rhodez. C'était le frère cadet de François, seigneur de Noailles, comte d'Ayen, né en 1584, mort en 1645, ambassadeur à Rome d'avril 1634 à juillet 1636, mais qui, comme on le voit, était déjà désigné, dès l'automne de 1632, pour aller occuper ce poste.

lement à la poursuivre par des moyens obliques et des desguisemens indignes d'un homme de bien. Vous sçavés combien j'estois éloigné de la recherche de cet employ. Vous sçavés encores que les premières génералles intentions que j'ay eues, de servir dans les ambassades, m'ont esté inspirées par vostre affection plustost que par le désir de faire fortune; ce que je vous dis, monsieur, pour vous confirmer que mon procedé est sincere, et que je ne veux icy de vous aucun extraordinaire effort ni auprès de M⁹ʳ le Cardinal, ni auprès de M. vostre frère, afin que si l'affaire se doit conclurre, elle soit autant à leur satisfaction que je sçay qu'elle sera à mon avantage. En ce cas, je ne vous feray point souvenir que je puis payer d'une intégrité sans reproche, d'un zèle désintéressé, d'un secret impénétrable, d'un courage inesbranlable, d'une fidélité incorruptible, et surtout d'une passion violente pour ma patrie et d'une vénération spéciale pour les hautes et éminentes qualités de M⁹ʳ le Cardinal, qui m'ont rendu son partisan déclaré depuis que le bon génie de la France l'a associé avec luy dans la conduitte des affaires.

Je ne vous feray, dis-je, point ressouvenir que ce sont là les essentielles parties de mon âme et sur lesquelles on peut se fonder, si l'on a dessein de se servir de moy. Car je sçay qu'elles vous sont si connues et si présentes à la mémoire que, comme elles m'ont seules donné part dans vostre bienveillance, c'est aussi par elles seules que vous continués encore à me faire du bien.

Maintenant pour ce qui regarde ma capacité, n'en pouvant parler moy mesme avec bienséance, je m'en remettray au jugement de ceux que j'ay fréquentés jusqu'icy capables eux mesmes de le porter, ou à l'espreuve mesme qui est la plus seure caution que l'on puisse prendre. Ce que je pense pouvoir dire de moy sans blesser ma conscience ni sortir des termes de la modestie, est que j'ay une connoissance assés exacte des langues italienne et espagnole, depuis vingt ans qu'il y a que je les cultive [1], que ma première étude fut la latine et l'histoire de tous les siècles ma principale inclination, de sorte que si j'ay quelque talent dont je me puisse prévaloir, c'est la politique, de laquelle, outre la disposition que j'y puis avoir de naissance, les anciens grecs et latins et les modernes italiens et espagnols m'ont enseigné le raisonnement et l'application. Mais encore seroit-ce trop dire si je ne parlois à vous, monsieur, qui prendrés cela comme une de mes ingénuités et une profession naïve de ce que je suis, pour vous la laisser après exprimer et tourner si adroitement que la vérité se fera paroistre sans impudence et sans soupçon de vaine gloire, qui est un vice dont jamais homme ne fut moins entaché que moy.

Que si le bien, que vous m'avés voulu procurer, m'arrivoit par ce bon office que je vous demande, et par l'assurance que vous donnés de moy, je ne crois pas qu'il soit nécessaire de vous dire que j'en demeurerois entièrement redevable à vous et à M. vostre frère, et que j'aurois une dépendance absolue de M⁹ʳ le Cardinal et des siens, puisque ce seroit ma plus grande gloire et qu'outre cela, vous sçavés que je

---

[1] Chapelain aurait donc commencé vers l'âge de dix-huit ans à étudier l'italien et l'espagnol. On sait qu'il fut chargé d'apprendre à Mᵐᵉ de Sévigné la première de ces langues, et qu'une des œuvres de sa jeunesse fut la traduction d'un roman écrit dans la seconde de ces langues, *Gusman d'Alfarache*. Tallemant des Réaux n'exagère-t-il pas, quand il dit (t. III, p. 279) : «M. Chapelain se picque de sçavoir mieux la langue italienne que les Italiens mêmes?»

suis le plus sensible de tous les hommes aux obligations que l'on a acquises une fois sur moy.

Je fus, hier, chés vous, à mon retour, pour vous rendre conte du succès de mon voyage, mais ne vous ayant point trouvé, j'ay estimé qu'il vous le falloit pas laisser ignorer plus long temps, ni tarder à vous faire ma prière très humble d'agir là dedans conformément à ce que je vous ay présenté, si ce n'est que vostre prudence ne vous dicte le contraire. Pardonnés moy cette liberté, mais pardonnés vous le premier à vous mesme, qui m'avés ordonné d'en user ainsi et d'estre assés bon pour vouloir que je vous prenne pour mon refuge [1].

X.
À M. DE BALZAC.

Monsieur, je ne m'esforce point à bien parler, quand je traitte avec vous, de peur de faire tort à cette naïveté pour laquelle seule je veux estre en estime auprès de vous, et laquelle je ne croy pas qu'on rencontre jamais simple et ornée toute ensemble, que dans vostre seule bouche. J'escris ce qui me tombe sous la plume sans me donner le loysir d'y faire aucune reflection et suis quelquesfois bien aise d'y trouver des bassesses et incongruités, pour ce que ce m'est une justification à moy mesme que je n'y ay point employé d'artifice. Ne vous excusés donc point des négligences dont vous prétendés que vos lettres soient pleines quand vous m'en envoyés, puisque, quand ce ne seroit pas une chose impossible quelles vous arrivassent, elle me passeroient pour marques de vostre franchise et me confirmeroient ce que je sçay desja, que vous estes tousjours à nud pour moy.

Je suis en peine de vos yeux [2] et voudrois bien que toutes ces infirmités allassent troubler des ames plus corporelles que la vostre. La nature, aussi bien que la fortune, agit avec vous trop peu révéremment et je le pardonne moins à la première qu'à la dernière, estant, comme vous estes, l'un de ses principaux ornemens, il est vray qu'elles sont toutes deux ministres de la nécessité et qu'elles se peuvent excuser sur une cause supérieure contre laquelle le sage ne sçait point murmurer. Munissons nous l'un et l'autre contre tous les assauts qui nous viennent de dehors, ou d'insensibilité, ou de patience. Ce sont les deux seuls boucliers que le ciel et la terre trouvent impénétrables à leurs traits et qui nous peuvent faire triompher au milieu des supplices.

Mais je presche au lieu de vous dire que M. Voiture est en bonne santé [3] et que mes lettres d'Espagne m'apprennent qu'il s'en revenoit avec M. de Bautru [4] lorsqu'il apprit le passage de Monsieur en Flandre, ce qui

---

[1] La lettre n'est pas datée, mais la place qu'elle occupe dans le manuscrit permet de l'attribuer sûrement aux derniers jours de l'année 1632.

[2] Chapelain répond à la lettre qui lui avait été adressée par Balzac, le 1er décembre 1632, et où nous lisons (p. 451) : « Mon silence n'est point un effet de ma paresse, et vous pouvez croire que ce n'est pas volontairement que je me prive du contentement que j'ay à vous entretenir. Les raisons qui m'ont obligé de me taire, ont esté plus justes que je n'eusse désiré, et une fascheuse defluxion qui m'estoit tombée sur les yeux, a failli à vous charger d'un ami aveugle. »

[3] Vincent Voiture, alors âgé de trente-quatre ans, avait été envoyé auprès du comte d'Olivarès par le duc d'Orléans, à la maison duquel il appartenait. Voir sur cet écrivain la note 4 de la page 411 des *Mélanges historiques. Lettres de Balzac*, n° III.

[4] Guillaume Bautru, comte de Serrant, alors âgé de quarante-quatre ans, avait été envoyé en Espagne en 1628, et de nouveau en 1632. Voir sur le diplomate-académicien la note 1 de la page 546 du même recueil, lettre L, l'article qui

le fist retourner sur ses pas à sa résidence de Madrid.

M. Conrart a receu celle que vous luy avés escrit comme une grâce céleste et ne se sent pas de plaisir. Aussi l'avés vous obligé de bonne sorte en la matière et en la forme, et, si je suis capable d'en juger, cette lettre est une des excellentes que nous ayons veue de vous¹. Je le voy vostre, acquis absolument, et vous devés faire fondement sur luy autant que sur personne de vostre connoissance. Je vous ay desjà parlé de ses bonnes parties : vous les trouverés encore en plus grand nombre lorsque vous aurés plus fait de chemin dans cette naissante amitié. Que si vous le désirés obliger entièrement, il faut que vous preniés les offres qu'il vous a fait pour sincères et pour véritables et que vous l'asseuriés efficacement que vous en estes du tout persuadé.

Nous attendons icy M. Godeau, dans trois jours, qui est tousjours le mesme pour vous, c'est à dire passionné.

La mort du roy de Suède n'a point apporté de diminution jusqu'icy à la fortune des Protestans; ils poursuyvent heureusement leur victoire et tiennent les impériaux renfermés dans la Bohème et dans le haut Palatinat.

Mgr le Cardinal arrive demain ou le jour d'après², où ses gens croyent que le Roy ne tardera plus guères à marcher vers la frontière d'Allemagne³, sitost qu'ils auront consulté ensemble ses intérests.

MM. de Chives et de Breton⁴ m'obligent fort de se souvenir de moy. Je suis à eux, et les voudrois pouvoir servir. Pour vous, je suis sans réserve, Monsieur, vostre, etc.

De Paris, ce [*en blanc*] janvier 1633 ⁵

XI.
À M. DE BALZAC.

Monsieur, les fascheux bruits qui ont couru de vous dans Paris, ces huits jours derniers, et dont la fausseté n'est pas encore tout à fait éclaircie, ne m'ont pas toutesfois persuadé, et j'ay suspendu ma douleur et ma crainte jusqu'à présent que je pense pouvoir asseurer qu'ils n'ont eu aucun fondement que la malice de vos anciens adversaires. Ils ne couchoient pas moins ⁶ que de vostre mort et passoient jusqu'à en dire les

---

le concerne dans le *Dictionnaire historique, géographique et biographique de Maine-et-Loire* par M. Célestin Port (t. Ier, 1874, grand in-8°, p. 235), et la brochure de M. René Kerviler : *Guillaume Bautru, comte de Serrant, l'un des quarante fondateurs de l'Académie française* (1588-1665). Paris, librairie Menu, 1876, grand in-8° de vi-86 pages.

¹ La première en date des lettres de Balzac à Conrart qui nous aient été conservées est celle du 5 février 1633 (n° XX du livre V, p. 176). A ce compte, nous aurions donc perdu la lettre tant admirée par Chapelain et qui serait probablement de la fin de 1632.

² Richelieu arriva le 3 juillet 1633 chez le duc de Montbazon, au château de Rochefort, où Louis XIII l'attendait. De là, il se rendit, le 4, à Dourdan, et le 5 à Paris.

³ Le roi ne tarda pas beaucoup, en effet, à marcher vers la frontière, car quelques jours plus tard il était déjà à Metz, ville qu'il quitta le 9 février 1633.

⁴ MM. de Chives et de Breton étaient des voisins et amis de Balzac. On a une importante lettre de ce dernier à *M. le Prieur de Chives*, du 28 octobre 1634 (N° XXX du livre IV, p. 140). Chapelain, comme nous le verrons plus loin, lui écrivit quelquefois.

⁵ S'il faut en juger par la date de l'arrivée de Richelieu à Paris, annoncée ici pour le lendemain ou le surlendemain, la présente lettre aurait été écrite vers le 3 ou 4 janvier.

⁶ C'est-à-dire ils n'annonçaient rien de moins que la nouvelle de votre mort. On connaît le vers de la satire II de Régnier (*Œuvres*

circonstances. Mais ce qui me les rendit dès l'abord plus suspects, fut un infâme et impertinent épitaphe[1] qu'ils débitèrent aussitost, d'où je conjecturay que celuy là mesme qui en avoit esté l'autheur l'avoit aussi esté de cette triste nouvelle.

Cependant je n'ay pas esté sans soupçon qu'il ne vous fust arrivé quelque chose de sinistre, ou en vostre santé, ou en vos affaires, vous ayant veu passer un si grand temps dans le silence non seulement pour moy, qui ne tirannise point mes amis et ne leur demande autre soin que de me bien conserver leur cœur, mais encore pour tout ceux qui vous honorent et que vous chérissés soit à la ville, soit à la Cour. J'ay appréhendé que vous n'eussiés une trop légitime excuse, et (sic) quelque nouvelle persécution de la nature ou de la fortune ne vous tinst les mains liées et ne nous privast de la consolation de vos lettres, c'est à dire du plus grand contentement que nous puissions recevoir. Et dans l'instant mesme que je vous escris, je vous avoue que la plume me tremble entre les doigts et que le cœur me dit qu'il y a quelque mauvaise raison à cette intermission[2] de correspondance. Dieu [veuille] que quand vous recevrés cecy, vous soyés en estat de me mander que l'orage est passé qui vous doit avoir agité et qu'il ne vous est demeuré de tout vostre mal que quelque léger ressentiment[3] qui ne vous ruine pas le plaisir de la vie!

J'attens cet avis avec impatience et cependant vous donne, à mon grand regret, celuy de la publication de vostre lettre à Du Moulin, laquelle nous avions jugé ne devoir point estre mise au jour que vous ne l'eussiès reveue[4] et retouchée à l'endroit où vous faittes, à mon opinion, trop paroistre pour le siècle la générosité de vos sentimens. On y a trouvé encore à dire que vous n'ayés pas voulu, en louant Du Moulin, luy pardonner sa finesse. Pour moy sans prononcer s'il le falloit ou non, je suis bien marri qu'il ait esté fait, puisque cela vous attire un volume du mesme Du Moulin sur les bras et qu'il vous a fait perdre son amitié, dont il semble que vous faisiés quelque conte. Je pense vous avoir desjà mandé, il y a plus de deux mois, que mon sens estoit que vous ne vous deviés point engager aux répliques, lesquelles vous rejetteroient en nouveau procès contre des gens plus dangereux que les précédens[5] et dont la batterie seroit plus à craindre auprès des habiles.

---

complètes, édition de M. E. Courbet, 1875, p. 20):

Ne couche de rien moins que de l'immortalité.

Cette locution, empruntée de la langue du jeu, n'a pas survécu à la première moitié du XVIIe siècle.

[1] On sait qu'épitaphe était autrefois des deux genres, mais plutôt, semble-t-il, par l'exemple de Balzac et de Chapelain, comme par l'exemple d'Amyot et de Ronsard, du masculin que du féminin. Je n'ai pu retrouver «l'infâme et impertinent épitaphe» qui excita si fort l'indignation de Chapelain.

[2] Balzac lui aussi se sert du mot intermission pour interruption. Voir (passim) le recueil de 1665 et celui de 1873.

[3] Ce qui reste d'une souffrance presque amortie, une impression qui va s'affaiblissant à mesure que la convalescence arrive.

[4] Camusat, qui a reproduit tout le passage sur Du Moulin (Mélanges, p. 64, 66), a mis receue pour reveue. Il a fait suivre la citation (p. 67) de cette remarque : «Cette lettre mit un peu de mésintelligence entre M. de Balzac et M. Chapelain, dont, pour cette fois, la franchise fut mal reçue.»

[5] Allusion aux adversaires que Balzac, après la publication de ses premières Lettres (1624), trouva dans certains moines, à la tête desquels était le P. Goulu, général des feuillants, l'auteur des Lettres de Phyllarque, lequel, selon le mot de Tallemant des Réaux (Historiettes, t. IV, p. 89), «cherchoit à faire claquer son fouet.»

Je croy cet avis d'autant plus nécessaire maintenant, que j'apprens qu'un ministre de Rouen estimé parmi eux a escrit une lettre pleine d'aigreur au mesme Du Moulin sur le sujet de celle qu'il vous a envoyée la dernière, dans laquelle il le blasme de vous avoir répondu laschement et comme en prévaricateur, s'offrant de vous combattre, s'il n'en a pas le cœur, et se promettant grand succès de son entreprise [1]. C'est encore un de vos malheurs que vous blessiés en caressant et que ceux de qui vous recherchés les bonnes grâces prennent vos complimens pour des dénonciations de guerre.

J'ay veu et voy tous les jours icy M. Maynard, lequel m'a consolé des tesmoignages qu'il m'a rendu de la continuation de vostre amitié. Il s'est présenté une occasion, depuis son arrivée en son païs, en laquelle, de son chef et avec beaucoup de générosité, il m'a fait paroistre qu'il m'aymoit et me désiroit du bien [2]. Vous sçavés comme je ressens les obligations de cette qualité et si un homme est maistre chés moy quand il y est entré par cette porte.

Je suis dans une profonde tranquillité pour ce qui regarde le succès de la proposition, et pardonne de bon cœur à la fortune, si elle me laisse en la posture où je vis. Mon inquiétude est que mon ami sçache au vray que je pèse bien le mérite de son intention et que je l'estime sans comparaison plus que la chose mesme qui en pourroit réussir, quand j'en jouirois pleinement et paisiblement. Vous m'obligerés, lorsque vous luy escrivés, de l'en asseurer comme vous le pouvés faire et de luy tesmoigner que vous estes bien aise de voir les effets de vostre recommandation, car outre que je sçay que vous prenés plaisir, en toutes les occurences, de bien parler de moy, il m'a encore dit spécialement que j'avois fait partie de vostre entretien à une dernière entreveue et qu'il s'estoit confirmé extrêmement par vos paroles dans l'affection qu'il vous portoit.

Avec mes dernières lettres, il y avoit une response de M. Conrart à celle que vous luy aviés escritte. Je croy que vous l'avés reçeue et que la façon dont il se redonne encore à vous vous aura satisfait. Il faut prendre la consolation de tous nos travaux dans l'estime où nous sçavons estre parmy les gens d'honneur, et penser que c'est un bien que ni la malice ni le hazard ne nous sçauroit ravir. C'est la quintessence de ma philosophie qui me remet de tous mes maux passés et qui me fortifie contre tous ceux qui sont à venir. Je vous conseille d'en user, vous [et] de me croire [quand je vous affirme] que je seray tousjours le plus ferme de ceux qui ont fait profession de vous suyvre et de vous confesser [3].

De Paris, ce 25 janvier 1633.

---

[1] Ce fanatique ministre de Rouen paraît être Jean Maximilien de Langle, sieur de Baux.

[2] Mainard, que protégeait la famille de Noailles, avait recommandé son ami Chapelain à la bienveillance du futur ambassadeur à Rome.

[3] C'est-à-dire de reconnaître publiquement combien ils vous honorent, quelle foi ils ont en vous. — On possède la réponse de Balzac (n° IV du livre XVII, p. 721) : elle est deux fois faussement datée, et au *30 juin 1636*, il faut substituer le *30 janvier 1633*. Il règne dans cette lettre, brève et tranchante, une mauvaise humeur dont cette seule phrase donnera une suffisante idée : «Vous faites difficulté de prononcer sur la lettre que j'ay escrite à l'Achille de la Cause, parce qu'un Thersite de la mesme cause vous a dit qu'elle avoit offensé celui à qui je l'escrivois. J'ay appris le contraire de luy mesme...» — A la suite de la lettre à Balzac, vient (f° 27) un billet à M. de Chives, d'où je tire ces trois ou quatre phrases : «Mandés moy, je vous prie, ce qu'il est de M. de Balzac, car j'en suis en une peine extrême. Au retour de Guienne, il tomba malade, puis guérit et m'escrivit. Depuis il s'est

XII.
À M. DE BALZAC.

Monsieur, si je n'ay pas acquis auprès de vous la liberté de vous expliquer mes pensées sur ce que je croy qui vous importe, je vous confesse que j'ay failly en vous disant les choses qui sont dans mes lettres précédentes sur le sujet de celles qui ont esté escrittes par vous et par Du Moulin. Mais si j'en ay peu user, de vostre consentement, comme je me l'estois persuadé, j'en prétendrois encore de la louange ou, à tout le moins, du gré, puisque mon intention a esté louable et que je l'ay fait pour ne pas manquer aux obligations de nostre amitié. A Dieu ne plaise que j'avoue que jamais rien m'ait dépleu ni en vos paroles ni en vos actions [1].

Quand vous ne seriés pas le grand homme que vous estes, il auroit suffi de mon affection pour me rendre en vous toutes choses agréables. Vous m'avés tousjours pleu et en tout, mais j'ay eu sujet de vous dire par les discours de ceux qui n'ont pas pour vous la passion que j'ay, que vous n'aviés pas pleu à tout le monde, comme vous le méritès et comme je le désire. Estant sur le lieu des nouvelles et alerte pour les intérests de ceux que j'ayme, je n'eusse pas creu ma conscience à couvert, si je ne vous eusse averti de ce qui choquoit les délicats. Il y alloit de mon serment de fidélité à vous céler ce qui vous pouvoit nuire et qui venoit à ma connoissance.

J'ay tousjours creu que le vray caractère de la bonté estoit la franchise, qui ne va jamais guère sans rusticité. Vous avés deu interpréter de moy toutes choses en cette part, et croire, comme je pense, vous avoir plusieurs fois protesté que je puis bien mal juger ou mal rapporter, mais non pas avoir jamais intention de le faire.

Si je vous eusse adouci en tout la moindre des choses que je vous ay mandé, je m'en fusse accusé comme d'un crime et en eusse voulu faire la pénitence. Maintenant qu'il me semble voir dans vostre dernière lettre que ce procédé vous a desagréé, je vous demanderois volontiers permission de vous honorer sans cette estroitte obligation de vous descouvrir tous mes scrupules, laquelle j'estimerois essentielle à nostre commerce, et de me descharger de ce soin assidu que je m'estois prescrit sur l'opinion que vous l'exigiés de ma sincérité.

Quoyque je les estime de quelque mérite, je ne les puis néantmoins aymer, s'ils sont capables de vous altérer contre moy, et pourveu que vous ne m'en imputiés pas la négligence, je m'en abstiendray bien plus volontiers que je ne les pratiqueray. Je vous dis cecy avec ma candeur ordinaire et vous prie de croire que je suis et seray tousjours ce mesme ardent ami que vous m'avés creu jusqu'icy, sans que ce nouvel ordre diminue en rien le véhément désir que j'ay de vostre avantage et de vostre gloire. Je seray seulement plus docile et moins sujet à troubler vostre repos. Je pourvoiray à ne pas

---

passé six semaines sans que j'aye eu de ses nouvelles. Le commun cependant a creu sa mort universellement..... Soyés moy l'ange de salut et de joye : je vous auray une extrême obligation et demeureray... De Paris, ce 30 janvier 1633.»

[1] Chapelain répond ici à cette phrase du trop susceptible Balzac : «Il me fasche de ce qu'il semble que vostre jugement ne me soit pas si favorable que vostre affection, et que vous me refusiez le plus agréable fruit que je me propose en mes actions, je veux dire le contentement de vous avoir plû.» Il me paraît difficile de répondre à la fois avec plus de douceur et de fermeté que ne le fait Chapelain, à des plaintes aussi injustes que celles de Balzac.

me priver d'un bien qui m'est si cher comme l'est vostre bienveillance, et que mon imprudence me pourroit aisément faire perdre par les mesmes moyens que j'aurois pris pour le conserver. Il sera plus de la bienséance assurément d'attendre vos ordonnances et d'essayer à les punctuellement exécuter, sans m'ingérer de moy mesme par un zèle qui souvent est indiscret à faire des choses non demandées et non nécessaires. Mais je vous conjure de ne me laisser pas inutile et de donner tousjours quelque exercice à la passion que j'ay de vous servir, si vous ne voulés que je croye qu'elle vous a aussi bien dépleu que la foiblesse de mon jugement, et que je ne dois plus espérer de vous que de l'indifférence.

Je pense, en vous disant cecy, vous faire un puissant exorcisme, puis que vostre bonté m'a fait croire que vous n'auriés jamais d'indifférence pour moy. Il y a dix jours que je receus vos précédentes, par lesquelles je fus relevé de l'inquiétude où le mauvais bruit qui couroit de vous me tenoit. La douleur qu'il m'avoit donnée servit à me rendre le contentement de vostre santé plus grand. Dieu soit loué que vous n'estes mort que dans le désir des abominables, et que vous avés encore assés de vie pour la donner immortelle à ceux qui vous honoreront et qui vous aymeront! Conservés la, je vous supplie, pour le bien public et pour le mien particulier, et ne me mettés jamais en peine de vous faire un épitaphe digne de vous. Conservés la pour adjouster à tant de beaux ouvrages que vous avés desja donnés ceux qui vous restent à donner encore, et entre autres cette belle idée du ministre d'Estat[1] qui nous a entretenu avec tant de satisfaction, M. le Maistre[2] et moy, le dernier voyage que vous fistes à Paris. Conservés la enfin pour donner moyen à la fortune de se repentir et de réparer toutes les injustices qu'elle vous a fait par autant ou plus de bienfaits, à la consolation de tout ce qu'il y a de gens de bien en l'Europe.

J'ay rendu vostre lettre à M. Maynard auquel elle a apporté une joye extraordinaire. Il vous réserva prontement et, à mon avis, vous envoyera une ode qu'il a fraischement présentée à M. le Cardinal. Dans Pasques vous aurés un petit volume de vers pieux de M. Godeau[3] qui ne le ruineront pas dans vostre estime et qui ne vous le feront pas croire indigne de l'amitié que vous avés pour luy. Il vous prie de le tenir pour vostre très acquis et de l'excuser s'il ne vous escrit point. Le tracas de son impression et la Court dont on l'a fait estre malgré luy, nous le ravissent presques à nous mesmes, en sorte qu'il n'a presque pas mesme le loysir de nous parler.

La comédie dont je vous ay parlé dans mes précédentes n'est mienne que de l'invention et de la disposition. Le vers en est de Rotrou, ce qui est cause qu'on n'en peut avoir de copie, pour ce que le poëte en gaigne son pain. J'en ay bien gardé le plan sur lequel elle a esté exécutée, mais il seroit malaisé qu'il vous divertist plaisamment; si vous le désirés voir toutesfois, je vous en feray [a]voir une coppie et vous l'envoyeray[4].

Je m'en vais désormais estre bien embar-

---

[1] Le *Ministre d'Estat* ne parut que vingt-six ans plus tard, sous le titre de : « *Aristippe, ou de la Cour* (Paris, Aug. Courbé, 1658, in-4°). Balzac était déjà mort depuis quatre années (8 février 1654).

[2] L'avocat Antoine Le Maître était alors âgé de vingt-quatre ans seulement. Nous retrouverons souvent le nom de ce personnage dans la correspondance de Chapelain.

[3] Les *Œuvres chrestiennes* dont il a été fait mention dans la note 5 de la lettre II.

[4] Je ne crois pas que les historiens de la litté-

rassé parce que, si MM. les Ministres ne changent point d'avis, je suis nommé et choisi pour secrétaire de l'ambassade de Rome, qui est le négoce dont je vous parlois obscurément dans mes précédentes, pour ce qu'il n'estoit pas encore à sa maturité et que je suis l'homme du monde qui se promet le moins de l'avenir. Dès là je dis adieu au repos et à la tranquillité que je pensois avoir rencontré dans mes ténèbres. Je serois bien heureux de solliciter pour vous en cet employ quelque bon évesché, en attendant le chapeau qui seul peut bien couronner vostre mérite[1].

Je suis, Monsieur, vostre, etc.

De Paris, ce 17 febvrier 1633[2].

XIII.
À M. DE BALZAC.

Monsieur,

Je puis passer pour négligent auprès de vous par plusieurs raisons. La faute des maistres de la poste en est une, mais la nouvelle occupation que me donne l'emploi de Rome auquel ils m'ont destiné[3] en est bien la principale. Je suis à plaindre, et du tracas où l'on m'a jetté et de l'empeschement qu'il m'apporte de m'entretenir avec vous aussi souvent que je le désire. On appelle mon eslection à ce secrétariat bonne fortune, et force gens me l'envient, mais s'il n'y a point d'autre bonne fortune en ce monde, je conclus qu'il n'y en a point pour moi, tant je trouve desjà de différence entre ce genre de vie et celuy que je menois, il y a quatre mois, dans ma paisible retraitte.

Il y a assés long temps qu'on a dit que nul n'estoit satisfait de sa condition et que l'on a creu que le vrai repos estoit banni de la terre. Je l'ay tousjours esprouvé depuis ma naissance, et l'esprouve encore plus maintenant qu'il semble à chacun que je le doive espérer le plus. Vostre solitude, je le jure, mesmes avec toutes les injustices que vous avés ressenties par le passé et desquelles vous n'estes pas encore délivré à cette heure, est le vray contentement que je souhaiterois, et, sans avoir dessein de vous consoler, je vous proteste que, si je le pouvois avoir sem-

---

rature aient jamais signalé cette particularité. Il resterait à savoir quelle est la comédie de Rotrou dont Chapelain fournit le plan au poëte, alors si pauvre et si malheureux. S'il faut en juger par les indications chronologiques, cette pièce pourrait bien être la *Célimène*, jouée en 1633, imprimée en 1637 (in-4°) et qui, retouchée plus tard par François l'Hermite, dit Tristan l'Hermite, fut réimprimée (1653, in-4°) sous le titre d'*Amaryllis*.

[1] Ce n'est point là, comme on serait peut-être tenté de le croire, une amicale plaisanterie. Balzac soupira, pendant presque toute sa vie, après la mitre et la pourpre, et ses contemporains n'en étaient pas trop surpris. Le moins indulgent d'entre eux, Tallemant des Réaux, a dit (*Historiettes*, t. IV, p. 93): «Le Cardinal se fust fait honneur en luy donnant un evesché.»

[2] Balzac (lettre VIII du livre XVII, p. 723) s'excuse ainsi de ses torts : « Je n'ay garde de trouver mauvaise vostre liberté. Mais je vous prie de pardonner à mon chagrin, et de supporter quelque chose d'une âme malade. » Balzac ajoute : «Je suis glorieux de l'estime que vous faites de mon discours. Toutefois, je ne sçay pas bien si c'est tout de bon que vous l'estimez, ou si vous ne voulez point adoucir par là une humeur que vous pensez avoir irritée.» On a daté du 1ᵉʳ août 1636 cette lettre qui doit être du 1ᵉʳ mars 1633. Voir sur ce point et sur d'autres fausses dates, une note de la lettre écrite par Chapelain à M. de Cercelles, au commencement du mois de mai 1633, lettre XV, p. 33.

[3] Le pronom *ils*, qui grammaticalement devrait se rapporter aux *maîtres de la poste*, désigne les grands personnages qui avaient pensé à Chapelain pour le secrétariat de l'ambassade de M. de Noailles.

blable, je la préférerois à tout ce que la Court me sçauroit donner de plus avantageux. Je souspire après le bien que je quitte et tremble d'apprehension de celuy qu'on dit que je vay recevoir. Toute ma vie, j'ay esté dans les affaires comme n'y estant pas et ay vescu particulier et retiré au milieu de la multitude. Je m'estois desfait de l'ambition et m'estois défendu d'espérer aucune chose. Rien, apres cela, ne me pouvoit arriver de fascheux, m'estant mis de moy mesme en un estat si bas, qu'il estoit encore au dessous des disgráces et des cheutes[1]. Et voicy qu'on me relève et qu'on me met en veue pour servir peut-estre d'objet à la malice et calomnie! On me guinde en haut pour estre plus exposé aux tempestes qui règnent ordinairement dans les régions supérieures. Je vous le répète, je vous tiens heureux chés vous, vous comparant à moy, quelque sujet de ressentiment que vous ayés de la mauvaise récompense que le siècle donne à vostre mérite. Jamais je n'en pourray faire autant que je ne le fasse[2], et vous me trouverés véritable en ma protestation, si Dieu me laisse de la vie pour l'exécuter, après l'accomplissement de cette mission, de laquelle il m'a esté impossible de m'excuser.

Par mes lettres précédentes, je vous ay accusé la réception de vos dernières et de celle principalement que vous escriviés à l'Empereur sur le sujet que vous sçavés[3]. Il seroit difficile que je vous disse l'estime que j'en ay fait, sans que la foiblesse de mes paroles fist tort à la force de ma conception. Il y a peu de choses excellentes dans l'Antiquité que cette pièce n'égale ou mesme ne surpasse. Elle est si belle que, sans en prétendre autre reconnoissance, il me semble qu'elle vous pouvoit payer de sa seule beauté. N'ayés point de regret de l'avoir enfantée. Car, si elle ne vous a rien produit d'utile, elle vous a adjousté une extrême gloire, qui est le solide bien que la révolution des choses ne sçauroit oster.

Je ne voudrois point surtout, autant que je puis juger de ces choses, que vous prissiés résolution de passer en païs estrange[4], quand mesme vous auriés de bons gages en main d'y estre reçeu selon ce que vous valés. Je ne suis pas fort expérimenté en ces matières et néantmoins je pense que ces transmigrations sont dangereuses en toutes personnes et qu'en la vostre particulièrement elles passeroient pour marque de mescontentement, ce que les hommes prudens comme vous ne doivent jamais, qu'ils ne sçachent bien que cela ne leur puisse nuire. Je compâtis à vostre douleur plus qu'aucun de vos fidelles et voudrois bien avoir d'autres lénitifs à vous donner que le temps et la patience. Mais, croyez moy, qu'en l'estat des choses présentes, il est périlleux d'y chercher d'autres remèdes, et qu'une maison comme la vostre est un excellent lieu pour attendre le temps et patienter.

J'ay dit exactement à nostre ami B[oisrobert][5] ce que M. de Chives m'ordonnoit de

---

[1] Cette phrase fait songer au vers d'Alain de Lille, vers que l'on assure avoir été cité par Charles Ier, roi d'Angleterre, dans sa prison :
   Qui jacet in terra non habet unde cadat.

[2] Ce qui veut dire : j'en ferai autant quand je le pourrai.

[3] Probablement quelque lettre écrite à l'empereur Ferdinand II en faveur de la paix. Cette pièce n'a pas été recueillie dans les OEuvres de Balzac.

[4] Voiture, cité dans le *Dictionnaire de Trévoux*, disait lui aussi (en 1645) *étranges* pour *étrangères*, et La Fontaine, cité dans le *Dictionnaire de M. Littré*, le disait encore beaucoup plus tard.

[5] L'abbé François Le Metel de Boisrobert était alors âgé de quarante ans environ. Voir sur cet académicien les notes 1 et 2 de la page 511 des *Mélanges historiques. Lettres de Balzac*, n° XXXVI. Le nom de Boisrobert reviendra souvent dans les pages suivantes.

vostre part pour le faire sçavoir adroittement à son Maistre[1]. Je le trouvay altéré[2] d'une lettre que vous luy aviés escritte sans doute durant vostre plus sensible desplaisir et toutesfois disposé de vous servir, s'il y pouvoit rencontrer les dispositions. C'est un homme qui m'a semblé, en ces derniers temps, chaud et officieux ami, mais, si vous le voulés conserver, je suis d'avis que vous le mesnagiés avec douceur. Il s'eslève en faveur et pourroit prendre, avec le temps, les mœurs que donne la fortune. Je remets toutesfois cela, comme tout, à vostre singulière prudence.

J'ay donné en main propre vos lettres à M. Conrart et à M. Godeau qui vous respondent et m'espargnent la peine de vous tesmoigner leur ressentiment.

J'ay veu M. d'Andilly[3] et M. Le Maistre, avec lesquels j'ay eu grande et ample conversation sur vostre sujet. Nous vous avons loué et plaint en mesme temps. Ils partent aujourd'huy pour Pomponne[4].

M. Granier est toujours à vous.

Je suis, Monsieur, etc.

De Paris, ce [en blanc] mars 1633[5].

XIV.

À M. GASSENDI.

Monsieur[6], pour toute response au scrupule que vous avés eu d'estre demeuré quelque temps sans que vous m'eussiés rescrit, je vous diray que ce retardement ne m'a pas donné autre peine en l'esprit, sinon de me faire douter que vous n'eussiés pas agréable que je prisse cette familiarité avec vous. Mais maintenant que je voy par la vostre, que non seulement vous me permettés de vous escrire, mais que vous me faittes espérer de vos lettres à l'avenir, je vous asseureray que vostre scrupule a esté vain et que, si j'ay esté surpris de vos lettres, ça esté plustost pour ce que je ne les attendois pas, que pour ce qu'elles soient arrivées trop tard. Je sçay que je parle à un philosophe solide et à un homme qui a peu connoistre par ce peu de communication que nous avons eu ensemble, que c'est mon génie et ma façon de raisonner. Sur ce fondement je me puis plaindre de l'excès de courtoisie dont vous usés envers moy, et me semble que vous

---

[1] C'est-à-dire au cardinal de Richelieu, de la maison duquel Boisrobert faisait partie.

[2] Agité, ému. Le mot a été employé dans le même sens par Boileau (Satire III):

Quel sujet inconnu vous trouble et vous altère?

[3] Robert Arnauld d'Andilly, frère aîné du grand Arnauld, était alors âgé de quarante-quatre ans. Comme plusieurs des membres de sa famille, et notamment comme son frère Henri, d'abord abbé de Saint-Nicolas, et ensuite évêque d'Angers, il figurera souvent dans la correspondance de Chapelain. Ce furent MM. d'Andilly et Le Maître qui procurèrent à Chapelain la généreuse amitié du duc de Longueville : ils lui parlèrent si favorablement de la *Pucelle*, que le prince, après en avoir vu les deux premiers livres, donna au poëte une pension de deux milles livres qui, bien différente de tant d'autres pensions de la même époque, fut toujours régulièrement payée.

[4] Voir sur Pomponne (aujourd'hui canton de Lagny, arrondissement de Meaux département de Seine-et-Marne), la note 1 de la page 651 des *Mélanges historiques. Lettres de Balzac*, n° LXXXVIII.

[5] Suit (f° 31) une lettre sans adresse, écrite en mars 1633, où Chapelain parle de l'amitié que lui porte Lhuillier, du secrétariat de l'ambassade de Rome et du changement survenu en cette affaire, des bienfaits qu'il doit à M. de Longueville et au cardinal de Richelieu, etc.

[6] Pierre Gassend, plus connu sous le nom de Gassendi, était alors âgé de quarante ans. Voir sur ce savant la note 1 de la page 555 des *Mélanges historiques. Lettres de Balzac*, n° LIV. Chapelain et Gassendi ne devaient pas tarder à devenir l'un pour l'autre d'excellents amis, comme on le verra dans cette correspondance.

vous estes contraint et avés un peu traitté trop civilement et trop communément dans vostre lettre un esprit qui cherche vostre force et qui est rebuté de cérémonie et de compliment.

Ce n'est pas louange à vous d'exceller en ce genre, possédant des choses si fort au dessus de ce qui entretient le commerce des hommes ordinaires. Ce n'est pas à moy consolation de voir une page toute remplie d'excuses et de protestations, croyant desja de vous tout ce que vous en sçauriés désirer, et ne m'estimant pas considéré de vous comme d'une personne qui ait besoin de toutes ces gentillesses pour faire cas de vous. Dès icy je vous proteste, pour ne le faire plus jamais, que je vous suis ce que M. Lhuillier vous est[1], et que si je ne suis pas aussi digne de vostre amitié que luy, je le suis au moins autant de vostre candeur et de ce généreux procédé qui vous sépare du commun des hommes et vous rend l'objet de nostre admiration. Accourcissons le chemin qui fait tant perdre de temps, et jouissons d'abord de nostre félicité sans consommer en paroles vaines et en préparatifs inutiles les heures que nous pouvons employer à de solides entretiens.

M. Lhuillier me servira de garend. M. Magnes[2] me plègera et mon cœur les deschargera envers vous, quoy qu'ils vous en ayent peu dire. J'ay impatience de vostre arrivée en ce païs[3] et cependant je suis, etc.

(*Sans date*)

XV.
À M. DE CERCELLES.

Monsieur, ce sera icy la dernière importunité que je vous donneray sur l'affaire qui vous a tant travaillé et de laquelle je vous avois l'obligation première. Je vous supplie de ne vous en pas rebuter et de me rendre encore un office après tant d'autres que vous

---

[1] François Lhuillier ou Luillier, qui aimait Gassendi d'une affection vraiment fraternelle, était aussi très-lié avec Chapelain, ce qui ne l'empêchait pas de se moquer du bizarre accoutrement du bonhomme, comme nous l'apprend Tallemant des Réaux (t. III, p. 265), et, ce qui était plus grave, de sa poésie, comme nous l'apprend le même chroniqueur (t. IV, p. 194). Voir sur Lhuillier la note 1 de la page 459 du recueil cité plus haut, lettre XVIII.

[2] C'est un correspondant de Chapelain resté bien obscur. Tallemant des Réaux n'en a rien dit dans les *Historiettes*, mais il l'a mentionné dans une note sur Voiture (voir l'édition de M. Ubicini, t. I, p. 219) comme «homme d'âge, fort sérieux, ami de Chaudebonne et de Voiture, gouverneur du duc de Fronsac.» Dans une lettre du 29 octobre 1633 (f° 64), Chapelain le comble des plus affectueux compliments, cherchant de son mieux à le consoler. M. Magnhes avait subi l'opération de la taille à l'âge de cinquante ans; il en avait soixante en 1633 et il avait à se plaindre des «injustices de la fortune,» suivant l'expression de Chapelain, qui ajoute: «Rappelés cette ancienne générosité qui avoit servi d'exemple au mieux-né de nos jeunes princes...» Ce Magnhes avait vingt ans quand, allant à Rome avec Guillaume Maran, docteur régent ez droictz canonique et civil en l'université de Tolose, il fut pris par les corsaires de Tunis et emmené en captivité (1593). Voir le chapitre XIV du livre II de l'ouvrage manuscrit du P. Dan, supérieur des trinitaires, intitulé: *Les illustres captifs. Histoire générale de la vie, des faicts et aventures de quelques personnes notables prises par les infidèles musulmans* (bibliothèque Mazarine, n° 1919, in-f°). Le P. Dan donne au compagnon de voyage et de captivité de G. Maran le prénom de Gilles et l'appelle «homme de grande probité et de doctrine.» Il ajoute qu'il se défendit très-bravement à bord du vaisseau qu'avaient capturé les corsaires, et qu'à son retour d'Afrique, il fut nommé gouverneur du duc de Fronsac.

[3] Cette impatience ne devait pas être de longtemps satisfaite, car Gassendi ne vint à Paris qu'au commencement de l'année 1641.

avés faits si généreusement en ma faveur. Depuis hier que j'eus l'honneur de vous voir avec M. Maynard, il est impossible que je vous exprime en quelles agitations d'esprit j'ay esté sur les choses dont nous parlasmes sur les précises explications que j'eus de l'intention de M. de Noailles. C'est un seigneur duquel la haute naissance et le mérite singulier me sont en vénération singulière, et je me loueray toute ma vie de ma bonne fortune qui m'a fait avoir le bien de m'approcher de luy.

Il est vray qu'alors que l'employ du secrétariat de Rome s'est présenté et que M^{rs} les Ministres, conjointement avec luy, m'ont regardé favorablement pour le remplir, il est arrivé que, faute de s'être bien entendu, il s'est promis de moy des choses dans lesquelles je suis incapable de luy rendre l'assistance qu'il avoit désiré. Il est vray encore qu'au temps que la proposition m'en fut faite, je conçeus cet employ avec de telles circonstances d'honneur et d'avantage, que ce que j'ay appris depuis des conditions que M. de Noailles y met, me surprend et m'interdit plus que vous ne sçauriés penser. M. de Noailles a esté estonné que je ne voulusse point me charger du soin de ses affaires domestiques, durant et après son ambassade. Et moy je l'ay esté sans comparaison plus quand j'ay appris en paroles expresses qu'il n'entendoit point que j'eusse obligation de mon eslection à d'autres qu'à luy, ni que je creusse estre au Roy, mais à luy seul, qu'il ne s'obligeoit à me donner part dans la négociation qu'autant qu'il le trouveroit bon et que je ne devois pas croire que M. [   ]¹ y allast que pour y agir, qu'il se réservoit la liberté de me destituer et de me renvoyer, si mon service ne luy plaisoit pas, qu'il rayeroit le titre de secrétaire de l'Ambassade sur toutes les lettres où il se trouveroit escrit, et qu'il ne vouloit point que j'envoyasse de lettres qu'il n'eust veues².

Or, Monsieur, bien que je respecte tout ce qui vient de M. de Noailles, et que je croye toutes ses intentions pleines d'équité et de raison ; néantmoins j'ay ressenti toutes ces loix si dures à mon esprit, n'ayant principalement pas esté fort importun à rechercher la place où l'on me destinoit, que je me suis résolu, après l'avoir meurement considéré, de supplier que la chose en demeurast là et fust comme non avenue. Aussi bien seroit-il difficile que, durant le service qu'il va rendre, il peust prendre en moy toute la confiance qu'il seroit nécessaire pour son soulagement, après avoir tesmoigné combien il trouvoit estrange que je ne m'attachasse point à ses intérests domestiques, et il seroit aussi malaisé de m'oster à moy le scrupule et l'appréhension d'un mauvais traittement, si je m'estois embarqué à le suyvre après les semences de deffiances et de jalousies qui se sont écloses, depuis l'esclaircissement que je luy ay donné de ce qu'il pouvoit attendre de moy.

Je rends graces à Dieu de ce qu'il a permis que l'on se soit expliqué d'assés bonne heure pour donner loysir à M. de Noailles de faire eslection d'un secrétaire de qui il puisse avoir tout le contentement qu'il mérite et pour me faire éviter les desplaisirs que je reconnois qui m'estoient inévitables

---

¹ Ce nom a été laissé en blanc dans le manuscrit.

² Voir les détails que donne sur toute cette affaire l'abbé Goujet (*Bibliothèque françoise*, t. XVII, p. 358 et 359), d'après une vie manuscrite de Chapelain qui lui avait été communiquée, avec les autres œuvres inédites de cet écrivain. Tallemant des Réaux dit avec sa plaisante verdeur de langage (t. III, p. 267) : «Ce M. de Noailles lui ayant fait une brutalité, il le planta là, dont l'autre pensa enrager, et remua ciel et terre pour le ravoir.»

autrement. Il est en lieu où il peut choisir. Paris est plein de personnes de vertu et de capacité qui occuperont cette place plus dignement que je n'eusse fait et de qui les parties seront plus considérables[1]. Il ne perdra rien en moy, puisque la seule chose que j'ay d'estimable, qui est ma passion pour les gens d'honneur, luy demeurera acquise à jamais et qu'il doit s'asseurer de mon très humble service dans toutes les occurences où je luy pourray faire paroistre.

Pour vous, Monsieur, comme vous avés esté le premier à faire l'ouverture de la chose pour le bien que vous me voulés, j'espère que vous me ferés encore la grace de la terminer et que vous obtiendrés de M. de Noailles qu'encore que je ne l'assiste pas en cette occasion, il ne laissera pas de me tenir au rang de ses fidelles serviteurs.

Je vous baise très humblement les mains et suis, Monsieur, vostre, etc.

De Paris, ce [..] may 1633[2].

XVI.
À M. DE BOISROBERT.

Depuis vostre partement de Paris, la plus forte occupation que j'ay eue a esté la correction de mon Ode suivant l'intention de Mgr le Cardinal[3], mais il faut que je vous avoue que ce qui m'est arrivé de nouvelles affaires domestiques, jointes avec l'inquiétude où vous m'avés veu pour l'employ de Rome, m'a du tout empesché de travailler

---

[1] Ce fut François de Mainard que M. de Noailles emmena à Rome et qu'il garda auprès de lui pendant toute la durée de son ambassade. M. Livet, dans une note de l'article de Pellisson sur Mainard (*Histoire de l'Académie française*, t. I, p. 196), s'exprime ainsi : « La place de secrétaire avait été offerte à Chapelain, qui l'avait refusée avec beaucoup de dignité, à cause des conditions humiliantes que lui voulait imposer M. de Noailles. Maynard n'eut, auprès de l'ambassadeur, aucun titre officiel, ni aucune fonction. »

[2] Lettre qui est très-probablement du 1er mai, puisque toutes les lettres sont rangées par ordre chronologique et que la lettre suivante est aussi du 1er mai. — Signalons, au sujet de l'affaire du secrétariat de l'ambassade de Rome, diverses lettres de Balzac à Chapelain qui sont toutes inexactement datées, et qui, au lieu d'appartenir à l'année 1636, sont incontestablement de l'année 1633. Par exemple, les lettres VII, VIII et IX du livre XVII (p. 723, 724) ont été écrites, les deux premières pendant que l'affaire se négociait, la troisième au moment où elle venait d'être abandonnée. On lit, en effet, dans la lettre VII (20 juillet 1636) : « J'espère de revoir Paris, *et Rome mesme, si c'est là que le destin vous appelle;* » dans la lettre VIII (1er août 1636) : « La nouvelle que je devine, me fasche; mais je la croy advantageuse à vostre bien; et je sçay que le secrétariat de l'Ambassade de Rome a esté le premier degré de la fortune du cardinal d'Ossat; » enfin, dans la lettre IX (8 août 1636) : « Le parent de Vercingétorix [c'est-à-dire le comte de Noailles, gouverneur du haut et bas pays d'Auvergne et de Rouergue] ne sçait ce qu'il veut, et n'a pas sçeu connoistre ses advantages. Il a eu grand tort de pointiller avec vous sur une qualité qu'il falloit faire revivre, pour une personne de vostre mérite, quand elle eust esté supprimée, comme il prétendoit. »

[3] Il s'agit là de l'*Ode à Monseigneur le cardinal de Richelieu*. Dans le *Catalogue des œuvres laissées par les académiciens*, dressé par l'abbé d'Olivet (à la suite de l'*Histoire de l'Académie*, édition de 1858, t. II, p. 519), on ne cite qu'une édition de cette Ode (Paris, in-4°, 1637). Mais il en existe plusieurs autres, notamment une postérieure (Paris, 1660, in-4°), et une antérieure, que M. Paulin Paris (*Historiettes*, t. III, p. 282) nous fait ainsi connaître : « *L'Ode au cardinal de Richelieu*, qui vaut mieux certainement que l'*Ode sur la prise de Namur* de Despréaux, a été reproduite dans les *Nouvelles muses des sieurs Godeau, Chapelain, Habert*, etc. (Robert Bertault, 1633, in-8°, p. 21). Elle a trente strophes de dix vers. »

à cet ouvrage comme je croy le pouvoir faire et comme la grandeur du sujet le désire. Maintenant comme le succès en dépend uniquement du repos de mon esprit, et qu'il est impossible que je l'aye tant que je me tiendray engagé à cet employ, je vous ay envoyé ce laquais exprès pour vous conjurer, par l'amitié fidelle que vous m'avés promise et tesmoignée jusqu'icy, de supplier très humblement Mgr le Cardinal qu'il luy plaise, si j'ay fait quelque chose qui luy ait esté agréable, non seulement de me dispenser de ce voyage, mais de faire sçavoir à M. de Noailles qu'il m'a retenu en France, soit pour le service du Roy, ou autre chose, soit pour celuy de Mgr le Cardinal mesme. L'un ou l'autre de ces moyens me dégage avec honneur de cette affaire, laquelle je ne puis achever, et met M. de Noailles à couvert des discours qui en pourroient estre faits. Je tiendray l'un ou l'autre à faveur extrême, mais je vous confesse qu'il seroit bien plus selon mon inclination et bien plus à mon avantage, si Mgr le Cardinal [daigne] m'envoyer son aveu[1] et permette que je me dise partout arresté par luy pour son propre service.

En ce cas, j'essayerois de ne paroistre pas du tout indigne de cette grâce que néantmoins je luy demande simple, sans luy vouloir estre à charge ni de pention ni d'appointement, et demeurant dans les simples termes de passer dans le monde pour estre à luy et pour le servir avec zèle et passion en tout ce qui luy plairoit de m'ordonner. C'est la très humble requeste que je vous conjure de luy faire pour moy en ces propres mots, laquelle s'il m'octroye, comme je l'espère de sa générosité, vous m'obligerés, s'il vous plaist, de recevoir l'ordre de luy pour le porter de sa part à M. de Noailles. Et je vous ay esprouvé si franc et si officieux que je ne doute point que vous n'en faciés aussitost la diligence, comme il est besoin pour tirer vostre ami de l'embarras où il se trouve.

La résolution estant prise en mon esprit, pour mille raisons de ne point aller à Rome, vous m'espargnerés une rupture fascheuse avec M. de Noailles, que j'honore et désire servir en toute autre occasion, et me mettrés en estat d'achever la Pièce qu'il[2] a jugée pouvoir n'estre pas tout à fait indigne de luy et à laquelle il est impossible que je m'applique avec la tranquillité nécessaire pour y réussir. Obligés moy donc de parler le plus promptement qu'il vous sera possible à Mgr le Cardinal aux termes précis que je vous ay marqués, de tirer sa response, de la faire sçavoir, selon mon intention, à M. de Noailles et de me donner avis de tout par ce laquais. J'attens cette assistance officialle[3] de vous, et vous promets de ne vous estre jamais importun que cela en ma vie.

Que si M. de Noailles estoit parti de la Cour auparavant que vous eussiés résolution de Mgr le Cardinal, vous pourriés, s'il est disposé à me faire cette grâce, tirer un mot de luy que vous escririés et luy feriés signer, et si vous ne veniés point promptement à Paris[4], me l'envoyer afin que je l'envoyasse de sa part à M. de Noailles. La chose

---

[1] C'est ainsi que j'ai cru devoir rétablir la phrase boiteuse et incorrecte : *Si Mgr le Cardinal l'envoyer d'un aveu*.

[2] C'est-à-dire Richelieu.

[3] Je ne trouve *official, officiale* dans aucun autre auteur du XVIIe siècle. Peut-être faut-il lire autrement et croire que Chapelain s'est servi de l'expression déjà employée un peu plus haut, et qu'il a écrit ou voulu écrire : assistance *officieuse*.

[4] Richelieu était à Juvisy (aujourd'hui canton de Longjumeau, arrondissement de Corbeil (Seine-et-Oise) le 2 mai 1633. (Recueil de M. Avenel, t. IV, p. 461.)

m'importe extrêmement et ne coustera à Mgr le Cardinal qu'une parole et à vous qu'un de ces offices que vous rendés si souvent et si volontiers à ceux que vous aymés. C'est pourquoy je m'en promets bon succès et demeure, Monsieur, vostre, etc.[1]

De Paris, le 1er may 1633.

XVII.
A M. DE BOISROBERT,
PRÈS DE MONSEIGNEUR LE CARDINAL.

Vous me ravissés du nouveau tesmoignage de la bonté que Mgr le Cardinal a pour moy et du favorable jugement qu'il luy a pleu faire de celuy que vous luy avés monstré touchant cette nouvelle histoire de Flandres[2]. Je suis né pour recevoir de ses grâces et prens la bonne opinion qui luy est demeurée de cet Escrit, pour l'une des plus signalées qui me pouvoit venir de sa part. Ce sont des présens qui passent jusques dans mon âme, qui m'enrichissent, et qui establissent ma réputation, laquelle je tiens estre la vraye fortune des gens de bien. Je vous supplie qu'il sçache que, ne le pouvant payer que de mon ressentiment, il est au moins si grand que j'en suis satisfait moy mesme, moy qui ne me suis jamais rien pardonné.

Mais, pour ce qui regarde la question : Si l'historien doit juger, dans laquelle il déclare tenir la négative contre moy, je m'estime fort malheureux de n'estre pas aussi bien de son avis en cet article, comme je le suis et le veux estre tousjours en toutes choses. Je n'ay point d'amour pour mes opinions et, pour les tenir, je ne contredis jamais à qui que ce soit, beaucoup moins lorsque je réplique au premier des hommes, dont la bouche prononce des oracles et de qui l'authorité seule doit passer pour infaillible raison. Je ne fay que descouvrir les fondemens de ma créance et de rendre conte de ce qui m'a persuadé, jusques là de tenir plustost pour un parti que pour l'autre, attendant la décision de celuy qui nous la peut donner. Et je me hazarde d'autant plus librement à luy repartir, que je sçay par expérience qu'il a l'humanité jointe à ses qualités divines, et que luy qui nous a assuré la liberté, ne trouvera pas mauvais que j'en use pour un moment en une occasion où les erreurs mesmes ne portent aucun péril après elles[3].

Dans mon escrit, je posois la question pour problématique, agitée et tenue diversement selon les inclinations des Escrivains et des Lecteurs avec raisons et authorités de

---

[1] Cette lettre, jusqu'aux mots : *n'estre pas tout à fait indigne de luy*, a été publiée par M. R. Kerviler (Étude sur Chapelain déjà citée, *Revue de Bretagne et de Vendée*, 1875, p. 263). Trompé par l'abbé d'Olivet, M. Kerviler croit que l'*Ode au cardinal de Richelieu*, composée « peu de temps après la mort de Malherbe, ne fut cependant imprimée qu'en 1637. » C'est faire imprimer l'ode trop tard et la faire composer trop tôt. On a vu dans la lettre qu'on vient de lire que, le 1er mai 1633, Chapelain travaillait encore à cette ode : il polissait et repolissait *la pièce* qui n'avait point paru à Richelieu *tout à fait indigne de luy*, mais où le grand ministre avait demandé quelques corrections. Tallemant nous apprend (t. III, p. 266) que d'autres personnes encore obligèrent Chapelain à retoucher ses strophes : « MM. Arnaut et quelques autres de ses amis lui firent faire tant de changement à cette pièce, qu'elle parvint à l'estat où on la voit, et sans difficulté c'est une des plus belles de nostre langue. »

[2] Le livre du cardinal Bentivoglio dont il a été question dans les lettres V et VII.

[3] Ces compliments excessifs semblaient nécessaires à Chapelain pour se faire pardonner la liberté grande qu'il prenait de combattre l'insoutenable thèse du cardinal de Richelieu. Tenons compte au contradicteur du cardinal du courage relatif avec lequel il défendit (un peu trop verbeusement) les droits sacrés de l'historien.

grand poids de costé et d'autre. Icy j'adjousteray que, sous le mot de jugement, je comprens les conjectures, les louanges, les condamnations, les maximes résultantes et les sentences qui se peuvent tirer du sujet, en passant. Maintenant, pour deffendre mon sens qui est dans l'affirmative, je dis que l'histoire ayant pour unique but l'avantage de la Société, elle ne doit rien obmettre de ce qui le peut produire, et que lorsqu'il manquera à quelqu'une particulière un seul des moyens nécessaires à cette fin, elle sera moins parfaitte que celle qui se rencontrera les avoir tous ensemble. Or il est certain que l'histoire prise pour la simple narration, sans qu'elle appuye sur les endroits remarquables, touche les fautes, pénètre les causes vraisemblables, explique les conséquences, fortifie le droit, et déteste l'injustice, passera tousjours dans l'esprit du lecteur pour un rapport et une réprésentation passagère des évènemens et ne sera jamais suivie de l'Utilité qu'elle se propose pour Objet. Car il faut considérer qu'elle est escritte pour les hommes en général, le plus grand nombre desquels a besoin que l'on luy digère les choses, si l'on veut que l'on en profite; de sorte qu'à l'esgard de la multitude, l'Histoire nue et le plus vil des Romans est tout un.

Le commun, pour la pluspart, est incapable, en lisant les Relations, de discourir sur les occurences simplement récitées et de tirer des exemples historiques le fruit dont ils n'ont que les semences, et qui ne le conduira[1] comme par la main à toutes les réflexions qu'ils peuvent souffrir, il est clair que de sa propre force il ne les fera pas. Le raisonnement n'est pas un bien public; peu de gens le possèdent; le reste du monde ou ne l'a pas, ou l'a imparfait et altéré. C'est un défaut que nous tenons de la corruption de nostre première nature, laquelle ne s'estant peu conserver dans la pureté de sa création, nous a laissé par le péché cette tare en la partie qui constituoit principalement nostre essence, et ceux là sont bien voulus du Ciel[2] en qui sa grâce a réparé ce qui désormais manque comme naturellement à l'animal qui estoit né pour raisonner.

Sur ce fondement, il me semble assés juste de dire que puisqu'on ne doit pas attendre que l'histoire fructifie toute seule dans l'âme des personnes ordinaires pour lesquelles elle est composée, il faut que l'Escrivain vienne au secours de sa foiblesse et l'accompagne de tout ce que l'esprit en pourroit tirer par la forte méditation; à quoy je ne voy point d'inconvénient qui soit considérable, lorsque je pense qu'au pis aller ceux qui sont habiles et qui n'ont pas besoin de cette ayde ne le trouveront qu'inutile pour eux et qu'en récompense les autres y profiteront notablement.

Mais, comme par ces raisons, je désire que l'historien juge, aussi d'autre costé, ne veux-je pas qu'il soit permis à toutes personnes d'escrire l'histoire ni de juger. Après la doctrine de la Religion, je tiens qu'il n'y a point de profession plus sacrée que celle là, et à laquelle il faille se donner avec plus de révérence et de retenue. Celuy qui s'en charge doit estre absolument homme de bien, sans parti et sans intérest quelconque, d'une habitude naturelle au bon jugement, fortifié par une exacte lecture des Anciens et informé des choses par des mémoires certains et non suspects. Il faut qu'il s'eslève au dessus des passions et qu'il n'ait de mouvement que pour la vérité avec intention de la rendre utile à la conduite des actions humaines; qu'au reste il ne se termine jamais rien qu'après l'avoir plusieurs fois

---

[1] C'est-à-dire : et lorsqu'on ne le conduira, etc.
[2] Traduction libre du :

... Pauci quos æquus amavit Juppiter...

examiné; que ses remarques soient exquises et précieuses, et que ses observations rendent tousjours le lecteur ou bon ou prudent.

A moins que tout cela, non seulement il vaudroit mieux que l'on ne jugeast point, mais que l'on n'escrivit point encore. Les Autheurs téméraires ou préoccupés causant beaucoup plus de préjudice à la République que ceux qui y mettent le trouble et la désolation. J'estime que le jugement historique, avec ces conditions, sera supportable à Monseigneur, lequel, outre qu'il le peut avoir interdit à l'historien par la juste appréhension qu'il ne s'en servist dangereusement, l'a possible encore creu peu nécessaire par la considération de sa haute et admirable clarté dans les choses les plus embrouillées, de sa puissante vertu pour tirer en un clein d'œil toute la substance des matières les plus stériles, ce que sa modestie luy a fait croire commun à tous. Et j'avoue bien que s'il n'y avoit point de distinction entre Monseigneur et le reste des hommes, et que chacun se peust louer comme luy d'une si angélique constitution d'esprit, il ne faudroit point escrire d'histoire; il suffiroit des plus légères relations; chacun se feroit l'office de l'historien à soy mesme; entendant le naïf récit des choses, on raisonneroit de son chef sur le passé et sur l'avenir, et l'on se donneroit ce plaisir inconnu aux basses âmes d'appliquer ses sentiments sur tout et de rendre les sujets que l'on regarde féconds par cette application. Mais il ne nous appartient pas d'estre si heureux, et si l'opinion qu'il a qu'il faut suspendre son jugement en escrivant l'histoire, est fondée sur cette créance, j'oseray dire qu'il l'a eue trop avantageuse de nostre génerale infirmité, laquelle n'aura jamais trop d'appuis pour la soustenir ni trop de remèdes pour en corriger les desréglemens.

Pour moy, je pense vuider la question en distinguant et disant que l'historien ne doit point juger au respect de Monseigneur et de ceux qui luy pourront ressembler, mais qu'au respect de l'ordinaire des hommes le jugement de l'historien est de nécessité absolue pour suppléer à leur défaut et soulager leur imbécillité. C'est ce que j'eusse respondu à Monseigneur s'il m'eust obligé à deffendre ce que j'avois posé dans l'escrit que vous luy avés fait voir. Quand tout autre divertissement luy manquera, je laisse à vostre discrétion de luy donner cettuy cy et vous conjure de m'aymer tousjours.

De Paris, ce 9 may[1] 1633.

XVIII.

À M. DE BOISROBERT.

Monsieur, je crains que vous ne repartiés de Paris encore une fois sans que je vous entretienne et cependant il m'importe extrèmement de vous dire combien je me sens redevable à la bonté excessive de Monseigneur le Cardinal, dans les nouveaux tesmoignages que vous m'en avés donnés. C'est pourquoy vous trouverés bon, s'il vous plaist, que je m'en explique sur le papier.

Je vous diray donc, premièrement, pour les remarques de Monseigneur sur mon Ode, qu'il m'est extraordinairement glorieux d'en avoir eu son approbation en la plus grande partie, mais que je suis beaucoup plus touché de l'honneur qu'il m'a fait par ses réprehensions que par celuy que je reçois de ses éloges. Je n'oserois dire que les endroits qui luy ont pleu ne soient pas estimables; j'ayme mieux estre peu modeste que de ne pas déférer en tout à son divin

---

[1] J'ai cru devoir remplacer *juin* par *mai*, parce que *juin* est un *lapsus* évident, les deux lettres suivantes étant datées de ce même mois de mai.

jugement[1]. Néantmoins je vous confesseray que j'ay trouvé une justice plus exacte dans la censure que dans la louange et que j'ay esté bien plus partial de la première que de la seconde, bien que ces précieux caractères qui les marquoient ayent esté également adorés de moy[2] et que je les aye également pressés de ma bouche.

Maintenant quoyque vous m'ayés appris qu'il a receu favorablement les raisons que j'avois mises en apostille, dans la dernière copie pour justiffier mon dessein et que il les ait mesme voulu passer pour bonnes, affin de m'espargner la peine que les lieux remarqués me pourroient faire à raccommoder, mon zèle toutesfois n'a peu accepter ce parti, et sans se prévaloir de l'indulgence de Monseigneur il s'est imposé à luy mesme la loy ou de mettre l'Ode au point qu'on avoit désiré à la première veüe, ou du moins d'y faire un effort pour y parvenir. Il ne suffit pas que Monseigneur se contente de ma bonne volonté pour me faire oster la main de l'ouvrage, il faut que la passion que j'ay de l'achever soit satisfaitte et que, si je ne le puis, on connoisse que ce n'est pas par lascheté, mais par impuissance.

J'espère faire voir à Monseigneur les endroits, dans six jours, que j'ay retouché et le biais que j'ay pris pour suyvre son intention première. Après cela, s'il l'approuve, on pourra imprimer la Pièce, et contenter le monde qui la demande avec instance sur la réputation que luy a donné Monseigneur par le cas que chacun sçait qu'il en a fait. Vous m'obligerés de luy faire entendre particulièrement tout cecy, afin qu'il sache quelle est ma reconnoissance et le désir que j'ay de rendre un digne hommage à sa vertu. Mais vous ne me ferés pas une faveur moins considérable, si vous luy tesmoignés l'extrème ressentiment que j'ay de la grâce qu'il m'a accordée, lorsque vous l'en avés très humblement supplié en mon nom.

L'affaire de Rome m'estant ruineuse par une infinité de circonstances, je serois le plus stupide de tous les hommes si Son Éminence ayant bien voulu m'en tirer, je luy en faisois un remerciment ordinaire[3]. Je pèse la grâce et n'en puis assés ressentir que, non seulement elle me débarasse d'un voyage où je risquois infiniment, mais qu'elle m'honore encore d'un aveu, pour lequel seul je quitterois tout ce que la fortune me sçauroit jamais donner de bien et davantage.

Au reste, bien qu'en apparence je ne me puisse dire à Monseigneur que depuis la permission qu'il m'en a donnée, et ce que vous en avés publié de son consentement, il est néantmoins très véritable que je suis à luy depuis le temps qu'il a esté appellé à la conduite de nos affaires et que j'ay passé pour sien en toutes les occasions où il a fallu ou louer sa haute vertu, ou deffendre ses actions des attaques de la calomnie. C'est pourquoy je vous conjure de me faire passer auprès de luy, dès à présent, pour vieux ser-

---

[1] Voilà deux fois de suite que Chapelain se sert de cette épithète à l'égard de Richelieu, mais n'oublions pas que *divin* n'a ici (et c'est déjà bien assez!) que le sens d'*excellent*, de *parfait*.

[2] *Adorés* est pris ici dans le sens primitif d'*adorare*, porter à la bouche, comme l'expliquent du reste les derniers mots de la phrase.

[3] On voit par là que Tallemant des Réaux n'avait pas eu tort d'assurer (t. III, p. 267) que, dans cette occasion, « Boisrobert le servit [Chapelain] auprès du cardinal de Richelieu, qui croyoit lui estre obligé à cause de son ode. » Remarquons-le une fois pour toutes, la correspondance de Chapelain confirme sur un grand nombre de points les récits et les témoignages de l'auteur des *Historiettes*.

viteur, et d'autant plus qu'ayant estudié, depuis long temps, son rare mérite, observé ses mouvements avec un soin particulier, descouvert les racines qui nous ont produit tant de beaux fruits et par de raisonnables conjectures pénétré le fond de son âme, je l'ay révéré à proportion de la connoissance que j'en ay eue, c'est à dire plus que personne.

Mais il vous souviendra de le confirmer dans la créance que vous luy avés desja donnée, que mon ambition ne va qu'à estre creu sien par luy et par toute la France. En m'y accordant la grace qu'il fait, il ne me regardera pas, s'il luy plaist, comme un prétendant d'employ ou à pension; je ne croy mériter ni l'un ni l'autre et contiens mon désir de ce costé là au dedans des bornes. Je souhaitte ardemment, mais en général, d'estre utile à son service pour contenter ma passion et payer à sa vertu ce que je luy dois comme François et qu'il n'y a point d'homme en France qui ne luy deust, si on luy estoit aussi juste qu'il est bienfaisant à autruy.

Au surplus, j'ay l'esprit patient et puis attendre dix ans un de ses commandemens sans murmure et sans inquiétude, sans m'empresser à la porte de sa chambre, sans l'ennuyer de mon visage, ny l'importuner de mes demandes. Je suis amoureux de sa vertu et non pas de sa fortune et ne considère en luy, maintenant qu'il veut bien souffrir que je l'approche, que ce que j'y ay considéré, il y a dix ans, lorsque j'espérois le moins de pouvoir parvenir à l'honneur de l'approcher. Quelque peu de bien que j'aye, je ne m'estimeray jamais pauvre tant que j'auray de la modération,

et bien que je ne sois pas en condition de refuser les grâces que sa générosité me pourroit faire, il est pourtant vray que le bien est la chose que je désirerois la dernière, et que je préfèreray tousjours le plus petit tesmoignage de sa bienveillance au plus grand thrésor qui me pourroit venir de sa libéralité.

Vous l'asseurerés donc, Monsieur, qu'il ne sera jamais chargé de moy, que je suyvray tousjours ses ordres aveuglément et qu'encore que la passion que j'ay de le servir soit violente, je ne me présenteray néantmoins jamais à luy qu'il ne le commande, ni ne rechercheray jamais aucune autre faveur de luy que celle qu'il m'a desja octroyée, en m'avouant pour sien. Je vous donne là une grande harangue à faire, mais vous m'aymés et sçavés bien prendre vostre temps et je veux me persuader que vous n'en perdrés pas une parole. Je finis sans compliment et suis, etc.

Monseigneur m'a rendu l'esprit par la grâce qu'il luy a pleu de me faire. C'est pourquoy je le supplie qu'il use de toute rigueur dans la censure de l'Ode. Désormais que j'ay la tranquillité qui me manquoit, je trouve de la force dans ma foiblesse et croy tout pouvoir en son nom.

De Paris, ce [*en blanc*] may 1633 [1].

XIX.

A M. DE BAUTRU.

J'use de la liberté que vostre bonté m'a donnée et vous supplie très humblement

---

[1] Suit (f° 41) une lettre de mai 1633 (également sans quantième) et qui n'est que la répétition abrégée de la précédente. Je croirais volontiers que ce sont là deux rédactions de la même lettre, l'une plus et l'autre moins développée. Peut-être Boisrobert fut-il chargé de remettre au Cardinal celle des deux qui paraîtrait la meilleure! On trouve à la suite de cette lettre un billet à Boisrobert dont nous donnons un extrait dans la note 2 de la page suivante.

de me faire l'honneur que de présenter[1] à Mgr le Cardinal l'Ode que j'ay consacrée à sa vertu. M. de Boisrobert, à qui je l'addresse, vous la portera et joindra ses prières aux miennes afin que le succès de mon offrande responde par vostre entremise à la pureté de mon intention. J'espère beaucoup plus de vostre recommandation que de son mérite, quoyque j'aye de très précieux tesmoignages de l'estime que vous en avés faite, et qu'il ne me soit pas permis de la croire toute mauvaise, après vous avoir veu juger qu'elle n'estoit pas indigne du jour. Je paroistray sans comparaison mieux dans vos paroles que je n'eusse fait par ma puissance[2], et je suis asseuré que, sous vostre faveur, je passeray dans l'esprit de Son Éminence pour honneste homme, du moins jusques à ce que je l'aye salué et qu'il ait reconnu ma foiblesse de plus près.

Vous m'obligerés par ce nouvel office à plus de reconnoissance et non pas à plus d'affection, laquelle d'abord vous avés toute espuisée en moy, sans qu'à l'avenir, quelque grâce que vous me puissiés faire, il soit en ma puissance de vous honorer plus que je fais. M. de Boisrobert apprendra comme tout aura réussi, et je me promets qu'il me mandera que l'Ode aura eu un accueil favorable, puisque vous avés bien daigné la prendre en vostre protection et vous abaisser à luy servir d'Introducteur. Mais de quelque sorte que la Fortune en dispose, je vous en demeureray éternellement redevable et mourray avec la qualité de vostre, etc.

De Paris, ce 18 juin 1633.

XX.

AU R. P. JOSEPH.

Je vous avoue que l'avis qu'on me donna de vostre esmotion contre moy m'avoit osté la hardiesse de me présenter devant vous, et réduit à vous faire entendre par mes lettres et par ceux qui m'ayment les raisons du changement arrivé en l'affaire de Rome pour ce qui me regardoit. Depuis, ayant appris que vous les aviés goustées, et que vous trouviés bon que je vous rendisse mes devoirs, j'ay remercié Dieu d'estre rentré en grâce près de la personne du monde à qui je me reconnois le plus obligé, et dont la seule aversion m'eust osté toute sorte de contentement à l'avenir.

J'ay cherché l'occasion de vous faire la révérence et de recevoir par vostre bouche les asseurances de la satisfaction que j'estime vous avoir donnée et de la bienveillance que je pensois avoir perdue en vous. Mais les occupations importantes qui vous tiennent continuellement dans l'action ne m'ayant pas permis de vous rencontrer, je vous rends icy grâces très humbles de ce qu'il vous plaist me tenir encore au nombre de vos serviteurs, et vous supplie de croire que rien ne me sera jamais impossible pour vostre service particulier.

M. de Boisrobert, qui vous rendra cette lettre, vous présentera aussi un Exemplaire de l'Ode que Mgr le Cardinal a trouvé bon que je fisse en son honneur[3]. J'espère que vous l'aurés agréable à cause du sujet et que vous y aimerés le zèle qui m'a fait entreprendre d'en parler, bien que ce n'ait

---

[1] Chapelain a voulu dire : de me faire un si grand honneur que de présenter, etc. On sait que Guillaume Bautru, qui «estoit bon courtisan,» comme le rappelle Tallemant des Réaux (*Historiettes*, t. II, p. 316), fut un des familiers du Cardinal, lequel, selon le même chroniqueur (*ibid.*, p. 319), «en faisoit cas.»

[2] On lit très-distinctement : *par ma puissance*, mais il semble bien que le sens exige : *par ma présence*.

[3] Nouvelle preuve, s'il en avait été besoin, de la publication en 1633 de l'Ode qui, d'après

pas esté assés dignement. Que si vous l'approuviés, j'en voudrois avoir bonne opinion et me tiendrois plus que satisfait du travail et du temps que j'y ay employé. Attendant que je sois capable de vous donner quelque plus grand tesmoignage de ma passion, je demeureray vostre, etc.

De Paris, ce 18 juin 1633.

XXI.
À M. DE VAUGELAS[1].

Je seray enfin contraint de croire qu'il y a quelque chose de supportable dans l'Ode que vous avés veuë et que les Muses ne m'y ont pas tout a fait abandonné, puisque, le hazard vous l'ayant présentée, vous en avés jugé si avantageusement et avés creu que sa louange devoit faire une partie de la lettre que nostre ami a receüe la dernière de vous. Vous m'estes un grand autheur pour les choses auxquelles je me dois arrester, et quand je vous auray pour pleige de la bonté de mes petites productions, je suis capable de les estimer. C'est pourquoy je vous conjure de me désabuser, si ce que vous avés escrit de celle-cy n'est qu'un effet de vostre affection ou de vostre courtoisie. Prenés soin de ma pudeur que desjà vous avés esbranlée et qui peut faire naufrage sur vostre foy.

Vous trouverés, dans ce paquet, l'exemplaire que je vous avois destiné et que je n'ay manqué à vous envoyer que faute de commodité. Relisés les Vers encore une fois pour l'amour de moy, et que je sache vostre sentiment particulier sur ce qui vous y choquera. Je veux que vous me payés le devoir que je vous rends par vostre sévère censure et prétens que vous m'y traittiés en Ennemy. Au reste, je suis réduit à voir Alexandre dans Quinte-Curce puisque vous ne nous permettés pas encore de le voir dans M. de Vaugelas[2], auquel, etc.

De Paris, ce 10 juillet 1633[3].

---

quelques critiques, n'aurait vu le jour que quatre années plus tard. Le 16 juin (f° 42) Chapelain avait envoyé une douzaine de lignes à Boisrobert : « Ce billet suppléra à mon malheur, s'il m'empesche de vous trouver chés vous ce matin... A un cœur comme le vostre, il ne faut rien recommander lorsqu'il est question d'agir pour son Ami. Aussi ne vous prescris-je rien en cela et, quoy que vous faciés, je l'approuveray, pourveu que vous ne hasardiés plus vostre fortune, qui est la chose pour laquelle j'ay le plus de tendresse. L'impression de l'Ode ne sçauroit estre faite que pour Dimanche. Je vous l'envoyeray sitost qu'elle sera en estat, mais tant à cause de ce qui s'est passé entre vous et Monseigneur, qui vous doit rendre un peu retenu avec luy, que pour ce que M. de Bautru m'oblige de sa bienveillance au delà de ce que je puis mériter... etc. » Voilà comment Bautru, à la place de Boisrobert, fut chargé de présenter à Richelieu l'Ode de Chapelain. Dans un autre billet adressé au même abbé (f° 44) le 22 juin, Chapelain le prie d'assurer le Cardinal qu'il lui *tient le cœur lié de mille chaisnes* et qu'il l'a engagé par l'honneur qu'il lui a fait *à souffrir, s'il est besoin, le martyre pour luy*. Chapelain ajoute : «Estant né avec du cœur, je ne connois point de richesses qui égalent la bonne réputation qu'il me donne par le cas qu'il fait de moy. Pour les avantages présens et la gratification de l'Avenir dont vous me portés parole pour son commandement, je les reçois à genoux comme des présens célestes...»

[1] Claude Favre de Vaugelas était alors âgé de quarante-huit ans. Voir sur cet académicien la note 2 de la page 417 des *Mélanges historiques. Lettres de Balzac*, n° V.

[2] La traduction de Quinte-Curce ne parut que vingt ans plus tard, en 1653, trois ans après la mort de Vaugelas (26 février 1650).

[3] Chapelain écrivait (f° 46), de la Trousse, le 6 août 1633, à Boisrobert : « J'achevay hier d'estre heureux et Monseigneur donna la dernière perfection à ma félicité par le favorable accueil qu'il luy pleut de me faire lorsque je me présentay

XXII.

À M. DE PEYRESC,

ABBÉ DE GUISTRE[1].

Monsieur, je suis le premier juge de mes actions et de mes pensées. Je fay particulière profession de me connoistre et m'examine continuellement comme un estranger duquel je me dois desfier. Mon mérite n'est rien si vous l'estendés au dela de quelques principes de la bonne Morale, dans laquelle je ne vous nieray pas que l'inclination que Dieu m'a donné ne m'ait fait faire quelque progrès qui me tient l'esprit en tranquillité. Toute ma Philosophie a pour fondement la bonté et pour but la douce société. J'ayme les gens de bien et travaille de tout mon pouvoir pour en estre aymé, je les sers quand je puis, et mets mon souverain bien à faire chose qui leur soit utile; comme Chrestien, c'est charité, mais ne me sentant pas digne de m'attribuer une si haute Vertu, je vous diray plus proportionnément à ma foiblesse que, comme homme, c'est humanité.

Si la déclaration que je vous fais de ma petite portée vous laisse encore la volonté de m'aymer, je la reçois à grâce et la tiens à faveur, résolu de correspondre de toute ma force à l'honneur que vous me faittes de me promettre vostre bienveillance. Après que je seray asseuré que vous n'attendrés de moy autre chose qu'un zèle passionné à honnorer vostre vertu, je vivray l'esprit en repos de ce costé là et croiray bien avoir de quoy payer ma debte et vous empescher de vous repentir de vous estre engagé avec moy. Vous estes encore en liberté et pouvés vous desdire sans qu'il y aille du vostre, si vous vous estes laissé surprendre par M. Lhuillier dans les autres biens qu'il ne se peut tenir de dire de moy, mesme à ceux qui me voyent tous les jours et qui luy en peuvent faire des reproches. Je suis à son goust et à sa mesure : il s'est luy mesme persuadé de moy ce qu'il vous en dit. L'affection insensiblement luy fait voir en mon esprit ce qu'il y désire [2].

Pour Vous, Monsieur, que mon bonheur n'a pas encore abusé, connoissés moy bien

à luy. Je suis plein, je vous l'avoue, et je n'ay plus rien à désirer que la continuation de sa bienveillance... Je luy voulois demander permission d'enrichir ma *Pucelle* de la vertu de M^{rs} ses Ancestres et du mérite dont luy mesme est tout brillant. Je luy pensois expliquer la violente passion que j'aye de luy plaire et le ravissement où m'ont jetté les merveilles dont il a glorifié nostre siècle. Cependant je ne sçay comment il arriva qu'au bon visage qu'il me fit et au charmant discours avec lequel il prévint le mien, je demeuray comme interdit et perdis la mémoire de ce que je luy devois dire pour jouir de l'excellence des choses qu'il me disoit... Me voyant souffert et honoré par un si grand homme, la pensée que j'eus fut de ne pas perdre une seule de ses paroles, et il me sembla que je perdrois moins en perdant de ma réputation... Sa voix me parut plus douce que tout ce que jamais j'ay entendu de plus harmonieux... Il ne me sçauroit estre honteux d'avoir esté vaincu par ce suprême Génie qui fait incliner toute l'Europe à son nom... Je me sens eslevé à un plus haut degré depuis que j'ay esté inspiré de près par luy et me tiens capable d'escrire héroïquement depuis qu'il a fortifié ma main en me la pressant de la sienne... » En vérité, il y a plus de lyrisme dans ce récit que dans toute l'ode à Richelieu.

[1] Nicolas-Claude Fabri de Peiresc, abbé de Guitres (diocèse de Bordeaux) et conseiller au parlement d'Aix, avait à ce moment cinquante-trois ans révolus. Voir sur ce grand curieux, sur ce grand savant, l'excellent article qui lui a été consacré par M. E. J. B. Rathery dans la *Nouvelle Biographie générale* (t. XXXIV, col. 463-466).

[2] Est-ce un souvenir du doux vers de Virgile :
  Et qui amant ipsi somnia fingunt?

avant que de m'aymer: n'estimés en moy que ce que vous y aurés observé d'estimable, et ne vous mettés point en danger d'estre inconstant, lorsque vous y trouverés à dire les choses que vous vous en seriés légèrement promises. Mais ces avis sont inutiles à une prudence comme la vostre, et c'est une présomption à moy de vouloir régler vos sentimens. Usés en comme il vous plaira pourveu que vous me permettiés d'estre à jamais et de me dire, Monsieur, vostre, etc.

De Paris, ce 31 août 1633 [1].

XXIII.
À M. DE BALZAC.

Monsieur, j'ay peur de vous avoir parlé contre mon intention dans ma précédente sur la fermeté de courage que je désirois en vous dans les mauvais traittemens que vous recevés de la fortune, car vous me remerciés de mes avis comme si je vous les donnois pour vous consoler d'une chose entièrement désespérée que néantmoins je ne tiens en mauvais estat que pendant l'administration de ce Surintendant [2]. Et, à la vérité, les injustices qu'il commet se respandent sur tant de personnes et avec tant d'opiniastreté, que tout homme qui a ses intérests entre ses mains se doit armer de patience et se résoudre au pis. Mais, au jugement de tout le monde, cette violence ne peut plus long temps durer. Il la perdra ou elle le perdra [3]. Après cela, nous renouvellerons le Siècle [4] et Mgr le Cardinal prendra plus d'authorité sur celuy qui occupera cette charge pour vous faire satisfaire comme vous le méritez, s'il ne le fait de luy mesme, ainsy qu'il est à croire qu'il fera.

Cependant employés cette belle Philosophie à vous divertir, cette belle Maistresse qui eslève l'esprit au dessus des choses basses et passagères et qui toute seule peut faire vostre pleine félicité. Je vous suyvray de loin. Bien que je sois plus caressé de la fortune que vous, je la sçauray bien quelques fois laisser pour chercher en vostre compagnie les vrays plaisirs de la Vertu. Je ne vous dit point que j'iray resver sur les bords de vostre belle Charante; les bienfaits de nos Princes m'ostent trop de ma liberté pour vous pouvoir promettre ce Voyage. Je vous asseure bien toutesfois que si je suis si malheureux que d'estre empesché de me donner cette satisfaction, je feray tous les jours ce chemin de la pensée et que je seray bien plus souvent auprès de Vous que vous ne croyés.

Vos chasses et vos entretiens me divertissent dès icy et ce ne m'est pas un petit contentement de vous voir Provincial en si

---

[1] Je néglige (f° 48) une lettre (sans date) «à M. Arnaud, m[e] de camp des carabins,» où Chapelain entasse les complimens sur les plaisanteries, exprimant la crainte de le déranger dans ses «occupations guerrières ou amoureuses,» et disant : «J'en attens une punition sévère de Mars et de Vénus de qui je fais troubler les mistères.»

[2] Claude de Bullion, sieur de Bonnelles, avait été nommé surintendant des finances le 4 août 1632. Tallemant des Réaux (*Historiettes*, t. II, p. 146) dit, à ce sujet : «Le cardinal de Richelieu le fit surintendant des finances avec M. Bouthillier, père de M. de Chavigny; mais Bullion faisoit quasi tout.»

[3] Malgré cette menaçante prédiction, Bullion resta surintendant des finances jusqu'à sa mort (22 décembre 1640). Balzac lui garda rancune de son mauvais vouloir, comme le prouve l'épigramme qu'il décocha contre lui, le 9 novembre 1643, dans une lettre à Chapelain (*Mélanges historiques*, lettre XI, p. 442).

[4] *Après cela*, ce fut toujours la même chose pour Balzac, et le cardinal de Richelieu ne se souvint pas plus de lui, sous les successeurs de Bullion, qu'il ne s'en était souvenu de 1632 à 1640.

bonne compagnie. Après ces grands hommes que vous me nommés, qu'y a-t-il dans la plus belle Court qui vous peust toucher, et que vous ne deussiés mespriser? Croyés moy, on est heureux partout, quand on le sçait estre, et je ne voy rien qui puisse troubler le Sage que les maladies du corps et celles de l'esprit, que la privation de la Vertu et de la santé. Vous avés la première en éminence; la seconde, à la vérité, est un peu altérée, mais avec le régime et le repos, on en fait la condition bien meilleure, ou quelquesfois on la restablit tout à fait. C'est à quoy je vous exhorte de travailler sérieusement et de vous mettre en estat de nous donner ces belles choses que nous attendons de vous et que vous ne devés plus craindre que les libraires vous estropient.

La diligence de M. Gestin a obtenu de M. le Lieutenant civil tout le contentement que vous pouviés souhaiter et la signification en a esté faitte à tous ces M[rs] les imprimeurs, de sorte que je pense que vous devés dormir en seureté de ce costé là. J'adjousteray à ces Actes de Justice une recommandation particulière à Camusat[1] de faire veiller sur les imprimeries et avertir à temps si quelqu'un se hazarde de vous faire tort.

Nous sommes en guerre ouverte avec le Lorrain. Nancy est assiégé et le Roy proche de son armée[2]. Ce sera une seconde Rochelle. Le voysinage des Suédois dans l'Alsace peut extrèmement favoriser nos desseins. Il y a apparence que la cause de cette rupture est la déclaration du mariage de Monsieur[3] avec la Princesse Marguerite[4].

XXIV.
AU COMTE DE FIESQUE.

Monsieur, vostre lettre du 13 d'aoust m'a consolé extrèmement et confirmé dans l'opinion que j'avois que vous estiés constant dans vos amitiés et que l'esloignement, non plus que l'inégalité des conditions, ne vous empeschoit point de vouloir tousjours du bien à ce que vous aviés une fois jugé digne de vostre bienveillance. J'y ay encore remarqué un effet de vostre bonté dans la part que vous prenés à mes intérests et le contentement que vous monstrés avoir du bien qui m'est venu par la générosité de Mgr le duc de Longueville[5]. C'est une affaire de laquelle je vous ay rendu conte exact, dès le temps qu'elle fut arrestée, et je voy bien que j'ay esté malheureux et que mes Lettres ne vous ont pas esté portées. Celle cy est la sixiesme que je vous ay escritte depuis vostre partement.

J'ay eu encore une joye qui n'a pas esté

---

[1] Jean Camusat fut nommé, en avril 1634, imprimeur-libraire de l'Académie française. Pellisson en parle ainsi (t. I, p. 18) : «Cette charge fut donnée à Camusat, qui étoit de tous ceux d'alors celui que l'on estimoit le plus habile; car outre qu'il étoit très entendu en sa profession, il étoit homme de bon sens, et n'imprimoit guère de mauvais ouvrages... C'étoit presque une marque infaillible des bonnes [pièces], que d'être de son impression.»

[2] Ce fut le 1er août 1633 que Louis XIII résolut de marcher droit sur la Lorraine. L'investissement de Nancy fut commencé le 22 du même mois, et cette ville fut cédée par le duc de Lorraine à Louis XIII le 20 septembre.

[3] Chapelain avait bien deviné. On lit, dans l'*Histoire de la réunion de la Lorraine à la France*, par M. le comte d'Haussonville (2e édit., 1860, t. I, p. 272), que le cardinal de Richelieu, pour décider Louis XIII à envahir la Lorraine, insista principalement sur «le mariage célébré, l'année précédente, en cachette, à Nancy, presque sous les yeux et malgré la défense du Roi.»

[4] La présente lettre, non datée, doit être de la fin du mois d'août.

[5] Henri II d'Orléans, duc de Longueville, était alors âgé de trente-huit ans.

petite, quand j'ay veu dans la vostre, aussi bien que dans celle de M. l'abbé de Thou [1], que cette Ode avoit esté bien reçeue en un païs où je sçay bien que je n'ay point de flatteurs. C'est une bien plus considérable récompense à un homme de cœur, et de qui la profession n'est pas de forcer des Villes et de gagner des batailles, que toutes celles que la Fortune luy pourroit présenter. Je me loue néantmoins de celle qu'elle m'a produit dans l'esprit de Mgr le Cardinal, lequel m'a honoré du tesmoignage de son estime et des marques de sa libéralité. Je l'ay veu, après en avoir esté gratifié, et en ay esté receu à souhait à la veue de tout le grand Monde de deça, de sorte que je rends grâces à Dieu du succès qu'il a donné à ma petite réputation et à ma médiocre fortune [2].

Si cette Pièce avoit passé jusqu'à Sa Sainteté qui a grandissime connoissance de la Poésie [3] et qui peut estre se sera fait divertir d'un ouvrage court qui regarde un des Princes de son Empire, je serois fort aise de sçavoir ce qui luy en aura semblé. Toutesfois ces tentations ne tiennent-elles point un peu de la vanité, et ne vaudroit il pas mieux souhaitter de nostre Père commun des indulgences et des pardons, que des approbations et des louanges? Je m'en remets à vostre jugement.

Le cher M. d'Elbène n'est plus icy [4]. Il partit pour aller chés luy, il y a quinze jours, et je le croy maintenant auprès du Roy en Lorraine, dont le bruit est constant que Sa Majesté s'en reviendra bientost avec les clefs de Nancy et la princesse Margueritte pour en disposer à sa volonté [5].

M. L'Huillier est embarassé de la maladie de son Père [6] qui languit entre la mort et la vie, et ne sçauroit ni vivre ni mourir. Nous avons eu de grandes conversations où vous estiés et dont vous faisiés la principalle partie.

Je ne sçay si ce que vous me dittes de vostre retour est une chose si pressée. Je serois marri de l'avoir souhaité au préju-

---

[1] Jacques-Auguste de Thou était un des trois fils de l'historien Jacques Auguste de Thou. Il fut abbé commendataire de Bonneval, et, comme son père, il eut la présidence d'une des chambres du parlement de Paris. Pendant la vie de son frère aîné, il fut connu sous le nom d'abbé de Bonneval, et, après que l'ami de Cinq-Mars eut été décapité (12 septembre 1642), il porta le nom de baron de Meslai. Jacques-Auguste de Thou, très-jeune au moment où Chapelain le mentionnait en la présente lettre, devint plus tard ambassadeur en Hollande, et mourut à Paris le 26 septembre 1677. Nous le retrouverons dans la correspondance de Chapelain avant, pendant et après son ambassade.

[2] On peut se reporter à l'enthousiaste récit contenu dans la note 3 de la lettre XXI.

[3] Sur Urbain VIII (Maffeo Barberini) et sur ses poésies, voir la note 4 de la page 421 des Mélanges historiques. Lettres de Balzac, n° V.

[4] Alexandre II d'Elbène, seigneur de la Mo-the, était fils d'un autre Alexandre d'Elbène qui mourut en 1613, après avoir été un des meilleurs serviteurs de Henri IV et avoir mérité le titre de conseiller d'État. Dans le Dictionnaire de Moréri (1759), on assure qu'Alexandre II «servit avec réputation dans les armées,» et qu'il «avait beaucoup d'esprit.»

[5] Louis XIII, en effet, s'en revint bientôt avec les clefs de Nancy, ville où il fit son entrée solennelle le 25 septembre et qu'il quitta le 1er octobre, mais il ne ramena pas la princesse Marguerite, qui, depuis les premiers jours de septembre, était auprès de Gaston d'Orléans, à Bruxelles.

[6] C'était Jérôme Luillier, qui fut successivement conseiller au grand Conseil, maître des requêtes, procureur général de la Chambre des comptes, conseiller à la même Chambre, et qui allait mourir quelques jours plus tard (voir la lettre XXVII). Tallemant des Réaux lui a fait une singulière oraison funèbre (Historiettes, t. IV, p. 191).

dice de vos affaires et je ne demande pas à Dieu maintenant qu'il vous rameine, s'il n'est pas temps, mais qu'il vous conserve en santé en quelque lieu où vous soyés obligé d'estre. Je ne vous prie point de m'envoyer de Rome d'autres nouvelles que les vostres, encore ne veux-je pas que ce soin vous contraigne en quoy que ce soit. Je vous donneray des nostres de temps en temps.

Je vous priois par mes dernières que le premier livre de la Pucelle ne fust point copié : à présent je vous conjure qu'il ne soit point veu pour ce qu'ayant changé l'ordre du Poème, je suis forcé de changer plusieurs choses de ce que vous sçavés qui seroient beaucoup mieux d'estre oubliées, outre un bon nombre de vers que je corrigerois, mesme quand je le voudrois laisser en l'estat qu'il est. Ce n'est pas une chose achevée et qui feroit juger de moy autrement que vous mesme ne le désireriés.

Je vous envoye un long Madrigal que j'ay esté obligé de faire pour vostre illustre Cousine Mlle de Rambouillet[1] dans le dessein qu'un de nos Amis a pris de luy faire une couronne de fleurs[2] dont chacune parlera ou sera présentée à sa louange. C'est une imitation de l'Italien du Guazzo[3] pour une certaine Contesse du Montferrat et qui réussira. Vous jugerés bien de la force du madrigal par l'estime qu'a fait cette rare fille de la vertu du feu Roy de Suède[4].

Je suis, Monsieur, vostre, etc.

De Paris, ce 9 septembre 1633.

XXV.
À M. DE SALES[5].

Monsieur, j'ay creu six jours estre mal avec vous, voyant M. Conrart glorieux et triomphant de vos Lettres[6] et n'ayant point de tesmoignage non pas mesme par luy que

---

[1] Julie-Lucine d'Angennes, alors âgée de vingt-six ans. Voir sur Mlle de Rambouillet la note 1 de la page 440 des *Mélanges historiques*, *Lettres de Balzac*, n° XI, en y remplaçant par le prénom *Lucine* le prénom *Lucie* que j'y ai donné à la future marquise, puis duchesse de Montauzier, sur la foi des auteurs du *Dictionnaire de Moréri* (t. I, 2e partie, p. 50), de M. Walckenaer (*Mémoires sur Mme de Sévigné*, t. I, 1851, p. 33), et de bien d'autres encore.

[2] Sur la guirlande de Julie, offerte à Mlle de Rambouillet par Charles de Saint-Maure, les citations pourraient être innombrables. Je me contenterai de renvoyer le lecteur aux *Historiettes* de Tallemant des Réaux (t. II, p. 523), au commentaire de son savant éditeur (*ibid.*, p. 543), aux notices des deux derniers éditeurs de la *Guirlande*, M. Ch. L. Livet (*Précieux et précieuses*, Didier, 1860) et M. Octave Uzanne (Jouaust, 1875). Le madrigal dont parle Chapelain est la *Couronne impériale*, «une des premières fleurs de la guirlande de Julie,» nous dit Tallemant (t. IV, p. 268).

[3] Étienne Guazzo, d'une famille noble du Montferrat, né en 1530, mort en 1593, secrétaire de Marguerite, duchesse de Mantoue, puis de Louis de Gonzague, duc de Nevers, a laissé un recueil intitulé : *La Ghirlanda della Contessa Angela Bianca Beccaria, contesta di madrigali di diversi autori* (Gènes, 1595, in-4°).

[4] Ai-je besoin de rappeler que, dans l'entourage de Mlle de Rambouillet, on s'amusait à lui prêter une passion pour Gustave-Adolphe? La pièce de Chapelain est d'un bout à l'autre une ingénieuse allusion à cette prétendue passion. Il y a ici (f° 53) une lettre «à Mr Arnaud, M[e] de camp des Carabins,» du 14 septembre 1633, qui ne présente pas d'intérêt.

[5] M. de Salles était Charles de Sainte-Maure, baron de Salles, qui ne devint marquis de Montauzier qu'à la mort de son frère aîné, Hector de Sainte-Maure (juillet 1635). On a souvent confondu les deux frères l'un avec l'autre. M. de Salles était alors un jeune homme de vingt-trois ans.

[6] Charles de Sainte-Maure, qui s'était lié de très-bonne heure avec Chapelain, ne tarda pas à se lier aussi avec Conrart, dont il resta le coreli-

vous vous fussiés souvenu de moy. Il ne vous faut pas dissimuler que ce ne fut pas sans jalousie que je me vis ainsi négligé, lorsque vous preniés tant de soin pour ceux que je vous ay donné. Enfin ma bonne fortune m'a fait rencontrer le page qui s'estoit chargé de me rendre vostre despesche, et j'ay reconnu que je n'avois pas perdu en vostre esprit la place que je m'y suis acquise. Après cela, jugés si vos scrupules sont bien fondés lorsque vous craignés de me destourner en me donnant de vos nouvelles, et si je dois mal recevoir les choses que je me scandalisois si fort de ne pas avoir.

La Pucelle, à laquelle vous dénoncés une si rude guerre, est une bonne fille et ne veut du mal qu'aux Anglois. Vous n'aurés jamais de procès avec elle pour le divertissement que vos entretiens me donneront. Si j'ose mesme vous le dire, elle se plaist avec les personnes de vostre âge et de vostre profession. En vous particulièrement elle trouve tant de conformité avec elle, soit en modestie, soit en valleur, que j'ay sujet de craindre qu'elle ne me quitte et que vous ne me la desbauchiés enfin. Ne la prenés donc pour vostre excuse, si vous ne m'escrivés point à l'avenir, ou si vous le faittes succinctement. Donnés moy pour raison vos occupations militaires et vos divertissemens

guerriers. Je sçay assés vostre chaleur en ces matières [1] pour ne pas croire que vous adjoustiés rien, quoyque vous en disiés.

Quand vous aurés pris Nancy et La Mothe [2] et purgé toute la rive deçà le Rhin des Espagnols et Impériaux, vous feriés tort à la Pucelle de ne pas aller reconnoistre le Berceau qui l'a eslevée [3] et l'Arbre qui a donné lieu aux Anglois de la traitter de Vaudoise et Magicienne [4]. Ce sont des Anticailles et des Reliques que les Huguenots mesmes, s'ils sont François, peuvent aller adorer sans répréhension. Vous en estes proche et vous serés un grand impie si vous ne faites descente sur le lieu et que vous ne nous rapportiés une vive et exacte description de toutes ses appartenances. Mais je ne m'avise pas que vous estes plus empesché que moy et que peut estre en vous amusant je fay perdre au Roy l'occasion du gain d'une bataille ou d'une prise de Ville.

J'achève, en vous disant que je me tiens quitte envers vous du Madrigal de fleurs que je vous avois promis [5], comme vous aurés veu par mes précédentes. Je m'estimois aussi engagé à escrire à M. vostre frère, et, après m'en estre acquitté, il me suffira pour toute response qu'il l'ait eu agréable, et qu'il ne m'ait point blasmé de témérité. Les Julies et les Angeliques [6] par-

---

gionnaire jusqu'en 1645, année où il épousa Mlle de Rambouillet.

[1] M. de Salles se distingua, auprès de son oncle par alliance, Jean de Galard, comte de Brassac, dans l'expédition de Lorraine. Pendant que l'oncle était nommé gouverneur de Nancy, le neveu obtenait un brevet de capitaine.

[2] Le siége de la Mothe (aujourd'hui chef-lieu de commune de l'arrondissement de Chaumont, Haute-Marne) ne commença que l'année suivante. Cette place, qui passait pour imprenable (voir les *Mémoires* de Jacques Nompar de Caumont, duc de la Force, t. III, p. 78-83), se

rendit le 28 juillet 1634, cinquante-deux jours après l'ouverture des tranchées.

[3] Domremy, sur la frontière des deux provinces de Lorraine et de Champagne, aujourd'hui canton de Coussy, arrondissement de Neufchâteau (Vosges).

[4] Le vieux hêtre surnommé l'*arbre aux fées*, qui couvrait de son ombre *la fontaine des groseilliers*.

[5] Le madrigal destiné à *la guirlande de Julie*, madrigal dont il a été parlé dans la lettre précédente.

[6] *Julie*-Lucine d'Angennes et *Angélique* Paulet. Il ne peut être question ici de la filleule de cette dernière, Angélique-Claire d'Angennes, qui fut

lent souvent de luy et d'un M. de Sainte-Maure[1] et ont pour eux la peur dont il ne sont point capables.

Je suis, Monsieur, vostre, etc.

De Paris, ce 14 septembre 1633[2].

XXVI.
A M. LE MARQUIS DE MONTAUZIER.

Monsieur, vous ne sçauriés estre si judicieux que nous vous connoissons, et penser de vous si modestement que vous faittes; après les tesmoignages que vous avés donné de ce que vous valés, vous ne pouvés plus parler médiocrement de vous qu'en trahissant vos sentimens propres, et qu'en choquant la créance publique[3]. Vous estes si fort au dessus du commun que les civilités ordinaires vous sont malséantes et quand vous dittes que vous n'estes pas le plus honneste homme de la Terre, on a sujet de croire que vous estes le plus dissimulé. Vous avés un avantage acquis par vos actions que, quoyque vous dissiés (*sic*), on vous croira tousjours à vostre parole, et il ne seroit pas en vostre puissance, quand vous l'auriés entrepris, de passer pour fanfaron. Ne vous deffendés donc plus de ces perfections qui éclatent malgré vous et qui font le fondement de la haute estime où je vous ay. Parlés de vous sainement et ne soyés pas le seul ennémy de vostre gloire. Rendés vous la justice que tout le monde vous rend et faittes pour vous sincèrement ce que vous faittes volontiers pour les autres.

Que si vous estes résolu à vous traitter tousjours avec froideur et à ne vouloir pas commencer d'estre raisonnable pour vous mesme, souffrés au moins qu'un million d'âmes en disent ce qu'elles en voyent, et souffrés que j'en parle aussi selon la proportion de ma connoissance qui pénètre bien plus en vous que le commun. Ne m'accusés jamais de vous flatter, puisque vostre mérite en oste toute sorte de moyen, et que mon courage ne s'abbaisseroit pas à le faire pour ceux à qui la nature ou la fortune ont mis des Couronnes sur la teste. Recevés les asseurances de ma passion comme des expressions fidelles de mes pensées, et per-

---

mariée, en avril 1658, à François-Adhémar de Monteil, comte de Grignan, celui qui devait (1669) devenir le gendre de Mme de Sévigné. Cette dernière des sœurs de Julie était, en 1633, encore une petite fille.

[1] C'est-à-dire Charles de Sainte-Maure lui-même. Chapelain lui avait écrit, le 2 septembre (f° 49), une petite lettre pleine de badinage et dont je ne détache qu'une phrase : «Je me suis acquitté de ma commission auprès de la princesse Julie, qui vous a fait raison de l'insolence de son nain, auquel elle vous prie de remettre la petite faute qu'il a commis envers vous, et vous prie de la croire petite en faveur de sa stature qui l'empesche de pouvoir rien faire de grand.»

[2] On trouve (f° 55) deux lettres de pure civilité, l'une à Mlle de la Trousse (la future Mme de Flamarens), l'autre au comte de Guiche (le futur maréchal de Gramont). Cette dernière, qui roule sur une devise au sujet de laquelle le comte de Guiche, un des familiers de l'hôtel de Rambouillet, avoit consulté Chapelain, est du 17 septembre 1633, mais l'autre me paraît appartenir au mois de septembre 1632, car Chapelain remercie Mlle de la Trousse de ses vœux pour le voyage à Rome et ajoute : «Je ne désespère pas, si la cour va à Chasteau-Thierry, de faire un tour à la Trousse, et de vous aller dire adieu peut-estre pour la dernière fois.»

[3] Chapelain n'exagérait pas le mérite du fils aîné de Léon de Sainte-Maure, baron de Montauzier : tous les mémoires du temps célèbrent son héroïque conduite dans Cazal (1630), et, comme Tallemant des Réaux se plait à le rappeler (*Historiettes*, t. II, p. 329), le duc de Rohan, auprès duquel il servit en qualité de maréchal de camp dans l'expédition de la Valteline, admirait son génie pour la guerre.

suadés vous que vous m'en avés dicté ce que je vous en ay escrit. Le seul deffaut que j'ay remarqué en vous a esté cette mignarde cajollerie que vous m'attribués : je suis un peu scandalizé des louanges que vous donnés à un mot qui fut escrit avec trop de nonchalance pour y avoir rien de bon que la vérité. Il faut que vostre bonté vous ait fait croire que je fisse aussi bien vanité de bien escrire, comme je la fais de vous bien honorer. Vous avés voulu donner cette complaisance à la foiblesse dont vous avés creu que j'estois malade, et payer le zèle que j'ay pour vostre vertu d'une chose que vous pensiés qui me seroit agréable, et je vous avoue que je vous aurois passé cette courtoisie sans vous en faire de reproche si vous ne m'eussiés point escrit que Mgr le cardinal de La Valette[1] avoit veu ce que je vous avois mandé. Vous ne me sçauriés louer de m'avoir produit en désordre devant des yeux que je respecte par raison, et pour lesquels mon devoir et mon inclination désirent que je sois tousjours composé. Accommodés cette affaire selon vostre prudence et ne permettés pas que je déchoye dans ce peu d'estime qu'il a de moy qui suis sans réserve, Monsieur, vostre, etc.[2]

De Paris, ce 24 septembre 1633.

XXVII.
A M. DE PEYRESC.

Monsieur, vous m'avés traitté si glorieusement par les premières lettres que j'ay receues de vous, que j'eus sujet de croire que vous vous estiés abusé en moy sur le rapport de M. L'Huillier. C'est ce qui m'a obligé de vous faire une naïve déclaration de ce que je suis et de ce que vous pouvés attendre de ma foiblesse, afin que vous vous réglassiés là dessus et ne me voulussiés pas plus de bien que je n'en mérite. Maintenant que par vostre response, je vous voy satisfait de mes offres et que vous vous estes contenté de si peu, je rens grâces à Dieu de ce qu'il m'a acquis à si bon marché une amitié si précieuse que la vostre. Je me veux donc promettre, sous vostre bon plaisir, une correspondance perpétuelle d'affection et d'offices de vostre part; sans appréhender que l'inégalité de nos forces mette de la différance en nostre profession d'aymer et de servir.

Je reconnois par les traces de vos escrits et par ce que j'apprens par nostre ami commun les avantages que la nature vous a donné sur moy en toutes choses, et par là je me loue de ma bonne fortune qui a mis tout le proffit de nostre convention de mon costé. Mais j'ose vous asseurer que, vous cédant en toute autre chose, je ne vous céde pas en courage ni en fidélité, et que j'auray tousjours de quoy vous payer pleinement en ces deux points. Je me retranche là dessus comme sur mon fort et me sens capable, avec cela, de tenir dignement ma partie en ce concert.

---

[1] Louis de Nogaret, troisième et dernier fils du duc d'Épernon, était alors âgé de quarante ans. On sait qu'il prit une grande part à la campagne de 1633, comme aux campagnes des années suivantes.

[2] Je laisse de côté trois billets (f°s 57 et 58) à M. de Chavaroche, l'intendant de la maison de Mme de Rambouillet, le gouverneur du marquis de Pisani. Dans le premier de ces billets, Chapelain s'excuse de n'être pas allé rejoindre M. de Chavaroche, se plaignant d'un *déluge* qui l'a assiégé dans son logis, et disant agréablement : «Je me suis apperceu, cette après disnée, qu'un homme ne se pouvoit dire heureux qui n'estoit pas maistre d'un carosse, puisque ce défaut m'a empesché, etc.» Dans le dernier billet : (... octobre), il est question d'une devise demandée à Chapelain par Mme de Combalet.

Quand le sort voudra, je vous pourray offrir davantage et vous serviray de puissance et de crédit; mais quand il ne voudroit pas et qu'il m'auroit osté le peu que j'en ay en ce monde, vous pouvés tousjours faire fondement sur ma candeur et sur mon zèle qui sont hors de sa jurisdiction et qui seront immuables en moy jusqu'au dernier point de ma vie. Au reste bien que les incommodités et les maladies qui vous affligent me soient extrèmement sensibles [1], je tire néantmoins une grande consolation de la force avec laquelle j'observe que vous les supportés. Je m'en fay une leçon d'importance pour l'avenir, si je dois en estre attaqué, et estime en vous dans cette rencontre la modération que je trouve à dire en la plus part des hommes qui sont esclaves de leurs désirs, qui ne méditent jamais que sur le plaisir et qui voudroient n'estre hommes que par cette partie.

On a, ce me semble, heureusement travaillé contre les adversités, lorsqu'on s'est muni de ces justes considérations que vous me marqués. La douleur glisse et n'entre point dans l'esprit de ceux qui se sont couverts de ces armes, et quand elle est si aigüe qu'elle l'entame, c'est tousjours sans le pénétrer jusqu'au fonds, et il se trouve assés vigoureux pour en esteindre le venin et referrer bientost la playe. Parfois mesmes elles le rendent si puissant qu'il se fait au milieu de son sentiment un spectacle d'honneur à luy mesme, qu'il s'exhorte à la victoire et qu'il se dérache [2] de sa propre substance, s'il se peut dire, pour se louer ou pour se blasmer selon la fermeté qu'il tesmoignera durant l'assaut du mal. C'est de ces derniers que je vous tiens et c'est de ces derniers dont je veux estre imitateur. Si je ne vous puis égaler, vous me servirés de modelle, et comme l'homme est bien plus né à souffrir qu'à jouir, j'estudieray sous un excellent maistre la patience chrestienne et l'impassibilité stoïque qui sont les deux remèdes infaillibles de toutes nos infirmités.

M. L'Huillier a eu besoin de s'en servir, ces jours passés, que Dieu luy a osté M. son père, lequel, bien qu'il fut âgé et moribond dès il y a long temps, eust surpris son bon naturel s'il ne se fut rencontré fortifié de la bonne et solide philosophie. Je croy que le dessein du voyage de Constantinople est rompu par cet accident qui l'oblige à prendre la charge de M. son père, de quoy ceux qui l'ayment ne sont pas marris [3]. C'est trop vous amuser. Je finis en vous

---

[1] J'ai eu l'occasion de faire remarquer (*Lettres inédites de Guillaume Du Vair*, in-8°, 1873, p. 95) que Peiresc ne jouit jamais d'une bonne santé et qu'il mourut prématurément (24 juin 1637), n'ayant pas encore cinquante-sept ans. Puisque j'ai cité cet opuscule, j'ajouterai que, dans une note de la page 22 sont réunies diverses indications relatives à Peiresc.

[2] Le verbe *déracher* n'est cité dans le *Dictionnaire* de M. Littré (sous le mot *déraciner*) que comme appartenant au vieux dialecte picard.

[3] François Luillier, qui avait été d'abord trésorier de France à Paris, et qui devint maître des comptes, à la place de son père, acheta plus tard une charge de conseiller au parlement de Metz. On lit dans les *Historiettes* (t. IV, p. 193): «Guiet dit que comme Chapelain voulait destourner Luillier de se faire conseiller à Metz, l'autre lui dit : Mordieu! Je vous ay laissé faire de meschants vers toute votre vie, sans vous en rien dire, et vous ne me laisserez pas changer de charge à ma fantaisie!» Tallemant des Réaux croit que Chapelain n'entendit pas cette véhémente apostrophe, «car ils ont tousjours vescu en amys depuis cela.» Il est probable que le récit a été imaginé par l'original et malicieux Guyet.

protestant que je suis à jamais. Monsieur, vostre, etc.

<small>De Paris, ce 5 octobre 1633 [1].</small>

XXVIII.

AU R. P. JEAN FRANÇOIS SENAUT.

Mon Révérend Père[2], vous m'avés fait une belle surprise par la lettre obligeante que vous m'avés escrit. Je me fusse bien contenté d'apprendre vostre souvenir par la bouche de quelqu'un de nos amis communs, et c'estoit bien tout ce que je pouvois avoir merité de vous par la négligente amitié que je vous avois tesmoigné. Mais vous avés voulu estre courtois jusqu'au bout et prévenir mes services par la récompense. Je vous en rends grâces très humbles et vous prie de ne vous point lasser de me mieux traitter que je ne vaux. Peut estre opérerés vous un petit miracle en moy : vous me pourrés par ce moyen rendre bon et habile, et, quelque jour, on m'allèguera pour une des preuves de vostre canonisation. Avec cela néantmoins j'aymerois encore mieux estre privé de ce bien et de cet honneur et que nous vous vissions icy un peu plus souvent.

C'est une belle chose que cette éloquence animée. Quelque rare que vous soyés sur le papier[3], lorsque vous parlés, vous persuadés au double et je sors d'avec vous tout autrement esmeu. Je ne voy point de raison pourquoy St-Malo et Lion vous ravissent à Paris et à la Cour, et pourquoy ces extrémités du Royaume sont préférés à la Capitale. La charité de MM. vos directeurs est excessive, si elle ne se contente pas d'envoyer en ces lieux là des gens de bien et ædificatifs[4] et qu'ils les veuillent encore honorer de ce qu'ils ont parmi eux de plus poli et de plus délicat, s'il ne leur suffit pas de corriger leurs mœurs par des prédications solides et qu'elle passe jusqu'à vouloir réformer la rudesse de leur langage par des harangues exquises et dignes de la bonne antiquité. Il me semble que ces morceaux nous devroient estre réservés, puisque nous les sçavons gouster et qu'aussi il est à craindre que ces peuples barbares n'en profitent pas comme ayant un palais mal proportionné à cette nourriture. Si je murmurois davantage contre ce qui nous oste une vertu

---

[1] Suit (f° 61) une lettre, du 7 octobre 1633, au R. P. Breneche, ou Breveche, à Nancy. Chapelain appelle, dans cette lettre, Conrart «un autre moy mesme,» et recommande à son pieux correspondant de prier Dieu pour la santé de cet ami, «qui n'est point bien asseurée...» Chapelain lui dit, au sujet de la *Pucelle* : «Vous en avés veu le commencement, il y a trois ans. D'icy à vingt ans vous en verrés peut-estre la fin.» Il ajoute : «J'ay bien quelques vers d'amour nouvellement faits, mais ce n'est pas matière qui vous fut propre ni que je vous peusse civilement envoyer.»

[2] Jean François Senault, qui était entré, dès son extrême jeunesse, dans la congrégation des prêtres de l'Oratoire, dont il devait être (de 1662 à 1672) le supérieur général, était alors âgé de trente-deux ans et avait déjà conquis une éclatante réputation. Le témoignage de Chapelain confirme ce que les autres contemporains nous avaient appris des précoces succès de celui qui fut, pendant quarante années, un des plus éloquents prédicateurs de son temps.

[3] *Rare*, c'est-à-dire excellent, presque incomparable. Le P. Senault passait pour un très-habile écrivain. Tous ses livres furent fort goûtés : le premier de ceux qu'il publia (*Paraphrases sur Job*, Paris, 1637) n'eut pas moins de vingt éditions en neuf années. Son traité *De l'usage des passions* (Paris, 1641) eut encore plus de retentissement et fut traduit dans presque toutes les langues de l'Europe.

[4] Le mot *édificatif* n'est donné par aucun dictionnaire.

si excellente, vostre modestie ne m'escouteroit pas. C'est ce qui me fait finir pour vous dire seulement que je suis, etc.

De Paris, ce 13 octobre 1633 [1].

XXIX.
À M. DE BOISROBERT.

Vous m'avés ravi en m'asseurant de la santé de Monseigneur par laquelle nous avons eu de deça une seconde alarme pire que la première [2]. Le commun a pris son séjour de Sezane [3] pour une recheute et nostre passion pour luy s'en est figurée tous les accidens périlleux. Mais cette grande âme est trop nécessaire à cet Estat et Dieu a trop de soin de cette monarchie pour croire qu'il souffre qu'elle soit privée de celuy qui en est l'unique soustien. Il nous doit la conservation de cette précieuse vie depuis qu'il l'eust choisie pour l'instrument de sa gloire et de nostre restauration, et je vous avoue qu'au milieu de toutes mes craintes je n'ay jamais bien appréhendé qu'elle nous faillit, ayant opinion que le Ciel veut opérer toutes ses merveilles par elle, et sçachant qu'après la tirannie de l'Europe, celle de l'Asie demeuroit encore à ruiner [4]. Prions le néantmoins continuellement qu'il nous laisse nostre libérateur, et craignons que l'ingratitude dont nous payons ses travaux ne nous rende indignes de le posséder davantage.

Je vous suis sensiblement obligé de l'office que vous m'avés rendu auprès de luy, en luy renouvelant les asseurances de mon zèle ardent et de mon perpétuel service. Et je croy que vous l'avés fait avec d'autant plus de chaleur que vous connoissés plus le fonds (sic) de mes pensées et que vous sçavés bien que vous pouvés jurer pour moy sans pécher. Aussi aye je une indicible consolation de la bénignité avec laquelle il a reçeu ce que vous luy avés dit de moy et ne vous puis exprimer d'autre sorte mon ressentiment, qu'en vous protestant que sa bienveillance est ce qui m'anime, et que je ne mets point de différence pour moy entre le titre d'homme raisonnable et celuy de son passionné serviteur, ce que je tesmoigneray au monde, non seulement dans le premier livre de la *Pucelle*, mais dans les suyvans en tous les lieux où l'art le permettra [5], car comme il est inespuisable en ses grâces, je veux faire voir aussi que je le suis en mon affection.

---

[1] On trouve un peu plus loin (f° 65) une autre lettre au P. Senault (du 19 novembre 1633), où abondent les compliments, parmi lesquels je ne citerai que celui-ci : «Peut-estre qu'après que vostre mérite aura esté promené par toute la France, Paris enfin vous possèdera, comme il est raisonnable, et que nous ne verrons plus vos excellents discours que par le secours des oreilles.»

[2] Le cardinal de Richelieu, qui avait quitté Nancy le 1er octobre, en même temps que le Roi, était assez gravement malade à Saint-Dizier (aujourd'hui chef-lieu de canton de l'arrondissement de Vassy-sur-Blaise, Haute-Marne), où il était arrivé le 4 octobre. Voir sur cette maladie, dans le recueil de M. Avenel (t. IV, p. 488, 489 et 495), deux notes où l'on trouvera divers détails empruntés soit à la *Gazette*, soit à des documents inédits.

[3] Sézanne est maintenant un chef-lieu de canton de l'arrondissement d'Epernay (Marne). Nous avons, dans le recueil de M. Avenel (*Ibid.*, p. 494-496), deux lettres écrites de Sézanne, l'une le 30 octobre, l'autre le 5 novembre.

[4] Chapelain croyait-il sérieusement que Richelieu eût le projet de quelque croisade? Ou sa phrase n'est-elle autre chose qu'une figure de rhétorique?

[5] Chapelain n'a pas tenu sa promesse : je ne trouve aucune mention du nom de Richelieu ni dans le premier livre de la *Pucelle* ni dans les autres.

Au reste, vous me laissés deviner comment vos beaux vers ont été receus de luy, et quel accueil il a fait à cette Muse qui luy fait si bien accueillir toutes les autres. J'attendois que du moins vous en feriés une partie de votre lettre, et que j'y lirois que ce grand héros n'a pas moins donné d'éloges à vostre esprit qu'à vostre bonté et qu'il vous estime autant qu'il vous chérit. Mais vous avés mieux aymé m'informer de la générosité de Mgr le garde des sceaux [1] et du bien qu'il s'est résolu de faire aux gens de lettres [2], jusqu'à me dire de sa part, en me cajolant, qu'il me vouloit mettre de la consultation avec vous pour aviser envers qui ses libéralités seroient le mieux employées, et certes je dis, comme vous, que cette intention et ce mouvement part d'une âme peu commune, et que ce siècle est heureux de trouver encore de ces cœurs héroïques qui se sont eslevés au dessus des intérests sordides, et qui ne considèrent les richesses qu'en tant qu'elles peuvent servir à exercer la munificence, que la morale veut estre la particulière vertu des grands.

Toutesfois, sans rien diminuer de son merite, je puis dire que Monseigneur l'a le premier pratiquée, et que, de mesme que Mgr le garde des sceaux luy doit le rang qu'il tient dans le royaume, il luy doit peut estre cette bonne inspiration que je loue infiniment et qui m'engage à l'honorer autant que j'en suis capable. Si vous luy tesmoignés en quelle révérence j'ay sa piété, son équité, son sçavoir et toutes les autres rares parties que la France a admiré en luy, je vous en demeureray fort obligé, et si vous m'obtenés la permission de me dire son serviteur, je croiray que vous estes le meilleur des hommes.

M. du Chastelet [3] est trop généreux de me donner ses bonnes grâces sans me connoistre. Vous le pourrés assurer que je tiens à singulière faveur ce que vous me mandés de son inclination pour moy, et que je ne la démériteray jamais que par ma foiblesse.

J'ay averti le pauvre Gombaud [4] et le bon

---

[1] Pierre Séguier avait été nommé garde des sceaux à l'âge de quarante-cinq ans (février 1633). Voir sur cette nomination la note 4 de la page 409 des *Mélanges historiques. Lettres de Balzac*, n° III, et le chapitre III de la monographie de M. R. Kerviler (1874), chapitre intitulé : *Séguier garde des sceaux* (p. 40-63).

[2] Sur les relations de Séguier avec les gens de lettres, voir (*passim*) l'ouvrage de M. Kerviler, et surtout les pages 61-63.

[3] Paul Hay du Chastelet, alors âgé de quarante et un ans, et qui allait mourir deux ans et demi plus tard (5 avril 1636). Voir sur cet académicien la note 2 de la page 472 des *Mélanges historiques* (*Lettres de Balzac* n° XXI), et une notice de M. R. Kerviler, laquelle a paru, en 1875, dans la *Revue de Bretagne et de Vendée* (livraison de juillet et livraisons suivantes).

[4] Jean Ogier de Gombaud avait alors une quarantaine d'années, s'il est né [à Saint-Just-de-Lussac, en Saintonge] vers 1590, comme l'a soutenu le premier l'abbé L. J. Leclerc (édition de 1734 du *Dictionnaire critique* de Bayle), et c'était un sexagénaire, s'il est né vers 1570, comme on l'a presque toujours dit, et comme le répète son dernier biographe, M. R. Kerviler (*J. Ogier de Gombauld, 1570-1666, étude biographique et littéraire sur sa vie et ses ouvrages*, Paris, 1876, grand in-8° de 102 pages extrait de la *Revue d'Aquitaine*). L'auteur d'*Endymion* et des *Danaïdes* mérita toute sa vie l'épithète que Chapelain applique ici de « cadet d'un quatrième mariage », comme il s'appelait lui-même par ironie. Les démarches de Boisrobert avaient pour but d'obtenir le payement de la pension jadis accordée par Marie de Médicis au poëte saintongeois, pension successivement réduite de 1,200 écus à 800 et de 800 à 400 (encore ces 400 ne lui étaient-ils pas presque toujours comptés!). Sur cette pension et sur celle dont Séguier

Baudoin[1] de vos heureuses sollicitations. La haste de vostre laquais ne leur a pas donné le loysir de vous rendre grâces ni à moy de vous dire la moitié de mes pensées sur ce que vous m'escrivés. A nostre première veue je vous rendray conte de tout ce que vous m'avés commis, dont je m'acquitteray avec la fidélité dont, Monsieur, vostre, etc.

De Paris, ce 26 octobre 1633.

XXX.
AU R. P. JOSEPH.

Mon Très Révérend Père, j'ay receu le tesmoignage de vostre souvenir avec le respect que je dois et dans un transport de joye qui n'est pas facile à exprimer. C'est une nouvelle faveur que vous avés adjousté à tant d'autres, et je vous considère encore en cela comme mon singulier bienfaicteur. Que si l'estat où vostre vertu vous a mis et l'absolu détachement que vous avés de toutes les choses de la terre ne vous rendoient point inutile la passion que j'ay de vous servir, je voudrois faire un effort pour essayer de m'aquitter des obligations que je vous ay ou, du moins, pour vous en monstrer une généreuse reconnoissance. Mais vostre sainte vocation ne vous ayant laissé autre ambition que de bien faire aux hommes et ne vous permettant de regarder que le Ciel pour récompenses de vos bonnes actions, il faut que j'en demeure dans les termes de mon simple ressentiment, et que je me contente de vous honorer dans mon cœur et dans mes paroles.

En attendant que vous me jugiés digne de vos commandemens, je suy vos ordres et vos préceptes pour le dessein du poème, duquel vous ne desdaignastes pas de vous faire entretenir, il y a quelque temps[2]. Je prétens y employer, dès le premier livre, avantageusement un des prédécesseurs de Mgr le Cardinal, pour luy faire paroistre de la gratitude et du zèle, si je ne puis de l'habileté. Vous estes assés charitable[3] pour dérober aux affaires publiques une demie heure et la donner à la correction de ce tra-

---

le gratifia plus tard, voir Tallemant des Réaux (t. III, p. 242 et 243). L'auteur des *Historiettes* dit qu'« il estoit dans une nécessité extresme, et n'en tesmoignoit rien, » et que «M. Chapelain luy fit avouer qu'il ne sçavoit plus de quel bois faire flesches, et par le moyen de Boisrobert luy fit restablir la moitié de sa pension.» Boisrobert a lui-même rappelé, dans l'*Advis* qui ouvre son second recueil des *Epistres en vers* (1659), que Gombauld, à cette occasion, le surnomma l'*ardent sollicitenr des Muses incommodées*.

[1] Jean Beaudoin, né à Pradelle en Vivarais, on ne sait trop en quelle année, fut un des premiers académiciens. Il avait été lecteur de la reine Marguerite et se fit surtout connaître par sa traduction de Davila. Lui aussi resta toujours pauvre, comme nous l'apprend Pellisson (*Histoire de l'Académie française*, t. I, p. 239), et l'on a même prétendu (*Sorboriana*) qu'il mourut presque de faim et de froid (1650). Ce fut un des protégés du chancelier Séguier, dont il loue la générosité dans la dédicace de son livre : *Les Saintes Métamorphoses* (Paris, in-4°, 1644).

[2] Savait-on que le P. Joseph, non content d'aider le grand Cardinal dans ses plus difficiles entreprises politiques, avait aussi voulu aider Chapelain dans la préparation du plan de son poème ?

[3] Je répète que, malgré cette nouvelle promesse, le nom de Richelieu ne figure pas dans la *Pucelle*. On pourrait me soupçonner de n'avoir pas eu assez de courage et de patience pour lire attentivement tout le poème, mais je ferai observer aux incrédules que le splendide volume in-folio de 1656 (Paris, Augustin Courbé) est terminé par une *Table alphabétique des noms propres et des matières principales de ce poème*, et que rien n'est plus facile que de s'assurer, en y jetant un coup d'œil, de l'absence du nom de Richelieu dans *la Pucelle ou la France délivrée*.

vail lorsqu'il sera achevé, principallement l'intérest de ce grand personnage y estant meslé. Mais comme ce n'est pas un ouvrage que l'on vous puisse encore présenter, je viens à vous avec celuy de M. Godeau, lequel a esté réimprimé d'un autre volume plus commode que le précédent[1] et que j'espère que vous agréerés tant pour l'amour de son autheur que pour celuy, mon Très Révérend Père, de, etc.

Paris, ce [*en blanc*] novembre 1633.

XXXI.
AU CONTE DE FIESQUE.

Monsieur, je ne sçay comment satisfaire nostre Saint Père d'avoir eu la vanité de désirer son approbation[2], puisque vous ne voulés pas que j'aye recours à ses indulgences avec lesquelles seules je me pouvois laver de ce péché. J'attens de vous, qui estes au lieu des expédiens, pour en avoir quelqu'un qui me délivre de la censure et qui mettent (*sic*) ma conscience en repos de ce costé la. Je vous plains de la langueur que vous cause le séjour de Rome et me plains moy mesme de n'estre pas auprès de vous pour jouir de ces bonnes heures que vous perdés. Mais, pour vous consoler, souvenés vous qu'on languit partout, et que vous n'avés pas tousjours eu en cette Court, où vous vous souhaittés, toutes les heures agréables ni toutes les occupations plaisantes. Les affaires et l'honneur règlent nos volontés et nous font faire de nécessité vertu.

Je [vous] conseillois par mes dernières de charmer vos ennuis par la lecture soigneuse des bons livres italiens. C'est un amusement agréable et utile tout ensemble et il s'est trouvé bon nombre de personnes qui ont fait le voyage d'Italie seulement pour en tirer cet avantage. J'en parle avec quelque connoissance et sçay l'extrême satisfaction que j'ay trouvé, en mille rencontres de troubles et de douleur, dans la lecture de ces autheurs, qui ont traitté excellemment toutes les sciences et qui nous ont laissé en toutes matières de quoy nous entretenir délicieusement. Pour cela il importe d'approfondir la langue et d'en connoistre les délicatesses, ce qui vous sera aisé, pourveu que vous y appliquiés vostre esprit bon et excellent.

Vous m'avés obligé de me mander que M. le cardinal Bentivoglio avoit respondu à mon petit avis sur son histoire. Je serois bien aise que vous me peussiés envoyer sa deffense, mais je le juge difficile pour ce que je sçay que vous n'estes pas amis, et qu'il fait un secret de cette affaire. En tout cas, etc.

(*Sans date.*)

XXXII.
A M. DE BOISROBERT.

Monsieur, je ressens pour vous les inquiétudes des amans et reconnois encore en cela que je vous ayme bien fort, car je [vous] trouve icy extrêmement à dire. Toutesfois je n'en murmure pas et ne veux pas mesme vous désirer icy, puisque vous estes utile à Ruel près de Monseigneur et que vous contribués par vostre présence à cette importante santé[3], de laquelle toutes les

---

[1] Il s'agit des *OEuvres chrestiennes* déjà mentionnées plus haut, et qui auraient en, d'après le témoignage de Chapelain, deux éditions en 1633, ce que paraissent avoir ignoré tous les bibliographes.

[2] Voir la lettre du 9 septembre 1633 adressée au même personnage (n° XXIV).

[3] On sait combien la gaieté de l'*abbé comique* était indispensable à Richelieu, et la phrase de Chapelain s'accorde bien avec la spirituelle ordon-

nostres dépendent. Je me plains seulement de mon malheur qui m'a fait perdre les heures et les jours que vous avés esté à Paris, sans que j'aye peu profiter de l'occasion, ni me consoler l'esprit d'un moment de vostre entretien. Il est vray que vostre bonté y a suppléé par vos lettres et que je m'y suis tousjours reconnu en faveur auprès de vous, dont je me tiens vostre obligé au delà de ce que je vous puis dire. Il ne s'est point passé de jour de vostre absence que je n'aye esté, ou envoyé en votre logis, mais en vain. Qui eust dit que j'estois d'accord avec vous pour vous visiter quand vous n'y estes point?

Aujourd'huy encore j'y ay *appris* que vous estiés venu et reparti en mesme temps. Ainsy je prétens avoir grand mérite en mon affection, puisqu'en vous aymant j'ayme une chose invisible. Hier, je fus assés malheureux pour ne pas disner chés moy quand vostre laquais m'apporta vostre despesche et le mien fut assés mal habile pour ne me la pas apporter où j'estois. J'eusse esté ravi de vous faire response sur l'heure et de vous envoyer l'Ode de Porchere[1] imprimée pour la faire voir à Monseigneur, avant qu'elle se débite. C'est un bon homme, et, comme cette pièce le tesmoigne, plein de mérite, pour lequel vos offices seront tousjours bien employés. Vous ferés chose digne de vous de les luy rendre, tant auprès de Son Éminence, qu'auprès de Mgr le garde des sceaux, qui ne sçauroient mieux respandre les bienfaits que sur luy, et, pour ce que je suis en train de solliciter, je vous feray souvenir de la promesse que vous avés faitte au pauvre Coltet (*sic*)[2], dont le mérite vous est connu, et dont l'incommodité exige de vous de faire une forte recommandation auprès de Mgr le garde des sceaux pour le porter à ne le pas obmettre dans le nombre de ceux qu'il veut gratifier. Il m'a pris pour fort puissant auprès de vous et je seray bien ayse si vous avés besoin d'estre exhorté pour luy rendre assistance que ma prière luy serve de quelque chose, sçachant bien que je ne prie pas pour un indigne ni pour un ingrat.

Quand à M. de Ly [   ][3], je m'en dé-

---

nance que le docteur François Citois formula pour son illustre client : «Monseigneur, nous ferons tout ce que nous pourrons pour votre santé, mais toutes nos drogues sont inutiles, si vous n'y mêlez un peu de Boisrobert.» (Pellisson, *Histoire de l'Académie française*, t. I, p. 12.)

[1] Il s'agit ici non d'Honorat Laugier, sieur de Porchères, mais d'un autre académicien, François d'Arbaud, sieur de Porchères, né en Provence en 1590. Ce qui ne permet pas le moindre doute à cet égard, c'est ce passage de la notice de Pellisson sur ce dernier poëte (*Histoire de l'Académie*, t. I, p. 182) : «M. de Boisrobert, à qui tout le monde rend aujourd'hui ce témoignage, que jamais homme qui fut en faveur n'eut l'humeur si bienfaisant, lui fit donner une pension de six cents livres par le cardinal de Richelieu.» On voit que Chapelain fut de moitié dans la bonne action de Boisrobert en faveur de François d'Arbaud, c'est-à-dire qu'après en avoir eu la première pensée, il en assura le succès par sa chaleureuse insistance auprès du favori du cardinal. Bien souvent, dans les lettres qui suivront, on aura la preuve que, sous Richelieu comme sous Colbert, Chapelain fut pour ses confrères un protecteur dont on ne saurait trop louer l'initiative et l'élan.

[2] Guillaume Colletet était alors âgé de trente-cinq ans. Sur *son mérite*, comme sur *son incommodité*, laquelle dura autant que sa vie, voir mon Introduction aux *Vies des poëtes gascons* tirées du manuscrit autographe de la bibliothèque du Louvre (Paris, 1866, grand in-8°). Le témoignage de Chapelain est à joindre à tous les témoignages réunis dans cette introduction.

[3] Je ne vois aucun nom de littérateur ou d'érudit, commençant par *Ly* ou par *Li*, auquel ce passage puisse s'appliquer. S'il avait fallu lire

clare sous vostre bon plaisir et le prens contre vostre colère en ma protection. Asseurés vous qu'il vous honnore et qu'il est plein de reconnoissance des biens que vous luy avés procuré. Pour ce regard, je lis dans le fons de son âme, et en respons en mon nom. Sa probité est grande, son sçavoir est public. Ces deux parties contre-pèseront bien la fascheuse humeur que vous avés remarqué en luy, particulièrement lorsque vous considèrerés qu'elle ne luy est pas naturelle et qu'elle n'a autre fondement que la persécution que luy fait la mauvaise fortune. Il n'y a rien de si ordinaire que de s'attrister quand on est mal en ses affaires, et il n'y aura rien de si digne d'un homme de bien comme M. de Boisrobert, que de laisser l'usage des plaintes à celuy qui souffre et de ne luy demander pas conte de toutes les paroles que la douleur luy tire de la bouche. Il m'a veu quatre fois sur ce sujet et m'a justifié son bon droit. Il vous conjure en ses (*sic*) termes propres de suspendre vostre jugement et vostre condamnation jusques à ce que vous l'ayés ouy.

Pour le fait de M. Beaudoin, il proteste qu'on nous a séduit et non pas instruit, et pour son humeur il vous prie de croire qu'elle n'est pas indigne que vous la souffriés, mais qu'il n'a esté rien veu de vous que dans son amertume. Je vous confesse que cela et plusieurs autres choses de cet air m'ont touché et persuadé que vous le deviés reprendre en grâce. Vous avés jetté des larmes autresfois pour des sujets moins pitoyables. Je ne veux point que vous demeuriés endurcy pour celuicy. Vous trouverés par la suitte que cette personne peut mériter que vous agissiés pour l'amour d'elle mesme, mais cependant je vous demande que vous le faciés pour l'amour de moy et, avec vostre permission, pour l'amour de vous mesme qui aurés grand honneur et grande satisfaction d'avoir servi la vertu d'un homme, sans en avoir esté empesché par les défauts que vous avés creu voir en luy.

J'ay ri de vostre aventure avec M. J. [.....]¹. En faveur de nostre ami, je vous prie de continuer dans vostre retenue. Le neveu vous en escrira : il est icy d'hier.

Je suis tout à vous.

De Paris ; ce [*en blanc*] novembre 1663.

XXXIII.
À M. DE BALZAC.

Monsieur, je dérobe à mes occupations le temps qu'il faut pour vous respondre, bien qu'il seroit mieux dit que mes embaras me dérobent le temps que je vous dois donner et qui vous est bien plus légitimement acquis qu'à ceux mesmes que j'appelle mes Maistres. J'aurois un long discours à vous faire si je vous voulois exprimer mes sentimens sur ma fortune et sur tout combien je suis peu d'accord avec ceux qui m'estiment heureux, parce qu'ils me voyent chargé de chaisnes d'or. Je fais tous les jours, pour me mortifier et pour me consoler tout ensemble, un voyage à vostre république de Balzac et vous envie beaucoup l'indépendance dont

---

Si au lieu de *Li*, j'aurais proposé de voir là l'abréviation du nom de Silhon, qui avait, à cette époque, le même âge à peu près que Chapelain, et qui étant à la fois honnête, instruit et pauvre, me paraîtrait, grâce à cette triple ressemblance, devoir être sûrement identifié avec le personnage décrit par la charitable plume de Chapelain.

¹ Le nom dont nous ne trouvons ici que la lettre initiale, je n'ai pu le découvrir d'une façon certaine, mais je me demande s'il ne s'agirait pas là de Nicolas *Janin* ou *Jeannin* de Castille, trésorier de l'Épargne, fils du receveur du clergé et frère de la comtesse de Chalais, lequel mourut en 1691.

vous jouissés. Cet air libre que vous y respirés et la sujettion que vous ne donnés qu'à vostre vertu et à vos vertueux, qui sont vos Livres, me semble valoir plus que tout ce que la brutalité du Surintendant fait perdre aux gens de mérite [1].

Dans ma servitude, je vous considère comme un Souverain et ne vous puis assés louer de vous estre affranchi glorieusement des entraves de la fortune. Je suis marri que mes fers soient illustres et que je ne les puisse quitter sans estre blasmé. Je vivois à moy auparavant, maintenant je vis aux autres. Le Monde m'a tiré à luy : il m'a fait sortir de moy mesme. Je ne suis plus homme, je suis Courtisan. Consolés vous par mon chagrin des injustices qu'on vous a fait et croyés que la fortune est une mauvaise Maistresse, puisqu'elle laisse avec tant de dégoust ceux qu'elle traitte le mieux et qui ont eu auparavant raison de se tenir satisfaits d'elle.

De Paris, ce 27 novembre 1633 [2].

XXXIV.
AU MARQUIS DE MONTAUZIER.

Monsieur, je ne sçay si je vous plais en vous escrivant, je sçay seulement que je vous obéis et que je suis vos ordres. Il me suffira tousjours de ne vous pas déplaire, n'ayant pas assés bonne opinion de moy pour croire que je vous puisse agréer. Vous estes néanmoins assés généreux pour vous contenter de mes foiblesses et pour fermer les yeux sur mes deffauts. A toute rigueur, je vous puis du moins estre agréable par cette partie qui me fait estre à vous. Vostre bon cœur ayme naturellement le bon cœur, et si le mien vous est aussi connu que je l'estime, vous ne sçauriés luy deffendre de luy vouloir un peu de bien. C'est de ces pensées que je me console dans le desplaisir que m'apporte vostre éloignement [3], lequel sans cajolerie m'est plus sensible que je ne vous l'ose avouer et que je n'espère que vous le croyés.

---

[1] Claude de Bullion, déjà nommé dans la lettre XXIII.

[2] Indiquons (f° 69) une lettre à M. d'Elbène, du 30 novembre, et (f° 70 v°) une lettre à Conrart (des premiers jours de décembre). La lettre à M. d'Elbène, à la fois vaillant capitaine et intrépide chasseur, est assez bien tournée. Chapelain lui dit : «Je ne sçay si vostre humeur guerrière vous a emmené en Alsace pour faire repasser le Rhin au duc de Fera, si vous vous contentés d'exercer l'image de la guerre autour de vostre maison sur les bestes innocentes...» M. d'Elbène avait promis un cheval à Chapelain : «Pour le *Diomandère* (sic), je l'attens patiemment puisque vous le voulés et luy donne la préférence dans mon service. Il sera bien desnaturé s'il ne s'affectionne à mes intérêts puisque j'ay pris les siens sans le connoistre, et que je l'ayme sans sçavoir s'il m'aimera. Il est certain que j'ay traitté de mespris quantité d'autres honnestes chevaux en sa considération. Vous luy ferés entendre le tout, s'il vous plaist, et me tiendrés, Monsieur, etc.»
— Dans la lettre à Conrart, Chapelain, au lieu de plaisanter, se montre grave et triste. Son ami Conrart avait entrepris de le réconcilier avec un certain M. B... [serait-ce par hasard Balzac, et y eut-il là un de ces nuages qui voilent parfois les meilleures amitiés?] Chapelain résiste en trois verbeuses pages dont voici quelques lignes : «Je vous dis sérieusement que c'est dommage qu'un esprit si présent, si agréable et si vif avec tant de bonnes parties ne soit pas né pour posséder celle de bien aimer, sans laquelle, selon ma philosophie, je ne conte toutes les autres pour rien... Je conclus que je suis pour le regard de ce raccomodement prétendu au mesme point que j'estois avant nostre entreveue, que je ne crois point qu'il m'aime et que je ne l'aime point aussi, mais qu'il aura toujours les mesmes offices et services de moy que si nos cœurs estoient autant unis que jamais, donnant cela à mon courage et à la mémoire de nostre deffunte affection.»

[3] Le frère aîné du futur duc de Montauzier était en Lorraine, où lui avait été adressée déjà la lettre (n° XXVI) du 24 septembre précédent.

A vostre retour, nous apprendrons comment il vous a ennuié de ne voir ni vos amis ni vos ennemis, car vous avés désiré en vain jusqu'icy les uns et les autres. On nous parle de vostre armée comme d'une pièce de réserve et qu'on la va mettre dans les garnisons. Que si cela vous doit donner le temps de venir passer icy le carnaval, je béniray la résolution et dispenseray volontiers la fortune, jusqu'à la nouvelle saison, de nous accorder les avantages qu'elle doit à la justice de nostre cause. Mais je me plaindrois extrêmement d'elle si vous estiés retenu de delà, sans rien faire, et si elle abusoit inutillement de vostre loysir que cette cour emploieroit si bien. Vous y estes souhaité avec passion des personnes que j'y connois. Je ne doute point que vous n'y soyés attendu avec impatience de celles dont je n'ay pas si particulière connoissance. Pour mon regard, je suis en peine de deux choses, si vous estes en santé et si vous me continués vos bonnes grâces. Je demande à Dieu la première quand je la devrois payer de la mienne propre. La seconde ne me peut estre niée par vous sans cruauté, puisque je l'ay méritée par la fidélité et par le zèle qu'a pour vous, Monsieur, vostre, etc.

De Paris, ce 8 décembre 1633.

XXXV.
À M. DE BOISROBERT.

Monsieur, vous sçavés trop bien de quelle importance m'est la nouvelle que vous m'avés mandée pour croire que je l'aye reçeue sans transport et sans ravissement. Les moindres faveurs qui viennent de Monseigneur, une parole, un regard, un souvenir de cette grande âme glorifient un homme et le rendent bien heureux. Mais lorsqu'il l'honore de ses bienfaits, qu'il le reçoit au nombre des siens, et qu'il le met de sa propre main au rang de ceux auxquels il distribue de ses grâces, il faut avouer qu'il luy donne quelque chose de plus que la félicité humaine, et qu'il l'eslève à un degré de gloire que l'on peut bien sentir, mais que l'on ne sçauroit exprimer. Je vous confesseray que j'ay souhaité de la réputation et me suis jetté dans le train de ceux qui la poursuyvent. Il est vray aussy que j'ay pris mes mesures pour cela et que j'ay establi, pour y parvenir, certains fondemens que mes amis n'ont pas estimé tout à fait desraisonnables.

Toutesfois la petite opinion que j'ay eu de mes forces m'a fait jusqu'icy douter du succès de mon entreprise, et j'ay tant veu de mérite au dessus de moy que j'ay souvent craint de demeurer estouffé dans la foule de ceux qui prétendent à l'immortalité par les lettres. Monseigneur est venu au secours de ma foiblesse et, selon mon humeur, par le tesmoignage que sa libéralité a rendu de moy au public, m'a fait avoir cette réputation recherchée à un bien plus haut point et plus certain que je ne l'avois jamais osé désirer. Je n'ay pas tant reçeu de gratification de luy dans ce bienfait considérable, en soy que j'ay acquis d'estime. Il m'a plus donné par la conséquence de la grâce que par la grâce mesme. Il me suffira à l'avenir, pour toute louange, que le Monde sçache que je n'ay pas dépleu à cet homme divin et qu'il ne m'a pas jugé indigne d'estre avoué et gratifié de luy[1]. On supposera tousjours

---

[1] Tout cela paraîtrait ridicule, si la sincérité du sentiment ne rendait excusable l'excès des expressions. N'oublions pas que Chapelain resta fidèle à son protecteur même après que la mort le lui eut ravi. J'ai eu l'occasion de dire (note 2 de la page 424 des *Mélanges historiques*, *Lettres de Balzac*, n° VI) : « Chapelain s'honore en défendant avec tant de fermeté la mémoire du grand ministre contre les implacables rancunes de Balzac. »

beaucoup de vertu en celuy sur lequel on apprendra qu'il ait daigné faire réflexion, et qu'il aura choisi entre un million d'adorateurs pour estre un des principaux sujets de ses largesses.

Pour ce qui me regarde, je ne souhaitte plus rien, je ne souhaitte pas mesme la conservation de ma vie, de laquelle je n'avois demandé la durée qu'afin d'avoir le loysir de laisser bonne odeur de mon nom envers ceux qui viendront après nous. Maintenant que Monseigneur m'a affranchi de la jurisdiction du Temps par le caractère qu'il a imprimé sur moy, je ne me soucie plus de vivre pour moy mesme. Mes veilles ni mes travaux n'auront plus pour objet mon honneur propre. Je ne les employeray qu'à bénir le ciel de ce qu'il l'a fait naistre en nostre siècle pour opérer ses hautes merveilles et pour nous donner en luy une vivante image de la Divinité. Toutes mes entreprises auront pour but de persuader la repentance à ceux qui le traittent avec ingratitude et d'augmenter la joye au cœur de ceux qui se resjouissent de ses bons succès.

Je sçay au reste combien vous avés contribué au bien que je reçois de sa générosité et l'obligation que j'en ay à vos offices. Mais remettant à vous en remercier à nostre premiere veüe, je vous conjure cependant d'asseurer Monseigneur que j'ay un ressentiment extrême de la grâce qu'il m'a fait, que je prens l'establissement qu'il luy plaist de me donner, non pas pour une récompense de ce que j'ay fait ni de ce que je feray pour son service, puisque je luy dois tout, mais pour un tesmoignage de l'approbation du zèle très ardent que j'ay pour sa gloire, lequel je m'imagine qu'il a reconnu en moy avec cette angélique lumière qui luy fait lire dans les esprits des hommes et qui ne permet pas qu'il y ait de secret pour luy.

Je laisse le surplus à vostre prudence, après vous avoir dit que vous ne luy promettrés jamais rien de moy que je ne tienne, non pas mesme ma vie, laquelle je mettrois avec courage et gayeté pour sa cause, si elle avoit besoin de martirs pour la soustenir. Aymés moy tousjours et me croyés véritablement, Monsieur, vostre, etc.

De Paris, ce 29 décembre 1633 [1].

XXXVI.

À M. LE MARQUIS DE GESVRES [2].

Monsieur, vous m'avés mis en très grande

---

[1] Chapelain écrivait à M. d'Elbène le 30 décembre (et non le 10, comme on l'a marqué au f° 74): «Je vous plains au reste de n'avoir autre employ dans cette guerre que de deffendre vos maisons de vos propres amis, et que vous ayés plus de peine à destourner leurs passages que vous n'en auriés à passer sur le ventre de la Germaine à la teste des trouppes que vous méritès de commander. Si les nouvelles d'Allemagne continuent, on vous ira chercher jusque dans vostre terre au milieu de vostre constitution pour relever nos affaires et donner sur les doigts des [le nom est resté en blanc] et des Valsteins..... Je vous prie de réserver toujours la monture pacifique que vous m'avés promise et de ne pas emmener à la boucherie cet animal qui par le destin doit philosopher avec moy...»

[2] Louis Potier, marquis de Gesvres, était le fils aîné de René Potier, comte, puis duc de Tresmes (1648), capitaine des gardes du corps du roi et lieutenant général au gouvernement de Champagne, et de Marie de Luxembourg. Le *Dictionnaire* de Moréri (1759) nous donne sur le jeune correspondant de Chapelain cette petite notice: «Louis Potier, marquis de Gesvres, lieutenant général des camps et armées du Roi, bailli de Valois et de Caen, qui fut accablé au siège de Thionville, sous les ruines d'une mine, le 6 avril de l'an 1643, âgé de 33 ans, après s'être signalé extraordinairement, avoir reçu quarante-une blessures, et avoir mérité le brevet de maréchal de France.»

confusion par la lettre que j'ay receue de vous. Elle ne m'a pas seulement surpris, elle m'a encore fait honte des excessives courtoisies dont elle est pleine et que je ne puis mériter, quelque service que je vous rende jamais. Je devois vous escrire et me tenir heureux que vous souffrissiés les tesmoignages de ma passion, et dans cette diligence vous me prévenés dans ce devoir et m'accablés de bienveillance et de civilité. Vous m'escrivés de générosité pure et au milieu des embarras qui accompagnent les armées qui marchent, vous me conservés place dans vostre souvenir parmi les pensées guerrières qui vous remplissent l'ame, et qui nous promettent tant de beaux effets.

Vous me rendés conte des bons offices dont vous m'avés honoré auprès d'une des plus grandes princesses de l'Europe[1], et me faittes connoistre que je suis désormais quelque chose dans son esprit par vostre recommandation. A tout cela je ne puis que respondre, sinon que vous estes obligeant jusqu'à l'excès et que vous m'avés mis hors de la puissance de m'aquitter jamais bien envers vous, que je rougiray autant de fois que je songeray à vous, et que je ne croy pas m'oser trouver mesme en vostre présence à l'avenir, quelque bon accueil que vous me prépariés et quelque disposition que vous ayés à me remettre toutes mes debtes.

Si la fortune vous est équitable et qu'elle vous offre des obstacles dignes de vostre cœur, je me consoleray par vos bons succès du mauvais qu'a eu la grossesse de madame la duchesse de Longueville[2] laquelle est encore au lit de la mort avec beaucoup plus de crainte que d'espérance, après avoir souffert la violence d'une petite vérole très maligne et un accouchement avant terme d'un fils que Dieu luy avoit donné. Nous sommes dans la sixiesme semaine de son indisposition et la fièvre luy dure encore sans que les médecins nous assurent encore de rien qui nous plaise. Les extrêmes obligations que j'ay à cette rare princesse me rendent en cette occasion aussi malade de l'esprit qu'elle l'est du corps, et je ne sçay comment je m'en suis peu servir pour achever ce sonnet que je vous envoye sur la mort du jeune conte de Dunois qui n'eut que le loysir de recevoir le baptesme[3].

Vous voyés, Monsieur, qu'après cette perte, je suis plus propre à faire des plaintes qu'à donner des louanges et que je réussirois bien mieux à parler des ténèbres qu'à mettre à la lumière les vertus et les graces de la Princesse que vous me marqués, la réputation de laquelle fait le mesme effet sur moy que la présence de celles qui sont le plus estimées parmi nous. Je sçay qu'elle est aussi courageuse que M. le Duc, son frère, a esté prudent[4], et qu'il n'a pas tenu à elle que nous n'ayons pris Nancy plustost par force que par amitié, et que [nous] n'ayons acheté cette possession au prix du sang des plus

---

[1] Henriette de Lorraine, fille de François de Lorraine, comte de Vaudemont, née le 5 avril 1605, avait épousé, en 1621, Louis, bâtard de Guise, prince de Phalsbourg et de Lixen. Chapelain, loué par elle, la déclarait une des plus grandes princesses de l'Europe, comme Mme de Sévigné, après avoir dansé avec Louis XIV, le trouvait le plus grand roi du monde.

[2] Henri d'Orléans, duc de Longueville, avait épousé en premières noces, le 11 avril 1617, Louise de Bourbon, fille du comte de Soissons, laquelle mourut le 9 septembre 1637.

[3] N. d'Orléans, comte de Dunois, naquit le 16 janvier 1634 et mourut aussitôt après sa naissance. Le sonnet dont parle Chapelain est conservé dans le recueil de ses poésies (fonds Français, nouvelles acquisitions, n° 1890), sous ce titre : *Tombeau du comte de Dunois*.

[4] Charles IV, duc de Lorraine et de Bar, né le 6 avril 1604, avait succédé à Henri, duc de

braves des nostres. Mais Dieu n'a pas voulu que Nancy sortit pour jamais de la maison de Lorraine et a inspiré à M. le Duc des conseils moins eslevés, mais plus seurs et moins ruineux. Cependant les ressentimens que cette belle princesse monstre de ce qui s'est passé en ce voyage dernier luy sont bienséans et, en descouvrant la grandeur de son ame, tesmoignent quel redoutable ennemi nous eussions eu en elle, si le Ciel l'eust fait naistre ce qu'est M. son frère, et avec la résolution qu'elle fit paroistre lorsque nous l'assiégions [1].

Je finis en vous demandant la continuation de vos bonnes grâces et la permission de me dire tousjours, Monsieur, vostre, etc.

De Paris, ce janvier 1634.

XXXVII.
À M. DE SALES.

Monsieur, je n'examine point à la rigueur les actions de ceux que j'honore, et soit pour ce que j'ay bonne opinion d'eux, soit pour ce que je ne l'ay pas mauvaise de moy mesme aux occasions qui les rendroient coupables envers d'autres, je les absous d'abord et explique ce qui m'en paroist le plus à leur avantage et au mien qu'il se peut. Vous estes du nombre de ceux avec qui je traitte de la sorte, et en avés autant de besoin qu'aucun, m'ayant un si long temps je ne diray pas effacé, mais esgaré de vostre mémoire, quelque protestation que vous m'eussiés fait de vous souvenir de moy éternellement. Mon indulgence me fait accroire que vous en avés ainsi usé pour le mieux et que vos raisons, quoyque je les ignore, sont meilleures que toutes les plaintes que j'en pourrois faire.

Je vous tiens ensuitte pour le plus ardent et le plus soigneux de ceux qui me veulent du bien et nomme tentation toutes les pensées qui me viennent au contraire. Je prens en payement une demie page d'escriture pour tous les arrérages que vous me devés et pour lesquels je vous pourrois de droit faire citer au tribunal de l'amitié. Enfin, quoyque je vous aye entretenu avec soin par mes lettres, et que je n'aye rien laissé à dire ni à faire de tout ce qui vous pourroit estre utile de deça, je vous ay excusé de vostre silence et me suis résolu, comme à une chose juste, d'estre négligé si long

---

Lorraine et de Bar, mort le 31 juillet 1624, dont (en mai 1621) il avait épousé la fille unique, Nicole, duchesse de Lorraine et de Bar, née le 3 octobre 1608, et qui était sa cousine germaine.

[1] On lit dans l'*Histoire de la réunion de la Lorraine à la France* (t. 1, p. 290) : «Parcourant les remparts [la princesse de Phalsbourg], et animant chacun par sa présence, elle mit elle-même le feu aux pièces. Plusieurs volées de canon passèrent par-dessus la tête du Roi, qui s'était avancé trop près pour examiner les défenses de la place. Elle insista pour qu'on retardât, par de vigoureuses sorties, les travaux déjà si avancés des assiégeants. Dans un conseil qu'on avait provoqué, afin de répondre aux remontrances du sieur de Chanvallon, qui s'était venu plaindre au nom du cardinal de Richelieu de la rupture de l'armistice, Mme de Phalsbourg, dont le génie étoit tout mâle, dit le marquis de Beauvau, demanda avec feu qu'on commençat enfin une résistance désespérée... disant qu'en tout cas, s'il fallait périr, il valait mieux s'ensevelir glorieusement sous ses propres ruines que de perdre lâchement l'honneur, les biens et la liberté.» M. d'Haussonville, un peu plus loin (p. 301), raconte ainsi l'entrevue de Louis XIII et de la vaillante amazone : «Il (le duc de Lorraine) présenta (26 septembre 1633) au Roi sa sœur, la princesse de Phalsbourg... Louis XIII l'accueillit gracieusement, il la plaisantait avec douceur : il l'appelait *la guerrière*; il la montrait aux gentilshommes de sa cour, disant : voilà celle qui se vouloit si bien défendre et tuer tout!»

temps de vous. Mais à bon escient j'ay tort de demander de l'assiduité à une personne qui a les deux occupations de guerre et de galanterie et qui n'est relevé par personne en l'une ni en l'autre pour ce qu'il n'a point de pareil. Nos dames mesmes[1] n'auroient pas de sujet de se plaindre de vostre oubli, considérant que la garde de Nancy et le gouvernement de ses princesses[2] ne méritent pas moins qu'un homme tout entier. Continués ce train et croiés que j'interpréteray tousjours à bien toutes choses et me tiendray bien favorisé de vous si en trois mois je reçois une fois de vos nouvelles.

Madame la duchesse de Longueville dont vous ne me voulés pas consoler, enfin est hors de danger, après nous avoir fait craindre et pleurer six semaines entières et avoir perdu le fruit qui la devoit rendre la plus heureuse de son sexe. J'avois célébré sa grossesse et en avois promis de grandes choses à la France; mais Apollon qui m'inspira n'est qu'un menteur, et après m'avoir donné de la peine à rimer des espérances, enfin je les ay trouvées fausses et les ay condamnées à ne jamais se produire au jour[3]. Ce qui s'est rencontré trop vray a esté la mort du jeune conte de Dunois, laquelle j'ay marquée dans un tombeau que je luy ay dressé et que M. vostre frère vous aura envoyé. En tout cas, je vous le renvoye encore afin que vous n'ayés rien à me reprocher.

Je m'acquitteray soigneusement des commissions que vous m'avés donné et n'iray point chés cet excellent monde[4] par occasion.

Je suis, Monsieur, vostre, etc.

De Paris, ce 7 febvrier 1634.

XXXVIII.

À M. GASSENDI.

Monsieur, vostre lettre m'a très agréablement surpris et m'a rapporté par ce qu'elle contient un des plus grands contentemens que j'ay reçeu de ma vie. Enfin nous verrons cette belle philosophie tant désirée et, pour vous avouer le vray, peu espérée de moy, jugeant que vous traitteriés le siècle selon son mérite et que vous luy refuseriés un thrésor dont il est indigne[5]. Si j'avois peu aimer M. L'Huillier davantage que je ne fais, il est certain qu'il m'y auroit obligé

---

[1] Madame et mademoiselle de Rambouillet.

[2] Chapelain veut parler de la duchesse de Lorraine (Nicole), de la sœur de la duchesse (Claude-Françoise) et de la princesse de Phalsbourg, laquelle ne devait pas tarder à s'évader de Nancy (3 mars 1634). L'oncle de M. M. de Sainte-Maure, le comte de Brassac, fut malade du chagrin que lui causa la fuite de sa prisonnière, que suivirent bientôt les deux autres princesses. Voir l'*Histoire de la réunion de la Lorraine à la France*, t. I, p. 315.

[3] Chapelain ne prévoyait pas, à ce moment, qu'il trouverait l'occasion d'utiliser ses vers douze ans plus tard, quand vint au monde Jean-Louis-Charles d'Orléans (12 janvier 1646). Voir *Ode pour la naissance de Mgr le conte de Dunois* (Paris, chez la veuve Jean Camusat et Pierre Le Petit, 1646, in-4° de 22 pages).

L'achevé d'imprimer est du 9 mars 1646.

[4] Le monde de l'hôtel de Rambouillet.

[5] Chapelain veut parler du travail de Gassendi sur la vie et la philosophie d'Épicure. Bien des années s'écoulèrent avant que ce travail fut imprimé. La célèbre apologie d'Epicure (*De vita et moribus Epicuri*) ne parut qu'en 1647 (Lyon, in-4°). Mais Gassendi, comme on le voit, communiqua, treize ans avant la publication de son exposé de la vie et de la doctrine d'Épicure, une partie du manuscrit de cet important ouvrage à ses amis. On trouvera les huit livres du *De vita et moribus Epicuri* dans le tome V (p. 169-236) des Œuvres complètes de Gassendi (*Petri Gassendi Opera omnia in sex tomos divisa*, in-f°, Lyon, 1658). Qu'il me soit permis de renvoyer le lecteur à mes *Documents inédits sur Gassendi*. (Paris, Palmé, 1877, brochure grand in-8°).

par l'instance efficace qu'il vous a fait de ne pas tousjours garder cette perle d'incomparable prix. Nous ne le remercirons jamais assés bien de l'avantage qu'il a procuré à tout ce qu'il y a de gens lettrés et raisonnables, et pour vous, Monsieur, nous ne vous payerons jamais ce travail, quelque estime que nous vous en donnions et quelque gré que nous vous en puissions sçavoir. Au nom de Dieu, continués ce que vous avés commencé, et disposés en sorte vos temps qu'il ne se passe point d'ordinaire que nous ne voyons de nouveaux cahiers de ce bel ouvrage.

J'ay leu avec un plaisir indicible la préface de tout le volume adressé à nostre ami [1], et ay estimé singulièrement tant les bonnes mœurs et la candeur vrayement philosophique qui y paroist, que l'ordre, la doctrine, l'élocution. Je ne doute point que tout le reste ne suyve de mesme, puisque c'est le mesme esprit qui le produit et qui le conduit, mais bien que j'en sois très persuadé, je ne laisseray pas avec la permission que vous m'avés donnée, de vous représenter de quelle importance est la beauté du stile en quelque genre de composition que ce soit et de vous conjurer d'y avoir un particulier esgard. Vous le pouvés sans effort et sans peine et, pourveu que vous soyés autant cicéronien dans le corps du livre que dans la Préface, il n'y aura rien à désirer. J'ay conçeu de l'amour pour cette pièce et la désire aussi parfaitte qu'il se peut, afin qu'elle nous puisse servir d'une parfaite nourriture d'esprit.

Je me sens infiniment vostre obligé de l'avis que vous m'avés donné de vostre résolution et de la part que vous voulés bien que je prenne aux premières lectures d'un si rare ouvrage. Nostre ami s'est résolu de le communiquer aussi au bon M. Magnes, cette âme belle et pure que vous sçavés, et dès à présent je vous responds de l'obligation qu'il vous en aura [2]. J'ay combatu la modestie de nostre ami sur ce que vous dittes de luy dans la Préface, touchant le tesmoignages d'affection qu'il vous a donné par le passé. Il luy sembloit que vous descendiés trop dans le particulier et que vous avilissiés vostre vertu par les expressions si humbles avec lesquelles vous marqués les offices qu'il vous a rendu. Il eust bien voulu qu'en cet endroit vous vous fussiés contenté de tesmoigner que vous l'avés reconnu tel que, si vous eussiés eu besoin de tout ce qui dépendoit de luy, vous en eussiés absolument disposé. Mais, suyvant vostre sens, je luy ay représenté qu'outre que ce que vous alleguès fait liaison pressante dans ce passage, il vous osteroit encore un des plus grands plaisirs de vostre vie, s'il vous empeschoit de dire, aussi au long que vous le sentés, vostre mouvement de gratitude envers luy; que pour avoir receu des services de luy, vous ne vous en estimés pas moins, mais seulement que vous l'en voulés faire paroistre plus grand, qu'il y a honneur à confesser de la pauvreté des biens de la fortune, quand on n'en désire point, et qu'on en a de nature et de vertu desquels on fait sa richesse;

---

[1] Voir cette préface (*Epistola dedicatoria ad Franciscum Luillierum*) dans le recueil ci-dessus mentionné (p. 169-173). Gassendi y prodigue à Luillier *viro illustri Francisco Luillerio, Parisino, rationum magistro integerrimo, amico longe optimo*, les témoignages de sympathie et de reconnaissance. Il l'y proclame le plus doux des amis, *amicorum suavissime*, et il a soin de déclarer que c'est par déférence pour lui qu'il a mis au net ses commentaires sur Épicure. Gassendi, un peu plus loin, rend hommage à la loyauté de Luillier (*te candoris plenum*) et à sa générosité envers tous ceux qui sont bien méritants (*mirifice erga omneis bene merenteis animatum*).

[2] Il a été déjà question de cet ami de Chapelain dans la note 3 de la lettre XIV.

qu'Épictète avoit eu plus d'approbation que Senèque [1] et que les tesmoignages que l'on a de sa mendicité ne le rendent pas moins vénérable mesmes à ces derniers temps barbares; que pour moy, je vous considérois comme un pauvre volontaire qui ne vous vouliés point charger de biens qui n'estoient point asseurés, et dont la possession mesme estoit un embarras pour un homme qui a les idées nobles et eslevées.

Je finis en vous exhortant à continuer à me tenir, Monsieur, vostre, etc.

De Paris, ce 18 febvrier 1634.

XXXIX.
À M. DE BALZAC.

Monsieur, j'ay perdu pour vous la coustume de m'excuser quand je suis demeuré quelque temps sans vous escrire. Il m'a semblé que vous me connoissés assés pour juger que ces discontinuations venoient plustost faute de loysir ou de sujets de vous entretenir, que d'affection et de zèle à vostre service. Je vous importunerois si je vous disois les diverses occupations qui m'ont séparé de vous depuis mes dernières lettres. Vous sçaurés seurement que j'ay eu de quoy exercer ma patience en plusieurs choses et particulièrement sur une répréhension de mon ode à Mgr le Cardinal la plus sophistique, la plus ignorante et la plus injurieuse qui soit jamais sortie au jour contre quelque ouvrage que l'on ait exposé en lumière. Tout m'en pouvoit fascher, mais rien ne m'a esté si sensible que de sçavoir que l'auteur de cette invective se nommoit Costard [2] et estoit ou vouloit passer pour estre de vos amis intimes [3].

Je vous avoue qu'il m'a semblé estrange

---

[1] Ai-je besoin d'expliquer le rapprochement que fait ici Chapelain entre l'austère philosophe stoïcien dont la doctrine se résume en deux mots : *Abstiens-toi, résigne-toi*, et ce rhéteur qui, au milieu de toutes les splendeurs de la fortune et de toutes les jouissances du luxe, écrivit de si belles tirades en l'honneur de la pauvreté?

[2] Pierre Costar (né à Paris en 1603) avait alors trente et un ans, et non trente-huit, comme l'a dit Tallemant des Réaux dans son historiette sur cet écrivain (t. V, p. 153). Voici comment ce chroniqueur raconte (*ibid.*, p. 151) l'incident dont se plaint si vivement le correspondant de Balzac : «En ce temps-là, les odes de M. Godeau et de M. Chapelain à la louange du cardinal de Richelieu parurent, et ensuite M. Chapelain eut pension de M. de Longueville. Costar, par une estrange démangeaison d'escrire, et pensant se faire connoistre, en fit une censure qui le fit connoistre en effet, mais non pas pour tel qu'il se croyoit estre; il n'y avoit que de la chicanerie, et, ce qui ne se pouvoit excuser, sans avoir jamais veu M. Chapelain, et sans avoir jamais rien ouy dire qu'à son avantage, il s'escrioit en un endroit : «Jugez, après cela, si M. de Longueville «n'a pas bien de l'argent de reste, de donner «deux milles livres de pension à un homme «comme cela.» Tallemant ajoute (même page, note 3) que cette censure ne fut point imprimée, mais que pourtant elle courut partout. Il faut rapprocher du récit de Tallemant le récit de l'auteur anonyme de la *Vie de Costar* publiée dans le tome IX des *Historiettes* (p. 51-59). Cet auteur est aussi hostile à Chapelain que Tallemant est hostile à Costar.

[3] Costar, en effet, était alors et resta toujours fort lié avec Balzac. Voir diverses preuves de ces bonnes relations dans les lettres de ce dernier, soit au recueil de 1665, soit au recueil de 1873, notamment, pour le second de ces recueils, p. 545, 579, 625 et 632, du 25 juillet 1644 au 20 février 1645. Pourtant Balzac, reniant Costar, ne craignit pas d'écrire à Chapelain, non le 15 septembre 1636 (in-fol., p. 727), mais en avril 1634 : «Je ne connois point ce grand et intime ami dont vous me parlez, et ma mémoire ne m'en représente aucune image. Si je l'ay veu, je ne l'ay point considéré. Tant il y a, soit que j'aye oublié ce grand et intime ami, ou que je ne l'aye jamais bien connu,... je renonce à son amitié.» Balzac,

qu'un esprit si injuste et si peu sensé eut une amitié si estroitte avec une des personnes du monde que je connois la plus équitable et la plus raisonnable, et, s'il est vray qu'il soit si estimé de vous, j'ay eu encore déplaisir de ne me pouvoir pas aussi bien accommoder en cela à vos sentimens, comme je le fay en toute autre chose. Du reste, bien qu'il m'eust donné grand champ de luy respondre, et je puis dire sans m'efforcer, je l'ay mesprisé et ay mieux aymé n'avoir point la gloire de l'avoir vaincu, que de luy donner l'avantage d'estre connu du monde par ma colère. Il y a des gens qui cherchent de la réputation, et il ne leur importe qu'elle soit bonne ou mauvaise. A ces personnes il ne sçauroit rien arriver de pis que d'estre négligés et rejettés dans les ténèbres et l'on les punit rigoureusement de les empescher mesme d'avoir mauvais bruit et d'estre connus mesme à leur confusion.

J'attens vostre jugement sur ce que j'ay pratiqué en cette rencontre, et cependant je vous diray que M. Dandilly (sic)[1], ayant publié ses belles stances spirituelles, j'ay tiré un exemplaire de luy pour vous l'envoyer. Bien qu'il les ait laissé tous distribuer à Camusat sans en donner, de son chef, à personne, il nous a bien voulu excepter avec quatre ou cinq autres de ses particuliers amis et a trouvé bon que je vous fisse tenir celuy cy de sa part, lequel je luy ay assuré que vous auriés fort agréable. Il est bon et civil au dernier point et parle de vous comme vous le sçauriés désirer, en un mot il me contente sur vostre sujet, lorsque vous tombés dans nos conversations sincères.

Ce seroit icy le lieu de vous parler de l'Académie dont Mgr le Cardinal s'est depuis peu rendu le promoteur, et qu'il autorise de sa protection[2], mais le bon M. de Boisrobert, s'estant offert avec une chaleur et une ambition extraordinaire de vous avertir de ce qui vous regardoit en cela, je craindrois de venir à tard et de me faire une querelle avec luy, si je vous en entretenois à cette heure. Je suis de cette compagnie par grâce[3], et par cet honneur je trouve mes charges redoublées, ne jugeant pas qu'il me fust bien séant d'estre de ce corps et de ne pas contribuer à sa perfection tout ce qu'il seroit à ma puissance[4]. Si chacun y apporte autant

---

avec son exagération ordinaire, termine ainsi sa protestation : « Quand ce ne seroit pas un inconnu, mais mon propre frère, qui auroit songé à vous fascher, je ne luy pardonnerois jamais cette pensée, ou ce ne seroit qu'à vostre seule intercession. »

[1] Chapelain veut parler du *Poëme sur la vie de Jésus-Christ*, qui fut achevé d'imprimer pour la première fois le 18 mars 1634. Ce poëme a eu plusieurs éditions. La troisième parut à Paris chez Camusat en 1635 (in-12 de 50 pages).

[2] Passage à rapprocher du récit de Pellisson (*Histoire de l'Académie française*, t. I, p. 13 et suivantes).

[3] Balzac, répondant à cette lettre, non le 22 septembre 1636 (in-fol., p. 727), mais en avril 1634, s'exprimait ainsi : « Vous me mandez que vous avez esté receu par grâce dans l'Académie des beaux esprits; et moy je voudrois vous demander qui a reçeu les beaux esprits qui vous ont reçeus?... Qui sont ces grands personnages qui ont fait grâce à Monsieur Chapelain? De quelles contrées nouvellement descouvertes viennent ces hommes extraordinaires, qui pour faire grâce à M. Chapelain, doivent valoir un peu plus que M. le cardinal du Perron et que Monsieur le président de Thou?... » Les éditeurs du recueil de 1665 ont coupé une lettre en deux et donné aux deux tronçons de cette lettre deux dates différentes et également imaginaires (15 et 22 septembre).

[4] Ce n'étaient point là de vaines paroles. Dès la seconde réunion de la compagnie (20 mars 1634), Chapelain insista sur la nécessité « de travailler à la pureté de notre langue, et de la rendre capable de la plus haute éloquence. » Dès la troisième réunion (27 mars, le lendemain du

de zèle que moy, je puis dire sans vanité que nous ferons quelque chose de mieux et de plus utile que toutes les académies d'Italie[1] ensemble; à moins que de se proposer cet avantage, je vous avoue que j'y tiendrois mon temps perdu.

Je suis, Monsieur, vostre, etc.

De Paris, ce 26 mars 1634.

XL.
A M. LE CONTE DE FIESQUE.

Monsieur, je vous escrivis amplement par le dernier ordinaire et m'estanchay la soif que j'en avois, il y a long temps, et que l'embarras de mes affaires m'avoit fait différer jusques là. Je fis aussi response à la lettre que M. Bouchart[2] me fit la faveur de m'escrire et commençay avec luy un commerce d'amitié plus estroit que je n'avois point encore eu, sur la nouvelle asseurance que vous me donnastes par vos dernières de l'affection que vous avés pour luy. Je vous avoue qu'encore qu'il mérite tout ce qu'un honneste homme peut mériter, et que ce me soit un avantage extrême d'avoir part en ses bonnes grâces, j'ay fait une des principales raisons du service que je luy ai voué, de la créance que j'ay eüe que je ferois chose qui vous seroit agréable. La passion que j'ay pour vous est si grande, qu'elle regorge et qu'il y en a assés pour vous et pour tout ce que vous aymés. J'agis dès lors pour ses intérests auprès de M. de Boisrobert qui me promit de luy rescrire et de faire de delà tout ce qu'il pourroit pour son contentement.

Maintenant j'escris à la mesme fin à M. de Noailles[3], et ay conceu ma lettre de telle sorte que s'il se doit servir de M. Bouchart, ce sera avec honneur pour luy. Je vous l'envoye ouverte afin que vous la luy

---

jour où fut écrite la lettre que l'on vient de lire), Chapelain fut chargé par ses confrères de dresser le plan du dictionnaire et de la grammaire qu'il leur avait tout d'abord conseillé de préparer. (*Histoire de l'Académie*, p. 28.)

[1] M. Livet, qui a reproduit (*Histoire de l'Académie*, t. I, p. 362) tout ce passage, a oublié d'ajouter au mot *académies* les mots *d'Italie*. Ce critique a, du reste, fait observer (p. 390) que la date donnée à la lettre de Balzac est certainement fausse, puisque cette prétendue lettre du 22 septembre répond à celle que Chapelain lui écrivit le 26 mars.

[2] Bouchard (Jean-Jacques) était le fils d'un apothicaire de Paris qui, devenu riche, avait acheté une charge de secrétaire du Roi. Il est le héros d'une des *historiettes* de Tallemant (t. VII, p. 158-160). Il faut lire surtout les piquants détails donnés par M. Paulin Paris sur ce personnage (161-163), détails empruntés soit à la *Correspondance* de Peiresc, soit au journal inédit du voyage de Paris à Rome (1630-1631), rédigé par ledit Bouchard, et communiqué au savant commentateur par un bouquiniste. Du récit de Tallemant, comme des additions de M. P. Paris, il résulte que le sieur Bouchard était le plus méprisable des hommes.

[3] De cette lettre, datée du 24 avril (f° 81), j'extrais ces lignes : «La nouvelle que nous avons cue de vostre heureuse arrivée à Gennes m'a fait bien juger du reste de vostre navigation, et je n'ay pas creu devoir attendre les avis de vostre entrée dans Rome pour vous tesmoigner le contentement que j'ay de vous y penser en bonne santé.» Après d'innombrables compliments, Chapelain prie le nouvel ambassadeur d'attacher à sa personne «M. Bouchard, que j'ay autresfois connu à Paris et qui depuis trois ou quatre ans est à Rome sur sa bourse. Il est de très honneste condition, a l'esprit fort beau, de belles lettres et, à ce que j'entends, beaucoup d'habitude dans la cour romaine, où il s'est tellement pleu, que ses proches, qui le rappellent tous les jours, ne l'en ont peu encore tirer... Vous ne sçauriés mieux faire que d'essayer à l'engager à vostre service.»

monstriés auparavant que de l'envoyer à l'Ambassadeur, et que si l'affaire s'achemine vous demeuriés tous deux dans les termes de ma lettre. Vous la fermerés et attendrés ce qu'il vous en dira, à quoy je croy qu'il ne manquera pas dans la disposition de ses affaires, et j'espère que l'ouverture que je luy fais, et qui ne paroistra point concertée, coopèrera ce que nous désirons, à la satisfaction de nostre ami. En tout cas, s'il ne réussissoit pas, il aura tousjours droit de dire que ce n'estoit point luy qui y avoit pensé le premier.

Je ne luy escris point afin de ne point multiplier inutilement les complimens et ne le pas obliger à me rendre de ces belles paroles dont sa lettre est si remplie qu'elle en est sujette à la censure, quelque excuse que luy puisse donner le païs où elle est escrite. Avec vostre permission, je luy ferai souvenir icy de la rigidité stoïque de feu M. Le Large, nostre adorable précepteur [1], et que, s'il vivoit et qu'il se vit traitter de cet air, il le désavoueroit pour disciple. Je dois à ce grand homme de m'estre conservé par quinze ans durant au milieu de la Cour et bénis sa mémoire, toutes les fois que je commets une rusticité contre les modes affétées [2] du temps. Si nostre ami vous conte la vie qu'a mené cette âme illustre, vous serés consolé de sa vertu, et en mesme temps aurés de la douleur de ne l'avoir pas connu.

Par ma dernière, je vous envoyay un mémoire des livres que je serois bien aise que vous nous rapportassiés, si vous venés bientost, ou que vous nous fissiés tenir seurement, si nous devons encore long temps souhaitter vostre retour. Avec celles cy vous aurés des vers que j'ay fait pour rendre grâces à Dieu de la convalescence de Mme la duchesse de Longueville [3] : vous en jugerés équitablement contre vostre ordinaire, c'est-à-dire sans prévention d'esprit ni de faveur.

Cet esté, je reprendray la Pucelle et pourray avoir un livre tout nouveau à vous monstrer quand nous vous verrons. Obligés moy autant que vous m'aymés de ne jamais laisser lire celui que vous avés, pour ce qu'outre qu'il n'est pas achevé en soy, j'ay changé tout le dessein de l'ordre, et de premier il sera le septiesme. Il me nuiroit extrêmement que l'on le vist en l'estat qu'il est. Je me dispense de vous mander des nouvelles, tant pour ce que j'en sçay peu, que pour ce que je courrois sur les brisées de MM. les ambassadeurs qui ne vous en sont pas chiches.

M. d'Elbène vous dira luy mesme des siennes. M. l'Huillier est en santé et à vous. Pour moy, je ne puis estre, Monsieur, que vostre, etc.

De Paris, ce 23 avril 1634 [4].

---

[1] On ne connaît M. Le Large que par le grand éloge qu'en fait ici son ancien élève. Tallemant lui-même n'en dit rien et mentionne seulement (t. V, p. 484) un célèbre chirurgien du même nom.

[2] Boileau a dit (satire IX) :

Je laisse aux doucereux ce langage *affété*.

[3] Chapelain n'a pas recueilli, dans le volume déjà plusieurs fois cité de ses *Poésies*, les vers sur la convalescence de Mme la duchesse de Longueville.

[4] Suit (f° 82) une lettre écrite en juin à Godeau, lettre dont je n'aurais rien à dire si l'on n'y trouvait une mention de ce «M. Favereau», auquel Chapelain, en 1623, avait adressé la *préface* de l'*Adone*, préface qui fut sa première publication. Signalons, en passant, sur ce même Favereau de curieuses pages de M. Louis Audiat, dans son livre intitulé : *Un fils d'Estienne Pasquier. Nicolas Pasquier, lieutenant général et maître des requêtes. Étude sur sa vie et ses écrits* (Paris, 1876, in-8°, p. 111-129).

XLI.

À Mgr LE CARDINAL DE RICHELIEU.

Monseigneur, après la gratification que j'ay reçeu de vostre bonté par les mains de M. des Roches[1], il falloit ou que je fusse téméraire, si je vous en voulois remercier, ou que je fusse ingrat, si je manquois à vous en tesmoigner du ressentiment. Mais j'ay eu toute ma vie en telle horreur la mesconnoissance, qu'il m'a semblé qu'en quelque façon il valoit mieux vous manquer de respect, entreprenant de vous escrire, que de vous laisser prendre opinion que je fusse insensible à vos bienfaits. Il est certain qu'il suffisoit de la réputation que vous m'aviés donnée par l'estime des petites productions de mon esprit, et qu'après une si glorieuse approbation de mon zèle, je n'avois plus rien à souhaitter. Je me tenois mesme payé de tous les services que j'espère de vous rendre un jour et louois Dieu de m'avoir proposé en vous un objet digne d'estre honnoré de toute l'estendue de mon courage. Le vostre, Monseigneur, qui ne sçauroit agir communément, ne m'a pas voulu traitter selon mon mérite, mais selon sa grandeur. Vous vous estes regardé vous mesme et avés mieux aymé me surcharger de vos libéralités, que de ne pas satisfaire à vostre générosité extraordinaire. Vous m'avés surpris par vostre largesse présente; vous m'avez fait asseurer qu'elle continueroit à l'avenir[2] et avés voulu que je creusse que le Roy me feroit du bien par vostre recommandation.

Toutes ces grâces, Monseigneur, me sont d'autant plus chères, que je m'en reconnois le plus indigne, et à vous elles sont d'autant plus glorieuses, que vous n'avés esté sollicité à les faire que par vostre seule inclination à soulager la mauvaise fortune d'autruy. Le ciel vous garde les récompenses que la terre ne vous sçauroit donner. Pour moy, j'attens vos commandemens avec impatience et me promets devenir, en les exécutant, plus capable de mériter les effets de vostre bienveillance. C'est encore une faveur dont je vous supplie de couronner celles que j'ay desjà reçeues de vous en si grand nombre, afin que je me tienne confirmé en vostre grace, et puisse prendre à juste titre le nom, Monseigneur, de vostre, etc.

De Paris, ce [en blanc] juin 1634.

XLII.

AU COMTE DE GUICHE,
AU SIÉGE DE LA MOTHE.

Monsieur[3], j'eus une grande joye de ne

---

[1] Michel Le Masle, prieur des Roches, était déjà secrétaire de Richelieu avant l'année 1615; en 1632 il est désigné comme surintendant de sa maison; il devint (vers la fin de 1632 ou vers le commencement de 1633) chanoine et chantre de Notre-Dame de Paris. Il posséda toujours toute la confiance du cardinal. Voir sur lui, dans le tome Ier du recueil de M. Avenel, les pages xix et xx de la préface, et la note 1 de la page 748.

[2] On le voit clairement, Chapelain n'avait encore reçu, en juin 1634, aucune pension du cardinal, mais seulement une gratification que l'on promettait de renouveler. Pellisson a donc eu tort (Histoire de l'Académie, t. 1, p. 15) de dire que, avant 1634, le cardinal avait témoigné à Chapelain «l'estime qu'il faisait de lui en lui donnant une pension.»

[3] Antoine de Gramont était alors âgé de trente ans. Il devint maréchal de France en 1641, et duc et pair en 1663. On l'appela comte de Guiche jusqu'à la mort de son père, Antoine II (août 1644). Soit comte de Guiche, soit maréchal de Gramont, Antoine III, qui était un homme d'infiniment d'esprit, aima beaucoup les lettres et les lettrés. Voir particulièrement, sur ses relations avec Balzac, la note 2 de la page 728 des Mélanges historiques. Lettre CXXIII.

vous point trouver chés vous le jour que j'y fus, pensant vous y trouver malade, mais j'eus une grande douleur lorsque j'y retournay, et que je sceus que vous estiés parti de Paris pour l'armée. Vous me permettrés bien de vous dire que mon affection m'a appris à craindre depuis que vous l'avés approuvée, et que je ne vous puis sçavoir en péril sans trembler. Quand cette passion nasquit en mon ame, elle fit naistre mille désirs pour l'accroissement de vostre honneur, et me fit croire que vous ne seriés jamais assés couvert de palmes; comme elle s'est augmentée, il m'a semblé qu'il suffisoit de la gloire que vous avés acquise et que c'estoit vous faire tort de vous en souhaitter davantage. Maintenant qu'elle est en son plus haut point, non seulement je ne vous souhaitte plus de triomphes, mais je les appréhende mesme et frémis de penser que vous estes allé chercher les ennemis, encore que ce soit pour les vaincre.

Le parti que vous combattés n'a point d'homme plus animé à sa ruine que moy, et cependant vous estes cause que je le favorise un peu, et que je consens de bon cœur que le seigneur de La Mothe demeure encore souverain de cette petite pièce de terre [1], pourveu que nous vous ayons icy en seureté. Mon impatience est grande de sçavoir ce que deviendra ce siége, lequel sera fort importun, s'il tire en longueur et qu'il vous retienne, ou fort dangereux, si l'on le veut haster et que vous y soyés.

La mort du chevalier de Seneterre nous fait avoir peur des choses mesmes qui y estoient le moins à craindre [2]. Je respons pour le logis de M. le cardinal de La Valette [3], de l'hostel de Rambouillet, de la salle de Mlle Paulet [4] et de mon antre [5], où l'on se plaint également de ce que vous avés trop de cœur. Je me persuade la mesme chose des autres lieux où je n'ay pas d'habitude et où vostre vertu est connue, c'est à dire de toute la belle Cour.

En vous attendant, je travaille au premier livre de la *Pucelle*, et suis dans les préparatifs de la guerre. Lorsqu'il luy faudra faire mener les mains, je ne seray pas si téméraire de l'entreprendre sans vous en avoir amplement consulté. Je recevray vos ordres comme de mon général et n'exécuteray rien que ce que j'auray recueilli de vostre bouche. Les pensées et les termes

---

[1] La ville de la Mothe, assise au sommet d'un monticule isolé, occupait un étroit emplacement.

[2] Gabriel de Saint-Nectaire, fils de Henri de Saint-Nectaire, marquis de la Ferté-Nabert, fut tué le 30 mai : il était alors capitaine des chevau-légers. Voir sur sa mort les *Mémoires* du duc de la Force (t. III, p. 84) et le livre déjà cité de M. d'Haussonville (t. I, p. 322). Selon ce dernier historien, «le galant marquis de Senneterre [appelé en cet endroit marquis par erreur], le favori des belles dames de la cour de France, imagina de donner à dîner dans la tranchée à quelques-uns de ses amis. Au moment où il portait la santé du nouveau duc de Lorraine, entendant par là le roi de France, un boulet tiré de la place vint le tuer au milieu de ses convives.»

[3] Chapelain veut dire qu'il garantit que les dames de Rambouillet, Mlle Paulet et lui-même tremblent du danger que courent le fils du duc d'Épernon et son camarade le comte de Guiche.

[4] Angélique Paulet était alors âgée de quarante-deux ans environ. Tallemant des Réaux et son commentateur ont tout dit sur elle (*Historiettes*, t. III, p. 11-26).

[5] Ce que Chapelain appelle son *antre* était alors situé dans la petite rue des Cinq-Diamants, parallèle à la rue Saint-Martin et qui, avant d'être absorbée par le boulevard de Sébastopol, s'étendait de la rue des Lombards à la rue Aubry-le-Boucher. L'humble logis de Chapelain eut l'honneur d'abriter, dans l'automne de 1634, dans l'été de 1635, les membres de l'Académie française. (Pellisson, t. I, p. 43, 66, 67.)

seront de vous, je ne leur presteray que la rime [1].

Si M. Arnaud [2] me tient parole, il vous asseurera de mon zèle et vous persuadera de ma passion. Je pense toutesfois que vous la croyés desja extrême, et qu'il n'y a rien que vous ne vous promettiés, Monsieur, de vostre, etc.

De Paris, ce 6 juin 1634 [3].

XLIII.
À M. DE BOISROBERT.

Monsieur, je vous dispense de bon cœur de la peine que vous donnent mes lettres à leur respondre. Je vous dispenserois à un besoin de les lire pourveu que vous en vissiés la suscription et que je vous parusse soigneux au point que je le dois estre. Vos heures sont trop occupées et trop légitimement pour exiger de vous aucunes courvées [4] et je serois trop injuste envers nostre Seigneur de vouloir partager avec luy un si bon chrestien que vous [5].

Pour vos dames, je ne m'estonne pas de la chasse qu'elles vous donnent, et du plaisir qu'elles prennent en vostre compagnie. Il seroit bien estrange qu'un courtisan raf-

---

[1] Le futur maréchal de Gramont fut donc, lui aussi, comme le P. Joseph, un peu le collaborateur (j'allais dire le complice) de Chapelain. On ne se doutait guère de la part prise par le brillant officier à la composition du plus ennuyeux des poëmes.

[2] Le lieutenant des carabins à l'armée d'Allemagne, avec lequel Chapelain entretenait une correspondance assez active.

[3] Mentionnons (f° 84) une lettre, du 24 juin, « au comte de Guiche, au camp devant La Mothe. » Chapelain y dit avec enjouement au futur maréchal : « Bien qu'en l'estat où vous estes ce soit en quelque façon desservir le Roy de vous escrire d'autre chose que de ce qui regarde l'avantage de ses armes et que ce soit retarder la victoire qu'il attend principalement de vos mains, de vous destourner par une inutile lecture, néantmoins quand je devrois estre mis au nombre des criminels, je me donneray cette liberté que vous m'avés permise, et jouiray de vostre indulgence au préjudice mesme des affaires de S. M... Le plus desraisonable et le plus insupportable ennemi que nous ayons est le chaud qui nous estouffe et nous prive de nos promenades. Quelquefois la *Pucelle* parle sérieusement de combattre et s'efforce de représenter ce que vous faittes maintenant. Dieu vous garde de son malheur et adjouste sa gloire à la vostre! C'est le souhait, Monsieur, de vostre, ... etc. » Dans une lettre au même (f° 85), du 24 juillet, Chapelain parle de *la sage*
Arténice [Mme de Rambouillet] et du duc de Longueville. Enfin, dans une lettre à M. de Sales, qui, comme quatre autres correspondants de Chapelain, Arnauld, le marquis de Montauzier, le comte de Guiche et le marquis de Gesvres, était au siége de la Mothe, Chapelain, le 24 juillet (f° 87), après avoir dit : « Quand vous aurés pris et taillé en pièces le Cardinal Infant, vous nous manderés toutes nouvelles. Avant cela je vous en dispense... », le plaisante sur ses succès auprès des Lorraines, ajoutant : « Mais que diront celles que vous avés laissées en France dans l'opinion que vous ne les haïssés pas? Il se trouvera des lionnes [allusion au surnom donné à Mlle Paulet] qui seront bien aises d'avoir à vous reprocher l'inconstance qu'elles ont déjà reproché à M. vostre frère. »

[4] Chapelain écrivait *courvée*, quand son ami Balzac écrivait *corvée*. Voir la note 1 de la p. 501 des *Mélanges historiques. Lettres de Balzac*. n° XXXII.

[5] Ce n'était pas précisément comme *bon chrétien* que brillait Boisrobert, et le mot qu'un plaisant lui adressa résume bien, à cet égard, le sentiment de ses contemporains : comme on parlait, un jour, de généalogies fabuleuses, Boisrobert, qui s'appelait Metel, déclara qu'il avait envie de se faire descendre de Metellus; et quelqu'un s'écria : « En tout cas, ce ne sera point de *Metellus Pius*. (*Historiettes*, t. II, p. 412.) On sait que Boisrobert, entre autres habitudes qui

finé comme vous ne fust pas extrêmement couru par des provinciales, et que celuy qui a donné de l'amour aux plus belles du siècle[1] ne piquast que légèrement celles qui ne s'estiment qu'autant qu'elles les peuvent imiter. Mais prenés garde à vous, car je ne vous tiens encore si guari ni si confirmé en grâce, qu'avec ces objets devant les yeux vous ne fussiés capable d'oublier vostre condition presente et de chanter autre chose que des pseaumes et des leçons. Je vous connois si tendre et si fragile qu'à moins de vous bien préparer et de prendre une résolution bien ferme, il se pourroit rencontrer telle personne qui vous feroit pleurer autre chose que vos péchés.

Raillerie à part, j'approuve que vous establissiés une excellente réputation au lieu où vous êtes né, et où dans la suitte des temps vous pourrés faire vostre retraitte[2]. Il n'y a point de vray plaisir ni de vray repos sans l'estime, laquelle je mets, après la vertu, au rang des premiers biens. Je vous conseille d'achever vostre résidence et de ne rien gaster dans vostre affaire par vostre précipitation. Vous sçavés ce que nous avons dit de la manière dont vous aviés à vous conduire en cecy avec Monseigneur afin de ne luy laisser pas oublier ce que vous luy estes. Ce que vous avés à faire maintenant, à mon avis, est d'escrire soit à luy, soit à vos amis, d'auprès de sa personne, avec un tel tempérament, qu'il reconnoisse vostre impatience, et ne vous commettés point de laisser perdre un bien qu'il vous a procuré.

Depuis mes dernières, nous avons eu la nouvelle de la réduction de La Mothe, c'est-à-dire de l'entière extinction du nom Lorrain, après quoy j'estime que le duc Charles ressuscité pourra faire des placards et des protestations contre les volontés du Roy et de la justice de ses armes sans beaucoup de profit. Nous voyons le juste jugement de Dieu sur la teste de cet ambitieux dont les ancestres ont prétendu oster la couronne de dessus celles de nos roys[3]. Nous voyons des révolutions qui peuvent servir de consolation aux misérables que les entreprises de la maison de Lorraine a autresfois ruinés. C'est assés des affaires publiques.

M. de Racan sçaura vostre souvenir et j'espère de vous mander au premier jour son ressentiment là dessus[4]. M. Godeau s'est trouvé à l'ouverture de vostre lettre et vous baise humblement les mains : il est parti aujourdhuy pour Dreux. Je feray sçavoir à ces autres Messieurs que vous les aimés tousjours et que vous vous honorés du titre d'académiste[5]. Quand j'escriray à M. de

---

ne sont pas d'un *bon chrétien*, avait celle de jurer avec excès ; et que son laquais assurait naïvement que c'était la seule consolation de son maître, quand il était tourmenté par la goutte. (*Ibid.*, p. 387.)

[1] Cette assertion fait penser à ce qui fut dit si spirituellement de l'abbé de Boisrobert par Mme Cornuel, que sa chasuble était faite d'une jupe de Ninon. (*Ibid.*, p. 411.)

[2] Boisrobert était né à Caen, mais il ne devait pas y faire sa retraite. Ce fut à Paris qu'il mourut, et, je regrette d'avoir à le rappeler, sa fin, trop digne de sa vie, n'eut rien d'édifiant.

[3] Chapelain pensait à Henri de Lorraine, duc de Guise, l'adversaire de Henri III, et à Charles de Lorraine, duc de Mayenne, l'adversaire de Henri IV.

[4] Honorat de Bueil, marquis de Racan, était alors âgé de quarante-cinq ans.

[5] Ce fut tout d'abord le mot employé, et *académicien* ne le remplaça que plus tard. On n'ignore pas que Saint-Évremond intitula sa satire contre la nouvelle compagnie : *La Comédie des académistes pour la réformation de la langue française*. Cette satire, imprimée pour la première fois en 1650, avait, selon l'expression de Pellisson (t. I, p. 48), «couru longtemps manuscrite.»

Balzac, je luy manderay ce que vous m'ordonnés et vous donneray de ses nouvelles lorsque j'en apprendray. Je suis tantost libre de mes ouvriers et m'en vay incontinent vaquer à la contemplation. J'ay bien à me plaindre de M. de Bullion, mais j'ay davantage à me louer de vous, à qui je suis, Monsieur, vostre, etc.

De Paris, ce 3 aoust 1634[1].

XLIV.
À M. DE CHAVAROCHE.

Monsieur, je sçay bien que la bonté de la Princesse Julie[2] est assés grande pour souffrir qu'on la revère et qu'on exprime les sentimens que l'on a pour son excellente vertu, mais je doute qu'elle permette qu'on s'approche de ses autels et qu'on luy face ses offrandes. C'est une divinité qui ne doit point admettre de profanes ni d'indignes dans son temple; je me reconnois l'un et l'autre pour elle et demeure dans les termes du respect et du silence. Je l'adore parce qu'elle le mérite, mais je ne désire point qu'elle le sache parce que je ne le mérite pas. Je craindrois de troubler sa félicité par mes oblations et de la faire pleurer par mon encens. Si vous ne m'avés point demandé de sa part la Couronne que je luy avois préparée[3], je ne veux point suivre vostre conseil et je ne vous l'envoye point afin qu'elle luy soit présentée. J'en charge vostre discrétion et vous conjure de vous souvenir que vous me serés responsable de l'évènement. Que si elle vous ordonne mesme de la mettre à ses pieds, j'ay encore besoin de vostre addresse pour la luy faire voir avantageusement. Autresfois elle estoit aussi brillante que le soleil, et Rome l'avoit composée de tout le feu qui estoit caché dans les plus précieuses mines de la terre. Maintenant elle a perdu tout son éclat ou la meilleure partie, le temps l'a depouillé de ses plus riches pierreries. Son propre malheur l'a ternie, et la rudesse avec laquelle je l'ay manié a achevé de la deshonnorer. Si vous ne prenés bien garde de la tourner à son jour le plus favorable et du sens qui luy peut faire pousser encore quelques rayons de son ancienne lumière, vous la ruinerés et vous me ferés passer pour un grand rustique et vous mesme vous rendrés coupable de témérité. De moy, je ne consens point que vous l'offriés en mon nom. Je ne veux point aussy

---

[1] M. Livet (*Histoire de l'Académie française*, t. I, p. 363) n'a cité que deux lignes de cette lettre, depuis : *Je feray sçavoir*, jusqu'à : *académiste*.

[2] La fille aînée de la marquise de Rambouillet était appelée par tous ses admirateurs *la princesse Julie*, plus encore à cause de sa majesté naturelle, de son port de reine, qu'à cause du titre de princes que portaient les Savelli, ses aïeux du côté maternel. Dans *Artamène ou le grand Cyrus*, Mlle de Scudéry n'a pas manqué de donner à Mme de Montauzier (*Philonide*) une grande et belle taille, une grande et belle mine.

[3] *La Couronne impériale.* Rappelons que l'ensemble des pièces de vers qui reçut le gracieux nom de *la Guirlande de Julie*, ne fut offert à Mlle d'Angennes qu'assez longtemps après, le 22 mai 1641, d'après la notice rédigée par R. de Gaignières, et complétée par Guillaume Debure (*Supplément à la première partie du catalogue des livres rares et précieux du duc de la Vallière*), ou le 1er janvier 1642, d'après M. Livet (*Précieux et précieuses*, 2e édition, p. 53), et non en 1633 ou 1634, comme on l'a fait dire à Huet (*Huetiana*, p. 22). Personne n'a plus vanté que l'évêque d'Avranche *la Guirlande de Julie* en général, «ce chef-d'œuvre de la galanterie,» et la *Couronne impériale* en particulier, «sans contredit la plus belle fleur et le plus beau madrigal» de cette guirlande.

participer à la juste punition qui vous en arrivera, si vous le hasardés.

Je suis, Monsieur, vostre, etc.

De Paris, ce [en blanc] aoust 1634[1].

XLV.
À M. D'ANDILLY,
À L'ARMÉE D'ALLEMAGNE.

Monsieur, par vostre billet je reconnois que vous n'avés pas encore receu mes lettres et je crains que vous ne me considériés maintenant comme un incivil et un ingrat de ne vous avoir point encore tesmoigné de ressentiment de l'abondance de vos grâces[2]. Si cela est, je suis malheureux et ne suis point coupable et j'auray la consolation que lorsque vous verrés comme je m'en suis acquitté, vous m'absoudrés avec tendresse, sinon avec éloge.

Pour la tristesse que vous jugés que mon travail m'apporte, elle n'est que trop véritable, mais elle ne me rebutte pas, et d'autant moins que je vous auray pour secours dans les difficultés que je rencontreray et qu'à l'avenir je ne dois point craindre vos censures, puisque vous me voulés assés de bien pour refaire les choses que vous aurés condamné[3]. Vous sçavés par vostre propre espreuve qu'il faut toucher aux vers défectueux comme à des yeux malades ou à des playes envenimées. La main la plus douce n'y est pas trop bonne, et l'esprit qui s'est tué dessus n'y peut estre traitté trop délicatement. Il faut estre non pas indulgent dans la rémission, mais adroit pour faire avouer de luy mesme les fautes qu'on ne luy reprend pas absolument. Il suffit de luy en faire naistre le scrupule, et, s'il est courageux, il fera le reste sans sollicitation. On soulage ainsi l'infirmité humaine et l'on l'a conduit par art où la rudesse l'empescheroit asseurément d'arriver. C'est ainsi que vous en usés envers moy dont je vous remercie de tout mon cœur, vous avouant que cette méthode m'encourage et que je suis bien aise que l'on me loue mesme les choses que l'on m'oblige à changer.

---

[1] Dans une lettre (f° 91 v°) du 21 août, Chapelain, après avoir doucement raillé Conrart, qui était alors à Jonquière, sur un pèlerinage fait par ce zélé calviniste, «quoyque ce n'ait pas esté avec toute la dévotion et toute la préparation nécessaire», donne à son ami les renseignements que voici, déjà publiés par M. Livet (*Histoire de l'Académie française*, t. I, p. 363) : «L'Académie est réduite au petit pied, et, si l'influence dure, il y a apparence qu'elle se réduira à néant; les trois dernières assemblées se sont passées sans rien faire, et, si celle que nous allons tenir tantost est de mesme, il luy faudra changer de nom et l'appeler l'Académie des Fainéants. Je vous garde une lettre que M. Mainard m'a escrit sur son sujet, qui vous surprendra aussy bien que moy. Je ne l'estimois pas capable d'une telle humilité ni d'une si grande déférence.» Chapelain manda ensuite à Conrart la nouvelle du «mariage conclu et signé de Mrs de la Valette et de Guiche avec les deux parentes de Mgr le Cardinal», et des «fiançailles de Mme de la Maisonfort et d'un Duc Anglois prétendu, nommé de Hibtanton, si Mlle de Ramb[ouillet] me l'a bien nommé.» Chapelain termine sa lettre en annonçant au curieux Conrart l'envoi de la relation de la naissance, à Dreux, d'un monstre, et en lui disant, au sujet de l'ode de Godeau : «J'ay son Ode retouchée et vous attens pour la faire imprimer.»

[2] Allusion au don que lui avait fait d'Andilly de son poëme sur Jésus-Christ.

[3] Encore un homme célèbre qui a trempé dans la composition de la *Pucelle!* Malgré toutes ses corrections, d'Andilly, comme le rappelle M. P. Paris (*Historiettes*, tome III, page 285), aurait eu peu de confiance dans le succès de l'ouvrage, et aurait même, avec Le Maître, conseillé à l'auteur de ne pas en risquer la publication.

J'envoyeray vostre lettre au Président Mainard et le rendray heureux par un si honorable tesmoignage de vostre affection. Vostre bonté est extrême de me faire médiateur de cette grâce; sans peine j'oblige ce brave homme par vous, que par moy je ne pourrois servir avec toutes les peines du monde.

Je suis, Monsieur, vostre, etc.[1]

De Paris, ce 28 aoust 1634.

XLVI.
À M. MAINARD.

Monsieur, je ne puis vous envoyer la response de M. d'Andilly sans l'accompagner de ce mot et me présenter à vostre souvenir avec un passeport si illustre. J'ay esté jusqu'à Pomponne le solliciter et n'ay pas voulu que mon ami vous donnast du contentement sans y contribuer du mien en quelque chose. C'est ainsi que je vous veux servir par ceux qui ont de l'affection pour moy puisque mon champ est trop stérile pour rien produire qui soit de luy. Je vis la lettre que vous escriviés à cet excellent homme, et elle me justifia avec celle que M. [   ][2] et moy avons receu de vous, que vous pouviés aussi bien prétendre à la Principauté dans la Prose que dans les Vers[3]. Nous leusmes l'un et l'autre à l'Académie les termes honorables avec lesquels vous parliés d'Elle[4], et fusmes ouis avec ressentiment de tous. Il seroit long de vous desduire sa forme et ce qui s'est passé depuis son institution. Ce qui la rend considérable est l'approbation de Mgr le Cardinal et le mérite de ceux dont elle est composée. Le reste qu'on s'en est promis pourra estre et pourra aussi n'estre pas. Quand il n'y auroit autre avantage qu'une fois la semaine on se voit avec ses amis en un réduit plein d'honneur[5], je ne croirois pas que ce fust une chose de petite consolation et d'utilité médiocre.

M. de Racan est en cette ville qui n'en manque point[6] et confesse avec sa bonté ordinaire que les conférences qui s'y font ne

---

[1] Je ne trouve aucune lettre à Chapelain dans le recueil des : *Lettres de M. Arnauld d'Andilly*, recueil qui ne contient pas moins de 289 lettres (Grenoble, imprimerie de Robert Philippes, 1 vol. in-12 de 545 pages). Cette édition, dans l'exemplaire que j'ai sous les yeux, est dépourvue de titre, et par conséquent je ne puis en indiquer la date. On chercherait vainement la mention de cette édition dans le *Manuel du Libraire*.

[2] Sans doute Boisrobert.

[3] Aux yeux de plusieurs critiques, le prosateur dans Mainard est de beaucoup supérieur au poète.

[4] Ce qui n'empêcha pas Mainard d'attaquer l'Académie, avant d'en faire partie, exemple que devaient suivre tant d'autres futurs académiciens. Voir une note de M. Livet (*Histoire de l'Académie française*, t. I, p. 197, note 1). L'éditeur de l'ouvrage de Pellisson et de l'abbé d'Olivet a cité (*ibid.*, p. 363) le passage de la présente lettre relatif à l'Académie. Sa copie n'a pas été assez fidèle en ce qui regarde la phrase : «Il seroit long de vous *desduire* sa forme,» qui devient pour ses lecteurs : «Il seroit long de vous *réduire* sa forme.»

[5] Ce *réduit plein d'honneur* était l'hôtel de Pellevé (rue Clocheperce), où Desmarets reçut ses confrères, depuis le mois de mars jusqu'au mois d'octobre 1634. (Pellisson, t. I, p. 66.)

[6] Sous-entendu : une seule séance. Tallemant des Réaux parle en ces termes de l'exactitude avec laquelle Racan remplissait ses devoirs d'académicien (t. II, p. 366) : «Estant à Paris pour un procès, il s'ennuyoit quelquefois et ne perdoit pas un jour d'Académie; mesme il luy prit une telle amitié pour elle, qu'il disoit qu'il n'avoit d'amys que messieurs de l'Académie, et prit pour son procureur le beau-frère de M. Chapelain [Louis Faroard, mari de Catherine Chapelain] parce qu'il luy sembloit que cet homme estoit beau-frère de l'Académie.»

luy sont pas inutiles, quelque excellent homme qu'il soit¹.

J'espère que M. de Saint-Flour vous redonnera à cette Cour, le premier voyage qu'il y fera², et que nous luy aurons l'obligation du plaisir extrême qu'apportera vostre présence.

Je finis, de peur de vous ennuyer, en vous asseurant que je suis de tout mon cœur, Monsieur, vostre, etc.

[*Sans date*³.]

XLVII.
À M. DE BALZAC,
À BALZAC.

Monsieur, vous m'enseignés l'honneste négligence et, à vostre exemple, je dors sur vos lettres receues plus de trois jours sans crainte que vous m'accusiés de n'estre pas punctuel. Je vous loue de ce procédé et par mon approbation je prétens que vous ne blasmerés pas le mien, et que vous croirés que, quand je ne vous escris pas, je fay des choses qui me sont bien moins agréables que de vous escrire.

J'ay sceu ce qui vous fait haïr les mots d'affaires que vous ne me conseillés pas d'employer dans la bouche de ma *Pucelle*⁴. Vostre bon naturel est extrêmement estimable, mais je ne voudrois pas qu'il vous fust préjudiciable jusques à vous rendre dépendant d'autruy. Qui a du bien, le peut tousjours donner, et qui l'a donné est quelquesfois en estat que l'on luy en refuse⁵.

---

¹ *Excellent homme* est ici pour habile homme.

² Mainard, vers la fin du mois d'août 1634, n'était donc pas encore à Rome auprès du comte de Noailles, mais bien en Auvergne, auprès du frère de l'Ambassadeur. Le 1ᵉʳ septembre suivant (f° 94), Chapelain écrivait au comte de Noailles, qui avait eu à se plaindre du sieur Bouchard, lequel, comme on s'en souvient peut-être, lui avait été recommandé par l'auteur de la *Pucelle* : «Maintenant que je vois par vostre lettre qu'il s'est conduit envers vous autrement qu'il ne devoit, je ne le puis autant estimer que je faisois.»

³ La lettre peut aisément être datée à l'aide de la lettre précédente, où, le 28 août 1634, Chapelain promet à d'Andilly d'envoyer à Mainard la réponse dudit d'Andilly. Placée avant une lettre du 1ᵉʳ septembre, la lettre en question doit être du 29, du 30 ou du 31 août.

⁴ Je n'ai trouvé dans la *Pucelle* aucun de ces mots d'affaires censurés par Balzac. Peut-être Chapelain mit-il à profit les conseils de son ami et biffa-t-il de son manuscrit les mots qui avaient choqué le grand puriste.

⁵ Allusion à des arrangements de famille que M. Eus. Castaigne (*Recherches sur la maison où naquit J. L. Guez de Balzac*, etc., Angoulême, 1846, in-8°, p. 8) nous fait ainsi connaître : «Nous trouvons que, le 25 mai 1634, par le contrat de mariage de François Guez, sieur de Roussines, avec Anne Prévéraud, notre Balzac, *qui n'estoit pas en volonté de se marier*, avait cédé et transporté à son frère cadet les droits d'aînesse et de légitime qu'il pouvait espérer ès successions futures de Guillaume de Guez et damoyselle Marie de Nesmond, leur père et mère communs, de leur exprès consentement et volonté, moyennant le prix et somme de 60,000 livres, dont 48,000 furent payées comptant par le sieur de Roussines.» C'est au 8 septembre 1634, et non 1636, qu'il faut mettre la lettre de Balzac (n° XIII du livre XVII, p. 726 de l'in-f° de 1665) où il donne à Chapelain, en réponse à ses observations, les explications suivantes : «Vous n'avez pas esté bien informé de mon procédé, et je ne me suis pas mis en chemise, comme on vous a dit. J'ay, à la vérité, fait changer de nature le bien qui me devoit eschoir en partage; on me donne de l'argent au lieu de fonds; mais mon revenu n'en est pas affoibli. La maison que mon père a bastie, et qui passeroit pour jolie auprès de Paris, mérite d'estre conservée. Mon frère sera plus capable que moi du soin qu'il en faut avoir; il en aura la propriété, et moy l'usage avec luy.»

Je compare ces présens généreux aux vœux que font nos ardens néophites[1]. Dans leur principe ils sont de très grand mérite, mais dans leur suitte ils jettent souvent dans le désespoir ceux qui les ont fait. Je ne m'excuseray point de la liberté que je prens de parler de cette sorte, que quand je croiray n'estre pas fort aimé de vous.

Je vis dernièrement M. Sirmond[2] en peine de ce que, dans la réimpression de vostre *Prince*, on avoit changé quelques uns des Vers qu'il a fait à vostre louange, et de la sorte qu'il m'a dit qu'on les avoit mis, il faut que ce soit faute d'impression, car le sens y est mauvais et la latinité fausse[3]. Nous parlasmes de vos lettres latines addressées à M. le Cardinal, lesquelles il estime fort, me confessant qu'il ne vous croioit pas si éminent en cette sorte d'Éloquence[4].

J'ay fait les offices que vous m'ordonnés envers MM. Godeau et Conrart, le premier desquels consent que vostre patenostre passe devant ses vers et le dernier vous demande avec instance la continuation de vos bonnes grâces.

Je suis, Monsieur, vostre, etc.

De Paris, ce 1ᵉʳ septembre 1634.

XLVIII.
À M. DE BOISROBERT,
À RUEL.

Monsieur, je ne me plains pas que vous ayés tardé à me respondre, mais de vostre mal qui a causé ce retardement. Je n'exige point de mes amis qu'ils me rendent des soins, mais seulement qu'ils m'ayment et, autant qu'il dépendra d'eux, qu'ils se portent bien. Si l'altération de vostre santé est venue par vostre faute, vous m'en estes responsable et je ne vous pardonne pas. Si vous n'avés point provoqué vostre mal, je vous en plains aussi bien que moy. En ce dernier cas reconnoissés que la Fortune ne veut pas qu'un homme ait jamais de bien sans peine, et qu'il faut tousjours qu'elle se paye de ses faveurs à nos dépens[5]. Il

---

[1] Les auteurs du *Dictionnaire de Trévoux* citent, sous le mot *néophyte*, une phrase du P. Bouhours, tirée de la *Vie de Saint François-Xavier*, 1682. M. Littré (*Dictionnaire de la langue française*) cite, sous le même mot, deux phrases de Bourdaloue et de Fléchier.

[2] Jean Sirmond était alors âgé de quarante-cinq ans environ. Voir sur cet académicien, qui cultiva surtout la poésie latine, comme le témoigne le recueil intitulé : *Joannis Sirmondi carminum libri duo* (Paris, 1653, in-12), la note 1 de la page 472 des *Mélanges historiques, Lettres de Balzac*, n° XXI, la note 1 de la page 541 du même recueil, n° XLVII, et surtout la notice de M. R. Kerviler : *La presse politique sous Richelieu et l'académicien Jean de Sirmond* (1589-1649; Paris, Baur, 1876, in-8° de 55 pages, extrait du *Correspondant*).

[3] Voir cette pièce intitulée : *Joannis Sirmondi de eloquentissimo principe Sylva*, à la fin du tome II des *OEuvres complètes* de Balzac (1665, in-f°, p. 194). On y a sans doute tenu compte des réclamations de Sirmond, car je ne vois dans ses vers aucune des fautes que Chapelain, de la part de l'auteur, dénonçait à Balzac.

[4] On trouvera quatre lettres latines adressées par Balzac à Richelieu parmi les *Epistolæ selectæ* (*ibid.*, p. 71-76). Deux de ces lettres ne sont pas datées; les deux autres sont de 1633 et de 1636. Le style en est des plus élégants et mérite tous les éloges qu'en faisait le latiniste Sirmond.

[5] C'est la pensée si bien exprimée par La Fontaine (*Philémon et Baucis*) :

Il lit au front de ceux qu'un vain luxe environne
Que *la fortune* vend ce qu'on croit qu'elle donne.

La Fontaine, du reste, n'a fait qu'imiter Voiture, qui avait imité Montaigne, lequel avait imité l'antiquité.

suffiroit bien que vous fussiés absent de Monseigneur et il n'y avoit point de tourment qui vous peust estre aussi sensible. Mais la bonne Dame agit par la prière et ne se conduit point par raison. Par le chemin qu'elle prend vous ne serés pas plustost gros abbé que vous n'ayés des atteintes de gouttes, et si vous estes appellé à l'Épiscopat, vous serés paralitique du moins.

Prenés patience cependant et, sitost que vostre temps sera fini, revenés, et ne donnés pas temps à la fièvre de vous arrester dans vostre mauvais pays. Peut estre trouverés vous l'Académie plus eschauffée qu'elle n'est et les Académiques[1] en meilleure humeur de bien faire. La sale de M. Desmarest[2] est, depuis six semaines, trois fois plus grande que d'ordinaire, et quand tout le monde y est assemblé, elle paroist comme s'il n'y avoit personne. En effet c'est qu'il n'y a presque personne, et que, la pénultiesme fois, la compagnie ne fut composée que d'un seul[3]. Le bon M. Faret est un des négligens[4], ou plustost un de ceux que les affaires en destournent davantage. Hier, il me vit et, demain, je le verray non sans luy reprocher cet oubli dans lequel vous craignés qu'il ne soit tombé pour vous.

Il n'y a rien de nouveau depuis la *Gazette*[5]. Le pauvre marquis de Gesvres a pensé mourir à Saint-Michel[6]. Il ne s'en est rien fallu que la petite vérole ne l'ait emporté[7]. On me mande de là néantmoins

---

[1] Dans une lettre précédente (n° XLIII), Chapelain avait appelé ses confrères *académistes*. Le mot *académique*, pris comme substantif, n'a peut-être jamais été employé par d'autres que Chapelain.

[2] La salle située dans l'hôtel de Pellevé et dont il a été fait mention (lettre XLV).

[3] Cet académicien, qui à lui seul représentait toute la compagnie, était sans doute Chapelain, lequel, ce jour-là, tenait la promesse faite à Balzac, le 26 mars précédent, en ce passage de la lettre XXXIX : «Si chacun y apporte autant de zèle que moy, etc.»

[4] Nicolas Faret, alors âgé de trente-quatre ans à peu près, venait de publier son *Honnête homme* (1633). Il avait été chargé par ses confrères, ainsi que nous l'apprend Pellisson (t. I, p. 20), de préparer «un discours qui contînt comme le projet de l'Académie, et qui pût servir de préface à ses statuts.» Il fut aussi chargé, avec Chapelain et Gombauld, de la révision des statuts rédigés par Du Chastelet, auxquels Conrart donna leur forme définitive (*ibid.*, p. 30). M. Livet a reproduit (*Histoire de l'Académie*, t. I, p. 364) tout ce paragraphe, depuis : *prenés patience*, jusqu'à : *davantage* ; il a imprimé *les Académiciens* au lieu de *les Académiques*.

[5] On sait que la *Gazette* de Théophraste Renaudot paraissait tous les huit jours, d'abord le vendredi, puis, à partir du 1er janvier 1633, le samedi. La présente lettre, datée du 4 septembre 1634, fut écrite deux jours après la mise en circulation du numéro du 2 septembre, car le 4 était un lundi.

[6] Aujourd'hui Saint-Mihiel, chef-lieu de canton de l'arrondissement de Commercy (Meuse). Cette ville portait encore officiellement, au milieu du siècle dernier, le nom de *Saint-Michel*. Voir le *Moréri* de 1759, où l'on ajoute que cette ville est appelée vulgairement Saint-Mihel.»

[7] Chapelain lui écrivait, le 4 septembre, à Nancy (f° 97) : «Monsieur, c'eust esté assés des travaux de la guerre et des périls que vous y courrés continuellement pour m'obliger à trembler sans cesse pour vous, sans que nostre mauvaise fortune y eust encore adjousté une maladie dangereuse et qui laisse ordinairement des souvenirs de soy. Je ne suis pas assés sage pour m'empescher d'en murmurer et de dire que ce n'est pas vostre mauvais ange qui vous suscite ces malheurs pour nostre affliction, mais qu'il y entre aussi du démon ennemi de la France qui vous traverse tant qu'il peut pour rallentir le bien des affaires générales que vostre santé ne pourroit que trop avancer. Mais puisque vous avés eu assés de vigueur pour dissiper cet orage et vous mettre en

qu'il est hors de danger et qu'on espère qu'il n'en sera point marqué.

Aymés toujours celuy qui sera éternellement, Monsieur, vostre, etc.

De Paris, ce 4 septembre 1634.

XLIX.
À M. ARNAUD,
À L'ARMÉE D'ALLEMAGNE.

Monsieur, ça esté un fort grand malheur pour moy de ne vous avoir rencontré chés vous aucune des fois que je m'y suis présenté durant les huit jours que vous avés été icy. Vous aurés sans doute receu l'applaudissement de tous vos amis et serviteurs sur l'élection que le Roy a fait de vostre personne pour le gouvernement de cette importante place qui est venue depuis peu en son obéissance[1]. Moy seul, comme si ma fortune ne m'avoit pas jugé digne de me resjouir de ce nouvel accroissement d'honneur, qui vous est arrivé, je suis demeuré sans vous avoir peu tesmoigner la satisfaction que j'en ay eu. C'est ce qui m'oblige de troubler maintenant vos occupations illustres et de leur desrober quelque moment précieux pour vous faire voir par escrit ce que je ne vous ay sceu dire de bouche, que vous n'aimés personne qui ait plus pris de part que moy au contentement qu'un choix si avantageux vous a deu apporter. Je m'intéresse, Monsieur, en ce qui vous touche par la connoissance exacte que j'ay de ce que vous valés, par les preuves que vous m'avés donné de vostre bienveillance et par l'obligation que j'ay très estroitte aux personnes de vostre famille que vous sçavés.

Vous croirés aisément sur ces considérations que c'est une vraye joye que je vous en déclare et que je ne vous en fais pas un compliment affecté. Vous permettrés à mon affection de vous dire icy que l'honneur de la France est entre vos mains et que nous dormons tous sous vostre vigilance. Vous estes l'œil de cet Estat aussi bien que le bouclier[2], et dans la disposition des affaires présentes, vostre vertu a obligation à vostre fortune de l'avoir mis en lieu où elle se pourra monstrer de toute son estendue. Je me resjouis par avance de la gloire qui vous est préparée, et ne suis pas si peu ami de vostre courage que je ne sois bien aise de le voir en péril, puisque c'est dans le seul péril qu'il se peut signaler.

Après cette ouverture de grandeur, ce ne seroit pas resverie à ceux qui vous honno-

---

estat de continuer vos bonnes actions, je me veux consoler du mal que vous avés souffert sur les bons succès que vous allés avoir dans les occasions qui se préparent vers les lieux où la maladie vous a aresté...» Nouvelle lettre au même, toujours à Nancy (f° 98), du 29 septembre, sur sa maladie, sur son courage, sur sa philosophie, sur son «pur amour de l'honneur et de la vertu.» Chapelain lui dit : «Je loue extrêmement la résolution que vous avés prise de bien faire pour vostre seule satisfaction. Tout homme qui se retranche là dedans est invincible et imprenable. Il se paye par ses mains et attend sans inquiétude que le monde lui face justice...»

[1] Le 26 août précédent avait été signé le traité avec la Suède et les princes protestants d'Allemagne au sujet de la cession à la France de Philipsbourg (grand-duché de Bade). Sur la nomination de Pierre Arnauld, due à l'influence du P. Joseph, ami de M. de Feuquières (lequel avait épousé Anne Arnauld, sœur du nouveau gouverneur), voir les *Historiettes* de Tallemant des Réaux (t. III, p. 89).

[2] Toutes ces belles phrases furent cruellement démenties par les événements; quatre mois et demi plus tard, dans la nuit du 23 au 24 janvier 1635, le mestre de camp général des carabiniers se laissa surprendre dans Philipsbourg par six mille impériaux.

rent de vous augurer les plus belles et les plus hautes charges de la couronne [1], mais vous estes modeste, et aimés mieux les mériter que les acquérir. Je ne vous prie point de vous mesnager et de nous rendre conte de vostre santé ni de vostre vie, ce seroit vous mal servir et perdre le temps que de vous exhorter à moins de générosité que vous n'êtes résolu d'en faire paroistre. C'est à Dieu à qui je fais la prière de vostre conservation et de qui je l'espère pour le repos de mon esprit. Ce que je vous demande instamment et que vous me pouvés accorder sans blesser vostre courage, est la continuation de vos bonnes grâces dont je ne suis pas absolument indigne, puisque je suis très véritablement, Monsieur, vostre, etc.

De Paris, ce 26 septembre 1634.

L.

À M. GODEAU,
À DREUX.

Monsieur, si vous êtes homme de parole, ce sera icy la dernière fois que je vous escriray. Toutesfois je doute que vous le puissiés estre, au milieu des délices de Messières [2] et parmi les objets qui vous y ont retenu jusqu'icy. Je sçay par expérience qu'en la compagnie où vous estes on ne peut disposer de soy, et quand vous changerés de resolution pour luy complaire, n'en attendés point de reproche de moy : ses ordres sont absolus, pour ne pas dire tiranniques, et vous pourriés avoir failli de vous estre mis en estat de les suyvre, et non pas de les suyvre après vous estre mis en cet estat. Dieu vous garde seulement d'une plus grande dépendance, et que vous ayés encore une fois besoin de mes conseils pour vous désengager! C'est un avis propre pour la feste, dont vous ferés vostre profit, si vous pouvés.

Je ne sçay si l'illustre Julie [3] habite encore vos forests [4] et si elle occupe encore aussi bien vos promenoirs [5] que vos pensées. Vous estes chiche de vos nouvelles et si jaloux de vos plaisirs que vous ne voulés pas mesme qu'on sçache que vous les possédés. Tout

---

[1] Tallemant des Réaux observe (t. III, p. 88) que Pierre Arnauld fut nommé gouverneur de Philipsbourg «en un si jeune âge qu'il ne pouvoit manquer de faire une grande fortune, s'il eut sceu se conserver dans un si bon poste.» M. Sainte-Beuve (*Port-Royal*, t. I, p. 58 et 59) dit, à son tour : «D'Andilly remarque que je ne sais quoi de fatal sembla s'opposer toujours à l'entière élévation de sa famille. Arnauld du Fort eût été maréchal de France sans sa mort prématurée; Arnauld *de Philipsbourg* le fût devenu, sans cette malheureuse surprise.»

[2] Voir ce que dit de la terre de Mézières-en-Drouais (aujourd'hui dans la commune de ce nom, canton de Dreux et à 5 kilomètres de cette dernière ville) M. P. Paris (*Commentaire* de l'historiette intitulée : *Mademoiselle Paulet* (t. III, p. 23).

[3] Les dames de Rambouillet étaient très-liées avec les dames de Clermont. Rappelons ici que Henri de Balzac, marquis de Clermont-d'Entragues, comte de Graville, baron de Dunes, seigneur de Mézières, etc., avait épousé Louise Luillier, dame de Boullencourt, fille unique de Nicolas Luillier, président en la chambre des comptes, et qu'il en eut deux filles, Louise, seconde femme de Louis de Bretagne, marquis d'Avaugour, comte de Vertus, etc., et Marie, alliée à Jean-Gaspard-Ferdinand, comte de Marchin, lequel, après avoir été un des plus habiles lieutenants du prince de Condé, devint mestre de camp général aux Pays-Bas pour le roi d'Espagne.

[4] Les *ombrages verts* de Mézières ont été célébrés par Sarrasin dans de jolies stances qui n'ont pas échappé à l'heureux commentateur des *Historiettes* (t. III, p. 23).

[5] Les auteurs du *Dictionnaire de Trévoux* regrettaient (1771) que ce mot ne fût presque plus en usage.

de bon je vous les envie, et me tiens malheureux de n'avoir peu aller vivre un mois de siècle d'or avec vous. Mais c'est mon destin que je n'aye jamais de véritables joyes, et que je désire tousjours la tranquillité sans en pouvoir jouir. Je vous demande au moins que je sois présent à vos divertissemens par vostre souvenir et, si ce n'est point trop, par celuy de tant d'excellentes personnes qui composent vostre félicité temporelle.

Je vous envoye des nouvelles, etc. (*sic*).

De Paris, ce [*en blanc*] septembre 1634.

LI.
À M. DE SAINT-AMANT.

Monsieur, j'avoue que ce seroit une grande témérité à moy de contester jamais avec vous de la moindre chose du monde, lorsque mesme j'ay opiniastré que le nombre des stances de l'*Adone* estoit plus petit que vous ne l'asseuriés[1]. Je devois penser que vous excelliés par dessus moy aussi bien en mémoire qu'en jugement, et croire, puisque je n'estois pas conforme à vostre opinion, que la mienne estoit la mauvaise. Je confesse la debte et vous reconnois pour victorieux. Il dépendra maintenant de vostre magnanimité d'user humainement de l'avantage que vous avés obtenu et de ne pas traitter à la rigueur celuy qui s'humilie devant vous et qui n'est pas tout à fait indigne de vostre clémence. Le plus grand fruit que vous en avés prétendu est possédé par vous. Vous jouirés aussi du moindre, qui est le Galilei[2], quand il sera arrivé, si vous avés envie de dresser un trophée de ma despouille et de me punir de mon audace, après m'avoir surmonté. Mais j'espère mieux de ma fortune puisqu'elle est entre vos mains et me persuade que vous en userés comme j'avois dessein de faire si j'eusse eu la raison de mon costé. Je seray demain à vostre lever pour prendre la loy de mon vainqueur et me mettre en estat de recevoir sa grâce, et cependant je demeureray, Monsieur, vostre, etc.[3]

De Paris, ce [*en blanc*] novembre 1634.

LII.
AU MARQUIS DE PISANI.
En luy envoyant *l'Aigle de l'Empire*.

Monsieur[4], ne soyés point en garde et ne considérés point le papier qui accompagne ce mot comme une surprise que l'on vous vueille faire[5]. Ce n'est plus une pièce,

---

[1] Il semble étrange tout d'abord que le joyeux poëte, qui n'a jamais passé pour un érudit, ait battu, sur un point de littérature, un grave critique tel que Chapelain, qui précisément avait fait une étude spéciale du poëme de Marino, comme le témoigne sa lettre sur l'*Adone* en tête de la magnifique édition de Paris (in-f°, 1623). Mais il ne faut pas oublier que Saint-Amant fut en quelque sorte un disciple de Marino, dont il a imité plusieurs pièces, et dont mieux que personne il connaissait les poésies.

[2] S'agissait-il des *Dialogi quattro sopra i due massimi sistemi del mondo* (Florence, 1632, in-4°)? Ou bien des deux autres dialogues sur le mouvement et sur la résistance des solides, dont Galilée confia le manuscrit, en 1636, au comte de Noailles, lequel le fit imprimer par les Elzéviers en 1638 (Leyde, in-4°)?

[3] Il est difficile, on en conviendra, de perdre un pari avec une meilleure grâce que le fait ici Chapelain. — Cette lettre, où l'urbanité est si spirituelle, est suivie (f° 100, v°) d'une lettre écrite, le 17 novembre, à d'Andilly «à l'armée d'Allemagne,» pour lui recommander un beau-frère de Conrart.

[4] Sur Léon Pompée d'Angennes, marquis de Pisani, alors âgé de dix-neuf ans, voir une note de la page 689 des *Mélanges historiques. Lettres de Balzac*, n° CVI.

[5] *L'Aigle de l'Empire à la princesse Julie* est

ou, si c'en est une, elle a perdu la volonté de vous attraper. Elle est rentrée dans sa modestie : elle n'est ni desguisée, ni imprimée; elle n'espère plus de passer sous le nom de M. de Boissac[1], et vous monstre tous ses deffauts en vous avouant qu'elle sort de moy. Il sera maintenant difficile qu'elle vous agrée tant, que quand vous y pensiés reconnoistre les traits d'un plus digne père. Et toutesfois, pour ne vous sembler pas absolument laide, elle s'est remuée et s'est donnée trois coups de fer aux endroits les plus descomposés de sa coiffure. Elle s'est mesme adjoustée quelques fleurs qu'elle n'avoit pas la première fois qu'elle parut en vostre cercle, et enfin pour y estre soufferte et protégée, elle a mise (sic) de son costé Madame la Marquise en parlant d'elle le plus dignement qu'elle a peu[2]. Après cela, il n'y a pas d'apparence que vous l'en bannissiés, sinon par la considération de son petit mérite, du moins par le respect que vous devés en toutes façons à une si puissante protectrice. Mes divers embarras m'ont empesché de luy permettre de vous aller aussi tost trouver que vous l'avés commandé et qu'elle estoit obligée. La faute en est toute de mes affaires et vous ne la joindrés pas aux autres imperfections qui luy sont naturelles, et pour lesquelles elle vous demande grâce.

Je suis, Monsieur, vostre, etc.

De Paris, ce 18 novembre 1634.

LIII.

À M. DE BALZAC,
À BALZAC.

Monsieur, je respons à deux de vos lettres par celle-cy. Vostre soin extraordinaire et mes embarras accoustumés m'ont fait estre en reste envers vous à ma honte. Je suis bien aise de sçavoir que je ne passe pas dans vostre esprit pour un des objets de vostre indignation et que vous me mettés hors du nombre des monstres de ce siècle. Je suis ravi de voir que je suis un des sujets de vostre consolation[3] et que la créance que vous avés avantageuse de moy vous donne plaisir au milieu des choses qui vous blessent. Je reconnois le tout de vostre bonté et de vostre grâce, hormis la franchise que vous m'attribués, laquelle m'estant naturelle et inviolable pour des personnes qui me sont bien moins considérables que vous, je n'en dois la louange qu'à vostre justice et ne vous remercie en ce particulier que de ne me point faire de tort.

---

une pièce qui se compose de quinze strophes de six vers chacune. Voici la première :

Triomphante Amazone, invincible Julie
Que de tant de vertus les cieux ont embellie,
Race des belliqueux Romains,
Garenny du trespas l'aigle victorieuse
Dont la fortune glorieuse
A veu sous son pouvoir l'empire des humains.

Sur cette pièce, contenue dans les *Poésies* de Chapelain, au département des Manuscrits de la Bibliothèque Nationale, voir Tallemant des Réaux (t. III, p. 269).

[1] Pierre de Boissat, membre de l'Académie française, né à Vienne en 1603, mourut le 28 mars 1662. C'est lui qui, «dès son enfance, avait été surnommé Boissat l'esprit.» (*Histoire de l'Académie française* par l'abbé d'Olivet, t. II, p. 78.) Tallemant des Réaux a cité de Boissat (t. II, p. 224) un quatrain qui ne dément pas le surnom dont il avait été gratifié.

[2] Madame la marquise de Rambouillet, mère du marquis de Pisani. Chapelain avait délicatement associé l'éloge de la mère à l'éloge de la fille.

[3] Chapelain répond ici à cette phrase de la lettre XIII du livre XVII, improprement datée de 1636, comme nous l'avons déjà remarqué : «Vos lettres sont mes plus douces consolations, et je n'en reçois point qui ne me face du bien pour huit jours (p. 726 de l'in-fol.).»

Quand (*sic*) à la lettre que vous avés soupçonné d'avoir esté ouverte¹, je ne puis qu'en dire pour ce que je ne la considéray point de si près en vous l'envoyant, et néantmoins si j'avois à en respondre devant les juges, je croirois jurer sans parjure qu'elle ne l'a point esté, si ce n'est par celuy mesme qui l'avoit escritte, car il me souvient qu'elle estoit enfermée dans le mesme paquet qu'il m'addressa. En tout cas je n'ay si mauvaise opinion ni de vous ni de moy, quand elle auroit esté violée, pour m'imaginer que ce soupçon me regarde, et que vous en ayés fait une plainte indiscrette contre moy.

Je vous rens grâces de l'éclaircissement que vous m'avés donné touchant vos dispositions domestiques, et me resjouis que vostre bon naturel ne vous sera point ruineux.

Je mets entre les miracles de vostre éloquence l'opinion que vous m'assurés que M. Girard² a de moy, car je n'ay point esté assez heureux pour luy rendre jamais de service, et ne croy pas mesme luy avoir tesmoigné le désir que j'en ay. Je reconnoy à ce bien qui m'est venu contre mon attente qu'il n'importe pas dans le monde d'avoir du mérite et qu'il suffit d'avoir de bons amis pour se mettre en réputation. Vous estes l'autheur de cette bonne fortune, vous la conserverés, s'il vous plaist, à celuy à qui vous l'avés procurée et asseurerés sans charge de conscience M. Girard, que je ne le tromperay jamais dans la promesse que je luy fais icy de l'honnorer toute ma vie très fidellement.

Pour la dernière Académie, sans vous la prétendre faire aymer, je vous assureray qu'elle n'est pas si estrange qu'on vous la fait, et qu'il a suffi que ce fust une nouveauté pour sousléver force monde contre elle. Si néantmoins il eust esté en ma liberté d'en estre ou de n'en pas estre, je vous avoue que je m'en fusse dispensé, et que, sans la mépriser, toutes les fois que je me pourray donner le temps qu'il faut par considération que je luy donne, je le feray asseurément, car je suis le plus accablé des hommes³. Cela demeurera entre nous, s'il vous plaist.

Je suis, Monsieur, vostre, etc:

De Paris, ce [*en blanc*] novembre 1634.

---

¹ Balzac s'était plaint en ces termes (*ibid.*): « J'ay trouvé celle de nostre ami exilé [M. de Chaudebonne, qui était auprès de Gaston d'Orléans, dans les Pays-Bas, en 1634] dans vostre pacquet. Elle avoit esté ouverte et recachetée, quand elle vous fut rendue. Et il y a de l'apparence que s'il eust eu quelque chose de dangereux et qui eust senti le mauvais air de Bruxelles, d'où elle venoit, on ne se fust pas contenté de l'ouvrir et de la recacheter. Ces curiosités ne sont pas louables. Mais je ne veux point d'éclaircissement là dessus, et vous me désobligeriez si ma plainte ne périssoit entre vous et moy. »

² Sur les deux frères Girard (Guillaume, le secrétaire du duc d'Épernon, et Claude, l'official d'Angoulême), voir la note 1 de la page 418 des *Mélanges historiques*. *Lettres de Balzac*, n° V. Le Girard dont il est ici question est sans doute Claude, l'intime ami de Balzac.

³ Ce paragraphe est dans l'*Histoire de l'Académie française*, édition de M. Livet (t. I, p. 364). Balzac (lettre XVI du livre XVII, datée du 30 septembre 1636, et qui doit être du 30 novembre 1634) répare ainsi ce qu'il avait écrit de peu gracieux pour l'Académie (p. 728): « J'avois esté mal informé de l'estat de vostre Académie. Sans doute la peinture qu'on m'en avoit envoyée, n'avoit pas esté tirée après le naturel. Vous m'avez fait plaisir de me destromper, et je voy bien que cette nouvelle société fera honneur à la France, donnera de la jalousie à l'Italie, et, si je suis bon tireur d'horoscope, elle sera bientôt l'oracle de toute l'Europe civilisée. »

LIV.

À Mme DE LA TROUSSE,
À LA TROUSSE.

Madame[1], vous croirés malaisement la joye que j'ay receue lorsqu'on m'a dit la première nouvelle de vostre heureuse delivrance, je n'oserois dire de ce que vous avés mis un garson au monde de peur que vous ne croiés que je face (*sic*) plus cas de mon sexe que du vostre[2]. Mais je le diray pourtant puisque ayant desja donné l'estre à deux fort belles filles[3], il sembloit qu'elles vous demandassent un frère pour leur appuy et vostre Maison un rejetton qui peust un jour représenter M. son père en toute choses. J'ay grande impatience de voir à qui il ressemble de vous deux, ou si vos deux visages ne sont point confondus dans le sien, ce que je souhaitte afin de m'asseurer par ce signe qu'il aura les vertus de l'un et de l'autre.

Le froid de la saison où nous entrons et l'amour que vous avés sans doute desja pour luy me donne une demie asseurance que je n'auray que faire d'aller à La Trousse[4] pour luy rendre mes premiers devoirs et pour luy faire mes complimens pour sa bienvenue en ce monde. En attendant, je vous le recommande et vous recommande à vous mesme, afin que tous les ans nous vous puissions donner un semblable contentement.

Je suis, Madame, vostre, etc.

De Paris, ce 27 novembre 1634.

LV.

À M. DE BOISROBERT,
À RUEL.

Monsieur, sans vous nommer le grand homme duquel vous m'apportastes hier les commandemens[5], je vous diray que l'honneur qu'il m'a fait est si excessif que j'ay peur de ne le pouvoir porter. J'asseureray bien que ses pensées sont miennes, puisqu'il l'ordonne ainsi, mais il sera difficile que le monde le croie, voyant l'inégalité qu'il y a entre mes ordinaires productions et ces extraordinaires merveilles. Que si l'on m'en estime l'autheur, on pensera qu'il se sera fait un miracle en moy et que ma foiblesse tout d'un coup se soit convertie en une extrême force. Au reste je ne suis pas sans scrupule de luy voler la gloire qui m'en reviendra sans que j'y aye aucun mérite. Et toutesfois je ne la luy desrobe pas puisqu'il me la donne si libéralement et qu'il me fait

---

[1] Henriette de Coulanges, fille de Philippe de Coulanges et de Marie Le Fèvre d'Ormesson, était sœur de Christophe de Coulanges, abbé de Livry, et tante de Mme de Sévigné, dont la mère s'appelait Marie de Coulanges. Henriette avait épousé François Le Hardy, marquis de la Trousse, fils aîné de Sébastien Le Hardy, seigneur de la Trousse, grand prévôt de France et prévôt de l'Hôtel du roi.

[2] Ce *garson* était Philippe-Auguste Le Hardy, marquis de la Trousse, qui fut capitaine-lieutenant des gendarmes-Dauphin, chevalier de l'ordre du Saint-Esprit, et qui mourut en octobre 1691, après avoir épousé Marguerite de la Fond. Sur lui, comme sur ses deux sœurs, comme sur sa mère, comme sur la famille La Trousse en général, on peut consulter de nombreuses lettres de Mme de Sévigné.

[3] Une de ces filles fut connue sous le nom de Mlle de Méri. L'autre, qui était retirée aux Feuillantines depuis la mort de sa mère (30 juin 1672), mourut avec une réputation de sainteté (décembre 1685).

[4] Le château de la Trousse était situé près de Lizy-sur-Ourq, aujourd'hui chef-lieu de canton de Seine-et-Marne, arrondissement de Meaux.

[5] Le cardinal de Richelieu. Quelles sont les pages rédigées par Richelieu qui furent mises, en 1634, sous le nom de Chapelain? S'agirait-il, comme il le semble, du plan de la pièce dont il va être question dans les lettres suivantes, *la Comédie des Tuileries?*

cette grâce de son mouvement propre. C'est un effet de ma bonne fortune, aussi bien que les autres avantages que j'ay desja tirés de sa générosité, laquelle semble m'avoir choisi entre mille qui valent mieux que moy pour me rendre illustre par ses bienfaits. Je vous renvoye son original et la copie qu'il a désiré que j'en fisse pour en disposer comme vos ordres le portent et demeure, Monsieur, vostre, etc.[1]

LVI.

À Mgr LE CARDINAL DE BENTIVOGLIO.

Monseigneur, les services que l'on rend aux personnes qui sont nées ce que vous estes, et qui tiennent le rang que vous tenés, ne sçauroient passer que pour des devoirs, et les ressentimens qu'il leur plaist quelquefois d'en tesmoigner, ne se peuvent prendre que pour des courtoisies. L'extrême inégalité que Dieu a mis entre vostre Eminence et nostre bassesse[2], et l'amour que naturellement les hommes doivent à la haute vertu, nous obligent d'agir en tout ce qui vous regarde avec promptitude et sans espoir de reconnoissance. En ces occurences, si nous sommes sages, nous buttons[3] à nous acquitter de nos debtes plustost qu'à nous faire des débiteurs ; et toutesfois, bien que nous n'ayons pas cette prétention, il arrive tousjours que la splendeur qui accompagne vostre dignité, et l'éclat que portent vos actions avec elles, se communiquent à ceux à qui vous permettés de prendre part en vos intérests. Ils tirent plus de gloire de vous que vous ne tirés d'assistance d'eux, et dans ce beau commerce, s'il y a quelqu'un qui demeure redevable, c'est asseurément celuy qui y profite le plus.

Dans cette créance, Monseigneur, lorsque je me suis employé pour faire supprimer la mauvaise traduction de vostre excellente histoire[4], j'ay creu me procurer un grand honneur à moy mesme. J'ay pensé satisfaire à ce que tous les hommes doivent aux grands

---

[1] Cette lettre, non datée, est suivie (fol. 103) d'une lettre, du 12 décembre, à M. Arnauld, lieutenant des carabins à l'armée d'Allemagne, et (fol. 104) d'une lettre, du 25 du même mois, à M. Peny, à Madrid. Chapelain, dans ces deux lettres, parle très-modestement de son style. Il dit à Arnauld : «Je suis honteux d'avoir esté prévenu par vous. Il est vray que je ne l'ay esté que de la plume, car je vous escrivois tous les jours de l'esprit et n'attendois pour m'acquitter de ce devoir effectivement que la nouvelle de quelque victoire que vous eussiés obtenu, afin de trouver dans la beauté de la matière de quoy eslever mon stile qui rampe quand il se soutient tout seul, et afin de vous donner par ce moyen envie de lire ma lettre jusqu'au bout... Je repliquerois à M. le Gouverneur de Philisbourg [l'oncle du lieutenant] si je ne craignois de desrober du temps à sa vigilance et de le destourner de quelque entreprise importante par la lecture de ces mauvais papiers...» A M. Peny Chapelain tient un langage plus humble encore : «Je sçay bien que je ne dis jamais bien ce que je veux dire et que je ne m'explique pas heureusement de mes intentions, en récompense de quoy Dieu a permis que mes amis suppléassent à mon deffaut par la connoissance qu'ils ont de mes mœurs et que s'ils me blasmoient de mal escrire, ils ne le faisoient jamais de mal penser.»

[2] Pardonnons à Chapelain cette imitation des *concetti* de la patrie du cardinal Bentivoglio. Nous ne rencontrerons pas souvent dans sa correspondance des jeux de mots aussi indignes de lui.

[3] *Buter* est pris ici dans le sens de tendre à un but, à une fin. Le *Dictionnaire de Trévoux* cite, à ce propos, l'expression familière : C'est à quoy je bute. M. Littré, qui retrouve ce mot dans La Fontaine, Molière et Saint-Simon, ajoute qu'il vieillit à tort.

[4] La traduction française d'une partie de l'ouvrage *Della Guerra di Fiandra* par Antoine Oudin, l'auteur des *Curiosités françoises*, venait

génies qui travaillent pour le bien général, et, si j'ay eu quelque scrupule, ça esté de ne pas me sentir assés fort pour exécuter dignement ce que j'entreprenois. Il a plu à Dieu néantmoins de donner un heureux succès à nos bonnes intentions et de mettre la chose au point que vous la pouviés souhaitter. Le privilège de la traduction à laquelle on travaille a esté obtenu en vostre nom avec des termes et des conditions qui n'ont point encore d'exemple parmi nous. M. Conrart l'a composé et Mgr le Garde des Sceaux, à la sollicitation de M. d'Andilly, l'a accordé de bonne grâce et avec tesmoignage de haute estime de l'ouvrage et de l'autheur. Et certes, Monseigneur, c'eust esté maltraiter une vertu si rare que la vostre, de ne la pas traiter extraordinairement en cette occasion.

M. Picard vous aura mandé le détail de toutes choses et de quelle sorte nous nous sommes conduits pour vous faire avoir entière satisfaction de cette affaire. Ce que j'ay à vous dire de plus est que l'on attend avec impatience la version nommée dans le privilège, laquelle cèdera bien à son original, parce qu'il est incomparable, mais aussi laissera bien loin derrière elle tout ce que nous avons d'originaux en nostre langue, de ceux la mesmes qui prétendent le plus en la parfaitte élocution. Et, pour mon particulier, je la presse de toute ma puissance dans la passion que j'ay de faire voir à nos François en leur propre langue une pièce qui représente toute la belle Antiquité[1].

Ce n'est pas, Monseigneur, que nous n'ayons un grand nombre de savans parmi nous, mais ils semblent avoir perdu l'amour de leur patrie. Ils ne conversent qu'avec les Anciens, et s'ils parlent quelquefois des choses modernes, ce n'est jamais en la langue que nous parlons. Ils sçavent les règles de bien escrire, mais ils traittent leur langage comme indigne de recevoir leurs pensées et ayment mieux n'estre pas entendus que de rendre honneur à leur païs, en s'expliquant avec les termes qui y sont en usage. Vostre courage, Monseigneur, dans sa traduction, servira à les convaincre d'erreur, et leur fera honte lorsqu'ils y verront leur langage capable de toutes vos expressions, c'est à dire de toute la richesse et de tout l'art dont se vantent les Anciens[2].

Ainsy, en servant Vostre Éminence, j'auray servi ma nation à laquelle le principal avantage en reviendra, et si je dois recevoir des actions de grâce, c'est d'elle, et non pas de vous, à qui nous demeurerons infiniment obligés de nous avoir proposé un si parfait modelle à imiter, et pour qui nostre gratitude ne peut jamais estre que foible et imparfaitte. Mais c'est trop abuser d'un loysir si précieux que le vostre, ce qui me fera finir en vous augurant le dernier comble de la grandeur que vous mérités[3] et vous suppliant de trouver bon que je me die ou plus-

---

de paraître (Paris, 1634, in-4°) sous ce titre : *Histoire de la guerre de Flandre depuis l'an 1559 jusqu'à la trève en 1609, traduite de l'italien du cardinal Bentivoglio par ANTOINE OUDIN : première partie qui comprend depuis l'an 1559, jusqu'à la bataille gagnée par Jean d'Autriche en 1578.*

[1] Les détails donnés par Chapelain sur la suppression du mauvais travail du secrétaire-interprète du Roi, ainsi que sur le travail destiné à remplacer celui-là, forment un chapitre d'histoire littéraire qui aura, si je ne me trompe, tout le piquant de la nouveauté. La version dont Chapelain dit tant de bien, et qui était faite sous sa direction, n'a jamais paru, et l'on ne sait ce qu'est devenu le manuscrit que, dès le commencement de 1635, on était prêt à imprimer.

[2] On lit distinctement *Anciennes*, mais jamais *lapsus* n'a été plus évident.

[3] Ce n'étaient pas seulement les amis du car-

tost que je continue à me publier pour ma gloire, Monseigneur, vostre, etc.

De Paris, le 21 janvier 1635.

LVII.
AU MARQUIS DE GESVRES,
EN ALLEMAGNE.

Monsieur, c'est un souvenir bien précieux pour moy que celuy que vous m'avés voulu tesmoigner en terre ennemie, dans l'ardeur de la guerre, au milieu des exercices qui vous plaisent et qui vous occupent tout entier, et peut estre sans que les lettres que je vous ay escrit ayent esté assés heureuses pour aller jusques à vous, et pour obliger vostre courtoisie à me donner celle cy pour response. J'en fais aussi le cas que j'en dois et mets cette grâce entre les choses qui m'apportent le plus de gloire et de consolation.

Nos amis illustres de l'un et de l'autre sexe ont veu ce que vous me mandés et je vous puis asseurer que si j'en ay receu de l'honneur, vous n'en avés point receu de honte. Je l'ay fait voir mesme à une princesse qui sçait estimer parfaitement la vertu[1], et les discours que nous eusmes ensuitte sur vostre sujet ne peuvent qu'ils ne vous satisfassent[2] lorsque nous vous verrons de retour et que vous me donnerés le loysir de vous en entretenir. C'est ainsy que j'essaye de payer la faveur que vous m'avés fait, n'estant pas solvable de moy mesme, et ayant besoin du secours d'autruy pour m'en acquitter.

Au reste, si vous m'en croyés, vous continuerés aussy bien à bien dire qu'à bien faire[3], et ne vous accuserés plus par une excessive modestie de peu de politesse en cette profession. Quiconque agit et escrit comme vous ne pourroit pas seulement donter[4] l'Allemagne, mais nous donner la relation de sa conqueste aussy agréable que le premier des Césars donna autresfois à son païs celle de la réduction des Gaules en province romaine. Et quant à ce qui me regarde, si je quitte jamais le conte de Dunois pour parler des libérateurs de la Germanie, M^r le Cardinal aura part en mon ouvrage comme autheur d'un si haut dessein et vous comme l'un de ses principaux exécuteurs. J'ay impatience que les choses ne soient desja en tel estat que je puisse changer le travail et rendre en cette occasion le tesmoignage que je dois.

De Paris, ce 23 janvier 1635.

---

dinal Bentivoglio qui espéraient de le voir devenir pape : tout le monde, à cette époque, voyait en lui le futur successeur d'Urbain VIII, et, s'il avait vécu quelques jours de plus, l'attente générale n'aurait pas été trompée.

[1] Probablement la princesse de Condé (Charlotte-Marguerite de Montmorency), la future belle-mère du duc de Longueville, morte le 2 décembre 1650. Chapelain voyait souvent cette grande amie du cardinal Bentivoglio et du cardinal de la Valette.

[2] Nous dirions aujourd'hui : ne peuvent que vous satisfaire.

[3] C'est l'éloge qui a été donné à Jules César et qui, depuis, a été si souvent appliqué à ceux qui ont su se servir également bien de leur plume et de leur épée.

[4] Chapelain écrivait *donter* pour *dompter*, comme on l'écrivait déjà au XIIIe siècle. M. Littré, dans son *Dictionnaire de la langue française*, justifie ainsi la suppression faite par Chapelain de la lettre *p* : « L'Académie française devrait supprimer le *p* de *dompter*, lettre qui ne se prononce pas, n'est pas étymologique, et qui provient d'une vicieuse tendance qu'avait le moyen âge à mettre un *p* après une *m* ou une *n*; d'où *temptation*, qui est resté en anglais. » Voir aussi le *Dictionnaire de Trévoux* au mot *Domtable*. M. Littré n'a cité, au sujet de la forme *donter*, aucun écrivain du XVIIe siècle ni des trois siècles précédents.

LVIII.

À M. LE COMTE D'ETLAN,
À CHALONS.

Monsieur[1], vous reconnoistrés aisément par la confusion de mes paroles celle que m'a apporté la louange dont il vous a pleu de m'honnorer, et je vous avoue que je ne fus jamais surpris d'aucune chose tant que de cette faveur. Car n'estant pas aveugle dans mes propres fautes et sachant que rien n'eschappe à la clarté de vostre jugement, après vous avoir leu de mes Vers, je devois plustot attendre de vous une censure qu'un éloge. Aussy ne faut-il pas que je me persuade, si je ne me veux flatter, que vostre sentiment soit celuy de vostre beau sonnet[2]. Comme c'est une excellente poésie, vous y avés usé du privilége des poètes qui donnent un corps à ce qui n'en a point. Vous ne m'y loués pas sans doute pour ce que vous m'estimés louable, mais peut estre ne me jugeant pas incapable de le devenir, vous m'y faittes gouster la douceur de la louange afin de me donner envie de la rechercher, et vous m'asseurés que je la mérite afin que je travaille à la mériter. Et cela mesme me tient lieu d'une obligation particulière, voyant qu'un si rare esprit que le vostre ne me conte pas entre ceux du commun, et que vous prenés le soin de m'encourager dans la longue carrière que j'ay entrepris.

Outre la gloire que je tire de vostre déclaration si favorable pour moy, elle sert encore à me confirmer efficacement dans mon dessein, et à m'oster la crainte que l'envie ne dresse un jour ses machines contre moy. Je profite de vostre indulgence et continue désormais mon ouvrage en seureté que je me suis promis de vous et sous la protection à laquelle vostre bonté s'est engagée.

Mgr le Duc de Longueville a veu les beaux vers que vous m'avez donnés, les a admiré, et y a pris part comme à une chose qui le regarde. Pour moy j'y ay respondu plus le (*sic*) parce qu'il le falloit pour éviter le blasme d'ingratitude, que parce qu'il fust à propos pour conserver l'opinion qu'on a prise de ma suffisance[3]. Mais je n'en rougiray point

---

[1] Le comte d'Etlan, ou d'Etelan, ou encore d'Estelan, était Louis d'Espinay, abbé de Chartrice, fils de Timoléon d'Espinay, maréchal de Saint-Luc. Voir l'*Historiette* que Tallemant des Réaux consacre à la fois à l'un et à l'autre : *Le Mareschal de Saint-Luc et le conte d'Etlan, son fils* (t. IV, p. 244-248), et le commentaire de M. P. Paris (p. 248-252).

[2] On trouve ce sonnet, sous ce titre : *Le comte d'Etlan à la Pucelle*, dans le recueil des *Poésies* de Chapelain. J'en détache les six derniers vers, dont la flatterie plongea Chapelain dans une si douce ivresse :

Mais enfin produisant un si rare escrivain
Qui trace tous les jours d'une sçavante main
A l'honneur des Dunois une marque éternelle ;
S'il prend en ses beaux vers le soin de te louer,
Généreuse Pucelle, il le faut avouer,
Elle [la France] a plus fait pour toy que tu n'as fait pour elle.

Notons ici que le culte de la poésie semble avoir été longtemps héréditaire dans la famille d'Espinay. Le père du correspondant de Chapelain, nous dit Tallemant, «se mesloit d'escrire en vers et en prose,» et le *Dictionnaire* de Moréri, à l'article *François d'Espinay, dit le brave Saint-Luc*, rappelle que le grand-père de l'abbé de Chartrice composa, dans son gouvernement de Brouage, «divers discours militaires et des vers très ingénieux,» mentionnés par Scévole de Sainte-Marthe en son éloge de cet accompli gentilhomme.

[3] La réponse de Chapelain, intitulée : *La Pucelle à Monsieur le comte d'Etlan, sonnet*, est dans le recueil des *Poésies* déjà tant de fois mentionné. Je n'en citeray que le dernier tercet.

Mais, ô fameux Etlan, si d'un laurier humain
J'eusse peu souhaiter de me voir couronnée,
C'eust esté seulement par ton illustre main.

pourtant, et ne croiray pas que mes vers ne puissent passer quoy qu'ils soient infiniment au dessous des vostres, y ayant encore beaucoup de degrés de mérite au dessous de celuy que vous possédés. Pour les condamner absolument j'en attendray vostre décision, à laquelle je me remettray tousjours et en toutes choses, ne faisant pas moins de profession d'estre vostre disciple que je le fay d'estre, Monsieur, vostre, etc.

De Paris, ce 19 janvier 1635.

LIX.
À M. DE BOISROBERT.

Monsieur, je ne vous diray point avec quel respect et quelle joye je receus le commandement que Monseigneur me faisoit de travailler au dessein d'une comédie d'apparat dont il se veut divertir, puisque ce fust vous qui me le portastes. Vous le représenterés mieux que moy mesme, à qui le transport osta la meilleure partie du jugement. Je vous diray seulement que la haste que j'ay eue de satisfaire à son désir et à mon devoir m'a fait malade et que je n'ay pas plustost eu exécuté ses ordres qu'il m'a fallu mettre au lict, pour me refaire du mal que je m'estois causé par une trop forte contention d'esprit. Et, à la vérité, il estoit bien difficile que dans le temps que vous me prescrivistes, une teste plus ferme que la mienne encore n'eust succombé au travail, voulant le faire digne de celuy qui le commandoit [1].

Quant à moy, quoyque Monseigneur peut estre assés indulgent pour se contenter d'une médiocre production de nous et s'accorder bénignement à nostre foiblesse, je n'ay pas creu néantmoins qu'il fust ni de sa dignité d'avouer une chose qui n'eust pas les conditions essentielles à sa nature, ni de mon courage d'en entreprendre une pour son service qui ne fust pas au comble de la perfection que je luy pourrois donner. Je n'ay mis des bornes à mes travaux, lorsqu'ils le regardent, que dans mon impuissance, et tant que je croiray estre capable de les pousser plus avant, je ne me donneray jamais de repos.

En cettuy cy dont l'espèce est l'une des plus considérables de la poésie, et que les Anciens ont pris pour la morale des Peuples et le miroir de la vie humaine, j'ay tasché par un effort de l'Art de donner un essay de la parfaite comédie, en sorte que la sévérité des règles n'y ruinast point l'agréement, que l'invention et la disposition y fussent exquises et nouvelles, que le nœud et le desnouement en fussent nobles, que les mœurs et les passions y eussent leur place, et que le plaisir n'y servit que de passage au proffit et à l'instruction, et je l'ay fait avec ce soin principalement pour servir Monseigneur et le divertir de toute l'estendue de mon pouvoir, et ensuitte pour faire

---

[1] Il s'agit ici de la *Comédie des Tuileries*, représentée pour la première fois à l'Arsenal, devant Anne d'Autriche, dans la soirée du 4 mars 1635. Voir sur cette représentation, qui fut des plus brillantes, la *Gazette* du 10 mars 1635, p. 128. Le rédacteur de la *Gazette* annonce que les vers en furent «composés par cinq fameux poëtes.» On sait que les cinq poëtes employés habituellement par le Cardinal étaient Boisrobert, Guill. Colletet, Claude de l'Estoile, Rotrou et le grand Corneille. Chapelain avait été chargé du plan de la pièce, plan que Boisrobert avait commencé à esquisser. Pellisson (*Histoire de l'Académie française*, t. I, p. 85) n'a pas été bien informé quand, après avoir dit qu'à la représentation des Tuileries, l'invention du sujet fut dans un prologue en prose attribué à Chapelain, il a ajouté que ce dernier n'avait fait que le réformer en quelques endroits. La présente lettre prouve que l'auteur de *la Pucelle* prit une part beaucoup plus considérable à la préparation de la *Comédie des Tuileries*.

voir aux Italiens, qui pensent seuls posséder les sciences et les arts en leur pureté, et qui nous traittent de barbares, qu'encore y a-t-il quelqu'un en France qui peut ce qu'ils peuvent, et qui sait profiter des inspirations que le grand génie de Monseigneur donne aux François pour exceller en toutes sortes d'arts.

Je n'ay pas voulu qu'une représentation comme celle-cy, qui doit servir de spectacle magnifique à toute la France, que chacun verroit que Monseigneur auroit ordonné, et dont il daigneroit faire son divertissement, peust estre accusée de désordre et de mauvaise conduitte. Je n'ay pas, dis-je, voulu qu'on ait peu dire avec raison que Monseigneur, remettant tous les arts en honneur, et en laissant à la postérité tant de monumens publics, dans lesquels il entre en une si grande émulation avec les plus grands hommes de l'Antiquité, la seule poésie, laquelle il honore de sa protection particulière, demeurast sous luy dans la bassesse et le desreglement, et qu'en cela il cédast au moins à ces grands personnages qui l'ont fait fleurir et lesquels il esgalle ou surpasse mesme en toutes autres choses. J'en eusse esté moins incommodé si je me fusse contenté d'une imagination moins commune et d'une disposition moins vraysemblable, mais Monseigneur en eust eu moins de satisfaction et son nom en eust été moins glorifié.

Je ne me plains point de ce que cet effort m'a fait souffrir pourveu qu'il soit heureux et qu'il mérite l'approbation de celuy pour qui seul je l'ay fait avec gayeté. Il sera de vostre prudence d'observer le temps le plus propre pour luy faire voir nostre ouvrage, lequel j'appelle nostre puisque vous y avés la première part et que je n'ay que suyvi ce que vous avés commencé, comme Monseigneur le reconnoistra bien, s'il peut vous donner le loysir de luy lire la transcription que j'en ay faitte pour en recevoir humblement ses corrections. Si vous estes aussi bon que de coustume, vous l'asseurerés tousjours de la violente passion désintéressée que j'ay pour son service et du contentement que j'aurois de l'avoir tesmoigné par quelque effet bien signalé, etc.

De Paris, ce 24 janvier 1635.

LX.
À M. DE BOISROBERT.

Monsieur, nous nous séparasmes trop promptement hier au soir pour me pouvoir assés expliquer avec vous du ravissement où me laissèrent les merveilles de la comédie de Monseigneur et les singulières faveurs que je receus de sa bonté devant, durant et après la représentation de cette excellente pièce [1]. Je me tiendray ingrat envers luy tant que [2] je vous aye bien dit le ressentiment extrême que j'ay de ses grâces et que vous m'ayés aussi obligé de le luy faire savoir. Mais je me croiray encore plus larron de la gloire que son ouvrage mérite, tant qu'il nous défendra de l'en publier pour autheur. J'ay honte en moy mesme lorsque je m'entends louer de son travail, et me considère comme quelque chose de pis que ses ennemis de Flandre, lesquels diminuent bien tant qu'ils peuvent l'éclat de sa réputation, mais au moins ne s'attribuent pas les miracles qu'il a fait [3]. Ses jeux et ses

---

[1] Probablement, en février 1635, il y eut devant les intimes une représentation de la *Comédie des Tuileries*, précédant de quelques jours la représentation solennelle du 4 mars. C'est ce que nous appelons aujourd'hui la répétition générale.

[2] *Tant que*, c'est-à-dire *jusqu'à ce que*.

[3] Si Chapelain n'exagère pas, le Cardinal serait donc plus qu'on ne le croit l'auteur de la *Comédie des Tuileries*.

divertissemens sont illustres, et la plus négligée de ses actions tire des louanges après soy, de sorte que, quand je consens que l'on m'en honnore, il me semble que je luy ravis en petit l'honneur d'avoir pris La Rochelle et sauvé Casal, car n'y ayant rien en luy que de louable, les larcins qu'on luy fait sont tousjours d'importance et ne peuvent différer que du plus ou du moins.

Je sçay bien que le tort qu'il reçoit de moy en cette occasion ne luy est pas considérable, et que la richesse de son esprit estant immense, il peut bien en laisser perdre quelque partie sans qu'il y paroisse, ou en faire libéralité sans craindre de s'en appauvrir. Mais pour mon regard je ne puis appaiser les reproches que m'en fait ma conscience, et je pense continuellement que, faisant particulière profession de luy donner de justes louanges, il est estrange qu'en cette rencontre, au lieu de luy en donner, je luy en oste.

Vous le ferés peut estre rire de mon scrupule et de mon inquiétude. Je vous auray néantmoins obligation si vous les luy tesmoignés aussi bien que mon zèle ardent à son service.

Vous aurés donc aujourd'huy la copie de ces règles de la comédie[1], et je croy qu'il suffira puisque vous ne partés que demain, etc.

De Paris, ce [*en blanc*] février 1635.

LXI.

À M. DE BALZAC,
À ANGOULESME.

Monsieur, quand je vous escrivis, ces jours passés, mon dessein n'estoit pas de vous obliger à m'escrire, mais seulement de vous empescher de croire que je n'eusse pas tousjours la mémoire de vous que je suis obligé. Il y a long temps que nous vivons en cette liberté de nous entretenir quand nous sommes en humeur de le faire, et de garder le silence, quand nos affaires nous tirent ailleurs. Je vous conjure que nous en usions tousjours ainsi et que nous supposions une amitié si bien fondée entre nous que désormais les lettres ni le silence n'adjoustent ni ne diminuent rien au contentement que nous attendons d'elle.

J'ay reçeu le choq de M. de Bullion dans les douze cent livres de rente qu'il m'a osté comme une *vis major* que la puissance humaine tasche en vain d'éviter[2]. Je fay mon conte que la mer me les a engloutis ou que le feu du ciel me les a dévorés, et suis heureux en une chose que cette violence n'a attaqué

---

[1] Règles écrites par Chapelain, probablement après cette conférence sur les pièces de théâtre dont parle l'abbé d'Olivet (*Histoire de l'Académie française*, t. II, p. 130), conférence «où il montra en présence du Cardinal, qu'on devoit indispensablement observer les trois fameuses unités, de temps, de lieu et d'action.» «Rien, ajoute l'abbé d'Olivet, ne surprit tant que cette doctrine; elle n'étoit pas seulement nouvelle pour le Cardinal; elle l'étoit pour tous les poëtes qu'il avoit à ses gages. Il donna dès lors une pleine autorité sur eux à M. Chapelain.» La *copie* dont Chapelain annonce l'envoi à Boisrobert devait être la *Dissertation sur les poésies dramatiques* indiquée dans la liste des œuvres inédites de l'auteur de *la Pucelle* publiée par M. Rathery (*Bulletin du Bibliophile* de 1863). On trouve, dans les Œuvres diverses de Chapelain (fonds français, n° 12847, fol. 11) une lettre *Sur la nécessité des vingt-quatre heures pour les poëmes dramatiques*, datée «de Paris, ce 29 novembre 1630.» C'était probablement une ébauche de la dissertation de février 1635.»

[2] La facile résignation de Chapelain s'accorde peu, on en conviendra, avec la réputation d'avarice qui lui a été faite. Combien de ceux qui l'ont le plus accusé d'aimer l'argent avec excès n'auraient pas subi aussi philosophiquement une perte de 1,200 livres de rentes.

que mes dehors et que je me trouve tousjours aussy riche dans ma propre estime que s'il ne m'avait rien retranché. C'est le fruit que je tire de mes précédentes méditations et je reconnois en cette occasion que la philosophie est un grand préservatif contre toute sorte de maux.

Je suis un peu chatouillé du cas que vous tesmoignés de faire des vers de l'*Aigle* que je vous ay envoyé[1]. J'avois encore à donner ce tour de peigne à la princesse Julie et je croy bien que ce sera le dernier, de sorte que si vous espérés quelque chose de la *Pucelle*, je me vois tantost en estat de vous contenter. Il m'est honteux d'estre encore à veue du port et d'avoir si peu avancé dans mon voyage, mais je m'en vay desployer tantost mes voiles et m'engolfer[2] à bon escient. Il me manque une aussi belle et aussi tranquille solitude que la vostre et, quand Dieu me l'auroit donné, les obligations de faire ma court m'en arracheroient par force et interromproient mes plus douces contemplations.

Je vous diray un secret, que j'estois plus riche quand je l'estois moins, et que je trouve que l'on fait tousjours un mauvais marché, quelque avantageux qu'il soit, lorsqu'on couche de sa liberté. Et voyés si je suis délicat et sensible en cette matière, car il n'y eust jamais de courtisan moins gesné que je le suis ni qui fust plus humainement traitté, et avec moins de contrainte.

J'attends avec impatience l'édition de vos belles lettres[3] et la harangue [que] vous me promettés pour l'assemblée[4], de laquelle je vous diray qu'elle se rend tous les jours et de plus en plus honorable, s'accroissant de jour en jour de personnes de condition, en sorte que les aboyemens du vulgaire cessent et l'applaudissement en demeure général. M. du Chastelet, M. l'abbé de Bourzé (*sic*), et M. Godeau ont desja parlé chacun près de trois quarts d'heure[5]. C'est à notre ami M. de Boisrobert à entretenir la compagnie à la première séance[6]. J'ay mesme sentiment que vous pour quelques uns des académiciens, mais ils y sont, et les choses ne sont plus en estat d'estre révoquées[7]. Le

---

[1] Balzac avait écrit à son ami (lettre XXXVIII du livre XVII, le 1ᵉʳ décembre 1634 et non 1636, comme, par une fatale obstination dans l'erreur, dont nous trouverons encore bien d'autres preuves, on l'a imprimé dans l'in-fol. de 1665, p. 736) : «La princesse Julie est admirable, et vous la chantez admirablement. Mais j'ay grand peur qu'elle sera cause que vous ferez une infidélité à la Pucelle d'Orléans, et que la vivante vous fera oublier la morte...»

[2] *Engoulpher* se trouve dans les *Recherches italiennes et françoises ou dictionnaire*, par Antoine Oudin. — Paris, A. de Sommaville, 1642, in-4°. *S'engolfer, engoulfer,* ou *engoulpher* est expliqué par : se mettre en mer, prendre le large, dans le *Dictionnaire nautique* de Jal.

[3] Les *Lettres de M. de Balzac* (seconde partie) ne parurent que l'année suivante. (Paris, Pierre Rocolet, 1636, 2 vol. in-8°.)

[4] Cette harangue promise ne fut jamais donnée; Pellisson nous l'apprend en ces termes (t. I, p. 79) : «M. de Balzac se contenta d'envoyer à M. du Chastelet quelques ouvrages de sa façon, le priant de les lire à l'Académie et de les accompagner de quelques-unes de ses paroles, qui suffiroient, disoit-il, pour le tenir quitte envers elle, non seulement du remerciment, mais encore de la harangue qu'il lui devoit.»

[5] Vingt discours furent successivement prononcés dans l'Académie, le premier par du Chastelet, *Sur l'éloquence française;* le second par l'abbé de Bourzeys, *Sur le dessein de l'Académie et sur le différent génie des langues;* le troisième par Godeau, *Contre l'éloquence.* (Pellisson, *Histoire de l'Académie,* t. I, p. 74. Séances du 5, du 12 et du 22 février 1635.)

[6] Le discours de Boisrobert (26 février) était intitulé : *Pour la défense du théâtre.*

[7] Balzac avait dit dans une lettre déjà citée (30 novembre 1634) : «Je voudrois que quel-

temps purgera la compagnie, mais vous l'illustrerés tousjours et elle tirera plus de gloire de vous seul, que de honte de ceux qui y trouvent place indignement.

Vous aurés avec ce mot des mauvais fruits de nostre carnaval. Ce sont des vers pour M. le duc de Longueville, représentant au ballet du roy le président de Provins et un follet¹. Ils ont esté précipités, vous en jugerés, et, s'ils le méritent, vous vous en divertirés.

Je suis, Monsieur, vostre, etc.

De Paris, ce 25 février 1635².

LXII.

AU COMTE DE BELIN³.

Monsieur, Alerte est un fort bon mot⁴ au jugement du bel esprit à qui vous fistes hier si bonne chère⁵. Il est vray qu'autresfois il n'estoit entendu que de là les Monts, qu'il passoit pour estranger en France, et qu'il a eu besoin de lettres de naturalité. Mais quand il seroit arrivé tout fraischement d'Italie⁶, il suffiroit que vous l'eussiés employé dans la vostre pour luy donner droit de bourgeoisie parmi nous et le légitimer, puisqu'estant le père nourricier des bien

---

ques autres qu'on m'a nommez, n'en fussent pas, ou, pour le moins, qu'ils n'y eussent point de voix deliberative. Ce seroit assez qu'ils se contentassent de donner des sièges, et de fermer et ouvrir la porte. Ils peuvent estre de l'Académie, mais en qualité de bedeaux...»

¹ Voir dans la *Gazette* du 21 février 1635 (p. 85) l'article intitulé : *Le balet du Roy où la vieille Cour et les habitans des rives de la Seine viennent danser pour les triomphes de S. M.* On y mentionne, parmi les figurants, le duc de Longueville. Les vers de Chapelain sont conservés dans le recueil de ses poésies où ils portent ce titre : *Pour M. le duc de Longueville représentant un follet, aux dames.*

² M. Livet a cité (*Histoire de l'Académie*, t. I, p. 365) le passage : *J'attends avec impatience... jusqu'à indignement.* — Parmi les lettres qui suivent celle du 25 février, et que je néglige, il en est une adressée à un M. de G..... (fol. 117), datée d'avril, où je prends ce curieux passage, déjà, du reste, cité par Camusat (*Mélanges littéraires*, p. 11) : «La philosophie ne s'accorde pas avec la marchandise, et je n'ayme pas que la fille du grand Montaigne publie qu'elle ne fait réimprimer ses *Essays* que pour honorer sa mémoire, et que néantmoins elle y cherche de l'intérest à la foulle mesme d'un bon homme [le libraire Baudouin], et qui l'a servie avec grande fidélité et grande affection. Il faut qu'elle souffre cette réprimande et que je luy reproche qu'elle n'est pas trop fille de Montaigne en ce point. Je suis néantmoins bien aise de la conclusion de ce traitté, puisque c'est une chose faitte et que vous en avés tous l'esprit en repos.» Camusat assure à tort que la lettre est adressée à Godeau : Chapelain ne met jamais de particule devant le nom de son ami et écrit d'ailleurs toujours ce nom en toutes lettres.

³ François de Faudoas, comte de Belin, baron de Milly, seigneur d'Averton, était fils du comte de Belin (Jean-François de Faudoas) qui fut gouverneur de Paris sous le règne de Henri III. François avait épousé Catherine de Thomassin, fille de René, seigneur de Montmartin et de Mirabel, chevalier de l'ordre du Roi.

⁴ *Alerte* (avec la forme à *l'airte* ou à *l'Herte*) est déjà employé par plusieurs des plus célèbres écrivains du xvi° siècle (Rabelais, Blaise de Monluc, Michel de Montaigne). Le xvii° siècle s'est peu servi de ce mot et on ne le trouve guère que dans les *Mémoires* du cardinal de Retz et dans ceux du duc de Saint-Simon.

⁵ C'est-à-dire si bon accueil, à proprement parler, si bon visage (*cara*). *Chère*, dans ce sens, a été employé par Mme de Sévigné. Balzac (lettre XXII du livre VII, p. 291, de l'in-f°) écrivait à Mme Desloges, le 6 novembre 1629 : «Je n'entreprendray point de vous remercier de la *bonne chère* que vous m'avez faite.»

⁶ *Alerte* vient de l'italien *all' erta*. Voir, à ce sujet, les excellentes explications de M. Littré (*Dictionnaire de la langue française*).

disans[1], vous pouvés bien avoir authorité sur leur langue, et que les graces qu'ils reçoivent, tous les jours, de vous méritent bien que vous traittiés en maistre chés eux et que vous y ayés des passe-droits qu'on n'accorderoit pas si facilement à tout le monde.

Je suis marri de la male nuit[2] que vous avés eu et la trouve bien plus mauvaise que ce mot que vous avés mis en question, mais je loue la vertu qui en est la cause et say que toutes les actions vertueuses doivent couster.

M. de Balzac vous attendra à dix heures[3].

LXIII.
À M. DE BALZAC.

Monsieur, on auroit tort de vous accuser de peu de modestie, puisque vous dittes mesme des injures à vos amis intimes lorsqu'ils vous parlent de vostre vertu avec sincérité et dans vos propres sentimens. Il faut que vous soyés bien ennemy de la louange puisque la vérité mesme vous passe pour flateuse, quand elle vous rend ce qu'elle vous doit, et qu'il semble qu'elle ne vous doive paroistre sincère que quand elle dissimulera vostre mérite, et qu'elle dira de vous le mal qui n'y est point. Or, Monsieur, tant que vous ferés ce que vous faittes, je feray ce que j'ay fait, je vous loueray, je vous admireray, et me laisseray cent fois accuser de flaterie, avant que de changer de méthode ni de ton. Et pleust à Dieu vous pouvoir aussi bien louer comme vous le valés et comme je le connois ! Mais vous estes malheureux que ceux qui le feroient éloquemment ne sont pas autant que moy vos amis et amis de la vérité, et que moy qui vous honore et qui suis franc, ne le saurois faire que rustiquement, et, comme ils disent, avec une lourde et grossière Minerve.

Il est vray que ce ne vous est pas un malheur de manquer de trompette, et qu'il seroit malaisé qu'aucun vous en peust servir dignement sans diminution du prix que vous mérités. Vous mesme, Monsieur, estes vostre paranymphe[4], et, sans vous louer, vous vous loués assés. Vous faittes des choses qui forcent, sinon toutes les langues, au moins toutes les consciences, à vous estimer hautement, et je n'en excepte pas mesme celle de l'envie que vous vaincrés enfin en ne l'irritant pas.

Quant à moy, je souhaitterois d'estre ce que vous monstrés de croire que je sois pour m'encourager à le devenir. J'y trouverois grand avantage et ceux de mes amis qui ne

---

[1] Le comte de Belin fut le protecteur de Mairet, de Rotrou et de beaucoup d'autres *bien disans*. Peu de grands seigneurs, au XVIIe siècle, se servirent plus noblement de leur fortune. Un érudit du Mans, M. Henri Chardon, nous promet une biographie détaillée du comte de Belin, à laquelle d'avance je renvoie en toute sécurité les lecteurs.

[2] Nous ne disons plus *male nuit*, pour mauvaise nuit, mais nous disons encore *male bête*, *malechance*, *malefaim*.

[3] Le séjour de Balzac à Paris, en 1635, ne fut pas de longue durée, car cet ami de Chapelain était encore, à la fin de février, en Angou-

mois, comme on l'a vu, et il y était déjà revenu, comme on va le voir, dès le mois d'avril.

[4] *Paranymphe* veut dire à la fois panégyrique et auteur d'un panégyrique. Voir, à ce mot, le *Dictionnaire de Trévoux* et celui de M. Littré. Dans ce dernier recueil, on trouve, sous le mot *paranymphor*, cette citation qu'il est à propos de reproduire ici, ne serait-ce que pour faire contre-poids à l'éloge démesuré appliqué par Chapelain à la modestie de Balzac : «Les louanges lui étaient bonnes, de quelque part qu'elles vinssent, et jamais il n'estoit assez *paranymphé* à sa fantaisie.» (Tallemant des Réaux, t. IV, p. 95.)

seroient pas illustres d'eux mesmes comme vous n'y perdroient rien asseurément. Mais je vous amuse au lieu de vous dire que M. vostre jeune neveu[1] m'a fait l'honneur de me voir et de me rendre vostre lettre suyvant laquelle j'ay pris la liberté de luy parler de ses exercices et de l'exhorter à la vertu, et certes je dois ce tesmoignage à la vérité qu'il me parut aussi bien né que l'on le sauroit désirer, et aussy civil que l'on le peut attendre de son aage. Sa mine, sa parole et son action me firent juger de luy très avantageusement et je ne puis croire qu'il ne réussisse quelque jour un très honneste gentilhomme[2].

Le discours que j'ay fait pour la compagnie est long et mauvais, deux conditions qui vous doivent destourner à l'exposer à une veue si délicate que la vostre[3]. C'est pourquoy j'attendray des ordres plus précis de vous pour vous l'envoyer.

Je suis, Monsieur, vostre, etc.

De Paris, ce [*en blanc*] avril 1635[4].

LXIV.

À M. DE MEZIRIAC[5],
À BOURG-EN-BRESSE.

Monsieur, si je ne vous rendois graces du beau présent que M. Faret[6] m'a fait de

---

[1] Ce jeune neveu était Bernard Patras de Campagnol (c'est ainsi que Balzac écrivait ce nom). Voir sur ce gentilhomme et sur sa famille divers passages des *Lettres de Jean Louis Guez de Balzac. Mélanges historiques*, notamment p. 461, 809, 810. Balzac, le 25 mai 1633 (lettre LIII du livre IX, p. 454 de l'in-f°), avait dit à Chapelain combien il était ravi de «la bonne opinion» qu'il avait de son neveu, ajoutant : «Nous vous demandons pour ce galand homme la continuation de vos remonstrances....»

[2] Être produit par, sortir de, ce qui est le sens propre, comme le fait remarquer M. Littré, qui cite trois phrases où Balzac, Pascal et Bossuet ont ainsi employé le mot *réussir*. Voici la phrase de Balzac (livre XX, lettre XVI) : «Si M. Chapelain est le conseil du P. Lemoine, le P. Lemoine réussira un des grands personnages du temps.»

[3] C'est le discours dont Pellisson nous parle ainsi (I, p. 765) : «Le quatorzième, de M. Chapelain, *Contre l'amour*, où par des raisons ingénieuses, dont le fond n'est pas sans solidité, il tâche d'oter à cette passion la divinité que les poëtes lui ont attribuée.» Ce discours, déjà fait en avril, ne fut lu devant la compagnie que le 6 août 1635. M. Kerviler (*Jean Chapelain*) regrette fort que ce discours, «dont le titre était peu galant de la part d'un habitué de l'hôtel de Rambouillet,» ait été perdu. Je puis rassurer le savant biographe : le discours contre l'amour nous a été conservé, et rien n'est plus facile que de le lire au département des Manuscrits de la Bibliothèque Nationale, dans le volume 12847 du fonds français, intitulé : *Œuvres diverses de Jean Chapelain* (f°⁵ 22-34). Le morceau m'a paru, comme à Chapelain lui-même, «long et mauvais.»

[4] M. Livet a reproduit les quatre lignes où Chapelain juge si peu paternellement son discours (*Histoire de l'Académie*, t. I, p. 366). — Le 27 avril 1635 (f° 115), Chapelain adressait à Boisrobert une lettre où Richelieu est comparé à un soleil dont on ne peut soutenir l'éclat. Laissons là ces phrases de rhétorique et retenons seulement la petite indication que voici : «L'assemblée a changé de lieu depuis vostre départ et M. de la Brosse m'a succédé. A ce nom vous jugés bien qu'elle a gaigné au change en toutes façons.»

[5] Claude-Gaspard Bachet, sieur de Méziriac, ou plutôt, d'après Guichenon (en son *Histoire de Bresse et de Bugey*), sieur de Meyzeria, était alors âgé de cinquante-quatre ans. Il ne devait pas tarder à mourir (26 février 1638).

[6] Nicolas Faret, qui avait alors trente-cinq ans, était de Bresse, comme Bachet, et, suivant Pellisson, ce fut avec des lettres de recommandation de ce dernier qu'il vint à Paris, où Boisrobert et quelques autres le donnèrent pour secrétaire au comte d'Harcourt.

vostre part, il n'y auroit pas seulement de l'incivilité, mais encore de l'ingratitude, et je serois devenu pour vous ce qu'on n'a jamais soupçonné que je peusse estre pour personne, je veux dire mesconnoissant. Vous recevrés donc icy le tesmoignage de mon ressentiment qui est d'autant plus grand que j'ay moins mérité la faveur que vous m'avés fait que vous, à qui je la dois, estes singulier en estime, et que le livre en son espèce se peut vanter de n'avoir point de pareil[1]. Et certes c'est une chose admirable qu'un François ait peu aller si avant dans les délicatesses de l'une et de l'autre langue qui ne luy sont point naturelles et mesme dans la poésie de ces langues, qui est un genre d'escrire auquel réussissent encore si peu de ceux qui les parlent naturellement. Mais je n'entreprens pas de vous en louer icy, et il me suffira de vous dire que ma capacité va jusqu'à connoistre que vous y excellés et que le jugement que j'en fay est aussi solide que sincère. C'est ce qui vous doit rendre extrêmement asseuré de mon service puisqu'il est fondé sur la connoissance que j'ay de ce que vous valés, et qu'il est impossible de connoistre le mérite et de cesser jamais de l'estimer, que ce n'est pas cela seulement qui m'attache à vous, et que cette belle morale dont vous faittes profession me rend bien autant vostre serviteur que tous les dons d'esprit par lesquels vous vous estes tiré du commun des hommes.

Je vous fais une déclaration d'abord, afin que vous sachiés à qui vous avés affaire et que vous preniés vos mesures avec moy. C'est que je préfère la bonté généreuse à toutes les perfections qui peuvent rendre l'homme considérable et quelle est la seule chose que je propose pour objet à mon affection, de sorte que je vous aymeray (si vous me permettés d'user de ce mot) pour ce que Mrs de Vaugelas[2] et Faret m'ont asseuré que vous estes bon, et je vous honoreray pour ce que j'ay trouvé moy mesme que vous en estes très digne. En récompense de quoy je vous demanderay que vous m'aymiés pour ce que j'ay fait estude de bonté et ne vous obligeray point à m'estimer, sachant bien qu'il n'y a rien en moy qui soit estimable. La suite du temps vous fera voir que je vous dis vray en tout. Ces M[rs], dès à présent, vous en rendront

---

[1] Claude-Gaspard Bachet avait sans doute envoyé à Chapelain les deux opuscules dont parle ainsi Pellisson (t. I, p. 129) : «On voit de luy un petit livre de poésies italiennes, où il y a des imitations des plus belles comparaisons qui sont dans les huit premiers livres de l'Enéide; un autre de poésies latines, etc.» Ces deux recueils avaient paru en 1626, le premier sous ce titre : *Rime di Claudio Gasparo Bacheto, signor di Meziriac.* In Borgo in Bressa, appresso Gioanni Tainturiero. Vol. petit in-8° de 56 pages; le second, sous ce titre : *Virginis deiparæ ad Christum filium epistola, necnon et alia quædam poëmatia (sic), authore Claudio Gaspare Bacheto, Meseriaco, Sebusiano, ad illustrissimum D. D. Guidonem Bentivolum, S. R. E. Cardinalem amplissimum. Burgi Sebusianorum, apud Joannem Tainturier,* petit in-8° de 48 pages. Les deux recueils avaient déjà paru en 1616. — Bayle (*Dictionnaire critique*) a dit de Bachet : «Il fut assez bon poëte en françois, en italien et en latin, un excellent grammairien, un grand grec, un grand critique... l'un des plus habiles hommes du xviie siècle.»

[2] Pellisson nous apprend (t. I, p. 175) que Bachet, étant à Rome en sa jeunesse, «fit quantité de vers italiens à l'envi avec M. de Vaugelas, qui s'y trouvoit aussi,» et (*ibid.*, p. 77) que le 10 décembre 1635, ce même Vaugelas fut chargé de lire devant l'Académie un discours de son ami sur la traduction. Méziriac avait dédié son édition de Diophante (Paris, 1621) au père de Vaugelas, Antoine Favre, premier président de Savoie.

tesmoignage et moy je vous le confirmeray par la promesse inviolable que je vous fais icy de demeurer éternellement, Monsieur, vostre, etc.

De Paris, ce 18 juin 1635.

LXV.
À M. DE BOISROBERT.

Monsieur, je vous rends très humbles grâces de la continuation de vostre amitié et des bons offices avec lesquels vous me maintenés dans l'esprit de Son Eminence. Vous savés si la première chose m'est chère et si j'ay intérest de me la conserver. Quant aux favorables sentimens que Monseigneur a pour moy, j'en reçois le tesmoignage avec une telle esmotion de joye que rien ne me sauroit toucher en comparaison. Mille raisons me peuvent faire souhaiter d'estre honoré de sa bienveillance. Toutesfois ma morale, qui m'attache beaucoup plus à la considération de sa haute vertu qu'à celle de sa haute puissance, me fait regarder en luy non pas les avantages que ma fortune en peut tirer, mais la consolation qui me vient de n'avoir pas dépleu à une si grande âme. Je ressens, à parler véritablement, la gloire que m'apporte son approbation et l'opinion qu'il a de ma fidélité plus que tous les ambitieux et tous les avares du monde ne goustent la possession des honneurs suprêmes et des immenses richesses. Et quoyque ses libéralités me tiennent lieu d'obligation extrême et qu'elles fussent en partie ma subsistance et ma réputation, il est vray néantmoins que je me trouve tout autrement obligé de cette petite place qu'il me donne en son estime, et surtout de la créance qu'il a de mon zèle ardent à le servir. C'est de cela principalement que mon esprit fait sa nourriture, et c'est cela proprement que j'appelle ma véritable félicité. J'espère que vous serés assés bon pour continuer à me rendre heureux par la conservation de ce thrésor, et de mon costé, je vous engage ma parole que vous n'aurés jamais sujet de me reprocher que je m'en sois rendu indigne par mon ingratitude ni par ma légèreté.

Au reste, après avoir longtemps cherché M. Faret pour luy proposer ce que vous désirés de luy touchant les nouveaux libelles de ce François dénaturé[1], je l'ay rencontré et me suis acquitté de la charge que vous m'aviés donné. Sur quoy il m'a appris qu'il vous avait satisfait sur une de vos lettres qui luy parloit de la mesme chose. Et certes, comme je loue infiniment la très juste passion que vous avés de voir les actions de Monseigneur justifiées, je ne puis aussi approuver qu'une vertu si éclatante et si reconneue que la sienne, soit remise en compromis toutes les fois qu'il plaira au plus infâme des Escrivains d'essayer à luy donner atteinte. La question n'a esté que trop agitée, et, à force d'avoir examiné toutes les calomnies de son détracteur, on a espuisé toutes les raisons qui le pouvoient

---

[1] Ce *François dénaturé* était le fameux Mathieu de Morgues, moine de Saint-Germain, sur lequel on peut voir la note 5 de la page 414 des *Mélanges historiques*. Lettres de Balzac, n° 4, note à laquelle doit être ajoutée la mention d'un *Essai sur la vie et les œuvres* de ce personnage par M. Perroud (*Annales de la Société d'agriculture, sciences, arts et commerce du Puy*), et d'un compte rendu de cet excellent travail par M. C. Jourdain (de l'Institut), dans la *Revue des Sociétés savantes* de janvier 1867 (p. 36 et 37). Quelques jours plus tard, justice fut faite du virulent pamphlétaire, comme nous l'apprend la *Gazette* du 28 juillet 1635 (p. 422) : « Ces jours passés, par arrest de la chambre de justice, Mathieu de Morgues, dit Saint-Germain, a esté ici roué en effigie pour crime de lèze majesté divine et humaine. »

combattre et convaincre de faux. Le monde est esclairci de la vérité. Nous avons gagné nostre cause devant luy, et c'est luy faire tort et à nous aussi que d'entrer de nouveau en contestation avec luy sur ce sujet.

Si nostre partie se resveille et crie contre nous, ce n'est pas qu'elle songe plus à persuader, mais seulement à parler la dernière. Si elle jette encore du venin, ce n'est plus pour infecter les esprits, mais seulement pour tesmoigner la rage qu'elle a d'avoir perdu le crédit chés les peuples et l'espérance de devenir riche en diffamant la plus glorieuse vie qui fut jamais. C'est un mastin[1] qui a esté battu et qui aboye encore en fuyant. L'ambition l'avoit autresfois poussé à s'attaquer au mérite extraordinaire de Monseigneur. Il s'estoit promis des mistres et des chappeaux en se promettant des révolutions favorables à ses mauvais désirs. Mais à présent qu'il voit combien ses funestes pronostics ont esté vains, et qu'il connoist que par force il luy faut renoncer à ses prétentions insolentes, il console au moins sa douleur par l'imagination qu'on le considèrera chés les ennemis de cette Couronne en qualité de grand ennemy du grand Cardinal de Richelieu. Il cherche désormais son seul avantage dans la gloire qu'il peut tirer d'une si illustre inimitié. Il veut bien désormais passer pour desconfit à condition qu'on l'avoue pour adversaire. Il repaist désormais sa vanité de la cause de sa deffaitte et ne travaille plus qu'à faire connoistre qu'il a eu assés d'audace pour entreprendre une haute meschanceté, et assés d'artifice pour se rendre formidable à la vertu mesme. Je me puis tromper dans mes sentimens, mais si je méritois d'en estre creu, on ne repartiroit plus aux injures de cet imposteur, tant pour ne pas s'obliger à redire inutilement les mesmes choses sur les mesmes faussetés, que pour ne pas nourrir son orgueil, en luy monstrant qu'on le juge digne d'une colère généreuse. Je ne luy respondrois plus que par le silence, et luy donnerois la punition du mespris, en attendant celle de la corde qui sera assés infâme pour luy, si elle n'est pas assés douloureuse[2].

Que si l'art des conjectures n'est point faux entièrement sur les dernières résolutions qui ont esté prises pour la Flandre, j'oserois vous asseurer que Monseigneur n'est pas éloigné de mon sens, et qu'il souffrira plutost qu'un bourreau luy face raison de cette teste monstrueuse que de permettre à aucune des plumes qui sont à son service de le vanger des crimes que sa langue et sa plume ont commis contre luy, et il aimera beaucoup mieux que ses serviteurs, en descrivant ses rares actions et chantant ses qualités admirables, apprennent tous seuls aux siècles à venir la vérité de son histoire, que de souffrir qu'ils en souillent la beauté, la mettant en parallèle avec les mensonges et les impostures du démon qui l'a voulu corrompre.

---

[1] Chapelain écrit *mastin* comme on l'écrivait au XIIIe siècle, comme l'ont encore écrit après lui plusieurs poëtes et prosateurs; notamment La Fontaine.

[2] Richelieu, si Boisrobert lui montra cette lettre, dut être content de l'énergique indignation que fait éclater ici Chapelain contre le plus insolent de tous les diffamateurs. Ce qui ajoute encore à la honte de Mathieu de Morgues, c'est qu'il avait été auprès de Richelieu un plat solliciteur, un vil adulateur, avant de le calomnier avec tant de rage. Voir, dans le *Bulletin du Bouquiniste* du 1er janvier 1873, une *Lettre inédite de Mathieu de Morgues* écrite à Charpentier, le secrétaire du Cardinal, le 7 octobre 1629, et où il le prie de lui faire obtenir de son maître un prieuré dans le Velay, «pour comble de tous les bienfaits receus de sa bonté.»

Vous pardonnerés, s'il vous plaist, à ma longueur et userés de cecy selon vostre amitié et vostre prudence. M. Godeau a seu que vous n'aviés pas improuvé sa résolution[1] et vous a obligation de son souvenir. Il est tout spirituel à présent mesme par le corps et les habits. Vous ne luy verrés plus ni cheveux ni barbe ni colet. C'est une bonne et sainte âme qui s'est mise dans le repos où elle se souhaittoit il y a long temps.

Je vous baise les mains de tout mon cœur et suis, comme tousjours, Monsieur, vostre, etc.

De Paris, ce 6 juin 1635.

LXVI.

À M. DE CORBEVILLE[2],

MESTRE DE CAMP DES CARABINS DE PARIS, À L'ARMÉE DE CHAMPAGNE.

Monsieur, il suffiroit de vous importuner d'une médiocre Poésie sans l'accompagner d'une mauvaise Prose, et courre fortune, quand vous les aurés bien considéré toutes deux, de me voir condamné à ne jamais escrire ni en l'une ni en l'autre. Toutesfois je suis obligé par mon devoir à vous envoyer ces Vers et par ma parole à ne les pas laisser aller sans un mot de ma main, du moins afin que vous sachiés que c'est moy qui vous les addresse, et je me résous d'autant plus hardiment à vous faire ce malheureux petit présent, que je say que vous y verrés avec plaisir les corrections que vous y avés fait, et que vous aurés assés de charité pour remarquer encore ce qui vous y choque, et ce qui s'y doit changer. C'est de quoy je vous conjure, Monsieur, et de trouver bon que Mrs Arnaud et Le Maistre en jugent après vous et vous aydent à me condamner[3].

Il y a dans vostre paquet un exemplaire de ce petit ouvrage pour chacun d'eux, afin qu'ils le puyssent examiner à loysir et vous en raporter leurs sentimens. Ce que vous ordonnerés sera suivi de point en point, et je ne penseray avoir réussi qu'aux lieux que vous estimerés supportables.

Je suis, Monsieur, vostre, etc.

De Paris, ce 24 juin 1635[4].

---

[1] La résolution d'embrasser l'état ecclésiastique.

[2] M. de Corbeville n'était autre que Pierre Arnauld, le maistre de camp général des carabiniers, dont il a été déjà plusieurs fois fait mention en cette correspondance. M. P. Paris dit, dans son *Commentaire des Historiettes* (t. III, p. 95) : "Corbeville, maison dont Pierre Arnauld avait ajouté le nom au sien, est un endroit délicieux, situé près de Port-Royal, à cinq lieues de Paris et au-dessus d'Orsay."

[3] Tous les membres de la famille Arnauld furent-ils donc les réviseurs des poésies de Chapelain ? Nous en connaissons déjà deux : Arnauld d'Andilly et Arnauld de Corbeville. Tallemant des Réaux ajoute le nom du docteur Antoine Arnauld (*Historiettes*, t. III, p. 266).

[4] Le 1er juillet 1635 Chapelain (f° 123) informait ainsi le marquis de Gesvres (alors en Hollande) du choix qui venait d'être fait du cardinal de la Valette : « Depuis vostre partement le Cardinal à qui vous escrivistes si civilement et si cavalièrement est en cette Cour accreu de la charge de général que vous lui avés prédit par vostre lettre. Ses Mareschaux de camp sont M[rs] le viconte de Turenne et le comte de Guiche. » Voir la *Gazette* du 7 juillet (p. 384). — Le 14 juillet (f° 124) Chapelain écrivait à M. Le Roy, secrétaire de M. Servient : « Je vous diray que je ne vous iray point voir les mains vuides et que je vous porteray trois pages de divertissement pour vous et M. de Lionne que j'honore de tout mon cœur, et la bienveillance duquel me tient lieu d'une bonne fortune. Au reste la presse de vos affaires et le respect que je leur porte m'empescha dernièrement de vous tesmoigner à l'un et à l'autre à quel point la

LXVII.
À M. L'ABBÉ DE BOURZEYS.

Monsieur, j'ay leu avec attention vostre consulte sur la fameuse question de ce temps[1], et je vous avoue que j'ay esté convaincu de vos raisons, et d'autant plus facilement que j'ay tousjours creu comme vous que *Summa lex* estoit celle qui regardoit le bien public, l'intérest duquel doit à mon avis faire cesser tous les autres. C'est une bonne et solide politique que vous appuyés judicieusement et heureusement du droit ancien de la théologie de tous les temps, de la favorable explication des conciles qui sembloient faire contre, et d'exemples illustres qui me paroissent mesme chose avec celuy dont il s'agit. Je laisse la moindre louange que vous y avés qui est la diction, laquelle est très pure et à toute la partie de l'Éloquence que ce genre d'escrire peut souffrir.

Il me resteroit pour mon parfait contentement d'en pouvoir avoir une copie à moy afin de soulager ma mémoire qui me trahit souvent et me fait souvent laisser la raison sans défense[2]. Si cela se peut sans conséquence, je m'en sentiray très obligé. J'entends néantmoins en cela ne vous faire aucune violence, et cependant je vous rends graces de la faveur que j'ay receue de vostre courtoisie, et demeure, Monsieur, vostre, etc.

De Paris, ce 18 juillet 1635.

LXVIII.
AU MARQUIS DE GESVRES,
EN HOLLANDE.

Monsieur, M. de Belin sort de céans[3] et me vient de rendre la vie que la fausse nouvelle de vostre mort m'avoit fait haïr, depuis deux jours qu'on vous tenoit pour perdu. J'ay apris de luy que vous aviés eschappé le plus grand péril que vous ayés jamais couru, et non pas sans y avoir laissé un assés bon nombre des vostres, outre vostre équipage, lequel, ayant esté vendu publiquement dans Anvers, avoit fait croire icy que vous estiés demeuré dans le combat où la partie estoit si inégale entre vous et les ennemis. C'est une chose estrange de l'exercice que la fortune vous donne et que ce qui aux autres n'est que voyage à vous soit batailles et que vous ayés

---

déclaration du Roy composée par M. de Servient m'a ravi. Elle a passé partout avec justice pour un chef-d'œuvre, et à moy elle m'a semblé une pièce que l'on pouvoit opposer à tout ce qu'en ce genre l'Antiquité a jamais produit de plus beau. » La pièce tant vantée par Chapelain est la déclaration de guerre contre l'Espagne, datée de Château-Thierry, 6 juin 1635, et où étaient exposés les différents motifs qui avaient engagé le roi à prendre les armes. Voir le *Mercure françois* (t. XX, p. 935).

[1] L'abbé de Bourzeys mit successivement son habile plume de polémiste soit religieux, soit politique, au service du cardinal de Richelieu, du cardinal Mazarin et de Colbert. Le traité dont Chapelain s'occupe ici roulait sur la question de la nullité du mariage clandestin du duc d'Orléans avec la sœur du duc de Lorraine, la princesse de Phaltzbourg, question qui pour tous n'avait pas été résolue par l'arrêt du parlement de Paris (5 septembre 1634) déclarant ce mariage non valablement contracté.

[2] Le traité de l'abbé de Bourzeys ne paraît pas avoir été imprimé et je n'en ai rencontré aucune copie parmi les nombreux recueils manuscrits de l'époque de Louis XIII qu'il m'a été donné de feuilleter à la Bibliothèque Nationale.

[3] S'agit-il du comte de Belin mentionné dans la lettre LXII, ou bien de son fils, Emmanuel de Faudoas, qui fut comte de Belin après la mort de son père et qui avait épousé, le 27 juillet 1633, Louise-Henriette Potier, fille de René Potier, comte, puis duc de Tresmes?

à gagner la terre pied à pied seulement pour arriver au lieu où l'on se bat. Il faudroit estre bien injuste pour vous envier l'honneur que vous acheptés si chèrement et pour ne vous préparer que de médiocres louanges. La fortune qui veut faire de vous quelque chose d'extraordinaire vous esprouve par toutes voyes et ne manque point d'occasion à vous taster pour reconnoistre jusqu'où vostre cœur peut aller, et, après, vous prodiguer toutes ses grâces. Depuis le siège de Mastricht elle vous a tenu continuellement en haleine, et lorsque les ennemis ou vous manquoient, ou n'estoient pas dignes de vostre colère, elle a adjousté les maladies aux fatigues et aux blessures, sans doute pour faire voir au monde que le bien qu'elle vous destine ne sera pas possédé de vous sans l'avoir mérité.

Mais vous avés désormais assés fait pour vostre gloire, et ce que vous allés faire maintenant est une superfluité de laquelle vous vous pourriés bien passer. Je say bien que vostre générosité est choquée de ce discours, et néantmoins il faut que je vous die qu'il seroit insupportable qu'une vie, aussy pleine d'honneur qu'est desja la vostre, se hazardast à l'avenir aussi librement que celles qui n'ont encore rien d'acquis. Mais je veux croire pour le repos de mon esprit que tous les accidens sont passés pour vous et que le temps que vous allés donner au Prince d'Orange sera aussi bien sans danger que sans nécessité, en un mot, que je travailleray plustost vostre panégyrique que vostre épitaphe, lequel ce fascheux bruit m'avoit fait méditer et que j'eusse composé sans doute aussy tost que la douleur m'eust laissé respirer, si nous n'eussions point receu de meilleures nouvelles de vous. Au reste je ne croy pas que vous m'aymiés si peu que de ne m'en point mander durant vostre séjour dans ces armées. Vostre parole y est engagée, et la coustume que vous y avés prise vous en rendra la peine plus douce, considérant mesmement de quelle sorte je m'en say obliger.

Vous avés esté fort plaint dans cette Court et [l'on] prit grand soin d'empescher que l'on ne dist ce malheur à M. le comte de Tresme jusques à un plus grand esclaircissement. On faisoit M. Du Fay mort avec vous [1] et je vous ose asseurer que s'il eust passé en vostre compagnie, il fust de bon cœur mort pour vous. Mais je vous ennuye : vous me le pardonnerés et me croirés tousjours, si vous me faittes justice, Monsieur, vostre, etc.

De Paris, ce 19 juillet 1635 [2].

LXIX.

AU COMTE DE GUICHE,
À L'ARMÉE D'ALSACE.

Monsieur, les termes dont M. d'Andilly m'a tesmoigné que vous parliés de moy m'a levé (sic) le scrupule que je faisois de vous escrire de peur de vous desrober quelqu'un de ces précieux momens que vous avés tous consacrés au service du Roy et à vostre propre gloire. Il m'a semblé que si vous daignés bien divertir vostre esprit de vos oc-

---

[1] François Le Hardy, sieur du Fay, était le second fils de Sébastien Le Hardy, sieur de la Trousse, grand prévôt de France. Le 28 juillet 1635, Chapelain (f° 125) écrit à M. de Lyonne, protecteur de M. du Fay, une lettre dans laquelle il parle affectueusement de son ancien élève.

[2] Le 28 juillet 1635, Chapelain (f° 128) parle ainsi au marquis de Gesvres de ses alarmes : «Au reste je ne suis pas encore bien remis du péril extrême que vous courustes à vostre arrivée en Hollande. Il me semble que je vous vois encore enveloppé d'ennemis au milieu de leurs morts et des vostres, et j'ay peine à croire qu'avec tout vostre courage et toutte vostre conduite vous vous en soyés peu eschapper...»

cupations illustres pour vous entretenir de la passion que vostre mérite m'a donné, vous pourriés bien aussi vous dispenser quelques instans de ce continuel attachement que vous avés à vos emplois pour me voir de temps en temps renouveler sur le papier les asseurances de mon zèle que vous avés eu plusieurs fois de ma bouche, et je l'ay d'autant plus espéré lorsque, par les derniers avis qui nous sont venus, d'où vous estes, j'ay appris que, bien que vous soyés tousjours victorieux, vous n'avés pas tousjours besoin de combattre pour l'estre, et qu'il vous suffit quelquefois, pour mettre les ennemis en fuitte, qu'ils sachent que vous estes en estat et en volonté de les aller attaquer.

La levée du siège de Caseloutre[1], effet signalé de vostre simple desmarche vers le formidable Galas[2], monstre bien que vostre réputation fait puissamment la guerre toute seule, et qu'au milieu de vos bons succès elle vous laisse encore du loysir pour penser encore à d'autres choses, si vous le voulés. Que si la suite respond à ce commencement, comme je n'en doute point, la France reconnoistra pourquoy nos armes n'ont pas tant prospéré du costé de la Flandre[3] et excusera les gens de cœur qui y sont entrés assés inutilement sur la disposition de la fatalité qui vous avoit réservé du costé du Rhin tout l'honneur que nous devons acquérir contre la Maison d'Autriche. C'est ce que je sou-haitte ardemment pour l'amour de vous et que je croy par avance, jouissant desja du contentement que tout le monde en ressentira lorsque vostre valeur et vostre conduite l'auront mis en exécution, et cependant, pour ne pas abuser de vostre patience, je vous protesteray seulement que de tous vos serviteurs je suis le plus humble et le plus passionné.

De Paris, ce 25 juillet 1635.

LXX.

À M. DE SALES,

À L'ARMÉE DE M. DE LA FORCE, EN LORRAINE.

Monsieur, je ne veux pas faire ce tort à vostre douleur de croire qu'elle soit consolable par de beaux discours, ni qu'elle soit capable de prendre de douces paroles en payement de ce que vous avés perdu à la mort de M. vostre frère[4]. Si ceux qui n'avoient autre attachement à luy que de service et d'affection ne sauroient penser sans frémissement au malheur qui luy a fait quitter le monde, il y a apparence qu'une personne comme vous, que la nature luy avoit de plus unie par un lien si estroit et en un degré si proche, n'en sentira pas la privation ainsi que d'une chose dont la perte luy soit aisée à supporter. Vous ne dirés point asseurément que vous saviés bien que Dieu

---

[1] C'est la ville d'Allemagne (Kaiserslautern, chef-lieu de district de la Bavière Rhénane, à 50 kilomètres N. O. de Spire) que le marquis de Monglat (*Mémoires*) appelle *Keiserloutre* et que le cardinal de Richelieu (*Recueil* de M. Avenel, t. V, p. 927) appelle *Queserloutre*. Au moment où Chapelain félicitait le comte de Guiche d'avoir fait lever le siége de cette place, elle avait déjà été prise et saccagée. Ce qui est vrai et ce qui a pu causer quelque confusion dans l'esprit de Chapelain, c'est que, peu de jours après cet événement, le 22 juillet, l'ennemi fut obligé par l'armée du cardinal de la Valette de lever le siége de Deux-Ponts.

[2] Le comte Mathias de Galas, après avoir été le plus habile des lieutenants de Wallenstein, était devenu son successeur dans le commandement général de l'armée impériale.

[3] L'armée franco-hollandaise venait d'être obligée de lever le siège de Louvain (5 juillet).

[4] Hector de Sainte-Maure avait été mortellement blessé au combat de Bormio (juillet 1635) «d'un coup de pierre à la teste», selon Tallemant des Réaux (*Historiettes*, t. II, p. 571).

l'avoit fait mortel[1], et n'affecterés point la gloire d'une constance stoïque dans un accident qui vous doit tant toucher que celuy-cy. Vous reserverés le secours de vostre philosophie pour les maux que la fortune vous peut préparer dans le reste de vostre âge, et qui vous troubleront moins pour ce qu'ils ne regarderont que vous, et qu'il y a autant de courage à soustenir les malheurs qui nous assaillent, que d'insensibilité à n'estre pas esmeus de ceux que nous voyons tomber sur nos amis.

Je say bien que nous ne l'avons pas perdu tout entier, qu'il nous a laissé de luy une réputation qui ne vaut pas moins que sa vie[2] et qu'il vit encore dans la mémoire des hommes par la meilleure partie de soy. Mais c'est de cela mesme que nous pouvons tirer occasion de nous affliger davantage puisque nous ne le plaignions que parce qu'il avoit cette réputation, au lieu que nous le regretterions beaucoup moins, s'il eust eu moins de mérite et qu'il fust demeuré dans l'obscurité. Et si cela ne passe pas pour une raison de nostre perpétuelle douleur, du moins ne nous peut-on nier que nous ne perdions par cette mort précipitée tous les beaux effets que son courage eust produit à l'avenir.

Vous voyés comme je suis mauvais consolateur, et comme je manie rudement vostre playe. Mais je vous avoue que je ne vous escris pas pour l'adoucir et que je penserois trahir l'affection que j'avois pour Monsieur vostre frère si, estant obligé de vous parler de sa mort, je vous dissimulois ce que j'en pense et diminuois de la vérité pour vous diminuer vostre ressentiment, qui me semble si juste que je me le rends commun avec vous et croy que, s'il n'est pas en nostre pouvoir de redonner la vie à Monsieur vostre frère, nous devons au moins faire ce que nous pouvons qui est de le plaindre éternellement. Et je ne say pourquoy nous voudrions bien nous souvenir tousjours des choses dont la possession nous auroit donné du plaisir, et perdre la mémoire de celles dont la perte nous auroit donné de la peine. La douleur est aymable lorsqu'elle nous est causée par la privation des choses aymables, ou, si elle n'est pas aymable, du moins est-elle raisonnable, et ce n'est pas sçavoir aymer que de ne la pas toujours conserver. Mes maximes ne me permettent pas de croire autrement ni de vous conseiller d'autre sorte, principalement estant, comme je suis, Monsieur, vostre, etc.

De Paris, ce 15 aoust 1635.

LXXI.

À M. LE MARQUIS DE GESVRES,
EN HOLLANDE.

Monsieur, je ne puis que vous plaindre infiniment de voir un courage comme le vostre réduit à la deffensive par le malheur ou la négligence des Hollandois, lesquels n'avoient garde de faire des progrès sur l'Espagnol puisqu'ils n'estoient pas capables de conserver leurs propres terres[3]. Les

---

[1] Allusion au mot de ce philosophe de l'antiquité auquel on annonçait la mort de ses enfants : « Je savais que je les avais engendrés mortels. » Diogène de Laërte (*Vies et doctrines des philosophes*, l. II, ch. III) met ce mot odieux dans la bouche d'Anaxagore, mais il a soin d'ajouter que d'autres l'attribuent soit à Solon, soit à Xénophon.

[2] « La mort du marquis de Montauzier fut regardée comme une perte très-considérable, » dit le P. Griffet (*Histoire du règne de Louis XIII*, in-4°, t. II, p. 648).

[3] Le 8 février 1635, avait été signé un traité entre la France et la Hollande au sujet du futur partage des Pays-Bas espagnols, mais par la faute des Français, selon les Hollandais, ou par la faute

choses estant tournées de cette sorte, et le Pays-Bas estant désormais un champ si peu digne de vostre vertu, ce ne vous est pas un petit désavantage d'y estre engagé, ni à nous un médiocre desplaisir de vous savoir en un lieu où il y a beaucoup de peine et de péril pour vous et peu d'espérance de gloire. Vostre employ, pour estre raisonnable, devroit estre en l'exercice de vostre charge auprès du Roy[1], ou quelque commandement d'importance dans l'armée qu'il forme à dessein de l'opposer au Duc Charles, où il doit estre en personne. Et je vous avoue que, depuis vostre départ, et ce qui est arrivé à nostre parti en Flandres, je vous ay plusieurs fois souhaitté de deçà, et ay regretté les glorieux hazards que vous y avés courus inutilement.

Toutesfois j'ay si avantageuse opinion de vous que je ne désespère pas de vous voir couvert de gloire au milieu de la mauvaise fortune. Vos actions seront d'autant plus esclatantes qu'elles se trouveront environnées d'incommodités. Et comme ceux qui s'en sont revenus d'où vous estes vous ont laissé toute la peine qu'ils devoient partager avec vous, ils vous ont aussi laissé tout l'honneur auquel ils eussent peu prendre part aussi bien que vous. Cette pensée me console en quelque sorte de vostre esloignement et des travaux continuels que vous souffrés. Quand vos bons succès auront confirmé ma prédiction, ma consolation sera entière, et nul autre desplaisir ne sera capable de me toucher.

Je suis, Monsieur, vostre, etc.

De Paris, ce 16 septembre 1635.

LXXII.

À M. LE COMTE DE GUICHE,
À L'ARMÉE DANS LE MESSIN.

Monsieur, pour m'obliger à vous tesmoigner une extrême joye, il me suffiroit d'avoir appris vostre retour d'un lieu où vraysemblablement on jugeoit que vous demeureriés, et vous ne m'importés pas si peu que je ne me deusse resjouir que médiocrement à l'avis que, contre nos're espérance, nous avons eu de vostre conservation. Mais lorsqu'à l'asseurance de vostre santé j'ay veu jointe celle de vostre gloire, et que j'ay creu que, non seulement vous aviés empesché l'armée de Galas de ruiner la vostre, mais encore que vous luy aviés donné trois rudes atteintes pour la faire penser elle mesme à sa seureté, je vous avoue que mon ravissement a esté extraordinaire et que j'ay creu ne devoir pas tarder un moment à vous l'escrire[2].

Il est vray que, bien que ce succès ait surpris la plus part des hommes, on ne devoit pas néantmoins attendre autre chose de vous, dont la conduitte et le cœur ont paru en tant de lieux et tant de rencontres. Pour moy, ayant depuis médité sur vostre retraite si glorieuse[3], je me suis persuadé aisément que vous l'aviés fait par eslection

---

des Hollandais, selon les Français, il fallut renoncer à une conquête qui semblait d'abord assurée.

[1] Le marquis de Gesvres était capitaine des gardes du corps de Louis XIII.

[2] Voir sur la lutte entre les deux généraux les *Mémoires* du maréchal de Gramont (édition de 1716, t. I, p. 43 et suivantes). On y lit que « le comte de Guiche fit échouer Galas dans ses deux entreprises, à sa grande douleur, car c'étoit un coup de partie, mais aussi à la grande satisfaction du comte de Guiche, qui reçut bien des louanges de toute l'armée. »

[3] Voir sur cette retraite les mêmes *Mémoires* (p. 50 et 51). Il y est encore question de la *douleur* de Galas : « Galas, outré de douleur de se voir pris pour dupe, le suivit avec quatre mille chevaux, mais inutilement. »

plustost que par nécessité. J'ay pensé que n'ayant peu engager les Impériaux à donner la bataille, lorsque vous les poussiés devant vous vers le Rhin, ni depuis mesme que vous l'eustes passé après eux pour la leur présenter au milieu de tous leurs avantages, vous aviés pris pour dernier parti de faire paroistre de la foiblesse et vous retirer afin de l'attirer à la campagne et luy donner assés de hardiesse pour se laisser aborder.

Je ne sçay pas si ma conjecture est vraye, mais je sçay bien qu'elle est raisonnable, et que l'événement l'a semblé confirmer. Il me resteroit pour ma pleine satisfaction d'estre capable d'en parler assés hautement et de pouvoir aussi bien exprimer aux autres la grandeur de cette action, que je vous puis bien dire à vous la grandeur du contentement qu'elle m'a apporté, outre que je ferois voir soigneusement la part et le mérite que vous y avés eu. Je contenterois encore l'envie que j'ay depuis si long temps de donner au monde quelque marque de la haute estime en laquelle j'ay les rares et singulières vertus de Mgr le cardinal de la Valette, et à Son Em^{ce} un essay du zèle passionné que j'ay pour sa réputation et pour son service. Mais c'est une entreprise qui surpasse mes forces et qui est réservée pour de plus heureux que moy qui n'ay point de plus grande ambition que d'estre creu de vous, Monsieur, vostre, etc.

De Paris, ce 8 octobre 1635 [1].

LXXIII.
À M. D'ANDILLY,
À POMPONNE.

Monsieur, je ne vous escris pas pour contredire la juste douleur que la mort de Mme de la Boderie vous a causé [2], mais pour vous tesmoigner celle que j'en ressens plus grande sans doute que je ne vous la puis exprimer. Et certes sans luy appartenir d'aussy près que vous faisiés, ni estre autant son serviteur que je l'estois, il suffit d'avoir eu connoissance de sa vertu et de son mérite pour regretter extrêmement cette perte et la conter entre les plus notables qu'eust peu faire ce siècle. La consolation vous en doit venir de Dieu que vous regardés entre toutes les occurences de vostre

---

[1] Je ne reproduis pas une longue lettre, ou plutôt une longue dissertation, adressée, le 24 novembre 1635, par Chapelain à l'abbé de Boisrobert. En voici seulement l'exorde : « Je dois à vostre seule amitié l'opinion que vous avés donné à Monseigneur que je peusse dire quelque chose de raisonnable sur la légèreté des François à la guerre, car dans la rigueur de vostre jugement vous sçaviés bien que vous auriés esté obligé de rendre tesmoignage du contraire et de ne jamais louer auprès de Son Em^{ce} que l'amour que j'ay pour la vertu et la vénération en laquelle j'ay ses conditions véritablement plus qu'humaines... » Chapelain cherche surtout à prouver que si le soldat se montre si peu constant, si peu solide, c'est parce qu'il regrette le bien-être dont il jouissoit chez luy : « Ce qui cause cette aliénation de la guerre dans les esprits françois, est la commodité que les soldats se souviennent d'avoir laissée dans leurs provinces, en comparaison des incommodités que la guerre la plus douce a inévitablement avec soy. Car il y a grande apparence que si la France estoit réduitte par quelque insigne malheur, dont la bonté divine et la prudence de Son Em^{ce} la préserveront, à la misère et à la désolation où sont l'Espagne et l'Allemagne, et que les soldats ne creussent pas estre mieux dans leurs villages qu'à la veue de l'ennemy, ils ne se desbanderoient pas plus que les trouppes du parti contraire. »

[2] C'était la femme d'Antoine Le Fèvre de la Boderie, lequel fut ambassadeur de France en Angleterre sous Henri IV et sous Louis XIII. Elle était fille de M. Le Prevost, seigneur de Grandville, contrôleur général des finances.

vie, et qui ne vous manquera pas en celle-cy. Cependant ce ne vous est pas un médiocre avantage de vous être rencontré près d'elle en ce dernier combat, de luy avoir peu rendre les derniers devoirs, et d'avoir peu recueillir ses dernières paroles et ses derniers souspirs lorsqu'elle a quitté ce monde.

Je plains Mᵐᵉ d'Andilly[1] encore plus que vous dans cette séparation, laquelle lui doit estre d'autant plus sensible que, depuis sa naissance, elle avoit tousjours vescu sous son aisle et ne l'avoit non plus abandonné de la veue que du penser. C'est pourquoy vous estes obligé de réprimer ou de couvrir vostre ressentiment et de vous servir de toute vostre sagesse pour la fortifier dans cette affliction et la luy rendre plus légère. Surtout mesnagés vostre santé qui n'est desja pas très bonne et par la desplaisance[2] qu'apportent de semblables douleurs ne nous faittes pas craindre de perdre quelque chose de plus important pour nous encore que Mᵐᵉ de la Boderie.

Je prie Dieu qu'il vous conserve et suis, Monsieur, vostre, etc.

Paris, ce [en blanc] novembre 1633.

LXXIV.
À M. DE BALZAC,
à BALZAC.

Monsieur, je ne vous escris plus par civilité, mais seulement dans la rencontre de vos affaires et des miennes, et toutesfois je n'appréhende pas que vous m'en estimiés moins ardent à vous honnorer, ni plus négligent aux choses qui vous touchent. La liberté dont j'use en cela est un privilége acquis aux personnes occupées et qui porte tousjours son excuse avec soy. Elle mesme me rend équitable envers mes amis, et m'empesche d'interpréter les discontinuations de nostre commerce à leur désavantage ni au mien. Je ne voy point que pour ne me donner pas réglement de leurs lettres, ils oublient l'affection qu'ils m'ont promise, ni qu'à l'occasion ils me manquassent de tesmoignages de leur amitié.

Nous avions espéré de vous voir icy au commencement de cette année, mais, depuis, M. Du Breton[3] nous en a désespéré. Il se fust bien passé[4] de nous oster l'imagination de cette joye. Nous eussions au moins jouy de ce fantosme agréable, et n'eussions eu, durant ce temps, que la moitié de la peine que nous donne vostre éloignement.

J'ay appris que vos lettres sont achevées d'imprimer[5], et vous en augure un grand accroissement de gloire. Cependant je suis obligé de vous dire qu'en l'une de celles qui s'addressent à nostre ami M. Le Maistre, il y a un trait qu'il désire avec passion qui en soit osté, non pas qu'il ne le juge digne de vous et qu'il le croye indigne de luy, le considérant en soy, mais parce qu'ayant beaucoup d'envieux et de jaloux qui veillent sur toutes les occasions de luy nuire, il sçait asseurément qu'ils en prendroient avantage contre luy. Le lieu est celuy où vous dittes, en le louant, qu'il est cet adolescent illustre

---

[1] Arnaud d'Andilly avait épousé, en 1613, la fille unique d'Antoine Le Fèvre de la Boderie, alors âgée de quatorze ans, laquelle lui apporta en dot les terres de Pomponne et de la Briotte. Voir ce que d'Andilly, à l'occasion de son mariage, dit dans ses *Mémoires* (édition de Hambourg, 1734, p. 94-104), de sa belle-mère, de son beau-père, de sa propre femme, etc.

[2] Au XVIIᵉ siècle, M. Littré n'a trouvé que dans Bourdaloue le mot *déplaisance*, souvent employé, au siècle précédent, par Amyot, Marot et Montaigne.

[3] Personnage déjà mentionné dans la lettre X.

[4] C'est-à-dire : il aurait bien dû se dispenser de, etc.

[5] C'est le recueil déjà mentionné : *Lettres de M. de Balzac. Seconde partie* (Paris, Pierre Rocolet, 1636, 2 vol. in-8°).

que les Pères, etc.[1] Et quoyque cela soit innocent et en quelque sorte glorieux pour luy, estant pris dans vostre intention, néantmoins dans la malice de ses ennemis il est certain qu'il peut estre tiré à un sens de mauvaise raillerie, laquelle il sera bien aise d'éviter. Il vous prie donc avec instance que, devant la publication du volume, cet endroit soit changé en cette sorte, ou plustost dans ce sens, qu'il est cet orateur nouveau que les Pères, etc. Un carton en fera l'office et luy mettra l'esprit en repos de ce costé là. Il vous en escrit avec inquiétude, mais je l'ay asseuré que vous feriés beaucoup plus pour sa satisfaction, et qu'il en dormist *in utramque aurem*. Que s'il estoit besoin de vous le persuader par de nouvelles prières, je joindrois icy les miennes très humbles et vous en conjurerois par toute l'amitié que vous me portés. Mais il suffira, comme je croy, de vous dire que son sentiment est celuy de toute sa famille où vous estes singulièrement honoré et que vous ne voudriés pas choquer pour une parole. Il a présenté, depuis quinze jours, M. le Chancelier au Parlement avec un merveilleux applaudissement[2]. Dans le commencement du mois prochain nous vous envoyerons la copie de son action pour la juger et la rendre véritablement bonne par le sceau de vostre approbation, ou l'[   ] de vostre correction[3].

Cependant je vous protesteray que je suis tousjours, Monsieur, vostre, etc.[4]

De Paris, ce 18 janvier 1636.

LXXV.
À M. DE BALZAC,
À BALZAC.

Monsieur, je vous eusse respondu dès l'autre semaine si je n'eusse point attendu la response de M. Le Maistre, laquelle à peine a il peu trouver le loysir de faire en tous ces huit jours à cause de l'occupation que luy donne la seconde présentation qu'il doit faire mardy de M. le Chancelier au Grand Conseil[5]. Dans cet empressement il vous respond au plus nécessaire de vostre belle

---

[1] Ce passage ne se retrouve dans aucune des quatre lettres à M. Le Maistre, avocat au parlement, qui ont été insérées dans le Ier volume des *OEuvres complètes*, 1665, pages 201, 249, 251, 252.

[2] Ce fut le 10 janvier que cette présentation fut faite. On lit dans le *Dictionnaire* de Moréri, au mot *Maistre* (Antoine Le): «M. Séguier le choisit, lorsqu'il n'avoit que vingt-cinq ans, pour présenter au Parlement ses lettres de chancelier de France. Cette action lui réussit extraordinairement...» M. R. Kerviler (*Le chancelier Pierre Séguier*, 1874, p. 65) reproduit les éloges donnés aux harangues de Le Maistre par François Duchesne (*Histoire des gardes des sceaux et chanceliers de France*) et par Charles Perrault (*Hommes illustres*), et il cite (p. 66-72) quelques fragments de ces harangues.

[3] Je m'étais d'abord demandé si dans le vide inexplicable laissé par Chapelain il ne faudrait pas lire un mot qui aurait été le pendant de la métaphore du *sceau* et reconstituer ainsi la phrase : ou *la lime* de vostre correction. Mais comme au lieu de *la*, on lit distinctement l', cette conjecture peut être abandonnée.

[4] Voir la réponse de Balzac dans l'in-fol. de 1665, p. 729 (lettre XVIII du livre XVII). Cette réponse, qui porte la fausse date du *14 octobre* 1636, doit avoir été écrite vers le *30 janvier* de la même année. La réponse de Balzac à la lettre d'Ant. Le Maistre dont Chapelain lui annonçait l'envoi est la XIXe du même livre, p. 730. Datée du *14 octobre*, comme la précédente, elle est en réalité de la fin de janvier. Les éditeurs des *OEuvres complètes* de Balzac ont oublié de faire remarquer que cette lettre n° XIX n'est pas adressée à Chapelain, comme toutes les autres lettres du même livre.

[5] Les lettres de provision du nouveau chancelier furent enregistrées au Grand Conseil le 19 février.

lettre, vous remerciant de la complaisance que vous avés eu pour luy, en ordonnant la suppression de ce mot d'adolescent qui luy avoit fait scrupule et d'autant que ce scrupule est véritablement de luy, j'ay reconnu dans son discours qu'il le croioit raisonnable sur ce que ce terme en nostre langue ne se met plus, et ne se dit qu'en façon de parler ironique[1], dont il est bien aise, sous vostre bon plaisir, de se sauver, avouant au reste que, dans la signification latine, il luy seroit trop glorieux que vous eussiés parlé de luy de la sorte, comme celuy qui sçait jusqu'où s'estend chez les Romains les bornes de l'adolescence[2], et qui se souvient que Cicéron, en quelque lieu, se vante d'avoir sauvé la République encore adolescent[3]. Cependant il vous rend grâces de vostre bonté et attend occasion de se ressentir de la faveur que vous luy avés fait. Pour mon regard je ne prens point connoissance dans cet aimable différent, qui est innocent entre vous, sinon pour vous conseiller, si vous me le permettés, de laisser la question où elle en est, et de vous contenter d'avoir satisfait l'esprit de vostre amy dans ses plus légers scrupules et de l'avoir extrêmement obligé dans le sentiment où il le trouvoit.

J'ay veu avec grand plaisir la copie de la lettre que vous m'avés escrit, il y a trois mois, au retour de chés Mme Des Loges[a], et non pas tant pour ce que vous m'y traittés en illustre, que je ne puis jamais estre que dans vos escrits, que pour ce que vous y tesmoignés affection et estime pour M. L'Huillier en termes qui vous font honneur à vous mesme, et qui luy tiennent lieu d'une particulière obligation[5]. Il est tel que vous le jugés, homme de bonne lettre et de beaucoup de générosité qui vous sert en qualité d'honneste homme dans le monde par la déclaration publique qu'il a fait d'estre partisan de vostre réputation, et qui vous serviroit volontiers en celle de Maistre des Comtes, si vous aviés quelques autres lettres que celles qu'on imprime de vous à faire passer à la Chambre et où il s'agist d'autre chose que d'ajouster de la gloire à celle que

---

[1] Le *Dictionnaire de Trévoux* condamne ce mot comme le condamnaient Chapelain et Le Maistre : «Il ne se dit guère qu'en plaisantant. C'est un jeune *adolescent*, pour dire : c'est un jeune homme étourdi, sans expérience.»

[2] L'adolescence, chez les Romains, s'étendait de quinze à trente ans, et même bien au delà, s'il faut en juger par les exemples suivants : Cassius, à l'âge de trente-quatre ans, est appelé *adolescens* par Cicéron (*De oratore*). Brutus et Cassius, à l'âge de quarante ans, sont encore appelés *adolescentes* par l'éloquent auteur des *Philippiques*; enfin Cicéron lui-même, à l'âge de quarante-quatre ans, se proclame bien complaisamment un adolescent dans le passage auquel Chapelain va faire allusion, passage reproduit dans la note qui suit celle-ci.

[3] «*Defendi rempublicam adolescens, non deseram senex ; contemsi Catilinæ gladios, non pertimescam tuos.*» (*Philippica secunda*, cap. XLVI.)

[a] Voir sur Mme Des Loges (Marie de Bruneau) la note 1 de la page 407 des *Mélanges historiques. Lettres de Balzac*, n° II. Balzac était dans le Limousin en novembre 1635, comme l'indique la présente phrase, qui reporte le *retour de chez Mme Des Loges* au 17 de ce mois environ. Nous n'avons pas la lettre dont parle Chapelain, mais on en trouve une autre, dans l'in-folio de 1665 (page 736, n° XXIX du livre XVII), qui, inexactement datée du 10 décembre 1636, doit être des premiers jours de novembre 1635 : Balzac y parle de son séjour dans la maison de Mme Des Loges et du «cabinet enchanté» de cette si spirituelle amie.

[5] A défaut de ce passage si flatteur pour Luillier, on peut lire un grand éloge du même personnage dans une lettre que Balzac adresse, le 23 novembre 1636, «à ce conseiller du Roy, et maistre ordinaire de ses comptes.» Voir dans l'in-folio la lettre III du livre IX, p. 401 et 402.

vous possédés desja. J'ay charge de luy de vous asseurer et de vous prier de luy continuer vostre bienveillance, de laquelle il se persuade d'avoir une petite part.

Vous trouverés icy un livre de M. de la Mothe Le Vayer, personnage de grande vertu et de beaucoup de sçavoir, lequel me l'a mis entre les mains pour vous le faire tenir de sa part[1]. Ça esté son occupation de cet autonne au retour de son voyage d'Italie où il estoit allé secrétaire de M. de Believre, ambassadeur extraordinaire près des princes italiens[2]. Vous n'y trouverés point vostre stile ni ces grâces qui vous sont si particulières[3], mais vous y trouverés le bon sens partout et l'estimerés du moins par l'affection de celuy qui vous l'envoye comme une offrande d'un autel privilégié.

A ce volume je joins deux sonnets, l'un du comte d'Etlan en proposte[4], et l'autre de moy en riposte sur le poëme de la *Pucelle*[5] que vous tesmoignés d'aymer, et qu'il ne tient pas à vous que je ne haste. Si je n'estois engagé de parole à vous envoyer tout ce que je fais, je me serois bien gardé de vous publier ma honte dans mes louanges et de vous donner sujet de croire que je suis vain, en produisant ainsi les choses qui se font à mon avantage. Vous en jugerés avec vostre modération ordinaire, et ne penserés pas, s'il vous plaist, que des honneurs non mérités et non attendus me fassent perdre la connoissance de moy mesme. Au premier jour je vous divertiray de quelque autre galanterie de plus d'apparat.

Cependant continués, s'il vous plaist, à m'aymer et à me croire, Monsieur, vostre, etc.

De Paris, ce 17 febvrier 1636.

LXXVI.

À L'ABBÉ DE SAINT-NICOLAS.

Monsieur, quand vous partistes d'icy pour Angers, je vous avoue que je vous plaignis d'estre riche en un païs qui vous obligeoit à quitter souvent le vostre[6], et à perdre la consolation que vous retireriés des visites de vos amis et des nouvelles du grand monde. Mais maintenant que ce mesme Angers a

---

[1] *Discours de la contrariété d'humeurs, qui se trouvent entre certaines nations, et singulièrement entre la françoise et l'espagnole, traduit de l'italien de Fabricio Campolini, Véronois* (traduction supposée). Cet opuscule, le premier de ceux que François de la Mothe Le Vayer devait publier en si grand nombre, a été réimprimé dans ses *Œuvres* (édition de Dresde, 1757, t. IV, p. 311-386).

[2] Ce passage a été cité par Camusat (*Mélanges de littérature*, p. 86 et 87). Sur La Mothe Le Vayer, alors âgé de quarante-huit ans, voir la note 1 de la page 412 des *Mélanges historiques. Lettres de Balzac*, n° III. M. Livet (*Histoire de l'Académie*, t. II, p. 122, note 2) observe que La Mothe Le Vayer «avait fait les voyages d'Italie, d'Espagne et d'Angleterre, à la suite de diverses ambassades, et vu, en un mot, la plus grande partie de l'Europe avant la publication de son *Orasius Tubero*.» Les biographes ne me paraissent pas avoir mentionné d'une façon particulière le voyage fait au delà des monts par Le Vayer en qualité de secrétaire du président Nicolas de Bellièvre, ambassadeur extraordinaire auprès de divers États d'Italie en 1635.

[3] Bayle (*Dictionnaire critique*, au mot *Vayer*) dit : «Il avoit plus d'érudition et de lecture que la plupart de ses confrères; mais ils écrivoient presque tous plus élégamment que lui, car il n'avoit pas une grande politesse dans son style...»

[4] *Proposte* ne se trouve nulle part.

[5] On peut se reporter, au besoin, à la lettre LVIII, du 19 janvier 1635, et aux notes 2 et 3 qui accompagnent cette lettre.

[6] Henri Arnauld, à l'âge de vingt-sept ans, avait reçu en commende l'abbaye de Saint-Nicolas d'Angers (1624).

esté choisi par M. Servient pour son séjour[1], en attendant que les mauvaises influences soient passées[2], au lieu de vous plaindre, je vous porte envie, et croy que désormais les plaisirs que vous allés gouster en sa compagnie surpasseront de beaucoup ceux dont vous avés jouy dans Paris et au milieu de la cour. Le mérite dont vous estes rempli et cet art naturel avec lequel vous vous conciliés les esprits les plus farouches, vous acquerront en un jour l'amitié et la confidence de ce grand homme qui n'est que douceur et que civilité. Et alors qui ne voudroit avoir changé sa condition à la vostre? Quelles satisfactions ne vous donnera pas une conversation qui a esté si longtemps les délices du Roy et la joye de Mgr le cardinal!

Le nombre est si petit des personnes de cette trempe que ce n'est pas murmurer de dire que la France perd beaucoup en son éloignement, ni mentir de vous représenter que vous profités du malheur de la France. Je ne suis guères connu de luy, mais je le connois assés pour vous en parler comme je fais et pour plaindre Mgr le cardinal de n'avoir plus de second qui le soulage et qui exécute ses ordres si approchant de la haute idée qu'il en conçoit[3]. Il est très-fascheux, en effet, à Son Éminence d'estre réduit (sic) à se servir maintenant elle mesme et à ne pouvoir jetter les yeux que sur elle pour faire ce que M. Servient faisoit.

Au reste nous avons veu en cette rencontre une chose inouïe à la Cour, et que je croy sans exemple en l'histoire. Nous avons veu, dis-je, un homme tomber du comble de l'honneur et de l'employ comme sur des fleurs, non-seulement sans se blesser, mais sans en avoir eu un seul tournoyement de teste. Nous avons veu un homme chargé de tout le secret de l'Estat et éloigné des affaires sans aucune marque qu'on se desfie de sa patience ni de sa foy, une personne en un mot encore en faveur après l'avoir perdue. De sa constance et de sa vertu vous en croirés plus à vos yeux qu'à mes paroles. Aussy cesse-je de vous parler de luy pour vous avertir qu'il a en sa compagnie un second trésor; vous entendés aisément ce que je veux dire : M. de Lionne, son neveu, que je connois particulièrement, et qui en générosité a peu de semblables au monde[4]. Vous

---

[1] Abel Servien ou Servient (j'ai vu de nombreuses lettres autographes de lui signées de cette dernière façon), marquis de Sablé et de Bois-Dauphin, comte de la Roche-Servien, était alors âgé de quarante-trois ans. Secrétaire d'État de la guerre depuis la fin de l'année 1630, il reçut ordre de se démettre de sa charge, qui fut donnée, le 12 février 1636, à l'intendant des finances Sublet des Noyers, et il vécut dans la retraite jusqu'en 1643.

[2] D'après les plus sûrs témoignages, Bullion fut le principal auteur de la disgrâce de Servien. Il paraît que la famille Bouthillier et aussi le cardinal de la Valette contribuèrent à le perdre dans l'esprit du cardinal de Richelieu.

[3] Cet éloge de Servien, les détails que nous trouvons un peu plus loin sur ce qui se passa de si singulier à Paris après l'injuste disgrâce de cet honnête et habile homme d'État, enfin l'hommage que Chapelain rend au précoce mérite de ce jeune Lionne qui devait devenir un des plus grands ministres de Louis XIV, tout cela donne à la présente lettre une valeur exceptionnelle et en fait une remarquable page d'histoire.

[4] Hugues de Lionne, marquis de Berny, était alors âgé de vingt-cinq ans. Voir sur lui la note 1 de la page 558 des *Mélanges historiques. Lettres de Balzac*, n° LV. Voir surtout les lettres inédites de Hugues de Lionne publiées par le docteur Ulysse Chevalier dans le *Bulletin de la Société d'archéologie et de statistique de la Drôme*, t. XI (1877). Le docteur Chevalier annonce (p. 272) que M. L. Valfrey, sous-directeur au ministère des affaires étrangères, prépare une Histoire des ambassades et du ministère de Lionne, avec la correspondance conservée aux Archives. — Le 20 fé-

n'y trouverés que douceur, qu'habileté et que fermeté d'esprit admirable, et je m'asseure qu'après Mʳ son oncle, vous conterés entre vos bonnes fortunes l'amitié que je sçay bien qu'il vous donnera. Il est universel dans le beau sçavoir, il est la modestie mesme et paye tousjours de bonté et de vertu.

Vous n'avés pas besoin d'estre exhorté à soulager le desplaisir de l'un ni de l'autre, estant officieux par vostre inclination et allant au devant des prières de ceux qui ont besoin de vous. Aussi ne vous dis-je ce qu'ils sont que pour vous asseurer que je prendray part à l'obligation qu'ils vous auront et que je m'en ressentiray comme d'une faveur qui me sera faitte.

Je suis, Monsieur, vostre, etc.

De Paris, ce 18 febvrier 1637.

LXXVII.
À M. DE BALZAC,
à balzac.

Monsieur, enfin cette belle suite de lettres merveilleuses est venue au jour, et la France a receu ce nouvel ornement qu'elle attendoit avec tant d'impatience. Je me resjouis par avance avec vous de la gloire qu'elles vous produiront et de la nouvelle splendeur qu'elles adjousteront à vostre nom. Vous y estes éloquent partout, mais plus dans celles que vous m'avés addressées, s'il est vray que l'éloquence parfaitte est celle qui sçait donner corps à ce qui n'en a point et à (*sic*) relever les choses basses et ravallées. Mais en vérité, Monsieur, vous deviés mieux pourvoir à ma modestie et vous contenter de m'avoir fait rougir de mes louanges propres lorsque vous me les donnés entre nous, sans me vouloir rendre publiquement honteux par les éloges dont ingénument je me reconnois indigne, et que vous avés trouvé bon à divulguer.

Je ne repasse point ces endroits moulés [1] sans me taster et examiner si je puis soustenir le personnage que vous me donnés et empescher que, quelque jour, on ne vous reproche d'avoir eu plus d'amitié pour moy que de justice. En tout cas néantmoins je vous en demeure infiniment obligé, puisque vous me l'avés donné pour me rendre considérable dans le monde et ne me laisser pas estre vostre amy et sans honneur. Je vous en rends donques graces comme aussi des trois volumes que le sieur Rocolet [2] m'en a apporté de vostre part qui seront longtemps toute ma bibliothèque et dans lesquels je

---

vrier, Chapelain (f⁰ 139) écrivait à M. de Lionne (alors à Angers) : «Je vous rens la visite par escrit, ne vous ayant pas rencontré chés vous lorsque j'y fus pour recevoir vos commandemens et avoir encore une embrassade de vous avant vostre départ... Dans ma bassesse, je fais profession de courage comme si j'estois né le premier des hommes, et dans le cours de ma vie il s'est présenté plus d'une occasion dans laquelle j'ay esprouvé que Dieu m'avoit fait généreux. Celle cy en est une des plus importantes que j'ay eu, car parmi le desplaisir de vostre affliction et de celle de M. Servient, je sens manifestement accroistre la passion que j'ay tousjours eu pour vostre vertu. Vous m'estes au double respectable depuis l'accident qui vous est arrivé et vostre malheur a adjousté pour moy de nouveaux appas à vostre mérite. Je vous prépare d'avance en M. l'abbé de Saint-Nicolas une importante amitié au lieu où vous séjournerés et de laquelle je vous promets une consolation particulière. Par celle que je luy escris je luy donne avis de vostre voyage et du moyen qu'il aura de vous faire paroistre sa bonté, son esprit et sa générosité.»

[1] C'est-à-dire imprimés. P.-L. Courier s'est plaisamment servi de cette expression, disant d'un académicien chargé de la garde des manuscrits de la Bibliothèque royale, qu'il ne lisait pas même la *lettre moulée*. (*Lettre à MM. de l'Académie.*)

[2] Sur l'imprimeur-libraire Pierre Rocolet, voir la note 1 de la page 404 des *Mélanges historiques*. *Lettres de Balzac*, n° I. Ces trois volumes

prétends apprendre tout ce qui m'est nécessaire pour réussir dans mes desseins.

Je vous eusse envoyé quelque nouvelle poésie de vostre serviteur si j'eusse eu encore trois jours pour les retoucher, mais par ce que me vient de dire vostre libraire, je voy bien que je ne vous les présenteray qu'icy où tous vos amis vous souhaittent et vous attendent impatiemment.

Je suis, Monsieur, vostre, etc.

De Paris, ce 1ᵉʳ mars 1636¹.

LXXVIII.
À M. MAYNARD,
À ROME.

Monsieur, je vous ay apporté quelque satisfaction par le devoir où je me suis mis en vous escrivant. Je crains de vous apporter désormais du desplaisir en continuant mes diligences et de vous faire repentir de m'avoir tesmoigné que vous le trouviés bon. Néantmoins, j'espère mieux de ma fortune et M. Silhon, que je vois souvent², m'asseure trop que vous m'aymés pour douter que des offices sincères, comme sont les miens, vous importunent, ayant principalement à les accompagner de nouvelles de personnes qui vous sont chères et qui vous honnorent infiniment. Après donc vous avoir reprotesté la passion que j'ay pour vostre vertu, je vous diray que dans les entretiens fréquens que j'ay avec Mʳ de Balzac³, vous entrés pour tiers, ou plustost que vous en faittes la meilleure partie. Nous ne nous lassons jamais de parler de vostre esprit, de vostre franchise, de vostre bonté et de vostre persévérance dans l'amitié de ceux que vous en avés une fois jugé dignes.

Nous avons mesme esté en corps faire compliment et remerciement à Mʳ de Sirmond⁴ de la belle élégie qu'il vous a envoyé et du sujet qu'il a donné aux Italiens de connoistre en quelle considération estoit vostre mérite dans vostre païs. Nous avons loué le dessein que vous avés pris d'aller

---

remis par Rocolet à Chapelain devaient être les deux volumes de la seconde série des *Lettres de Balzac* publiées en février 1636, et le volume de la première série qui avait été si souvent réimprimé depuis 1624, et notamment pour la neuvième ou même la dixième fois en 1633.

¹ Suit (f° 142) une lettre adressée, le 20 mars 1636, «à Mᵍʳ le maréchal de Brézé, à Saumur.» Chapelain répond par force compliments à la *belle lettre* qui lui a été rendue de la part du beau-frère du cardinal de Richelieu par M. Arnauld, lettre où Urbain de Maillé remerciait le futur auteur de *la Pucelle* des vers qu'il avait bien voulu lui consacrer. C'était un sonnet que l'on peut lire dans le recueil des poésies de Chapelain (n° 1890; F. F. Nouv. Acq.).

² Jean de Silhon avait, à cette époque, une quarantaine d'années. Voir sur cet académicien la note 6 de la page 474 des *Mélanges historiques*. *Lettres de Balzac*, n° XXII, et si au lieu d'une courte note, on veut une complète et excellente notice, la brochure de M. René Kerviler, intitulée : *Jean de Silhon, l'un des quarante fondateurs de l'Académie* (159..-1667), grand in-8° de 76 pages. Paris, Dumoulin, 1876. (Extrait de la *Revue de Gascogne*.)

³ Le nouveau séjour de Balzac à Paris doit se placer entre les premiers jours de mars et les derniers jours de mai. Dans l'in-folio de 1665, on lit (p. 732, lettre XXI du livre XVII, datée du 15 mai [1636] : «La lettre que je viens de recevoir de Colommiers m'a extrêmement consolé, et m'annonçant la bonne nouvelle de vostre retour, elle m'asseure d'un bien dont je commençois à désespérer. Je seray donc assés heureux pour vous embrasser avant que de partir de Paris.»

⁴ Il a été déjà question de Jean de Sirmond dans la lettre XLVII. L'*élégie* envoyée à Mainard n'a pas été reproduite parmi les pièces de vers en l'honneur du poëte quercinois réunies, dix ans plus tard, en tête de ses *Œuvres* (Paris, Courbé, 1646, in-4°).

encore visiter Rome la sainte et d'y repaistre encore vos yeux des merveilles qui s'y sont faittes autresfois et qui ont eschappé à l'injure des temps et à la fureur des barbares. Nous avons estimé vostre prudence d'avoir pour cela sceu prendre le temps que M. le comte de Noailles y fust dans une place si proportionnée à ce qu'il est, et dans une authorité qui en toute rencontre vous peut estre si avantageuse. Et comme nous vous avons tenu heureux d'y estre de son règne, et durant que tout y fleschit sous luy, nous n'avons pas creu aussi que ce luy fust une médiocre consolation dans le travail continuel où le tiennent les grandes affaires qui agitent l'Europe, d'avoir un si agréable reposoir que celuy de vostre conversation, de posséder en vous toute la délicatesse et la vigueur d'esprit de nostre Court. Mais vous luy devés cela puisqu'il est vostre inclination ancienne, et que vous estes la sienne, et quoyque nous vous trouvions fort à dire icy, nous reprimerons l'impatience que nous avons de vous revoir, en considérant qu'il a le premier droit sur vous et que nous n'y devons rien prétendre tant que vous luy pourrés servir [1].

J'attens, du reste, de vostre bonté l'esclaircissement que vous m'avés promis touchant la *Bulgaréide* [2] [de] Bracciolin, mais je ne voudrois point que cela vous fust à charge. Ce que je vous demande avec plus d'instance est d'avoir agréable de présenter le mémoire cy joint à M. l'Ambassadeur de la part de Mgr le duc de Longueville et de luy faire souvenir qu'en partant d'icy il luy fit la faveur de luy promettre qu'il agiroit auprès de Sa Sainteté pour l'affaire de laquelle il fait mention et de laquelle mon dit seigneur souhaiteroit fort de voir l'accomplissement par son moyen. J'ay receu ce commandement et mon dit seigneur m'ordonnant de m'addresser à vous pour en solliciter mon dit sieur l'Ambassadeur, a creu que vous ne seriés pas marri de luy rendre ce bon office comme à l'un des plus justes estimateurs de vostre vertu. Vous l'obligerés donc d'en prendre le soin et moy de me croire, Monsieur, vostre, etc.

De Paris, ce 16 may 1636.

LXXIX.

À Mme LA DUCHESSE DE LONGUEVILLE,
À ROUEN [3].

Madame, lorsque vous me commandastes de vous escrire des nouvelles, je ne croy[ois] pas que la mauvaise fortune de la France nous en préparast de si désavantageuses. La suitte de nos malheurs a esté telle qu'il a semblé à tous les sages que nostre tour estoit venu de souffrir et que, par un jugement de Dieu particulier, ce temps avoit esté choisi pour l'expiation de nos offenses [4]. Nostre conseil a paru frappé de l'esprit d'estourdissement; nos gens de guerre se sont trouvés sans cou-

---

[1] En rapprochant cette lettre de la lettre XLVI, on voit que le séjour de Mainard à Rome, pendant la durée de l'ambassade du comte de Noailles, fut loin d'être, comme quelques-uns l'ont cru, un séjour continu; de même que Mainard était en France dans l'été de 1634, il y était dans le printemps de 1636. L'ambassade du comte de Noailles finit au mois de juillet suivant; elle avait duré un peu plus de trois années.

[2] La *Bulgaréide* de François Bracciolini (né à Pistoie le 26 novembre 1566, mort le 31 avril 1645) parut en 1637, à Rome, en un vol. in-12, sous ce titre : *La Bulgheria convertita, poema eroico in XX canti.*

[3] Louise de Bourbon, première femme de Henri II d'Orléans, duc de Longueville.

[4] Le 9 juillet le baron du Bec avait rendu la Capelle aux Espagnols, et le 25 du même mois M. de Saint-Léger leur avait rendu le Catelet. Le 15 août le prince de Condé avait été obligé

rage et tous les peuples ont tesmoigné tant de trouble et d'abattement qu'encore que les playes que nous avons receu soient grandes, il est certain néantmoins qu'il n'a tenu qu'à nos ennemis qu'elles n'ayent esté mortelles.

Monseigneur le conte seul [1], au milieu du principal danger, sans hommes, sans munitions, pressé d'un nombre infini d'ennemis, dans une province contraire à elle mesme, n'a point désespéré du salut commun, et par sa constance et sa conduitte a fait que nous sommes encore en estat de nous remettre, si nous ne voulons pas nous abandonner entièrement.

Vous avés sceu, sans doute, Madame, le détail de ce que je vous marque icy en gros, et je n'ay garde de penser estre des premiers à vous annoncer la gloire de Monseigneur vostre frère. Aussi ne prétens-je que d'adjouster mon foible tesmoignage à la vérité que l'on vous a rapporté et vous asseurer, sur la foy de quarente personnes de qualité de mes amis et de la voix publique, que ce qu'il a si bien commencé continue tousjours et augmente mesme; qu'il est tousjours le père de son armée et les délices de la noblesse qui court à luy de toutes parts, qu'il est prince par l'authorité et particulier par la courtoisie. qu'il fait tout ensemble le général, le mareschal de camp, le capitaine et le soldat, qu'il est à tout, qu'il veille à tout, enfin que par ses soins, sa bonté, sa libéralité, il est le lien de ses petites trouppes, lesquelles sans luy ne seroient plus, chacun ayant remarqué en cette occasion que ce n'est pas la considération du salut de la France qui les fait subsister, mais seulement l'extrême amour qu'il a sceu leur donner pour sa vertu.

Et, certes, quelque grande victoire qu'il obtienne sur l'Espagnol, lorsque les forces qu'on luy prépare l'auront joint, je ne l'estimeray jamais plus dans sa prospérité que je fais dans cette rencontre malheureuse, où il a montré ce qu'il estoit et ce qu'en tout temps on en devoit attendre. M' de Trassy, qui l'a suyvi en toute cette affaire [2], et qui ne fait que le quitter pour aller servir Monseigneur [3], vous informera particulièrement de toutes choses et vous obligera à l'escouter longtemps.

Je prie Dieu qu'il vous conserve, comme aussy Monseigneur et Mademoiselle [4], et suis, Madame, vostre, etc.

De Paris, ce 26 août 1636 [5].

---

de lever le siége de Dôle, après avoir perdu 3,000 hommes devant cette place, et par une fatale coïncidence, en ce même jour l'armée espagnole s'empara de la ville de Corbie. On sait quelle épouvante ce dernier événement jeta dans Paris. Voir surtout, à ce sujet, les *Mémoires* de Montglat (t. I, p. 144).

[1] Louis de Bourbon, comte de Soissons, était alors âgé de trente-deux ans. Ce que Chapelain va dire de lui mérite d'être cité par tous ceux qui s'occuperont désormais de la biographie de ce prince.

[2] Nous retrouvons, en 1647, M. de Trassi, ou plutôt de Tracy, commissaire général dans l'armée d'Allemagne et maréchal de camp. Voir sur Pierre de Pellevé, baron de Tracy, une note de M. C. Moreau dans son édition des *Mémoires de Tavannes et de Balthazar* (1858, p. 355).

[3] C'est-à-dire le duc de Longueville. M. de Tracy resta toujours attaché à la maison de Longueville, et Conrart a même prétendu (*Mémoires*, à l'année 1650) qu'il aima trop la belle Anne-Geneviève de Bourbon, seconde femme de Henri II d'Orléans.

[4] Marie d'Orléans, fille de Henri d'Orléans et de sa première femme, fut d'abord connue sous le nom de Mlle de Longueville; elle devint, en 1657, duchesse de Nemours. Au moment où Chapelain faisait des vœux pour sa santé, elle était âgée de onze ans.

[5] Je n'ai pas reproduit un *post-scriptum* d'une quinzaine de lignes relatif à des affaires de la maison de Longueville, et qui n'aurait intéressé personne. Le même jour (f° 145) Chapelain écrivait au duc de Longueville : «Tant de places

LXXX.

À M. DE BALZAC.
À BALZAC.

Monsieur, je croy avoir veu vostre cœur dans vostre lettre et parmi une excessive courtoisie je n'y ay pas pensé voir une sillabe de compliment. Vous compatissés si cordialement au mal que la disposition présente de nos affaires me cause que j'en suis à demy consolé, et certes il faudroit que la douleur fust bien sauvage et bien desraisonnable, que des paroles si tendres que les vostres n'adoucissent et ne fissent supporter. Que plust à Dieu que ce qui m'a esbranlé n'eust la force que dans ma foiblesse, et qu'un jour vous eussiés droit de me reprocher que j'avois eu peur de mon ombre! Mais ou toute la politique est fausse, ou j'ay eu raison de paroistre estonné, et quelque jour, si nous nous voyons, j'espère vous en faire tomber d'accord, sans avoir besoin d'éloquence.

Au reste, le malheur qui a esté sur le point d'arriver [1] ou est passé, ou du moins différé. La division des ennemis, le bonheur du Roy, prises, tant de païs occupé, non par la valeur des ennemis, mais par la lascheté des nostres, estoient des choses qui ne vous pouvoient qu'affliger extrêmement, et que j'aymois mieulx que vous apprissiés d'un autre. Maintenant, quoiqu'il semble que l'effort des Espagnols s'allentisse et que nous nous mettions tous les jours de plus en plus en estat de leur résister, je ne vous escris pourtant, Monseigneur, pour vous resjouir de nos bons succès, puisque la levée du siége de Dôle et la prise de Verdun-sur-Saône ne sont pas des avantures fort heureuses pour nous, non plus que celles de Picardie, mais pour vous dire que vous estes regardé par tous les gens de bien affligés de nos désordres comme le secours le plus puissant que le royaume attende en cette occasion. On n'espère qu'aux trouppes que doit fournir la Normandie et la nécessité que l'on en a ouvre les yeux à tout le monde et fait connoistre combien la France est heureuse d'y avoir pour gouverneur un prince comme vous si intéressé au bien de l'Estat, si affectionné au service du Roy et si adoré dans cette province... L'opinion commune est que la flotte a ordre de descendre en Sicile et de combattre celle d'Espagne, si elle veut l'en empescher. Le dessein est bien aussi malaisé à exécuter que celui de Dôle, nous en attendrons le succès, et s'il est mauvais, nous le supporterons d'autant plus facilement que nous sommes desjà accoustumés à recevoir des rebuffades de la fortune. » Le 1ᵉʳ septembre (fº 147) Chapelain s'adressait ainsi à M. Goffridi, secrétaire de M. le duc de Parme, à Plaisance : « Vostre vertu n'est pas de celles qu'on tienne douteuses, elle a les suffrages de la France et de l'Italie, et ces deux belles parties de l'Europe estant la règle de toutes les autres, on peut dire que toute l'Europe applaudit. » Chapelain, après avoir pressé son correspondant de publier le plus tôt possible un ouvrage de philologie que cet érudit avait depuis longtemps entrepris, l'entretient de *la Pucelle* : « Quant à ce qui regarde ma *Pucelle*, je vous diray qu'à peine est-elle esclose, à peine a-t-elle rien de formé. Elle a la crainte des filles, l'inexpérience de l'âge et les imperfections du sexe, si bien qu'à moins d'une douzaine d'années pour s'enhardir et se façonner, elle ne se tiendra pas digne de paroistre, je ne dis pas devant un si grand prince et si habile que le vostre, mais devant le moindre des hommes. Vous seul serés excepté de ce nombre, si vous la voulés honorer de vostre censure, et lorsque je l'auray deschargée de ce qui offenseroit mesme les grossiers, je veux espérer que vous ne me refuserés pas trois coups de vostre lime pour y oster ce qui pourroit blesser les délicats. M. de Tracy est maintenant sur nostre frontière de Picardie entre les plus passionnés contre l'ennemy de nostre liberté. Je luy donneray avis de vostre souvenir et le resjouiray de cette bonne nouvelle. »

[1] Il s'agissait, comme on va le voir, de la marche des Impériaux sur Paris, marche que beaucoup de Parisiens regardèrent comme inévitable, dès que l'on eut reçu la foudroyante nouvelle de la prise de Corbie.

la prudence de M. le Cardinal et la contribution volontaire des villes et du plat païs, mais plus que tout cela la Providence divine ont empesché pour cette heure le coup horrible qui dans la ruine de Paris attiroit ensuite celle de l'Estat. Nous verrons si Dieu nous fera dignes de la mesme grâce pour l'avenir, et s'il luy plaira de destourner le second orage que l'Allemagne nous prépare. La seule paix nous peut sauver et c'est luy seul qui nous la peut donner. Cependant, il nous faut affermir l'esprit contre tout ce qui nous peut venir de sinistre et estudier la misère et la mort de si bonne heure que nous les recevions, s'il le faut, en gens de cœur et de raison. Et vous m'en croirés, s'il vous plaist, qu'il y a longtemps que je suis près (*sic*) de ce costé là, et que ni l'une ni l'autre de ces deux grandes espreuves ne me trouveront lasche ni abbatu [1].

Une seule chose me donne peine, sans que j'aye peu encore en surmonter la difficulté. Je ne suis pas guéri de la folie de pouvoir réussir dans cet ouvrage que j'ay entrepris. Il me semble qu'il y va de mon honneur si je ne l'achève pas, et je vous avoue que j'auray tousjours quelque attachement à la vie tant que j'en sois désabusé. Vous feriés une action bien digne de vous et bien utile pour mon repos si vous me persuadiés puissamment que je suis présomptueux dans ce dessein et que je cherche de la honte par un chemin bien laborieux. Arrachés moy cette marotte et je vous promets de vous monstrer dans le reste assés de fermeté pour ne vous pas laisser du regret de m'avoir voulu du bien. Je puis estre aussi bien martir de ma patrie, comme j'ay fait profession de l'estre pour mes amis, et rendray de bon cœur pour son salut le sang et la vie que j'ay eu d'elle. Tout cecy demeurera entre nous pour ne pas inquietter ceux qui ont le bonheur de ne pas prévoir les choses et qui ne sentent leurs maux que quand ils sont arrivés.

Quant à ma sortie de Paris, je ne suis pas bien résolu de le faire, et le cas mesme arrivant qu'il me fallut prendre ce parti, je ne say si la despendance que j'ay des Princes que vous savés ne m'obligeroit point à chercher l'abry sous eux et dedans les places où ils sont les maistres. Mais, quoyque cela se fasse, je me souviendray toute ma vie, et d'un souvenir reconnoissant, que vous m'avés offert un azile assés délicieux pour estre aisément accepté par un misérable. Et dès à présent je tiens la faveur pour receue en vous protestant que si je n'en puis pas user, ce sera avec regret, et qu'en quelque endroit que ma fortune me porte, je seray tousjours de l'esprit et de la volonté chés vous et auprès de vous [2]. J'auray joye d'apprendre de

---

[1] Paroles qui dans leur noble simplicité font penser aux beaux vers d'Horace :
Justum ac tenacem propositi virum, etc.
Nous aurons plus d'une fois l'occasion de remarquer, à l'honneur de ce Chapelain tant et tant bafoué, qu'il y avait tout à la fois en lui grande force de caractère et grande tendresse de cœur.

[2] Ces gracieuses paroles étaient bien méritées par l'invitation si délicate de Balzac, invitation que voici (lettre XXIII du livre XVII, p. 733 de l'in-f°) : « Monsieur, Hannibal est donc aux portes depuis le passage de la rivière de Somme par l'ennemi. Vostre lettre m'a communiqué vos peines, et je ne puis gouster mon repos, sçachant que vous estes dans le trouble. Si le mal passe plus avant, je ne doute point que vous n'ayez des asyles à choisir. Le lieu qui recevra vos muses errantes, se glorifiera à jamais de cet honneur. Il sera un jour renommé par la retraite de ces illustres hostesses. Mais souvenez-vous qu'en ce cas là, vous ne pouvez obliger un autre que moy, sans me faire tort; et que s'il y a un rayon de paix au deçà de la rivière de Loire, vous le trouverez plus beau en nostre village que chez nos

temps en temps de vos nouvelles, et demeure, Monsieur, vostre, etc.

De Paris, ce 7 septembre 1636 [1].

LXXXI.
À M. DE BALZAC,
à balzac.

Monsieur, ne me croyés jamais l'homme sincère que vous m'avés veu jusqu'icy, si jamais proposition m'a esté plus agréable que celle d'aller passer la mauvaise influence qui règne sur nous dans un si beau désert que celuy que vous m'offriés par vos précédentes. Et si j'avois deu faire scrupule de l'accepter, ce n'auroit point esté de peur de vous embarrasser, estant très persuadé que l'offre ne pouvoit estre plus cordialle, mais seulement de gouster trop de délices lorsque mon païs souffre tant de misères et de calamités.

Cette raison néantmoins n'a point esté celle qui m'a empesché de me faire un si grand bien à moy mesme, mais une autre que je vous ay mandée et que je puis appeller d'Estat pour mon particulier, soit pour servir ces personnes illustres que vous savés, si j'en suis capable, soit pour ne leur pas tesmoigner que je ne les estime assés puissans pour me conserver. J'avois dès auparavant que d'avoir receu vostre lettre pris la résolution de me ranger de ce costé la, si le mal eust pressé et que les chemins eussent esté libres. Mais maintenant les choses ont changé de face, car, outre que le péril est moins pressant [2], l'arrivée de Mme la duchesse de Longueville à Paris me détermine à n'en point partir ou à n'en partir qu'avec elle.

Au reste, si vous avés remarqué dans mes lettres quelque inquiétude pour le danger que je courrois icy, asseurés vous qu'elle a esté infiniment moindre que si vos affaires vous y eussent retenu jusqu'à cette heure, car estant engagé dans nostre malheur, j'eusse esté en danger de me voir perdre

---

voisins. Je vous conjure donc de tout mon cœur de me vouloir accorder la grâce que je vous demande, et de venir prendre possession au plustôt d'une fort petite seigneurie. Pour le moins, la Pucelle y sera en toute liberté et maistresse absolue de la maison. Je suis prest de partir pour aller au devant de vous jusques à Tours, si vous n'aimez mieux que je vous envoye le seigneur Totila, avec mon carrosse, afin d'estre moins embarrassé...» Voir (ibid., f° 784, lettre XXIV du livre XVII) la réponse à la présente lettre de Chapelain. Balzac y dit qu'il n'est point de sceptre qu'il estime plus que la marotte de Chapelain.

[1] Cinq jours avant Chapelain écrivait (f° 148) à M. de la Lane, à l'armée de Picardie : «J'ay receu vostre paquet, si bien que vostre belle et judicieuse Relation de la partie de Praslin n'a servi qu'à me justifier, en ce particulier, la bonne foy de la Gazette... Pour le particulier de M. de Flamarens, je ne voy pas pourquoy il doive nourrir un si grand chagrin que vous me dittes, puisqu'il voit tousjours sa maistresse de la pensée et qu'il se peut asseurer qu'elle ne pense point à luy que favorablement. Le jour qu'ils se séparèrent d'ensemble, un coin de roche emporta la portière où elle estoit avec Mme vostre sœur, et peu s'en falut qu'elle ne rompît la jambe à cette belle fille. Expliqués cette aventure en faveur de M. de Flamarens et tirés une conséquence de cet accident, que le ciel, voulant l'union de ces deux personnes, il ne pouvoit arriver que malheur si jamais elles se séparoient.» Le même jour (1er septembre) Chapelain (f° 149) entretient un correspondant anonyme — peut-être M. de Flamarens — de M. de la Lane et de la belle fille de la précédente lettre; il lui dit : «Non seulement je me suis souvenu de vous, mais encore... j'en ay fait souvenir la personne que vous préférés à la conqueste de Flandres.»

[2] On avait cessé, le 27 août, de faire la garde aux portes de Paris.

tout entier, au lieu qu'estant éloigné par un si grand espace de l'orage qui nous menaçoit, je pourrois dire estre en seureté par la meilleure partie de moy mesme.

Quant à l'avis que vous me donnés de ne point désespérer de ma Rustique, j'ay peur que ce ne soit pas un effet de vostre raison, mais seulement de vostre amitié, et crains bien qu'un jour vous ne vous repentiés de m'avoir confirmé dans ma folie, et que, quand cette Pucelle sera grande, vous ne désavouiés le favorable jugement que vous en avés fait au berceau. Je ne l'exposeray donc point, ne l'estoufferay, puisque vous la jugés digne de vivre, et employeray la vie qui me reste à l'eslever, que je pourrois bien plus justement employer à vous rendre service. Je ne vous responds pas afin de vous obliger à répliquer, mais pour me satisfaire moy mesme, et demeurer dans mes maximes de n'avoir jamais le dernier en matière d'espreuve d'amitié.

Vous aurés avec celle cy un paquet de M. de Saint-Chartres[1], et une lettre de M. Esprit[2], qui vous croyent aux bains et le croiront tant que vous voudrés.

Je suis, Monsieur, vostre, etc.

De Paris, ce 20 septembre 1636[3].

LXXXII.
À M. DE MONTAUZIER,
À LA VALTELINE.

Monsieur, je vous rens conte de vos faveurs et vous donne avis que j'ay receu trois de vos lettres depuis vostre départ, les deux dernières du 29 aoust et du 6 septembre, à huit jours l'une de l'autre. Ma bonne fortune m'a fait tomber la dernière entre les mains huit jours avant la première qui m'eust désespéré, si elle fust venue dans son ordre, en m'apprenant que jusqu'alors vous n'aviés point receu des miennes. Mais, grâces à Dieu, vous avez sceu au moins par celle que vous m'accusés que pour estre éloigné de vous, je ne vous ay pas moins présent à la pensée, et qu'il n'y a rien qui me fasse oublier mon devoir. Peut estre verrés vous par les deux autres que je vous ay escrit depuis, que je ne me lasse pas de bien faire et que je vais tousjours mon train.

Vostre peste et vos fatigues m'importunent et me font connoistre combien dans nostre cabinet nous acheptons l'honneur à meilleur marché que vous. Il est vray que les Espagnols par leur irruption en Picardie nous ont presque réduits à chercher de la gloire dans vostre mestier et, s'ils eussent esté aussy habiles qu'ils ont accoustumé[4],

---

[1] Nous avons déjà rencontré ce personnage, ami de Balzac et de Chapelain.

[2] Sur Jacques Esprit et sur ses frères, voir la note 1 de la page 420 des *Mélanges historiques*; *Lettres de Balzac*, n° V; une notice biographique et littéraire, par M. Antonin Soucaille, dans le *Bulletin de la Société archéologique, scientifique et littéraire de Béziers* (2ᵉ série, t. IV, 1867, p. 45-91), une autre notice de M. R. Kerviler dans son livre : *Le chancelier Pierre Séguier*, 1874, p. 511-537.

[3] Indiquons (f° 149) une lettre du mois de septembre au duc de Longueville, où Chapelain déclare que l'on attend de ce prince de grandes choses, et s'engage à lui présenter avant la fin d'octobre le troisième livre de *la Pucelle* achevé, et (f° 153) une lettre du 25 septembre au comte de Fiesque, «à l'armée de Picardie», où il est question d'une somme prêtée par le comte à un M. de Mauléon (qui est peut-être Granier de Mauléon), somme réclamée par le créancier.

[4] Ce ne fut pas la faute de Jean de Wert si Paris ne fut pas assiégé. Voici ce que dit le P. Griffet (*Histoire du règne de Louis XIII*, t. II, p. 742) : «On prétend que Jean de Wert conseilla au prince Thomas de marcher droit à Paris;

nous courrions fortune d'estre poètes et coporeaux (sic), et, sans sortir de Paris, de quitter la robbe pour endosser les armes. Maintenant nous les poussons dans l'Artois[1] et les faisons repentir ou d'estre venus en France, ou de n'y estre pas venus assés avant.

Au reste, durant le temps de l'orage hispanique, *la Pucelle* est une fille et timide et bien descheue de ce grand cœur qui luy fist autresfois soustenir et dissiper celuy qui avoit desja fondu sur la meilleure partie de la France; ou de trouble ou d'indignation elle n'a peu proférer une parolle ni faire une desmarche en avant, si bien qu'elle est presque au mesme estat où vous la laissastes. Si nous nous revoyons néantmoins cet hyver, comme je l'espère, nous vous réciterons la troisiesme partie de ses avantures que bien que mal selon le temps qui a couru.

J'ai desja fait ce que vous m'ordonniés pour MM. Arnaud et La Lane[2]. J'iray chés Mme de Clermont y prescher vos lettres[3] et y faire naistre de la pitié pour vous. Pour l'hostel de Rambouillet, il est désert, et ce qui le rendoit le lieu le plus fréquenté de Paris est au vray Rambouillet[4] où il y avoit dix ans que la famille ne s'estoit allé divertir. J'espère y faire un voyage dans quinze jours, où je m'acquitteray solennellement de toutes les commissions que vous m'avés donné. Escrivés nous souvent, fust-ce au clair de la lune ou à la lueur des mousquetades, car nous ne nous en saurions passer.

Je suis de tout mon cœur, Monsieur, vostre, etc.

De Paris, ce 27 septembre 1636[5].

LXXXIII.
À M. LE MARQUIS DE GESVRES,
À L'ARMÉE DE PICARDIE.

Monsieur, je ne vous escris plus comme à un homme qui mettoit, ces jours passés, toute sa gloire à bien défendre une place, mais comme à celuy qui doit bientost en attaquer et en prendre à l'ennemy. La marche de l'armée du Roy vers Arras vous aura sans doute tiré maintenant de Péronne pour vous faire changer le titre de défenseur en celuy de conquérant et rendre avec usure aux Espagnols le mal qu'ils nous ont fait. Vous vous irés vanger sur leurs villes des ruines qu'ils ont causés autour de celle où vous vous estiés jetté, et selon la connoissance que j'ay de vostre courage, ce ne

---

et, s'il l'eût fait, il y a toute apparence que dans le trouble et la consternation où l'on étoit alors, il n'auroit pas eu de peine à s'en rendre maître.»

[1] Chapelain auroit pu ajouter : et en Picardie, car la ville de Roye fut reprise le 18 septembre, et nos troupes alloient investir Corbie le 29 du même mois.

[2] Chapelain avait sans nul doute été chargé par Montauzier de présenter ses compliments à ces messieurs.

[3] *Prêcher* est pris ici dans le sens qu'indique le *Dictionnaire de Trévoux* : «Vanter, louer excessivement.»

[4] Il s'agit là du château de Rambouillet (aujourd'hui département de Seine-et-Oise, à 30 kilomètres de Versailles), château dont le parc dut la plus grande partie de ses embellissements à la marquise de Rambouillet.

[5] Le lendemain, 28 septembre, Chapelain (f° 155) écrivit à M. d'Elbène, «à l'armée de Picardie,» le remerciant de l'envoi de ses relations «qui sont incomparables». — «Vous considérés les choses si judicieusement, lui dit-il, et en parlés si sensément qu'il n'y a point d'hommes dans nostre armée de qui j'aymasse mieux avoir les relations que de vous... M. le conte de Fiesque est un bon homme, à qui il ne manque ni esprit ni connoissance, mais sa paresse gaste tout, et ce seroit selon son humeur trop payer l'amitié qu'on a pour luy, que de luy demander seulement de ses nouvelles. Aussy n'en attens-je aucune de luy par luy mesme.»

vous sera pas un petit sujet de ressentiment contre eux de ce qu'ils ne vous y ont point attaqué, et que par là ils vous ont en quelque sorte desrobé la gloire que vous eussiés acquise en les repoussant. Il est vray que, d'un autre costé, on peut dire qu'ils vous ont donné toute la mesme gloire que sa deffense vous eust apporté, puisqu'en n'allant point à vous, ça esté confesser qu'ils ont creu n'y pouvoir gaigner que des coups et ne faire que relever davantage vostre mérite.

J'attendray avec impatience les nouvelles de vos bons succès et de vos belles actions et cependant vous asseureray que vous n'avés personne au monde qui soit plus vostre serviteur que moy.

De Paris, ce 28 septembre 1636.

LXXXIV.
À Mgr L'ÉVESQUE DE GRASSE
(GODEAU),
À DREUX.

Monseigneur, je me repens et dis ma coulpe de n'avoir pas pris une si favorable occasion que celle de vostre voyage à Rambouillet pour rendre à cette illustre famille ce que je luy dois et profiter deux jours au moins de vostre bonne compagnie. Tous les autres moyens m'ont manqué depuis. M. d'Andilly s'en va à Pomponne; M. de la Brosse[1] n'ira point au Mesnil[2] et je seray contraint de manquer de parole à Mme la Marquise et de me desrober à l'extrême contentement que je m'estois promis en l'allant visiter.

Pour vous, je trouve bien que vous faittes vostre dernière main des légitimes plaisirs de ce monde, et qu'ayant à le quitter bientost, vous ne savés pas mal ménager les plus belles occasions que vous aurés de vous y plaire. Aller faire une pause à Rambouillet, et un séjour d'un mois ou six semaines à Mezières avec les excellentes personnes que contiennent ces deux lieux de délices, sont des choses qui me font pécher et qui me rendent vostre envieux, si je ne puis estre vostre rival, et il est vray que si j'avois gousté en toute ma vie autant de joye que vous en recevés maintenant, il n'y auroit plus de douleurs ni de peines qui fussent capables de me faire plaindre.

Que si je ne suis pas né pour estre si heureux en effet, faittes au moins que je le sois en imagination et me rendés présent à vos conversations par vostre souvenir et par vos paroles; ne permettés pas que tous vos entretiens soient si grands et si relevés que je n'y aye point de part. Obligés ces vertueuses, ou plustost ces vertus, de tourner quelquesfois la pensée vers moy, et si elles ne me souffrent dans leur mémoire, asseurés les au moins qu'elles sont tousjours présentes à la mienne, et que je les honnore autant que vous. Je vous remets et elles aussy pour les nouvelles à la coppie de celles que j'ay envoyé à M. Magnes pour Mme la comtesse de Saint-Pol[3], lesquelles vous trouverés incluses. Je ne vous fais point d'excuse du mauvais

---

[1] Était-ce le célèbre Guy de la Brosse, médecin ordinaire de Louis XIII et, depuis 1626, intendant du Jardin royal ou Jardin des plantes? Ne serait-ce pas plutôt le père de cette «Mlle de la Brosse, une des filles de Madame la princesse,» mentionnée dans l'historiette sur Chapelain de Tallemant des Réaux (t. III, p. 269)? Je trouve mention d'un M. de la Brosse, probablement le nôtre, dans une lettre de Balzac (p. 784 de l'in-f° de 1665), lettre dont j'aurai l'occasion de citer plus loin un passage.

[2] Sans doute Mesnil-le-Roi, aujourd'hui commune du canton de Saint-Germain-en-Laye (Seine-et-Oise).

[3] Anne de Caumont, marquise de Fronsac, était alors veuve (depuis le 7 octobre 1631) de

caractère dont elles sont escrittes pour ne vous pas reprocher la vostre qui ne vaut pas mieux, et il est à croire que vous lirés bien celuy-cy, puisque vous lisés bien la vostre. Vous ne vous plaindrés pas que je vous escrive avec cérémonie puisque, hors le Monseigneur qu'on ne peut refuser à vostre dignité, je traitte avec vous dans nostre familiarité ancienne et vous dis à l'ordinaire, etc.

De Paris, ce 10 octobre 1636.

J'allois fermer ma despesche quand le valet de Camusat m'a apporté vostre billet qui m'a fait voir que la liberté est un privilége de compagnie, et que la vraye austérité n'est pas dans le désert. Tout de bon vostre galanterie m'inquiette et principalement pour le sujet qui m'a desja receu pour galant, il y a plus de deux ans[1]. Je vous abandonne les chastes beautés de Mlles de Clermont et Mezieres, très capables de vous ravir, mais de regarder celle de la belle lionne, c'est ce que je vous deffens à peine d'en mourir. Ne vous souvenés vous plus qu'elle despèce le monde et qu'il est aussy dangereux de l'aymer que de haïr un tiran? Moy mesme qui par ma bonne fortune ay permission de la révérer, je n'en approche qu'en tremblant et crains si fort ses plus doux regards que je ne la vois que de six semaines en six semaines. Ce sera pour ce coup une des raisons qui m'empeschera de l'aller visiter dans la plus belle de ses grottes. L'autre et la plus véritable est l'obligation que j'ay à demeurer à Paris tant que Mme la duchesse de Longueville y sera. Cependant je vous remercie et toutes vos dames de l'offre que vous me faittes en leur nom. J'ay regret de n'en estre pas digne et de ne la pouvoir accepter.

J'adjousteray à nos nouvelles génerales que M. Voiture est de retour et a passé tantost céans, sans me rencontrer[2].

François d'Orléans, comte de Saint-Paul, pair de France, chevalier des ordres du roi, etc., qu'elle avait épousé en février 1695. Voir sur la pieuse comtesse de Saint-Paul les divers renseignements réunis dans un opuscule que j'ai publié sous ce titre : *Un document inédit relatif à l'enlèvement d'Anne de Caumont* (Paris, 1874, in-8°).

[1] C'est-à-dire Mlle Paulet. Tallemant des Réaux, qui signale (t. III, p. 268) «la grande amitié qui estoit entre Mlle Paulet et Godeau», ne dit rien de la passion de Chapelain pour cette séduisante personne, et se contente de rappeler (*ibid.* p. 268) l'ingénieuse fiction que ce dernier intitula *Récit de la belle lionne au ballet des dieux.* Voici les premiers vers de cette pièce qui fut si goûtée et qui resta longtemps si célèbre (recueil dès poésies de Chapelain) :

> Mortels de qui l'esprit s'estonne
> Voyant au front d'une lionne
> Éclater à l'envy tant d'attraits glorieux,
> Que personne ne s'esmerveille
> De cette beauté non pareille :
> Je suis la lionne des cieux.

[2] Chapelain, le 16 octobre (f° 158), écrit à l'abbé de Boisrobert (à l'armée de Picardie), et lui demande «response pour pouvoir satisfaire à M. Bouchard, nostre amy,» qui lui mande qu'il a supplié, il y a six mois au plus, Boisrobert de lui faire accorder une certaine coadjutorerie. Chapelain ajoute : «J'ay une mortification non petite d'apprendre que dans vostre Court on m'avoit débité pour le plus effrayé des hommes, comme si j'eusse creu que l'Espagnol nous devoit tous engloutir... Cette badine calomnie m'a fasché, je vous l'avoue, et d'autant plus qu'il n'y a aucun des serviteurs de Monseigneur, hors ceux qui ont l'honneur d'estre de ses domestiques, qui puisse se vanter d'avoir moustré ni par ses paroles, ni par ses actions, plus de fermeté dans le péril qui sembloit nous menacer au dehors et au dedans.» Chapelain prie son ami de désabuser le cardinal, si cela est venu jusqu'à lui.

LXXXV.
À M⁽ʳ⁾ L'ÉVESQUE DE GRASSE.

Monseigeur, je crains trop les foudres de l'excommunication pour vouloir risquer d'en estre atteint en vous honnorant autant que vous le désirés. Vous ne serés donc plus Monseigneur dans nostre commerce familier, et je me contenteray que vous le soyés en effet, sans vous le faire de compliment et de cérémonie. Je suis bien dans vostre sens que tous ces tiltres sont des inventions non seulement humaines, mais d'hommes vains et fort éloignés de cette sainte humilité chrestienne[1] qui faisoit dire aux premiers pasteurs avec sincérité qu'ils ne vouloient estre qualifiés que serviteurs des serviteurs de Dieu[2]. Et certes je voudrois que ce siècle généreux revint où ceux mesmes qui n'estoient pas obligés par la loy du christianisme à n'affecter point de tiltres d'honneur, se contentoient de s'appeller et s'escrire sans préface avec leurs noms tous nus, fust-ce Cicéron à Brutus, ou César à Pompée. Mais nos esprits sont par trop gastés pour pouvoir user de cette noble simplicité, ou du moins pour espérer que le commun de ceux que le monde appelle grands, n'exige point les flatteries caparassonnées[3] que le mauvais usage a introduittes pour satisfaire à leur vanité. Pour nous je suis d'avis que nous desrogions à cette loy orgueilleuse, deussions nous passer pour novateurs et m'accomoderai d'autant plus facilement à cette proposition, que j'y pers moins que vous et que mon tiltre[4] ne vaut pas le vostre.

Au reste, vous me dépiqués fort de me dire que les dames ne vous occupent pas tout entier et que vous vous partagés à elles et au plus esclairé de tous [les] apostres[5]. J'attens avec impatience la fin de ce grand ouvrage et vous exhorte à y donner tout le plus de temps que vous pourrés. J'en profiteray doublement à l'avenir par les rares instructions que j'en tireray et à présent par le loysir que vous laisserés aux nymphes de Mézières de tourner quelquefois les yeux de la pensée vers nous. J'ay extrême obligation au souvenir que vous m'asseurés qu'elles ont de moy et vous prie de leur en faire un exquis compliment de ma part à vostre mode.

J'ay receu la lettre de M. Bouchard qui me remercie en termes fort obligeans de l'occasion que je luy ay donné de vous servir. Il me demande vostre bienveillance, et me fait souvenir qu'il avoit d'office et de son chef, dès il y a huit mois, fait valloir vos ouvrages auprès de Sa Sainteté par la seule estime qu'il faisoit de vostre mérite. Il m'a donné commission pour la Cour où j'ay escrit et j'en attens response pour la luy faire. Cependant vous pourrés luy reserire,

---

[1] Les premières lignes de cette lettre ont été citées par M. Livet (*Précieux et Précieuses*, p. 75, note 1), et, à cette occasion, M. Livet vante «cet évêque modeste, qui refusait si gracieusement de se laisser *monseigneuriser* par ses amis.»

[2] On prétend que ce fut le pape saint Grégoire le Grand, dont le pontificat dura du 8 février 590 au 12 mars 604, qui le premier prit ce titre, pour réprimer par sa modestie la vanité de Jean, patriarche de Constantinople, qui se proclamait œcuménique. Voir le *Glossaire* de Ch. Du Cange, au mot *servus servorum Dei*, où l'éminent érudit cite le témoignage formel de Jean Diacre, en sa *Vie de saint Grégoire* (livre XXII, chap. 1), et où, à côté de ce témoignage, il indique diverses autres autorités.

[3] Allusion aux riches housses brodées d'or ou d'argent dont on faisait parade dans les grandes cérémonies.

[4] Depuis 1632 Chapelain était en possession de la charge et du titre de conseiller et secrétaire du Roi. Voir Jal, *Dictionnaire critique de biographie et d'histoire*, au mot *Chapelain*.

[5] Saint Paul.

s'il vous a escrit, et luy tesmoigner de bonne sorte que son amitié vous plaist. M'envoyant vostre lettre, je la mettray avec la mienne et la feray tenir seurement.

Je vous envoye une autre gazette de ma façon un peu mieux griffonnée[1] que l'autre, de laquelle vous aurés mauvaise grâce de vous plaindre, estant si peu curieux que vous estes, et n'en désirant voir que *per parer d'esser vivo*. Revenés dans le temps que vous avés promis : nous vous y attendons.

De Paris, ce 20° octobre 1636[2].

LXXXVI.
À M. DE BALZAC,
À BALZAC.

Monsieur, j'avois résolu de vous laisser quelque temps en repos, et de croire cependant de vostre santé ce que j'en désire, sans vous importuner en vous en enquerrant, mais je suis en lieu où non seulement la tranquillité m'est ostée, mais encore où l'on veut que je trouble celle de mes amis qui sont éloignés. Vous avés si bien dit à tout le monde que vous m'aymiés beaucoup que tous ceux qui ont affection ou curiosité pour vous me viennent sans cesse demander de vos nouvelles, et quelques uns mesme me chargent des leurs pour vous les faire tenir. M. L'Huillier est l'un de ceux-là, auquel vostre libraire ayant porté de vostre part vos deux derniers volumes de lettres, il a creu vous en devoir un particulier remerciment. C'est un homme d'honneur qui vous estime avec connoissance et qui n'est pas le moins considérable de vos partisans. Son amitié est aisée, et jamais changeante; au contraire par sa condition et son humeur elle peut estre fort utile à qui la voudra employer pour son secours. J'ay reconnu qu'il ne sera pas le seul qui vous rendra grâces par escrit de ces beaux présens. Vous devés attendre bientost le mesme compliment de M. l'abbé de Peyresc, ce célèbre vertueux qui fait honneur à la Provence et qui a des correspondances partout où il y a du mérite et de la bonté[3].

Je vous tiens tousjours pour chacun aux bains de Barbotans[4] et d'Encausse[5] afin que ceux qui ont raison de vouloir que vous leur respondiés ne soient point scandalisés de vostre silence. Mais comme j'approuve que vous ne vous pressiés point de cette civilité, je ne croy pas aussi que vous ne la leur deviés point du tout rendre, principalement quand ce sont gens qualifiés et qui ont fait la première avance.

L'autre qui me voit souvent sur vostre

---

[1] M. Littré n'a trouvé le mot *griffonner* employé comme synonyme de mal écrire dans aucun ouvrage antérieur à la 10° *satire* de Boileau. Le *Dictionnaire de Trévoux* a signalé l'emploi de *griffonner* par Gabriel Naudé dans le *Mascurat* (1649) et par Molière dans le *Misanthrope* (1666).

[2] Chapelain (f° 161) écrit à Boisrobert, le 25 octobre : « Je ne me puis resjouir que lorsque vous pourrés vous resjouir vous mesme, je veux dire lorsque Monseigneur aura mis Corbie hors d'espérance de luy eschapper et que nous le verrons à Paris sain et triomphant de nostre mauvaise fortune. » Chapelain, dans toute cette lettre, parle beaucoup de la santé et de la gloire du cardinal, disant de cette dernière : « Il ne la sçauroit rendre plus grande, non plus que la mer ne se grossit point pour tous les fleuves qui s'y deschargent. »

[3] Il était difficile de mieux marquer en quelques mots le grand mérite, la grande renommée et les infinies relations de Peiresc.

[4] Les eaux de Barbotan sont dans la commune de Cazaubon, arrondissement de Condom (Gers).

[5] Encausse est une commune du canton d'Aspet, arrondissement de Saint-Gaudens (Haute-Garonne). On se souvient des charmantes pages du *Voyage de Chapelle et de Bachaumont* sur Encausse (édition Jannet, 1854, p. 63-71).

sujet est M. de Saint-Chartres duquel je ne vous diray rien puisque c'est vous qui me l'avés donné pour amy, si ce n'est que je vous ay obligation de m'avoir mis aux bonnes grâces d'un si honneste homme[1]. Il y a un mois ou six semaines que je vous envoyay de sa part un paquet de papiers assés gros, lequel il me recommanda fort, m'asseurant que c'estoit des originaux que vous aviés désirés et que vous seriés bien marri qu'ils s'esgarassent. Maintenant, n'ayant eu nul avis de la réception de ses papiers, il en est en peine et m'a fort prié de savoir ce qu'ils sont devenus. Le sieur Rocolet m'a bien dit qu'ils vous avoient esté portés, mais ce tesmoignage ne nous suffit pas pour en avoir l'esprit en repos. Vous y remédirés, s'il vous plaist, par un billet de vostre main, d'où vous le trouverés à propos, afin de l'esclaircir sans déceler vostre traitté. Il me vit avant hier, et me dit qu'il avoit traitté d'une charge de conseiller au grand conseil en laquelle il espère se faire recevoir avant deux mois. Je luy promis de vous mander cette affaire et m'avançay de luy asseurer que vous seriés bien aise de ce commencement d'honneur pour luy. Je suis trompé s'il n'y réussit entièrement, et s'il fait jamais honte à ceux qui l'auront aymé; peut-estre vous en escrira-t-il luy mesme, au moins me pria-t-il de mettre une lettre qu'il m'envoyeroit dans mon paquet

Je suis, Monsieur, vostre, etc.

De Paris, ce 25 octobre 1636[2].

LXXXVII.
À M. DE BALZAC.

Monsieur, vous verrés par la lettre que j'escris à M. de Chives quel est mon sentiment touchant l'affaire que vous me donnastes à deviner par vostre dernière[3]. Je ne

---

[1] Voir dans l'in-f° de 1665 une lettre de Balzac à M. de Saint-Chartres (n° 11 du livre IX), du 4 novembre 1636. On y lit : «M. Chapelain me remercie de vostre amitié par toutes ses lettres.»

[2] Mentionnons (f° 163) une lettre au maréchal de Brezé, à Saumur, des premiers jours de novembre 1636, où Chapelain déplore qu'il soit malade, déclarant que ce n'est pas un petit malheur pour la France, et ajoutant : «Il semble à tous ceux qui connoissent ce que vous valés que l'armée a perdu la moitié de sa force depuis vostre départ.» A la suite de cette lettre vient (f° 164) une lettre à Boisrobert, du 9 novembre: «Si ce que M. L'Huillier me vient d'asseurer est véritable, que vous soyés encore une fois prieur d'un bénéfice de cinq ou six cens escus par la grâce de Monseigneur, je ne veux pas estre entre les derniers de vos serviteurs qui vous en tesmoigneront leur joye, puisque je prétens estre entre les premiers qui vous honnorent, et puisque vos avantages me sont plus chers que les miens; je mets cette nouvelle au nombre de celles dont j'attends le plus de consolation, et tout ce que je puis faire est de ne la pas tenir égale à celle de la prise de Corbie, lorsque Monseigneur aura aussi bien mis cette avanture à fin que tant d'autres encore plus difficiles.» Enfin (même f°) Chapelain, le 13 novembre, écrit à Godeau, à Mézières, pour lui dire qu'il l'attend : «Il est vray que tant que l'hostel de Rambouillet sera vuide, vous ne croirés pas qu'il y ait personne à Paris dont les inquiétudes vous important et que vous croyés digne de vos consolations, si bien que nous avons bien la mine de ronger nostre frein en attendant que le froid vous chasse vers nous, ou que les Julies et les Angéliques vous y attirent... Tous nos amis sont en santé, et le bon M. de la Trousse, ce croy-je, par l'eficace [on disait alors habituellement *efficace* pour efficacité et on l'a dit encore exceptionnellement de notre temps, car nous lisons dans le tome IV, 1877, de la *Correspondance* de M. Doudan : Donnez-moi quelques avis pour lui nuire avec *efficace*] des prières que je vous avois demandées pour luy, nous donne de bons signes de guérison.»

[3] Cette lettre (f° 165) est datée du 23 novembre; M. de Chives avait prié Chapelain de faire obtenir à Balzac le titre de conseiller d'État.

souhaitte rien plus au monde que de trouver jour à vostre dessein et vous pouvés bien croire qu'il n'y a rien que je ne face pour vous en faire avoir contentement, mais je ne sçay point encore si le cavallier n'est point de ces intéressés qui croient qu'on ne peut jamais avoir trop de bien et je ne sçay pas aussy jusqu'où mon crédit peut aller en ce négoce, et si vous ne m'y aurés point jugé plus puissant que je le ne suis. Nous descouvrirons les secrets dans leur temps et cependant nous ferons la guerre à l'œil[1] et par nostre conduitte ne rendrons point les choses plus difficiles.

Au reste, les nouvelles matières de confusion qu'il me semble que doivent apporter la retraitte de la Cour de Monsieur et de M. le comte[2] m'attristent et me travaillent l'esprit. Si elle a les suittes que l'on appréhende, il n'y aura plus de lieu en France où l'on se puisse dire en paix, et plus les provinces seront éloignées, plus se sentiront elles du malheur public. La vostre, qui sembloit estre l'Arcadie de ce royaume, je veux dire le lieu le plus tranquille et le dernier à estre troublé, n'en sera non plus exempt que les autres[3] et peut estre d'icy à quelque temps craindray-je autant pour vous que vous avés fait pour moy, et vous conviray-je à mon tour à venir chercher vostre seureté dans un mauvais logis. *Ma tolga il ciel gli augurii* et vueille confirmer ces testes illustres dans leur devoir, s'ils n'y sont encore ou s'ils y sont sortis qu'il luy plaise de les ramener et leur faire connoistre qu'ils se perdent bien plus asseurément en exposant la France à l'invasion espagnolle par leur mescontentement, qu'en se confiant en la bonté du Roy qui par toutes les raisons de justice et de bienséance ne doit point avoir intention de les ruiner ni de s'asseurer de leurs personnes. Les esprits sont encore en suspens de l'événement n'y ayant point encore [moyen de rien savoir] ni du sujet de leur retraitte, ni de ce qu'ils ont dessein de faire à l'avenir.

Je suis, Monsieur, vostre, etc.

De Paris, ce 23 novembre 1636[4].

LXXXVIII.
À M. DE BALZAC.

Monsieur, je n'approuve point vostre précipitation à respondre à tant de personnes et me condanne moy-mesme si je vous ay sollicité. C'est trop tost tirer rideau et vous exposer trop tost aux louanges et aux importunités de ceux qui cherchent leur gloire

---

[1] Cette pittoresque expression n'a été trouvée par M. Littré (*Dictionnaire de la langue française*, au mot *guerre*) que dans des écrits postérieurs, le *Virgile travesti* de Scarron, le *Geôlier de soi-même* de Thomas Corneille. M. Charles Nisard (de l'Institut) cite encore, au sujet de cette expression «très-usitée», dit-il, «au xvii° siècle», la *Folle enchère* de Dancourt (note 2 de la page 19 du tome II de la *Correspondance inédite du comte de Caylus avec le P. Paciaudi, théatin, etc.* (Paris, 1877, grand in-8°).

[2] Le duc d'Orléans et le comte de Soissons sortirent tous deux brusquement de Paris, dans la nuit du 20 au 21 novembre, le premier pour se retirer à Blois, le second pour se retirer à Sedan.

[3] On fit courir le bruit que le duc d'Orléans et le comte de Soissons se dirigeaient tous les deux vers la Guyenne pour y exciter un soulèvement. Les princes rebelles se contentèrent d'envoyer dans cette province quelques-uns de leurs partisans pour essayer de nouer quelque intrigue avec les ducs d'Épernon et de la Valette, toujours mécontents.

[4] Il y a, dans l'in-f° de 1665, p. 734 et 735, deux lettres de Balzac à Chapelain, l'une du 4 et l'autre du 18 novembre 1636 (n°ˢ xxv et xxvi du livre XVII), mais ces lettres ne s'accordent pas avec celles de Chapelain, écrites en ce même mois, et je suppose qu'il faut les mettre en 1637.

en vous. J'avois si bien justifié partout vostre silence et vous avois fait un si grand fonds de repos! Enfin vostre pudeur l'a emporté sur mon art, et vous n'avés peu tenir ferme, parce que vous estes bon, et que mesme dans les choses permises vostre conscience ne souffre pas que vous dissimuliés longtemps. Ce qui reste maintenant à faire est de vous endurcir le front et d'accoustumer le monde à n'attendre de vous que tardives responses aux lettres qui ne vous importeront de rien. Autrement je vous tiens misérable et ne voudrois pas achepter vostre réputation à ce prix là. Surtout ne rescrivés aux deux seigneurs M[.....] et l'E[.. ..] [1] qu'à la fin de six cent trente sept [2], et si vous voulés bien faire mesme, ne leur escrivés point du tout puisqu'il leur doit suffire, pour toute gloire, que vous ayés reçeu leurs lettres. Ils sont tous deux comiques en genre différent, et si l'on voyoit des vostres entre leurs mains, autant que leur bonté vous feroit honneur, autant ceux à qui elles s'addresseroient vous feroient de honte. Vous vous détacherés bien mieux du dernier en ne commençant point du tout ce commere, que si vous l'engagés par escrit, et pour le premier, je croy qu'il se contentera tousjours assés que vous l'aymiés et que vous ayés bien parlé de luy, sans exiger encore que vous parliés à luy.

Pour M. L'Huillier, vous luy devés cette civilité, non seulement pour ce qu'il vaut, mais encore parce qu'il vous estime, et qu'il a tendresse pour vous. Je ne le vois jamais qu'il ne m'en parle avec honneur et qu'il ne me tesmoigne la bonne odeur que vous avés laissé de vostre vertu chés M^{rs} Du Puy [3]. Au reste je reconnois tous les jours le juste sujet que vous avés de faire cas de M. de Saint-Chartres et désormais serois capable de vous le recommander, si vous vous estiés lassé de l'aymer. Je ne say encore ce qu'il peut en prose françoise, mais j'ay veu de ses vers qui sont bons, et il escrit en latin aussy purement qu'homme que je connoisse. Lorsque M. de Chives l'aura agréable, j'entendray l'énigme de quatre mille livres de rente sur sa charge de conseiller au grand conseil, bien que sans autre explication je croye en avoir esté l'OEdippe, et si ce n'est ce que je m'imagine, je m'offre pour entremetteur [et] serois ravi de servir une personne si accomplie qu'est celle qui m'est tombée en l'esprit. Par les discours que nous avons eu ensemble sur son bien, j'ay tiré conjecture que cette charge qu'il achepte trente-trois mille escus n'estoit que la moitié qu'il pouvoit espérer. Voila toute la lumière que je vous en puis donner, en attendant que vous vous laissiés plus particulièrement entendre.

Les Muses dont vous demandés des nouvelles, et que l'irruption des Espagnols en Picardie avoit dispersées, ne sont point encore ralliées, quoyque non seulement le grand orage soit passé, mais que par la réduction inespérée de Corbie, où le régiment des gardes entra hier [4], nous soyons rentrés dans un plein calme. Elles reprendront à

---

[1] S'agit-il là de *Mainard* et d'*Esprit*, que l'on appelait souvent l'*Esprit?*

[2] On supprimait ainsi souvent au XVIIe siècle le mot mille, en énonçant une date.

[3] On connaît les bonnes relations de Balzac avec les MM. Du Puy, dont il a si bien parlé dans plusieurs passages de ses œuvres, notamment dans une lettre du 23 novembre 1636 à ce même M. Luillier que Chapelain lui recommande ici même (n° III du livre IX).

[4] Voici les dates exactes en ce qui concerne la reddition de Corbie : le 9 novembre les ennemis demandèrent à capituler; le 10 la capitulation fut signée par le comte de Soissons, et le 11 par le commandant de la garnison espagnole, Georges de Brimeu. Le 14 les Espagnols sortirent de la place; le 19 le baron de Nanteuil, le nouveau gouverneur, prit possession de Corbie.

mon avis leurs exercices au retour de Leurs Majestés et de Son Éminence à Paris, qui doit estre dans cinq ou six jours[1], et prépareront le triomphe que méritent nos libérateurs.

M. de Boisrobert a succédé à M. de Chavagne, bénéficier de la suitte de M. le cardinal de la Vallette, dans un prieuré de quinze cent livres qu'il possédoit en Poitou, ce qui servira de consolation aux autres Muses languissantes, si la présente nécessité des affaires empesche leur bienfacteur de leur continuer les alimens.

Je sauray de M. d'Andilly, à son retour de Pomponne, si M. le cardinal Bentivoglio a receu vostre présent. Ce que je vous puis dire seulement est qu'il y a trois mois que sur une lettre que j'escrivis à M. de Saint-Nicolas et qui fut portée à Rome, dans laquelle de concert avec vous je louois d'éloquence le cardinal Bentivoglio, il respondit avec une modestie meslée de joye qu'il vous cédoit ce titre d'éloquent, et qu'il attendoit avec impatience les volumes que vous luy destiniés. Depuis cela, je n'ay point sceu qu'ils ayent esté mis entre les mains de M. d'Andilly pour les luy faire tenir, et je crains qu'ils n'ayent pas esté envoyés, parce que s'il en avoit accusé la réception, M. de Saint-Nicolas ne me l'auroit pas laissé ignorer.

Je ne vous parle point du nouveau libelle d'un prétendu gentilhomme de campagne en forme de lettre contre vos dernières lettres, et particulièrement vostre dissertation de l'*infanticide*[2], pour ce qu'il est impertinent, quoyqu'il soit recueilli par vos envieux. On l'attribue à un veillard (*sic*)[3], Feuillant, parce que ce sont ceux de cet ordre qui le distribuent. Et je ne vous conseille point de vous en esmouvoir, mais de considérer vostre mérite dans les lettres comme une question que vos jaloux agiteront tousjours, et dont ils feront tousjours une matière de controverse, sans que la raison les convainque jamais, parce que c'est la malice et non pas l'ignorance qui les anime. En récompense vous ne manquerés jamais d'admirateurs, et je suis asseuré que le temps vous fera justice faisant diminuer l'envie à mesure qu'il accroistra vostre réputation.

Je rendray vos lettres addressantes à MM. de Saint-Chartres, Silhon et Conrart en main propre. Je ne doute point que vous n'asseuriés le premier d'avoir reçeu les papiers qu'il avoit fait venir de Poitiers pour vous, et dont il est encore en peine.

Je suis, Monsieur, vostre, etc.

De Paris, ce 26 novembre 1636.

LXXXIX.
A M^r LE CARDINAL DE BENTIVOGLIO,
À ROME.

Monseigneur, quand je n'aurois point desja veu l'excellent ouvrage qu'il vous a pleu de m'envoyer[4] et que ses beautés me seroient moins particulièrement connues, je pourrois, avant que de le regarder, vous en

---

[1] Le cardinal de Richelieu quitta Corbie le 20 novembre; Louis XIII était arrivé à Paris le 21, et Richelieu arriva le 24 à Ruel.

[2] C'est le *Discours sur une tragédie de monsieur Heinsius*, intitulée *Herodes infanticida*, adressé à M. Huggens de Zuylichem, conseiller et secrétaire de Mgr le prince d'Aurange (Paris, Rocolet, 1636, in-8°), et que l'on retrouvera dans les *OEuvres complètes* (1665, t. II, parmi ses *Dissertations de critique*, p. 530-557).

[3] Je ne saurais donner aucun renseignement sur le libelle et sur son auteur.

[4] La seconde partie de l'*Histoire de la guerre de Flandre*, contenant six livres, parut en 1636 (in-4°).

rendre grâces comme d'un présent très exquis, puisqu'il ne sort rien de vostre plume qui ne soit rare et que vous estes en possession de mieux escrire qu'homme de vostre temps. Mais la bonté de Vostre Éminence ayant permis que j'en aye veu les pièces séparées à mesure que M. l'abbé de Saint-Nicolas les recevoit, si parmi les remercimens que je vous en fais, je les loue maintenant qu'elles sont assemblées, l'estime en sera d'autant plus solide qu'elle ne pourra passer pour précipitée, et que ce ne sera point la seule persuasion de l'excellence de vostre esprit qui m'en fera donner le nom d'excellente à cette dernière production. J'ay eu le temps, Monseigneur, de la considérer, et, si je l'ose dire, mesme de la sousmettre à ma censure, et plus je l'ay regardée d'un œil sévère, plus j'y ay rencontré de perfections. Elle s'est tousjours présentée à moy d'un air tout ensemble si agréable et si majestueux que, bien que celle qui la précède soit merveilleuse, en l'une et en l'autre de ces parties, si j'estois néantmoins obligé de dire mon sentiment sur leur mérite, comme je ne trouverois rien à reprendre en la première, je ferois voir infinité de choses dignes de louange en la seconde, et croirois pouvoir sans blasme luy donner le premier rang.

C'est là, à mon avis, Monseigneur, le plus haut éloge qu'elle puisse prétendre de se voir mise au dessus de celle qui avoit obtenu l'avantage sur toutes les pièces de ce genre, et je ne pense pas que cette préférence les puisse mettre mal ensemble puisque non seulement elles sont sœurs, mais encore que bientost elles ne seront qu'une mesme chose, lorsque Vostre Éminence les aura accompagnée d'une troisième[1] et que de toutes trois elle ne fera qu'un seul corps.

Au reste, entre plusieurs fruits que celle cy produira, je ne conte pas entre l'un des moindres la consolation qui en reviendra à M. le duc de Parme, prince italien, feudataire du Saint-Siége[2] et violemment poursuyvi par ceux qui ne voudroient point de liberté delà les Monts. Car, Monseigneur, il n'y peut lire l'admirable narration qu'il y a faitte des admirables actions de son grand père en faveur de ses persécuteurs d'à présent[3], sans la prendre pour un titre légitime du droit qu'il a de ne s'en pas laisser opprimer, et pour un reproche public de l'ingratitude avec laquelle est traittée la mémoire d'un si grand homme en la personne de son généreux successeur. Une image si vive et si parfaite des héroïques vertus d'Alexandre Farnèse servira à Odoard, son petit fils, à luy rendre ses malheurs plus supportables, et mesme resveillera sa vertu et luy donnera de nouvelles forces pour les surmonter, faisant par une juste émulation que si le premier a esté l'Achille de la Flandre contre les rebelles[4], le dernier sera un jour

---

[1] La troisième partie, contenant huit livres, parut en 1639.

[2] Odoard ou Édouard Farnèse, second fils de Ranuce Farnèse, naquit le 28 avril 1612. Une ligue offensive et défensive avait été conclue, le 11 juillet 1635, à Rivoli, entre lui, la France et la Savoie; mais les Espagnols le firent cruellement repentir de cette alliance, car, en 1636, ils envahirent et ravagèrent son duché et l'obligèrent à abandonner la cause de la France.

[3] Alexandre Farnèse, fils unique et successeur d'Octave Farnèse, né en 1544, et mort à Arras en décembre 1592, des suites d'une blessure négligée, fut un des plus grands capitaines de son siècle, et l'hommage que lui ont rendu le cardinal Bentivoglio et Chapelain est le plus légitime des hommages.

[4] D'après l'*Art de vérifier les dates* (t. XVII, p. 290), Alexandre Farnèse, nommé en 1578 gouverneur des Pays-Bas, «y trouva les affaires d'Espagne dans un état déplorable, et les rétablit, autant qu'il fut possible, par sa prudence, sa valeur et son habileté.»

celuy de l'Italie contre les entreprises de ceux qui n'aspirent pas à moins qu'à la mettre sous le joug.

Les autres profits qui s'en pourront tirer sont innombrables et manifestes, après quoy Vostre Éminence jugera si le présent m'en est cher, et si je l'ay receu avec la joye et le respect que l'ouvrage et l'ouvrier méritent. Et certes mon ressentiment est tel que les paroles me manquent pour le bien dire. Mais, Monseigneur, quoyque je ne l'exprime point, je ne fais nul doute que vous ne le connoissiés, puisque vous connoissés la valeur de ce que vous m'avés donné, et que mes amis vous ont asseuré que j'estois équitable estimateur des belles choses, et plus que tous les hommes du monde sensible aux grâces que je reçois. Je dirois que mes services parleront un jour pour moy, si mes services n'estoient pas indignes de vous, et si vous ne me faisiés pas grâce mesme, quand vous souffrés que je prenne la qualité de, Monseigneur, etc.

De Paris, ce 1ᵉʳ décembre 1636.

XC.
À M. DE BOISROBERT.

Monsieur, je me resjouis avec vous devant toutes choses du bon accueil que vous avés receu de Monseigneur après une courte quarantaine, mais je m'en resjouis comme d'une chose à laquelle je m'attendois, et qui ne pouvoit pas arriver d'autre sorte. Jamais vos éloignemens ne vous nuiront dans l'esprit de Son Éminence. Au contraire, ils serviront à vous faire chérir davantage, estant malaisé qu'un autre en vostre absence puisse tenir vostre place dans cette Court et par conséquent qu'on vous trouve tousjours fort à redire. Je ne vous conseillerois pas néantmoins de chercher ce biais pour vous faire plus aimer, ne fust-ce que pour ne vous pas priver de cette parfaite joye que vous cause sans doute l'honneur que vous fait Son Éminence en se communiquant avec tant de bonté et de familiarité à vous. Jouissés de sa présence le plus qu'il vous sera possible, et n'abandonnés point un lieu où vous estes en vostre lustre et où vous estes en estat d'exercer continuellement cette vertu bienséante qui est née avec vous et qui vous acquiert tant de serviteurs.

Et voyés si j'en suis bien persuadé qu'hier mesme je vous donnay matière de l'employer en faveur de Mʳ le marquis de Portes[1], auquel je m'asseure vous aurés tesmoigné que vous estes cet officieux amy qui n'a pas de pareil en France, et qui n'est jamais si satisfait que quand il fait plaisir à ceux qui font profession de vertu, de quoy je vous ferois par avance un long remerciment, si je n'en avois un autre à faire qui me regarde en mon particulier, et auquel je suis obligé par une grâce faite à ma propre personne. Vous entendés bien, Monsieur, que c'est du soin que vous avés eu, dès vostre arrivée auprès de Son Éminence.

---

[1] Le marquis de Portes, de la maison de Budos, était l'oncle du dernier duc de Montmorency, comme le rappelle Tallemant des Réaux, qui l'appelle «un homme d'esprit». (*Historiettes*, t. II, p. 306.) Dans sa lettre de recommandation du 2 décembre (f° 171), Chapelain insiste auprès de Boisrobert pour qu'on répare l'injustice faite dans le conseil, au sujet de la succession du marquisat de Portes, à «cet oncle paternel de Mᵐᵉ la princesse», ajoutant que d'Andilly «aime autant le marquis de Portes que son propre frère,» ajoutant encore que le frère du marquis actuel fut tué à Privast (*sic*) «et avoit l'honneur d'estre aymé de Son Éminence». Sur le marquis de Portes tué devant Privas, voir dans le recueil de M. Avenel (t. III, p. 324), une note où sont cités les *Mémoires* de Bassompierre et le *Mercure françois* (t. XV, p. 477).

de luy faire souvenir de ma dévotion à son service, et mesme de luy conserver l'opinion que vous luy avés donné de ce que je peux valloir. Ensuitte de quoy je ressens les effets de vostre recommandation par l'ordre que vous vous estes fait donner touchant la pension dont il plaist à Son Éminence de me gratifier[1], sans en avoir esté sollicité que par vostre générosité seule, et lorsque je ne croiois pas qu'il fut à propos de vous en importuner. De tout cela jugés quel doit estre mon sentiment, et dites vous à vous mesme les paroles d'actions de grâces que vous diriés à un autre qui vous auroit autant fait de faveur que vous en avés fait à moy, car je trouve les miennes au dessous de ce que je dois, et ne vous puis remercier que par vostre ayde.

Pour le reste, j'ay grande joye que le R. P. Joseph ayt voulu appuyer vos bons offices des siens, et se soit daigné souvenir en cette occasion que si je n'avois point de mérite, au moins avois-je beaucoup de zèle pour la gloire de Son Éminence. S'il s'en présentoit quelqu'une où vous luy puissiés tesmoigner combien je me sens son obligé depuis longtemps, et le désir que j'ay d'estre fait digne de ses commandemens, vous me feriés une singulière grâce de ne la pas laisser passer.

J'ay dressé, selon vostre ordre, la quittance de 1000 livres, mais je ne vous l'envoye pas, tant pour ce que vous ne me le dittes pas dans la vostre, que pour ce que je n'ay pas encore celles de Mrs Silhon[2] et Porchères[3] que vous m'enchargés de prendre et que je prétens vous faire tenir tout ensemble. Quant au premier, vous en connoissés le mérite exquis, et je n'ay que faire de vous dire que vous ne sçauriés mieux employer vos soins [ni] vostre crédit qu'en sa faveur, et pour le second je reconnois ingénument qu'il vous est et nous aussi d'autant plus obligés (*sic*) du bien que vous luy procurés, qu'il ne le mérite pas plus que moy et qu'il n'est pas plus utile à Son Éminence. Ce ne sera pas un payement, ce sera une charité de laquelle au moins le mauvais estat de sa fortune est digne, si son esprit ne l'est pas. En sorte que ce vous sera envers Dieu une action méritoire de l'avoir fait passer encore au moins cette année entre ceux qui valent quelque chose. Pour l'avenir, vous n'en aurés nulle prière de moy, et si vous continués à le favoriser, Mr Conrart sera le seul qui vous en sera redevable.

Je vous rends grâces infinies de ce que vous me mandés de Mr Godeau et luy feray sçavoir de quelle sorte vous avés servi sa vertu.

Je ne manqueray pas aujourd'huy de faire sçavoir à M^r l'abbé Habert ce que vous m'ordonnés[4].

Je demeureray, Monsieur, vostre, etc.

De Paris, ce 3 décembre 1636.

---

[1] C'est la première mention que nous trouvions dans la correspondance de Chapelain d'une *pension* à lui donnée par le cardinal de Richelieu. Depuis la fin de 1636, une pension régulière, annuelle, de mille livres remplaça d'éventuelles gratifications.

[2] Aucun des biographes de Silhon n'avait parlé du secours accordé par Richelieu à cet écrivain d'un «mérite exquis», et M. René Kerviler lui-même, qui signale la peu brillante situation financière de l'auteur du *Ministre d'État* à cette époque (*Jean de Silhon*, 1876, p. 59), n'a pas plus que Pellisson, eu connaissance d'un bienfait qui fut si bien placé.

[3] Pellisson dit dans sa notice sur François de Porchères-d'Arbaud (t. I, p. 182): «M. de Boisrobert, à qui tout le monde rend aujourd'hui ce témoignage que jamais homme qui fut en faveur n'eut l'humeur si bienfaisante, lui fit donner une pension de 600 livres par le cardinal de Richelieu.»

[4] De quel abbé Habert s'agit-il ici? Est-ce de Germain Habert, qui était le plus souvent appelé l'abbé de Cerisy? Ne serait-ce pas plutôt d'Isaac

XCI.

À M. DE BELIN,

AU MANS.

Monsieur, si les baises mains que Mairet[1] m'a fait de vostre part sont effectifs et véritables, que je ne fay que ce que je dois de vous en tesmoigner par escrit mon ressentiment! S'ils sont de sa pure courtoisie et pour me la faire paroistre encore plus belle, je ne laisseray pas de luy estre obligé de cette officieuse tromperie, et m'ayderay à tromper mesme plustost qu'à me désabuser, ne fust-ce que pour avoir quelque prétexte de vous escrire. Je vous rends grâces donques de vostre souvenir et sans cajollerie vous asseure qu'il m'est aussy cher que glorieux, et que dans le desplaisir de vostre éloignement il me tient lieu d'une demy présence. Il est vray que j'aymerois bien mieux que vous vous souvinssiés de moy dans vostre royaume du Marests[2] que dans vostre empire du Mayne. Mais il se faut accommoder à la nécessité et jouir plustost d'un contentement imparfait que de n'en point avoir du tout.

A vostre retour, si les choses ne changent, vous trouverés les grands comédiens[3] avoir regagné le dessus sur les petits, nonobstant la protection que vous avés donnée à M⁺ de Mondory[4] auprès des puissances, et le restablissement de son crédit sera un ouvrage digne de l'affection que vous avés pour luy. Et de peur que vous ne croyés le mal plus grand qu'il n'est, mes originaux ne m'ont dit autre chose sinon que l'hostel de Bourgogne plaisoit plus que le tripot du Marests au goust de ceux à qui chacun d'eux essaye le plus à satisfaire. C'est pourquoy vous vous consolerés aysément de ce malheur. Voyés jusqu'où vostre bonté me fait abuser de vostre patience de l'entretenir de ces chansons. Mais je prétens réparer cette faute par la nouvelle que je vous donne de l'envoy de M. de Lian-

---

Habert, qui fut successivement docteur de la faculté de théologie de Paris, chanoine et théologal de Notre-Dame, évêque de Vabres (1645)?

[1] Jean de Mairet, né le 4 janvier 1604, à Besançon, y mourut le 31 janvier 1684. Le poëte passa auprès de son excellent bienfaiteur, le comte de Belin (mort en novembre 1638, selon l'abbé Gouget, *Bibliothèque françoise*, t. XVIII, p. 185; le 29 septembre de la même année, selon M. Henri Chardon, *La Troupe du Roman comique dévoilée et les comédiens de campagne au XVII⁵ siècle*, 1876, in-8°, p. 37), passa, dis-je, six paisibles années, comme il le déclare dans l'épître dédicatoire de *Roland le Furieux* (1640, in-4°). Ce fut au milieu des divers domaines que ce grand seigneur possédait, domaines que Mairet compare à *autant de Parnasses*, qu'il composa *la Sophonisbe*, *la Virginie*, *les Galanteries du duc d'Ossonne*, etc. Voir sur le protégé du comte de Belin une thèse pour le doctorat ès lettres soutenue devant la faculté de Paris par M. Gaston Bizos, ancien élève de l'École normale supérieure, et intitulée : *Étude sur la vie et sur les œuvres de Jean de Mairet* (Paris, 1877, in-8°).

[2] M. de Belin habitait à Paris le quartier du Marais, et, en sa qualité de voisin, il favorisait le théâtre situé d'abord (commencement du XVII⁵ siècle) à l'hôtel d'Argent, au coin de la rue de la Poterie, près de la Grève, puis rue Michel-le-Comte, et enfin rue Vieille-du-Temple, entre les cultures de la Perle et les cultures Saint-Gervais.

[3] C'est-à-dire les comédiens de l'hôtel de Bourgogne, successeurs des confrères de la Passion. Ces comédiens portaient le titre de *troupe royale*, et recevaient une subvention annuelle de douze mille livres. Sur le théâtre de l'hôtel de Bourgogne, comme sur le théâtre du Marais, voir les trois volumes in-8° publiés par M. Victor Fournel sous le titre de : *Les Contemporains de Molière* (1863-1866-1875).

[4] Le sieur de Mondory (Guillaume-Gilbert) était alors déjà presque sexagénaire, s'il est vrai qu'il soit né vers 1580. Voir sur l'éminent acteur la note 1 de la page 720 des *Mélanges historiques. Lettres de Balzac*, n° CXX.

court[1] vers Monseigneur le conte avec toutes sortes de favorables propositions qui me font absolument bien espérer de cette affaire[2].

Je suis, Monsieur, vostre, etc.

De Paris, ce 8 décembre 1636[3].

XCII.
AU MARQUIS DE MONTAUZIER,
À LA VALTELINE.

Monsieur, nous avons enfin appris la cause de vostre silence [et] de n'avoir point de vos nouvelles depuis long temps. Quelque gloire que cette action adjouste à vostre vie, quelque honneur que vous cause le sang que vous y avés respandu, il est impossible néantmoins que la perte de vostre ami ne vous touche, et que vous n'aymassiés mieux avoir moins de réputation et l'avoir encore vivant. Mais comme ces malheurs sont inévitables dans vostre condition, je suis au moins asseuré, sans que vous me le disiés, que vous ne vous l'estes point attiré par vostre mauvaise humeur. La brutalité qui produit la pluspart de ces procedés est sans doute entièrement du costé de vostre partie, et si dans le combat elle a tesmoigné du cœur, je ne fay point de difficulté que dans toute l'affaire, vostre cœur, comme vostre justice et vostre prudence, n'ait paru aux yeux de toute l'armée. Nous sommes icy pour en parler avec soin, comme nous devons, et, en quelque façon que ce soit, n'y point laisser aller du vostre. Cependant guérissés vous et vous remettés en estat de vanger aussy bien les querelles de la France que les vostres particulières et n'oubliés rien de ce que l'honneur vous peut permettre pour vous conserver à vos amis[4].

D'hier au soir seulement le palais d'Arthénice est honoré de sa présence et de celle de l'illustre Julie. Rambouillet les a retenus trois mois au grand desplaisir de Paris. M. le marquis de Pisany, qui vint hier à la nuit visiter le rhume que l'hyver me doit tous les ans, me confirma la haute estime en laquelle vous estes dans l'esprit de ces augustes personnes et me promit de vous escrire en son particulier par cette voye.

A la première occasion je vous envoyeray des vers nouveaux de Mr de la Lane qui ne vous desplairont pas. Vous en aurés encores d'autres d'un M^r de l'Agrée Montplaisir[5], qu'il m'a donné depuis un mois,

---

[1] Roger du Plessis, marquis, puis duc de Liancourt, était alors âgé de trente-huit ans. Il avait été reçu chevalier du Saint-Esprit le 14 mai 1633.

[2] Cette lettre a été publiée par M. H. Chardon (p. 37 de l'ouvrage cité plus haut).

[3] Ce fut le cardinal de Richelieu qui conseilla au roi (*Histoire du règne de Louis XIII*, par le P. Griffet, t. II, p. 800) d'envoyer au comte de Soissons le marquis de Liancourt, « premier gentilhomme de la chambre, à qui M. le comte avoit toujours témoigné une affection singulière. » Voir dans le recueil de M. Avenel (t. V, p. 704) les instructions données le 4 décembre à M. de Liancourt.

[4] Chapelain est-il le seul qui nous ait conservé le souvenir de ce duel? Je n'en retrouve aucune mention dans les mémoires du temps.

[5] Voir sur René de Bruc, chevalier, seigneur et non *marquis* de Montplaisir, lieutenant du Roy au gouvernement d'Arras et d'Artois, mestre de camp d'un régiment de cavalerie, né à Paris en 1610, une note tirée par M. P. Paris de la *Généalogie de la maison de Bruc* (Rennes, in-f°, 1673), note qui complète et rectifie (*Historiettes*, t. IV, p. 242 et 243) toutes les notices antérieures, par exemple celle de l'abbé Goujet (*Bibliothèque françoise*, t. XVII, p. 308-314), celle de Lefèvre de Saint-Marc dans le petit volume des *Poésies de Lalane et du marquis de Montplaisir* (Amsterdam, 1757), celle de MM. Foisset et Weiss dans la *Biographie universelle*, etc. Voir encore un travail spécial de M. le baron de Wismes : *Notice historique et littéraire sur René de Bruc, marquis de Montplaisir, poëte du XVIIe siècle* (Nantes, 1853, in-8°).

qui ne cèdent en rien aux plus beaux de Saint-Amand et qui sont du genre de la *Solitude*. C'est un gentilhomme qui vaut encore mieux que ses vers et dont on peut tirer d'ailleurs une satisfaction extrême. A vostre retour je suis trompé si vous ne le trouvés establi dans le cabinet d'Arthénice et vous pouvés vous disposer de sa part à le recevoir dans vostre amitié.

Je ne vous dis point que Corbie a esté reconquis par la terreur de nos armes, et que ce succès a esté suyvi de la retraitte de Monsieur et de Monsieur le Conte : l'un est à Blois, l'autre à Sedan. Je vous diray seulement que jusqu'ici cela n'a point eu de mauvaise suitte, et que Mr de Chaudebonne, qui revient de Blois depuis hier, nous fait bien espérer de tout.

J'ay achevé parmy nos troubles le troisiesme livre de la *Pucelle*, c'est à dire que je ne l'ay guères achevé et qu'il y aura fort à retoucher. En attendant que vous m'y veniés donner la dernière main, je le repasseray et demeureray tousjours, Monsieur, vostre, etc.

De Paris, ce 10 décembre 1636.

XCIII.
À M. LE DUC DE LONGUEVILLE,
À SON ARMÉE EN BASSIGNY.

Monseigneur, je serois indigne à jamais de vostre bienveillance si je ne vous tesmoignois mon extrême ressentiment de ce qu'il vous a pleu me donner une place en vostre mémoire parmy tant de grandes et importantes affaires qui vraysemblablement devoient tout occuper. Mais ce n'est pas d'à cette heure que je connois la grandeur de vostre ame, et que j'observe, malgré tous les embarras, que vous avés tousjours de l'esprit de reste, et vous accommodés aussy bien aux choses les plus basses que vous vous portés aux plus relevées. Mr de Tracy m'a rendu ce tesmoignage, Monseigneur, et m'a comblé d'une joye que je ne vous puis exprimer.

J'ay encore appris de luy avec beaucoup de satisfaction que la *Pucelle* faisoit une partie de vos soins et que vous aviés quelque impatience d'en voir le troisiesme livre. Je sçay bien à la vérité, Monseigneur, qu'à quelque point où je l'aye peu mettre, il sera tousjours au dessous de son sujet et de ce que vous en pourriés désirer. Néantmoins puisque les deux premiers ne vous ont pas despleu, j'espère en la mesme bonté, qui vous les a rendus agréables, que ce dernier ne vous le sera pas moins, et, si je l'ose dire, mesme sans intention de vous prévenir, je veux me promettre qu'il vous divertira davantage et que vous y trouverés moins de deffauts. Mais pour cela, Monseigneur, il faut un peu de relasche de ces grands travaux avec lesquels vous travaillés au salut et à la conservation de cet Estat, et un voyage en cette Cour pour y recevoir les applaudissemens que vos glorieuses actions méritent, parmy lesquelles j'essayeray de vous faire entendre ma foible trompette qui prétend ne point sortir de vos louanges, lorsqu'elle chante celles du conte de Dunois, dont vous représentés parfaitement toutes les qualités admirables.

Je prie Dieu qu'il vous conserve à la France et vos serviteurs desquels je ne souffriray jamais qu'aucun me précède en zèle, estant plus qu'aucun, Monseigneur, vostre, etc.

De Paris, ce 8 janvier 1637.

XCIV.
À M. [DE] BELIN,
AU MANS.

Monsieur, ne vous pouvant escrire éloquemment et ne me pouvant empescher de vous escrire, je fay, ce me semble, adroittement de donner ma lettre à porter à M^r de

Rotrou, entre les mains duquel elle passera sans doute pour bonne. Je le tiens si officieux ami, et d'ailleurs si riche des choses qui me manquent pour bien parler, qu'il couvrira volontiers mon deffaut par son abondance, et n'en sera pas plus pauvre pour cela. Je me remets donc à luy quand (*sic*) au bien dire[1], et me contenteray de vous dire véritablement que la continuation de vostre incommodité me touche tout ce qu'elle peut toucher un homme qui fait sincère profession de vous honnorer. L'on m'a appris, à ma très grande douleur, que vous estiés tousjours foible de jambes, et que si vostre mal n'est pas la goutte, c'est quelque chose qui ne vaut pas mieux. Mais je me console dans l'observation que j'ay faitte que ce mal mène un homme bien loin et qu'il luy laisse beaucoup d'intervalles de santé dans lesquels il peut jouir de la vie et ses amis de luy. Je souhaitte de tout mon cœur que si celuy cy ne peut guérir entièrement, qu'au moins il passe la durée de tous les autres et vous conserve, tout le temps qui me reste à vivre, pour l'objet de mon respect et de mon affection.

Si Mʳ Mairet m'a traitté en ami, vous aurés sceu plus d'une fois, depuis que je ne vous ay escrit, le souvenir que j'ay de vostre mérite et le ressentiment que j'ay de vostre affection en mon endroit.

Mʳ et Mˡˡᵉ Scudéry sont icy[2] qui se tuent de publier vos générosités et vos courtoisies, dont je suis bien entrèmement satisfait, mais non pas beaucoup estonné, connoissant comme je fais ce que vous estes et ce que vous valés[3].

Au reste, depuis quinze jours, le public a esté diverti du *Cid*[4] et des deux *Sosies*[5] à un point de satisfaction qui ne se peut

---

[1] Remarquons cet éloge de la facilité et de l'élégance de parole d'un homme sur lequel nous savons si peu de chose.

[2] Rotrou, Mairet, Georges et Madeleine de Scudéry, nous trouvons là tout un groupe d'écrivains auxquels le comte de Belin prodiguait sa sympathie et ses bienfaits. M. Rathery n'a pas mentionné le comte de Belin dans *Mademoiselle de Scudéry, sa vie et sa correspondance* (Paris, 1873).

[3] On voit par là que, dès le commencement de 1637, le frère et la sœur étaient installés à Paris. Cette indication de Chapelain aurait permis à M. Rathery de mettre un peu plus de précision dans le passage suivant du livre que je viens de citer (p. 13) : « Cependant sa sœur était venue le rejoindre à Paris, et ce fut à partir de ce moment (1639 au plus tard) que commença entre eux cette vie commune et cette collaboration littéraire qui devait durer jusqu'en 1655. »

[4] Ainsi *le Cid* aurait été représenté pour la première fois, non vers la fin de novembre 1636, comme l'ont avancé les frères Parfaict (*Histoire du théâtre françois*, t. VI, p. 92), mais tout au commencement de janvier 1637, s'il faut prendre à la rigueur le terme de *quinze jours* employé par Chapelain. M. Marty-Laveaux (*Œuvres de P. Corneille*, t. III, 1862) se plaint (*Notice sur le Cid*, p. 8) de ce que l'on ignore jusqu'à la date de la représentation de l'admirable tragédie, et, après avoir cité (p. 11) la phrase de Chapelain, il se demande si l'on ne peut pas conclure de cette phrase que la première représentation du *Cid* eut lieu seulement à la fin de décembre, et non pas, comme le disent les frères Parfaict, à la fin de novembre. Le très-important renseignement fourni par Chapelain avait été déjà mentionné dans l'*Histoire de Corneille*, de M. Taschereau (p. 56 de la 2ᵉ édition). M. Taschereau cite (*ibid.*), d'après les papiers de Conrart, conservés à la Bibliothèque de l'Arsenal, une lettre de Mondory à Balzac, du 18 janvier 1637, où le célèbre acteur exprime très-vivement son admiration pour la nouvelle pièce «qui a charmé tout Paris». M. Émile Picot (*Bibliographie Cornélienne*, 1876, p. 12) rappelle que le privilége accordé à Courbé pour l'impression du *Cid* est daté du 21 janvier 1637, et que l'achevé d'imprimer est du 23 mars suivant.

[5] Cette comédie est de Rotrou. Elle fut im-

exprimer. Je vous ay fort désiré à la représentation de ces deux pièces, qui sans doute eussent fort contribué au soulagement de vostre mal, puisqu'ils ont servi à adoucir ceux du général, auxquels je prie Dieu d'apporter le parfait remède.

Je suis, Monsieur, vostre, etc.

De Paris, ce 22 janvier 1637.

XCV.

À M. DE BOISROBERT,
À FONTAINEBLEAU.

Monsieur, l'office que vous aviés enchargé[1] à M. Serizay a esté[2] fait punctuellement, et j'ay receu la *Pucelle* en bien meilleur estat que je ne vous l'avois donnée. Le charitable soin qu'il a pleu à Son Éminence d'en prendre et les précieux caractères avec lesquels il a daigné en marquer les deffauts, au lieu de l'enlaidir, la rendent plus belle à ma veue, et je découvre desjà par avance les grâces qu'elle aura lorsque je l'auray rajustée suivant les inspirations d'un si grand génie[3]. Maintenant ma peine n'est pas comment je luy lèveray les taches qui la difforment[4], mais comment je tesmoigneray mon ressentiment à Son Éminence de l'extrême bonté qu'elle a eue en me les faisant appercevoir. Car, Monsieur, je ne suis pas si dépourveu de sens, que je ne connoisse bien quelle est mon obligation en cette rencontre, et que je ne sache que cette faveur surpasse autant celles qui l'ont précédée que la réputation surpasse la fortune.

Mais je ne l'en puis remercier dignement que par vostre bouche, et si vous ne prestés vos paroles à mes pensées, je ne sçaurois manquer de passer pour insensible auprès de Son Éminence et de paroistre indigne à

---

primée en 1638 sous le titre de : *les Sosies*, et de nouveau en 1650, sous cet autre titre : *la Naissance d'Hercule, ou Amphitryon représenté par les machines*. Voir sur cette pièce la thèse déjà citée de M. J. Jarry (p. 103-107).

[1] *Encharger*, donner charge, commission. Molière, comme l'a rappelé M. Littré, a dit dans *Georges Dandin* : «On m'a *enchargé* de prendre garde que personne ne me vît.» Les auteurs du *Dictionnaire de Trévoux* condamnaient ainsi ce mot, en 1771 : «Il n'est pas du bel usage : il n'y a que le peuple qui s'en serve.»

[2] Jacques de Serisay, intendant de la maison du duc de la Rochefoucauld, est un des plus obscurs de tous les membres de l'Académie française. Né à Paris, on ne sait trop en quelle année, il mourut au château de la Rochefoucauld (auj. département de la Charente, arrondissement d'Angoulême), en novembre 1653. Pellisson (t. I, p. 266) déclare qu'il «n'y a rien d'imprimé de lui», et l'abbé d'Olivet (*ibid.*, p. 261) ajoute : «Il ne m'est connu par nul endroit, si ce n'est par quelques poésies, mais fort courtes, et en petit nombre, imprimées dans les recueils de Sercy.»

[3] Les biographes ne nous avaient pas appris que le grand ministre eût jamais, de cette même main qui dirigeait les affaires de l'Europe, daigné marquer les défauts de *la Pucelle*. Nous avons déjà vu que Richelieu avait pris la peine de corriger l'ode composée en son honneur par Chapelain, mais on pouvait croire que c'était pour un motif personnel qu'il agissait ainsi et pour que la pièce fût plus digne du sujet. Ici c'est par pur amour pour la littérature, pour la critique, qu'il indique le moyen d'améliorer le poëme épique de Chapelain.

[4] Chapelain est un des rares écrivains du xviie siècle qui aient continué à employer le verbe *difformer*. Selon les auteurs du *Dictionnaire de Trévoux*, le mot ne se dit guère qu'en terme de palais, et est surtout employé dans ces phrases : on ordonne qu'une médaille sera *difformée*, il est défendu aux orfèvres de *difformer* les monnaies. M. Littré ne cite, pour le xviie siècle, qu'un exemple de l'emploi du mot *difformer* avec le sens que Chapelain attribue à ce mot : cet exemple est tiré de l'*Histoire universelle* d'Agrippa d'Aubigné.

l'avenir de ses glorieuses censures. J'attens ce nouveau tesmoignage de vostre amitié, et l'attens avec d'autant plus d'asseurance que je ne vous demande que de faire une action de grâces pour moy, ce qui sera bien aisé à obtenir d'un homme qui tous les jours présente des requestes à Son Eminence pour des personnes à qui il ne veut pas tant de bien qu'à moy. Peut estre encore qu'Elle n'aura pas désagréable d'entendre que dans un siècle de mesconnoissance[1], auquel sa vertu singulière ne luy a pas moins produits d'ingrats que d'envieux, il y ait encore quelqu'un qui demeure dans son devoir et qui ne sçait ni oublier ses biensfaits ni les désavouer. Toutesfois, sans cela mesme, je veux croire que vous me rendrés volontiers cet office parce que vous estes bon et que vous me connoissés véritablement, Monsieur, vostre, etc.

De Paris, ce 27 janvier 1637.

XCVI.

AU MARQUIS DE GESVRES,
À FONTAINEBLEAU.

Monsieur, je conte entre mes malheurs de ne vous avoir peu rendre chés vous ce que je vous devois et d'avoir manqué à recevoir vos derniers commandemens devant ce voyage. Néantmoins il ne vous sera pas malaisé sans doute à croire qu'en cette rencontre j'ay esté plus malheureux que négligent, car la vérité est que je ne suis coupable que de vous imaginer moins matineux que je ne vous ay trouvé aujourd'huy quand je me suis présenté à vostre porte pour vous voir monter à cheval. Mais le malheur est petit, puisque vous estes persuadé de mon zèle et de mon service, et pleust à Dieu que le public ne fust point menacé de plus grands, et que les esprits qui les peuvent causer se touchassent de l'amour de la patrie et ne donnassent pas si beau jeu à ses ennemis! Or, quoy que les choses soient venues à un point qu'il y ait peu d'apparence de l'espérer[2], toutesfois le nouveau voyage de M. de Chavigny[3] ne permet pas qu'on en désespère tout à fait encore et la plus part se flattent d'une créance qui favorise son désir. Pour moy je vous avoue que je crains plus que je n'espère, et que je seray surpris si nous en sortons bien.

Vous estes si bon que si les choses se calmoient vous ne nous le laisseriés pas ignorer[4], et seriés marri qu'une nouvelle si souhaittable nous fust mandée par des personnes de moindre créance que vous. C'est de quoy je vous supplie et de me tenir tousjours, de quelque sorte que tournent les affaires, pour, Monsieur, vostre, etc.

De Paris, ce 27 janvier 1637.

---

[1] C'est encore un mot d'Agrippa d'Aubigné. On pourrait presque dire que la langue de Chapelain est plus du XVIe siècle que du XVIIe.

[2] Louis XIII, à la tête de troupes nombreuses, partit de Paris, sur la fin de janvier, pour Fontainebleau, et de là il s'avança jusqu'à Orléans, ce qui, selon le comte de Montrésor (*Mémoires*, LIVe volume de la collection Petitot, p. 328), effraya son frère «au delà de tout ce qui se peut imaginer.»

[3] Il s'agissait de la démarche de conciliation de M. de Chavigny auprès du duc d'Orléans, retiré à Blois. Voir dans le recueil de M. Avenel diverses instructions adressées par Richelieu à l'habile pacificateur, notamment les instructions du 30 janvier 1637 (t. V, p. 737).

[4] Les choses se calmèrent, et, suivant Montglat (*Mémoires*, édition de 1728, t. II, p. 172), Gaston, devenu «souple et entièrement soumis aux volontés de Sa Majesté», accorda tout ce que l'on voulut et alla faire sa soumission à son frère, le 8 février, à Orléans.

XCVII.

A Mlle PAULET.

Mademoiselle, je devois vous aller dire ce que je vous escris, mais j'ay esté bien aise de prendre le prétexte du mauvais temps pour avoir lieu de vous escrire et me vanter, après, que vous recevés des lettres de moy. Toutesfois ne vous troublés point et achevés de lire : vous le pouvés sans scrupule. Si c'est un poulet, il est innocent et ne vous parle point de ma passion[1], mais seulement de mon obéissance.

Suyvant donc vos ordres[2], je vis hier M. Desmarests[3], auquel j'eus à peine proposé de vostre part le retranchement des vers dont M. Scudéry avoit esté choqué, qu'il me respondit de galand homme[4] que non seulement il les rayeroit volontiers pour l'amour de ceux qui y prenoient intérest, mais encore osteroit ceux du *Cid* qui avoient causé ce petit scandale, et pour ne vous point faire valoir cette dernière courtoisie, il m'avoua que par quelques autres bonnes considérations, il avoit desja aresolu[5] de laisser toute cette liderie[6], en quoy il n'y croioit rien perdre, puisque la pensée n'en estoit pas venue de luy, et qu'il n'avoit fait en cela que rimer l'imagination d'un autre.

Ensuitte il me dit, en riant, que puisque ce qu'il avoit mis dans la bouche d'une folle, comme le sens d'une folle, et non pas comme le sien, se pouvoit interpréter au désavantage de deux personnes qu'il estimoit fort, il vouloit l'oster absolument et pour leur considération et pour la sienne propre, puisqu'il estoit engagé dans la mesme offense s'il y en avoit. Qu'en effet il se garderoit bien, en cette matière de préférence du *Cid* à l'*Aspasie*[7], de donner un arrest contre soy mesme qui seroit d'autant plus valide estant pris sérieusement qu'il l'avoit prononcé luy

---

[1] Angélique Paulet, alors âgée de quarante-cinq ans environ, conservait-elle encore tous les agréments dont Tallemant des Réaux (t. III, p. 11) a tracé cette description? «Mlle Paulet avait beaucoup de vivacité, estoit jolie, avoit le teint admirable, la taille fine, dansoit bien, jouoit du luth, et chantoit mieux que personne de son temps.» Ce qui tendrait à le faire croire, c'est ce qu'ajoute l'auteur des *Historiettes* (p. 18), au sujet de la mort de l'*Élize* du *Cyrus* : «Elle ne paroissoit guères que quarante ans, et en avoit cinquante-neuf.» Rappelons, au sujet du badinage de Chapelain sur sa *passion* pour Mlle Paulet, qu'il avait trois ans de moins que la *lionne*.

[2] La plus grande partie de cette lettre, depuis: «Suyvant donc vos ordres,» jusqu'à: «Voyés maintenant, Mademoiselle,» a été imprimée dans l'*Histoire de la vie et des ouvrages de P. Corneille* (p. 298 et 299). Seulement M. Taschereau n'a pas toujours assez fidèlement reproduit le texte, comme je vais avoir l'occasion d'en fournir deux ou trois petites preuves.

[3] Jean Desmarets de Saint-Sorlin, dont il a été déjà question (lettre I).

[4] L'expression *de galand homme* a été remplacée, dans la copie de M. Taschereau, par l'expression : *en galant homme*.

[5] Le vieux mot *aresolu* est devenu, dans la copie de M. Taschereau, le mot *resolu*.

[6] Ce mot, que M. Taschereau a lu comme moi et qu'il est impossible, du reste, de lire autrement, n'est donné par aucun dictionnaire. M. Ch. Defrémery, de l'Institut, dont les connaissances philologiques sont si vastes et si profondes, a bien voulu me dire qu'il n'avait lui non plus jamais rencontré ce mot dans nos vieux auteurs. Voici l'explication qu'il en proposerait et que tous les lecteurs admettront, j'en suis sûr : *liderie* pourrait bien être un terme forgé sur l'espagnol *lid*, combat, dispute littéraire, *lidiar*, disputer. La chose n'aurait rien d'invraisemblable sous une reine espagnole et sous la plume d'un traducteur de *Guzman d'Alfarache*.

[7] Cette pièce, la première de toutes celles que composa Desmarets de Saint-Sorlin, fut représentée avec succès en 1636 : elle fut imprimée la même année (in-4°).

mesme et s'estoit privé par là du droit d'en appeller.

Enfin nous conclusmes, sans qu'il fust besoin de contester, que tout cet endroit de blasme prétendu et l'autre encore de louange mal receue, seroit biffé et annullé et qu'il n'en seroit jamais fait mention sur le théâtre ni dans l'imprimerie, quand la pièce se mettra sous la presse [1]. Voyés maintenant, Mademoiselle, si vous ne portés pas bonheur aux affaires que vous entreprenés, et à ceux que vous y employés, car ce n'est point à moy à qui la gloire de celle-cy est deue, mais à vous seulement qui pouvés ce que vous voulés, et qui communiqués vostre vertu à ceux que vous faittes vos ministres. Aussi, pour observer toutes les formes, j'ay creu que c'estoit à vous, qui m'aviés député cette charge, à qui je devois rendre conte de ma charge, afin que Mʳ et Mˡˡᵉ de Scudéry en apprissent le succès d'une bouche comme la vostre que je n'oserois nommer icy belle [2] de peur de sortir des termes de négotiateur, et vous eussent toute l'obligation du contentement qu'ils en reçoivent. Je connoistray celuy que ma diligence vous aura apporté en cette occasion si vous me donnés souvent des commandemens et sur des choses qui regardent vos propres intérests, afin qu'au moins de cette sorte j'aye droit et permission de publier comme je suis, Mademoiselle, vostre, etc.

De Paris, ce 15 febvrier 1637.

XCVIII.

À M. DE BALZAC,

À BALZAC.

Monsieur, ma santé, dont vous demandés des nouvelles par vos dernières lettres, est une pièce délicate et fragile extrêmement, et si par ma fainéantise et mes divers amusemens, je ne la mesnageois avec soin, je serois aussi maladif que vous et peut estre quelque chose de pire. Une partie de mon régime est de penser à vous et de me nourrir de l'opinion que vous m'aymés tousjours assés, et je vous avoue qu'au sortir de cette méditation je me trouve tout renforcé, et fay les choses avec une vigueur et une gayeté plus grande. Mon vray mal est plustost une foiblesse et une langueur qu'un sentiment de douleur exquise qui oblige à recourir aux remèdes. Aussy ne me plains-je que rarement et n'en interromps point mes petits exercices dans lesquels néantmoins j'avance peu tant à cause de la tardiveté [3] de mon esprit que pour les continuels divertissemens

---

[1] Je ne trouve aucun éclaircissement au sujet de tout ceci dans les livres consacrés de nos jours à Corneille, pas plus dans le livre de M. Taschereau que dans l'excellente édition de M. Marty-Laveaux, pas plus dans le *Corneille inconnu* de M. Jules Levallois (in-8°, 1876), que dans la *Bibliographie cornélienne* de M. Émile Picot. La pièce en question est celle des *Visionnaires*, qui eut tant de succès, et qui, imprimée pour la première fois en 1637 (in-4°) chez Camusat, reparut en 1640, en 1641, etc., et fut réimprimée, au siècle dernier, par La Monnoye (*Recueil de pièces choisies*, 1714), et vient de l'être encore (1871) par M. Édouard Fournier (*Le Théâtre françois au xvıᵉ et au xvıɪᵉ siècle*, grand-8°).

[2] Citons l'éloge qu'en a placé Mˡˡᵉ de Scudéry dans *le Cyrus* (t. VII) : « Sa bouche n'est pas moins belle que ses yeux; la blancheur de ses dents est digne de l'incarnat de ses lèvres. » La longue et enthousiaste peinture faite par Mˡˡᵉ de Scudéry de la ravissante personne qui fut aussi bien son amie que celle de Georges de Scudéry, s'accorde sur tous les points avec l'esquisse tracée par Tallemant des Réaux.

[3] C'est un mot souvent employé au xvıᵉ siècle (voir surtout les *Essais* de Montaigne) et assez rarement au xvıɪᵉ. M. Littré ne l'a trouvé que dans les *Jardins* de La Quintinye et dans les *Météores* de Descartes. Le savant académicien dit du mot *tardiveté* : « Il est vieux, mais il mérite

que les offices de la vie civile et les soins domestiques me donnent. Quelque jour peut-estre aurons nous permission d'estre solitaires et de jouir de nous pour rendre conte de nous mesme au public. Mais cela n'est encore que *in voto*, sans que je voye bien quand cette bonne fortune arrivera. Cependant nostre philosophie ne sera pas active, mais passive, et ne pouvant pas maintenant pratiquer les hautes vertus, nous nous contenterons d'exercer nostre patience et de nous endurcir pour les rencontres à venir.

Au reste, vous sçavés que mon exercice joyeux du carnaval a esté d'accommoder une guerre dans sa naissance, entre les seconds poëtes, qui vous firent un esclaircissement l'année passée, et M⁼ Desmarests, auquel ces Messieurs à ma diligence ont fait réformer quelques endroits d'une comédie qu'il a donnée au public et où il estoit parlé d'eux et de leurs ouvrages moins dignement qu'ils ne croyent mériter. J'espère de faire la mesme chose, l'année qui vient, et m'ériger en amiable compositeur de différens entre les honnestes gens qui font profession des belles-lettres et ceux qui ne leur ressemblent pas en tout. Mais que cette espérance demeure secrette entre nous, s'il vous plaist, afin que je n'aye pas besoin d'un entremetteur pour moy-mesme, et que je conserve tousjours mon crédit en cette matière.

M⁼ l'abbé de Cerizy est un certain petit invisible qui est partout et qu'on ne trouve jamais en aucun lieu [1]. Il m'a cousté plus de dix voyages chés M⁼ le chancelier et sans fruit pour le sonnet que vous voulés qu'il retouche, de sorte que j'ay esté contraint de donner commission à M⁼ Conrart qui est homme de sceau [2], à qui il ne peut eschapper de faire l'office que vous désirés. Il est vray que la paresse de l'homme [3] et le voyage du Roy à Rouen [4] pourroient prolonger l'expédition de cette petite affaire, laquelle je solliciteray sans y perdre de temps, et vous en rendray conte dans son temps.

Pour l'épitaphe de M⁼ de Montauzier je vous l'envoye sans remise et suis bien aise que vous l'ayés perdu [5], puisque cela me

---

d'être remis en usage soit pour la bonté du mot en soi, soit d'après l'exemple de Descartes.»

[1] Germain Habert, abbé de Cerisy, un des premiers membres de l'Académie française, et aussi un des plus jeunes, car, à l'époque où nous sommes, l'auteur de la *Métamorphose des yeux de Philis en astres* n'avait que vingt-deux ans environ. L'abbé de Cerisy fut un des commensaux du chancelier Séguier, et, à ce titre, il a, près de Ballesdens et de Cureau de la Chambre, une notice dans le livre de M. R. Kerviler (p. 477-510). Voir aussi *Mélanges historiques. Lettres de Balzac*, n° XLVI, p. 538, note 4.

[2] Conrart était conseiller et secrétaire du roi, maison et couronne de France.

[3] Savait-on que Conrart fût paresseux? Tallemant des Réaux, qui s'est montré si sévère pour le premier secrétaire perpétuel de l'Académie française (*Historiettes*, t. III, p. 286-295), ne lui a pas reproché ce défaut.

[4] Nous lisons dans les *Mémoires* de Montglat (t. I, p. 173) : «Le Roi ne fut pas plutôt à Paris, qu'il en repartit pour s'approcher de Rouen, sur le refus que le Parlement fit de vérifier quelques édits... il s'avança jusqu'à Dangu... mais le Parlement ayant obéi, le Roi revint à la mi-mars à Saint-Germain.» Parti de Paris le 5 mars, Louis XIII était de retour le 20 de ce mois, selon le P. Griffet (t. II, p. 817).

[5] Balzac (Lettre XXVI du livre XVII, p. 735 de l'in-folio) avait écrit, non le 18 novembre 1636, mais au mois de février 1637 : «J'ay perdu le sonnet qui consacre la mémoire du mort, et que vous me donnastes à Paris. Obligez moy de m'en envoyer une copie...» Ce sonnet, intitulé : *Épitaphe de M. le marquis de Montauzier, tué à la reprise des bains de Bornio (sic) sur les Impériaux à la Valteline*, est dans le recueil de poésies (Fonds français, nouv. acq. n° 1890).

fait connoistre que vous le trouvés à dire et que vous ne le m'estimés pas[1]. Vous ne pouvés faire de mauvais marché avec le marquis, son frère, qui a toutes les parties et d'autres que le deffunt n'avoit pas, de sorte que vous auriés peine à trouver à la Cour personne qui le surpassast, ni en Angoumois qui l'esgalast. On m'a dit qu'enfin il vient icy faire un tour, dont j'ay une extrême joye[2].

Nostre amy Mr de Saint-Chartres est enfin receu conseiller au grand conseil avec éloge et applaudissement. Il me parle tous les jours de vous avec tendresse et affection et veut que je luy donne de vos nouvelles. Je luy ay monstré l'apostille de vostre dernière qui le regardoit et il en a tesmoigné beaucoup de satisfaction.

Vous me manderés par vos premières vostre sentiment du livre de Mr de la Mothe, *De l'immortalité*[3], que je vous ay envoyé et le nom de l'auteur de la composition Transrhenane[4] que chacun donne icy à Gaumin[5].

Je suis, Monsieur, vostre, etc.

De Paris, ce 6 mars 1637[6].

XCIX.
A M. LE DUC DE LONGUEVILLE,
EN BRESSE.

Monseigneur, la lenteur avec laquelle a marché la vente des livres de feu Mr Boulenger[7] a esté cause que je n'ay peu vous rendre conte plustôt de ce que j'y aurois fait pour vostre service. Enfin elle est finie, et, de la sorte que les libraires se sont eschauffés à l'achapt les uns contre les autres, le nombre est petit des volumes qui nous sont demeu-

---

[1] *Sic* pour *mésestimés*. Corneille, peu de temps après que Chapelain eut écrit cette lettre, disait dans *Horace* (représenté en 1640, mais déjà achevé en 1639) :
  Ce n'est point à Camille à l'en mésestimer.

[2] Balzac, dans la lettre que je viens de citer, faisait un grand éloge de Montauzier, avec lequel il avait bu à la santé de Chapelain : «Il faut advouer que ce marquis est un cavalier de grande valeur, et bien digne de vostre affection et de vostre estime. Pour moy, j'en espère des choses extraordinaires...»

[3] *Petit discours chrétien de l'immortalité de l'âme, avec le corollaire*, etc. (Paris, in-8°, 1637).

[4] M. Littré ne cite aucun exemple de l'emploi de cet adjectif, qui n'est ni dans *Richelet* ni dans *Trévoux*. Je ne saurais dire de quelle *composition Transrhénane* Chapelain veut ici parler.

[5] Gilbert Gaulmin, sieur de Montgeorges, né à Moulins, fut maitre des requêtes, conseiller d'État, et mourut le 8 décembre 1665, à quatre-vingts ans, selon les uns, à soixante-quatorze, selon les autres. C'était un homme de beaucoup d'esprit, de beaucoup d'érudition et de beaucoup d'originalité. On trouve diverses particularités sur lui dans les *Lettres* de Guy Patin, dans le *Menagiana*, dans les *Historiettes* de Tallemant des Réaux, etc. L'excellent éditeur de ce dernier recueil, M. P. Paris, a cité (t. I, p. 314) le jugement exprimé par Chapelain (*Mémoire de quelques gens de lettres vivans en 1662*) sur ce savant qui possédait à fond les langues orientales, ce qui lui a valu une curieuse notice, abondante en témoignages flatteurs, dans l'ouvrage de Paul Colomiès (*Gallia orientalis*, 1665, in-4°).

[6] Dans une lettre du 18 mars (f° 181), Chapelain parle à Montauzier du comte de Guiche, leur commun ami, et surtout de *la Pucelle*. Il annonce à son correspondant qu'il aura à polir et à ajuster les vers de *la Pucelle*. «Aussy est-ce de vous principalement qu'elle se promet la beauté et l'air qui la doivent rendre agréable, après quoy elle sera à vous à tout faire, comme je suis sans réserve, etc.» Chapelain ajoute ce petit mot qui dût être si doux pour le futur époux de Julie : «Je laisse à la Lionne à vous mander combien d'impatience vous causés dans les hostels que vous sçavés et que vous aymés.»

[7] Peut-être un parent du religieux Augustin réformé André Boulenger, si célèbre sous le nom de *Petit Père André*, lequel, dit le *Moréri*, «était

rés, à quoy je trouve d'autant moins d'inconvenient qu'il n'y en a pas un de ceux qu'ils ont emportés sur moy que je ne puisse avoir à aussy bon prix dans leurs boutiques quand vous me commanderés de les y aller prendre, outre que ce qui me les a fait relascher plus librement est l'impression, laquelle en la pluspart n'estoit pas telle qu'elle vous peust satisfaire[1].

Au reste, Monseigneur, dans le nouvel ordre que vous avés eu du Roy d'aller deffendre la Bourgogne et la Bresse[2], je ne me suis pas seulement resjouy de ce qu'on vous a augmenté vostre armée au triple et qu'on vous a donné plus de moyen d'exercer ce que vous aviés d'expérience et de valeur, mais encore de ce que vostre gouvernement devant ressentir les effets de la colère de Sa Majesté[3], vostre employ éloigné vous a espargné le desplaisir qui vous fust sans doute venu de ne pouvoir contribuer au soulagement de ce peuple si vous eussiés esté à la Cour ou dans la province. Nous attendons des succès dignes de vous dans celles où vous allés faire la guerre, et n'appréhendons rien de sinistre, pour un lieu où vous serés, où vostre seule réputation combattra vos ennemis et où vostre conduitte suppléra au deffaut du nombre.

Cependant, Monseigneur, je ne me puis empescher de vous dire que la ville de Bourg a un trésor de beau sçavoir en la personne de Mr de Méziriac, excellent en mille chose (*sic*), et particulièrement aux mathématiques. Il est l'honneur de son païs et mérite d'estre favorisé de vostre protection dans le petit bien qu'il a aux environs de ce lieu là. Après cela, ce seroit offenser vostre bonté que de la vouloir obliger par plus de paroles à l'avoir en considération.

Mr de Vaugelas, son amy, qui a aussy ses intérests domestiques en ces quartiers là, vous en escrit dans les termes qu'il doit. N'ayant pas besoin de vous faire souvenir combien il vous est acquis, je me contenteray de vous protester icy la continuation de mon zèle et la passion que j'ay de me rendre digne de la qualité, Monseigneur, de vostre, etc.

De Paris, ce 20 mars 1637.

C.

À M. DE BALZAC,
À BALZAC.

Monsieur, la nouvelle de vostre rhume m'a affligé et d'autant plus que je l'ay receue au mesme temps que celuy qui m'a persécuté tout l'hyver, à diverses reprises, me tourmentoit avec plus de violence. Je veux dire que je vous ay d'autant plus plaint que par ma propre douleur je jugeois com-

---

de Paris, de la famille de Boulenger, considérable dans la robe.» En 1641, M. le président Boulanger était prévôt des marchands. (Guy Patin, lettre du 15 avril 1641.)

[1] On voit que Chapelain n'était pas seulement le *poëte* de la maison de Longueville, mais qu'il était encore chargé de présider aux achats destinés à enrichir la belle bibliothèque de Henri d'Orléans, lequel, en ce qui regarde l'amour des livres, était semblable à cet autre d'Orléans, le duc Charles, qui, au XVe siècle, fut à la fois un si gracieux poëte et un si fervent bibliophile.

[2] Montglat, énumérant (*Mémoires*, t. I, p. 173) les six armées que Louis XIII mit en campagne au printemps de 1636, dit que la troisième de ces armées, commandée par le duc de Longueville, était «pour la Franche-Comté», et il ajoute (p. 178) que ce prince entra dans la Franche-Comté par la Bresse.

[3] Le chancelier Séguier avait été obligé de se rendre en Normandie, avec plusieurs régiments d'infanterie et plusieurs compagnies de cavalerie, pour faire vérifier les édits et pour décider les habitants à payer la contribution qui leur avait été imposée. Voir *Histoire du règne de Louis XIII*, par le P. Griffet, t. II, p. 817.

bien vous estiés à plaindre. Maintenant, je m'en trouve soulagé et, pour ma consolation, je me persuade que vous le serés aussy, puisqu'il y a moins de raison que vous souffriés, et que si vous ne pouvés vous exempter des infirmités humaines, du moins en devés vous moins endurer à proportion que vostre vertu vous eslève au dessus de l'homme. Nous verrons par vos premières lettres si mon envie est aussi heureuse que raisonnable et cependant je jouiray de ma créance comme je ferois de la vérité.

Au reste le sieur Camusat m'est venu rendre grâces de celle qu'il vous a pleu luy faire en luy donnant un volume de vos œuvres à imprimer. Il s'imagine que vous m'avés considéré en luy faisant ce bien, comme une personne qui prendroit part à son obligation et que sans moy il ne l'auroit pas receu, ne croyant pas vous avoir jamais rendu de service qui vous engageast à luy faire cette libéralité. Mais je l'ay esclaircy de vous sur ce compliment, et luy ay fait connoistre que vous n'agissiés là dedans que par vostre générosité propre et primitive et que c'estoit à vostre seule bonté qu'il en estoit redevable, afin qu'il sceust estimer comme il devoit le bienfait, et qu'il ne le rendist pas moindre par le mouvement qu'il s'estoit figuré. Je laisse à son éloquence bibliopolaire[1] de vous en remercier comme il luy sera possible, et me contente icy de vous dire que vostre faveur est bien employée et que l'impression sera aussy bonne, belle et correcte que vous le sçauriés désirer, car, outre le devoir qui l'y oblige et son habileté en ces matières, je luy ay fait une exhortation sévère là dessus qui opérera, à mon avis, puissamment, et, de temps en temps, j'y auray l'œil afin que tout réussisse à vostre contentement et à vostre gloire.

Toutes ces nouvelles lettres sont rares et bien dignes de vous, surtout celles que vous supposés avoir escrittes à Mʳ de Vaugelas où il est si bien parlé de Mʳ de Saint-Nicolas et de Mᵐᵉ la marquise de Ramb[ouillet][2]. En un seul endroit où vous nommés son cabinet un réduit où tant de rares esprits s'assemblent tous les jours, ou chose équivalente, Mʳ de Chaudebonne, Mʳ de Vaugelas et moy nous avons trouvé à propos, avant que de luy faire voir la lettre, de mettre : *et des excellentes personnes qui se rencontrent souvent ches elle*, par le moyen de quoy, sans changer vostre sens, nous luy donnons la couleur que nous sçavons luy devoir estre plus agréable, secondant en cela mesme vostre intention, afin que son logis passe plustost pour un abord de cette Cour choisie et du grand monde purifié, que vous dittes si bien, que pour une conférence réglée, qui en effet ne l'est point et qui est moins honnorable de cette façon que de l'autre. Néantmoins devant que cet endroit soit prest à tirer, nous pourrons avoir vostre sentiment là dessus, et ne ferons rien que de vostre ordre.

Dans cet ajustement, Mʳ de Vaugelas a fait voir la lettre à cette rare personne qui en a esté transportée et touchée autant que vous le sçauriés vouloir, mais avec une cer-

---

[1] Le mot *bibliopolaire*, tiré de βιϐλιοπώλης, libraire, n'est ni dans le *Dictionnaire* de Richelet, ni dans le *Dictionnaire* de Trévoux, ni dans le *Dictionnaire* de M. Littré. Je trouve dans une lettre de Balzac qui roule presque entièrement sur le *bon* Camusat (lettre XXVII du livre XVII, p. 735 de l'in-f°), cette phrase : «Martial parle souvent d'un *bibliopola* Triphon.»

[2] Balzac a souvent rendu hommage à la vertu et à l'esprit de la marquise de Rambouillet, soit dans sa correspondance, soit dans ses *Dissertations politiques*. (*Œuvres complètes*, édition de 1665, t. II, p. 419-460.)

taine pudeur et confusion qui vous eust autant pleu que le reste, si vous eussiés esté présent comme moy à cette lecture. Vous ne connoistrés jamais bien cette vertu, et croyés moy seulement qu'il n'y a rien au monde de si estimable. Je suis marri que vous ayés employé ailleurs la qualité de divine [1] qui luy appartenoit préalablement, et que vous ne luy pouvés plus donner sans offenser celle que vous en avés mis en possession [2].

Je demande pardon à Mr de Chives si je vous responds à sa lettre : il est assés bon pour me dispenser de complimens et ne m'en croira pas moins son estimateur [3] pour vous dire à vous mesme ce que dans l'ordre des cérémonies je devois luy dire pour vous le raporter, mais que pour abbréger dans l'embarras continuel où je suis, j'ay trouvé à propos de faire d'autre sorte.

Je suis, Monsieur, vostre, etc.

De Paris, ce 25 mars 1637 [4].

CI.

À M. DE BALZAC,
À ANGOULESME.

Monsieur, par les deux dernières lettres que Mr de Chives a escriptes de vostre part au sieur Camusat, j'ay veu que vous désiriés que je leusse attentivement vostre coppie, et qu'il n'en commençast pas l'impression que je ne tombasse d'accord de tout, ce qui m'a obligé à faire cette lecture et à y marquer mes scrupules, avec peut estre plus de rigueur que de raison, de peur que vous ne m'accusassiés de négligence et que vous ne me creussiés moins passionné pour vos intérests, et pour ce qu'il se rencontre que dans les premières lettres j'ay trouvé des choses qui me semblent mériter que vous y fassiés réflexion, j'ay suspendu pour quelques jours l'impression, suyvant vostre ordre, afin que nous puissions avoir vostre

---

[1] C'est à Mme Des Loges que Balzac avait jadis donné la qualité de *divine*. Peut-être, lui si prodigue de compliments excessifs, avait-il aussi appliqué l'épithète à de moins dignes personnes.

[2] Balzac répond spirituellement (lettre II du livre XVIII, p. 740 de l'in-f°) à ce reproche de son ami : «Pour le nom de *divine*, au lieu où il est, il ne peut offenser personne. Il est vray qu'il a esté si avili depuis quelque temps, que je faisois conscience de le donner à Artenice, autrement à Madame la marquise de Rambouillet. Elle considérera pourtant, s'il luy plaist, que s'il y a de fausses divinités, il y en a aussi de véritables, et qu'elle est de celles-cy.» Cette lettre est datée du 15 janvier 1637, quoique postérieure à celle de Chapelain. Il faut probablement lire 15 avril 1637. Tout le passage relatif à Mme de Rambouillet a été publié par M. Livet dans *Précieux et Précieuses* (p. 32 et 33).

[3] Ce mot, que nous n'employons plus guère aujourd'hui, est dans Massillon et dans Rollin, comme dans Rabelais et dans Montaigne. A ces indications données par le *Dictionnaire* de M. Littré, joignons cette autre indication fournie par le *Dictionnaire* de Trévoux : Un des plus purs écrivains du XVIIe siècle, Bussy-Rabutin, s'est servi deux fois du mot *estimateur*. Rappelons aussi que Balzac a dit (lettre XI du livre XXII) : «Le peuple est un mauvais estimateur du mérite.»

[4] Chapelain, en ce même mois de mars, écrivait (f° 185) au comte de Guiche : «Il y a quinze jours que je travaille sans discontinuation au plan et disposition d'une tragi-comédie que Mme de Combalet m'a fait l'honneur de vouloir de moy... l'instance qui m'en a été faite de sa part ne souffre pas que j'y perde un moment, ni que je me destourne à aucune autre chose... Vous estes trop galant pour ne pas faire céder vostre intérest à celuy des dames, et en particulier vous vénérés trop la vertu de celle d'où m'est venu ce commandement pour ne pas conseiller mesme d'oublier quelque temps ce que je vous dois pour luy obéir.» Le 29 mars (f° 186) Chapelain entretenait son ancien élève, M. de la Trousse, qui était à Rouen, d'une plainte de l'abbé de Boisrobert contre le lieutenant de la compagnie commandée par le fils aîné du grand prévôt ; ce lieutenant avait autorisé la prise de

dernière intention sur mes remarques, et faire imprimer ensuitte sans discontinuation[1].

Et parce que le titre est une des choses plus considérables dans un livre, et que celuy cy est différent de ceux qui ont esté veus de vous jusqu'icy, vous considérerés surtout si vous voulés qu'il demeure comme il est avec cette qualité *du Sr de Balzac*, parce qu'à vous en dire naïvement mon opinion, si pour modestie vous voulés retrancher celle de *Monsieur* qui a esté dans tous les autres, je tiendrois et plus noble et plus modeste de mettre simplement *de Balzac*, ce sieur estant bas en ce temps et pris par ceux mesme qui donnent au public des bagatelles les plus mesprisables. Vous vous résoudrés la dessus et nous règlerés de cela et des remarques que je vous envoye sur les deux premiers cahiers seulement, n'ayant peu encores, dans l'accablement d'affaires différentes où je suis, voir le reste la plume à la main. Par le premier courier vous aurés le reste et il ne se perdra pour l'impression que le temps que nous serons sans avoir vostre première response, car tout est prest, et je suis trompé si vous n'estes plus satisfait de cette impression que de toutes les autres en caractères, papier et correction.

Du reste je me resjouis avec vous de vostre guérison entière, laquelle je conjecture par la belle humeur où vous estiés en m'escrivant et que je ne croy pas compatible avec la goutte, la sciatique et la fluxion sur le poulmon. Sans violer l'amitié, vous avés eu des méditations et des souvenirs du philosophe subarberin[2] qui m'ont espanouy la ratte, et qui m'ont fait connoistre que l'on peut quelquefois se rire de son amy sans l'offenser. Pour la critique que vous avés faitte sur son nom, comme estant d'une leçon diverse à présent qu'il n'estoit autresfois, je croy que c'est un Μνημονικὸν ἁμάρτημα[3] en vous, car il ne me revient point à l'esprit qu'on l'ait jamais veu escrit autrement qu'il ne l'a imprimé et quelques lettres que j'ay de luy me confirment en cette opinion. Vous pourrés voir celles qu'il vous a escrittes, si vous les avés gardées. Mais pour la peinture de son chappeau et la singularité de son colet et de sa mitaine[4],

---

quelques moutons d'un troupeau appartenant à l'abbé et qui était enfermé dans la maison du père dudit abbé, voisine du quartier occupé par la compagnie de M. de la Trousse. Comme le lieutenant a refusé de rendre les moutons, Chapelain insiste pour qu'on donne satisfaction à son ami qui est très-irrité.

[1] M. Littré n'a trouvé ce mot, pour le xviie siècle, que dans Sorel, l'auteur du *Francion*, et dans La Quintinye, l'auteur des *Jardins* (il aurait pu citer encore d'Albancourt. Voir *Dictionnaire de Trévoux*). Antérieurement on rencontre *discontinuation* dans Nicolas Oresme, dans La Noue, dans d'Aubigné, etc.

[2] *Subarberin* est inadmissible. Ce doit être un *lapsus* pour *suburbicaire*. Ce dernier mot (de *suburbicarius*, voisin de Rome) est appliqué par Chapelain, dans une lettre à Balzac du 15 janvier 1639, à La Mothe-le-Vayer, qui habitait le faubourg Saint-Michel et que Balzac, le 14 septembre 1643 (*Mélanges historiques*. Lettre III, p. 412), appelait *le philosophe du faubourg Saint-Michel*. Est-ce encore de La Mothe-le-Vayer qu'il est ici question, ou les deux amis s'amusent-ils aux dépens d'un autre personnage qui, comme celui-là, aurait cultivé la philosophie et aurait habité loin du centre de la grande ville?

[3] C'est-à-dire erreur de mémoire. M. R. Dezeimeris me fait remarquer que ces deux mots sont souvent employés par Cicéron, notamment dans ses *Lettres à Atticus*.

[4] Il faut rapprocher ce passage des premières lignes d'une lettre de Balzac à Chapelain, du 26 février 1637 (n° VI du livre XVIII, p. 742): «Quelque espais et quelque noir que soit mon chagrin, vos lettres le percent et l'esclaircissent. Je reçois par là de petits rayons de joie, comme les prisonniers un peu de lumière par les ouver-

sans parler des autres assessoires[1], de son port et de sa façon de parler, j'avoue qu'il n'y a rien de si justement observé et que jamais il n'y eust de raillerie innocente plus raisonnable.

Je suis bien aise que Mʳ le marquis de Montauzier est à vostre goust. Cela ne fait qu'augmenter la certitude que j'avois desja de son mérite, et sans le flatter, en vérité, c'est un homme d'honneur. S'il nous vient voir, vous ne nous le devés pas envier, ayant si long temps jouy de sa vertu à nostre préjudice[2]. C'est luy sans doute qui vous a monstré un rondeau de moy[3], mais ne croyés pas que ces jeux là que l'on m'extorque soient estimés ni avoués de moy et moins encore envoyés. Mʳ Conrart sans doute m'a fait ce mauvais office pour divertir nostre amy et n'a pas creu qu'il le deust présenter devant vostre tribunal sévère.

La *Pucelle* languit et est si mal ajustée qu'elle n'ose paroistre encore, et l'on ne la voit encore que par surprise, ou par force en son cabinet et en son deshabillé. Si vous tenés parole et que la Cour vous revoye bientost, elle sera des premières à vous aller faire des révérences et seroit bien marrie qu'un autre eust receu de vous, avant elle, le chaste baiser de salutation.

Je suis sans réserve, Monsieur, vostre, etc.

De Paris, ce 29 mars 1637.

CII.

À LA DUCHESSE DE LONGUEVILLE,

À CREIL.

Madame, j'obéis à ce qu'il vous pleust me commander quelques jours avant vostre partement et vous mande les nouvelles les plus certaines qui sont venues à ma connoissance.

L'Angleterre, sans se déclarer contre l'Espagne, donne une armée auxiliaire de seize mille hommes au Prince Palatin pour la reprise du Palatinat, et dans le mois de may elle doit estre en estat de faire sa descente. Le prince d'Orange doit aussy mettre en campagne au mois de may, et pour cela tous les officiers sont mandés. Il avoit désiré, il y a long temps, qu'on le traittast d'Altesse, ce qu'il n'avoit peu obtenir. Enfin on s'y est résolu et nos Ambassadeurs ont ordre de luy en bailler, sans néantmoins luy quitter la droitte, de quoy il a tesmoigné grande satisfaction. Picolhuomini[4] est demeuré seul dans la Cour de Bruxelles lorsque ses trouppes et celles de Jean de Wert[5] sont passées en Allemagne. L'on croit que c'est pour n'avoir pas voulu

---

tures de leurs grilles. L'Épicurien Colothes avec sa grande mitaine dont il s'est armé contre l'hyver, m'a fait rire au plus fort de ma douleur...» L'homme *à la mitaine* est évidemment le même dans la lettre du 26 février (l'*Épicurien Colothes*) et dans la lettre du 29 mars (*le philosophe suburbicaire*).

[1] Chapelain savait bien qu'*accessoires* vient du verbe *accedere*, mais il voulait indiquer par l'écriture la prononciation adoucie qu'il préférait.

[2] Balzac, le 7 mars 1637 (n° VII du livre XVIII, p. 742), écrivait à Chapelain: «Toute la gloire de cette province s'en va avec M. le marquis de Montausier. Il commençoit à civiliser nostre barbarie...»

[3] Balzac avait écrit à Chapelain, le 6 février 1637 (n° IV du livre XVIII, p. 741): «En ce misérable monde je mets les petits maux au nombre des biens. Je n'ay donc garde de vous plaindre de vostre langueur; peu s'en faut que je ne m'en resjouisse avecque vous, puisqu'elle vous laisse assez de force pour vacquer aux grandes choses et aux petites, et qu'elle ne vous empesche pas de faire des rondeaux en continuant vostre poème épique.»

[4] Ottavio Piccolomini, le plus habile général des armées impériales, était alors âgé de trente-huit ans.

[5] Le baron Jean de Werth, dont le nom resta long temps proverbial, à la suite de l'invasion de

obéir au conte Hasfeld[1], général des forces impériales contre les Suédois, croyant que ce généralat luy appartenoit mieux qu'à l'autre. Les deux armées impériale et suédoise sont vers la Franconie, proche, l'une de l'autre, de deux lieues, esgales en nombre, mais le préjugé est pour la suédoise, pour ce qu'elle est victorieuse et reposée, au lieu que l'impériale est battue, lasse et la pluspart de nouvelles levées. On croit qu'à présent la bataille est donnée et de là dépend la liberté et la servitude de l'Europe[2].

Mr de Savoye demeure généralissime des trouppes françoises en Italie, et l'on luy fait un grand fons pour continuer la guerre de ce costé là. Nostre armée navalle languit, et Mr de Parme s'en va accepter la neutralité que les Espagnols luy proposent. Du costé de la Guienne, il se fait de grands préparatifs pour aller chasser les Espagnols de Socoa[3] et Saint-Jean-de-Luz[4] et croit-on pouvoir passer dans la Navarre. On attend ici Monsieur pour demain. Les siens l'excusent de son accommodement sur l'impuissance dans laquelle il se trouvoit pour se deffendre et l'impossibilité qu'il voyoit aux moyens proposés pour s'eschapper. Il semble mesme qu'ils veuillent faire entendre que tout ce qui luy avoit [esté] promis ou laissé d'espérer de se joindre à luy, luy ait manqué. Et enfin ils concluent que du moins revient-il ce bien de cette réconciliation, que le royaume, qui périssoit sans

faute par la division, est remis en estat de se sauver et monstrent un extrême désir que M^r le Conte prenne la mesme résolution et ne se précipite pas à sa ruine. C'est ce que j'ay peu tirer d'eux, sur quoy je n'interpose point mon jugement.

Mais les vrays serviteurs de M^r le Conte, pesant meurement toutes les circonstances des choses présentes, trouvent de notables désavantages pour luy dans le conseil qu'il pourroit prendre de n'accepter pas le conseil que Monsieur a pris : premièrement, le nom du Roy contre luy qui suppose tousjours la justice de son costé et par conséquent qui luy conserve la volonté des peuples; secondement, ses forces, lesquelles n'estant point diverties au dedans, seront plus que bastantes[5] pour le terracer, non seulement pour s'en deffendre; en troisiesme lieu, la tache de s'estre lié avec les principaux ennemis de la couronne contre son Roy et son païs, qui tire après soy la haine de tout le monde; en quatriesme lieu, le peu d'assistance qu'il peut tirer des Espagnols au point où sont les affaires d'Allemagne, quelque chose qu'ils luy puissent promettre, leur intérest n'estant que d'engager M^r le Conte et d'en faire un ennemy perpétuel de la France fort ou foible; en cinquiesme lieu, la perte évidente de tout son bien et de celuy de tous ses amis, sans qu'il en puisse espérer compensation d'ailleurs; en septième lieu (sic)[6], la servile dépen-

---

la Picardie en 1636, avait quatre ans de plus que Piccolomini.

[1] Le comte Hasfeld est mentionné dans les *Mémoires* de Montglat (t. I, p. 174).

[2] Chapelain se trompait; cette grande et décisive bataille, non-seulement n'était pas donnée déjà, mais ne se donna pas.

[3] Socoa est une petite place de guerre dans la commune de Cibouse, canton de Saint-Jean-de-Luz, à 1 kilomètre de cette ville.

[4] L'amiral d'Aragon avait, en 1636, surpris la ville de Saint-Jean-de-Luz, sur le bord du golfe de Gascogne, à 20 kilomètres de Bayonne.

[5] C'est-à-dire suffisantes. Les auteurs du *Dictionnaire de Trévoux* font venir ce mot de l'italien *bastante* et assurent qu'il ne se dit guère que dans le style familier. M. Littré a retrouvé le mot dans Montaigne, dans La Fontaine et dans Saint-Simon.

[6] Chapelain, dans l'entraînement de son énumération, a oublié le sixième considérant.

dance des Espagnols où il se mettoit et peut estre la détention de sa personne dont il courroit fortune si les succès ne respondoient pas à leurs espérances; en huitiesme lieu, l'horrible danger qu'il courroit, estant pris, après sa déclaration, de perdre l'avis (*sic* pour : la vie) ignominieusement, ce qui sembleroit estre inévitable, veu la disposition des esprits et le peu de moyen qu'il auroit de s'en garantir, estant abandonné de Monsieur et n'ayant aucune place en France dont il peust faire sa retraitte.

Tout cela leur fait conclurre que l'acceptation du traitté, quelqu'il soit, est nécessaire, et que ce seroit vouloir périr que de prendre une autre résolution; qu'il est encore en liberté de le faire honnestement, et que pourveu qu'on ne l'oblige point de venir à la Cour, il se doit résoudre de céder à sa mauvaise fortune et de passer cet esté en Hollande pour honnorer de sa présence cette armée alliée et achever dans cette discipline de se rendre aussy bien très expérimenté capitaine, comme il est desja très courageux, très vigilant et très libéral.

J'ay creu, Madame, estre obligé de vous mander ces sentimens des gens de bien et habiles, non pas que j'aye pensé qu'ils ne vous fussent tombés en l'esprit, et que vous ayés besoin d'en estre avertie, mais pour vous tesmoigner en cela, comme en toute autre chose, que je fais mes intérests des vostres, et que je crois qu'il est du devoir, Madame, de vostre, etc.

De Paris, ce [*en blanc*] avril 1637.

CIII.
À M. DE BALZAC,
À ANGOULESME.

Monsieur, je vous renvoye, suivant ma promesse, le reste des remarques que j'ay faittes sur le reste de vostre coppie. Vous y ferés la considération que vous jugerés à propos et vous souviendrés que je ne prétends point vous donner des jugemens, mais des sentimens avec naiveté et sans ambition, à mon ordinaire. Le plustost que vous en pourrés envoyer la response sera le meilleur afin qu'on ne perde point de temps pour l'impression. Au reste nous avons avisé Mr Conrart et moy qu'il étoit à propos d'obtenir le privilége de ce volume en vostre nom, parce qu'il vous est plus honnorable, que pour d'autres raisons vallables, duquel ensuite vous ferés un transport et déclaration au proffit de Camusat, et mondit sieur Conrart l'a dressé de telle sorte qu'il vous pourra servir pour tous les livres que vous ferés jamais imprimer, comme vous verrés lorsqu'il vous en envoyera la copie, après qu'il l'aura obtenu et fait sceller, à quoy présentement il va travailler en le mettant de vostre part entre les mains de M^r l'abbé de Cerizy pour le présenter à M^r le Chancelier, ce qu'il fera asseurément [1].

J'ay appris en mesme temps, que, depuis le retour de Normandie, ledit abbé avoit rajusté ce sonnet du roy de Suède sur ce que je luy en avois dit, mais je ne sçay encore comment, pour ce que j'ay peu de loysir de le visiter et qu'il n'est guères visible. Par la première occasion je le retireray de luy et vous l'envoyeray pour en disposer ainsi qu'il vous plaira.

J'ay sceu de M^r d'Andilly que les volumes de vos lettres ont esté mis en main propre de Mr Picart, agent de Monseigneur le cardinal Bentivoglio, de sorte qu'il ne faut plus douter qu'il ne les ait receus ni se mettre en peine de luy en renvoyer d'autres.

---

[1] On trouve (f° 191) un billet écrit, en avril, par Chapelain, «à l'abbé de Cerizy, à Gisors,» pour lui recommander, en invoquant auprès de lui le nom de M. d'Andilly, la démarche à faire auprès du chancelier.

J'ay veu Mʳ de La Mothe malade qui m'a fort demandé de vos nouvelles et a tesmoigné desplaisir d'apprendre que vous ne vous portiés pas bien. Je ne sçay si cette demande n'estoit point accompagnée d'une pensée secrette de vouloir bien tirer de moy quels sentimens vous aviés du livre que je vous ay envoyé de sa part. Sa sorte d'esprit est à cela; néantmoins il ne m'en a rien paru, et vous la pouvés ignorer tant qu'il vous plaira.

Le sieur Corneille[1], autheur du *Cid*, c'est-à-dire de la pièce de théâtre qui a le plus éclaté et a eu le plus d'applaudissemens en France, a eu passion d'estre connu de vous pour vostre serviteur et m'a prié de me charger d'un des exemplaires de sa pièce pour vous la présenter avec une lettre de luy. Mais ne sçachant si vous vouliés estre engagé à luy respondre, comme il ne me dissimula pas qu'il l'espéroit pour s'en faire honneur en sa province, je receus sa proposition avec une manière de civilité qui l'en pourroit bien avoir diverti[2], car il m'a veu depuis et il ne m'en a point reparlé. Je ne sçay pas néantmoins ce qu'il en fera, et cependant je vous donne cet avis pour vous dire qu'à mesure qu'un homme s'eslève dans la réputation, et qu'il croit valoir quelque chose, il cherche à vous connoistre et à tirer la confirmation de son mérite par vostre approbation.

Si vous n'escrivés à Mʳ Conrart en remerciment de ce qu'il fait d'office de ce privilége, du moins dans la première que vous m'escrirés, qu'il y ait une couple de périodes sur ce sujet. Il est homme d'honneur et qui n'exige point ces reconnoissances des devoirs qu'il rend à ses amis, mais quand on s'en acquitte, il les ressent fort et les prend pour de nouveaux aiguillons à bien faire.

Mʳ Voiture perd tousjours son argent[3] et fait tousjours de nouveaux rondeaux. Mʳ de Chaudebonne est persécuté de ce mal des méloncholiques qui le rend malpropre à servir de couriers[4]. Pour moy, je suis tousjours malade de cette maladie dont vous vous resjouissés et que vous trouvés bonne. C'est une belle façon de consoler[5].

Je suis, Monsieur, vostre, etc.

[De Paris, ce 1 avril 1637.

CIV.
À M. DE LA PICARDIÈRE[6].

Monsieur, je dois lire aujourd'huy le

---

[1] Le *sieur Corneille* avait alors un peu moins de trente et un ans. M. Taschereau a reproduit tout ce passage en disant avec raison combien sont curieuses les deux lettres à Balzac du 1ᵉʳ avril et du 13 juin 1637. (*Notes* de la *Vie de Corneille*, p. 307.)

[2] De *divertere*, détourner.

[3] M. Dusevel, membre non résidant du comité des travaux historiques et des Sociétés savantes, a publié, dans les *Mémoires* de l'Académie d'Amiens, une notice intitulée *Voiture jugé par Balzac*, composée à l'aide de renseignements puisés dans la correspondance de Balzac que renferme le Iᵉʳ volume des nouveaux *Mélanges historiques*. (Voir *Revue des Sociétés savantes* de septembre-octobre 1874, p. 185 du tome VIII de la 5ᵉ série, 1875.) Espérons que le même érudit pourra donner une suite à son étude sous le titre de *Voiture jugé par Chapelain*. Voici déjà, dans ce passage, un Voiture joueur, joueur malheureux.

[4] M. de Chaudebonne est appelé ici *courrier*, parce qu'il était envoyé tantôt vers Gaston d'Orléans et tantôt vers la Cour.

[5] Allusion à la plaisanterie de Balzac s'écriant dans sa lettre du 6 février 1637, déjà citée (note 1 de la lettre CI) : « Voilà une excellente langueur et la meilleure maladie dont j'ouys jamais parler!» Cette lettre, datée du 6 février, doit être du mois de mars, peut-être du 16.

[6] Je ne trouve nulle part le moindre renseignement sur ce personnage.

premier livre de la *Pucelle* à Mme la marquise de Rambouillet. C'est un banquet philosophique auquel je ne convie personne que vous. Les autres s'y sont conviés d'eux mesmes et m'ont obligé à le leur donner. A moins que de vous sçavoir aussy modéré et aussy sobre que vous estes, je ne me serois pas hazardé jusques là. Mais vous sçavés que la bonne chère chés les Italiens est le bon visage[1], et chés nous la bonne volonté qui seroit tousjours entrée en moy lorsque je croiray vous servir en qualité, Monsieur, de vostre, etc.

De Paris, ce [*en blanc*] avril 1637.

Usés en avec toute liberté et recevés cecy pour une marque de ma déférence plustost que de mon ambition. Ce sera vers les [*en blanc*][2].

CV.
À M. DE BALZAC,
À ANGOULESME.

Monsieur, je reconnois tous les jours vostre bonté de plus en plus, et me confirme dans la créance que vous m'aymés véritablement avec tous les deffauts qui me rendent si peu aimable. Mes libertés rustiques me faisoient craindre des réprimandes, et, au lieu de cela, vous m'envoyés des remercimens parfumés et dignes d'estre employés en actions de grâces pour une mitre et une crosse. Vous vous sousmettés mesme à ma censure, préférant mes foibles avis à vos sentimens propres, comme s'il y avoit rien de considérable en ce que je vous escris que l'affection qui me met la plume à la main. Ces civilités et ces sousmissions me confondent et m'obligent à vous faire icy de nouvelles protestations, que je n'entends pas, quoy que je vous mande, vous obliger à aucune déférence, mais seulement à prendre mes remarques sur vos ouvrages pour de sincères tesmoignages de mon amitié, et afin que cet article soit esclairci une fois pour toutes, je vous prie de vous souvenir que je ne vous propose pas mes opinions, mais mes doutes, et encore si estourdiment, que je ne les relis pas bien souvent après les avoir escrits, et bien souvent j'en suis résolu avant que d'avoir achevé de les escrire, si bien que si vous y avés beaucoup d'esgard, vous irés contre mon intention première et me desplairiés en me complaisant.

Je n'estudie point mes observations, et les jette sur le papier crues et informes, m'attendant que vous les jugerés avec d'autant plus de sévérité que vostre intérest y est plus notable, et vous remettant absolument sur tout le droit de la décision. Quant à celles que vous m'avés renvoyées reveues par vous, elles passeront entièrement à l'impression, suyvant vos résolutions contre lesquelles je n'ay rien du tout à dire. J'ay veu les trois derniers cahiers dans la mesme manière et aux mesmes conditions, je veux dire de ne vous obliger à rien de ce que j'ay marqué, mais seulement de barrer toute la page des remarques si vous les trouvés toutes fausses, afin de vous espargner la peine de les condanner chacune en particulier, ou, s'il y en a quelqu'une qui

---

[1] Ce n'est pas seulement en Italie, mais encore dans notre vieille langue, j'ai déjà eu l'occasion de le rappeler, que *chère* a voulu dire tout à la fois visage et accueil. On voit, observe M. Littré (au mot *chère*), la série des sens : visage, puis bon accueil, c'est-à-dire bon visage, et enfin bon repas, qui est une des manières du bon accueil.

[2] Il manque ici le mot *heures* précédé d'un chiffre. Les contemporains ne nous ont rien raconté de cette lecture du premier livre de *la Pucelle* à l'hôtel de Rambouillet.

vous semble raisonnable, de mettre *bon* à la marge et de m'en renvoyer le papier. J'en useray de la mesme sorte dans tout le reste, s'il vous plaist, et il vous doit plaire, puisqu'il n'y va que de mon temps, et que cela ne vous engage point. Car d'aller de mon chef estropier vos lettres et d'en oster le plus beau par des lacunes, comme vous me l'ordonnés, sans en avoir vos avis qui redressent mes notions, et me remettent dans le bon sens, est ce que je ne feray pas, et je n'ay pas assés de témérité pour cela.

Vos lettres à Mrs de la Mothe et Conrart ont été rendues en main propre, et toutes deux receues comme des bulles d'abbaye bien attendues. Le premier est travaillé d'une sciatique graveleuse, comme qui diroit de la goutte et de la pierre tout ensemble, et fait grand pitié à tous ses amis. Cela l'empeschera, sans doute, de vous tesmoigner sitost la joye que vostre lettre luy a apportée. Le second est occupé de telle sorte dans une affaire de famille, qu'il en a presque perdu la cène du jeudy absolu[1], et a couru fortune d'estre excommunié par les ministres de la parole, c'est à dire par les excommuniés mesme, si bien que de ce voyage vous n'aurés point d'encens de ce costé là.

Il y a quatre jours que M^r L'Huillier m'apporta une lettre de luy accompagnée d'une autre que Mr de Peyresc luy escrivoit sur vostre sujet afin que je vous les fisse tenir. Nous leusmes cette dernière ensemble et trouvasmes ces complimens prolixes, mais pleins d'une cordialité socratique, et dignes que vous vous en teniés obligé. Je n'ay que faire de vous dire quel héros est ce Mr de Peyresc, et combien sa vertu est respandue par tout le monde lettré et raisonnable. Quelque jour vous verrés sa vie escritte par un homme de grand sens[2] et trouverés qu'en son genre c'est un Fra Paolo et une lumière de ce siècle. Surtout vous estes asseuré que si vous avés une fois son cœur, vous l'aurés tousjours et dans des humilités qui vous feront peine.

Celle cy sert de response aux vostres du trois et du six avril[3]. Vous aurés veu par mes précédentes que j'ay receu celle que vous m'envoyés par Rocolet. M^r l'abbé de Serizy se tient obligé que vous vouliés publier son sonnet, et est vostre serviteur très humble. Je ne sçay si je vous ay mandé que M^r Le Maistre avoit fait le serment de conseiller d'Estat.

Je suis, Monsieur, vostre, etc.

De Paris, ce 12 avril 1637[4].

---

[1] Les auteurs du *Dictionnaire de Trévoux* (t. I, p. 41) disent : «On appelle *jeudi absolu* le jeudi saint, à cause de la cérémonie de l'absoute qui se faisoit ce jour là dans l'ancienne église, jour auquel on absolvoit les pénitents publics.»

[2] Gassendi, l'intime ami de Peiresc, qui mourut entre ses bras (à Aix, le 24 juin 1637).

[3] Le recueil de 1665 n'a pas de lettre de Balzac à Chapelain du 3 avril 1637; il en a une du 6 avril de la même année (p. 744), où nous lisons : «Si j'ay promis beaucoup de vous, vous ferez encore plus que je n'ay promis. Je n'ay point de peur que le public m'appelle en justice, et qu'il me reproche de l'avoir trompé. C'est estre caution de Crœsus, que de respondre pour M. Chapelain.»

[4] Le lendemain, 13 avril, Chapelain écrivit au duc de Longueville pour le féliciter de la prise de *Saint-Amour* et des autres «glorieuses actions qui ont accompagné et suivi cette principale». Ces félicitations sont accompagnées de vœux pour que sa prudence, «modérant l'ardeur de son courage, ne nous rende pas heureux à ses dépens...» Sur la prise du château de Saint-Amour (aujourd'hui chef-lieu de canton du département du Jura, arrondissement de Lons-le-Saunier), voir les *Mémoires* de Montglat, t. I, p. 178.

CVI.

À M. DE BALZAC,
À ANGOULESME.

Monsieur, je n'ay pas la présomption de croire vous obliger, quelque grand service que je vous puisse rendre, tant s'en faut que pour ce que j'ay fait et feray dans l'impression de vostre livre je pense mériter que vous vous teniés mon redevable et que vous parliés de moy si avantageusement, puisque j'agis en tout ce qui vous regarde par le principe de l'amitié, ni je ne puis mieux employer mon temps que de vous le donner, ni je ne puis trouver en aucune autre occupation plus de plaisir ni de gloire. Or, comme je suis fort éloigné de vous vouloir faire cas de ces petits soins, je ne m'avise pas aussi de vous faire des excuses de la liberté que je prens de vous dire mes pensées, croyant que mon intention vous est très connue et que vous lisés dans mon cœur, comme je croy lire dans le vostre, après vous avoir escrit ce qui d'abord, en lisant vostre ouvrage, me tombe dans l'esprit, sans m'amuser à le peser avec une balance si juste, je me règle pour ce qui est de l'impression sur ce que vous en résolviés, et je serois marri que vous eussiés rien donné à mes sentimens, si les vostres ne sont entièrement conformes, et suffit pour cet article.

M. Le M[aistre], lorsqu'il y pensoit le moins, fut mandé par M. le C[hancelier], lequel, ayant auparavant considéré sa naissance, son mérite particulier, le service qu'il luy a rendu en quelques occasions, notamment en sa présentation aux trois Cours souveraines, l'honnora des lettres de Conseiller d'Estat dans les formes les plus honnorables qu'il avoit pris le soin de faire faire luy mesme, les scella en sa présence et luy fit faire serment avec promesse de le faire payer de mille escus de pension. Voilà les termes où il en est, jouissant de cet honneur inespéré et de l'espérance de la pention qui, se trouvant effective, le mettroit au rang des semestres à l'aage de vingt neuf ans. Il n'a pas songé d'entrer au Conseil et continue de toute sa force à plaider, tesmoignant à tous ses confrères que s'il se resjouit de ce bénéfice, c'est pour ce qu'il croit que la première qualité en est honnorée et qu'il sert d'exemple que ces deux ne sont point incompatibles en une seule personne. Je le tiens fort éloigné du mariage[1] et, selon ce que j'en ay peu reconnoistre, il ne s'y engagera qu'après avoir pris une charge de relief dans le Parlement. Entre nous, il a peu desja espouser la belle sœur de Vautesle, advocat général au grand Conseil, c'est à dire plus de cinq cent mille francs[2].

M. le président Mainard est demeuré en Auvergne et nous ne l'avons point veu icy. M. Silhon m'a asseuré qu'il se portoit bien. J'ay passé, ce matin, chés M. de Boisrobert pour m'informer de ce M. de Berville[3],

---

[1] Chapelain avait bien raison : Le Maistre ne tarda pas à quitter le monde et il passa le reste de sa vie dans la plus austère retraite. M. Sainte-Beuve (*Port-Royal*, t. I, p. 482, note 1) a reproché au P. Rapin d'avoir cherché «à rabaisser la retraite de M. Le Maître, a en faire une espèce de dépit amoureux : ce mariage manqué avec la belle personne dont il a été question auprès de la mère Agnès, et qui s'appelait, à ce qu'il paraît, Mlle de Cornouaille, nièce d'un avocat célèbre, explique tout aux yeux du P. Rapin.»

[2] Voilà une particularité qui n'a été connue d'aucun des biographes de Le Maitre, pas même de M. Sainte-Beuve. Nulle part je ne trouve la moindre mention ni de Vautesle ni de sa belle-sœur.

[3] Sur ce M. de Berville, voir *Mélanges historiques. Lettres de Balzac*, n° LII, p. 550, et n° LV, p. 558.

mais il estoit à Charonne[1]. Ce sera pour le premier jour et je ne perdray point de temps pour vous en esclaircir, selon ce que j'en apprendray.

Le sieur Camusat vous rendra conte de ce travail et moy je vous asseureray tousjours que je suis, Monsieur, vostre, etc.

De Paris, ce 26 avril 1637[2].

CVII.

À M. DE BALZAC,
À ANGOULESME.

Monsieur, comme je tombe d'accord avec vous que les complimens sont la chose du monde que je désire le moins de mes amis lorsqu'ils se servent de moy dans les rencontres de leurs affaires, je vous avoue aussy que j'ay quelque consolation de voir que le soin que je donne aux choses qui les regardent est connu d'eux et qu'ils me le font sçavoir avec la mesme franchise que je m'y porte. En cela seulement mon amitié est intéressée, que j'attends de mes services qu'ils soient reconnus pour effets d'une amitié désintéressée et qu'on ne plaigne pas un mot pour tesmoigner ingénument que l'on est au moins satisfait de ma bonne intention. Mais, en cette occasion, j'aurois tort d'exiger de vous ce salaire, puisque je vous ay si peu utilement servi, comme je suis contraint de le confesser sur le mémoire que je vous ay envoyé des fautes qui sont demeurées dans l'impression de vostre livre, quelque diligence que j'y aye apportée, et, si le remède ne dépendoit pas de nous, j'en serois encore bien plus mortifié que je ne suis.

Ce changement de mauvaise fable pour histoire authentique me semble incomparablement meilleur que ce qui estoit devant, et il y a plaisir de vous mouvoir des doutes puisque vous estes si heureux au raccommodement. Au reste ce que je vous avois mandé de prendre la peine d'escrire un mot de conjouissance à M. Descartes sur le succès de la publication de ses ouvrages[3], s'entendoit tousjours conditionellement et sans faire de violence aux vœux si solennels que vous faittes dans vostre dernière lettre

---

[1] Bourg des environs de Paris englobé dans cette ville depuis 1860.

[2] Le 14 mai 1637, Chapelain (f° 195) écrivait au duc de Longueville, à Saint-Amour : «Pour ce qui est de la *Pucelle*, Monseigneur, je ne la quitte de la main que par force, et lorsque ma foible santé ou mes violentes affaires me l'arrachent. Il est vray que les désordres publics et les malheurs de la patrie, ausquels je suis plus sensible que je ne le sçaurois dire, me causent des distractions d'esprit si fascheuses et m'occupent, de sorte que je reconnois de l'affoiblissement en mon action, et ne fais que j'ay entrepris qu'avec une peine imaginable... Je suis maintenant sur le quatriesme livre.» Chapelain lui promet une copie du premier livre, mais il le conjure de «le tenir tousjours sous la clef», ajoutant : «Le péril est trop visible qu'on n'en tirast des coppies et qu'on ne l'imprimast imparfait...» Le 28 du même mois (f° 196) Chapelain annonce à l'abbé de Bourzeys qu'il ira le lendemain à l'hôtel Liancourt faire une lecture de *la Pucelle* : «Aux commandemens de Mʳ de Liancourt il n'y a point de response à faire sinon qu'on les exécutera punctuellement au péril de l'honneur, puisque de nostre mestier nous ne pouvons pas dire au péril de la vie. Je seray donc chés luy demain vers le midy pour luy rendre le petit service qu'il désire de moy et pour rougir abondamment devant l'illustre personne qu'il veut prendre tesmoin de mes foiblesses. Je vous supplie de l'obliger par vostre crédit à bien préparer Mʳ de Chavigny à n'attendre de moy que des choses médiocres, pour ce que je ne suis riche qu'en volonté...»

[3] Voir sur les excellentes relations qui existèrent entre Balzac et Descartes, une note de la page 589 des *Mélanges historiques*, lettre LXIV.

françoise de ne plus escrire à qui que ce soit de deux ou trois ans. A vostre deffaut je luy fais escrire par Mʳ Silhon[1] pour l'exhorter à faire au monde libéralité du reste et à nous donner moyen d'estre plus sçavans que toute l'Antiquité aux choses naturelles, sans avoir besoin de grec ni latin[2]. Cependant j'ay leu avec un extrême plaisir l'éloge latin qu'il a fait de vos premières lettres[3], et quoyque son stile en cette langue ne soit pas le nostre, je croy, pour le peu que je m'y connois, qu'on ne le sçauroit blasmer de barbarie et qu'il y a beaucoup de gens qui se passeront d'une aussy bonne expression que la sienne; surtout il me paroist candide et judicieux, et, outre la raison du bien qui y est dit de vous, qui ne peut que me plaire extrêmement, je vous avoue que j'y trouve encore dans la façon de le dire assés de grâce pour l'estimer fort, quand ce ne seroit pas de vous qu'il parleroit.

Je suis marri que vous considérés Mʳ L'Huillier comme une personne pour qui vous deviés vous contraindre, et beaucoup plus de ce que vous estes inquiété pour ce que vous avés escrit au bon Colletet[4]. Usés en en philosophe et homme libre, et faittes pour eux ce que Mʳ Voiture me dit, avant hier, qu'il avoit fait pour vous, à sçavoir que sa paresse luy avoit fait manquer à vous respondre, quoyque vous soyés un des hommes du monde qu'il ayme et estime le plus. Aymés, dis-je, ces mʳˢ parce qu'ils le méritent, mais ne leur escrivés point si cela incommode vostre paresse tant soit peu, ou, si vous voulés escrire, commencés par Mʳ L'Huillier vers la fin de cette année et remettés à faire cet office pour Mʳ Colletet vers la fin de l'année qui vient.

Nos imprimeurs sont des yvrongnes que le caprice fait travailler plustost que le gain[5], ce qui cause le retardement de nostre tasche. Il est vray que, s'ils eussent esté diligents, nous n'aurions pas eu assés à temps le reste de la copie que vous promettés. Je vous répète que je n'altèreray rien à vostre latin, pour ce que je n'y trouve rien du tout à réduire et pour ce que je me desfie fort de moy en cette sorte de critique. Pour les punctuations j'en auray un soin particulier, mais vous deviés repasser la

---

[1] Adrien Baillet (*La vie de monsieur Descartes*, Paris, 1691, in-4°, p. 144) met Jean de Silhon au nombre des amis que l'illustre philosophe acquit à Paris.

[2] Sachons gré à Chapelain de cet hommage rendu avec tant d'empressement à celui qui venait, par son *Discours de la Méthode* (1637), de faire dans la philosophie une révolution à jamais mémorable. Pour apprécier si vite et si bien les grands services rendus à l'esprit humain par la nouvelle doctrine, il fallait être déjà un homme à larges et généreuses idées.

[3] Chapelain répond ici à ce passage d'une lettre que Balzac lui adressait le 22 avril 1637 (n° XII du livre XVIII, p. 745 de l'in-f°) : « Je suis bien aise que le livre de M. Descartes vous ait plu, et je ne doute plus de la solidité de sa doctrine, puisqu'elle a eu vostre approbation. Je vous envoye un jugement qu'il fit de mes premières lettres, *stilo, ut aiebat, Petroniano.* »

[4] Je ne trouve, dans tout l'in-folio de 1665, que deux lettres écrites au bon Colletet, l'une du 20 juillet 1639 (lettre XXX du livre XV, p. 654) et l'autre du 5 janvier 1641 (lettre XIV du livre XVI, p. 681). Peut-être la première de ces lettres, mal datée, est-elle celle dont parle Chapelain et doit-elle être reportée au mois de mai 1637. Les premières lignes semblent bien s'appliquer aux circonstances indiquées : «Monsieur, je ne veux ni violer mon serment en faisant des lettres, ni offenser nostre amitié en ne vous répondant pas.... »

[5] Chapelain avait d'abord écrit *la gloire*. Il a raturé le mot *gloire*, mais il a oublié de raturer le mot *la*, qui est resté au lieu de *le*, devant *gain*.

copie sur cela, avant que de l'envoyer, pour ce que dans le françois il s'est coulé beaucoup de petites fautes pour ne pas s'éloigner du manuscrit.

Mʳ le Marquis de Montauzier, sur son partement pour l'armée, m'a fort prié de vous asseurer de son service et de son amitié. Mʳ Conrart vous doit escrire et envoyer deux livres latins de l'archiministre[1] dans le premier desquels il ne vous oblige pas fort. Mais c'est un hargneux que je vous conseille de laisser pour ce qu'il est, et sans autre response que celle que vous luy avés faitte et qui fait partie de ce volume. Dans une lettre qu'il a escritte à Mʳ Conrart et dont vous avés copie, il tasche à radoucir son aigreur et c'est beaucoup de sousmission que cela.

Je suis, Monsieur, vostre, etc.

De Paris, ce 31 may 1637.

Je garderay soigneusement le jugement latin de Mʳ Descartes et ne vous le renvoyeray que quand vous l'ordonnerés et qu'après en avoir fait tirer une copie.

Pour l'Académie, elle languit à l'ordinaire. Peu de gens s'y rendent aux jours réglés, et l'on n'y fait plus exercice de lettres. Elle en a néantmoins tousjours le nom, et le premier promoteur de cette Assemblée ne parle, tous les jours, que de l'homologation de ses privilèges. Après quoy, si nous ne travaillons comme des manœuvres, on nous dégradera et exilera. Les Muses françoises ne riment plus, depuis un an que l'on leur a donné le bréviaire à traduire en prose[2].

CVIII.
A M. DE SCUDÉRY.
Response.

Monsieur, j'ay bien sur ma conscience d'avoir tant différé à vous aller rendre les grâces que je vous dois pour vostre belle *Didon*[3], et toutes les occupations que me donne ma Bergère pour l'ajuster à la soldate[4] ne m'excusent point assés bien de ce manquement. Mais, en attendant que je le répare, je vous diray qu'elle m'a ravi sur le papier qui est la pierre de touche de ces sortes de beautés, et que je luy ay assigné dans mon cabinet le rang qu'elle tenoit autrefois dans le monde. Je veux dire que par

---

[1] Pierre Du Moulin. Voir la lettre de Balzac à Chapelain du 15 avril 1637 (mieux 15 juin 1637), n° XI du livre XVIII, p. 744 de l'in-f°. Balzac y dit : « Quoyque j'eusse veu dès l'année passée l'endroit de son libelle latin, où il ne m'oblige pas extrêmement, je ne me vantois point de ma disgrâce... »

[2] Ce passage a été imprimé par M. Livet (*Histoire de l'Académie*, t. 1, p. 366). L'homologation dont parle Chapelain est du 9 juillet 1637 (*ibid.*, p. 396). La *Gazette*, comme Pellisson, avait mis au 10 juillet (n° du 18 juillet 1637, p. 420) la vérification « en parlement de l'édit du Roy portant l'establissement de l'Académie françoise, composée de quarante personnes choisies pour travailler à l'embellissement de la langue... »

[3] Le public ne trouva pas cette *Didon* aussi belle que la trouvait le trop indulgent Chapelain, cet *excuseur de toutes les fautes*, comme Voiture l'avait surnommé. Scudéry lui-même avoue, dans la préface d'*Arminius, ou les Frères ennemis* (Paris, in-4°, 1644), que «les acclamations furent un peu plus froides» qu'à ses autres pièces de théâtre. L'orgueilleux écrivain ajoute, il est vrai : «L'impression fit après ce que j'avois espéré du théâtre.» Malgré le prétendu succès de lecture que Scudéry attribue à sa tragédie, je ne crois pas qu'elle ait été jamais réimprimée.

[4] Cette expression, très-peu commune, n'est pas mentionnée dans le *Dictionnaire de Trévoux*; M. Littré ne la cite que d'après le *Roman comique* de Scarron.

mon jugement elle y est encore reyne et qu'elle n'y voit rien qu'au dessous d'elle. Je vous escris encore tout endormi et c'est tout ce que j'ay peu faire de desmesler ces vérités de la multitude et confusion de mes songes. Vous me ferés bien la faveur, s'il vous plaist, d'en excuser le désordre et me croire tousjours, Monsieur, vostre, etc.

De Paris, ce 4 juin 1637.

CIX.
À M. DE BALZAC,
à balzac.

Monsieur, vous sçaurés que si mes précédentes sont dattées du jour de la Pentecoste [1], ce n'a esté que pour m'accommoder au stile de rendre les lettres tousjours les plus fraisches qui se puisse et que véritablement elles furent escrittes la veille [2], *à buon hora*, afin que vous ne pensiés pas estre plus religieux observateur des festes que moy, et que vous ne cherchiés plus désormais à couvrir vostre négligence du voile de piété. Mais, pour parler sérieusement, je suis fort aise de la satisfaction que vous avés du sieur Camusat et de la bonne réussite qu'a faitte son entretien. Et, en vérité, il m'eust bien trompé s'il n'eust tenu la plus grande partie des choses qu'il avoit promises, et dont je m'estois en quelque sorte rendu garend. Pour ce qui regarde les minuties des fautes qui se sont coulées dans ce qui en est imprimé, elles se réformeront avec le canif ou la plume, quelque grand travail que ce soit, et quelque temps qu'il emporte. Quand (*sic*) aux notables manquemens qui sont en petit nombre, je vous donne ma parole, il s'en fera des cartons que je reverray avec soin comme le reste, me souvenant tousjours qu'il y va de vostre contentement et de mon honneur; sçavoir maintenant si les unes et les autres sont du copiste ou de l'imprimeur il importe peu, et j'aymerois mieux croire qu'elles vinssent de l'opiniastreté du dernier que de l'ignorance du premier, qui m'a tousjours paru diligent, quoyque par mesgarde il eschappe assés souvent des béveues aux plus habiles comme à luy mesme dans ce dernier *errata* que vous m'avés envoyé, où il a mis assés agréablement *apothéose* pour *apostrophe*, et, ce qui m'en semble plus remarquable, est que vous luy avés passé, sans vous en appercevoir. Tout ce que nous avons de copie est imprimé il y a trois jours, et quand le reste viendra, il sera le bien venu. Cependant on corrige à la main dans les feuilles ce que vous y avés remarqué, et le sieur Camusat fait travailler à la planche du frontispice. Vous devés avoir receu maintenant la copie du privilége, et la lettre de desdicace dont vous me parlés et nous en attendons vos sentimens par le premier ordinaire.

Il est vray que le zèle de Mr Conrart est digne de louange ou au moins de gratitude. Quant au bon Colletet, je l'ay veu tout plein de joye quand il se vit prié de parler à M^r le Chancelier, au nom du libraire, sur le sujet de vos ouvrages [3]. Il ne se fera aucun présent de vostre part puisque vous ne le

---

[1] Chapelain répond à cette plaisanterie de Balzac (lettre X du livre XVIII, du 6 avril 1637, plutôt de la fin de mai ou du commencement de juin, p. 744 de l'in-f°): « La Paresse est bien meilleure catholique que la Diligence. Je chomme bien mieux les festes que vous, et vous ne recevrez point de mes lettres dattées du jour de la Pentecoste, comme j'en ay reçeu une des vostres. »

[2] Balzac n'aurait jamais employé une tournure comme celle-là, et, il faut en convenir, il n'arrive pas souvent à Chapelain lui-même de construire aussi mal ses phrases.

[3] J'ai rappelé (*Vies des poëtes gascons*, par

voulés pas, et les ordres que vous donnés en cela seront observés avec scrupule. Vous manderés toutesfois au sieur Camusat quel nombre il a à en faire relier ou envoyer en blanc pour vous afin que tout soit dans les termes de raison.

J'ay fait desja rendre en main propre à Rocolet la lettre de vostre homme qu'il a receue avec beaucoup de contentement, comme m'a rapporté mon valet. Je suis bien aise qu'il soit satisfait de vous et que vos libéralités ne luy donnent point trop d'envie quand elles ne se tournent pas entièrement vers luy.

J'aprens aussy avec plaisir que le *Cid* ait fait en vous l'effet qu'en tout nostre monde [1]. La matière, les beaux sentimens que l'Espagnol luy avoit donnés, et les ornemens qu'a adjousté nostre poète françois, ont mérité l'applaudissement du peuple et de la Cour qui n'estoient point encore accoustumés à telles délicatesses. Il est bien vray, entre nous, que le *Cid* se peut dire heureux d'avoir esté traitté par un François et en France, où la finesse de la poésie du théâtre n'est point encore conneue. En Italie, il eust passé pour barbare et il n'y a point d'Académie qui ne l'eust banni des confins de sa jurisdiction; ce qui a donné beau jeu à M' de Scudéry, corival de Corneille, de luy objecter les fautes que vous verrés remarquées dans le volume que je vous envoye [2], auxquelles le bon Corneille a mal respondu dans la lettre en forme d'apologie qui y est jointe, quoyqu'elle soit verte et que par endroits il y ait monstré beaucoup d'esprit [3]. Maintenant ces chaleurs de poètes nous embarrassent, car Scudéry, se tenant fort de la vérité, a retenu pour juge du différent la noble académie dont vous estes un des principaux membres, et ensuitte de la requeste qu'il luy a présentée, et que vous trouverés encore icy [4], vous ne pourrés manquer au premier jour à souscrire l'arrest que le Corps doit prononcer là dessus, si tost que Corneille nous aura fait la mesme sousmission, et ne croyés pas que je me moque : l'affaire est passée en procès ordinaire et moy qui vous parle en ay esté le rapporteur et en dois encore parler à la première séance sur nouveaux [renseignemens] et pièces nouvellement produittes. Dieu vueille que nous en sortions plus à nostre honneur que ceux qui nous ont rendus juges souverains et réguliers par leur déférence, et toute nostre prudence ne peut remédier au hazard que nous courrons, estant obligés par de trop puissantes considérations à

Guillaume Colletet, introduction, p. 17) que le chancelier Séguier fut pour l'auteur de *Cyminde* un très-bienveillant protecteur, et qu'il lui donna notamment une charge d'avocat au Conseil. Colletet a célébré en vers et en prose la générosité du chancelier, dans l'hôtel duquel il avait ses libres entrées.

[1] Passage reproduit par M. Taschereau (*Vie de Corneille*, p. 307).

[2] *Observations sur le Cid* (Paris, aux despens de l'autheur, 1637, in-8° de 96 pages). Il y eut plusieurs autres éditions de ces *Observations* en la mème année 1637. Voir l'édition des *OEuvres de P. Corneille*, par M. Ch. Marty-Laveaux (t. III, p. 23, note 1), et la *Bibliographie cornélienne*, par M. E. Picot (p. 467, n°ˢ 1349, 1350, 1351 et 1352).

[3] *Lettre apologétique du sieur Corneille, contenant sa response aux observations faites par le sieur Scudéry sur le Cid* (1637, in-8°), M. Marty-Laveaux (t. III, p. 24) et M. Picot (p. 177, n°ˢ 144 et 145) indiquent chacun une autre édition de la même année, mais ces deux érudits ne sont pas d'accord sur l'ordre de publication de ces deux plaquettes, l'une de 8 et l'autre de 14 pages.

[4] *Lettre de M. de Scudéry à l'illustre Académie* (Paris, chez Antoine de Sommaville, au Palais, 1637, in-8° de 11 pages). Voir les livres déjà cités de M. Marty-Laveaux (t. III, p. 32) et de M. Picot (p. 472, n° 1364).

ne nous pas récuser nous mesmes en cette cause.

Je suis, Monsieur, vostre, etc.

De Paris, ce 13 juin 1637.

CX.
À Mᵍʳ LE DUC DE LONGUEVILLE.

Monseigneur, tout ce que nous sommes icy de vos zélés serviteurs ne pouvons que nous resjouir extrêmement du glorieux succès de vos armes et des grandes choses que vous avés exécutées jusqu'icy avec si peu de forces. Nous ne pouvons aussy manquer à vous dire que vos actions ont tiré des louanges de tout le monde, et que la dernière a semblé si extraordinaire, qu'à la louange on y a adjousté l'admiration. Il y a peu désormais de nos généraux d'armée de qui la France attende d'aussy grands effets que de vous pour son restablissement, et quant à moy je suis persuadé que le Ciel vous réserve cette palme comme héréditaire à vostre maison. Le premier conte de Dunois, Monseigneur, ne sera pas le seul restaurateur de cet Estat, et si l'ardeur que ses vertus héroïques ont allumé dans mon sein est véritablement poétique[1], et me donne quelque lumière dans les choses à venir, vous réparerés nos pertes et nous rendrés la tranquillité qui manque à nos jours.

Dans cette espérance je continue mon travail, où je prévois que vous aurés autant de part que celuy pour lequel vous me l'avés fait entreprendre, si la Fortune seconde vostre valeur et mes souhaits. Mʳ de Tracy en a le premier livre il y a plus d'un mois, et pour ce que je le priay, en luy donnant, qu'il ne le hazardast point, vous manqués jusqu'à cette heure à l'avoir. Les suyvans seroient plus supportables qu'ils ne sont, s'il ne m'estoit arrivé, malgré moy, des distractions fascheuses par des personnes à qui sans doute vous m'auriés commandé d'estre complaisant, si j'en eusse peu recevoir vos ordres. Cela n'empeschera pas néantmoins qu'à la fin de l'année je n'en aye mis deux nouveaux en estat de vous les monstrer.

Quant aux nouvelles, Monseigneur, elles sont en petit nombre. L'armée du cardinal de la Valette, depuis la prise d'Irson, de Cateau-Cambresis et de quelques petits forts, s'est logée autour de Landrecy deçà et delà la Sambre[2]. Le plus apparent de ses desseins est le siége de cette place dans laquelle commande un soldat de fortune, nommé Henin, qui a neuf cens hommes dedans. Toutesfois elle n'est encore que bloquée, sans que l'on ait jusqu'icy ouvert de tranchée ni commencé de circonvallation[3]. Le Mestre de camp des carabins est en cette ville pour y recevoir la dernière résolution du Roy sur cette entreprise. La place est de cinq bastions bien fortifiée et bien munie et

---

[1] Allusion au double sens qu'avait le mot *vates*, poëte et devin.

[2] Le P. Griffet, qui résume si bien les *Mémoires de Monglat* et les autres mémoires contemporains, ainsi que les documents officiels, dit (*Histoire du règne de Louis XIII*, t. III, p. 36): «La Valette [le cardinal] entra le 14 de juin dans le pays ennemi, et il commença par se rendre maître des châteaux de Glayeul et d'Irson, qu'il fit attaquer par le vicomte de Turenne. La ville de Landrecies fut investie le 19, et le même jour le duc de Candale partit avec trois régiments d'infanterie, un petit corps de cavalerie et dix pièces de canon, pour aller à trois lieues de là faire le siège de Cateau-Cambresis, qui se rendit le lendemain.» Voir (*ibid.*, p. 74 et 75) ce que raconte l'exact historien des «conquêtes du duc de Longueville dans la Franche-Comté, encore plus nombreuses et plus rapides que celles du maréchal de Châtillon dans le Luxembourg.»

[3] La tranchée devant Cateau-Cambrésis fut ouverte le 11 juillet.

les ennemis n'y manquent que d'hommes[1], s'estant figurés que ce seroit Avennes où nous nous attacherions. L'armée qui est devant est de plus de huit mille hommes de pied et de sept mille chevaux, forte de cavalerie, mais foible d'infanterie. On croit asseurément que celle du grand maistre de l'artillerie, qui est de six à sept mille hommes, la joindra. Ce qui estant, malaisément la place leur eschappera[2]. Les Hollandois sont à Nimègue et ne font encore rien, dont on est icy fort en cervelle[3]. L'opinion commune est qu'ils en veulent à Breda, car pour Dunkerke les Anglois ne le souffriroient pas à cause du commerce. Cependant on tient icy le traitté résolu entre l'Angleterre et la France pour la reconqueste du Palatinat et pour la paix générale dont on se promet de grandes choses, et il ne reste que d'y comprendre les Suédois, lesquels sont tousjours en bon estat dans la Saxe. Le Landgrave a son pays presque tout occupé des Impériaux, cependant qu'il fait la guerre en Vestfalie, où il a pris depuis peu Vecht, place de grande importance. Hermensthein languit et n'attend plus que de se perdre, quoyque la garnison de Philpdel ait bruslée la machine avec laquelle Jean de Vert espéroit de la prendre[4].

L'armée navale d'Espagne est maistresse de la mer et tient la coste de Provence en de continuelles alarmes. Il n'y a point de nouvelles encore qu'elle y ait fait de descente. Nice de la Paille a esté prise sur M⁵ de Savoye par les Espagnols, et il semble qu'ils veuillent pour la quatriesme fois assiéger Cazal.

L'affaire de M⁵ʳ le Conte passe pour rompue dans l'esprit du monde. Ceux néantmoins qui le doivent mieux sçavoir n'en désespèrent pas[5]. Au reste, Monseigneur, je croy estre obligé de vous dire que dans l'armée qui s'est jointe à la vostre il y a un payeur général, frère de l'abbé de Bourzeis, qui n'est pas indigne de l'honneur de vostre bienveillance, et qui a une violente passion de vous servir. C'est un homme d'une probité exquise, et qui a mérité que M⁵ de Rohan rendist ce tesmoignage de luy, qu'il estoit le seul financier de sa connoissance qui eust les mains nettes. Si vous honnorés sa vertu de vostre protection, vous ferés chose digne de ce que vous estes; vous rendrés à son mérite ce qui luy est deu et confirmerés son frère dans le service qu'il vous a voué[6].

Je prie Dieu qu'il vous préserve des continuels dangers où vous estes.

Je suis, Monseigneur, vostre, etc.

De Paris, ce 3 juillet 1637[7].

---

[1] La garnison n'était que de quatre ou cinq cents hommes.

[2] La capitulation de Landrecies fut signée le 23 juillet, et le 26, dit le P. Griffet (*ibid.*, p. 38), le comte de Hainin, gouverneur de la place, sortit avec sa garnison, qui se trouvait réduite à deux cent cinquante hommes d'infanterie, et à cinquante cavaliers.

[3] En inquiétude. M. Littré n'a mentionné cette expression que d'après Scarron (*Jodelet*) et d'après Regnard (*le Distrait*), mais on la trouve déjà chez Régnier, qui a dit : «l'esclanche en cervelle», Sat. X.

[4] Sur la forteresse d'Hermenstein que M. de Bussi-Lamet, après un blocus de quinze mois, avait été obligé de rendre à Jean de Wert le 27 juin, voir le P. Griffet (*ibid.*, p. 62).

[5] Ceux-là avaient bien raison de n'en désespérer pas, car vingt jours plus tard, le 23 juillet, le comte de Soissons signa, à Sedan, le traité que le cardinal de Richelieu lui avait proposé.

[6] Voir une lettre de Balzac «à M. de Bourzeis, thresorier de France», dans l'in-folio, p. 691 (du 25 juin 1639).

[7] Le 22 juillet (f° 202), Chapelain écrit au lieutenant Arnauld, «au camp de Landrecy», lui reprochant amicalement d'être parti sans être

CXI.
À M. L'ABBÉ DE BOISROBERT,
à ruel.

Monsieur, je ne doute point que Monseigneur ayant daigné jetter les yeux sur cette esbauche de jugement que j'ai faitte du *Cid* au nom de l'Académie, Son Éminence n'ait d'abord pénétré les raisons qui m'ont obligé de m'y prendre comme j'ay fait, et je tiens comme superflu de vous supplier encore de luy représenter sur ce sujet les choses que je vous fis hier entendre sur ce sujet chés vous. En tout événement, néanmoins, si vous rencontrés Son Éminence dans un assez grand loisir pour en vouloir bien estre entretenue, vous me feriés une singulière grâce de luy dire qu'estimant ce Poëme défectueux en ses plus essentielles parties, j'ay creu que le moyen de désabuser ceux que ses fausses beautés ont prévenu estoit de tesmoigner qu'en beaucoup de choses non essentielles nous ne le croyons pas repris avec justice, et nous monstrer favorables à quelques uns des sentiments de ceux qui n'y trouvoient rien à redire; qu'autrement, si nous luy paroissions contraires en tout, bien qu'aux choses principales nous l'eussions censuré justement, nous passerions dans l'esprit du commun pour partiaux de ses événemens et pour juges injustes, ce qu'il me semble que surtout nous devions éviter, et pour le but que nous avons dans ce travail, et pour nous descharger de la haine publique, laquelle autrement nous seroit inévitable.

Vous me ferés encore la faveur, s'il vous plaist, de luy lire les conclusions que je prens à la fin de l'ouvrage, et de la supplier de considérer que je ne puis avoir tellement excusé le *Cid* dans le cours du jugement que j'en fais, que je ne le ruine beaucoup en monstrant, et dans ce mesme cours et par mes conclusions, que les principales choses à qui sont requises un Poëme dramatique pour estre bon luy manquent [1]. Mais si Son Éminence juge que les moyens que j'avois pris pour le mieux ne fussent pas légitimes, asseurés-la que je n'ay nul attachement à mes opinions, et que je suis dans la sousmission et la déférence que tout homme de bon sens doit avoir pour les sentimens d'une si haute intelligence que la sienne, et que je suis pour les suyvre et m'y conformer entièrement.

Quant au stile, vous luy dirés que j'en connois la foiblesse, et que je confesse que l'ordre qu'il luy a plu de me donner pour le rendre plus digne de l'Académie, comme il est très judicieux, ne peut estre que très profitable; mais qu'encore que j'eusse eu plus de loisir et plus de capacité pour le rendre meilleur, j'eusse tousjours conservé

---

venu le voir, tandis qu'il s'était bien gardé d'oublier d'aller voir les dames qu'il sait. Chapelain espère que la ville de Landrecies sera prise avant la mi-août, « à quoy servira infiniment la bonne résolution qu'a prise M⁰ le Conte pour son bien et pour celuy de toute la France, les ennemis par ce traitté estant affoiblis de plus de la moitié de leurs forces. » « Je vous avoue, ajoute-t-il, qu'en mon particulier j'en ay une joye toute extraordinaire, et que désormais je vois clair au salut de l'Estat et à la paix de l'Europe. M. de Saint-Nicolas est icy et une cheute de cheval qu'il fist près d'Estampes, en revenant d'Angers, empesche qu'on ne vous puisse dire qu'il est en parfaitte santé. Je vous demande et à M⁰ le Mestre de Camp un peu de commémoration de mon zèle au service de Monseigneur vostre cardinal [le cardinal de la Valette], si l'occasion s'en présente, et qu'il sache que personne ne passionne plus sa gloire que moy. M⁰ le marquis de Pisani me peut aussi rendre ce bon office à la rencontre et de bonne grace et je suis asseuré qu'il le fera si vous luy moustrés que je l'en supplie. Je vous suis à tous trois également... »

[1] Combien il est triste que Chapelain se soit cru obligé de faire de telles concessions!

l'imagination qui me vint d'abord, que de tous les stiles il n'y avoit que le grave dont on se peust servir en cette occasion, laquelle, nous ayant rendu juges, me semble nous obliger à fuir, dans ce que l'on verroit de nous sur ce sujet, les mouvemens et les ornemens qui font toute l'éloquence de ceux qui attaquent ou qui défendent, et à conserver seulement la force du raisonnement et la netteté de l'expression, pour instruire plustost que pour plaire; ce que je ne dis point pour maintenir bon ce que j'ay fait, si Son Éminence juge qu'il soit mauvais, mais simplement pour luy rendre raison des motifs que j'ay eu de le faire et pour en attendre son souverain jugement avec tout le respect que je luy dois, comme à mon Supérieur et Maistre en toutes choses. Je me promets ce bon office de vostre bonté accoutumée, et surtout vous luy renouvellerés les assurances de mon zèle à son service, et ne luy laisserés pas croire qu'il y ait personne au monde sur qui il soit plus absolu que sur moy qui suis, Monsieur, vostre, etc.

De Paris, ce 31 juillet 1637 [1].

CXII.

À M. DE BALZAC,

À BALZAC.

Monsieur, il n'est pas quelquefois mal à propos de vous donner de petites occasions de colère puisque les vostres produisent de si belles impétuosités et que *con la mano ne tira anco maestra* vous deschargés vostre bile si éloquemment. Néantmoins j'entends que vos ressentimens ayent leurs bornes, au delà desquelles il ne leur soit pas loysible de passer, et si la sérénité de vostre âme en devoit recevoir le moindre trouble, j'aymerois mieux que vous me parussiés moins éloquent. Car, si vous ne vous en souvenés pas, Monsieur, vous n'estes pas seulement orateur, vous estes encore philosophe, et il vous est bien permis d'esmouvoir les passions en autruy, mais non pas de les avoir en vous mesme qu'autant qu'elles sont ministres de la Vertu.

Au reste, je ne vous dis point que ce que vous m'en avés fait paroistre sera secret; cela et beaucoup moins encore s'en va tousjours sans dire. Je vous escrivis mercredy dernier, sitost après avoir receu par Mʳ Gestin, tumultuairement [2], à mon ordinaire, et je vous tesmoignay l'applaudissement qu'avoit eu en pleine Académie la lettre que j'envoyay de vostre part à Mʳ de Scudéry [3]. Jugés, après cela, ce que ce sera lorsque je la feray revoir retouchée par vous. Mais je suis estonné comment vous croyés que nous puissions donner cause gaignée à l'observateur du *Cid*, après que vous avés escrit une si belle Apologie pour

---

[1] M. Taschereau, qui a publié toute cette lettre (p. 85 et 86 de sa *Vie de Corneille*), l'oppose au récit de Pellisson et déclare que cette pièce « montre clairement tout à la fois la servilité des juges et les exigences du cardinal. »

[2] C'est-à-dire avec grande précipitation et grand désordre. L'adverbe *tumultuairement*, qui était cher à Chapelain, est souvent dans Amyot, dans d'Aubigné, dans Montaigne, mais on le trouve aussi, comme l'a remarqué M. Littré, dans Bossuet, dans Rollin, dans Saint-Simon, et jusque dans Duclos. Le *Dictionnaire de Trévoux* a cité un *tumultuairement* de Saint-Évremond.

[3] Cette lettre, insérée dans le recueil de 1665 (n° XX du livre XII, p. 541-544) et qui avait été insérée déjà dans le recueil de 1647 (Paris, Aug. Courbé, 1647), est datée du 27 août 1637. Si cette date est exacte, il faut admettre que le document, communiqué dans les premiers jours d'août par Chapelain à Scudéry et à l'Académie, puis renvoyé à Balzac pour qu'il le retouchât, reçut, après les retouches, la date définitive du 27 de ce mois. La lettre si remarquable écrite en faveur du *Cid persécuté*, par Balzac, n'a pas été seulement plusieurs fois imprimée dans ses *Œuvres*, de 1647 à 1665, mais elle a été en-

luy, et monstré en quelque sorte que vous avés pris cette Pièce en vostre protection. Je vous entens néantmoins et connois la raison que vous a peu donner cette créance. Ce que je ne veux point que vous preniés pour un nouvel énigme[1] à deschiffrer, puisque ce n'est pas ma pensée que je vous couvre sous ces paroles, mais la vostre mesme que vous voyés plus clairement que moy.

La lettre à M^r le Chancelier s'imprimera donc désormais que je voy que vous ne vous y opposiés pas, et certes c'est bien le droit du jeu; elle appartient à ce volume par toutes raisons, et il ne sçauroit commencer par une plus belle chose[2]. Je feray la diligence pour les corrections que vous avés marquées au dos de la mienne, et asseurés vous sur moy que tout ce volume ira bien.

Vous ne me mandés point si les dernières feuilles avoient l'avis de faux aussi bien que les précédentes, et si vous y avés trouvé des cartons à refaire. L'indontable brutalité des imprimeurs auroit elle bien à ce coup esté plus capable de discipline qu'à l'accoustumée? A vous dire le vray, j'en serois surpris et le tiendrois, en quelque sorte, à miracle.

J'ay leu la lettre que vous envoyés à M^r L'Huillier, et elle m'a semblé digne de vous en toutes ses parties. Il sera ravy quand je la luy auray donnée, et je sçay que M^{rs} Du Puy s'en ressentiront très obligés[3].

M^r d'Haligre me fit, hier, une visite, et toute nostre conversation fut de vous aux termes que vous le pouvés souhaitter. C'est une cervelle d'homme aussy bien faitte qu'il y en ait entre Paris et Angoulesme, et vous pouvés sur ma parole vous resjouir de l'avoir pour ami[4].

La vie de ce Vincenzo Pinelli[5] dont je vous parlay par ma dernière est escritte de bon stille par un Gualdi Vicentin[6]. C'est l'idée d'un parfait amateur des lettres et

---

core imprimée dans un recueil de pièces relatives à la tragi-comédie de Corneille : *Lettre de M. de Balzac à M. de Scudéry sur ses observations du Cid et la response de M. de Scudéry à M. de Balzac, avec la lettre de M. de Scudéry à Messieurs de l'Académie française, etc.* (Paris, chez Augustin Courbé et Antoine de Sommaville, 1638, in-8° de 34 pages.)

[1] Le genre du mot *énigme* a varié, ainsi que l'a remarqué M. Littré, et Massillon le faisait encore, conformément à l'étymologie, masculin, comme Rabelais et Montaigne. On lit dans le *Dictionnaire de Trévoux* : « Enigme, substantif quelquefois masculin, mais plus ordinairement féminin. Voilà deux exemples [tirés l'un de Saint-Evremond, l'autre de La Motte-Houdard] d'énigme au masculin. Les autres ne sont pas rares. »

[2] C'est la lettre XLIII du livre XVI de l'in-folio, p. 708-711, du 30 octobre 1636.

[3] Serait-ce la lettre III du livre IX, p. 401 et 402, datée du 23 novembre 1636, et où, comme j'ai déjà eu l'occasion de l'indiquer, Balzac parle « des bienheureux moments passez dans le cabinet de Messieurs du Puy, » et des « bonnes choses » qu'il y a ouïes?

[4] Je ne sais de quel d'Aligre il s'agit ici. Ce doit être de celui dont on trouve l'éloge funèbre dans une lettre de Balzac à Luillier (n° VIII du livre XI, p. 502 de l'in-f°) : « Pour moy, qui croy avoir perdu un ami, aussi bien que vous, en la personne de M. d'Aligre, je n'ay eu besoin ni d'exemple, ni de persuasion, pour estre excité à luy rendre mes tristes devoirs. » Cette lettre est datée du 18 janvier 1642.

[5] Jean-Vincent Pinelli, un des plus savants bibliophiles de l'Italie, naquit à Naples, d'une famille originaire de Gênes, et mourut à Padoue en 1601. Je ne citerai sur lui que J.-A. de Thou, lequel (livre CXXVI de l'*Histoire de son temps*, a fait un si bel éloge de « cet illustre Napolitain, dont l'Italie et tout le monde chrétien doivent respecter la mémoire. »

[6] Paul Gualdo, archiprêtre de Padoue, écrivit une vie très-détaillée de Pinelli. Elle a été tra-

d'un généreux protecteur des lettrés. Il estoit d'une des meilleures maisons de Gennes, très riche et plein de beau sçavoir. Son frère estoit Duc au royaume de Naples et grand Chancelier, si je ne me trompe. Le livre est rare et je ne l'ay peu avoir que de chés Mʳ de Thou, ce qui me fait craindre qu'on ne vous le puisse pas envoyer. Elle servira de patron pour celle que Mʳ Gassendi me dit de[voir] faire de feu Mʳ de Peyresc¹, laquelle sera plus belle que l'autre, si je m'y connois, pour les divers avantages qu'ont receu les sciences par le soin de ce grand zélateur de leur avancement, et qui sont connus par son amy dans le détail.

Nous vous excuserons tant que nous pourrons envers ceux qui, à l'avenir, seront marris de vostre silence, mais ce ne sera pas envers Mʳ l'Esp[rit] auquel, en rendant vostre lettre², j'ay fait à sçavoir que vous aviés besoin de repos et que je vous voulois moy-mesme laisser dormir les ans d'Épiménide. Avec cela il vous pourra bien respondre, mais vous pourrés aussy ne luy pas répliquer.

Je feray tenir à Rocolet vostre paquet comme les autres. Il y a un mois qu'il pria Videl³ de luy donner son calepin à imprimer, et luy dit qu'il luy en feroit faire un mot de compliment par vous, ce qui me despleut. Toutesfois dissimulés le et ne luy en dittes rien : il est bon homme et croit que cela luy peut profiter sans vous nuire. Si jamais ce livre s'imprimé⁴, vous y verriés beaucoup de singularités de la plus longue, plus illustre et plus heureuse vie d'aucun particulier de ce siècle⁵ qui ne vous désagréront pas. Il n'a pas le don de se ramasser en peu de paroles, mais, à cela près, il est bon, sans éloquence et sans barbarie, et il faut bien qu'il soit tel puisqu'il me persécute, qu'il m'emporte mon temps et que je ne laisse pas d'y prendre plaisir.

Je suis, Monsieur, vostre, etc.

De Paris, ce 7 aoust 1637.

CXIII.

A M. DE SCUDÉRY.

Monsieur, je n'ai point veu les nouveaux libelles que vous me dites avoir été faits contre vous⁶, et je suis marri que vous ayés ce nouveau sujet de plainte, mais nous n'avons nulle jurisdiction sur ces fascheux escrivains qui barbouillent le papier et qui abusent de l'indulgence des magistrats et de

---

duite en latin et imprimée à Augsbourg en 1607, in-4°. J.-A. de Thou a dit de cette biographie (*ibid.*) : « Ce livre mérite d'être lu, et il instruira beaucoup un lecteur curieux. »

¹ Peiresc était mort depuis un mois et demi (24 juin).

² Cette lettre ne nous a pas été conservée. La seule lettre de Balzac à Esprit que l'on trouve dans l'in-folio de 1665 est une lettre du 15 octobre 1643 (n° XXV du livre XIII, p. 578 et 579).

³ Louis Videl, né à Besançon en 1598, mourut à Grenoble en 1675, successivement secrétaire des ducs de Lesdiguières, de Créqui et du maréchal de L'Hôpital.

⁴ L'*Histoire de la vie du connestable de Lesdiguières, depuis sa naissance jusqu'à sa mort*, 1543-1626, parut à Paris, chez Rocolet, 1638, in-f°.

⁵ François de Bonne, duc de Lesdiguières, naquit à Saint-Bonnet-de-Champsaur (Hautes-Alpes), le 1ᵉʳ avril 1543, et mourut à Valence, le 28 septembre 1626, ayant ainsi vécu quatre-vingt-trois ans.

⁶ M. Marty-Laveaux cite, parmi ces libelles (*OEuvres de Corneille*, t. III, p. 26) : *La voix publique. A Monsieur de Scudéry sur les observations du Cid* (Paris, 1637, in-8° de 7 pages); *Le souhait du Cid en faveur de Scudéry. Une paire de lunettes pour faire mieux ses observations* (Paris, 1637, in-8° de 36 pages). Joignons-y *La deffense du Cid* (Paris, 1637, in-4° de 28 pages), sur laquelle on peut voir la *Bibliographie Cornélienne* de M. Picot (p. 468, n° 1354).

la patience du peuple. Pour ce qui regarde le jugement que vous attendés de l'Académie, comme ce doit estre un discours raisonné et sur plusieurs chefs du Cid et de vostre ouvrage, de sorte qu'il pourra grossir jusqu'à faire un juste volume [1], vous ne devés point trouver estrange qu'il ne soit pas sitost achevé, tant d'honnestes gens ayant à y mettre la main [2]. Je vous demande pour eux la mesme justice que vous leur demandés, et de ne vouloir pas qu'ils précipitent ce qui peut ruiner ou establir leur réputation.

Vous me pardonnés bien cette franchise ou plustost la pardonnerés bien à tous ces Messieurs, qui vous parlent par ma bouche, et qui, ayant laissé toutes leurs occupations afin de travailler à cette affaire, tant pour l'amour de vous que pour satisfaire à des ordres qu'il ne leur est pas permis de négliger, seront bien aises de considérer meurement une chose comme celle-cy, qui désormais ne leur importe pas moins qu'à vous. Asseurés-vous seulement, Monsieur, qu'ils n'y perdront pas une minutte de temps, et qu'ils ont plus d'envie que vous d'estre hors de l'embarras où Mr de Corneille [3] les a mis quand il vous a obligé à rabattre sa vaine gloire.

Au reste, il faudroit estre bien injuste pour vous imputer les fautes de vostre imprimeur, et mesme celles de vostre mémoire aux citations de certains chapitres et autheurs pour d'autres, et vous devés croire que la Compagnie n'examinera que vostre doctrine et qu'elle ne vous chicanera point sur ces béveues de néant qui ne vous feront aucun tort auprès d'elle, parce qu'elle est raisonnable et qu'elle n'a rien du pédant. Sitost que mes diverses et mauvaises affaires me permettront de vous aller rendre ce que je vous dois, je m'en iray acquitter chés vous, sans que la qualité de Juge, que vous me donnés et que je n'accepte point, m'en retienne, car je ne veux point que nulle raison me dispense de vous faire tousjours paroistre que je suis, Monsieur, vostre, etc.

De Paris, ce 20 aoust 1637 [4].

CXIV.
À M. DE BOISROBERT,
À RUEL.

Monsieur, il y a apparence que vous avés veu le sonnet qui accompagne ce mot, et la diligence que je fais en cecy peut estre vous passera pour une paresse. Néantmoins je vous l'envoye à tout événement et cro que vous l'estimerés digne d'estre approuvé de vous et de servir de divertissement à Monseigneur, je dirois de consolation si sa

---

[1] *Les sentimens de l'Académie françoise sur la tragi-comédie du Cid* (Paris, chez Jean Camusat, 1637) forment un volume de 192 pages in-8°. Le privilége est daté du 26 novembre 1637. On en connaît une autre édition (Paris, Quinet, 1678, in-8° de 183 pages).

[2] Ces *honnestes gens* furent au moins au nombre de neuf, ainsi énumérés par Pellisson (*Histoire de l'Académie*, t. I, p. 89-93) : De Bourzeys, Chapelain, Desmarests, de Cérisy, de Gombauld, Baro, L'Estoile, de Scrisay, Sirmond.

[3] On donnait quelquefois la particule à Corneille, et en cette même année on publia une *Lettre pour Monsieur de Corneille contre les mots de la lettre sous le nom d'Ariste : Je fis donc résolution, etc.* (Paris, in-8° de 3 feuillets). Rappelons ici que Pierre Corneille, le père de l'auteur du *Cid*, avait, en janvier 1637, reçu des lettres de noblesse.

[4] Cette lettre, mentionnée par l'abbé Goujet dans sa notice sur Georges de Scudéry (*Bibliothèque françoise*, t. XVII, p. 144), a été insérée par M. Taschereau dans les notes de sa *Vie de Corneille* (p. 309 et 310).

vertu ne le consoloit pas toute seule sans avoir besoin du secours de ses serviteurs. Celuy qui l'a composé fait particulière profession de lettres et l'a desja tesmoigné en plus d'une occasion. C'est, pour ne vous laisser pas davantage en peine, Mʳ de Montplaisir de qui sont les stances du Printemps que nous leusmes chés vous avec beaucoup de satisfaction il y a six ou sept mois [1]. Ça esté beaucoup de témérité à luy d'entreprendre cette matière après vous, mais ce vous est beaucoup de gloire d'avoir de si rares imitateurs et la justice veut que, comme vous luy avés ouvert le chemin pour la justification de Son Éminence, vous luy serviés aussy de guide vers Elle qui l'estimera au double s'il luy est présenté de vostre main [2].

Je suis plus que personne du monde, Monsieur, vostre, etc.

De Paris, ce [en blanc] aoust 1637.

CXV.
A M. DE BALZAC,
À BALZAC.

Monsieur, toutes ces choses que vous supposés estre en moy pour bien traitter la matière du *Cid* me manquent, et ce travail ne pouvoit estre donné à un plus pauvre homme que moy ni moins capable de satisfaire à l'attente du public. Mais ni ce défaut, ni le temps que cette courvée m'a emporté et m'emportera, ne sont pas les choses les plus fascheuses que j'y trouve. Je ne crains pas d'estre blasmé de mal escrire, ni ne suis pas si chiche de mes heures que je ne les puisse volontiers employer sans autre utilité que de plaire à celuy qui peut tout sur moy. Ce qui m'embarasse, et avec beaucoup de fondement, est d'avoir à choquer et la Cour et la Ville, les grands et les petits, l'une et l'autre des parties contestantes, et en un mot tout le monde, en me choquant moy-mesme sur un sujet qui ne devoit point estre traitté par nous; et, croyez-moy, Monsieur, qu'il n'y a rien de si odieux, et qu'un honneste homme doive éviter davantage, que de reprendre publiquement un ouvrage que la réputation de son autheur ou la bonne fortune de la Pièce a fait approuver de chacun : car le moins qu'on en doive attendre, est de se voir accueilli de pasquins, de satyres et de malédictions, et de défrayer la compagnie.

Souvenés-vous de ce qui vous est arrivé à vous-mesme sur l'*Herodes* de Heinsius [3]. Il

---

[1] Voir dans les *Poésies de Lalane et du marquis de Montplaisir* (Amsterdam, 1759, p. 23-29 de la seconde partie), les stances intitulées : *Le printemps est la véritable saison de l'amour*, stances qui paraissent plus dignes d'avoir été goûtées par Boisrobert que par Chapelain.

[2] Voir (*ibid.*, p. 34) le sonnet *contre ceux qui médisoient du cardinal de Richelieu*. J'en citerai les huit premiers vers :

Laissés, lâches esprits, parler la Renomée.
En vain vous prétendés par vos profanes vers
Interrompre la voix de cent peuples divers,
Qui du grand nom d'Armand sans cesse est animée.
Son illustre vertu, dont la gloire est semée
Jusqu'au dernier climat où s'étend l'univers,
Confondra vos erreurs; et vos desseins pervers,
Comme ceux des Titans, s'en iront en fumée.

[3] Daniel Heinsius, un des plus grands philologues de la Hollande, avait publié, en 1632, à Leyde, chez les Elzeviers, une pièce intitulée : *Herodes infanticida tragœdia*. Balzac fit paraître ses observations sur cette pièce sous ce titre : *Discours sur une tragédie de M. Heinsius intitulée : Herodes infanticida* (Paris, P. Rocolet, 1636, petit in-8°), réimprimées dans ses *Œuvres complètes* (1665, t. II, p. 530-557) sous le titre de : *Dissertation sur une tragédie, etc.* Heinsius, mal inspiré par son extrême amour-propre, répondit peu convenablement aux courtoises objections de Balzac : *Dan. Heinsii epistola, qua dissertationi Balsaci ad Herodem infanticidam respondetur* (Leyde, 1636, in-8°). Balzac (lettre XX du livre XVIII, p. 750 de l'in-f°) répond ainsi à ce

n'y a point d'homme sage qui ne tombe d'accord de vos répréhensions; il n'y en a point de si délicat qui ne trouve un parfait contentement dans le stile dont elles sont escrittes, et, avec tout cela, il n'y a guères de gens qui vous plaignent du mauvais traittement que le poète repris vous fait dans sa mauvaise response. Une chose me console en cecy, et c'est que nostre Protecteur ayant vu mon examen, n'en a guères trouvé que les matières bonnes, et a désiré que l'Académie les embellist de fleurs [1], de sorte que j'auray des compagnons, par sa grâce, à supporter la haine et le blasme qui nous en est asseuré.

Au reste je n'ay encore guères employé la raison de vostre silence futur que je m'estois imaginé et que je croyois que vous pourriés approuver pour ce qu'il ne me sembloit pas hors de propos que l'on sceust qu'elles estoient vos estudes présentes, et qu'aussy bien quand vous viendriés à publier ces Discours, on les liroit comme des choses de vous, et dont vous estiés obligé de respondre, vostre réputation ne vous permettant plus désormais de rien laisser sortir de vostre plume qui ne fust achevé. Mais puisque vous désirés qu'il ne s'en parle point, je discontinueray de le faire et laisseray murmurer ceux que vostre protestation de ne plus escrire scandalizera, et qui croyent après cela devoir aussy protester de ne plus lire.

J'ay veu Mr Lhuillier que j'ay obligé à ne point donner de copie de la lettre que vous luy avés écritte afin de vous obliger d'en faire un de vos discours, comme vous me le faittes espérer [2]. Il a tesmoigné une grande joye quand je luy ay eu déclaré vostre dessein, et m'a dit que désormais il vous escriroit librement, sçachant que vous ne devés plus escrire que pour faire connoistre qu'il ne vous escrit pas pour avoir des responses de vous.

Celle que vous avés faitte à Scudéry est une des meilleures choses que vous ayés jamais laissé voir et où il reluit autant d'adresse et de jugement. Celle de M^r le Chancelier est imprimée, et, si j'ay eu des yeux, sans aucune petite faute. J'en ay veu jusqu'à la quatriesme espreuve. Quant au Boèce que vous désirés [3], Camusat ne l'a peu

---

passage de la lettre de Chapelain : «On ne peut pas appeler censure les objections que j'ay faites sur la tragédie de *Herodes infanticida*, et il y a grande différence entre proposer des doutes et donner des résolutions. Si le bon homme Heinsius n'a pas pris la chose de ce biais, ce n'est pas ma faute, c'est la sienne, et je sçay bien que Juste Lipse, qui a leu autrefois Tacite dans la mesme chaire que luy, m'eust respondu en honneste homme...» Cette lettre ou plutôt cette portion de lettre (car ce n'est qu'un petit lambeau d'une lettre qui devait avoir une ou deux pages) porte la date du 22 août : il faut lire 30 ou 31 août, puisque c'est la réponse à une lettre du 22.

[1] Pellisson (t. I, p. 91) dit du cardinal de Richelieu appréciant le travail de Chapelain : «Son jugement fut enfin que la substance en étoit bonne, mais qu'il falloit (car il s'exprima en ces termes) *y jeter quelques poignées de fleurs.*»

[2] Ceci ne se réalisa pas, et l'on ne trouve pas le nom de Luillier parmi les personnages auxquels Balzac adressa les discours qui ont été recueillis dans le tome II des *OEuvres complètes*, personnages qui sont : P. de Marca, Guy Bentivoglio, Descartes, Mainard, Moricet, le R. P. Dom André de Saint-Denys, Montauzier, Conrart, Girard, Costar, Chapelain, Gandillaud, de la Thibaudière, Sarrasin, de Plassac-Meré, etc.

[3] De quelle édition de Boèce Balzac avait-il envie? Était-ce de l'édition de Bâle (*Opera omnia*, 1570, 1 vol. in-f°)? Était-ce du *De consolatione philosophiæ* qui avait paru à Leyde en 1620, in-32? Je ne vois aucune édition voisine de l'année 1637.

encore recouvrer quelque diligence qu'il y ait faitte, et pour moy je vous ay desja mandé qu'il estoit mon pourvoyeur et que je n'avois ni le loysir ni l'addresse de l'aller fureter dans les boutiques ni dans les magazins.

Je vous envoye par M. Gestin le *Virgile* d'Heinsius que le sieur Camusat m'a apporté pour vous. Il est imprimé en taille douce et récrée merveilleusement la veue[1]. Je vous solliciteray l'autre, quoyqu'il ne soit pas besoin, l'homme que j'en ay chargé ayant trop de passion pour tout ce qui vous touche.

Je suis, Monsieur, vostre, etc.

De Paris, ce 22 aoust 1637[2].

CXVI.

À Mgr LE DUC DE LONGUEVILLE,

EN LA FRANCHE-CONTÉ.

Monseigneur, quand la mort de feue Madame[3] ne m'auroit point esté sensible par mes propres intérests, la douleur extraordinaire qu'elle vous a causée et la rude secousse que vostre constance a receu de cette occasion, m'auroient esté de suffisantes raisons pour en avoir un ressentiment extrême. Mais les divers tesmoignages que j'ay eus de sa bonté en mon endroit et l'estime qu'elle faisoit de mon zèle pour la grandeur de vostre Maison, m'empeschent de vous dire que mon affliction soit seulement née de la vostre, et me font vous confesser qu'avec vostre mal je plains encore le mien.

Pardonnés moy cette liberté, Monseigneur, et souffrés que je mesle mes pleurs avec les vostres, me dispensant pour quelques moments du respect que je vous dois et me permettant de mettre mon desplaisir en comparaison avec vostre douleur. J'espère que vous m'accorderés cette grâce, sachant bien qu'il n'y a rien de si agréable à ceux qui sont véritablement affligés que de voir respandre de véritables larmes à ceux qui, estant intéressés en leur peine, connoissent par eux mesmes le sujet qu'il y a de s'en affliger. Il ne me sera pas besoin, Monseigneur, de vous dire que je suis bien de ceux là, puisque vous m'avés fait l'honneur de m'escrire que vous en estiés persuadé. Je vous diray seulement que je n'entre-

---

[1] *Virgilii opera, nunc emendatiora.* Leyde, 1636, petit in-12. D'après le *Manuel du libraire* (t. V, col. 1289), c'est une des plus jolies éditions qui nous aient été données par les Elzeviers.

[2] La lettre a déjà paru dans les notes de la *Vie de Corneille* de M. Taschereau, p. 310 et 311.

[3] Louise de Bourbon, duchesse de Longueville, était morte le *9 septembre 1637*, comme on le lit dans la *Gazette* du 12 septembre 1637 (p. 576) et dans le *Moréri* (t. VIII, p. 109). Comment Chapelain attendit-il tout un mois pour adresser au duc de Longueville ses compliments de condoléance? N'osait-il troubler sa filiale douleur? Quoi qu'il en soit, dès le 23 septembre (f° 209) il avait répondu en ces termes à Mme de la Trousse : «Si j'estois capable de consolation dans la nouvelle et incomparable perte que j'ay faitte en la personne de Mme la duchesse de Longueville, je vous avoue que je l'aurois prise dans la lettre qu'il vous a pleu m'escrire... Cet accident, Madame, est si rude pour moy et par les choses que vous connoissés et par plusieurs autres qui ne sont pas venues à vostre connoissance, que je serois un barbare si tous les jours de ma vie ne le ressentois et le plus ingrat des hommes s'il se passoit heure en ma vie que je ne me souvinsse de la vertu de cette Princesse et du bonheur qu'elle m'a emporté.» Mme de la Trousse l'avait invité à venir la rejoindre. «Je reçois comme je dois, lui dit Chapelain, les offres que vous me faittes de vostre belle maison pour divertir ma tristesse.»

prends pas d'apporter autre soulagement à vostre peine que celuy que la connoissance de mon affliction y peut apporter, laissant à l'assistance divine, à vostre propre vertu et aux glorieuses occupations que vous avés, de vous y fournir de plus puissans remèdes, et de vous rendre la tranquillité d'esprit que ce grand accident vous a ostée.

Cependant, pour continuer à vous donner les avis que nous avons des choses qui se passent loin de nous et dans les intérêts de la France, je vous dirai que le duc de Veimar maintient tousjours son poste sur le Rhin, et qu'il espère de passer dans le Marquisat de Bade si tost que les forces qu'on luy a destinées l'auront joint. Et, en ce cas, on tient qu'il fera descendre son pont de batteaux à Drusenheim, ancien logement de Galas, et bien plus commode que celuy où il est présentement. Il ne se peut dire combien la nouvelle de ce passage a rabbatu de l'orgueil des Impériaux et a relevé le cœur des Protestans, et desja on en voit l'effet dans la Poméranie qui a esté toute quittée par Galas après y avoir perdu bon nombre de gens et Bannier avec 20,000 hommes le suit et regaigne du terrain qu'il avoit perdu à sa retraitte de Zergau[1].

Néantmoins le duc de Lunebourg, par intelligence avec ses bourgeois, s'est rendu maistre de sa ville capitale et la garnison suédoise, s'estant retirée au fort, les uns disent qu'ils le tiennent encore, les autres qu'ils ont capitulé. Erford aussy, à ce qu'on mande, ne demeurera plus guères entre leurs mains, et Ramsay est desja sorti de Hannan avec sa garnison, après avoir receu cinquante mille richedalles des villes circonvoisines. Depuis la jonction de Rantzau avec le landgrave, presque toute la Conté d'Embden est tombée sous leur pouvoir. Ils ne pouvoient souhaiter un meilleur quartier d'hyver et ils prétendent en sortir au printemps avec douze à treize mille hommes. Les Anglais, à ce qu'on assure, fournissent quelques secours aux Suédois qui doivent passer sur les Estats de Dannemark. Les Hollandois pressent tousjours Breda, où la garnison se défend très vaillamment et a rendu inutile à coups de canon pointés à fleur d'eau la grande galerie que le prince d'Orange y avoit fait faire. Mais on ne laisse pas de croire que, dans le quinziesme de ce mois, la ville tombera entre ses mains[2].

Je ne vous parleray point du grand effet de Languedoc contre l'armée espagnole, M* de Tracy vous en devant informer particulièrement[3].

Hier, fort tard, arriva un courrier du camp du cardinal de la Vallette, lequel estoit allé au devant des forces que nous avions à Maubeuge pour favoriser leur retour à Landrecy, à cause que désormais on n'y pouvoit plus vivre, et la nouvelle porte qu'on a eu besoin de combattre les ennemis retranchés à Pont sur Sambre entre nos deux armées et qu'ils ont esté forcés. Leurs trouppes estoient de cinq régimens et trois

---

[1] Sur les opérations du duc de Weimar en août et septembre 1637, voir le P. Griffet (t. III, p. 76 et 77). C'est encore ce guide excellent qu'il faut suivre pour bien comprendre le récit que fait Chapelain des autres incidents de la guerre d'Allemagne.

[2] Au moment où Chapelain écrivait ces lignes la ville de Breda avait déjà capitulé depuis trois jours (7 octobre 1637). Les auteurs de l'*Art de vérifier les dates* (édition de 1818, t. VI, p. 252) ont eu le tort d'avancer d'un jour la capitulation.

[3] Sur la victoire de Leucate (28 septembre 1637), voir, outre le P. Griffet (t. III, p. 82-87), l'*Histoire générale du Languedoc*, par Dom Cl. Devic et Dom J. Vaissette (t. V, p. 609).

mille chevaux commandés par Picolhomini. Que s'ils ont esté desfaits, cet avantage vaut bien la perte de Maubeuge[1] et les Espagnols en deviendront plus raisonnables qu'ils n'ont esté jusqu'ici pour la paix.

Pour conclusion, Monseigneur, j'ay un extrême desplaisir de voir qu'on fait difficulté de vous permettre de venir donner ordre à vos affaires particulières, après un si long et heureux travail pour les générales. Mais cette rigueur est la marque de la haute estime où vous estes et de l'opinion que l'on a de deçà qu'il n'y a personne qui puisse bien remplir vostre place, tant que nos frontières et vos conquestes seront en péril.

Je prie Dieu qu'il vous console et qu'il vous conserve pour l'avantage de la France et pour la satisfaction de tous ceux qui vous honorent comme fait, Monseigneur, vostre, etc.

De Paris, ce 10 octobre 1637[2].

CXVII.
AU MARQUIS DE MONTAUZIER,
À ANGOULESME.

Monsieur, je ne vous diray point avec quelle douleur j'ay appris de M' de Tracy que ses diligences ni celles du cappitaine de vostre régiment n'ont peu obtenir de deçà que vous n'allassiés point sur le Rhin. Jugés le vous mesme par l'amitié que vous nous portés, laquelle sans doute souffrira extrêmement lorsqu'elle recevra un ordre si plein de rigueur, car, pour le reste, vostre cœur trouvera sa satisfaction où le péril sera le plus grand, et ni le Rhin, ni le duc de Weimart, ni les Impériaux ne vous verront pas la première fois et ne vous seront pas estranges.

Je me plains avec nos autres amis de ce que nous serons privés plus longtemps de vous. Je plains Mgr le duc de Longueville de ce qu'une force si considérable luy sera ostée, et je vous plains seulement de ce que vous partés encore malade, et peu en estat de vous signaler si les ennemis viennent à vous.

Je prie Dieu de tout mon cœur qu'il vous conserve et que nous n'ayons à pleurer que vostre absence durant le séjour que vous ferés sur cette françoise rivière et esloigné de nous d'un si long espace.

C'est, Monsieur, vostre, etc.

De Paris, ce 10° octobre 1633.

M. le marquis de Pisani est de retour en santé; M. de Clermont et toute sa maison à Maizières; Mlle de Ramb[ouillet] en Poitou jusqu'à la fin du mois.

CXVIII.
À M. DE BALZAC,
À BALZAC.

Monsieur, je n'ay nullement douté de la part que vous prenés à mon affliction[3].

---

[1] Le cardinal de la Valette n'ayant pu conserver Maubeuge, le vicomte de Turenne eut ordre d'en faire raser toutes les fortifications.

[2] Dans deux lettres (XXII et XXIII du livre XVIII, p. 751 et 752 de l'in-f°) Balzac adresse des consolations à Chapelain. Si, comme je le crois, ces deux lettres ont été écrites à l'occasion de la mort de la protectrice de Chapelain, la duchesse de Longueville, il faut les dater non du 6 et du 13 septembre 1637, mais l'une du 25 septembre et l'autre de la fin d'octobre.

[3] L'affliction causée par la mort de la duchesse de Longueville. La présente lettre de Chapelain doit se placer entre la lettre de Balzac qui commence ainsi : «Je ne vous diray point que je prens part à vostre douleur; je parlerois improprement. C'est ma douleur toute entière...», et cette autre, dont voici le début : «Jusques icy

Vous avés l'âme d'une trop bonne trempe pour abandonner vos amis dans des rencontres de cette importance, et vous me connoissés trop juste dans mes passions pour craindre de les espouser quand je vous les descouvre. Je vous rends très humbles grâces du sentiment que vous en avés et prie Dieu en récompense que vous ne soyés jamais en estat de me demander la pareille. Je loue extrêmement la résolution que vous avés prise de fermer toutes les avenues du costé du mauvais vent et de mespriser généreusement tout ce qui se peut eslever contre vous dans le bas monde. Vous vaincrés mieux l'envie et la malignité par cette belle négligence que par toute vostre belle éloquence qu'elles irritent seulement afin d'estre glorifiées par sa colère.

Celuy que l'on m'a dit qui faisoit le délicat de vostre latinité est le G[uyet] du C[ardinal] de L[a] V[alette][1], mais je doute que celuy qui le disoit fust assés bien informé, et je ne me sçaurois imaginer qu'un homme aussy connoissant que luy en ces matières ait fait un jugement si faux et si digne d'un ignorant. J'en feray une plus particulière enqueste, et il me sera aisé par M. de La M[othe] d'en apprendre la vérité, car il est homme véritable, et le peu de correspondance qu'il y a entre eux l'empeschera d'avoir aucune retenue pour luy. Mais je le feray avec discrétion et il ne paroistra point que vous en ayés aucune connoissance.

Je vous demande encore huit jours pour essuyer mes larmes pour vous envoyer ces misérables vers que vous désirés[2]. Si je vous demandois un mois de terme je vous obligerois davantage, et je suis fort asseuré que ce seront les derniers que vous voudrés voir, quoyque ce soient les plus supportables que j'aye faits sur cette matière. J'eusse mieux fait mesme de ne vous en point envoyer du tout pour mon honneur, mais comme je ne dois point avoir d'ambition dans les lettres en vostre esgard, je ne dois point aussy avoir de honte de mes foiblesses, et je ne prétens en cecy aucune louange que de vous avoir compleu.

Le jugement que vous faittes de l'autheur du *car* est très équitable, et il y a longtemps que je luy ay donné mon suffrage pour les choses dont vous le loués[3].

L'acrostiche est d'un fou courant le Cours

---

vos larmes ont esté très justes et très honnestes; mais si elles duroient davantage, elles vous pourroient nuire... » Les larmes dont parle Balzac, vers le 27 octobre, sont des larmes de rhétorique. A cette date-là, sans vouloir calomnier la sensibilité de Chapelain, il y avait longtemps qu'il ne pleurait plus.

[1] François Guyet, ancien précepteur de l'abbé de Grandselve, depuis cardinal de la Valette, était alors âgé de soixante-deux ans. Voir sur ce savant humaniste diverses notes des *Mélanges historiques. Lettres de Balzac* (pages 438, 445, 799, 802, 808), une excellente notice de M. Célestin Port (t. II du *Dictionnaire historique, géographique et biographique de Maine-et-Loire*, p. 338 et 339), et un article que j'ai publié dans le *Bulletin du Bouquiniste* du 1er août 1876, sous ce titre : *Trois lettres inédites de Guyet* (p. 387-392).

[2] Balzac (lettre du 30 août 1637, n° XXI du livre XVIII, p. 751 de l'in-f°) avait demandé à Chapelain communication des vingt ou trente meilleurs vers de son poëme, et (lettre du 20 septembre 1637, n° XXIV du même livre, p. 752) il lui avait accusé réception de ce fragment, mais ajoutant que cette goutte n'avait fait qu'augmenter sa soif et qu'il brûlait d'impatience d'en connaître une centaine d'autres.

[3] On sait que Gomberville se vantait de ne s'être pas servi une seule fois du mot *car* dans tout son roman de *Polexandre* (1629-1637, 5 vol. in-8°), et qu'il prétendait que l'on pouvait donc très-bien s'en passer. A cet ennemi du *car* Voiture répondit par de spirituelles plaisan-

nommé Du Lot[1], mais il faut avouer qu'il a bien rencontré dans l'expression de la folie qu'il représente, et, à moins que d'estre, comme ils disent, de la vacation, je ne connois guères de sages qui y peust aussi bien réussir. Je vous l'envoyay pour vous divertir sur un sujet que je creus ne vous estre pas désagréable.

Pour Mr Bourbon, vous faites chose digne de vostre générosité d'oublier le passé et de vouloir bien un raccommodement dans lequel, à considérer les choses à la rigueur, vous pouvés prétendre de grands dommages et intérests[2]. Mais, comme vous dittes, c'est estre plus philosophe et plus chrestien de souffrir l'injure que de la faire, et quoyqu'un homme semble demeurer au dessous quand il est outragé, j'estime qu'il en est au contraire, et que l'offense supposant l'injustice, celuy qui l'a receue a un grand avantage, s'il ne l'a point méritée, sur l'injuste qui la luy a faitte. Je solliciteray donc M. de Vaugelas de s'acquitter envers cet excellent ennemy de la commission que vous luy aviés donnée, et, de mon costé, j'agiray avec le mesme, car je ne l'avois [vu], depuis qu'il estoit mon maistre de classe, que quand il fist son entrée dans l'Académie[3], et le tout se passera comme vous le sçaurés souhaitter. Je croy que le motif de la nomination de cette personne a esté pour avoir dans la Compagnie des gens formidables au païs latin, s'il se souslevoit contre elle, comme l'on en a parlé.

On nous a proposé encore un Stella qui est Allemand et à Hambourg maintenant avec nostre ambassadeur de courte et longue robbe. Celuy [ci] n'enrichiroit guères nostre dictionnaire, s'il se trouvoit entre les compilateurs[4].

---

teries contenues dans une lettre adressée à Mlle de Rambouillet, et Saint-Évremond par d'autres plaisanteries non moins piquantes qu'il fit entrer dans sa *Comédie des Académistes*. La lettre de Voiture, non datée, mais écrite en 1637, comme l'a remarqué M. A. Ubicini (*OEuvres de Voiture*, Paris, 1855, édition Charpentier, t. I, p. 293), est évidemment la pièce qui semble à Chapelain si bien appréciée par son ami dans une lettre (n° XXIX du livre XVIII, p. 756 de l'in-f°) qui, au lieu d'être du 28 octobre 1637, doit être du 28 septembre. Voici la phrase à laquelle répond Chapelain : «Le car de nostre ami est une fort jolie chose, et il faut advouer qu'il a le génie de la belle et noble raillerie. Je voudrois seulement qu'il travaillast un peu à purifier son stile....»

[1] Dulot est si peu connu que M. Weiss, dans la *Biographie universelle*, n'a pu indiquer ni son prénom, ni l'époque de sa naissance, ni celle de sa mort, et s'est contenté de nous le présenter comme un «poète ridicule du XVII° siècle». M. Weiss, qui regrette que les contemporains de Dulot n'aient daigné conserver aucun détail sur sa vie et sur ses ouvrages, a oublié de consulter Tallemant des Réaux, qui en a parlé en plusieurs passages des *Historiettes* (II, 163; IV, 81; V, 3), et qui notamment donne, comme Chapelain, le titre de fou à ce faiseur d'anagrammes. Le sonnet *acrostiche* envoyé par Chapelain à Balzac serait-il celui que cite Tallemant, et où, dit-il (IV, 81), l'humeur de l'archevêque de Rouen, François de Harlay, est si bien représentée? Balzac (lettre déjà citée de la page 756) croyait que l'auteur du sonnet était «un fou de l'Université», qu'il avait autrefois rencontré chez Voiture.

[2] Sur Nicolas Bourbon, alors âgé de soixante-trois ans, voir les notes 1 et 2 de la page 413, la note 2 de la page 414 des *Mélanges historiques*. *Lettres de Balzac*, n° IV. Chapelain répond à ce passage de la prétendue lettre du 21 octobre 1637 de son ami : «Je suis résolu de me despouiller de toutes les fascheuses passions. C'est pourquoy je veux rendre à l'advenir le bien pour le mal, et commencer par monsieur Bourbon.» M. Livet (*Hist. de l'Acad.*, t. I, p. 366) a cité tout le passage relatif à Bourbon.

[3] En septembre 1637 (Pellisson, t. I, p. 154).

[4] Ce Stella a laissé bien peu de souvenirs parmi les écrivains français du XVII° siècle. Pel-

J'ay cent fois pensé aux lettres que le premier vous a escrittes et que vous m'avés monstrées, mais il faut avouer qu'il est un bon latineur[1].

Je suis, Monsieur, vostre, etc.

De Paris, ce 10ᵉ octobre 1637.

Je ne sçay à l'heure que je vous parle si nous avons gaigné ou perdu la bataille contre le Cardinal Infant. Hier, au soir, nous sceusmes qu'elle se donnoit[2].

CXIX.

À M. GASSENDI,
PREVOST DE L'ÉGLISE DE DIGNE,
À AIX EN PROVENCE.

Monsieur, je m'abstiens de vous escrire, mais non pas de vous honnorer, et j'ay telle opinion de vostre vertu que, pour ne vous pas entretenir ordinairement par mes lettres, je n'en croy pas estre plus mal avec vous. Il me semble qu'il suffit que vous m'ayés connu sincère, et que vous vous souveniés de vostre mérite pour vous persuader que je suis absolument à vous. Outre que l'entremise de Mʳ L'Huillier qui vous a renouvellé de temps en temps les asseurances de mon service peut passer pour un demi commerce, et vous ne pouvés pas dire que vous n'avés point eu de mes nouvelles, puisqu'il vous en a bien voulu donner.

Nous lisons ensemble avec grande consolation d'esprit toutes celles que vous luy mandés de vos occupations, de vos estudes, et de vos desseins, et nous jouissons au moins de l'espérance des belles choses qui nous en doivent venir un jour. Si vous n'estiés pas confirmé dans cette louable passion pour l'avancement des Lettres, je voudrois vous exhorter de tout mon crédit à l'acquérir, et vous prédirois en poëte la gloire qui vous en reviendroit. Mais elle vous a passé en nature, et ce seroit vous faire violence que de vous en destourner.

C'est aussy ce qui me fit prier plus librement nostre amy, il y a quelque temps, de vous consulter sur une difficulté astronomique à laquelle l'excellent Galilée[3] avoit donné sujet, et je vous envoye par luy ce qu'en avoit escrit, pour en estre esclairci, Mʳ Arnaud, chanoine de Verdun, mon amy intime et d'un merveilleux esprit[4], car il est vray qu'il n'a aucun fondement de ma-

---

lisson n'en dit rien ; le *Menagiana* ne le connaît pas ; Moréri, Bayle et tous nos autres biographes l'ont passé sous silence. Je ne trouve une petite mention du personnage que dans les *Historiettes* de Tallemant des Réaux (t. VI, p. 249) : « Il [Tallemant le maistre des requestes] eut en suitte Rampalle, un poëte assez médiocre, puis un Allemand nommé Stella ; mais tous ces gens-là ne luy ont jamais rien appris. »

[1] Balzac (lettre XXX du livre XVIII, p. 756 de l'in-f°) parle à Chapelain (6 novembre 1637) de ces mêmes lettres : « Je vous ay autrefois monstré de ses lettres françoises, qui sont escrites du stile des Bardes et des Druides. » Chapelain, s'il avait le droit de sacrifier l'écrivain français, avait raison de vanter le *bon latineur*. Pellisson a dit (t. I, p. 189) : « Il fut estimé du public le meilleur poëte latin de son siècle ; et sa prose, quoiqu'elle ait fait moins de bruit, ne mérite peut-être pas moins de louanges que ses vers. »

[2] Chapelain avait été mal informé ; il n'y eut aucune bataille vers le milieu d'octobre 1637. Le cardinal infant était, à cette date, campé près de Mons, ne pensant pas plus à attaquer le cardinal de la Valette que ce dernier ne pensait à l'attaquer.

[3] L'illustre Galilée était alors âgé de soixante-trois ans : il allait mourir cinq ans plus tard, le 8 janvier 1642, l'année même de la naissance de Newton.

[4] C'était un jeune frère d'Henri Arnauld, alors abbé de Saint-Nicolas et plus tard évêque d'Angers. M. Sainte-Beuve, en son *Port-Royal*, n'a

thématiques, et qu'il a trouvé ce défaut dans ce grand personnage par la seule force de son raisonnement. Je suis bien aise que son essay dans ces belles connoissances ait esté approuvé de vous, et vous remercie de la peine que vous avés prise de vous en expliquer si amplement. Il a veu l'article de vostre lettre qui parloit de cela, et s'en est tenu fort obligé à vostre courtoisie. Il a mesme voulu vous la tesmoigner par escrit. Mais, en vous rendant grâces, il vous en demande une nouvelle qui est de le résoudre de ses deux autres difficultés contenues dans son escrit latin sur le flux et le reflux de la mer[1]. Vous le ferés sans doute, car vous estes bon, mais vous le ferés à vostre aise et sans incommoder la moindre de vos affaires, s'il vous plaist.

Je me prépare à voir des rares choses dans la vie de M. de Peiresc, qui se peut dire heureux d'avoir un si excellent historien. Si nous vous voyons un jour icy, comme nostre amy me le fait espérer, je veux estre vostre disciple assidu, non-seulement dans les vérités théologiques, mais encore dans les descouvertes de la nature que ce siècle doit à vostre esprit et à vos travaux.

Je suis, Monsieur, vostre, etc.

De Paris, ce 20 octobre 1637[2].

CXX.

À M. DE SAINT-NICOLAS.

A POMPONNE.

Monsieur, vous avés désespéré que je peusse bien faire. C'est pourquoy vous me consolés d'avoir mal fait, mais avec tant d'addresse que, si je ne connoissois ma foiblesse, je demeurerois persuadé d'avoir fait un effort agréable. Je vous remercie, Monsieur, de vostre charité et de la manière dont vous l'avés voulu exercer envers moy. Si le sonnet est passable, comme je vous l'ay envoyé, je le tiendray pour fort bon, car je vous asseure qu'il me l'a fallu faire l'espée dans les rheins et avec toutes les conditions requises pour composer des meschans vers. Dieu le pardonne aux brutaux qui m'en ont pressé comme d'un habit de deuil[3] !

---

fait que nommer cet Arnauld, sans rien dire de *son merveilleux esprit* (t. I, p. 388). M. Pierre Varin (*La vérité sur les Arnauld complétée à l'aide de leur correspondance inédite*, Paris, 2 vol. in-8°, 1847) n'a pas même nommé le savant chanoine de Verdun.

[1] Cet écrit ne paraît avoir été jamais imprimé. On ne le mentionne du moins dans aucun des recueils de bibliographie qu'il m'a été permis de consulter.

[2] Suivent (f⁰ˢ 215 et 216) deux lettres (du 27 et du 28 octobre) adressées à Arnauld d'Andilly, à Pomponne. Dans les deux lettres il est question d'un sonnet sur la mort de la duchesse de Longueville que d'Andilly avait transmis à Chapelain et que ce dernier ne manque pas de vanter beaucoup, l'appelant *beau sonnet, excellent éloge*, et y admirant «tant de feu et de belle expression». On lit dans la première des deux lettres : «J'ay leu aujourd'huy à M⁽ le mareschal de Brezé le *second* (sic) livre de *la P(ucelle)*, Porchères présent. Il m'a tesmoigné tousjours beaucoup d'estime, mais c'est peut-estre civilité. Je n'en seray point bien esclairci que quand vous le verrés et qu'il vous en aura dit sa dernière pensée.» Et dans la lettre du lendemain : «Je sors présentement d'avec M⁽ le mareschal de Brezé, qui s'est voulu faire lire le *premier* [*second* était donc tout à l'heure un *lapsus calami*] livre de *la Pucelle* et qui s'en est monstré plus satisfait mille fois que je ne le mérite.... Mardy, je luy dois aller lire le second.» Chapelain se répand, comme c'était naturel, en éloges sur le compte du maréchal, qui, comme il a soin de le rappeler, aime fort Arnauld d'Andilly.

[3] Il s'agit très-probablement de l'*épitaphe de M*ᵐᵉ *la duchesse de Longueville*. Voici les premiers vers de ce sonnet (fonds français, nouv. acq.,

J'ay maintenant la persécution du *Cid* qui ne m'a pas abandonnée depuis cinq mois et que je puis dire une des plus violentes du monde. C'est sans doute une vengeance que la fortune d'Espagne prend de moy, me mettant sur les bras le plus grand de ses braves, à cause de la juste aversion que j'ay de cette nation de tout temps, et il ne me sert de rien d'avoir une guerrière de mon costé qui a autresfois esté la terreur de l'Angleterre, car, par une certaine mauvaise constellation, il se trouve que cette valeur divine est contrainte de céder à la furie de ce fanfaron et de me laisser en proye à sa violence. Si cet orage passe, nous pourrons reprendre nostre route, mais cela s'entend s'il passe sans nous engloutir, de quoy je ne suis pas trop en asseurance depuis les nouvelles, etc. (*sic*)[1].

CXXI.
A M. DE BALZAC,
À BALZAC.

Monsieur, je vous respondray par monosyllabes, ayant à vous respondre sur tant de chefs, mais avant que de commancer, vous sçaurés que vostre lettre ne m'a esté rendue que le dernier jour d'octobre, c'est à dire qu'elle en a esté douze sur les chemins[2]. Il pourroit estre que l'indisposition du pauvre Rocolet auroit esté cause de ce retardement. Faittes moy sçavoir si vous voulés que ce soit par luy que je vous escrive à l'avenir et si la voye du sieur Camusat vous est moins désagréable.

Pour ma douleur qui inquiette et que vous trouvés lasche, je vous diray qu'estant juste, je ne la puis abandonner, mais je puis bien empescher qu'elle ne me face faire aucune chose indigne d'un homme de cœur. Je seray tousjours triste de ce que j'ay perdu pour ce que j'eusse tousjours esté gay en le possédant et je ne dois point cesser de le regretter si je ne veux condanner l'estime que j'en ay faitte. Mais je ne pleureray point et ne m'abbatteray point de telle sorte que *la Pucelle* puisse en estre retardée dans sa course[3]. Au contraire mon desplaisir est assés tranquille pour luy laisser toute la place dans mon esprit qu'elle y doit avoir, et il peut mesme chercher ou sa consolation ou son amusement en elle.

Ce ne sera donc pas de ce costé là que *la Pucelle* souffrira, mais du costé des emplois extraordinaires qui me viennent et qui m'emportent des six mois entiers, et du costé des complimens et civilités de Paris qui me feront enfin résoudre de quitter la ville et d'aller chercher le désert pour la gouverner en paix. Après tout néantmoins, que

---

n° 1890), vers qui sont d'une rare platitude, même pour des vers de commande :

> Sous ce marbre, o chrestien, la piété vivante
> Louyse a déposé ses mortels vestemens,
> Et son illustre vie après mille tourmens
> A payé le tribut à la mort triomphante.

[1] M. Taschereau n'a pas cité ce passage dans sa *Vie de Corneille*. La lettre n'est pas datée, mais elle est des derniers jours d'octobre ou des premiers jours de novembre 1637.

[2] Ordinairement une demi-semaine suffisait.

[3] Réponse à la lettre déjà citée (p. 752 de l'in-fol.) où Balzac, après une violente tirade contre la tristesse «la plus lasche et la plus stupide, ou pour parler moins injurieusement, la plus molle et la plus paresseuse de toutes les passions,» ajoutait : «Si jamais homme a eu besoin de travail et de diligence, vous m'advouerez que c'est vous, puisque le dessein que vous avez entrepris est la plus grande promesse qui se soit faite au monde il y a cent ans. Si vous faites banqueroute, ce sera faute de commodité et de loisir, et j'ay peur que les complimens de Paris donneront plus de peine à la Pucelle, que les armes d'Angleterre.»

sera-ce quand le vingt quatriesme livre seroit achevé? Je me seray sans doute bien rompu la teste pour me faire siffler par le peuple [1] et pour m'acquérir la réputation de téméraire et de foible.

Croyés moy, Monsieur, je suis peu de chose et ce que je fais est encore moindre que moy. Le monde par force et contre mon intention me veut regarder comme un grand poëte, et quand je ne serois pas tout le contraire, je ne voudrois pas encore que ce fust par là qu'on me regardast. J'ay, ce me semble, de quoy payer en chose meilleure et que je possède plus justement, et néantmoins encore je ne sçay si ce ne seroit point présomption de m'imaginer qu'en cela je mériterois quelque louange. J'esprouve, quant à moy, qu'il n'y a rien de si solide dans la vie que l'estime sincère que nous faisons de nous mesmes par la connoissance que nous en avons, et qu'un homme de bon sens ne peut se contenter des acclamations qu'il sçaura n'avoir méritées. C'est ce qui m'empesche de m'eslever dans la réputation que mes amis, et entre eux vous plus que tous, pour ce que vous avés plus d'authorité qu'eux tous, m'avés donnée, de laquelle la postérité vous demandera conte, et s'estonnera qu'un si grand homme se soit tant laissé aveugler à l'amitié.

Ce que vous me marqués de Victorius ne se peut bien employer que pour vous [2], mais avec tout cela ce n'est pas une raison pour vous faire supprimer vos ouvrages, ou vous empescher d'en faire de nouveaux, pour ce qu'ils sont pour tous les siècles, et non pas pour celuy cy seulement, et quand tous les siècles vous devroient estre injustes, vous les devés encore publier pour l'amour de vous mesme qui en connoissés le prix et qui leur estes un assés grand théâtre tout seul.

Travaillés donc heureusement, comme vous avés fait jusqu'icy, et je continueray à travailler misérablement à ma manière. Vous avés receu les vers que vous m'avés demandé et sans doute en avés receu plus de la moitié qu'il ne faudroit, pour vostre contentement [3]. Au reste je vous déclare que j'ay un rival dans la Poésie héroïque. M. D'esmarests a entrepris la conversion de Clovis et l'establissement du Christianisme en France qui sera un fort bel ouvrage, son autheur ayant toutes les conditions requises pour le conduire à la perfection [4].

Je vous renvoye la lettre du car plus correcte que la précédente, quoyqu'il n'y eust que deux petites fautes et qu'il y ait eu des croix marquées dans celle que vous m'avés envoyée en des lieux que l'autheur asseurément a escrit de la mesme sorte qu'ils y sont [5].

M. d'Avaux a porté en Suède, en Allemagne et en Pologne, l'espée, la couleur et

---

[1] Allusion au mot d'Horace : *Populus me sibilat.* (*Satir. l, lib. I*, v. 67.)

[2] Balzac avait écrit à Chapelain (lettre déjà citée de la page 753 de l'in-fol.) : «Je viens de lire dans Monsieur de Thou les plaintes que luy en fit [de la brutalité du siècle précédent] le bonhomme Victorius, lorsqu'il le fut visiter estant à Florence... Je suis de son opinion. Je voy assez que la peine que nous prenons est mal employée, et que nous ne devrions point tant travailler à faire passer le temps à des impertinens et à des ingrats.»

[3] Les vers réclamés par Balzac dans la susdite lettre.

[4] Pellisson disait, en 1652 (*Histoire de l'Académie*, t. I, p. 272), dans sa notice sur Jean Desmarests : «Il travaille à un poëme héroïque du baptême de Clovis, dont il y a déjà neuf chants d'achevés.» *Clovis, ou la France chrétienne, poëme héroïque* (Paris, in-4°, 1654).

[5] On a là l'exacte indication de la date où fut mise en circulation, sous sa forme définitive, la fameuse lettre de Voiture, lettre que jusqu'à ce jour on savait seulement appartenir à l'année 1637.

broderies. En Dannemark on dit qu'il n'y fut traitté que de docteur à cause du long manteau qu'il porta d'abord, à quoy il remédia en l'accourcissant et en se faisant gendarme[1].

Stella n'a fait, à mon avis, que ce manifeste latin contre la paix de Prague qui n'est pas excellent, mais qui est supportable, et qui pouvoit faire effet dans nos intérests, s'il eust esté porté de bonne heure à la dernière diette de Ratisbonne où le Roy des Romains fust déclaré[2]. Il est maintenant à Hambourg avec nostre ambassadeur.

J'ignore absolument l'aventure de Giov. et de Garcia, de la maison de Médicis, mais je feray diligence pour m'en instruire et vous en rendre conte. J'employeray aussy M' L'Huillier ou M' de La Mothe auprès de M' Du Puy pour l'emprunt des livres que vous desirés.

La préface de M' Silhon s'en va achevée au milieu de mille embarras[3]. C'est un homme d'honneur et de bien, s'il y en eust jamais, et qui vous honnore parfaittement.

Il est fort à propos que vostre lettre sur le *Cid* s'imprime : elle paroistra en mesme temps que l'ouvrage de l'Académie.

Je suis, Monsieur, vostre, etc.

De Paris, ce 4 novembre 1637.

Le Prédicateur qui vous importuna un jour d'une si mauvaise lettre et qui, depuis, se réconcilia avec vos oreilles par un bon sermon qu'il vous envoya, m'a conjuré de vous faire tenir cette despesche dans laquelle il m'a fait entendre que vous aviés intérest. J'ay creu qu'en tout événement il vous la falloit envoyer[4]. M. de Saint-Chartres est excessif, mais l'amitié est tousjours flatteuse. C'est un homme d'honneur et d'esprit[5].

CXXII.

À M. DE SILHON,

À PARIS.

Monsieur, j'appris, hier, à mon retour de chés M' le marquis de Brezé, que vous aviés pris la peine de passer chés moy, et quoyque j'eusse remporté beaucoup de sa-

---

[1] Claude de Mesmes, comte d'Avaux, était alors âgé de quarante-deux ans. L'anecdote de Chapelain est à joindre à toutes celles qui ont été réunies par Tallemant des Réaux dans son historiette sur l'habile diplomate (t. IV, p. 413-418). Tallemant déclare que, «dans le Septentrion, il passoit pour un fort grand personnage et pour un homme de bien.»

[2] Les auteurs de la *Bibliothèque historique de la France* ne mentionnent pas ce manifeste, mais ils citent (n° 28735) un autre ouvrage latin de Jean Stella, résident du Roi à Strasbourg : *Monarchia Gallica, ab Anonymo, contra calumnias in libello cui titulus Bibliotheca Sueco-Gallica intentatas adserta* (1646, in-4°).

[3] La très-remarquable *Préface* du *Parfait Capitaine* du duc de Rohan (Paris, in-4°, 1638).

[4] Ce prédicateur est celui dont parle Balzac dans la lettre XXVI du livre XVIII, p. 754 de l'in-fol., lettre datée du *6 octobre 1637* et qui doit être du *16 novembre 1637* : «Vous m'escrivés de si jolies choses du petit Père, que je serois bien fasché qu'il eust esté plus habile charlatan, et qu'il n'eust voulu piper de meilleure grâce, etc.»

[5] Chapelain (f° 221) écrivit à ce M. de Saint-Chartres, à Poitiers, le 27 novembre, pour le remercier d'avoir si bien parlé de lui dans sa lettre latine à Balzac. Il l'entretient de «l'estime particulière» que Mlle Paulet a de sa vertu, ajoutant : «M' Conrart, qui n'est plus champestre, me demande fort quand vous reviendrés... Pour le reste de ces Messieurs, dont vous m'escrivés une letanie (*sic*), je m'acquitteray à la première séance... Dans la fin de la semaine qui vient les sentimens de l'Académie contre le *Cid*, ou, pour mieux dire, sur le *Cid*, seront achevés d'imprimer...»

tisfaction de cette visite, je creus en avoir plus perdu en perdant celle que vous me vouliés faire. Si j'eusse creu vous trouver chés vous, je m'en fusse allé récompenser[1], et apprendre ce que c'est que j'ay ouy crier ce matin de la reprise des forts du Rhin et de quelque desfaitte d'Espagnols. Si vous en sçavés quelque chose et de l'estat de Baviere que l'on me veut faire mauvais, vous m'obligerés de me le mander, car j'ay des amis aussy importuns que je vous le suis qui me persécutent et croient que je suis obligé de leur escrire des nouvelles.

J'eus, hier, entretien avec Mr de Lavergne[2] et Mme sa femme[3] qui me ramena chés moy. Je connois mieux encore leur mérite que je n'avois fait jusqu'à cette heure, et souhaitte qu'ils ayent bonne opinion de moy afin qu'ils me puissent un peu aymer. Si vous les voyés l'un ou l'autre ou tous deux, vous me ferés faveur de descouvrir leurs derniers sentimens de mes foiblesses, car je ne prens pas les civilités qu'on tesmoigne aux personnes présentes pour un jugement sur quoy on se puisse fonder.

Je suis tout à vous, etc.

De Paris, ce 27 novembre 1637.

CXXIII.
À M. DE BALZAC.
À BALZAC.

Monsieur, je croy la consolation que vous me dittes recevoir de mes lettres par celle que m'apportent les vostres toutes les fois que vous m'escrivés, et je ne pense pas faire tort à l'éloquence dont elles sont remplies de comparer leur effet à celuy des miennes qui ne sont rien moins qu'éloquentes. Car quand l'amitié est montée au degré où est la nostre, la dernière chose que l'on considère dans la communication mutuelle est le bien dire, et comme, d'un costé, il n'y a point d'expression éloquente, si elle n'est cordialle, de l'autre il n'y a point de sentimens cordiaux que l'on ne trouve éloquens et agréables. Mais je vous avoue que j'ay pris grand plaisir à voir dans vostre derniere le tesmoignage de celuy que vous m'asseurés que je vous cause par mes escrits.

J'ay esté bien aise aussy d'apprendre par vous que je peignois assés naturellement mes pensées et que vous y voyés mon âme à descouvert. Si cela est, j'ay obtenu ce que je désirois et, avec vostre permission, je m'estimeray à l'avenir un des bons escrivains du monde, tant pour ce que j'estime que le but le plus parfait de l'escriture est de représenter les mouvemens intérieurs, que pour ce que je voy que mon escriture me sert justement à ce que je veux, qui est de vous pouvoir bien faire connoistre qui je suis, afin que je ne jouisse pas de vostre amitié à faux titre, et qu'après que vous m'aurés bien connu, si vous continués à me vouloir du bien, je connoisse que vous n'aymés en moy que ce qui est et que vous ne me prenés pas pour un autre.

Je vous rends nouvelles grâces des offres que vous me faittes de vostre belle retraitte, mais je ne suis pas assés heureux pour les pouvoir accepter, car ceux là mesme à qui il

---

[1] Dédommager. M. Littré a cité divers exemples de cet emploi du mot *récompenser*, mais aucun de ces exemples, pour ce qui regarde le xvii° siècle, n'est antérieur à l'époque où Chapelain écrivait la présente lettre. Le plus ancien des auteurs cités est le cardinal de Retz, que suit La Fontaine.

[2] Aimar de la Vergne, alors gouverneur du fils du marquis de Brezé, mort maréchal de camp et gouverneur du Havre-de-Grâce. Ce fut le père de la célèbre comtesse de la Fayette (Marie-Madeleine de la Vergne).

[3] Marie de Pena, qui se remaria, en janvier 1651, avec le chevalier Renaud de Sévigné, oncle du marquis de Sévigné.

importe que je jouisse de la solitude me rejettent dans le tracas plus violemment que si j'estois né pour solliciteur. Combien de fois, pensant à la belle peinture que vous nous avés donnée de vostre heureuse contrée, ay-je dit en moy-mesme : *O ubi campi, etc.*[1] Il me semble qu'en un lieu pareil je pourrois faire quelque chose de raisonnable et dégager ma parole envers le public.

La dernière fois que je vis Mme la marquise de Rambouillet, elle me chargea de vous faire de grands remerciemens de ce que vous avés publié d'elle, quoyque son extrême modestie la fist rougir de ce que vous l'aviés publié. Si jamais vous venés à la Cour, je veux nouer cette connoissance[2], et faire que vous me sachiés gré de m'en estre entremis sans rien enchérir. C'est la plus estimable personne du monde, et croyés m'en, si vous avés quelque opinion de mon jugement.

Mr Voiture me parle souvent de vous comme d'une de ses plus tendres affections et me pria dernièrement de vous parler de son service dans la première lettre que je vous escrirois. Mais, à propos, je ne verray donc point celle qu'il vous escrivit, il y a dix ou douze ans, qui est toute pleine d'éloges de vos merveilles[3] ?

Pour le Prédicateur qui vous assassine de ses mauvaises lettres, je ne vous puis que dire, sinon que vous en estes quitte à bon marché et qu'il me persécute moy de ses fascheuses visites avec lesquelles encore il me croit fort obliger. Il nous faut prendre patience, et comme dit Renier, chauvir de l'oreille[4] et tascher d'en estre le moins importunés que nous pourrons. S'il me reparle de vous, je traitteray avec luy selon vos ordres.

L'autheur du *Prédicateur* de Camusat est le jeune père Sirmond[5], frère de nostre

---

[1]   ..... *O ubi campi,*
Sperchiusque et virginibus bacchata Lacœnis
Taygeta .....
(Virgile, *Géorgiques*, liv. II, v. 486-488.)

[2] On voit par là combien a été grande l'erreur des écrivains trop nombreux qui ont prétendu que Balzac avait été un des premiers habitués de l'hôtel de Rambouillet. La vérité est que, comme l'a fait remarquer M. Livet (*Précieux et Précieuses*, p. 32), l'auteur du *Socrate chrestien* ne connut l'hôtel de Rambouillet que par les lettres de Chapelain. Déjà Tallemant des Réaux avait dit (*Historiettes*, t. IV, p. 94) que Balzac ne vit jamais la marquise de Rambouillet.

[3] Est-ce la lettre écrite à Balzac en 1625 et que l'on trouvera dans l'édition des *Œuvres de Voiture* par M. A. Ubicini (t. I, p. 20-24), dans l'édition des mêmes *Œuvres* par M. Amédée Roux (Didot, 1858, in-8°, p. 81-83)? Ce qui me le ferait croire, c'est que d'abord de 1625 à 1637 il y a bien les dix ou douze ans dont parle Chapelain, et qu'ensuite la lettre est *toute pleine d'éloges* de l'éloquence et de la gloire de ce Balzac auquel

Voiture dit notamment : «Aujourd'huy toute la France vous escoute. Il n'y a plus personne qui sçache lire, à qui vous soyez indifférent»…»

[4] D'un fardeau si pesant ayant l'âme grevée,
Je chauvy de l'oreille, et demourant pensif,
L'échine j'alongeois comme un asne retif.
(Satire VIII. A M. l'abbé de Beaulieu.)

Chauvir de l'oreille, c'est dresser l'oreille.

[5] Antoine Sirmond, neveu du P. Jacques Sirmond, naquit en 1591, à Riom, en Auvergne, et mourut à Paris, le 12 janvier 1643, après s'être consacré, dans la dernière partie de sa vie, à la prédication. Les auteurs de la *Bibliothèque des écrivains de la Compagnie de Jésus* (dernière édition, tome III, in-folio, 1876, colonne 801) disent que le *Prédicateur* parut chez Jean Camusat en 1638 (in-8°). On voit par la lettre de Chapelain que le livre était déjà publié en novembre 1637, mais peut-être alors, comme on le fait quelquefois aujourd'hui, inscrivait-on la date de l'année future sur les exemplaires qui paraissaient dans l'automne. Celui que Chapelain appelle «le jeune père Sir-

amy[1], qui escrit mal mais qui dit bien. La matière et l'ordre de son livre sont deux fort bonnes choses. Il se cache avec grand soin et je le sçay en confession; c'est pourquoy vous ne le publierés point, s'il vous plaist.

Je tesmoigneray à M. Conrart le ressentiment que vous avés de ses soins. M. Silhon est présent à l'achèvement de ma lettre, qui vous baise très humblement les mains, et moy je finis en vous disant que je suis, Monsieur, vostre, etc.

De Paris, ce 28 novembre 1637.

CXXIV.
A M. L'ABBÉ DE BOURZEYS.

Monsieur, ma mauvaise mémoire m'engagea, hier, à vous faire une promesse qui peut estre vous estoit une menace, je veux dire d'aller mercredy matin chés vous vous desrober une heure de temps. Dans la passion que j'avois d'entendre l'action que vous me distes, il ne me souvenoit pas qu'un moment devant M. l'abbé de Serisy avoit tiré parolle de moy que ce mesme jour et à l'heure mesme j'irois chés luy pour travailler conjointement avec luy et Mr Desmarests à ce que la Compagnie avoit résolu que l'on diroit à la louange des beaux endroits du *Cid*. Ainsy, Monsieur, une fort mauvaise affaire me prive d'une fort bonne et je suis réduit à vous manquer pour ne pas manquer à un autre qui n'a nul avantage sur vous, sinon de m'avoir occupé le premier. Et je veux croire que vous ne luy en sçaurés pas mauvais gré puisqu'il ne fait tort qu'à moy et que pour cette heure là il vous délivre d'un homme qui ne laisse pas de vous estre importun, encore qu'il soit extrêmement vostre serviteur.

De Paris, ce 30 novembre 1637.

CXXV.
À M. DE GRASSE (GODEAU),
À GRASSE.

Monsieur, quoyque les lettres ne vous coustent que la peine de les escrire, le grand nombre que vous avés besoin d'en faire à tous les ordinaires vous excuse extrêmement envers moy, lorsque j'apprens que vous avés escrit et que vous m'avés oublié. Je sçay par ma propre expérience quel chagrin c'est que de demeurer tout un jour sur son portefeuille à donner matière de divertissement aux absens et consommer le temps à des complimens inutiles que l'on emploieroit avec profit en des estudes solides et des devoirs de véritable obligation. J'ay cette douce persécution autant qu'homme qui vive, et vous diriés qu'à mesure que l'âge s'avance et que les affaires nécessaires me croissent, les occasions de me divertir s'augmentent aussy, de sorte qu'il ne me reste pas un moment libre et que je ne sçay plus ce que c'est que de respirer.

Je vous considère de mesme et vous en plains, et parce que je suis équitable je vous fais la justice que je voudrois que l'on me fist, je veux dire que je vous dispense de ces sujettions punctuelles de m'escrire dont je souhaitterois bien que mes amis me voulussent tenir pour dispensé. Quand un homme songe qu'il doit toutes les semaines une rente à vingt personnes différentes, et qu'il luy faut estre en queste de nouvelles et de nouveautés pour ceux qui luy en deman-

---

mond», pour le distinguer du savant Jacques Sirmond, qui ne mourut qu'en 1651, plus que nonagénaire, a été, pour un autre de ses ouvrages, attaqué par l'auteur des *Provinciales* (lettre X).

[1] Antoine Sirmond était le frère de l'académicien Jean Sirmond.

dent, son esprit est dans une perpétuelle inquiétude et il se regarde comme un esclave de condition pire que ceux de Barbarie, qui au moins ont leurs pensées en liberté. S'il y a trois semaines que je n'ay rien sceu de vous par vous mesme, et je n'ay pas laissé d'estre aussy satisfait de vous que si vous m'eussiés despesché trois couriers.

M™ª la Marquise de Ramb[ouillet] m'a informé de l'estat de vostre santé et m'a resjouy de ce que vous luy aviés escrit dans une humeur fort agréable qui m'est un signe de sérénité d'esprit. J'ay frémi à ce que Mlle Paulet m'a dit du péril que vous aviés couru par l'indiscrétion de vostre mule, et je veux croire [que] de l'avoir eschappé, c'est le second des miracles que Dieu a résolu de faire par vous ou pour vous.

Si Mlle de Ramb[ouillet] me tient parole, vous trouverés dans mon paquet une response de Mme la Princesse et d'elle, dont j'estime que vous recevrés beaucoup de consolation.

Priés Dieu pour le pauvre marquis de Montauzier qu'on envoye passer l'hyver à Schlestad en Alsace, au sortir d'une grande maladie et après avoir perdu en chemin la moitié de son régiment.

M^r le cardinal de La Valette est à présent devant Chimay, qui est un dessein qui a esté résolu il y a six semaines, et qui n'a peu estre exécuté plustost à cause que le Cardinal Infant estoit en campagne proche et plus fort que nous.

On vous envoyera de temps en temps les nouvelles paraphrases des Psaumes qui ont esté faittes par des Poètes connus et inconnus.

Je suis, Monsieur, vostre, etc.

De Paris, ce 4 décembre 1637 [1].

CXXVI.

À M. L'ABBÉ DE SAINT-NICOLAS,
À POMPONNE.

Monsieur, beaucoup d'affaires, peu de nouvelles et une santé peu restablie m'ont empesché de vous escrire depuis nostre voyage de Pomponne. Je vous ay mille obligations de vostre souvenir et de la part que vous me faittes des choses qui regardent vostre affaire. Les partisans de M. l'abbé de B[.....] sont peu prudens de se vanter qu'il soit evesque de Thoul [2]. Ils se devroient contenter de dire qu'il a un titre pour vous disputer l'Evesché et vous en rendre la pos-

---

[1] Quelques jours après, le 11 décembre, Chapelain écrivait de nouveau à Godeau (f° 226), lui reprochant doucement de ne pas lui donner signe de vie et ajoutant : «J'aprens avec plaisir que vous terminés vos procès à leur naissance et que les fonctions épiscopales ne vous empeschent pas les divertissemens poétiques. J'ay veu une stance excellente qui fait partie d'un Pseaume que sans doute maintenant vous avés achevé, si vostre Muse n'a diminué son feu au lieu où les autres l'augmentent. J'ay veu encore la promesse d'une nouvelle Magdeleine où je m'attens bien de voir toutes choses nouvelles. Une fertilité comme la vostre ne s'espuise pas pour un effort.» Chapelain lui parle ensuite de M. Maghes, qui était gravement malade à Toulouse : «Je vous avoue que c'est l'une des consolations de ma vie, et que le siècle ne me fourniroit guères de pareils amis si Dieu l'avoit tiré à luy. Je vous prie de l'avoir en vos prières et de me tenir tousjours, etc.»

[2] Le siége de Toul était vacant depuis le 14 septembre 1637, par la mort de Charles Chrétien de Gournay, qui avait succédé au cardinal de Vaudemont (Nicolas-François de Lorraine) le 14 février 1636. Henri Arnauld, qui était déjà chanoine, archidiacre et doyen du chapitre de Toul, fut élu évêque par ses confrères (11 octobre), et le Roi, d'abord mécontent, finit par confirmer cette élection. Mais la cour de Rome déclara que ses droits avaient été méconnus et refusa d'envoyer les bulles demandées pour le nouvel évêque. Le siége resta inoccupé jusqu'en avril 1641, époque

23.

session douteuse. Le pis qui puisse arriver en cela est qu'il fera long temps suspendre la concession de ses provisions, car de m'imaginer que Sa Sainteté vueille venir à rupture avec le Roy la dessus, c'est ce que je ne sçaurois croire, et quant au conte de Chasteauvillain[1] je ne crains pas qu'on luy donne cette pièce en le faisant cardinal, et croy que plustost que de relascher de deça, on la feroit passer entre les mains du R. P. J[oseph], lorsqu'on obtiendra le chappeau pour luy. En un mot nos intérests et nostre honneur ne nous permettent pas de laisser occuper ce siége par un estranger et moins par un qui ait tant de liaison avec la maison de Lorraine. Je ne suis point irrésolu pour le succès, je ne suis embarassé que de la longueur, mais je croy que vostre prétendant le sera encore davantage, puisque vous avés la provision et que vous plaidés mains garnies. Il faut, ce me semble, tesmoigner aux Ministres beaucoup de tranquillité pour ce qui en peut arriver et beaucoup de ressentiment de l'eslection qu'ils ont faitte de vostre personne, les prier de trouver bon que vous ne paroissiés point partie dans ce grand procès, et s'ils ont dessein d'y maintenir le droit du Roy, de n'employer que le nom du Roy à la poursuitte.

De Paris, ce 7 décembre 1637.

CXXVII.
À M. MAIRET,
AU MANS.

Monsieur, je reçois à honneur la charge que vous me donnés de solliciter vos inté-

rests, et si j'ay à me plaindre de vous en cette occasion, c'est que vous mettés mon affection à une trop foible espreuve. Vostre mérite parle tout seul, et feroit souvenir de vous la plus mauvaise mémoire du monde, si bien que je solliciteray en vain pour ce que la chose se feroit tousjours pour vous sans solliciter. Lorsque la manne tombera, je me trouveray soigneusement au désert et la recueilleray pour vous comme pour moy mesme. Ce temps ne peut plus guères tarder, mais je n'ay point ouy dire encore quand ce doit estre, et, selon mes maximes, je suis résolu de me le laisser dire sans le demander. Cependant je garderay le papier que je dois bailler en eschange et le tireray au jour quand il sera besoin. Il est en si bon estat que je croy qu'il n'y faudra rien refaire et que les premières nouvelles que vous aurés de moy seront qu'il aura eu son entier effet. Il ne sera pas mal à propos que je sçache par qui je vous le pourray faire sçavoir et à qui je remettray la somme, si on me la donne.

J'escris un mot à M. de Belin que vous me ferés la faveur de luy présenter, s'il vous plaist. C'est une personne selon mon cœur, et de qui les biens et les maux me seront tousjours communs[2].

Je suis, Monsieur, vostre, etc.

De Paris, ce 12 décembre 1637.

CXXVIII.
À M. L'ABBÉ DE SAINT-NICOLAS,
À POMPONNE.

Monsieur, je trouve moins estrange que l'on s'opiniastre à Rome à ne vouloir point

---

où l'abbé de Saint-Nicolas crut devoir renoncer à l'évêché de Toul. (*Gallia christiana*, t. XIII, col. 1054.)

[1] C'était le fils de Louis Ajacetti et de Mlle d'Atri, de la maison d'Aquaviva. Tallemant des Réaux (*Historiettes*, t. III, p. 158, note 1) dit : « J'ay

veu le comte de Chasteau-Vilain à Rome, en habit d'ecclésiastique. »

[2] M. de Belin avait eu le malheur de perdre un de ses fils (probablement Louis de Faudoas Averton, baron de Milly, mort sans postérité; un autre fils du comte de Belin, son fils aîné, Fran-

vostre affaire¹, que je ne le trouverois si l'on ne s'opiniastroit pas icy à la vouloir. Nos gens ne la devoient point entreprendre s'ils estoient assés foibles pour en souffrir le démenty. Ce qui est de fascheux, est qu'ils ont tant d'autres affaires importantes, que celle cy, dont le Pape fait capital, est peut estre une de celles dont ils font le moins de conte, quoyqu'elle leur importe extrêmement. Nous verrons comment ils s'y comporteront, et cependant si vous agissiés, il faudroit que ce fust sans éclat. Ce n'est pas que je ne sois tousjours d'avis que soit par vos lettres, soit par vos messages, vos complimens laissent le R. P. J[oseph] persuadé que vous vous tenés fort obligé à sa bienveillance et aux tesmoignages qu'il vous en donne, et qu'il croye que vous pouvés bien perdre sans regret l'honneur qu'il vous a procuré, mais que si Dieu permet que vous ne le perdiés pas, vous le chérirés principalement pour ce qu'il vous sera venu par son moien.

Je ne suis pas sage certes de vous prescrire des loix pour vostre conduitte et de venir dans ce détail avec vous, mais l'affection est assés souvent indiscrette et ne desplaist pour cela.

(Sans date.)²

CXXIX.

À M. DE GRASSE (GODEAU),

À GRASSE.

Monsieur, j'approuve vos gayetés innocentes beaucoup plus que l'austérité dans laquelle j'ay appréhendé quelque temps que vous ne vinssiés à tomber. La piété ne fut jamais incompatible avec ces sortes de délices qui ne corrompent point l'esprit et qui ne font que marquer la paix intérieure qu'il possède. Plus un homme de bien avance dans la grâce, plus il a de sérénité sur le front et d'honnestes libertés dans les paroles. Le ton rude et les termes seuls sont des effets de la ferveur des novices plustost que de la dévotion des profès. M. de Lizieux ne fut jamais si gay qu'à cette heure, ni ses entretiens si divertissans qu'à l'aage où nous le voyons³. Ne craignés donc point de ré-

---

çois de Faudoas, était mort sans alliance en 1630) et Chapelain lui avait adressé (le 5 août 1637, f° 204) une lettre de consolation. Il lui dit, dans cette nouvelle lettre (du 12 décembre, f° 227), qu'il ne veut point retoucher ses vieilles douleurs, qu'il le plaint toujours, ajoutant : « Par le discours de M. Rotrou je reconnois qu'il sera mal aisé que nous vous voyons à Paris, c'est-à-dire que nous y trouverons à dire l'une de nos plus pures joyes. » Il lui parle des regrets « des hostels de Rambouillet et de Clermont, desquels je sçay bien que vous ne vous passés pas volontiers, et auxquels je suis addomestique (sic) par leur bonté singulière. J'y ay fait vos baise-mains suyvant l'ordre que vous m'en aviés donné par M. Mairet. L'abbé de Serisy sort de ceans auquel j'ay dit de vos nouvelles. Il vous a plaint infiniment et m'a prié de vous tesmoigner son zèle à vous honorer et servir... »

¹ L'affaire de l'évêché de Toul, dont il a été question dans la lettre CXXVI.

² Suit (f° 228) une lettre, du 17 décembre 1637, adressée à M. de Saint-Chartres, à Poitiers, où Chapelain le complimente de ses progrès dans l'italien : « J'ay beaucoup de plaisir de vous voir gouster le Bernin et le Caro. C'est un signe que vous avancés fort dans la connoissance de la langue... »

³ Philippe de Cospeau, appelé plus souvent, mais à tort, de Cospéan, évêque d'Aire en 1604, évêque de Nantes en 1622, évêque de Lisieux en 1636, était alors âgé de soixante-six ans, étant né, non en 1568, comme on le dit généralement, mais le 15 février 1571. Voir sur ce prélat la note 1 de la page 430 des *Mélanges historiques*. *Lettres de Balzac*, n° VIII, note où, par une faute d'impression, la nomination de Cospeau, comme évêque de Nantes, a été mise en 1613.

primende de la gentillesse que vous m'avés escritte, ou, si vous en craignés une, que ce soit seulement de ce que vous ne me l'avés pas escritte de vostre chef, mais par la suggestion et avec les mesmes paroles de la princesse Julie. Et croyés moy que c'est quelque chose de pis de dire des galanteries pour plaire à une aussy parfaitte personne qu'elle est, que de les dire de soy mesme sans autre pensée que de se divertir?

Nous verrons par la suitte si vous n'estes de bonne humeur que quand il luy plaist, ou si vous ne serés pas raisonnable de vous mesme. La véritable réprimande que j'ay à vous faire est pour la façon avantageuse avec laquelle vous parlés de mon esprit. Comme vous ne m'avés jamais aymé pour cette consideration, vous ne m'avés point deu aussy cajoler d'une chose que vous connoissés que je n'avois point ou que si je n'avois que si médiocre que devant vous ce n'estoit comme rien. Vous m'avés fait grâce quand vous m'avés souhaitté une solitude comme la vostre, mais vous m'avés bien raillé quand vous vous estes souhaitté un esprit tel que le mien. Je vous le pardonne toutesfois, puisque c'est une continuation de vostre gayeté et que celle cy est de vostre propre mouvement et par conséquent plus louable.

M. le maistre de camp Arnaud, qui a fait un tour icy avec M. le cardinal de La Valette, m'a espouvanté des choses qu'il m'a dittes de vostre mauvais logement et de l'incommodité que vous avés à faire vos visites. Néantmoins je ne l'ay pas creu tout à fait, et me suis contenté d'en croire une partie, tant parce que c'estoit un carabin qui le disoit, que pour ce que c'estoit un autheur d'*Altamire* qui est accoustumé de faire les contes bons aux despens de la vérité[1]. Et, avec tout cela, je vous ay plaint extrêmement estant fascheux au dernier point que vous soyés incommodé jusqu'en cette partie, et que vous ne puissiés estre à couvert qu'il ne vous en couste de l'argent. Dieu vous donnera de la force et du bien pour surmonter cette difficulté et de plus grandes encore, s'il luy plaist.

Au reste, vous sçaurés que M. Le Maistre, qui de tous temps a eu de violentes inclinations à la retraitte du monde[2], enfin a senti sa dernière et puissante vocation à la mort de feu Mme d'Andilly[3], qui fit une si puissante impression sur son esprit que, dès lors, il résolut de quitter le monde et de vivre une vie aussy solitaire que les anciens anachorettes pour servir Dieu le reste de ses jours avec le ferme dessein de renoncer à toutes espérances de biens temporels et de dignités ecclésiastiques, mesme à celle de la Prestrise simple, comme s'en estimant indigne et voulant faire tousjours le pénitent. Il y a quatre mois qu'il vit dans la solitude, demandant à Dieu continuellement la confirmation de cette pensée, qu'enfin avant-hier il a creu avoir. Car il escrivit à M. le C[hancelier] une lettre par laquelle il luy déclaroit la résolution qu'il avoit prise[4] dans des termes si exprès de renontiation à toutes prétentions humaines jusqu'à protester de ne prescher jamais ni de n'avoir

---

[1] Tallemant des Réaux, qui signale quelques productions en vers et en prose du mestre de camp général des carabiniers, ne nomme pas le roman ou conte d'*Altamire*.

[2] M. Sainte-Beuve a tout dit sur la retraite d'Antoine Le Maître (*Port-Royal*, t. I, p. 380 et suivantes.)

[3] Août 1637. (Voyez *Port-Royal*, tome I, page 380.)

[4] M. Sainte-Beuve a reproduit «cette belle lettre» dans le tome I de *Port-Royal*, pages 386 et 387. Il ne sait s'il faut la dater «de novembre ou décembre 1637.» On voit qu'elle était du 15 de ce dernier mois.

commerce avec le monde, que tous ses amis en ont esté effrayés et affligés, craignant qu'il ne puisse demeurer dans cette voye si austère, et ne voyant pas, après une telle déclaration, comment il s'en pourra départir avec honneur. Priés Dieu pour luy et si vous condamnés une résolution si extraordinaire, qu'à dire vray je n'approuve point, que ce soit avec vostre charité ordinaire et dans vostre cœur seulement. Après vous que j'ay perdu par un chemin un peu plus doux, je ne pourrois faire une plus grande perte, car vous n'avés point sceu à quel point nous vous aymions.

J'ay envoyé vos lettres à l'hostel de Ramb[ouillet]; je m'asseure que vous serés consolé de la responce. Madame a un rheume le plus grand qu'elle ait eu jusqu'icy, mais sans péril.

Je suis, Monsieur, vostre, etc.

De Paris, ce 17 décembre 1637.

CXXX.

À M. DE SCUDÉRY.

Monsieur, moins la compagnie que vous avés prise pour arbitre de vostre différent a affecté la qualité de juge, plus se doit-elle sentir obligée de la déférence que vous tesmoignés pour ses sentimens [1]. Je sçay qu'en les donnant au public pour vous satisfaire, sa principale intention a esté de tenir la balance droitte, et de ne faire pas d'une chose sérieuse un compliment ni une civilité. Mais je sçay aussy qu'après cette intention, elle n'a essayé de faire rien avec plus de soin que de s'exprimer avec modération et de dire ses raisons sans blesser personne. Je souhaitte que vous soyés bien persuadé de cela, ou plustost je me resjouis de ce que vous l'estes, et qu'ayant receu d'elle en cette rencontre le moins favorable traittement que vous en puissiés jamais attendre, vous ne laissés pas de lui faire justice en reconnoissant qu'elle est juste. A l'avenir j'espère qu'elle se revanchera de vostre équité et qu'aux occasions où il luy sera permis d'estre obligeante, vous n'aurés rien à désirer d'elle, et reconnoistrés qu'elle sçait estimer vostre mérite et vostre vertu.

De moy je ne vous dis rien pour ce que je croy vous dire tout en vous asseurant que je suis, Monsieur, vostre, etc.

De Paris, ce 19 décembre 1637.

CXXXI.

À M. DE BALZAC,
À BALZAC.

Monsieur, si vostre mal n'est qu'un rheume ou quelque autre légère indisposition, je le pardonne à la fortune, car mon affection me

---

[1] Pellisson (Histoire de l'Académie, t. I, p. 93) dit : « Ainsi furent mis au jour (registres, 23 novembre 1637), après environ cinq mois de travail, les Sentiments de l'Académie françoise sur le Cid. Pour M. de Scudéry, quoique son adversaire n'eût pas été condamné en toutes choses, et eût reçu de très-grands éloges en plusieurs, il crut avoir gagné sa cause et écrivit une lettre de remercîment à la Compagnie (registres, 21 décembre 1637), avec ce titre : A Messieurs de l'illustre Académie, où il leur rendoit grâces avec beaucoup de soumission et des choses qu'ils avoient approuvées dans ses écrits, et de celles qu'ils lui avoient enseignées en le corrigeant, » et témoignoit enfin d'être entièrement satisfait de la justice qu'on lui avoit rendue. Le secrétaire fut chargé de lui faire une réponse.... » Pellisson analyse cette réponse, qui n'est autre que la présente lettre, Chapelain tenant, ce jour-là, la place du secrétaire absent. La lettre de Chapelain a été reproduite in extenso par M. Taschereau (Vie de Corneille, notes, p. 308 et 309) et par M. Marty-Laveaux (OEuvres de Corneille, t. III, p. 46, 47).

fait craindre pis. C'est une chose estrange que vous ayés tousjours quelque persécution d'une façon ou d'autre. Mais les maux qui vous arrivent sont plus grands encore que vous ne les sentés, quelques petits qu'ils soient; ils s'estendent plus loin que les autres et font plus d'une personne malade. Vous n'avés point d'accès de fièvre à Balzac que je n'en ressente le frisson à Paris et que je n'aye besoin de remède aussy bien que vous. Quelque incommodité qui vous tienne au lit, guérissés en promptement si vous voulés que je me puisse dire sain et que j'aye les fonctions de l'esprit libres. Voici la quatriesme lettre que j'escris sans en avoir de response, qui m'est mauvais signe pour la santé d'un homme qui m'ayme comme vous et qui bien souvent m'escrit deux lettres contre une. Je veux bien espérer pourtant et croire que le plus grand mal de tout cecy sera que je seray demeuré un mois sans avoir de vos lettres.

J'ay veu par la lettre de M. l'Official[1] à Mr Camusat que vous continués dans la satisfaction de ses petits services. J'en ay une particulière consolation et y prens part à cause du bien que je vous ay tousjours dit de luy, et certes, ou il changera bien, ou il vous paroistra toujours honeste homme en son genre.

Vous avés, avec celle cy, ces benoists *Sentimens de l'Académie sur le Cid*[2] qui m'ont tant de fois mis en colère et tant de fois fait désirer d'estre aussi loin de Paris que vous. Peut estre les lirés vous et il y a apparence que la curiosité et l'opinion que vous avés du principal autheur[3] vous fera aller jusqu'au bout, mais vous sçavés que j'y prens moins d'intérest que le moindre de l'Académie, et que la louange et le blasme de cette pièce me toucheront également.

Pour nouvelles, vous sçaurés que M. Le Maistre, nostre amy, se laissant enfin emporter à la violente inclination qu'il a eu de tout temps pour la retraitte, l'a faitte dans des termes qui me donnent de l'admiration et qui donnent de l'indignation aux autres : car s'estant résolu à vivre en solitude comme religieux, sans néantmoins l'estre, il a protesté par une lettre qui passe pour publique, estant escritte à M. le Chancelier, de renoncer dès à présent à tout bénéfice ou dignité dans l'Église, quand on luy en voudroit donner, et mesme à la prédication et à l'escriture. Et, depuis cela, s'est allé loger en lieu ignoré de tout le monde, dans un ferme propos de ne se plus laisser voir et de passer le reste de ses jours dans l'oraison et la pénitence. Dieu vueille luy donner la force de persévérer dans un si grand et louable dessein, et faire trouver faux tous les bruits que cette action si extraordinaire a fait naistre[4].

---

[1] Claude Girard, qui, du vivant de Balzac comme après sa mort, s'occupa tant des ouvrages de son ami, ou peut-être le prieur de Chives, qui lui aussi fut official d'Angoulême et ami dévoué de Balzac.

[2] Ce passage se retrouve dans la *Vie de Corneille* de M. Taschereau (notes, p. 311).

[3] Voir une curieuse note de M. Marty-Laveaux (*Œuvres de Corneille*, t. III, p. 34) sur la copie autographe de Chapelain, avec apostilles du cardinal de Richelieu, déjà signalée par Pellisson (t. 1, p. 90) et qui est conservée au département des manuscrits de la Bibliothèque Nationale (fonds français, n° 15045).

[4] M. Sainte-Beuve a reproduit le passage relatif à la retraite de Le Maître dans une note de la page 388 du tome Ier de *Port-Royal*. Voir dans le tome Ier des *Œuvres de Balzac* (1665) la lettre XXIII du livre XIX (p. 775), dont voici le début : «Je ne m'estonne de rien ; mais véritablement je ne m'attendois pas à la subite retraite de Monsieur Le Maistre...» Cette lettre, datée du 10 septembre 1638, est de la fin de décembre 1637 (30 ou 31).

M. de Malleville vous envoye un Pseaume qu'il a fait réimprimer et vous baise humblement les mains.

En la dernière séance de l'Académie, M. Bourbon me parla de luy mesme avec grand éloge de vos dernières lettres, et s'estendit fort sur la louange des latines qu'il me mit à l'égal de celles de Cicéron et de ceux de ce siècle. Il me tesmoigna encore que Guiet luy en avoit parlé fort avantageusement. Je n'entray point avec luy sur vostre division et me contentay de luy parler de vous fortement, c'est-à-dire à mon ordinaire. Car je veux bien que vous sachiés que je suis par contagion éloquent ou du moins discret, lorsque je vous ay pour sujet.

Je suis, Monsieur, vostre, etc.

De Paris, ce 20 décembre 1637 [1].

CXXXII.
À M. DE GRASSE (GODEAU),
À GRASSE.

Monsieur, si M. Arnaud m'a rapporté le vray du misérable estat où vous avés trouvé vostre logement épiscopal, je m'imagine que quand vous désespéreriés de me voir jamais à Grasse, vous ne laisseriés pas de faire bastir, quand ce ne seroit que pour ne pas dormir *sub dio* et vous deffendre des fluxions qui vous sont si préjudiciables. En vérité vous me faittes compassion d'estre réduit à n'avoir que le ciel pour couverture, et je vous envoyrois volontiers la moitié de mon toit, s'il estoit aisé à transporter. Pour le reste je ne vous trouve pas malheureux dans vos rochers, quoyqu'ils soient esloignés de deux cent lieues de nostre monde, puisque les accompagnements y sont si agréables que vous me les despeignés, et que c'est proprement à cause de vostre climat qu'on dit que nous habitons la zône tempérée. Quelque jour, nous irons M. Conrart et moy vérifier sur les lieux si la description que vous m'en faittes est historique ou poétique.

Il est vray que, pour mon regard, ce ne pourra pas estre si tost à cause des chaisnes d'acier qui me retiennent icy, et, à vous dire le vray, je ne sçay si ce sera jamais, dont je ne serois pas marry, puisque ce seroit la profétie d'un de nos béats qui m'a prédit que je ne vous verrois qu'à plus de moitié de chemin d'icy à Grasse.

Il a couru icy un bruit que M. le C[ardinal] de La Valette iroit à Rome pour s'y trouver au Conclave futur [2] et faire un Pape

---

[1] Le 23 décembre, Chapelain (f° 232) écrivit au duc de Longueville pour s'excuser de n'être pas encore allé le rejoindre à Coulommiers : « Monseigneur, après une si longue attente de vostre retour, Dieu ayant permis que nous vous puissions voir couronné de gloire et triomphant de nos ennemis, il me sera aisé de vous persuader que si je ne suis pas allé du moins jusques à Coulommiers vous tesmoigner la joie de vos bons succès et de la santé que vous en avés rapportée, je me suis fait une grande violence à moy mesme, et n'ay pas obéi à ce que mon impatience me conseilloit... » Le lendemain, 24 décembre, Chapelain s'adressait ainsi à M. de Saint-Chartres, à Poitiers (f° 233) : « Vous aurés sans doute receu le travail de l'Académie sur le *Cid*, et par là reconnu qu'il n'y a rien d'impossible à la vertu de ..... (ces points désignent le cardinal), car cette publication estoit une des plus difficiles choses à nous faire exécuter qu'aucune qu'il ait encore entreprise, mais *est factum quodcumque cupit*, et il suffit qu'il commande pour estre obéy. » Chapelain lui dit, en finissant, que pour l'hôtel de Rambouillet, où M. de Saint-Chartres désirait être admis, il faut qu'il se résigne à attendre, qu'il est besoin de préparer les voies.

[2] Le pape Urbain VIII, qui avait été élu le 6 août 1623, ne mourut que le 29 juillet 1644. Il avait près de soixante-dix ans au moment où Chapelain songeait à lui donner un successeur.

françois[1] avec Mʳ le mareschal d'Estrée[2]. Si cela estoit, vous verriés cet invincible héros, en passant, et l'iriés peut estre accompagner jusqu'au fauxbourg de la teste du monde.

Pour nouvelles, M. de Vaugelas qui, jusqu'à présent, vouloit faire sa fortune par le moyen des femmes, a changé de batterie et veut maintenant faire la fortune des femmes par son moyen, je veux dire est résolu d'en espouser une qui n'a rien, et pour ce que luy mesme n'a pas grande chose pour mettre cette personne à son aise, l'amour qu'il luy porte est si violente[3] qu'elle l'a porté à poursuyvre à mort un homme le meilleur qui soit en Normandie pour avoir son bien. Nous verrons s'il sera plus heureux en cette affaire qu'en toutes les autres[4]. L'hostel de Ramb[ouillet] se resjouit avec luy sur ce sujet.

Je ne vous envoye ni le *Super flumina* de M. de Malleville, ni l'Ode héroïque latine de Madelenet[5], ni les deux parafrases françoises et latines du *Benedic anima mea* du Père Vignier, de l'Oratoire[6], pour ce que je croy que le sieur Camusat vous en aura desja fait son offrande. Je dis le mesme du Discours de l'Académie sur le *Cid*, quoyque pour la grand part que j'y ay, à mon très grand regret, je vous en deusse faire une présentation de cérémonie.

Je suis, Monsieur, vostre, etc.

De Paris, ce 25 décembre 1637.

CXXXIII.

À M. MAIRET,

AU MANS.

Monsieur, vendredy dernier Mᴳʳ le C[ardinal] fit faire la distribution de ses grâces, où je me trouvay pour l'amour de vous, afin de pouvoir tesmoigner de vive voix à Mʳ de Boisrobert combien vous ressentiés la continuation de ses bons offices, et recevoir un peu plus dignement la libéralité qui vous est faitte, que je n'eusse fait par la main de mon vallet. Il est superflu d'avertir un aussy bon Courtisan que vous qu'il sera de la bienséance d'en escrire un mot de civilité à ce favorable agent des Muses. Vous y estes sans doute desja résolu et vous le feriés de vous mesme tant pource que vous estes reconnoissant, que pource que vous sçavés que ces reconnoissances luy plaisent.

---

[1] Le pape qui remplaça Urbain VIII (15 septembre 1644) ne fut point un *pape françois* : ce fut Innocent X (Jean-Baptiste Panfili). Du reste, le cardinal de la Valette était déjà mort depuis près de cinq ans (28 septembre 1639), lorsque fut élu le successeur d'Urbain VIII.

[2] François-Annibal, marquis de Cœuvres, maréchal d'Estrées, fut ambassadeur à Rome de 1636 à 1642. Nommé, à son retour, duc et pair et gouverneur de l'Île-de-France, ce frère de Gabrielle d'Estrées prolongea, dit-on, sa vie jusqu'à l'âge de cent deux ans (5 mai 1670). Tallemant des Réaux prétend (*Historiettes*, t. I, p. 384) que, pendant sa première ambassade à Rome (1621), «ce fut par sa caballe et par ses violences que Grégoire XV fut eslu.»

[3] Chapelain, toujours un peu en retard pour la langue, faisait *amour* du féminin, comme Froissart, Commynes, Villon, Clément Marot, etc.

[4] Ces curieuses particularités n'ont pas été connues des biographes de Vaugelas, et même elles ont été négligées par M. Sainte-Beuve, qui n'a cité (*Nouveaux lundis*, t. VI, p. 347 et 349) que des fragments de deux lettres de Chapelain de janvier et juillet 1639.

[5] Sur Gabriel Madelenet, alors âgé de cinquante ans, voir la note 5 de la page 590 des *Mélanges historiques. Lettres de Balzac*, n° LXIV.

[6] Jérôme Vignier, né à Blois en 1606, mourut à Paris le 14 novembre 1661. Voir sur sa vie et ses écrits un bon article dans le *Moréri* de 1759. On y lit que l'on a de ce savant religieux «quelques paraphrases de pseaumes et d'autres poésies, fort goûtées en son temps.»

J'ay chés moy les six cent francs en pistoles et vous m'en ferés descharger quand il vous plaira. Il sera à propos que celuy qui les viendra prendre de vostre part soit bien circonstantié[1] dans la lettre qu'il m'apportera de vous, afin qu'il n'y ait point de mesprise, et que ce qui est fait ne se déface pas. En les luy baillant, je luy en feray escrire un mot au bas de la lettre[2].

Je croy que vous aurés pris la peine de rendre à M⁽ʳ⁾ de Belin la lettre que je luy escrivois, et que j'avois mise avec la vostre. Je souhaitte sa consolation et sa santé, et vous prie de me mander comment il est de l'un et de l'autre et de l'asseurer tousjours de ma passion.

Je suis, Monsieur, vostre, etc.

De Paris, ce 25 décembre 1637.

CXXXIV.

À M. DE BALZAC,

À BALZAC.

Monsieur, vous m'avés bien payé avec usure les trois dernières lettres que je vous ay escrittes par celle que je viens de recevoir de vous. Par la règle de proportion elle n'en vaut pas seulement trois, mais elle en vaut trois cent, tant à cause de son estendue qu'à cause de sa qualité. J'ay trouvé tout ce que je désire dans les bonnes lettres, de l'élégance, de la facilité et de la galanterie mesme au milieu de tout vostre chagrin et de tout vostre mal. Il est vray que, pour escrire ainsy, il ne faut pas estre ni chagrin ni malade, et, sans autre raison que celle de la conjecture, je me resjouis avec vous de vostre convalescence, de laquelle, après cette preuve, je ne doute point.

Mais n'aurois-je point le médecin, par l'avis que je vous donnay, il y a quelques jours, de la résipiscence du docteur Gratian touchant vostre latinité[3]? Je le veux pour ma satisfaction, et, afin de vous confirmer dans vostre santé, je vous confirmeray encore le tesmoignage que le Père Borbonius rendit, il y a trois semaines, de l'excellence de vos lettres latines, lorsqu'en me disant de G[uiet] la mesme chose qu'en avoit dit M. L'Huillier, il me répéta plus d'une fois qu'il y trouvoit bien plus de Cicéron que de Quintilien. Nostre amy M. V[oiture] est de ce mesme avis et je l'en ay bien plus trouvé dans les derniers discours que nous avons

---

[1] M. Littré n'a pas signalé un seul emploi du mot *circonstancier* avant l'époque où écrivirent La Fontaine et Bossuet.

[2] Espérons qu'en donnant six cents francs à Mairet, Richelieu voulait bien plus récompenser l'auteur de *Sophonisbe* (1629) et même l'auteur de l'*Illustre corsaire* (1637), que le pamphlétaire qui avait si indignement attaqué Corneille et le *Cid*. Voir sur les tristes libelles de Mairet, M. Taschereau (*Vie de Corneille*, pages 63 et 64, 70-74), M. Marty-Laveaux (*OEuvres de Corneille*, tome III, pages 8, 16, 19, 21 et 22, 39-43).

[3] Chapelain veut parler de la bonne nouvelle qu'il annonçait à Balzac, dans sa lettre du 20 décembre 1637 (n° CXXXI), au sujet de Guyet, l'hypercritique Guyet, faisant amende honorable et rendant enfin justice à la belle latinité des *Epistolæ selectæ*. Mais pourquoi Chapelain appelle-t-il Guyet le *docteur Gratian*? Faisait-il allusion à ce *dottore Graziano* ou docteur Bolonais (*dottor Bellanzone*) qui, avec le Vénitien Pantalon et avec le Bergamois Arlequin, était un des principaux personnages de la vieille comédie italienne? Ce Gratian était un de ces docteurs *sine doctrina* qui parlent d'autant plus abondamment qu'ils ont moins de bonnes choses à dire. Le nom donné à ce bavard pédant s'explique, assure-t-on, par la popularité dont jouissait à Bologne, où l'étude du droit canon était particulièrement cultivée, Gratien, le compilateur de la célèbre collection canonique qui, sous le titre de *Decretum Gratiani*, forma la première partie du *Corpus juris canonici*.

eu sur ce sujet que dans les premiers, tant il est ordinaire à la pluspart des hommes de juger par prévention d'esprit, et, à vous dire le vray, il estoit de ceux qui ne se pouvoient persuader qu'un homme qui escrivoit si bien en sa langue, peust si bien escrire en une qui luy estoit estrangère. Mais la lecture l'a esclaircy, et luy a donné une nouvelle admiration de vostre vertu, à laquelle nous trouvasmes que de tous les anciens et modernes il n'y avoit que celle du Casa qui fust comparable en ce genre. Car pour le Bembe, bien qu'il ait escrit louablement en l'une et en l'autre langue, nous le jugeasmes de beaucoup au dessous du Casa et de vous [1].

Au reste je suis bien aise que le ressentiment de Mme la marquise de Ramb[ouillet] vous ait pleu, car il vous a deu plaire estant véritable et cordial et de la plus rare femme de nostre siecle sans exception. J'approuve extrêmement le dessein que vous avés d'honnorer son mérite à l'avenir par l'addresse des principaux de vos discours, dans lesquels sans doute vous meslerés quelque chose qui regardera le particulier de sa personne. Je sçay bien que je luy donneray une grande consolation lorsque je luy porteray cette nouvelle, qui sera aussy tost qu'un grand rheume, qui la tourmente, luy permettra de se laisser voir.

J'approuve encore extrêmement que vous donniés tous les autres tant à ceux de vos amis que vous me nommés et qui en sont très dignes, qu'aux autres que vous comprenés dans cet *etc.* et que vous sçaurés bien choisir. Que si vous n'avés point jetté les yeux sur le marquis de Montauzier, je croy vous devoir faire souvenir qu'il n'y en a aucun qui le mérite davantage, soit pour sa naissance et pour la grande réputation qu'il a desja acquise dans sa profession, depuis dix ans qu'il obéit ou commande dans les armées, que pour la beauté de son esprit, les belles choses qu'il sçait, la passion violente qu'il a pour vostre vertu et pour vostre éloquence. Vous en userés toutesfois selon vostre prudence pour ce qu'en cecy je ne prétends que vous indiquer et non pas vous solliciter.

Je me ris de mon inquiétude pour le renvoy des livres de ces Messieurs et vous déclare qu'elle estoit lors en mon esprit seulement et que, pour eux, ils n'en ont pas eu la moindre tentation. Cela est dans mon humeur qui pourroit estre un vice, mais qui néantmoins a pour principe une vertu, et il m'a tousjours semblé que dans les intérests de mes amis, quelques légers qu'ils fussent, il valloit mieux que je péchasse en excès qu'en défaut de diligence. Je feray le compliment comme il faut, sans permettre qu'il y aille du vostre et sans vous faire passer pour mesconnoissant.

Ce que je vous mandois que nostre amy, que vous nommé si bien l'empressé [2], avoit fait, il y a plus de huit jours quand je luy parlé (*sic*), estoit de monstrer à Son Éminence la lettre que vous escriviés sur la courtoisie criminelle de M[r] le prince de Marsillac [3]. Mais il ne me dit point quel effet il avoit fait. J'attends avec quelque im-

---

[1] Sur Jean della Casa (1503-1561) et sur Pierre Bembo (1470-1547), voir *Mélanges historiques. Lettres de Balzac*, n° II (p. 407, note 4) et n° IX (p. 432, note 7). Voir encore sur les deux célèbres écrivains, l'*Histoire de la littérature italienne* de M. L. Étienne (1875, p. 391, 392 et 376-380). Balzac répond à Chapelain dans la lettre XXXII du livre XVIII (p. 757 de l'in-f°): « Je suis bien aise de l'estime que vous faittes de Monsignor della Casa... » Cette lettre ne peut être du 23 novembre 1637; elle appartient aux premiers jours de janvier 1638.

[2] C'est évidemment l'abbé de Boisrobert.

[3] Je ne trouve dans tout le recueil de 1665

patience ce qu'il vous a semblé des *Sentimens de l'Académie* et pourtant que ce soit sans vous embarasser.

Portés vous bien et me tenés tousjours, Monsieur, pour vostre, etc.

De Paris, ce 29 décembre 1637.

J'oubliois à vous dire de Mr Descartes qu'il est estimé par tous nos docteurs le plus éloquent Philosophe des derniers temps, que n'y ayant que Cicéron, parmy les Anciens, qu'ils luy égalent, il se trouve d'autant plus grand que luy que Cicéron ne faisoit que prester des paroles aux pensées d'autruy, au lieu que cestuy cy revest ses propres pensées qui sont sublimes et nouvelles la plus part [1]. Il est vray que l'amour de la brièveté luy a quelques fois fait estrangler ses raisonnemens en sorte qu'ils paroissent imparfaits. Sa *Dioptrique* et sa *Géométrie* sont deux chefdœuvres (*sic*) au jugement des Maistres. Ses *Météores* sont arbitraires et problématiques, mais admirables pourtant [2].

Je viens de voir présentement Mme la m[arquise] de Ramb[ouillet] à qui j'ay leu l'article de vostre lettre qui la concerne. Elle a receu le dessein que vous avés de luy addresser quelques uns de vos discours en véritablement honeste femme, c'est à dire avec beaucoup de pudeur et de ressentiment. J'ay charge d'elle de vous le tesmoigner et de vous persuader qu'elle se sent infiniment vostre obligée. Je ne puis m'empescher de dire qu'elle est au dessus de toutes les femmes.

Je vous prie de me mander si vous dittes *muscardins* ou *muscadins* [3]. C'est une question grammaticale que je ne tiendray point bien résolue que par vous. Elle m'importe en quelque sorte. Il suffira d'un apostille [4].

---

aucune lettre relative à *la courtoisie criminelle* du prince de Marsillac. Il s'agit de la courtoisie avec laquelle le futur auteur des *Maximes*, alors âgé de vingt-quatre ans, transmit à Mme de Chevreuse, internée à Tours, les renseignements confidentiels que la reine Anne d'Autriche tenait tant à communiquer à sa bonne amie (août 1637). Voir, à ce sujet, les *Mémoires* du duc de la Rochefoucauld (édition des *Grands écrivains de la France*, t. II des *Œuvres complètes*, p. 27-40) et le livre de M. Victor Cousin, *Mme de Chevreuse* (4e édition, 1868, p. 119-140).

[1] A-t-on jamais fait un plus grand éloge de Descartes?

[2] *Discours de la méthode pour bien conduire sa raison et rechercher la vérité dans les sciences. Plus la dioptrique, les météores et la géométrie, qui sont des essais de cette méthode.* (Leyde, 1637, in-4°.)

[3] Dans la lettre XXXI du livre XVIII, p. 757 de l'in-f°, Balzac répond ainsi à la consultation de son ami : « L'usage est pour *muscardins*, bien que l'oreille soit pour *muscadins*. Mais icy, comme ailleurs, l'usage doit tout régler, et, de plus, l'origine du mot estant italienne, quel droit avons-nous d'oster une lettre d'un mot qui n'est pas de nostre jurisdiction?... » Cette lettre (datée du 17 novembre 1637) et la lettre citée un peu plus haut (datée du 23 novembre 1637) formaient originairement une seule et même lettre, qui, comme nous l'avons déjà remarqué, ne peut être placée qu'en janvier 1638. Nous lisons dans le *Dictionnaire de Trévoux*: « M. Pelisson rapporte qu'on mit en question à l'Académie s'il falloit dire *muscardin* ou *muscadin*. On décida pour *muscadin*; et Voiture fit des vers badins pour se moquer de ceux qui disoient autrement :

> C'est au temps des vieux paladins
> Qu'on disoit toujours muscardins. »

Muscadin, nom d'une petite pastille à manger où il entre du musc, vient, comme *muscade*, du bas-latin *muschatus*, venu lui-même de *muscus*, musc. Voir le *Dictionnaire* de M. Littré.

[4] M. Littré n'a cité qu'un seul exemple de

CXXXV.

À M. L'ÉVESQUE DE GRASSE (GODEAU),

À GRASSE.

Monsieur, il suffit bien pour vous escrire d'avoir veu la lettre que vous avés escritte à Mme la m[arquise] de Ramb[ouillet] en remerciment de la faveur qu'elle a faitte à Mr de Bauregard, puisqu'il suffisoit pour cela mesme de sçavoir que mes lettres vous apportoient de la consolation. Je vous avoue que j'en ay une grande lorsqu'elle m'a querellé de l'excès de ma reconnoissance et de la part que vous avés prise à l'obligation que je luy avois. Il me semble que j'en suis maintenant à demy deschargé et que j'en puis bien porter le reste sans y succomber. Le gentilhomme vous en escrit et vous en remercie de bonne grace. Vous verrés par sa despesche qu'il est homme d'esprit; et que, pour avoir si peu demeuré en France, il ne laisse pas de se faire entendre sans truchement[1]. Surtout vous y verrés qu'il est homme d'honneur, et qu'il sçait bien ressentir les grâces qu'on luy fait. Dans quelques mois, il vous ira faire une visite et pourra lever dans vostre diocese, pour sa compagnie, quelques soldats. après vostre bénédiction.

La retraitte de M. Le Maistre persévère tousjours de plus austère en plus austère. M. de Séricourt, son frère bien aymé[2], ou l'a suivy volontairement, ou a esté attiré par luy. Tant y a qu'il fait la mesme vie et qu'il désespère par cette consolation le Mestre de Camp et le Lieutenant, et certes. sans une particulière assistance de Dieu, Mr Le Maistre et Mr de Sassy[3] ne sçauroient durer dans ce nouveau genre de vie qui les sépare de tout commerce que des livres, sans que M. d'Andilly mesme les puisse voir, mais moins que tout autre M. de Séricourt qui, n'ayant plus de lettres et n'aymant point la lecture, sèchera et mourra vraysemblablement dans cet institut estrange[4]. Dieu néantmoins rend tout possible quand il luy plaist, bien que nous ne connoissions pas ses routes. Et, parceque je suis en train de vous entretenir de ces [re]-traittes, je vous en diray une qui ne vous estonnera guères moins et qui a contristé les jeunes gens fréquentant à l'hostel. En un mot, La Porte, cette coquette escervelée[5], est résolue de se faire Religieuse et le

---

l'emploi du mot *apostille* au masculin : il l'a tiré des vers de Jean Marot :

Qui fera ung tel apostille.
Comme feist Sapho la Suptille.

Balzac (*Mélanges historiques* de 1873, p. 790, lettre CLIII, du 3 février 1647) fait, comme Chapelain, *apostille* du masculin.

[1] Ce M. de Bauregard, qui était un Provençal, ne doit pas être confondu avec un autre capitaine du même nom dont il est question dans les *Mémoires* de Henri de Campion, dans les *Historiettes* de Tallemant, etc.

[2] Simon Le Maistre de Séricourt était le frère cadet d'Antoine Le Maitre. Sa conversion suivit d'un mois à peine celle de son frère. Voir, sur lui (*passim*), le *Port-Royal* de M. Sainte-Beuve.

[3] Isaac Louis Le Maitre de Saci, autre frère d'Antoine, était alors âgé de vingt-quatre ans. Voir aussi sur ce traducteur de la *Bible* les six volumes de *Port-Royal* (*passim*).

[4] M. de Séricourt mourut en 1650. Il avait échappé à ces dangers de l'oisiveté que Chapelain redoutait tant pour lui, tantôt en travaillant comme jardinier, tantôt en transcrivant les ouvrages de ses frères et de son oncle M. Arnauld.

[5] Je n'ai malheureusement rien à dire sur cette *coquette écervelée*, prête à tout sacrifier au Seigneur, excepté sa chevelure. Tallemant des Réaux ne mentionne pas Mlle La Porte. On voudroit savoir si, malgré la difficulté des cheveux à couper, cette personne si regrettée de la jeunesse de 1638 embrassa la vie religieuse et mourut en odeur de sainteté.

seroit desja, à ce qu'elle dit, n'estoit ses cheveux qu'elle voudroit bien qu'on ne luy coupast point.

Je vois par la lettre que vous escrivés à Mme la Marquise que vostre désert vous semble beau et que vous vous y accoustumés. C'est ainsi qu'il faut faire aussy bien chrestiennement que philosophiquement. *Non sibi res, sed se rebus submittere*[1]. Avec cette maxime on se rend toutes choses faciles.

Je vous baise très humblement les mains et suis tousjours, Monsieur, vostre, etc.

De Paris, ce 1er janvier 1638.

CXXXVI.
À M. L'ÉVESQUE DE GRASSE (GODEAU),
à GRASSE.

Monsieur, je n'ay que rarement de vos nouvelles et ne laisse pas de vous escrire tousjours et je le fay avec quelque ambition, pour ce que ne vous pouvant égaler en mérite ni surpasser en amitié, je suis bien aise de me prévaloir de ma punctualité, afin de vous laisser derrière moy en quelque chose. Je suis encore bien aise de vous escrire tandis que je le puis et comme par provision afin que si, dans la suitte du temps, je suis contraint par mes occupations de discontinuer mes diligences, j'aye au moins cela devant moy et que mes premières lettres me servent pour excuse des dernières que je n'auray peu escrire.

Outre ces raisons, j'en avois encore une autre de vous escrire par cet ordinaire, et c'est la lettre de remerciment que M. de Beauregard me mit entre les mains, dès la semaine passée pour vous l'envoyer. Une visite que je receus de Mr Desmarets dans le temps de faire mon paquet m'en fit remettre la closture à mon valet qui oublia cette despesche et par là m'obligea à vous en faire compliment aujourd'huy.

Nous attendons avec grande impatience le Pseaume que vous avés parafrasé et dont il y a un mois que j'ay veu une si belle stance. Le sieur Camusat vous aura sans doute envoyé celuy du Père Vignier qu'il imprima il y a trois semaines, et celuy de M. Esprit qu'il a donné au jour depuis huit jours. Le dernier est une imitation assés heureuse de vos deux *Benedicite* et de vostre Cantique, mais on dit que de ces sortes d'ouvrages il n'y a que les inventeurs qui en rapportent de l'honneur. Au premier jour, vous en aurés encore deux de M. Habert Cerizy de deux genres différens, desquels je vous demande vostre jugement dès à présent.

La *Pucelle* languit et n'attend que le Printemps pour se mettre en campagne et faire la guerre à bon escient. Elle a perdu cruellement tout l'Esté passé où elle croyoit faire de notables progrès et avec quelque apparence, si le misérable fanfaron espagnol qu'on nomme *Cid* ne la fust point venue traverser. Celuy qui vient, nous la mettons à la teste d'une grande armée et sur la route de Rheims. Si nous sommes heureux, nous prendrons quelque ville et ferons peur à Paris, en passant chemin. Je vous demande pour elle l'assistance de vos prières en ce long et périlleux voyage, car de vos avis particuliers je n'en dois de long temps espérer.

Portés vous bien et me croyés tousjours, Monsieur, vostre, etc.

De Paris, ce 8 janvier 1638.

---

[1] C'est un souvenir du vers d'Horace (*Épist. I, lib. I*, vers 20) :
Et mihi res, non me rebus, subjungere conor.

CXXXVII.
À M. DE BALZAC,
À BALZAC.

Monsieur, la Fortune qui cause tant de désordres en ce temps et qui met sans dessus dessous toute l'Europe, a voulu exercer son Empire jusques sur nostre commerce et se signaler aussy bien en petit qu'en grand à mes despens. Vous me mandés par vostre lettre du 14 de ce mois que vous n'avés receu la mienne que seize ou dix-sept jours après que je l'ay escritte, et je vous donne avis que j'ay receu cette lettre du 14 le 17, c'est à dire fort diligemment, mais que celle du 29 du passé ne m'a pas esté rendue que le 25 de celuy cy[1]. Voyés maintenant si tout ordre n'est pas renversé, et si nous n'avons pas sujet en nostre particulier de nous plaindre encore des caprices de la Fortune. Mais peut estre que le grand froid qui commença justement lorsque vous m'escriviés a gelé jusques à vos paroles, et qu'elles ont eu besoin d'un dégel pour se faire entendre de deça. Toutesfois elles partoient d'une amitié trop ardente pour estre sujettes à la gelée, et je conclus qu'il n'y a eu que mon malheur qui a retenu par les chemins de si précieux gages de la bienveillance dont vous m'honnorés. Pour finir cette complainte, je vous diray que j'ay beaucoup de consolation de sçavoir que je fais une bonne partie de la vostre. Cela ne peut estre sans vous avoir pleu, et je ne vous puis avoir pleu sans estre digne de quelque louange, s'il est vray que *magnis placuisse viris, laus maxima*.

La consolation que j'en ay ne me vient pas néantmoins de cette louange et de cette gloire que vous produisés à ceux que vous aymés. Elle me vient, *ita me Deus amet*, de la certitude que j'ay d'estre aimé cordialement de vous, qui à moy et selon ma façon de juger des choses, est un bien solide et essentiel en comparaison duquel je ne puis mettre les triomphes de César ni la réputation d'Alexandre.

Quant à M. Le Maistre, quelque dissimulé que vous me croyés, je vous en diray ma dernière et sincère pensée. De tout temps il a panché d'inclination du costé de la retraitte, et il y a plus de six ans qu'il l'eust faitte, si M. de Saint-Cyran, qui a esté son souverain Pontife[2], le luy eust voulu permettre. A la mort de Mme d'Andilly[3], cette sainte passion s'est resveillée et l'a pressé si vivement qu'il n'a douté aucunement que Dieu ne le voulust attirer à luy par cette voye. M. de Saint-Cyran s'est trouvé de cet avis et la résolution a esté prise sur la fin de septembre dernier qu'il renonçoit au monde périssable pour en acquérir un qui ne finist jamais. M. d'Andilly et Mlle Le Maistre[4], avec toutes les religieuses

---

[1] On ne trouve dans l'in-fol. de 1665 aucune lettre écrite à Chapelain le 29 décembre 1637, aucune lettre écrite au même le 14 janvier 1638.

[2] Jean Duvergier de Hauranne, abbé de Saint-Cyran, était alors âgé de cinquante-neuf ans. Nous allons souvent retrouver son nom dans les lettres suivantes.

[3] Rappelons que Balzac, le 14 août 1637 (lettre XIX du livre XVIII, p. 750 de l'in-fol.), avait déploré la mort de Mme d'Andilly : « La nouvelle de la mort de Madame d'Andilly m'a touché sensiblement. Je prends part à tous les bons et mauvais succès d'une famille qui doit estre chère à la France, et qui est née pour la gloire du nom françois. Mais je plains particulièrement nostre ami... »

[4] La mère d'Antoine Le Maitre était Catherine Arnauld, fille aînée d'Antoine Arnauld, née en 1590; elle avait épousé Isaac Le Maître, conseiller du roi et maître des comptes, et n'avait pas tardé à se séparer de lui. M. Sainte-Beuve

du Port Real[1], l'ont approuvée extrêmement et puisque nostre amy estoit persuadé que son salut dépendoit de ce genre de vie, j'y eusse aussy bien donné les mains qu'eux, s'il ne l'eust point pris si estrange que je vous l'ay mandé, et que vous le verrés par la copie de la lettre qu'il escrivit sur ce sujet à Mr le Chancelier, laquelle je n'ay peu recouvrer que, depuis quatre jours, pour vous l'envoyer. Mais je vous avoue que cet excès me couste, et que je ne puis estimer bien sage le pieux directeur qui l'a poussé et qui l'a laissé aller à un mouvement dont le principe est excellent, mais dont la suitte est si périlleuse au jugement de personnes qui sont plus dans ces sortes de pratiques que moy.

Je sçay que je philosophe grossièrement en ces matières et ne me fie pas de ma propre raison, lorsqu'il faut prononcer décisivement. Toutesfois je pense pouvoir dire que ces singularités sont ordinairement ruineuses à ceux qui les affectent, et qu'elles laissent après soy de longs et inutiles repentirs. Mr l'abbé de Saint-Nicolas et son jeune frère, chanoine de Verdun, sont dans ce sentiment. Le palais juge cette résolution avec les circonstances de la lettre pour un trouble d'esprit. Les plus ignorans des excellentes parties[2] de nostre amy pensent que ce soit une route nouvelle pour parvenir à prélatures, et les uns et les autres luy font un tort extrême, car s'il n'a pas fait prudemment en cecy, ça esté plus par l'imprudence d'autruy que par la sienne, et sa retraitte est si fort désintéressée par la connoissance que j'ay de son esprit que je pense pouvoir asseurer en l'estat où il est que la Tiare ni le Règne ne le tenteroient pas. Tout cecy demeurera, s'il vous plaist, *sub sigillo*[3].

Je ne suis pas marri que les *sentimens de l'Académie* ne vous ayent pas pleu puisque je suis contraint de vous avouer que j'y ay la plus grande part au grand détriment de mes plus grandes affaires. Mais, afin de ne desrober pas l'honneur à qui il appartient, il est à propos que vous sçachiés que MM. de Cerizy et de Gombaut ont contribué aussy aux fleurs et aux ornemens de cette pièce, et quand vous croirés que ce qui vous y a pleu est d'eux, je ne croiray pas que vous me faittes beaucoup de tort[4]. Cela veut dire que si vous m'avés débité pour autheur de ce jugement auprès

---

dit (*Port-Royal*, t. I, p. 382) : «D'accord avec M. de Saint-Cyran, avec sa mère, madame Le Maitre, qui en bénissait Dieu avec larmes (combien peu de mères auraient senti ainsi!), il [Antoine Le Maitre] accomplit sa retraite de pénitence.»

[1] Chapelain voulant indiquer sans doute la prononciation de son temps, écrit ce mot conformément à un usage alors assez fréquent, mais blâmé dans la *Requeste présentée par les dictionnaires* :

Enfin je ne sçay quels Autheurs
Auroient prescrit aux correcteurs
Une impertinente orthographe.
Leur faisant mettre *paragrafe*
....
Place *Reale*, le *Reome*.

[2] Parties, c'est-à-dire qualités. Voir les exemples cités par M. Littré (*Dictionnaire de la langue française*, t. III, p. 977, § 22, exemples empruntés à des auteurs tous, moins Corneille (*La Suivante*, 1634), plus récents que Chapelain, tels que Bossuet, La Bruyère, le cardinal de Retz, Racine, Fénelon, Saint-Simon, Montesquieu, Vauvenargues.

[3] Tout le passage relatif à Le Maitre a été publié par M. Sainte-Beuve (*Port-Royal*, t. I, p. 388 et 389), avec cette observation finale : «Ce que Chapelain pense, au fond, pouvoir dire de mieux pour excuser l'action de M. Le Maitre, c'est qu'il est sincère et désintéressé; le côté par lequel cette action se rattache à la haute inspiration sacrée lui échappe.»

[4] Ce qui regarde les *Sentimens de l'Académie* a été inséré par M. Taschereau dans les *notes* de sa *Vie de Corneille*, p. 312.

de Mʳ le duc de La Rochefoucaud[1], il vous faut aller dédire en partie, et faire droit à nos amis en expliquant ce que vous avés prononcé en général.

Au reste, si vous me demandés ce qui m'en semble, je vous confesseray que j'en tiens le biais de l'introduction adroit, ayant à choquer le jugement de la Cour et du Peuple, que j'en croy la doctrine solide, et qu'à mon avis la modération et l'équité y règnent partout. Avec tout cela je vous protesteray que j'aymerois mieux avoir fait la lettre que vous avés faitte sur cela que nostre volume, continuant à vous dire que c'est un des ouvrages plus accomplis qu'on ait veu, dans ces derniers temps. On l'a imprimée en papier volant avec la mauvaise response de . . . . . [2] et le remerciment du mesme à l'Académie. Je suis marri que Rocolet se soit laissé gaigner de la main, ayant eu, depuis si long temps, permission de vous de l'imprimer, sans que je l'eusse fait insérer dans le volume de vos lettres qui en eussent receu grand ornement.

J'ay receu, il y a longtemps, le paquet où estoient les lettres de Mʳ Conrart et Mʳ d'Allier[3] et l'ay rendu en main propre. Mᵐᵉ la marquise de Ramb[ouillet] a veu le dernier tesmoignage d'estime que vous m'avés donné pour sa vertu qu'elle a receu avec autant de ressentiment que de modestie. Elle ne se tient pas digne d'estre à la teste de quelques uns de vos discours et par là elle en est beaucoup plus digne.

Je ris des disputes de . . . . . et certes il est risible, mais que Mʳ son neveu n'en patisse pas s'il vous plaist, car je vous confirme que par son mérite, et par l'estime qu'il a pour vous, il n'y a point en France d'homme de sa profession qui soit plus digne que vous luy vouliés du bien et que vous faciés fondement d'amitié sur luy.

Je finis avec mon papier et suis, Monsieur, vostre, etc.

De Paris, ce 25 janvier 1638.

Le François Romain qui vous a paru sous le nom de J. Jacobus Bucardus s'appelle Fontenai-Bouchard[4] et est frère de mère de Mʳ Hulon, Savantazze[5] ou pédant que

---

[1] François, Vᵉ du nom, d'abord comte, puis (1622) duc de la Rochefoucauld, fut chevalier des ordres du roi, gouverneur du Poitou, etc. C'était le père de l'auteur des *Maximes*. Le duc de la Rochefoucauld, qui était alors âgé de quarante-huit ans, allait souvent en Angoumois, où il possédait le beau château de Verteuil (aujourd'hui canton de Ruffec, à 40 kilomètres d'Angoulême).

[2] Le nom laissé en blanc est celui de Scudéry. La *mauvaise réponse* et le *remerciment*, déjà mentionnés, parurent, dit M. Marty-Laveaux (*OEuvres de Corneille*, t. III, p. 43 et 44) «dans un petit recueil portant le titre suivant: *Lettre de M. de Balzac à M. de Scudéry, sur ses observations du Cid. Et la réponse de M. de Scudéry à M. de Balzac. Avec la lettre de M. de Scudéry à Messieurs de l'Académie françoise, sur le jugement qu'ils ont fait du Cid et de ses observations* (à Paris, chez Anthoine de Sommaville, 1638, in-8° de 74 pages). Ce recueil a paru dès le commencement de l'année ou même, malgré son millésime, à la fin de 1637.»

[3] C'est le nom bien défiguré du célèbre théologien protestant Jean Daillé, né à Châtellerault le 6 janvier 1594, mort à Paris le 15 avril 1670. Voir sur Daillé la note 3 de la page 513 des *Mélanges historiques. Lettres de Balzac*, n° XXXVII.

[4] Nous avons déjà rencontré Jean-Jacques Bouchard (lettre XL) et nous le rencontrerons encore plus d'une fois.

[5] Sur Hullon, prieur de Cassan, voir Tallemant des Réaux (t. VII, p. 158). On lit dans le *Menagiana* (édition de 1715, t. I, p. 303): «Ce fut M. Hullon, mon parent, qui à mon arrivée à Paris me mena chez MM. Du Puy, et chez plusieurs autres personnes de lettres.» Ménage,

vous avés veu chés M' Du Puy. Il est de ma connoissance depuis douze ans, a l'esprit plaisant, sçait à la perfection les langues et les autheurs de l'Antiquité et, pour l'italienne, il vaut mieux que beaucoup de Florentins mesme. Il a traduit la *Longuna* de Fieschi qu'il doit dédier à M' le Cardinal[1]. J'ay peur pour son françois despaïsé. Il est très galand homme et peut estre aymé.

Le Père Borbonius, ayant reconnu par mes discours et par les lettres que vous m'avés escrittes et qui sont imprimées, combien nous estions unis d'affection, se tue de me bien parler de vous, et ne perd point d'occasion de me tesmoigner en quel point il vous estime. Je croy qu'il parle sincèrement parce que vous donnés sujet de le croire par vos beaux ouvrages.

CXXXVIII.
À M. L'ÉVESQUE DE GRASSE (GODEAU),
À GRASSE.

Monsieur, je respons à deux de vos lettres que j'ay receues presque en mesme temps, la première, la dernière je veux dire, celle du 27, après celle du 2 janvier, et toutes deux si long temps après leurs dattes, qu'elles m'ont bien fait souvenir du grand et fascheux espace de terre qu'il y a entre nous. Certes cette séparation est une chose bien dure et j'ay beaucoup de peine à m'empescher d'en murmurer. Je loue Dieu néantmoins de ce qu'il vous a fait une âme plus insensible qu'à moy. Car, au moins, m'est-ce une consolation de sçavoir que je souffre seul, et qu'aux incommodités que vous donne le séjour de vos roches infertiles, n'est pas joint le desplaisir d'estre loin de vos amis.

Mais je laisse cet article pour vous dire que les motifs que M' Le Maistre a eus pour quitter le monde sont saints absolument et qu'il n'y eust jamais de vocation, ou que celle là en est une. Nul desplaisir, nul mauvais succès, nulle appréhension de l'avenir ne l'a porté à la pensée de la retraitte. Au contraire il l'a faitte dans le plus haut point de fortune et d'estime où il eust été jusques là, et dans une espérance visible d'accroissement en l'une et en l'autre, seulement pour asseurer son salut qu'il a creu risquer, s'il demeuroit davantage dans les occasions de pécher. Je suis très persuadé de ce que je vous dis, et, pour son regard, je vous puis asseurer que dans cette résolution il n'y a rien que de très louable.

Il est vray que je ne sçaurois dire la mesme chose de M' de Saint-Cyran qui a eu la direction de cette affaire et qui l'a poussé, selon mon sentiment, beaucoup au delà de ce qu'il falloit. La semaine passée, je vous envoyay la copie de la lettre qu'il luy fit escrire à M' le Ch[anceli]er sur ce sujet. Par là vous jugerés si j'ay raison de me plaindre de sa sorte de zèle et s'il ne vaudroit pas mieux qu'il se fust contenté de moitié. C'est le jugement de tout le monde de deça pieux, et, entres autres, le seul M' d'Andilly et le Port real appellent cette action héroïque et digne de la ferveur des

---

qui a aussi parlé de ce Hullon dans ses *Remarques sur la vie de Pierre Ayrault*, dit de singulières choses de ce personnage. — M. P. Paris, qui a trouvé dans Tallemant des Réaux la forme *savantas*, dit (t. II, p. 315) : «Ainsi devroit-on continuer à écrire, non *savantasse*.» Molière et Mme de Sévigné écrivaient le mot comme Tallemant. Le *Dictionnaire* de M. Littré donne à la fois *savantas* et *savantasse* avec cette observation, que l'on emploie plus souvent aujourd'hui la dernière forme de ce terme de dénigrement que la première.

[1] On ne trouve pas la moindre trace de cette traduction, qui resta probablement inédite.

premiers Chrestiens[1]. L'évènement justifiera qui de nous a le droit de son costé. Cependant je souffre extrêmement dans cette mort civille de mon amy que vous sçavés avoir esté un autre moy mesme. Je prie Dieu qu'il conduise le tout à sa gloire.

Nous verrons soigneusement vos vers de la Magdeleine. Nous en avons leu en courant la moitié qui nous a semblé fort poétique et de vostre air. M^r de St Nicolas, duquel vous me demandés des nouvelles, est en danger de ne demeurer pas évesque de Toul à cause des grandes instances que le Pape fait auprès du Roy qu'il luy laisse la libre disposition de cette pièce, où il prétend que le concordat ne s'estend point. On tient mesme pour certain qu'il envoye un cardinal en France en grande partie pour ce sujet, et, si je ne me trompe, ce sera Bichi[2]. Mais, pour l'avantage de nostre amy, quand il ne seroit pas évesque, on ne laissera pas de l'en juger très digne, et s'il ne l'est pas de Toul, il ne se peut manquer de l'estre d'ailleurs.

La croyance de la grossesse de la reyne continue[3].

Je suis, Monsieur, vostre, etc.

De Paris, ce 28 janvier 1638.

CXXXIX.

À M. DE LA LANE[4].

Monsieur, voicy le huitiesme jour que nous sçavons vostre avanture[5], sans que

---

[1] M. Sainte-Beuve a caractérisé avec les mêmes expressions la retraite d'Antoine Le Maistre (*Port-Royal*, t. I, p. 382) : «Elle se peut comparer tout à fait à celle des chrétiens des ive et ve siècles.»

[2] Alexandre Bichi, d'abord évêque d'Isola, fut évêque de Carpentras (1630-1657), nonce apostolique en France, protecteur des affaires de France, etc. Il avait été nommé cardinal par Urbain VIII en 1634.

[3] Ce fut seulement deux mois plus tard, jour pour jour, que la *Gazette* annonça (n° du 28 avril, p. 200) l'*heureuse nouvelle de la grossesse asseurée de la reine*. Tel est le titre de l'article, imprimé en gros caractères. On trouve là force détails sur la «grossesse désormais indubitable par le mouvement de cet enfant royal que Sa Majesté a senti tous les jours depuis le 22e de ce mois, enfant donné de Dieu à l'insigne piété de Leurs Majestés, aux vœux de tous les gens de bien et au bonheur de la France....»

[4] Pierre de Lalane appartenait à une famille parlementaire de Bordeaux. Fils d'un garde des rôles du Conseil privé, il naquit à Paris on ne sait trop en quelle année : il était proche parent de Noël de Lalane, docteur de Sorbonne, abbé de Val-Croissant, chanoine de l'église de Paris. Voir, sur ce militaire-poëte, la *Bibliothèque française* de l'abbé Goujet (t. XVII, p. 314-320), l'*Avertissement* mis par L. de Saint-Marc en tête du petit volume des *Poésies de Lalane et du marquis de Montplaisir* (Amsterdam, 1759).

[5] Cette aventure n'était autre chose que l'enlèvement de la future Mme de Lalane. Laissons la parole à Tallemant des Réaux (*Historiette de La Leu et Lozières et Madame de Lalane*, t. VI, p. 281 et 282) : «Mlle de Roche estoit une des plus aimables personnes du monde ; elle s'appeloit Galateau en son nom, et estoit fille de la femme de l'escuyer de Mme de Retz. Elle avoit de l'esprit, disoit les choses fort agréablement, estoit belle comme un ange, et point coquette. On en fit tant de bruit que la reyne la voulut voir. Le Grand Maistre, depuis mareschal de la Meilleraye, alors veuf, la voulut faire espouser à l'Ecossois, qui estoit à luy, et logeoit à l'Arsenal. L'Ecossois estoit riche, mais elle eut peur de la violence du Grand Maistre, et, voyant sa mère gaignée, elle se fit enlever par Lalane, son amoureux, celuy-là mesme qui faisoit si joliment les vers.» L'abbé Goujet n'avait pas deviné l'enlèvement et s'étoit contenté de cet à peu près (p. 315) : «Chapelain semble faire entendre que c'était quelque affaire de galanterie.» Le docte abbé, et Saint-Marc, après lui, de même que Titon du Tillet, ont changé le nom de *Gala-*

néantmoins nous ayons peu encore sçavoir où vous vous estes retirés. Ce n'est pas que je me plaigne que vous me l'ayés laissé ignorer si long temps, si vous avés creu que je vous fusse inutille, car vous avés fait prudemment de ne point esventer ce secret. Mais je vous le dis seulement pour la descharge de mon amitié qui n'eust pas si long temps demeuré à vous faire sçavoir la part que je prens en ce qui vous touche, s'il eust esté plustost en mon pouvoir.

J'apprens avec beaucoup de plaisir que Mʳ vostre père se rend traittable dans vostre affaire, et suis bien aise qu'il contribue avec vous à récompenser, comme il le peut, la générosité que vous a tesmoignée, en cette occasion, la belle cause [1] de vos peines et de vos plaisirs, et je ne doute point qu'elle ne tire grande consolation de voir qu'un père aussy sévère que luy n'est pas celuy qui retarde vostre satisfaction commune et qu'il ne tient pas à luy que vous ne soyés desjà en repos.

Vos amis travaillent auprès de Mᴵˡᵉ d'Espineuille [2] et, à ce que j'apprens, ne désespèrent pas de la rendre raisonnable [3]. Je le souhaitte de tout mon cœur, car je vous avoue que vous me donnés peine en l'estat où vous estes, quoyque chacun de vous ayt auprès de soy son plus parfait contentement. Au reste, je ne vous demande point de grâce particulière, bien que mon affection la peust exiger de la vostre, mais je me plaindrois bien de vous si vous estiés visible plus tost pour d'autres que pour moy. Il est superflu de vous dire que je suis pour vous tout ce que je puis estre pour la personne du monde que j'ayme le mieux et que je ne me tiens dispensé de vous servir qu'aux choses qui me seront absolument impossibles.

Je vous baise les mains et suis seulement, Monsieur, vostre etc.

De Paris, ce 6 février 1638.

CXL.

À M. L'ÉVESQUE DE GRASSE (GODEAU),
À GRASSE.

Monsieur, j'ay fait voir à Mʳ de Beauregard l'estime particulière que vous faittes de luy, dont il a eu une extrême joye. Il a dessein de faire un voyage à Grasse seulement pour l'amour de vous, car pour les coquins de vostre Métropole il ne les enrollera jamais que pour vous faire plaisir, ne

---

teau en celui de *Gastelle* et appelé Mᵐᵉ de Lalane *Marie Gastelle des Roches*. Il y a cette petite variante dans l'article *Lalane* du *Moréri* de 1759 : *Marie Galtelle des Roches*. Comme les Lalane, les Galateau étaient originaires de Bordeaux.

[1] Sur la beauté de Mᵐᵉ de Lalane les témoignages sont unanimes. Les graves auteurs du *Dictionnaire de Moréri* disent eux-mêmes, après avoir cité sur ce point les vers de Gilles Ménage et ceux de M. de Lalane : «C'étoit une très belle personne.» Voir, de plus, les piquants renseignements empruntés par M. P. Paris (t. VI, p. 290-292) aux lettres d'Alexandre de Campion et aux *Mémoires* du cardinal de Retz (ce dernier eut un moment l'intention d'enlever Mᴵˡᵉ de Roche). Ce qui couronnera bien tout ceci, c'est cette phrase de Mᵐᵉ de Sévigné (lettre du 18 septembre 1676) : «Le cardinal de Retz vous a parlé vingt fois de sa divine beauté.»

[2] Mᴵˡᵉ d'Espineuille devait être une tante de Mᴵˡᵉ de Roche. C'est le même nom qui a été lu *Epineville* par les derniers éditeurs du cardinal de Retz (*Grands écrivains de la France*, t. I, p. 104). Là il est question d'un sieur Epineville «qui est un vieux renard». C'était le mari de Mᴵˡᵉ d'Espineuille.

[3] Ce passage a été reproduit (mais non littéralement) par l'abbé Goujet (t. XVII, p. 315), lequel a lu, comme moi, le nom de Mᴵˡᵉ d'*Espineuille*.

manquant pas de canaille dans le voysinage de ses maisons et de son Orange[1]. Tous les jours il nous réussit de plus en plus honeste homme, et je voy qu'à l'hostel, qui est la pierre de touche de cette sorte de métal[2], il augmente plustost en estime qu'il n'y diminue.

Pour nouvelles, les rondeaux ont esté desconfits par les énigmes qui tiennent, à cette heure, le dé et divertissent la belle Cour. Cotin[3] a mille sectateurs et quelques uns meilleurs que luy. Mr Conrart, sans doute, vous en envoyera une kirielle, et il a ordre de l'hostel de vous les envoyer sans clef pour exercer vostre art divinatoire. Il n'en recueille pas seulement, il en fait et des plus belles. Pour moy, je n'en fais, n'en recueille ni n'en devine, et suis assés empesché après ma *Pucelle*, qui ne veut point que je me mette en devoir d'apprendre l'art de m'exprimer encore plus obscurément que je ne fay.

Je vay commencer le quatriesme livre et j'espère l'avoir achevé vers la fin de l'esté, si les nouvelles publiques ne me tarissent, car je vous avoue ma foiblesse, que je suis gay ou triste, fécond ou stérile, selon les bons ou mauvais succès de ma patrie[4]. Quelque jour peut estre Dieu me donnera vostre chrestienne ataraxie[5], et je ne me distrairay de mon principal objet par aucune pensée des choses d'icy bas.

Je vous envoye une lettre de M^r le mestre de camp Arnaud et demeure, Monsieur, vostre, etc.

De Paris, ce 12 febvrier 1638.

CXLI.

À M. DE BALZAC,

À BALZAC.

Monsieur, vous avés veu par mes dernières lettres que j'ay receu, dès il y a quinze jours, la despesche dont vous estiés en peine, et aurés plaint le cher Totila de la courvée d'en avoir fait un duplicata pour m'obliger. Il est vray qu'il y a trop de plaisir à travailler sur vos originaux pour croire qu'il répute courvée lorsqu'il en fait plus d'une copie, et je ne doute point qu'au lieu de s'en plaindre, il ne vous en face des remercimens. Pour moy, j'ay eu le mesme contentement à cette seconde lecture, que j'avois eu à la première, et de plus j'ay eu

---

[1] Aujourd'hui chef-lieu d'arrondissement du département de Vaucluse, à 30 kilomètres d'Avignon.

[2] Ingénieux éloge de l'hôtel de Rambouillet dans la langue même que l'on aimait à y parler.

[3] L'abbé Charles Cotin était alors âgé de trente-six ans : il n'entra à l'Académie française que beaucoup plus tard (3 mai 1655). Les énigmes de cette victime de Molière et de Boileau parurent dans un recueil publié à Paris (1638, in-12) et reparurent en 1646 (Paris, Toussaint Quinet, in-12) sous ce titre : *Recueil des énigmes de ce temps, précédé d'un discours sur les énigmes et d'une lettre à Damis*. Le *Manuel du Libraire* cite diverses éditions du propre recueil d'énigmes de l'abbé Cotin (Lyon, 1658; Paris, 1661; Rouen, 1673; Paris, 1687). Voir sur Cotin et sur ses énigmes quelques pages de M. Charles Romey (*Hommes et choses de divers temps*, 1864, p. 205-239). Ce critique s'exprime ainsi (p. 231) : «La qualité dont il aimait le plus à s'honorer était celle de *père de l'énigme françoise*. Elle me fut donnée, dit-il, par quelques personnes de mérite et de condition.» (*Discours sur les énigmes.*)

[4] Ces paroles font honneur à Chapelain. Saluons en lui le bon citoyen, comme nous avons déjà salué en lui le bon ami.

[5] Absence de trouble, calme parfait dans l'âme. M. Littré n'a cité, sous ce mot, que deux exemples pris, l'un dans Pascal, l'autre dans J.-J. Rousseau.

celuy cy de voir le soin que vous prenés de ne me laisser perdre aucune des consolations qui me viennent de vous. Mais dans celle que vous m'escrivés, ce voyage[1] (pardonnés à mon inhumanité), j'ay veu avec beaucoup de plaisir la petite esmotion que vous a donné le nouveau parafraste du *Laudate*[2] par quelques paroles dont il vous fait persécuter dans vostre retraitte. Confessés le vray, vous l'estimés un peu puisqu'il vous importune, et le dépit que vous avés contre luy ne va pas sans quelque opinion qu'il n'est pas mesprisable tout à fait, autrement vous le laisseriés aussy bien bourdonner à vos oreilles que les guespes et les frelons de vos palissades, que vous trouvés bien fascheuses, mais que vous souffrés murmurer sans vous en offenser. Depuis que ce galant homme, de médiocre prédicateur s'est fait médiocre poète, à la persuasion de quelques cerveaux mal timbrés, il est devenu insupportable au Parnasse, et il s'y porte pour concurrent d'Apollon, preschant partout ses[3] louanges propres et mettant les Godeaux bien bas au dessous de luy. Nous qui sommes à sa portée en recevons les principales incommodités et n'avons pas seulement de mauvais complimens de sa part, mais encore de tuantes visites, à quoy nous prenons patience pour ne pouvoir faire mieux.

Endurcissés vous le front, monsieur, et vous encornés les oreilles pour cet empressé qui vous veut arracher des actions de grâces afin de s'en parer aux lieux où, de son chef, il n'est pas considéré. Ne respondés à rien de ce qu'il vous fera dire, puisque vous ne pouvés pas empescher qu'il ne parle, et soyés effronté puisqu'il ne veut pas estre discret.

Pour l'autheur de l'Ode latine que vous avés veue, il est bon à voir de loin comme les colosses, et ce seroit luy faire tort de nier qu'il n'eust le génie latin bon[4]. En effet, cette pièce est fort belle et bien horatiane[5]. Mais de près et dans la conversation *hà tanto del ridicolo che nulla puc.* Vous n'avés jamais rien veu de si contraint et de

---

[1] *Ce voyage*, c'est-à-dire le voyage que venait de faire d'Angoulème à Paris le messager porteur de la lettre de Balzac.

[2] Le *Dictionnaire de Trévoux* cite ces vers de Ménage (*Requête des Dictionnaires*) :

Le sieur Godeau le Paraphraste,
Le bon Bauduin le Métaphraste,
Ont maintenu tous ces bons mots.

[3] Par inadvertance le mot *ces* avait été mis pour le mot *ses*. Ce mauvais orateur, ce mauvais poète, si convaincu de son mérite, était Jacques Esprit. Pellisson a dit de cet académicien (t. I, p. 288) : «Il n'y a rien de luy d'imprimé que des paraphrases de quelques psaumes.» Chapelain (*Mémoire de quelques gens de lettres vivans en 1662*, dans les *Mélanges de littérature*, p. 258) résumait ainsi les bizarreries de sa vie : «De prédicateur, il est devenu courtisan, et de courtisan père de famille, et tout pour faire fortune, dont il avoit grand besoin.»

[4] Ce doit être là Gabriel Madelenet, qui fit une très médiocre ode française en l'honneur du cardinal de Richelieu sur la prise de la Rochelle, et dont les vers latins ont été, en revanche, loués par Nicolas Bourbon, par Costar et par un grand nombre d'autres bons juges, comme ils vont être loués par Chapelain.

[5] Gabriel Naudé, dans son *Mascurat* (1649, in-4°, p. 236), proclame Madelenet l'*Horace de son siècle*. Adrien Baillet (*Jugemens des Savans*, t. V, 1722, p. 248) rappelle ce mot d'une lettre de Balzac à Chapelain [Lettre XX du livre XX, p. 800 de l'in-f°], que Madelenet faisait des odes latines comme Horace, et des vers françois comme Du Monin, et lui-même déclare (p. 242) qu' «il est constant que Madelenet n'est point éloigné d'Horace». Enfin, de nos jours, M. Weiss (*Biographie universelle*, article *Madelenet*) a répété que «l'on fait cas surtout de ses odes écrites dans le genre d'Horace, qu'il avait pris

si façonnier, et certes l'humeur et l'action de l'homme qui, d'ailleurs, a la représentation belle, sont bouffonnes et très approchantes de celles du fameux Fidentio que le Pédantisme reconnoist pour original. Lorsque Permesse se desborda, il y a quatre ou cinq ans, et qu'il jetta jusques dans la basse court de Son Éminence une douzaine de poètes bons ou mauvais [1], cettuy cy fust de la trouppe et fit une Ode françoise, où il tesmoigna par quelques vers le bon goust qu'il avoit de nostre poésie et, pour salaire, remporta quelques sifflades [2] qui l'ont fait cacher pour trois ans, et reprendre sa Melpomène latine à qui il avoit voulu faire banqueroute hors de propos. Les vers qui furent remarqués plaisans, furent ceux cy qui, depuis, ont passé en demy proverbe :

L'hiver à la teste sonnante.
Au chef perruqué de glaçons [3].

Il est maintenant sur l'estat en qualité de Latin avec expresse deffense de plus s'ingérer parmy les François.

Les vers latins heroïques que vous avés veu sur feu M' le président Séguier [4] sont de M. Habert le théologal [5] qui fait de belles choses certes, et mérite du nom entre les premiers, mais qui, à vous dire mon sentiment, n'est pas un poète si libre et si desnoué que Bourbon, à propos duquel je vous asseureray toujours qu'il continue à parler de vous avec admiration tant pour vostre françois que pour vostre latin.

Et hactenus de response.

M' de La Mothe sort de céans qui m'a dit avoir veu une lettre de Salmasius [6] escritte à Leyde par laquelle il mande qu'on luy a monstré un ouvrage de vous contre la Maison d'Espagne que l'on va imprimer dans ce païs là, sur quoy, sans attendre vostre response, j'ay creu pouvoir dire affirmativement à M' de La Mothe que cet ouvrage ne pouvoit estre de vous [7], et que j'en sçavois quelque chose. En effet, s'il n'est pas de vous, comme je croy, il est à propos que l'on sache que vous le désavoués, tant parce que, sans doute, il n'est pas digne que vous l'avouiés, que pour ce que il n'y a pas plaisir à estre chargé de

---

pour modèle. Tout cela justifie, ce me semble, l'emploi de l'épithète «horatien» appliquée par Chapelain à l'ode latine de Madelenet.

[1] La phrase fait image et son tour piquant mérite d'être remarqué.

[2] M. Littré, qui définit la *sifflade* «concert de sifflets,» ne cite, sous ce mot, aucune autorité et se contente de renvoyer au *Dictionnaire* d'Oudin. Le mot est absent du *Dictionnaire de Trévoux*, ainsi que de celui de Richelet.

[3] Balzac a parlé du poëte *perruqué de glaçons* (lettre VII du livre XXII), du poëte à la *barbe sonnante* (lettre VIII du même livre), page 846 de l'in-folio.

[4] Je ne trouve aucun président Séguier qui soit mort vers cette époque. Le président de ce nom dont la mort était la plus récente serait Antoine Séguier, frère du chancelier, lequel Antoine fut nommé président à mortier du parlement de Paris en 1597 et mourut en novembre 1624.

[5] Isaac Habert, alors chanoine et théologal de Paris, devint évêque de Vabres en 1645 et mourut en janvier 1668. Le *Moréri* constate que ce prélat avait cultivé avec succès la poésie latine et mentionne particulièrement sa paraphrase de divers psaumes.

[6] Claude de Saumaise, alors âgé de cinquante ans, était depuis 1631 professeur de l'Université de Leyde. Voir sur lui les *Mélanges historiques, Lettres de Balzac*, n°ˢ IV et V, note 5 des pages 415 et 420.

[7] Voir la lettre XXXIV du livre XVII (p. 758 de l'in-f°), où Balzac (20 décembre 1637, c'est-à-dire 20 février 1638) proteste contre le bruit qui avait couru : «Vous pouvez réfuter hardiment la nouvelle de Hollande, et dire que je ne suis point père de l'enfant qu'on me suppose en ce païs là.»

haine du costé des ennemis, sans l'avoir méritée.

Je suis, Monsieur, vostre, etc.

De Paris, ce 14 febvrier 1638.

CXLII.
À M. SILHON.

Monsieur, vous fistes hier généreusement de vous résoudre à fuir la comédie. Mᴿ Conrart et moy vous imitasmes, mais trop tard, et seulement après avoir veu l'incommodité qu'il y avoit à la 2ᵉ porte, où Mᵐᵉ la d[uchesse] d'Aiguillon[1] n'entra pas à son aise et où nous vismes des vicontes de Turenes[2], des contes de Saint-Germain[3] et quelques cordons bleus que je ne puis nommer, foulés, gouspillés[4] et repoussés. Nous creusmes que le divertissement ne valoit pas la peine de le chercher à ce prix. Si nous eussions eu l'esprit prophétique, comme vous, nous n'y eussions pas perdu le temps que nous fismes et fussions retournés un peu moins crottés chés nous. Je verray Mˡˡᵉ de Rohan[5], cette après disnée, et répareray mon manquement d'hier. Je vous envoye le *Decameron*[6], mais des bons. C'est pourquoy vous le conserverés, s'il vous plaist.

Je suis, Monsieur, vostre, etc.

De Paris, ce 14 febvrier 1638.

CXLIII.
À M. L'ÉVESQUE DE GRASSE (GODEAU),
À GRASSE.

Monsieur, vous aurés peu remarquer par le nombre des lettres que je vous escris que nulle de mes occupations, non pas mesme l'entretien de la *Pucelle*, ne m'empesche de vous rendre ce que je vous dois, si bien que vous n'aurés point de sujet de chercher de consolation de ce costé là, ni moy à l'avenir de peur d'en recevoir des plaintes. Les cajolleries que vous faittes à cette Pucelle sont au reste de périlleuse conséquence et je croy qu'il vaut mieux que vous vous en absteniés, afin qu'elle ne prenne point de vanité et qu'elle ne devienne pas coquette. J'approuve en tout le jugement que vous faittes des paraphrases du Père Vignier et de

---

[1] Sur la célèbre nièce du cardinal de Richelieu, Marie Madeleine de Vignerot, dame de Combalet, qui devint duchesse d'Aiguillon dans le mois de janvier de cette même année 1638, voir la note 5 de la page 505 des *Mélanges historiques*. *Lettres de Balzac*, n° XXXIII.

[2] Henry de la Tour d'Auvergne, vicomte de Turenne, était alors âgé de vingt-sept ans et demi.

[3] Ce devait être Henri Foucault, *comte*, d'autres disent marquis de Saint-Germain-Beaupré, gouverneur de la Marche, lequel était fils de Gabriel Foucault, vicomte du Daugnon, et épousa, en mars 1644, Agnès Le Bailleul, fille du président Le Bailleul.

[4] Il y a bien *gouspillés*, et non *houspillés*. M. Littré, qui, pour le XVIIᵉ siècle, n'a trouvé *houspiller* que dans les lettres de Mᵐᵉ de Sévigné, rappelle que dans le langage normand on disait *gouspiller*. Un érudit belge, M. Scheler, avait cru pouvoir faire venir les deux mots du latin *cuspicula*, pointe, de sorte que *gouspiller*, *houspiller* serait aiguillonner. Mais M. Littré, ayant constaté que la forme ancienne est *houcepigner*, décompose ainsi le mot: *housse*, vêtement, *pigner*, saisir, et figurément, secouer, tourmenter.

[5] Anne de Rohan, sœur du duc Henri de Rohan, alors âgée de cinquante deux ans, et qui mourut le 20 septembre 1646. Tallemant des Réaux dit de cette protectrice de Silhon (t. III, p. 430): «Bonne fille, fort simple, quoyqu'elle sçeust du latin et que toute sa vie elle eust fait des vers.»

[6] Tout le monde connaît le chef-d'œuvre de Boccace. Je ne citerai sur ce recueil que la récente appréciation de M. L. Étienne (*Histoire de la littérature italienne*, 1875, p. 159-166).

Mʳ Esprit. Ce que le premier me semble avoir de meilleur est la bonne clausule[1] des stances qui finissent la pluspart nettement et par le plus fort de la conception totalle, chose qui ne me paroist pas aussy bien observée dans les ouvrages de ces autres Mʳˢ. Le dernier a passé pour obscur en quelques endroits du sien et a esté insupportable à tous ceux qui l'ont ouy s'applaudir à luy mesme et de faire (*sic*) des comparaisons odieuses de luy et de tel de qui il n'est pas digne de délier la courroye.

Par cet ordinaire, vous aurés les deux parafrases de M. Habert de deux genres différens et toutes deux fort belles. Je souhaitterois dans son stile plus de piété et moins de fleurs et d'esprit; car, selon moy, il faut touscher les passions et esmouvoir la tendresse des ames encore plus dans les choses saintes que sur les théâtres. Néantmoins ce qu'il fait est fort beau et, de ces deux pièces, la dernière me semble la meilleure parce qu'elle est plus simple et approche plus de la naïveté.

Nous verrons les vostres quand il vous plaira, et vous en dirons nos sentimens avec la mesme liberté que nous avons fait de vostre Élégie de la Sainte-Baume[2], dont sans doute vous avés esté esclairci maintenant. Je croy que ces sept pseaumes pénitentiaux que vous méditez seront des chef-d'œuvres, du moins le dessein m'en rit-il extrêmement[3].

Toutes les semaines nous voyons icy de longues et belles lettres du R. P. Hercule[4], qui se sentent de conversation qu'il a avec vous et qui enrichissent les recueils de Mʳ Conrart[5]. La dernière parloit des Sentimens académiques en termes si obligeans que je me trouve engagé à luy en faire civilité, comme participant à l'effet de la sienne, puisque je suis l'un des membres quoyqu'inutile d'un si honorable corps. Vous me ferés donc la faveur, s'il vous plaist, de l'asseurer de l'estime particulière que je fais de son esprit aussi bien que de sa vertu et du ressentiment que j'ay tant de cette nouvelle grâce que du souvenir qu'il a tesmoigné avoir de moy en plus d'une des lettres qu'il a escrittes à nostre ami.

On vous a joué lorsqu'on vous a mandé que j'estois l'un des tenans de l'Académie féminine[6]. Pour avoir refusé d'en estre, j'en suis brouillé avec plus d'un de mes amis, et il n'y a guères d'apparence qu'une personne qui se trouve embarrassée d'une compaignie où le devoir l'oblige d'assister, allast chercher à perdre encore du temps dans une autre qui dégénère en ridicule, et que

---

[1] M. Littré n'a cité qu'un seul emploi de ce mot, l'emploi qu'en a fait Calvin.

[2] La montagne si célèbre sous le nom de *Sainte-Baume* (département du Var, à 24 kilomètres de Brignoles) renferme une grotte (*baoume*, en provençal) où, suivant la tradition, sainte Madeleine passa les trente dernières années de sa vie.

[3] Gracieuse expression qu'on peut rapprocher de la phrase de Bossuet (*Histoire universelle*): «La terre ne lui rit plus comme auparavant.»

[4] Sur le Père Hercule (Audiffret), qui fut supérieur général de la congrégation de la Doctrine chrétienne, alors âgé de trente-cinq ans, voir la note 4 de la page 445 des *Mélanges historiques. Lettres de Balzac*, n° XII.

[5] Ces recueils constituent aujourd'hui une des plus grandes richesses de la Bibliothèque de l'Arsenal.

[6] Cette *académie féminine* était celle qui se tenait tous les mercredis chez la vicomtesse d'Auchy (Charlotte des Ursins). En 1638, cette dame, qui avait été aimée par Malherbe, était déjà assez âgée; elle mourut le 3 janvier 1646. Voir sur elle et sur son académie une historiette spéciale de Tallemant des Réaux (t. I, p. 325-332).

si l'on appelloit cohue[1], l'on ne nommeroit que par son vray nom.

Je suis, Monsieur, vostre, etc.

De Paris, ce 18 febvrier 1638.

CXLIV.
À M. DE BALZAC,
à BALZAC.

Monsieur, je me resjouis que la longue lettre que je vous avois escritte soit enfin venue jusqu'à vous, puisqu'au lieu de vous estre importune, comme j'avois sujet de le craindre, vous me tesmoignés qu'elle vous a apporté tant de satisfaction. A vous dire vray, quand je l'escrivis et que je vis que ma matière ou ma loquacité me faisoit tourner la quatriesme page, il me vint en l'esprit que vous pourriés exclamer avec le satyrique : *et a tergo necdum finitus Orestes*[2], et me résolus à ce reproche dans la créance que j'avois de faire ce que mon amitié exigeoit de moy. Cependant de l'une de mes inquiétudes vous avés fait une de mes plus grandes joyes en approuvant ma longueur, et j'ay esté heureux par vostre bonté lorsque j'appréhendois d'estre tombé en disgrâce par faute.

Je me resjouis encore de la bonne interprétation que vous donnés à ce qu'a fait M' Le Maistre. Tout le monde ne luy est pas si équitable que vous, et je dis équitable pource que vous luy faittes justice, et non pas grâce lorsque vous jugés qu'une piété sensée et non bizarre l'a porté à une si extraordinaire résolution. La suitte vous justiffiera cette vérité, et si vous et moy ne croyons pas son genre de vie imitable, du moins suis-je asseuré que nous ne le trouverons jamais condamnable. Les infidélités et les crimes dont sa lettre fait mention sont termes d'humilité à mon avis que tout Chrestien a bonne grâce d'employer pour les moindres fautes auxquelles il est tombé, n'y pouvant avoir de petits péchés au respect de Dieu que l'on offense[3]. Je suis bien au reste de vostre opinion qu'il n'en a jamais guères fait de grands, et l'unique défaut qu'il a eu de remarquable a esté l'ambition, qui d'ailleurs n'estoit pas mal fondée et qui est plustost une passion louable dans la créance de la pluspart des hommes qu'un vice dont on se doive confesser.

Pour les Sentimens de l'Académie, si vous y estimés autre chose que l'exorde et la péroraison, je n'en seray pas marry puisqu'ils sont tous de moy, et que c'est ce qui me semble de plus solide, et quand vous ne feriés cas que de ces deux parties, je ne laisserois pas d'en estre bien aise, puisque

---

[1] Tallemant s'est servi de la même expression (p. 327) : «Elle s'avisa de faire une certaine académie, où tour à tour chacun lisait quelque ouvrage. Au commencement c'était une vraie cohue...» Je note que le mot *cohue*, pris dans le sens d'assemblée bruyante, tumultueuse, n'a été trouvé par M. Littré dans aucune page de date antérieure à la satire III de Boileau.

[2] ... Impune diem consumpserit ingens
Telephus aut summi plena jam margine libri
Scriptus, et in tergo necdum finitus, Orestes?
(Juvénal, *Sat*. I, vers. 4, 5, 6.)

[3] Balzac, dans la lettre XXIII du livre XIX, déjà citée, après avoir dit (p. 775 et 776) : «Les causes secondes n'ont aucune part en cette conversion... Je veux croire qu'il n'a pu résister à la violence de la grâce qui l'a enlevé du monde, et que Dieu a esté le vainqueur dans le combat qui s'est fait entre luy et l'homme, » ajoutait : «Mais pourquoy parle-t-il tant de ses infidélitez et de ses crimes, dans la lettre qu'il a escrite à M. le Chancelier?... Nous sçavons vous et moy qu'il n'a jamais fait d'excès qu'à estudier, et que toutes ses desbauches ont esté honnestes et vertueuses.»

de celles-là mesme toute la contexture, toute l'idée et tout le raisonnement sont de mon creu et qu'une bonne partie des pensées et de l'expression m'appartiennent[1].
Avec tout cela, je suis ravy qu'on l'attribue à tout le corps, ou à ces messieurs que je vous ay nommés pour les raysons que je croy vous avoir touchées et qui me tiennent lieu de raisons d'Estat.

Je vous envoye les lettres imprimées dont je vous parlois dans ma précédente. Mr de Saint-Chartres, qui me les a baillées, se trouva à l'ouverture de la vostre et me tesmoigna que Mr de Scudéry vous avoit fait cette response et qu'il vous l'avoit envoyée, par son avis, dès il y a longtemps par le messager ou courrier de Bourdeaux. Il faut qu'elle se soit perdue et qu'il ait mis dessus le paquet inutilement à Angoulesme.

Rocolet ne laissera pas d'imprimer la vostre dans la réimpression de vostre discours.

Je loue vostre indulgence pour le vieux Bourbon, et, à la première fois qu'il se rendra à l'Académie, je luy feray ressentir l'avantage que vous prenés sur luy par un procéder (sic) si clément. Vous en usés encore extrêmement en honneste homme dans la distinction de l'oncle et du neveu, qui est l'un des plus aimables hommes du monde, et m'en croyés, s'il vous plaist[2]. Il part dans trois jours pour l'Alsace, et dans un petit nombre de livres qu'il fait porter, il fait tenir le premier lieu à vos ouvrages.

Mr L'Huillier me vit hier et m'asseura qu'on n'avoit point ouy parler chés messieurs du Puy des vers de Heinsius sur la prise de Breda, ce qui m'a persuadé, comme luy, que ces vers ne sont point. Il me dit que Salmasius faisoit imprimer son traitté *De usuris* en Hollande[3], qui estoit une pièce fort attendue de tous les sçavans.

Mr de Montauzier m'a dit qu'il a un Strada de l'édition de Flandres, mais que l'impression n'en est pas belle. Le volume, ce me semble, est in-douze. La seconde partie s'imprime à Rome, à ce que j'apprens, qui devra estre fort belle et fort particulière. Car il a eu tous les papiers et instructions de la maison de Parme et, dans cette partie, il ne s'y doit traitter que des actions d'Alexandre Farnèse[4].

Je manderay à Mr de Saint-Nicolas qu'il donne ordre que le 2e volume de celle du

---

[1] On voit qu'en définitive Chapelain est presque entièrement l'auteur des *Sentimens de l'Académie sur le Cid*.

[2] Le marquis de Montauzier, que Balzac trouvait sans doute bien différent du comte de Brassac, oncle du marquis.

[3] Le traité *De usuris* parut à Leyde (1638, in-8°); il fut suivi de deux autres traités qui devaient épuiser le sujet : *De modo usurarum* (Leyde, 1639); *De fœnore trapezitico* (Leyde, 1640). Je n'ai pas besoin de rappeler, je pense, que la publication du *De usuris* fut le point de départ d'une violente polémique entre le docte et irritable Saumaise et divers théologiens, qui lui reprochaient d'avoir entrepris de justifier le prêt à intérêt.

[4] La première partie (*Decas prima*) du *De bello Belgico* du P. Famien Strada (lequel mourut au Collége romain en 1649) parut à Rome en 1632 (in-f°) et fut réimprimée à Anvers en 1635 (petit in-8°), puis en 1636 (in-12). C'est un exemplaire de cette dernière édition que possédait le marquis de Montauzier. La seconde partie, réunie à la première, fut publiée à Rome sous ce titre : *Famiani Stradæ Romani e Societate Jesu De bello Belgico. Decas prima. Decas secunda* (2 vol. in-f° 1640-1647). Cette édition, ornée de nombreuses gravures, est splendide. Voir sur ladite édition, comme sur les précédentes et suivantes, les minutieux renseignements donnés par les Pères de Backer et Sommervogel dans le tome III (1876) de la *Bibliothèque des écrivains de la Compagnie de Jésus*, col. 956-958.

cardinal Bentivoglio vous soit envoyé, encore que ce fust pour la seconde fois, car il est certain que cette diligence a esté desja faitte, et il faut que le livre se soit perdu en chemin.

Camusat vous envoyera ses nouveautés par le messager. Entre autres, lisés les oraisons de Cicéron traduittes par Ablancourt[1] et jugés de sa façon de traduire.

Je suis, Monsieur, vostre, etc.

De Paris, ce 21 febvrier 1638.

La vie de M' l'abbé de Peyresc que M. Gassendi escrit en latin sera une pièce très-curieuse et dans laquelle il entrera sans affectation un grand nombre de matières du beau sçavoir. M. L'Huillier est résolu de mettre en extrait, derrière, ce que les grands hommes auront dit de luy avantageusement. Si le discours où vous faittes estat de parler de luy est fait entre cy et là, vous nous donnerés ce que vous en dirés, s'il vous plaist, et en l'illustrant de vostre tesmoignage, je vous asseure que vous ne vous ferés point de tort[2].

Nostre ami de Boisrobert est abbé de Chastillon-sur-Seine sans litige[3].

CXLV.

A M. L'ÉVESQUE DE GRASSE (GODEAU),

À GRASSE.

Monsieur, j'aurois tort à l'avenir si je me plaignois de vostre négligence, après le tesmoignage que vous me venés de donner de vos soins du tout extraordinaires. On me vient de rendre deux lettres de vous, escrittes à un jour l'une de l'autre, et toutes deux sur un mesme sujet et qui vous est à peu près indifférent. C'est trop, il faut l'avouer, et cette prodigalité répare toute l'avarice dont vous m'avés puny par le passé.

Pour ce qui regarde la retraitte de nostre amy, je suis bien aise de vous trouver équitable envers luy et de voir que vous ne la desapprouvés que dans les formes. Il est certain que c'est une véritable vocation que la sienne, et les avantages présens qu'il a quittés font voir bien clairement qu'il a véritablement foulé le monde aux pieds et que nulle considération temporelle ne luy a fait prendre cette résolution. Du reste, je tombe d'accord avec vous que la manière est bizarre et qu'il y entre du zèle inconsidéré. J'ay eu desplaisir lorsque j'ay appris la raison qui l'a fait escrire cette lettre à M' le Chancelier et que l'on m'a dit avoir trouvé à propos de faire cet esclat pour glorifier Dieu par cet exemple et attirer les pécheurs à son imitation. Les sages ont creu que cela pouvoit estre interprété à vanité, et que l'on s'en pouvoit aussy tost scandalizer qu'édifier, comme s'il n'y avoit pas assés de retraittes Chrestiennes sans cette nouvelle introduction, et comme si par là nostre amy avoit voulu condamner toutes les autres.

Tout ce que vous remarqués touchant cette ferveur excessive dans laquelle il est impossible de persévérer et honteux de se

---

[1] *Oraisons de Cicéron pour Quintius, pour la loi Manilia, pour Ligarius et pour Marcellus*, dans le recueil intitulé : *Huit oraisons de Cicéron* (Paris, in-4°, 1638).

[2] A la fin du VI° livre de la vie de Peiresc, Gassendi cita la lettre de Balzac à Luillier, qui, comme je l'ai dit dans une note de la page 555 des *Mélanges historiques*, n° LIV, est une sorte d'oraison funèbre du savant conseiller au parlement d'Aix.

[3] Les biographes de Boisrobert ne nous avaient pas donné, ce me semble, l'indication précise de l'époque où il eut *sans litige* cette abbaye de Châtillon-sur-Seine (Côte-d'Or), qu'il devait vendre à Pierre Lenet, l'auteur des *Mémoires* sur la Fronde.

relascher, principalement à un homme d'autant de réputation que nostre amy, me semble digne de vostre bon jugement. Mais nous le devons excuser de tout cela sur l'abnégation qu'il a faitte de luy mesme [1] entre les mains de Mr de Saint-Cyran qui l'a dirigé et esbranlé en tout cecy, selon son esprit et ses principes de la bonté desquels je ne voy pas tout le monde également persuadé. Mr d'Andilly et toutes les religieuses de cette Maison, au nombre desquelles je conte la mère de nostre amy, approuva la chose entièrement. M. de Saint-Nicolas ny le bachelier n'en sont pas de mesme. Jugés par là ce qu'en peuvent penser messieurs Arnaud, mestre de camp et lieutenant. Mais il suffit de cet article.

L'affaire de Mr de Saint-Nicolas est tousjours suspendue. Rome luy est absolument contraire; ceste Cour luy est favorable, et néantmoins nous craignons qu'on s'y relasche à la fin, tant pour ce qu'il semble que le Pape y ait le droit le plus apparent, que pour ce qu'il y a quelques raisons qui le pourroient bien faire valoir de deça, et que le papier ne souffre pas qu'on l'en charge.

J'ay veu, depuis trois jours, le R. P. de Condran [2] qui a grand dessein de joindre Mr Conrart et de l'entretenir sur sa créance. Mr de Chaudebonne le doit accompagner chés luy au premier jour. Dieu vueille donner un heureux succès à leurs bonnes intentions! Vous n'en ferés aucune mention par vos lettres, s'il vous plaist, de peur que cela ne l'en esloignast.

Nous avons ry plus d'une fois ensemble de la vanité de l'autheur dont vous me parlés. Nous en avons eu aussy un peu d'indignation contre certains de nos amis qui souffroient ses comparaisons et qui les appuyoient mesme. Toutesfois il faut souffrir ces petites injustices, se contenter de ce que l'on connoist de soy et mespriser magnifiquement le reste des badineries des hommes.

Les dernières lettres que j'ay d'Angoulesme parlent bien de vous et m'obligent à escrire de vos nouvelles. J'oubliois à vous dire que vostre mauvais émule du *Laudate* [3], *arridentibus cœptis* [4], a fait une nouvelle pièce que je ne sçay si c'est invention ou parafrase, pour ce que j'ay fuy icy jusqu'icy à le sçavoir, mais je le sçauray bientost, malgré que j'en aye, car je ne puis plus luy faire dire que je ne suis pas au logis. Camusat ne manquera pas à vous en envoyer la copie.

Je feray tenir seurement à Mr le Mestre de Camp la lettre que vous luy escrivés lorsqu'il sera de retour de Normandie. Priés Dieu, en général, pour la prospérité de nostre campagne prochaine, car pour le particulier des Suédois et du duc de Weimar, peut estre estes vous trop scrupuleux pour vous y résoudre [5].

L'opinion de la grossesse de la Reyne continue et les prosnes de nos paroisses en ont parlé comme d'une chose certaine autant

---

[1] *Abnégation*, qui est dans Calvin et dans d'Aubigné, est aussi dans Bossuet et dans Bourdaloue. L'exemple fourni par Chapelain comble un vide entre le xvie siècle et la seconde moitié du xviie.

[2] Charles de Condren, second général de l'Oratoire (depuis 1629), était alors âgé de cinquante ans, et il allait mourir quelques mois plus tard (7 janvier 1641). Le successeur du cardinal de Bérulle échoua dans toutes ses tentatives de conversion, et Conrart mourut dans l'impénitence finale.

[3] Jacques Esprit.

[4] C'est-à-dire : « les choses commencées lui souriant, lui plaisant. »

[5] Chapelain s'amuse des difficultés que pouvait trouver son pieux ami à prier pour des hérétiques.

que l'on le peut juger. Nous verrons de beaux vers si cela dure. Pour moy, le Conte de Dunois m'a espuisé, et je croy que je me serviray de l'excuse de la *Pucelle*, si l'on me secoue la bride là dessus.

Je m'enquesteray au premier jour de la posture où est l'Archevesque de Bourdeaux à la Cour; pour ceste heure, je ne vous en puis que dire[1].

Je suis, Monsieur, vostre, etc.

De Paris, ce 5° mars 1638[2].

CXLVI.

À M. DE BALZAC,
À BALZAC.

Monsieur, je ne refuseray point à l'avenir le titre d'honneste homme, puisque vous voulés que je croye que je suis quelquesfois capable de contribuer à vostre contentement. Un goust aussi exquis que le vostre ne se repaist pas de choses triviales, et il faut qu'il me soit eschappé quelque chose de bon par hasard, s'il est vray que vous en avés esté agréablement touché. Je ne me souviens point comment je vous ay parlé de l'Ode latine, mais de quelque sorte que ce soit, ça esté naïvement, et comme ses grimaces me l'ont suggéré. En vérité il est ridicule et c'est le plus parfait pédant de Court dont vous ayés jamais ouy parler. Avec cela vous voyés combien il est excellent versificateur latin, et quel dommage c'est qu'il n'a vescu du *temps de la Rome de marbre*[3], sous les Augustes et les Mécènes. Nous aurions, à cette heure, un émule d'Horace ou, du moins, un copiste bien parfait. Il a collaudé[4] son disciple, sur la fin, et de bonne grace, lorsqu'il a dit de luy qu'il estoit *decoris paterni prodigus emptor*. Après tout, néantmoins, il ne faut pas qu'il soit si bon que nous le disons, puisqu'il n'a eu encore pour récompense qu'un peu de louange sans avoir veu le seigneur ny receu de ses grâces qu'en espérance[5].

La meilleure des pièces de M' Habert le

---

[1] Henri d'Escoubleau de Sourdis, alors âgé de quarante-cinq ans, avait succédé en 1629, sur le siége de Bordeaux, à son frère le cardinal François de Sourdis. L'archevêque de Bordeaux, qui, nommé (depuis 1636) chef du Conseil du roi en l'armée navale, avait justifié le choix dont il avait été l'objet, en battant la flotte espagnole, était alors vu de très-bon œil à la cour. Notez, dit Tallemant (t. II, p. 391, à l'année 1637) «que M. de Bordeaux estoit alors mieux avec le cardinal qu'il n'a jamais esté;» mais un peu plus tard, n'ayant pas été aussi heureux, il fut disgracié par Richelieu (1641) et fut obligé de se retirer à Carpentras.

[2] Quelques jours auparavant, le 27 février, Chapelain (f° 251) écrivait à M' Du Buisson, à la Haye : «Mes nouvelles sont que Rhinfeld est fort pressé par le duc de Weimar, lequel on espère de voir dans peu de temps maistre de ceste place. On se fortifie de deça par des levées et de l'argent. Ce sera une très-importante diversion pour les Suédois. Nous faisons deux armées navales, M' de Bourdeaux commandera celle du Ponant et M' le comte de Harcourt celle de Levant. On prépare à M' le duc de Longueville un grand armement pour la Franche-Comté.»

[3] Allusion à ce passage des *Douze Césars* de Suétone (*Octave Auguste*, ch. XXIX) : «Rome n'avoit pas un aspect digne de la majesté de l'empire... Il sut si bien l'embellir, qu'il put se vanter avec raison de la laisser de marbre, après l'avoir reçue de brique, *excoluit adeo, ut jure sit gloriatus, marmoream se relinquere, quam latericiam accepisset.*»

[4] *Collauder* n'est pas dans le *Dictionnaire* de M. Littré. Je le trouve dans le *Dictionnaire de Trévoux* avec la signification *louer*, l'étymologie *collaudare* et la note *vieux*.

[5] Madelenet ne tarda pas à recevoir de Richelieu, le *seigneur* dont veut parler Chapelain, une pension de 700 livres; Louis XIII lui en avait déjà donné une autre de 1,500 livres. Le poëte fut,

théologal est celle que vous me marqués sans doute, et s'il en avoit fait beaucoup de pareilles, il pourroit contester du premier lieu avec le vieux Bourbon, à propos duquel je vous diray que, luy ayant fait la civilité dont vous m'avés chargé par vos précédentes, il s'en tesmoigna fort vostre obligé et me dit qu'il se vantoit partout de sa réconciliation avec vous, comme du plus grand bien qu'il eust peu désirer et qu'en ayant escrit en Allemagne à Mʳ Davau, il avoit receu une lettre où il estoit fait très honorable mention de vous. Je la leus sur l'heure et l'eusse emporté dès lors pour vous en envoyer une copie si Mʳ l'abbé de Boisrobert ne l'eust prise pour la faire voir à Mᵍʳ le C[ardina]l. Depuis, je l'ay eue et vous la trouverés dans ce paquet. Je ne suis pas marry que Son Emᶜᵉ, par une occasion qu'on ne peut dire affectée, ait eue (*sic*) un tesmoignage de vous aussy avantageux que celuy la.

Je vous manday, il y a trois semaines, que de moy mesme j'avois desja refusé [*sic* pour *réfuté*] l'opinion erronée de ceux qui vous donnoient ceste invective contre la maison d'Austriche. Maintenant je le feray encore plus vertement après vostre déclaration¹, et, à mon avis, personne n'en aura plus la créance.

Pour Mʳ Silhon, je ne vous en diray rien sinon qu'il lutte tousjours contre la mauvaise fortune et qu'il a tousjours bon cœur. Mʳ du Breton m'oste l'occasion de vous parler amplement de la préface qui se doit mettre au devant du livre de Mʳ de Rohan, car il vous la porte et vous la devés avoir, à ceste heure, ou du moins quand vous recevrés celle-cy. Vous en jugerés beaucoup mieux que moy, et y verrés beaucoup de beautés que j'y ay passées.

Mʳ de Chaudebonne fait maintenant profession de bonté religieuse et ne croit point que la morale qui luy a donné tant de juste approbation dans la Court, soit une chose qui vaille rien si elle n'est chrestienne. Un moins illuminé que luy se fust contenté de dire qu'elle n'estoit point parfaitte, si elle n'estoit chrestienne. La communication ordinaire qu'il a avec le Père général de l'Oratoire l'a mis dans ces louables excès².

Pour le pauvre Voiture, il est paresseux, mesme pour le jeu, et a perdu la coustume de fréquenter les académies. Il est vray que c'est p ur ce qu'il n'a plus ce qui l'y faisoit recevoir, et que les cornets ont traitté sa vertu avec la mesme inconstance que la friponnerie de Galet³. Je suis outré qu'un homme si plein de mérite se soit commis si

---

de plus, comme dit le *Moréri*, honoré de la charge d'interprète latin du Cardinal. A en juger donc par les récompenses, selon la singulière opinion de Chapelain, le poëte était *aussi bon* que le disaient ses admirateurs.

¹ Cette déclaration, la voici : «Qu'est-ce que ce libelle contre les Espagnols, qui court sous mon nom aux Païs-Bas? Ne sçavez-vous pas que je suis reconcilié avec la Maison d'Austriche... J'ai renoncé pour jamais aux Philippiques et à toutes les matières querelleuses. C'est pourquoy vous pouvez refuter hardiment la nouvelle de Hollande, et dire que je ne suis point père de l'Enfant qu'on me suppose en ce païs-là. Mais sans cette expresse déclaration que je vous en

fais, vous deviez estre asseuré de la vérité, et croire que je devais estre innocent d'une action que je ne vous avois point communiquée.» (Lettre XXXIV du livre XVIII, datée du 20 décembre 163 7 et qui est de février 1638.)

² Le P. de Condren, dont il a été question à propos du projet de conversion de Conrart formé par les deux saints amis.

³ Le financier Galet ou Gallet, après avoir fait un grand gain au jeu (on parlait de douze cent mille livres) et après avoir commencé à bâtir l'hôtel de Sully, dans la rue Saint-Antoine, perdit toute cette fortune si mal acquise, et sa ruine devint proverbiale. Voir Tallement des Réaux (*Historiettes*, chapitre *des joueurs*, t. VII, p. 402).

imprudemment à la fortune, et ait voulu estre malheureux malgré tous ses amis. Il vit maintenant des pensions qu'il a chés Monsieur à cause de ses charges d'introducteur des ambassadeurs et de maistre d'hostel de Madame. On m'a dit que cela luy valoit par an quelques (*sic*) quatre mille francs, mais je croy que ce n'est pas en ce temps cy. Tout cecy sous le sceau, s'il vous plaist.

M⁰ de Grasse est dans son petit diocèse délivré des Marranes[1] depuis la victoire des Isles[2], mais non pas des Infidelles, car ses ouailles le sont à un point qu'il n'y a point de pareils en la pire des Barbaries, ce qui a fait dire à quelqu'un qui ne contoit son evesché pour rien, à cause du petit revenu[3], qu'en toutes façons il estoit véritablement evesque *in partibus*.

L'Eminence générale se repose, cette année, à ce qu'on tient[4], ou ne commandera qu'un petit corps dans le païs Messin. Elle porte les péchés de sa famille et se sent du mal qu'elle n'a point causé.

Je rends très humbles grâces à M^ad Desloges de son souvenir que je croy mériter d'elle par le respect que j'ay de sa vertu, non pas de cet excès d'estime qu'elle dit avoir pour moy, et que je sçay n'avoir jamais mérité. Vous m'obligerés sensiblement de luy tesmoigner de quelle sorte j'ay receu cette faveur.

Je vous fay un reproche de n'avoir point eu de curiosité pour l'hostel de Ramb[ouil]let] où vous estes parfaittement honnoré, et d'avoir demandé des nouvelles de tant d'autres choses.

Je sçauray de M⁰ de Saint-Nicolas ce que vous désirés touchant Nancy.

Je suis, Monsieur, vostre, etc.

De Paris, ce 7 mars 1638.

CXLVII.

À M. DE CROISILLES[5],

À SEDAN.

Monsieur, en quelque lieu et en quelque estat que vous soyés, vous posséderés tousjours la sagesse et par conséquent serés tousjours heureux. Ceux qui vous connoistront comme moy pourront bien avoir desplaisir des fascheux exercices que vous donne la

---

Voir aussi l'abondant commentaire de M. P. Paris (p. 404-405): le savant académicien, à qui rien à cet égard n'a échappé, a retrouvé le souvenir du grand et malheureux joueur dans les poésies d'Adam Billaut, dans les Mazarinades, dans les *Antiquités de Paris* de Sauval, dans la 14ᵉ satire de Regnier et jusque dans le *Dictionnaire* de Ménage.

[1] C'est-à-dire des Espagnols, qui menaçaient la Provence d'une invasion. *Marrane* (venu de *marrano*, porc) était le nom donné d'abord par les Espagnols aux Arabes et juifs convertis, et ensuite retourné contre les Espagnols eux-mêmes, dès le xvıᵉ siècle.

[2] Le 12 et le 14 mai 1637, Henri de Lorraine, comte d'Harcourt, avait repris les îles de Sainte-Marguerite et de Saint-Honorat, dont les Espagnols s'étaient rendus maîtres en 1635.

[3] Dans une lettre de Nicolas Colbert, évêque de Luçon, du 2 mars 1665 (conservée à la Bibliothèque Nationale, collection dite des Armoires de Baluze, vol. 362, p. 31), l'évêché de Grasse est jugé de la même façon: Colbert, après avoir fait un grand éloge de Godeau, qu'il déclare ne connaître que par ses écrits, demande pour ce prélat si oublié l'évêché vacant de Mâcon, qui, dit-il, le mettrait en état d'être plus utile à l'Église, ajoutant: «Il est dans un petit évesché où il n'a guère d'emploi.»

[4] Le cardinal de la Valette, dont le père, le duc d'Épernon, et le frère, le duc de la Valette, avaient à l'envi mécontenté Richelieu.

[5] Sur Jean-Baptiste de Croisilles (appelé aussi de Crosilles), abbé de Saint-Pierre de la Couture, au Mans, voir une note des *Mélanges historiques. Lettres de Balzac*, n° LIV, pages 554 et 555.

fortune¹, mais ils n'oseront vous en plaindre de peur de faire tort à l'opinion de vostre constance, et de vous laisser croire qu'ils ne vous estiment pas assez ferme pour n'en estre pas esbranlé. En effet, je suis persuadé que Dieu n'a permis ce qui vous est arrivé depuis quelques mois, que pour relever davantage vostre vertu et faire voir à quel haut point l'amour du Ciel et l'estude de la vraye philosophie l'ont porté. Tous ces mauvais offices que l'on vous a rendus, toutes ces sinistres impressions que l'on a voulu donner de vous, tourneront enfin à vostre gloire et à la confusion de leurs autheurs, et le Prince que vous servés, qui n'est pas plus généreux que juste, ne souffrira pas davantage que l'on essaye d'employer son authorité pour vous opprimer².

J'en tire de grands préjugés de ce que m'a fait l'honneur de m'en apporter l'illustre personne que j'avois suppliée de vous protéger, et que je ne doute point qui ne vous y ait esté entièrement utile. C'est de quoy je console Mlle Vostre Cousine³, l'hostel de Clermont et l'hostel Ramb[ouillet]⁴ qui bien asseurément ressentent plus vos maux que

---

¹ Chapelain veut parler d'une affaire extrêmement grave sur laquelle Tallemant des Réaux et son commentateur ont donné les plus curieux détails (t. III, p. 27-42). Croisilles fut accusé de s'être marié, quoique prêtre, en prenant un faux nom, avec la fille d'un avocat au parlement de Paris, nommé Pocques. Dénoncé par sa belle-mère (Espérance Levrault), il fut, après mille vicissitudes, qui commencèrent en 1637 et qui ne finirent qu'en 1649, condamné à tenir prison perpétuelle dans un monastère, puis, sur appel, déclaré absous. Ceux qui voudraient avoir connaissance de diverses pièces relatives à cette affaire, qui n'ont pas été utilisées par M. P. Paris, pourront consulter, au département des imprimés de la Bibliothèque Nationale, les deux pièces que voici (Lⁿ, 27; 5189 et 5190) : *Apologie de l'abbé de Crosilles* (Paris, T. Quinet, 1643, in-4°); *Éclaircissement des objections contre le célibat, faussement attribuées au sieur de Crosilles... Discours fait par le sieur Abbé* (s. l. n. d. in-4°); et au département des Manuscrits (collection Du Puy, volumes 555, 571, 590, 651), diverses pièces intitulées : *Sentence de l'officialité contre Croisilles; Requête de l'abbé de Crosilles à nos seigneurs de parlement; Factum pour damoiselle Esperance Levrault, veuve de feu maistre Florent Pocques; Addition au factum pour damoiselle Esperance Levrault.*

² Ce prince était le comte de Soissons. Tallemant des Réaux nous apprend (p. 33) que le maître de Croisilles, à la nouvelle du scandaleux mariage, lui reprocha son crime et le fit garder dans une maison de Sedan. Michel de Marolles, grand ami de l'abbé de la Couture, et qui croyait à l'innocence de l'accusé non moins fermement que Chapelain (*Mémoires*, édition de 1755, t. I, p. 83), déplore que Louis de Bourbon l'ait «abandonné misérablement dans une prison de dix années, sur ce qu'il fut accusé de sacrilége pour s'être marié.» L'abbé de Villeloin exhale de nouvelles plaintes, au même sujet, contre le même prince, à la page 207.

³ Je réunis ici les divers passages où Tallemant mentionne l'intervention de Mlle Paulet en faveur de son cousin : «Nostre prestre marié escrit à Mlle Paulet, sa parente (qui n'a jamais creu qu'il fust coupable que quand elle l'a veu condamné), qu'on le tenoit en prison (à Sedan). Elle en parle au comte de Guiche, et le comte de Guiche à M. le Cardinal...» (p. 33). — «Il n'espargna pas même [dans son Apologie, rédigée à la Conciergerie, le meilleur de ses écrits, ajoute Tallemant] Mlle Paulet qui, pendant huit ans, non seulement a sollicité pour luy, d'une aussy grande ardeur que si c'eust esté pour elle, jusques là que tous les ennuys qu'elle en a eus ont peut-estre abrégé sa vie, mais qui a despensé dix mille livres à l'assister.» Sur le dévouement de Mlle Paulet pour son ingrat cousin, voir encore les *Mémoires* de l'abbé Arnauld (édition de 1756, 1re partie, p. 209-212).

⁴ Tallemant dit (p. 27) : «Il eut aussi entrée à l'hostel de Rambouillet, chez Mme de Combalet

vous mesme. Si vous approuvés mon zèle, je seray plus que satisfait, et croiray vous en devoir de reste. Car, pour le soin que j'en ay pris, mon amitié l'exigeoit de moy et, comme je n'ay pas eu besoin d'estre sollicité, je n'en ay point aussy attendu d'action de grâces. Ne m'en rendés donc point, s'il vous plaist, ni de cela ni de tout ce que je feray jamais pour vous tesmoigner mon zèle, puisque c'est un de mes principaux devoirs, et que, quand je vous sers, je ne fais qu'accomplir le vœu que j'ay fait, il y a longtemps, de ne prendre pas en vain le titre, Monsieur, de vostre, etc.

De Paris, ce 10 mars 1638.

CXLVIII.
À M. MAINARD.
EN AUVERGNE,
À AURILLAC.

Monsieur, bien que je ne demeure pas d'accord du sentiment avantageux que vous tesmoignés avoir de moy dans la dernière lettre que vous avés escritte, je ne laisse pas de me tenir fort obligé au mouvement qui vous a donné une si favorable pensée de ma médiocrité[1]. Car ce qu'un autre qui vaudroit mieux que moy prendroit pour une preuve de son mérite, je le prens pour une preuve de vostre affection, et comme je connois que vostre bonté s'est trompée lorsqu'elle vous a porté à faire cas de moy, je connois aussy que je ne me trompe point en croyant que vous m'aymés beaucoup, et que l'amitié dont vous m'honnorés me relève auprès de vous et me donne place en vostre estime. Mais, Monsieur, cette faveur n'est qu'une rétribution des petits services que j'essaye de vous rendre dans vostre monde, où je suis le champion de vostre honneur, et où je vous conserve, autant que je puis, le premier lieu entre ceux que nostre Apollon a le mieux inspirés. Je recueille tout ce que vous laissés voir de vous, j'en fay part à tous mes correspondans, et j'en gratifie tous ceux qui ont du goust pour les bonnes choses. Je fus l'un des premiers à qui vostre dernière Ode tomba entre les mains, et quoyque ce ne soit pas par mon soin qu'elle a esté imprimée, je croy néantmoins qu'elle l'a esté sur l'une de mes copies. J'en ay envoyé jusques en Angommois et en ay régalé nostre amy que je sçay qui vous tient lieu d'une grande assemblée. En un mot, après l'avoir jugée une des meilleures pièces que nous ayons encore veue en ce genre parmy nous, j'ay creu me faire honneur en la distribuant et en luy maintenant le rang qu'elle mérite[2]. Ainsy, Monsieur, vous voyés que si vous dittes du bien de moy, du moins, à vostre esgard, je n'en suis pas entièrement indigne et que vous ne me rendés que justice, si, en disant que vous m'estimés, vous voulés dire que vous m'aymés. Au reste, quand nous vous verrons en cette Cour, nous vous apprendrons quels sont les véritables autheurs des Sentimens de l'Académie, et si, après cela, vous

---

et chez Madame la Princesse, par le moyen de Mlle Paulet qui, du costé de son père, estoit sa parente.»

[1] Voir la réponse à cette lettre dans le recueil des *Lettres* de Mainard (Paris, in-4°, 1653, lettre LXXVII). En voici le début : «La lettre que mon confident vous a fait voir, n'est pas la première que j'ay escrite pour publier l'estime que je fay de vous...»

[2] Mainard riposte ainsi : «Je vous prie, Monsieur, de ne vous lasser pas de deffendre les misérables productions de mon esprit; elles ont besoin de vous, et un si faible party que le leur ne peut estre soustenu que par des mains fortes comme les vostres. Je suis ravy d'apprendre que vostre recommandation les ayt accompagnées jusques au bord de la Charente...»

continués à les honnorer de vos louanges, je crains que ce ne soit un seul pour le tout et que celuy que vous en avés soupçonné n'y ait la part la plus petite[1]. Cependant je vous demande la continuation de vostre bienveillance et la permission de me dire tousjours, Monsieur, vostre, etc.

De Paris, ce 10 mars 1638.

CXLIX.
À M. DE BALZAC,
À ANGOULESME.

Monsieur, vous me faittes trop de grâces à la fois de m'envoyer, avec la belle lettre que vous m'escrivés, les trois autres excellentes que j'ay trouvé dans mon paquet. C'estoit assés d'estre libéral sans estre prodigue de choses si précieuses qui méritent d'estre mesnagées et de ne paroistre pas en foule. Je vous remercie néantmoins de vostre profusion et, puisque vous le voulés bien, je m'en enrichis en bonne conscience. A vous en dire mon sentiment, les deux à M' de La Valette et à M'⁽ᵐᵉ⁾ Des Loges sont deux chefd'œuvres aussy judicieux et aussy brillans que j'en ay encore veu. La troisiesme, à M' Daillé, dans son genre est rare et exquise et je sçay qu'il s'en tint extrêmement obligé, lorsque vous la luy escrivistes, tant à cause de sa beauté singulière, qu'à cause de la civile manière dont vous traittés avec luy, bien que de créance différente. Vous n'y avés rien touché du livre qu'il vous envoya, et je ne sçay si vous ne l'eussiés point achevé d'obliger entièrement, si vous luy en eussiés dit un mot favorable. Il est vray qu'il est fort homme d'honneur et qu'il vous fist ce présent plustost comme un hommage que pour une chose dont il s'attendit devoir estre loué, et ce que je vous en dis est de moy, non pas de luy[2].

M' Conrart a sceu les sentimens que vous avés tousjours pour luy et en a receu une consolation bien grande qu'il aura bien de la peine à s'empescher de vous tesmoigner par escrit. Pour M' Scudéry, je luy ay fait voir aussy tout l'endroit de vostre lettre où vous respondés indirectement à la sienne, dont il s'est tesmoigné fort satisfait. Je ne luy en donneray point de coppie, de peur qu'il ne s'en prévale, et que la canaille, qui n'entend point ces délicates civilités, ne la prenne pour une rétractation de la belle lettre que vous aviés escritte sur le Cid, et sur les Observations[3].

---

[1] Mainard dit à ce sujet : « Je lis et relis les sentimens de l'Académie, et me semble que ce traité ne peut partir d'autre que de vous... »

[2] Les lettres de Balzac sont presque toutes si mal datées, comme nous avons eu déjà tant d'occasions de le reconnaître, que je n'ose renvoyer, dans l'in-folio de 1665, aux lettres à M. de la Valette, à M'⁽ᵐᵉ⁾ des Loges, etc., mentionnées par Chapelain. Pour le premier de ces personnages, la lettre qui pourrait être indiquée avec le plus de vraisemblance serait celle du 10 janvier 1637 (Lettre VI du livre IX, p. 405) : *A Monseigneur le duc de la Valette, gouverneur et lieutenant général pour le roi en Guyenne*. Les lettres à M'⁽ᵐᵉ⁾ des Loges sont comprises entre les pages 287-503 et les dates : 25 avril 1619-12 mai 1640. La lettre qui par sa date se rapproche le plus de celle de Chapelain est celle du 16 janvier 1637 (n° XXXVI du livre IX, p. 436). Il y est question de M. d'Aillé (sic) et de sa valeur infinie et de l'éloquence des sermons de ce rare personnage. Le recueil de 1665 ne renferme qu'une seule lettre au ministre Daillé, datée du 24 décembre 1639 (n° XIII du livre XIV, p. 603), mais il ne me semble pas (sans m'arrêter à la date, qui pourrait être si facilement considérée comme réformable) que ce soit là celle dont parle Chapelain.

[3] Ce passage a été cité par M. Taschereau (*Notes de la Vie de Corneille*, p. 313), de même que le passage de la lettre précédente relatif au même sujet. (*Ibid.*)

Mr le marquis de Montauzier m'a prié instamment de vous asseurer toujours de sa passion pour vostre vertu, avec cette précaution que ce ne fust point un compliment à l'ordinaire. Il sort de céans où il m'estoit venu donner avis de la pension de mille escus que le Roy luy a accordé de très bonne grâce. C'est une marque réelle de la haute estime où il est et que certainement il mérite. Il sçait vostre brouillerie avec vostre Gouverneur, mais il n'est pas persuadé par le sang de faire tort à personne[1], et je vous asseure qu'en cette rencontre il fait justice et rend à chacun ce qui luy appartient. Cecy sera, s'il vous plaist, sous le sceau du secret.

Mr de Saint-Chartres a receu une rude réprimende de moy de ne vous avoir point esté voir ou, du moins, de ne vous avoir point envoyé visiter, et je vous ay vangé plainement de cette négligence : c'est pourquoy vous ne luy en voudrés plus de mal et le recevrés humainement en ses justifications ou en ses excuses, lorsqu'il vous escrira.

La lettre de Mr Voiture, que vous me demandés, est une lettre qui a esté veue fort contre son intention par la faute de la marquise de Sablé qui en avoit tiré une copie. Il la supprime autant qu'il le peut pour éviter le mal qui luy en pourroit arriver, soit par le cardinal de La Valette, à qui la publication sans doute n'en plairoit point[2], soit par ceux qui n'y sont pas obligés, qui ont les mains longues, si bien que, de son costé, je désespère de la pouvoir obtenir, quoyqu'il vous honnore tousjours fort et que j'aye sujet de croire qu'il m'ayme. Mais il importe peu, puisque j'ay le moyen de la recouvrer d'ailleurs et de vous donner ce contentement, sans dépendre de ses scrupules ny de sa paresse, ce que je feray sans faute par le premier ordinaire avec prière que vous n'en laissiés prendre coppie à qui que ce soit.

Je vous envoye par celtuy cy une ode de Mr Mainard à Flotte en stile burlesque meslé de sérieux que j'estime une des meilleures qu'il ait faittes[3]. Vous en jugerés. On m'avoit promis de me la faire avoir augmentée et corrigée de Tholoze, mais j'ay creu que je vous faisois autant de tort de retenir celle que j'avois et qu'il ne falloit pas tarder davantage à vous l'envoyer sur une attente qui peut estre se trouveroit trompeuse.

Mr Silhon m'a asseuré que les vers prétendus de Heinsius sur la prise de Breda estoient de Huygens[4] et de quelques autres lettrés hollandois de la basse classe. Je feray

---

[1] M. de Brassac, gouverneur de Saintonge et Angoumois, gouvernement dans lequel, à sa mort (14 mars 1645), il eut pour successeur son neveu le marquis de Montauzier.

[2] C'est la lettre adressée, le 23 juillet 1637, «à Monseigneur le cardinal de La Valette,» et qui, tirée par M. Monmerqué des manuscrits de Conrart, a été insérée par M. A. Ubicini dans son édition des Œuvres de Voiture (tome Ier, pages 287-292). Il y a dans cette lettre des plaisanteries déplacées qui auraient pu trouver grâce devant le cardinal de La Valette si elles n'avaient été vues que de lui, mais qui, devenant publiques, devaient lui paraître intolérables. On y trouve aussi une phrase offensante pour l'Espagne, qui aurait fort choqué Anne d'Autriche.

[3] C'est l'ode :

> A Flote, le vieux esclave
> De ce Dieu qui s'ayme mieux
> Souz la voûte d'une cave
> Que sur le plus beau des cieux.

Cette ode est la première du recueil intitulé : *Pièces nouvelles de Maynard* (Paris, André Soubron, 1639, in-12). On la retrouvera dans les *Œuvres poétiques* de Maynard (Paris, Augustin Courbé, in-4°, 1646) et dans l'élégante réimpression de M. Prosper Blanchemain (Paris, J. Gay, 1864, in-12, p. 188).

[4] Constantin Huygens, seigneur de Zuylichem, était alors âgé de quarante-deux ans. Voir.

néantmoins nouvelle enqueste, et, si je les trouve, je vous en donneray le divertissement.

M' L'Huillier verra ce que vous me mandés touchant vos bonnes intentions pour M' de Peyresc et sa mémoire.

Je suis, Monsieur, vostre, etc.

De Paris, ce 15 mars 1638.

CL.
À M. DE GRASSE (GODEAU),
à GRASSE.

Monsieur, si la *Pucelle* n'avoit point d'autre distraction que celle que vous luy donnés, elle se tiendroit heureuse et croiroit mieux employer son temps à vous entretenir qu'à se parer de ses mauvaises nippes. Tenés donc pour asseuré qu'elle gardera bonne correspondance avec vous tant qu'elle sera parisienne et que, du moins tout l'hyver et tout le printemps, vous recevrés de ses poulets par tous les couriers. Mais, pour vous tenir cette parole, il est nécessaire que vous luy continuiés la permission de parler rustiquement, à son ordinaire, car elle ne peut parler courtisan qu'à grande peine et qu'avec beaucoup de préparation.

J'attens avec quelque impatience le jugement que vous me promettés des deux Pseaumes de M' Habert. Dans quinze jours, vous en aurés de M' Esprit, dont je vous le demande aussy par avance et sans vous préoccuper.

M' de Saint-Nicolas, dont vous désirés des nouvelles par vos précédentes, est tousjours au mesme estat pour son evesché, c'est à dire suspendu entre la crainte et l'espérance, quoyqu'en effet il n'ait aucune de ces passions, en cette occasion. Il semble néantmoins par les lettres de Rome qu'il y ait plus de sujet d'espérer que de craindre. Cependant vous sçaurés qu'il a prié tous ses amis, dès le commencement, de ne le point traitter de Monseigneur ni d'evesque.

Pour l'abbé aux deux abbaies, sa fortune enfin surmonte tout ce qui s'opposoit à son avancement, et au lieu des deux fausses abbaies que le crédit de Mme d'Aig[uillon] luy avoit arrachées des mains [1], il en a enfin une de quatre mille francs qu'on appelle de Chastillon sur Seine, sans obstacle du costé de la Cour et sans litige du costé des juges. Il a maintenant dix mille livres de rente en bénéfices, sans sa pension de chés le Roy et est toujours en grande faveur. Son occupation présente est l'expédition de ses bulles et une comédie qu'il a commencée dont les vers sont fort passionnés [2].

Par mes dernières, vous aurés veu comme je me suis érigé en homme d'affaires en une occasion où il me sembloit que vous aviés besoin de l'avis de vos fidelles [3].

Je suis, Monsieur, vostre, etc.

De Paris, ce 19 mars 1638.

---

sur ce secrétaire des commandements de Guillaume le Taciturne, la note 2 de la page 438 des *Mélanges historiques. Lettres de Balzac*, n° X.

[1] Tallemant a eu soin de nous dire (t. II, p. 397) que la duchesse d'Aiguillon n'aimait pas Boisrobert. Voir (p. 402, note 1) la piquante anecdote du prieuré imaginaire qu'elle prétendait avoir déjà donné à un autre solliciteur pour n'avoir pas à le donner à l'ancien bouffon de son oncle.

[2] Cette comédie serait-elle *Les deux Alcandres, ou les deux semblables*, qui fut imprimée à Paris (1642, in-4°) ?

[3] Chapelain veut parler d'une lettre (du 26 février 1638, f° 250) où, d'accord avec Arnauld d'Andilly, il conseillait à Godeau un accommodement, au sujet d'une contestation avec un M. de l'Enfourchure pour un bénéfice.

CLI.

A M. DE BALZAC,

À BALZAC.

Monsieur, vous estes bon de vous contenter de mes petits soins et de les payer de si bonnes et si éloquentes périodes. Si je contribue tant soit peu à vostre divertissement, et si mes lettres vous resjouissent, comme vous me le tesmoignés [1], je me tiens un des plus heureux hommes du monde et veux continuer à vous escrire tant que j'aye desraciné la cause de vos chagrins. Mais je suis présomptueux de m'imaginer que mes mauvais entretiens puissent sur vostre esprit ce que n'y auroit peu vostre excellente philosophie et l'exquise prudence qui modère vos pensées et vos actions. Je prens donc ce que vous me dittes pour la civilité d'un homme qui m'ayme et qui me veut monstrer que ma bonne volonté me tient lieu de mérite auprès de luy.

Au reste vous ne sçauriés avoir de curiosité pour aucune chose qui le mérite davantage que l'hostel de Ramb[ouillet] [2]. On n'y parle point sçavamment, mais on y parle raisonnablement et il n'y a lieu au monde où il y ait plus de bon sens, et moins de pédanterie. Je dis de pédanterie, Monsieur, que je prétens qui règne dans la Cour aussy bien que dans les Universités, et qui se trouve aussy bien parmy les femmes que parmy les hommes. Car, afin que vous le sçachiés, une partie de nos dames se sont erigées en sçavantes et font de cette qualité une partie de leur coqueterie. L'Académie dont vous estes a produit sans y penser une assemblée de mesme nom dont Mme la Vicomtesse d'Ochy [3] est le chef et qui, entre autres, y a receu comme par grâce une Mme Saintot qu'autresfois vous avés estimée [4]. Quelques uns de nos académiciens et les poètes et orateurs de la seconde classe que nous ne vous avons pas voulu donner pour compagnons y lisent leurs pièces, y font des harangues et y défrayent les dames qui en sont, tous les mardis, après disné [5]. Si vous me demandés avec quel succès, je vous diray

---

[1] Chapelain répond à cet exorde d'une lettre du 18 février 1638 (n° XXIV du livre XIX, p. 776) : «Les jours que je reçois vos lettres, sont remarquez de ma petite famille par la sérénité de mon visage. Je ne suis plus joyeux que quand il vous plaist, ni n'ay de belle humeur que celle que le courrier m'apporte, en m'apportant vostre pacquet...»

[2] Tout le passage sur l'hôtel de Rambouillet a été reproduit par M. Livet dans *Précieux et Précieuses* (p. 33 et 34). Balzac, dans la lettre que je viens de citer, se demandait (p. 777), à propos de Mme de Rambouillet, «si la mère des Gracques estoit plus romaine qu'elle du costé de l'esprit et de la vertu.»

[3] M. P. Paris a dit (*Commentaire des Historiettes*, t. II, p. 333) : «Auchy, que dans ce temps là on écrivoit plus ordinairement Ochy.» Le savant commentateur cite plusieurs exemples de cette dernière orthographe.

[4] Cette Mme Saintot (Marguerite Vion) était une ancienne actrice de la Foire, qui, après avoir été aimée par le comte d'Avaux, fut aimée par Voiture. Tallemant des Réaux dit (t. III, p. 43) qu'«elle avoit tout l'esclat imaginable, l'esprit présent et aimant à le faire paroistre.» Il ajoute (p. 44) : «Enfin, elle parvint à faire de belles lettres; on en a veu des volumes entiers, escrits à la main, courir les rues.»

[5] Balzac (lettre XXV du livre XIX, p. 777 de l'in-fol., lettre qui est datée du *dernier* septembre 1638 et qui doit l'être des premiers jours d'avril de cette même année) répond ainsi à ce paragraphe : «C'est, à mon gré, une belle chose que ce sénat féminin qui s'assemble tous les mecredis (*sic;* Balzac avait-il mal lu le mot *mardi* écrit par son ami?) chez Madame... Il y a longtemps que je me suis déclaré contre cette pédanterie de l'autre sexe, et que j'ay dit que je souffrirois plus volontiers une femme qui a de la

qu'il est mauvais, quoyque ce ne soit que par ouy dire, ne m'estant peu résoudre à faire un des roolles de cette nouvelle comédie ny de complaire à ceux qui m'en sollicitoient.

Mais, pour revenir à mon propos, l'hostel de Ramb[ouillet] est l'antipathe[1] de l'hostel d'Ochy et le lieu du monde où vostre vertu peut avoir une place qui luy soit la plus agréable, comme je suis asseuré que vous me l'avouerés lorsque vous serés icy et que vous y aurés fait quelques visites. Dès à présent vous y estes honnoré, estimé et chéri et l'on vous y tient présent par le souvenir continuel que l'on y a de vostre mérite. Je vous ay rendu compte de l'effet qu'y avoient fait vos lettres à M' de La Valette et à M™ᵉ Desloges. Par le premier ordinaire je vous diray comment y aura réussy celle que vous escrivés à M' L'Huillier. Vous y avés pour partisans zélés M™ˢ de Chaudebonne, de Montauzier, Voiture, qui ne cèdent qu'à moy dans la passion que nous avons tous pour vous.

Je trouve la lettre à M' L'Huillier fort bonne et fort glorieuse à la mémoire de M' de Peyresc[2], et je ne doute point que tout le cabinet de M' de Thou[3] ne s'en trouve fort obligé à vostre courtoisie, laquelle, avec cela, ne pouvoit estre employée pour un plus digne sujet, et qui vous peust apporter plus de satisfaction à vous mesme. Je suis bien aise de l'arrivée de M' du Breton auprès de vous, je ne doute point que vous n'en retiriés le fruit que vous vous estiés proposé pour vos estudes.

J'ay fait voir à M' Silhon le jugement que vous faites de sa Préface dont il s'est tenu extrèmement obligé[4]. S'il la réimprime il suyvra entièrement vostre avis, mais pour cette heure il est impossible à cause que le livre se vend duquel elle fait partie.

Je feray sçavoir au moderne Roscius[5] la gloire que vous luy donés par vostre approbation, et la tendresse que vous tesmoignés pour luy.

Je n'ay point encore receu le paquet que

---

barbe, qu'une femme qui fait la sçavante... Tout de bon si j'estois modérateur de la police, j'envoyerois filer toutes les femmes qui veulent faire des livres...» Sauval (*Antiquités de Paris*, t. II, p. 495) a parlé, d'après la lettre de Balzac, des *mercredis* de la vicomtesse d'Auchy, qui étaient en réalité des *mardis*, et il a emprunté à la même lettre cette exclamation aussi flatteuse pour M™ᵉ de Rambouillet qu'elle l'est peu pour l'ancienne amie de Malherbe : «O sage Artenice! que vostre bon sens et que vostre modestie valent bien mieux que tous les arguments et que toutes les figures qui se débitent chez Madame la...!»

[1] Le mot *antipathe* n'est dans aucun de nos dictionnaires. Je me suis demandé d'abord s'il ne fallait pas lire *l'antipode*, expression employée par Balzac (p. 402 du tome Iᵉʳ des *OEuvres* de l'édition in-f°), mais M. Livet a lu, comme moi, *antipathe*, et décidément il faut maintenir cette étrange leçon. Corneille a employé *antipathis* à peu près dans le même sens : «Les panthères, les dragons, les serpents, tous avec leurs *antipathies* à leurs pieds y lancent des regards menaçants.» (*La Toison d'or*, 2ᵉ décoration du IIIᵉ acte.)

[2] J'ai déjà plusieurs fois cité cette lettre où Balzac dit si éloquemment de Peiresc (p. 495 de l'in-fol.) : «Toutes les vertus des temps héroïques s'estoient retirées en cette belle âme...»

[3] On sait que le cabinet de M. de Thou était, pour plusieurs érudits et hommes de lettres, un lieu de réunion où, sous la présidence des frères Du Puy, on parlait *de omni re scibili*. Voir sur ce cabinet une note des pages 494, 495 des *Mélanges historiques. Lettres de Balzac*, n° XXX.

[4] La *Préface* du *Parfait capitaine* du duc de Rohan, préface dont il a été déjà question.

[5] Ce *Moderne Roscius* était Mondory. Nous n'avons pas la lettre où Balzac parlait à la fois de la *Préface* de Silhon et du talent de Mondory, mais nous avons déjà cité divers passages d'autres lettres de Balzac relatifs soit à l'estimable publiciste, soit au brillant acteur.

M^r vostre neveu[1] me doit apporter, mais par avance je vous prie de croire que je le mettray sous bonne et seure garde. Pour le cuir doré dont vous désirés que je fasse l'emplette, je vous respons bien que je la feray quand vous m'aurés envoyé vos mesures, mais je ne vous respons pas que je vous la face bien, car je ne m'y connois point du tout, et je crains que les femmes que j'y pourrois employer n'y soient pas moins ignorantes que moy. Ce que j'en sçay est qu'il y en a d'Espagne, de Hollande et de Paris; le dernier est le moindre en prix et en beauté. J'attens sur cela vos ordres pour les exécuter comme je pourray le mieux et mieux sans doute que pour moy mesme qui de ces choses m'en rapporte tousjours à autruy.

Il y a quelque temps que je vous [ay] envoyé une ode de Maynard, sur quoy j'attens vostre avis. Il est brouillé horriblement avec Mr de Noailles qui ne parle pas moins que de le tuer[2].

Je suis, Monsieur, vostre, etc.

De Paris, ce 22 mars 1638.

CLII.

À M. DE BALZAC,

à BALZAC.

Monsieur, j'attendois de vos nouvelles pour vous donner des miennes, m'estant accoustumé depuis quelque temps à ne vous escrire qu'après que vous m'aviés escrit, afin que nostre commerce ne nous fust importun à l'un ni à l'autre, et que nous ne perdissions point nos meilleures heures en vains complimens. Pour cette fois néantmoins, je passeray par dessus cette règle, et vous aurés au moins une fois en un an une lettre de moy qui ne sera pas en response des vostres. Mais ne croyés pourtant que je vous vueille complimenter, car je ne vous manday jamais rien de plus solide, sinon de plus nécessaire.

Premièrement, vous sçaurés que j'ay mis entre les mains de Rocolet une seconde partie de l'Histoire de M^r le cardinal Bentivoglio, laquelle M^r l'abbé de Saint-Nicolas m'a donnée pour vous, puisque celle qui vous avoit esté envoyée dès l'année passée, de l'ordre de son autheur, n'estoit pas allée jusques à vous. C'est l'une des six que M^r d'Alby[3] apporta de Rome incontinent après l'impression, et l'on fait cas de ces exemplaires plus que des autres à cause de la finesse du papier. Quand vous me respondrés à cette lettre, il sera bon que vous y couliés un mot de remerciment pour celuy qui a pris ce soin[4]. Il le mérite non seulement par ce qu'il est, mais encore par la manière obligeante avec laquelle il a fait cet office. Je pense vous avoir mandé qu'il est nommé du Roy pour l'évesché de Thoul, et que Sa Majesté conteste avec le Pape pour la luy conserver contre un abbé de Lononcourt[5], que Sa Sainteté y a nommé

---

[1] Nous avons déjà vu le nom, dans cette correspondance, du jeune Bernard Patras de Campagnol, lieutenant au régiment des gardes.

[2] Savait-on que le comte de Noailles, après avoir été le protecteur et l'ami de Mainard, en fût venu à ce degré de colère contre lui?

[3] Gaspard de Daillon, qui fut évêque d'Albi d'octobre 1635 à juillet 1676.

[4] Balzac répond à Chapelain (lettre V du livre XIX, p. 763 de l'in-fol.) : «Vous avez esté obéi. Pour ne pas contrevenir à vos ordres, j'ay escrit une lettre à Monsieur l'abbé de Sainct-Nicolas; mais j'ay grand'peur qu'elle sera de la nature des harangues de Gascoigne, c'est-à-dire courte et mauvaise...» La lettre, datée du 20 *février* 1636, est probablement du 20 avril 1638.

[5] *Sic* pour *Lenoncourt*. Cet abbé de Lenoncourt renonça, cinq ans plus tard, à la carrière ecclésiastique et devint marquis de Lenoncourt, après la mort de son frère aîné Claude, tué à Thionville en 1643.

de son costé, et qui se persuade devoir enfin emporter la place. L'avantage que nostre amy a en cecy est qu'il est en possession, et que le succès luy est indifférent, au lieu que l'autre ne tient rien, et tesmoigne une grande passion pour la chose.

J'ay veu Mʳ L'Huillier qui est transporté de la beauté de la lettre que vous luy avés envoyée. Tout l'en ravit, et ce que vous luy donnés et ce que vous promettés de luy donner, et ce que vous dittes de Mʳˢ Du Puy[1]. Il m'a bien dit en confidence que si, au lieu des éloges de Tite-Live, vous eussiés voulu mettre des éloges de Mʳ de Thou, vous eussiés achevé de les parfaittement obliger, parce qu'il connoist ce qui les touche sensiblement, et jusqu'à vostre response il ne leur a pas voulu monstrer la lettre, bien que, comme elle est, elle les peust extrêmement satisfaire. Si vous m'en croyés, vous ferés ce petit changement, ou du moins à Tite-Live vous adjousterés Mʳ de Thou; cela ne ruinera guère le nombre de la période[2].

J'ay leu cette mesme lettre à Mᵐᵉ la marquise de Rambouillet et Mʳ de Montauzier qui tous deux l'ont trouvée admirable, et tous m'ont parlé de vous admirablement. La première a veu encore ce que vous me dittes dans vostre derniere lettre de toute sa maison, dont vous faittes si agréablement une partie du monde égale en grandeur aux plus illustres de l'antiquité et s'en est tenue extrêmement vostre obligée[3]. Si je vous disois tous les complimens exquis qu'elle m'a faits pour vous, je vous ennuyerois de belles choses. Le second m'a conjuré de vous renouveller les asseurances de son service et de son affection, m'a dit en termes exprès qu'il vous prioit de croire qu'il estimoit infiniment toute vostre famille, mais que sa tendresse se renfermoit dans vostre personne et dans celle de Mᵐᵉ vostre sœur[4] et de Mˡˡᵉ vostre niepce, dont il dit des biens extraordinaires, comparant sa beauté, sa grâce et sa vertu à tout ce qu'il y a de plus esclatant et de plus respecté à la Cour[5]. Il part demain pour l'Alsace où est son régiment, et entre peu de choses dont il se charge, il emporte, comme son unique consolation, tout ce que vous avés jamais fait voir de vous.

---

[1] Voici la phrase où sont mentionnés les doctes frères (p. 496 de l'in-fol.): « Messieurs du Puy, qui, à mon advis, ne sont pas moins ennemis que moy des ridicules *Hélas!* et des lamentations importunes. Bien que les légitimes apothéoses ne se facent point ailleurs qu'en leur Cabinet, et que ce soit là où l'estime se distribue et où l'on déclare les hommes illustres... »

[2] Balzac ne tint pas compte de la recommandation qui lui était faite, et le souvenir du grand historien J. Aug. de Thou ne fut point évoqué auprès du souvenir de Tite-Live. On lit dans l'édition de 1665 : « Qui préfèrent, si je ne me trompe, le plus court des éloges de Tite-Live au gros volume des discours funèbres, qu'on imprima après la mort du feu roy. »

[3] Chapelain veut parler de la lettre déjà citée où Balzac, comparant Mᵐᵉ de Rambouillet à la mère des Gracques, dit (p. 777 de l'in-fol.):

« L'éloquence de celle qui n'est plus a esté assez louée par ceux de son temps; advouons, à la gloire du nostre, que non-seulement la saine raison et le bon sens, mais qu'aussi la pudeur et l'honnesteté forment toutes les paroles de celle-cy. »

[4] Anne Guez, épouse de François Patras de Campagnol. Voir sur Mᵐᵉ de Campagnol la note 2 de la page 408 des *Mélanges historiques*. *Lettres de Balzac*, n° LXXVII, et le touchant éloge que fait Balzac de cette excellente sœur dans son testament. (*Ibid.*, à l'*Appendice*, p. 822.)

[5] Sur Marie de Campagnol, qui épousa plus tard Bernard de Forgues, voir la note qui vient d'être citée et y joindre une note de la page 798 du même recueil, où est mentionné un éloge de la beauté de Mˡˡᵉ de Campagnol fait par son oncle dans une lettre du 3 mai 1635 (p. 316 de l'in-fol.).

Je reviens à moy et vous dis qu'après avoir leu plusieurs fois la lettre dont il est question, je croy que vous devés oster toute cette partie de période, *et quand les princes*, etc., jusqu'à la fin, *ou indifférent*, qui sépare vostre raisonnement et qui, comme je la conçois, semble faire contre vostre intention. Vous y aviserés et me pardonnerés cette rusticité qui ne part que d'une affection bien ardente pour vous[1].

Je vous envoye, avec celle-cy, la lettre de Mr Voiture que je vous avois promise. Il y a eu façon à l'avoir, et l'on m'a fait promettre qu'il n'en seroit point tiré de copie de peur qu'elle ne luy fist tort. Ce n'est point luy qui me l'a donnée, et je ne la luy ay point demandée, de peur d'en estre refusé, pour ce que, depuis un mois, il s'est bizarrement imaginé que je l'aymois moins que de coustume, et a vescu froidement avec moy pour ce qu'il s'est mis en l'esprit que je luy faisois froid. S'il eust connu mon fond aussy bien que vous, il n'eust jamais eu une si basse pensée de moy, et, ne m'ayant point donné de sujet de mécontentement, il n'eust pas creu que je me fusse cabré ainsy sans raison. Mais il faut souffrir les foiblesses de nos amis, quand mesmes ils n'auroient pas tant d'excellentes parties qu'en a celuy cy, et ne les regarder jamais que du bon costé. Le premier des endroits effacés dans sa lettre est *Louvain, Valence* et *Dôle*; le second *Dôle*; le troisième, *de sa maison*[2].

J'ay receu le paquet de M^r vostre neveu; je le garde soigneusement jusqu'à ce que vous ordonniés ce que vous voulés que j'en face.

M^r le duc de La Valette est arrivé et a veu Son Em^{ce} et puis Sa Majesté[3].

Je suis, Monsieur, etc.

De Paris, ce 3 avril 1638.

CLIII.
À M. DE BALZAC.
À BALZAC.

Monsieur, je respons à vos deux lettres du 19e mars et du 1er avril[4], l'une et l'autre remplies de matières agréables et très agréablement traittées. Vous avés descouvert avec beaucoup de jugement où le mal tenoit à nostre amy[5], lorsque vous avés dit qu'il voudroit bien qu'on ne luy refusast pas la porte chés Bulion, car quelque dégoust qu'il tesmoigne de la Cour, j'ay veu certaines lettres sur ce sujet escrittes à Flotte qui ne sont pas du stile d'un homme bien détaché, et je suis bien asseuré que ny vous ny moy ne tomberons jamais dans telles bassesses pour nous relever, si la fortune nous avoit terrassés.

Mais, à propos de fortune, que le J[ésuite] est pédant et faquin[6] de vous proposer les sottises qui sont semées dans la lettre que vous m'avés envoyée! Il m'a fait rire à la vérité, mais il m'a donné du dépit

---

[1] Balzac, rebelle, encore cette fois, aux conseils de Chapelain, a maintenu (p. 496) toute la période condamnée : « Et quand les princes sont meslez parmi les particuliers, et que Paris se joint aux provinces, dans une mesme société de tristesse, que sert-il de vouloir faire pitié? etc. »

[2] Tous les endroits *effacés* se retrouvent dans le texte de l'édition Ubicini (p. 288, 289 et 291).

[3] Voir sur le voyage à la cour du duc de la Valette, en mars 1638, l'*Histoire de la vie du duc d'Espernon*, par Girard (édition de Paris, 1730, in-4°, p. 361 et 362).

[4] On ne trouve, dans l'in-folio de 1665, ni lettre du 19 mars 1638 ni lettre du 1er avril de la même année.

[5] Cet ami était Mainard. Nous n'avons pas la lettre où Balzac avait parlé à Chapelain du peu de désintéressement et du peu de dignité de Mainard.

[6] *Faquin* (de l'italien *facchino*, portefaix) était

28.

en mesme temps, et je vous jure que si vous eussiés esté dans un autre sentiment que celuy que vous me tesmoignés pour son impertinence et sa marrucinité, pardonnés ce mot à ma colère[1], j'aurois esté aussy scandalizé de vous que vous avés sujet de l'estre de luy. M' L'Official[2] s'est porté vaillamment en cette occasion dans la response qu'il a faitte à l'innocent Camusat, auquel il faut sçavoir bon gré de son intention, sans luy demander plus de finesse que sa boutique et son traffic ne luy en permettent. Ce qui m'en a semblé le plus plaisant est qu'il m'a paru très persuadé que le J[ésuite] gaillard[3] vous pouvoit faire un des Pères de l'Église jusques à me le pouvoir persuader à moy-mesme. Il monstrera la response de M' de Chives au mauvais docteur, et couppera là cette pratique, de sorte qu'il ne s'en parlera plus. Vostre résolution donc m'a semblé généreuse pour ce regard, et j'approuve extrèmement que vous l'ayés prise. Mais je ne croy pas, pour cela, que les Conrarts, les Saint-Chartres, ni les Boisroberts doivent patir de la sottise d'autruy ny que vous les deviés punir de la faute du J[ésuite]. L'un n'a rien de commun avec l'autre et vous pouvés avec grande justice refuser une response à un ambitieux ridicule sans qu'il ait sujet de se plaindre. que vous gardiés correspondance avec vos cordiaux amis. Car pour le serment, il a esté desja violé publiquement et personne n'a creu que vous l'ayés fait sérieusement. ny que vostre confesseur y ait eu part aucune et, tout au plus, l'on [l']a pris pour une galante déclaration de ne vouloir plus vous donner la geine pour contenter la vanité de mille petites gens qui cherchent d'estre connus par vostre connoissance.

Au reste, une autresfois, je ne me mettray plus au hazard qu'on m'arrache vos lettres, et je me contenteray d'en jouir tout seul puisque la rencontre qui a fait voir vos dernières à S[ilhon], vous a donné de la peine. Soyés maintenant asseuré pour vostre repos que cela n'a fait nul mauvais effet, et qu'elles ont esté fort estimées, et non apostillées.

Celle que vous escrivés à M' de Priesac[4] est très belle et m'a parfaittement satisfait[5]. Je l'ay leue à M' Voiture et à Mlle de Ram-

---

à cette époque un mot nouveau, du moins employé dans le sens d'homme de néant. M. Littré ne l'a trouvé que dans des écrivains du xviie siècle, Balzac, Molière, Boileau. Comme synonyme de portefaix, *faquin* est déjà dans Rabelais.

[1] *Marrucinité* est de la création de Chapelain. C'est une allusion à la grossièreté des *Marrucini*, peuple à demi sauvage qui habitait les côtes du Latium. *Marrucinité* est dans les *Lettres* de Balzac (*Mélanges historiques*, n° CXXVIII, p. 741).

[2] M. de Chives, comme on le voit un peu plus loin.

[3] *Gaillard* est une épithète et non un nom propre. Chapelain appelle gaillard, c'est-à-dire hardi, le jésuite dont le nom nous est inconnu. Il ne faut donc pas penser à un homonyme du R. P. Gaillard (Honoré), lequel naquit à Aix en Provence en 1641, et a laissé des sermons et des oraisons funèbres.

[4] Daniel de Priézac, d'abord avocat au parlement et docteur régent en l'université de Bordeaux, puis conseiller d'État (1631), membre de l'Académie française (1639), était né vers 1590, au château de Priézac (Corrèze). Voir sur cet écrivain la note 9 de la page 419 des *Mélanges historiques*. *Lettres* de Balzac, n° V, et surtout une notice de M. R. Kerviler dans *Le Chancelier Pierre Séguier* (1874, p. 550-569).

[5] Les lettres de Balzac à M. de Priézac, «conseiller du Roy en ses conseilz d'Estat et privé,» sont, dans le recueil de 1665, au nombre de deux seulement. (Voir p. 484 et 500.) Aucune de ces lettres, l'une du 12 septembre 1640, l'autre du 3 avril 1639, ne paraît être celle que Chapelain trouvait *très-belle*.

b[ouillet] qui l'ont fort estimée et en ont jugé comme moy. Le premier vous conjure que la lettre que je vous ay envoyée ne se publie point et a désiré que je vous en envoyasse une autre qu'il fit, il y a quinze mois[1], pour servir comme d'apologie à Son Eminence. Elle est longue et belle, et je vous diray qu'il la fit si secrettement que je ne le sceus point que quelque temps après et, quand je vis la lettre, je n'appris point qu'elle fust de luy. Camusat, à qui on l'avoit portée, pour imprimer, m'apporta l'original et me pria de la repasser pour voir s'il n'y perdroit point sa despense. Je la leus, la plume à la main, et y marquay en courant les choses que vous verrés dans le papier qui l'accompagne, afin que l'autheur, quel qu'il peust estre, y fit ses réflexions. Il se passa trois mois sans que l'on en parlast; enfin Mr Voiture me vint voir et me dist que c'estoit un ouvrage de luy, mais qu'il ne vouloit point qu'autre que Son Em{ce} le sçeust par la voye de Me de Combalet, et encore à présent il en fait secret et vous prie de ne le point déceler. Vous la verrés et en jugerés.

Je suis bien aise de la continuation de vostre amitié pour Mr le marquis de Montauzier; je luy ay leu l'article qui le regardoit dont il vous remercie de tout son cœur.

Pour le sr Bouchard, il sera mal aisé de luy faire tenir vostre paquet, et à moins de trouver l'occasion de quelque amy qui face le voyage de Rome, il n'y auroit pas apparence d'espérer qu'il y fust porté seurement. Mr l'abbé de St Nicolas, à qui j'ay demandé quelque adresse pour cela, m'a dit que dernièrement il avoit à envoyer quelque chose à Mr le cardinal Bentivoglio et qu'il eust toutes les peines du monde à rencontrer commodité. Je n'en ay point parlé à Me la marquise, sachant bien qu'elle ne m'eust peu donner aucun secours ny aucune addresse pour ce que vous désirés. Mais il me tombe présentement en l'esprit un homme par qui j'espère fort de vous pouvoir servir en cela.

Le titre de Balzac l'orateur mériteroit trente coups de discipline bien appliqués sur les postères[2] du fallot[3] J[ésuite] qui vous a si badinement pensé tenter. Je vous envoye sa lettre et celle de Camusat, que je vous conseille de mettre dans vos archives, comme deux chefd'œuvres de plate finesse et de grossière vanité.

La vicontesse d'Ochy, qui assemble hommes et femmes en forme d'académie chés elle, n'a pas fait le romant de Mellusine[4]. Ça esté la marquise de Mosny, sa cousine, Ursine comme elle et de moins

---

[1] C'est la lettre à Monsieur... (après que la ville de Corbie eût été reprise sur les Espagnols par l'armée du roi), datée de Paris, le 19 décembre 1636 (OEuvres de Voiture, édition de B. A. Roux, p. 213-220), ou le 29 novembre 1636 (OEuvres de Voiture, édition de M. A. Ubicini, v. I, p. 267-279) : c'est tout un panégyrique du cardinal de Richelieu.

[2] Dans l'ancien style burlesque, le derrière, dit M. Littré, qui cite cette phrase de Rabelais : «Vous aurez sur vos postères,» et ces deux vers du Virgile travesti, de Scarron :
Nous portâmes dans leurs postères
Des estocades mortifères.

[3] Plaisant, drôle, grotesque. Le mot, venu de l'italien falotico, est déjà dans Clément Marot. Le P. Garasse, le poëte Saint-Amant et Molière sont les seuls écrivains du XVIIe siècle chez qui M. Littré ait retrouvé fallot ou falot.

[4] Comme Balzac l'en avait soupçonné dans sa lettre déjà citée (n° XXV du livre XIX) : «Si la présidente de l'assemblée a fait, comme on m'a mandé, un certain roman qui se nomme.... elle n'a guères moins fait que d'avoir couru les champs, et il ne luy reste rien à faire que d'espouser en secondes nopces l'empereur des Petites-Maisons.»

mauvais esprit encore[1]. La première a paraphrasé l'Epistre aux Hebreux de St Paul, et ceux qui l'ont loué disent que ce n'est pas elle encore, et cet ouvrage n'est pas mal fait[2]. Dans cette académie femelle, les femmes n'y font que recevoir, et les hommes y donnent tousjours. Elles y sont juges des matières et tiennent la place en ce lieu qu'elles tiennent dans les carouzels. Il y a foule de principiants et tout est bon pour l'appétit de ces fées qui, la pluspart, ont beaucoup d'aage et peu de sens. C'est une des nouveautés ridicules de ce temps.

Pour le pauvre Mr Mainard, si l'on en croit Mr de Noailles, il l'a descrié dans Rome envers tout le monde et l'a joué plus particulièrement encore auprès de M[r] le cardinal de Lion[3], de sorte que depuis Gennes où ce négoce prétendu se descouvrit, il se sépara de luy et, depuis, ils ne se sont point veus, l'ambassadeur fulminant et ne le menaçant pas de moins que de cinquante pugnalades[4]. Flotte me vit, il y a quinze jours, et me dit que ces fumées estoient appaisées et que son amy en seroit quitte à meilleur marché.

La lettre de Mr de Boissat à l'Académie est aussy surprenante que celle de Mr de Scudéry[5]. On y respond plus succinctement, parce que nos supérieurs ne prennent pas tant de part en cette affaire, et ainsy il ne nous en coustera qu'une demie page de galimatias en forme de compliment.

Ce Mr de Murat a voulu faire la belle humeur en parlant de M[r] Le Maistre comme il a fait, fort mal à propos et contre toute sorte de vérité. Nostre amy est dans sa retraitte et le temps qui luy reste de ses exercices pieux est tout employé à une estude

---

[1] Tallemant des Réaux ne nous a rien dit de cette marquise de Mosny, et les bibliographes (pas même l'auteur du *Manuel du libraire*) ne nous ont rien dit du roman de *Mellusine*. C'est évidemment de la même personne qu'il est question dans une copie de l'*Histoire des amours du Grand Alcandre* que possède la Bibliothèque Nationale (fonds français, n° 23, 302), à la fin du volume qui n'a pas de pagination : «Aucuns attribuent cet escrit à la princesse de Conty, les autres à la marquise de Mony des Ursins, dont il y a plus d'apparence, n'estant pas vraysemblable que la princesse de Conty eut parlé d'ellemesme de la manière qui se trouve en iceluy.» J'ai eu l'occasion d'appeler sur cette note l'attention des chercheurs dans un article de la *Revue critique d'histoire et de littérature* du 18 novembre 1876 (compte rendu de l'ouvrage de M. Paul Henrard, *Marie de Médicis dans les Pays-Bas*, p. 334).

[2] *Homélies sur l'Épistre de Saint-Paul aux Hébreux, par Charlotte des Ursins, vicomtesse d'Ochy*. Paris, 1634, in-4°. Tallemant confirme ainsi le propos de ceux qui soutenaient que l'ouvrage n'était pas d'elle (t. I, p. 326) : «Elle achepte d'un docteur en théologie, nommé Maucors, des homélies sur les épistres de saint Paul, qu'elle fit imprimer soigneusement avec son portrait.» M. P. Paris (t. I, p. 336) nous apprend que «dans la gravure du frontispice, qui est de Daret et fort belle, la vicomtesse à genoux présente son livre à la sainte Vierge.»

[3] Alphonse-Louis du Plessis de Richelieu, dit *le cardinal de Lyon*, était le frère aîné du cardinal de Richelieu ; il était alors âgé de cinquante ans.

[4] Le mot *pugnalades* n'est dans aucun de nos dictionnaires. S'agit-il de coups de poing, avec origine espagnole (*puño*, poing)?

[5] Pierre de Boissat, né à Vienne (Dauphiné), en 1603, un des premiers membres de l'Académie française, avait écrit à *Messieurs de l'Académie de l'éloquence* pour se plaindre d'une injure qui lui avait été faite par le comte de Sault (futur duc de Lesdiguières). Voir sur cette affaire, qui fut arrangée à l'amiable le 25 février 1638 (à Grenoble), le récit de Pellisson, avec les pièces à l'appui (*Histoire de l'Académie*, t. I, p. 137-145), et d'autres *pièces justificatives*, réunies par l'éditeur à la fin du volume (p. 513-516), parmi lesquelles se trouve le passage que l'on vient de lire de la lettre de Chapelain.

sainte, pour laquelle faire, ayant donné tout son bien aux pauvres, il ne s'est réservé que ses livres seulement.

Je suis, Monsieur, vostre, etc.

De Paris, ce 7 avril 1638.

CLIV.
A M. L'ÉVESQUE DE GRASSE (GODEAU),
à GRASSE.

Monsieur, je me lasse d'attendre de vos lettres pour y respondre et j'aime mieux vous escrire sans sujet que de tarder davantage à vous escrire et à vous monstrer combien je suis plus soigneux que vous. Je pourrois bien prendre pour sujet vostre négligence et remplir cette page de reproches, mais je suis résolu, dès il y a long temps, à ne vous rien reprocher, et je me contente de faire ce que je dois, sans considérer si vous ne faittes pas ce que vous devés. Soyés donc paresseux à vostre aise, pourveu que vous m'aymiés un peu et n'attendés point de plainte de ma part, car vous n'en sçauriés jamais avoir que des louanges.

Au reste on m'a parlé de certaines nouvelles paraphrases et en quantité, que je verray peut estre un jour quand elles auront assés diverti et instruit toutes nos illustres connoissances. On m'a fait cas d'un *Benedic, anima mea*, entre autres, qui ne surpasse pas seulement ceux du cardinal Du Perron et du père Vignier, mais encore les plus beaux ouvrages que l'on ait veu de vous. Ce sont les termes avec lesquels on m'en a parlé, dont je ne fay nulle doute, tant à cause de la connoissance que j'ay de vos richesses qu'à cause de l'estime que j'ay du jugement de ceux qui me l'ont appris. Je vous en félicite davantage et vous prédis que ces productions dernières feront tomber la plume des mains de vos nombreux imitateurs.

Le s^r Camusat vint, ces jours passés, me donner avis que vos deux mille francs de Cahors estoient enfin entre ses mains et que, pour vous les envoyer, il attendoit vos ordres.

Mme la marquise de Rambouillet ne revient qu'à peine de ses maux.

Je suis, Monsieur, vostre, etc.

De Paris, ce 16 avril 1638[1].

CLV.
À M. DE BALZAC,
à BALZAC.

Monsieur, je loue vostre tendresse pour Mr Voiture et les avis qu'il vous a pleu me donner pour nostre réconciliation. Mais ma dernière lettre vous a peu faire connoistre que nostre querelle estoit toute dans sa fantaisie et que, sans Mareschaux de France, nous nous sommes accommodés dès aussy tost que nous nous sommes parlés. C'est, à la vérité, une chose plaisante de la vision

---

[1] Le 18 du même mois (f° 267), Chapelain adressa à M. de la Brosse une lettre de recommandation en faveur de «M. Douvrier, ami de M. Silhon et le mien, et bien digne d'estre receu au nombre de vos serviteurs.» Chapelain ajoute : «Il a une affaire au Conseil que je veux croire juste...» Ce Douvrier, que nous retrouverons dans la présente correspondance, était Louis Douvrier, né en Languedoc, mort à Paris en janvier 1680. D'après le *Moréri* de 1759, il était *d'une famille noble*. L'auteur de l'article ajoute : «Il a été célèbre dans le siècle dernier par la beauté de son génie et son érudition. Il excellait dans les inscriptions et les devises. C'est lui qui a fait cette fameuse devise si flatteuse pour le feu roi Louis XIV, *Nec pluribus impar*, au-dessus d'un soleil qui en fait le corps.» Voir dans les *Mélanges de littérature* (p. 197 et 198), l'éloge qu'en fait Chapelain à Colbert en 1662. Seulement (en note) Camusat a eu le tort de confondre notre *Douvrier* avec l'éditeur du *Plaute* (*ad usum Delphini*, 1679), Jacques de Lœuvre, *Jacobus Operarius*.

qu'il avoit eue que je l'aymois moins que de coustume et d'avoir mieux aymé demeurer six semaines dans cette créance que d'en venir chercher l'esclaircissement chés moy. Ces sortes de bizarreries qui ne choquent point le fondement de l'amitié me trouvent tousjours fort indulgent, et je croy les devoir supporter avec patience, si je ne veux point passer pour pointilleux et bizarre moy mesme. Les affections veulent estre aisées et complaisantes pour estre agréables, et, si j'en juge bien, les ressentimens et les colères ne font un bon effet que dans l'amour qui se resveille par les plaintes et se redouble par les reproches. Je m'ajuste volontiers aux humeurs de ceux qui m'ayment, et je ne leur pardonne rien ou je leur pardonne tout, c'est à dire que je romps sans me plaindre lorsque mon amy a espuisé ma patience, et que ses actions me font croire qu'il ne m'aime point. Celles de Mʳ Voiture ne sont pas, grâce à Dieu, de cette nature. Aussy l'ay je toujours aymé dans son petit égarement, et n'ay je pas esté un moment mal satisfait de luy, voyant que je le pouvois guérir d'une seule parole. Nous avons ry cent fois de son imagination depuis et nous vivons, comme devant, avec cette seule différence que je fais désormais une affaire des visites que son amitié désire de moy, et de peur qu'il ne retombe encore dans son accès et que la rencheute[1] ne soit pire que la maladie. Il est homme d'aussy agréable et aussy galant esprit que j'en connoisse en nostre Cour, qui pense tousjours finement et délicatement,

mais dont l'élocution est lasche et négligée, quoyque naturelle en telle sorte que l'on peut dire qu'il cause et converse dans ses lettres plustost qu'il n'escrit, et qu'il n'y a rien d'exquis que ses pensées. Son amitié pour vous est constante et égale, quoyqu'il ait usé d'une furieuse nonchalance pour se conserver la vostre. Il me faisoit, il y a huit jours, admirer son effronterie de n'avoir pas respondu à vostre dernière lettre, et s'en blasmoit assés puissamment sans se mettre néantmoins en devoir de s'en corriger. Vous luy pardonnerés sans doute aussy bien que moy, et vous et moy traitterons charitablement avec luy comme avec un incurable.

Je trouve le rajustement de vostre lettre, ou plutost de ce petit endroit de lettre, très bon, et quoyque l'autre manière fust bonne, vous m'avouerés que celle-cy est meilleure, et m'aurés cette obligation de vous avoir fait surpasser vous mesme. Nous mettrons Mʳ de Thou au lieu de Mʳ Tite-Live, quand toute la patavinité[2] s'en devroit plaindre et révolter contre nous. Il est certain que cela chatouillera Mʳˢ du Puy qui font leur capital de ce moderne Tite-Live, et vous ne serés pas marri de les obliger sans bourse délier, ou, pour parler moins bassement, sans faire tort à vostre expression ny à vostre pensée[3]. Je feray voir à Mʳ L'Huillier l'endroit où vous parlés de cecy, et le contenteray beaucoup en luy monstrant vostre complaisance à ses sentimens.

Je monstreray aussy à Mʳ l'abbé de Saint-Nicolas ce que vous dittes du présent qu'il

---

[1] M. Littré signale la présence du mot *rencheute* dans les poésies de Desportes. Bonaventure Des Périers et Michel de Montaigne écrivaient *recheute*, selon le *Dictionnaire de Trévoux*; Scudéry et Scarron auraient employé le mot *rechute*.

[2] Souvenir du mot *patavinitas* que Quintilien a employé pour caractériser le langage des habitants de Padoue, compatriotes de Tite-Live. Chapelain, étendant la signification du mot, appelle *patavinité* l'ensemble des admirateurs de Tite-Live.

[3] Je répète que le changement demandé par Chapelain et par Lullier, et accordé par Balzac, semble-t-il d'après les termes mêmes de cette lettre, n'a pas été introduit dans le texte de l'in-folio de 1665.

vous a fait au nom de Mgr le cardinal Bentivoglio. Je ne doute point que ces trois paroles ne le satisfacent extrêmement et qu'il ne se tienne surpayé du soin qu'il a pris pour vous servir. Il me doit envoyer, demain, les *prediche* del P. Narni[1] qu'enfin il a recouvrées, afin de vous donner encore ce contentement. Je ne sçay si elles sont à luy, ou s'il les a empruntées, mais il m'a paru tendre de ce livre[2] par son discours, et je croy que vous luy ferés plaisir de le bien traitter à vostre ordinaire et de ne le retenir que le temps que vous en aurés besoin. C'est assés dire pour cet article à un aussi sage homme que vous.

Le seigneur Scudery m'a tantost renvoyé son *Amant libéral*[3] imprimé pour vous le faire tenir. De l'un et de l'autre de ces livres je feray un paquet que Rocolet vous envoyera par sa voye ordinaire. J'ay fait tirer copie de vostre lettre à Mr de Boisrobert que je donneray à Mr Serisay, selon vostre intention, *con bel modo* et sans que vous soyés meslé dans ce négoce. Il est sans difficulté plus françois et plus élégant de dire je n'ay ny affaires ny loisir que je n'ay ni d'affaires ni de loysir, et c'est ainsi qu'il faut que la lettre le porte.

Je suis, Monsieur, vostre, etc.

De Paris, ce 20 avril 1638.

CLVI.
À M. LE MARQUIS DE MONTAUZIER,
EN ALSACE.

Monsieur, celle cy est pour response à la vostre du 20 de ce mois, car pour ma précédente je la fis hier dans l'opinion que vous ne m'aviés point escrit, et me resjouissant de vous avoir prévenu dans ce tesmoignage d'amitié, bien que je fusse extrêmement assuré de la vostre. Mais maintenant je me resjouis d'avoir esté trompé et trouve qu'il y a encore plus de douceur à jouir de vostre bienveillance, qu'à vous aymer sans estre aymé de vous. Voyés si je sçay faire profit de tout et si vous pouvés faire aucune chose que je ne trouve à mon avantage.

J'admire, au reste, cette fécondité de vostre veine. Il est inouy et comme impossible, parlant humainement, de faire les trois sonnets dont vous me donnés avis, dans l'espace de six heures de chemin, et si je juge de vostre mémoire par la mienne, je croy que ce seroit une assés grande merveille que vous les eussiés appris par cœur dans ce temps. Toutesfois c'est vous qui les avés faits, et il me suffit de sçavoir cela pour n'en faire pas davantage l'incrédule.

J'ay veu la sage Artenice qui m'a fait le roman de vostre voyage d'Yerre[4] à La-

---

[1] Jérôme Maritini de Narni, capucin italien, fut un des plus fameux prédicateurs de Rome dans les premières années du XVIIe siècle. Balzac (lettre XXVII du livre XIX, p. 778 de l'in-fol., faussement datée du 20 octobre 1638) en parle ainsi : «Le Père Narni est un orateur que j'ay admiré en chaire, mais que je n'admire pas sur le papier. Dans le peu que j'ay leu de son livre, j'y ay remarqué beaucoup de locutions poétiques, beaucoup de froides allusions, et certaines fables qui ne me plaisent en aucun lieu, mais que je condamne absolument dans l'éloquence chrestienne. A quelque prix que ce soit, il faut que j'en aye un exemplaire, et je l'auray, quand je le devrois demander au pape Urbain, qui m'a fait l'honneur autrefois de me caresser.»

[2] *Tendre de ce livre*, c'est-à-dire plein de tendresse et de crainte pour ce livre. La locution n'a pas été recueillie dans nos meilleurs dictionnaires.

[3] *L'Amant libéral*, tragi-comédie, parut à Paris (in-4°, 1638).

[4] Aujourd'hui, Yères, commune du département de Seine-et-Oise, arrondissement de Corbeil, canton de Boissy-Saint-Léger, à 36 kilomètres de Versailles. La seconde des filles de Mme de Rambouillet, Claire-Diane d'Angennes, était alors abbesse d'Yères (Tallemant des Réaux écrit Hyerre). Voir *l'Abbaye Notre-Dame-d'Yerres*.

gny[1]. Son esprit familier luy en a rapporté des choses estranges, et entre autres qu'en cinq lieues de chemin vous prononçastes cinq mille fois ces paroles d'un ton haut, quoyque languissant : Comment est-il possible que je me sois peu résoudre à les quitter? Il luy a rapporté encore qu'en arrivant vous vous abouchates[2] sur la table où vous deviés souper, et que pour signe de vostre extrême douleur, vous n'aviés peu manger que du potage. Mais, à cet article, elle luy a respondu que si vous n'en eussiés point mangé et que vous vous fussiés rué sur les viandes, elle eust eu meilleur (sic) opinion de vostre desplaisir, qu'elle s'imagine que vous cherchiés à vous consoler avec ce potage, comme avec la chose que vous aymés le mieux. Ainsy, quoyque ce diablotin fut gascon, elle luy fit connoistre qu'il avoit esté pris pour duppe.

Tout de bon, elle sent fort vostre esloignement, vous sçait bon gré de vostre tristesse, et vous recommande chèrement vostre santé dont elle veut que vous luy rendiés conte. Je n'ay point veu la princesse Julie ny la lamentable ou élégie ou lettre que vous luy avés escritte. J'ay sceu seulement qu'elle estoit lamentable véritablement. Cette excellente personne estoit allée aux Vertus[3] avec Mlle de Bourbon[4], Mme de La Ville aux Clercs[5] et Mr de Chaudebonne prier Dieu pour la santé de Mme la Princesse.

Je feray le compliment que vous ordonnés à Mr Conrart et ne parleray qu'à luy des trois sonnets jusqu'à ce que vous nous les ayés envoyés, et que nous puissions monstrer par vos propres paroles combien vous avés ressenti cette dure séparation, car je croy bien qu'elle en est le sujet.

Je suis, Monsieur, vostre, etc.

De Paris, ce 25 avril 1638[6].

Il faut que l'enfant remue bien fort puisque le Roy l'a senti[7].

Essai historique, par M. Sainte-Marie Mévil, archiviste du département de Seine-et-Oise (Versailles, 1859, brochure in-8°).

[1] Il y a trois Lagny, un dans Seine-et-Marne, deux dans l'Oise. Je suppose qu'il s'agit ici de la commune de Lagny, dans le département de l'Oise, arrondissement de Compiègne, canton de Lassigny, à 33 kilomètres de Compiègne.

[2] C'est-à-dire vous appuyâtes sur la table, la tête entre vos mains, de façon à la toucher de vos lèvres, comme le fait une personne accablée de chagrin. *Aboucher,* dans ce sens, n'est indiqué ni dans le *Dictionnaire de Trévoux* ni dans le *Dictionnaire* de M. Littré. Ce passage a été cité par M. Livet, dans *Précieux et précieuses* (p. 43).

[3] Le bourg des Vertus ou d'Aubervilliers est aujourd'hui une commune du département de la Seine, canton de Saint-Denis, à 4 kilomètres de Saint-Denis, à 8 kilomètres de Paris. Il y avait là le séminaire et la chapelle de Notre-Dame-des-Vertus.

[4] La sœur du grand Condé, la future duchesse de Longueville, Anne-Geneviève de Bourbon.

[5] Louise de Béon, fille de Bernard de Béon, seigneur de Massès, gouverneur des provinces de Saintonge, Angoumois, Aunis, et de Louise de Luxembourg-Brienne, qui avait été mariée, en 1623, avec Henri-Auguste de Loménie, seigneur de la Ville-aux-Clercs, secrétaire d'État, etc. Voir sur cette dame la note 3 de la page 489 des *Mélanges historiques. Lettres de Balzac*, n° XXVIII.

[6] La veille, Chapelain avait écrit au marquis de Montauzier, à Colmar (f° 268), lui parlant, en plaisantant, des personnes aimées qu'il venait de quitter, notamment de Mlle Paulet : «J'ay veu la lettre que vous avés escritte de Bussière à la Lionne, et j'ay esté attendri pour la seconde fois des larmes que vous luy donnastes en nous quittant (l'austère Montauzier pleurait donc?)...» Chapelain ajoute : «M. de Saint-Chartres a ouy aujourd'huy le *Scipion* avec nous, et quoyque la pièce ait fort satisfait tout le monde, le déplaisir qu'il a que vous soyés parti sans qu'il vous ayt dit adieu chés vous, l'a empesché d'y prendre un véritable plaisir.»

[7] Montglat (*Mémoires*, t. I, p. 215) assure

CLVII.

A M. BOUCHARD,
À ROME.

Monsieur, nous avons appris la mort de Mr de Peyresc aussy tost que vous, et si nous ne l'avons pas regretté aussy éloquemment, ça bien esté avec des larmes aussy véritables. Il seroit superflu de m'estendre sur ce sujet pour vous le prouver, et je ne vous en diray rien autre chose sinon que nous n'en pouvons estre consolés que par l'oraison funèbre que vous en avés faitte[1] et par la vie qu'en escrit Mr Gassendi. Nous attendons l'une et l'autre pièce avec impatience, et jusques là je ne me puis resjouir que de l'honneur que vous vous estes fait à vous mesme en luy rendant les derniers honneurs dans une assemblée si célèbre et si illustre que celle de tant de princes de l'Église[2]. Je m'en resjouis, dis-je, et ne m'en estonne pas, connoissant bien ce que vous valés, et sachant que vous n'entreprendrés jamais rien qui ne tourne à vostre avantage.

Au reste, je me tiens obligé à vostre courtoisie de l'asseurance que vous avés donnée à Mrs Mascardi[3] et Bracciolini[4] de l'extrême cas que je fay de leur mérite chacun en son genre. Le dernier nous fera voir sans doute bientost sa *Bulgaréide*[5] et nous donnera lieu d'admirer encore la vigueur de son esprit dans un âge si avancé[6], et pour l'autre je souhaitterois qu'il nous voulust monstrer dans un corps d'histoire de longue haleine la pratique de la belle théorie qu'il a donnée dans le dernier ouvrage que nous avons veu de luy[7]. Vous leur rendrés à tous deux, s'il vous plaist, les baisemains dont ils m'honnorent et les asseurerés que je suis en cette Cour un grand partial de leur vertu et que

---

que la reine se douta de sa grossesse dès la fin de janvier, et que d'abord elle tint la chose fort secrète, mais que quand vinrent les fêtes de Pâques, tout le monde le sut.

[1] *Laudatio funebris Claudii Fabri Peirescii, senatoris Aquensis, a Joanne Jacobo Buscardo, Parisino; Venetiis*, 1638, in-4°. On réimprima cette oraison funèbre à Aix, dans le même format, l'année suivante. On la retrouve encore à la fin de la biographie de Peiresc par Gassendi. (Paris, 1641, in-4°; la Haye, 1651, in-12.)

[2] Bouchard prononça l'oraison funèbre de Peiresc dans une séance de l'académie des Humoristes, à laquelle avaient été invités les cardinaux et les autres grands personnages de la ville de Rome, le 21 décembre 1637.

[3] Augustin Mascardi, né à Sarzana en 1591, y mourut en 1690. Regardé comme un des meilleurs écrivains de son temps, il fut nommé par Urbain VIII un de ses camériers d'honneur et reçut de ce fervent ami des lettres une pension considérable. M. L. Étienne l'a oublié dans son *Histoire de la littérature italienne* (1875). Bouchard, qui était son confrère à l'académie des *Umoristi*, traduisit en français, dit Tallemant (t. VII, p. 159), «la *Conjuration de Fiesque* de Mascardi, le plus célèbre autheur de ce temps-là.» Cette traduction parut à Paris, chez Camusat (1639, in-8°). L'original avait été publié à Venise en 1627 (in-4°).

[4] François Bracciolini, né à Pistoie, le 26 novembre 1566, y mourut le 31 août 1645, après avoir passé la plus grande partie de sa vie à Rome, où il fut protégé par le pape Urbain VIII, auquel il avait toujours été attaché. M. L. Étienne a mentionné très-brièvement Bracciolini considéré comme auteur du *Scherno degli Dei*, la Satire des dieux (p. 485 de l'*Histoire de la littérature italienne*).

[5] D'après Ginguené (*Biographie universelle*), la *Bulgheria convertita, poema eroico in xx canti*, parut à Rome en 1637 (in-12). Mais comment, à ce compte, Chapelain ne connaissait-il pas, à la fin d'avril 1638, la nouvelle d'une publication à laquelle il s'intéressait tant?

[6] Le chanoine Bracciolini n'avait pas alors moins de soixante-douze ans.

[7] Chapelain veut parler du *Dell' arte historica trattati V* (Rome, 1636, in-4°), traité qui passe pour le meilleur ouvrage de Mascardi.

ma trompette, qui ne se peut désenrouer pour chanter la gloire de la *Pucelle*, est tousjours fort nette et fort esclatante pour célébrer la leur.

Je ne connois le Villifranchi que par le tesmoignage de l'autheur de la *Secchia*[1], et je voy bien par ce que vous m'en dittes qu'il devoit estre encore quelque chose au dessous du cavalier Stigliani[2], c'est à dire moins capable que luy d'entreprendre la *Colombéide*[3].

Je n'ay peu voir le *Syntagma* de Mʳ Naudé[4] ni le poëme moral dont vous me parlés, parce qu'incontinent après qu'ils ont esté reliés, Mʳ l'abbé de Boisrobert en a fait présent à Son Eminence, auprès de laquelle et du R. P. Joseph, il vous sert toujours avec beaucoup d'affection, en telle sorte que vous en estes estimé autant que vous le sçauriés désirer. Il m'a dit qu'à vos longues et agréables lettres il a respondu succinctement, comme un courtisan empressé de mille sortes d'affaires et qui ayme mieux servir ses amis par effets que par paroles. Il est sincère et généreux et vous devés croire que ce qu'il ne fait pour vous est ce qu'il ne peut pas faire.

Il sera aisé, quand vous serés en France, de vous introduire dans l'Académie, non pas pour ce que vous m'y aurés favorable, qui seroit peu de chose, mais pour ce que vous le mérités extrêmement, et que Son Eminence en est fort persuadée. Mais je ne vous conseille pas de venir solliciter et recevoir cet honneur qu'après que vous aurés receu de delà le bien que Vostre Eminence[5] vous a promis et qui ne vous peut manquer avec un peu de patience. Il est vray que je me pouvois passer de vous donner ce conseil, et que vous estes trop habile pour ne vous l'estre pas desja donné vous mesme.

Il y a un mois ou deux que Mʳ de Balzac m'obligea de luy mander ce que je connoissois de vostre personne. Ensuitte il m'a addressé un paquet de livres et m'a prié de vous le faire tenir par quelque occasion, laquelle enfin j'ay rencontrée. Mʳ l'abbé de Retz s'en allant à Rome, je l'ay prié de le faire mettre parmi ses hardes[6], et parce qu'il ira à Venize devant, il le doit faire donner au Procace qui vous le portera de là. Je me suis servi de son enveloppe pour y mettre les *Sentimens de l'Académie sur le Cid*, que le monde me donne et que je n'avoue point. J'en attens vostre jugement sévère et succint: incontinent après l'avoir receu, vous nous le manderés et en escrirés à Mʳ de Balzac pour remerciment, et lorsque Mʳ l'abbé de

---

[1] L'auteur de *la Secchia rapita, poema eroicomico in XII canti*, un des plus spirituels et des plus célèbres poëmes badins de l'Italie, est Alessandro Tassoni, né à Modène en 1565, mort en cette ville le 25 avril 1635. La première édition de la *Secchia* parut à Paris, chez Toussaint du Bray (1622, petit in-12).

[2] Sur Villifranchi, je ne trouve rien. Thomas Stigliani a une petite notice dans le *Moréri* de 1759; il en avait déjà une dans les *Jugemens des savans* de Baillet (édition de 1722, t. V, p. 160). Nous apprenons là que c'était un chevalier de Malte, natif de Matera (royaume de Naples), qui mourut sous le pontificat d'Urbain VIII, et qui notamment composa des poésies licencieuses dont la première édition fut faite à Venise en 1601, et fut condamnée à Rome le 16 décembre de la même année.

[3] Stigliani fit paraître à Plaisance, en 1617, vingt chants d'un poëme sur le Nouveau-Monde. L'ouvrage fut réimprimé à Rome en 1628, avec addition de quatorze chants.

[4] *De studio militari syntagma* (Rome, 1637, in-4°). Gabriel Naudé, quand il publia cet ouvrage, avait trente-sept ans et était bibliothécaire du cardinal Bagni, qui l'avait emmené à Rome en 1631.

[5] Le cardinal Barberini.

[6] Nous dirions aujourd'hui bagages.

Retz sera en vostre Court, qui doit estre vers la fin de l'automne, vous luy tesmoignerés ressentiment de la faveur qu'il vous a fait à tous deux en cela [1].

On avoit parlé, il y a sept ou huit mois, du voyage du Conte que vous sçavés[2], mais je le croy avorté. Il y a trois mois que je ne l'ay veu quoiqu'il ait tousjours esté à Paris, sans pourtant que je m'en scandalize, car vous sçavés qu'il est de ces humoristes innocens qu'il faut laisser en liberté et qu'on ne doit jamais soupçonner d'inconstance. La dernière fois que je le vis, il me parla de vous comme vous le pouvés souhaitter.

Je suis aussy incertain que vous du vray Evesque de Thoul, et croy ou crains que mon amy[3] ne perde la partie à faute de se remuer. Il ne s'en mesle point du tout et monstre une extraordinaire modestie en une affaire aussy importante que celle là.

Je suis, Monsieur, vostre, etc.

De Paris, ce 25 avril 1638.

CLVIII.

À M. MAINARD,

À SAINT-CÉRÉ

(EN AUVERGNE).

Monsieur, j'ay honte et confusion de la manière dont vous traittés ma médiocrité dans la lettre qu'il vous a pleu de m'escrire. Je ne suis point digne de l'estime que vous

---

[1] Le cardinal de Retz nous apprend (*Mémoires*, collection des *Grands écrivains de la France*, t. I, p. 122) qu'il demeura à Venise jusqu'à la mi-août 1638 et qu'il se rendit à Rome sur la fin de septembre. M. A. Feillet, éditeur de ce tome, a eu le tort (note 4 de la page 121) d'écrire ce qui suit : « D'après une lettre de Balzac à Chapelain, du 16 mars 1638, on pourrait fixer l'époque du départ de Retz à la première quinzaine de mars... » On voit, d'après la lettre de Chapelain, dont la date est certaine, que l'abbé de Retz (alors âgé de dix-huit ans) ne dut partir que beaucoup plus tard. Le « s'en allant à Rome » prouve que le futur cardinal ne quitta Paris que dans les derniers jours du mois d'avril. Du reste, voici ce que Chapelain (f° 275) écrivait à Balzac le 28 avril, dans une lettre longue et vide et d'où je ne puis tirer utilement que ces lignes : « Aujourd'huy j'ai mis entre les mains du gros Saint-Amand le paquet pour Rome. Il m'a promis et juré sur la bouteille que M' l'abbé de Retz, qui s'en va à Venize par Florence, le fera partir dans ses coffres jusques-là... J'ay apris de M. Silhon que Jean de Vert estoit du païs de Juliers, et que véritablement il avait servi à *la stalla* d'un seigneur de ce païs-là, où ayant fait quelque désordre de courage, son maistre luy avoit donné un cheval pour se sauver, avec quoy il estoit entré cavalier dans une compagnie de la ligue catholique; que, s'estant signalé en plusieurs occasions, il avoit passé par tous les degrés de la milice jusques à celuy de Mareschal de camp général, qui est une charge pareille à celle que Horn avoit dans les armées du Roy de Suède, que pour ses hauts faits il avoit esté fait Conte de l'Empire et que, depuis la reprise des forts du Rhin, il avoit esté receu comme en triomphe à Vienne avec les éloges de libérateur et de héros de l'Allemagne. Il est à présent à Bennfeld bien gardé et en la puissance de son plus grand ennemy, qui est le duc de Weimar, lequel il se vantoit d'avoir desfait seul à la bataille de Nordlinghen... M. l'Evesque d'Angoulesme, qui s'en va vous donner sa bénédiction, portera le P. Narni et l'*Amant libéral*... M. vostre neveu me vint visiter devant que partir pour l'Italie. C'est un soldat esprouvé, de bonne mine et robuste pour son aage. J'espère qu'il ne rapportera que de l'honneur de ce païs-là... Le *Roscius* [Mondory] ne reprend point ses forces. Il s'en va passer six mois à Bourbon, afin d'essayer de se restablir. Lorsqu'il me vint dire adieu, je luy fis sçavoir l'estime que vous faittes de sa discrétion et l'amitié que vous avez tousjours pour luy, sur quoy il redoubla ses humilités et partit d'auprés de moy comme d'auprés d'un Empereur. »

[2] Sans doute le comte de Fiesque, qui était tantôt à Rome et tantôt à Rome.

[3] Henri Arnauld, abbé de Saint-Nicolas.

faittes de moy, et les sousmissions que vous me faittes ne sont pas dignes de vous, mais je voy ce que c'est. Je profite de la société de Mʳ de Balzac et vous n'avés pas creu devoir louer communément un homme qui estoit aymé de luy et qui l'aymoit, ou vous m'avés voulu payer par une telle profusion d'éloges le dernier petit service que je vous ay rendu auprès de luy. Toutesfois, Monsieur, ne croyés point que j'y aye un autre mérite que celuy de luy avoir envoyé une copie de vos beaux vers qu'il eust aussy bien receus de quelque autre. Il ne les a pas admirés par ce qu'ils avoient passé par mes mains, mais parce qu'ils venoient de vostre plume. Leur propre beauté l'a persuadé et non pas mes paroles, et vous le croirés aisément toutes les fois qu'il vous plaira de considérer que les éloquens de sa volée sont ceux qui meinent les autres et non pas qui se laissent mener. Je luy ay envoyé vostre lettre comme faitte principalement pour luy afin qu'il se l'applique toute entière et qu'il voye que vous n'estes pas ingrat envers luy.

Je ne nie pas que je n'en aye parlé avec quelque succès à plusieurs de nos gens et en diverses compagnies où mon suffrage estoit un peu pesé, et je souffriray que vous me sachiés gré de cela, et que vous le preniés aussy bien pour une marque de mon amitié que de ma justice, pourveu que cette reconnoissance soit modérée, et que vous ne donniés un prix estraordinaire à une action qu'il seroit honteux à un homme de bien de ne faire pas.

Au reste, pour ma *Pucelle*, elle est encore si grossière et si païsane qu'elle ne se hazarde pas de sortir de mon cabinet qu'avec moy, et vers la brune, afin que ses défaux paroissent moins à la faveur de l'ombre et soulagés par mon art. J'attens avec impatience grande que nostre bonne fortune vous amène en cette Court afin de vous supplier qu'elle reçoive deux coups de peigne de vostre main et que [vous] m'aydiés à la farder. Il y a apparence que ce sera vers cet automne, et que vous ne laisserés pas accoucher la Reyne sans vous en venir resjouir avec tous les bons François.

Quant aux *Sentimens de l'Académie*, c'est un ouvrage de toute la Compagnie[1]. Je vous avoueray bien que j'y ay une assez notable part que je n'ay que faire de vous marquer, car vous la reconnoistrés assés vous mesme, lorsque vous considérerés ce qu'il y a de pire. *Sed de his coram.* Cependant je vous remercie, en vous grondant, du bien que vous en dittes ainsi généralement, puisque vous avés creu me devoir faire autheur de toute la pièce et que vous avés eu dessein de m'obliger.

Le peuple se resjouit aux despens de l'Académie et s'entretient d'une mauvaise comédie manuscritte où nous sommes la pluspart introduits personnages, à ce qu'on dit peu agréablement[2]. Vostre esloignement vous aura sans doute fait oublier par ce mauvais

---

[1] Ces deux paragraphes ont été reproduits par M. Taschereau (*Vie de Corneille*, notes, p. 313), et le dernier l'a été par M. Livet (*Histoire de l'Académie française*, t. I, p. 367).

[2] Pellisson dit (t. I, p. 48) : «La première (des choses qui ont été faites contre cette compagnie) est cette *Comédie de l'Académie*, qui, après avoir couru longtemps manuscrite, a été enfin imprimée en l'année 1650, mais avec beaucoup de fautes, et sans nom ni de l'auteur, ni de l'imprimeur...» L'historien de l'Académie ajoute (p. 49) : «Cette pièce, quoique sans art et sans règles, est plutôt digne du nom de farce que de celui de comédie, n'est pas sans esprit et a des endroits fort plaisans...» L'auteur du *Manuel du libraire* (t. V, colonne 39) met à tort en 1643 la composition de la *Comédie des académistes*, qui circulait déjà cinq ans auparavant. La même erreur se retrouve dans la dernière édition des *Supercheries littéraires dévoilées*, par M. Quérard

comique, et nous défrayerons la compagnie sans vous.

Je suis, Monsieur, vostre, etc.

De Paris, ce 28 avril 1638.

CLIX.
À M. L'ÉVESQUE DE GRASSE (GODEAU),
À GRASSE.

Monsieur, Dieu soit loué que vous estes enfin resveillé pour moy, après six semaines d'endormissement et de silence! Mais trève de gronderie. Je suis bien aise du goust que vous prenés à la langue italienne, elle vous est nécessaire et vous sera agréable. Je feray, dans cette semaine, le scrutin[1] de mes livres et, si j'en trouve de doubles, je vous en envoyeray, après avoir communiqué avec Mr Conrart afin que nous ne vous en envoyons pas les mesmes.

Le s^r Bouchard est homme d'esprit, mais allés bride en main avec luy, car j'apprens de plusieurs endroits que sa conduitte n'est pas bonne[2], et qu'il a presque tout le monde pour ennemy.

Au premier jour, on me doit monstrer vos derniers vers dont, après, nous vous dirons nos sentimens. Mr Arnaud et Mr Conrart ont agi pour vostre affaire avec le prieur de l'Enf[ourcheure]. Vous sçaurés par eux ce qu'ils ont fait, ou ce qu'ils n'ont pas fait. Je vous trouve l'esprit en fort bonne assiette pour cela.

Vous allés jouir du voysinage de vostre illustre amy[3], si sa santé ne luy défend pas d'aller commander nos trouppes de là les Monts, comme le bruit en court icy, où on parle fort d'une suspension d'armes pour cinq ou six ans qui se traitte *in curia*, pourquoy ils disent que Nazin[4] est parti.

L'abbé Comique[5] est plus riche que vous en prélature: s'il continue, vous n'aurés que l'ancienneté sur luy. Mr de Balzac sçaura vostre souvenir et l'estime que vous faittes de ses lettres dernières.

M^r Le Maistre est tousjours dans le cachot sous la clef de Mr de Saint-Cyran. M^r d'Andilly est icy à la sollicitation de sa pention que j'espère qu'il aura. Mr de Saint-Nicolas apparemment ne sera point Evesque de Thou[l] par quelques rencontres qui ne se peuvent escrire, sans qu'il l'ait démérité par la moindre de ses sollicitations. Il en a usé fort sagement et n'a rien à se reprocher ny aucun de ses amis.

Je vous envie vostre solitude et suis plus attaché icy que jamais. M. de Montauzier est gouverneur d'Alsace[6], et moy, Monsieur, vostre, etc.

De Paris, ce 30 avril 1638.

(1869, t. I, col. 909), où, par une faute d'impression, on donne à la première édition de la satire de Saint-Évremond la date de *1646*.

[1] Le mot est pris dans le sens propre, *scrutinium*, action de fouiller, de scruter, d'examiner. M. Littré ne cite aucun emploi de ce mot au xviie siècle.

[2] Malgré cela, Chapelain lui adressait, quelques jours auparavant, et lui adressa encore trop de protestations d'amitié. Chapelain, foncièrement honnête, n'avait malheureusement pas

*ces haines vigoureuses
Que doit donner le vice aux âmes vertueuses.*

[3] Le cardinal de la Valette. Le belliqueux prélat fut désigné (30 mars 1638) pour remplacer, comme chef de l'armée d'Italie, le maréchal de Créquy, tué d'un coup de boulet le 12 du même mois. Le cardinal ne tarda pas à se rendre en Italie.

[4] Ce Nazin était un courrier de M. de Bullion. (V. Tallemant des Réaux, *Historiettes*, t. IV, p. 405.)

[5] L'abbé de Boisrobert. Il est ainsi nommé bien souvent dans les lettres de Balzac à Chapelain.

[6] Retenons bien ce renseignement, car il nous aidera à rectifier les fausses dates qui ont été quelquefois données à la nomination de Montauzier, par exemple la date de 1642.

CLX.

À M. DE SILHON.

Monsieur, je n'accepte que la garde du riche et excellent livre que vous m'avés fait la faveur de m'envoyer, et si je le mets parmy ceux de ma chétive bibliotèque, je l'y mettray comme un estranger de grande considération que l'on reçoit avec tout l'honneur dont on se peut aviser, c'est à dire que je luy donneray la première place auprès de ceux qui valent le mieux et qui ont quelque conformité de mérite avec luy. Cependant je vous en remercie comme si je l'acceptois entièrement, et me tiens fort obligé à vostre bonté qui vous suggère de si avantageuses pensées pour le plus inutile de ceux que vous aymés.

Vostre homme vous reporte la *Préface* qui n'avoit garde d'estre ailleurs que dans mon cabinet, puisque vous m'en avés honnoré et qu'elle me servoit d'un gage précieux de vostre bienveillance. Elle vous demeurera, s'il vous plaist, sans retour, et je ne croy pas que vous puissiés moins faire que de la laisser absolument à Mʳ de Lizieux[1] à qui de droit appartenoit le volume que vous m'avés envoyé. Demain, je donneray un mauvais change, mais vous ne vous estes pas attendu sans doute à rien voir de moy qui vaille l'estimer[2], sinon la sincère affection qu'a pour vostre vertu, Monsieur, vostre, etc.

Ce 1ᵉʳ may 1638.

CLXI.

À M. L'ÉVESQUE DE GRASSE (GODEAU),

À GRASSE.

Monsieur, les derniers pseaumes de Mʳ Esprit m'ont semblé tels que vous me le mandés lorsqu'il me les est venu monstrer, mais, depuis l'impression, j'y ay trouvé plus à dire[3], et je trouve que vous les traittés bien favorablement. A tout prendre, néantmoins, je les ayme mieux que son premier, quoyque Mʳ de Serisy ne soit pas de cette opinion.

Pous les galanteries que vous me dittes sur le sujet de *la Pucelle*, je les reçois comme telles et je sçay bien ce que vous en pensés. Quand je n'aurois pas un ordre exprès de Mʳ le Duc de Longueville de n'en mettre pas un vers au hazard des chemins, je me garderois bien de vous donner un divertissement si peu digne de vos yeux et de vostre esprit en l'estat où ils sont. Un jour ou vous nous viendrés voir, ou nous [vous] irons voir, et alors nous vous les ferons entendre par force et profiterons de vos charitables avis, que je réserve pour les derniers comme ceux qui me doivent servir de loix absolues. Cependant, nous travaillerons autant que nous pourrons pour avancer chemin, et vous apprester de la besoigne.

Mʳ Conrart vous fera sçavoir nos sentimens sur les beaux vers que vous luy avés envoyés et qui devroient faire tomber la plume des mains de tous tant que nous sommes qui nous meslons de rimer. Vous aurés dans quelque temps Mʳ de Beauregard

---

[1] L'évêque de Lisieux (Philippe Cospeau) et Jean de Silhon se connaissaient et s'aimaient depuis longtemps : M. R. Kerviler a rappelé, dans son étude déjà plusieurs fois citée sur l'auteur du *Ministre d'État* (page 9), que, dès 1626, cet habile écrivain adressa à l'habile orateur (alors évêque de Nantes) une longue et remarquable lettre [elle n'a pas moins de quarante pages], qui fut imprimée, l'année suivante, dans le *Recueil de lettres* publié par Faret.

[2] Le verbe est pris ici pour le substantif et *l'estimer* signifie *l'estime*.

[3] *A dire*, en ce cas, signifiait *à blâmer*.

en Provence qui vous dira de ses nouvelles et des nostres.

Vous aviserés bien au voyage que vous desseignés[1] vers M⁰ le cardinal de La Valette, et, si vous m'en croyés, vous ne l'entreprendrés qu'après avoir envoyé vers luy pressentir son opinion. Vous le connoissés. Il pourroit estre choqué de vostre soin, si vous l'alliés visiter dans la chaleur de la guerre.

Mme la marquise est tousjours languissante. Le reste se porte bien.

Je suis, Monsieur, vostre, etc.

De Paris, ce 7 may 1638[2].

CLXII.

À M. DE BALZAC,

À BALZAC.

Monsieur, il ne me desplait point du tout que vous me trouviés homme de bon sens et de bonnes maximes dans l'amitié. Je souffre mesme que vous m'en louiés comme d'une chose dont je fais capital[3] et de laquelle je me pique non seulement pour la théorie, mais encore pour la pratique.

Quand (sic) à ce qui regarde M⁰ Voiture, après avoir bien considéré toutes

---

[1] C'est-à-dire que vous projetez, que vous avez dessein de faire. Le verbe *desseigner* n'est pas dans le *Dictionnaire* de Richelet. Je le trouve dans le *Dictionnaire de Trévoux* avec le sens de *dessiner*, mais alors on écrivait et prononçait généralement *dessigner*. Le *dessein* est ce qu'on *dessine* ou *désigne* d'avance, et *dessiner* et *désigner* sont des mots identiques, tout comme les vieux mots *desseigner* et *dessigner*.

[2] Suit (f° 279) une lettre sans date adressée au duc de Longueville, pour lui recommander un protégé de M. Desmarets, cousin de Mme du Vigean, «dont le mérite et l'esprit vous est sans doute connu.» Puis on trouve (*ibid.*) une lettre du 9 mai au marquis de Montauzier. Chapelain s'y plaint du silence du marquis. «Au reste, lui dit-il, pour vous convier à nous envoyer les trois sonnets et demy que vous fistes de Lagny à Bussière [aujourd'hui Bussières, Seine-et-Marne, canton de la Ferté-sous-Jouarre, arrondissement de Meaux, à 30 kilomètres de cette ville], je vous en envoye un que les vefves de M. de Rohan [c'est-à-dire sa femme et sa sœur] m'ont obligé de faire sur sa mort. Vous le jugerés et réformerés à la pareille... Le Menuisier [Adam Billaut] a esté malheureux, et dans son affaire que M. le chancelier a refusé de faire, et dans la poursuitte des lettres de Mme Saintot, qu'il n'a jamais peu attrapper, ce qui l'a fait partir doublement mortifié d'icy, soit pour n'avoir peu obtenir le bien qu'il avoit espéré, soit pour ne vous avoir peu rendre le service qu'il vous avoit promis et à quoy vos libéralités l'avoient obligé. Il se fait souvent commémoration de vous à l'hostel de Rambouillet, où tout se porte bien, si vous en exceptés Mme la Marquise qui n'a santé que de l'esprit, vivant au reste une vie languissante. Mme de Clermont, vos femmes et la lionne partent aujourd'hui pour Graville [en Normandie, petite ville maintenant réunie au Havre], dont elles vont prendre possession pour quinze jours. Il y a dix jours qu'on me fit lire le second livre de la *Pucelle* chés Mme la princesse, où elle réussit mieux qu'elle ne mérite, et Mlle de Bourbon a tesmoigné qu'elle désiroit voir la suitte et que le Poëte ne l'avoit point choquée. [C'est pourtant à cette princesse que l'on a attribué le mot cruel : C'est peut-être beau, mais c'est bien ennuyeux.] Il y avoit des Mme de Sablé et Mme du Vigean qui me payèrent de complimens fort obligeans. Mes parrains estoient la princesse Julie et frère Claude l'héroïque [Claude d'Urre du Puy Saint-Martin, sieur de Chaudebonne].» Si l'on était choqué de l'expression *vos femmes* appliquée par Chapelain à Mlles de Clermont, je demanderais grâce pour une plaisanterie acceptée par le marquis de Montauzier comme monnaie courante, car dans une précédente lettre au même personnage, lettre dont je n'ai donné qu'un court extrait (24 avril 1638), l'auteur de *la Pucelle* désigne une des demoiselles de Clermont par ces mots : *Madame vostre femme*, ajoutant : «Mademoiselle sa sœur ne veut pas que vous croyés son amitié moins violente.»

[3] C'est-à-dire qui est pour moi l'essentiel. M. Littré a signalé la présence de cette expression

choses, je veux interpréter à mon avantage le mouvement qu'il a eu, et dont peut estre un autre se seroit tenu désobligé. En effet il me sert de tesmoignage de l'estime qu'il fait de mon amitié, laquelle apparemment il ne voudroit point perdre puisqu'il se met en peine lorsqu'il s'imagine que je suis refroidi pour luy, et je vous asseure qu'encores que j'aye eu jusques icy assés de marques de sa civilité, je n'avois pourtant eu encore aucune si solide preuve de sa bienveillance que celle qu'il m'a donnée en se plaignant de moy.

Voilà comment j'essaye de faire profit de toutes choses, et de ne laisser troubler ma vie que par le moins d'amertumes que je puis. Après tout néantmoins, il faut avouer qu'il est dangereux pour cette douceur de vie que nous cherchons, d'aymer si ardemment des personnes qui ne sont capables de nous aimer que médiocrement et de les accoustumer à certains devoirs et sujettions dont ils font estat ensuitte comme d'un patrimoine qu'ils veulent posséder despotiquement et qu'ils exigent de vous, ainsy que choses deues et non pas données, sans se tenir obligés à cette rétribution de la pareille, sans laquelle on ne peut pas dire proprement qu'il y ait d'amitié. J'ay fait plusieurs expériences du desplaisir qui en arrive et je vous asseure qu'un sage qui me voudroit croire iroit tousjours bride en main en cette matière, et ne feroit d'avances qu'à proportion de ce qui (*sic* pour *de ce qu'il*) se verroit suyvi, car le fardeau de l'amitié est insupportable quand il ne porte que sur l'un des deux.

Au reste, je suis estonné que vous appréhendiés les lettres de nostre académicien négligent, et j'aurois creu que vous l'eussiés excepté de la règle générale, tant pour ce qu'il estoit si fort à vostre gré, que pour ce que vous ne deussiés pas craindre qu'il vous fist de trop fréquentes despesches. Mais n'appréhendés rien de ce costé là; il luy sera bien plus aysé de ne vous point escrire que de vous escrire, et pour peu que je luy tesmoigne que sa paresse s'accommode avec vostre humeur, vous devés tenir pour certain qu'il s'y ajustera pour toute sa vie. Je ne vous responds pas des autres si absolument, quoyque j'espère de pouvoir conjurer une partie de ces tempestes que vous craignés tant.

Quand vous aurés leu les Oraisons françoises, nous en aurons trois lignes de vostre sentiment. Pour moy, je tiens qu'en matière de traductions de pièces d'éloquence, il faut sur toutes choses prendre l'air des preuves et des couleurs, sans s'arrester scrupuleusement aux paroles et aux membres des périodes, qui ne s'accommodent pas également bien en des langues différentes. Mais de cela vous en jugerés en maistre et je n'en croiray que ce que vous en resoudrés. Les Oraisons pour Quintius et pour la loy Manilia, pour Marcellus et pour Ligarius, sont de M᷊ d'Ablancourt [1]. Celle qui fut faitte pour le poète Archias a esté traduitte par M᷊ Patru, advocat, amy de M. le Maistre [2]. La Catilinaire

---

dans les écrits de Bourdaloue, de La Bruyère, de Fénelon, de Pascal, de Mme de Sévigné. L'exemple fourni par Chapelain devient le premier en date.

[1] Chapelain veut parler du Recueil (déjà mentionné) intitulé *Huit oraisons de Cicéron* (Paris, in-4°, 1638).

[2] Olivier Patru était alors âgé de trente-quatre ans. Il fut reçu à l'Académie française en 1640 et mourut le 16 janvier 1681. L'abbé d'Olivet parle ainsi du travail de l'illustre avocat (*Histoire de l'Académie*, t. I, p. 156) : « J'ai dit que M. Patru avait traduit une oraison de Cicéron; je me serais mieux exprimé si j'avais dit qu'il en a fait deux traductions fort différentes l'une de l'autre. Car qu'on lise celle qu'il publia en 1638, et qu'on la compare avec celle qui est dans le recueil de ses plaidoyers (*Plaidoyers et autres œuvres*, Paris, in-4°, 1670), on n'y trouvera

est de Mʳ Giry[1], et les deux autres de Durier[2].

On croit icy pour le certain que Malherbe est auteur de la traduction des Epistres de Sénèque[3]. Je n'en ay leu que deux pages du commencement qui m'ont semblé de luy autant que la traduction de Tite Live[4]; mais je vous avoue que j'y trouvay assés de choses à dire; et qu'en quelques endroits l'expression m'en parut basse et en quelques endroits obscure. J'ay peur qu'il n'ait pas mieux entendu les lettres de l'un que l'histoire de l'autre[5]. Mais tout cela luy doit estre pardonné, si je dis vray, sur ce que cela s'est publié après sa mort et peut estre contre son intention, au moins sans qu'il y ait mis la dernière main.

Je vous envie vostre siècle d'or et je me contenterois bien d'en passer icy un d'argent, mais la guerre qui ne finit pas encore nous en fait vivre un d'aussy mauvais fer qu'il en ait encore esté employé dans le monde. Toutesfois il y a espérance d'une trève, et nous jouissons de cette espérance en attendant mieux. J'estime fort vos méditations qui vous font finir si chrestiennement

---

presque point de tours qui se ressemblent, presque point de phrases qui soient entièrement les mêmes dans les deux éditions. Rien ne fait mieux voir jusqu'où il poussoit sa délicatesse. »

[1] Louis Giry, Parisien, avocat au Conseil et au parlement était alors âgé de quarante-huit ans; il fut un des premiers membres de l'Académie et mourut en 1665. Cet intime ami de Godeau possédait une fort belle bibliothèque, comme nous l'apprend le P. Claude Raffron, minime, dans la *Vie* du fils de l'académicien, le P. François Giry, provincial des Minimes de la province de France (1691, in-12).

[2] Pierre du Ryer était alors âgé de quarante-deux ans; il fut nommé membre de l'Académie française en 1646 et mourut, non le 6 novembre 1658, comme l'a écrit l'abbé d'Olivet, et comme beaucoup de biographes l'ont répété après lui, mais avant le 12 octobre de cette année, comme le prouve à cette date la *Muse historique* de Loret. P. du Ryer, qui fut un des plus infatigables traducteurs du xviiᵉ siècle, a non-seulement mis en français les deux discours de Cicéron que signale Chapelain, mais encore (à diverses époques) presque toutes les œuvres du grand orateur.

[3] M. Lud. Lalanne, dans son édition des *OEuvres de Malherbe* (t. II, 1862, p. 259), dit: « Je n'ai pu découvrir l'époque à laquelle Malherbe composa cette traduction des *Épitres* de Sénèque, traduction qu'il n'eut pas le temps d'achever, car il n'a fait passer en notre langue que les quatre-vingt-onze premières lettres. Elle fut éditée après sa mort par les soins de J. B. de Boyer, neveu de sa femme, et conseiller au parlement de Provence. Jusqu'ici les bibliographes ont indiqué comme étant la première édition celle qui a été publiée à Paris en 1639, in-12, chez Ant. de Sommaville, sous le titre suivant: *Les Épistres de Seneque, traduites par Mʳᵉ François de Malherbe, gentil-homme ordinaire de la chambre du Roy.* C'est une erreur. En effet, à la suite du privilége, daté du 6 décembre 1636, on lit: « Achevé d'imprimer pour *la seconde fois* le premier jour de février 1639. » La date de cette première édition, que je n'ai pu rencontrer nulle part, est donnée par une ligne placée à la suite du privilége de l'édition de 1648: *Achevé d'imprimer pour la première fois le septième septembre 1637.* Il semble, d'après le texte de Chapelain, que la publication de la traduction des *Épitres* de Sénèque était toute récente en mai 1638. Peut-être le livre, quoique imprimé dès 1637, ne fut-il mis en circulation que dans le printemps de l'année suivante.

[4] Sur la traduction du XXIIIᵉ livre de Tite-Live et sur les diverses éditions de cette traduction (1616, 1621, 1630, etc.), voir une notice de M. L. Lalanne (p. 389 et 390 du tome II des *OEuvres de Malherbe*).

[5] Chapelain me semble ici bien sévère, et il aurait dû, dans tous les cas, tenir compte au traducteur de la correction et de l'élégance du style de celui qui ne fut pas moins un de nos meilleurs prosateurs qu'un de nos meilleurs poëtes.

et si salomoniquement[1] vostre lettre, et j'ay beaucoup de consolation de voir que vous approuvés la résolution de Mʳ le Maistre plustost que de la condanner[2].

Vous aurés eu, à cette heure, les sermons du Père Narny.

Je suis, Monsieur, vostre, etc.

De Paris, ce 10 may 1638[3].

Mᵐᵉ de Chevreuse est en Angleterre[4]. La terre a tremblé sous Mʳ de Grasse et sous son petit evesché.

CLXIII.
À M. DE BALZAC,
À BALZAC.

Monsieur, j'ay leu avec une joye extrême la belle epistre latine que vous escrivés à Mʳ Mainard, et je le trouve plus glorieux par ces deux douzaines de vers que vous luy donnés[5], que par tous ceux qu'il a faits en sa vie, bien qu'il en ait fait quantité de très beaux[6]. Par le premier ordinaire je luy envoyeray de vostre part l'une des copies que j'ay trouvées dans vostre paquet, supposant

---

[1] *Salomoniquement* (à la façon du sage Salomon) est de l'invention de Chapelain. Ces compliments s'appliquent à la fin de la lettre XXX du livre XIX, improprement datée du 10 novembre 1638 (p. 283).

[2] Balzac avait dit dans cette même lettre : «L'action de M. Le Maistre est un mouvement héroïque, qui ne doit pas être tiré en exemple, et qui est au delà de ma portée...»

[3] Je laisse de côté une lettre à Balzac (f° 282), du 16 mai 1638, et une lettre à Bouchard (f° 284), du 18 du même mois. Dans la première de ces lettres il n'y a guère que des compliments et ces petites nouvelles : «Pour les vers de Heinsius que vous m'avés tant demandés, je les ay enfin recouvrés, et M. L'Huillier me les envoya hier... C'est un long poème imprimé in-f° et, qui pis est, de Heinsius le fils, c'est-à-dire d'un enfant ou d'un fort jeune homme, comme sa lettre dédicatoire et ses élogistes le tesmoignent... Vous aurés ouy parler de l'affreux tremblement de terre du royaume de Naples... Hier, nostre armée devoit entrer en Flandres, de concert avec les Hollandois. Il faut bien espérer de la justice de nos armes...» Dans la lettre à Bouchard, je ne relève que ce passage, déjà inséré par M. Livet dans son édition de l'*Histoire de l'Académie* (t. I, p. 367) : «Il semble par la vostre (vostre lettre) que vous croyés pouvoir estre admis en vostre absence. Je vous répéterai ici, si je ne vous l'ay desjà écrit, qu'on ne vous peut proposer pour cela que vous ne soyés présent, et qu'après l'avoir fait agréer à Son Éminence qui, par un ordre particulier, a voulu estre consulté sur tous les prétendans afin de fermer la porte à toute brigue et ne souffrir dans son assemblée que des gens qu'il connoisse ses serviteurs... Une place d'académicien en France n'est pas un bénéfice, et Son Éminence est assiégée de tant d'affamés, et qui attendent depuis si longtemps, que jusqu'ici nous n'avons vu aucun de nostre troupe gratifié de pareil bienfait, si vous en exceptés M. de Bois-Robert... Il n'y a de nouvelle comédie raisonnable que le *Scipion* de Desmarests.»

[4] M. V. Cousin (*Madame de Chevreuse*, 1868, p. 144) dit : «Au commencement de l'année 1668, elle arriva en Angleterre.» Le post-scriptum de Chapelain prouve que ce ne fut pas au commencement de l'année, mais tout au plus en avril que la belle fugitive fut, pour employer les expressions de son zélé biographe, «reçue et traitée à Londres comme elle l'avait été à Madrid.»

[5] Il s'agit de la pièce insérée dans les *Joan. Ludovici Guezii Balzacii Carmina et epistolæ* sous le titre de *Ad. Franciscum Mainardum Roma reducem querela* (p. 1 et 2 de la dernière partie du tome II des *Œuvres complètes* de 1665. Cette charmante petite pièce se compose de trente-cinq vers, et Chapelain, s'il s'était piqué d'une parfaite exactitude, aurait dû dire *trois douzaines de vers*.

[6] N'oublions pas que Malherbe, qui ne prodiguait pas les éloges, «l'estimoit,» selon le té-

que c'est vostre intention, encore que vous ne m'en disiés rien dans vostre lettre. Mais je ne me contente pas de cela, car j'ay desja fait voir à Mʳ l'abbé de Saint Nicolas la pièce, et, croyant que Mʳ le cardinal de Bentivoglio s'en tiendroit obligé, je luy en ay laissé une copie pour la luy envoyer, ce qu'il fera demain, et par sa mesme voye j'en ay addressé une autre à Mʳ Bouchard, afin que les Strades[1] et les Mascardi ayent ce tesmoignage de vostre estime, et vous deviennent amis, s'ils ne le sont desja.

Le jeune frère de Mʳ d'Andilly, qui a autresfois fait un joly poëme pour vous[2], en a fait un cas particulier, et avant que de le laisser partir, en a tiré une copie qui ne perdra point de son mérite entre ses mains. J'en donneray une à Mʳ L'Huillier à la première veue, et c'est comme si j'en donnois à toute l'Académie de Mʳ de Thou. Mon sentiment est qu'elle tient de la vraye antiquité louable dans un certain mezzair[3] entre Horace et Ovide, moins familier que le premier et moins affecté que le second, et égal en pureté à l'un et à l'autre.

Je suis entièrement de vostre avis pour les vitieux modelles de nos modernes Hollandois et François qui suyvent volontiers les mauvais faiseurs de pointes et pensent cacher leurs défaux dans leur obscurité[4]. Ceux que vous m'avés nommés verront ce bon latin en qualité de mauvais françois, puisque vous l'ordonnés.

Le poëme épique dont on vous a parlé est un idille[5] que le Gros[6] appelle héroïque, à cause qu'il y veut descrire les actions de Moyse, sous le titre de *Moyse sauvé*[7]. Il le partage en trois livres de douze ou

---

moignage de Tallemant des Réaux (t. I, p. 299), « l'homme de France qui faisoit le mieux les vers, » après lui, pensait-il, je suppose.

[1] C'est-à-dire le P. Strada, dont nous avons eu l'occasion de nous occuper (lettre CXLIV).

[2] Ce *jeune frère* était le vingtième et dernier enfant d'Arnauld l'avocat, Antoine Arnauld, dit *le grand Arnauld*, qui, né en février 1612, n'avait alors que vingt-six ans. Notons, à ce sujet, que M. Sainte-Beuve a eu le tort (*Port-Royal*, t. II, p. 11) de ne donner que trois frères à Antoine Arnauld : 1° M. d'Andilly, 2° l'abbé de Saint-Nicolas, 3° Simon Arnauld (né vers 1603). Il a oublié le chanoine de Verdun, dont il avait pourtant trouvé mention expresse dans les *Lettres* de Chapelain. Quant au poëme, qui est un éloge latin, composé en 1631, du *Prince*, de Balzac, on le trouvera dans le tome XLII des *Œuvres complètes de Messire Antoine Arnauld* (Lausanne, 1675-1783, in-4°).

[3] On lit dans le *Dictionnaire de Trévoux* : « Mézair ou *Mésair*, terme de manége, qui se dit d'un certain air qu'on donne au cheval en le maniant entre le terre-à-terre et les courbettes. De l'italien *mezzo*, milieu; air qui tient le milieu entre deux. »

[4] Balzac avait dit (lettre I du livre XIX, p. 760 de l'in-fol.) : « La pluspart de nos gens de Leyden sont de ce peuple de Lucanistes. S'ils n'imitent tous les mauvais exemples, ou, pour le moins, les exemples dangereux, ils donnent d'ordinaire à deviner ce qu'ils veulent dire, et je ne les ay jamais encore bien entendus, quelque estude que j'aye apportée à les estudier. » La lettre, datée du 22 janvier 1638, doit être transportée au mois de mai de cette même année.

[5] Le mot *idylle* était autrefois masculin, conformément à l'étymologie *idyllium*, εἰδύλλιον). L'Académie le faisait encore masculin dans son *Dictionnaire* de 1696, vingt-deux ans après l'*Art poétique* de Boileau.

[6] Marc-Antoine de Girard, sieur de Saint-Amant, avait un embonpoint proverbial. Tallemant des Réaux (t. III. p. 310) dit à ce sujet : « En une épistre à M. d'Orléans, sur la prise de Gravelines, il s'appelle le *gros* Virgile; il eust mieux fait de dire le *gros ivrogne*. »

[7] Le *Moyse sauvé* ne parut qu'en 1653 (Paris, Courbé, in-4°). Tallemant donne une singulière explication du retard que mit Saint-Amant à faire imprimer son poëme (t. III, p. 310) : « Il avoit prétendu pour son *Moyse* une abbaye ou mesme

quinze cens vers chacun : le premier s'appellera le matin, le second le midy et le troisiesme, le soir, et tout l'ouvrage ne doit avoir qu'un seul jour d'estendue. Il m'en a recité trois ou quatre cens vers où il y a force descriptions où il m'a semblé grand peintre des choses qui tombent sous les sens[1], et quand il n'auroit que cette partie, son travail plaira aux esprits du temps et ne sera pas mésestimable. Pour vous satisfaire et quelque petit nombre d'autres qui ont vostre goust, je souhaitterois qu'il fust peintre des sentimens, et qu'il représentast bien les mœurs et les passions, qui me semble, avec nos anciens, la principalle vertu de la poésie et celle qui touche, qui esmeut, qui persuade et qui ravit, et peut estre l'aura-t-il aussy bien que l'autre, afin que vous ne preniés pas mon souhait pour un désespoir et pour une tacite condamnation. Je ne vous puis que dire de l'œconomie, car il ne me l'a point discourue, mais je crains qu'Aristote n'y soit choqué et, à vous dire vray, il me surprendroit fort si le hazard n'y avoit plus de part que l'art, et je le tiendrois à plus grande merveille qu'aucune de celles que nous avons veues de luy.

Pour vous confirmer dans le dégoust que vous avés d'escrire, lisés une lettre du Caro du premier volume à Marc Antonio Picolhuomini qui commence : *Voi m' havete tocco*, etc., et une autre à Luca Contile qui commence : *E possibile*, etc., et une troisiesme à Fabio Benvoglienti qui commence : *Voi mi date certe fiancate*, etc.[2] A mon avis, elles vous plairont, tant parce qu'elles s'accommodent fort à vostre présente humeur[3], et, après cela, venés me dire que je vous persécute pour vous faire escrire.

J'ay esté obligé par les civiles instances de Mme et de Mlle de Rohan de faire le tombeau de Mr de Rohan qui, au jugement mesme de ses ennemis, estoit un des plus grands capitaines de ce siècle[4]. Si vous jugés par la lecture de la copie que je vous en envoye, que je ne luy aye point fait de tort, je n'auray point de regret au temps que j'y ay mis, mais je n'ay pas assés bonne opinion de moy pour espérer que vous l'ayés bonne de cette petite pièce[5].

Le R. P. J[oseph] pensa mourir, il y a huit jours, à Compiègne, d'une violente squinancie[6] qui le laissa un jour entier sans connoissance. A force de le saigner on l'a

---

un évesché, luy qui n'entendoit pas son bréviaire, et ce fut pour punir l'ingratitude du siècle qu'il ne le fit point imprimer. Depuis, il l'a donné; mais rien au monde n'a si mal réussy. »

[1] Chapelain a bien jugé. Ce qu'il y a de mieux dans le poëme de Saint-Amant, ce sont certaines descriptions.

[2] Sur les diverses éditions des lettres d'Annibal Caro, voir le *Manuel du libraire* (t. I, col. 1588 et 1589). La première édition des *Lettere familiari* est de Venise. (Alde Manuce, 1572-1575, 2 vol. in-4°.)

[3] Chapelain a oublié d'achever sa phrase : que parce que, etc.

[4] Le duc Henri de Rohan était mort à l'abbaye de Kœnigsfelden, en Suisse, le 13 avril 1638, à l'âge de cinquante-neuf ans, des blessures reçues au combat de Rhinfeld (28 février).

[5] Voir le *Tombeau de M. le duc de Rohan*, sonnet dans le recueil des poésies de Chapelain, déjà tant de fois mentionné. Voici les deux tercets :

Enfin victorieux et sorti des dangers,
Je manque à ma patrie et manque aux estrangers
Qui fondoient leur repos sur ma sage vaillance;

Mais non! pour estre mort je ne leur manque pas.
Mon ombre couvre encor l'Italie et la France,
Et l'Espagne me craint mesme après mon trépas.

[6] M. Littré a retrouvé *squinancie* dans Ambroise Paré, et *squinance* dans Rabelais. Le *Dictionnaire* de Richelet (édition de 1759) donne encore les deux formes *squinancie* et *esquinancie*, mais en indiquant cette dernière comme préférable.

sauvé et l'on le croit, à présent, en estat de continuer ses services au Roy et à la France[1] et de recevoir le chapeau à la première promotion, laquelle le bruit constant d'une nouvelle maladie de Sa Sainteté rend douteuse[2].

Vendredy dernier, ensuitte de la prise du P. Seguenot[3] dans l'assemblée de Saumur pour estre renfermé dans le chasteau de la mesme ville, M⁰ de Saint-Cyran, l'un de vos héros, a esté arresté et mis dans le bois de Vincennes, vraysemblablement pour le soupçon des mesmes opinions que l'on a désapprouvées dans le livre de l'autre[4]. Tous ses manuscripts et travaux de quarante ans sur tous les Pères ont esté enlevés et portés, comme je croy, chés M⁰ le Chancelier. J'apprens qu'il a receu l'ordre du Roy avec grande modestie et qu'il se comporte dans la prison de la mesme sorte que s'il estoit en liberté. Les partisans du P. Sirmond disent que c'est le chastiment que méritait Petrus Aurelius[5].

Je vous ay trouvé si fleuri et si agréable dans la description de vostre musique champestre et dans les observations que vous avés faittes sur l'inégale bonté de vos rossignols[6], que je vous ay envié de nouveau un séjour qui vous inspire de si exquises pensées. Pour l'application ingénieuse que vous faittes de

---

[1] Ce n'était pas ce que pensait le P. Joseph, si l'on en croit le P. Griffet, qui (*Histoire de Louis XIII*, t. III, p. 145), racontant la mort de l'*Éminence grise*, dit : « Sa santé étant devenue languissante depuis une première attaque (d'apoplexie) qu'il avoit eue à Compiègne, il se tenoit renfermé dans son couvent, où il ne paraissoit occupé qu'à se préparer à la mort. »

[2] Il n'y eut aucune promotion de 1634 à 1641. Sur l'affaire du cardinalat du P. Joseph, voir les documents publiés par le P. Griffet (*Ibid.*, p. 146-151).

[3] Le P. Claude Seguenot, de l'Oratoire, était alors âgé de quarante-deux ans. Enlevé de Saumur le 14 mai, cet ami de l'abbé de Saint-Cyran ne tarda pas à être conduit à la Bastille, où il demeura jusqu'après la mort du cardinal de Richelieu. L'abbé Richard, biographe du P. Joseph, a prétendu que ce fut ce dernier qui fit arrêter ce traducteur imprudent du livre de Saint-Augustin, sur la Virginité. (Paris, Camusat, 1638, in-8°.)

[4] M. Sainte-Beuve (*Port-Royal*, t. I, p. 489-499) assure que Saint-Cyran ne fut emprisonné que parce qu'on le soupçonna d'avoir inspiré le traducteur. Le même critique a reproduit (t. II, p. 65, note 1) le passage relatif à l'arrestation du P. Seguenot et de l'abbé de Saint-Cyran. A la même page M. Sainte-Beuve a cité la lettre de Balzac (n° II du livre XIX, p. 761 de l'in-fol.), qui débute ainsi : « Ma curiosité est satisfaite, et vous m'avez fait grand plaisir de me mander ce que vous sçaviez de l'affaire des Prisonniers. On a eu peur, à mon advis, que l'abbé voulust faire secte, et qu'il pust devenir heresiarque. » M. Sainte-Beuve dit (en note) de cette lettre : « Elle est datée inexactement et doit être, non de janvier 1638, mais sans doute de *juillet*. » C'est une nouvelle erreur, Balzac n'ayant pas autant tardé à répondre à son ami. Il est certain pour moi que la réponse à la lettre du 18 mai fut écrite avant la fin du même mois, vers le 28 ou le 30.

[5] On sait que *Petrus Aurelius* était le pseudonyme de Jean du Vergier de Hauranne. Le recueil des opuscules publiés à diverses époques par l'abbé de Saint-Cyran sous ce nom de guerre parut en 1646 en trois volumes in-folio, sous le titre de *Petri Aurelii opera*.

[6] On lit dans la lettre de Balzac à Chapelain, du 12 mai (1638), n° XXVI du livre XIX (pages 777 et 778 de l'in-folio) : « Pour les nouvelles du grand monde que vous m'avez fait sçavoir, en voicy de nostre village. Jamais les bleds ne furent plus verds ni les arbres mieux fleuris... Je ne laisse pas de donner audience à un nombre infini de rossignols, dont tous nos buissons sont animez. Je juge de leur mérite, comme vous faites de celuy des poëtes au lieu où vous estes. »

mon nom à cause de vos chantres que vous estimés le plus[1], *agnotis humanitatem tuam vel ironiam*, et ne croyés pas que je la prenne pour argent content (*sic*) ny que j'aye jamais la témérité de me qualifier[2], Monsieur, vostre, etc.

De Paris, ce 18 may 1638.

Entre ceux qui ont, à mon avis, le mieux ou de plus près imité Horace, un certain Aonius Palearius[3] se peut dire le premier, bien que je n'aye veu de luy qu'une seule pièce en ce genre, qui commence : *Laudator vatis Venusini*. Vous la trouverés dans le recueil des poëtes italiens latins.

CLXIV.
À M. L'ÉVESQUE DE GRASSE (GODEAU),
À GRASSE.

Monsieur, j'ay laissé passer quatre ordinaires sans me scandalizer de n'avoir point de vos lettres, car j'accorde volontiers à mes amis la liberté que je leur demande et je suppose tousjours qu'ils ont raison en ce qu'ils font lorsque je ne connois pas qu'ils ont tort. Mais, au cinquiesme, je vous avoue que je l'ay un peu ressenti, et, à vous dire le vray, il eust fallu vous moins aymer pour demeurer insensible à l'obstination de vostre silence. Vous prendrés donc ma plainte pour un tesmoignage de mon amitié, et me voudrés un peu de bien de ce que je remarque les négligences qui me laissent des soupçons de n'estre pas assés aymé de vous. Il suffira pour me contenter qu'à l'avenir vous ne passiés point de mois sans m'escrire et je ne croy pas vous obliger à l'impossible, puisque je m'engage de ne point passer quinze jours sans vous rendre ce devoir.

Nous avons veu et observé les deux premiers de vos pseaumes et vous devés maintenant en avoir eu nos sentimens. Nous avons examiné la moitié du *Benedic* aussy que j'ay trouvé presque partout admirable, et je ne me puis empescher de vous en féliciter. Le reste sans doute sera de mesme. J'ay honte de manier la plume après vous et je m'estonne du monde qui veut bien entendre mes croassemens[4] après vostre harmonie. Je m'en vay néantmoins employer le loysir de l'esté à monter mon rocher[5] quand ce ne seroit que pour montrer au Prince qui m'employe qu'il ne tient pas à moy qu'il ne soit servy.

Mr le duc de La Valette est retourné de cette Cour en Guienne et, comme nous croyons, fort bien raccommodé[6]. Il commande l'armée qui entre en Espagne sous Mr le Prince et cette campagne résoudra les curieux de son entier restablissement[7]. Je l'ay veu icy chés Mr le Cardinal son frère et en ay receu caresses et civilité.

A l'hostel de Ramb[ouillet] il n'y a que

---

[1] Voici la gracieuse phrase à l'adresse de Chapelain (*ibid.*) : «Et, en effet, si vous ne le sçavez pas, je vous apprens qu'il y a autant de différence de rossignol à rossignol que de poète à poète. Il y en a de la première et de la dernière classe. Nous avons quantité de Maillets et de..., mais nous avons aussi quelques Chapelains et quelques Malherbes.»

[2] *Se qualifier* est pris ici absolument : se donner pour un homme *qualifié*; s'en faire accroire.

[3] Aonius Palearius (Antonio della Paglia) fut, comme hérétique, pendu à Rome, le 3 juillet 1570. Voir sur l'homme et l'écrivain un livre spécial de M. Jules Bonnet, *Aonio Paleario, étude sur la Réforme en Italie*. (Paris, 1 vol. in-12.)

[4] Il est impossible d'être plus modeste. Mais n'est-ce point là de la fausse modestie?

[5] Allusion au rocher dont parle Ovide : *ruiturum, Sisyphe, saxum*.

[6] Pas autant que le croyait Chapelain, ainsi que les événements ne tardèrent pas à le prouver.

[7] On sait combien la campagne du prince de Condé sur la frontière d'Espagne fut malheureuse, et combien notamment fut honteux l'échec

Mme la Marquise de malade, encore sa maladie n'est-elle que l'ordinaire, c'est à dire la persécution de sa bile, qui la tient tousjours en langueur.

Mlle Paulet a tant fait pour purger Mr de Croisilles des accusations que luy faisoient les gens de Mr le Conte qu'enfin elle a presque trouvé qu'il estoit marié sous le nom de son valet[1]. Il est arresté à Sedan et son valet à Dreux. Nous en sommes en une peine extrême quoyque nous croyons que tout ce bruit et ces arrets scandaleux n'ayent pour fondement qu'une noire et abominable calomnie pour ruiner cette personne et posséder la place qu'il tient[2].

Je suis, Monsieur, vostre, etc.

De Paris, ce 20 may 1638.

CLXV.

À M. MAINARD,

À SAINT-CÉRÉ

(EN AUVERGNE).

Monsieur, j'avois la plume à la main pour accompagner la lettre de Mr de Balzac, que je vous envoye, d'un mot d'addresse, lorsque Mr Flotte m'a rendu la vostre, où vous me mettés en confusion, tant du bien que vous dittes de moy que du mal que vous dittes de vous. Surtout je suis estonné des excuses que vous faittes de vostre façon d'escrire, comme si vous n'escriviés pas excellemment, ou comme si vous escriviés à un homme qui fist profession de faire des lettres polies, et qui voulust que ses amis se rongeassent les ongles pour lui faire des complimens ajustés. Ce seroit à moy, Monsieur, à vous prier de me pardonner mes négligences, si je n'estois en possession d'escrire négligemment, et si je ne croyois que si un homme doit faire effort, ce ne doit pas estre dans le stile épistolaire, qui demande la clarté, la chasseté[3], et la naïveté, et qui ne reçoit que rarement des sujets de la haute éloquence.

Pour moy qui n'ay pas le loysir de m'estendre sur les choses nécessaires, je me dispense volontiers et tousjours de m'exercer aux superflues, et je croy que mes amis trouvent mes lettres bonnes quand elles leur parlent de mes affaires ou des leurs, qui sont les seules affaires qui m'obligent à leur escrire. Hors celles là, je leur croirois

---

de Fontarabie (7 septembre), échec dont le prince de Condé rejeta toute la responsabilité sur le duc de la Valette. Ce ne fut donc pas à «l'entier rétablissement» du frère du cardinal de la Valette que les curieux assistèrent, mais à sa condamnation à mort (25 mai 1639).

[1] Ce valet s'appelait Élie Pilot (Tallemant, t. III, p. 31). Les bans avaient été publiés sous ce nom, et l'acte de mariage avait été signé de même à Linas, entre Paris et Étampes (aujourd'hui commune du département de Seine-et-Oise, canton d'Arpajon, arrondissement de Corbeil).

[2] Tallemant (ibid., p. 33), accuse «un joueur de luth flamant, nommé Van-Broc, qui avoit esté autrefois au grand prieur de Vendosme, et qui estoit alors à M. le Comte,» d'avoir voulu profiter de la ruine de l'accusé. «C'estoit, ajoute le chroniqueur, un petit fourbe qui espéroit qu'on le trouveroit assez honneste homme pour le mettre en la place de Croisilles.»

[3] Chasseté, prononciation adoucie pour chasteté. «Charles Fontaine reprend Joachim Du Bellay pour avoir dit venusté au lieu de venusteté... On dit aujourdhuy venusté, par contraction, pour une plus grande douceur et cette contraction n'est pas sans exemple... Par cette raison de plus grande douceur, M. Costar a dit hippotame, au lieu d'hippopotame.» (Ménage, Observations sur la langue Françoise, chap. Venusté.) Chasteté s'applique ici à la correction, à la pureté du style. C'est dans ce sens que Balzac a dit dans une de ses lettres : «Le style si chaste et si réglé de M. Chapelain.»

estre à charge et moy mesme je me le serois si la fantaisie m'estoit venue de les entretenir sur rien. Je vous escris, cette fois cy, pour vous dire que Mr de Balzac, ayant veu la lettre que vous m'escrivistes il y a un mois, a esté excité à vous respondre en latin qui vous plaira[1], si je ne me trompe. Il verra encore vostre dernière, puisqu'elle le regarde et, en cela, comme en toutes choses, je vous tesmoigneray que je suis, Monsieur, vostre, etc.

De Paris, ce 22 may 1638.

CLXVI.
A M. LE MARQUIS DE MONTAUZIER,
À COLMAR.

Monsieur, depuis Bussières nous n'avons eu de vos nouvelles que par Mr de la Perche qui escrivit de Nancy avec vostre heureuse arrivée le péril que vous aviés couru sur les chemins. Je pardonne à la fortune de ne vous avoir que présenté le danger sans vous l'avoir fait courir et souffrir tout ensemble, mais je ne vous pardonne pas d'estre parti de Nancy sans nous avoir fait un mot de despesche qui nous confirmast au moins la vérité de vostre arrivée en Lorraine, et nous fit espérer que le reste de vostre voyage ne seroit pas plus malheureux. C'est une plainte qui m'est commune avec tout l'hostel de Ramb[ouillet] et je ne doute point que, quand celuy de Clermont sera de retour de Graville, ils ne se joignent en cause avec nous, et qu'il ne se face de générales clameurs contre vous. Néantmoins ne vous alarmés pas et ayés si bonne opinion de vous que de croire qu'aux premières de vos lettres bien dattées de Colmar, toutes les gronderies cesseront, et nous ne nous souviendrons pas seulement de vos négligences.

Hier, je vis Mme la marquise et la treuvay sur la vie d'Alexandre d'Arrian[2]. Elle me monstra trois endroits où ce grand héros avoit pleuré[3], et me dit que je vous mandasse qu'après luy vous pouviés bien respandre quelques larmes sans honte et ne vous pas tenir pour deshonnoré d'avoir eu un peu les yeux humides lorsque vous vous séparastes des personnes pour qui vous verseriés volontiers de vostre sang. Il y a deux mois qu'elle est languissante et plus panchante du costé de la maladie que de la santé. Je croy toutesfois qu'il n'en faut rien craindre de pis que l'année précédente et que nous luy rendrons encore longtemps nos devoirs.

Au reste la difficulté des chemins et le peu d'occasions seures qui se présentent de vous escrire me fait fort appréhender et que nous ne vous pourrons pas escrire souvent et que les nouvelles que nous vous escrirons tarderont longtemps devant qu'elles vous soient rendues si elles ne se perdent avant que d'aller jusques à vous. Mr de la Flotte

---

[1] Dans la XXXIIe de ses lettres (Recueil de 1655), Mainard parle à Chapelain «des beaux vers latins, où il [Balzac] veut que mon nom paroisse dans un esclat que je n'eusse pas osé espérer». Il ajoute : «Je vous regarde tous deux comme mes maistres, et l'honneur que vous me faites de m'aymer est l'unique source de ma joye et de ma vanité. Je ne vous en diray pas davantage, Monsieur, de peur de vous fascher, et de recevoir encore des reproches de vous...»

[2] La marquise lisait-elle les *faicts et conquestes de Alexandre le Grand descripts en grec, en huict livres, par Arrian de Nicomédie, traduicts fidelement de grec en françois par Witart* (Paris, Fed. Morel, 1599, in-4°)? On sait que la traduction de Perrot d'Ablancourt ne parut qu'en 1696.

[3] Je n'en trouve que deux, le chapitre III du livre IV, où, après le meurtre de Clitus, Alexandre arrose sa couche de larmes, et le chapitre IV du livre VII, où l'ami d'Ephestion se livre à tous les excès du désespoir.

sera porteur de celle cy que je prie Dieu de conserver pour l'amour de luy et pour l'amour de vous, et certes il m'a semblé un fort honneste gentilhomme et bien passionné dans vos intérests.

Nous n'avons rien sceu de M' le marquis de Pisani depuis Lion, mais sa paresse nous asseure[1] et nous vaut une demie preuve qu'il aura passé les monts avec la mesme santé que le reste. Un plus punctuel nous manquant, nous feroit craindre que quelque mauvaise rencontre ne l'eust fait manquer.

L'affaire de M' de Croisilles a esclaté plus que jamais, et j'ay douleur de vous dire qu'il y a désormais plus de la moitié des apparences contre luy en ce qui regarde ce bizarre mariage dont il est accusé. Mlle de P[aulet], en voulant esclaircir la calomnie, trouve des charges grandes contre luy et nous n'avons plus que la déclaration contraire de sa prétendue femme qui nous fait tenir pour luy, car la mère et trois autres tesmoins de Linas, où se firent les espousailles, maintiennent constamment que ce fust luy qui épousa et non son valet[2]. Ne tesmoignés point, s'il vous plaist, d'avoir connoissance de cecy par vos lettres, si vous ne le sçavés par d'autres que par moy. Mais je ne puis m'empescher de vous dire que voilà l'une des plus estranges choses qui soient arrivées de ce temps et du passé mesme.

Je vous envoye une copie des nouvelles que j'escris à M' de Longueville qui vous informeront de beaucoup de choses au plus près de la vérité. Vous aurés encore une lettre latine de M' de Balzac à Mainard qui passe pour bonne. Vous en jugerés[3]. M' Conrard a voulu que je misse sa despesche avec la mienne, et que par là vous ne pussiés pas dire avec raison que vous ne receviés jamais rien de moy que de mal escrit. Je veux croire que vous aurés receu la lettre que je vous escrivois de ce que j'avais fait avec M' Polème pour vostre service et que vous aurés suyvi mon conseil en ce qu'elle contenoit.

Je vous baise très humblement les mains et suis tousjours, Monsieur, vostre, etc.

De Paris, ce 23 may 1638[4].

CLXVII.

A M. MAINARD,

À SAINT-CÉRÉ.

Monsieur, je reçois à très grand honneur l'ordre que vous avés donné à M' Flotte de me faire voir les beaux ouvrages que vous luy devés envoyer à l'avenir, non pas pour m'estimer digne de la déférence que vous voulés avoir et rendre à mes sentimens sur les productions d'un si grand maistre, que pour m'imaginer que je jouiray de ce bien longtemps devant[5] ceux qui le mériteroient bien mieux que moy, s'ils n'estoient pas plus malheureux que moy. Je me connois extrêmement et n'ay rien de bon en moy que cette lumière qui m'empesche

---

[1] *Asseure* pour *rasseure*.

[2] Saint Vincent de Paul, selon Tallemant (t. III, p. 32) se rendit à Linas, à la prière de la duchesse d'Aiguillon, et en ramena le prêtre qui avait marié Croisilles, et deux marguilliers qui avaient assisté à la cérémonie. «Ces gens reconnurent Croisilles. Il estoit rousseau et facile à reconnoistre.»

[3] C'est la pièce intitulée : *Ad Franciscum Mainardum, Roma reducem Querela* (p. 1 et 2 des *Carmina et epistolœ*). Il en sera reparlé dans deux des lettres qui vont suivre (CLXVII et CLXVIII).

[4] Mentionnons un billet sans date à Mlle de G... [de Gournay?] où (f° 291) Chapelain donne ce bulletin de sa santé : «Ne soyez point en peine de mon mal, ce n'est rien qu'une santé infirme. Tous les estés me sont incommodes de la sorte et je suis désormais accoustumé à passer quatre mois de l'année avec un tumulte et un gonflement de bile qui ne me laisse vivre qu'à demy...»

[5] *Devant* est là pour *avant*.

de prendre mes défaux pour des vertus, et qui me rend aussy bien juste envers moy qu'envers les autres. Le plus haut point de mon habileté ne consiste qu'à sçavoir bien ce que vous valés, et à regarder ce que vous faittes comme des chefd'œuvres en leur genre. Si vous m'eslevés au dessus de cela, et qu'au lieu de vostre admirateur vous me vouliés faire vostre censeur, je ne croiray point que vous me parliés sérieusement et me persuaderés plustost que vos paroles sont de raillerie que de louange.

Envoyés nous, Monsieur, vos merveilles et n'en attendés point de répréhensions. Croyés que vous les aurés purgées de toute l'impureté que les plus belles pensées apportent avec elles dès leur naissance, et ne soupçonnés pas qu'un homme confirmé en grâce dans la poésie, depuis tant d'années[1], puisse désormais tomber en faute et donner justement à reprendre à un principiant[2] comme moy. Je verray ce que vous nous ferés voir avec des yeux d'admiration, et le feray voir de mesme à ceux qui ne voyent que par les yeux d'autruy, et qui ont bonne opinion des miens. S'il est besoin mesme, j'en défendray le mérite au péril de tout ce peu de réputation que vostre amitié m'a acquise dans nostre monde, et ne souffriray pas, où s'estendra ma jurisdiction, qu'on leur face la moindre injustice.

Je vous envoyay, il y a dix jours, une belle lettre latine en vers de Mr de Balzac à vous. Il y a apparence que vous l'aurés maintenant receue. Nos gens de latin de deça qui l'ont veue en font un cas particulier dont je me suis resjouy pour l'intérest de l'un et de l'autre. Si vous lui respondés, je me chargeray de vostre lettre et la feray tenir fort seurement.

Je suis, Monsieur, vostre, etc.

De Paris, ce 3 juin 1638[3].

CLXVIII.

À M. DE BALZAC,

À BALZAC.

Monsieur, je ne suis pas sans inquiétude

---

[1] Mainard, alors âgé de soixante ans, était entré depuis trente ans dans la carrière poétique. On sait qu'en sa jeunesse il vint à la Cour, et fut secrétaire de la reine Marguerite, aimé de Desportes, et camarade de Regnier, comme l'a rappelé Pellisson (*Histoire de l'Académie*, t. I, p. 196). Dès 1606, Mainard avait composé, sous l'inspiration de Marguerite, deux élégies qui ont été insérées dans le *Parnasse des plus excellents poètes de ce temps*. (Paris, 1607, 2 vol. in-12.)

[2] Terme purement italien : «*principiante*, apprenty,» dit Antoine Oudin, dans ses *Recherches italiennes et françoises*. *Principiant* ne figure dans aucun de nos *Dictionnaires* (Richelet, Trévoux et Littré).

[3] J'omets un billet, du 27 mai, au duc de Longueville pour lui annoncer l'envoi du 1er livre de *la Pucelle* et pour lui promettre le prochain envoi des deux livres suivants (f° 292); un billet à Godeau, du 3 juin, où Chapelain lui reparle de *la Pucelle* et du sieur Bouchard (f° 292); enfin une lettre au marquis de Montauzier, du 5 juin, où (f° 294) il lui reproche ainsi sa négligence : «Je vous en gronde à bon escient et suis chargé du murmure universel de tout ce que vous avés d'amis à Paris qui sont scandalizés de vostre silence.» Chapelain l'entretient de ses démarches auprès de son ami «nommé Polème» (nous ignorons quel militaire désigne ce pseudonyme significatif), «concernant vostre subsistance à Colmar et Schelestadt, comme vous aurés veu plus amplement si le paquet est parvenu entre vos mains.» Il ajoute : «Mlle Paulet est tousjours embarrassée de l'affaire de M. de Croisilles et fait tout ce qu'elle peut pour oster au monde l'opinion qu'il ne s'est point marié sous le nom de son valet, sans que jusques icy elle ait obtenu ce qu'elle désire. Je la plains extrêmement, et luy encore davantage de ce que ce mauvais bruit

du long silence que vous avés gardé depuis vos dernières lettres, et je n'ay peu voir passer trois semaines sans avoir de vos nouvelles, qu'il ne me soit tombé en l'esprit que la cause en pourroit venir de quelque indisposition. L'amitié est craintive et tout luy fait ombrage. Elle est ingénieuse à se travailler et n'augure jamais bien des choses. Je souhaitte que mes soupçons soient faux et qu'en ce qui vous touche il n'y ait eu que mon imagination de malade. Vous m'en esclaircirés quand il vous plaira, et il suffira que ce soit par M^r l'Official[1] lorsqu'il escrira à Camusat, car vous sçavés bien que s'il y a quelque chose d'agréable dans vostre [commerce avec moy], c'est qu'il est libre, et que toute contrainte en est bannie.

Vous devés, au reste, avoir maintenant le Père Narni, et mesme devés en avoir leu une partie dont j'attens vostre sommaire jugement pour voir comment nous nous accordons en cette matière.

Ces jours passés, M^r d'Aligre et M^r l'Huillier me firent une visite exprès pour parler de vous et lire quelques unes des lettres que vous m'avés escrites. Vous devez estre fort satisfait d'eux, car ils le sont extrêmement de vous. J'ay fait voir à M^r de St Chartres vostre épistre latine à Mr Mainard et à quelques autres qui l'ont admirée. J'ai récité au père Bourbon ces deux beaux vers :

Dii, meliora mihi, vates nec credere fas sit
Immemores, Musasque suam nescire parentem,

qui en demeura transporté, et s'estendit sur vos louanges. Je l'avois prestée à Mr Voiture qui la voulut avoir pour en tirer copie. M^r de St Nicolas et le jeune Arnaud qui fit les vers pour le *Prince* en ont pris une aussi. J'en ay envoyé une à M^r le marquis de Montauzier en Alsace. Celle de M^r de St Nicolas est partie pour Rome adressée au cardinal Bentivoglio par luy, quoyque j'en eusse envoyé par le même courrier une autre à Mr Bouchard, duquel je vous diray, en passant, qu'il veut estre à toute force de l'Académie, et préfère une place dans ce Sénat à celle qu'il pourroit, quelque jour, prétendre à la Ruobe.

Toutes nos affaires vont bien partout horsmis en Italie où les Espagnols assiégent imprudemment Verceil à la barbe de deux de nos généraux[2] dont mesme l'un est cardinal au poil et à la plume[3]. Mais j'espère que la témérité succombera sous la vraye valeur et que si les Borromées dans le Mi-

---

s'est espandu partout, mais bien plus s'il en a donné sujet par sa mauvaise conduitte, ce que j'ayme beaucoup mieux ne croire pas.»

[1] Le même jour (f° 296), Chapelain écrivait à Claude Girard, «official d'Angoulesme,» pour le remercier de l'avoir rassuré au sujet de la santé de Balzac : «Je vous avoue que j'avois besoin de vostre avis pour attendre désormais de ses nouvelles sans inquiétude. Je veux croire que son voyage aura esté heureux, et que deux journées de cheval ne l'auront pas incommodé pour aller voir son amy, principalement si le ciel de vos quartiers a esté aussy benin pour les voyageurs que le nostre.. » La lettre de Claude Girard portait la date du 23 mai. Chapelain se plaint de l'avoir «reçue quatorze jours après qu'elle a esté escritte.»

[2] La ville de Verceil avait été investie le 27 mai 1638, par le marquis de Leganez. Le 2 juin, le cardinal de la Valette et le duc de Candalle, son frère (les deux généraux dont parle Chapelain), réussirent à faire entrer dans la place un renfort de deux mille hommes, mais ce succès n'empêcha pas le comte Ogliani, gouverneur de Verceil, de capituler le 5 juillet.

[3] C'est un terme de chasse : on disait d'un oiseau dressé également pour le lièvre et pour la perdrix qu'il était *au poil et à la plume*. M. Littré a cité (à l'article *Plume* de son *Dictionnaire*) cette phrase de Molière (*La comtesse d'Escarbagnas*) : «Et je vous ferai voir que je suis au poil et à la plume.»

lanois ont fait des miracles de paix, les Valettes feront dans le Piémont et au Montferrat des miracles de guerre[1]. Et certes nous en avons besoin si nous ne voulons faire oublier le françois aux Italiens.

Je suis, Monsieur, vostre, etc.

De Paris, ce 6 juin 1638.

CLXIX.
À M. DE BALZAC,
À BALZAC.

Monsieur, j'ay appris en mesme jour vostre partement et vostre retour par une vieille lettre de M^r l'Official et par une fort fraische de vous. La sienne avoit commencé à me consoler de la peine où m'avoit mis vostre silence. La vostre m'a remis tout à fait de celle que me donnoit et vostre silence et vostre voyage, dont je suis d'avis que vous vous loués, puisque vous en estes quitte pour un peu de lassitude qui vous servira à gouster plus sensiblement et plus agréablement la douceur du repos.

Mais, à ce que je voy, ce Mr de Villemontée[2] doit valoir un *mezzo mondo* d'avoir pu obliger Mr de Balzac à faire cinquante lieues pour le voir[3]. Certes je l'ayme déjà et l'honnore comme une chose rare, vous voyant attiré à luy de si loin; ce qui par la règle des attractions naturelles ne s'est peu faire sans qu'il ait de la conformité avec vous. Il est vray que je voudrois qu'à l'avenir il vous laissast tousjours faire le personnage de l'attirant et de l'aymant, et qu'il se centenast d'avoir eu une fois en sa vie cette preuve de vostre complaisance.

La paix ou au moins la trève que vous souhaittés se pourra faire cet hiver, si Dieu le veut et que cette année nous soit aussy avantageuse que l'autre. L'un de nos principaux fondemens pour le juger est le Duc de Veimar qui inquiète l'Empereur de telle sorte par son passage du Rhin, et presse si fort [l'électeur de] Bavière par celuy du Danube[4], que nous avons avis des instances que l'un et l'autre font à la porte du Grand Seigneur de la gent baptisiée[5] pour la conclusion de la paix qu'ils protestent vouloir absolument dans l'Empire. Mais il ne faut pas pour l'obtenir que ses armes soient heureuses en Piedmont, comme nous le craignons. Cependant vous n'estes pas peu heureux de n'avoir point encore senti les effets de la guerre et de n'en estre que sur l'appréhension de l'avenir. Il n'y a point de Prince en France qui se puisse vanter d'un aussy favorable traittement. Ce monstre n'excepte personne, et si vous vous en eschappés sans quelque atteinte, comme je le souhaitte, nous le conterons comme un miracle et l'adjousterons aux autres que nous avons desjà veu de vous.

---

[1] Chapelain eut tort dans son antithèse : les *miracles de guerre* des deux fils du duc d'Épernon ne purent être opposés aux *miracles de paix* du cardinal saint Charles Borromée.

[2] Sur François de Villemontée, successivement maître des requêtes, intendant du Poitou, de la Saintonge et de l'Aunis, conseiller d'État, évêque de Saint-Malo, voir une note de la page 492 des *Mélanges historiques*. *Lettres de Balzac*, n° XXIX, note que l'on pourra compléter à l'aide d'une notice assez détaillée que l'on trouvera dans un recueil manuscrit de la Bibliothèque Nationale (fonds français, n° 1418), recueil consacré à la biographie des maîtres de requêtes depuis l'année 1575 jusqu'à l'année 1722.

[3] Les villes d'Angoulême et de Poitiers ne sont distantes que de 100 kilomètres environ, mais Chapelain compte naturellement l'aller et le retour.

[4] Voir les *Mémoires* de Montglat (t. I, p. 220 et suivantes).

[5] C'est-à-dire le Pape.

Pour les traductions de Cicéron je ne doute point qu'elles ne soient infiniment au dessous de leur original, mais c'est assés, à mon avis, qu'elles ne soient pas barbares et qu'elles représentent aucunement l'air de son éloquence à ceux qui ne la peuvent pas voir chés luy. Des quatre qui ont travaillé à celles que vous avés receues, je donne pour certain un notable avantage à M⁰ d'Ablancour sur les autres et, des trois qui restent, il me semble que Patru, qui a fait pour A[r]chias, en approche le plus après luy.

Je n'ai osé porter G[oulu] P[hyllarque]¹ au jeune Arnaut de peur qu'il ne trouvast estrange que vous prissiés le soin de luy envoyer une chose que tout le monde a veu il y a dix-huit mois, et qu'il ne connust par là que vous en estes l'autheur. J'attendray donc de nouveaux ordres là dessus, et une plus ample explication de vous si vous voulés qu'il sache ce secret que jusqu'icy vous n'avés point voulu qui fust rendu public. Je luy feray sçavoir la bonne opinion que vous avés de luy, et à M⁰ de St Nicolas comme vous ressentés le petit service qu'il vous a fait en vous envoyant ce moderne *Paulum predicantem*².

Au reste, je ne m'estonne plus de ce que nostre monde ne vous tente point, et que vous préférés vostre solitude à tout ce que nostre Cour a de charmes. Vous vous en pouvés passer aisément, ayant le voysinage et la communication de M⁰ de la Thibaudière³ qui en est un des meilleurs originaux, et sans lequel on ne la peut dire véritablement belle. J'ay eu plus d'une occasion de le voir à l'hostel de Liancour, et je ne l'ay jamais veu qu'avec une extraordinaire satisfaction de sa courtoisie, de son esprit, de son sçavoir et de son mérite. En un mot, c'est un de ces excellens hommes que j'honnore pour ce qu'ils en sont dignes, et que je crains par ce que je me connois.

Je serois bien aise que vous l'eussiés accoustumé à mes défaux et qu'il me voulut aimer par mes parties essentielles et solides qui ne sont pas indignes de son affection. Si vous me mesnagés cette grace, je m'en sentiray fort vostre obligé.

Vous aurés, avec la présente, les vers du jeune Heinsius⁴, puisque vous le désirés. Il n'y a rien de nouveau que le livre de M⁰ de Priezac⁵ qu'on ne vous sçauroit envoyer sans faire tort à l'autheur ou à l'imprimeur. Le livre du P. Seguenot a esté censuré comme erroné, qui est un estage au dessous de l'hérétique. L'abbé est tousjours *sotto coporta*⁶ et l'on m'a dit qu'un

---

¹ Si j'ai bien deviné les deux noms dont Chapelain n'a donné que les initiales, quel est donc l'opuscule anonyme que Balzac laissa circuler en 1636 et où il attaquait son adversaire de 1627 et 1628? S'agirait-il de la *Relation à Ménandre*, communiquée en manuscrit?

² C'est-à-dire le P. Narni.

³ Sur cet ami de Balzac, voir la note 4 de la page 116 des *Mélanges historiques*, de 1873, n° XXXVI.

⁴ Nicolas Heinsius, fils de Daniel Heinsius, était alors âgé de dix-huit ans. Voir, sur cet humaniste, la note 2 de la page 726 et de la page 727 des *Mélanges historiques. Lettres de Balzac*, n° XXIII.

⁵ *Vindiciæ Gallicæ adversus Alexandrum patricium Armachanum* (Paris, in-8°, 1638). Ce livre, dit l'abbé d'Olivet (*Catalogue de Messieurs de l'Académie* t. I de l'*Histoire de l'Académie française*, p. 293), est une réponse faite par l'ordre de la Cour au *Mars Gallicus*, de Jansénius. Voir sur ce livre la *Bibliothèque historique de la France* (n° 28724), la notice sur Daniel de Priézac dans le *Chancelier Séguier* de M. R. Kerviler, notice où la publication du *Vindiciæ Gallicæ* (p. 555) est mise à tort en 1637.

⁶ C'est-à-dire en prison, *sotto*, sous, *coperta*, la couverture.

certain père Magna, curé à Rouen, y a esté mis aussy pour les mesmes soupçons [1].

De Paris, ce 6 juin 1638 [2].

CLXX.
À M. L'ÉVESQUE DE GRASSE (GODEAU),
À AIX.

Monsieur, je suis bien plus marry que vous ayés pris la peine de m'escrire sans que j'aye receu vos lettres, que je ne le serois si vous ne m'aviés point escrit du tout. Au dernier cas, je ne plaindrois que ma perte, au lieu que je plains la vostre et la mienne tout ensemble, celle que vous avés faitte de m'escrire inutilement, et celle que je fais d'avoir perdu la consolation que m'apportent tousjours vos responses. J'ay receu celle d'Aix que vous m'accusés et y ay respondu.

Le rhume qui vous est survenu aura sans doute esté bien gouverné par vous, et je m'imagine qu'il vous aura, au moins, servy de dispense de prescher en des lieux funestes par leur grandeur à ceux qui sont sujets aux fluxions sur le poumon comme vous. Je vous plains des persécutions que vous font les visites actives et passives, mais je ne suis pas fasché qu'elles soient cause que vous me plaigniés de la perte de temps qu'elles me font souffrir. C'est un des maux nécessaires de ma vie auxquels il faut que je me résolve, puisque je n'ay pas assés de vertu pour mespriser le monde et ses attachemens.

L'endroit où vous pronostiqués si avantageusement pour la fortune de *la Pucelle* me passeroit pour une raillerie absolue, si je n'estois obligé de croire que vostre caractère vous donne droit de profétie, ou plustost si je ne reconnoissois que ce n'est que galanterie et belle amitié. Et voyés ma foiblesse : encore que je voye évidemment que vous vous resjouissés en me parlant ainsy, je ne laisse pas de relire vos paroles avec plaisir et vous dire de deux cent lieues ce que le mareschal d'Ancre disait à Mr de Bonnueil [3] : *Tu m'a-duli, ma tu mi piaci* [4].

Pour vostre facilité dans la poésie, elle m'est connue de trop longue main pour en douter, et c'est ce qui m'a fait tousjours dire que vous estiez le poëte le plus véritablement inspiré qu'aucun de ceux qui ont donné de leurs ouvrages à la France, et il me semble que par humilité vous nous faciés souvenir de temps en temps du peu de peine que vos vers vous donnent, comme pour nous faire entendre que vous ne croyés pas y avoir grand mérite, et que ces merveilles que vous produisés sont des ou-

---

[1] L'abbé Magna n'est pas mentionné dans le *Port-Royal* de M. Sainte-Beuve. Je ne trouve pas non plus son nom dans les *Mémoires* du P. René Rapin (3 vol. in-8°, 1865). Enfin aucun des rédacteurs de nos *Dictionnaires de biographie*, à commencer par Moréri, n'a connu ce personnage.

[2] Le 10 juin, Chapelain écrit à M. de Chavaroche (f° 298) un billet dont voici les deux principales phrases : «Vous donnerés, s'il vous plaît, à la princesse Julie ces vers ou plustost ces paroles rimées que j'ay esté querir en poste sur le Parnasse pour luy obéir... Il n'y a rien qu'il ne faille faire pour une personne aussy extraordinaire qu'elle.»

[3] M. de Bonnueil ou Boneuil était introducteur des ambassadeurs. Tallemant (t. II, p. 15) nous apprend qu'il «estoit tousjours dans l'adoration du Ministère,» et qu'on l'appelait vulgairement «le *dévot de la Cour*.»

[4] *Tu me flattes, mais tu me fais plaisir.* — Tallemant des Réaux ni les autres chroniqueurs du xviie siècle n'ont connu cette piquante anecdote. Chapelain la tenait sans doute de M. de Rambouillet, qui, comme nous l'apprend Tallemant (t. I, p. 199), était l'ami de Concino Concini. On a quelquefois attribué le mot à un autre italien, le cardinal Mazarin.

vrages de vostre heureuse nature et de la grâce de Nostre Seigneur.

L'histoire prétendue de Mr de Croisilles est de trop longue déduction pour en faire un article de lettre. Je vous diray seulement que, depuis l'accusation qui a esté faitte contre luy pour ce mariage qu'ils disent avoir esté fait de luy et d'une jeune demoiselle sous le nom d'un sien valet appellé Élie Pilot, la mère et l'oncle de la fille, les deux nottaires qui passèrent le contract, l'un des prestres qui assistèrent au mariage et les tesmoins qui y furent appellés, selon la coustume du lieu, tous soustiennent que Mr de Croisilles a espousé et non pas son valet, et il n'y a pour la justification de ce pauvre homme que la déposition constante du valet et de la demoiselle qui soustiennent, au contraire, qu'ils sont mariés ensemble et que Mr de Croisilles n'a aucune part en tout cela. Dieu permettra, comme je l'espère, que la vérité enfin se descouvrira à sa descharge. Cependant je plains Mlle Paulet qui se travaille[1] furieusement là dedans, et que je crains qui ne ruine absolument son cousin en le voulant sauver. Je croy vous pouvoir prier d'avoir cette affaire pour recommandée en vos prières.

Il n'y a autre chose que ce que je vous ay mandé touchant le P. Seguenot quant à sa personne. Son livre enfin a esté censuré en qualité de *téméraire, erroné, scandaleux et perturbateur des consciences*. Ses partisans disent qu'il n'a esté condamné que par la cabale des moines qui furent tous en Sorbonne le jour de l'Assemblée, je veux dire ceux qui sont docteurs. Mr de St-Cyran est tousjours au bois de Vincennes. Mr de Chavigny l'a visité humainement et il supporte sa prison sans le moindre murmure du monde. Il y a apparence que le coup luy vient du lieu d'où vous me le marqués.

Je suis, Monsieur, vostre, etc.

De Paris, ce 11 juin 1638[2].

---

[1] Se fatigue. M. Littré a relevé cette expression dans un sermon de Bossuet : « Il [Jésus] va, au péril de sa vie, chercher sa brebis égarée, il la rapporte sur ses épaules, parce que, errant de çà et de là, elle s'était extrêmement travaillée. »

[2] Le 12 juin, Chapelain (f° 300) écrit en ces termes au marquis de Montauzier : « En fin finale nous avons eu de vos lettres et nous avons reconnu ce qui vous empeschoit de nous escrire de dessus les chemins... Vous craigniés sans doute de corrompre vostre veine poétique si vous escriviés le moindre mot en prose, et il vous sembloit que le poëme que vous avés envoyé aux quatre nimphes de ces eaux [la princesse Julie, les deux demoiselles de Clermont et Mlle Paulet] ne seroit pas d'assés bonne longueur si vous vous destourniés le moins du monde à nous donner de vos nouvelles... » M. Livet (*Précieux et précieuses*, p. 44, note 1) a cité cet autre passage de la même lettre où Chapelain reproche au futur précepteur du frère de Louis XIV un fâcheux manque de tact : « Je vous avise que l'hostel de Clermont est un peu scandalisé de ce que vous vous repentés d'avoir parlé de la Princesse Julie comme d'une chose trop eslevée pour vous, et que vous dittes ensuitte qu'il vaut mieux parler à l'ordinaire : après quoy vous parlés des deux belles sœurs [l'imprimeur de M. Livet a mis un malencontreux trait d'union entre ces deux mots, ce qui fausse le sens] et d'Angélique l'unique. Et en vérité, quoyque cela soit dit innocemment, cela est néantmoins dit un peu sèchement. » Enfin on lit un peu plus loin : « Mlle de Rambouillet m'a ordonné de vous dire qu'elle vous escrivit trois jours après vostre départ, et qu'elle ne se peut bien résoudre à avoir perdu sa lettre, où il y devoit avoir de jolies choses de la manière que je la lui ay veue regretter... Vous estes obligé à Mr Silhon de son zèle pour ce qui vous regarde. Il a veu le compliment que vous luy faittes dans ma lettre et m'a prié de vous en tesmoigner son ressentiment... On croit icy que Mr de Fontenay-Mareuil va estre gouverneur de

CLXXI.

À M. DE BALZAC,

à balzac.

Monsieur, vous avés voulu récompenser le temps que vous avés esté sans m'escrire, lorsque vous m'avés fait deux despesches, à trois jours l'une de l'autre, et toutes deux très-obligeantes pour moy et très-indignes de vous[1]. C'est de quoy je vous rends grâces très-humbles, comme d'une chose que je chéris d'autant plus que je croy le mériter le moins et que vous avés d'autant plus de mérite à faire pour moy, que je sçay que vous avés plus de peine à la faire pour le reste du monde. Et, en effet, la dernière de ces deux lettres est presque toute sur ce sujet, et il semble que vous ne me l'ayés escritte que pour me faire une nouvelle protestation de ne plus escrire, à quoy il y a desja quelque temps que j'ay donné les mains, et que j'ay voulu vous complaire mesme contre ma conscience, en telle sorte que ce que je vous marquois du Caro dans mes précédentes n'estoit que pour vous confirmer en vostre résolution et vous faire souvenir que vous n'estiés pas le seul éloquent à qui l'escriture fust désagreable.

J'ay beaucoup de joye, au reste, que vous ayés veu, devant moy, ce que cet honneste homme a dit sur cette matière. C'est signe qu'enfin vous avés voulu connoistre par vous mesme ce qu'il valoit, et que vous ne vous estes plus rapporté à ce que les Italiens vous en avoient dit dans Rome. Car il me souvient fort bien que je vous en parlay autres fois comme de leur meilleur escrivain de lettres, dont je ne vous trouvay pas persuadé. Et vous n'estes pas le seul à qui ces Messieurs les ignorans de leurs vrayes richesses ont imposé là dessus[2]. M^r de St-Chartres en revint imprimé[3] comme vous, et j'ay eu de la peine à le faire resoudre d'en lire quelque chose du commencement. Mais, grâces aux Muses, il en est bien désabusé, et le trouve le plus galant et le plus urbain[4] de la moderne Italie, et je vous diray de luy, en passant, qu'il a le vray air d'honneste homme et qu'il y a peu de gens moins duppes et de goust plus fin que luy.

Je n'ay point veu ce second volume du Joninus[5] dont vous me parlés et, puisque

---

Lorraine en la place de M^r d'Oquincourt. Je voy plus d'apparence que jamais au voyage de M^r le duc de Longueville à Brisac. Dieu veuille qu'il soit utile, et qu'en prenant cette place avec le duc de Weymar, ils nous puissent mettre absolument à couvert du costé d'Allemagne et donner moyen de labourer en seureté dans tout vostre gouvernement...»

[1] C'est-à-dire, si j'interprète bien la pensée de Chapelain : *très-indignes de la peine qu'il vous a fallu prendre pour me les écrire*; en d'autres termes plus clairs : *dont j'étais très-indigne*.

[2] *Imposer*, dans le sens d'inspirer le respect, la soumission, a été employé par Corneille, par Bossuet, par La Bruyère. Ici encore Chapelain est le premier en date, si l'on s'en tient aux exemples fournis par le *Dictionnaire* de M. Littré.

[3] *Imprimé* est là pour *empreint*. Les deux mots ont, du reste, la même origine : ils viennent du latin *imprimere*.

[4] *Urbain*, dans le sens de poli, n'est pas indiqué dans nos dictionnaires, où le mot est seulement donné comme caractérisant ce qui concerne la ville, ce qui est opposé à rural. *Urbain* serait-il de l'invention de Chapelain, comme, s'il fallait croire quelques auteurs, *urbanité* serait de l'invention de Balzac ? Mais Balzac, si Chapelain lui-même ne l'a pas devancé dans l'emploi de ce dernier mot, n'aurait fait, en tout cas, que rajeunir un mot employé déjà, dès le xve siècle, par Nicolas Oresme.

[5] Sur le P. Gilbert Jonin, voir la note 2 de la page 614 des *Mélanges historiques. Lettres de Balzac*, n° LXXIV.

vous ne l'estimés pas, je n'ay pas la mine de le voir non plus. Le titre m'en semble pédantesque, et j'ay peur que ce ne soit de ces moralités du collége¹ qui ne trouvent guères d'audience à la Cour. J'appelle ainsy les oreilles délicates et ceux qui jugent à peu près des choses comme vous. Vous verrés que ce dernier volume en ordre estoit le premier en composition et que la réputation de celuy que nous avons ait leurré les libraires pour l'autre. C'est dommage de la mort de cet homme² qui se pouvoit dire nostre Horace lyrique et qui a faict honneur à nostre païs. Vous me la faittes de Guienne, et je ne sçay si l'Auvergne passe pour une partie de la Guienne³, mais M. Sirmond, qui me l'indiqua, et le propre titre de son livre, me l'ont tousjours fait croire Auvergnat⁴.

J'ay leu avec beaucoup de plaisir la lettre de Fabricius chés vous⁵ et je suis bien de l'avis de Mʳ l'Official pour l'avantage qu'il luy donne sur celle de Plutarque⁶ et de Quadrigarius⁷, que je n'ay garde néantmoins de considérer comme égales en mérite, et il m'a semblé, en les regardant de près avec la vostre, que, voyant l'avantage que celle de Plutarque avoit sur celle de Quadrigarius, vous estiés venu au secours de la plus foible et aviés voulu monstrer vostre valeur en luy donnant gaigné par vos ornemens. Mon opinion, touchant les deux anciennes, est que celle de Quadrigarius est la véritable, et celle de Plutarque l'imaginée et la supposée par un philosophe qui avoit les parties d'orateur.

Je ne puis finir cette lettre sans vous dire que le mestier d'escrire me desplaist d'autant plus qu'à vous, et que j'escris plus mal que vous, que j'ay moins de loysir que vous. Il est incroyable combien je me sens persécuté de ces fascheux devoirs qui m'ostent la moitié de ma vie et qui me transforment de rimeur en banquier. Je n'excepte pas le prince qui me nourrit du nombre de ceux qui m'assassinent de lettres en pensant m'obliger, et je vous puis jurer en conscience que vous estes le seul homme du monde à qui j'escrive sans regret, afin que vous perdiés la créance que vous tesmoignés d'avoir, lorsque vous nommés l'escriture *une occupation que j'ayme si fort.*

---

¹ S'agit-il du recueil intitulé : *Ethica poesis 13 centuriis distichorum explicata* (Lyon, 1637, in-16)? Déjà, en cette même année, avait paru, dans la même ville, les *Poematum libri duo* du même auteur.

² Le P. Jonin était mort, âgé de quarante-deux ans, à Tournon, le 9 mars 1638.

³ Avant Balzac, Florimond de Raymond, dans son *Anti-Christ* (1595), avait fait d'un autre Auvergnat, — bien illustre, — du pape Sylvestre II, un enfant de la Guyenne (*nostre gascon Sylvestre second*). Voir, à ce sujet, une note de l'*Essai sur la vie et les ouvrages de Florimond de Raymond, conseiller au parlement de Bordeaux* (1867, in-8°, p. 89).

⁴ Le P. Jonin était bien de l'Auvergne. On lit sur le titre de ses premiers ouvrages : *Lyrica Gilberti Ionini Arverni*, etc. (Lyon, 1630); *Gilberti Jonini Arverni e Societate Jesu Odarum libri IV*, etc. (Paris, 1635).

⁵ Voir cette lettre dans la seconde des *Dissertations politiques*, intitulée : *De la conversation des Romains. A Madame la marquise de Rambouillet* (p. 437 du tome II des *OEuvres complètes*, 1665).

⁶ *Les Vies des hommes illustres*, Pyrrhus, chap. XXIV.

⁷ L'historien Q. Claudius Quadrigarius, qui florissait vers l'an 80 avant l'ère chrétienne, avait écrit des annales qui commençaient à la prise de Rome par les Gaulois et qui finissaient à la mort de Scylla. Le peu qui en reste nous a été conservé par Aulu-Gelle. On trouvera dans le chapitre VIII du livre III des *Nuits attiques* la lettre des consuls Fabricius et Æmilius à Pyrrhus, *Litteræ eximiæ consulum C. Fabricii et Q. Æmilii ad regem Pyrrhum, a Q. Claudio, scriptore historiarum, in memoriam datæ.*

Mʳ L'Huillier sort de céans; il a veu et estimé vostre despesche à Pyrrhus et m'a fort chargé de vous baiser les mains de sa part. Il m'a appris que vous aviés escrit à Guyet. Il serait bien aise de voir en quels termes[1].

Je suis, Monsieur, vostre, etc.

De Paris, ce 12 juin 1638.

CLXXII.
À M. LE MARQUIS DE PISANI,
EN PIÉMONT.

Monsieur, il n'y auroit guères d'apparence de vous obliger à mettre la main à la plume pour plaire à vos amis, maintenant que vous l'avés mise à l'espée pour desfaire vos ennemis.

Je ne vous escris pas aussy afin que vous me rescriviés, ni mesme presque afin que vous lisiés ma lettre, mais seulement afin qu'après vos victoires, lorsque vous ne sçaurés à quoy vous occuper, vous voyés que nous avons pris soin de vous dans un temps où vous abandonniés vostre vie, et que nous tremblions pour vous lorsque vous faisiés trembler les autres. Nous apprenons de tous costés le péril où est l'une des principales places du Piedmont et ne sçavons que juger de l'événement du siége de Verceil. Néantmoins nous panchons plustost du costé de l'espérance, nous souvenant que Mᵍʳ le cardinal de la Valette a entrepris de le faire lever, et nous ne sçaurions nous imaginer qu'un capitaine qui a donné la chasse à Galas, dès ses premiers commandemens, et qui a sceu prendre des places d'importance sur le Cardinal Infant et à sa barbe, ne puisse empescher le Marquis de Leganes d'en enlever une qui d'ailleurs n'est pas prenable facilement. En un mot nous espérons en sa conduitte, en son courage et en sa fortune, et ne craignons bien que pour vous qui estes un tres meschant gardien de vous mesme[2].

Croyés vos serviteurs quand ils vous disent que la prudence est compatible avec le courage et qu'on ne se deshonnore pas pour n'estre que des raisonnables occasions. C'est une leçon que je fais par tous les ordinaires à l'amy que nous avons en Alsace[3], et que je ne doute point qu'il ne suyve pour ce que son courage est accompagné de sa raison. Il se plaint à Mˡˡᵉ Paulet que je ne luy parle point de vous dans mes lettres. C'est se plaindre couvertement[4] que vous ne me donnés point de sujet de luy en parler, et que vous estes tout entier de corps et d'esprit en Italie aussy bien pour luy que pour nous. Nous mentirons en vostre faveur dans la première lettre que nous luy

---

[1] Le recueil de 1665 ne renferme que deux lettres de Balzac à ce personnage, l'une (p. 366) «à M. Guiet,» du 25 septembre 1630 (n° XXIII du livre VIII), l'autre (p. 669) «à M. l'abbé Guyet,» du 28 octobre 1644 (n° V du livre XVI).

[2] L'événement prouva que Chapelain avait eu raison de s'inquiéter de la généreuse imprudence du marquis de Pisani. Écoutons Tallemant (t. II, p. 96 et 97): «Il voulut le suivre [le prince de Condé] en toutes ses campagnes... Il y fut tué enfin : ce fut à la bataille de Nortlingue (3 août 1645). Il estoit à l'aisle du mareschal de Grammont, qui fut rompue. Le chevalier de Grammont lui cria : *Viens par icy, Pisani, c'est le plus* seur. Il ne voulut pas apparemment se sauver en si mauvaise compagnie, car le chevalier estoit fort descrié pour la bravoure; il alla par ailleurs, et rencontra des Cravates qui le massacrèrent.»

[3] Montauzier.

[4] *Couvertement*, que nous n'employons plus, était très-usité au XVIIᵉ siècle. M. Littré l'a trouvé dans les *Mémoires* du cardinal de Retz et dans la *Mirame* de Desmarets, comme il l'avait trouvé déjà dans nos vieux auteurs (*Roman de la Rose, Chronique de Rains*, Froissart, La Noue, Montaigne). *Couvertement* est aussi dans Malherbe. (Voir le *glossaire* de l'édition de M. Lud. Lalanne, t. V.)

escrirons, et il croira que vous avés rempli toutes vos despesches du souvenir et de l'estime que vous avés pour luy. Voyés si nous ne sommes pas bons de vouloir bien faire ainsy officieusement un péché mortel pour vous, et, après cela, doutés, Monsieur, si je suis vostre, etc.[1]

De Paris, ce 12 juin 1638.

CLXXIII.
A M. L'ÉVESQUE DE GRASSE (GODEAU),
À GRASSE.

Monsieur, vos lettres sont assés longues et assés bonnes quand j'y trouve que vous vous portés bien. Je vous plains de tous ces sermons que le public exige de vostre zèle, et voudrois bien qu'il ne hazardast pas si librement vostre santé. Si vous vouliés vous conserver, vous avés assés de justes et péremptoires excuses pour vous dispenser de ce que vous ne devés point, et si je preschois quelques fois, ce seroit au moins dans des vaisseaux proportionnés à mon poulmon et à mon organe. Si vous allés en Avignon, ce ne seront encores qu'actions publiques, et j'ay peur qu'à vostre retour Grasse ne revoye son Évesque muet.

Mme la marquise de Ramb[ouillet] a veu les remercimens de ses remercimens aussy bien dans ma lettre que dans la sienne et a tesmoigné beaucoup de joye que ce qu'elle vous avoit escrit fust allé jusqu'à vous. Quand elle sçaura la petite vérolle de M^r son fils, nous aurons besoin de l'en aller consoler, car vous sçavés si elle l'ayme avec toutes ses incommodités corporelles[2]. Nous avons consulté meurement en sa présence, Mlle sa fille, Mr de Chaudebonne, Mr Conrart et moy y estant, s'il estoit à propos que vous vous laissassiés nommé pour cette espèce de député à la Cour dont vous nous parlés, et tous d'une voix sommes demeurés d'accord pour les raisons domestiques et publiques que vous pouvés vous estre imaginées, que vous devés rompre ce coup par toutes les voyes possibles et raisonnables. En quoy nous prétendons tous que vous nous devés bien estimer de sçavoir préférer vos interests aux nostres.

Je vous manday sommairement, il y a huit jours, l'arrest sorbonique sur le procès du P. Seguenot. Camusat m'a dit qu'il vous en envoyroit une relation compilée, à son instance, par quelque petit docteur de ses amis, qui vous instruiroit de toutes choses[3].

M^r de St-Cyran a repris sa chambre au donjon depuis que Jean de Vert[4] a pris le

---

[1] Pourquoi toutes les lettres de Chapelain ne sont-elles pas écrites de cette plume facile et spirituelle?

[2] Chapelain et Tallemant des Réaux s'expliquent presque toujours l'un par l'autre. Voici les éclaircissements que, cette fois encore, nous pouvons emprunter aux *Historiettes* (t. II, p. 495): «M. de Pisani vint beau, blanc, blond et droit au monde, mais il eut l'espine du dos desmise en nourrice, sans qu'on le sceust, et en devint si contrefait qu'on ne luy pouvoit faire de cuirasse. Cela luy gasta jusques aux traits du visage, et il demeura fort petit, ce qui sembloit d'autant plus estrange que son père, sa mère et ses sœurs sont tous grands; on disoit les *Sapins de Rambouillet* autrefois, parce qu'ils estoient je ne sçay combien de frères de grande taille et point gros. En revanche, M. de Pisani avait beaucoup d'esprit et beaucoup de cœur.»

[3] Cette relation n'est indiquée ni dans la *Bibliothèque historique de la France* ni dans le *Catalogue de la Bibliothèque Nationale. Histoire de France*.

[4] Dans la seconde bataille de Rhinfeld (3 mars 1638), «le régiment de Jean de Vert,» raconte le marquis de Montglat (*Mémoires*, t. I, p. 220), «lâcha pied le dernier; mais enfin il céda au torrent, et Jean de Vert combattant vaillamment à la tête, fut pris prisonnier avec les généraux Enkenfort, Savelli et Sperrenter. Ainsi le duc de

logement de Coloredo[1]. Ils disent qu'il est malade de ne plus estudier.

Je suis, Monsieur, vostre, etc.

De Paris, ce 18 juin 1638.

CLXXIV.
À M. LE MARQUIS DE MONTAUZIER,
EN ALSACE.

Monsieur, vous verrés par la copie de nos nouvelles que je vous envoye à quoy en sont toutes nos affaires présentes. Je n'y adjousteray rien icy autre chose, sinon que Mgr le Duc de Longueville, ayant commencé sa campagne par la prise de Chaussin-Raon[2] et quelques autres chasteaux dont il a fait pendre les capitaines, pour avoir mal à propos laissé tirer le canon, et par le dégast d'autour de Dôle, s'est tourné du costé de Poligny et d'Arbois[3] où tout a quitté devant sa venue, et la pluspart des personnes de deffense se sont jettées dans Salins[4] pour y mourir. Il y va maintenant. Les avenues en sont extrêmement fortifiées; si on les peut emporter, la place se prendra aisement ensuitte. Mais si l'ordre du baron de Ciré est tel qu'on nous le dit pour ce coup, Salins l'eschappera, et certes pourveu que Brisac se prenne, Salins se prendra bien après. L'opinion de tous vos amis habiles de deça est que vous gardiés bonne et déférente correspondance avec le Duc de Veimar, autant que les affaires du Roy le permettront, car il est fort considéré de deça et qui se brouilleroit avec luy y auroit du pire, s'il n'avoit eu ordre exprès. Mais je croy que cet avis est superflu et que vous avés pour cela toutes les dispositions requises.

Vous aurés, avec ce mot, un nouveau paquet de Mr Poleme pour Colmar plus efficace, comme je l'espère, que le précédent, et vous y trouverés encore une lettre de luy à vous pour response de la vostre, dont je veux croire que vous aurés sujet de vous contenter. C'est un effect premièrement de ce que vous estes et de ce que vous valés, et, après cela, de la bonté et générosité de Mr Silhon qui se tue de vous vouloir servir et agit pour cela comme si vous l'y aviés autant obligé que moy. Il m'a fort chargé de vous baiser les mains de sa part et moy je vous prie bien fort de luy tesmoigner vostre ressentiment, afin qu'il voye que la passion que je lui ay fait naistre pour vous est bien fondée.

Au reste, vous eustes par l'ordinaire passé plus de lettres en prose et en vers qu'il n'en faudroit pour faire une Arcadie de Sanazar[5]. Vous aviés mis en telle humeur l'un et l'autre sexe qu'il n'y eust personne qui ne

---

Veimar gagna la bataille et prit les quatre généraux ennemis prisonniers, qui est une chose fort extraordinaire, et qui n'est peut-être jamais arrivée.» Voir dans la *Gazette* du 11 mars 1638 (p. 144) une relation intitulée: *La prise de Jean de Verth et autres généraux et colonels de l'armée impériale, défaite par le duc de Veimar, devant la ville de Rhinfeld.*

[1] On lit dans la *Gazette* du 17 avril (p. 184): «La semaine passée, le général Coloredo, qui estoit ici prisonnier de guerre, fut mis en liberté par eschange d'autres prisonniers françois.»

[2] Aujourd'hui chef-lieu de canton du département du Jura, arrondissement de Dôle, à 20 kilomètres de cette ville, sur la rive gauche du Doubs.

[3] Poligny, Arbois, appartiennent au département du Jura. Ces deux villes, l'une chef-lieu d'arrondissement, l'autre chef-lieu de canton, ne sont qu'à 10 kilomètres l'une de l'autre.

[4] Chef-lieu de canton de l'arrondissement de Poligny, à 14 kilomètres de cette ville. Sur toutes les opérations du duc de Longueville en Franche-Comté, voir les *Mémoires* de Montglat (t. I, p. 231).

[5] Jacques Sannazar (Jacopo Sannazzaro), né à Naples en 1458, mourut en 1530. Son *Arcadia*, roman mêlé de prose et de vers, parut en

voulust vous escrire, et, un jour durant, on ne traitta que de vos affaires sur l'Hélicon, et les Muses ne furent occupées qu'à chanter vos louanges¹. La peine que prirent nos dames pour vous les tient encore en peine. Elles voudroient bien que les Lorrains sauvages ne vous fissent pas perdre la consolation qu'elles vous donnoient et que ces mesmes animaux ne leur fissent pas perdre aussy la peine qu'elles ont prises pour vous consoler. Je vous avoue que je suis maintenant en mesme inquiétude qu'elles pour le paquet que M⁽ᵉ⁾ Poleme addresse à Colmar sur vostre sujet dans la persuasion où je suis qu'il vous pourra estre fort utile.

M⁽ʳ⁾ le marquis de Pisani a la petite vérole et elle est sortie en si grande quantité que M⁽ᵍʳ⁾ le cardinal de la Valette en donne fort bonne espérance.

Je suis, Monsieur, vostre, etc.

De Paris, ce 18 juin 1638.

Sur le point de fermer ma lettre, la belle Lionne, accompagnée des deux aimables sœurs, que vous avés traittées en filles à l'ordinaire², entra dans ma grotte et me vint rendre le paquet qui s'addressoit à M⁽ʳ⁾ Conrart et à moy. Elles s'assirent sur les siéges qu'autresfois vous avés foulés, et voulurent voir le lieu où reposoient les livres que nous avons quelquesfois feuilletés ensemble. Je vis les belles plaintes que vous faisiés à la Lionne de l'estat présent où vous vous trouvés. Je leur leus ce que vous m'en mandiés, et toute la conversation se passa en parlant à souhait de vous. Et, afin que vous ne soyés plus en peine de ces quatre vers qui avoient esté remarqués, je vous donne avis que la douleur en est passée et que le nuage est dissipé³. Je croyois bien qu'ils pouvoient estre couchés d'une autre sorte, mais j'ay fort maintenu l'intention du poète et je croys avoir esté le plus heureux de ceux qui ont entrepris sa justification.

Vous estimés trop le sonnet que j'ay donné à la mémoire de M⁽ʳ⁾ de Rohan. J'honnorois fort sa vertu, mais si je l'eusse autant chérie que celle de M⁽ʳ⁾ vostre frère, ses vers s'en fussent sentis, et je les eusse à proportion faits aussy supportables que vous avés trouvés ceux que je fis pour un sujet pour moy plus lamentable encore. Tant que je seray à Paris et qu'il plaira à la Lionne, c'est-à-dire à mon avis tousjours, je continueray cette correspondance que vous me demandés avec joye, puisque vous la croyés utile à vos affaires, quand mesme M⁽ʳ⁾ le duc de Longueville ne m'obligeroit pas à estre nouvellier⁴ pour luy. Cecy est une response volante à la lettre du 7 juin de Schelestadt. Continués à nous mander des nouvelles publiques de dessus le Rhin pour

---

1504 (Venise, in-4°). Sur Sannazar, voir la note 2 de la page 690 des *Mélanges historiques, Lettres de Balzac*, n° CVI, et, en ce qui regarde particulièrement *l'Arcadie*, voir l'*Histoire de la littérature italienne*, de M. L. Étienne (p. 223-228).

¹ Cette phrase a été insérée par M. Livet dans ses *Précieux et Précieuses* (p. 43).

² M. Livet, qui a reproduit ce *post-scriptum* dans le même ouvrage (p. 44), a soin de rappeler le passage déjà cité de la lettre du 12 juin 1638, où Chapelain reprochait à Montauzier d'avoir mis M⁽ˡˡᵉ⁾ de Clermont parmi les personnes ordinaires.

³ Le nuage produit par la lecture des vers où Montauzier avait oublié qu'il ne faut jamais louer une femme aux dépens d'une autre, surtout quand cette autre doit lire l'éloge de sa rivale.

⁴ Le mot *nouvellier* n'est donné dans nos dictionnaires que comme synonyme d'auteur de ces récits que l'on appelait nouvelles et qui eurent tant de vogue au XVIᵉ siècle. Le mot *nouvelliste* a été employé par M⁽ˡˡᵉ⁾ de Scudéry, par Racine, par La Bruyère; mais M. Littré n'en fournit aucun exemple antérieur à la seconde moitié du XVIIᵉ siècle.

CLXXV.

À M. DE BALZAC,

À BALZAC.

Monsieur, je me tiens heureux de ce que vous vous accommodés de mes lettres extemporanées[1], et si vous me permettés encore, de véritable *improvisante*. Car, à vous dire vray, j'en connois la rusticité et ne suis pas en cela grossier et présomptueux tout ensemble. Mais dans l'accablement où je suis de tous costés, si je ne me donnois la liberté de mal escrire, et si je ne me résolvois mesme à en estre blasmé, il ne faudroit point que j'escrivisse du tout. Cependant je reconnois vous avoir obligation de vous estre endurci en mes rudesses et de vous estre accoustumé à ne desdaigner pas de me lire, après vous estre leu. Je rens grâces à vostre bonté de ce qu'elle ne regarde que la mienne dans mes escrits et qu'elle passe pardessus mes autres défauts en faveur de cette partie dans laquelle je serois marry que personne me surpassast.

J'ay veu la belle despesche que vous avés envoyée à Mr de Vill[emontée] sur son affliction domestique[2], et certes, sans complaisance, elle m'a pleu infiniment et la façon de le consoler, adroitte et vigoureuse, éloquente et philosophique que vous y avés employée, m'a semblé une des plus belles productions de vostre esprit[3]. Au reste, si cette personne est de vos cordiaux amis, je le plains au double dans le scandaleux esclat qu'il a esté obligé de faire pour sauver, en quelque sorte, le deshonneur de sa maison, et ne suis plus pour luy dans la simple compassion que l'humanité me fit avoir de luy que je ne connoissois point, lorsqu'on me conta chés la princesse Julie son malheur et son desplaisir. S'il se fust bien informé de la lubrique qu'il a pour femme, lorsqu'il la rechercha, il se fust espargné

---

[1] De *ex tempore*, sur-le-champ. M. Littré, qui a trouvé *extemporanéité* dans Diderot, n'a cité aucun emploi du mot *extemporané*. Le mot manque dans les dictionnaires de Richelet et de Trévoux.

[2] Tallemant des Réaux, dans son historiette sur François de Villemontée (t. IV, p. 346-348), nous donne force détails sur l'*affliction domestique* dont parle Chapelain. La femme de l'intendant de Poitou, laquelle s'appelait Philippe de la Barre, et était fille de Paul de la Barre, payeur des rentes, «devint amoureuse, à la Rochelle, d'un gentilhomme du grand prieur de la Porte, nommé l'Espinay.» Cette amourette, ajoute le chroniqueur, «passa bien avant... Le mary fut assez fou pour faire du bruit... il mit sa femme en religion : depuis, il la relegua à une terre.»

[3] Nous n'avons que deux lettres de Balzac à Villemontée, une du 20 avril 1642 (n° XXVIII du livre X, p. 991 de l'in-fol.), une autre du 1er juillet 1641 (n° IV du livre XI, p. 498). C'est peut-être cette dernière — mal datée, comme presque toujours — qui a mérité les éloges de Chapelain. Balzac y fait allusion à des chagrins qui doivent être les chagrins de l'époux trompé, déshonoré. Que l'on en juge par ces deux ou trois citations : «Vous direz, peut-estre, que mon zèle est impatient, mais quand vous devriez dire qu'il est indiscret, il faut que je vous envoye ce porteur, et que je sache par son retour ce que je ne puis ignorer sans inquiétude. Lorsque je partis d'auprès de vous, je vous laissay au meilleur estat où l'estude de la sagesse puisse mettre un esprit parfaitement raisonnable... Le mot de tristesse, que j'ay leu parmi les autres [de la lettre de Villemontée] me donne un peu à penser... Il me souvient des sages propos que vous me tinstes dans la fraischeur de la blessure qui vous cuisoit...» Suivent des paroles de consolation qui semblent bien être celles que Chapelain trouvait *adroites* et *vigoureuses*, *éloquentes* et *philosophiques*.

cette douleur; il n'eust point sans doute espousé celle qui avoit tué son premier mary[1] à force de le rendre son *marry*[2], et eust apprehendé les effets du desrèglement d'une personne de qui les actions permises mesmes ne causoient pas moins que la mort. Son aventure fut examinée chés cette excellente Marquise, que vous estimés, et comme l'on n'y fait jamais que justice, on la luy rendist tout entière et sans sollicitation; il y eust tous les juges pour luy. Je suis marry de faire voir à la mère et à la fille seulement ce que vous avés escrit sur ce sujet, mais il faut estre punctuel et fidelle. On ne croit de cette femme que la despense[3] et la desbauche, et je n'avois point ouy parler de ces maistres crimes de poignard et de boucon[4] dont vous me la rendés suspecte en deux ou trois endroits de vostre lettre. Cela estant, il la pouvoit renvoyer avec un *sfregio*[5] au travers du visage et un nés de moins.

Mandés moy disertement[6] ce que je feray de G[oulu] P[hyllarque], car jusques là je ne la bailleray point de vostre part à vostre amy. Pour le Narni ni de tous les éloquens de la Chèse, je n'en puis avoir meilleure opinion que vous parce qu'ils ne traittent point de matières qui reçoivent tous les grands mouvemens oratoires et où l'on puisse employer les hautes figures de sentence et de diction. Nos prédicateurs enseignent et pour l'ordinaire sont dans le seul genre démonstratif. Ils ne délibèrent jamais et, s'ils accusent quelquefois, je n'ay point encore veu qu'ils défendent; et puis il n'y a qu'un vray éloquent en ce siècle et, pour sa honte, nos autres esprits les plus eslevés rampent en comparaison des anciens. Il faut avouer néantmoins qu'entre les modernes de ce genre, ce père Narni pouvoit aspirer aux premiers rangs, si tous ses sermons sont semblables à un que je leus à l'ouverture du livre, avant que de vous l'envoyer.

M᷎ Bouchard est entré en tentation, comme je vous l'ay mandé, et, en méditant une place de l'Académie, il a médité au moins un Évesché. Cet air de Rome est des plus contagieux pour les plus confirmés philosophes, et il est mal aisé de le respirer sans prendre en mesme temps la maladie de l'ambition qui s'y est entretenu depuis la fondation de la dernière monarchie.

Qualche scioperato[7] s'est avisé de faire rire les crocheteurs aux dépens de nostre Sénat littéraire, car il ne fait point rire les honnestes gens. Il a fait une mauvaise farce, où nous représentons tous et jusques à M᷎ le Chancelier mesme, ce qui a fait supprimer

---

[1] Ni Tallemant ni son commentateur n'ont connu le premier mariage de Mme de Villemontée.

[2] Combien de fois a-t-on refait la mauvaise plaisanterie de Chapelain!

[3] Tallemand assure que la femme et le mari s'entendaient à merveille pour faire une dépense *enragée* (t. IV, p. 349).

[4] Terme, selon le *Dictionnaire de Trévoux*, qui vient de l'Italien, où il signifie morceau, bouchée. Il a la même signification chez nous, avec cette différence que nous ne le disons que d'un mets ou d'un breuvage empoisonné. M. Littré a trouvé le mot dans Saint-Simon seulement pour ce qui regarde le xvii᷎ siècle. Il est aussi dans les *Lettres* de Balzac (p. 757 de l'in-fol., n° XXXII du livre XVIII) : « L'on croit qu'elle [une pièce italienne] irrita de telle sorte les Espagnols, qu'ils s'en vengèrent par le *boucon* qui luy fut donné. »

[5] Ce mot signifie une balafre, et au figuré, affront, infamie.

[6] *Disertement* veut dire ici clairement. Amyot, dans la *Préface* de sa traduction des *Vies* de Plutarque, a employé cet adverbe dans le même sens : « Ceste espitre tesmoigne disertement qu'il a esté precepteur de Trajan. »

[7] Quelque oisif.

la pièce parce qu'on menaçoit d'un voyage en Bastille celuy qui s'en avoueroit le compositeur. C'est, à vous parler sérieusement, une maigre bouffonnerie et qui ne nous fait point de tort[1].

Pour la compilation de St Germain[2], elle est d'une matière plus sujette à censure, et je ne croy pas qu'elle ait esté veue à Paris, et ne puis satisfaire encore vostre curiosité sur cet article. Si néantmoins il avoit voulu relever ce que vous avés dit de luy parlant de Mr du Chastelet, nous en aurions ouy dire quelque chose et il ne seroit jamais tenu d'en faire un papier volant devant que de le joindre à la masse.

Je suis bien aise d'apprendre la bonne mort de Mr Favereau[3]. Quoyque nous fussions amis, nous ne nous visitions pas, et il est mort sans que j'aye presque sceu qu'il fust malade. On m'a dit néantmoins depuis, que son mal a esté une fièvre maligne qui luy donnoit de grandes impatiences, et ceux qui m'en ont parlé m'ont fait entendre que les pertes du jeu et le désordre que ses graveures et ses tableaux[4] avoient apporté dans ses affaires domestiques avoient produit un chagrin dans son ame qui a beaucoup aidé à le mener au tombeau. C'estoit un bon homme et de service quand il aimoit quelqu'un. Sa vie et ses vertus mesmes estoient déréglées comme son esprit qui péchoit en excès de chaleur et de sécheresse. Il estoit lettré, mais de ces sçavantazzes[5] à qui l'acquis estouffe le naturel. Il avoit un stile en françois et en latin *seu prosa seu versa oratione* qui n'appartenoit qu'à luy, et, quoyqu'il eust du feu, c'estoit un *mesenglio*[6] du bon et du mauvais siècle, et, s'il estoit éloquent, ce n'estoit qu'à sa mode seulement. Tout cecy, s'il vous plaist, sous le sceau du secret et, en confession, comme ils disent, car la mémoire ne m'en est pas moins chère pour tout cela.

M[r] de La Thibaudière sera aisé à contenter, s'il s'oblige de ce qui me tomba dernièrement de la plume en courant sur son sujet. Je souhaitte toutesfois que ces

---

[1] Cette tirade contre la *Comédie des Académistes* a été insérée par M. Livet dans le tome I de son édition de l'*Histoire de l'Académie française* t. I, p. 368).

[2] *Recueil de diverses pièces pour la défense de la Reine mère du roi Louis XIII, depuis l'an 1631 jusqu'en 1637, par Mathieu de Morgues, sieur de Saint-Germain, conseiller et premier aumônier de la Reine-mère* (Anvers, 1637, in-fol. ou 3 vol. in-12.

[3] On lit dans l'ouvrage déjà cité de M. Louis Audiat (*Un fils d'Estienne Pasquier, Nicolas Pasquier*, 1876, p. 128) : «A l'âge de quarante-huit ans, en mai 1638, il mourut comme son grand-père Estienne Pasquier, dans une admirable résignation aux volontés de Dieu, entre les bras de M. Froger, personnage d'une piété sans reproches, curé de Saint-Nicolas-du-Chardonnet.» M. Audiat ajoute : «Le caustique Guy Patin a dit de lui : «Ce M. Favereau était un bon et savant poète et fort honnête homme.»

[4] Favereau fut un des plus zélés collectionneurs du xviie siècle. (L'abbé de Marolles *Mémoires*, 1755, t. III, p. 275, au *Dénombrement*) rappelle qu'après la mort de ce magistrat, il composa pour lui «le livre des Tableaux du Temple des Muses, enrichi de plusieurs figures en taille douce, qu'il avoit fait graver à grands frais par les meilleurs maîtres de son temps.»

[5] Molière, Mme de Sévigné et Tallemant des Réaux (t. V, p. 220) disent *savantas* ; La Bruyère et Saint-Simon, *savantasse.*

[6] *Mélange.* L'abbé de Marolles dit à l'endroit cité plus haut : «Favereau montroit de l'esprit en tout ce qu'il faisoit.» La *Gazette* (n° du 12 juin, p. 276) annonçait ainsi la mort de ce personnage : «Le 28e du passé mourut icy le sieur Favereau, conseiller en la Cour des Aides, homme de grande intégrité et doctrine, surtout en la poésie.»

trois meschants mots me le concilient, puisque vous me les avés fait escrire à cette intention, et certes je l'honore bien fort.

Je donneray la joye à Mr Bourbon que vous me permettés et l'avis de ce que vous voulés dire de vostre réconciliation dans cette lettre latine qui n'est plus peut estre à cette heure *in fieri*, comme disent nos docteurs de barbarie, mais *in facto esse*. Mais ne craignés point de remerciment; je demeureray adroit pour vous en parer.

Je suis, Monsieur, vostre, etc.

De Paris, ce 20 juin 1638.

CLXXVI.
À M. DE GRASSE (GODEAU),
à grasse.

Monsieur, vous avés donc trouvé la Cour à cent cinquante lieues de la Cour, et vostre ville métropolitaine vous assujetit à des devoirs importuns aussy bien que Paris. Je voy ce que c'est: il n'y peut avoir de cachettes pour vostre *mérite*; vous ne cherchés pas le monde, mais il vous cherche et en quelque retraitte où vous soyés, vous ne serés jamais seul. Prenés patience puisque ces incommodités sont des fruits de vostre vertu, et que, si vous souffrés, vous estes utile aux autres. Vous me parlés, au reste, de vostre sale basse et de vos rochers comme si vous ne deviés point voir Avignon et que vous deussiés retourner dans vostre Grasse, sans avoir salué le cardinal qu'on dit qui vient légat en France et qui est évesque de Carpentras[1]. Vous ne serés pas sans doute si mauvais courtisan pour un homme à qui les prédictions de l'hostel de la vertu[2] promettent un chapeau de pourpre.

Nous verrons le reste de vos beaux vers quand il plaira aux importuns de Paris de nous le permettre. Je ne croy pas que nous ne nous soyons assemblés plus de huit fois chez Mr Conrart ou chés moy sans en avoir peu achever une page.

Pour Mr le Daufin, je ne me puis résoudre à parler de son avènement de peur de perdre le crédit de bon devineur et qu'il ne se trouve daufine. Bordier[3] a déjà rimé qu'il estoit un prince remuant à cause des coups qu'il donne à la Reyne, et l'on en a ri avec quelque raison. Après sa naissance, ceux qui auront du loisir se pourront exercer. Pour moy, je ne le feray que *jussus*, c'est à dire mal, mais j'espère qu'on ne me le commandera pas. Je ne reçois point vos cajoleries sur ma poésie qui s'esclypse tousjours devant vos belles inspirations.

Je suis, Monsieur, vostre, etc.

De Paris, ce 24 juin 1638.

CLXXVII.
À M. MAINARD,
à saint-céré.

Monsieur, je prendray tousjours avec joye les occasions de faire les choses que je croiray vous devoir estre agréables, et si je vous pouvois jamais estre utile en rien, vous me trouveriés tousjours bien plus pront à faire qu'à dire. Mais je ne suis rien et ne puis rien ou, si je puis quelque chose, ce n'est qu'auprès de Mr de Balzac où mes offices ne vous seront jamais nécessaires. Vous y estes si puissant de vostre chef par l'ancienne amitié qui est entre vous et par la haute estime en laquelle il a vostre vertu et vostre esprit que si ja-

---

[1] Alexandre Bichi, dont il a été déjà question dans cette correspondance (lettre CXXXVIII).

[2] C'est-à-dire l'hôtel de Rambouillet.

[3] Mauvais poëte mentionné par Tallemant des Réaux (t. I, p. 282 et t. III, p. 17). Il était «poëte royal pour les ballets.» M. P. Paris (*Ibid.*, p. 25) cite contre lui une lettre de Voiture et une épigramme de Théophile de Viau.

mais il se refroidissoit pour moy, je ne voudrois point d'autre personne pour me le reschauffer que vous, et je n'auray jamais la présomption de vous servir d'autre chose auprès de luy que de simple correspondant pour la seureté de vos communes despesches. Il recevra celle qui m'a esté rendue pour luy avec la vostre, et j'attens des remercimens de sa part pour le moins aussy cordiaux après qu'il l'aura leue que ceux que vous me faittes de vous avoir envoyé ce beau tesmoignage de son affection. Je ne vous excuse point mon désordre; il sera tousjours comme cela. C'est le défaut de mon esprit. C'est encore celuy de mes occupations infiniment plus grandes qu'une foiblesse comme la mienne ne peut porter. Aussy mes amis s'y accoustument et suppléent par leur discrétion à mes manquemens, faisant plus de cas de ma volonté qui leur paroist toute nue, que de toutes les plus belles paroles du monde. Vous serés, s'il vous plaist, de ceux là et me croirés inviolablement, Monsieur, vostre, etc.

De Paris, ce 24 juin 1638[1].

CLXXVIII.
À M. DE BALZAC,
à BALZAC.

Monsieur, je me puis aisément estre trompé moy mesme lorsque j'ay creu que vous aviés autresfois esté moins persuadé du mérite du Caro que vous ne l'estes maintenant, et il n'est pas impossible que quelque autre me l'ait loué froidement et que je me sois imaginé que c'estoit vous. Ma mémoire me fait tous les jours de plus mauvais offices que celuy là, et j'ay sujet de m'en plaindre en matière de plus grande [importance] encore. Néantmoins je croy plustôt m'estre abusé parce que vous le croyés que par mon jugement propre et, soit erreur, soit vérité, je vous avoue qu'il me semble tousjours que, la première fois que je vous en parlay, vous me dites qu'il n'estoit pas fort estimé parmy les Italiens, et que ce que vous en aviés veu ne vous avoit pas donné une opinion de luy aussy avantageuse que je tesmoignois de l'avoir. Mais la chose ne vaut pas d'estre ainsy juridiquement examinée.

Dans une lettre au duc de Longueville, du 24 juin 1638 (f° 310), Chapelain s'exprime ainsi : « Il a esté tres sensible à tous vos serviteurs lorsqu'ils ont appris que le retardement de vostre artillerie vous avoit empesché de faire le progrès qui vous estoit asseuré, sans ce manquement, et avoit donné cœur et temps aux ennemis pour se mettre sur la défensive et vous vendre plus chèrement la victoire... Nous ne craignons, Monseigneur, que ce feu bouillant et généreux qui vous pousse avec joye et délices mesmes où le péril est le plus grand jusques à vous faire souvent ne considérer point la différence qu'il y a entre vous et le moindre de vos soldats.... » Le même jour, Chapelain annonce (f° 311) à M. de Marinville, qui luy donne des nouvelles des opérations militaires, que, de même, il en reçoit régulièrement de « M[r] le marquis de Montauzier qui commande en Alsace », de « M[r] le marquis de Gesvres, qui est mareschal-de-camp dans l'armée de Guienne », et que le duc de Longueville, de son côté, lui « fait le mesme honneur. » Pouvait-on être mieux renseigné que Chapelain ? — Deux jours plus tard, Chapelain (f° 312) écrit à Montauzier : « Vous verrés dans les relations qui sont jointes à ce mot en quel estat nous sommes de toutes parts avec nos amis et nos ennemis et ce qui fait pour et contre nos desseins. Mais vous verrés surtout un journal de la marche de l'armée de M. le mareschal de Chastillon et du siége de Saint-Omer, qui m'a esté envoyé par M. de Marinville, premier capitaine du régiment de la Ferté Imbaut, mon ancien amy, et qui s'obligea, en partant d'icy, de me rendre un conte exact de cette campagne dont ce journal vous paroistra un assés bel eschantillon. »

Vous estes pour le regard du Père Seguenot dans le sentiment de force gens d'honneur. J'ay leu son livre et en pense comme vous aussy. Il a esté censuré, comme je vous l'ay mandé, et l'on m'a dit, ces jours passés, qu'il devoit estre dans quatre jours à la Bastille. Mr Gravier, dit à présent La Riviere, accusé d'avoir semé et maintenu cette doctrine dans Saumur, a esté pris et mené au chasteau d'Angers où il est observé[1]. Mr de Saint-Cyran est tousjours dans le donjon du bois de Vincennes sans ancre (sic) et sans papier. Il montre beaucoup de fermeté et se porte bien.

Je donneray à Mrs L'huillier et Aligre une grande joye quand je leur tesmoigneray vostre souvenir. Il n'y a point de gens de France qui ayent plus d'amitié ni d'estime pour vous qu'eux, et s'ils avoient besoin de garant, je le voudrois estre, les connoissant comme je fais.

Vous m'estonnés de dire que vous n'avés point escrit à Mr Guyet, car il m'a esté dit trop affirmativement et depuis trop peu de temps pour m'estre trompé en cela, comme à l'article du Caro. Il faut que Mr L'Huillier m'explique cette affaire; je le visiteray exprès pour cela et vous en rendray conte. Boutar[2] ne sera point entré dans cette fourbe, s'il y en a, et je ne sçay pas quel autre se voudroit donner cette peine. Boutar m'a tant persécuté pour le recevoir à pardon, qu'enfin je luy ay remis le passé et nous nous voyons avec la mesme familiarité que devant. Mais vous croyés bien que je vis avec luy comme un ennemy réconcilié, et de ces sortes d'ennemis encore qui sont les plus dangereux pour ce qu'ils ne haïssent pas généreusement.

Je vous envoye la response de Mr Mainard à la lettre latine que vous luy aviés escritte. Elle est cachettée et je ne scay s'il la fait en prose ou en vers, en latin ou en françois. Vous m'esclaircirés de tout, s'il vous plaist, par vos premières.

Pour fin, je croy estre obligé de vous dire que Mgr le duc de Longueville a donné bataille au duc Charles qui a duré sept heures, et bien qu'il en ait eu l'avantage par le grand nombre de morts de l'ennemy, la perte de trois de ses canons et de quelques cornettes, la nuit néantmoins qui survint et qui sépara le combat, a donné moyen au duc Charles de se retirer vers Arbois et Poligny avec la meilleure partie de ses trouppes. Nous sommes dans l'expectative de ce qui se sera suyvi de cette grande et belle action qui n'a point eu de pareille il y a longtemps[3]. Les ennemis estoient couverts de trois retranchemens qui ont fait durer le combat si long temps et tous les désavantages du lieu estoient pour nous ou plustost contre nous. Les forces estoient égales et nous nous trouvasmes trompés au nombre des ennemis qui faisoient plus de onze mille hommes et des meilleures de l'Empereur.

Je suis, Monsieur, vostre, etc.

De Paris, ce 27 juin 1638.

CLXXIX.
À M. DE GRASSE (GODEAU),
EN AVIGNON.

Monsieur, vous n'avés chaud en Avignon qu'à cause du climat qui est plus méridional que le nostre et qui fait que vous vous sentés plus de l'esté que nous. Car, pour le

---

[1] Je ne trouve rien sur ce personnage dans les recueils biographiques.

[2] Dans ce nom ainsi défiguré il faut bien reconnaître celui de Costar, personnage que nous avons déjà rencontré dans la lettre n° XXXIX. Voir, au sujet des griefs de Chapelain contre ce critique, la note 2 mise sous ladite lettre (p. 65).

[3] Voir dans la *Gazette* du 30 juin 1638

reste, je ne croy pas que vous soyés là plus regardé du soleil que nous icy où il y a quinze jours qu'il ne luit qu'à peine, tant l'air est nuageux, pluvieux et venteux. Les hommes y ont repris la panne[1], et, si cela continue, les femmes endosseront le velours et chacun y allumera des feux pour s'eschauffer qui ne seront pas comme celuy de saint Jean de coustume et de resjouissance.

J'apprends avec deplaisir qu'on vous fait prédicateur ordinaire partout où vous allés. Il me semble que ces curieux d'éloquence devroient un peu respecter votre poulmon, ou que vous devriés leur refuser un contentement qui vous peut estre si préjudiciable. Escrivés leur tant de sermons qu'ils voudront, mais ne leur en preschés pas un, ou nous vous en ferons une querelle. Dès il y a longtemps j'ay fait réflexion sur l'ordre cérémonial italien, et j'ai loué l'institution entre autres de n'aller point visiter de personne considérable sans sçavoir auparavant s'il pouvoit recevoir la visite commodément. Du reste, la liberté françoise m'a paru plus naturelle et meilleure que les pas contés des Italiens qui sont des farses sérieuses et une perte de temps que l'on fait à son escient et sans plaisir.

Mlle Paulet est tousjours persuadée de l'innocence de son cousin qui est le plus malheureux de tous les hommes, s'il n'est point coupable, comme je le veux croire.

Pour le P. Seguenot, sans entrer dans la discussion d'une matière que la Sorbone a résolue, quand la doctrine auroit esté la meilleure, il est constant qu'il ne l'a ny traittée comme elle la devoit estre, ny publiée dans un temps et dans un lieu où elle eust peu estre receue favorablement. Un grand personnage a dit de luy qu'il n'estoit ni assés sçavant ni assés prudent. La congrégation l'a désavoué par escrit, et j'ay ouy dire que ce désaveu n'avoit pas entièrement satisfait les personnes qui y avoient pris intérest.

Mlle de Ramb[ouillet] est à Liancourt[2] avec Mme la princesse, etc. (sic). C'est pourquoy de ce voyage on ne vous rendra point de response sur vos lettres à elle et à Mme d'Aiguillon.

Je suis, Monsieur, vostre, etc.

De Paris, ce 2 juillet 1638[3].

(p. 305) la relation intitulée : *Le sanglant combat donné contre le duc de Longueville et le duc Charles, près de Poligny, où il est demeuré plus de huits cent ennemis morts ou blessez.* — Le 6 juillet, M. de Tracy apporta à Sa Majesté trois drapeaux gagnez par le duc de Longueville dans Poligny. (*Gazette* du 10 juillet, p. 340.)

[1] Ce mot de *panne*, selon le *Dictionnaire de Trévoux*, «est ancien dans la langue, pour signifier une étoffe : tous les vieux romans en font foi, dit Borel, et il en cite des exemples.» Le même dictionnaire donne cette définition et cette étymologie du mot *panne* : «Étoffe toute de soie dont les filets traversans sont composés et forment une espèce de poil qui est plus long que celui du velours, et plus court que celui de la pluche. Il y a aussi des pannes de fil, de laine, etc. Ce mot vient de *pannus*, qui se dit de toutes sortes d'étoffes chaudes et mollettes...»

[2] Aujourd'hui Liancourt-sous-Clermont, chef-lieu de canton du département de l'Oise, arrondissement de Clermont. Le château de Liancourt appartenait alors à Roger du Plessis-Liancourt, duc de la Rocheguyon, marquis de Liancourt et de Guercheville. Ce fut la femme de Roger, Jeanne de Schomberg, fille du premier maréchal de Schomberg, qui en fit, selon l'expression de M. P. Paris (*Historiettes*, t. III, p. 5), «un des plus beaux lieux de France,» traçant elle-même le dessin des «admirables jardins» qui entouraient le château.

[3] Le même jour Chapelain écrivait à Montauzier (f° 315) : «Pour ce coup vous n'aurés point

CLXXX.
A M. DE BALZAC,
à balzac.

Monsieur, puisqu'on s'accoustume en galère et dans les cachots et que les plus désagréables objets se rendent supportables à la veue à force de les avoir présens, je ne m'estonne pas que mes mauvaises lettres cessent de vous paroistre mauvaises depuis le long temps qu'il y a que je vous en fais voir. Mais que vous y trouviés du mérite et des grâces, c'est ce que je vous avoue qui me surprend, et que vous me permettrés de ne croire point, ou de vous demander du temps pour m'accoustumer à le croire. En cela je pense, à ne vous en point mentir, devoir beaucoup plus à vostre courtoisie qu'à leur mérite et à vostre grâce qu'aux leurs. Quoy qu'il en soit, je profiteray tousjours de l'asseurance que vous me donnés et que j'aprens qu'elles ne vous desplaisent point avec tout leur désordre, et il me suffit de cela pour continuer à vous escrire, mesme sans vous faire plus d'excuse si je ne vous escris pas bien.

Je ne sçay, au reste, ce que je vous mandois touchant l'éloquence de nos prédicateurs, et ce ne seroit pas la première fois que j'aurois fait un jugement sujet à censure. Il me semble néantmoins, à parler de l'éloquence en général, que les bornes des trois genres ne sont pas si estroittes qu'on ne peust bien faire entrer sous eux toutes les matières qu'on leur peut donner pour sujet, puisque le sens démonstratif est une certaine mer magn (sic)[1], qui n'a ni fonds, ni rives, et qui embrasse tout ce qu'on luy veut faire embrasser. Je m'en remets pourtant aux maistres, c'est à dire à vous, et ne dis simplement que *il me semble,* sans prononcer décisivement.

Vous avés fait très judicieusement pour vostre amy de rendre la matière que vous traittiés en sa faveur sérieuse par la prétention du crime, aussy bien que par l'accusation de la desbauche de la personne dont il est question[2]. J'aurois voulu pouvoir monstrer cette lettre à celles que je vous nommois[3], mais puisque vous ne l'avés point permis en termes exprès, je le prens comme si vous me l'aviés défendu, et vous feray ce tort que de ne la faire point voir.

---

de lettres de la princesse Julie, car les princesses du fauxbourg Saint-Germain l'ont enlevée depuis trois jours et de quatre elles ne reviendront de Liancourt où elles tiennent leurs grands jours. Je ne doute point que [dans] vos responses à nos dernières despesches, vous n'ayés essayé de calmer l'orage que ces quatre vers scandaleux avoient esmeu dans l'esprit des belles trois grâces du Marais, et que vos premières lettres n'achèvent un raccommodement que mes sollicitations et bons offices ont fort avancé... » Chapelain dit de Mr de Lalane : « Il m'a veu ce matin et m'a promis de desrober à son Amaranthe [Mme de Lalane] le temps qu'il faudra pour vous faire souvenir de luy. » Voici les autres nouvelles annoncées par Chapelain : « Mrs Arnaut sont partis pour l'armée de M^r le mareschal de Brezé... Vous en aurés encore une particulière [relation] du combat de Mgr le duc de Longueville avec le duc Charles que je vous asseure véritable, car c'est moy qui l'ay receue et qui l'ay fait imprimer. Mr de Neuillan me resjouit bien hier en me disant qu'on vous avoit envoyé 160,000 tant de livres pour payer vos garnisons. Mr de Saint-Chartres m'avoit dit, le jour précédent, que Mr de la Galissonière l'avoit [averti] qu'on vous faisoit mareschal de camp et que le brevet en estoit signé. Mais ce Mr de Neuillan me rendit la chose douteuse... J'ay appris avec beaucoup de joye que vous avés veu le duc de Veimar avec une satisfaction réciproque. »

[1] *Magn',* abréviation de *magnum* (*mare*). Chapelain dit *mer magne* comme nous disons Charlemagne.

[2] Il s'agit de Mme de Villemontée.

[3] Les dames de Rambouillet.

L'article du docteur Breton m'a semblé très plaisant[1] et je prétens bien en faire rire nostre M[r] L'Huillier et peut estre M[r] d'Haligre. A vous dire vray je m'estonnay de vostre charité quand vous résolustes de le mettre dans vostre maison, et creus bien qu'il falloit que sa nasinerie[2] et sa gravéolence[3] ne vous eussent pas esté trop fidellement rapportées. Je vous loue du secours que vous luy avés donné pour s'en revenir[4], mais il seroit à souhaitter pour nostre odorat qu'il eust esté aussy vaillant qu'il est redoutable, et qu'il eust pris le chemin de quelqu'une de nos armées plustost que celuy de Paris. Il y avoit bien plus de plaisir de voir fuir devant luy nos ennemis que nos amis, et de luy voir desfaire des régimens de son haleine que d'empester des gens de lettres en les approchant[5].

Vous me ferés lire tout le Narni par le bien que vous m'en dittes, quand vous nous l'aurés renvoyé, ce que je ne vous dis pas pour vous en presser, car je n'en ay nulle charge, et je ne doute point que Mr de Saint Nicolas ne prenne plaisir d'apprendre que son livre vous plaist et que vous le garderés encore quelque temps. Je vous envoye un extrait de la lettre qu'il a receue la dernière de M[r] le cardinal Bentivoglio où vous verrés par l'éloge des vers que vous avés addressés à Mr Mainard, que je ne les ay pas seulement fait valoir en France, mais que mon soin leur a fait avoir dans Rome et en bon lieu l'estime qu'ils méritoient.

Je suis, Monsieur, vostre, etc.

De Paris, ce 4 juillet 1638.

CLXXXI.

À M[ch] LE DUC DE LONGUEVILLE
EN FRANCHE-COMTÉ.

Monseigneur, depuis ma lettre escritte, Mlle de Rambouillet a désiré que je la visse pour me charger du compliment que Mme la Princesse et Mme d'Aiguillon vous ont voulu faire faire sur la nouvelle de la glorieuse attaque que vous avés faitte des retranchemens de l'ennemy. Elles en firent leur principal entretien en un voyage qu'elles ont fait, ces jours passés, à Liancour, et Mme d'Aiguillon tesmoigna à toute la compagnie combien M[r] le Cardinal luy avoit es-

---

[1] Voir la lettre VI du livre XIX, page 764 de l'in-folio. Cette lettre est datée du 6 mars 1638 et doit être mise en juin 1638.

[2] *Nasinerie* n'existe nulle autre part. Ce doit être un mot créé par Chapelain en belle humeur. Voici les premières lignes de la lettre de Balzac : «Je vous donne advis que monsieur tel s'est ennuyé de moy, ou que je me suis ennuyé de monsieur tel. Je l'avois fait venir sur la parole de mon libraire [Camusat]... Il sort des ruines de son nez certaines vapeurs qui gastent les plus belles et les plus sçavantes conversations.»

[3] Encore un mot qui manque à tous nos dictionnaires. C'est la traduction du latin *graveolentia*. Dans les *Mélanges historiques*, *Lettres de Balzac*, on trouve souvent le surnom *gravéolent* donné à un copiste dont l'auteur du *Socrate chrestien* était mécontent (p. 592, 642, 658, 695).

[4] Balzac avait dit (p. 764) : «Je n'ay pas laissé de le traiter humainement à nostre séparation, et de retrancher quelque chose de ma pauvreté pour le soulagement de la sienne.»

[5] Chapelain ne vouloit pas être en reste, sur ce vilain chapitre, avec Balzac, qui s'était ainsi déchaîné (p. 764) contre le malheureux qu'il appelait *un pedant de cette humeur et de cette odeur* : «Ces gens là, à proprement parler, sont les pestes de la République. Catilina, Cethegus et les autres, appelés ainsi par Cicéron, ne l'estoient qu'en figure et par métaphore. Ils tirent cet avantage de leur défaut, qu'encore qu'ils ne soient pas vaillans, ils font fuir tout le monde...»

timé cette action incontinent après qu'il l'eust sceue. Chacun y prit une extrême part, s'en resjouit autant pour l'amour de la gloire qui vous en revient, que pour l'avantage qu'en retire la France, et tous souhaitèrent que vous sçeussiés la joye qu'ils en avoyent. M¹¹ᵉ de Rambouillet, qui n'avoit pas moins d'esprit ni de disposition pour rendre à cette action ce qu'elle mérite, se chargea de m'avertir de ces favorables sentimens pour vous les faire sçavoir en leur nom, et la nouvelle de la prise de Poligny estant depuis survenue, elle m'a prié qu'outre le contentement qui luy est commun avec ces excellentes personnes pour la première entreprise, je vous tesmoigne encore celuy qu'elle a de la seconde, et vous assure que vous n'avés point de partisan en France qui le soit plus qu'elle de vostre vertu.

M. Desmarests a veu vostre bonté extrême pour luy et pour son commis, à quoy il ne respond que par le respect et le silence, n'y ayant point de paroles suffisantes pour exprimer ses ressentimens. L'abbé de Boisrobert m'a rendu tesmoignage particulier de la vraye et pleine satisfaction que son Eminence avoit de vostre valeur et de vostre conduitte, et en son particulier m'a fait paroistre beaucoup de zèle et de passion pour vos intérests. Il a un jeune frère dans vostre armée employé aux vivres qui luy a escrit de vous les merveilles qu'il a veues et reconneues. Il espère que vous le considérerés comme d'une race de gens qui sont tous à vous, et que, faisant ce qu'il doit, vous l'honorerés de vostre protection et de vostre bienveillance.

Je prie Dieu qu'il conserve vostre personne dans les continuels dangers où vous estes et suis, Monseigneur, vostre, etc.

De Paris, ce 5 juillet 1638.

CLXXXII.

À M. DOUJAT,

À TOULOUZE.

Monsieur [1], j'ay receu avec vostre lettre beaucoup de consolation de vous avoir laissé assés bonne impression de moy pour me juger digne de vostre souvenir et de vos nouvelles. J'ay receu beaucoup de contentement aussy dans la lecture des beaux vers que vous avés faits sur tant de divers sujets depuis que vous nous avez quittés [2]. Et, à vous en dire mon sentiment, j'y trouve partout le bel air de nostre poésie et il y a force stances, entre autres celle de l'aube dans l'ode de la Résurrection, qui pourront donner de la jalousie aux meilleures qui se facent de deça. Tolouze abondoit bien jusqu'icy en esprits rares et capables de disputer de l'éloquence libre et mesurée de prose et de vers dans la langue qui ne leur est pas naturelle avec ceux des Anciens qui ont le plus de ré-

---

[1] Sur Jean Doujat, alors âgé de vingt-neuf ans, et qui mourut le 27 octobre 1688, étant à la fois doyen de l'Académie française, du Collège de France et de la Faculté de droit, voir une courte notice en tête de quelques-unes de ses lettres inédites par moi publiées dans un opuscule intitulé : *Lettres toulousaines* (Auch, 1875, gr. in-8°).

[2] Doujat venait d'obtenir, pour ses vers, une récompense de l'Académie des jeux floraux. On lit dans la *Gazette* du 22 mai 1638 (p. 290) :

«Le 3ᵉ de ce mois, le premier des trois prix [une violette d'argent] a esté adjugé au sieur Chapuis; le second [une églantine d'argent] au sieur Doujat, tous deux avocats en ce parlement, et le troisième [un souci d'argent] au sieur Toralian, gentilhomme de ce païs. Comme aussi cette compagnie a adjugé extraordinairement au président Meinard, qui y avoit envoyé des vers de sa façon à l'honneur de cette institution, une Minerve d'argent, le tout de prix considérable.»

putation, et le seul M¹ de S¹-Blancat¹, sans parler de tant d'autres dont nous avons veu les ouvrages, suffit pour soustenir cette vérité et me descharger du soupçon de l'avancer par cajolerie. Mais il faut avouer qu'elle n'avoit point encore produit dans nostre langue de poëte qui en méritast autant le nom que vous, et que sans faire tort aux autres Muses qui habitent cette belle province, la vostre a grand droit d'y prétendre le premier rang.

Je croy que je n'auray pas été le seul à qui vous aurés envoyé de vos belles productions, et que je ne seray pas le seul qui les feray valoir auprès de nos Académiciens, dont vous moustrés de faire une si particulière estime. En tout cas, je m'acquitteray en cela de ce que je dois à vostre vertu, et contribueray tousjours à vostre réputation ce qu'un aussy foible suffrage que le mien y pourra apporter.

Je n'ay point receu l'ouvrage latin de la bataille de Leucate que j'apprens par vos lettres que vous m'avés envoyé², mais un de nos amis du fauxbourg St-Marceau³ me dit il y a cinq ou six jours qu'il en avoit un exemplaire pour moy et comme de la part de l'autheur mesme, que j'estime extrêmement, et qui me semble également fort dans la prose et dans le vers latin. M¹ Magnhe, qui se charge de ma lettre pour vous l'envoyer, me fit voir cette pièce, il y a six mois, et il aura peu tesmoigner quel sentiment j'en eus dès lors. Ce gentilhomme, en un mot, peut réussir un des plus excellens historiens de ce siècle, comme vous un des plus grands poètes. C'est ce que vous aurés d'un homme fort occupé et peu concerté⁴ dans ses paroles, mais solide dans les effets et extrêmement, Monsieur, vostre, etc.

De Paris, ce 10 juillet 1635.

CLXXXIII.
À M. DE BALZAC,
À BALZAC.

Monsieur, je trouve nostre amy d'Auvergne⁵ un vray galant homme de persévérer dans les sentimens qu'il a tousjours eus de vous. Ce n'est pas qu'il vous face honneur par l'estime qu'il fait de vostre mérite, mais c'est qu'il s'en fait à luy mesme et tesmoigne qu'il a le goust des honnestes gens. Je suis bien aise qu'il m'ait l'obligation de ce renouvellement de commerce avec vous puisqu'il luy est avantageux sans vous desplaire. Par le premier ordinaire je vous renvoyeray toutes les lettres qu'il vous a escrittes et à M¹ l'Official, avec ses épigrammes salaces⁶ que je seray bien aise de considérer

---

¹ Sur Jean de Saint-Blancat, concitoyen de Doujat, voir une note des *Mélanges historiques*, *Lettres de Balzac*, n° LIX, p. 571 et 572, et quelques renseignements réunis autour d'un billet inédit de ce poëte inséré dans l'opuscule cité plus haut (*Lettres toulousaines*, 1875, p. 11-19).

² *Leucata obsidione liberata ex libris rerum gallicarum Joan. Samblancati* (Toulouse, 1638, in-4°).

³ Cet ami était Guillaume Colletet, qui habitait une maison ayant déjà appartenu à Ronsard, située dans la rue des Morfondus (aujourd'hui rue Neuve-Saint-Étienne). Voir le petit chapitre intitulé : *la Maison de Colletet*, dans les *Vies des poëtes gascons*, par Guill. Colletet (1866, p. 23 et 24). Sur les relations de Chapelain avec Saint-Blancat, voir une note des *Lettres toulousaines*, p. 12, note 2.

⁴ C'est-à-dire peu étudié, peu affecté. Le mot est dans Corneille et dans La Bruyère.

⁵ Mainard.

⁶ De *salax*, lascif, lubrique. Le mot a toujours été peu usité. M. Littré ne l'a trouvé que dans la *Sagesse* de Charron et dans l'*Anti-Menagiana*. Les épigrammes de Mainard ont en grand nombre été recueillies dans ses *Œuvres poétiques* (1646), mais les plus *salaces* ont été réunies dans un petit volume publié en 1864 et intitulé : *Priapées*

un peu plus à loysir. Flotte m'en avoit monstré quelques-unes de celles-là, ses corrections y jointes, auxquelles j'ay reconnu que nostre amy déféroit quelquefois, ce qui me semble digne de remarque et certes d'une profonde humilité. Cet illustre biberon[1] est devenu de mes courtisans depuis peu sur le sujet de la conférence que nostre amy veut que nous ayons ensemble touchant ses ouvrages. S'il continue ses visites, je crains que mon logis ne passe au commun pour un fameux cabaret, et ce sera beaucoup si sa fréquentation ne fait point pousser le lierre et le houx[2] sur ma porte.

Quant au P[ère] S[eguenot], il est dans la Bastille depuis dix ou douze jours et on croit, comme on vous l'a mandé, qu'on passera outre et qu'il sera interrogé. J'apprens que la rétraction (sic)[3] qu'il a faitte de la doctrine censurée n'a pas contenté nos supérieurs, et qu'ils ont trouvé à propos de voir le fons de cette affaire, et si ce n'est point une suitte des opinions particulières que l'on prétend qu'ait M. de St-C[yran], lequel, à ce qu'on m'a dit, doit aussy estre transporté du bois de Vincennes à la Bastille pour la commodité des commissaires qui les doivent examiner et confronter, s'il y a lieu. On m'a asseuré que Mr de Laubardemont[4] avait esté au Port Real de la campagne interroger M[r] Le M[aistre] et son frère, qui apparemment ne peut estre autre chose qu'une dépendance de ce principal. La prudence de ceux qui ont entrepris cet esclaircissement nous fera voir dans peu de temps si cet homme est innocent ou coupable, novateur ou orthodoxe. L'on tient pour constant que les deux prisonniers ne s'estoient jamais veus et que le dernier, ayant veu le livre censuré, n'en estima l'autheur ni assés sçavant ni assés prudent pour traitter de ces matières.

Pour le sieur de la Riviere, *raro antecedentem scelestum deseruit pede pœna claudo*[5]. Il me fait compassion néantmoins maintenant que le mouvement de l'indignation s'est effacé dans mon esprit. Je voudrois ny avoir de communication avec luy, ny que le bourreau n'y en eust point aussy. Il est fascheux pour luy de passer pour émissaire d'un hérétique, après avoir esté convaincu par sa confession d'un des vols le plus qualifiés qui se soient faits en ce siècle.

Vostre *Barbon* m'a ravi et m'a paru une chose nouvelle[6]. Je voudrois extrêmement en voir la suitte; ce doit estre la *piu leggiadra novella* que l'on ait encore veue et où la belle et exquise raillerie paroist en son

---

de Maynard, *publiées pour la première fois d'après les manuscrits, et suivies de quelques pièces analogues du même auteur, extraites de différents recueils.*

[1] C'était le nom donné à Flotte par ses amis. Voir notamment dans les *Mélanges historiques* une lettre de Balzac, du 23 mai 1644 (p. 526). En digne ami de Saint-Amant, Flotte, qui était un païen, avait un culte des plus fervents pour Bacchus.

[2] On sait que le lierre et le houx étaient consacrés au dieu des buveurs.

[3] *Rétraction,* de *retrahere,* retirer. En pareil cas Balzac a employé *rétractation* (lettre XVII du livre V). C'est ici un adoucissement, comme *chasté* pour *chasteté.* (Voyez p. 241, note 3.)

[4] Jean Martin, baron de Laubardemont, maître des requêtes, conseiller d'État, fut un des agents les plus dévoués de l'implacable politique du cardinal de Richelieu. Un sinistre souvenir reste à jamais attaché à cet homme qui fit décapiter François-Auguste de Thou, et dont M. Sainte-Beuve a dit avec une éloquente indignation (Port-Royal, t. I, p. 495): «Ce commissaire de nom infamant et d'odieuse mémoire, encore tout noirci du bûcher fumant d'Urbain Grandier, les y vint interroger tous, depuis M[r] Le Maître jusqu'aux enfants de huit ou dix ans qu'on y élevait.»

[5] Horace, ode II du livre III, vers 31 et 32.

[6] Le *Barbon* ne parut qu'en 1648 (Paris, in-8°).

plus beau jour. Au reste, Monsieur, quittés moy tous ces desgouts de nostre âge ingrat et stupide, et songés que vous travaillés encore plus pour l'avenir que pour le présent. Dans trente ans au plus tard la France se débarbarizera[1], et si, durant vos beaux jours, vous n'estes reconnu de vostre païs au point que vous le mérités, croyés qu'au moins dans vostre vieillesse on vous y rendra justice, et que vos cendres recevront plus d'encens, plus il y aura de temps qu'elles auront esté ensevelies. Travaillés pour la postérité qui n'a point démérité de vous, et vous payés de ce prix qui vous est infaillible, qui est seul digne de vous et que je vous promets en qualité de *vates* qu'on me donne, et en celle que je prens, Monsieur, de vostre, etc.

De Paris, ce 11 juillet 1638.

CLXXXIV.
A M. MAINARD,
à saint-céré.

Monsieur, je ferois tort à l'amitié généreuse que M. de Balzac a pour vous, si je vous laissois croire qu'elle eust eu besoin d'estre sollicitée par mes offices pour s'acquitter envers la vostre d'une partie de ce qui luy est deu. Il est bon, il est raisonnable, il est juste de luy mesme, et pour l'obliger à vous aymer et à prendre le soin de vous le tesmoigner, il luy suffit de sçavoir que vous l'aymés tousjours et que le temps ni l'esloignement n'ont point affoibli la passion que sa vertu a austrefois produitte dans vostre ame. Pour moy, je me contenteray en cecy que vous pensiés que je luy ay rapporté fidellement le souvenir que vous aviés eu de luy, et que je ne luy ai pas escrit d'assés mauvaise grâce pour luy oster l'envie de s'en ressentir. Je vous avoue bien que mon inclination n'est pas malfaisante et que je sers volontiers quand je le puis, mesme sans en estre recherché. J'y trouve mesme un sensible plaisir, et si cela se peut appeller une bonne action, je rencontre sa récompense en elle mesme, et m'en paye, s'il le faut dire, par mes mains. C'est pourquoy les civilités que l'on m'en fait quelquesfois me donnent peine, et je les reçois avec la mesme charge de conscience que ceux qui tirent un double payement d'une mesme chose. Mais je n'ay peu recevoir les vostres en aucune manière, ayant si peu contribué à la satisfaction que nostre amy vous a donnée par le messager exprès qu'il vous a envoyé.

Au reste, la lettre que vous luy escriviés par ma voye ne luy a pas seulement esté portée, mais elle est encore revenue de deçà avec celles que vous luy envoyastes par son laquais, car il faut que vous sachiés, Monsieur, qu'il ne croit jamais gouster de la parfaite joye que quand il me l'a communiquée et qu'il redouble les contentemens que les diverses rencontres luy apportent sitost qu'il m'en a fait part. Et certes il m'a semblé que vous luy en aviés deu causer un bien grand par des paroles si choisies et des sentimens si cordiaux que ceux dont vos deux despesches sont plaines et dont je vous loue extrêmement.

Quant à la censure de la tragédie de Heinsius, je suis estonné qu'elle vous soit nouvelle[2], mais non pas que vous l'estimiés à un si haut point. Elle est sçavante, judicieuse et éloquente en toutes ses parties et le gros volume que le docteur Hollandois a fait pour soutenir sa réputation contre une

---

[1] M. Littré n'a cité, sous le mot *débarbariser*, qu'une phrase de Voltaire, tirée d'une lettre de 1769.

[2] On sait que cette censure, dont il a été déjà question ici, avait paru en 1636, ainsi que la réponse de Daniel Heinsius.

si rude attaque, n'a servi qu'à la terracer plus tost. Ce n'est pas que la pièce ne soit fort belle dans toutes les expressions particulières et qu'il ne mérite grande approbation de ceux qui se contentent des tragédies à la manière de Sénèque. Mais tant s'en faut qu'elle ait les conditions requises pour estre ditte bonne selon Aristote qui, comme vous sçavés, *e il maestro di color che sanno*, que je doute qu'elle en ait aucune et qu'il me semble que nostre ami ne la fait qu'effleurer dans ses remarques et qu'il y avoit bien d'autres endroits aussy défectueux ou plus à enfoncer, s'il ne l'eust voulu esparguer, ce qui me semble d'autant plus digne d'estre repris à Heinsius qu'il a donné, il y a plus de vingt ans, un traitté fort solide et fort méthodique de la bonne constitution de la tragédie qu'on peut dire une quintessence de la Poétique d'Aristote, après quoy ses esgaremens dans l'art sont, à mon avis, inexcusables, et si l'Académie avoit receu commandement de mettre son *Hérodes* sur la sellette, il se trouveroit qu'en matière d'art le *Cid* seroit innocent auprès de luy.

Je desrobe le temps qu'il faut pour vous respondre à la douleur cuisante qui me travaille pour la mort de M^r de La Trousse, mon ancien amy, tué devant St-Omer[1], et à une infinité de fascheuses occupations outre les nécessaires que le séjour de Paris apporte avec soy aux gens de bonne volonté. Je l'auray tousjours entière pour contribuer à tout ce qui vous peut plaire et tourner à avantage, et par toutes mes actions vous reconnoistrés que je suis véritablement, Monsieur, vostre, etc.

De Paris, ce 16 juillet 1638.

CLXXXV.
À M. L'EVESQUE DE GRASSE (GODEAU),
À GRASSE.

Monsieur, je respons à la vostre du 5 de ce mois dans un sentiment de douleur que vous ne blasmerés point quoyqu'il soit extrême, puisque c'est pour la mort du pauvre Mr de la Trousse que Dieu a permis que nous ayons perdu dans le combat qui se fit le 8 du courant, près de St-Omer, entre l'armée de M^r de La Force et celle de Picolomini. Je ne vous dis point les attachemens légitimes que j'avois avec un aussy homme d'honneur que celuy-là; vous le sçavés, et sçavés quelle secousse je dois avoir receue en cette rencontre. Je n'en suis point encore remis, et doute que de longtemps je le puisse estre, principalement les mauvais succès[2] de Verceil et de St-Omer survenant à mon esprit esbranlé, qui ayme sa patrie et qui sent tous ses maux. Il est vray que ces derniers sont réparables et que le bon estat où sont encore nos armées et la prudence des ministres peuvent aisément soustenir nostre réputation et mettre nos ennemis sur la défensive. Mais la perte que j'ay faitte de mon amy est sans remède et je ne le reverray plus que dans le ciel,

---

[1] C'était l'aîné des trois fils de Sébastien le Hardy, marquis de la Trousse, comme nous l'avons déjà rappelé dans une note de la lettre LIV. Il sera parlé de la mort de cet officier dans plusieurs des lettres suivantes. La belle conduite du marquis de la Trousse est mentionnée dans le n° 88 de la *Gazette* de 1638, p. 361 et suivantes : *Relation de la défaite de 9,000 chevaux des ennemis commandés par Piccolomini et le comte Jean de Nassau, par le mareschal de la Force,* avenue à Polinckove, trois lieues de Saint-Omer, le 8 juillet 1638.

[2] *Succès* est pris dans le sens de ce qui arrive, ce qui survient (*succedere*). C'est aussi comme synonyme de résultat que Mairet a employé le mot *succès* dans ce vers de Sophonisbe :

Un succès malheureux suit une injuste guerre.

Bossuet, comme Chapelain, s'est servi de l'expression : *ses mauvais succès* dans l'*Oraison funèbre de la reine d'Angleterre.*

J'ay beaucoup de consolation d'apprendre que Mᵣ le conte d'Alais[1] connoist vostre vertu et que son amitié vous met en considération auprès de ceux qui ne la connoissent pas. Les moyens humains de se maintenir sont de ceux que Dieu approuve et qui sont compatibles avec la Providence, ou plustost dont l'ordre de la Providence fait que l'on se sert utilement. Vous les mesnagerés sans doute à vostre avantage et en retirerés les fruits que vous souhaite, Monsieur, vostre, etc.

De Paris, ce 17 juillet 1638[2].

CLXXXVI.
À M. LE MARQUIS DE MONTAUZIER,
EN ALSACE.

Monsieur, je ne puis vous escrire qu'avec beaucoup de douleur, puisque j'ay perdu Mᵣ de La Trousse que j'aymois et de qui j'estois aymé au point que vous le sçavés. Je ne vous en puis escrire qu'avec peine encore, sçachant ce qu'il vous estoit, et le désir que vous m'aviés fait paroistre l'un et l'autre de nouer une plus estroitte familiarité ensemble. Il est mort, à la teste du régiment de cavalerie de Coaslin qu'il commandoit, d'un pareil coup de pistolet à celuy qu'il donna au chef de l'escadron ennemy qui s'avança vers luy et personne ne doute que ce fust Coloredo, au commandement qu'il avoit et aux armes qu'il portoit[3]. Mais cette gloire est une petite consolation à ceux qui l'aymoient comme moy et à sa famille qui avoit besoin de luy encore long temps, et qu'il laisse fort desolée.

La pluspart de mes amys sont de cette profession et je ne les possède qu'en tremblant. Tous me donnent peine extrême en

---

[1] Louis Emmanuel de Valois, comte d'Alais, fils de Charles d'Angoulême et de Charlotte de Montmorency, était gouverneur de Provence depuis l'automne de l'année 1637. Voir, sur le comte d'Alais *la Fronde en Provence*, par M. Paul Gaffarel (*Revue historique*, 1876, tome II, p. 64 et suivantes).

[2] Suit (f° 323) une lettre au duc de Longueville, non datée et incomplète, car on y lit : «Nos nouvelles sont celles-cy : le duc de Veimar depuis... etc.» La lettre roule sur les «mauvais bruits qui se sont espandus depuis quatre jours dans Paris de quelque grand désastre arrivé à nostre armée et à vostre personne mesme.» Chapelain croit que ces bruits sont faux, mais il veut pourtant être rassuré, car il est plongé dans une tristesse profonde.

[3] C'est ce que redit encore Chapelain dans sa lettre au beau-frère du marquis de la Trousse, Antoine Agesilan de Grossoles, marquis de Flamarens, baron de Montastruc, seigneur de Buzet, la Barthe, etc., lettre datée du 17 juillet 1638 (f° 325) : «On a cru le reconnaître [Colloredo] à la beauté de ses armes et à ses plumes.» Voici les premières lignes de cette lettre, que la famille chargea Chapelain d'écrire : «Monsieur, vous serés surpris sans doute et sans doute affligé, lorsque vous aurés leu dans cette lettre que M. de La Trousse dans la fleur de son âge, et après avoir eschappé tant de périls, a payé le tribut de la nature et nous a quitté pour une meilleure vie que celle-cy...» Chapelain le prie de communiquer cette triste nouvelle à la marquise de Flamarens [Marie-Françoise Le Hardy de la Trousse] avec tous les ménagements possibles. Lui-même (f° 326) adresse, le même jour, à sa jeune amie (alors au château de Buzet) les plus affectueuses et les plus consolantes paroles. Chapelain avait été un des témoins du contrat de mariage (1637) du marquis de Flamarens et de la cousine germaine de Mᵐᵉ de Sévigné, comme nous l'apprend ce passage de l'*Inventaire sommaire des archives départementales* (*Lot-et-Garonne*, 2ᵉ livraison, 1865, p. 25, tiré du registre B. 56 des *Insinuations*) : «Contrat de mariage d'Agesilas (le *Moréri* veut qu'on écrive *Agesilan*) Antoine de Grossoles, marquis de Flamarens, fils aîné de Jean, seigneur de Flamarens, baron de Montastruc, Buzet, La Barthe, et de Françoise d'Albret, avec Françoise Le Hardy, fille de feu Sébastien, cheva-

l'estat où sont les affaires et il me semble à tous momens qu'on m'en vient apporter des tristes nouvelles. Je croy bien, Monsieur, que vous ne doutés point que ma principale inquiétude ne vous regarde, non-seulement pour ce que vous estes sous la main de nos ennemis, mais de plus pour ce que vous estes si esloigné de nous, et si nos malheurs ne se changent en bien, comme je l'espère, en hazard d'essuyer une rude tempeste du costé du Rhin. Il est vray que je vous connois aussy sage que résolu et que je ne doute point que vous payerés en cette grande occasion d'autant de conduitte que de courage. Tout ce que l'ordre, l'addresse et la prévoyance peuvent produire de bon, il me semble que je vous le voy exécuter, et l'estime que je fais de vous en cette partie par dessus les autres, est cause que je crains moins les mauvais évènemens de vous que je ne ferois des autres.

C'est un grand malheur à Mgr le duc de Longueville d'avoir trouvé une si puissante opposition dans la Franche-Conté. Il eust été vostre libérateur par la prise de Brisac qui, sans cela, estoit inévitable. Mais peut-estre sera-ce pour vostre plus grande gloire lorsque vous ferés voir par cette haute vertu qui est en vous qu'il ne vous faut point de libérateur ny conservateur que vous-mesme.

Vous aurés receu avec mes précédentes un paquet de Mr Poleme en response de vostre lettre. Depuis il a sçeu l'office que vous luy avés fait de pure générosité, et sans estre requis, pour le faire payer de quelque argent qu'il presta, il y a quelque temps, à un député de Schelestat. Mr Silhon m'a tesmoigné le ressentiment qu'il en avoit et l'estime qu'il faisoit de vostre inclination si bienfaisante et si noble.

Je ne vous dis rien de l'hostel de Clermont ni de celuy de Ramb[ouillet], sinon qu'on s'y porte à l'ordinaire, et je me remets à ce que Mlle Paulet vous en mandera. Elle en sçait plus de particularités que moy qui n'y ay point esté, il y a plus de quinze jours, à cause de mes divers embarras, et de cette nouvelle affliction qui m'est survenue.

Je prie Dieu que ce soit la dernière de ce genre et que je puisse encore long temps vous dire que je suis, Monsieur, vostre, etc.

De Paris, ce 17 juillet 1638.

CLXXXVII.

À M. DE BALZAC,

À BALZAC.

Monsieur, vostre lettre m'a esté rendue dans un temps où je n'avois pas besoin d'une moindre consolation. Les tesmoignages de vostre amitié adoucissent toutes mes amertumes, et bien que dans une aussy grande douleur qui est celle où je suis pour la mort de M^r de La Trousse, je ne puisse pas dire que vostre lettre me l'ait guérie, il faut que j'avoue néantmoins qu'elle l'a divertie et que le sentiment en a esté léger durant que je me suis occupé à la lire. Ce gentilhomme estoit comme mon enfant; je m'estois de tout temps intéressé dans son honneur et dans sa fortune; j'en estois tendrement et respectueusement aymé et je puis asseurer que j'estois aymé d'un des plus grands courages que la France ait produit, et d'une ame aussy chrestienne et aussy généreuse qu'on ait veu dans ce siècle[1]. Il

---

lier des Ordres du Roi, seigneur de La Trousse, prévôt ordinaire de l'Hôtel du Roi, et grand prévôt de France, et de Louise Hennequin, assistée de Charles Le Clerc, seigneur de Tremblay, gouverneur du château de la Bastille, et de Jean Chappelain, secrétaire en la chambre du Roi.»

[1] Balzac (lettre XXX du livre XIX, p. 780 et 781 de l'in-fol.) répond ainsi à son ami si affligé :

est mort à la teste d'un régiment de cavalerie qu'il commandoit au combat qui se donna le vııı de ce mois près de Saint-Omer, entre l'armée de Mʳ de La Force et de Picolomini. Ce fut luy qui commença la meslée et qui, s'avançant vingt pas devant son escadron, fut receu de Coloredo, qui s'estoit avancé de mesme, et qu'il tua d'un coup semblable à celuy qu'il en receut, duquel peut estre il ne fut pas mort si quatre cavaliers allemands, voyant tomber leur chef, ne se fussent avancés vers luy et ne luy eussent porté quatre coups dont l'un luy cassa le bras en deux endroits, cependant que ses gens propres fuyoient avant le choq et l'abandonnoient à la mercy des ennemis[1]. Il rendit l'ame entre les bras d'un capucin qui se trouva là, et qui luy donna l'absolution, tenant son espée de la main gauche où il l'avoit changée de la droitte, lorsque le bras droit luy fut rompu. On ne doute point que l'avantage que nous eusmes ensuitte sur l'ennemy ne vinst par la perte de Coloredo qui estoit la seconde personne de cette armée et l'un des meilleurs chefs qu'eut l'Empereur[2].

Mais ce qui semble me pouvoir consoler dans la gloire que mon amy s'est acquise en mourant, est ce qui m'afflige davantage, puisque cette gloire est la vraye marque de ce que j'ay perdu en luy. J'essayeray toutesfois d'essuyer mes larmes et de ne le plaindre pas plus laschement que la raison ne le permet à un homme qui en fait profession.

Je vous laisse dire, au reste, de ma prétendue éloquence tout ce qu'il vous plaist d'en dire, estant résolu de souffrir tout de vous, mesme les injures et, à plus forte raison, les graces. Cependant je vous fais ma protestation que je n'y prétens point et que si vous y en remarqués quelques estincelles, elles sont despourveues de tout art et tirées de la seule mine de la nature, comme sans doute vous le connoissés bien. Parmy mes tristesses je ressens quelque plaisir que vous pensés à l'hostel de Rambouillet et que vous avés eu curiosité des choses qui le regardent. Après les douleurs publiques et particulières, je feray les enquestes que vous m'ordonnés, et, puisque vous me permettés de monstrer la lettre à Mʳ de Vill[emontée], je la feray voir à ces deux rares personnes sans y admettre une troisiesme et je leur monstreray encore vostre dernière qui ne peut que les fort obliger. Le sage Mʳ de Chaudebonne a la fièvre depuis cinq jours

« Je n'entreprends pas de vous guérir. Il me suffit de vous dire que je souffre avecque vous, et que vos douleurs me sont aussi cuisantes que les miennes propres. L'homme que vous regrettez, est mort en héros, et avec la glorieuse consolation de cet ancien vers :

En mourant il osta l'âme à son ennemi.

Ce qui augmente la gloire qu'il s'était acquise, agrandit la perte que vous avez faite. » Balzac ajoute ces considérations philosophiques : « Coloredo eust toujours fini, sans l'aide de Monsieur de la Trousse, et Monsieur de la Trousse aussi, sans la rencontre de Coloredo. On trouve Sainct-Omer et Versel en quelque lieu qu'on se trouve. »

[1] Balzac s'indigne ainsi (p. 781) contre le lâche abandon dont parle Chapelain : « Je veux grand mal à cette canaille si bien armée, qui abandonna son chef au besoin, et il me semble qu'il se devait bien trouver quatre cavaliers françois, pour le couvrir des quatre cavaliers allemands. »

[2] « Je suis en peine, continue Balzac (p. 781), de nostre Monsieur de Chaudebonne, que vous appellez le sage malade ; mais la Sagesse n'est non plus privilégiée que la Vaillance. Il faut mesme que les saincts meurent avant que d'estre canonizez. » La lettre, datée du 1ᵉʳ décembre 1638, dut l'être du 1ᵉʳ août de la mesme année. On s'étonne que l'éditeur de 1665 n'ait pas pris la peine de recourir au n° de la *Gazette* (de juillet) dont Balzac signale en ces termes l'insignifiance : « Il me semble que la Nymphe

et elle ne luy peut continuer sans le mettre en danger, mais j'en veux mieux espérer. Et certes nous avons assés de maux sans y en adjouster un aussy grand que seroit la perte de cet excellent homme.

Je vous envoye les lettres de M⁺ Mainard qui m'a fait un ample remerciement de celle que vous luy avés envoyée par un exprès et je voy par tous les signes imaginables que cette personne est fort à vous, quoyque moins sans doute que n'est, Monsieur, vostre, etc.

De Paris, ce 17 juillet 1638.

CLXXXVIII.
À Mgr LE DUC DE LONGUEVILLE,
À LA FRANCHE-CONTÉ.

Monseigneur, nous apprenons tousjours les belles choses que vous faittes long temps devant par le bruit commun, que nous les apprenons par vous. Vous vous contentés que vos actions soient glorieuses et ne vous souciés pas qu'elles soient publiées et vous employés à faire de nouvelles entreprises les heures que les autres prendroient pour escrire les passées.

Nous sceusmes par Genève, dès le vii de ce mois, la prise d'Arbois que vous n'avés fait savoir que le xii[1], et par la mesme nous sçavons que vous avés pris Vadans[2] depuis, que peut estre nous ne sçaurons par vostre voye que de quinze jours d'icy. Il vous est très avantageux d'avoir réduit les ennemis à n'oser se commettre à la fortune et à laisser prendre toutes les places que vous voulés attaquer sans se présenter pour les secourir. S'ils continuent, ils ne se feront pas grand honneur, et vous avés droit de sommer le duc Charles de garder son vœu et de quitter la mauvaise espée qu'il porte à son costé. Entre les choses qui peuvent haster cette résolution, on nous fait entendre que la disette où se trouve l'armée ennemie est une des principales. Si le pain leur manque, la nécessité et le désespoir les rendront vaillans et vous aurés ce que vous souhaités, qui est de les voir en campagne. Cependant vous estes à la France l'une de ses principales consolations dans les deux malheurs qui luy sont arrivés presque à la fois à Verceil et à Saint-Omer. Pour Verceil, etc. (*sic*).

De Paris, ce 22 juillet 1638.

CLXXXIX.
A M. L'ÉVESQUE DE GRASSE (GODEAU),
À GRASSE.

Monsieur, j'ay beaucoup de consolation du bien que vous me mandés de M⁺ de Beauregard. Il est vray qu'il doit estre bien satisfait de luy mesme, ayant veu en cet âge une si grande quantité de choses remarquables et s'en expliquant si bien et si distinctement qu'il fait. Par l'air dont vous m'en escrivés et tout le reste de vostre lettre, il me semble que je puis colliger[3] que vous jouissés d'une bien parfaitte tranquillité d'es-

---

du bureau d'adresse ne luy rend pas bonne justice, ni ne chante assez hautement une si haute valeur que la sienne.» Cette seule phrase permettait de dater sûrement la lettre de Balzac.

[1] On lit dans la *Gazette* du 17 juillet 1638 (p. 360) : «Le 15° de ce mois, le sieur Roux, envoyé par le Roy vers le duc de Longueville, a rapporté nouvelles à Sa Majesté de la prise de la ville d'Arbois par l'armée françoise à la vue du duc Charles qui ne l'a pu empescher, et qu'il en estoit sorti trois cens hommes. Il en a aussi apporté trois drapeaux.»

[2] Aujourd'hui commune du département du Jura, arrondissement de Poligny, canton d'Arbois, à 8 kilomètres de chacune de ces deux villes.

[3] Recueillir, de *colligere*. M. Littré n'a trouvé *colliger* dans aucun écrivain postérieur à Amyot et à Ambroise Paré.

prit, je veux dire de ce bon estat auquel l'on n'a que des pensées agréables. C'est de quoy je me resjouis pour ce que, depuis quinze jours c'est le seul sujet de joye que j'ay eu, les affaires publiques et mes affections particulières ayant receu des playes qui m'ont bien faict et feront de la douleur. Je m'asseure que le succès[1] de Verceil vous aura esté bien sensible, et que l'intérest spécial que vous y avés vous aura fait tourner les yeux sur le général et pleurer les malheurs qui luy arrivent. Néantmoins, afin que vous ne vous descouragiés pas, vous sçaurés que ny Verceil ny Saint-Omer ne nous abbattent pas le cœur, que Mr le Prince, Mr de Longueville et le duc de Veimar travaillent les ennemis dans leurs pais mesmes, et que le Roy en personne va monstrer quelle différence il y a de luy à Mr le mareschal de Chastillon[2]. Vous n'oublierés pas ses bonnes intentions en vos prières et me tiendrés tousjours, Monsieur, pour vostre, etc.

De Paris, ce 22 juillet 1638[3].

CXC.
À M. DE BALZAC,
à balzac.

Monsieur, je respons encore à vostre lettre en la recevant, et je doute que la mienne puisse estre portée assés à temps à la poste. Cela m'empeschera de vous pouvoir rien dire de certain touchant la traduction des huit beaux vers que vous m'avés envoyés, quoyque je ne doute point que le bon Colletet ne reçoive l'honneur que vous luy faittes de l'eslire, dans les termes que cette grâce mérite.

Vous m'avés donné un portrait en petit de l'abbé[4] qui a fait peur à nos zélateurs. Je ne l'ay veu que deux fois en ma vie chés nostre amy de Pomponne[5] qui estoit malade à la mort. Il me sembla homme de bonne intention, et s'il n'est pas dans le bon chemin, je suis trompé s'il ne croit y estre. Du reste, son discours entrecoupé et sautelant, et quelques raisonnemens informes et à demy exprimés, ne me laissèrent pas persuadé qu'il fust si grand personnage que l'on me l'avoit représenté, et je vous avoue qu'en ces occasions je respectay plus sa réputation que sa personne. Toutesfois il ne conversoit pas pour me plaire, et sans doute ne se soucioit pas de me donner bonne opinion de luy. Il peut estre aussy aisément que sa santé ou l'estat de son malade ne luy eust pas laissé tout l'usage de son esprit, et, en ces matières de juger d'autruy, ma maxime est de croire que les vertus sont journalières, et qu'il n'y a qu'une longue pratique qui en puisse faire porter un jugement asseuré. Je m'en rapporte au vostre entièrement, puisqu'il est fondé sur vostre expérience, et je panche d'autant plus volontiers à croire qu'il y a du creux dans son affaire[6], que je ne doute plus qu'il n'ait le plus contribué à faire passer carrière

---

[1] Accident, événement, comme nous l'avons déjà expliqué.

[2] Gaspard de Coligny, maréchal de Châtillon, né le 26 juillet 1584, mourut le 4 janvier 1646, après avoir été malheureux encore une fois à la bataille de la Marfée (6 juillet 1641).

[3] Le même jour Chapelain écrivait à M. de Beauregard, en Provence (f° 329) : «Je loue Dieu de vostre convalescence et de la bonne estime que vous vous estes acquise auprès de cet excellent évesque, qui est bon juge de la vertu d'autruy, parce qu'il est luy-mesme tout plein de vertu. Ses dernières lettres ne sont parées que de vos louanges...»

[4] L'abbé de Saint-Cyran.

[5] Arnauld d'Andilly. Tout ce paragraphe a été cité par M. Sainte-Beuve (Port-Royal, t. II, p. 67, en note.)

[6] M. Sainte-Beuve (ibid.) dit avec sa finesse habituelle : «On ne voit pas nettement dans la lettre

à Mʳ le Maistre, c'est-à-dire à me donner un des plus sensibles desplaisirs que j'aye jamais receu.

Vos¹ cendres, n'en doutés point, seront encensés, mais sans préjudice de l'honneur que vous recevrés de vostre vivant. Vous avés la réputation d'éloquence la plus confirmée qu'homme qui soit dans l'Europe, et si² je suis asseuré que Cicéron, de son temps, avoit plus d'émules que vous³, si bien que vous aurés la joye de jouir longtemps de vostre estime présente et, si dans le ciel on tourne quelques fois ses yeux sur les choses qu'on a aymées dans le monde, vous jouirés encore de la future et verrés que vostre nom vous aura survescu et vous fera de la compagnie de tous les vivans.

Je n'ay peu voir le bon Gombaut depuis que vous m'avés demandé ses vers sur la mort de Malherbe⁴. C'est un des meilleurs hommes du monde et des moins heureux. Pour un vieux courtisan⁵ il est vray qu'il a trop peu de résignation à la mauvaise fortune, et qu'il raisonne là dessus bien plus en regardant ce qu'il mérite, que l'humeur de ceux qui le pourroient soulager. Il n'a jamais pu apprendre qu'il falloit estre accommodant quand on estoit cupide, ni conceu le secret philosophique d'Horace, qui estoit un pilier de la Cour, quand il se prescrivoit à luy mesme de *non sibi res sed se rebus submittere* ⁶. Je le chatouilleray bien agréablement quand je luy donneray avis du cas que vous faittes de ce petit ouvrage.

Pour Mʳ Silhon, il est tousjours *in otio negotioso*, escrivain dans l'expectative, et occupatissime⁷ pour le service de ses amis présens et absens. Il est tousjours extrêmement à vous et nous en parlons souvent dans des termes qui vous doivent plaire.

Mʳ de Bourzeis ne presche plus. Une conjuration des orateurs du bas estage l'ont accusé et convaincu de n'estre pas prestre ny mesme dans le diaconat, et sur ce fondement l'ont fait exclure de la Chaise⁸. Il prend patience et se vange d'eux dans une

---

de Balzac ce qui se rapporte au *creux* dont parle Chapelain, et elle semble plutôt toute laudative. Y aurait-on retranché à l'impression, et par égard pour ses amis, quelque trait moins favorable à M. de Saint-Cyran? Au reste, ce *creux* n'est pas très-clair dans la lettre de Chapelain.»

¹ Je substitue *vos* à *vous*, qui est un *lapsus* évident.

² *Si* a dans cette phrase un sens affirmatif. Thomas Corneille écrit à propos de la 425ᵉ remarque de Vaugelas : «Mʳ Chapelain dit, qu'on se sert encore de *si*, en parlant et demeurant un peu sur le *si*, pour dire *avec tout cela*, mais qu'il est très bas.» C'est néanmoins à peu près le sens qu'il semble avoir donné ici à ce mot.

³ Balzac méritait bien d'être rapproché de Cicéron par Chapelain, lui qui si souvent n'a pas craint de comparer Chapelain à Virgile.

⁴ M. R. Kerviler, dans son étude déjà citée sur J. Ogier de Gombauld, rappelle (p. 39 et 40) que Malherbe et Gombauld furent grands amis,

qu'ils se voyaient souvent à l'hôtel de Rambouillet et chez Mᵐᵉ des Loges. L'abbé Goujet (*Bibliothèque françoise*, t. XVII, p. 126) mentionne l'épitaphe que Gombauld fit pour Malherbe, et qu'il finit par ce vers :

Il est mort pauvre, et moi je vis comme il est mort.

⁵ Déjà, sous le règne de Henri IV, Gombauld était à la cour, où l'avait introduit le marquis d'Uxelles, auquel il était attaché. (Tallemant des Réaux, t. III, p. 238.)

⁶ Nous avons déjà rencontré cette citation dans une autre lettre.

⁷ Néologisme que Chapelain empruntait à l'Italie, où, comme on sait, les superlatifs ont toujours eu la vogue.

⁸ *Chaise* est là pour *chaire*. On ne connaissait pas ce curieux incident de la vie de l'abbé de Bourzeis. Cet abbé ne tarda pas, du reste, à prendre les ordres sacrés, car Pellisson (*Histoire de l'Académie*, t. I, p. 253) nous apprend que,

assemblée de la propagation de la foy, où il les rend auditeurs par force et, malgré leur envie, tire des louanges de leur bouche. Il sçaura l'honneur que vous luy faittes en vous souvenant si bien de luy.

Je vous envoye la copie du petit escrit qu'Heinsius a fait imprimer en Hollande pour vous faire tort[1]. Il y a quelques lieux, ou que l'on vous y a supposés, ou que je vous conseille de désavouer, quand ils vous seroient échappés durant le temps que vous viviés avec ces relligionnaires. Nos crabrons[2] vous mettroient avec quelque sujet au nombre des censurables. La dernière page fut d'abord imprimée comme elle est escritte plagiairement[3] par Heinsius pour s'applaudir à luy-mesme. Mais Saumaise, passant chés le libraire, s'en moqua et en retint un exemplaire, ce qui fut cause que Heinsius le fit refaire comme il estoit dans l'original, mais avec l'apostile marginale; j'ay fait copier l'un et l'autre sur les deux imprimés que M^r d'Ablancourt m'a fait voir afin de vous en donner avis. Il sera bon que, dans la première des vostres, vous insériés trois mots de remerciment pour luy faire.

Je ne croy pas que vous en puissiés estre quitte à si bon marché pour M^r l'abbé de Saint-Nicolas, auquel ayant fait voir, il y a quelques jours, l'endroit d'une de vos lettres où vous estimiés si fort le Narni

---

devenu prêtre, il s'appliqua fort à la controverse, et que « les fruits de ses travaux furent la conversion de quelques-uns des ministres, contre lesquels il avoit disputé. »

[1] *Discours politique sur l'état des Provinces-Unies* (Leyde, in-4°, 1638). Ce fut là le premier ouvrage de Balzac, qui passa pour l'avoir composé sous l'inspiration du docteur Baudius. Dans la première édition (sans date), l'auteur est désigné par ses initiales : *J. L. D. B.* et par son titre de *gentilhomme françois*. On trouvera ce discours dans les *Œuvres complètes* de 1665 (t. II, parmi les *Dissertations politiques*, p. 482-485). On lit dans une note marginale de la page 482 : « Ce discours fut fait par M. de Balzac, en Hollande, à l'âge de vingt ans [c'est-à-dire en 1617], et en ayant laissé une copie à un de ses amis, il y fut imprimé fort longtemps après, sans son sceu. » Du reste, Balzac lui-même nous donne, à ce sujet, les explications que voici dans sa réponse à la communication de Chapelain (lettre X du livre XIX, p. 766 de l'in-fol.) : « Le *Discours* du Gentilhomme François m'a surpris, et je vous advoue que je ne l'ay reconnu, qu'après avoir rappellé de bien loin la mémoire des choses passées. Il est vray que je suis l'autheur du Discours, qui ne craint pas assés les foudres de Rome, et qui traite la saincte Inquisition avec trop peu de respect. Mais il est vray aussy que je le composay en Hollande, sans dessein de le rendre public par l'impression, et dans la chaleur d'un âge qui excuse bien de plus grandes fautes. Puis donc que vingt-cinq ans entiers ont passé sur celle-cy [ce qui nous ramèneroit à l'année 1613. Balzac auroit dû se contenter de mettre vingt ans, ce qui auroit concordé avec les indications données par l'éditeur de 1665], il me semble qu'il y a prescription légitime... En vérité, le grand Heinsius devrait avoir honte de s'acharner si cruellement sur la personne du petit Balzac : de vouloir triompher en cheveux gris d'un garçon de dix-sept ans, et qui n'avoit point encore de barbe... J'ay fait une folie, estant jeune, et le bonhomme Heinsius l'a publiée vingt-cinq ans après que je l'ay eue faite. Qui est le plus coupable de cette folie, de luy ou de moy?... » La protestation de Balzac est datée *du 15 octobre 1637* : il faut la mettre en *août 1638*.

[2] Frelons, du latin *crabro*. On trouve dans Plaute l'expression proverbiale : *irritare crabrones* qui a été appliquée par Isaac Casaubon à ses adversaires (lettre à Joseph Scaliger du 12 avril 1600, *Epist.* CCVIII). Le mot *crabron* n'est dans aucun de nos vieux dictionnaires. Chapelain serait-il l'auteur de ce mot si peu connu?

[3] Le mot est, et a toujours été, inusité. Il n'est donné ni par Richelet, ni par Trévoux, ni par l'Académie, ni par M. Littré.

qu'il vous a presté, jusques à vous résoudre d'en demander à Sa Sainteté, si vous n'en pouviés recouvrer autrement, il me pria d'honneste homme qu'il pust estre vostre Pape pour ce particulier, et en un mot m'enchargea avec beaucoup d'instance de vous l'offrir et donner de sa part, sans que toutes les civilités et résistances que je fis là dessus peussent esbranler la résolution qu'il en avoit prise. Le livre est donc à vous désormais, et certes c'est un présent d'importance, et qui mérite bien un compliment séparé et une transgression de vœu pour un quart d'heure. Mais soyés pourtant en liberté, car je suis asseuré qu'il ne l'a point fait pour en avoir cette récompense.

Ma tristesse ne se laisse point bien surmonter à ma philosophie, et certes il y en a de si justes que c'est estre pire que stoïque de les vouloir bannir de nostre cœur. Jugés maintenant si vous devés avoir soin de vostre conservation, quand ce ne seroit que pour ne me pas désespérer, car il est vray que tant que vous vous porterés bien, il n'y a point de perte que je ne croye estre obligé de souffrir avec patience[1]. Je suis, Monsieur, vostre, etc.

De Paris, ce 25 juillet 1638.

CXCI.
À M. LE MARQUIS DE MONTAUZIER,
EN ALSACE.

Monsieur, vous m'avés donné la vie par les nouvelles que vous m'avés mandées les dernières du succès de Dubatel[2] contre l'armée de Goetz[3]. Jamais homme n'a eu plus d'inquiétude pour aucune chose que je n'en ay eu pour l'estat où vous alliés estre si l'armée ennemie fust demeurée libre en Alsace et vous eust enlevé ou gasté vostre récolte. Au moins vivrés vous à présent et vous ne serés pas réduit à mourir de la mort de la Rochelle[4], et ce coup manqué pourra bien mettre les Impériaux en plus mauvais estat que vous et relever au duc de Veymar l'espérance de la prise de Brisac. Mais ayons des désirs modérés et nous contentons pour cette fois de vous sçavoir fourni de bleds par cette disgrâce inopinée. J'ay resjouy tous nos amis de cette bonne nouvelle et Mme la marquise de Rambouillet en a repris sa santé et son embonpoint. Mlle s'intéresse trop dans tout ce qui vous touche pour avoir besoin de vous dire la joye qu'elle en a receue et le plaisir que vos succès à venir luy apportent desjà.

Nous avons nouvelles de la main de

---

[1] Dans une lettre écrite la veille (f° 332), à M. Arnauld, mestre de camp, Chapelain dit au sujet de la mort de M. de la Trousse : «J'ay perdu un amy intime et seur et le plus antien de ceux sur qui je fondois le principal plaisir de ma vie.» Quelques jours plus tard, le 5 août, Chapelain (f° 338) reparle à un autre Arnauld, le lieutenant de la mestre de camp des carabins de France, de la mort du jeune la Trousse, ajoutant : «Depuis la mort de feu Mme vostre sœur, je suis dans un perpétuel exercice de souffrance; les malheurs me sont venus tantost en foule, tantost l'un après l'autre....»

[2] Il est impossible de lire autrement ce nom, qui semble inexplicable et dans lequel j'avais été tenté d'abord de reconnaître une singulière altération des mots la bataille.

[3] Le comte de Goetz fut un des généraux allemands que battit le plus souvent le duc de Weimar. Il ne tarda pas à être privé de son commandement et dépouillé de son épée au milieu de l'armée trois fois vaincue sous ses ordres, et à être ensuite «amené prisonnier en Bavière». Voir l'*Histoire de France sous Louis XIII*, par A. Bazin (t. II, p. 471 et 472). Dans la *Gazette*, le malheureux général est appelé *Goentz* (*passim*).

[4] La ville de la Rochelle ne se rendit (29 octobre 1628) qu'après avoir longtemps bravé toutes les horreurs de la famine.

Mʳ le marquis de Pisani qu'enfin la fièvre l'a quitté et qu'il est absolument en asseurance. Il a perdu les cheveux, mais le teint luy demeure sans aucune marque, dont il se vante et triomphe. Je le tiens plus glorieux d'avoir vaincu ce malheureux mal que s'il avoit sauvé Verceil qui doit estre une grande douleur à Mʳ le cardinal de La Valette, après avoir fait le bel effort du secours qui devoit bien produire quelque chose de mieux. Mʳ de Chaudebonne a eu dix-huit jours de fièvre dont il est fort abbatu, mais le mal est chassé et il n'y a plus que la force qui luy manque. Mʳ Conrart, non plus que moy, n'a point de santé bien ferme. Il a eu part à vos nouvelles et vous en rend grâces très humbles. Mᵐᵉ vostre mère[1] est bonne jusqu'à me les envoyer chés moy présentement. Je vous en fais compliment. Vous aurés de nos nouvelles, avec celles-cy, à l'ordinaire, et, de plus, une relation de la levée du siége de Sᵗ-Omer que je croy de vostre amy Mʳ d'Arpajon[2], mais ne le nommés point du tout s'il vous plaist.

Je suis, Monsieur, vostre, etc.

De Paris, ce 30 juillet 1638.

CXCII.
À M. DE BALZAC,
À BALZAC.

Monsieur, la raison avoit commencé ma consolation et vostre éloquence l'a achevée. Il n'y a rien qui console tant de la perte d'un amy que les preuves d'affection de ceux qui nous restent, principalement lorsqu'elles sont aussy sincères et aussy bien exprimées que celles qu'il vous a pleu me donner en cette occasion. J'aurois honte, après cela, de me plaindre davantage et de ne retenir pas mes sentiments dans les bornes que la religion et la philosophie nous prescrivent. Je croy mesme que vous m'avez fortifié pour les malheurs à venir, si Dieu me veut exercer par la privation de semblables biens, et je prétens flatter la douleur de Mᵉ de La Trousse[3] en luy monstrant la place que feu Mʳ son mary a dans vostre estime, et les bonnes paroles que vous donnés à sa mémoire. C'est ce qui me fait regretter bien peu le mauvais éloge dont le gazetier[4] luy a esté chiche et qu'il luy est avantageux de n'avoir point eu d'une main si désirée. Il me suffit de ce costé là qu'il ait [dit] ce qu'il ne se pouvoit empescher de dire, et qu'il n'ait pas obscurcy une si belle mort par quelque impertinente louange et dans un stile de faquin.

Pour Mʳ de Chaudebonne, il a couru fortune de nous quitter ou plustost nous de le perdre, car c'est un homme qui regarde le ciel dès il y a long temps et qui est plus qu'à demy séparé des choses de la terre. Il rira à l'instant de sa mort et nous plaindra de demeurer dans le monde. Dieu nous l'a voulu conserver pour nostre édification. Mais, quoyqu'il soit hors de péril, il garde

---

[1] Marguerite de Châteaubriant, mariée en 1606 avec Léon de Sainte-Maure, baron de Montauzier.

[2] Louis, vicomte, puis (1651) duc d'Arpajon, marquis de Severac, comte de Rhodez, vicomte de Montal, baron de Salvagnac, de Montclar, etc., fut chevalier des ordres du roi, gouverneur de Lorraine, lieutenant général au gouvernement du Languedoc, etc.; il mourut en avril 1679. Voir, sur lui et sur sa famille, un bon article dans le *Moréri* de 1759 (t. I, p. 369-371). Savait-on qu'à tous ses talents militaires, cet ami du marquis de Montauzier joignit le talent du narrateur, de l'historien?

[3] Nous avons déjà eu occasion de dire que c'était Henriette de Coulanges, sœur du *bon* abbé de Coulanges.

[4] Chapelain est jusqu'à ce jour le premier en date des écrivains qui ont employé le mot *gazetier*. Ici c'est Renaudot qui est désigné, et

encore le lit et n'est pas quitte de son mal de teste. Je le verray demain et luy feray sçavoir vostre peine et la continuation de vostre amitié.

Par ma précédente, je vous mandois que M⁺ de S⁺ Nicolas vous donnoit le Narni qu'il vous avoit presté, et qu'il vous faisoit ce présent de la meilleure grace du monde. Je croy que cela vous oblige à un compliment sans conséquence. J'appris de luy, ces jours passés, que M⁺ le cardinal Bentivoglio estoit bien près de la fin de sa troisiesme partie de l'Histoire de Flandres, et dès lors je me proposay de vous le mander comme une nouvelle qui vous devoit resjouir.

Vous aurés, avec cette lettre, toutes celles que vous m'avés envoyées de M⁺ Mainard. Vous aurés aussy un mémoire de la race paternelle et maternelle de nostre divine marquise suyvant ce que vous aviés désiré. Elle s'est volontiers expliquée sur cela puisque c'estoit pour satisfaire vostre curiosité, et m'a dit qu'elle tenoit à honneur que Pisani fut proche de Balzac[1] et luy donnast la qualité de vostre voysine.

Je n'ay peu trouver Colletet, et j'ay creu que vous souffririés que je vous servisse en sa place. Voicy les douze vers que j'ay desrobés à mille occupations qui m'accablent[2] :

Mais cela fut jadis quand les globes des cieux
En foule recevoient les vaillans demy dieux,
Que la nouvelle terre en merveilles féconde
Enfantoit tous les jours pour la gloire du monde.
Maintenant que cet age, espuisé de valeur,
Jusques dans l'infamie a porté son malheur,
Que la grandeur romaine est enfin terracée
Et sa haute vertu de l'Univers chassée,
C'est beaucoup d'admirer les grandes actions
De ces fameux héros, donteurs des nations,
D'eslever à leur nom des autels et des temples,
Et de suyvre de loin ces superbes exemples.

Les quatre derniers ne respondent pas absolument au sens des deux derniers latins. Mais comme j'ay conceu la chose sans sçavoir ce qui précédoit et ce qui devoit suyvre, il m'a semblé dans cette ignorance que celuy que j'ay pris exhortoit à la vertu dans une manière plus faisable et plus modeste que l'autre. Si néantmoins vous en jugés autrement, je me condamne, sans vous en faire d'autres excuses, puisque cette liberté est un des fruits de nostre affection.

Je suis, Monsieur, vostre, etc.

De Paris, ce 1ᵉʳ aoust 1638.

CXCIII.

À M. L'ÉVESQUE DE GRASSE (GODEAU),
À GRASSE.

Monsieur, j'ay beaucoup de joye de vous sçavoir de retour à Grasse en santé. Vous n'avés pas peu fait de ne mourir point en ce climat demy-africain[3] avec vostre petit poulmon et vos fréquentes prédications

---

M. Littré cite tout d'abord, à l'article *gazetier*, cette phrase du *Dictionnaire* de Richelet : «Théophraste Renaudot est le gazetier de France le plus fameux : il était médecin de Montpellier; il commença à donner la Gazette en 1631.»

[1] Pisany est aujourd'hui une commune du département de la Charente-Inférieure, arrondissement de Saintes, canton de Saujon. On a eu souvent le tort de donner à ce nom une désinence italienne, et M. Victor Cousin notamment ne manque jamais d'écrire *Pisani*.

[2] Ces douze vers se lisent, mais avec de grandes modifications, en tête de la seconde des *Dissertations politiques* (*Œuvres de M. de Balzac*, t. II, édition in-fol., p. 428).

[3] Cette phrase fait penser au mot rapporté par M. Mignet (*Notices historiques*, t. I, p. 81) : «Lorsqu'un de ses amis [de l'abbé Sieyès] lui demanda, plus tard, ce qu'il avait fait pendant la Terreur : «*Ce que j'ai fait*, lui répondit M. de Sieyès, *j'ai vécu*. Il avait, en effet, résolu le problème le plus difficile de ce temps, celui de ne pas périr.»

dans la saison la plus chaude de l'année. Dieu vous réserve sans doute pour convertir les Mores quand ils seront descendus encore une fois dans vostre diocèse, comme nous avons avis qu'ils en sont tout prets. Que si l'on nous a mandé le vray, je ne sçay si à présent vous n'estes point entre leurs mains et s'ils ne vous ont point pris dans l'action de la réforme de vos moines qui sont desjà accoustumés au marranisme et ont la mine d'avoir souhaitté de tels libérateurs. *Ma tolta il cielo gli auguri*[1].

Il est impossible, au reste, que la prise de Verceil ne vous ait fort touché et qu'au moins par un intérest particulier vous ne ressentiés le dommage public. Encore si nous pouvions en estre quitte pour cela, cette année, et que nostre brave général arrestast là les prospérités espagnolles! Il en faut prier Dieu et vous plus qu'aucun, vos prières estant plus agréables. Trois hommes de bien comme vous peuvent sauver un estat encore plus corrompu que le nostre. Si Loth eust eu un compagnon de vertu et de piété, Gomorre et Sodome seroient encore. Mais je prens le ton de prédicateur devant un petit St-Paul. Je me tais et ne vous dis plus autre chose, sinon que je suis, Monsieur, vostre, etc.

De Paris, ce 5 aoust 1638.

CXCIV.

À M. DE BALZAC,

À BALZAC.

Monsieur, j'approuve en tout la résolution que vous avés prise touchant l'imprimé de Hollande, estant de la nature de ces cas pour le vulgaire appellé reniables, et plus pour quelques sentimens qui s'y trouvent et qui sont de contrebande, que pour la manière dont ils sont escrits, laquelle est telle qu'il y a peu de gens qui peussent aller jusque là et qu'il y en a beaucoup qui courroient volontiers le hazard d'en rougir à l'aage de quarante ans, non seulement à seize[2]. Vous ferés néantmoins prudemment de le désavouer et nous vous ayderons dans cette conduitte selon vostre ordre et vostre intention. Il est vray que nous n'en persuaderons que ceux qui ont le goust fade pour le discernement des stiles, mais c'est assés, puisque le grand nombre est de ceux là, et quand les autres le connoistront, je ne voy pas qu'en persistant dans la négative, leurs voix nous puissent faire beaucoup de mal. Ce qu'il y a de bon pour la descharge de nostre conscience et pour nous lever tout scrupule, c'est [que] vous fistes cela fort jeune, par exercice d'esprit, et comme une déclamation éloquente que vous ne croyés point et que vous ne publiastes point, que vos ennemis ont déterrée pour vous nuire, et que vous croyés aussi bien effacée du souvenir de ceux qui la virent alors, qu'elle estoit maintenant du vostre. Après cela, nous pourrons dire avec vous qu'elle n'est pas de vous, et que les maximes qui y sont coulées ne sont point les vostres.

Je feray l'office auprès de M^r d'Ablancourt, qui me mit la pièce entre les mains, et M^r de La Mothe, qui m'en avoit parlé le premier, et qui s'en estoit mis de bonne grâce en peine. Ils vous sont l'un et l'autre très acquis serviteurs et agiront avec affection dans cet intérest avec tout le monde. M^r de St Chartres sçaura aussy comme vous continués à lui vouloir du bien, et de quelle sorte vous avés ressenti son souvenir. Je ne doute pas que M^r l'abbé de

---

[1] Mais que le ciel détourne ce présage!
[2] Chapelain admettait donc que le *Discours sur l'estat des Provinces-Unies* avait été composé dès 1612, c'est-à-dire un an plus tôt que Balzac lui-même ne le marquait, et cinq ans plus tôt qu'il ne faut le marquer en réalité.

S¹ Nicolas ne me face bien des reproches de n'avoir pas empesché que vous luy fissiés un remerciment si solennel du présent qu'il vous a fait, mais je me résous à soustenir cet assaut et cependant je vous diray que vous avés, à mon avis, fait ce qu'il falloit faire, et qu'il eust été peu digne de M⁻ de Balzac d'avoir receu une courtoisie de galant homme et de ne l'avoir pas payée d'une civilité. Je feray valoir les lignes que vous y avés employées et l'on connoistra que c'est une extraordinaire, et que l'affection et le ressentiment les ont arrachées de vos mains qui n'escrivent plus de lettres qu'à vos facteurs et à vos agens.

Le Conte de Fiesque a veu celle que vous m'avés addressée sur la mort de M⁻ de La Trousse, et l'a fort estimée. Vos ouvrages ont esté sa consolation durant sa blessure et vont estre son entretien à la campagne où son combat l'oblige de se retirer¹. Il seroit bien malaisé que j'eusse tiré au naturel un homme qu'il y a un an que je n'ay veu et que je n'ay jamais veu que deux fois. Je croy néantmoins que le crayon que je vous en ay envoyé a de son air et que, dans les trois traits que je luy ay donnés, il peut estre reconnoissable. Je suis marry de l'aveugle dévotion que quelques uns de nos intimes ont à ce saint et je crains qu'elle ne leur soit enfin nuisible.

Je suis, Monsieur, vostre, etc.

De Paris, ce 8ᵉ aoust 1638².

CXCV.
À M. DE GRASSE (GODEAU),
à GRASSE.

Monsieur, vous me faittes beaucoup de questions à la fois et pour ce qu'elles sont *de futuris contingentibus*, j'ay encore cette nouvelle raison pour ne me pas précipiter à y respondre. A celle qui demande si les Espagnols attaqueront Antibe³, je vous respons que je suis bien aise qu'ils ne l'ayent pas desja fait et que ce m'est aussy un argument qu'ils n'ont pas pris le port de Villefranche⁴, comme on nous l'avoit voulu faire croire jusqu'icy. Pour l'attaquer et la prendre

---

¹ Voici ce que Tallemant des Réaux nous apprend sur le duel dont parle Chapelain (*Historiette du cardinal de Richelieu*, t. II, p. 67, note 1) : «[Fontrailles] estoit des esprits forts du Marais. Ces Messieurs se mirent, il y a près de vingt ans [Tallemant écrivant ceci en 1657, on voit que nous sommes ainsi ramenés à l'année 1638], à porter des bottes qui avoient de fort longs pieds, mais non pas si longs qu'on les a portez depuis. Quelques capitaines aux Gardes dansèrent un ballet *des longs pieds*; Fontrailles alla prendre cela pour eux, et engagea le comte de Fiesque et Ruvigny à se battre. Le comte et son homme se blessèrent; Fontrailles fut culbutté par le sien, et Ruvigny désarma le troisiesme.»

² Le même jour, Chapelain écrivait (f° 342) au marquis de Gesvres, au camp devant Fontarabie : «Il me suffit pour ce qui vous regarde d'apprendre de la voix publique les merveilles que vous faittes et la part que vous avés à ce qu'il y a de plus honorable au siége où vous estes attaché.... Ce vous doit estre un grand contentement de vous estre rencontré dans une armée qui devoit presque seule de toutes les nostres estre victorieuse et maintenir l'honneur de la France qui sans vous eust souffert diminution quasi partout cette année.» Voir, sur la conduite du marquis de Gesvres devant Fontarabie, l'*extraordinaire* de la *Gazette* du 6 août (p. 399). Dans une lettre du 11 août (f° 342) Chapelain disoit à M. du Fay de la Trousse, «à l'armée de M. le mareschal de la Force,» un des frères du défunt, que le comte de Fiesque avoit copié de sa main la lettre de Balzac sur la mort du marquis de la Trousse, et il ajoutait : «Il n'y a point d'homme à la Cour qui vous estime davantage.»

³ Aujourd'hui chef-lieu de canton du département des Alpes-Maritimes, arrondissement de Grasse, à 28 kilomètres de cette ville et à la même distance de Nice.

⁴ Chef-lieu de canton du département des Alpes-Maritimes, à 5 kilomètres de Nice.

je ne doute point que ce n'eust esté une mesme chose, s'ils y fussent descendus d'abord, estant si mal conditionnée que vous le dittes, mais s'ils ont donné le temps à Mʳ le conte d'Alais d'y pourveoir, la prise, l'attaque mesme en est problématique. Quant à Grasse, si elle est seulement aussy bonne que Sᵗ Denis, estant aussy peuplée qu'elle est et dans la montagne[1], elle doit tenir absolument, principalement en une saison où toute vostre récolte doit estre faitte et tous vos grains portés dans les lieux défensables[2] pour affamer les assiegeans. Avec tout cela néantmoins, j'aymerois mieux que vous fussiés dans Aix et que vous y preschassiés la croisade contre ces Mores, que de vous trouver dans vostre ville lorsqu'on l'assiégera et de présider aux défenses[3].

Pour la queste qu'il faudroit faire en ce cas pour vous faire vivre, il s'en trouvera encore une douzaine avec moy qui la ferons et de ce que nous recueillerons je suis asseuré qu'il y en aura de reste plus que ne valent quatre Grasses. Tout de bon, vous m'escrivés d'un aussy grand danger que celuy où est la Provence en des termes si peu sérieux, qu'ils me font croire que le danger n'est pas si grand qu'on nous le fait, et à vous ouïr plaindre de Verceil, il semble que vous craigniés plus l'irruption des Espagnols du Milanois que de ceux qui sont ancrés à la veue de vos costes. Néantmoins vous me dittes sur la fin qu'il faut un miracle pour repousser cette puissance ennemie et commencés là à estre de nostre opinion à bon escient. Mais, pour cela, je n'en désespère pas, puisqu'il n'est question que de faire un miracle, car ce ne seroit pas le premier que vous auriés fait quand vous seriés seul à le demander à Dieu. Je vous laisse à penser ce que ce sera si la bonté et la sainteté de Mʳ vostre gouverneur se joint à la vostre pour l'obtenir de l'autheur des miracles et qui n'a jamais conservé la France que par des voyes extraordinaires, tesmoin le miracle qui m'a fait nommer poète par vous, quoyque j'en sois indigne et que je me contente bien du nom, Monsieur, de vostre, etc.

De Paris, ce 20 aoust 1638[4].

---

[1] Grasse est située sur le revers méridional d'une colline très-élevée. On y compte actuellement treize mille habitants environ. Au milieu du siècle dernier, les auteurs du *Moréri* disaient : « Grasse est une bonne ville, peuplée, riche; sa situation est très-belle, et le terroir très-fertile. »

[2] Chapelain est peut-être le seul des écrivains du XVIIᵉ siècle qui ait encore employé ce vieux mot qu'au siècle précédent on trouve dans La Noue et dans Bonaventure Despériers, au XVᵉ siècle dans Froissart et dans Commynes, au XIIIᵉ siècle dans le *poëme du Renart*, etc. Déjà, en ce même XIIIᵉ siècle, *défendable* était usité. Voir les exemples cités par M. Littré (*Dictionnaire de la langue française*), exemples dont il faut retrancher celui qui est emprunté à la *Chronique de Rains*, M. N. de Wailly ayant rétabli, d'après l'autorité des manuscrits, le mot *deffensables* dans le texte de son excellente édition des *Récits d'un Ménestrel de Reims* (Paris, 1876, p. 137).

[3] L'invasion dont la Provence était menacée fut écartée par la victoire complète que la flotte française, commandée par le neveu du cardinal de Richelieu, François de Vignerot, marquis du Pont-de-Courlai, remporta le 1ᵉʳ septembre sur la flotte espagnole.

[4] Indiquons ici plusieurs lettres écrites, en ce même mois d'août, à divers personnages : une du 11 (fᵒ 344), à M. de Marinville, où Chapelain fait à cet officier de grands compliments sur son mérite militaire, exprime l'espoir que l'on prendra bientôt Fontarabie, et ajoute : « J'ay aussi participé à vostre joye dans les belles et glorieuses actions que fit M. de Biscaras le jour du combat d'entre M. de la Force et Picolhuomini (*sic*). Je les avois sceues des premiers et m'en estois fort resjouy... l'ayant tousjours regardé comme un des plus sages vaillans de ce siècle, et des plus fermes et généreux amis... »; une autre du 12 (fᵒ 345), à M. du Buisson, à

CXCVI.

À M. DE BALZAC,

À BALZAC.

Monsieur, tant que vous m'aurés pour

Rouen, où, à propos d'un ouvrage dont ce correspondant l'avait entretenu, il lui donne ce renseignement : «Je vous diray que la seule province de géographie de laquelle vous me disiés n'avoir pas examinée à vostre manière, a esté traittée nouvellement à la teste de l'*Histoire de Bearn* par le président Marca, qui la va mettre sous la presse. Je ne sçay pas s'il aura pris vostre mesme méthode, mais quelques uns de mes amis qui ont veu le manuscrit m'ont asseuré qu'il a de belles conjectures sur cette matière et que ce travail est exquis. Nous le verrons et peut-estre servira-t-il à vous exciter à mettre la dernière main au vostre, dont j'augure au public beaucoup de profit et à vous beaucoup de gloire... Pour récompense de vos nouvelles,» poursuit Chapelain, «je vous diray qu'au mesme temps que vous me prédisiés la prise de Renti, il se rendoit et nous surprenoit par une reddition si pronte, car toutes les lettres du IX lui donnoient encore six jours à tenir. Après cela, nous verrons si M. de Brezé investira Hesdin, comme l'on vous a dit et à nous aussy. Nous sommes dans une expectative très-grande de Fontarabie.» Le même jour Chapelain (f° 346) écrit à Montauzier : «Je vous envoye une lettre que M' de Balzac m'a escritte sur la mort de M' de la Trousse. Elle a pleu à moy particulièrement parce qu'elle parle d'une personne qui m'estoit extrêmement chère. Elle vous plaira peut-estre à cause de la mesme personne, quand l'esprit du consolateur ne vous plairoit pas...» Le même jour encore Chapelain (f° 347) annonce au duc de Longueville qu'il continuera à lui transmettre des nouvelles : «Cela emporte à la vérité un emps assés considérable à la *Pucelle*, mais cela ne le luy desrobe pas tout entier, et je ne désespère pas avec toute cette distraction de vous tenir ma parole pour le quatriesme livre dans le temps que je vous l'ay promis... J'ay l'esprit fort suspendu sur vostre entreprise de Gray.» Le 14, Chapelain adresse à Balzac une longue lettre pénitentier vous vivrés sans scrupules et ne vous confesserés que des vrays péchés. Les exemples du cardinal du Perron et de Lipse [1], vous sont, au reste, injurieux, puisque le vice prétendu de vostre stile de dix-sept (f° 348), d'où je ne tirerai que ceci : «La copie que je vous ay envoyée de l'imprimé de Hollande est toute conforme à son original et il n'y manque que le premier feuillet qui sert de frontispice à l'ouvrage, dans lequel le titre est le mesme que vous avés sans autre addition que le nom des Elzevirs au bas et la datte de l'année. De sorte que vous ne devés point vous alarmer davantage ni attendre, à mon avis, de pire effet de la malice de Heinsius que celuy que vous avés ressenti... J'ai desjà agy envers M. d'Ablancourt selon vostre intention, et s'il n'a esté persuadé que ce fust ce Joseph de Burdigal qui a composé la Piceria [*sic*. Pièce?] dont est question, du moins a-t-il tesmoigné de l'estre. Je ne l'ay osé presser là dessus de peur de monstrer de l'affectation... Pour la traduction des vers latins, je suis bien aise qu'elle ne vous a pas passé pour toute mauvaise. Toutes les corrections que vous y avés faittes, me semblent très-exquises... Si vous relisés l'*Aigle impériale*, vous trouverés quelque chose des ancestres de ces deux personnes [Mme et Mlle de Rambouillet] qui a rapport à ce que vous en avés pensé.» Indiquons enfin deux autres lettres du 20 août, la première (f° 352) au marquis de Gesvres, et la seconde (f° 354) au marquis de Montauzier. Dans la première Chapelain s'exprime ainsi : «J'ay une telle confiance en vous que, quand vous seriés seul devant cette place [Fontarabie], il me semble qu'elle ne vous peut eschapper. Si ce siége réussit, il sera sans doute un des plus glorieux de ce siècle,» ajoutant qu'il [lui marquis de Gesvres] est considéré «comme un des pilliers de la France dans la plus grande guerre qu'elle ait eu depuis François Ier et Charles le quint.» Dans la seconde Chapelain annonce que «Mr de Chaudebonne est revenu en convalescence, M^r le marquis de Pisani est tout guéri, Mr de Saint-Chartres est malade».

[1] On sait que le cardinal du Perron, fils d'un ministre calviniste, appartint pendant toute sa

ans ne peut estre en rien égalé au galimatias du premier[1] et que le second s'estoit tout autrement emporté contre nostre mère que vous n'avés fait en faveur de ces desvoyés. Mais je me trompe; les exemples sont bien allégués puisqu'ils concluent *a majori ad minus.*

Pour l'épitaphe que je vous ay envoyée qui embrasse également le mort et le vivant, il est sans doute bizarre et passe les loix de l'épitaphe[2]; néantmoins il est pardonnable à l'autheur de l'avoir fait ainsy, l'ayant fait par nécessité, laquelle, comme vous sçavés, ne reconnoist point les loix. C'est une chose estrange, avec cela, qu'il se soit peu résoudre à confesser sa nécessité, car il est homme de grand cœur et qui va mesmes jusques à l'orgueil, quoyque d'ailleurs ce soit une âme fort belle. Il faut dire que le mal le pressoit bien fort et que le siècle se fust rendu plus de fer encore pour luy que pour tout autre.

J'ay veu dans Sadolet[3] les vers qu'on avoit soupçonnés estre de Silius[4]; ils sont beaux, certes, mais, sans vous flatter, je trouve que vostre *et Roma occubuit* leur donne un lustre merveilleux et qu'il vaut seul tout le reste. Ne vous semble-t-il pas que ce Sadolet a eu grand tort de ne laisser

voir que si peu de ces poésies latines et que, s'il eust voulu, Sannazar ny Fracastor[5] qui sont les deux plus virgilians des modernes, n'eussent eu nul avantage sur luy?

Je vous rens grâces de la réflexion que vous avés faitte sur le peu de loysir que Paris me doit laisser. C'est signe que mes soins et la continuation de mes devoirs vous tiennent lieu de quelque chose. Je suis accablé, Monsieur, et m'estonne comment une foiblesse comme la mienne peut fournir à un si grand nombre de choses diverses, principalement mes occupations estant presque toutes fascheuses et despouillées de ce charme qui fait que les chasseurs passent les nuits à l'affust sans se plaindre, et les joueurs de paume les jours entiers sans se lasser. A la fin il faudra que j'y succombe et que je fasse banqueroute à tout un monde qui m'assassine à force de me faire trop d'honneur. O que vous estes heureux de n'estre sujet qu'à faire quelquefois des responses contre vostre volonté, et de ne sentir que les maux de vostre délicatesse!

Je pense vous avoir mandé que nostre amy Mr de Saint-Chartres estoit malade. Maintenant je vous donne avis que la fièvre

---

jennesse à la religion protestante. On sait aussi que Juste-Lipse, né catholique, se fit protestant, puis retourna au catholicisme.

[1] M. Littré a cité, sous le mot *galimatias*, divers exemples empruntés à Balzac, à Molière, à La Bruyère, etc. Tous ces exemples, ainsi que ceux que les auteurs du *Dictionnaire de Trévoux* tirent des écrits de Saint-Évremond, de Perrot d'Ablancourt, etc., prouvent que le mot appartient au xviie siècle, et que Chapelain est (jusqu'à de nouvelles trouvailles) parmi les premiers qui l'ont employé. Chapelain n'est-il pas bien sévère en trouvant si embrouillés, si confus, les ouvrages de controverse du cardinal du Perron?

[2] L'épitaphe de Malherbe par Gombauld, dont il a été parlé dans la lettre CXC, et où la pauvreté des deux poëtes est rappelée dans un vers énergique et saisissant.

[3] Le cardinal Jacques Sadolet, évêque de Carpentras, naquit à Modène, en 1478, et mourut à Rome, en 1547.

[4] Silius Italicus, l'auteur du poëme de la guerre punique, *Punica*, naquit l'an 25 après J.-C. et mourut sous le règne de Trajan, vers l'an 100.

[5] Sur Jérôme Fracastor, le poëte-médecin, l'auteur de *Syphilis*, voir la note 2 de la page 479 des *Mélanges historiques*, *Lettres de Balzac*, n° XXIV.

l'a conduit à l'extrémité et que nous craignons qu'il n'aille pas jusqu'au quatorziesme qui sera après demain. Si Dieu nous l'oste, vous pourrés faire estat de perdre un des plus sincères amis que vous ayés au monde, et l'homme qui promettoit autant de réussir dans les grandes choses à l'avenir.

Je vous avoue que je suis esbranlé de tant de rudes secousses, et que j'ay besoin pour demeurer debout que mon malheur me donne un peu de trève.

M. de Chaudebonne est remis à cette heure de sa maladie et n'a plus qu'un rheume qui ne l'empesche pas de sortir. Il a veu ce que vous me mandiés durant son mal et s'est fort senti obligé à vostre tendresse. Il a mesme voulu avoir copie de la lettre où vous parliés de luy et de M. de la Trousse, l'ayant trouvée aussy excellente qu'obligeante et m'a bien chargé de vous asseurer tousjours de son service passionné.

Je monstray, il y a six jours, à M. Conrart l'apostille qui le regardoit dont il s'est tenu le plus glorieux du monde; je n'ay que peur qu'il vous en veuille remercier.

Je suis, Monsieur, vostre, etc.

De Paris, ce 22 acust 1638[1].

Le duc de Veimar a gagné une nouvelle bataille, et a desfait Goetz et Savelly vers Brisac[2]. C'est le plus glorieux Germain dont il soit mémoire.

CXCVII.

À M. DE GRASSE (GODEAU),
À GRASSE.

Monsieur, j'ai eu quelque consolation en voyant par vostre lettre du xi que vous n'estiés pas dans la crainte de la descente des Espagnols. Depuis le temps qu'ils rodent vos costes, ils pouvoient prendre trois de vos ports, et je ne me puis assés estonner qu'ils ayent tant tardé à faire entreprise. L'importance est en ces matières que qui n'agit promptement ne fait rien, et que la plupart des bons succès dépendent de la surprise. Quand on donne loysir à ses ennemis de se préparer à la défense, l'on rend la partie égale, tousjours douteuse pour l'événement, et presque tousjours ruineuse pour l'aggresseur, quand on attaque un païs uni dans un mesme intérest et qui a eu le temps de se reconnoistre. Vostre province est si généreuse et le gouverneur[3] y a tant de créance que, s'il a peu donner ses ordres, ou l'ennemy ne vous attaquera point, ou il vous attaquera à sa honte et à son dommage. Ne croyés vous point que l'aspect de vos isles[4], si d'un costé il l'excite à la vengeance, de l'autre, ne le retienne par la

---

[1] Le même jour Chapelain écrivait à « M. de Montestruc de Flamarens, à Buzet», le frère du marquis de Flamarens, au sujet d'une sœur de ces messieurs qu'il s'agissait de faire nommer supérieure de quelque couvent. Dans cette lettre Chapelain donne de grands éloges à Mme de Liancourt, «que la duchesse d'Aiguillon estime infiniment et qui, par son esprit, sa piété et son crédit, est une des plus capables personnes que je connoisse de conduire l'affaire à la bonne fin que vous souhaittés.»

[2] Voir dans la *Gazette* (n° 117, p. 477-484) la *Relation de la bataille de Rhinaut, près de Wittenveier*, naguères donnée entre le duc Bernard de Weimar et les généraux Gœutz et Savelli impériaux (où les ennemis ont perdu 4,500 hommes, tous leurs canons, 83 cornettes et drapeaux, et 1,500 chariots de vivres et bagages).

[3] Le comte d'Alais, dont il a été déjà question (lettre CLXXXV).

[4] Les îles de Lérins (Sainte-Marguerite et Saint-Honorat).

peur? Mais quand tout vous manqueroit, je veux croire que vos prières suffiroient et que Dieu ne laisseroit point prendre d'avantage sur un lieu pour qui elles auroient intercédé et qu'elles auroient comme pris en leur garde.

Au reste, afin que vous sachiez que je ne suis pas exercé comme vous par de simples terreurs et que je souffre des peines très effectives, la mort a adjousté à Mr de la Trousse M[r] de St Chartres, conseiller au grand Conseil et l'un des plus estimables amis que nous eussions, Mr Conrart et moy, et nostre douleur est d'autant plus sensible, que sa profession pacifique nous avoit fait autant espérer de vivre long temps avec luy, que sa vertu et son sçavoir nous devoient rendre sa communication agréable, si Dieu ne l'eust point tiré à luy à moins de vingt-huit ans. Toutefois Dieu est le maistre et les choses doivent passer sans murmure par sa volonté.

L'affaire des prisonniers ecclésiastiques dort si profondément qu'il semble quelle soit morte. Les grandes publiques ont ou suspendu ou estouffé celle-là. Un prélat du bout du fauxbourg Saint-Germain est venu icy de son diocèse depuis quinze jours, que le bruit accuse d'estre parti de là exprès pour venir servir de tesmoin contre le plus vieux, ce qui sonne mal parmy l'honeste monde[1]. L'interrogatoire de M[r] Le M[aistre] n'a point eu de suitte non plus et, pour cette partie, je croy bien que la chose en demeurera absolument là. Voilà tout ce qu'en peut dire,

Monsieur, vostre, etc.

De Paris, ce 26 aoust 1638.

CXCVIII.

A Mgr LE DUC DE LONGUEVILLE,
À LA FRANCHE-CONTÉ.

Monseigneur, les judicieux avis qu'il vous a pleu me départir sur quelques vers de la *Pucelle* me tiennent lieu d'une grâce singulière, et je vous en rens de très-humbles de la charité que vous avés de me redresser. Quelque raison que j'eusse lorsque je les conceus comme ils sont, elle devoit estre sans doute mauvaise, et je reconnois la vostre aussy bien souveraine sur mon esprit que sur ma volonté. Je suyvray exactement dans la correction de cet endroit le sentiment que vous jugés le meilleur et que vous m'inspirés, asseuré de ne pouvoir faillir sous un si excellent guide. J'attens dans les autres lieux de ce livre et dans les suyvans les mesmes bontés de vous, Monseigneur, c'est-à-dire de pareilles censures, auxquelles je donneray les mains avec joye et soumission. Mr de Tracy emportera le troisiesme que vous me demandés, s'il me donne le loysir seulement de le luy porter, lorsqu'il repassera de Picardie pour vostre armée. Je craindrois d'en charger aucun autre, vous important aussy bien qu'à moy qu'il ne passe que par de seures mains.

Je prie Dieu qu'il vous conserve et demeure, Monseigneur, vostre, etc.

De Paris, ce 27 aoust 1638.

CXCIX.

À M. D'ANDILLY,
À POMPONNE.

Dieu ne me donne pas assés de vertu

---

[1] Ce prélat, que Chapelain nommera dans une autre lettre, était Sébastien Zamet, qui fut évêque de Langres, du 30 octobre 1615 au 2 février 1655. Sur ce fils du célèbre financier Sébastien Zamet, et sur sa conduite à l'égard de l'abbé de Saint-Cyran, voir les sévères pages de M. Sainte Beuve (*Port-Royal*, t. 1, p. 333-346, 498-502).

pour recevoir sans esmotion violente les visites que Sa Majesté sacrée m'envoye tous les jours sur des sujets aussy sensibles que vous le connoissés, mais il me laisse assés de connoissance pour vous dire que, tant qu'il vous conservera, je ne croiray point avoir fait de perte insupportable et dont sa grâce et le temps ne me puissent consoler. Je vous ay beaucoup d'obligation de la part que vous prenés à la dernière qui m'est arrivée[1], et il me semble que cela aide un peu à m'en soulager. C'est dommage que l'homme que je pleure n'a vescu plus longtemps. Il eust esté de grand service à son païs et de grande consolation à ses amis. Il est mort sans vous avoir tesmoigné et à toute vostre maison la passion qu'il avoit de vous rendre service et la haute estime qu'il faisoit de vostre vertu.

Je vous ay encore particulière obligation du soin que vous avés pris pour l'affaire dont j'avois supplié M⁻ vostre frere de vous parler[2]. Je ne cesseray jamais de vous estre à charge. Puisque c'est mon destin, je prie Dieu que je vous le puisse estre longtemps !

De Paris, ce 27 aoust 1638[3].

CC.

A M⁻⁻ PAULET.

Mademoiselle, je vis hier entre les mains de la Princesse Julie une lettre de M⁻ᴵᴵᵉ de Scudéry, toute pleine d'esprit et de délicatesse, et je dirois aussy de vérité, si elle n'y avoit point parlé de moy si avantageusement qu'elle a fait[4]. Les choses qu'elle y dit de vous[5] et de cette admirable personne sont des vérités si certaines qu'elles ne reçoivent point de contradiction[6]. Cependant les louanges qu'elle m'y donne sont si fort au delà de ce que je puis jamais prétendre, que je crains qu'on ne soupçonne de cajollerie pour vous la plume qui a bien voulu devenir flateuse pour moy. Vous avés toutes deux intérest de la prier que, quand elle se voudra jouer sur mon sujet, ce ne soit pas

---

[1] La mort du marquis de la Trousse.

[2] L'abbé de Saint-Nicolas. Comme nous l'apprend un passage de la lettre citée dans la note suivante, M. de Saint-Nicolas était alors à Pomponne depuis deux ou trois jours.

[3] Le 29 août, Chapelain écrivit à Balzac (f° 364) une lettre qui ne m'a pas paru assez intéressante pour être reproduite ici *in extenso*. En voici quelques lignes : «Je désirerois fort que ce discours de l'*ancienne vertu* fust bientost prest et l'héroïne à qui vous le voulés donner et qui a veu avec ravissement et rougeur de quelle sorte vous y débutés, en est dans une attente grande et monstre bien combien elle s'en sent vostre obligée... Elle et M⁻ᴵᴵᵉ sa fille [les dames de Rambouillet] ont veu celle que vous escriviés à M. de V[illemontée] sur son malheur domestique et l'ont admirée en toutes ses parties... Je prie M. de Chives de m'envoyer ce discours...» Chapelain y parle ainsi du *bon M. Gas-* sendi : « C'est un homme d'une probité exquise et d'un rare sçavoir, qui vous honore parfaitement et qui mérite que vous faciés cas de luy. »

[4] Cette lettre tant vantée par Chapelain ne nous a pas été conservée. Dans le volume où MM. Rathery et Boutron ont recueilli la correspondance de M⁻ᴵᴵᵉ de Scudéry (1873), la première en date des lettres de l'auteur du *Grand Cyrus* est de mars ou avril 1639 (p. 193), et elle est adressée à Chapelain, qui fut encore plus l'ami de la sœur que du frère.

[5] La plus tendre affection unissait M⁻ᴵᴵᵉ Paulet et M⁻ᴵᴵᵉ de Scudéry : on en trouve mille preuves dans le volume que je viens de citer. Voir notamment les lettres à M⁻ᴵᴵᵉ Paulet des pages 155, 159, 170, 186, 191, 200.

[6] Je ne relève qu'une seule lettre à la princesse Julie dans le volume de MM. Rathery et Boutron : cette lettre (p. 196) est du mois d'août 1645.

au mesme temps qu'elle dira du bien de vous, de peur de laisser croire au monde qu'elle vous fist participer à la raillerie. Mais peut estre que, comme cette excellente fille a le génie poëtique, elle a trouvé à propos de traitter cette matière poëtiquement et de mesler les choses fabuleuses avec les véritables pour rehausser son stile et donner plus d'esclat à son discours. En ce cas, Mademoiselle, je souffre de bon cœur ses éloges et veux bien passer pour autre que je ne suis pourveu que je serve à vous faire bien paroistre ce que vous estes. Un poëte auroit mauvaise grâce de s'offenser qu'on le traittast selon les règles de son art, et seroit digne d'estre banni du Parnasse, s'il ne consentoit d'estre sacrifié pour vous à qui les Muses par devoir addressent leurs plus beaux sacrifices. Vous la laisserés donque en liberté de parler de mes défauts comme il luy plaira toutes les fois qu'elle parlera de vos vertus comme elles le méritent, et vous l'asseurerés, s'il vous plaist, que, quelque opinion qu'elle ait de moy, je l'ay très-advantageuse d'elle et, de quelque sorte qu'elle entende les paroles de sa lettre, qui me regardent, elle me tesmoigne au moins que j'ay part en son souvenir qui est un trop grand bien pour me soucier de quelle manière il m'arrive.

Vous me pardonnerés sans doute la hardiesse que je prens de vous escrire puisque je ne le fay que par l'ordre d'une princesse à laquelle je ne puis désobéir, sans que vous me desavouiés vous mesme, Mademoiselle, pour vostre, etc.

Ce mardy, 31 aoust 1638.

CCI.

À M. LE MARQUIS DE MONTAUZIER,
EN ALSACE.

Monsieur, vos deux derniers paquets du 11 et du vi d'aoust m'ont esté rendus plus heureusement que vous ne l'espériés. Je ne croy pas que ceux que je vous ay envoyé, depuis deux mois, toutes les semaines, ayent eu une si bonne fortune, et pour moy je serois d'avis, comme je vous l'ay desja mandé, que vous prissiés la voye de Basle et de Lion; elle seroit aussy pronte veu le long temps que vos lettres attendent à Nancy et elle seroit incomparablement plus seure.

Je suis très affligé des difficultés que vous trouvés à gouverner ces Mrs de Colmar, et puisqu'ils traittent si mal avec vostre garnison, j'approuve extrêmement la plainte que vous faittes et le mémoire que vous avés envoyé à la Cour. Peut estre que la victoire du duc de Veymar les rendra plus raisonnables et moins appréhensifs[1] des forces impériales. Peut estre aussy qu'ils ont besoin que le Roy leur parle en maistre, et il a tousjours esté très bien de luy faire sçavoir le mespris qu'on fait de son authorité et de ses grâces en ce lieu. J'ay envoyé à Mr Poleme la lettre que vous luy escriviés. La response sera pour l'autre voyage, cettuy-ci ne me donnant pas le temps de la solliciter. J'essayeray aussy de reconnoistre et descouvrir par Mr Silhon si ces M^{rs} ont fait des plaintes de vous à la Cour et vous le manderay fidellement.

Mr Silhon a perdu son frère mort au retour d'Abbeville avec le Roy et a porté son affliction fort constamment[2].

---

[1] C'est un mot du xvie siècle (employé notamment par La Noue et par Ambroise Paré). Chapelain est peut-être le seul écrivain du xviie siècle qui ait dit *appréhensif* pour craintif.

[2] Ce frère de Jean de Silhon doit être le « Mousquetaire de la Compagnie du Roy » auquel Balzac adresse la lettre XXIV du livre IX (p. 421 de l'in-fol.), lettre datée du 19 décembre 1635.

Cette après disnée, incontinent après avoir receu vostre lettre, j'ay esté à l'hostel de Clermont où je l'ay leuc et fait connoistre pourquoy vous n'y avés point escrit, avec tous les complimens en vostre nom dont ma petite éloquence a esté capable. Ils ont été receus de Mme, Mlles et Mlle Paulet avec beaucoup de joye de vostre souvenir et de douleur de la peine que vous avés parmy cette barbarie. Toutes vous baisent les mains, à mon avis, de tout leur cœur. J'iray dans deux ou trois jours à Rambouillet m'acquitter de la commission que vous me donnés et je m'asseure que j'y seray le bienvenu à cause de vous et que j'en reviendray chargé d'une milliace[1] de bonnes paroles pour vous.

Je vous envoye toute la cresme de nos nouvelles, où vous verrés que nous avons plus de sujet d'espérer que d'appréhender. Que si le succès de Mr le duc de Veimar a la suitte que nous croyons de deça, je veux dire la prise de Brisac, les Espagnols n'auront pas grand sujet de braver sur la prise de Verceil et la délivrance de Saint-Omer et il se trouvera que nous aurons fait une meilleure fin d'année qu'eux. Mais il ne se faut encore vanter de rien de peur qu'il n'arrive pas. Ce seroit bien vostre salut et une certitude d'estre mieux traitté à l'avenir de vos Mrs qui payent si mal du bien que vous leur faittes.

Je suis, Monsieur, vostre, etc.

De Paris, ce 3 septembre 1636.

CCII.

À M. DE BALZAC,

À BALZAC.

Monsieur, je ne vous respons rien sur la crainte que vostre amitié vous donnoit pour le pauvre Mr de Saint-Chartres. Ma précédente vous a informé de nostre malheur et il n'est pas raisonnable que celle-cy vous le redise comme une chose nouvelle et aiguise vostre douleur par le tesmoignage de la mienne. Après cette perte, il ne nous reste qu'à nous fortifier l'âme contre le desplaisir qu'elle nous cause et à chercher dans l'amitié des gens de bien que Dieu nous a laissés la consolation que nous ne sçaurions plus avoir de celuy qu'il a mis dans sa gloire. Je suis bien ayse de vous avoir veu préparé à recevoir ce choq si vertueusement et dans des réflexions si pieuses et si pleines de respect pour la Providence, et je m'en fais une leçon dont j'espère tirer un grand fruit en cette dure occasion de patience. Mais je demeure trop là dessus et vay contre mon intention qui est tousjours de vous parler de choses agréables[2].

Le jugement que vous faittes de Fracastor est très équitable et j'y souscris sans hésiter. J'ay mesme beaucoup de satisfaction de ce que vous ne l'estimés pas pour ces traits d'esprit et ces brillans sur lesquels la pluspart des autres se soustiennent, mais pour l'essentiel de la poësie qui est cet (sic) autre sorte d'esprit qui fait le vray poëte et qui anime l'ouvrage en toutes ses parties d'une certaine vigueur eslevée, noble, naturelle et libre de toute sorte de contrainte et d'affectation.

---

[1] Dix fois cent millions, synonyme aujourd'hui inusité de trillion, dit M. Littré, qui cite sous ce mot diverses phrases d'Ambroise Paré, de Michel de Montaigne, de Gabriel Naudé et de Voltaire. Du temps même de Voltaire, les auteurs du *Dictionnaire de Trévoux* assuraient qu'on ne se sert de ce mot que dans le style familier.

[2] On chercherait vainement dans l'in-folio de 1665 la lettre où Balzac paraît avoir si bien parlé de la mort de M. de Saint-Chartres.

Pour le succès qu'eust eu Sadolet s'il se fust autant addonné aux vers qu'à la prose, la pronontiation en pourroit estre téméraire, puisque ce seroit asseurer une chose douteuse et de laquelle il est impossible d'estre jamais esclaircy. Néantmoins je croy qu'on peut dire sans témérité qu'il eust esté des plus excellens, et qu'on eust rencontré dans ses ouvrages de l'agréement et de la sagesse assés pour luy faire avoir une des premières places sur le Parnasse.

Je vous ay desja dit mon sentiment de la lettre que vous avés donnée à ma douleur sur la mort de Mʳ de La Trousse. Je vous entretiendrois longtemps de celuy de tous ceux qui l'ont veue avec grande estime. Sachés, en un mot, que vous ne parlés pas à l'avanture et que vous estes éloquent malgré vous et lorsque vous ne le pensés pas estre.

Vous me faittes plaisir de me plaindre de l'honneur que ma qualité de poëte me fait recevoir icy, et de ce que je suis devenu la quintaine[1] de tous les initiés aux mystères de nos Muses. Mais que voudrois-je faire pour y remédier? Mon genre de vie présent et certains devoirs inévitables que mon prince exige de moy m'attachent à Paris et chés moy de telle sorte que je suis comme en prison, de manière que je suis réduit à faire vertu de nécessité et à m'accommoder à la fortune qui ne veut pas s'accommoder à moy. Vous estes bien heureux de la pouvoir desdaigner quand il vous plaist et d'estre le maistre de toutes vos heures et de toutes vos pensées. De ceux-là je ne croy pas qu'on en peust faire une trop longue liste et je n'excepte pas du nombre des esclaves et des dépendans des testes mitrées et couronnées qui agissent rarement selon leur volonté.

J'espère vous délivrer du compliment de M. Conrard qui ne m'a point dit formellement qu'il vous voulust escrire, mais que je connnois assés plein de ressentiment de l'affection qu'on luy tesmoigne pour ne laisser pas passer une occasion comme celle-là sans se mettre en devoir de le faire voir.

Des amis dont vous me demandés des nouvelles, le docteur Oger[2] est tout docteur et n'entretient plus le monde que de la controverse et des Pères *ad fastidium usque*, et je diray mesmes jusques à s'emporter contre le plus modéré des ministres qui se trouva avec luy chés moy, il y a quelque temps. Mʳ de Vaugelas n'est point prestre et vit en prestre, n'est point mort quoyqu'il n'ait pas de quoy vivre, et n'est point marié, quoyqu'il face l'amour il y a longtemps pour l'estre. Mʳ de Gomberville rhabille son romant pour la vingtiesme fois et fait tousjours un ouvrage nouveau d'une mesme matière[3]. Mʳ Sirmond est rempli et ne chante plus[4]. Son excuse est qu'il est bilieux

---

[1] La quintaine était un poteau fiché en terre, contre lequel on s'exerçait à courir avec la lance ou à jeter des dards. En dehors des exemples tirés des romans et des chroniques du moyen âge, M. Littré n'a cité, au sujet de l'emploi de *quintaine*, que d'Aubigné et Mathurin Regnier. Chapelain reste toujours, comme on le voit, le représentant de la vieille langue.

[2] François Ogier, frère de Charles Ogier, «embrassa l'état ecclésiastique, dit le *Moréri* de 1759, et s'acquit beaucoup de réputation en son temps par son éloquence et son érudition.» Voir, sur le docteur Ogier, appelé quelquefois le prieur Ogier, la note 3 de la page 475 des *Mélanges historiques. Lettres de Balzac*, n° XXII.

[3] *Polexandre*, dont il a été déjà question et dont j'ai indiqué deux éditions (1638 et 1641) différentes de la première.

[4] Est-ce une allusion à ces oiseaux qui ne chantent plus quand ils sont trop gras? Jean Sirmond, publiciste aux gages du cardinal de Richelieu, avait reçu la récompense de son zèle. Pellisson nous apprend (t. I, p. 222) que «par la faveur du cardinal de Richelieu, qui l'estimoit un des meilleurs écrivains qui fussent alors, il fut fait historiographe du Roi, avec douze cens écus d'appointemens.»

et que le travail eschauffe le sang et met le microcosme[1] en désordre. Depuis deux ans, il avoit commencé quelque response à l'abboyeur de Flandres[2], mais il l'a rengainée de peur d'irriter les crabrons[3]. L'Académie *sta per tirar le calze,* tant elle est languissante et oyseuse. Vous avés oublié qu'elle ne se tient que les lundis[4].

Je suis, Monsieur, vostre, etc.

De Paris, ce 5 septembre 1640[5].

CCIII.

À M. L'ÉVESQUE DE GRASSE (GODEAU),
À GRASSE.

Monsieur, j'apprens avec beaucoup de joye que vous ne craignés plus l'irruption des Marranes et que nostre armée navale, quoyque plus foible de beaucoup que l'Espagnolle, asseure nos costes levantines et vous donne moyen de faire vostre visite sans péril. On nous a dit icy que les galères ennemies avoient fui devant nos vaisseaux ronds, et que s'il fust venu un peu de gros temps comme on l'espéroit, il fust arrivé une chose inouïe à la mer que des vaisseaux eussent pris des galères. Mais c'est bien assés qu'elles n'ayent point fait de mal, et que la Provence dégarnie de forces n'ait point eu cette descente à souffrir.

Je me resjouis de ce que vous vous familiarisés avec M[r] le cardinal Bentivoglio. Vous reconnoissés bien qu'il est homme d'agréable compagnie, et vous ne sçauriés prendre de livre qui vous donne plus de goust de la langue italienne que celuy-là.

La *Pucelle* ne fait plus que languir depuis que je suis devenu solliciteur de mon prince en des matières assés esloignées de la versification. Il faut néantmoins complaire et se sacrifier puisqu'on y est engagé.

Je vous envoye par Mr Conrart une lettre de la princesse Julie qui vous fera trouver bon tout ce que nous vous escrivons.

---

[1] *Microcosme,* c'est-à-dire petit monde, nom que quelques philosophes, dit M. Littré, ont donné à l'homme, qu'ils considéraient comme l'abrégé du monde. M. Littré n'a cité, sous le mot *microcosme,* qu'un seul auteur de la fin du XVIIe siècle, Dancourt.

[2] Mathieu de Morgues. Cette réponse ne parut jamais, et la dernière publication de Sirmond contre les adversaires de Richelieu en Flandre fut son *Avis du François fidèle aux mécontents* (Paris, in-8°, 1637).

[3] Nous avons expliqué cette expression dans une note d'une lettre précédente.

[4] M. Livet a cité (*Histoire de l'Académie française,* t. 1, p. 368) cette phrase sur l'inactivité de l'Académie.

[5] Le même jour (f° 370), Chapelain écrit à Mr Arnaut, lieutenant de la mestre de camp des carabins de France, lui disant combien on est généralement étonné «de ce que le prince d'Orange ait osé songer à Gueldres ainsy sur l'arrière saison, estant une des meilleures places de guerre des Pays-Bas, bien munie d'hommes et de vivres...» Chapelain annonce ensuite à son ami la grande nouvelle de la naissance de celui qui devait être Louis XIV : «Présentement vient d'arriver le courrier à M[r] le Chancelier et à Mr de Buillon, de l'heureux accouchement de la Reyne qui a donné sur les neuf à dix heures de ce matin au Roy et à la France le Daufin masle qu'il y a si longtemps que l'on attendoit... [La *Gazette* donne au mot *daufin* la même orthographe que Chapelain dans les n[os] du 5 et du 10 septembre (p. 501 et 505): l'*heureuse naissance de Mgr le Daufin;* et : *Particularitez de la naissance de Mgr le Daufin*]... Sa Majesté a eu un ou deux accès de légère fièvre qu'il y a apparence que ce grand bien qui lui est venu guérira absolument.» Le *Post-scriptum* apportait à l'oncle et au neveu ces doubles félicitations : «Très-humble baise-mains à M[r] le mestre-de-camp. Je loue Dieu qu'il vous a préservés tous deux de cette horrible cannonade qui m'a sonné jusques dans le cœur.»

Mme sa mère est toujours un peu enrhumée. Je suis, Monsieur, vostre, etc.

De Paris, ce 10 septembre 1638 [1].

Vous aurés sceu la naissance de Mgr le Daufin qui se porte bien et la Mère aussy.

CCIV.
À M. LE MARQUIS DE GESVRES,
EN GUYENNE.

Monsieur, il est impossible d'estre plus touché du malheur que vostre armée a eu à Fontarabie que je le suis [2], et je vous avoue que la perte d'une si belle espérance et celle de la réputation de nos forces m'est insupportable et ne me donne point de repos. Si néantmoins quelque chose est capable de m'adoucir cette amertume, la haute estime que vous avés acquise dans cette malheureuse rencontre, outre la gloire que les précédentes vous avoient donnée, est ce qui me l'adoucit. Je ne vous cajole point, Monsieur, et vous parle du plus profond de mon âme en ce qui regarde vostre particulier. Quand vous auriés achevé de prendre cette place, comme vous en estiés à la veille, vous ne seriés pas plus glorieux que vous estes et ce qui doit extrêmement calmer vostre desplaisir, est que toute la Cour en est persuadée ainsy, vos derniers devoirs pour empescher le malheur ayant esté sceus de deça de tout le monde avec applaudissement et compassion, considérant

---

[1] La veille, Chapelain envoyait (f° 372) à la marquise de Flamarens de nouvelles paroles de consolation au sujet de la mort du marquis de La Trousse, ajoutant : «J'ay perdu, depuis la mort de Mr vostre frère, un amy [M. de Saint-Chartres] si intime et si excellent, en mérite et en vertu, qu'il me tenoit lieu de toute ma parenté ensemble.» Le 12 septembre, Chapelain écrit à Balzac (f° 375) une lettre où deux grandes pages sont employées à la discussion des changements faits par son ami dans les vers qu'il lui avait envoyés. Dans le reste de la lettre je recueille ceci : «L'évesque dont vous me demandez des nouvelles [Godeau] est retourné d'Aix à Grasse pour y trembler, les Espagnols ayant esté long temps sous ses fenestres forts de trente ou quarante galères et dans le dessein de descendre et d'enlever deux ou trois diocèses dont le sien est le plus grand. L'abbé comique [Boisrobert] est près de son maistre sur la frontière après avoir fait un voyage en son nouveau bénéfice et en avoir pris possession [Châtillon-sur-Seine]. M. Voiture est courrier du Daufin à Florence [c'est-à-dire chargé d'aller annoncer à Florence la nouvelle de la naissance du fils de Louis XIII], ayant résolu de passer les monts à quelque prix que ce fust pour voir le cardinal qui est le sien et qui fust autres fois le vostre [le cardinal de la Valette]... Le seigneur Esprit est un agyrte [on lit dans le *Dictionnaire de Trévoux* : Surnom des Galles, prêtres de Cybèle; il signifie : *joueurs de gobelets*, qui font des tours de passe-passe pour attrapper de l'argent] désagréable qui s'est intrus chés M. le Chancelier pour les adorations qu'il a faittes à l'abbé que vous sçavés et qui se prend par la flatterie [l'abbé de Cérisy]. Je vous tiens malheureux d'avoir un si bon solliciteur auprès du chef de la Justice.» Le 12 septembre encore (f° 311) Chapelain adresse à «M. Arnaut, lieutenant de la mestre de camp des carabins de France,» une lettre de condoléance à l'occasion de la mort d'un membre de sa famille : «Je n'entreprens pas de vous en consoler, pour ce que je connois la vigueur de vostre ame dans les adversités et pour ce que, dans cette sorte d'affliction, je tiens qu'il n'y a point de remède meilleur que le silence. Que si quelques paroles estoient capables de vous l'adoucir, je sais que ce ne seroient pas les miennes et qu'il n'y faudroit employer que celles de Mme de Rambouillet, auxquelles il n'y a point de douleur qui ne cède, quand elle n'a pas esteint entièrement la raison. C'est pourquoy j'ay tiré d'elle la lettre que vous trouverés dans ce paquet....»

[2] La honteuse déroute de Fontarabie est du 7 septembre.

mesme l'estat où vos blessures vous avoient réduit. Mʳ le Prince, par ses lettres, et le gentilhomme qu'il envoya, par sa relation, ont rendu des tesmoignages de vostre action qui vous doivent extrêmement plaire[1]. Mˡˡᵉ de Rambouillet estoit avec Mᵐᵉ la Princesse, lorsque la nouvelle en fut apportée, qui voulut bien prendre le soin de me mander aussy tost l'honneur que vous vous y aviés acquis et l'estat où vous estiez demeuré, sachant bien l'inquiétude où j'en serois. Sur ce qu'elle m'en apprit et sur la voie publique, je l'ay escrit à M. Du Fay de la Trousse, qui a pris la compagnie de son frère dans l'armée de Picardie, afin qu'il le publiast partout, et je sçay qu'il le fera estant mon amy intime et vostre passionné serviteur. Je vay l'escrire à Mʳ le duc de Longueville, et Voiture, qui va en Piedmont, m'a promis d'en informer tous les honnestes gens de cette armée. C'est ce que mon affection a exigé de moy en cette occasion, ne pouvant pas moins pour une personne de qui je suis si asseuré d'estre aymé et qui vaut tant.

Je suis en grande peine de la fièvre qui vous est survenue et crains fort qu'outre le grand travail du malheureux jour, le desplaisir de ce malheureux succès ne vous l'ait causée et ne vous l'entretienne. Au nom de Dieu, Monsieur, ne vous en affligés point pour vostre particulier et croyés que vostre intérest en est tout hors, du consentement de tout le monde, en telle sorte que vous pouvez dire qu'en gaignant beaucoup de réputation, vous n'avés perdu que de l'équipage qu'un autre plaindroit comme une perte grande et signalée, mais que vostre cœur ne vous permettra pas de considérer.

J'attens avec une impatience extrême les nouvelles de vostre guérison de laquelle désormais dépend le repos de mon esprit. Je me sens extrêmement vostre obligé d'avoir voulu prendre la peine de m'instruire avec vostre propre main de la chose comme elle s'est passée, mais c'est avec quelque scrupule que cet effort d'affection, en l'estat où vous estes, n'ait fait tort à vostre santé qui m'est si chère. Je prie Dieu qu'il vous la conserve et pour le présent ne luy demande rien davantage comme celuy qui suis véritablement, Monsieur, vostre, etc.

De Paris, ce 18ᵉ septembre 1638.

J'avois oublié à vous dire que j'ay escrit au marquis de Montauzier à Colmar de quelle sorte vous vous estes conduit en cette occasion, et l'ay prié de le faire savoir dans l'armée de Mʳ de Veimar, ce qu'il fera sans doute.

CCV.

À M. DE BALZAC,

À BALZAC.

Monsieur, le pauvre Mʳ de Vaugelas nous justifie bien ce que disoit l'un de nos vieux maistres que les Dieux vendent aux hommes bien chèrement l'avantage de la vie, car c'est seulement pour vivre et non pas pour vivre à son aise qu'il se tue de travailler et pour l'ordinaire inutilement. Cela est cruel qu'une aussy bonne personne qu'il est et aussy pleine de vertu

---

[1] La *Gazette* (numéro du 13 septembre, page 519) signale la belle conduite du marquis de Gesvres à Fontarabie. Montglat n'a pas manqué de rendre hommage à la valeur déployée par le marquis de Gesvres dans une des journées qui précédèrent la levée du siége, la journée du 8 août (*Mémoires*, tome I, page 255). Voir encore l'*Histoire du règne de Louis XIV*, du P. Griffet (tome III, page 143). De tous ces témoignages, il résulte que le marquis de Gesvres mérite tous les éloges que lui décerne Chapelain.

soit réduite à mener une vie de solliciteur, de questeur d'avis, et mesmes de dénontiateur de crimes, jusques à faire connoistre qu'il luy est impossible de subsister dans la vie qu'en poursuyvant des hommes à mort[1]. C'est de quoy nous luy avons fait plus d'une fois la guerre au palais d'Artenice et de Julie, et toutesfois en le plaignant, et c'est de quoy nous l'avons veu s'aguerrir sans démordre plustost que de se résoudre à périr par trop de retenue et de compassion d'autruy. Enfin cette conduitte l'a empesché jusqu'icy de donner du nés en terre, et l'espérance de l'avenir le fait riche au milieu de sa pauvreté. Il n'y a point d'homme à qui je souhaitte meilleure fortune qu'à luy, et certes, puisque la philosophie luy manque, et que son genre de vie l'engage dans le monde, il a besoin que la fortune vienne à son secours.

Je me suis estonné de voir dans vostre lettre que vous ne sceussiés pas l'avantage qu'a Mᵣ Sirmond pour le mieux estre. Si est-ce que, devant vostre dernier voyage à Paris, il estoit historiographe de France à douze cens escus d'appointement à prendre sur la généralité de Paris. Auriés-vous bien ignoré cela, et, si vous l'avés sceu, auriésvous creu qu'un establissement de cette qualité ne fust pas capable de remplir un poëte politique! Il faudroit que vous le jugeassiés pressé d'une faim bien canine pour n'estre pas assouvy de ce morceau. Et vous voyés qu'il s'en tient pour bien rassasié, puisqu'il n'escrit plus ny prose ny vers qui estoient autresfois les marques de son appétit. On le resveille bien quelquesfois sur cette taciturnité[2], mais il s'en excuse sur sa bile et trouve par son conte qu'il n'y a guères de saisons qui luy permettent de travailler avec contention. En récompense il substitue son fils en sa place[3], qui fait rage d'épigrammatiser[4]. Ces jours passés, il le mena à Saint-Germain avec toute sa famille et luy fit présenter au Roy le thème qu'il avoit fait sur la proche naissance de Mᵣ le Daufin.

---

[1] Balzac (lettre VIII du livre XIV, p. 165 de l'in-fol., lettre datée du 29 mai 1638 et qui doit l'être probablement du 29 septembre de la même année) s'écrie : «Mais est-il possible que le cher.... soit un dénonciateur de crimes, soit un demandeur de confiscations, et qu'il veuille vivre de la mort d'autruy? Il faut qu'après cela, le sucre devienne amer, et que les moutons se facent loups, et que toute la nature se change. Il a beau alléguer pour sa justification:

... Quid non mortalia pectora cogis
Dira fames, durisque urgens in rebus egestas?

je ne sçaurois approuver ces sales moyens d'allonger la vie, et ce n'est pas manquer de philosophie, comme vous dites, c'est manquer d'humanité! Ces misérables ont fait leur dernier vœu de coyonnerie à la Cour, et ne sont plus capables ni de vertu, ni d'honneur, ni de liberté...»

[2] *Taciturnité*, qui est déjà dans l'*Internelle consolacion* et dans les traductions d'Amyot, est aussi dans le *Roman comique* de Scarron et dans les *Caractères* de La Bruyère.

[3] Pellisson (t. I, p. 223) parle ainsi de ce garçon : «Il a laissé un fils, qui doit, à ce que l'on dit, faire imprimer quelques-uns de ses ouvrages, particulièrement des vers latins.» Jean Sirmond fit, en effet, imprimer un recueil des poésies paternelles, lesquelles avaient auparavant paru en feuilles volantes : *Joannis Sirmondi carminum libri duo, quorum prior heroicorum est, posterior elegiarum, Joannis Sirmondi filii studio curaque nunc primum in lucem editi.* (Paris, Edme Martin, 1654, in-4°.) Le recueil est dédié à la reine Christine.

[4] M. Littré donne comme un mot récent, comme un «néologisme,» ce mot employé par Chapelain près de deux siècles et demi avant la publication du *Dictionnaire de la langue française*. Les épigrammes du jeune Jean Sirmond n'ont pas été conservées, et aucun critique, que je sache, ne les mentionne.

Il y fut bien receu pour la considération du père et de l'oncle, qui est auprès de Sa Majesté, ce que vous sçavés, et qui use saintement de la charge qui luy a esté donnée[1].

Nostre docteur[2] a l'esprit beau et l'éloquence vigoureuse, mais la ténuité[3] de son jugement l'emporte dans l'action plus violemment que ne le furent jamais les Gracques, et je ne connois point d'homme qui ait plus besoin de flageolet que luy[4]. L'homme qu'il querella chés moy est celuy qui vous envoya, il y a quelque temps, de ses ouvrages, très-digne de vostre amitié et très-indigne de la haine de l'autre, duquel Dieu nous vueille bien délivrer. A vous dire vray, cette action me représenta presque celle de Hercules furieux et me fit connoistre que les orateurs estoient quelquesfois aussy bien agités de fureur que les poètes[5].

M. Voiture me vint, hier au soir, dire à Dieu pour Florence et pour Rome, et me pria fort de vous baiser les mains de sa part. Il est paresseux et négligent, mais il est constant et sincère amy.

Je receus, un peu après, un paquet de Rome en response de la lettre que j'escrivis à M. Bouchard lorsque je luy envoyay vos livres et vostre lettre. Je vous l'envoye avec la lettre qu'il vous addresse toute ouverte, comme je l'ay trouvée, quoyqu'il m'eust prié de la fermer après que je l'aurois veue. Vous jugerés de son ouvrage et verrés ce que vous aurés à luy respondre sur le tout[6]. Je l'ay couru et il m'a diverty. Je ne trouve pas son épistre à son Éminence une pièce trop exquise[7], mais peut-estre est-ce que je n'ay pas eu le loysir de la considérer. Il m'avoit prié de la garder quelque temps

---

[1] Le P. Jacques Sirmond était confesseur de Louis XIII depuis le mois de décembre de l'année 1637, où il avait remplacé le P. Caussin.

[2] Le docteur Ogier, dont il a été question dans la lettre CCII.

[3] *Ténuité*, qui est dans les œuvres d'Ambroise Paré, n'a été rencontré par M. Littré dans aucun auteur du XVIIe siècle. Le savant philologue n'a pu recueillir ce mot que dans deux écrivains de la seconde moitié du siècle suivant, Buffon et La Place.

[4] On raconte de Caius Gracchus (voir Cicéron, *De oratore*, lib. III, cap. LX) qu'il faisait cacher derrière lui, lorsqu'il parlait en public, un musicien habile qui lui donnait le ton sur une flûte d'ivoire, et l'empêchait ainsi de trop baisser la voix ou de s'abandonner à des éclats trop violents. Aulu-Gelle (*Nuits attiques*, lib. I, cap. XI) veut qu'on ne croie que la moitié de ce récit : «Il n'est pas vrai, dit-il, «comme le grand nombre se l'imagine, qu'un musicien jouant de la flûte se tenait derrière le dos de Gracchus pendant qu'il parlait, et, par ses différents accords, tempérait et excitait tour à tour les mouvements et l'action de l'orateur... Les auteurs mieux instruits sur ce fait rapportent seulement qu'un homme, caché dans les environs, l'avertissait de modérer les éclats trop bruyants de sa voix, en tirant d'une courte flûte un accord lent et grave. C'était là tout; et je ne pense pas que, pour s'animer à la tribune, le génie naturellement passionné de Gracchus eût besoin d'aucune excitation extérieure.»

[5] Balzac (lettre VIII du livre XIX, p. 165) répond ainsi à ce passage : «Le docteur qui fit chez vous l'Hercule Furens, et le flageolet que vous luy ordonnés pour modérer l'impétuosité de son action dans la dispute, sont véritablement des pièces rares et que j'ay quelque envie de vous desrober pour un des chapitres de mon *Barbon*.»

[6] Chapelain écrivit à ce Bouchard le 21 septembre (f° 380) pour lui accuser réception de son recueil déjà cité sur Peiresc. Il y loue les vers latins d'Alexandre Pollino, qu'il trouve *excellents*, ceux du Doni, qui lui paraissent *purs et simples*, ceux de M. Grammont «purissimes, bien tournés, en un mot très-beaux, s'il ne s'estoit point tant estendu sur une seule pensée.» «Pour les Italiens, ajoute Chapelain, ils ne font honneur ny à celuy qui loue ny à celuy qui est loué.»

[7] Pour se rendre compte de la différence qui

devant que de la donner au messager. Il ne m'a pas semblé que je deusse retarder d'un moment le contentement que cette lecture vous doit apporter.

J'avois desja envoyé ma lettre chés Rocolet lorsqu'on nous apporta la nouvelle de la naissance de M.^{r} le Daufin qui n'a rien eu de moy de peur de ne faire plaisir à personne et de desplaire en n'en parlant pas assés éloquemment[1]. Personne ne s'est remué pour cela sur le vray Parnasse et le trépied de la Pythonisse n'en a point esté esbranlé.

Je suis, Monsieur, vostre, etc.

De Paris, ce 19 septembre 1638.

CCVI.
À M. L'ÉVESQUE DE GRASSE (GODEAU),
À GRASSE.

Monsieur, la perte que nous avons faitte de Mr de Saint-Chartres est incomparablement plus grande que nous ne pouvons vous la représenter, mais il faut vouloir ce que Dieu veut, et trouver son repos dans la sousmission à ses ordres. Il vous esloigne de nous, il afflige Mme la marquise de R[ambouillet] d'une maladie qui est pire que la mort, il tire à luy Mr de la Trousse et Mr de Saint-Chartres, il permet que la France se consume par une des plus grandes guerres qu'elle ait eues sur les bras depuis le commencement de la monarchie. Toutes ces choses ne se font pas pour néant, et il y a apparence que c'est pour nous avertir continuellement que nous ne sommes pas en terre pour y avoir du plaisir, et qu'il faut attendre nostre félicité dans une autre vie.

Le prélat dont vous me parlés n'est pas sage et, quand je ne l'aurois pas reconnu, il y a plus de deux ans, en plus d'une occasion, cette dernière où il s'est rendu dénonciateur contre un des plus hommes de bien du siècle[2], contre la bienséance et la charité, me feroit dire fort hardiment qu'il n'a pas au moins la cervelle bien faitte, et c'est l'espargner de n'en dire que cela. D'autres disent que c'est un ressentiment et une vengeance qui est bien pis que d'estre léger du cerveau.

Je plains la perte que nous avons faitte au grand combat de vostre mer[3], mais il estoit mal aisé qu'elle fut moindre attaquant des ennemis si puissans. Si nous ne sommes fort malheureux, cette victoire soulagera l'Italie aussy bien que vostre coste, puisque cet armement estoit destiné à fortifier les Espagnols en Piedmont.

Mr Esprit a six cens francs de M^r le Chancelier par l'entremise de Mr de Serisy[4].

---

existe entre une appréciation envoyée directement à l'auteur et une appréciation adressée à un indifférent, on n'a qu'à rapprocher de cette sévère phrase, la phrase toute contraire de la lettre citée dans la précédente note : « L'épistre à M^r le cardinal est fort belle. . . . »

[1] Chapelain se ravisa bientôt, comme on le verra dans une des lettres qui vont suivre.

[2] L'abbé de Saint-Cyran. Pour le prélat accusateur, dénonciateur, voir la note 3 de la lettre CXCVII.

[3] La victoire navale remportée par le général des galères françaises est du 2 septembre.

[4] Tallemant des Réaux (*Historiettes*, tome V, page 277) dit : « L'abbé de Cerisy, qui estoit chez M. le Chancellier, fit en sorte que le Chancellier le prit. » De son côté, l'abbé d'Olivet (*Catalogue de Messieurs de l'Académie*, tome I, page 289) s'exprime ainsi : « M. le Chancelier Séguier voulut l'avoir : il lui donna la table et cinq cens écus de pension ; il lui procura de plus une pension de deux mille livres sur une abbaye, et le brevet de conseiller d'État. » Chapelain, mieux informé que ne devait l'être, près d'un siècle plus tard (1729), l'abbé d'Olivet, a probablement indiqué le véritable chiffre de la pension d'abord accordée à Jacques Esprit.

Il ne vous l'a escrit qu'afin que vous le considériés davantage. Ce n'est que vent et présomption. Il fait courre ce billet partout.

M⁰ Bouchard m'a mandé de Rome que vous m'envoyeriés l'oraison funèbre qu'il a faitte, à l'honneur de M⁰ de Peyresc, dans l'Académie de Rome, plusieurs cardinaux présens. Le garçon parle bien latin et ne fait pas deshonneur à la nation de delà les monts.

Je suis, Monsieur, vostre, etc.

De Paris, ce 23 septembre 1638 [1].

CCVII.
À M. DE BALZAC,
À BALZAC.

Monsieur, ce que je souffre vos louanges n'est que pour vous monstrer que je suis patient et que je suis capable de souffrir vos censures. Je ne suis pas si vain que de croire qu'il me soit eschappé en courant aucune chose que vous voulussiés bien avouer pour vostre. Mais parce que vous avez l'art de la transmutation des métaux oratoires et

---

[1] Le 26 septembre, Chapelain continue (f° 385) la discussion sur les vers de Balzac relatifs aux aïeux de la marquise de Rambouillet, et ajoute : «Au reste, vostre dernière lettre me resveilla sur la naissance de M⁰ʳ le Daufin et m'inspira le sonnet que vous trouverés dans ce paquet. Si vous le jugés digne d'estre monstré à Mʳˢ le duc de la Rochefoucauld et prince de Marsillac, vous leur en pourrés envoyer une copie par occasion. C'est un tribut que j'ay donné au Roy à vostre sollicitation... Je vous avoueray que je ressens jusques dans le fond du cœur la honte et la perte que nous avons soufferte à Fontarabie, et toute la gloire que le marquis de Gesvres s'est acquise dans les diverses attaques de la place, et depuis dans la desroute de nos gens, quoyque j'en aye une consolation particulière, ne m'en adoucit point la douleur qui m'en est demeurée. Nous avons, outre le malheur public, à plaindre encore celuy de M⁰ le duc de la Valette sur lequel il semble que l'on vueille faire tomber de deça les principales fautes qui ont causé cette disgrâce, en faveur de M⁰ʳ le Prince qui a beaucoup de partisans à la Cour. Il est vray que le Roy et Son Éminence, à ce qu'on dit, luy gardent un (*sic*) oreille, et ne se laissent point préoccuper au bruit et à la passion des intéressés. Il est de vos amis et je suis son serviteur. Je serois très-marry que ceste tache luy fut imprimée par son malheur ou par ses ennemis. Mais qui que ce soit qui ait causé ce mal, il ne luy faut pas moins que tout le purgatoire pour le réparer, et il sera mal aisé que je puisse luy vouloir jamais beaucoup de bien, s'il se découvre.» Trois jours après, Chapelain s'adresse en ces termes (f° 387) «à Mʳ le premier président de Toloze» (Jean de Bertier, baron de Montrabe, nommé premier président du parlement en 1632 et mort en 1652) : «La favorable audience que vous voulustes bien donner au premier livre de *la Pucelle*, peu de jours avant vostre départ de cette Cour, estoit une grâce qui suffisoit toute seule pour m'acquérir entièrement à vous, sans qu'il fust besoin de cette seconde que vous me venés de faire... Comme vous estes un homme tout extraordinaire, je ne trouve point estrange que vos faveurs le soient aussy... Je vous parleray seulement du mérite de Mʳ vostre père dans la poésie latine [Philippe de Bertier, seigneur de Montrabe, président à mortier au parlement de Toulouse et un des plus savants hommes de son temps, mort en 1618, après avoir publié, en 1608, un recueil intitulé : *Pithanon, Diatreba duo* et, en 1610, un poème latin où il chante les saints dont les reliques sont conservées à Toulouse], et vous avoueray ingénuement qu'il m'a surpris, ne faisant point de difficulté de prononcer autant que j'ay droit de le faire qu'il a peu d'égaux, mais qu'il n'a point de supérieur, et que c'est une espèce de miracle qu'une personne de sa condition qui estoit chargée de tout l'honneur de son parlement et continuellement occupée dans les affaires, dont le génie est si différent de celuy des Muses, se soit peu desrober si heureusement au tribunal de la justice pour monter sur le Parnasse... Je ne voy dans son bel ouvrage que pureté, que nombre, que pompeuse douceur, qu'élévation facile, enfin qu'esprit et stile véritablement poétique.»

que d'une estincelle vous pouvés tirer un grand feu, si vous avés trouvé quelque semence dans mes paperasses dont vous pensiés tirer quelque chose en la cultivant, je vous en abandonne la propriété et ne seray point marry de voir mes embrions desbrouillés par vous et rendus des animaux raisonnables [1].

Quant à Mr de Vaugelas, l'histoire est qu'estant admis pour un quart dans une confiscation d'importance, mais qu'il falloit obtenir sur un homme qui ne vouloit point estre pendu, comme il la poursuyvoit, Mr l'abbé de Boisrobert [2], entre les mains duquel ce criminel prétendu s'estoit jetté, luy en fit des reproches en pleine Académie, se plaignant qu'il vouloit oster le bien et la vie au plus homme de bien qui fust en Normandie. Nostre amy respondit qu'il le prioit de croire que c'estoit le plus meschant homme du monde, sur quoy quelqu'un de la trouppe dit agréablement, comme en admirant la chose, qu'il falloit bien que les meschans Normans fussent les pires de tous les démons, puisque le meilleur estoit le pire de tous les hommes. L'abbé insistoit pour le desconseiller de faire cette poursuitte, en disant que l'affaire ne valoit rien du tout et que l'homme estoit très-bien. Nostre amy repartit qu'il le prioit de l'excuser parce qu'il estoit très-asseuré que l'affaire estoit très-bonne et que l'homme ne valloit rien du tout. Cette conférence fut une des meilleures choses qu'ait produit cette assemblée. On s'en resjouit du consentement des parties et, depuis, nous en avons tourmenté nostre amy au palais des héroïnes [3] sans qu'il s'en soit scandalizé. Le pis que j'y trouve pour luy est que l'affaire se trouve mauvaise et le Normand homme de bien, si bien qu'il en a essuyé la raillerie, sans y avoir rien profité. Par ce narré vous voyés que nostre amy ne laisse pas d'estre un bon homme, encore qu'il se soit rendu persécuteur des chrestiens.

Je croy que le Sgr J{io} Giacomo B[ouchard] est de ce nombre des bons, car sa malignité est la dernière chose que je m'imagine en un homme. Mais je n'ay garde d'estre de vostre avis pour cette générosité que vous

---

[1] Chapelain répond en cet endroit au passage (cité dans la note 9 de la lettre CCV) où Balzac annonçait qu'il vouloit emprunter à son ami ses plaisanteries pour en enrichir *le Barbon*.

[2] Le 27 septembre 1638, Chapelain écrivait à cet abbé, qui était alors à Magny, une lettre (f° 386) où il le prioit d'intervenir auprès du cardinal de Richelieu en faveur de M. de Jonquières, lequel désirait obtenir une audience de Son Éminence que Chapelain appelle «nostre maistre commun». Il y retrace une petite biographie de ce gentilhomme «beau-frère de M. Conrart, de l'une des bonnes et anciennes maisons de Picardie. Suyvant le chemin que luy ont tracé ses ancestres, depuis vingt ans il a tousjours porté les armes pour le Roy et a encore quatre de ses frères dans le service. Il est homme de crédit dans son pays et possède un bien qui soustient sa condition avec esclat. Ses employs ont esté divers et ses bonnes actions aussy, entre lesquelles l'entreprise sur la ville de Befford en Alsace, qu'il conduisit et fit réussir, n'est pas de petite importance. Depuis le régiment..... qu'il a longtemps commandé dans Montbelliard, s'estant ruiné, on luy a offert une compagnie dans le régiment de Bretagne que S. E. met sur pied...» M. Livet (*Histoire de l'Académie*, tome 1, page 368) a publié quatre autres lignes de cette lettre : «l'Académie languit sans vous, et nous nous apercevons extrêmement de vostre absence. Mais nous n'oserions vous trouver à dire, sachant que vous estes utile auprès de la personne de nostre maistre commun.....» M. Livet a aussi reproduit (*Histoire de l'Académie*, page 369, sous le titre de : *Séance Académique*, le récit de la discussion entre Boisrobert et Vaugelas.

[3] C'est-à-dire à l'hôtel de Rambouillet.

pensés qui soit en luy, après les bassesses que je luy ay veu faire pour obtenir quelque misérable bénéfice par la faveur des puissances mesmes de deçà. Je vous envoye l'extrait d'une lettre originale de luy à Mʳ l'abbé de B[oisrobert] que j'ay parmi les miennes qui vous esclaircira de l'homme et vous fera juger s'il traitte ses maistres de delà avec le noble orgueil qu'inspire la vertu à ceux qui la possèdent autrement que dans l'apparence. Ce que je vous en puis dire de ce que j'en connois est que nostre amy, qui ne croit pouvoir vivre que de la défroque des pendus¹, est moins désireux de fortune que luy. Du reste, c'est un esprit très-beau et qui possède parfaitement les graces de la langue latine et toscane, dans lesquelles ce qu'il fait réussit tout autrement que dans la sienne maternelle, quoy qu'il s'en pique et qu'il y ait escrit la conjuration des Fiesques sur l'original du Mascardi. Je luy fais peut estre tort, mais je vous avoue que j'appréhende pour sa réputation qu'il l'envoye à son Éminence, à laquelle il la promet depuis trois ans, et qu'il n'en veut pas gratifier qu'à bonnes enseignes. Je l'ay toutes fois favorisé de mon petit suffrage auprès de nostre introducteur², et je voudrois pour l'amour de luy ou m'estre trompé, ou que l'on se trompast à mon avantage. Vous luy faites honneur de le désigner successeur de Longueil³ et de Muret⁴ dans le droit de bourgeoisie romaine. Je ne comprens non plus que vous le mespris qu'il fait du père Strada qui pourtant n'est point misérable et j'approuve bien que vous luy en faciés une *fraterne*⁵ qui l'oblige à s'en repentir.

Je n'ay point veu le livre de Mascardi dont je vous fais cas. Je sçay seulement en gros que c'est une espèce d'art historique fort estendu⁶. Mais d'avance je vous déclare que j'aymerois mieux qu'il eust fait un petit volume d'histoire pratique qu'un calepin des préceptes de cet art. Je sçauray par Mʳ L'Huillier si Mʳˢ Du Puy l'ont et le liray, puis vous en manderay mon sentiment. Pour moy puis[que] vous voulés que je vous en entretienne, je ne suis plus ny philosophe, ni poëte, ni sectateur des lettres et des lettrés⁷. La disposition des affaires publiques que j'ay avec un prince de très-grand mérite qui désire de moy des services hors de ma profession et [l']utilité que beaucoup de mes amis absens de Paris tesmoignent trouver dans ma correspondance m'ont rendu un nouvellier et un faiseur d'affaire à vous faire pitié. En un mot, ce que je fais le moins est la *Pucelle*, dont je sens la conscience de mes amis chargée. L'hyver ne passera pas néant-

---

¹ Vaugelas.

² L'abbé de Boisrobert.

³ Christophe de Longueil, professeur de droit à l'université de Poitiers, conseiller au parlement de Paris, né en 1490, mort en 1522, a laissé un recueil de lettres (*Epistolæ*, 1524, in-4°) dont l'élégante latinité resta longtemps célèbre.

⁴ Sur Marc-Antoine Muret, né en 1526, mort en 1585, voir la note 1 de la page 465 des *Mélanges historiques. Lettres de Balzac*, n° XIX.

⁵ *Sic*. Je pense qu'il s'agit ici de quelque chose comme une fraternelle correction. Nous n'avons pas la lettre à laquelle Chapelain répond ici, mais nous avons la réponse de Balzac à celle-ci (n° IX du livre XIX, p. 766 de l'in-fol.). On y lit : « La lettre du seigneur Jean-Jacques m'a plû extraordinairement, et vous estes trop bon de me fournir ainsi de ces divertissements agréables. Sa gueuserie me fait souvenir de celle de Paul Jove, qui demandoit encore plus ouvertement et plus laschement que luy... » Cette lettre, datée du 10 avril 1638, doit être mise au mois d'octobre de la même année.

⁶ Il a été déjà question dans cette correspondance du traité *Dell' arte historica* d'Augustin Mascardi.

⁷ Dans cette phrase, Chapelain écrit une première fois *ny* et deux autres fois *ni*.

moins que je n'en aye achevé tellement quellement le 4ʳᵐᵉ livre.

Je vous envoyay, il y a huit jours, un sonnet sur nostre enfant nouveau-né dont j'attens la censure[1].

Je suis, Monsieur, vostre, etc.

De Paris, ce 2 octobre 1638[2].

CCVIII.
À M. LE DUC DE LONGUEVILLE,
EN FRANCHE-CONTÉ.

Monseigneur, ce n'a peu estre qu'avec beaucoup de douleur que j'ay appris les ordres redoublés que l'on vous a envoyés de passer en cette saison jusqu'au Rhin avec le reste de vostre armée. Ce n'est pas que je ne sache que tout païs vous est la France où il y a de l'honneur à acquérir et du service à rendre au Roy. Mais je crains que le chemin que l'on vous fait faire dans un temps si avancé n'affoiblisse extrêmement vos forces desja fatiguées et amoindries par tant de travaux et de combats et que vous n'arriviés à Brisac en si bon estat pour combattre les Impériaux, que vous eussiés esté sur la frontière de Bourgogne pour la couvrir et tirer de nouveaux avantages sur le duc Charles.

La seule chose qui me pourroit consoler de ce voyage, seroit s'il opéroit la prise de cette fameuse place dans laquelle vous trouveriés les clefs de toute la Franche-Conté et feriés trouver à la France le desdommagement de toutes les disgrâces de cette année. Je vous avoue, Monseigneur, que j'aurois bien de la joye de vous voir par ce bon succès regardé de tout le monde comme celuy qui achèveroit de réparer nos malheurs et qui le seul de nos généraux de cette campagne auroit hautement soustenu l'honneur tombant de nostre nation. C'est de quoy je fais tous les jours de très-ardentes prières à Dieu et qu'il vous conserve et demeure, Monseigneur, vostre, etc.

De Paris, ce 6 octobre 1638.

CCIX.
À Mᴸᴸᴱ DE RAMBOUILLET.

Mademoiselle, ayant receu une lettre de Mᵍʳ le duc de Longueville pour Mᵐᵉ la duchesse d'Aiguillon sur le glorieux combat de Mʳ son frère[3], et mon rheume qui re-

---

[1] Le sonnet *Au Dauphin* est dans le recueil de poésies déjà si souvent mentionné. Voici le premier quatrain :
    Jeune et divin héros que le Ciel nous envoye
    Pour joindre un autre empire à l'empire françois,
    Fruit de la piété du plus juste des Roys,
    Et de ses jours heureux l'espérance et la joie.

[2] Le lendemain Chapelain (f° 390) écrivait à Montauzier : « Mʳ Conrart vous envoie un sonnet sur Mᵍʳ le Daufin, dont je vous demande vostre avis. La princesse Julie l'a fait valoir à la Cour et, pour luy donner de l'estime, fit croire aux duppes que c'estoit elle qui l'avoit fait. Elle se porte bien. On ne peut pas dire la mesme chose de Mᵐᵉ sa mère qui ne peut guérir de son rheume de l'année passée et Mᵐᵉ de Liancourt, qui est à l'extrémité, est un nouveau sujet de douleur pour moy. » Le 3 octobre encore, Chapelain (f° 391) revient, dans une lettre au marquis de Gesvres, sur le malheur de Fontarabie, ajoutant : «J'ay pris beaucoup de plaisir de voir aujourd'huy dans la relation en forme d'apologie que Mʳ le duc de la Valette a envoyé à la Cour le récit naïf et avantageux pour vous du logement que vous fistes pour rallier vos fuyards espouvantés, après que les ennemis furent dans vos retranchemens... »

[3] François de Vignerot, marquis du Pont-de Courlay, chevalier des ordres du roi, gouverneur du Havre, commandant des galères de France, etc., fils de René de Vignerot, seigneur du Pont-de-Courlay, et de Françoise du Plessis-Richelieu, avait alors vingt-neuf ans : il mourut huit ans plus tard (26 janvier 1646).

commence m'empeschant d'aller chercher le moyen de la luy présenter, j'espère que vous me pardonnerés si je vous supplie très-humblement d'en vouloir estre vous-même la présentatrice à la première rencontre et de fortifier de vos bons offices le compliment sincère qu'il luy fait en cette occasion. Je perds infiniment en perdant celle qu'il m'avoit donnée de renouveller à cette excellente dame les asseurances de ma très-humble servitude et de luy raffraischir les traits d'un visage qui n'a jamais mérité de faire grande impression en son souvenir. Mais, pour ne laisser pas vieillir davantage cette lettre que celuy qui me la vient de rendre n'a desja que trop gardée, j'ay mieux aymé estre moins heureux et faire mon devoir, dont aussy bien je m'acquitteray beaucoup mieux par vostre entremise que par mes diligences, n'y ayant point de doute que ce compliment ne soit de tout un autre poids entre vos mains qu'entre les miennes. Je vous envoye aussy, Mademoiselle, la despesche que j'ay receue de luy en mesme temps où vous pourrés voir qu'un de ses ordres estoit de vous asseurer tousjours de son très-humble service. Vous y verrés encore la peine où il est de quelle sorte il fera tesmoigner à Mme la princesse le desplaisir qu'il a du malheur de Fontarabie, et, si vous le trouvés à propos, vous luy ferés la mesme grâce auprès d'elle pour luy tesmoigner sa douleur, qu'auprès de Mme d'Aiguillon pour luy tesmoigner sa joye. J'ay besoin que vous soyés bien indulgente pour souffrir patiemment toutes mes témérités. Aussy l'estes-vous extrêmement et par vos bontés vous accoustumés toute la terre à vous estre à charge. Avec cela je pense avoir quelque droit particulier de vous importuner, faisant une particulière profession d'estre, Mademoiselle, vostre, etc.

De Paris, ce samedy matin, 9 octobre 1638.

CCX.
À M. DE SILHON.

Monsieur, je fus hier au soir visité de Mr Conrart et sollicité de vous faire la prière qu'il fut, l'après disnée, pour vous faire luy-mesme chés vous. Vous sçavés que Mr de Cerisy est fort de ses amis. Son frère aîné, qui est advocat au conseil, estimé fort habile et que je connois pour fort homme d'honneur, ayant appris qu'un Mr de Choisy, qui est dans les affaires de Mlle de Rohan, estoit à l'extremité, a pensé à luy succéder dans cette sorte de service si Dieu dispose de luy, et a prié son frère de luy ayder à obtenir cet employ. Mr de Cerizy en ayant veu Mr Conrart, ils ont creu tous deux qu'il n'y avoit personne ny plus propre que vous pour le luy procurer, ny qu'ils creussent plus généreux pour le faire de bonne grace et avec les circonstances necessaires. Voila le fait. Maintenant je vous diray que si cet employ vaque, il seroit fort avantageux à Mlle de Rohan d'avoir pour homme d'affaire et d'avocat (*sic*) au conseil une personne connue et estimée de M^r le Chancelier, et qui a dans sa maison le pied que son frère luy donne, et de l'avoir en cette qualité, plustost recherchant que recherché, principalement estant habile et fort homme de bien comme il est.

Pour vostre considération, vous ne devés pas estre marry dans la conjoncture de l'affaire de Mr de la Bastide et pour la conséquence des autres qui se pourront présenter, d'avoir une occcasion d'obliger Mr de Cerizy en rendant un fort bon service à cette excellente personne. Je m'estois préparé à vous aller entretenir amplement de ce que je ne vous dis icy que succinctement, mais une de mes sœurs vient d'accoucher qui m'oblige à quelques devoirs qui ne se peuvent remettre [1]. Vous me ferés la faveur de prendre ce billet pour une visite authentique et d'avoir soin de la prière que nous vous faisons tous trois d'essayer de faire cette affaire, et parce que peut-estre vostre loysir ne vous permettra pas d'y aller aujourd'huy, je croy qu'il seroit bon que vous en escrivissiés un mot, dès cette heure, ou à Mlle de Rohan ou à quelqu'une de ses femmes en qui elle a créance, pour la supplier de ne se point engager dans l'eslection d'un advocat au conseil que vous n'eussiés eu le bien de la voir.

Il y auroit quatre mille excuses à vous faire de cette liberté, mais je vous connois. Vous estes généreux et voulés qu'on use sans façon avec vous. Aussy ne vous diray-je autre chose sinon que je suis, Monsieur, vostre, etc.

De Paris, ce 9 octobre 1638 [2].

CCXI.
À M. L'ÉVESQUE DE GRASSE (GODEAU),
À GRASSE.

Monsieur, j'avois espéré que l'occasion dont vous aviés escrit à Mr Conrart vous amèneroit icy et [que] vous consoleriés tous vos amis de vostre présence. Mais nous sommes trop malheureux pour avoir une si grande joye, et je voy bien qu'il nous faut résoudre à ne vous entretenir encore de quelque temps que par les lettres et le commerce que nous avons establv.

---

[1] Chapelain avait trois sœurs : 1° Marie, née en juillet 1588; 2° Anne, née en juillet 1600; 3° Catherine, née en avril 1603. Marie épousa (13 novembre 1611) Jean de Mas, qui fut, comme notaire, le successeur de Sébastien Chapelain, son beau-frère; Anne devint la femme (18 janvier 1622) d'André Belot, procureur au grand conseil du Roi ; Catherine fut mariée (13 mai 1630) avec Louis Faroard, procureur. (Jal, *Dictionnaire critique de biographie et d'histoire*, Paris, 1867, grand in-8°, p. 360.) C'est probablement de la troisième des sœurs de Chapelain qu'il est question ici.

[2] Le 12 du même mois, Chapelain écrit à Montauzier (f° 395) que la marquise de Rambouillet est toujours «languissante,» que «Mademoiselle se porte bien, que «l'hostel de Clermont est en pleine santé et part aujourd'huy pour Mézières où l'on sera jusqu'à la Saint-Martin.» Le 13, Chapelain parle en ces termes à Balzac (f° 397) de l'affaire du duc de la Valette, accusé d'avoir été cause du désastre de Fontarabie : «Si l'amy que vous plaignés n'est point coupable, il faut avouer qu'il est bien malheureux, car, outre qu'il est traitté en criminel par les commandemens qui luy ont esté faits de venir rendre conte de ses actions et par celuy qu'a receu son père de sortir de la province, on ne sçauroit oster de l'imagination de tout ce monde-cy qu'il n'ait le plus contribué au malheur qui nous est arrivé, et que par ses intérests et ses ressentimens il n'ait fait eschouer miserablement une entreprise qui estoit infaillible. Jamais homme n'eut tant icy de si puissans ennemis sur les bras et ce sera le dernier effort de la fortune qui a tousjours protégé sa maison, si, à cette fois, elle ne succombe. Je prens toute la part que je dois à vostre desplaisir qui est ce que je regarde principalement en cette rencontre, encore que je sois d'ailleurs assés son serviteur pour estre affligé de sa disgrâce. Tout ce que vous dittes de son ennemy est si beau et si véritable qu'au milieu de la douleur que son injustice peut causer, il y a du plaisir à le voir si éloquemment gouspillé, et si M[rs] les ministres voyoient cette vive tirade, j'estime qu'elle les persuaderoit mieux à la descharge de vostre amy que n'a fait le manifeste par lequel il a prétendu justifier sa procédure. «Le reste de la lettre ne présente aucun intérêt. Chapelain y parle de son sonnet pour la naissance du Dauphin : «Vous estimés trop le sonnet que vous m'avés fait faire, et je voy bien que c'est parce que vous vous en croyés l'original autheur...»

Nous avons reveu, ces jours passés, exactement tant les corrections que vous avés faittes de vos œuvres chrestiennes que les nouveaux ouvrages que vous avés envoyés à nostre amy[1]. Il vous rendra conte de nos avis que vous recevrés pour la part que j'y ay comme un conte de clerc à maistre[2], je veux dire, si la rubrique estoit mal appliquée, comme de disciple à régent ou de fils à père. Je me resjouis de la nouvelle tasche que vous me promettés dans la révision du poème de l'Assomption de la Vierge que j'apprens qui est desja fort avancé. Dieu bénisse vostre veine qui enrichit la France par ses merveilles, ou, pour mieux dire, Dieu soit bény de ce qu'il l'a bénie et de ce que les belles choses qu'il vous inspire contentent et édifient tout ensemble tous ceux qui ont l'usage de la droitte raison.

La *Pucelle* ne va point bien son train, et s'arreste, malgré moy, peu loin du commencement de sa course. J'ay receu l'oraison funèbre de Mr Bouchard[3] et l'ay trouvée fort belle. Il m'escrivit, il y a quelque temps, que vous me l'envoyeriés.

Je suis, Monsieur, vostre, etc.

De Paris, ce 14 octobre 1638[4].

CCXII.
À M. DE BALZAC,
à balzac.

Monsieur, l'avanture de l'abbé[5] avec le courtisan malheureux[6] est vieille de plus d'une année et, depuis, l'Académie n'a point produit de jovialité qui approchast de bien loin celle-là, si bien que nous n'avons pas tant de sujet de nous louer de cette assemblée que vous le croyés. Il est vray qu'en récompense elle ne nous a guères donné de peine tout cet esté, et nous pouvons presque dire que ses vacations ont commencé dès le mois de may que Mars s'est eschauffé[7] à nostre grand dommage, et, à vous dire le vray, je l'aymerois bien autant suspendue pour une trentaine d'années que continuée avec tous les divertissemens qu'elle nous peut jamais fournir. Au reste, n'allés pas croire que la matière qui appointa contraire[8] nos deux amys devant ce tribunal fust traittée avec aucune aigreur entre eux. Ce qui en fut de meilleur est que les démentis estoient accompagnés de civilité et de raillerie, et qu'il sembloit en se plaignant l'un de l'autre qu'ils s'entre-galantisoient[9].

Pour le seigueur Jean-Jacques, je ne

---

[1] Conrart. Les *OEuvres Chrestiennes*, qui avaient paru, comme nous l'avons vu, en 1633, reparurent, revisées, corrigées et augmentées, en 1641.

[2] Compter de clerc à maître, c'est rendre seulement compte de ce qu'on a reçu et déboursé, sans autre responsabilité.

[3] C'est-à-dire l'Oraison funèbre de Peiresc, par Bouchard.

[4] Le lendemain Chapelain (f° 401) écrit tout paternellement à Mme de Flamarens, lui donnant des conseils sur la conduite à tenir avec Mme du Fay et «vos autres sœurs,» (c'est-à-dire Mme de la Trousse et Mme de Verthamon). Chapelain dit de cette dernière: «Pour Mme de Verthamond, elle est malade, et je ne vous conseille pas d'escrire aux deux autres sans luy escrire aussy. C'est la seule sœur propre que vous ayés et qui monstre de vous aymer...»

[5] L'abbé de Boisrobert.

[6] Vaugelas. Voir le récit contenu dans la lettre CCVII.

[7] C'est-à-dire que la guerre a éclaté.

[8] Façon de parler proverbiale tirée du palais. Nous lisons dans le *Dictionnaire de Trévoux*: «On dit que des gens sont toujours appointés contraires, quand ils se contredisent toujours.» M. Littré a cité, sous le mot *appointé*, ces deux vers de La Fontaine (liv. XII, fable 8):

Vous serez étonnés de voir qu'à tous moments
Ils [les éléments] seront appointés contraire.

[9] Se flatter d'une manière galante. Le mot *ga-*

voudrois point que les esclaircissemens que je vous ay donné de ses mœurs vous laissassent l'opinion que je fusse moins favorable à l'estime de son esprit, car j'ay toujours creu et tousjours tesmoigné qu'il l'avoit fort agréable et fort enjoué mesme, outre le fonds de savoir qui n'est point médiocre en luy, et je tombe d'accord, *si fas magnis componere parva*[1], qu'il est un petit Muret en son genre et que vous l'avés très bien baptisé quand vous luy avés presté un si grand nom. Il est certain qu'il escrit fort latinement[2] les choses et que cette harangue est une belle pièce, encore qu'elle pourroit estre un peu plus soustenue et semée de plus de lumière d'esprit. Aussy fais-je grand cas du sien et voudrois qu'il m'eust donné aussy bonne opinion de son courage que je ne puis souffrir de voir si ravalé, et si bassement intéressé que vous avés peu voir dans l'extrait de lettre que je vous ay envoyé. Il en escrivit une autre à la mesme personne, l'année d'auparavant, sur le mesme sujet, mais à mon gré plus supportable, quoyqu'une mesme inclination l'eust dictée, ayant pris une extrême manière de scurrilité[3] ingénieuse qui pouvoit aussy tost passer pour belle humeur que pour une grande avidité de bien et de fortune. Si je la puis trouver dans demain, vous l'aurés ce voyage, sinon ce sera pour l'autre. Je suis asseuré qu'elle vous divertira mieux que la précédente, et que le dégoust qu'elle vous donnera de sa parasiterie[4] sera tempéré par l'air dont il la traittera, ce coupla. Ce qui me fait blasmer davantage cette caymanderie, est qu'un beau bien se regarde de deçà[5], et que ce n'est pas la nécessité qui l'empesche d'agir en homme d'honneur. Il s'est mis dans la fantaisie d'entretenir commerce avec tous ceux qui ont réputation de bien escrire, et je l'en louerois comme d'une belle ambition, si je n'avois observé en plus d'une occasion qu'il rend des soins afin qu'on y responde et qu'il capitule avant que de s'engager dans ses civilités, qu'on ne le laissera pas sans répartie, afin de s'en pourvoir, comme ils disent de là les Monts, *fare bello*[6] et en tirer avantage. Enfin il est un de ceux qui vous ont persécutés pour s'immortaliser par vostre connoissance et dans vos livres. Mais je ne sçay comment il m'a emporté tantost tout mon papier et qu'il ne m'en reste presque plus pour vous dire que l'autheur de l'action de grâces est un Drelincourt, l'un des moindres docteurs du mauvais parti[7]. Je suis bien aise que le père Petau[8] vous ait envoyé ses

---

lantiser a été employé par Corneille, par Balzac, par Scarron, par Saint-Simon. Tout ce passage a été imprimé par M. Livet dans son édition de l'*Histoire de l'Académie* (t. I, p. 370).

[1] Souvenir du vers de Virgile (*Georg.* lib. IV, vers. 176) : ... «*Si parva licet componere magnis.*

[2] *Latinement* n'est dans aucun des dictionnaires que j'ai sous la main (Richelet, Trévoux, Littré).

[3] Du latin *scurra*, bouffon. M. Littré dit de *scurrilité* : «Latinisme peu usité. Plaisanterie digne de la farce,» et il cite précisément, parmi les exemples, cette phrase de Chapelain sur Molière (*Mémoire de quelques gens de lettres*) : «Sa morale est bonne et il n'a qu'à se garder de sa *scurrilité.*»

[4] *Parasiterie* est un mot du XVIe siècle. Voir le *Dictionnaire de la langue française*, de M. Littré, où le seul exemple fourni est emprunté à l'*Alector, Histoire fabuleuse*, par B. Aneau (Lyon, 1560, in-8°).

[5] Tallemant des Réaux (t. VII, p. 158) raconte qu'à Rome, Bouchard «se disoit seigneur de Fontenay, parce que son père avoit je ne sçay quelle chaumière dans Fontenay-aux-Roses.»

[6] *Faire beau.*

[7] Charles Drelincourt, né à Sedan le 10 juillet 1595, mourut à Paris le 3 novembre 1669. Il était pasteur de Charenton. La *France protestante* donne une assez longue liste de ses publications.

[8] Le P. Petau (Denis) était alors âgé de cinquante-cinq ans. Voir, sur ce savant religieux, la

vers, desquels néantmoins vous ne me dittes rien, qui n'est pas un trop bon signe pour eux[1]. Autant que je puis juger de Mʳ de Grasse, il ne chantera point en cette occasion. Mʳ Sirmond ne s'en est peu tenir et a publié un long poème sur ce beau sujet pour faire passer sous son ombre le petit cayer de son fils duquel il promet des merveilles, comme vous aurés veu, y ayant apparence qu'il vous l'aura envoyé. Je voudrois bien que le vieux Bourbon[2] se resveillast et se monstrast un vray cigne finissant sa poésie sur cette matière et faisant effort de se surpasser luy mesme en mourant.

Le général dont vous parlés[3] trouve icy d'autres approbateurs que le gazetier et le bruit d'aujourd'huy est que sa partie *ad majorem cautelam* s'est embarquée pour l'Angleterre[4], où vous luy pouvés donner des avis. On ne le croit pas néantmoins tout à fait, bien que tous les almanachs de la Cour l'ayent prédit il y a plus de trois semaines. Les beaux esprits de vos quartiers méritent ce nom par leurs bons mots, mais je croy que tout ce qu'il y en a de bons sont dans l'enclos de vos murailles.

Je suis guéry d'un rheume de trois semaines qui m'a fort travaillé. Il me fait vous demander des nouvelles de vostre santé.

Je suis, Monsieur, vostre, etc.

De Paris, ce 16 octobre 1638[5].

Ce que je vous escris du seigneur Jean-Jacques demeurera, s'il vous plaist, entre nous et n'empeschera pas que jusqu'à un certain point vous ne puissiés l'admettre en vostre amitié. J'en ay une telle pour vous que je passe par dessus mes maximes pour ne vous laisser pas ignorer les choses qui me sont claires et qu'il vous importe de connoistre. Vous avez esprouvé tant de faux amis et tant d'infidelles habitudes que c'est vous

---

note 1 de la page 483 des *Mélanges historiques*. *Lettres de Balzac*, n° XXVI.

[1] *Delphini Ludovici XIII Christianissimi Regis filii Genethliacum*, etc. Cette pièce a été réimprimée dans le *Parnassus Societatis Jesu* (1654, in-4°, Francfort, p. 656).

[2] Puisque nous retrouvons le nom du poète, je mentionnerai un excellent travail dont cet académicien vient d'être l'objet de la part de M. René Kerviler : *Nicolas Bourbon (1574-1644). Étude sur sa vie et sur ses travaux.* (Paris, H. Menu, 1878, brochure grand in-8° de 68 pages).

[3] Ce général était le prince de Condé.

[4] *Pour plus grande sûreté*, le duc de la Valette s'était réfugié en Angleterre peu de jours après qu'il eut appris la nouvelle du mécontentement du Roi. Voir les détails donnés sur le départ du vaincu de Fontarabie, par Guillaume Girard. (*Histoire de la vie du duc d'Espernon*, édition de 1730, p. 568 et 569).

[5] La lettre à laquelle Chapelain répond est la lettre XII du livre XIX (p. 768 de l'in-fol.); elle est datée du 19 octobre 1638 et doit l'être du 9 du même mois tout au plus, puisque sept jours seulement sépareraient ainsi l'arrivée de la lettre de Balzac du départ de la lettre de Chapelain. Voici ce que Balzac disait à son ami de l'abbé de Boisrobert, du P. Petau, de Drelincourt, de Godeau et de Bourbon : « Les prouesses de l'abbé dont vous me parlez, me sont connues, il y a longtemps. Je sçay jusques où l'emporte la chaleur de la dispute, et depuis qu'il menaça de coups de baston un président au mortier qui m'estoit venu voir avec luy, je l'ay tousjours extrêmement redouté... Le père Petau m'a envoyé son Genethliaque, et j'ay receu aussi une *Action de graces* sur mesme subject, prononcée à Charenton. Elle n'a rien de bon que les seuls termes de l'Escriture, dont elle est rapiécée depuis le commencement jusques à la fin. Je ne doute point que Monsieur de Grasse n'entonne quelque admirable cantique à l'ombre de ses orangers, et que s'il reste encore une goutte de bon sang dans la veine du Père Bourbon, il ne l'employe pour Monseigneur le Dauphin... »

servir que de vous esclairer de celles qui vous pourroient donner les mesmes desplaisirs.

Mʳ Silhon me demande souvent de vos nouvelles.

CCXIII.
À M. LE MARQUIS DE MONTAUZIER,
EN ALSACE.

Monsieur, je m'imagine bien que l'estat où vous estes maintenant, que l'on peut dire entre la mort et la vie, puisque c'est entre l'espérance et la crainte de la prise ou de la levée de Brisac[1] qui doivent faire vostre salut ou vostre ruine, je m'imagine bien, dis-je, que cet estat est la principale cause de ce que nous sommes si longtemps sans avoir de vos nouvelles et je me résous presque à n'en recevoir plus que quand l'affaire sera faitte ou faillie. Je trouve, au reste, que le poste que vous avés pris à garder est le plus dangereux de tous, et celuy que les ennemis choisiront apparemment pour secourir la place, n'estant fortifié que d'arbres couppés, comme on nous a dit, et encore seulement aux lieux qui estoient d'un plus facile accès, de sorte que si les trouppes du duc Charles ou les Cravates qui l'ont desjà secouru une fois, chargent de ce côté-là avec vigueur, je crains qu'ils ne vous emportent aisément et qu'ils ne rendent tous vos travaux inutiles. Mais je dis tout cecy inutilement, estant asseuré que vous serés maistre de la place ou qu'elle sera sauvée, devant que cette lettre vous soit rendue, et je veux croire que vous ne la lirés que dans Brisac, en vous moquant de mes frayeurs et de mes sinistres augures, avec lesquels je confesse que je fais tort à vostre vertu et à la conduitte du grand héros qui a fait cette entreprise et qui ne l'auroit pas faitte, s'il n'y avoit lieu d'espérer beaucoup plus que de craindre.

Et certes il est plus aisé de prendre Brisac avec tous les travaux qu'il y a faits à l'entour et avec une armée victorieuse que de prendre en hyver quatre ou cinq villes avec une armée ruinée et de gagner deux batailles en raze campagne dans moins de quatre mois et avec la moitié moins de gens que ses ennemis. Dieu vous réserve cette gloire, comme à luy, et j'espère que vostre nom ne sera pas oublié dans cette conqueste, et que nous en sçaurons le détail par vostre soin.

Que si cela arrive, l'Alsace vous demeurant libre, sans contredit, il y a apparence que vous ne serés plus obligé à presser les villes dont vous estes gouverneur au point que vous l'avés esté jusqu'icy et que tous sujets de plainte cesseront tant de vostre part que de la leur par l'abondance que le païs vous fournira de toutes choses. Je vous mandois, il y a huit jours, que Mʳ Polème avoit dit que ceux de Schelestat entre autres s'estoient plaints de deça du traittement qu'ils recevoient de vous et que, comme vostre serviteur, il vous en donnoit avis afin que par vostre prudence vous y apportassiés le remède. Depuis, il a dit à la mesme personne qu'il seroit bien aise de me voir pour conférer ensemble des moyens qu'il y pourroit avoir de porter les choses à la douceur et empescher que cela ne fist esclat en cette Cour. Je le croy porté d'un zèle entier à vostre service, quoyque par là je voye bien qu'il a quelque correspondance avec eux. C'est pourquoy je suis résolu de le voir, de l'entendre et de tirer de luy tout ce que je pourray touchant cette affaire, afin de vous en informer par le premier ordinaire. Cependant je juge nécessaire que, dès à présent, s'il se peut, vous relaschiés de vostre sévérité envers eux, au cas que vous leur

---

[1] On sait que la ville de Brisach se rendit au duc de Weymar le 19 décembre 1638.

ayés esté sévère, afin de tenir la chose en termes de s'accommoder sans plus d'aigreur, et surtout, de quelque sorte que vous vous résolviés de vivre avec eux, il faut, s'il vous plaist, que ny par les effets ny par les paroles, vous ne leur tesmoigniés point d'avoir eu connoissance qu'ils se soient plaints de vous, pour vostre intérest et pour celuy de la personne qui vous fait avertir.

Vous aurés, avec cecy, ce que nous avons de nouvelles.

Je suis, Monsieur, vostre, etc.

De Paris, ce 18 octobre 1638.

CCXIV.
À M. DE GRASSE (GODEAU),
À GRASSE.

Monsieur, j'ay leu attentivement la harangue funèbre de nostre Romain [1] tant pour l'amour de luy que pour vous pouvoir dire ce qui m'en semble, comme vous me tesmoignés le désirer. On ne peut nier que ce ne soit un éloge d'une très-pure latinité et d'un ordre fort raisonnable, et je n'estime pas si peu ces deux parties que je ne le croye fort louable de les luy avoir peu donner au point qu'il a fait. Du reste, il est privé de toutes sortes de mouvemens et semble avoir esté plustost dicté par un historien ou relateur [2] que prononcée par un orateur dans un auditoire célèbre où l'on fait principalement profession de l'éloquence. J'y trouve cela à dire et je connois quelques gens qui, sans s'esloigner trop du sujet qu'il avoit entrepris à traitter, eussent bien trouvé moyen de l'animer davantage. L'exorde est beau, et assés fleuri, tiré de la nature et du ressentiment qu'avoit son autheur des faveurs qu'il avait reçeues de cette illustre Académie, avec quoy il se concilie bien, à mon avis, cette bienveillance si nécessaire à celuy qui parle en public dans l'esprit de ceux qui l'entendent.

La lettre à M. l'Huillier me semble très-belle pour lettre et meilleure à proportion que l'oraison pour oraison. Pour l'épistre liminaire, elle seroit belle aussy pour une cajollerie passagère, mais pour un panégyrique elle ne me paroist que médiocre et au-dessous de son sujet. C'est tout ce que je vous en puis dire.

Je me resjouis fort de ce que vostre nouveau poëme est si avancé. Je suis trompé si les deux excellentes stances que Mme la marquise de Ramb[ouillet] m'a fait lire dans la lettre que je luy ay rendue aujourd'huy de vostre part, n'en font une des plus belles parties.

Ce que je vous ay mandé du prélat dont vous me parlés m'a esté confirmé véritable et je l'ay aisément creu, sachant comme il vivoit depuis quelque temps avec le prisonnier. Je vous dis encore un coup qu'il y a différence de sa teste à celle d'un homme sage.

M. Le M[aistre] vit tousjours comme le *Salamanus* dont vous m'avés parlé autresfois [3] et, depuis seize mois, je n'ay eu nouvelles de luy ny ne l'ay veu. L'affaire que Mlle Paulet vous a mal expliquée est que M. de Heucourt, beau-frère de M. Arnaud, le mestre de camp, pour une mauvaise tentation qui luy estoit venue de prendre party avec les ennemys du Roy, quoyque ce ne fust qu'une simple tentation et qu'il luy eust

---

[1] La harangue funèbre composée par Bouchard.

[2] Ce mot, qui est du XVIe siècle (voir les *Dictionnaires* de Cotgrave, de Nicot et de Monet), a été employé par Fénelon et par Buffon, cités par M. Littré; par l'abbé de Choisy, cité par le *Dictionnaire de Trévoux*.

[3] Quel est ce *Salamanus* ? Quelque solitaire sans doute ?

esté fort facile de la nier, l'ayant confessé de bonne foy, a eu le cou couppé, et on a eu bien de la peine à sauver une partie de son bien pour ses enfans [1].

Je suis, Monsieur, vostre, etc.

De Paris, ce 21 octobre 1638.

Tout le monde demande pourquoy vous n'avés point fait de cantique sur la naissance de nostre jeune prince et l'on dit que c'est aussy bien une matière épiscopale pour vous qu'elle le fust, il y a un peu plus de trente ans, en cas pareil pour Mr Bertaud, qui estoit plus vieux evesque que vous [2]. Si vous fussiés venu député, vostre harangue eust passé pour cantique.

CCXV.
À M. DE GRASSE (GODEAU),
à GRASSE.

Monsieur, quoyque je n'aye point de vos lettres de cet ordinaire, j'ay assés de sujet de vous escrire, puisque j'en ay une de Mme la marquise de Ramb[ouillet] à vous envoyer. C'est la response à celle que je luy présentay, la semaine passée, de vostre part, qu'elle m'a extrêmement recommandée. Je ne doute point qu'en tout temps les siennes ne soient tousjours dignes de grande recommandation et qu'il ne faille faire toutes les diligences possibles pour empescher qu'elles ne se perdent. Mais en cettuy-ci où sa santé est si mauvaise, comme il n'y a pas une ligne qui ne luy couste un effort, il faut redoubler ses soins pour faire que ses efforts ne soient pas vains, et, quand ces précieux caractères seront tombés entre vos mains, pour la récompenser de sa peine, il luy faut envoyer un remerciment qui soit digne d'elle. Je vous ay promis que vous les recevriés, en dussé-je estre le porteur moy-mesme.

Mlle sa fille est dans la douleur de Mme la duchesse de La Valette [3] pour l'amour d'elle et pour l'amour de M^r vostre C[ardinal] [4], et certes ces deux personnes sont fort à plaindre, ne s'agissant pas moins que de la ruine entière de cette Maison.

En récompense de la douleur de Fontarabie, je vous diray que le duc Charles a esté desfait par le duc de Veimar près de Brisac qu'il alloit ravitailler et qu'on espère fort maintenant de cette place.

Mr de Loyac, évesque prétendu de Toulon, a remis le brevet qu'il en avoit du Roy, qui le luy a osté sur ce qu'il a fort mauvaise veue [5].

Je suis, Monsieur, vostre, etc.

De Paris, ce 28 octobre 1638.

---

[1] Ce M. de Heucourt, gentilhomme picard, avait épousé la troisième fille d'Isaac Arnauld et de Marie Perrin. Voir sur sa trahison et sur sa décapitation deux lettres du cardinal de Richelieu dans le Recueil de M. Avenel (t. VI, p. 96 et 164), la première du 21 août 1638, la seconde du 13 septembre. On lit dans cette dernière : « Heucourt a esté exéquuté à Amiens. Il a avoué avoir traicté avec le cardinal infant pour le mettre en possession de cette place. Ce misérable estoit enragé contre la France et contre luy-mesme. Il est mort repentant de cette faute, mais non pas de son hœresie. Il a faict mine de se vouloir convertir, mais enfin il a finy comme il a vescu. Cet exemple fera penser les traistres en leur conscience. »

[2] Jean Bertaut, évêque de Seez et premier aumônier de Marie de Médicis, mort en 1611, chanta la naissance de Gaston, duc d'Orléans, second fils de Henri IV (16 avril 1607). Bertaut était alors âgé de cinquante-cinq ans et était évêque depuis 1606.

[3] Mlle du Cambout de Pont-Château, fille d'un cousin-germain du cardinal de Richelieu.

[4] Le cardinal de la Valette.

[5] Mr de Loyac n'est pas inscrit parmi les évêques de Toulon dans le *Gallia Christiana*, qui (t. I, col. 755) laisse le siège vacant entre Au-

CCXVI.
À M. DE BALZAC,
À BALZAC.

Monsieur, j'ay appris avec beaucoup de consolation que le malheur de vostre amy[1] ne vous avoit touché que dans la superficie, ou plustost j'ay eu beaucoup de plaisir d'apprendre que ce n'estoit qu'un amy superficiel et qui faisoit plustost galanterie avec vous que profession de solide amitié, car il y a tant de tesmoignages contre ses dernières actions, et luy mesme s'est si mal deffendu des choses qu'on luy a imputé qu'il est mal aisé qu'il ne soit point coupable, et il eust esté fort fascheux que vous eussiés esté engagé du cœur avec une personne dont les intentions ne sont pas bonnes et qui par de si mauvais effets attire la malédiction publique sur luy. A vous dire le vray toute cette race ne composeroit pas un vray généreux[2], et ce n'est pas d'à cette heure que j'ay reconnu que le meilleur avoit en luy beaucoup de choses à redire. Dieu soit loué de l'assiette où je voy vostre esprit pour ce regard et de ce que, pour cette fois, il ne vous a pas donné de plus rude occasion d'esprouver vostre patience!

Quant au seigneur Colletet[3], si je vous en puis parler ingénument, il est plustost né versificateur que poète et il travaille plus pour le proffit que pour l'honneur. Les grands mouvemens luy sont inconnus et il arrive rarement, lorsqu'il s'eslève, que ses pensées soient justes et qu'il ne prenne l'enfleure pour l'embonpoint[4]. Sa diction partout est pure, mais seulement elle est mal proportionnée au sujet et, parmy des façons de parler soustenues, il luy en eschappe de si populaires, qu'il estonne ceux qui ont le *Sale inqueca* (sic), comme il n'en a pas senti l'incompatibilité. En cet ouvrage-cy particulièrement qui vouloit estre grave et qu'il a eu dessein de faire grave, on ne sçauroit dire avec combien peu de jugement il y est allé fourrer sa goinfrerie du cabaret et donner à connoistre sa propension naturelle à ce joly exercice[5]. S'il falloit parler de festins, il falloit que ce fust sobrement et dans de certains termes généraux avec lesquels la poésie qui est sage peut parler de tout et faire sa matière de toute matière. Mais c'est un défaut dont il ne doit point estre accusé seul. Je ne sçay de nos gens qui s'oseroit vanter d'en estre plus exempt, et trois ou quatre seulement, au nombre desquels on vous range, me semblent maistres de leurs esprits et capables d'achever leurs ouvrages. Ce que je trouve d'excellent en cettui-cy est qu'il n'a nulle présomption de luy-mesme, et que ce qu'il fait est toujours bien meilleur qu'il ne veut qu'on le croye; bon, au reste, déférent et serviable[6].

---

guste de Forbin et Jacques Danès de Marly, sacré le 6 mai 1640. D'après le *Dictionnaire historique de la France*, de M. Lud. Lalanne (1872 et 1877), il faudrait ainsi établir l'ordre de succession des trois évêques : Auguste de Forbin, 1628-1638. — Loyac, avril-décembre 1638. — Jacques Danès de Marly, mai 1640-1658.

[1] Le duc de la Valette.

[2] Le jugement est dur, mais, en somme, je le crois mérité.

[3] Guillaume Colletet, dont nous avons déjà plusieurs fois trouvé le nom dans cette correspondance.

[4] Mot spirituel qui a été bien souvent redit. Comme dans son appréciation d'ensemble des divers membres de la famille de Nogaret, Chapelain se montre pour Colletet sévère, mais non injuste.

[5] Sur l'amour de Colletet pour la *goinfrerie*, voir son poëme du *Trébuchement de l'ivrogne* (Paris, 1627, in-8°) et (*passim*) ses *poésies diverses* (Paris, 1656, in-12).

[6] Chapelain, quand il signale ces excellentes qualités de Colletet, est d'accord avec tous les biographes de l'auteur des *Vies des poëtes français*.

Vos réflexions sur sa pièce¹ sont dignes de vous et solides et agréables au possible. Elles me la font estimer quand ce ne seroit que pour ce qu'elle vous les a fait produire; pour l'émystiche *et que rien ne profane*, il est si ténébreux que les lunettes de Galilée² ne le feroient pas descouvrir aux meilleurs yeux du monde. En effet, c'est un franc galimatias qu'il n'a pas entendu luy-mesme et qui n'est là que pour soustenir la rime du vers suyvant, comme il luy arrive d'ordinaire ou par faute d'esprit, ou par faute de travail et de patience.

Je ne vous envoyay l'imprimé du père l'Abbé que pour faire nombre et faute d'autre meilleur³. Il y a apparence qu'il s'est voulu acquérir de la réputation parmy la nation scholastique, et qu'il ne s'est fait stamper⁴ que pour estre leu dans les limites du royaume de Clermont par les grimelins⁵ et les quistres⁶. Un autre Père de Lingendes, plus eslevé que cettui-cy, a travaillé sur le mesme sujet⁷ et de la mesme sorte, je veux dire en prose qui semble des vers renfermant chaque pensée dans chaque ligne d'égale longueur, qui me semble une aussy ridicule imagination qu'il en soit guères tombé dans l'esprit pédantesque. La seule différence qu'il y a, mais différence en pis, c'est que tout l'ouvrage est divisé en quatre ou cinq sections également partagées, qui d'abord me semblèrent des stances latines de dix vers à l'imitation des françoises de Mʳ Habert et de Mʳ d'Andilly. Je n'ay pas le courage de charger vostre paquet de cette marchandise. Le Sʳ Rocolet vous doit avoir envoyé les vers de Mʳ Sirmond desquels j'attens vostre jugement. Le bon Camusat n'aura pas aussy manqué de vous régaler de ceux qu'il a imprimés d'un Mʳ de Saint-Blancat, homme de maison et bénéficié Tolosain⁸, qui vous plairont pour la plus

---

¹ *Poème sur la naissance de Monseigneur le Dauphin* (Paris, in-4°, 1638).

² On sait que Galilée construisit le premier télescope en l'année 1609.

³ Le P. Pierre Labbé, né à Clermont, en Auvergne, en 1594, mort à Lyon, le 15 janvier 1678, publia ses vers sous le titre de : *Delphini elogia* (Paris, Camusat, 1638, in-4°). Ses vers furent réimprimés dans le recueil intitulé : *Éloges et poésies sur la naissance du Dauphin*, par le P. L. [Labbé] et le P. Le M[oine], Lyon, 1638.

⁴ Les auteurs du *Dictionnaire de Trévoux*, qui ne donnent pas le verbe *stamper*, donnent le substantif *stampe*, «image en papier, gravée en bois ou en taille-douce,» et ajoutent : «*Stampe* ne se dit plus. *Estampe* lui a succédé.»

⁵ Le *Dictionnaire de Trévoux* nous fournit cette définition : «Jeune écolier, petit garçon. Il ne se dit guère, et ne se dit que par mépris.» M. Littré n'a cité que cet exemple, qui est pris d'un auteur du xvıᵉ siècle, le Seigneur des Accords (Étienne Tabourot) : «Il n'y aura pas jusqu'aux petits grimelins qui ne se meslent d'en faire un affiche de collége.»

⁶ C'est la première fois que je trouve le mot *cuistre* écrit autrement qu'avec un *c*. Ce mot, qui est dans les *Mémoires* de Saint-Simon, était déjà dans les auteurs du moyen âge sous la forme *costre* et *coustre*, avec le sens de serviteur d'église, de sacristain, et ensuite de serviteur de collége, de valet des écoliers.

⁷ Claude de Lingendes, né à Moulins en 1591, mourut à Paris en 1660. Il était recteur du collége de Moulins quand il publia la pièce intitulée: *Nascenti Galliarum Delphino urbis Molinarum præfectus consules et cives votivum hoc monumentum posuere* (1638, in-4°, Paris, chez Jean Camusat). Le P. de Lingendes s'est servi du style lapidaire.

⁸ *Delphino Nænia; auctore Joanne Samblancato.* L'opuscule se trouve, à côté de celui du P. de Lingendes, de celui de Colletet, etc., dans un recueil de pièces sur la naissance de Louis XIV que fit paraître Camusat (1638, in-4°).

part, si je ne me trompe. C'est un autheur nouveau qui a entrepris l'histoire de nostre Louis le Juste en latin et à qui il ne manque guères de chose pour en faire un excellent homme[1]. J'ay leu de luy sa *Leucate* de l'année passée qui m'a persuadé qu'avec un peu de conseil pour le stile et de bons mémoires il nous pourroit donner une histoire qui feroit honneur à son païs.

Je demande pardon à vostre docteur si j'ay disputé contre luy avec peu de fondement et vous rens arbitre et président de la question que nous avons agitée et, dès à présent, je vous accorde que mon *Enfant de mille vœux* se substitue en la place de *Jeune et divin héros*, pour vous donner un essay de ma docilité et de ma déférence[2]. Reste à vous satisfaire sur les vers que j'ay faits pour vous, lesquels je souhaitte fort que vous ayés agréables cette fois-cy; car je vous avoue que si je n'ay rencontré à ce coup, selon vostre goust, il est malaisé que je le puisse jamais faire, ayant esprouvé plusieurs fois qu'une chose rebutte à force de la manier, et qu'après plusieurs corrections toute autre personne que l'autheur est capable de la bien mettre, s'il a esté malheureux en la retouchant[3].

Des deux endroits donc qui vous incommodent, vous jugerés si au lieu du premier :

Que la jeune Nature, en merveille féconde,
Enfantoit, sans travail, pour la gloire du monde,

ces deux seroient plus supportables :

Dont la mère Nature, en miracles féconde,
Se plaisait { d'*embellir* / de *parer* } la jeunesse du monde.

et pour ce que ces exemples ne me sçauroient déplaire, à cause que le mot est beau, poétique, et *quod caput est*, propre et plus essentiel au sujet qu'aucun autre, je me suis résolu de les garder; et puisque ma dernière correction ne vous satisfait pas entièrement, vous verrés aussy au lieu de :

C'est assez qu'en nos vers nous leur dressions des [temples, etc.

on pourroit mettre :

Assés de célébrer ces illustres exemples,
Et dans tous nos escrits leur élever des temples.

Vous n'aurés rien davantage de moy sur ce sujet.

J'ay, tous les jours, occasion de confirmer vostre très-juste réputation dans l'esprit de plusieurs illustres provinciaux, comme vous diriés du président Caminades[4] de Tolose et d'autres personnes de cette volée et de ce mérite qui se viennent entretenir de vous à mon logis. Vous croyés bien que je ne trahis point la vérité ny mon jugement pour vous y nuire.

Les dernières lettres que j'ay receues de nostre marquis[5] ne parloient que de vous et me demandoient fort de vos nouvelles et la continuation de vostre amitié pour luy. Il sçaura avec beaucoup de joye que vous ayés eu la mesme pensée pour luy et en mesme temps. Sa condition présente est une gloire misérable estant tous les jours à la veille de

---

[1] Voir ce que répond Balzac au sujet de Saint-Blancat dans la lettre XIV du livre XIX, p. 769 de l'in-fol., lettre datée du 20 décembre (sans indication d'année) et qui doit être des dix premiers jours de novembre 1638. Rarement Balzac a écrit des lignes plus spirituelles, comme je l'ai déjà remarqué, à propos de l'emphatique poëme de Saint-Blancat. (*Lettres Toulousaines*, 1875, p. 11.)

[2] Balzac avait dit (p. 777 de l'in-fol.): «Je suis pour *Enfant de mille vœur*. Toute la France a pris la chose par ce biais : c'est un mot formé par la voix universelle, et, à moins que de faire un édit exprès là-dessus, il y aura de la peine à nous faire changer de langage.»

[3] Il s'agit des vers cités dans une lettre précédente et reproduits par Balzac en tête de sa dissertation sur la conversation des Romains.

[4] La famille de Caminade a fourni plusieurs magistrats distingués au parlement de Toulouse.

[5] Le marquis de Montauzier.

mourir avec tous les siens de faim ou de feu ou de l'espée, loin de tout secours, et comme abandonné à la mercy des ennemis cruels et des amis insensibles et infidelles. Si Brisac se prend, il pourra respirer. A moins que de ce miracle, il est perdu sans ressource.

Dans dix ou douze jours, Mʳ Arnauld le bachelier[1] me doit bailler une thèse de son acte de Sorbonique pour vous l'envoyer. C'est un hommage dont vous luy tesmoignerés quelque gré dans les lettres que vous m'escrirés. Mais j'ay la mine de ne vous en envoyer que la taille-douce qui est de Melan[2] et fort belle et d'attendre à vous faire voir son texte disputable quand vous me le demanderés, car c'est une horrible charge pour vostre courrier. Et luy et toute sa Maison vous sont fort acquis et me prient souvent de vous asseurer de leur service. Je vous dis le mesme de M. Conrart et demeure, Monsieur, vostre, etc.

De Paris, ce 30 octobre 1638.

Quelque bel esprit d'Angers ayant fait une énigme de l'hyperbole dont il vous fait le nouveau père, et une dame de réputation l'ayant envoyée par régale[3] à Mᵐᵉ la marquise de Ramb[ouillet], il luy a suffy pour la trouver mauvaise que son autheur ait mis vostre nom en jeu et ait voulu faire l'habile à vos despens. Elle l'a donques bannie à perpétuité de son hostel et a défendu à son secrétaire de la mettre dans le recueil qu'elle en a fait faire, ne pouvant souffrir que vous soyés chés elle qu'en l'estat que vous mérités. Je ne vous aurois point allégué ce petit tesmoignage de sa bienveillance, si je n'estois asseuré qu'elle vous en donneroit d'importans, s'il estoit en son pouvoir, et que le principe qui a produit cettui-cy est une générosité digne d'une Reyne et d'une Impératrice. Les moindres faveurs de ce qu'on ayme sont des trésors pour les amans.

CCXVII.

À LA PRINCESSE JULIE.

Glorieuse Julie, il y a trop longtemps que vous me souffrés en vostre Cour et que j'ay l'honneur d'approcher de vostre personne pour s'estonner que j'aye pris quelque teinture de vos perfections, et que je sois devenu un peu sorcier dans la communication de la plus illustre enchanteresse du monde. Je demeure donc d'accord que dernièrement je devinay que vostre avanturier d'Alsace[4] s'estoit trouvé au combat de Mulhausen[5], et je vous avoue encore, quoyque je ne vous

---

[1] Le grand Arnauld.

[2] Sur l'habile graveur Claude Melan ou Mellan, voir la note 5 de la page 560 des *Mélanges historiques. Lettres de Balzac*, n° LVI.

[3] C'est-à-dire pour régal. On lit dans le *Dictionnaire de Trévoux* : «Richelet dit *régale*, contre l'usage général.» Chapelain n'était pas le seul, avec Richelet, à dire *régale* au lieu de *régal*. M. Littré cite une autre illustre exception : Molière, dit-il, «écrit d'habitude *régale*, ce qui est contraire à l'usage.»

[4] Le marquis de Montauzier. *Avanturier* a ici un sens des plus favorables : il signifie celui qui recherche les aventures de guerre, celui qui brave les dangers des combats.

[5] On lit dans la *Gazette* du 6 novembre 1638 (p. 669) : «Le 30 du passé, le baron de Ciré, gentilhomme du duc de Weymar, apporta au Roi à Saint-Germain de la part de S. A. dix-neuf cornettes par elle gangnées sur le duc Charles en la bataille de Sennes entre Colmar, Thanes et Mulhausen : les cinq restantes de vingt-quatre gangnées en cette bataille estans demeurées près du marquis de Bassompierre, prisonnier à Colmar.» Ce dernier personnage, dont Chapelain parle un peu plus loin, était Anne-François, marquis de Bassompierre et de Remonville, grand écuyer de Lorraine, bailli de Vosges, et général

en descouvrisse autre chose, quand je fis cette prédiction, que j'avois veu les prouesses qu'il y a faittes, et que je fus sur le point de vous en entretenir. Mais il ne faut point faire le fin devant les maistres, ny penser pouvoir rien desguiser à une si grande devineresse que vous. Je ne les avois pas veues assés nettement pour en parler avec certitude. Tantost il me sembloit qu'il n'avoit tué qu'un ou deux cornettes, et j'avois honte de dire pour si peu. Tantost il me paroissoit victorieux du duc Charles et du marquis de Saint-Martin, et je le croyois voir sur le champ de bataille donnant la vie au marquis de Bassompierre, à condition qu'il viendroit en apporter tous les estendards à vos pieds avec une harangue en stile romanesque pour obtenir sa franchise de vostre générosité. Et, à vous dire le vray, je fus tenté plus d'une fois de vous débiter cette vision, pour ce que des deux je la trouvois la plus raisonnable. Cependant, selon ce que vous m'avés mandé, je me trompois en l'une et en l'autre et je reconnois par là que je ne suis encore qu'un devin à la douzaine, qu'en matière d'importance on auroit tort de se fonder sur mes oracles et qu'il faut aussy bien que je vous cède la palme de cette science que ce qu'il y a d'accompli dans l'Europe fait gloire de vous céder celle de toutes les vertus [1].

CCXVIII.
À M. LE MARQUIS DE MONTAUZIER,
EN ALSACE.

Monsieur, il faut que les coups que vous avés rués au combat de Mulhausen ayent esté bien rudes, puisqu'ils ont retenty jusqu'icy, et que le bruit qu'ils ont fait a longtemps empesché que l'on n'entendist parler d'autre chose. Je fus des premiers qui en ouïssent le son et le portay partout ensuitte. Mme vostre Mère, qui en avoit eu quelque vent, en eut la confirmation certaine par moy et la seule Princesse Julie fut celle de toutes vos amies qui ne l'apprit point de moy. Au contraire elle m'en voulut bien donner l'avis par un billet dont je vous envoye la copie avec la response que je luy fis par laquelle vous verrés que je devinay que vous estiés à la bataille, sans autre raison

---

de l'artillerie de l'Empereur. Voir la généalogie de la maison de Bassompierre dans le tome II du *Moréri* de 1759, p. 167-169.

[1] Cette lettre, des premiers jours de novembre 1638, a été reproduite par M. Kerviler dans son *Jean Chapelain* (p. 298). M. Kerviler fait précéder cette reproduction de la question que voici : « Veut-on le surprendre maintenant en flagrant délit de langage précieux ? » — Le 1er novembre, Chapelain (f° 411) écrivait à Montauzier : « Ce fut au reste un grand malheur pour nous que la perte des lettres que vous nous envoyés par Nancy. J'en ay veu la Princesse Julie toute troublée dans la crainte que le duc Charles ne s'allast imaginer en voyant ce que vous luy escriviés sur ce sang qui estoit tombé sur sa lettre, qu'il y avoit grande galanterie entre vous... M. de la Lane revint de sa campagne faire un tour icy et me vit. Je payay sa visite du compliment que vous lui faisiés et à Mme sa femme qui est preste d'accoucher et qu'il est allé requérir de peur qu'elle ne face un païsan. M^r. de Balzac du xxii du passé me demandoit fort de vos nouvelles et cela d'un *motu proprio* et avec des termes fort obligeans. Dans ma response je luy mentis officieusement en vostre faveur et luy manday que vous l'aviés prévenu dans ce soin... Comme j'allois fermer ma lettre, M. Silhon s'est venu resjouir avec moy de ce qu'il a appris dans la relation de M. de Guebriant que vous aviés tué deux cornettes de coups d'espées et que vous aviés donné les deux cornettes à deux reistres pour les porter à M. le duc de Veimar. Vous pouvés penser si ce discours m'a despleu et si j'ay de quoy me faire escouter à l'hostel d'Artenice. Vous avés esté cruel de ne nous avoir pas escrit un mot de cela par le baron de Ciré. »

que par ce que je sçavois que vous aymiés à batailler.

Au reste, jamais homme ne fust si bien récompensé de ses hauts faits que vous, puisque la grande Artenice et son illustre fille vous en tesmoignent toutes deux leur joye et avec autant d'esprit et de bonté qu'on en sçauroit jamais souhaitter. Si j'estois en vostre place, pour avoir souvent de si obligeantes lettres que celles-là, je continuerois cette persécution de cornettes jusques à l'infini, et je n'en laisserois pas une en seureté dans toute l'estendue de l'Empire. On nous a dit que M^r le duc de Veimar vous avoit laissé ou plustost n'avoit pas voulu prendre les cornettes que vous aviés gagnées, et qu'il a désiré que vous les fissiés porter à Colmar, pour tesmoignage de vostre mérite et de l'affection que luy a donnée vostre vertu[1]. Cette action et l'estime en laquelle je sçay d'ailleurs qu'il vous a m'augmentent extrêmement la passion que j'ay pour ses avantages que la fortune ne luy sçauroit jamais donner assés grands pour ce qu'il vaut et que je voudrois luy pouvoir procurer par mes vœux et par mes prières.

Je respondis, la semaine passée, à vostre lettre du IIIe octobre que je receus de vous, et vous dis que de ces bons succès dépendoit vostre repos et l'espérance que nous avions de vostre retour. C'est ce qui me fait croire que, le connoissant encore mieux que nous, vous n'oubliés rien de ce qui les peut avancer tant pour avoir part à sa gloire, que pour revoir de deçà une trouppe d'élitte qui vaut bien toutes celles que vous commandés.

Nous n'avons point d'autres nouvelles à vous mander pour ce coup, sinon que Mme de Senecey a eu commandement aujourd'huy de se retirer de la Cour[2] et l'on parle de mettre en sa place Mme de La Flotte[3], Mme la Contesse de Lude[4], ou Mme la Mareschale de Schomberg[5].

Il court aussy un bruit que l'arrière-garde de Galas, qui se retire vers l'Elbe, a esté desfaitte ou au moins fort mal traittée par Bannier.

Je suis, Monsieur, vostre, etc.

De Paris, ce 6 novembre 1638.

---

[1] M. Livet a cité (*Précieux et Précieuses*, p. 44 et 45) les deux premiers paragraphes de cette lettre, qu'il trouve «charmante». M. Kerviler (*Jean Chapelain*, p. 298) confirme l'éloge donné à cette lettre par M. Livet et ajoute : «Qui reconnaîtrait, à ce style, l'auteur dur, si impitoyablement bafoué par Boileau?»

[2] Marie-Catherine de la Rochefoucauld-Randan, fille unique de Jean-Louis de la Rochefoucauld, comte de Randan, et d'Élisabeth de la Rochefoucauld, avait épousé Henry de Bauffremont, baron, puis marquis de Senecey, mort en 1622. Elle ne devait mourir que le 10 avril 1677, à l'âge de quatre-vingt-neuf ans. Sur la disgrâce de la marquise de Senecey, première dame d'honneur d'Anne d'Autriche, voir l'*Histoire de France sous Louis XIII*, par M. Bazin (t. II, p. 499 et 500). Mentionnons ici l'éloge de Mme de Senecey par Mme de Motteville (*Mémoires*, édition Riaux, t. I, p. 21 et 22).

[3] Sur Mme de la Flotte, gouvernante des enfants de France, puis dame d'atours de la reine, voir une petite notice biographique dans une note de l'*Historiette* de Tallemant des Réaux sur *Louis XIII* (t. II, p. 240). On peut voir encore, sur la grand'mère de Marie de Hautefort, les premières pages du livre de Mr Cousin : *Madame de Hautefort* (3me édition, 1868, p. 6 et suivantes).

[4] Renée Éléonore de Bouillé avait épousé Henry de Daillon, comte, puis duc du Lude.

[5] Anne de la Guiche avait été mariée avec Henry de Schomberg, comte de Nanteuil, maréchal de France en juin 1625, mort en novembre 1632. Ce ne fut aucune des trois dames désignées par Chapelain qui fut choisie. On lit dans la *Gazette* du 20 novembre (p. 700) : «La comtesse de Brassac, pour ses grands mérites, a esté nommée par Leurs Majestés dame d'honneur de la Reine, en la place de la marquise de Senecey.»

CCXIX.

À M. DE BALZAC,

À BALZAC.

Monsieur, je ne suis pas marry que vous me teniés pour un homme bien averti en matière d'importance, mais pour celle de M' le duc de La Valette, je veux dire son embarquement, je vous l'escrivis plustost parce que je jugeois qu'elle devoit estre que parce que je sceusse qu'elle fust. En cette occasion je me servis de ma critique d'estat et creus qu'agissant selon les dispositions des choses, il estoit nécessaire qu'il prist cette résolution et qu'il quittast l'armée sous couleur de venir trouver le Roy pour ne demeurer pas en la disposition de son ennemy lorsque les nouvelles de la Court viendroient qu'il ne pouvoit espérer favorables. Je jugeay que le plus sage party qu'il eust peu prendre estoit de s'embarquer pour Angleterre, comme un lieu non suspect, seur et honnorable pour un homme de sa sorte, outre les parentés que la Maison de Candalle pourra l'y faire rencontrer. En effet, le croyant prudent, je conclus, devant qu'il fust party de Bayonne, qu'il ne s'approchoit de la Garonne que pour y prendre un vaisseau et me moquay fort de ceux qui asseuroient qu'il estoit passé *incognito* au travers de la France pour s'aller jetter dedans Metz. Je m'explique ainsy amplement de ce qui m'obligea à vous mander la chose de la sorte, afin que vous ne croyés pas estre si mal informé des grands événemens publics et que vous connoissés que tout l'avantage que j'ay eu sur vous en cette rencontre a esté celuy de ma conjecture, laquelle vous ne pouviés pas faire comme moy, estant esloigné de cent lieues du lieu où l'on peut faire de ces conjectures.

Pour la suitte de ce malheur, on ne croit pas qu'elle aille sur les deux frères ultramontains [1], auxquels on continue l'employ avec des régales et des caresses pour leur adoucir ce desplaisir, et s'ils s'en sentent en quelque sorte, ce sera seulement de n'avoir pas la liberté de revoir la Court de cet hyver. Un des leurs me dit, avant-hier, qu'ils avoient ordre de tenir garnison dans Thurin jusqu'à la campagne prochaine, et que le Roy ne se veut point mettre en nécessité de les refuser, s'ils venoient icy à la sollicitation de leur intérest domestique.

On doute davantage pour M' d'Espernon que l'on comprend dans les choses que l'on impute à M' son fils jusqu'à dire qu'il y a des lettres de sa main entre celles du Roy qui luy persuadoient de ne se point trop eschauffer dans cette affaire de Fontarabie. Il est vray que ceux-mesmes qui le trouvent capable d'avoir eu ces sentimens, ne se peuvent imaginer que sa prudence luy eust permis de les escrire. Mais c'est tousjours de très-mauvais préjugés contre luy que ces bruits courent et soyent asseurés pour vrays. Cependant, depuis la nouvelle de la sortie de France de M' de La Valette et la lettre que M' d'Espernon a escritte là-dessus au Roy, on n'a rien encore veu esclatter à leur désavantage et l'on s'est contenté jusques icy de publier la commission de M' le Prince pour le gouvernement de Guienne [2]. C'est tout ce qu'on peut vous dire pour satisfaire vostre curiosité.

Au reste, je me doutois bien que la seconde lettre du seigneur Jean Giacomo vous satisferoit plus que la première, et que l'assaisonnement qu'il avoit donné à sa cay-

---

[1] Le cardinal de la Valette et le duc de Candalle, tous les deux à la tête de l'armée d'Italie.

[2] Voir, sous la date du 16 octobre 1638, les renseignements fournis par la *Chronique Bourdeloise* (p. 51 et 52 de la *Continuation*, Bordeaux, in-4°.)

manderie vous la rendroit plus supportable. C'est pourtant une infamie de chercher du bien par de si lasches voyes que celle-là de quelque manière que l'on s'y prenne, et l'exemple de Paul Jove [1] ne sert de rien qu'à me faire avouer qu'il y a des sçavans faquins en Italie aussy bien qu'en France, et qui par un ordre monstrueux ne font point de difficulté de faire servir la vertu à la fortune et qui ne vaudroient rien s'il n'y avoit de l'acquest à estre bon. Je pourrois adjouster à celuy-la ce fameux cynique du siècle précédent qui se faisoit accroire d'estre le fléau et la terreur des Princes [2], mais il m'est encore plus supportable que l'un ni l'autre de ces gueux pour ce qu'au moins il demande le baston à la main et que, dans sa bassesse, il garde quelque image de courage et exige les présens plustost comme un tribut que comme une grâce. Pour conclusion, le seigneur Jean-Jacques, ayant l'esprit qu'il a et ne tenant pas un petit rang entre les gens de lettres, mérite sans doute vostre estime, mais avec ses mœurs et ses bassesses de cœur je doute qu'il mérite vostre amitié.

Pour les derniers vers du père Petau, vous me permettrés de vous dire que la quinte qu'il a faitte à son genethliaque est une Pédanterie qui déshonore ce que sa première fureur luy avoit inspiré de bon.

Vous me mettés vostre santé une chose douteuse. Cela me met en peine; vous m'en tirerés, s'il vous plaist. Je suis, Monsieur, vostre, etc.

De Paris, ce 6 novembre 1638.

J'ay receu le paquet pour Rome, mais son poids me fait appréhender que de long temps nous ne le puissions envoyer. Ça esté un grand malheur que je ne l'aye pas eu cinq semaines plustost, quand Mr Voiture partit d'icy pour Florence et pour Rome. Il l'eust bien asseurément porté avec beaucoup de plaisir, car il est autant à vous qu'il peut estre à personne du monde.

―――

CCXX.

À M. DE BALZAC,

À BALZAC.

Monsieur, je vous esclaircis, la semaine passée, si je ne me trompe, de tout ce que vous désirés sçavoir touchant la disgrâce de M^r le duc de La Valette, et je n'en ay rien appris davantage, sinon qu'on tient que depuis la nouvelle de son embarquement, le régiment des Gardes a eu ordre de ne plus [le] connoistre pour Colonel de l'infanterie lorsqu'on feroit les revues et quelques uns ont dit que Plassac [3] estoit investi de loin et que M^r de La Poterie [4] n'avoit pas seulement

―――

[1] Balzac s'était étendu sur la *gueuserie* de Paul Jove dans presque toute la lettre déjà citée (n° IX du livre XIX, p. 766 de l'in-fol., datée du 10 avril 1638, et qui appartient au mois de septembre de la même année).

[2] Pierre l'Arétin, né en 1492, mort en 1557.

[3] On connait trois localités qui portent le nom de Plassac, une dans la Charente (canton de Blauzac, arrondissement d'Angoulême), une autre dans la Charente-Inférieure (canton de Saint-Genis de Saintonge, arrondissement de Jonzac), la troisième dans la Gironde (canton et arrondissement de Blaye). La terre et le château de Plas-sac, propriété de la famille d'Épernon, étaient en Saintonge (à 3 lieues de Jonzac).

[4] Le cardinal de Richelieu écrivait, le 5 octobre 1638, au prince de Condé (*Recueil* de M. Avenel, t. VIII, p. 345): «Le roi... envoie M. de La Poterie [c'était un conseiller d'État] pour agir conjointement avec M. de Machault en l'affaire de Fontarabie. On vous envoie la commission pour commander dans la Guyenne... Jamais l'Estat n'a receu une plus grande playe que celle de Fontarabie, dont la prise nous donnoit la paix.» Ces paroles de désespoir du Cardinal expliquent la sévérité avec laquelle furent traités le

commission d'informer sur les autheurs du malheur de Fontarabie, mais encore des malversations prétendues de M⁽ le duc d'Espernon, lors de l'irruption des Espagnols à Saint Jean de Luz et à Socoa. En un mot, on murmure également de deça contre le père et contre le fils, avec cette seule différence que le père est d'autant plus chargé que l'on croit qu'il est la source et le moteur du mal dont on les accuse tous deux, jusques à dire qu'il y a des lettres escrittes de sa main entre celles du Roy par lesquelles il paroist clairement qu'il desconseille à son fils la prise de la place. Je veux croire que ce ne soit que suppositions et discours populaires, mais il est tousjours fascheux qu'on parle ainsy d'eux, et c'est une marque du malheur qui les menace, de voir que ces bruits soient plustost approuvés du Roy que condannés, et que leurs propres serviteurs ne soient pas receus à les justiffier par les raisons qu'ils pensent en avoir assés fortes.

Nous avons veu icy le Manifeste ou l'apologie du fils [1] qui ne le purge pas assés bien et que je ne trouve pas que ceux qu'on a employés à compiler cette relation justificative sur ces Mémoires, ayent pris les bihais [2] qu'il eust esté nécessaire de prendre pour le mettre à couvert, et, en quelque endroit la naïveté de la narration m'a semblé luy faire plus de mal que de bien. Ça esté un grand malheur qu'en cette occasion M⁽ le cardinal de La Valette ne se soit pas rencontré en cette Cour pour r'accommoder cette affaire aussy bien que les précédentes. Il semble que l'on ait appréhendé la force de ses persuasions par le commandement que le Roy luy a fait de passer l'hyver auprès de la duchesse de Savoye, comme à M⁽ de Candale aussy, encore qu'il y ait eu raison de le faire pour empescher les Espagnols de faire prendre à cette Princesse la résolution de demeurer neutre et d'achepter la paix à nos despens. Comme je plains cette Maison qui est sur le point de fournir un exemple déplorable à l'Europe de la révolution des choses humaines! Je vous plains fort aussy du sentiment que vous en avés et de la douleur qu'elle vous cause. Peut estre que la juste colère du Roy, se calmant par quelque bon succès qui couvre et efface la mémoire de ce mauvais, ou par le temps qui adoucit toutes choses, l'affaire prendra un train plus doux et que les marques de l'indignation du Prince en seront plus légères.

Annibal Caro, dont vous me demandés des nouvelles, a fait toutes les pièces que vous [avés] cottées dans vostre lettre, et, depuis sa mort, elles ont esté imprimées, mais elles sont toutes fort rares. J'avois la comédie que je fis venir d'Italie, il y a quinze ans. Le Conte de F[iesque] me l'emprunta et me la perdit. Un de mes amis en a une que je vous envoyeray si par la response à cette lettre j'apprens que vous le désiriés. Pour les autres ouvrages, je les chercheray et vous en sçauray à dire mon sentiment.

M⁽ de La Mothe s'est encore une fois exposé en public et a fait imprimer le livre que je vous envoye de sa part contre la mauvaise éloquence du temps [3]. Il vous eust escrit pour accompagner son présent, si je ne

---

duc de la Valette et son père, que l'on regardait comme son complice.

[1] Les rédacteurs de la Bibliothèque historique de la France ont mentionné (sous le n° 33738) la Relation du siége de Fontarabie et de la levée d'iceluy, par le duc de La Valette, et (sous le même numéro) la Réponse de M. le Prince (de Condé) à la relation du duc de La Valette touchant ce siége.

[2] Je ne retrouve nulle part l'orthographe bihais, qui n'est probablement que le résultat d'une inadvertance.

[3] Considérations sur l'éloquence françoise de ce temps au Cardinal duc de Richelieu (1638, in-8°).

luy eusse fait entendre qu'il vous seroit encore plus agréable s'il ne vous escrivoit point. Vous verrés dans la quatre-vingtiesme page ce qu'il dit de vous sans vous nommer et qui vous doit d'autant plus obliger que tout le livre a l'esprit de censure et d'invective [1]. Et certes il est vostre amy et il s'en pique. J'attends vos sentimens sur l'ouvrage que j'ay conseillé à Mr Rocolet de ne vous envoyer que par le messager à cause du poids. Vous aurés aussy avec la présente la figure de la thèse que Mr Arnaut a soustenue aujourdhuy avec un applaudissement extraordinaire [2] et qu'il m'avoit prié de vous faire tenir toute entière. A l'un et à l'autre vous tesmoignerés, s'il vous plaist, gratitude dans les premières lettres que je recevray de vous.

Je suis de vostre avis pour l'*Arion* de Mr Sirmond, et je crains que ses espérances ne durent que le temps de la faveur du Père Sirmond qui est une faveur bien caducque [3]. Nous nous sommes trouvés aujourdhuy ensemble en Sorbonne et je luy ay dit que vous aviés approuvé ses vers dont il a esté fort satisfait. Il m'a dit qu'il ne croyoit pas que le Père Bourbon montast de ce coup sur la montagne bicorne [4].

Je suis, Monsieur, vostre, etc.

De Paris, ce 12 novembre 1638.

CCXXI.

À M. SILHON.

Monsieur, je trouvay, hier au soir, les nouvelles que vous me fistes la faveur de m'envoyer dès le midy et je vous avoue qu'elles m'ont fait passer agréablement la nuit. Vous verrés qu'enfin nous prendrons Brisac et que nous ne mourrons point que nous ne voyons Mme la Contesse de Guébriant Mareschalle de France [5]. Je pense

---

[1] Dans l'édition que j'ai sous les yeux des *Considérations sur l'éloquence françoise* (*Œuvres de François de La Mothe Le Vayer, conseiller d'État, etc.*; Dresde, 1756, in-8°, t. III, p. 236 et 237), on lit : «L'un d'entre eux [de nos écrivains], que je croi avoir le plus mérité en cette partie, comme au reste des ornemens de nôtre langue, a couru la fortune de tous ceux qui excellent en quelque profession, par l'envie qui s'est particulièrement attachée à lui. Ce seroit augmenter cette ombre importune de sa vertu de le désigner davantage; je ne dois pas d'ailleurs rompre pour lui le vœu de mon silence; et c'est sans doute, quoique nous nous taisions, qu'il éprouvera, aussi bien que Ménandre, les jugemens de la postérité plus favorables que ceux de son siècle. Il me suffit de dire cependant que lui, et ceux qui ont heureusement travaillé comme lui à cette agréable harmonie des périodes, s'en sont acquitez de telle sorte, que je ne pense pas qu'on puisse porter plus haut une si importante partie de l'éloquence.»

[2] M. Sainte-Beuve dit (*Port-Royal*, t. II, p. 16) : «Il (Antoine Arnauld) soutint magnifiquement les quatre thèses voulues : la première, appelée *Sorbonnique*, le 12 novembre 1638..., tous ceux qui en furent témoins demeurèrent frappés d'étonnement...»

[3] Le confesseur de Louis XIII avait, à cette époque, près de quatre-vingts ans.

[4] Qui a deux pointes. C'est un souvenir du *bicornis* d'Horace et de Virgile. Le *Dictionnaire de Trévoux* rappelle que l'on trouve les mots «la lune bicorne» dans Rabelais (*Gargantua*, liv. I, ch. 9).

[5] Renée du Bec, fille de René du Bec, marquis de Vardes, et sœur de René du Bec, qui épousa la comtesse de Moret, maîtresse du roi Henri IV. «Elle fut chargée, dit le *Moréri* de 1759, de mener au roi de Pologne la princesse Marie de Gonzague, qu'il avoit épousée à Paris par procureur; et on la revêtit d'un caractère nouveau, ce fut celui d'ambassadrice extraordinaire. Elle soutint dignement son caractère. C'étoit une femme d'intrigues et douée de fort grandes qualités. On ne doit pas croire tout ce que Guy Patin en a dit... Elle mourut à Périgueux le 2 septembre 1659, étant désignée première femme d'honneur de la reine. Consultez, pour en

qu'elle croit bien qu'il n'y a personne, entre celles qui luy ont voué service, qui se resjouit davantage de sa grandeur et qui prist plus de part à sa gloire. Vous me rendrés ce bon office, s'il vous plaist, de luy tesmoigner mon sentiment là dessus, en attendant que je le puisse aller [apporter] moy mesme.

Au reste, j'ay leu deux fois les cahiers de M¹ le Président Marca avec un extrême plaisir et je diray mesme un ravissement pour la gloire que ce travail va donner à la France¹. Il ne se peut rien escrire de plus exquis sur une matière comme la sienne, de plus recherché, de plus net et de mieux discouru. A la seconde lecture, l'amour que j'ay pris pour l'ouvrage m'a forcé de le voir la plume à la main afin de contribuer selon ma petite puissance à sa perfection. Si vous croyés qu'il ait agréables mes remarques et qu'il ne m'en estime pas présomptueux et téméraire, vous les luy ferés voir afin qu'il y ait l'esgard qu'il trouvera à propos et qu'en tout cas il connoisse par ce petit travail qui m'a cousté trois jours, combien sa réputation m'est chère et combien je la voudrois avancer. Je suis d'avis qu'il intitule son livre : *Histoire de Béarn géographique, politique, naturelle, etc.*, selon les diverses matières qu'il y fera entrer¹. Car autrement je craindrois que toute cette belle discution de points géographiques ne parust longue à ceux qui prendroient le livre pour les seuls événemens, mais vous en resoudrés mieux, vous, luy et M¹ d'Ouvrier² à qui je suis *in solidum*, Monsieur, vostre, etc.

De Paris, ce 15 novembre 1638.

CCXXII.

À M. LE MARQUIS DE MONTAUZIER,

EN ALSACE.

Monsieur, il n'y a point d'homme chiche de ses nouvelles quand elles sont bonnes, et je ne sçay pourquoy estant si soigneux de donner part à vos amis de vos peines et de vos misères, vous négligiés de leur communiquer vos biens et vos avantages. Il me semble qu'il est bien raisonnable de les consoler après les avoir affligés et que la modestie est mauvaise qui ne fait pas seulement tort à vostre vertu, mais qui oste à ceux qui sont intéressés dans vos affaires le soulagement que l'accroissement de vostre estime leur doit donner. Il faut que nous apprenions de la voix publique les merveilles que vous faittes sur le Rhin et que nous recevions cette joye avec quelque doute ne la voyant point confirmer par un seul mot de vostre

---

savoir plus de particularités, M. Bayle, dans son *Dictionnaire*, les auteurs qu'il cite, et la critique qu'il en fait.» Consultez encore, ajouterai-je, l'*Historiette* de Tallemant des Réaux sur le *mareschal de Guebrian* (t. IV, p. 132-137) et le *Commentaire* de M. P. Paris (p. 139 et 140). Jean-Baptiste Bades, comte de Guebriant, ne fut nommé maréchal de France qu'au printemps de l'année 1642.

¹ Pierre de Marca, président d'une des chambres du parlement de Navarre depuis 1621, allait devenir conseiller d'État (1639). Il était alors âgé de quarante-quatre ans et n'avait encore rien publié. Voici le titre adopté par Marca:

«*Histoire de Béarn, contenant l'origine des rois de Navarre, des ducs de Gascogne, marquis de Gothie, princes de Béarn, comtes de Carcassonne, de Foix et de Bigorre, avec diverses observations géographiques et historiques, concernant principalement lesdits païs.*» Le volume, qui fut achevé d'imprimer le 20 décembre 1639, parut dans les premiers jours de 1640, à Paris, chez Denyse de Courbe, veuve de Jean Camusat (in-fol.).

² Sur Louis d'Ouvrier ou Douvrier, également ami de Chapelain et de Silhon, voir un court, mais bien élogieux article dans le *Moréri* de 1759.

main. Est-ce qu'après de si grands efforts qu'elle a faits avec son espée elle juge désormais la plume indigne qu'elle la touche, et qu'elle aime mieux qu'on en ignore une partie, que de s'abbaisser à un mestier qu'elle croit au dessous d'elle?

Quoyque ce soit, vous ne pouvés faire que vous n'ayés tort et que nous n'ayons grand sujet de nous en plaindre. Voyés maintenant ce que vous avés gaigné par vostre paresse qu'en un temps où vous devés attendre justement des louanges pour ce que vous avés fait, vous recevés encore plus justement du blasme pour ce que vous n'avés fait. Mais vous vous en estes sans doute rapporté à ce que Mr de Guebriant en escriroit et avés creu qu'il rendroit tesmoignage de vous en rendant conte au Roy de ses propres actions, qu'il ne luy estoit pas permis de dissimuler, comme vous, dans la charge qu'il possède. Et vous avés bien eu raison d'avoir cette créance, car jamais homme ne parla si bien d'un autre qu'il a fait de vous et je vous donne avis que vous luy en devés une action de grâce particulière.

Mr de La Perche a escrit une succincte relation de l'attaque des retranchemens à Madame vostre mère où il l'asseure que vous n'avés point esté blessé et que la fortune vous a laissé acquérir de la gloire pure. J'en loue Dieu de tout mon cœur et le prie que cela continue tousjours de mesme jusqu'à vostre retour que nous nous figurons qui sera dans cet hyver.

On me vient d'asseurer que Mme de Brassac avoit esté choisie dame d'honneur en la place de Mme de Senescey. Je le souhaitte pour l'amour de vous. Vous trouverés dans ce paquet une lettre de Mr Conrart avec l'extrait de nos nouvelles.

Aymés moy tousjours et me tenés, Monsieur, pour vostre, etc.

De Paris, ce 15 novembre 1638.

Mr le marquis de Gesvre m'a veu depuis son retour. Il ne se peut dire combien il a acquis de gloire dans le malheur public. Nous parlasmes fort de la vostre dont il s'est fort resjouy et m'a prié de vous le tesmoigner.

CCXXIII.
A M. DE BALZAC,
À BALZAC.

Monsieur, je n'ay veu du sieur de Saint Blancat que sa *Loucate* et cette *Nœnia* pour Mgr le Daufin et je vous avoue que dans l'un et dans l'autre de ces ouvrages, parmy beaucoup d'impuretés de langue et quelques sentimens faux ou superflus, j'ay rencontré des beautés ou, du moins, qui me paroissent telles, et qu'il m'a semblé que cette plume, repurgée par la communication des gens du mestier, avoit de quoy former un jour un stile qui ne seroit pas mesprisable, et qui pourroit mesme faire honneur à son païs. Ce n'est pas que j'ay creu qu'il peut jamais approcher de Virgile ny de Tite-Live, quand il seroit parvenu au point de la perfection dont il est capable. Car s'estant proposé les caractères de Tacite et de Stace pour exemplaires [1], il n'y a pas apparence qu'il ait aspiré à la louange de ces premiers. Mais comme ces derniers ont aussy leurs admirateurs et qu'on ne laisse pas de les estimer en leur genre, je croy qu'il y a peu de modernes qui ayent mieux réussy à les imiter que cettui cy fera, s'il a des amis qui le conseillent. Avec tout cela, je me remets à vostre dernière censure et

---

[1] *Exemplaire* s'employait autrefois dans le sens de modèle à suivre, comme M. Littré l'a prouvé par des citations empruntées à Malherbe, à Corneille, à Bourdaloue, à La Bruyère.

ne veux avoir d'opinion pour luy que celle que vous me donnerés. Il est véritablement admirable d'avoir fait un Stentor de M⊃gr&/sup; le Daufin trois jours après sa naissance, et vous, Monsieur, vous estes rare d'en faire un Gargantua ou Pantagruel naissant, pour mieux faire voir le vicieux excès de ce Gascon. Il n'y a personne que ce tonnerre n'ait troublé et qui ne l'ait condanné à un perpétuel silence jusques à ses Gascons mesmes qu'un si grand disparate a offensés. Mais il faut avouer que l'expression en est belle et qu'il ne manque à ces deux vers que de n'estre pas à propos [1].

J'ai fait, au reste, beaucoup de diligences inutilement pour descouvrir qui estoit l'autheur de l'hyperbole. On m'a asseuré que ce n'estoit point Mesnage et je suis certain que ce n'est point Cherelles [2] qui est sur la mer depuis quatre mois et qui n'est descendu en terre que pour se faire prendre à la desroute de Fontarabie. La dame qui l'a envoyé est la marquise de Sablé [3] à qui je veux faire une visite exprès pour luy tirer ce secret et vous faire sçavoir qui est ce galant homme. Il m'a passé par l'esprit que ce pourroit estre Costart, mais sans m'y arrester, ne trouvant pas la chose assés ingénieuse pour la luy attribuer. J'en garde une copie pour vous si vous en voulés contenter vostre curiosité. Vous trouverés tousjours nostre héroïne semblable à elle mesme en toutes les choses qui regarderont vos intérests, et vous n'avés besoin auprès d'elle d'autre sollicteur que sa propre et royale générosité.

Je voudrois que l'on peust faire sçavoir aux deux Pères poëtes impertinens la pensée que vous avés eue pour leur correction [4]. Elle est si juste et si concluante que je croy qu'elle les guériroit à jamais de la veine poétique et qu'ils s'espargneroient les risées qu'ils attireront sur eux en continuant.

J'ay respondu par mes précédentes à tous les points de vos dernières sur l'affaire de M⊃r&/sup; de La Valette. Ce que j'y adjousteray en celle cy, est que l'on a avis de son arrivée en Angleterre sur un vaisseau escossois, qui par une bizarrerie de la fortune, et sans nulle vallable raison, a esté poursuyvi par les Dunkerquois à cannonades comme les pyrates d'Algier et de Marroque jusques dans le port de Pleymmouth. Il court un bruit fort affirmé, mais très faux, comme je croy, que M⊃r&/sup; le Cardinal, son frère, avoit ordre de s'en aller à Rome et que M⊃r&/sup; le Ma-

---

[1] Voici ces deux vers cités par Balzac dans la lettre XIII du livre XIX (p. 767 de l'in-fol.) :

Ille ore horrendum lituos respondet aperto,
Obscuratque tubas vagitu et tympana terret.

Balzac accompagne cette citation de ces plaisantes observations : «Bon Dieu! Quelle représentation de Monsieur le Dauphin au berceau : il me semble plustost d'y voir Pantagruel ou Gargantua qui épouvante sa pauvre nourrice. Quelle voix, bon Dieu! qui fait plus de bruit que les tambours, et qui est plus esclatante que les trompettes! etc...» — Dans une autre lettre (n° XVI du livre XIX, p. 771 de l'in-fol.), Balzac répond ainsi aux objections de Chapelain : «Il faut que je me suis mal expliqué sur le subjet du poème Gascon. Je n'eus jamais dessein de le mespriser, et moins encore Stace ni Tacite...» Cette dernière lettre, datée du 6 janvier (sans indication d'année), doit être du 6 novembre 1638.

[2] Adam Bautru, sieur de Cherelles, était un des trois frères cousins germains de Bautru l'académicien. Tallemant des Réaux (Historiettes, t. II, p. 322) dit que les trois frères «ont esté tous trois fort plaisans en leur espèce,» et que «le premier estoit d'espée, avoit de l'esprit, faisoit des vers, estoit un vaillant homme.» Le sieur de Cherelles était capitaine au régiment de la marine.

[3] Madeleine de Souvré, marquise de Sablé, était alors âgée de quarante ans.

[4] Les Pères Labbé et de Lingendes, dont il a été question dans la lettre CCXVI.

reschal de Chastillon ira en sa place commander en Piedmont. Il ne faudroit point, s'il vous plaist, parler de ce dernier article.

J'ay eu la consolation aujourdhuy d'apprendre par une lettre de M⁶ʳ le Duc de Longueville que son lieutenant général, Mʳ de Feuquières¹, commandé par luy avec 400 chevaux, avoit desfait entièrement Savelly qui conduisoit une petite armée par l'Alsace à Brisac², duquel désormais on a grande espérance.

Je suis, Monsieur, vostre, etc.

De Paris, ce 20 novembre 1638.

Mʳ de Montauzier a fait choses héroïques dans l'armée de Mʳ de Veymar.

CCXXIV.
À M. LE MARQUIS DE MONTAUZIER,
EN ALSACE.

Monsieur, pour récompenser³ le peu de nouvelles que nous avons à vous mander des affaires publiques, je vous en manderay de particulières qui ne vous desplairont pas. Je ne dis pas la promotion de Mᵐᵉ vostre tante à la charge de dame d'honneur de la Reyne⁴, car outre qu'elle ne vous est plus nouvelle, vostre cœur qui est au dessus de toutes les charges ne vous permettra pas d'en faire des feux de joie à Colmar et à Schelestad. Je dis le retour de Mʳ le marquis de Pisani non seulement de Piedmont, mais encore de l'autre monde où la maladie l'avoit fait presque aller, pour laquelle je ne doute point que vous n'en allumiés jusques dans vostre cœur. Au reste, quoyque la petite vérolle ne l'ait pas embelli et que mesme elle l'ait rendu moins agréable, il n'est pas revenu de là moins galant qu'il y estoit allé. Il y a mesme appris des raffinemens de galanterie à la disputer avec les plus experts du mestier, et au lieu de s'en venir droit voir père et mère et contenter l'impatience de tous ses amis de Paris et de la Cour, sa première descente a esté à Mezière, où il a fait la plus agréable surprise aux nimphes qui l'habitent⁵ qu'elles ayent eue de leur vie.

A vous en dire le vray, je trouve qu'il enjambe fort sur vos marches et je vous conseillerois volontiers d'en estre un peu jaloux. C'est un grand avantage pour luy que, les ayant quittées en mesme temps que vous, il les soit venu revoir si longtemps devant vous. Escritures, vers, prouesses, tout ce qu'il vous plaira, les présents le gaignent tousjours auprès des dames, et je ne vous respons pas, si vous tardés encore un peu, qu'il ne vous efface entièrement de leur souvenir. C'est assés dit pour vous faire au moins désirer de revoir la France et vous obliger à ne point perdre d'occasion d'y revenir.

Et, afin que vous connoissiés comme l'on récompense les gens de bonne volonté et que vous ne vous excusiés point sur nostre ingratitude, l'on fut deux lieues au devant de luy, on l'attendit deux heures de nuit au Pont des Fées à Saint Cloud; dames l'amenèrent à Paris dans leur char de triomphe, et dames furent le recevoir en triomphe. Et quelles dames! Les premières toute la maison de Mezières, les dernières une Princesse Julie, et une héritière d'Au-

---

¹ Manassès du Pas, marquis de Feuquières, né à Saumur le 1ᵉʳ juin 1590, mort à Thionville le 13 mars 1640, avait épousé Anne Arnauld, sœur du mestre de camp général des carabiniers.

² Voir dans la *Gazette* du 22 novembre 1638 (p. 701) une relation intitulée : «La défaite entière du duc Savelli, par le duc de Longueville avec la prise de ses cornettes et de tout son bagage.»

³ Compenser, comme nous l'avons déjà vu.

⁴ Mᵐᵉ la comtesse de Brassac (Catherine de Sainte-Maure).

⁵ Les dames de Clermont-d'Entraigues.

bridiane[1]. Voyés maintenant s'il faut délibérer. Mesme gloire, mesme destin vous attendent, si vous avés le courage aussy grand pour le service de nos Reynes que vous l'avés pour celuy du Roy. Mais vous me dirés que, pour le présent, ces deux services sont incompatibles et que le dernier vous tient attaché sur le Rhin avec une chaisne d'honneur plus malaisée à rompre que si elle estoit de diamant.

Ne vous descouragés point pourtant, et croyés que si vous nous manqués, ce ne sera pas cette chaisne qui vous retiendra. Il y a desja quelque temps que je vous ay prédit vostre retour si Brisac devenoit françois. Mes prédictions ne sont point mesprisables. Je devine, à cette heure, les choses comme un perdu. Brisac est prest de passer dans nostre parti. Par l'ayde du Seigneur et par vos grands exploits l'Alsace se donnera à ce grand Prince à qui vos belles actions auront donné cette place et vous ne serés plus attaché, comme un nouveau Prométhée, à ces infertiles rochers ny n'aurés plus de vautour qui vous dévore le cœur et vous assassine l'ame. Nous verrons, après cela, à quoy il tiendra et jugerons de M^r le Marquis de Pisani ou de M^r le Marquis de Montauzier qui aura mérité le mieux la couronne de la galanterie[2].

Je ne vous parle point de la joie que m'a apportée la desfaitte du duc Savelli tant pour vostre considération que pour celle de Mgr le duc de Longueville que je suis ravy qui ait acquis un si beau laurier à l'avantage de nos desseins et pour l'infaillible prise de cette fameuse place. Vous la jugerés mieux vous mesme.

Je suis, Monsieur, vostre, etc.

De Paris, ce 23 novembre 1638.

CCXXV.

À Mgr LE DUC DE LONGUEVILLE,

EN LORRAINE.

Monseigneur, tous les jours vous faittes des actions merveilleuses et justifiés bien ce qu'il y si long temps que je dis, qu'il ne vous faut que des occasions pour faire des choses extraordinaires. La Cour ne se peut lasser d'admirer qu'en une saison comme celle cy, avec des trouppes médiocres et des officiers divisés, il ne vous ait fallu que quatre jours pour desfaire une armée et prendre une ville importante de force. On vous y donne la gloire de relever l'honneur de nostre nation que les disgrâces de cette année avoient fort abbatu et de remplir les ennemis de la terreur qu'il donnoient à nos armées. On dit que si Brisac se prend, Mr de Veimar et l'Europe, dont la liberté dépend de la conqueste de cette place, vous en auront la principale obligation tant à cause des puissans secours que, de temps en temps, vous avés envoyés sur le Rhin, que pour les glorieuses diversions que vous avés faittes par vos continuelles victoires, en sorte que ny par le passé le duc Charles, ny présentement le duc Savelli n'ayent peu conduire à Brisac l'assistance qui luy estoit nécessaire pour son salut. Ce sont toutes louanges, Monseigneur, que vous croyés bien que j'entens volontiers, et que je fais volontiers entendre aux autres.

Mais, entre les personnes qui y ont pris le plus de part, vous ne serés pas marry que je vous die que Mme la Princesse ne l'a cédé à qui que ce soit, et son soin a passé jusqu'à vouloir que vous le sçeussiés. La mesme Mlle de Ramb[ouillet], qui est la plus illustre de vos trompettes et qui fait valoir avec

---

[1] Renée-Julie Aubry ou Aubery, qui fut mariée en 1649 avec Louis de la Trémouille, duc de Noirmoutier.

[2] Une grande partie de cette lettre a été reproduite par M. Livet dans ses *Précieux et Précieuses* (p. 49).

tant de soin tous vos bons succès, me manda hier, de sa part, que je vous fisse sçavoir combien elle avoit eu de joye de vos avantages, et la consolation qu'elle tiroit de voir vostre vertu heureuse. Elle me pria encore de vous asseurer que Mme la Princesse ne la surpassoit point dans le désir de vostre gloire et qu'il n'y avoit personne en France qui se resjouit plus qu'elle de vos bons évènemens.

Toutes nos nouvelles sont les vostres et celles de M^r le duc de Veimar que vous sçavés longtemps devant nous. L'arrivée de la Reyne, mère du Roy, s'est confirmée par les dernières lettres d'Angleterre. Le Roy est allé deux journées au devant d'elle et l'a receuë avec des magnificences extraordinaires. La Reyne, parce qu'elle est grosse, n'a bougé de Sainte-Jame (sic), aux fauxbourgs de Londres, avec toutes les dames angloises, où la Reyne, sa mère, est venue prendre le principal appartement[1].

On confirme encore que M^r le Duc de La Valette y a pris part, mais l'on doute qu'il aille en cette Cour, et la plus commune opinion est qu'il attend un vaisseau de guerre holandois pour aller trouver le Prince d'Orange.

Je prie Dieu qu'il vous conserve et demeure inviolablement, Monseigneur, vostre, etc.

De Paris, ce 25 novembre 1638.

CCXXVI.

À Mgr L'ÉVESQUE DE GRASSE (GODEAU).
À GRASSE.

Monsieur, vous nous avés tenus près d'un mois en peine de vous par le retardement de vos nouvelles. Vous donnerés ordre à l'avenir que ce désordre n'arrive plus, s'il vous plaist, car pouvant nous escrire tous les huit jours, nous ne sommes capables de patience que pour quinze, et quand vostre silence passe jusqu'à trois semaines, elle nous eschappe et nous murmurons. Désormais que nous vous croyons en seureté des Espagnols, nous craignons que quelque rheume ne vous attaque et ne vous oste l'usage de la parole qui seroit un grand dommage pour ceux qui ont les oreilles raisonnables et que le commerce de la barbarie n'a pas du tout stupéfiés. Je loue que ce qui vous a empesché de nous escrire si long temps n'ait esté que paresse ou affaires ordinaires. C'est en estre quitte à meilleur marché que je ne pensois.

J'ay songé plusieurs fois si le voysinage de Thurin ne vous tenteroit point lorsque vous sçauriés que M^r le Cardinal de La Valette n'en bougeroit de cet hyver. Et certes je voudrois qu'il fut à propos que vous luy donnassiés la consolation de vostre visite en la prenant vous mesmes. Mais considérés si, outre l'abandonnement[2] de vostre Diocèse

---

[1] L'auteur d'un bon livre récemment publié sur *Marie de Médicis dans les Pays-Bas* (grand in-8°, 1876), M. Paul Henrard, dit (p. 626) : «Dans les derniers jours d'octobre, la reine s'embarqua près de La Haye et, après avoir lutté pendant sept jours contre les vents et la tempête, qui la rejeta même jusque dans l'Escaut, elle aborda enfin à Gravesend. Le roi Charles Ier vint à sa rencontre et l'accompagna jusqu'à Londres; elle y fit le 5 novembre une entrée solennelle et s'installa au château de Saint-James préparé pour la recevoir.»

[2] M. Littré (*Dictionnaire de la langue française*) n'a cité, sous le mot *abandonnement*, aucun écrivain plus ancien que Bossuet, Fléchier, Pellisson, Bourdaloue, La Mothe-le-Vayer, Molière. Dans le *Dictionnaire historique de la langue française* publié par l'Académie française (t. I, 1858), on trouve d'autres exemples tirés de Saint-Évremond, de Jacqueline Pascal, de Nicole, du cardinal de Retz, de Mme de Sévigné, d'Agrippa d'Aubigné, de saint François-de-Sales et même du *Roman de la Rose*.

sans apparente nécessité, on ne vous imputeroit point d'estre sorty du royaume sans permission. Car je doute que vostre condition ne vous mette en rang de ceux qui en ont besoin pour sortir de nos limites. Vous y ferés la reflexion selon vos lumières et ne regarderés ce que je vous dis que comme un doute qui m'est né dans l'esprit et qui pourroit aisément n'estre qu'une vision.

Je resjouiray bien Mme la Marquise de Ramb[ouillet] quand je luy feray voir dans vostre lettre que la sienne vous a esté rendue, et je me deschargeray d'une obligation bizarre dont je m'estois chargé envers elle pour la seureté de sa despesche qu'elle ne vouloit point absolument qu'elle se perdist en chemin. On gaigne des deux costés à estre le courretier[1] de vostre commerce, et je trouve des remercimens dans vos lettres et dans sa bouche qui valent bien la peine que je prens.

Pour la question si vous employerés le vieux Cantique de la Vierge dans vostre Poème, ou si vous en ferés un tout nouveau, il n'y a que la seule forme des Stances qui vous puisse déterminer. Un seul Poème ne peut mesler les diverses versifications à mon avis sans faire faute. Si donc les Stances de vostre Cantique et celles du Poème ne sont pas semblables, je vous condamne d'autant plus d'en faire un nouveau qu'il sera aysé à celui qui a fait trois ou quatre différens *benedicités*, et qu'il y auroit lieu de soupçonner, en ne le faisant pas, que sa fécondité seroit espuisée.

Quand vous ferés vos largesses de vos eaux et de vos huilles odoriférantes[2], j'entens qu'il y en ait pour moy une petite bouteille, si petite qu'il plaira à Mr de Sesi.

Je suis, Monsieur, vostre, etc.

De Paris, ce 26 novembre 1638.

CCXXVII.
À M. DE BALZAC,
À BALZAC.

Monsieur, comment s'accorde vostre sincérité avec les louanges que vous me donnés et principalement pour des desbauches d'escritures qui se tiendront tousjours suffisamment honorées quand elles seront entendues et qui vont toujours vers vous non seulement sans estre retouchées, mais encore sans estre releues? Je ne sçay ce que je vous ay barbouillé dans mes précédentes qui ait peu tirer de si avantageuses paroles de vous, mais je sçay bien que ce ne peut estre qu'une chose médiocre que je ferois mieux, quand je me précipite, que quand je travaille à loysir. Cependant, vous croyant au point que je fais, vous vous mettés au hazard de me gaster et de me faire entrer en bonne opinion de moy mesme, c'est à dire en présomption. Je n'affecte point icy la modestie et ne vous sollicite point par un discours artificieux à me confirmer les éloges que vous me donnés afin de m'en parer dans le monde et d'en faire le fondement de ma réputation. Je vous parle *ex animo* et afin que vous ne croyés pas estre fou ny extravagant et que j'ay pour l'ordinaire les communes notions de la raison qui m'empeschent de tomber en de lourdes fautes. Mais ces notions ne sont que communes et me retiennent dans le rang du commun pour

---

[1] Les auteurs du *Dictionnaire de Trévoux* rappellent, sous le mot *courtier*, qu'«on disait autrefois *couratier*.»

[2] Les orangers et les jasmins de Grasse, depuis long temps célèbres, fournissaient en abondance, autrefois comme aujourd'hui, les parfums les plus délicats. Godeau donnait à son ami des eaux et des huiles de senteurs, comme Balzac lui envoyait tous les ans quelques rames du plus beau papier d'Angoulême.

les ouvrages de l'esprit et pour l'ornement du langage, de sorte que, hors ce sens passable qui me conduit au bien de bonne foy, qui rechercheroit en moy autre chose me trouveroit court et se trouveroit court aussy.

Qu'avés vous dit, Monsieur, quand vous m'avés jugé capable d'escrire nostre histoire en tout ou en partie puisque vous, je dis vous à qui seul pourroit appartenir de le faire, ne l'entreprenés pas et aymés mieux laisser la France sans un historien que de vous mettre sous cette charge[1] ? Quelle audace seroit la mienne d'eslever mon ambition jusques la et de me flatter de l'espérance que les honestes gens auroient du plaisir à me lire! L'histoire, selon mon jugement, perd le crédit à proportion qu'elle abonde en éloquence, et devient pièce de théâtre au lieu d'estre pièce de cabinet. Les événemens et les motifs exactement véritables luy fournissent la matière de son édifice. L'ordre du temps et le jugement de l'ouvrier luy donnent la forme. Le langage en est l'instrument, mais avec une telle restriction, qu'il n'y passe pour bon que quand il apparoist qu'on n'a pas songé qu'il fust considérable, et que l'on ne s'en est servy que parce qu'on ne s'en est peu passer. Elle a une certaine gravité austère et je dirois presque tétrique[2] qui luy semble seule digne de la vérité qui se présente presque toute nue, et comme elle ne doit estre que l'occupation d'un homme vieilly dans les affaires, elle retient encore cela de l'aage de celuy qui l'entreprend, qu'elle croiroit se deshonorer que de se farder et de rechercher les embellissemens qui ne sont pardonnables qu'à la jeunesse. Les histoires dont la narration se pique d'agréable et em-

---

[1] Chapelain répond à la lettre VII du livre XIX (p. 764 de l'in-fol.), laquelle débute ainsi : «Si la Sagesse escrivoit des lettres, elle n'en escriroit pas de plus sensées, ni de plus judicieuses que les vostres. La dernière que j'ay receu est bien, à mon gré, de ce nombre là, et je ne me puis lasser de la lire, après l'avoir leue une douzaine de fois. Que vous eussiez bien réussi dans les raisonnemens politiques, et que c'est dommage que vous n'ayez voulu estre véritable, comme vous voulez estre menteur [c'est-à-dire poëte]! Nostre histoire toute entière ne vous eust pas donné tant de peine, que vous en donnera cette petite partie que vous avez entreprise de falsifier...» Cette lettre, datée du 16 mars 1638, doit être datée du 16 novembre de la même année.

[2] Rabelais a dit dans son épître à *Odet, cardinal de Chastillon*, en tête du *quart livre* : «medicin chagrin, tétrique.» Le *Dictionnaire de Richelet* donne de ce mot, que l'on chercherait vainement dans le *Dictionnaire* de M. Littré, la définition suivante : «Ce mot est tiré du latin *tetricus*. Il signifie austère, refrogné : c'est un homme *tétrique*; il a la mine *tétrique*. Mais il ne se dit guère.» Dans le *Dictionnaire de Trévoux*, après avoir indiqué comme peu usité le mot *tétricité*, «humeur chagrine, sombre et noire,» on ajoute : «A l'égard de l'adjectif *tétrique*, «qui a l'air sombre, chagrin, de mauvaise humeur,» j'ignore si on l'a dit autrefois; il est au moins certain qu'on ne le dit plus.» Balzac (lettre XV du livre XIX, p. 770 de l'in-fol.) discute ainsi la théorie de Chapelain : «J'approuve fort l'idée que vous vous estes formée de vostre austère et tétrique historien, et je n'aime point tant les ornemens que je veuille qu'ils efféminent la virilité. Mais vous m'advouerez pourtant que c'est une idée purement spirituelle qui s'est apparue à vous en vostre cabinet, et qui ne se trouve point en la nature des choses. Donnez m'en un seul exemple en toute l'Antiquité Romaine... Vous ne sçauriez le faire, Monsieur, et je viens présentement de relire tout Tite-Live, qui m'a semblé, s'il se peut, encore plus éloquent que Cicéron. Pour Saluste, il pêche visiblement contre vos maximes, et ne se contente pas d'avoir de belles paroles; mais il en preste mesme à Marius...» Cette lettre, datée du 4 juillet 1638, n'a pu être écrite que le 4 décembre de la même année.

ploye ce qu'il faut pour le devenir, n'est¹ plus histoire pour moy et ne me passe plus que pour poëme et pour roman. Mais quand les ornements y seroient permis et qu'on pourroit faire de toutes comme Quinte-Curse a fait de la sienne, quand seroit on assés pleinement informé des choses pour estre satisfait de ses matériaux et se mettre en besoigne avec l'opinion certaine de tenir la vérité, et quand on seroit encore persuadé de cela, comment se pourroit on résoudre à s'attirer autant d'ennemis pour cette vérité ingratte que Mr de Thou s'en est fait²? Non, Monsieur, croyés moy, le plus court et le meilleur est de rimer comme je fais et de desguiser en mieux, si je puis, une partie esclatante de nostre histoire sans offenser nostre prochain par nos fictions et méritant mesme de Dieu par nos mensonges. On est plus longtemps à ajuster des syllabes, mais on est moins longtemps à examiner des vérités. On trouve tout chés soy sans courre³ le monde. On se divertit et si l'on ne se peut promettre de divertir une postérité délicate, du moins on jouit des applaudissemens des vivans qui ne s'y connoissent pas si bien, et la vie coule sans procès et sans querelle.

Mais je suis un bon homme de prescher ainsy rustiquement sur ce thème au lieu de vous dire que je suis très satisfait de voir vostre esprit dans l'assiette où il est pour vos interests de la Cour. C'est ainsy que l'on gourmande la fortune et que l'on se met au-dessus d'elle. C'est ainsy que l'on jouit de la liberté naturelle et que l'on fait la vie à laquelle on est né. Pour moy, je n'ay jamais tant senti la noblesse de l'âme humaine que quand je n'avois nulle obligation à la Cour, et il m'arrive souvent du desgoust des avantages que j'y ay trouvés par cette seule raison qu'ils m'engagent à une dépendance. Vous avés le siècle d'or en vostre maison que je vous envierois si vous ne le méritiés bien mieux que moy et si je n'estois parfaittement, Monsieur, vostre, etc.

De Paris, ce 26 novembre 1638.

Pour satisfaire à vostre curiosité, j'ay veu le Père Borbonins⁴ et luy ay demandé s'il avoit fait quelque chose pour cette naissance Delfinale⁵. Il m'a dit que non et que ces ouvrages vouloient plus de promptitude d'esprit qu'il ne s'en trouvoit à son âge. Puis, en secret, il m'a dit qu'il avoit commencé des vers pour Monseigneur le Cardinal qu'il appelle son tribut annuel, et qu'il luy présenteroit pour estrennes, m'adjoustant qu'il estoit en peine de trouver mon logis pour m'en envoyer lorsqu'ils seroient faits, afin de vous les faire tenir de sa part. Il y a terme.

CCXXVIII.
À M. MAIRET,
AU MANS.

Monsieur, j'ay retardé huit jours entiers

---

¹ *Sic*, pour *ne sont*. Chapelain, qui vient d'avouer qu'il ne relit même pas les lettres tant appréciées par Balzac, a, dans la rapidité de sa rédaction, rapporté au mot *narration* le verbe qui devait s'appliquer au mot *histoires*.

² Voir les *Pièces concernant la personne et les ouvrages de Jacques Auguste de Thou*, réunies dans le tome XV (p. 119-596) de la traduction de l'*Histoire universelle* (Londres, 1734, in-4°).

³ Cet infinitif du verbe courir, qui n'est plus usité que comme terme de chasse, nous venait du moyen âge : M. Littré l'a trouvé dans Beaumanoir au XIIIe siècle, dans Commynes au XVe, dans Montaigne au XVIe, et au XVIIe dans Malherbe, Descartes, Balzac, Bossuet, etc.

⁴ Nicolas Bourbon.

⁵ Du bas-latin *delphinalis*. Le mot *delphinal* n'est point un néologisme, comme on pourrait être tenté de le croire : M. Littré a retrouvé ce mot dans une ordonnance de 1499.

à respondre à la vostre contre ma coustume, dans l'imagination que ma lettre ne vous seroit pas rendue faute d'avoir une addresse précise pour vous l'envoyer seurement. Mais enfin j'ay voulu courre ce hazard et perdre plustost une page de mauvaise escriture, que manquer à satisfaire à ce que je vous dois. Je vous escris donc au hazard pour vous dire que vostre acquit est tombé entre mes mains et vous asseurer que j'auray le mesme soin de vostre intérest que du mien, lorsqu'il plaira à Son Éminence Ducale[1] de nous ouvrir le trésor de ses grâces. Je croyois, lundy dernier, rendre vostre despesche à Mr l'abbé de Boisrobert, mais il venoit de partir pour Ruel, et je fus contraint de remettre la partie à la première séance de l'Académie. La perte est petite puisqu'aussy bien l'on ne parle point encore de cette distribution, et qu'il n'y a pas de plaisir d'estre des premiers à la demander. Je luy feray passer vostre compliment plustost comme un hommage que comme une sollicitation et mesnageray en cela vostre honneur, de sorte que je ne gasteray rien et ne laisseray rien à faire.

Je suis confus de vos civilités et ne sçay que vous dire là-dessus, sinon que vous y estes excessif et que vous faittes trop de cas de peu de chose.

Au reste, je ne me consoleray jamais de la perte que nous avons faitte de Mr le Conte de Belin qui m'a esté d'autant plus sensible que la crainte de sa mort m'estoit passée[2], et que je l'avois creu absolument guéry par ce que vous m'en dittes la dernière fois que j'eus l'honneur de vous voir. Ce n'est pas icy le lieu de m'estendre sur sa vertu et sur sa générosité incomparable. Aussy ne vous en diray-je autre chose sinon que je n'ay jamais veu d'âme plus noble, ny d'amitié plus souhaittable que la sienne et, par conséquent, d'homme plus regretable que luy à une disposition d'esprit comme la mienne. Je vous loue de la résolution que vous avés prise de luy rendre les derniers devoirs et de l'accompagner à la sépulture. Sa bonté et les derniers tesmoignages qu'il vous a donnés de son affection exigent cela de vostre gratitude. Au milieu de vostre douleur vous sentirés du plaisir de faire ce que vous devés, et je m'asseure que vous n'en demeurerés pas là, et que vous donnerés à sa mémoire autre chose que des larmes. Mais il faut laisser agir en liberté vostre ressentiment et ne vous oster pas la satisfaction de n'avoir eu besoin pour vous y exciter que de vous-mesme.

J'ay sçeu la peine que vous aviés prise de venir chés moy devant que de partir pour le Maisne, et j'ay eu grand desplaisir de ne m'y estre pas rencontré pour recevoir cet honneur. Je vous félicite de l'avancement de l'*Athénais* et me prépare à une grande joye quand vous la marirés à l'hostel de Ramb[ouillet][3].

Je suis, Monsieur, vostre, etc.

De Paris, ce 27 novembre 1638.

---

[1] Le cardinal duc de Richelieu.

[2] L'abbé Goujet, dans sa notice sur *Jean de Mairet* (*Bibliothèque françoise*, t. XVIII, p. 185), dit : « Il lui fut attaché durant six années, c'est-à-dire jusqu'à la mort de ce comte, que je mets au mois de novembre 1638, puisque Chapelain, dans une de ses lettres du 27 novembre de cette année, tâche de le consoler sur la perte qu'il venait d'en faire. » On voit quelle est l'erreur de ceux qui ont fait mourir le protecteur de Mairet le 7 décembre 1642, assassiné par le marquis de Bonnivet.

[3] L'abbé Goujet (*Ibid.*, p. 189) donne, par erreur, la date de 1635 à la tragi-comédie d'*Athénaïs*, non encore achevée à la fin de 1638. Le même critique s'est encore trompé (p. 187) en déclarant que la *dernière* des pièces de Mairet est sa *Sidonie*, « qui est de 1637. » Mieux informé, M. Livet dit (*Précieux et Précieuses*, p. 65) : « L'*Athénaïs* fut imprimée en 1642.

CCXXIX.

A M. DOUJAT,
à TOLOZE.

Monsieur, je ne scay ce que je vous escrivis, il y a cinq ou six mois, en response de la lettre que je receus de vous avec vos beaux vers et la *Leucate* de Mr de Saint-Blancat. Mais je sçay bien que je vous escrivis en grande haste à mon ordinaire entre mille occupations, et il me souvient bien qu'en achevant ma lettre, je fus fort mal satisfait de moy-mesme, et que je creus n'avoir point assés dignement traitté vostre vertu. Je ne m'excuse point toutesfois envers vous ni du mauvais stile ni de la froideur de mes éloges. Il y a longtemps que j'ay accoustumé tous mes amis à n'attendre point de moy de lettres estudiées, et pour l'espargne de mon temps dont j'ay très-grand besoin, ils ont trouvé bon qu'en leur escrivant je travaillasse seulement à me faire entendre et ceux qui sont plus de loysir que moy m'ont bien souvent rendu de l'éloquence pour de la naïveté que je leur donnois. C'est ainsy que Mr de Balzac et moy traittons ensemble. C'est ainsy que Mr de Grasse vit avec moy, et c'est ainsy, Monsieur, que vous en avés voulu user, m'envoyant pour response à mes paroles nues un discours si orné et si brillant qu'il pourroit disputer la palme à ceux de nos plus fameux escrivains.

Vous me pardonnés donc bien sans doute si je ne suis point sorti de mes anciennes maximes pour vous, et quoyque je ne vous aye pas loué comme vous le méritéz, je veux croire aussy que vous avés tiré mes bons sentimens de mon mauvais langage et reconnu que le seul loysir me manquoit pour vous rendre ce que je vous dois. Cependant, puisque je vous puis parler avec sincérité, croyés-moy sincèrement qu'autant que je suis capable d'en juger, soit en prose, soit en vers, que vous escriviés dans nostre langue, vous y acquererés beaucoup d'honneur et en ferés à vostre patrie. Je vous voy manquer fort peu de chose pour vous mettre au rang des meilleurs et croy vous devoir ce tesmoignage candide afin de vous exciter à cultiver ce beau talent que Dieu a mis en vous. Et je ne vous dis pas cecy seulement pour ce que vous faittes en françois, mais encore pour les vers latins que j'ay leu de vous dans vostre recueil dont je ne vous parlay point dans ma précédente et qui méritoient extrêmement que j'en fisse un article à part.

J'en ay, depuis, entretenu Mr le Président de Caminade et, à son retour, vous apprendrés de sa bouche mesme à quel point je les luy ay aussy estimés. Je suis bien aise que vous ayés travaillé, après tant d'autres, à cette divine Phillipique qui cousta la vie à Cicéron [1]. Ce sera sans doute avec l'émulation et l'ambition qu'elle mérite, et je veux croire que vous avez laissé bien loin derrière ceux qui ont fait devant vous cette traduction.

J'approuve aussy fort vostre dessein de faire parler bon françois Hérodote [2] et je

---

Mairet, qui était alors au Mans, la dédia à M. de Lavardin, évêque de cette ville.» M. Livet cite ensuite la dernière phrase de la présente lettre, en remplaçant les mots : *me prépare à une grande joye*, par les mots : *me prépare une grande fête*.

[1] Les *Philippiques* sont de l'an 44 avant l'ère chrétienne, et Cicéron expia, l'an 43, le crime d'avoir dirigé contre le vil Antoine les foudres de son incomparable éloquence. La traduction de Doujat n'est signalée par aucun des biographes de cet érudit, qui se contentent de citer sa traduction de Velleius Paterculus (1672, in-12).

[2] Ce projet de Doujat fut-il jamais réalisé? Ni ses biographes ni les divers traducteurs français d'Hérodote n'en ont fait la moindre mention.

m'asseure qu'il vous réussira extrêmement. Surtout vous me resjouissés bien de me dire que vous voulés faire une Ode pour vos Jeux floraux. Car, à vous dire le vray, quelque effort d'esprit et de versification qu'il y ait dans vos chants royaux[1] et dans vos ballades, et quelque louange qu'on doive à ceux qui s'en acquittent bien comme vous, toutes ces sortes de poésie ancienne ont perdu leur crédit dans ce siècle, et l'on ne les lit point à la Cour avec l'équité qu'il faudroit pour obliger les esprits à se donner la gesne pour y réussir, et mon avis est qu'il ne faut jamais se donner la peine que pour plaire et que, le moins que l'on se peut proposer en se travaillant, c'est d'avoir l'approbation du public.

J'ay appris avec beaucoup de joye que les trois premiers livres de l'Histoire de Mr de Saint-Blancat soient prests à mettre sous la presse[2], et j'ay grande impatience de voir cet ouvrage qui ne peut estre qu'excellent, puisqu'il est de luy, à qui je me tiens fort obligé du tesmoignage de sa bienveillance et de ce qu'il me veut bien recevoir au nombre de ses approbateurs. Vous me ferés faveur de l'asseurer de la continuation de mon service et de l'estime que je fay de sa vertu.

J'ay receu, avec vostre lettre, un livre d'une personne dont le nom estoit venu jusques à nous, avec beaucoup de réputation. Je l'ay ouvert en quatre ou cinq endroits et y ay trouvé partout du sçavoir, de l'esprit et de l'élocution. Mais je vous en parleray quelque jour plus avantageusement, quand je l'auray leu, comme il se doit lire, à loysir et attentivement, et non pas à la haste, comme j'ay fait quelques lieux, en recevant aujourd'huy que je vous escris ainsy sur le champ, de peur de vous laisser croire, en retardant ma response, que le livre et la lettre ne se fussent perdus en chemin, car il y a trois mois que vous en avés chargé les messagers.

Je suis, Monsieur, vostre, etc.

De Paris, ce 27 novembre 1638.

CCXXX.

À M. L'ÉVESQUE DE GRASSE (GODEAU),

À GRASSE.

Monsieur, j'eus tort de vous escrire sur le sujet de Mgr le Daufin comme je fis, puisque vous en deviés prendre l'alarme si chaude et que [ce que] je ne vous disois qu'en raillerie a esté pris de vous si sérieusement. Celuy qui désira de voir un cantique de vous sur cette naissance fut un homme bien éloigné d'estat et de volonté de vous nuire et qui, au contraire, vous serviroit bien volontiers[3], si la fortune ne l'avoit

---

[1] On trouvera un échantillon de ces *Chants royaux* dans les *OEuvres de Jean Rus, poëte bordelais de la première moitié du XVIe siècle* (Collection méridionale, t. VI, 1875, p. 58-60) : *Chant royal allegoric, par lequel fust gaignée la fleur de l'esglantine, à Tholose*. Voir sur divers autres chants royaux conservés dans le *livre rouge des mainteneurs de la gaye science* (1539-1588), une lettre de M. le docteur Desbarreaux-Bernard, à la suite des *OEuvres de Jean Rus* (Appendice, p. 63-66).

[2] Balzac (lettre déjà citée, p. 769 de l'in-fol.) dit au sujet de ce travail de l'historien-poëte : «... Pour un commencement d'histoire de nostre temps, il faut bien qu'il se change, et qu'il se reforme avant que de ressembler à Tite-Live.» Les auteurs de la *Bibliothèque historique de la France* mentionnent (n° 21862) : *Rerum Gallicarum liber sextus et septimus, ab anno 1632 ad annum 1635; auctore Joanne Samblancato, Tolosate* (*Tolosæ*, 1649, in-8°).

[3] C'était Balzac, comme on l'a déjà vu par la citation d'un passage d'une de ses lettres (n° XII du livre XIX).

recoigné¹ en Angoumois et rendu incapable de se procurer de l'avantage à luy-mesme. Ce qu'il m'en escrivit estoit obligeant pour vous et me faisoit paroistre qu'en cette matière il ne falloit rien attendre de bon que de vous. Sur ce fondement je bastis l'allégation de Mʳ Bertaud et de ces vingt années qu'il avoit sur vous dans la condition Épiscopale, et la chose n'a esté veue ny proposée par aucune personne qui vous doive donner de peine, et vous estes en pleine liberté de n'en rien faire sans craindre d'offencer les supérieurs. Si vous le faisiés, vous pourriés le faire en forme de Cantique de louange sans estre obligé à louer autre que Dieu. Mais, comme je vous dis, il n'y a nul péril à courre en ne le faisant point. Je n'ay pas eu le courage de vous laisser en peine un moment encore.

J'ay beaucoup de joye que vous soyés hors de vostre poème de la Vierge, et si facilement, après une discontinuation de travailler assés grande. Mᵐᵉ la Marquise de R[ambouillet], à qui je fis vos baise-mains de sa response sur vostre ordre, m'a chargé de vous dire que sa faiblesse et l'infirmité de son corps luy commencent à plaire depuis que vous en avés si bien parlé dans vostre dernière lettre. Son avis est que vous faciés un nouveau Cantique de la Vierge.

Je suis, Monsieur, vostre, etc.

De Paris, ce 3 décembre 1638.

CCXXXI.
À M. DE BALZAC,
À BALZAC.

Monsieur, quand Mʳ de La Mothe verra l'éloge avantageux que vous faittes de son livre dans ma lettre et les tesmoignages d'estime et d'amitié que vous luy donnés, je ne croy pas qu'il n'en meure de joye, car il m'a semblé, depuis trois ans, qu'une de ses plus fortes passions estoit d'estre bien dans vostre esprit et d'avoir une véritable part en vos bonnes grâces². Je n'ay peu encore luy faire voir ce que vous m'avés escrit à sa louange pour ce qu'il est tousjours limitrophe des Chartreux³, et que je ne voyage jamais en cette Province que durant les plus fortes gelées, afin que si je manque à le trouver, comme il arrive ordinairement, j'aye la consolation de m'estre eschauffé sans me charger de crottes. Il est certain que s'il n'eust point eu de peur de passer pour partial dans un discours où il traittoit la question en homme désintéressé, vous eussiés eu beaucoup plus de marques du sentiment qu'il a de vos merveilles, et lorsqu'il me monstra l'endroit où il parla de vous, ce fut avec un tremblement qui faisoit bien voir la crainte qu'il avoit que vous vous y trouvassiés froidement loué. C'est véritablement un homme d'honneur, et à qui il manque peu de chose pour estre l'un des plus excellens hommes de France.

---

¹ *Sic* pour *rencogner*, pousser, serrer dans un coin. M. Littré n'a trouvé *rencogner* dans aucun écrivain antérieur à Saint-Simon. *Rencogner* ne figure ni dans le *Dictionnaire* de Richelet ni dans celui de Trévoux.

² Nous n'avons pas la lettre où Balzac faisait l'*éloge avantageux* des *Considérations sur l'éloquence française de ce temps*, car ce n'est pas de cet ouvrage que parle le correspondant de Chapelain dans la lettre XIX du livre XXII (p. 855 de l'in-fol.). Cette dernière lettre est datée du 15 juillet 1641 et est peut-être de 1640, année où La Mothe-le-Vayer publia son traité *De l'instruction de M. le Dauphin* (in-4°), ou de 1642, année où il fit paraître son traité *De la vertu des païens* (in-4°). En 1641, aucun livre de La Mothe-le-Vayer ne vit le jour.

³ On a déjà vu que La Mothe-le-Vayer était un habitant du faubourg Saint-Michel. Les *Chartreux* demeuraient dans l'ancien château de Vauvert, situé entre les terrains occupés aujourd'hui par le Luxembourg et l'Observatoire.

Quant au Plutarque que vous luy appliqués, je croy qu'il le représenteroit mieux dans les Opuscules que dans les Vies et je doute que ses Narrations valussent ses traittés physiques ou moraux. Néantmoins je serois marry que mon opinion vous fist diminuer l'estime que vous avés de luy pour toutes choses et vous prie de mettre ce jugement au nombre des téméraires aussy bien que moy. Je ne vous puis que dire du progrès qu'il a fait dans la fortune, quoyque je sache qu'il en ait besoin et que toutes ses dédicaces ne tendissent que là. Il a désiré avec passion d'estre de l'Académie pour parvenir à la pention, et, entre nous, sans l'excuse de la pauvreté qui passe par dessus toutes choses, on eust trouvé chés Mʳ Du Puy qu'il en auroit trop fait pour un Philosophe. Depuis, les choses s'estant assés bien disposées pour luy faire avoir ce contentement, comme je luy en donnay l'asseurance, il me surprit par la froideur avec laquelle il la receut et la prière qu'il me fit d'empescher que cela ne passat pas outre. Je jugeay, dès-lors, qu'il avoit obtenu, sans l'Académie, la chose pourquoy il vouloit espouser l'Académie[1]. Mais, comme je ne suis point curieux des affaires d'autruy, je n'en ay rien sceu au vray et j'attens qu'il me le die, connoissant qu'il le faut laisser venir et agir ainsy avec luy.

Je vous envoye, ce voyage-cy, la comédie du Caro que vous me renvoyerés, s'il vous plaist, avec vostre opinion et vostre punctualité ordinaire[2]. Je n'ay peu obtenir de l'un de mes amis qu'il me prestast celles de l'Arioste qui sont cinq, telles qu'après celles-là il n'y a point moyen d'en lire d'autres, et qui sont composées avec un esprit entre celuy de Plaute et celuy de Térence, égal en mérite et en beauté à tous les deux. Il en fait son trésor et avec raison[3]. Mʳ Voiture m'en a emporté la première qu'ils appellent *i Suppositi* faittes en concurrence des *Captives* de Plaute. Si elle me revient, je vous l'envoyeray aussytost. Je n'ay pas voulu encore tenter de faire emprunter les oraisons et épistres de Victorius à Mʳˢ Du Puy, sachant par leurs familiers qu'ils ne prestent point leurs livres pour porter à la campagne et ne voulant point hazarder d'en avoir un refus. Si néantmoins tout autre moyen me manque, je les leur feray demander et vous envoyeray. J'asseureray Mʳ Arnauld de vostre ressentiment et de vostre bienveillance, et pour les copies que vous voulés du crucifix de Melan, je suyvray en tout l'ordre que vous me prescrivés là dessus.

Je suis bien consolé de ce que vous me mandés de Mʳ d'Espernon et me tiens par vous bien mieux informé que ceux qui ont receu nouvelles de Guienne qu'on luy avoit fait commandement de se retirer de Plassac

---

[1] La Mothe-le-Vayer devint membre de l'Académie française en février 1639, comme nous le verrons dans une des lettres suivantes.

[2] Balzac (lettre XVII du livre XIX, p. 771 de l'in-fol.) répond ainsi à ce passage : «Je vous renvoye la comédie d'Annibal Caro, que je viens d'achever de lire. Elle me semble bonne et judicieuse, mais je pense qu'il y en a de meilleures.» Cette lettre, datée du 19 mai 1638, doit être du 19 décembre de la même année.

[3] Balzac (*ibid.*) se moque en ces termes de cet ami de Chapelain qui aimait si peu à prêter ses livres rares : «Pour les comédies d'Arioste dont vous me parlez, je les ay leues à mon voyage de Rome, et volontiers je souscris au favorable jugement que vous en faites. Celuy qui me les fit voir, ne les tenoit pas si chères que vostre ami de Paris : et certes, si cet ami est marié, il y a de l'apparence qu'il ne perd point sa femme de veue, et qu'il la mène luy-mesme rendre ses visites...» Les cinq comédies de l'Arioste avaient paru à Venise, les deux premières en 1535, les trois autres en 1542, 1546, 1547. Les cinq pièces reparurent réunies en 1551 (Venise, 1 vol. in-12).

à Caumont[1]. Mʳ le Cardinal, son fils, a couru fortune d'estre massacré avec tous les François qui sont en Piedmont par une conspiration tramée par le Cardinal de Savoye contre eux et contre Madame la Duchesse et son fils. La conjuration descouverte, elle a mis dans la citadelle de Turin un régiment françois.

Je suis, Monsieur, vostre, etc.

De Paris, ce vᵉ décembre 1638 [2].

CCXXXII.
A M. DE BALZAC,
À BALZAC.

Monsieur, vous avez le don de vous parfaittement expliquer et jamais homme ne se donna si bien à entendre que vous, mais c'est moy qui suis ténébreux et qui ay besoin continuellement d'interprète pour descouvrir mes intentions. J'ay fort bien entendu ce que vous m'avés mandé avec un exquis jugement des ouvrages du Poète historien de Gascogne [3], mais j'ay sans doute fort mal exprimé mon sentiment qui estoit conforme en tout au vostre, puisque par vostre response je m'apperçois que vous croyés que nous ne sommes pas d'accord. Avec tout cela je vous l'ay loué en son genre et vous ay dit qu'il seroit estimable s'il estoit réformé par conseil. Et je vous avoue que j'ay ce sentiment de luy quoyque je voye beaucoup de choses à dire, outre cette première du mauvais choix des autheurs qu'il s'est proposé à imiter. Je pense voir en cet homme un certain génie poétique, mais qui, à la manière de Lucilius, *fluit lutulentus* [4] et auroit grand besoin d'estre chastié et repurgé pour se pouvoir dire excellent dans son caractère. Il m'a fait des baise-mains depuis peu par un de nos amis communs [5] à qui j'ay donné commission de l'exhorter à travailler et à se nettoyer, s'il veut que son ouvrage vive. Je l'en aymeray davantage puisqu'il a rendu tesmoignage dans ses Sylves [6] à vostre vertu.

Naugerius m'a fait dépit, toutes les fois que j'ay pensé à son sacrifice [7], et je serois

---

[1] Il s'agit du château de Caumont, en Languedoc, dont Jean-Louis de Nogaret porta le nom dans sa jeunesse.

[2] Le 7 décembre, Chapelain écrivait à Montauzier (f° 436) : «Vostre retour au camp de S. A. de Veimar nous tient en peine, car il nous semble que c'est sans nécessité, et nous croyons que la seule joye que vous avés de battre les ennemis et de les forcer dans leurs places n'est pas une assés bonne raison pour vous engager à ces nouvelles galanteries et nous faire trembler pour vous. Vous avés tant d'honneur acquis que désormais vous ne sçauriés en chercher davantage sans passer pour insatiable et imiter en quelque sorte ces joueurs avares qui ne se peuvent retirer qu'ils n'ayent raffié le reste de tous les autres, ce qui souvent leur fait perdre le leur... Au reste il ne faut pas que vous eussiés si faim que vous me le dittes dans vos dernières lorsque vous escrivistes à M. Conrart et à Mˡˡᵉ Paulet les spirituelles cajoleries dont vos lettres sont remplies. Pour le Sonnet de Mᵍʳ le Daufin, c'estoit assés que vous ne le missiés pas au nombre des poésies qui devoient faire repentir la Reyne de son accouchement, sans luy donner les éloges que vous avés semés dans ma lettre et dans les autres.»

[3] Saint-Blancat.

[4] Souvenir du vers d'Horace sur Lucilius (*Satir.* lib. I, sat. IV, vers. 11) :

Quam flueret lutulentus, erat quod tollere velles.

[5] Doujat.

[6] De *sylva*, forêt. M. Littré n'a cité, sous le mot *Sylves*, qu'un écrivain du xɪxᵉ siècle, M. Raoul Rochette, mort membre de l'Académie des inscriptions, et secrétaire perpétuel de l'Académie des beaux-arts, en juillet 1854.

[7] Balzac avait dit (lettre déjà citée, de la page 771 de l'in-fol.) : «Il est vray que Naugerius fit un sacrifice au dieu Vulcain, des sylves qu'il avait plantées à l'imitation de celles de Stace : mais

bien marri que son contemporain Politian[1] en eust fait autant. Ce sont tousjours des lectures agréables si elles ne sont utiles, et de ces sortes de jeux d'esprit il me semble qu'il n'y en sçauroit jamais trop avoir.

Vous n'aurés point la mauvaise énigme que vous appréhendés[2]. Vous sçaurés seulement qu'elle n'est pas meilleure en sa forme qu'en sa matière, bien que son chétif autheur se soit mis en toute posture pour l'embellir et qu'il y ait employé la prose aussy bien que les vers. Si la dame qui les a produits n'estoit pas mieux fournie de galants, elle seroit réduitte à une condition bien déplorable. Mais elle y donne bon ordre et seroit bien marrie de faire ce tort à sa réputation[3].

J'approuve fort que vous respondiés civilement aux civilités de nostre abbé vaille que vaille[4]. Il est bon garçon et serviroit volontiers, mais ses intérests et les importuns l'accablent, et bien souvent, à force d'affaires, il ne se souvient pas mesme de ceux qu'il voit et qui luy parlent.

J'ay veu M[r] de La M[esnardière] par hazard et luy ay fait voir son immortalité dans vostre lettre. Il ne se peut dire combien son ambition en a esté flattée et la joye qu'il a eue de se voir si beau chés vous. Il y aura plaisir quelque jour de voir si nous nous sommes rencontrés dans nos observations sur son ouvrage[5] et si vous n'avés point esté plus orateur qu'historien dans l'éloge que vous luy avés donné. Je ne suis pas marry du petit sentiment que vous avés des matières et de la doctrine qu'il vous a occupées. Ce vous sera un aiguillon pour vous exciter à ne nous plus retenir ces belles méditations de vostre solitude, afin que luy ou d'autres ne vous achève pas de prendre vos matières et ne leur oste pas pour vos escrits la grace de la nouveauté.

Je ne suis en nulle peine des livres que je vous ay envoyés et que je vous envoyeray encore, si je puis. Vous devés avoir receu maintenant la comédie du Caro. Je cherche cette Énéide du volume qui seroit le plus commode pour vous la faire tenir. Elle est en vers libres et non rimés, très-pure florentine, et, ce qui vous y plaira sans doute, pleine de beaux efforts de stile aux lieux où Virgile y a employé tout ce qu'il sçavoit.

Pour ces epistres et oraisons de Victorius, c'est une autre affaire. Mr Des Cordes, qui l'a, est moribond[6], et n'attend que d'estre suffoqué par sa pierre, si bien qu'on ne peut

---

je n'approuve pas sa mauvaise humeur, ni ne conseillerois à M. de Sainct-Blancat de faire la mesme chose des siennes, que j'ay venes de l'impression de Thoulouse. Outre leur mérite que je considère, j'y ay quelque sorte d'intérest, parce que j'y suis nommé *magni Balzacius oris*, si toutefois il entend par là que j'aye l'éloquence de Cicéron, et non pas la gueule de Gargantua.» Sur Naugerius (nom latinisé d'André Navagero), voir la note 3 de la page 479 des *Mélanges historiques. Lettres de Balzac*, n° XXIV.

[1] Ange Ambrogini, surnommé Politien, naquit en 1454 et mourut en 1494.

[2] L'énigme-épigramme dont il a été déjà question et dont le chatouilleux Balzac se préoccupait beaucoup.

[3] Quelle terrible tirade contre Mme de Sablé! et quelle confirmation pour cette phrase de Tallemant des Réaux (t. III, p. 128): «J'ay desja dit qu'elle avoit esté fort galante.»

[4] L'abbé de Boisrobert.

[5] Hippolyte Jules Pilet de la Mesnardière publia, en 1638, deux ouvrages: les *Raisonnements sur la nature des esprits qui servent aux sentiments* (1 vol. in-12), et sa *Traduction du panégyrique de Trajan* (1 vol. in-4°). Sa *Poétique* ne parut que deux ans plus tard. Voir, sur cet académicien (il ne le devint qu'en 1655), la note 2 de la page 668 des *Mélanges historiques. Lettres de Balzac*, n° XCV.

[6] C'était le célèbre bibliophile Jean de Cordes ou des Cordes, chanoine de Limoges,

faire de fondement sur luy. M⁺ le président de Mesmes est trop jaloux de ce qu'il possède pour le souffrir seulement sortir la porte de son logis¹. Je vous ay mandé de Mʳˢ Du Puy ce que j'en ay sçeu. Mʳ L'Huillier seul ne désespère pas de le trouver et en est à présent en queste.

J'ay grande impatience de voir ce je ne sçay quoy, que Mʳ l'Official me veut envoyer, et c'est un grand point qu'il n'y a qu'à le copier. Je vous prie de l'en solliciter fort et demeure, Monsieur, vostre, etc.

De Paris, ce 11 décembre 1638.

Depuis la desfaitte de Savelli, Mᵍʳ le Duc de Longueville a pris Lunéville de force par une attaque générale et son chasteau à discrétion². Ensuitte il a conduit jusqu'à dix lieues de Brisac les trois mille hommes de secours qu'il envoye au Duc pour en favoriser la prise, et ce convoy ne s'est pas fait sans remporter de nouveaux avantages sur tout ce qui s'est rencontré sur son chemin. Si cette ville se prend, il en sera la véritable cause, *sine qua non*. Mʳ le cardinal de La Vallette est mal en Italie.

CCXXXIII.
À M. L'ABBÉ DE SAINT-NICOLAS,
À POMPONNE.

Monsieur, vos craintes affoiblissent mes espérances, comme mes espérances affoiblissent vos craintes. Vous ne les diminués pas néantmoins de telle sorte que je croye rien de désespéré encore pour le Duc de Weimar et je persiste à dire que, selon mon sens, il prendra plustost Brisac que de le manquer, et, qu'à moins que d'une peste ou d'une inondation ou d'une glace universelle, l'espérance qu'il a de la réduire en son pouvoir ne sçauroit faillir. Autrement il faudroit que toutes les règles de la guerre fussent fausses, et que les circonvallations bien munies de toutes choses ne servissent de rien. Il faudroit que les deux prises de Breda, celle de Bolduc, celle de Mastricht fussent plustost arrivées par la lascheté des armées qui les secouroient, que par les justes avantages que donnoient aux assiégeans les forts et les lignes du campement. En un mot il faudroit que le duc de Veimar fut un petit capitaine et ses soldats des païsans nouvellement levés et que Gœtz, Savelli, Horst et le duc Charles fussent plus vaillans et plus prudens que le Marquis de Spinola et le Prince d'Orange et que leurs armées valussent mieux que les vétérans de la milice d'Espagne et de Hollande.

Et, de fait, par les dernières nouvelles que Mᵍʳ le Duc de Longueville a eues de Mʳ le Duc de Weimar qui doivent estre du vιιᵉ de ce mois, car les lettres de mondit

---

qui, selon le *Moréri*, « a passé pour un homme d'une grande littérature, et pour amateur des bons livres, » et qui « se satisfit là-dessus en formant une des plus curieuses bibliothèques du royaume, » dont « nous avons un très-ample catalogue, fait par Naudé et imprimé en un volume in-4° en 1643. » Jean de Cordes, déjà si malade à la fin de 1638, mourut à Paris en 1642, âgé de soixante-douze ans.

¹ Henri de Mesmes, président à mortier au parlement de Paris depuis 1627 jusqu'à sa mort (1650), possédait beaucoup de livres et de manuscrits. Voir sur la bibliothèque, qui était restée dans la famille de Mesmes pendant près de deux cents ans, les curieux détails donnés par M. Léopold Delisle (*le Cabinet des manuscrits*, t. I, p. 397-407). Le savant historien de la Bibliothèque Nationale ne manque pas de signaler (p. 399) le vilain défaut, déjà dénoncé par Chapelain, du magistrat collectionneur : « Nous voyons dans les lettres de Nicolas Heinsius et d'Isaac Vossius, en 1645, que Henri de Mesmes était jaloux de ses manuscrits, qu'il n'aimait pas à les laisser collationner, et que Valois seul pouvait les consulter. »

² On lit dans la *Gazette* du 27 novembre 1638 (p. 715) : « De Nancy, le 18 novembre.

Seigneur sont du v de Nancy, S. A. ne fait comme point de difficulté à la prise de la place, ce qui me fait croire qu'il a receu ce dernier secours entier, mais seulement à la munir tellement après sa prise que les forces impériales, qui seront alors en grand nombre, ne le puissent point après mettre en péril. Je voudrois que nous en fussions là, quoyqu'ils disent que la place ne se peut garder à moins de deux mille cinq cent hommes de garnison et un fonds d'entrée de cinq cent mille francs. Nous verrons ce que nous apprendront les lettres de Basle le mercredy à midy, car la saison retarde les couriers d'un demy jour, et si Lauffembourg ou Huninghen auront esté attaqués ou pris. Pour les vivres, il suffit qu'il y en ait dans le camp pour un mois, mais encore comme on le mande; car, la ville se prenant, Basle et Strasbourg fourniront d'importance, moitié d'amitié, moitié de crainte. Il y a une mortalité estrange de chevaux dans les trouppes de Mgr le Duc de Longueville, et je ne m'en console que par la créance que j'ay que ces deux mille chevaux d'Horst ne subsisteront pas mieux dans l'Alsace où il y a longtemps que le fourage est bien court [1].

Je plains fort M^r le cardinal de La Valette et nos intérests de là les Monts.

Je quitte [2] M^r vostre frère de la *manica* [3] qu'il me veut donner à la nouvelle du succès de Brisac, car je me la donneray moy mesme et croiray estre assés payé par le plaisir que j'en auray. Mais c'est grand cas que personne ne m'a encore bien sceu dire si Mr de Veimar avoit fait la circonvallation de deça, comme il se l'estoit proposé dès le commencement du mois passé. Il n'y a toutesfois point d'apparence qu'il y ait manqué et en ce cas-là je persiste et espère bien plus que je ne crains.

Je suis tout vostre.

De Paris, ce 14 décembre 1638.

CCXXXIV.
À M. DE BALZAC.

Monsieur, je regarde les louanges que vous donnés à mes simples et triviales pensées comme de douces exhalaisons que le feu de vostre amitié tire de vostre bon naturel pour ceux que vous sçavés qui vous honorent parfaitement et vous chérissent avec tendresse, et sans m'amuser à faire le modeste en les rejettant, il me suffira de connoistre ce que j'en dois croire et de n'en entrer pas pour cela en vanité. J'ay le vray mérite que je souhaitte le plus, puisque j'ay celuy de vous plaire, et quand vous me voudrés rendre véritablement glorieux, vous [n'avés] à me dire autre chose pour éloge, sinon : vous me plaisés. C'est à moy maintenant à faire en sorte que je ne vous desplaise point à l'avenir et que je demeure pour mon honneur aussy bien que pour ma satisfaction dans l'avantageuse posture où me met vostre bienveillance.

Vous faittes grâces, au reste, à l'idée de mon historien de l'approuver avec les défaux que je vous ay laissé voir sans le penser faire, car par vostre response je voy que

---

Le duc de Longueville a pris par force Lunéville où il a tué plus de quatre cents soldats. »

[1] Pour toutes les circonstances de guerre indiquées dans cette lettre, et qu'il serait trop long d'éclaircir les unes après les autres, je me contente de renvoyer aux mémoires du temps, surtout à ceux de Montglat, et aux histoires du règne de Louis XIII, surtout à celle du P. Griffet.

[2] C'est-à-dire : Je tiens quitte, je dispense. M. Littré n'a cité pour l'emploi de *quitter*, dans ce sens, que des écrivains postérieurs à l'époque de Louis XIII, tels que Bossuet, Mme de Sévigné, Racine, La Bruyère, Molière, etc.

[3] Mot italien qui signifie *manche*.

je vous l'ay représenté comme ennemy de toutes sortes d'ornemens, quoyque moy mesme je n'aye pas eu cette intention, et qu'il m'ait suffy, pour conserver la gravité qui est en luy une partie essentielle, qu'il n'ait aymé que les ornemens qui pouvoient compatir avec elle et que surtout il n'y parust rien de mol et d'affecté. Car je ne croy rien de si contraire au dessein de persuader et de faire impression sur les esprits, que de monstrer de l'art et de la culture. Ce qui estant mesme receu pour vray dans l'éloquence le doit estre incomparablement plus dans la narration des actions des hommes dont la vérité, qui ayme à marcher toute nue, fait l'unique matière et l'absolu fondement. Autrement la vérité mesme, estant parée, deviendra suspecte et l'on croira, à son préjudice, que celuy qui aura tant eu de soin des paroles, aura négligé les choses, et aura plustost cherché le sujet pour le stile, que le stile pour le sujet.

L'histoire donc, selon moy, aura des ornemens, mais ceux-là seulement que peut donner une belle nature sans le secours de l'art, si elle se veut conserver le crédit et paroistre moins roman qu'histoire. Entre celles qui méritent ce nom, je conte bien asseurement Tite-Live, Saluste et Tacite, quoyque pour le premier on luy conteste ses concions[1] du premier siècle de la République, lesquelles véritablement ne passent point pour originales. Il est vray qu'elles sont si sévères, si fort du sujet, si peu enjouées, que, pour peu que l'on ayde à se tromper, on les croira véritables, et, avec ces conditions, je ne croy pas qu'elles luy doivent faire perdre le nom de parfait historien. Les deux autres me semblent divins et je les proposerois d'autant plustost pour modèles que Tite-Live, qu'ils n'ont guères escrit de choses dont eux ou leurs pères n'eussent esté témoins, et qu'ils se sont donnés le soin de venir dans le détail des choses et de toucher leurs motifs cachés, qui sont les parties, à mon avis, essentielles qui constituent la forme du vray historien.

Pour César et Suétone, quoyqu'admirables en leur genre, je les appellerois plustost relateurs qu'historiens, et dirois qu'ils auroient plustost escrit des mémoires et des vies que des histoires. A un autre que vous, c'est à dire à un escolier et non pas à un maistre, je m'expliquerois davantage de ces distinctions, mais parce que j'en dis, vous voyés assés clairement si je suis en erreur ou si je suis dans la bonne voye.

Les histoires qui tiennent du roman et qui cherchent le délectable plustost que l'utile, sont celles de Quinte-Curse et celle de M[r] le c[ardinal] B[entivoglio], que leurs autheurs ont entreprises pour faire valoir leur esprit et leur langage, et qu'on lit avec plus de plaisir que de profit, plus en se jouant que sérieusement; et je ne mets guère de différence entre elles et les Théagènes[2] et les Argenis[3]. Pardonnés à l'intempérance de ma plume. Je reconnois que je prosne[4] tousjours sans nécessité et ennuyeusement,

---

[1] De *concio*, discours, harangue. Nous lisons dans le *Dictionnaire de Trévoux* : « Ce mot, qui se voit dans Nicot, Monet et Cotgrave, est hors d'usage à présent. »

[2] Chapelain a voulu sans doute parler des *Ethiopiques, ou amours de Théagène et de Chariclée*, roman composé, au IVe siècle, par Héliodore, le futur évêque de Tricca.

[3] L'*Argenis* est le fameux roman de Jean Barclay, dont la première édition fut donnée à Paris, chez Buon, en 1622, in-8°, par les soins de Peiresc.

[4] *Prôner* est là pour *prêcher, faire des prières*. M. Littré n'a cité d'autre emploi du mot *prôner*, pris dans ce sens, que celui qu'en a fait Voltaire dans son *Dictionnaire philosophique*.

lorsque vous me donnés matière. Une autresfois je m'en défendray.

Nous ferons tout ce qui nous sera possible pour envoyer le paquet à M. Bouchard, quoyque, si c'est vostre dissertation, *si potea far di meno*, car elle a esté desja veue à Rome. Celuy de lettres est entre les mains de Mr Hullon[1] qui l'envoyera par le premier courrier. C'est une chose effroyable que le coust du port des moindres choses à qui l'on fait passer les Monts, et le bon seigneur m'a fait des remercimens de ce que je luy avois fait rendre francs les autres que je luy envoyay par Mr de Retz, comme si je luy eusse sauvé le revenu d'une année du meilleur bénéfice qu'il obtiendra par ses bassesses et par ses importunités.

J'oubliay par mes dernières à vous dire que j'avois parlé à Mr Rocolet pour ces crucifix de Milan et l'avois laissé plein de volonté de vous rendre ce petit service, à propos duquel plus d'une personne m'a demandé si vous faittes la retraitte et si vous mettiés le petit colet, sur ce que Mr Guiet vous a débité pour béat et pour spiritualizé[2]. Vous me manderés ce que j'auray à dire là dessus. Si vous estes comme d'autres fois et que le monde ne soit point mort pour vous, je vous plains de passer cet hyver en Angoumois seulement pour ce que nous aurons icy des comédiens italiens dont tous les honnestes gens, particulièrement M[rs] Du Puy et leur compagnie ordinaire font des resjouissances, comme ils en feront après la prise de Brisac.

M[r] L'Huillier a esté cinq jours à chercher de Victorius le volume que vous désirés, pour vous l'envoyer et vous le laisser tant que vous voudrés, mais par expérience il a trouvé qu'il ne se trouvoit point, et s'estant résolu de le demander à ces Mrs du Cabinet, ils le luy ont accordé généreusement pour vous, et comme il me l'a dit avec joye avec ce mot qu'ils le laissoient aller cent lieues loin pour vous en donner le plaisir et qu'ils ne laisseroient pas seulement ouvrir ny voir à ces helluons[3] de livres Montmaur[4] et Veron[5]. Je ne vous recommande point de le conserver, de ne le garder que le temps qu'il faudra, et de le renvoyer sans qu'il soit en hazard de se gaster. Le volume, la reliure et les armes de la maison de Thou vous en prient assés tous seuls[6].

Je suis, Monsieur, vostre, etc.

De Paris, ce 19 décembre 1638.

---

[1] Nous avons déjà vu que Hullon, prieur de Cassan, était un frère utérin de Bouchard.

[2] Le mot *spiritualiser* est dans Charron (*la Sagesse*) et dans Mlle de Gournay (*le Promenoir de M. de Montaigne*). Le *Dictionnaire de Trévoux* cite encore cette phrase de Saint-Évremond : « Il ne faut pas tant spiritualiser l'amour. »

[3] De *helluo*, gourmand, glouton. Le mot *helluon* n'est dans aucun de nos dictionnaires. Balzac (*Mélanges historiques* de 1873, p. 796) écrivait, le 19 avril 1647, à Chapelain, au sujet de Flotte : « Celuy que vous appelez Helluon, et que j'appellerai Père Goulu... »

[4] Pierre de Montmaur, parasite et pédant, sur lequel on peut voir les notes 2 et 5 de la page 416 des *Mélanges historiques*. *Lettres de Balzac*, n° V.

[5] Aucun des personnages du nom de *Veron* qui figurent dans les *Historiettes* de Tallemant des Réaux et dans les autres écrits contemporains ne paraît être le *comestor* ici mentionné.

[6] Balzac (lettre XVIII du livre XIX, p. 772 de l'in-fol.), lettre datée du 29 mai 1638, et qui doit être du 29 décembre de cette même année, accueille ainsi la bonne nouvelle que lui mandait Chapelain : « Vous sçaurez, cependant, que j'attends le volume in-f°, et que je ressens comme je dois l'obligation que j'ay à Messieurs Dupuy. Vostre ami jaloux [l'ami si peu communicatif dont il a été déjà parlé] consulteroit à cette heure les devins, sur le subjet du voyage de son livre, et seroit en plus grand'peine que la désolée Alcyone, s'il avoit fait là-dessus un

CCXXXV.

À M. LE MARQUIS DE MONTAUZIER,

EN ALSACE.

Monsieur, vous ferés bien de mander bientost à Madame vostre mère la prise de Brisac, car elle ne se peut plus résoudre à en douter, et il luy semble avec raison qu'après les choses que vous avés faittes, pour l'obliger à se rendre, ce seroit une moquerie que cela ne fust point encore arrivé. Elle me fit l'honneur de m'envoyer dire, il y a six ou sept jours, que M⁺ de Veimar en estoit le maistre, et, depuis ce temps là, je l'ay creu fermement, quoyque vueille dire la *Gazette de Basle,* aymant mieux démentir toute la Suisse, que de mettre en question si une aussy considérée personne qu'elle peut une fois en sa vie ne dire pas la vérité. En tout evènement j'ay marqué le jour de ce bon message, pour ce que je veux justifier par les dattes, lorsque nous aurons le courrier de cette reddition, qu'au moins estoit-elle vraye, quand elle me l'a mandée, car de m'imaginer que cette ville tinst encore après le 25 novembre, c'est ce que tous les hommes du monde ne me feroient pas faire¹. Cependant je me resjouis avec vous de ce bon succès² et vous donne avis qu'au lieu de feu de joye qu'en fera toute la France, nous avons résolu d'en jouer une comédie de laquelle nous vous gardons le principal personnage vaillant et féroce, comme vous plein d'amour et de colère, et dont le roolle vous plaira bien assurément. M⁺ le lieutenant³ fera l'amant pitoyable, je representeray son fidelle amy et, des deux valets, M⁺ le Mestre de camp⁴ jouera le pire, c'est à dire le plus meschant. M⁺ de Chavaroche fera l'autre. L'une des femmes sera l'adolescent Montreuil⁵ que vous sçavés qui est au cardinal Antonio⁶, aussy qu'à M⁺ le P[rince], et duquel on nous dit qu'à Rome *era à far la donna ammaestrata*⁷.

---

mauvais songe.» Dans cette lettre, comme dans les lettres XX et XXI du même livre, Balzac s'étend sur le mérite de Victorius.

¹ Rappelons que, si Brisach tenait encore quand Mᵐᵉ de Montauzier en annonça la prise à l'ami de son fils, les défenseurs de cette ville venaient enfin de capituler, la veille même du jour où Chapelain exprimait si vivement toute sa confiance. Citons ici l'*Art de vérifier les dates :* « Les Impériaux s'y défendent [dans Brisach] avec une opiniâtreté qui n'a point d'exemple. Ils ne se rendent que le 19 décembre, après avoir tenté les plus horribles ressources qu'une cruelle faim peut suggérer. Les choses furent poussées jusque-là qu'on vit des mères manger leurs propres enfants, et que le gouverneur fut obligé de mettre des gardes aux cimetières afin d'empêcher les habitants de déterrer les corps pour s'en nourrir.»

² Tout ce qui suit, jusqu'à la fin, a été cité par M. Livet (*Précieux et Précieuses,* p. 47).

³ Le lieutenant Arnauld.

⁴ Pierre Arnauld.

⁵ C'était Jean de Montreuil, qui fut plus tard secrétaire des commandements du prince de Conti et membre de l'Académie française. Il n'avait alors que vingt-cinq ans.

⁶ Pellisson (*Histoire de l'Académie,* t. I, p. 240) dit qu'«à l'âge de dix-huit ou dix-neuf ans,» Montreuil fut en Italie avec M. de Bellièvre, qui le donna au cardinal Antoine, neveu du pape Urbain VIII.»

⁷ C'est-à-dire : il était passé maître à faire la femme. Ce n'était pas seulement la jeunesse de Montreuil qui le designait pour l'emploi, c'était aussi son charmant visage. Pellisson (p. 244) assure «qu'il était naturellement fort beau,» et le cardinal de Retz en a parlé ainsi (*Mémoires,* édition Hachette, t. III, p. 131) : « Montreuil, secrétaire de M. le prince de Conti, ce me semble, ou peut-être de Monsieur le Prince, je ne m'en ressouviens pas précisément, et qui étoit un des plus petits garçons que j'aie jamais connu...» Sur le séjour à Rome de Jean de Montreuil, voir Tallemant des Réaux (t. VII, p. 159).

Et, parce que la comédie est italienne et que nous n'avons point de femmes, ny qui prononcent bien cette langue, nous avons pensé de despescher en Piedmont en la cour de Madame Reale[1], sous le crédit de M[r] le marquis de Pisani, pour faire faire l'autre à la contesse Massin ou à quelque autre vefve mariée de ce païs là. Nous avons destiné le personnage de l'un des *stracciuoni*, plaideurs, à Mr de Vaugelas, lorsqu'il sera revenu de Normandie, où il est allé faire une rivière; et pour l'autre, M. Gombaud le fera sans beaucoup de peine. Neuf-Germain[2] fera le *Barbagrigia hampatore* à cause de sa barbe, et, pour la *pancia omnipotente* qui luy manque, nous luy en ferons une d'un coussin ou de six serviettes en double. Vous voyés le dessein et m'avoués sans doute qu'il vaudra bien la mascarade de l'année passée. Ce qui reste à faire est d'apprendre de vostre costé le roole que nous vous envoyerons comme nous apprenons les nostres, afin que, quand vous viendrés icy au Carnaval, il n'y ait plus qu'à nous habiller tous et monter sur le théâtre.

Pardonnés, Monsieur, les folies que tire de la plume d'un homme assés sérieux l'apparence de la conqueste d'une ville qui doit estre nostre commun salut et l'espoir qu'elle nous donne de vous revoir bientost en cette Cour. Je les ay escrittes par l'ordre des persònnes à qui, tout volontaire que vous estes, n'oseriés désobéir, et pour qui on ne seroit que plus estimable quand on tomberoit en véritable folie[3].

Je suis, Monsieur, vostre, etc.

De Paris, ce 20 décembre 1638[4].

---

[1] Christine ou Chrétienne de France, sœur de Louis XIII, duchesse de Savoie, veuve de Victor-Amédée Ier.

[2] Louis de Neuf-Germain, mort à Paris le 24 avril 1662, se surnommait lui-même «poëte hétéroclite de Monseigneur, frère unique de Sa Majesté.» Ses poésies furent publiées en deux volumes in-4° (1630-1637). D'après Tallemant des Réaux (t. III, p. 216), «Neufgermain était le fou externe de l'hostel de Rambouillet.» Voir ce que dit de ce singulier personnage M. Livet (*Précieux et Précieuses*, p. 26 et 27).

[3] Le 13 du même mois (f° 439), Chapelain avait déjà parlé à Montauzier de son retour tant désiré. Voici deux phrases de cette lettre : «Si vous n'estiés point tout héroïque et tout tragique, je vous dirois que l'on vous y regarderoit de la comédie italienne que l'on m'a asseuré que le Roy avoit mandée et qui estoit en chemin. Mais il faut bien que vous vous résolviés à y prendre plaisir, puisqu'il faut vous-mesme que vous vous résolviés à la représenter. Car la grande Artenice a fait dresser un théâtre dans sa salle pour en jouer une dont elle m'a dit qu'elle vous gardoit l'un des principaux personnages, qui sera une chose belle à voir. Depuis le retour de M. de Pisani, on ne s'entretient d'autre chose à l'hostel de Ramb[ouilllet] et à l'hostel de Clermont...» M. Livet (*Précieux et Précieuses*, p. 48) dit, à ce sujet : «La comédie se joua-t-elle? Les rôles étaient appris : il est probable qu'on voulut avoir le bénéfice de ce travail, et que rien ne manqua à la fête galante préparée depuis plusieurs mois...»

[4] Le 20 décembre, Chapelain avait encore écrit à Montauzier (p. 446), le pressant de revenir : «Toute la bande s'est rassemblée, jusques aux Mestres de camp, et il n'y a plus que vous qui y manque... Il seroit honteux pour vous, après une si belle victoire, d'aymer mieux les glaces du Rhin et les horreurs de l'Alsace que le Palais d'Angelique ou le Temple d'Artenice, où tous les jours on chante tant d'hymnes à vostre louange, que les chantres en sont tantost enroués. Il vous seroit honteux que Mr Voiture quittast Rome sans regret à la saison du Carnaval, où elle est la plus belle, pour venir coqueter à Paris, et que vous eussiés peine à quitter Schelestad pour venir rendre vos hommages à l'héroïque Julie. Quand vous n'auriés autre chose à faire à la Cour que d'y venir mettre aux pieds de cette adorable Princesse les drappeaux que vous avés si bien gaignés sur les ennemis, je ne pense pas qu'il

CCXXXVI.
A M. L'ÉVESQUE DE GRASSE (GODEAU),
À GRASSE.

Monsieur, j'ay beaucoup de joye d'apprendre que mes lettres vous en donnent. Je ne suis pourtant pas résolu à vous en donner *gratis*, et à ne point conter les vostres comme vous le voudriés bien. Je prens encore plus de plaisir à voir de vostre écriture, que vous ne faittes à lire de la mienne. Il est raisonnable que je trouve mon conte en ce commerce aussy bien que vous, et si quelqu'un de nous deux devoit demander cette consolation à son compagnon, sans estre obligé à la pareille, ce seroit moy qui en ay plus de besoin que vous et qui ay moins de loysir que vous. En un mot, vous n'en aurés que tant pour tant et encore croiray-je que vous m'en devrés de reste. Cela n'est point beau d'estre souvent plus d'un mois sans m'escrire. Mais passe pour cela, si vous ne vouliés point que je fusse plus diligent que vous. Pour ce coup, je respondray à toutes vos questions ou à la plus grande partie. Vous me garderés le secret en celles qui le désirent.

Je ne voy point de nos amis qui aye sur le mestier aucun ouvrage, si ce n'est M⁏ Desmarests qui doit donner à nostre théâtre une pièce allégorique de la grande querelle qui agite l'Europe et dont l'ambition espagnole fait le principal sujet[1]. Je souhaitte qu'elle réussisse et peut estre qu'elle réussira, encore que je voye assés de lieu d'en douter. Il ouvre bien et son imagination luy présente tousjours de beaux commencemens, je ne trouve pas qu'il les pousse de mesme et ses fins, qui devroient estre les plus parfaittes, clochent et tombent le plus souvent.

M⁏ l'abbé de Serisy fait bien sa cour et travaille à cette heure à une métamorphose la plus fleurie et la plus éloquente que nous ayons encore veue[2].

M⁏ l'abbé de Bourzeis s'enrhume jusqu'au mourir à parler dans la congrégation de *propaganda* depuis que la jalousie de certains l'Escalopiers[3] et autres pareils preschers luy ont fait défendre la chaise jusques à ce qu'il se soit fait prestre. Le président Marca est son antagoniste et un fort rude joueur. On verra de ce dernier, dans quelques temps l'Histoire de Béarn très exquise et des diatribes[4] sur les principales matières controversées de la primitive église.

Le pauvre Gombaud reste à sa pauvreté et dans ce temps où les pensions royales sont si mal payées, ne sçait où donner de la teste, qui est une chose déplorable.

Je ne vous puis rien dire de Cadillac[5], sinon que le bon homme, comme l'appelle M⁏ de Candalle, y est toujours attendant

---

vous fallust un plus grand motif pour ne vous y laisser pas souhaiter plus longtemps... »

[1] Est-ce *l'Europe?* comédie héroïque, qui fut imprimée en 1645 (in-4°). « Cette pièce allégorique, dit M. Victor Fournel (*Nouvelle Biographie générale*, tome XIII, col. 846), fut attribuée au cardinal : elle est assez mauvaise pour cela.»

[2] Il s'agit de la *Métamorphose des yeux de Philis en astres*, «poëme, dit l'abbé Goujet (*Bibliothèque françoise*, t. XVI, p. 217), d'environ sept cents vers, imprimé en 1639, ouvrage d'une imagination également féconde et délicate.»

[3] Tallemant des Réaux, qui mentionne plusieurs personnages du nom de l'Escalopier, les uns gentilshommes, les autres magistrats, ne nous fait pas connaître le prédicateur. Les autres contemporains ont imité son silence.

[4] De Διατριβὴ, leçon, étude; il s'agit là de dissertations critiques. «Sens ancien et à peu près tombé en désuétude, » dit M. Littré, qui ne cite aucun exemple. Balzac a aussi employé le mot *diatribe* avec la même signification (*Mélanges historiques*, lettre IV, p. 413).

[5] Château des ducs d'Épernon, qui a été déjà l'objet d'une note un peu plus haut.

avec sécurité que le tonnerre tombe aussy bien sur luy en Xaintonge qu'il a fait en Guienne. L'on nous a assuré que Milière[1] estoit passé chez luy par l'ordre du Roy pour luy faire entendre que le Roy se vouloit assurer du Chasteau Trompette, désormais que M⁽ʳ⁾ de La Valette estoit passé en païs estranger contre son commandement, et que de là il estoit allé changer la garnison.

Le R. P. Joseph mourut il y aura demain huit jours[2] et, selon les apparences, cardinal, s'il en a esté fait à ces derniers quatre temps, comme chacun l'espéroit. C'est un grand malheur pour sa famille. Je croy aussy qu'il n'est pas petit pour la France en l'estat où sont les affaires qu'il connoissoit à la perfection. M⁽ᵍʳ⁾ le cardinal a senti cette perte autant qu'il se pouvoit et sa douleur n'en est pas encore bien calmée[3].

L'Académie languit et perd le temps à l'ordinaire

La Pucelle a levé le pied pour faire un quatriesme pas[4] et ne l'a pas encore affermi sur terre. Cette mauvaise fille deshonnorera son père, si Dieu ne l'ayde, après luy avoir bien donné du tourment.

Si je suis libre, c'est au milieu des fers, car jamais captif n'en porta tant et de tant de sortes. Je croy que la prise de Brisac portera un grand coup pour la paix ou pour la trève contre l'opinion de M⁽ʳ⁾ le marquis de R[ambouillet], entre lequel et moy *minus cito convenit quam inter philosophos et horologia.*

Quand il n'y auroit eu autre raison pour faire sortir Mᵐᵉ de Senescey de la Cour, celle-cy suffiroit, qu'il y avoit trop long temps qu'elle y subsistoit. Mᵐᵉ de Brassac est l'héritière de cette grande place.

L'abbé prisonnier est toujours *sotto coperta*, et on ne dit point ce qu'on en veut faire. M⁽ʳˢ⁾ d'Andilly et de Saint-Nicolas sont à Pomponne et assés mal pour leur hyver. Je ne scay qui est préposé à la conduitte du Port Reale, si ce n'est M⁽ʳ⁾ de Paris luy mesme qui semble vouloir estre homme de bien sur ses vieux jours[5].

Voila, ce me semble, respondu à tout que bien que mal. Maintenant je vous diray que vous n'estes pas mal curieux pour un homme qui a renoncé au monde et que j'eusse bien fait pour ne vous pas donner matière de

---

[1] Sur la mission de M. de Millières, gentilhomme ordinaire du roi, auprès de l'ancien gouverneur de la Guyenne, à la fin de 1638, voir l'*Histoire de la vie du duc d'Espernon*, par Girard (p. 567). M. de Millières est plusieurs fois mentionné dans le recueil de M. Avenel (t. V, p. 212; t. VII, p. 970).

[2] Le P. Joseph mourut à Ruel le 18 décembre, à 10 heures et demie du matin, d'une attaque d'apoplexie, dans sa soixante-deuxième année. Voir le récit de la *Gazette* du 29 décembre 1638 (p. 756).

[3] La *Gazette* (ibidem) parle ainsi de la douleur de Richelieu: « Aussi le cardinal duc a-t-il tesmoigné l'estime qu'il faisoit de ses qualités par le regret qu'il a eu de sa mort, Son Éminence estant le 22ᵉ du courant venue exprès de Ruel en cette ville pour assister à la messe que le R. P. général de son ordre célébra pour luy aux capucins du faux-bourg Saint Honoré, où il est enterré. » Selon le P. Griffet (t. III, p. 151), le cardinal disait, en versant des larmes : « Je perds ma consolation et mon unique secours, mon confident et mon appui. » Ce qui dut sécher les larmes du cardinal, ce fut la nouvelle de la prise de Brisach que le sieur de Graves, dépêché par le duc de Weimar dès le 19, jour de la prise de possession de la place, lui apporta le 25. (*Gazette* du 29 décembre, p. 761 : *Les articles et autres circonstances et particularités de la prise de Brisac.*)

[4] C'est-à-dire que Chapelain venait de commencer le quatrième chant de son poëme.

[5] Jean François de Gondi, d'abord évêque, puis archevêque de Paris (1622-1654), était alors âgé de cinquante-quatre ou cinquante-cinq ans.

distraction de ne vous dire pas un seul mot de tout cecy.

J'ai présenté et leu à Mᵐᵉ la marquise de Rambouillet la lettre que vous luy escriviés qui a esté célébrée et haut louée, Mʳ de Vivans présent, que vous sçavés estre un des galans escriveurs de missives [1]. Pour celle de Mʳ de Chaudebonne, je l'ay laissée chés luy, ne l'ayant pas rencontré. Mᵉˡˡᵉ de Rambouillet vous demandera par le premier ordinaire ce que vous entendés par sa confession que vous a révélé vostre ange.

Je suis, Monsieur, vostre, etc.

De Paris, ce 24 décembre 1638 [2].

CCXXXVII.
À M. DE BALZAC,
à balzac.

Monsieur, vous jugés très-sainement de la comédie du Caro, et, hors le langage qui est un pur Toscanisme, et assés de traits d'esprit semés dans tout l'ouvrage, je ne la conte qu'entre les médiocres productions et croy bien que c'est la moindre des siennes. Il vous souviendra que je ne vous l'ay pas envoyée pour excellente, mais seulement pour passable et pour ce que vous me la demandiés. Le Marin [3], qui ne se connoissoit à guères de choses, me l'indiqua le premier avec des louanges extraordinaires, de sorte que je la fis venir exprès de delà les Monts. Il faut que chacun se considère et voye *quid valeant humeri, quid ferre recusent* [4], sans se charger d'entreprises comme le Caro a fait de celle-cy, dont certainement il n'estoit capable que fort peu. Cependant le stile et la beauté du langage l'empeschera de mourir et elle se conservera tant que la langue italienne sera estimée belle. Son fou

---

[1] Sans doute ce M. de Vivans, mentionné en ces termes par Tallemant des Réaux (t. VII, p. 377) : «Gentilhomme gascon qui estoit à Monsieur d'Orléans.»

[2] Chapelain, la veille de ce jour, écrivait (f° 450) au duc de Longueville : «Après tant de faux avis de la prise de Brisac, le dernier que le roy en a receu de M. d'Arpajon et que l'on ne doute point qui ne soit véritable m'a donné un nouveau sujet de vous tesmoigner la joye que nous avons icy tous de vos victoires. Car nous ne contons pas moins cet avantage entre les vostres que ceux de Blamont et de Lunéville, et tant d'autres glorieux de cette année et de la précédente et toute la modestie avec laquelle il vous plaist de parler de ce qui vous regarde ne nous empesche pas de voir la part que vous y avés et l'honneur qui vous en est deu... Par l'exemple de Lunéville qui fut emportée de force sur vos ordres et en vostre présence, sans que vous demeuriés d'accord que ce soit vous qui l'ayés forcée, nous voyons bien que vous ne croirés point avoir pris de villes, à moins que d'y estre entré le premier, comme vous fistes, il y a près de deux ans, à Saint-Amour. Chacun donne le généralat de cette entreprise [de l'an prochain, contre Perpignan] par mer et par terre à M. de Bourdeaux, pour lequel on tient que l'on a despesché à Rome afin d'obtenir pour luy le chapeau que le roy avoit demandé pour le R. P. Joseph...» — Relevons, dans une lettre à M. de Beauregard (f° 448), les deux adresses que voici : «A M. Chapelain, demeurant à la rue des Cinq Diamans, près de Saint-Josse, chés M. Faroard, procureur en parlement. — A M. Conrart, conseiller et secrétaire du roy, demeurant rue Saint-Martin, vis à vis de la rue des Vieilles Estuves.»

[3] Chapelain vit beaucoup Marino pendant le séjour que fit ce poëte à Paris, où il acheva l'*Adone*, qui parut pour la première fois dans cette ville en 1623, comme nous l'avons déjà rappelé. Il est amplement parlé de Marino dans une lettre que l'on trouvera plus loin.

[4] Horace avait dit (*Art poétique*, vers 26 et 27) :

..... Quid ferre recusent,
Quid valeant humeri.

est niais ¹ et plus du théatre de Tabarin ² que de celuy de l'ancienne Rome. Je suis honteux pour un aussy galant homme que le Caro, quand je me le représente composant les scènes où ce mauvais personnage est introduit et je me l'imagine fou luy mesme.

Puisque vous avés veu celles de l'Arioste, je ne feray point plus grande instance au jaloux qui les possède, et le blasmeray un peu de son peu de civilité, mais non pas tant que vous faittes jusques à le juger digne de voir le feu dans ses papiers ³. Car je comprends bien comment un homme peut aymer un livre rare, et ne se vouloir point mettre au hazard de le perdre, ou de ne le revoir que gasté par mille inconvéniens presques inévitables durant un long chemin et une saison humide comme celle cy ⁴. Mais M^rs Du Puy n'en ont pas usé de la sorte en vostre endroit. Et certes vous leur avés obligation du procédé qui leur est extraordinaire en matière d'envoyer des livres de Mr de Thou au loin. Je vous manday, de l'autre voyage, de quelle manière ils avoient accordé la prière à M^r l'Huillier au premier mot qu'il leur en avoit dit avec des termes les plus obligeans du monde. Il y a huit jours que ces épistres de Victorius sont chés moy, attendant que Mr Rocolet le peust mettre entre les mains du messager pour vous le faire tenir. Je les luy avois fait porter, croyant qu'il vous les pourroit envoyer dès lors, mais il me remit après la feste et je les fis rapporter pour luy donner *un sorso cosi à la frotta* ⁵, et voir de quel bois il se chauffoit. Je le verray mieux par le jugement que vous m'en renvoierés succint à l'ordinaire après que vous l'aurés bien leu.

Pour ce qui regarde M^r de la M[othe], il est net et sensé, mais sans guères de pensées qui soient de luy et toutes dittes dans un stile qui, à mon avis, ne mérite pas celuy d'éloquent. C'est une estrange façon d'escrire de ne se soustenir jamais sur soy mesme et de ne faire qu'arranger à sa mode les méditations d'autruy. Ces M^rs les rapsodes auroient bien plustost fait et avec plus de candeur, s'ils traduisoient les Grecs ou les Latins qui ont traitté des choses dont il prend envie à ceux cy de traitter après eux. Mais ils ne seroient pas autheurs, ils seroient seulement tourneurs et translateurs, titres qui leur semblent indignes d'eux quoyqu'à les bien considérer, ils ne soient autre chose que traducteurs desguisés et qui rendent à bastons rompus ce que les autres donnent tout de suitte. Cettui cy n'a garde de pousser un raisonnement de la force de Plutarque dans ses ouvrages, où j'en trouve de dignes

---

¹ Ce fou s'appelle *Mirandola*. Il paraît dans trois scènes (acte II, scène v; acte III, scène v; acte IV, scène v) de la comédie ou farce populaire d'Annibal Caro intitulée *Gli Straccioni*.

² Sur Tabarin (Jean Salomon), voir un excellent article de M. Jal (*Dictionnaire critique de biographie et d'histoire*, p. 1160-1165).

³ Balzac s'était exprimé ainsi (lettre déjà citée): «Mais aussi un homme jaloux à ce point là, mérite que sa femme le face c..., et que son valet mette le feu à sa bibliothèque, afin de luy apprendre à ne pas tant estimer ce qui est à luy.»

⁴ Chapelain pensait à ses propres livres, en plaidant ainsi la cause de son ami. Voir, dans les *Historiettes* (t. III, p. 271), deux plaisantes anecdotes où Chapelain figure comme un homme d'une «délicatesse» exagérée «sur le chapitre» du prêt des livres.

⁵ Je rétablis ainsi, d'après les conseils d'un ami très-versé dans la connaissance de la langue italienne, M. Léonce Couture, un texte qui n'avait aucun sens (*un surso cosi a lun fritta*). Chapelain a voulu dire : une gorgée, ainsi, à la hâte. *Cosi*, dans cette phrase, est explétif et familier, me fait remarquer M. Léonce Couture, qui ajoute : nous disons en français : y jetter un coup d'œil, comme ça, en passant.

d'estre comparés à tout ce que l'éloquence des anciens a de meilleur. Il remplit seulement l'esprit sans l'esmouvoir et sa morale est plustost dogmatique que touchante. Je l'ay trouvé très-hardi d'entreprendre le jugement de l'éloquence moderne, et encore que la pluspart des maximes qu'il a establies soient vrayes, et qu'en certaines choses il vous ait rendu justice, en d'autres on peut dire qu'il vous a fait tort, renfermant le mérite de tous nos françois éloquens dans l'arrengement de la période et ne vous exceptant pas lorsqu'il dit, ce me semble, qu'ils ne sont point capables de grands mouvemens, en quoy consiste la vraye éloquence. Ou il ne sçait ce que c'est de grands mouvemens, ou il n'a pas leu tous vos ouvrages, et ça esté grande imprudence à luy de choquer son amy, sans en avoir le dessein, en une chose aussy aisée à reconnoistre que celle-la, et où il n'y pouvoit avoir guères de personnes qui se trompassent.

Vous estes généreux de pardonner les foiblesses de ceux que vous aymés et que vous sçavés qui vous honnorent. C'est ce qui me fait espérer que vous excuserés les miennes, et que vous n'en aymerés pas moins, Monsieur, vostre, etc.

Nous leusmes, avant-hier, la moitié de vos dernières lettres dans le cabinet de Mme la marquise de R[ambouillet] avec de nouveaux applaudissemens. Si vous nous pouvés dire à qui fut escritte cette longue [lettre], pleine de plaintes de ce qu'on s'estoit persuadé que vous aviés blasmé un de vos amis d'humeur violente et mal propre à gouverner des hommes libres, vous nous ferés plaisir. On a creu que c'estoit à Contade¹. Je leur monstray celle que vous avés escritte fraischement à Mr de Boisrobert qui leur a semblé admirable comme à moy.

De Paris, ce 24 décembre 1638.

CCXXXVIII.
A M. DE SAINT-NICOLAS,
À POMPONNE.

Je suis estonné que Mr d'Andilly qui s'estoit engagé à me faire de si magnifiques remercimens de la prise de Brisac, soit demeuré muet après la nouvelle que je vous en ay envoyée. Est-ce qu'il ne trouve plus maintenant que ce soit une chose considérable? Auroit-il le regret que quelques uns tesmoignent d'avoir de ce succès, à cause que cette ville sera meslée, à l'avenir, de protestans et de catholiques? Ne croit-il point, comme Mr le marquis de R[ambouillet], que cela apporte quelque chose à la pacification de ces troubles? Enfin la part qu'il tesmoignoit prendre en cette affaire estoit-ce une feinte? Et si bien, parce qu'il est du monde, ne le touche-t-il non plus que nos hermites² et son amy prisonnier³? Ce n'est point tout cela, et j'ay deviné ce qui l'a empesché de me tenir parole. Il ayme mieux sans doute respondre à Mr le duc de Weimar qui luy a escrit sa victoire, qu'à moy qui n'ay fait que vous la mander, et j'avoue qu'il a raison et l'exhorte mesme à le faire avec toute l'éloquence dont il est capable, c'est-à-dire de luy en faire un éloge qui dispute de la primauté avec le panégy-

---

¹ Anne de Contades, gentilhomme provençal, ami du duc de Luynes, fut nommé, en 1618, sous-gouverneur du duc d'Anjou. Michel Le Vassor, auteur bien suspect, il est vrai, assure (*Hist. du règne de Louis XIII*, 1752, in-4°, t. I, p. 680) que Contades se contentait « d'instruire Gaston à bien jurer. » Le même historien rapporte (t. III, p. 421) que Contades, seul fidèle et seul généreux, fournit l'argent nécessaire pour embaumer le corps du connétable de Luynes (décembre 1621).

² Antoine Lemaistre et ses frères.

³ L'abbé de Saint-Cyran.

rique de Trajan, ce qu'il ne fera pas sans en garder une copie que nous verrons.

Au reste, je trouve que vous faittes un peu de tort à ce grand homme de dire qu'il est un des plus glorieux hommes de l'Europe. Il me semble qu'on ne luy peut nier le premier lieu sans injustice et tous les équitables mettent sa campagne de cette année au-dessus de tout ce que le feu roy de Suède a fait et, à le considérer dans les termes de l'art de la guerre, et non pas dans l'esclat simplement, je suis absolument de leur avis.

Nous avons pleuré la pauvre M*me* la M[arquise] de La Tour Landry[1] devant vous[2] et, avant-hier au soir, nous en fismes l'oraison funèbre dans le cabinet de M*me* la marquise de Rambouillet où vostre douleur et vostre perte furent fort considérées.

Je prie Dieu que vous n'ayés point de besoin de consulter Juif[3] et que, quand vous viendrés icy, ce soit pour resjouir seulement ceux qui vous y désirent.

M*r* le duc de Longueville sera à Coulommiers après le jour de l'an. Peut estre seray-je obligé de l'y aller voir et je n'y reculeray point à cause de la visite que je vous ferois en passant.

Le brave homme dont vous voudriés sçavoir des nouvelles est allé à Monceaux le jour de Noël et ne m'a point veu. Sur les bruits qui couroient je fus pour le voir le lendemain et le trouvay parti. A son retour, je le visiteray et sçauray toutes choses. Ce qu'on en dit ne se peut escrire.

Je suis à M*r* d'Andilly et à vous très, etc.

De Paris, ce 28 décembre 1638[4].

CCXXXIX.

À M. L'ÉVESQUE DE GRASSE (GODEAU),
À Grasse.

Monsieur, voyés si je suis bon et si je me autant que moy de deça : je n'en excepte pas les illustres de la rue Saint-Thomas [les dames de Rambouillet], ni celles du Marais du Temple [les dames de Clermont]. La nouvelle que nous a apportée M. de Graves, tant de la prise de cette importante ville, que de vostre santé et des festins que vous alliés préparer à vostre héros [le duc de Weimar], ne pouvoient estre meilleures, pour les affaires publiques et pour les vostres particulières. J'en loue Dieu avec tout mon cœur, et j'espère que cette belle campagne du Rhin, qui a produit tant de merveilles de guerre, produira encore celle pourquoy l'on fait la guerre, qui est la paix, ou du moins une trève qui vaudra la paix. Vous avés sceu peut-estre desja la mort du R. P. Joseph par le retour de son apoplexie. C'est une perte qui peut-estre ne vous touchera guères et toutefois, si vous estes bon Vimarien, vous la sentirés, ne fust-ce que pour complaire à S. A. et compatir à sa douleur, qui ne peut estre petite, estant privée d'un si bon amy et si zélé serviteur. Tous les estrangers y ont perdu extrémement, mais S. A. plus que tout autre, que ce rare ministre avoit pris à tâche de servir pour le bien de

---

[1] Ce devait être Éléonore de Jalesnes, fille aînée de Charles, marquis de Jalesnes, et de Éléonore de Maillé-Brezé; elle fut (27 avril 1634) a première femme de Louis de Maillé, dit de la Tour-Landri, marquis de Gilbourg, lequel se remaria (4 novembre 1649) avec Louise de Cherité.

[2] C'est-à-dire : avant vous.

[3] Jacques Juif, un des plus célèbres chirurgiens du xvii*e* siècle, mourut en 1658. Il est mentionné dans les *Historiettes* de Tallemant des Réaux (t. II, p. 70) comme ayant donné ses soins au cardinal de Richelieu, et (t. VII, p. 393) à la duchesse de Savoie (Chrestienne de France). M. P. Paris a cité sur l'habile opérateur de jolis vers de Voiture (*Ibid.*, t. II, p. 113). A mon tour, j'indiquerai sur Juif divers passages des *Lettres* de Guy Patin (édition Reveillé-Parise, t. I, p. 47, 89; t. II, p. 103). Ajoutons qu'il est souvent question de Juif dans les lettres du cardinal de Richelieu (t. IV, p. 403; t. VI, p. 908, 914, 919; t. VII, p. 22; t. VIII, p. 380).

[4] Le même jour, Chapelain écrivait à Montauzier (f° 455 «Personne ne vous souhaitte

relasche volontiers de mon droit pour vous plaire. Je vous avois mandé par ma dernière que je ne vous escrirois jamais qu'en response des vostres et que, dans la multitude de mes occupations, c'estoit tout ce que vous pouviés attendre de moy sans m'obliger à des surérogatoires [1].

Pour nouvelles nous sommes dans Brisac en dépit de tout l'Empire et, hier, l'on en chanta le *Te Deum* avec grande solennité [2]. Je croy que ce succès réduira la maison d'Austriche à la paix ou du moins à la trève, car d'espérer de reprendre cette place par force en l'estat où sont les affaires de l'Europe, ce seroit une chimere, et si l'on l'avoit entrepris, je croirois que la résistance qu'on y trouveroit acheveroit de ruiner les assaillans et restabliroit partout nos affaires.

De Paris, ce 3o décembre 1638 [3].

CCXL.
À M. DE SAINT-NICOLAS,
à POMPONNE.

Nous aurons tousjours de la douleur de reste. C'est ce qui me fait vous exhorter aussy bien que Mr vostre frère [4] à vous desfaire des passées pour demeurer en estat de soustenir celles qui sont à venir. L'oubly et le divertissement sont les deux seuls utiles remèdes que Dieu nous permet d'employer à la guérison des maux irrémédiables. Si la perte de Mme La Tour Lancry vous afflige, resjouissés vous de la convalescence de Mr de R[ambouillet] qui reprend sa santé dans la saison où tous les autres la perdent. Enfin n'oublions rien et servons-nous de toutes les choses qui nous peuvent soulager dans nos desplaisirs.

Si je vas à Coulommiers, je vous conteray [5] ce que l'on croit qui cause celuy de Mr de G[esvres]. Sinon je me hazarderay de vous l'escrire. Je suis marry de n'estre pas de vostre opinion pour l'*Alexandre* de Camusat [6]. Si ses controverses ne valent pas mieux, il aura fait une mauvaise emplette.

J'attens avec impatience ce qu'on vous mandera de Rome après la nouvelle de la prise de Brisac. Je m'assure que le sieur Antonio remettra les armes de France du buffet sur la porte, et que la bravoure des Espagnols se calmera au moins pour un temps.

Le jeune prince de Virtemberg, etc. (*sic*).

De Paris, ce 1er janvier 1639.

---

ce royaume et pour l'excellence de la vertu d'un si grand homme qu'elle est. M. le marquis de R[ambouillet] a esté un peu pelaudé [battu, étrillé. On se souvient du : *Je fus pelaudé à toutes mains*, de Michel de Montaigne] sur son succès [celui du duc de Weimar] qu'il a de la peine à croire, mais enfin il est contraint d'avouer que nos maximes et conjectures valent bien les siennes."

[1] Le mot *surérogatoire* est déjà dans d'Aubigné. C'est le seul exemple qu'ait trouvé M. Littré. De même, sous le mot *surérogation*, M. Littré ne cite, au XVIIe siècle, qu'un célèbre écrivain, Bourdaloue. Balzac disait *supérérogation*, comme au XVIe siècle, comme notamment disaient Calvin et Michel de Montaigne.

[2] Sur cette solennité, voir de grands détails dans la *Gazette* du 1er janvier 1639 (p. 8). On mentionne, dans le compte rendu de la cérémonie du 29 décembre, les « 91 cornettes et les 48 drapeaux gagnés sur les ennemis. »

[3] Cette lettre est la dernière de celles que nous fournit le 1er volume de la correspondance de Chapelain (n° 1885).

[4] Arnauld d'Andilly.

[5] De vive voix. Chapelain, dans une précédente lettre, ayant dit à l'abbé de Saint-Nicolas qu'il s'arrêterait [à Pomponne], en allant voir le duc de Longueville.

[6] De quel *Alexandre* s'agit-il là? Celui de Perrot d'Ablancourt, c'est-à-dire la traduction d'Arrien, ne vit le jour qu'en 1646, et celui de

CCXLI.
À M. D'ANDILLY,
À POMPONNE.

Si vous avés pris à bon escient les diverses libertés innocentes que j'ay prises en escrivant à Mʳ de Saint Nicolas depuis qu'il vous est allé tenir compagnie, j'ay fait un effet contraire à mon intention et je ne suis pas innocent dans vostre pensée. Quoyque vostre présence me soit souhaittable par dessus toutes choses et que j'aye un parfait repos dans vostre conversation, je ne suis pas si sujet à mes appétits que de les vouloir contenter au préjudice de vostre tranquillité. Je sçay respecter les desseins et les résolutions de ceux que j'honore, et quand je parle sérieusement, je mets toujours leurs intérests devant les miens. Je suppose tousjours qu'ils ont raison en ce qu'ils veulent, et quand je serois quelquesfois persuadé du contraire, je ne m'émancippe jamais jusques là que de les reprendre dans leurs actions et moins encore de leur faire des reproches. Je vous dis cecy afin que vous connoissiés que je n'ay escrit aucune des choses que vous avés veues soit sur une solitude, soit sur les nouvelles de Brisac, à dessein que vous les creussiés, mais seulement à dessein que vous en feussiés diverti, et que cela vous arrachast pour quelques momens au chagrin que je sçay qui vous accable. Et il m'a semblé mesme par quelques responses de Mʳ vostre frère que cette manière de jeu ne vous desplairoit pas, et que vous me provoquiés à le continuer comme une espèce d'amusement agréable. Il sera à l'avenir de vostre prudence et de vostre authorité de me prescrire la sorte dont vous trouvés bon que j'en use et je vous asseure que vous serés obéi en tout avec une extrême punctualité.

Vous me faittes rougir et me jettés en confusion lorsque vous me dittes que je n'aye point de mescontentement de vous. A cela je ne vous respondray autre chose sinon que vous ne vous souvenés pas de l'extrême sujet que j'ay d'en estre satisfait, ou que vous croyés que je sois devenu un autre homme, pour vous imaginer que je puisse jamais m'oublier tant que de trouver rien à dire à ce que vous ferés. Mais c'est un trop grand et trop sérieux esclaircissement pour une chose qui parle d'elle mesme et que sans doute vous n'avés point de besoin que je vous conjure pour vous la persuader.

Je passe aussy à l'autre point de vostre lettre, où vous loués si excellemment ce merveilleux homme qui nous a récompensés si largement de nos pertes et qui a remis nostre réputation et nos affaires à un si haut point.[1] Je n'ay point encore veu la lettre qu'il vous a escritte sur son heureux succès, mais j'ay encore plus le désir de voir celle que vous avés faitte pour lui respondre et qui doit estre quelque chose digne de luy et de vous.

Si Mˡˡᵉ de Longueville[2] me meine à Coulommiers, j'iray passer une soirée à Pomponne, où nous nous entretiendrons amplement. Cependant je prie Dieu qu'il vous console et conserve et suis inviolablement à vous.

De Paris, ce 1ᵉʳ janvier 1639.

CCXLII.
À M. DE BALZAC,
À BALZAC.

Monsieur, vous m'attristés quand je vous entens parler de vos chagrins, et ma tris-

---

Vaugelas, c'est-à-dire la traduction de Quinte-Curce, ne parut qu'en 1653.

[1] Le duc de Weymar.
[2] La future duchesse de Nemours.

tesse est d'autant plus grande que je voy qu'ils procèdent d'une cause trop véritable, et que ce mal n'est qu'une suitte d'un autre plus grand mal. Et certes je ne sçay qui pourroit conserver sa belle humeur dans une incommodité aussy fascheuse que celle de ne dormir point. Pour moy je ne connois point jusqu'icy de supplice cruel comme celluy là, et si je voulois punir rigoureusement le plus injuste de mes ennemis, je ne le condannerois point à de plus grande peine.[1] Si l'on nous a dit vray, la malice affricaine ne creut pouvoir bien maistriser le pauvre Régulus que par cette torture,[2] et il y a des relations de quelques tirans à qui il suffisoit pour assouvir leur inhumanité de coupper les paupières de ceux dont ils se vouloient venger, seulement parce qu'ils jugeoient que cela leur osteroit le repos.[3]

Qu'avés vous fait à la nature pour vous tyranniser ainsy, ou plustost que n'avés vous point fait par les rares ornemens que vous lui avés adjoustés par vostre art, pour mériter qu'elle vous favorisast plus au moins dans la santé que tout le reste des hommes?

Cela est estrange que vous trouviés en elle un Phylarque perpétuel[4], et qu'elle soit plus opiniastre à vous persécuter que ne l'a esté l'injustice des mauvais moines. Je me tiendrois heureux si dans vos maux je me pouvois persuader de vous servir de soulagement et de vous les rendre supportables. Mais pourquoy ne le croiray-je pas puisque vous voulés que je le croye? Pour faire le modeste, démentiray-je en mesme temps vostre amitié qui agit si sincèrement avec moy, et vostre éloquence qui est maistresse de nostre créance, et qui ne souffre point que l'on doute quand elle veut persuader. Je loue donc Dieu, Monsieur, de m'avoir choisi pour instrument utile à l'adoucissement de la douleur que vous sentés dans vos amertumes, et prens plaisir de voir par vostre exemple et par celuy de nostre adorable Romaine[5], qui se loue de mes soins comme vous, que je suis un médecin des belles âmes sans avoir pris attache de la Faculté.

Il est vray que ce médecin n'est guères plus sain que ses malades et qu'il auroit besoin d'un soporatif[6] encore plus puissant

---

[1] Balzac répond à ce passage dans la lettre XIX du livre XIX (page 773 de l'in-folio): «Mes nuicts sont mauvaises, et les vostres ne sont pas bonnes: ce n'est pas le moyen de me consoler. Mais je vous advertis de plus que mes jours ne valent rien, et que je n'ay que de passables moments.» La lettre, datée du 12 juin 1638, doit être reportée au 12 janvier 1639.

[2] Les critiques s'accordent à croire que les historiens romains ont singulièrement exagéré, pour ne pas dire entièrement imaginé, les tourments qui auraient été infligés à Régulus. Le silence de Polybe et de Diodore de Sicile sur les circonstances de la mort de Régulus autorise à regarder les récits d'Aulu-Gelle et de Valère-Maxime comme des récits en grande partie fabuleux. Rappelons ici que, dès 1738, Louis de Beaufort (*Dissertation sur l'incertitude des cinq premiers siècles de l'histoire romaine*) avait admirablement discuté tous les témoignages de l'antiquité relatifs au supplice de Régulus (p. 288-298 de la réimpression de 1866). Beaufort lui-même déclare qu'il a été devancé, dans cette discussion par «le fameux M. de Grentemenil,» dont nous retrouverons le nom dans la présente correspondance.

[3] Balzac (lettre déja citée) dit, à ce sujet: «Les veilles sont quelquefois sans douleur, mais quand les douleurs ne dorment point, c'est estre véritablement entre les mains des Carthaginois. C'est endurer le martyre sous les tyrans, dont me parle vostre lettre. C'est vivre comme je vis.»

[4] On sait que *Phyllarque* était le pseudonyme du P. Goulu.

[5] La marquise de Rambouillet.

[6] M. Littré n'a cité, sous le mot *soporatif*, que deux phrases de Voltaire.

que celuy que vous désirés pour reposer. La condition de ma vie est particulière et je ne croy pas que personne l'ait jamais receue au prix que j'ay fait. La nature en ce qui regarde le sommeil ne m'a pas esté plus équitable qu'à vous. Elle m'a seulement osté plus qu'à vous le sujet de me plaindre d'elle. Cela est obscur sans doute, mais il se faut expliquer. Vous dormés mal et rarement et toutesfois il arrive des temps que vous dormés et qu'au moins durant ce temps là vous passés quelques heures tranquilles. Il en est tout autrement de moy. Je dors toutes les nuits; mon sommeil est ordinairement de six heures avec peu d'interruptions, et avec tout cela depuis que je suis au monde, je n'ay pas reposé un moment et mon corps ny mon esprit n'ont point conjointement jouy de ce bénéfice général que j'appelle les vacations de la nature et dont il n'y a d'exception que pour moy. Mon dormir, en un mot, est pire que vostre veille, car vous veillés au moins avec tout vostre jugement, et vous employés toutes vos insomnies à de belles et raisonnables pensées, au lieu que je dors du seul jugement, et que mon imaginative[1] est tousjours esveillée, qui m'occupe tout le temps de mon mauvais sommeil de grotesques images et de mouvemens d'esprit desreglés qui me laissent bien plus rompu et macéré[2], quand le jour vient, que si je n'avois pas clos les paupières. Voilà l'exercice de toutes mes nuits, et le beau rafraischissement que donne au travail de mes jours cette mère marastre commune. Ne vous semble-t-il pas que je luy ay beaucoup d'obligation de partager ma vie entre la raison et la folie, et, à vous dire le vray, entre mes resveries et les actions des *Pazzerelli*[3] je ne mets aucune différence. *Quisque suos patimur Manes*[4]. Il faut prendre patience et surmonter nos infirmités en nous y accommodant. Je vous ay parlé de la mienne historiquement et non pas en forme de plainte, plustost pour vous consoler de ce que vous souffrés, que pour vous obliger à prendre part en ce que je souffre.

Quant à la marquise de Sablé, j'ay eu tort de vous avoir révolté contre elle. J'ay appris, depuis ma lettre, qu'elle envoya ce mauvais papier pour mauvais à l'hostel de Rambouillet et seulement pour voir si on le trouvoit aussi mauvais qu'elle[5]. Ce sont les propres termes de la Princesse Julie qui a trop de courage pour mentir et qui ne m'a rendu ce tesmoignage que pour rendre justice à son amie. Et pour moy qui ne suis pas moins amateur de la vérité qu'elle, j'ay creu vous la devoir dire en cette occasion, et réparer le mal que j'avois fait, pensant bien faire.

Vous m'avés bien consolé de me déclarer le sujet du discours que Mr l'Official me veut envoyer. Je l'attens sinon avec grande impatience, au moins avec grande expectation et me prépare à voir de nouveaux miracles. Vous me resjouissés bien aussy de me dire combien de diverses matières vos discours seront composés. Cette variété sera merveilleusement agréable, et toutes les professions y trouveront de quoy se contenter. Je ne doute point que tout n'y soit accompli et que vous n'en ayés esloigné toutes

---

[1] *Imaginative*, qui est un mot du XVe siècle, se retrouve dans Molière et dans Bossuet, mais la plupart des contemporains de Chapelain ont préféré le mot *imagination*.

[2] Atténué, réduit comme on l'est par des austérités prolongées. M. Littré n'a cité de l'emploi du mot *macérer* pris dans ce sens qu'un exemple tiré du *Panégyrique de sainte Thérèse*, par Bossuet.

[3] *Pazzerello* en italien veut dire petit fou.

[4] Virgile, *Æneid.*, lib. VI, vers. 743.

[5] L'énigme dont Balzac était le sujet et la victime.

les pierres de scandale. Néantmoins mon amitié exige de moy que sans nécessité, je vous prie de prendre garde surtout à ceux qui traittent de la théologie, et je vous avoue que, quand vous auriés converti la controverse sorbonique en controverse poétique, je l'aymerois bien autant et y verrois moins de peril et de contrainte. Il n'y a nulle difficulté à l'impression des éloquentes responses que vous avés faittes aux calomnies et aboyemens de Phylarque[1] et je pourrois alléguer de nouvelles raisons, outre celles que vous m'estallés si agréablement dans vostre lettre pour confondre ce..... qui vous en vouloit desconseiller, si les vostres n'estoient plus que suffisantes et si je ne vous avois desja que trop entretenu.

Je verray avec un extrême plaisir vos nouvelles méditations sur l'abbé comique, etc., et je vous prie de ne vous contenter pas de me les avoir promises. Il ne se présentera point d'occasion seure pour envoyer vostre volume à Rome et il n'y a que ce moyen ou celuy du courier qui est une ruine.

Il y a quelque chose à dire à la civilité que vous me faittes sur la liberté raisonnable dont vous usés avec moy sur ces petites occurrences et pour ces services de néant. Si j'estois un peu plus austère, vous en auriés une réprimande, et certes vostre scrupule choque un peu la noblesse de nostre affection qui nous rend nos affaires communes avec cette seule différence que nous prenons plus de plaisir à faire celles de nostre amy que les nostres propres.

Il y a dix jours que je vous envoyay le Victorius que je vous avois promis, mais pour ce qu'il va par le messager à cause du volume, ce sera bien tout si vous le recevés avec cette lettre. Je vous envoye le premier livre de la rhétorique du Caro qui est ce que j'en ay seu recouvrer. Vous le garderés, s'il vous plaist, en attendant qu'on vous puisse faire voir l'ouvrage entier qui est une belle chose.

Je suis, Monsieur, vostre.

De Paris, ce 1ᵉʳ janvier 1639.

Je ne croy pas que tous les libraires des anciens ensemble, non pas mesme le Tryphon, valussent vostre secrétaire[2] en matières de transcriptions. Voicy quatre vers assés froids que quelque homme de l'université sans doute s'est avisé de faire sur la prise de Brisac importantissime[3]. Les Espagnols appellent cette année celle des sièges levés. M. Voiture est de retour aujourd'hui de Florence. J'ay rajusté les deux derniers vers des douze que vous me demandastes, et dans la chaleur où j'en suis encore ils me satisfont assés. Vous en jugerés plus seurement :

Et que dans nos escrits, ainsi que dans nos temples,
Les neuf sçavantes sœurs consacrent ces exemples[4].

CCXLIII.

À M. DE BALZAC

À BALZAC.

Monsieur, je respondis avant hier à la vostre du xx décembre incontinent après

---

[1] La *Relation à Ménandre* qui fait partie des *Dissertations morales et chrestiennes*, où elle est suivie d'une autre apologie : *Les passages deffendus*.

[2] Ce secrétaire s'appelait Totila. Voir la note 3 de la page 435 des *Mélanges historiques. Lettres de Balzac*, n° X.

[3] Ces vers sont trop mauvais pour mériter d'être transcrits.

[4] La leçon définitivement adoptée par Balzac (*Œuvres*, t. II, p. 428) est celle-ci :

Adorons ces grands morts, ces antiques exemples,
Et portons nostre encens où l'on cherche vos Temples.

l'avoir receue, les festes l'ayant fait demeurer plus longtemps sur les chemins que de coustume, et je respons par avance à celle du xxvii[1] que je viens de recevoir pour ce que je pars demain pour aller au devant de M⁸ʳ le duc de Longueville qui fera une pause à Coulommiers pour respirer de ses travaux[2], quelques momens devant que de revenir dans le tracas de cette Cour. J'ay eu beaucoup de joye que mes sentimens sur nos historiens anciens se soient trouvés conformes aux vostres[3]. Mais que voulés vous dire, Monsieur, d'instruction et de redressement de vos avis? Ne vous allés point mettre à parler de vostre sçavoir et de mes ignorances en des termes de si grande confusion pour moy. Je vous dis toutes mes pensées et toutes crües sans réflexion, comme je les conçois ainsy qu'à mon confesseur, ou au moins qu'à mon confident, et plustost comme des péchés que comme des choses dignes de louange. En tout ce que je vous escris sur ces sortes de matières, je fay l'escolier devant le maistre, et hazarde tout sans garantir rien pour me faire régler et vous donner de l'exercice. Il faut briser là et ne s'engolfer[4] pas à l'ordinaire, vous faisant porter la peine de ma loquacité[5].

Vostre surprise n'a pas esté plus grande lorsque vous avés leu dans ma lettre ce que Guiet a dit de vostre transformation[6], que la mienne lorsque je l'appris de deux différents endroits. Ce n'est pas que je blasme les résolutions de personnes quoyqu'elles ne se trouvent pas conformes à mes sentimens. Je me contente d'appliquer ma raison à mon usage et ne suis censeur que de moy mesme, sans vouloir prétendre à faire de mon sens une règle universelle. Chacun a ses motifs et sa manière de discourir, que je serois présomptueux de croire moins bonne que la mienne, employée en un autre sujet que le mien. Mais ce qui causa ma surprise fut qu'il ne me sembloit point avoir reconnu en vous de ces craintes troublantes qui jettent les bonnes âmes dans les extrémités, comme si le christianisme n'avoit point de milieu pour ses vertus aussy bien que la religion de Socrate. Il me sembloit que n'ayant eu au plus que des fragilités, et tout vice noir ayant eu une exclusion perpétuelle de vostre

---

[1] L'in-folio de 1665 ne contient aucune lettre datée du 20 et du 27 décembre 1639. On y trouve, en revanche (f° 806), deux lettres datées du 15 et du 29 décembre de cette même année, et qui ne sont évidemment pas de ces jours-là.

[2] La *Gazette* du 22 janvier 1639 annonçait (p. 40) que le duc de Longueville et le vicomte de Turenne venaient d'arriver à Paris.

[3] Balzac avait écrit à Chapelain (lettre XXIX du livre XIX, p. 779 de l'in-fol.) : «Je vous remercie de la bonne justice que vous avés rendue, dans vostre dernière lettre, à nos amis de l'Antiquité. Pour moy j'en ay tiré de l'instruction, comme de toutes les précédentes.» La lettre, loin d'être du 20 novembre 1638, doit appartenir à la dernière quinzaine de décembre.

[4] *S'engolfer*, qui n'est ni dans Richelet ni dans Trévoux, est un mot du xvi° siècle. Je le trouve notamment dans le *Journal des voyages de Charles-Quint et de Philippe son fils*, rédigé par Jean de Vandenesse et publié dans les *Lettres et papiers d'État du cardinal de Granvelle*: «Le mercredy [19 octobre 1541], au poinct du jour, sa dicte Majesté s'engoulfa, navigeant tout le jour et toute la nuict....»

[5] Le mot *loquacité* est dans le *Dictionnaire* de Cotgrave, mais il n'a été recueilli ni dans le *Dictionnaire* de Richelet ni dans celui de Trévoux.

[6] Balzac avait dit (lettre citée plus haut) : «Je vous advoue que ce que vous me mandez de monsieur..., m'a un peu surpris. Il sçait plus de mes nouvelles que moy-mesme, et il faut qu'il soit le très grand, et le très bon tout ensemble, puisqu'il me béatifie de mon vivant et de son authorité privée.»

cœur, vostre vie estant noble et innocente, il n'y avoit point de lieu de recourir pour se bien remettre avec Dieu aux remèdes extraordinaires, qui tuent ou qui guérissent, qui mettent un homme entre les anges ou parmy les brutes [1]. Si vous l'aviés fait pourtant, j'en serois demeuré d'accord et aurois creu que vous l'auriés deu faire. Mais puisque ç'a esté l'imagination de quelque songe creux et que les choses en sont dans leurs premiers termes, j'en loue Dieu, et me réjouis avec vous de ce que vous estes content de vostre sagesse aussy bien que moy, et m'en resjouis d'autant plus qu'elle m'est plus commode de la sorte, et qu'elle m'édifie beaucoup plus que si vous l'eussiez rendue plus subtile. Il vous souviendra que c'est une belle chose que l'égalité et la constance dans la vertu et que ces exhaltations sont toujours suspectes ou d'affectation ou de folie. Vostre courage me satisfait infiniment et cette généreuse indépendance dans laquelle vous vous estes mis sans autre prétention que de mériter le ciel par une vertu saine et désintéressée.

Je ne passeray point d'occasion propre pour faire porter vostre paquet et je la rechercheray mesme. M\ Lhuillier est vostre sincère amy et je m'aperçois qu'il ne me rend de visites principalement que pour avoir le plaisir de parler de vous et de voir ce que je luy puis monstrer de vos lettres.

L'autheur de l'*Androgyne* [2] est un Provençal qui vaut bien quatre François de ceux qui se piquent le plus de bien dire. Il y a dans sa traduction une infinité d'excellens vers et il faut avouer que c'est une belle pièce. Il est malaisé que dans un si long ouvrage tous les vers soient égaux. Je le voudrois voir chés luy et dans quelque pièce de son invention [3]. On m'a dit qu'il a fait de mauvaises comédies [4]. Cela arrive pour la pluspart que ceux qui descrivent bien font mal parler, et animent mal les passions qui est la vraye et essentielle poësie, et dont si peu de gens sont capables, qui a fait de Virgile un Dieu, et où la pluspart des autres ont esté moins qu'hommes.

Saint-Amand s'est sanctifié par l'entreprise de son *Moïse* dont il fait un idille hé-

---

[1] Chapelain se souvenait ici de ce passage de Montaigne (*Essais*, l. III, ch. XIII) : « Ils veulent se mettre hors d'eulx et eschapper à l'homme, c'est folie : au lieu de se transformer en anges, ils se transforment en bestes. » M. Ernest Havet, dans son édition des *Pensées* de Pascal (1866, t. I, p. 100), a rapproché de la fameuse phrase : « L'homme n'est ni ange ni bête, » le passage de Montaigne et ce passage de Balzac (*Socrate chrestien*) : « L'homme est fait d'un Dieu et d'une bête qui sont attachés ensemble. »

[2] Assurément Chapelain veut parler de l'ouvrage intitulé : *l'Hermaphrodite, poëme où l'événement d'une fable est descrit avec tous les ornemens de la poësie ; imité du Preti*, par N. de Rampalle (Paris, Pierre Rocolet, 1639, in-4°). Sous la plume de Chapelain le mot *Androgyne* se sera substitué au synonyme *Hermaphrodite*. Sur Rampalle et sur ses poésies, on peut voir la *Bibliothèque françoise* de l'abbé Goujet (t. XVII, p. 110-113). Si ce critique avait lu plus attentivement les lettres de Chapelain, il n'aurait pas dit (p. 110) de N. de Rampalle : « J'ignore d'où il étoit, » alors que le correspondant de Balzac affirme que c'était « un Provençal ». Rampalle a été plusieurs fois mentionné dans les *Mélanges historiques. Lettres de Balzac* (p. 691, 752, 763).

[3] Parmi les ouvrages de Rampalle énumérés par l'abbé Goujet, je n'en vois guère qui soient de son invention : ses *idylles* sont toutes traduites ou du moins imitées soit de l'italien, soit du latin. Ce qu'il y a de plus original dans tout le bagage poétique du sieur de Rampalle, c'est une *satyre contre la poste*, en stances (Recueil de Sercy, t. IV, p. 212-222).

[4] Ces mauvaises comédies ne sont citées nulle part, mais on trouve dans le *Manuel du libraire*, au mot *Rampalle*, l'indication d'une tragi-comédie (*la Belinde*, 1630) et d'une tragédie (*Dorothée*, 1658).

roïque tout rempli de descriptions, et belles en vérité, mais il tombe lorsqu'il faut faire parler, si bien qu'il entretient l'imagination et ne remue point les entrailles. A ce que je voy les bouffons de vostre carnaval vaudront bien les nostres.

Je suis, Monsieur, vostre, etc.

De Paris, ce 3 janvier 1639.

CCXLIV.
À M. L'ÉVESQUE DE GRASSE,
à GRASSE.

Monsieur, et puis plaignés vous de ma négligence et dittes que je vous laisse manquer de consolation dans vostre éloignement. Je ne vous escris pas seulement sans que vous m'ayés escrit, qui est un effort assés extraordinaire, mais je fais escrire M[ll]e de R[ambouillet] et vous envoye sa lettre qui est pour vous une grâce que je ne scay pas comment vous récompenserés. Sans feinte et sans artifice j'en estois là resvant à ce que je vous dirois pour remplir le reste de la page quand Mr Camusat m'a apporté la vostre du XIII de décembre. Nous vous allouons[1] vos excuses et les tenons pour bonnes, et voulons croire que la faute est toute des messagers quand nous passons une semaine sans recevoir de vos nouvelles[2]. Vous nous ferés la mesme justice, s'il vous plaist. Je ne croy pas que les Espagnols vous facent tant de mal que vous le craignés. Ils auront à craindre d'ailleurs sur la mer Méditerranée, et nous serons plus forts de galères l'esté prochain que nous n'avons encore esté. Je resjouiray l'hostel de Ramb[ouillet] et particulièrement M[e] la Marquise quand je lui diray la résolution que vous avés prise de faire un nouveau cantique de la Vierge et certes il y a [sic, pour va] de vostre réputation. Je suis bien aise que vous entrés dans mon sentiment pour le voyage dont est question. Il vous seroit indifférent que ma philosophie eust succombé aux assauts d'une aussy grande vertu que celle d'Arténice, mais vostre jalousie auroit un juste fondement, si sa vertu avoit perdu de sa sévérité pour ma philosophie. Encore ne sçait-on !

Je suis, Monsieur, vostre, etc.

De Paris, ce 7 janvier 1639.

CCXLV.
À M. BOUCHARD,
à ROME.

Monsieur, je n'ay pas seulement receu vos lettres du XV novembre par Mr Voiture, mais j'ay eu encore grand entretien avec luy sur vostre sujet. Vous devés estre fort satisfait de la bonne relation qu'il m'a faitte de toutes les excellentes parties que Dieu a mises en vous et estimer plus les louanges qu'il vous donne, que si toute l'Académie françoise vous avoit paranymphé. Car comme il a une délicatesse d'esprit qui parmi nous n'a pas sa pareille, et qu'il faut qu'une chose soit bien accomplie pour ne le choquer pas, nous avons remarqué que, sans estre envieux, il est chiche d'éloges et trouve souvent mauvais ce qui est dans l'approbation du commun. Le bien qu'il m'a dit de vous en toutes choses vous doit tenir lieu de titre pour la confirmation de vostre estime, et désormais sur sa parole vous devés avoir bonne opinion de vous, sans craindre de passer pour vain.

Je vous rens grâces de ce que vous m'avés meslé dans les compliments que vous avés faits à M[r] l'abbé de Retz sur la faveur qu'il vous avoit faitte. Vous connoistrés dans la suitte du temps combien il mérite d'estre

---

[1] Terme du palais.
[2] Une semaine! On voit combien était active la correspondance entre l'évêché de Grasse et l'hôtel de Rambouillet.

honnoré mesme sans y estre obligé par ses courtoisies. Nous n'avons point d'homme de son âge qui ait joint à la haute naissance et à la grandeur de courage tant de probité et de beau sçavoir[1], et je le regarde comme une personne à qui, sans injustice, la fortune ne peut refuser les places que M^{rs} ses oncles tiennent et ont tenu dans l'Église[2]. Je ne doute point que vous ne luy donniés vos soins avec plaisir et que vous ne vénériés en luy par avance la pourpre qui ne luy peut manquer[3]. Les paroles avantageuses qu'il vous a tenues de moy sont des effets de sa grâce plustost que de mon mérite. Aussi m'en crois-je plus son redevable et m'estime plus obligé à l'en remercier. Vous me rendrés, s'il vous plaist, ce bon office auprès de luy et luy dirés que je croy qu'il m'ayme, quoyqu'indigne, comme l'on ayme les choses qui sont à soy.

Je mets entre celles qui me peuvent apporter plus de consolation et de gloire l'inclination que vous avés donnée pour moy à Mrs Bracciolini et Mascardi. Après le jugement désintéressé que je vous ay fait il y a long temps d'eux et de leurs ouvrages, ils croient bien, quand vous les asseurerés de mon dessein, que c'est sans dessein de les cajoler et que je suis véritablement à eux. Le premier m'a fait un bien que je ne puis assés reconnoistre en m'envoyant la belle chanson que j'ay trouvée dans vostre paquet et qui nous donne un si magnifique abrégé de sa vie. Il est vray que je puis dire que je n'y ay appris que fort peu de chose, quoyqu'elle soit pleine de diversités, ayant desja remarqué par la lecture de ses œuvres une bonne partie de ses avantures, en telle sorte que j'eusse peu estre plus qu'à demy son historien. Et, afin que vous m'en croiés, je vous diray que je m'estonne que dans ce beau narré, il ait voulu oublier le premier de ses poëmes, je veux dire *Il Sdegno amoroso*[4], lequel, au jugement des habiles, fait la quatriesme des excellentes bergeries italiennes et qui me semble plus admirable que toutes, veu l'age où il la conceut et la laissa voir[5]. Ce n'est pas, à la vérité, une pièce qui dispute pour le nœu et le desnouement avec le *Pastor fido*[6] ni la *Filli di Sciro*[7], mais elle est meilleure que l'*Aminte*[8], et, pour les sentimens et la belle versification, elle les égale toutesfois, de manière que je ne fay point de difficulté de vous dire qu'il luy a fait un peu

---

[1] Chez le futur cardinal de Retz, le *beau sçavoir* l'emportait de beaucoup sur la *probité*.

[2] Pierre, cardinal de Gondi, évêque de Paris, de 1569 à 1598; Henri, cardinal de Gondi, évêque de Paris, de 1598 à 1622; enfin Jean-François de Gondi, archevêque de Paris, de 1623 à 1652.

[3] La prédiction de Chapelain se réalisa treize ans plus tard (février 1652).

[4] L'*Amoroso Sdegno, favola pastorale*, parut à Venise en 1597, in-12, et reparut à Milan, la même année, avec de nombreuses corrections de l'auteur.

[5] Bracciolini avait trente et un ans en 1597, mais l'ouvrage avait été composé bien avant cette époque.

[6] Le *Pastor fido* de Battista Guarini fut imprimé pour la première fois en 1590. Cette tragicomédie pastorale avait été représentée à Turin en 1585, à l'occasion du mariage du duc de Savoie avec Catherine d'Autriche.

[7] La *Filli di sciro* de Guidubalde Bonarelli de la Rovère (né en 1563, mort en 1608) parut pour la première fois à Ferrare, en 1607, in-4°. Cette pastorale fut ensuite réimprimée presque autant de fois que l'*Aminta* et le *Pastor fido*.

[8] Rappelons que l'*Aminta* fut jouée devant la cour de Ferrare, au printemps de 1573, et qu'elle fut publiée à Venise, chez Alde, en 1581, in-8°. Je ne crois pas que les critiques italiens donnent raison à Chapelain, préférant la pastorale de Bracciolini à celle de Torquato Tasso, qui, pour la plupart d'entre eux, reste, au contraire, incomparable.

de tort de la désavouer ou de ne s'en estre pas souvenu[1].

Je m'estonne encore qu'il n'ait point parlé de sa *Bulgaréide*, à qui, si M. Maynard m'a dit vray, il ne reste que d'estre mise sous la presse[2]. J'ay encore une petite peine d'avoir veu, dans cette belle chanson, qu'il ait fait son *Héraclis*[3] postérieur à son *Scherno degli Dei*[4], quoyqu'au commencement de ce dernier, il face mention du premier comme d'une chose achevée. Par ces observations, vous jugerés si je sçavois desjà de ses nouvelles et si j'eusse peu parler de luy avec fondement. Cette dernière pièce qui m'esclaircit du reste me semble une de ses meilleures productions et j'y remarque [en] un âge avancé sa veine de jeunesse, c'est-à-dire coulante, nombreuse et fleurie, en un mot digne de sa réputation et du grand maistre qu'il a servy de tout temps et qui honnore encore sa servitude par le cas que j'apprens qu'il en fait[5].

Obligés moy, je vous prie, de lui bien tesmoigner le ressentiment que j'ay de la faveur qu'il m'a faitte en me donnant ce bel ouvrage et en me le donnant mesme avant celuy à qui il s'adresse. Je sçay peser le mérite et les circonstances de cette libéralité pour souhaitter de m'en pouvoir revancher dignement. Mais comme cela ne se peut je me contenteray de ce qui m'est possible.

Vous trouverés avec cecy un sonnet que la naissance de nostre jeune prince m'a inspiré. Je vous prie de le luy présenter de ma part pour un essay de ma reconnoissance et une marque de l'hommage que je rens à sa vertu. Le sentiment que j'eus d'abord, après la lecture de vostre Oraison[6] est le mesme que j'ay encore à cette heure. Je n'ay point veu de plus pure latinité, d'exorde plus au sujet ni plus obligeant pour l'auditoire, de péroraison plus attachée à la matière ni de narration plus nette et moins languissante. Quelques-uns y eussent désiré de plus grandes figures et de plus grands efforts d'esprit. Mais je crains qu'ils ne jugent plustost selon leur goust que selon la nature de la chose, quoyque je ne condamne pas leur goust tout à fait.

Voilà ce que vous en pouvés avoir de moy, et si je voy assés clair, quiconque vous en marquera davantage, ne vous peut faire qu'un mauvais catalogue. J'ay opinion que M. de Balzac ne vous en mande autre chose dans les lettres que j'ay receües de luy pour vous et qu'il y a trois semaines que j'ay fait mettre entre les mains de M. Hulon afin de vous les faire tenir.

---

[1] C'était, dit Ginguené (*Biographie universelle*), « un ouvrage de sa jeunesse, et qu'il ne voulait point faire imprimer, mais un ami prit sur lui de le publier, comme nous l'apprend l'imprimeur Ciotti dans l'*Avis au lecteur* de la première édition. »

[2] Mainard, dans sa lettre CI (recueil déjà cité), donne force détails à Chapelain sur le poëme du « sieur de Braccioliny ». En voici quelques-uns : « Luy [Bouchard] et moy [y] allasmes pour satisfaire au désir que vous avez d'estre informé du poëme épique qu'il a sur le mestier... La pièce dont je vous parle n'est commencée que depuis un an, elle est de vingt chants et d'autant de vers que la *Jérusalem* du Tasse, et l'auteur nous la fait voir achevée. Six sepmaines de correction la mettent en estat de sortir au jour : je ne sçay si mes oreilles m'ont trompé ; à mon goust les chants que j'en ay ouy réciter sont dignes d'estre estimez... »

[3] Chapelain veut parler de *la Croce racquistata, poema eroico* (Paris, 1605, in-8°), dont le héros est l'empereur Héraclius reprenant la vraie croix au roi de Perse, Cosroës, qui s'en était emparé à Jérusalem.

[4] *Lo Scherno degli Dei* parut treize ans après la *Croce racquistata* (Florence, 1618, in-4°).

[5] Urbain VIII.

[6] L'oraison funèbre de Peiresc déjà plusieurs fois mentionnée dans cette correspondance.

J'ay encore, à propos de M. de Balzac, un assés gros paquet de luy pour vous, mais que je n'ay point voulu donner à la poste de peur de vous faire acheter ce qu'il vaut, c'est-à-dire un grand prix, car vous sçavés que les ouvrages de nostre orateur sont précieux. J'attens quelque autre abbé de Retz, s'il y en a toutesfois quelqu'un encore aussi bon et aussi généreux que luy, pour vous le faire tenir franc. Ça esté un grand mal qu'il m'ait esté rendu après le partement de Mr Voiture pour Rome et luy mesme m'a bien tesmoigné du desplaisir de ne vous avoir pas rendu ce service à tous deux.

Je n'ay point veu ni ouï parler de la *Virgine cometta* ni de *le Nozze degli Dei*, et il faut que ces deux ouvrages ayent esté rendus à Mr l'abbé de Chastillon[1] lorsqu'il estoit en Picardie avec Son Éminence ducale. A la première veue je luy en parleray, comme aussy de vostre Oraison, pour tirer de luy l'avis que vous désirés de l'accueil que luy a fait Son Éminence et encore à vostre traduction[2]. Pour cette dernière j'ay appris de Mr Camusat que l'impression en est fort avancée, et ainsy il n'est plus question de vous en dire nostre avis. Mais elle sera sans doute à un tel point de perfection que nous n'aurions eu à vous en dire que des louanges, lesquelles par modestie vous avés mieux aymé reculer qu'avancer. Je feray auprès de vostre amy[3] le reste des offices que vous me recommandés, bien marry qu'il ne vous puisse plus servir qu'auprès de l'un de ces deux grands hommes[4], car, comme vous l'avés desjà sceu, le R. P. Joseph pour nostre malheur commun a quitté cette vie pour une meilleure, à la veille d'estre un de vos Princes, et, selon l'opinion de ceux qui croyent la promotion aux quatre temps, trois jours après l'avoir esté. Si nous estions intéressés, il le faudroit pleurer pour la perte que nous y faisons l'un et l'autre et moy plus que vous, pour ce que j'avois plus de gaiges du bien qu'il me vouloit. Mais il le faut pleurer pour le dommage qu'en recevront les affaires publiques, ne voyant point d'hommes parmy qu'on puisse mettre en son lieu, qui ne soient infiniment au dessous de luy en courage, en esprit et en travail et assiduité. Je ne sçay au reste si les avis que j'ay pris la liberté de vous donner touchant vos prétentions de deçà[5] vous semblent sages et le sont en effet, mais je sçay bien qu'ils sont sincères et cordiaux, et tels que je voudrois qu'on me les donnast, si j'estois en vostre place. Vous ne me faistes que justice de les tenir pour tels et je suis bien aise encore de vous voir l'esprit en l'assiette que vous me mandés et que vous ayés de si bons principes de vostre conduitte. En les suyvant, il ne vous peut arriver de mal et il vous peut arriver du bien que je vous souhaitte plus qu'homme du monde.

Le nom académique de Mr Voiture est *il Negligente*, ou, si vous voulés, *il Trascurato*. Jamais homme ne fut moins à l'Académie que luy, et la vostre des Humoristes se peut vanter de l'avoir plus veu en trois jours qu'il a esté à Rome, que la nostre en quatre ans qu'il y a que nous l'y avons receu. Je vous dis cecy pour vous faire voir que vous vous estes mal addressé pour sçavoir des nouvelles de l'Académie et de ce que l'on y fait. L'homme à qui vous parliés fut un des premiers à dire qu'il ne falloit faire ny Dictionnaire ni harangue et à monstrer par son exemple qu'il ne se falloit charger d'au-

---

[1] Boisrobert.
[2] La traduction du livre de Mascardi sur la conjuration du comte de Fiesque. Cette traduction parut en 1639, à Paris, in-8°.
[3] Encore Boisrobert.
[4] C'est-à-dire auprès du cardinal de Richelieu, auquel est dédiée la traduction de Bouchard.
[5] Au sujet des bénéfices qu'il sollicitait.

cune de ces occupations. On ne laisse pourtant pas de parler assés souvent sur de divers sujets dans les termes que désire l'éloquence, et l'exercice ordinaire des Académiciens, aux jours d'assemblée, est l'examen rigoureux des pièces de ceux qui la composent, duquel on extrait des résultats pour la langue qui en seront un jour les règles les plus certaines. Nous avions résolu de commencer le Dictionnaire aussy, mais pour ce que c'estoit un ouvrage de tout le corps, les membres ne s'y portoient que laschement, pour ce qu'ils n'en attendoient ni honneur ni récompense particulière, et les trois quarts regardoient ce travail comme une courvée. Ainsy il est demeuré suspendu jusqu'à une meilleure saison, et afin que vous voyés que je n'estois pas des lasches et que j'eusse bien volontiers donné ce bien à mon païs, je vous envoye le plan que j'avois dressé de l'ordre de Son Éminence et par le choix de la Compagnie, pour compiler[1] ce Dictionnaire en la forme la plus parfaitte et la plus utile qu'il se pouvoit, et je m'asseure que vous jugerés, avec le cabinet de M^{rs} Du Puy, que si nous avions suyvi cette méthode, nostre vocabulaire auroit quelque avantage par dessus les Grecs, Latins et Italiens[2]. Vous n'en donnerés, s'il vous plaist, point de copie, et nous manderés ce que vous y trouvés de manque ou de mauvais, car c'est à un polyglotte[3] comme vous à qui l'on doit demander avis sur ces matières.

Je ne vous en donneray point sur l'Ode que vous me demandés, puisque mon sens n'est pas conforme au vostre, auquel je me sousmets en tout. Mais je vous avoue que hors la seconde strophe qui me semble fort belle, les deux derniers vers de la première et les sept premiers de la première antistrophe avec les deux derniers de la première épode, tout le reste me semble d'un stile dur, d'un vers contraint et peu lyrique et, par l'effort des pensées forcées pour vouloir s'eslever au-dessus de l'ordinaire, dégénérant en obscurité. Il est vray que c'est une Ode pindarique[4], et qui par conséquent doit avoir les défauts de ce genre aussy bien que les vertus. Je souhaitterois avec tout cela qu'il n'en eust que les vertus et je n'y vois guères que les vices. Faittes moy la faveur de bien considérer sa fin et tout ce parallèle de ciel et d'estoilles avec la Maison et les qualités de M. de Peyresc et je suis trompé si vous n'y trouvés une affectation vicieuse, et tirée par les cheveux[5], dont il n'y a point d'exemple dans la bonne antiquité. En un mot, sans que vous me l'eussiés dit, j'eusse bien vu que c'estoit de la poësie d'un sçavant homme, mais non pas de celle d'un poëte. Vous me ferés plaisir de faire juger ce différent en particulier par M. Bracciolini, du jugement duquel je n'appelleray point.

Je suis espouvanté de ces 40 ou 50 langues dans lesquelles vous avés fait chanter la

---

[1] M. Livet, qui a reproduit toute la partie de cette lettre relative à Voiture et à l'Académie, dans son édition de l'ouvrage de Pellisson et de l'abbé d'Olivet (t. I, p. 372), a lu *compléter* là où je lis *compiler*.

[2] Voir sur le Dictionnaire en général et sur le plan publié par Chapelain en particulier, les renseignements que fournit Pellisson (*Histoire de l'Académie*, t. I, p. 101-110). Pellisson rappelle que c'est sur le plan de Chapelain qu'on travailloit encore au Dictionnaire, au moment même de la composition de l'*Histoire de l'Académie*, à l'exception de ce qui regarde les citations.

[3] M. Littré n'a cité aucun exemple de l'emploi du mot *polyglotte*.

[4] M. Littré, sous le mot *pindarique*, n'allègue que Jean-Baptiste Rousseau et Millevoye.

[5] Que l'on n'accuse pas Chapelain d'avoir employé une locution trop familière! Deux illustres exemples rappelés par M. Littré justifient notre auteur : Pascal a parlé de *figures qui semblent un peu trop tirées par les cheveux*,

mémoire de vostre héros[1]. J'ay peur que vous n'y ayés employé tous les dialectes d'Italie, et que vous ne m'ayés appresté à lire et à deschiffrer des vers en des idiomes que Panurge ne sçavoit pas[2], comme qui diroit le Padouan, le Bargamasque et le Sicilien. Si vous estes demeuré dans les langues génèralles, je ne sçay où vous avés trouvé des gens qui parlent et riment en Moscovite, Tartare, Japonois, Mexicain et Péruvien. Postel, s'il revivoit, ne pourroit pas vous satisfaire sur une telle multitude[3] et vous devés faire estat qu'après que je vous auray dit mon sens de trois ou quatre, je vous laisseray le reste à juger. Je vous répète encor icy que les hendecassyllabes du s^r Alessandro Pollini sont dignes de l'antiquité et du siècle du bon Catule. Je n'en demande pas davantage pour estre persuadé de son mérite, et je veux qu'il scache qu'il a un trompette de sa vertu en moy. Obligés moy de le luy tesmoigner et de l'asseurer fort de mon service. Ma patente est longue, mais c'est pour les arrérages que je crains bien de vous avoir payés en mauvaise monnoye.

Je suis, Monsieur, vostre, etc.

De Paris, ce 6 janvier 1639.

CCXLVI.
À M. DE MONTAUZIER,
EN ALSACE.

Monsieur, je vous mandois par ma dernière que vous n'auriés plus de lettres de moy et je m'estois proposé de ne vous plus escrire dans la ferme persuasion que la prise de Brisac seroit vostre liberté. Comme toutesfois nos ministres sont façonniers[4] et qu'ils sont aussy malaisés à faire signer des congés que M. de Bullion à ouvrir la bourse, j'ay veu que je pourrois bien encore un coup vous dire de nos nouvelles et vous demander des vostres. Ce n'est pas que je ne sois las de tant escrire, sans sçavoir si mes lettres ont esté jusques à vous, ne recevant des vostres qu'en deux mois une seule qui n'accuse jamais la réception de mes paquets. Mais je n'ay pas le courage de manquer de cette consolation que vous dittes qu'ils vous apportent, et suis trop bon pour ne pas finir comme j'ay commencé.

Nous avons cent duretés à vous reprocher et mille avantages à tirer sur vous en matière d'amitié et de soin, mais ce ne sera qu'à Paris et dans le cabinet ou la chambre que vous scavés[5], après que vous serés reposé de vos fatigues et que vous ne vous en

---

et Bossuet a dit : *c'eût été trop tirer les choses par les cheveux.*

[1] Ce fut en quarante langues que furent exprimés les regrets causés par la mort de Peiresc à la république des lettres dans le recueil intitulé : *Monumentum Romanum Nicolao Claudio Fabricio Perescio, senatori Aquensi, doctrinæ virtutisque causa factum* (Rome, à l'imprimerie du Vatican, 1638, in-4°). C'est dans la partie du recueil intitulée *Panglossia*, laquelle s'étend de la page 85 à la page 119, que se trouvent 46 pièces en hébreu, en syriaque, en persan, en géorgien, en arménien, en éthiopien, en copte, en slavon, en russe, en polonais, en albanais, en japonais, en péruvien, etc., sans parler des pièces rédigées dans les diverses langues de l'Europe anciennes et modernes. Le volume fut dédié par Bouchard à Urbain VIII.

[2] Tout le monde connaît le spirituel récit de Rabelais (*Gargantua et Pantagruel*, liv. II, ch. IX).

[3] Guillaume Postel, mort à Paris en 1581, fut professeur de langues orientales au Collége de France et passa pour un des plus savants philologues de son temps. Voir sur ce personnage l'*Essai sur la vie et les ouvrages de Florimond de Raymond*, déjà cité (p. 111-116).

[4] Le mot *façonnier* est dans Molière et dans Mme de Sévigné.

[5] Le cabinet ou la chambre de l'hôtel de Rambouillet.

souviendrés que pour vostre gloire. Pour ceste heure vous estes le beau et le bon sans défaut et sans tache, le désiré de l'un et de l'autre sexe, enfin le Daufin du Maresls et de la rue Saint-Thomas[1]. Je m'imagine qu'il ne vous faudra pas beaucoup prier de partir de vostre Allemagne quand vous aurés un signé Louis, et qu'il vous sera aisé de vous résoudre à venir icy resjouir tous vos amis et amies. Vous les y trouverés tous en bonne santé et prests à masquer[2] et à monter sur le théâtre. Le seul Maistre de camp[3] a un embarras criminel pour un logement de l'une de ses compagnies, mais nous espérons que vous trouverés cela accommodé à vostre arrivée et que de nul costé nous n'aurons nul sujet de pleurer. Mr le lieutenant[4] a une galanterie nouvelle qui vous donnera grande matière d'exercer vostre férocité, car elle l'a rendu si particulier et si fort attaché à son petit quartier, qu'il ne fait plus nulle raisonnable visite, de sorte que chacun le pousse et en est horriblement révolté contre luy.

Vous trouverés avec ce mot une lettre de Mr son cousin où il vous parle peut estre de son affaire. J'ay receu la vostre du xviii de Colmar si tard que nous ne l'avons peu employer pour nouvelles auprès de Mr le marquis de R[ambouillet] ny le persécuter de ce bon succès, mais cela avoit desja esté fait sur la nouvelle qu'en avoit apportée Grave[5] sans qu'il sceust comment se défendre ni que répliquer.

Je suis, Monsieur, vostre, etc.

De Paris, ce 10 janvier 1639.

CCXLVII.
À M. L'ÉVESQUE DE GRASSE (GODEAU).
À GRASSE.

Monsieur, voicy trois semaines consécutives que je vous donne des régales, dont je prétens que vous me demeuriés fort obligé. Le premier a esté une lettre de Me la m[arquise] de R[ambouillet]. Le second autre de Melle sa fille, et le troisiesme de Mr le Marquis que vous trouverés dans ce paquet. Pour tout ce bien je croy avoir droit de vous demander une douzaine de rosaires, de petites oranges semblables à ceux (*sic*) que Mr de Sesi a envoyé la première fois aux Filles de l'Hostel. J'en suis prié et conjuré par le bon Mr de Chavaroche qui a eu cette commission de Me Dyeres[6] et qui en fait un point d'honneur. Si cette marchandise est chère, j'entens que vous la faciés achepter par l'un des vostres à mon conte et je donneray ordre d'en remettre de deça le prix entre les mains de Mr Conrart, et cela, s'il vous plaist, sans réplique, car vous scavés que c'est ainsy que nous agissons. Si aussy elle est à bas prix et que nous puissions en charger nostre conscience sans charger vos finances, après que l'emplette en sera faitte, vous commanderés, s'il vous plaist, qu'on en face une boette bien juste et bien cachetée et qu'on prenne l'occasion la plus prompte et la plus seure pour l'envoyer après y avoir mis le port raisonnable, tel que le prenne (*sic*) les messagers en cas pareil, car comme cela ne presse point, il n'est pas besoin de l'envoyer par la

---

[1] Nous avons déjà vu que l'hôtel de Clermont était au Marais et l'hôtel de Rambouillet près du Louvre.

[2] C'est-à-dire à se masquer pour jouer la comédie de société.

[3] Pierre Arnauld.

[4] Le lieutenant Arnauld.

[5] On a vu plus haut que M. de Graves avait apporté à Paris, le 25 décembre, la nouvelle de la prise de Brisach.

[6] Madame d'Hyerre était Claire-Diane d'Angennes, fille cadette de la marquise de Rambouillet : elle avait été nommée abbesse d'Hyerre en 1636 et mourut en 1669. Voir sur cette religieuse Tallemant des Réaux (*Historiettes*, t. II, p. 494 et 495).

poste. L'adresse en sera à Mʳ Camusat, duquel on les tirera en acquittant le port avec soin et punctualité.

C'est une belle chose que de demander à une personne de vostre sorte de ces offices familiers. Mais vous considérerés que c'est en matière pieuse et que Mʳ de Chavaroche et Yerre[1] méritent bien que l'on passe par dessus quelques formalités. Par le premier ordinaire, après la réception de cette lettre, vous me ferés la faveur de me mander ce que nous devons nous promettre de cela.

Le mesme Mʳ de Chavaroche m'a dit aujourd'huy que fraischement encore Mᵉ le prieur de l'Enfourcheure a escrit à Sauvé qu'il remettoit l'affaire d'Antibe à la disposition de Mᵉ la duchesse d'Aiguillon et que trouvant vostre procuration à Paris, lorsqu'il y arrivera, la chose se concluroit sans remise. Il y a long temps que Mʳ Conrart vous doit avoir donné cet avis, et je croy qu'il aura maintenant la procuration nécessaire.

Je tesmoigneray à l'Angoumoisin[2] que son souvenir vous a pleu et que vous l'aymés tousjours. Vous pourriés vous moins estonner que l'Académie fust muette en un si beau champ de parler comme celuy de la naissance de Mᵍʳ le Daufin, s'il vous plaisoit de penser qu'elle n'est pas des mieux à la Cour, et que leurs Majestés ont l'esprit au dessus de la poësie, de telle sorte que je croy avoir esté un des plus heureux hommes du monde, que mes quatorze vers en ayent receu un favorable accueil, quand Mᵉ la Princesse s'avisa de les leur faire voir.

Pour l'exercice de la trouppe[3] il n'y a guère d'apparence de l'aller divulguer à un profane comme vous qui tournés ses mystères en raillerie, comme si vous n'estiés pas encore enrollé sur son tableau[4]. Vous n'en sçaurés donc autre chose sinon qu'elle s'assemble chés l'abbé de Chastillon naguerre de Boisrobert, que l'abbé de Bourzeys y préside, que l'abbé de Serizy n'y vient plus parce qu'on n'y harangue plus, et que l'abbé de Chambon[5] n'y vient que pour jouir des priviléges et travailler ses Bretons à l'ombre de son *committimus*[6].

Je seray en estat de faire voir vers ce Carnaval le quatriesme livre de la Pucelle. En temps de paix nous irons plus viste en besoigne, c'est à dire bientost, car vous qui estes voysin de Barbarie, vous sçavés bien que le Turc nous vient obliger à faire la paix.

On sçaura à Pomponne que vous estes un complimenteur tant l'hermite[7] que l'abbé[8] qui n'est pas encore Évesque et qui peut estre ne le sera jamais. Le carabin[9] est criminel pour quelque désordre qui est arrivé entre

---

[1] Le monastère est ici nommé pour l'abbesse.
[2] Balzac.
[3] L'Académie française.
[4] On sait que Godeau fut un des premiers membres de l'Académie française : il faisait même déjà partie, dès l'année 1629, du petit groupe d'homme de lettres qui fut le noyau de l'Académie, groupe qui se composait, en outre, de Chapelain, de l'abbé de Cérisy, du sieur de Serisay, de Giry, de Gombauld, de Habert, le commissaire de l'artillerie, de Malleville, et enfin de Conrart, dont le logis fut d'abord le lieu de réunion de ces prosateurs et poëtes.
[5] Daniel Hay, abbé de Chambon, naquit à Laval, le 23 octobre 1596, et y mourut le 20 avril 1671. C'était un frère de l'académicien Hay du Chastelet. L'abbé de Chambon avait été reçu membre de l'Académie le 26 février 1635 (p. 152 du t. I de l'édition de l'*Histoire de l'Académie française* de M. Livet). Voir ce qu'en disait Chapelain à Colbert, en 1662, dans les *Mélanges* publiés par Camusat (p. 264 et 265).
[6] Ce passage a été reproduit par M. Livet (*Histoire de l'Académie*, tome Iᵉʳ, pages 372 et 373).
[7] Arnauld d'Andilly.
[8] L'abbé de Saint-Nicolas.
[9] Pierre Arnauld.

une de ses compagnies et l'intendant de la Justice de Picardie, M⁰ de Commartin¹. Il a esté icy un mois sans pouvoir voir le Roy et part demain pour s'en aller à ses trouppes.

M⁰ la Marquise de Ramb[ouillet] est mieux qu'elle n'a esté depuis six mois. Je luy feray voir ce que vous dittes d'elle. Je vous honoreray tousjours et vous n'aurés jamais personne qui soit plus que moy, Monsieur, vostre, etc.

De Paris, ce 14 janvier 1639.

CCXLVIII.
À Mᵐᵉ LA MARQUISE DE FLAMARENS,
À BUZET.

Madame, j'ay receu vostre lettre du 11ᵉ de ce mois en un temps où j'estois en une extrême peine de vous et presque désespéré d'en avoir plus de bonnes nouvelles. Car depuis celle que vous nous escrivistes du 1 novembre de l'année passée, nous n'avions eu aucun avis de vous, et, en mon particulier, considérant l'intérêt que vous aviés d'escrire souvent de deça pour le bien de vos affaires, voyant que vous ne le faisiés pas, j'ay plusieurs fois pensé que les sujets fort grands que vous aviés eu de vous affliger par vos pertes redoublées, se joignant à vostre mauvaise santé, ne vous eusse réduitte à un estat qui me donne de l'horreur seulement à le penser. Je loue Dieu d'apprendre que le retardement de vos lettres ne provient que du retardement des nostres, quoyque j'aye escrit trois fois ou à vous ou à M⁰ vostre mary, et que vostre vertu a esté encore plus forte que vos afflictions. Et je vous avoue qu'encore que j'attendisse cette fermeté d'âme de vous et cette parfaitte résignation aux ordres de la Providence, je ne laisse pas de ressentir une consolation extraordinaire de ce que vous estes dans une si bonne assiette, et si j'ay du desplaisir de n'estre pas auprès de vous pour vous ayder à supporter vostre douleur, je ne suis pas au moins dans cette inquiétude de ne savoir comment vous la supportiés.

C'est une grâce qu'il plaist à Dieu de vous faire dont il le faut bien remercier afin qu'il vous la continue et que s'il vous esprouve à l'avenir, en d'autres occasions, il vous donne aussy la force de soustenir ses espreuves et vous rendre digne de luy.

Je ne doute point que M⁰ vostre mary n'ait contribué de tout son pouvoir à vous adoucir les amertumes qui luy estoient communes avec vous. Et il est vray qu'en ces rencontres malheureuses aucune chose ne m'a plus remis que l'espérance que j'ay eue en luy, je veux dire en la force de son courage et en l'amitié qu'il a pour vous, l'une pour luy faire souffrir avec constance les pertes que vous avés faittes, l'autre pour vous les faire oublier par la satisfaction que vous devés avoir d'estre si bien aymée de luy. Sur quoy je vous diray que pourveu que Dieu vous le conserve², il ne vous sçauroit rien arriver d'insupportable, estant vostre principal bien, qui vous peut tenir lieu de tous les autres quand Dieu vous en voudroit priver.

J'ay appris par la lettre que Mˡˡᵉ Bouchardière³ a escritte à M⁰ Du Fay vostre grossesse, dont j'ay eu beaucoup de joye, et

---

¹ Jacques le Fèvre de Caumartin, seigneur de Saint-Pol, marquis de Cailli, fils cadet de Louis le Fèvre, seigneur de Caumartin, fut successivement maître des requêtes, conseiller d'État, ambassadeur en Saxe; il mourut le 4 décembre 1667. C'était le frère de François de Caumartin, l'évêque d'Amiens, et l'oncle de Louis le Fèvre, seigneur de Caumartin, l'intendant de Champagne.

² Dieu ne le lui conserva pas longtemps : le marquis de Flamarens fut tué, treize ans plus tard, et jeune encore, à la bataille du faubourg Saint-Antoine, dans les rangs des Frondeurs (2 juillet 1652).

³ Mˡˡᵉ de Bouchardière était pour la marquise

J'ay considérée comme un bien que Dieu vous envoye pour remplacer la perte que vous avés fait de vostre mignon, et tesmoigner le soin particulier qu'il a de vous dont vous luy devés rendre grâces, selon vostre bonté accoustumée.

Je suis tousjours en peine de cette fièvre qui ne vous quitte point tout à fait, quoyque M¹¹ᵉ Bouchardière mande à Mᵉ Du Fay qu'elle ne vous reprenne que parfois. Celle qu'elle escrit aussy qu'a Mʳ vostre mary m'afflige aussy extrêmement, mais je veux espérer que son âge et son bon régime l'en délivreront bientost et que nous n'aurons plus de vous et de luy que d'agréables nouvelles. Au reste autant que j'ay trouvé vos afflictions raisonnables pour ce qui regarde Mʳ vostre fils, autant ay-je trouvé que vous aviés peu de sujet de vous attrister pour le retardement qui est arrivé au payement de la somme que vous sçavés, car puisque vous en chargeastes Mʳ de la Garrigues, il est trop habile homme pour craindre qu'il ait manqué à faire, de son costé, tout ce qu'il falloit, afin que vostre argent ne courut point de fortune, et c'est le principal de cette affaire et ce qui m'avoit donné de l'appréhension, car pour l'acquit de la partie il sera aussy bon à cette heure qu'il eust esté il y a trois mois, et vous ne devés avoir aucun desplaisir de ce qu'il a tardé, pourveu qu'il vous ait esté conservé, comme je l'espère. Vous sçavés bien avec combien de joye je vous rendis ce petit service, et ne doutés point que de tous les hommes du monde je suis celuy de qui vous devés user avec moins de scrupule dans tout ce qui regardera vostre bien.

Mʳ Du Fay vous respond et vous parle d'une demie année qu'on luy est venu demander pour le louage d'une maison pour vous, dont elle et moy nous avons desja escrit par la voye d'un homme de Mʳ de la Lane, et il importe que vous donniés promptement ordre à cela pour éviter les frais que l'on vous fera en justice. Il vous souviendra d'escrire le plus souvent que vous pourrés à cause de vos affaires et pour satisfaire vos proches, à qui vous devés ce contentement.

Mᵐᵉ la marquise de Rambouillet, M¹¹ᵉ sa fille, Mᵐᵉ de Clermont, M¹¹ᵉˢ ses filles, M¹¹ᵉ Paulet, et Mᵐᵉ la comtesse de Maure¹ et M¹¹ᵉ de Bellebat² m'ont toutes fort demandé de vos nouvelles. La dernière m'a dit qu'elle vous avoit escrit il y a long temps, sans avoir eu response de vous. Je leur diray que vous m'avés chargé de leur baiser les mains, et cependant il est à propos que la première fois que vous m'escrirés, vous tesmoigniés dans vostre lettre de vous souvenir d'elles. Je prie Dieu qu'il vous conserve et demeure, Madame, vostre, etc.

De Paris, ce 14 janvier 1639.

CCXLIX.

À M. L'ABBÉ DE SAINT-NICOLAS,

À POMPONNE.

J'entretins Mʳ de Montrouil sur le sujet

---

de Flamarens une dame de compagnie. Chapelain, qui avait connu cette personne chez le marquis de la Trousse, l'appréciait beaucoup, et il lui adressa plusieurs lettres où il lui témoignait grande estime et grande sympathie.

¹ Anne Doni d'Attichy, fille d'Octavien, baron d'Attichy, et de Valence de Marillac, avait épousé Louis de Rochechouart, comte de Maure, qui fut grand sénéchal de Guyenne. Voir sur la comtesse de Maure la note 4 de la page 518 des *Mélanges*

historiques. Lettres de Balzac, n° XXXVIII, en y ajoutant la mention de : *Madame la comtesse de Maure, sa vie et sa correspondance*, par Édouard de Barthélemy (Paris, J. Gay, 1863, 1 vol. in-12).

² M¹¹ᵉ de Belesbat était Marguerite Hurault de l'Hospital, sœur cadette de Mᵐᵉ de Choisy. Elle figure dans une piquante anecdote racontée par Tallemant des Réaux dans l'*Historiette* du *Mareschal d'Estrées* (t. I, p. 388), et aussi dans un injurieux couplet cité par M. P. Paris (*ibid.*, p. 392).

de l'Evesché de Toul dans les termes que je trouvay les plus propres pour faire que, s'il les rapportoit à son amy, il n'en peust rien tirer, ny à présent ny à l'avenir, qui ne fut à vostre avantage, et, entre autres choses, je luy dis que vos amis, à qui cette affaire n'estoit pas si indifférente qu'à vous, croioient que la mort du R. P.[1] avançoit plustost la chose en vostre faveur qu'elle ne la reculoit, et que, désormais, l'intérest du Roy, qui est tout entier à vous faire Évesque, ne seroit plus balancé par l'intérest d'un particulier, que quelques uns croyoient capable de l'emporter sur le premier. Il m'entendit et en tomba d'accord.

Par ce que vous me mandés du cardinal Bichi, je reconnois qu'il n'a point d'ordre de traitter cette affaire à la Cour[2], puisqu'il est si mal informé des choses, et ce n'est pas une conjecture qui soit fort avantageuse à vostre concurrent, s'il vous plaist de la bien peser. Pour ce qui regarde le brave homme, il est accommodé, et, à ce que j'apprens par Mʳ vostre frère, qui a entretenu amplement Richeti là dessus, c'est un accommodement qui luy garde tous ses avantages auprès du Roy, mais un peu aux despens de M. Da [.....]. S'il ne vous le devoit escrire comme original, je vous en dirois icy le menu.

Le Cavalier m'envoya avant-hier un page me dire qu'il me verroit le soir, et, ne l'ayant peu, il y vint hier matin, un quart d'heure après que je fus sorti pour aller à l'hostel de Soissons, de sorte que je n'en ay encore rien sceu par luy. Je ne scay à quoy il tient que je n'ay nulles nouvelles de Basle ny de Hollande, et que je suis réduit à les lire et à ne les pas croire dans la *Gazette*. Si Mʳ Silhon me traitte ainsy la semaine qui vient, je me mettray tout de bon mal avec luy. J'ay grande impatience que vous ayés les avis de Rome sur la prise de Brisac. La lettre que M. le duc de Veimar a escritte à Mʳ vostre frère est très-bien faitte et est sage et cordiale. Je l'ay fait voir à Mᵐᵉ la Marquise qui en a jugé comme moy. On doute que ce soit luy qui l'ait escritte et dictée. Je suis très-humble serviteur de toute vostre trouppe.

De Paris, ce 15 janvier 1639.

CCL.
À M. DE BALZAC,
À BALZAC.

Monsieur, vous jugés du Caro et du Marin en maistre et après ce que vous en dittes, il y auroit de la témérité à en vouloir parler. Vous traittés seulement un peu trop favorablement le dernier, ce me semble, en luy donnant l'imagination au point de perfection que l'autre avoit le jugement[3]. Car comme 'avoue qu'il estoit aussy imaginatif que l'autre judicieux, je ne puis tomber d'accord que ses imaginations fussent toutes des bonnes et bien souvent il m'a fait compassion dans les efforts qu'il a fait pour se donner la réputation de dire sur une matière tout ce qui s'en pouvoit dire. Mais peut estre l'entendés vous ainsy et que vous n'avés

---

[1] Joseph.

[2] Le cardinal Alexandre Bichi, déjà mentionné dans cette correspondance.

[3] Chapelain répond à la lettre XVIII du livre XIX, improprement datée, comme nous l'avons déjà remarqué, du 29 mai 1638, et qui doit être du 29 décembre de cette même année. Cette lettre contenait le passage suivant : «Je ne suis pas si grec à Florence, que je puisse voir distinctement l'atticisme d'Annibal Caro. Je m'en doute néantmoins, et mes soupçons confus ne s'esloignent pas de vostre parfaite connoissance... Je ne vis jamais deux esprits si différens... [que ceux de Caro et du cavalier Marin].. L'un estoit tout imagination, et l'autre tout jugement...»

pas prétendu, en luy attribuant cette partie, respondre de sa bonté et de son excellence. Sa vertu estoit dans le lyrique, et quand il en est voulu sortir, il s'est tousjours trouvé au dessous de ce qu'il s'estoit persuadé et qu'on attendoit de luy. Quand il m'a estimé le Caro, j'ay reconnu que ça esté sur l'estime des autres, comme vous voyés tant de gens qui font, n'usant que de la raison d'autruy et n'estant que des échos des paroles qu'ils n'ont pas conceues.

Je suis bien aise d'apprendre que Victorius est vostre inclination [1]. Cela m'augmente l'opinion que j'avois de son mérite, et que je n'avois que sur le rapport de quelques experts, car je ne sçay comment il s'est rencontré que je n'avois guères leu de ses ouvrages. Celuy néantmoins que je vous ay envoyé, et que vous devés avoir receu à cette heure, ne m'a pas semblé tel que vous le deussiés mettre au dessus de tous les autres latins modernes, s'il n'avoit rien fait de mieux. Je voy bien du bon sens, de la littérature en abondance et un stile net et du bon temps; mais, si je ne me trompe, les grâces n'y sont pas et ce je ne sçay quel tour d'honneste homme qui rend les lettres de Cicéron et les vostres si agréables. Le Bembe, le Sadolet et le Casa à mon goust l'emportent autant sur luy en la vénusté [2] ou, pour mieux dire, en l'agrément, que nos délicats courtisans l'emportent sur les sçavans de l'Université. Vous me règlerés de ce que j'en dois croire, pour ce que je ne l'ay ny tout leu ny assés posément, pour en faire un jugement dont je voulusse respondre. Ce que vous me dittes de ses sentiments pour Ovide et pour Virgile ne sont pas des preuves pour luy et ces gousts particuliers ont je ne sais quoy du Guiet [3] qui dégénère quelquefois en pédanterie.

J'ay à vous dire du Suburbicaire [4] qu'avec toutes les louanges qu'il a données à l'Académie dans son Traitté de l'Éloquence [5], il n'a peu éviter qu'on ne l'accusast de l'avoir voulu blasmer, et il est malaisé que quand

---

[1] Balzac (lettre XVIII du livre XIX) avait dit : «Pour Victorius, c'est un homme à qui je veux beaucoup de bien, quoiqu'il n'en ait guères dit d'Ovide, et qu'il ne soit pas mesme entièrement satisfait de la latinité de Virgile...»

[2] *Vénusté* est un mot du xvie siècle, que l'on trouve notamment dans les *Essais* de Montaigne, dans les poésies de Joachim du Bellay, dans le *Traité de l'éloquence* de Guillaume du Vair. Ce mot, qui signifie élégance gracieuse, comme celle que l'on attribuait à Vénus, plaisait singulièrement à Ménage, qui (Vaugelas nous l'apprend) «a fait tous ses efforts pour faire passer *prosateur* et *vénusté*.» Le P. Bouhours, comme le rappelle le *Dictionnaire de Trévoux*, raillait Ménage au sujet de sa prédilection pour le mot *vénusté*, qui, de notre temps, a été employé par Châteaubriand et par quelques écrivains de l'école romantique.

[3] Voir, sur le mépris de Guyet pour Ovide, la page 445 des *Mélanges historiques. Lettres de Balzac*, n° XII.

[4] La Mothe le Vayer. M. Livet, qui a cité ce passage (*Histoire de l'Académie*, t. I, p. 373), renvoie, pour le mot *suburbicaire*, à une lettre de Balzac du 6 février 1639. Je n'ai pas trouvé une seule lettre, sous cette date, dans l'in-folio de 1665. En revanche, je puis renvoyer à une autre lettre de Balzac, du 14 septembre 1643 (*Mélanges historiques*, n° III, p. 412), où La Mothe le Vayer est appelé «le philosophe du faubourg Saint-Michel».

[5] Voir surtout les pages 258 et 259 du tome III des *OEuvres de François de la Mothe le Vayer* (édition de 1756). Voici l'échantillon des louanges données à l'Académie par le futur académicien : «Le respect que je porte à cette illustre Académie, que les soins de M. le Cardinal viennent d'ajouter aux plus grands ornements de la France, m'empêcheroit d'établir mes sentiments avec tant de liberté, si je pouvois m'imaginer qu'une si célèbre compagnie fût pour ne les pas approuver...»

l'ennemy du *Car* sera revenu de sa campagne, où il est encore pour reculer les soldats de son parc aux chevaux, nous ne soyons sommés et interpellés de nous joindre tous contre luy et de repousser à frais communs l'insulte faite à nostre confrère [1].

Vous jugerés de la sagacité de nostre héroïne [2] par cette petite espreuve d'avoir esté deviner Mr de Contades pour le sujet de vostre longue et belle lettre de vostre dernier volume. Je sçay mille fois plus de vos nouvelles qu'elle, et je vous avoue pourtant que cela ne m'estoit jamais venu en l'esprit. M[r] l'Abbé [3] est bien heureux d'avoir esté la cause d'une si belle lettre que vous luy avés escritte la dernière. J'en donneray la copie que j'ay trouvée incluse à Mr Voiture qui est de retour et qui rend conte encore aux ministres de sa légation.

Pour vostre paquet je suis tousjours en queste de quelque voye seure par laquelle il puisse faire un voyage heureux, et j'y employe tout ce que j'ay de sens et de crédit. Si le conte Martinozzi [4], qui est icy de la part du C[t] Antonio [5], veut estre honneste homme, il s'en chargera et vous délivrera d'inquiétude, mais je n'oserois encore vous

responde de luy, quoyque j'aye des gens en campagne pour me le gagner. C'est tout ce qui s'y peut faire puisque vous ne voulés pas qu'on en charge le courrier, et que vous respectés la bourse du seigneur Jean-Jacques [6], qui peut estre le présenteroit en moins bonne humeur, s'il luy en coustoit quelque chose.

Mr Descartes est tousjours hollandois et il y a plus d'un an qu'on en a ouy nouvelles. L'abbé de Saint-Cyran est tousjours habitant du donjon du bois de Vincennes et il ne se fait rien ny pour ni contre luy, de sorte qu'on juge que sa prison est plustost une précaution qu'une condamnation. Mr de Grasse se plaist dans son hermitage et se desplaist à la Cour, ce qui me fait vous dire que, de cet hyver ny de l'autre, [il] n'est pas taillé de conférer avec le Père Général. Par ses dernières lettres, il me prioit fort de vous asseurer de son service. Mr Silhon a fort avancé son traitté du Conseil de guerre, mais je ne sçay quand il l'achèvera [7], car, après moy, il n'y a point d'homme si affairé que luy à Paris.

On m'a dit de M. de Gomberville qu'il pourroit bien encore rhabiller son roman [8]

---

[1] Voici la tirade dont Chapelain croyait que Gomberville ne manquerait pas de se plaindre (*Œuvres de François de la Mothe le Vayer*, édition de 1756, p. 209): «Et n'a-t-on pas donné depuis peu au public de bien gros volumes, où l'on a eu la curiosité de se passer de l'une de nos plus ordinaires conjonctions, dont on avoit conspiré la perte? Je sai bien qu'ils ne laissoient pas d'estre écrits fort élégamment. Mais n'est-ce point abuser de son loisir, de s'astreindre à des choses qui ne font que donner de la peine inutilement? Et n'y a-t-il pas bien de l'injustice à vouloir obliger les autres d'épouser des sentimens si peu raisonnables?...»

[2] La marquise de Rambouillet.

[3] L'abbé de Boisrobert.

[4] Le comte Gérôme Martinozzi, gentilhomme romain, avait épousé Laure-Marguerite Mazarin, sœur cadette du cardinal Mazarin, et en avait eu Anne-Marie Martinozzi, qui, le 22 février 1644, fut mariée au Louvre avec Armand de Bourbon, prince de Conti. On lit dans la *Gazette* du 26 février 1639 (p. 116): «Hier le comte de Martinozzi envoyé par le cardinal Antoine Barberin, neveu de Sa Sainteté, pour se conjouir de la naissance de Mgr le Daufin, fut présenté à Sa Majesté à Versailles par le sieur de Chavigni, secrétaire d'Estat.»

[5] Le cardinal Antonio Barberini.

[6] Bouchard.

[7] Silhon l'acheva-t-il jamais? Ni biographes ni bibliographes n'ont jamais mentionné ce travail.

[8] Le roman de *Polexandre*, si souvent modifié par son auteur.

et luy donner une nouvelle scène. C'est ce que nous sçaurons mieux dans trois semaines ou un mois. Corneille est icy depuis trois jours[1] et d'abord m'est venu faire un esclaircissement sur le livre de l'Académie pour ou plustost contre le Cid, m'accusant et non sans raison d'en estre le principal autheur. Il ne fait plus rien et Scudéry a du moins gagné cela, en le querellant, qu'il l'a rebuté du mestier et luy a tary sa veine. Je l'ay autant que j'ay peu reschauffé et encouragé à se vanger et de Scudéry et de sa protectrice en faisant quelque nouveau Cid qui attire encore les suffrages de tout le monde, et qui monstre que l'art n'est pas ce qui fait la beauté. Mais il n'y a pas moyen de l'y résoudre, et il ne parle plus que de règles et que des choses qu'il eust peu respondre aux Académiciens, s'il n'eust point craint de choquer les puissances, mettant au reste Aristote entre les autheurs apocryfes[2] lorsqu'il ne s'accommode pas à ses imaginations.

Scudéry a fait un *Amour tyrannique* qui fait grand bruit, quoiqu'il y ait dans la constitution et invention de notables défauts[3].

Mondory est confisqué sans remède[4] et il n'a plus que le droit de vétéran sur le théâtre.

Je suis, Monsieur, vostre, etc.

De Paris, ce 15 janvier 1639.

Monsieur Bourbon m'envoya, il y a quatre jours, les vers latins qu'il a faits pour estrener Leurs Éminences, et me fit prier par son homme de vous en faire tenir un exemplaire de sa part que vous trouverés icy. Si vous m'en mandés vos sentimens, je vous diray avec nostre franchise ordinaire si les miens sont semblables. Mais, quoy que vous en jugiés, je vous prie qu'il y ait un article favorable sur ce sujet dans la response que vous me ferés, afin qu'au moins vous luy rendiés civilité pour civilité.

CCLI.

À M. LE MARQUIS DE MONTAUZIER,

EN ALSACE.

Monsieur, je reçois présentement vostre paquet du 24 décembre et vous en accuse la réception, sans estre asseuré de vous envoyer guères de responses à vos lettres que

---

[1] Ce passage a été reproduit par M. Taschereau (*Histoire de Corneille*, p. 94). Le biographe remarque, à cette occasion, que la correspondance de Chapelain nous fournit les plus précieux renseignements historiques.

[2] Ce mot est déjà dans les œuvres de Christine de Pisan.

[3] D'après le *Catalogue des œuvres laissées par les académiciens*, dressé par l'abbé d'Olivet, *L'amour tyrannique* (tome II, page 534 de l'édition de 1858) aurait paru en l'année 1638 (in-4°). Mais d'après le *Manuel du libraire*, l'édition originale de cette tragi-comédie ne parut qu'en 1640, précédée d'un discours sur *la tragédie* par J. F. Sarrasin, sous le masque de Sillac d'Arbois. M. J. Ch. Brunet ajoute que *L'amour tyrannique* obtint un grand succès, et que cette pièce fut réimprimée en 1643, in-12, et en 1645, in-4°. M. Taschereau, qui cite (page 93 de son *Histoire de Corneille*) la phrase de Chapelain sur *L'amour tyrannique*, cite aussi cette péroraison de la pompeuse apologie de commande faite par Sarrasin : «Nous jugeons que cette tragédie est au-dessus des attaques de l'envie, et par son propre mérite et par une protection qu'on serait plus que sacrilège de violer, puisque c'est celle d'Armand, le dieu tutélaire des lettres.»

[4] M. Littré fait observer que, dans le langage familier, un homme *confisqué*, c'est un homme dont la santé, la fortune est dans un mauvais état, ou qu'il est entièrement perdu pour le monde, et il cite, à l'appui de cette explication, deux phrases de Guez de Balzac.

mon valet va porter où elles s'addressent, par ce que, dans huit ou dix heures, le courrier de Basle doit partir. Celles que vous m'avés escrittes m'ont donné de la joye, de la tendresse, de la douleur et de la compassion. Je n'ay peu voir la réduction de Brisac sans un contentement extraordinaire, non seulement pour l'intérest public, qui me touche fort, mais encore pour le vostre particulier, qui me semble notable dans cette prise, laquelle vous donne un pied ferme dans vostre Gouvernement et m'oste la juste appréhension que j'avois, que vous ne le perdissiés d'heure en heure avec la vie et la liberté. Mais, d'autre costé, les misères que vous y avés souffertes jusques à cette heure et que vous croyiés y souffrir à l'avenir, m'apportent une telle peine d'esprit, qu'il s'en faut peu que je ne sois aussy affligé que devant un succès si considérable, l'espérance duquel m'avoit dicté toutes ces mauvaises galanteries qui vous ont obligé à m'appeler cruel, quoyque je vous les eusse escrittes plustost à dessein de vous resjouir que de vous attrister, et plustost pour vous faire connoistre mes souhaits que pour vous faire croire que j'estimasse vostre retour en vostre puissance.

Et certes je suis bien esloigné d'avoir des pensées si criminelles pour une personne qui m'est si chère que vous, et ce ne seroit jamais par vous que je voudrois commencer à estre inhumain et desraisonnable. Vous ne serés jamais un sujet de raillerie pour qui que ce soit[1], mais moins en ce temps qu'en aucun autre et moins que pour personne du monde pour moy qui, dans l'estat où vous estes, croy que vous ne pouvés esmouvoir que l'admiration de vostre vertu et la pitié de vos souffrances. Je vous demande pardon de m'estre si mal expliqué et de vous avoir fait juger par mes paroles plus désavantageusement de mes intentions qu'elles ne méritent. Je vous parle tristement dans cette lettre et pour le passé et pour l'avenir, venant d'apprendre par l'homme d'affaires de Mme vostre mère qu'il n'y a guères d'espérance que nous vous voyons de cet hyver icy. C'est bien un véritable mal que celuy là et qui nous empeschera bien de vous escrire des lettres jovialles et divertissantes. Si vous avés prétendu vous vanger de ma cruauté, faittes estat que vostre vengeance est faiste et que j'en suis puni par là au delà de ce que vous le désirés. Vous vous en appercevrés à l'avenir par nos despesches plaintives, et je vous avoue que j'ay perdu maintenant plus de la moitié du plaisir que me donnoit la prise de Brisac.

Je porteray au conte d'Etlan vostre lettre et celle que M^r son cousin vous a escritte, et, s'il respond, je vous envoyeray ses responses. Il me semble que ce cousin est bien homme d'honneur et qu'il accomplit bien les présages que je fis de luy au siège de la Rochelle, après un entretien que j'eus avec luy dans la salle de Laleu. Je plains sa fortune à la proportion de l'estime que je fay de son esprit et de son courage, et

---

[1] La prédiction de Chapelain aurait été démentie d'une façon éclatante, si, comme l'ont pensé tant de critiques, mais comme l'a nié énergiquement Mr Victor Cousin, on devait voir Montauzier dans l'*Alceste* du *Misanthope*. C'est ici l'occasion de rappeler que, selon une ingénieuse conjecture de M. P. Paris, Chapelain aurait bien pu poser pour le personnage de Philinte, *l'ami du genre humain*. Le commentateur de Tallemant observe (t. III, p. 283) que «Chapelain étoit le grand ami de Montauzier-Alceste», et que la pièce est remplie de traits qui pouvaient fort bien être à l'adresse de celui que le cardinal de Richelieu appelait *l'élogiste général*, et que Voiture surnommait *l'excuseur de toutes les fautes*.

me resjouis qu'il ait connu ce que vous estes et qu'il vous ait de l'obligation.

Je suis honteux du conte que vous m'avés voulu rendre du sujet des plaintes de vos habitans de Schelestat. Mr Poleme et Mr Silhon verront de quelle sorte vous avés receu leurs avis, et sans doute en augmenteront la haute estime en laquelle ils vous ont. J'attens, après demain icy Mgr de Longueville à qui je feray voir l'endroit de vostre lettre qui le regarde, et quoyqu'il ne laisse rien à dire pour l'obliger à vous continuer la passion que je sçay qu'il a pour vostre vertu, je ne pense pas me pouvoir empescher d'y adjouster quelque chose du mien que vostre modestie desrobe tousjours de vostre mérite.

Au retour de Mr le marquis de Gesvres, je l'entretins des choses que vous estimés si peu et qui ont esté estimées de deça. Il ne se peut dire la joye qu'il eust de vostre gloire. Vous le plaindrés maintenant en récompense, car au lieu de trouver ses avantages dans ses actions, le Roy ayant reconnu qu'il avoit pensé à rechercher Me de Hautefort en mariage et s'en estant fasché, pour ce qu'il ne luy en avoit point demandé la permission, il a esté obligé de quitter la Cour et se retirer à Monceaux, où il eust un ordre exprès de l'espouser ou une autre dans le Carnaval[1]. Enfin, après plusieurs allées et venues, Mr de Tresme et luy ont signé qu'il ne penseroit plus à ce mariage, et par ce moyen il a veu Sa Majesté qui l'a receu en grâce[2]. Et s'en retourne néantmoins à son petit Gouvernement pour ne plus approcher de Saint-Germain de trois lieues, et en effet, sa fortune est eschouée et il passe pour disgracié, quoyqu'il puisse continuer à voir le Roy et qu'il en ait eu de bonnes paroles. Je luy feray voir l'endroit si obligeant de vostre lettre demain au soir qu'il me doit venir voir devant que de s'en aller et j'ose vous promettre qu'il le recevra comme il doit.

---

[1] M. V. Cousin a très-bien raconté cet épisode de l'histoire de Louis XIII (*Mme de Hautefort*, 3e édition, p. 62-66). Voici quelques extraits de son récit : «Il [Louis XIII] entra dans une bien autre colère lorsqu'il apprit qu'il avait auprès de l'aimable dame d'atours un rival bien plus redoutable [que le duc de Liancourt] dans le plus jeune et le plus brave capitaine de ses gardes, Potier, marquis de Gèvres, le fils aîné du comte de Trèmes. C'était un des jeunes seigneurs de la Cour qui donnait les plus grandes espérances. Son service de capitaine des gardes lui faisant rencontrer souvent la belle Marie, il en était devenu éperdument amoureux, et sachant bien à qui il avait affaire, il avait soutenu ses ardents et respectueux hommages de propositions qui n'étaient pas faites pour être repoussées... Il [Louis XIII] envoya un exempt de ses gardes se plaindre au comte de Trèmes de la conduite de son fils, qui, étant à son service et recherchant une personne du service de la Reine, osait le faire par des voies secrètes et sans en avoir obtenu la permission de Leurs Majestés. Il déclarait d'ailleurs qu'il ne s'opposait pas à ce mariage, mais sur un ton que le comte de Trèmes comprit fort bien. Se prêtant, en fin courtisan, à cette comédie, c'est lui qui s'éleva contre ce mariage, et le jeune capitaine des gardes dut signer une déclaration où librement il renonçait au dessein qu'il avait eu. Gèvres s'y serait-il arrêté après la mort de Louis XIII, s'il avait eu le temps de revoir à la Cour Marie de Hautefort plus brillante que jamais et si une mort glorieuse ne l'avait pas emporté au siége de Thionville, quand il allait devenir maréchal de France?» Au moment où tout ceci se passait, Mme de Hautefort avait vingt-trois ans.

[2] M. V. Cousin a retrouvé le texte de cette déclaration dans la collection Du Puy (n{os} 548, 549, 550) : «Le Roi m'ayant fait l'honneur de me laisser la liberté de continuer le dessein que j'ai ci-devant eu de rechercher en mariage Mme de Hautefort, je déclare à présent que je n'ai aucune intention de parachever ledit mariage. Fait à Fontainebleau, le 10 janvier 1639. Signé : Gesvres.»

M' de Balzac sçaura aussy les propres termes dont vous usés pour luy rendre sa civilité, et quant aux déités de Ramb[ouillet] et de Mezières, elles auront communication de tout. Les premières me monstrèrent, il y a trois jours, les deux responses que vous aviés faittes à leur (sic) lettres et, en vérité, pour un guerrier, vous estes un grand escrivain et jamais César n'y fit œuvre[1]. La partie du corps que vous n'aymés point y estoit présente[2] et fut contrainte d'avouer que c'estoit de très belles lettres.

Je suis trompé si M' le marquis de Pisani ne vous escrivit il y a quinze jours ou trois semaines, après luy avoir fait la guerre à feu et à sang de ce qu'il consoloit si mal ses amis absens et des amis de vostre sorte. Il s'excusa assés bien à moy de ses négligences de Piémont sur sa maladie et ses parties de guerre, mais ses paresses de Paris sont inexcusables, et qu'il face tant qu'il voudra pour cela, il n'en passera jamais pour beau.

Je suis, Monsieur, vostre etc.

De Paris, ce 16 janvier 1639.

CCLII.

À M. L'ÉVESQUE DE GRASSE (GODEAU),

À GRASSE.

Monsieur, je ne vous donneray point mon amitié en estreine pour ne me faire pas ce tort, que de vous laisser croire que je ne vous l'aye pas donnée jusques icy. Vous n'en aurés que la confirmation, encore crois-je qu'il est superflu de le faire puisque vous me connoissés assés constant dans mes résolutions, principalement dans les bonnes, et que vous sçavés que je n'en fis jamais de meilleure que celle de vous aymer et honnorer. Mais, en tout cas, si vous estiés devenu soupçonneux parmi des fourbes, et que vous eussiés besoin de nouvelles asseurances pour un bien qui vous est desja tant acquis, je vous les donne nouvelles et entières qu'à jamais je vous serviray et que mon affection passera au delà de ma vie. Je ne vous dis point ma fidélité, puisqu'il n'y a point d'affection où la foy manque, si ce n'est de ces affections de Court dont vous savés bien que ma philosophie et mon courage ne sont point capables.

Pour l'habileté que vous joignés à cette autre partie que j'avoue en moy, je ne vous conseille pas de la croire fort grande, surtout si vous me faittes de vostre conseil, de peur qu'il ne vous en prenne mal et qu'en suyvant mes avis, vous ne suyviés un mauvais guide. Je vous donneray tousjours mes conseils conditionnés[3] et, en vous les donnant, j'entendray tousjours que vous en serés le juge.

J'ay envoyé vostre lettre à Melle de R[ambouillet], ne pouvant porter moy mesme à cause d'un second rheume qui m'est venu renfermer dans mon logis. J'approuve fort que vous faciés parler David sur la fin de vostre ouvrage[4]. C'est un Prophète et qui peut parler de l'avenir avec bienséance. Il n'y a nulle difficulté de parler de l'oblation[5] que le Roy a faitte de son royaume

---

[1] C'est-à-dire : n'en fit autant.

[2] Cette partie du corps — en d'autres termes, du cénacle de l'hôtel de Rambouillet — était Voiture, que Montauzier détesta toujours, comme les contemporains ont eu soin de nous l'apprendre, Tallemant des Réaux notamment, lequel a dit en son langage gaulois (*Historiettes*, t. II, p. 523) : « Les chiens de M' de Montauzier et les siens n'ont jamais trop chassé ensemble. »

[3] *Conditionnés* dans le sens de *conditionnels*, c'est-à-dire qui dépend de certaines conditions, qui est soumis à certaines clauses.

[4] Le poëme sur la naissance du Dauphin.

[5] Chapelain avait d'abord écrit *obligation*, mais il a effacé *ig*.

à la Vierge¹. C'est à cette heure une sainte mode qui est venue de luy faire présent des Estats quand on est empesché à les conserver des usurpateurs. Mʳ de Bavière, qui tient le duc de Veimar pour tel, depuis le Roy, a aussy offert le sien à la mesme Vierge, et le Roy de Pologne, il y a huit ou dix mois, fit un ordre nouveau des Chevaliers de la Vierge avec bulle de Sa Sainteté pour la défense de sa couronne contre les Turcs et les protestans. Il est vray que ce dernier n'a pas tenu et que l'ordre a esté estouffé à sa naissance. Je ne croy pas pour de bonnes raisons que vous deviés parler de l'un ni de l'autre, et il suffira que vous touchiés fortement la dévotion du Roy en ce don et les vertus que vous trouvés le plus à propos de célébrer en luy.

Je suis, Monsieur, etc.

De Paris, ce 20 janvier 1639.

Vous trouverés avec ce mot une lettre d'un huguenot dont Dieu vous réserve la conversion². Je croy vous avoir mandé ses merveilles à Brisac.

CCLIII.
À M. DE BALZAC,
À BALZAC.

Monsieur, je suis persécuté d'un rhume qui se pourroit appeller maladie si nostre philosophie ne nous apprenoit point à adoucir nos maux aussy bien par les termes que par la patience. J'en parle modestement quand je vous dis que ce n'est qu'une incommodité, car il y entre de la fièvre et de la veille, que j'estime pire que la fièvre. Néantmoins je ne vous conseille pas de vous en affliger, pour ce que mon régime donne de certaines bornes à ces inondations, et je sçay aussy bien à un jour près quand elles doivent cesser, que le prince d'Orange quand il doit estre maistre d'une place qu'il assiége. Je voudrois me pouvoir imaginer la mesme chose du mal qui vous tourmentoit lorsque vous m'escrivistes vostre dernière lettre, et croire qu'il vous a présentement quitté, comme vous avés raison de croire que je seray délivré de mon rheume lorsque vous recevrés ma réponse.

Je vous envoyerois encore plus gayement que je ne fais les derniers vers que Mʳ Bourbon a faits pour dancer (sic)³ ceux qu'un Mʳ Pinon, parent de nos amis, luy avoit addressés afin d'en tirer quelque louange. Ce n'est pas de sa part que je vous les envoye, car ce n'est pas luy qui les a imprimés, et nous avons cette obligation à l'ambitieux qui les a fait naistre, et qui ne les a fait naistre que pour les publier avec d'autant plus d'impudence, ce me semble, qu'il a bien voulu qu'on vist par les siens qu'il les avoit mandiés, ayant peut estre leu dans l'épistre à Lucilius que *qui semel verecundia*, etc.

J'attends vostre jugement succinct sur le tout aussy bien que des précédents.

Un jeune garson nommé Bonair⁴ m'est venu demander aujourdhuy la copie de la

---

¹ Voir la *Déclaration du roi Louis XIII par laquelle il met le royaume de France sous la protection de la Sainte Vierge*, du 10 février 1638 (Paris, 1638, in-8°).

² Ce huguenot était le marquis de Montauzier, qui ne devait pas, en effet, tarder à devenir catholique, converti bien plus par le charme de la princesse Julie que par l'éloquence de l'évêque de Grasse.

³ Ce mot inexplicable provient d'un *lapsus* *calami*, et le bon sens du lecteur le remplacera facilement par le mot que Chapelain avait eu l'intention d'écrire.

⁴ Ce Bonair ou de Bonair est le personnage dont le nom revient si souvent dans les lettres de Balzac à Chapelain publiées dans les *Mélanges historiques*. Voir surtout les pages 404, 409, 451, etc. C'était, en 1643 et années suivantes, le *chargé d'affaires* à Paris de Balzac, qui l'appelait familièrement le *petit ami*.

dernière lettre que vous avés escritte à M^r l'Abbé de Chastillon pour la faire voir à Mme de Villesavin ^1, et, pour me la tirer plus facilement des mains, il m'a dit qu'elle travailloit fort pour vous faire dresser de vostre pension et que, dans huit jours, il vous en manderoit des nouvelles. Je trouve son discours fort sensé et je l'ayme de l'affection qu'il me tesmoigne à vostre service. Il m'a monstré deux lettres que vous luy avés escrittes, une vieille et une nouvelle dont il se pare avec modestie, et pour la dernière qu'il m'a fait voir, si je l'en veux croire, c'est par une faveur extraordinaire et sur l'opinion qu'il a de ma sagesse et de ma discrétion, jointes à la passion qu'il a sçeu que j'avois pour vostre mérite. En vérité il est joli garçon et il faut qu'il vaille quelque chose de s'empresser de si bonnes sortes dans vos intérests. Je l'ay fort exhorté à vous continuer sa bonne volonté et ses soins et à vous servir mesme malgré vous, puisque ce ne peut estre de vostre consentement.

Il m'en est venu un autre plus brusque et moins cérémonieux, de vostre part, qui d'abord m'a interrogé, si je n'avois pas eu de vous une lettre d'avis de sa venue à Paris, et, sur ce que je luy ay dit que cette lettre ne m'avoit point esté rendue, il m'a fait paroistre qu'il s'en estonnoit, veu l'amitié estroitte qui est, dit-il, entre vous et l'ordinaire communication de lettres latines que vous avés ensemble, outre que vous luy aviés promis formellement de m'escrire sur son sujet par la poste et qu'il me trouveroit tout préparé quand il arriveroit icy. Mais il m'asseura que j'aurois bientost cette lettre et cependant me pria de l'aymer. Il y a quinze jours que cela se passa entre nous chés Mr Conrart où il me vint relancer, ne m'ayant pas rencontré à mon logis. Aujourdhuy il m'a fait l'honneur de me venir revoir et n'a pas manqué à me demander si je n'avois pas receu l'avis dont il me parla l'autre fois. J'ai peur de vous avoir fait une querelle avec ce voysin en lui respondant la vérité, car il me dit qu'il vous en feroit de grands reproches et nous entrasmes en conversation. Je connus qu'il estoit parent de feu nostre amy de Cognac ^2, et si je ne me trompe, je pense qu'il est sçavant de la mesme manière, c'est-à-dire à ne pas prendre tousjours le bon style et le bon party. Il me fit entendre que, convenant avec vous en toutes choses, il m'avouoit qu'il ne se pouvoit accommoder à vostre sens, que Cicéron fust un bon autheur, et, après m'avoir infiniment plus estimé Plaute, il me dit que [de] Cicéron encore les épistres *ad Atticum* luy plaisoient incomparablement plus pour le stile que ne faisoient les Oraisons. Quoyque ce fust chés moy je ne pus nourrir son erreur par ma complaisance, et lui dis humblement que force honnestes gens n'estoient pas de son opinion. Je ne vous ay point fait cette narration pour vous en desgouster, mais seulement pour vous dire comment cet esprit s'est apparu à moy en attendant que vous m'esclaircissiés s'il est bon ou mauvais, que je sache si je dois aller au devant de luy jusqu'à la porte ou si je luy dois dire une autres fois que je n'y suis pas. Tout cecy demeure, s'il vous plaist, entre nous, et vous ne luy en tesmoignerés aucune chose ^3.

---

^1 C'était Isabelle Blondeaux, femme de Jean Phelippeaux, seigneur de Villesavin, qui avait été secrétaire des commandements de Marie de Médicis. Voir, sur cette dame, la note 2 de la page 629 des *Mélanges historiques. Lettres de Balzac*, n° LXXVIII.

^2 Jacques Favereau, dont nous avons déjà trouvé ici le nom.

^3 L'original visiteur de Chapelain n'était autre que M. de Bellejoye, dont il sera question dans les lettres suivantes.

Avec les vers de Mr Bourbon je vous envoye la harangue que Mgr le Prince a faitte à Bordeaux contre Mr de la Valette, laquelle en vérité est sanglante et digne d'estre gardée, veu l'esclat. Et certes c'est une chose assés estrange qu'on ait bien voulu que le peuple la vist imprimée si long temps après le coup.

Je suis, Monsieur, vostre, etc.

De Paris, ce 22 janvier 1639.

Madame la Marquise de Ramb[ouillet] m'a tesmoigné une extrême passion de voir vostre Discours de l'ancienne vertu devant que de mourir, dit-elle, comme si elle croyoit ne devoir pas vivre encore longtemps[1]. Je vous conseille de luy donner ce contentement le plus tost qu'il vous sera possible et plustost comme une esbauche si ce ne peut estre comme un ouvrage achevé, et vous ne doutés point de nostre fidélité.

CCLIV.
À M. DE MONTAUZIER,
EN ALSACE.

Monsieur, c'est une chose bien dure pour tout ce que vous avés d'amis et de serviteurs à Paris, de voir le peu de disposition qu'il y a de vous y tenir ce carnaval, et de se consoler avec vous par vostre présence de la peine que les vostres leur ont donnée, toute cette campagne dernière. J'ay grande honte de m'estre ainsy laissé attrapper à l'espoir de vostre retour de deçà, que je vous avoue que je tenois infaillible, soit que vous vainquissiés, soit que vous fussiés vaincus : le premier, pour en venir recevoir la couronne, le second pour venir chercher vostre seureté. Maintenant je ne sçay si nous nous devons resjouir de vostre victoire, qui nous est si funeste, et s'il ne vaudroit pas mieux que vous eussiés perdu, puisqu'en ce cas nous vous eussions gaigné. Si vous eussiés mis entre vos conditions en cette Cour, lorsque vous vous chargeastes de prendre Brisac, que vous ne le feriés point si l'on ne vous permettoit, après, de nous venir voir, nous ne serions pas à cette heure en cette peine, car on vous auroit tout accordé pour un si grand bien.

Voicy comme parle une lettre de Mr de Balzac que je viens de recevoir, par où vous verrés que tout le monde est de mon sentiment pour le désir de vostre retour, et il m'a bien fait plaisir de m'en escrire de la sorte : « Je voudrois que nostre Marquis eust accompagné vostre Duc et qu'il peust passer l'hyver avec vous, car quoyque Paris me soit Allemagne, n'estant pas moins absent de l'un que de l'autre, j'aurois pourtant l'esprit soulagé de sçavoir qu'il se délasse quelquefois dans vostre cabinet et que vous luy faittes conter en seureté les dernières merveilles de son histoire[2]. » Ce qui m'en a pleu davantage, c'est que cecy est un *motu proprio* et qui n'a point esté excité par le compliment que je luy fis, ces jours passés, de vostre part, qui ne peut estre arrivé qu'à cette heure chés luy.

J'ai envoyé vostre lettre à M^r le Conte d'Etlan avec l'autre, n'ayant pas peu luy

---

[1] Mme de Rambouillet devait vivre encore plus de quinze années : elle ne mourut que le 2 décembre 1665 et eut tout le temps de lire et de relire *le Romain* et les autres *dissertations politiques* qui lui étaient consacrées, non-seulement dans les *OEuvres diverses* de 1644, de 1658, de 1664, mais encore dans l'édition définitive des *OEuvres complètes* de 1665, l'achevé d'imprimer du tome II étant du 5 mai de cette année.

[2] Nous n'avons pas la lettre, ou du moins la portion de la lettre que reproduit ici Chapelain. Je dis la portion de la lettre, car, dans l'édition de 1665, plusieurs ont été tronquées.

porter, à cause d'un grand rheume qui m'assassine. Il est venu ce soir céans me tesmoigner les obligations qu'il vous a, et demain il me doit envoyer une lettre pour response qui vous fera ses remercimens. Nous avons parlé de vous comme nous devions et vous nous avés fait faire une conversation importante.

Vous aurés, avec le paquet que je feray, la lettre que vous voulés qu'on vous renvoye, encore que j'eusse mieux aymé, puisque vous l'estimés comme elle le mérite, que vous ne l'eussiés point voulu mettre une seconde fois au hazard des chemins et vous en eussions esté bons et fidelles dépositaires.

Mgr le duc de Longueville a receu ce que je luy ay dit de vostre part avec joye et satisfaction très grande; m'a fort asseuré, et à force gens qui estoient présens, qu'il vous estimoit parfaitement et chérissoit extrêmement l'amitié que vous luy aviés promise. Il m'a commandé et recommandé que je vous asseurasse bien de la sienne et du désir qu'il auroit de vous servir. Entre les louanges qu'il vous donne, il dit que vous luy aviés fait prendre Bleterans[1] et qu'à vostre exemple tous les officiers de son armée y firent merveilles. La conversation ne finit pas sans que je luy disse celles que vous avés faittes tout fraischement auprès de Brisac et que vous nous voulés faire passer pour des choses de petite conséquence.

M^r de La Lane m'a veu et m'a monstré un Sonnet de jouissance un peu plus libre que son Élégie qu'il vous doit envoyer avec la response à vostre lettre[2]. Il n'y a point de prince si bien obéy que vous qui, à un moindre petit signe, faittes baller[3] les Muses à cent lieues de vous.

J'ay envoyé vostre lettre à M^r l'Évesque de Grasse, mais je n'en crois pas avoir de response d'un mois. Escrivés nous souvent si vous voulés que nous ayons souvent de la joye et me tenés tousjours, Monsieur, pour vostre, etc.

De Paris, ce 23 janvier 1639.

CCLV.

À M. LE MARQUIS DE GESVRES,
À MONCEAUX.

Monsieur, j'ay receu avec une extrême joye les marques de vostre souvenir et je vous avoue que j'en avois besoin pour me consoler de vostre absence en l'estat où la disposition des choses vous a mis maintenant. J'ay receu aussy à faveur particulière le plan que vous m'avés envoyé de la Relation que vostre loisir vous convie à faire de l'entreprise de Fontarabie et le discours que vous fustes obligé de faire sur l'estat du siége, lorsque M^r l'Archevesque de Bourdeaux vint dans vostre camp[4].

Pour le premier, [si] vous faittes la Relation conforme au projet, ce sera une pièce accomplie et d'une merveilleuse ins-

---

[1] Bletterans est aujourd'hui un chef-lieu de canton du département du Jura, arrondissement de Lons-le-Saunier, à 13 kilomètres de cette ville.

[2] L'élégie doit être celle qui ouvre le recueil des *Poésies de Lalane*, élégie intitulée : *Cléonte, désespéré des rigueurs d'Amarante, veut se donner la mort*. Le sonnet doit être celui qui est intitulé : *Éloge de la beauté d'Amarante*.

[3] *Baller*, danser. M. Littré a cité, sous le mot *baller*, deux contemporains de Chapelain, La Fontaine et Guy Patin. Le *Dictionnaire de Trévoux* cite, sous le même mot, un autre écrivain du même temps, Sarrasin.

[4] Cette relation serait-elle celle qui est ainsi mentionnée dans la *Bibliothèque historique de la France* (article 21,956) : «Relation de tout ce qui s'est passé tant durant le siège de Fontarabie, qu'à la levée d'icelui, manuscrit in-fol. conservé dans la Bibliothèque du Roi, n° 9552?» Aucun des biographes du marquis de Gesvres ne paraît avoir connu le travail du vaillant capitaine.

truction pour le corps de l'histoire. Car, après l'avoir bien considéré, je trouve qu'il comprend tout ce que l'on peut désirer, et je n'ay à vous dire mon sentiment que sur fort peu de choses.

La première est que vous fasciés la narration tousjours en tierce personne, comme si ce n'estoit point vous qui la fist, mesme en toutes les choses où vous avés commandé et agi [1].

La seconde de ne pas faire les conseils à part de la narration comme ils en sont séparés dans le projet, mais de les insérer chacun dans son lieu, selon les dattes et le cours de l'histoire; outre qu'ils serviront à la clarté, ils y feront grand ornement, estant en leur place.

La troisiesme de parler aussy amplement et particulièrement, si faire se peut, de la prise du fort du Passage, des vaisseaux et de l'action de Serignan[2], lorsqu'il le défendit, des parties de guerre de Mr de Saint-Simon[3] et du combat naval de Mr de Bourdeaux, que des avantages qui vous arrivèrent à Oyarson(?) Ernane(?) et depuis la desroute deça la rivière contre les ennemis, afin que la Relation soit complette et qu'on ne croye pas que vous ayés voulu faire plus valoir vos actions que celles d'autruy.

Pour le langage, il n'y a rien à vous dire sinon que vous escriviés comme vous parlés le plus que vous pourrés dans les termes de l'art, sans superfluité et faisant vos périodes plustost courtes que longues, à cause que l'esprit de celuy qui lit conçoit bien plus facilement ce qui est resserré que ce qui est estendu.

Je vous renvoye le tout, c'est-à-dire le Projet et le Discours qui m'a semblé très-beau et très-instructif avec des considérations fort dignes d'estre insérées dans la Relation, au lieu et à la datte qu'il fut fait. Si vous la voulés rendre parfaitte de tout point, vous y joindrés un plan de la ville, des quartiers de l'armée, de la coste jusqu'à Saint-Sébastien et de la terre jusqu'au Bourguet. Cela sert extrêmement à l'intelligence de la chose.

Je n'ay peu faire voir ny l'un ny l'autre de ces [4] papiers à Mr l'abbé de Saint-Nicolas, quoyqu'il soit en cette ville depuis deux jours, car je ne l'ay veu que par rencontre et en compagnie. Je luy ay seulement monstré vostre lettre et le lieu où vous me permettés de luy faire tout voir, dont il s'est tenu infiniment vostre obligé et m'a fort prié de vous asseurer tousjours de son très-humble service.

Mr de la Poterie, son parent, revenu depuis peu de Guienne où il a entendu soixante et trois tesmoins sur l'affaire de Fontarabie, luy a rapporté sur vostre sujet que toute la province estoit remplie de vostre gloire et luy a dit des biens de vous qui vous doivent fort contenter. Il m'a dit aussi que vous aviés en Mr Servient une personne fort acquise et que les dernières lettres qu'il a receues de luy ne sont pleines que de vos louanges et de l'amitié qu'il a pour vous. Ces tesmoignages vous doivent estre fort chers et plus en ce temps cy qu'en un autre, où les vrais amis ne se distinguent pas si bien de ceux qui ne le sont pas.

Mr d'Andilly et Mr de Saint-Nicolas ne cèdent à qui que ce soit en la passion de

---

[1] C'est ce qu'a fait le maréchal d'Estrades dans sa *Relation de la défense de Dunkerque* (1651-1652).

[2] Guillaume de Lor, sieur de Serignan, maréchal des camps et armées du Roi, gouverneur de Salses, etc.

[3] Claude de Rouvray, duc de Saint-Simon, gouverneur de Blaye, premier écuyer de Louis XIII, était alors âgé de trente-deux ans.

[4] Je corrige l'évidente faute de transcription : *ses* papiers.

vous honnorer et vous les trouverés tousjours égaux en la bonne ou mauvaise fortune. Je ne pense pas que j'aye beaucoup de peine à vous persuader la mesme chose de moy qui suis et seray toute ma vie, Monsieur, vostre, etc.

De Paris, ce 29 janvier 1639.

CCLVI.
À M. DE BALZAC,
à balzac.

Monsieur, je veux espérer que vostre première lettre achèvera la consolation que celle cy, que je viens de recevoir, a commencé à m'apporter par la nouvelle de l'amendement de vostre maladie. Je ne puis nommer autrement l'incommodité qui vous fait plaindre, quoyque peut estre elle ne vous retienne pas dans le lit, et qu'elle ne vous ait point obligé à assembler vos Hypocrates pour la soulager. A un corps infirme comme le vostre, les moindres atteintes de mal sont douloureuses et doivent estre considérées comme de grands maux, et je les considère tellement de la sorte en vous, que j'en sens mesme le contre coup, quand ils vous attaquent, et j'aurois aussy bien besoin de me faire penser (*sic*) de vos playes, que ceux qui en ont receu quelqu'une à la teste sont souvent contraints pour guérir de se faire ouvrir le cotté opposé. Guérissés donc, Monsieur, si vous voulés que je ne sois pas malade et si vous me voulés espargner la peine que me feroient encore les médecins.

Mgr le duc de Longueville est revenu glorieux et triomphant avec d'autant plus de joye pour moy, que comme le Roy et la France luy tesmoignent toute la satisfaction imaginable des grandes choses qu'il a faittes cette campagne, il m'a fait paroistre beaucoup de contentement des petits services que je lui ay rendus de deçà durant son absence. Je luy ay parlé plus d'une fois, depuis son retour, de ces bons succès dans les termes les plus obligeants et les plus véritables que j'ay peu, et il a receu ma bonne volonté humainement, quoyqu'avec une certaine pudeur qui relevoit encore davantage son mérite et qui me semble n'estre ordinaire qu'aux vrays héros [1].

Nous espérons que Monsieur le marquis de Montauzier fera un tour icy et que nous aurons de luy des relations de bouche de ses belles actions, plus amples et moins modestes que celles qu'il nous a envoyées par ses lettres. Mme sa Tante, vostre gouvernante [2], a si bien secondé Mme sa Mère, dans la sollicitation de son congé, qu'enfin elles l'ont obtenu, et il est parti si bien que nous ne doutons point qu'il ne vienne se raffraischir parmi ses amis, c'est-à-dire qu'il ne fasse trois cent lieues pour se reposer quinze jours avec nous. Il n'y sçauroit estre guères davantage veu les préparatifs que font les Impériaux pour avoir leur revanche et tascher de reprendre Brisac.

Vous vous souveniés en mesme temps l'un de l'autre, qui n'est pas un mauvais signe pour vostre amitié. Par ma dernière lettre je luy fis sçavoir en propres termes ce que vous me mandiés sur son sujet et je suis asseuré qu'il en aura une extrême joye.

J'ay rendu à Mr de Voiture, hier qu'il vint céans, la copie de la lettre que vous aviés escritte à Mr de Boisrobert et luy ay fait voir l'endroit de celle qui l'accompagnoit, où vous me dittes que pour la luy rendre toute propre, il n'y avoit qu'à mettre *vostre jeu* au lieu de *vos affaires*. Il en rit abondamment et se mit ensuite à lire beaucoup d'autres lettres de vous, si bien que

---

[1] C'est ce que l'on a pu dire encore de Turenne et de Catinat.

[2] Mme de Brassac, femme du gouverneur de l'Angoumois.

vous fustes toute nostre conversation. Il vit surtout l'endroit où vous luy alloués sa paresse pour bonne et s'en tint fort vostre obligé. En récompense du duplicata que je luy donnay de vostre part, il me chargea d'une copie d'une lettre qu'il avoit escritte le jour d'auparavant à M⁰ de Lizieux[1], et me pria de vous l'envoyer me faisant entendre qu'il l'aymoit parce qu'il luy sembloit qu'elle avoit plus de vostre manière que les autres. Cela me semble plaisant que, comme de concert, sans néanmoins estre concertés, vous vous escriviés sans vous escrire, et soyés si bons mesnagers de vos lettres que vous les faciés servir en deux lieux.

Je croy vous devoir dire une nouvelle qui ne vous déplaira pas, aymant le bon M⁰ de Vaugelas comme vous faittes[2]. Depuis huit jours en ça, j'ay entrepris de luy faire restablir sa pension et l'ay obtenu par l'intercession de M⁰ l'abbé de Boisrobert lequel, sur les propositions que je luy ay faittes, et les raisons que je luy ay alléguées, a si bien gouverné son maistre, que la chose s'est achevée au grand contentement de ses amis. Pour engager Son Éminence à cette générosité, nous luy avons fait promettre que M⁰ de Vaugelas composeroit le Dictionnaire, à quoy il s'en va travailler. Hier et aujourd'huy il a veu Son Éminence qui l'a caressé et accueilly en telle sorte qu'il ne tient pas dans sa peau[3].

La première fois que je reverray M⁰ de Bellejoye, je luy feray connoistre que j'ayme tous vos amis. Je suis bien ayse de l'arrivée à bon port du seigneur Vittori[4]. M⁰⁰ du Puy en auront demain avis.

Je suis, Monsieur, vostre, etc.

De Paris, ce 30 janvier 1639.

CCLVII.
À M. LE MARQUIS DE MONTAUZIER,
EN ALSACE.

Monsieur, je mets cette lettre entre les perdues, et l'escris non-seulement avec la créance, mais encore avec l'espérance que vous ne la recevrés point, y ayant beaucoup d'apparence que le congé que l'on vous envoya il y a huit jours, ne vous aura pas permis de demeurer seulement huit heures en Alsace. Je vous l'escris néantmoins en tout événement, afin que si par quelque malheur le paquet précédent ne vous avoit pas esté rendu, ou s'il vous avoit trouvé encore embarrassé pour quelque temps dans vostre gouvernement, vous sachiés que vous estes attendu icy de tout le monde dans des impatiences inimaginables, et que vous ne pouvés tarder davantage à vous mettre en chemin sans laisser croire

---

[1] Philippe Cospeau.

[2] Ce passage a été reproduit par M. Livet (*Histoire de l'Académie française*, t. I, p. 373). Six ans plus tard, il a été reproduit aussi par M. Sainte-Beuve, qui le croyait inédit (*Moniteur universel* du 21 décembre 1863; *Nouvelles causeries du lundi*, 3ᵉ édition, t. VI, p. 347).

[3] M. Littré a cité (*Dictionnaire de la langue française*, t. III, p. 1025) cette phrase du brave Lanoue : «Le peuple romain en devint si fier, se voyant couronné de tant de victoires et trophées, qu'il ne pouvait quasi durer en sa peau.» Laissons ici la parole à M. Sainte-Beuve (p. 348) :

«C'est à cette occasion que Vaugelas fit cette réplique souvent citée, et que Pellisson nous a transmise. Le cardinal, le voyant entrer dans sa chambre, s'avança vers lui *avec cette majesté douce et riante* qui l'accompagnait toutes les fois qu'il le voulait bien, et lui dit : «Eh bien! Monsieur, vous n'oublierez pas du moins dans le Dictionnaire le mot de *pension*.» Et Vaugelas s'inclinant de sa révérence la plus profonde, répondit : «Non, Monseigneur, et moins encore celui de *reconnaissance*.»

[4] Le volume in-folio de Victorius dont il a été déjà question.

que vous aymés mieux la guerre que l'amour, ou que vous préférés l'amour des Allemandes à celuy des Françoises. Mais j'ay trop bonne opinion de vostre goust pour m'imaginer ce dernier, et quand la nécessité de vostre séjour sur le Rhin vous auroit rendu le rival de Mr de Lorraine, je connois une personne de cette Cour qui ne vous permettroit point de balancer entre la princesse de Cantecrois[1] et elle, maintenant que vous estes en liberté de nous revenir voir.

Revenés donc sans délay si vous n'estes desja parti et vous préparés à deux mois de bonne joye en la compagnie des illustres qui possèdent vostre estime et peut estre vos inclinations. L'Ambassadeur de Mgr le Daufin est de retour de bien plus loin que vous n'estes[2], pour y trouver [moins de] moyens de satisfaction que vous n'y en trouverés, et il vous seroit honteux que cet homme qui vous cède en tant de choses eust cet avantage sur vous.

Entre les choses qui vous paroistront nouvelles à vostre arrivée, celle cy ne vous plaira pas peu, quand vous verrés Saint-Ouïn grandie de toute la teste depuis vostre départ, et devenue presque aussy coquette et aussy niaise que sa sœur[3].

J'aurois encore tout plein de choses à vous dire, mais je craindrois de les dire inutilement, et puisque vous devés tousjours venir, il vaut autant les garder pour vous en entretenir à vostre bienvenue.

J'ay fait voir à Mr Silhon et à Mr Poleme ce que vous me disiés d'eux dans vos précédentes, dont ils se sont tenus fort vos obligés.

Par l'ordinaire précédent je vous envoyay la response du Conte d'Etlan avec la lettre que vous m'aviés envoyée pour luy monstrer. Ce seroit dommage qu'elles fussent perdues[4]. Si j'eusse creu son retour si pront, je ne les eusse point hasardées par de si fascheux chemins.

Je suis, Monsieur, vostre, etc.

De Paris, ce 31 janvier 1639.

CCLVIII.

À Mgr L'ÉVESQUE DE GRASSE,
À GRASSE.

Monsieur, demandés et il vous sera répondu[5]. Je n'oserois pas dire bien, car cela

---

[1] Béatrix de Cusance, princesse de Cantecroix, naquit le 27 décembre 1614, au château de Belvoir, dans les montagnes du Doubs, et mourut à Besançon, le 5 juin 1663. Sa liaison avec le duc de Lorraine, Charles IV, remontait à l'année 1634. A demi mariés en 1637, ils le furent tout à fait le 20 mai 1663. Sur ce mariage *in extremis*, comme sur toutes les circonstances de la romanesque existence de la belle Béatrix de Cusance, voir une étude spéciale de M. L. Pingaud, dans les *Mémoires de la Société d'émulation du Doubs*, 1875. Il y a eu un tirage à part (Besançon, 1876, 43 pages in-8°). Tallemant des Réaux nous a conservé (*Historiettes*, t. II, p. 389) un bon mot de Théophraste Renaudot sur Mme de Cantecroix, qu'il appelait la *femme de campagne du duc de Lorraine*. Ce mot, comme le rappelle M. P. Paris (p. 420), d'après les *Mémoires* de Bussy, coûta cher, en 1641, à un valet de pied du duc de Lorraine, lequel valet, l'ayant répété en riant, fut pendu, sans autre forme de procès, par l'ordre de la princesse de Cantecroix. Ne nous étonnons pas, après cela, de la dureté des beaux yeux de Béatrix dans l'admirable portrait que Van Dyck nous a laissé d'elle.

[2] Voiture, qui revenait de Rome.

[3] Je ne trouve rien sur les demoiselles de Saint-Ouïn dans les *Historiettes*, dans les Mémoires et dans les recueils épistolaires du temps.

[4] Je supprime le *lapsus : furent*, comme un peu plus loin, je supprime un autre *lapsus : fort* mis devant *retour*, au lieu de *son*.

[5] Allusion au mot de l'Évangile : Demandez et vous recevrez.

dépendra des matières, et vous en pourriés proposer telle que je serois *reus et ad metam non loqui*, mais ce sera tousjours prontement et laconiquement comme un homme qui ayme à expédier les affaires, et qui a besoin de tant de paroles, qu'il ne les sçauroit trop mesnager.

Vous vous trouvés donc bien de mes gazettes et vous me passés pour docteur en ce mestier. C'est de quoy je me resjouis bien fort, comme d'une vertu que j'ay de plus que je ne pensois. La consultation que vous voulés que je fasse avec mes astres pour deviner ce qui arrivera après la cheute du R[évérend][1] n'est pas une question triviale et vous ne choisissés pas trop mal les morceaux. Pour ce coup, vous n'en sçaurés autre chose sinon qu'il n'y a que Son Éminence qui puisse bien remplir cette place, mais qu'estant *infra se posita* il la laissera à Mr de Chavigny qui fera bien, mais sans doute moins que son prédécesseur qui ne faisoit que se jouer de ce qui luy donnera beaucoup de peine[2]. Tout le changement que cela apportera sera que la première promotion nous donnera un Cardinal, au lieu du mort, qui n'est pas trop amy du vostre[3], si ce n'est que les coups qu'il a receus en Guyenne et en Provence l'ayent rendu indigne du chapeau[4].

Vous avez deviné comme si la P[rincesse] Julie vous avoit communiqué son art divinatoire, lorsque vous avez creu que Brisac dans nostre parti me donneroit une grande joye. Elle ne pouvoit estre plus grande, car je crois que cette prise est une paix en herbe[5] et qu'enfin cette sacade[6] en fera venir l'envie aux Castillans malgré eux.

---

[1] Le P. Joseph.

[2] Léon Bouthillier, comte de Chavigny et de Busançay, était alors âgé de trente et un ans. Ce fut un des agents les plus dévoués du cardinal de Richelieu, ainsi que son père Claude, dont il fut le successeur au département des affaires étrangères. On voit que Chapelain le jugeait bien moins habile que le P. Joseph. Il semble que ce soit là l'opinion que l'on doive définitivement en garder.

[3] Chapelain voulait parler de l'archevêque de Bordeaux, Henri d'Escoubleau de Sourdis, le constant adversaire du cardinal de la Valette.

[4] Voici comment Tallemant des Réaux, dans une note de son historiette intitulée : *L'Archevesque de Bordeaux* (t. II, p. 338), raconte les mésaventures du prélat : « Ce fut en ce temps-là [décembre 1636] que le mareschal de Vitry, qui estoit gouverneur de Provence, dans un démeslé, donna brutalement un coup de canne à l'archevesque de Bordeaux, et fut mis pour cela à la Bastille, où il demeura longtemps. Cet archevesque se pouvoit vanter d'estre le prélat du monde qui avoit esté le plus battu; car M. d'Espernon l'avoit desja frappé à Bordeaux [en 1633]. Il faut voir la vie de ce duc, où cela est tout au long. » Voir p. 492 de l'édition déjà souvent citée dans ces notes. Guillaume Girard, employant un ingénieux euphémisme, prétend que le duc avança deux ou trois fois la main, et la lui appuya contre l'estomac, et qu'il toucha de sa canne le bord du chapeau de l'archevêque. On ne saurait mieux déguiser des coups de poing appliqués sur la poitrine et des coups de canne appliqués sur la tête. On sait que Henri de Sourdis mourut sans avoir obtenu le chapeau.

[5] Cette métaphore était-elle déjà connue avant Chapelain? M. Littré ne donne aucune citation qui nous autorise à le penser. Il n'a trouvé que cette phrase où Molière, parlant, dans *l'École des maris*, d'un époux destiné à être trompé, s'exprime ainsi :

Et ne l'être qu'en herbe est pour lui douce chose.

Si *une paix en herbe* paraît ici chose nouvelle, on sait que la locution proverbiale : *manger son blé en herbe*, est, au contraire, assez ancienne et qu'on la trouve notamment dans Rabelais (livre III, chapitre II.)

[6] Chapelain écrit ce mot comme l'écrivait d'Aubigné dans le *Baron de Fœneste*. Saccade,

Le carabin[1] est à ses quartiers d'hyver. Je luy envoyeray vostre lettre et je donneray aussy à M. de Montauzier celle que vous luy escrivés quand il arrivera, qui sera dans quinze jours.

Je suis, Monsieur, vostre, etc.

De Paris, ce 4 febvrier 1639.

CCLIX.
À M. LE MARQUIS DE GESVRES,
à MONCEAUX.

Monsieur, j'ay veu avec beaucoup de joye, dans la lettre que vous m'avés fait l'honneur de m'escrire, que mes avis sur la compilation de la Relation de Fontarabie ne vous avoient pas despleu, et que vous vous résolviés de les suyvre. Cela m'oblige à vous en donner encore un que vous trouverés peut estre délicat, encore que je n'y voye aucun péril, puisque vous ne faittes pas ce travail pour estre veu dans ce temps et que vous n'en voulez rendre tesmoins que Mr de Saint-Nicolas et moy; je le déduirois partout selon la connoissance que j'aurois de la vérité.

Qui auroit bien fait seroit loué, qui auroit mal fait seroit blasmé, et ceux qui n'auroient rien fait du tout n'auroient ni blasme ni louange. Je dis cela pour la cavalcade qu'alla faire Mr de Saint-Simon, dans laquelle vous dittes qu'il n'y eust aucune occasion considérable. Ce qui estant, je ne m'en rapporterois point à la *Gazette* et dirois les choses comme elles sont, pour ce que, quelque jour, cette Relation sera un original pour l'histoire, et il seroit fascheux qu'on la peust arguer de flatterie ou de peu de vérité. Dans les autres que l'on prendra dans la *Gazette*, je voudrois tousjours que ce fust après les avoir repassées la plume à la main, afin de les rectifier, et par le changement des termes et du stile, monstrer que la Relation est toute d'une main.

Vous me resjouissés bien de me dire qu'elle est toute preste à assembler, mais vous me satisfaittes bien plus encore lorsque vous me faittes espérer que je la verray bientost, et que ce sera vous qui me la ferés voir. J'attens cette heureuse soirée avec grande impatience.

Mr de Saint-Nicolas m'a fait une visite aujourd'huy que j'ay payée de la lecture de vostre lettre et particulièrement de l'endroit où vous parlés si obligeamment de luy et de Monsieur son frère. Vous pouvés faire estat de n'avoir pas encore deux hommes en France si affectionnés à vostre bien que ceux-là. Il m'a dit qu'il avoit receu une lettre de Mr Servient, pleine de joye de ce qu'il a reconnu dans ces dernières occasions que vous estiés aymé de luy. De sorte, Monsieur, que les vrays gens d'honneur se tuent à qui vous honnorera le plus, et vostre bienveillance sert à les lier tousjours plus fort ensemble.

Les offices que vous désirés qui soient faits auprès de Mr de la Poterie le furent dès que ces M^{rs} se virent dernièrement, et ils les redoubleront avec chaleur, quoyque ce soit sans nécessité; car ce M^r le Commissaire est celuy qui chanta plus haut vostre vertu. J'ay grande passion de vous voir pour apprendre ce que Dieu et le Roy feront de vous cette campagne prochaine.

Je vous baise très humblement les mains et demeure, Monsieur, vostre, etc.

De Paris, ce 5 febvrier 1639[2].

---

dans le sens de secousse violente, a été employé par le cardinal de Retz et par Scarron.

[1] Pierre Arnauld, que Mme de Rambouillet lettre à Godeau du 26 juin 1642, citée par M. P. Paris, dans son *Commentaire des Historiettes*, t. II, p. 511) appelait «mon poëte-carabin ou mon carabin-poëte.»

[2] Le même jour (f° 33), Chapelain écrivait

CCLX.

À M. DE BALZAC,

À BALZAC.

Monsieur, après la déclaration que vous m'avez faitte en faveur de Victorius[1], non seulement je l'en aymeray davantage, mais j'adjousteray encore de l'estime à celle que je faisois extraordinaire de vous, voyant combien vous jugés sainement de la vraye éloquence et combien vous estes esloigné de préférer le fard ou l'afféterie[2] à la naturelle et majestueuse beauté. Nos petits sermonneurs et déclamateurs ne sont pas assés heureux pour avoir de si bons principes, et ce qui empeschera à[3] tous nos escrivains du temps de sortir de leurs pointes et de leurs fredons[4], c'est que nos hommes sont ignorans et que nos femmes sont devenues ou sçavantes ou juges de sçavoir, de sorte qu'on ne peut estre estimé habille que quand on flatte leur goust et que l'on s'accommode à leur portée. Mais il faut avoir assés de cœur pour mespriser les jugemens de ces sortes de longues robbes aux matières solides, et regarder la sage postérité, qui n'est point sujette aux foiblesses de chaque siècle, et qui, tost ou tard, rend à chacun ce qui luy appartient. J'excepte tousjours du nombre des foibles nos deux héroïnes[5], comme je les ay tirées il y a long temps du nombre des femmes, et quand j'ay esté contraint de les comprendre sous ce genre, ça esté en les regardant comme d'une espèce distincte des autres et d'un ordre supérieur, de mesme qu'il y a des anges de plusieurs estages et des phénix dans le nombre des oyseaux. Et vous ne

---

au marquis de Flamarens une lettre d'affaires, ayant prêté au marquis une certaine somme d'argent, comme il en avait prêté à beaucoup d'autres, notamment une bien considérable (30,000 livres) à la marquise de Rambouillet (voir Jal, *Dictionnaire critique*, p. 360). Après avoir réglé la question financière, Chapelain ajoutait : «J'ay beaucoup de consolation de la grossesse de Mme vostre femme et reconnois que Dieu prend un soin tout particulier de vous, puisqu'il vous redonne si promptement le bien qu'il vous avoit osté. J'espère que, comme l'autre couche avoit causé sa maladie, cette-cy la guérira, si elle ne l'est desja... Vous trouverés icy dedans la recette pour la gravelle, que je souhaitterois fort qui fust utile à M^r vostre Père... J'apprendrois volontiers si l'amitié de M^r le duc d'Espernon ne luy nuira point en ce temps.» Jean de Grossolles, père du marquis de Flamarens, ne vécut pas longtemps, victime sans doute de la maladie dont parle ici Chapelain. Françoise d'Albret, avec laquelle il avait été marié dans le palais archiépiscopal de Bordeaux, le 19 décembre 1609, était déjà veuve le 1er janvier 1648. (Voir la généalogie de la maison de Grossolles, dans le tome V du *Moréri* de 1759.)

[1] Cette déclaration se trouve dans la lettre XX du livre XIX (p. 773 de l'in-fol.) : «Victorius n'est pas, à la vérité, si agréable ni si ajusté que ceux que vous me nommez; mais il a une certaine simplicité romaine qui me plaist infiniment, et sa négligence mesme ne laisse pas d'avoir quelque grace.» La lettre, datée du 19 juin 1638, doit l'être du 19 janvier 1639. De même, la lettre suivante, qui roule encore sur Victorius, et qui porte la date du 6 juillet 1638, devrait probablement porter celle du 6 février 1638.

[2] *Afféterie*, qui est dans Amyot, dans d'Aubigné, est aussi dans Mathurin Régnier, dans Balzac, dans La Fontaine, cités par M. Littré, et dans Perrot d'Ablancourt, cité par le *Dictionnaire de Trévoux*.

[3] *Empêcher à* ne se retrouve dans aucun des exemples cités, sous le mot *empêcher*, dans nos divers dictionnaires.

[4] *Fredon*, mot employé par Calvin, a été employé, au siècle suivant, par Saint-Évremond et par Boileau, cités à la fois dans le *Dictionnaire de Trévoux* et dans le *Dictionnaire* de M. Littré.

[5] Mme et Mlle de Rambouillet.

devés pas estre marri que je face cette exception à leur avantage, puisque cela relève tousjours vostre gloire· qui est dans leur bouche, comme dans son plus digne lieu.

Ce que vous me mandés du père Bourbon est absolument mon opinion [1], et je suis bien glorieux que nous convenions ainsy de la pluspart des choses. Les vers sont des moins beaux qu'il ait faits, et ils sentent fort le séxagénaire. Je les estime pourtant, parce qu'il vous les a envoyés et qu'il en a fait une pièce de sa sousmission et de sa repentance. Vous ferés bien, si vous m'en croyés, de les aymer par là et mesme de luy en sçavoir gré dans la première des lettres que je recevray de vous.

J'empescheray bien que le sieur Tubero ne soit guerroyé par l'Académie sur le sujet du *car* [2], et j'ay préparé tout plein de bonnes raisons pour faire avorter le sénatus-consulte de la déclaration de guerre qui se minutoit contre luy, et pour faire renguainer aux Féciaux [3] leurs habits et leurs verges; mais je ne suis pas assés puissant pour le remettre bien avec le sieur de Gomberville et le parer [4] de sa férocité.

M⁺ Lhuillier a esté fort aise de sçavoir que le Victorius fust arrivé sain et sauf chés vous, et de ce pas mesme en est allé donner la nouvelle à Mʳˢ du Puy. Il m'a fait entendre plus d'une fois qu'estant très chèrement aymé et honnoré par eux et quelquesfois mesme servi, vous pourriés, deux fois l'année, leur faire un compliment direct, c'est à dire leur escrire et les obliger extrêmement. Non pas, dit-il, qu'ils demandent de l'encens, ny qu'ils se faschent quand on ne leur en donne point, mais il connoist que celuy qui leur est offert, sans qu'ils le demandent, leur plaist fort et les confirme dans la foy, de sorte qu'en leur renvoyant leur livre, l'occasion seroit bonne pour faire cet office que je vous conseille, aussy bien que luy qui est vostre amy fidelle et qui ne pense jamais à vous qu'avec joye et satisfaction.

Enfin j'ay tant tourné et viré [5] que j'ay trouvé moyen d'envoyer vostre paquet à Rome et Mʳ de la Brosse s'en est chargé à ma prière et à vostre considération [6]. Je vous envoye le billet en response d'un autre qui accompagnoit le livre, et par là vous aurés, à mon avis, de quoy mettre vostre

---

[1] Ce que Balzac mandait à son ami touchant les vers du père Bourbon a été retranché de la lettre citée dans la note 1 de la précédente page.

[2] La recommandation faite par Balzac à Chapelain en faveur de La Mothe le Vayer, qu'il s'agissait de préserver de la colère des académiciens ennemis du *car*, a disparu de la même lettre, qui, comme on le voit, a été déplorablement mutilée.

[3] Je crois devoir rétablir ainsi un mot que l'on ne peut guère lire autrement que *feneux*, qu'a lu ainsi, du reste (avec point d'interrogation), M. Livet, reproduisant ce passage (*Histoire de l'Académie*, t. I, p. 374). Il est évident que, dans le texte de Chapelain, il s'agit de ces hérauts sacrés (*feciales, fetiales*) qui étaient, chez les anciens Romains, comme les médiateurs de la paix et de la guerre.

[4] Le préserver, le garer.

[5] *Virer*, si souvent employé au moyen âge et au XVIᵉ siècle (voir surtout Clément Marot, Rabelais et Montaigne), n'a été retrouvé par M. Littré dans aucun auteur du XVIIᵉ.

[6] Balzac parle ainsi de M. de la Brosse dans la lettre III du livre XX, p. 784 de l'in-fol. : « A ce que je voy, Mʳ de la Brosse ne m'a pas seulement obligé, il a voulu encore m'obliger de bonne grace. C'est d'une faveur m'en faire deux, et entendre l'art qu'enseigne Sénèque. Mais il entend bien d'autres choses, et je ne sçay si je vous dis estant à Paris, qu'autant de fois que j'eus l'honneur de l'entretenir, je fus esbloui des lumières qui sortoient de son esprit. » Cette lettre, réponse à la lettre de Chapelain du 6 février, ne peut être datée du 8 du même mois; il est probable qu'il faut lire 18 février.

esprit en repos de ce costé là. Cela mérite un article en remerciment dans vostre première despesche. Le Conte Martinozzi, dont je vous parlois, n'est pas encore arrivé, et, si nous eussions attendu cette commodité, il se fust bien passé du temps devant que de vous donner ce contentement.

Nostre petit Prince ne recevra, je croy, ses drappeaux bénits que quand il aura le haut de chausse, et c'est estre bien Espagnol au Pape que de tarder tant à les luy envoyer.

Vous trouverés encore icy deux Épitaphes du R. P. J[oseph] pour vous divertir, l'un qui est de prose vers (sic)[1]; on ne sçait s'il loue ou s'il blasme, ou s'il loue et blasme ensemble, et le jésuite qui l'a fait a bien esté équivoque en cela. Pour l'autre, en forme d'inscription tumulaire, c'est un tricotis[2] des plus putides[3] que j'aye point encore veu. Cependant M⁻ de la Chambre, qui l'a composé, pense avoir *llevado lorgala* en cette matière[4].

Je suis, Monsieur, vostre, etc.

De Paris, ce 6 febvrier 1639.

CCLXI.
À M. L'ÉVESQUE DE GRASSE (GODEAU),
À GRASSE.

Monsieur, vous m'avés bien fait plaisir de venir jusques à Aix, car encore que le chemin qu'il y a entre cy et là soit assés grand pour empescher que nous ne nous puissions entretenir ny entendre, il me semble néantmoins que c'est quelque chose de vous pouvoir parler de plus près par escrit, et le bien qui me reviendra indubitable de cela, c'est que les nouvelles que j'auray désormais de vous seront de huit jours plus fraisches qu'à l'ordinaire. La résolution que vous avés du tempérament que vous me marqués pour les actions que vous serés obligé de faire dans vostre assemblée, me semble très bonne, et si vous voulés que je vous en parle franchement selon vos inclinations, vous devés plus craindre l'excès dans la liberté que dans la sousmission, et c'est la première que vous devés combattre en vous sans vous mettre beaucoup en peine de la seconde.

J'attens le succès de vostre voyage avec impatience, quoyque je ne doute point qu'il ne vous soit glorieux et qu'il ne confirme la réputation que vous avés desja très grande dans la province. La prière que je vous fis, il y a quelque temps, pour ces chapelets n'estoit pas de mon chef, mais au nom de M⁻ de Chavaroche, qui en avoit pris la commission de Mme d'Hiers, si bien que si vous vous piqués d'en faire libéralité à ce

---

[1] Chapelain a-t-il voulu dire que c'étaient là des vers prosaïques, ou bien que c'étaient des vers mêlés à de la prose?

[2] Je ne trouve ce mot nulle part. Serait-ce un diminutif méprisant du mot *tricot*, tissu grossier?

[3] De *putidus*, puant, infect, repoussant. Le mot *putide* n'est donné ni par Richelet, ni par Trévoux, ni par M. Littré.

[4] Marin Cureau de la Chambre était alors âgé de quarante-cinq ans environ. Voir, sur ce médecin-académicien, la note 2 de la page 560 des *Mélanges historiques. Lettres de Balzac*, n° LVI. Pour compléter les indications réunies dans cette note, je renverrai le lecteur, qui serait désireux de tout connaître sur l'auteur des *Charactères des passions*, à deux ouvrages qui ont paru depuis 1873, *le Chancelier Pierre Séguier*, de M. R. Kerviler, où tout un ample chapitre est consacré aux deux Cureau de la Chambre, le père et le fils (p. 417-476), et *les Débuts au Mans de Marin Cureau de la Chambre, médecin de Louis XIII, fils du chancelier Séguier, membre de l'Académie française; ses relations de famille et les héritiers de son nom dans le Maine jusqu'au commencement de ce siècle*, par M. Henri Chardon, président de la Société d'agriculture, sciences et arts de la Sarthe (1874).

couvent, il vous souviendra que je n'y prens aucune part que celle de servir nostre amy en ce qu'il a désiré de moy. Pour les essences que vous proposés d'envoyer, à ce printemps, à quelques personnes desquelles vous voulés que je sois, c'est une autre affaire, et je ne m'esloigne pas de vous en vouloir bien avoir l'obligation, pourveu que la libéralité soit modeste, et qu'en cela comme en tout le reste vous vous souveniés de la frugalité.

Je suis, Monsieur, vostre, etc.

De Paris, ce 11 febvrier 1639[1].

CCLXII.
À M. DE BALZAC,
À BALZAC.

Monsieur, je ne sçay pas bien ce qui m'arrivera l'année qui vient dans la guerre que j'y prétens faire à mes rhumes, mais je vous puis dire que mes maximes ne m'ont point trompé, celle cy, et que j'ay esté plus heureux à desfaire ces ennemis de mon repos à point nommé que le P[rince] d'Orange à prendre les places qu'il avoit entreprises. Cela soit dit sans vanité et sans vouloir passer pour plus grand capitaine que luy, qui a fait assés s'il n'a rien oublié à faire pour vaincre, suyvant la définition que nos maistres nous donnent des arts qui n'exigent pas que l'on persuade ny que l'on guérisse, pourveu que l'on face ce qui est nécessaire pour la persuasion et pour la guérison.

J'ay sur ma conscience de n'avoir pas assés caressé vostre Mr de Bellejoye; mais je vous avoue que, le voyant venir sans lettres de vous, je creus que c'estoit un importun dont vous estiés desfait et dont vous ne seriés pas marry que j'essayasse à me desfaire. Sa sorte de sçavoir et sa manière

---

[1] Le même jour, Chapelain (f° 42) écrit à Boisrobert une lettre que M. K. Kerviler, qui la reproduit à peu près en entier (*Jean Chapelain*, p. 287-289), appelle «une consultation littéraire fort curieuse,» destinée au cardinal de Richelieu, «qui avait projeté de publier une sorte d'opéra représenté avec succès à Rome à la gloire de la France.» En voici quelques passages : «Modestie à part, puisque Monseigneur le commande, et sans mettre en question si mon avis est considérable sur le sujet dont vous m'avés communiqué de son ordre, je vous diray franchement ce qu'il m'en semble. J'ay leu la pièce de théâtre italienne, et je vous avoue que, pour tragéi-comédie régulière, elle m'a paru fort défectueuse, soit dans l'invention, soit dans la disposition, et mesme dans la pluspart des mouvemens qui sont attribués à ces personnages. Il est vray que c'est la traitter avec trop de rigueur que de la vouloir juger dans la sévérité des bonnes règles. Si son autheur n'a eu autre dessein que de faire une pièce de magnificence et non d'art, et, s'il se peut dire, plustost un ballet qu'une comédie, comme sont toutes celles qu'ils font maintenant pour les chanter : en ces sortes de pièces, l'art de la comédie n'en est pas la fin, mais celuy de la musique, et l'on peut dire d'elles qu'elles sont faittes seulement pour soustenir et donner corps à de beaux airs, ainsy que nous avons ouy chanter autrefois plusieurs ouvrages de poésie qui passoient à la faveur des airs que Guédron avoit faits dessus, et nous avons veu que l'oreille amusée par le chant ne s'apercevoit pas du défaut des paroles. Ce n'est pas que le Rinuccini, qui est l'inventeur de ces espèces de représentations, n'ait fait trouver les grâces de la poésie parmy les charmes de la musique; mais il est le seul qui y ait réussy,... celle-ci estant de beaucoup au dessous de celles du Rinuccini. Je vous diray que je ne croy pas qu'elle réussisse imprimée, c'est-à-dire destituée de la magnificence dans laquelle Rome l'a veu représentée, sans la multitude d'acteurs et d'habits, les divers changemens de scène et l'harmonie des voix et des instrumens... Voila mon petit sentiment de ce long ouvrage, dont vous tirerés ce que vous jugerés qui pourra estre agréable à S. E., afin de le luy rapporter.»

de le débiter, jointes à sa provincialité, me donnèrent une impression de luy fort semblable à celle que j'ay de certaines gens que je ne hay point, mais que j'ayme bien à ne point voir. En effet, je conversay avec luy sur la simple défensive et en desgageant le discours plustost qu'en l'engageant, de sorte que j'ay peur qu'il ne vous en face une longue nénie[1] et qu'il ne vous accuse de vous connoistre mal en gens affables et tels que vous m'aviés représenté à luy. Je veux croire que, dans la lettre que vous luy avés escritte, vous l'aurés remis en goust de me venir voir, et que j'auray quelque jour moyen de luy en faire amende honnorable. Il aura plus de civilités de moy, mais, avec vostre permission, il n'aura pas plus de complaisance pour ses opinions apocrifes et hérétiques en matière de beau sçavoir.

Je feray voir, après demain, en pleine assemblée, à Mr Borbonius l'endroit de vostre lettre où vous le collaudés[2]. Cela fera pour luy d'estre célébré par vous à la veüe de tant de gens qu'il estime, et à vous il ne vous nuira point que tout ce monde voye que vostre réconciliation continue et que vous avés eu assés de vertu pour faire une amnistie[3] du passé.

A propos de l'Académie, vous sçaurés que le s^r Tubero, nonobstant son livre que l'on a voulu qui ait esté fait contre elle[4], a esté fait membre de son corps, qu'il a esté proposé à Son Éminence, laquelle l'ayant approuvé, il ne reste plus qu'à le recevoir au serment, et à luy donner des lettres. Mesme cooptation[5] a esté faite du s^r Esprit, et en mesme temps, de sorte qu'au lieu que vous n'aviés en eux que des amis, vous y aurés désormais des confrères. Car, Monsieur, afin que vous le sachiés, quoyque vous soyés autant absent de l'esprit que du corps de cette noble compagnie, nous vous y tenons tousjours pour présent, et vous y conservons vos droits, comme si vous y rendiés un actuel service[6].

---

[1] De *nænia*, «plainte, lamentation.» M. Littré rappelle que les *nénies* étaient «des chants funèbres qui se faisaient dans l'ancienne Rome aux obsèques des morts par des femmes qu'on louait pour cet office.» M. Littré n'a mentionné aucun emploi du mot *nénie*.

[2] De *collaudare*, «louer.» Ce mot, qui est dans le *Dictionnaire de Trévoux* avec la note *vieux*, n'avait pas été recueilli par Richelet et ne l'a pas été non plus par M. Littré.

[3] M. Littré n'a cité, sous le mot *amnistie*, que deux phrases d'Anquetil et de Châteaubriand, ayant eu soin toutefois de rappeler que l'on trouvait la forme *amnestie* dans Rabelais. Il serait étrange que, seul au xviie siècle, Chapelain se fût servi du mot *amnistie*.

[4] Les *Considérations sur l'éloquence françoise de ce temps*, déjà plusieurs fois mentionnées.

[5] De *cooptatio*, action «d'associer, d'agréger.» Ce mot a, de tout temps, été peu employé. Le *Dictionnaire de Trévoux* rappelle que le docte Huet s'est servi du mot *coopter*.

[6] Ce passage a été inséré par M. Livet dans son édition de l'*Histoire de l'Académie françoise*, t. I, p. 374 et 375. Balzac (lettre I du livre XX, p. 782 et 783) accueille ainsi la nouvelle de la nomination de La Mothe le Vayer et de Jacques Esprit : «Je me resjouis, Monsieur, de la nouvelle acquisition qu'elle [l'Académie] a faite du philosophe ***, qui, en effet, est un galant homme, et ne laisse pas d'avoir de l'esprit, quoyqu'il se serve la pluspart du temps de celuy d'autruy. Je ne vous parle point de l'autre réception, qui s'est faite en mesme jour, de peur de choquer le jugement des supérieurs, et de donner trop de liberté au mien.» La lettre, datée du 4 janvier 1639, est de la fin de février de la même année. Esprit et La Mothe le Vayer, dont la réception est inscrite dans les registres de l'Académie sous la date du 14 février 1639, succédaient au commissaire des guerres Habert et à Bachet de Méziriac.

Ce que Mme la marquise de Ramb[ouillet] voudroit voir de vous sur toutes choses, seroit le Discours de la vertu ancienne, pour ce que je luy ay dit il y a long temps que vous faisiés estat de le luy donner. S'il est possible que ce soit celuy là que vous luy envoyés, vous la ravirés et luy donnerés la vie, ou du moins vous la luy ferés passer avec moins de langueur [1].

Je vous ay mandé la suitte qu'avoit eu la Philipique. On croyoit qu'après cette assemblée qui s'estoit fait des officiers de la Couronne à Saint-Germain, pour commencer la procédure contre M^r le duc de la Valette, la semaine ne se passeroit point que l'on ne fist la première proclamation à trois briefs jours, ce qui pourtant ne s'est point encore fait.

Je tesmoigneray au petit Mr Bonair, quand je le verray, l'affection que vous avés pour luy et la recommandation que vous m'en faittes. Il m'a semblé tel que vous me le dépeignés.

Il y a desja quelque temps que vous devés avoir receu le premier livre de la Rhétorique du Caro. Vous le garderés, s'il vous plaist, pour tousjours [2]. J'ay pris d'un de mes amis son Virgile d'un volume plus portatif que le mien, que je vous envoye. Il est superflu de vous prier de le conserver et de faire qu'on le luy puisse rendre sans qu'il soit gasté [3].

Vous trouverés, avec ce mot un peu long à la vérité, la lettre que Mr de la Brosse m'escrivit sur le port de vostre paquet à Rome, la semaine passée. Mon valet oublia d'en faire un paquet avec la mienne de l'autre semaine et oublia aussy les Épitaphes dont je vous parlois qui seront aussy en celui-cy [4].

Je suis, Monsieur, vostre, etc.

De Paris, ce 12 février 1639.

CCLXIII.
À M. DE LIONNE,
À ROME.

Monsieur, un si précieux souvenir que le vostre méritoit un remerciment qui fut fort exquis, et j'avois prié Mr de Voiture de vous

---

[1] Balzac écrivait à Chapelain sur ce sujet (lettre III du livre XX, déjà citée) : « Je vay travailler tout de bon pour nostre incomparable Marquise, et vous luy pouvez dire, d'avance, que j'espère lui conter merveilles de sa Rome et de ses Romains. »

[2] Balzac (lettre I du livre XX, déjà citée) exprime ainsi sa reconnaissance à Chapelain : « Ce n'est pas d'aujourd'huy que vous me faites du bien. Tout ce que j'ay d'Annibal Caro, je le tiens de vous, et la mesme main qui me régala autrefois du volume de ses lettres, m'a estrenné cette année de sa traduction d'Aristote. Tellement que nous faisons vous et moy ce que nous avons coustume de faire : vous donnez et je reçois. Béni soit mon bienfacteur, ou mon bienfaicteur, puisque Mr de Vaugelas le veut ainsi, et que, pour si peu de chose, il ne faut pas se mettre mal avec ses amis. »

[3] On lit (*ibid.*) : « L'Énéide italienne vous sera rendue aussi saine et aussi entière qu'elle est partie de vostre cabinet, et quand telles hostesses séjournent chez moy, elles n'y reçoivent aucun mauvais traitement. » Voir ci-après la lettre de Chapelain (du 11 mars 1639) où Balzac est félicité d'avoir si bien soigné le livre, qu'il paraît plus neuf que jamais.

[4] Voici comment Balzac juge ces deux épitaphes (*ibid.*) : « Des deux épitaphes que vous m'avez envoyées, l'une, à mon advis, est moins mauvaise que l'autre ; mais ni l'une ni l'autre ne sont bonnes, et cela ne s'appelle pas escrire en latin. Vous avez veu cette vérité avant moy ; mais vous ne l'avez pas déclarée si franchement. Vous sçavez pourtant bien que, comme il y a des fous furieux, et qui sont habillez en sages, il y a aussi des sottises sentencieuses, et qui ont l'apparence d'aphorismes. Le monde se laisse piper le plus souvent à ce faux esclat. »

le faire dans sa response [1], sachant bien que s'il en prenoit la peine, vous auriés sujet d'en demeurer satisfait. Mais contre son inclination officieuse, il m'a refusé cette assistance, et a voulu que je payasse par moymesme, sans considérer que je serois mauvais payeur. Et il est facile à juger que si quelque chose a peu obliger une ame aussy humaine que la sienne à me faire paroistre cette dureté, ce n'est que la seule jalousie. Il a creu sans doute que si je vous parlois par sa bouche, vous prendriés les mesmes sentimens pour moy que vous avés pris pour luy, et que vous aymeriés également ceux qui auroient employé une mesme éloquence pour se mettre bien auprès de vous.

Ce n'est pas, Monsieur, qu'il n'ait beaucoup de bonne volonté pour moy et qu'il ne désire mon avantage; mais c'est qu'il vous regarde comme un de ses biens qui n'entrent point dans la communauté des amis. Vous luy tenés lieu d'une maistresse ou d'une couronne qui sont, comme vous sçavés, des pièces incommunicables et pour lesquelles on s'est de tout temps permis de perdre toute sorte de respects humains. Il ne se peut résoudre à partager avec personne un thrésor qui luy est si cher et, pour se confirmer dans cette humeur, il se persuade qu'elle vous passera pour un tesmoignage de son estime. Cette avarice est un défaut que vostre vertu a produit en son esprit, qui d'ailleurs est le moins intéressé et le plus généreux du monde, et certes je ne sçaurois le blasmer d'un si beau vice dans lequel je pense que je tomberois moy mesme si j'estois aussy riche de vostre bienveillance que luy. Je luy envie seulement cette possession, mais sans dessein de l'y troubler, l'ayant à si juste titre, ny de vous demander place en vostre affection que beaucoup audessous de luy; c'est-à-dire que je consens que vous le considériés comme le plus aymable des hommes, et me contente que vous me regardiés comme celuy qui est le plus, Monsieur, vostre, etc.

De Paris, ce 16 fevrier 1639 [2].

CCLXIV.
À M. DE BALZAC,
À BALZAC.

Monsieur, j'ay cherché Mr de Voiture pour luy monstrer l'endroit si agréable de vostre lettre qui regarde sa pénitence. A son défaut je l'ay fait voir à Mme la Marquise de Rambouillet qui l'a fort estimé et m'a dit que vous estes tombés en mesme sentiment ou peut s'en faut, Mr de Lizieux et vous. Car dans la lettre qu'il a rescritte pour response avec sa modestie ordinaire, elle m'a fait entendre qu'on luy avoit appris que ce bon Prélat, en termes latins élégans, avoit dit qu'il avoit couvert ses péchés de fleurs.

J'ay demandé encore à cette incomparable Dame la lettre au mesme Mr Voiture sur les

---

[1] Cette réponse est celle que l'on trouve dans les *Œuvres de Voiture* (p. 252 de l'édition de M. Amédée Roux, p. 321 du tome Ier de l'édition de M. A. Ubicini). En voici les premières lignes écrites avec cet aimable enjouement qui valut tant de succès au correspondant de Mlle de Rambouillet et de Mlle Paulet : « Monsieur, quoique vous m'ayez donné les plus mauvaises heures que j'aie eues en tout mon voyage, et que personne ne m'ait si mal traité à Rome que vous, je vous assure que je n'y ai point veu d'homme que je désirasse tant de revoir, ni que je servisse si volontiers. Il arrive peu souvent qu'en ruinant une personne on acquière son amitié. Mais vous avez eu cette fortune-là avec moi, et vostre génie est en toutes choses si puissant dessus le mien, que je n'ai pu me défendre de vous d'une façon ni de l'autre, et qu'en me gagnant mon argent, vous avez encore gagné mon cœur, et vous estes rendu maistre de ma volonté. »

[2] Le même jour, Chapelain écrivait (f° 42) à M. de Chives, official d'Angoulême : « J'ay

senteurs que vous aimés et l'ay surprise pour ce qu'elle ne se souvient point qu'il luy en ait jamais escritte aucune sur ce sujet[1]. Elle m'a promis pourtant de repasser toutes celles qui sont de luy dans sa maison, et, si elle rencontre celle que vous demandés, de vous en faire faire une coppie. A la première veüe, j'en parleray à l'autheur et il sera malaisé qu'il vous la refuse, vous honnorant tousjours beaucoup et ayant plaisir d'avoir occasion de vous en donner des tesmoignages.

J'ay receu punctuellement au temps que vous le mandiés le Discours sur vostre guerre avec le Prince des feuilles. Je l'ay leu d'un bout à l'autre en le dépaquetant et l'ay leu avec le ravissement qui suit tousjours la lecture de vos ouvrages. Il m'a semblé admirable, mais non pas nouveau partout, car il y a sept ou huit ans que vous m'en fistes voir une partie, qui dès lors me transporta, de mesme. Si j'ay bonne mémoire, vous y aviés fait une description allégorique de son Empire et de ses sujets qui est une pièce exquise, et qu'il est fascheux que vous n'ayés pas trouvé à propos de l'insérer icy. Vous me ferés faveur de me l'envoyer séparée, afin qu'elle puisse avoir sa louange au lieu où l'on juge mieux de tout, et pourveu qu'elle ne s'esgare point en chemin, je vous respons qu'il n'en arrivera point de scandale.

J'ay desja notifié aux quatre amis que vous me nommés qu'ils peuvent prendre un jour pour en entendre la lecture, et Mr Lhuillier, à qui je l'ay dit parlant à sa personne, m'a monstré qu'il s'en tenoit fort vostre obligé et m'a juré de plus que vous ne vous souveniés jamais de luy qu'il n'en ressentit une joie extrême.

Les nouvelles que je ne vous peus mander, la semaine passée, sont que M^r le Duc de la Valette a esté crié à trois briefs jours au moins à deux, et demain samedy doit estre le troisiesme, avec deux aydes de camp dont l'un s'appelle d'Escart et l'autre Landresse. Il y en a qui en adjoustent encore un nommé Pressac. Après ces formes je croy que l'on procèdera au jugement qu'il ne faut pas attendre favorable, veu les horribles charges que l'on dit qui sont contre luy et le peu de disposition qu'a le Roy à la clémence en cette cause [2].

Il ne faut pas douter que le bon naturel de M^r le cardinal de la Valette et l'amour qu'il a pour sa maison ne l'affligent extrêmement de la voir dans le précipice [3]. M^r le duc de Candalle, sur le point d'aller

---

receu et leu et admiré le Discours de Mr de Balzac que vous m'avés envoyé. Il me fut rendu le 14 au soir, et, dès le soir mesme, je le dévoray avec le plaisir que vous pouvés penser. Je ne vous le loue point, parce que cela s'en va tousjours sans dire... Ces jours passés, il a fallu coucher de tout le crédit d'une des puissances [sans doute le chancelier Séguier], pour donner entrée seulement dans l'Académie à un homme qui se nomme Esprit et qui n'en manque pas. » Chapelain dit au prieur de Chives, qui lui avait demandé de faire nommer Balzac conseiller d'État, que c'est là chose très-difficile, et il parle des « bassesses qui sont nécessaires pour s'eslever... » ; ajoutant, du reste, que l'abbé de Cerisy a promis de s'occuper de l'affaire. Chapelain, dans ce même billet, nous apprend combien les pensions de ce temps étaient le plus souvent illusoires : « La pension de Mr de Vaugelas est une pension, c'est-à-dire rien, quand il plaist à Mr de Bullion, et il luy plaist presque tousjours. » M. Livet a donné quelques extraits de la lettre à M. de Chives (*Histoire de l'Académie*, t. I, p. 375).

[1] Voir la dernière phrase de la lettre suivante et la note qui correspond à cette phrase.

[2] Voir, sur le procès du duc de la Valette, les détails si précis donnés par le P. Griffet (*Histoire du règne de Louis XIII*, t. III, p. 181-191).

[3] Le *bon naturel* du cardinal de la Valette ne doit pas être trop vanté. Voici contre lui l'acca-

à Venize, où on le pressoit de se rendre, est tombé malade, et, dit-on, à la mort[1]. Si l'on adjouste à cela, l'attaque qu'a eu ces jours passés Mʳ le Duc d'Espernon, qu'on nous a dit qui l'avoit pensé emporter[2], voilà bien du dueil en une seule famille et un grand exemple de la condition des choses humaines.

Au reste j'avois eu quelque tentation de traiter l'affaire dont Mʳ l'Official m'avoit escrit de luy à moy, sans vous en parler qu'au cas que je visse certitude à l'amener à bonne fin. Mais pourquoy dissimuler avec vous qui avés l'ame ferme dans les événemens et qui me descouvrés tousjours jusqu'au fons de vostre ame? La pensée que Mʳ de Chives a eue pour vous est digne de l'affection qu'il vous a tousjours portée, et quoyque mon impuissance et l'humeur des gens dont il se faut nécessairement servir rende la chose plus douteuse qu'il ne se l'imagine, je ne laisse pas de la croire faisable. Il est vray qu'il faut hazarder quelques compliments à Mʳ le Chancelier et estre encore assés bon courtisan pour se résoudre en tout cas à les perdre. Ce n'est pas que je voulusse qu'il y eust rien d'approchant de ce dont il s'agit dans vostre lettre, car comme ce mouvement n'est pas de vous, j'ay commencé ma sollicitation sur ce pied, et j'ay fait entendre que ce n'estoit qu'un souhait de ceux qui vous ayment. Je voudrois seulement, puisque vous deviés recueillir la bienveillance de Mʳ le Chancelier, par quelque honneste cajollerie, pour luy faire penser sérieusement au payement de vostre pension, que pour cela et pour cet autre intérêt encore, vous prissiés la peine de luy escrire sur quelque sujet qui luy peust plaire, sans dire un mot ny de l'un ny de l'autre de ces intérests, et l'occasion en est excellente dans le mariage qu'il fait de sa cadette bien aymée avec le prince d'Enrichemont, petit-fils de Mʳ de Sully[3]. La matière est ample et embrasse beaucoup de chefs qui vous donneront beau champ, et si je suis bien informé, vous ne le sçauriés toucher en une partie plus tendre ny plus sensible[4]. Vous y

---

blant témoignage du P. Griffet (*Histoire du règne de Louis XIII*, t. III, p. 183): « Le cardinal de la Valette, toujours esclave de la faveur, abandonna totalement son frère, pour plaire au premier ministre. » La lettre à Richelieu, du 17 janvier 1639, que reproduit (même page) l'impartial historien, ne justifie que trop des paroles aussi sévères, et la platitude des termes y est en parfaite harmonie avec la platitude des sentiments. On se demande, en présence d'une telle pièce, si le cardinal de la Valette fut le moins du monde calomnié par celui qui lui infligea le surnom ignominieux de *cardinal valet*.

[1] Au moment où Chapelain s'inquiétait ainsi de la maladie du fils aîné du duc d'Épernon, le duc de Candalle était mort déjà depuis six jours (11 février): M. Bazin (*Histoire de la France sous Louis XIII*, t. III, p. 19) indique par erreur le 15 février. La date du 11 est donnée par les auteurs les plus exacts, notamment par Guillaume Girard (*Histoire de la vie du duc d'Épernon*, p. 571). Voir encore le *Moréri* de 1759, au mot *Valette* (*La*).

[2] Voici ce que rapporte à sujet G. Girard (p. 571): « Soit que le ressentiment des rigoureux traitemens qu'on lui faisoit souffrir, ou que les seuls (sic) infirmitez de son grand âge lui causassent la maladie dont il fut atteint, il tomba dans une des plus aiguës et des plus dangereuses qu'il eut jamais ressenties. Pendant quatre mois il fut travaillé d'un rhumatisme qui le rendit perclus de tout le corps, et cela fut accompagné de douleurs extrêmes. »

[3] La belle Charlotte Séguier fut mariée, le 3 février 1639, à Maximilien-François de Béthune, deuxième duc de Sully, pair de France, prince d'Enrichemont et de Boisbelle, marquis de Rosni, etc.

[4] Dans la lettre II du livre XX (p. 783 de l'in-folio), Balzac désavoue le prieur de Chives,

aviserés et m'aviserés après, afin que j'agisse selon mes lumières et petite puissance. Je suis, Monsieur, vostre, etc.

De Paris, ce 18 fevrier 1639[1].

CCLXV.
À M. DE BALZAC,
à BALZAC.

Monsieur, vostre lettre m'a rendu mon opinion première touchant le mérite de Victorius dans les lettres et les oraisons que je vous en ay envoyées[2]. En attendant le messager, je l'ouvris en plus d'un endroit et voulus voir quelles grâces exquises avoient piqué vostre goust si délicat en cet autheur, et vous l'avoient fait désirer avec tant d'impatience. Dès lors, je vous en manday un mot de mon sentiment, s'il m'en souvient bien, et je vous avoue que je ne vous dis pas encore tout ce que je pensois de cette pureté languissante et elumbe[3] qui ne me sembloit pas digne de la curiosité des maistres et qui, tout au plus, avoit esté suppor-

---

demande grâce pour la chaleur du zèle de cet ami, déclare qu'il n'y a point de robe plus séante à un philosophe que sa vertu, et répond en ces termes au conseil que lui donnait Chapelain de flatter le père pour gagner le chancelier : «Je voudrois de bon cœur avoir escrit à Monsieur*_**, mais il n'y a point moyen que j'escrive. Je ne sçaurois rien obtenir sur ces sortes de matières, de ma Rhétorique, ni de mes Muses; et si je sçavois un faiseur de complimens et d'épithalames, j'en achèterois de luy à une pistole la ligne, quoyque les pistoles ne se facent point en mon village. C'est à dire, Monsieur, que je n'en puis plus, et vous m'advouerez d'ailleurs qu'il n'y auroit guères d'apparence que je fisse des civilités sur le subjet d'un mariage, puisque je manque aux devoirs de l'humanité, et ne donne rien à mes vieilles passions sur le subject de la mort de *_** [M. le duc de Candalle]. » Cette lettre, datée du 27 janvier 1639, est sans doute du 27 du mois suivant.

[1] Deux jours plus tard, le 19 février, Chapelain (fol. 46 et 48) écrivait deux lettres aux châtelains de Buzet. Je ne tire rien de la lettre au marquis de Flamarens, simple lettre d'affaires, mais je résumerai la lettre à la marquise. Chapelain lui dit qu'on parle bien souvent d'elle à l'hôtel de Rambouillet : «J'ay veu, ajoute-t-il, Mme de Clermont, M^{elles} ses filles et Melle Paulet qui se sont tenues fort obligées de l'ordre que vous m'avés donné pour elles. La dernière m'a promis de faire sçavoir à Mme la comtesse de Maure et à Mlle de Bellebat, l'estonnement où vous avés esté d'apprendre qu'elles n'avoient point receu vos lettres. Cet été, vous verrés Mlle de Bellebat en Gascoigne, où elle accompagnera son frère aisné, et Mlle Paulet m'a dit qu'entre ses joyes, elle met celle de vous voir... J'ay aussy trouvé toutes les lettres que vous avés escrites de deçà sensées et civiles, et qui semblent ne vous donner pas de peine, qui est la dernière perfection des lettres. Je recommande à Mlle Bouchardière de vous bien aymer et assister.»

[2] Chapelain répond ici à la lettre XXI du livre XIV (p. 774 de l'in-folio) : «J'ay tousjours beaucoup d'amitié pour Victorius, bien que je sois contraint de vous advouer que j'ay peu d'estime pour les lettres et les oraisons que je viens de lire. C'est du vin qui véritablement n'est pas gasté, mais qui n'est qu'à huit deniers le pot, pour user des termes du feu bon-homme Malherbe. Il ne fait point de solécismes; il n'est point barbare; il est mesme citoyen romain, mais il est de la lie du peuple, et n'a rien qui le fasce valoir, que le lieu de sa naissance. Vous ne sçauriez croire combien il faut de résolution, pour quelquefois aller d'une page à l'autre; lire tout le livre n'est pas un moindre travail, que de passer toutes les landes de Bordeaux à pied et sans compagnie.» Cette lettre est datée du 6 juillet 1638 : elle est du 6 ou 16 février 1639.

[3] D'*elumbis*, «éreinté», et au figuré, «faible, débile, énervé.» *Elumbe* n'est dans aucun de nos dictionnaires et peut-être même dans aucun de nos auteurs.

table pour entretenir un modeste commerce avec ceux à qui ces épistres s'addressoient. Néantmoins à bien considérer les choses, ce n'est pas à luy ni à la froideur de cet ouvrage que vous devés demander raison du temps que vous avés perdu à le lire. Si ma mémoire ne me trompe point, il n'a esté mis en lumière qu'après sa mort, et je veux croire pieusement que si ce n'a esté contre son ordre, au moins ça esté contre son dessein. Cela estant, nous nous devons prendre à ses héritiers de cette publication et blasmer leur ignorante vanité qui a prétendu luy adjouster une gloire nouvelle en les imprimant, sans voir que par ce mauvais office ils faisoient connoistre son foible.

Or, Monsieur, je ne le descharge pas autant que je puis de ce blasme sans sujet. En sa cause, je plaide la mienne, et prévoyant ce qui pourroit bien arriver à l'avenir dans mon domestique, je croy estre obligé de le plaindre plustost que de l'accuser de l'injustice qu'il a receue du sien. Après plusieurs faux bons que m'avoit fait ma mémoire dans mes affaires particulières, et dans les matières qui donnoient fondement à la correspondance que je garde par les lettres avec mes amis, il y a huit ou dix ans que je me résolus à tenir registre de la pluspart de celles que j'escrivois pour me servir de livre de conte et de raisons et auquel je recourrerois dans la nécessité, lorsque j'esprouverois la mesme infidélité en cette mauvaise gardienne de mes pensées; dès lors, je pris pour maxime de n'avoir point de valets qui ne sceussent escrire afin d'estre soulagé de la transcription de mes bagatelles et les instruisis à mettre de suitte dans des cahiers chiffrés les despesches comme elles venoient, avec les dattes des lieux et du temps où elles estoient faittes, et les noms et la demeure de ceux à qui elles estoient addressées. Depuis cet ordre, insensiblement je me trouve un fort gros volume qui, je l'avoue, dans l'usage qu'il est destiné, est une des plus utiles pièces de mon mesnage et m'a desja rendu mille services d'importance. Maintenant, comme j'en ay besoin jusqu'à la mort, et que je ne le puis brusler avant cela, sans hazarder de faire préjudice à mes affaires, avoués moy aussy que j'en recevrois un bien mauvais de luy, s'il se laissoit voir après moy comme une chose que j'eusse faitte pour estre exposée à la veue des peuples. Cependant j'en cours la fortune et j'en frissonne quelquesfois de crainte, ne me pouvant bien asseurer que cela ne sera point.

L'Ode de M^r le Cardinal que vous avés tant louée, la réputation que vous avés donnée à la *Pucelle*, mesme devant que de sçavoir si elle méritera de voir le jour, et une trop bonne fortune qui a accompagné ma foiblesse et mes bonnes intentions font croire à ma famille que je suis un grand personnage, et comme ils ne sont pas gens de lettres, ou qu'ils ne le sont que de fort médiocres, je crains fort qu'un jour, quand je ne seray plus, ils ne s'imaginent que tout ce qui sera de moy soit égal et qu'un homme qui escrit bien une chose et en une matière, ne puisse jamais que bien escrire en toutes. J'auray beau avoir défendu de laisser voir à qui que ce soit ce qui n'estoit gardé que pour moy seul; ils se persuaderont peut estre que c'est une modestie affectée, ou, s'ils me veulent bien traitter, ils croiront que c'est une délicatesse de Virgile, qui vouloit brusler son Énéide parce qu'elle n'avoit pas eu sa dernière main. Il s'y pourra mesler de la sollicitation des avares libraires qui cherchent leur proffit plustost que la gloire des autheurs, et pourveu qu'ils imposent au public par le titre et sous un nom connu, ne se soucient pas de le diffamer à la longue. Cela se voit par les lettres qu'on a imprimées du Tasse de son vivant et après sa mort, et par celles que nous avons de Sperone¹, qui n'a peu éviter par la déclaration qu'il fit durant sa vie, qu'après sa mort ses nepveux ne donnassent tout ce qu'ils en peurent recueillir de luy, avec certaines autres pièces qui ont bien rabbatu de l'honneur que sa plume luy avoit acquise.

Ne seroit-ce pas une chose bien rude pour le nom que vostre amitié et vos éloges m'ont donné, que l'on vist, après moy, ce grand nombre d'embrions² et d'imaginations indigestes qui ont esté conceues et enfantées en mesme temps pour servir en une seule occasion et une seule fois entre deux personnes seules, et seulement pour ce que je n'ay pas la voix si forte qu'on la puisse entendre d'icy en Angoumois au delà les monts? Mon repos ne seroit-il pas cruellement troublé par les justes railleries que m'auroient attirées ces mal officieux parens, en publiant des paroles non préméditées et non repassées qui avoient bien de la peine à passer pour intelligibles auprès de ceux qui estoient faits à mon jargon et qui ne cherchoient rien moins que les grâces de l'éloquence? Ce seroit, au reste, un joli entretien pour le public que le détail de mes négoces et le récit des diverses occasions que j'ay eu de m'affliger ou de me resjouir chaque jour et chaque heure de ma vie. Ce seroit une belle intention³ pour luy d'apprendre mes différents intérests et ceux de mes amis, mes espérances et mes craintes, la mauvaise foy de mes débiteurs, l'ingratitude de mes obligés, l'inconstance de quelques-uns de mes bien aymés, mes procès, mes maladies, mon revenu, ma despense et mille autres matières toutes ordinaires et toutes triviales dont sans doute mon bouquin est composé et farcy.

Je fais bien estat à la vérité d'apporter toutes sortes de précautions, afin que ce désordre n'arrive pas, et que tout ce menu fratras⁴ de mes populaires avantures meure avec les sujets qui les ont produittes. J'excommuniray bien par mon testament et exhéréderay⁵ celuy des miens qui sera cause d'un si grand scandale et prendray leur serment à tous d'enterrer le volume avec moy afin que les mesmes vers le rongent, à qui je serviray de pasture⁶. Mais, en tout cas, si je suis mal obéy, si mes héritiers cher-

---

¹ Speroni Degli Alvarotti naquit à Padoue en 1500 et mourut en 1588. Ses *Lettere* furent recueillies en 1606 (Venise, in-8°), et reparurent dans l'édition de ses œuvres complètes (Venise, 1740, 5 vol. in-4°). Voir, en tête du V° volume, une excellente notice biographique sur Speroni, par Forcellini.

² *Embryon*, qui, au XIV° siècle, est dans Nicolas Oresme, n'a guère été employé, au XVII° siècle, que par Boileau (satire X), dans le sens propre, et par Voiture, dans le sens de petit homme. Les rédacteurs du *Dictionnaire de Trévoux*, auxquels j'emprunte cette dernière indication, ajoutent : «M. Amelot de la Houssaye a employé ce mot au figuré, en parlant des ouvrages d'esprit.» On voit qu'Amelot de la Houssaye avait été devancé, alors qu'il n'était encore qu'un enfant de cinq ans, par le correspondant de Balzac.

³ Il semble d'abord qu'il faudrait lire *attention*, mais *intention* a ici son sens purement latin de *contention*, d'*application*, comme lorsque Rabelais parle des moyens employés par Ponocrate pour reposer son élève de «ceste vehemente *intention* des espritz» (liv. I, chap. XXIV) que lui causaient ses études.

⁴ *Sic*. C'est évidemment un *lapsus*, car on n'a jamais écrit autrement que *fatras* le nom donné à un amas confus de choses. Voir les exemples tirés par M. Littré de divers auteurs du XV°, du XVI°, du XVII° et du XVIII° siècle, exemples parmi lesquels on remarque celui-ci qui vient du *Chapelain décoiffé* : «Ne réplique point, je connais ton fatras.»

⁵ *Exhéréder* est dans la *Satire Ménippée* et *exhérédation* se trouve dans les *Plaidoyers* de Patru.

⁶ Cette singulière clause ne figure pas dans le

chent de la gloire et du profit dans la publication de mon répertoire, je vous prie de vous souvenir que ce ne sera point de mon consentement et de rendre un tesmoignage authentique et asseuré que je ne l'ay non plus voulu, que je m'imagine que Victorius n'a pas eu intention qu'on mît le sien sous la presse, après qu'il seroit sorti du monde. Un certificat de vous sur ce sujet me mettra à couvert en la partie qui m'est la plus importante. On croira bien et avec raison que je suis un mauvais escrivain de lettres, mais du moins on verra que je l'ay connu et que j'ay esté bien esloigné de penser en faire de bonnes. On blasmera le livre et on en plaindra l'autheur, et ceux mesmes qui le liront avec desgoust croiront que j'auroy esté encore plus maltraitté qu'eux, et pesteront plus contre les publicateurs[1] pour moy que pour eux mesmes.

Je vous ay fait là une espouvantable digression et dans laquelle il vous a bien paru que l'intérest propre n'est jamais stérile de langage[2]. Le mien s'est trouvé je ne sçay comment meslé à celui de Victorius et m'a fait vous enfiller cette longue kyrielle, sans m'aviser presque que je l'eusse commencé. Je vous en fay l'excuse que je vous prie de faire pour moy à la postérité, si ce que j'ay craint arrive, je veux dire qu'il m'importoit que vous sceussiés aussy bien qu'elle comment je prend cette matière et le peu que je contribue au mal qui en pourroit avenir.

Mais, pour changer de discours et suyvre les autres chefs de vostre lettre, je ne suis pas de vostre avis pour ce qui regarde l'espargne de vostre encens, à les considérer dans les termes d'un bon politique. Il est bien vray que le culte que les bons courages rendent aux Dieux est beaucoup mieux employé aux grands qu'aux petits, mais il n'est pas vray qu'il le soit aussy nécessairement aux uns qu'aux autres. Ceux de la première classe, satisfaits de leur propre grandeur, et hors de l'appréhension d'estre mesprisés, reçoivent des offrandes des mortels et ne les exigent point. Ceux qui sont dans les ordres inférieurs, comme si le descry des sacrifices leur diminuoit quelque chose de leur divinité, les demandent avec rigueur et le ressentent lorsque l'on les néglige[3]. Je n'ay que faire de rapporter les

---

testament de Chapelain. Il est vrai qu'il avait préparé sa correspondance pour l'impression, et que le triage qu'il avait fait de toutes ses lettres aurait rendu bien inutiles les recommandations dont il entretenait l'ami qui devait le précéder de vingt ans dans la nuit du tombeau.

[1] C'est encore un latinisme, ce que Chapelain aime tant et emploie si volontiers. M. Littré ne nomme pas un seul auteur qui ait usé de la traduction du mot *publicator*, mot qui n'appartient pas, du reste, à la pure latinité et que l'on ne trouve, si je ne me trompe, que dans Sidoine Apollinaire.

[2] Voici comment Balzac répond à ce passage (lettre VI du livre XX, p. 785 de l'in-fol.) : « Je ne me suis point effrayé de la digression que vous appellez espouvantable. Les billets des autres me paroissent longs, mais si vous m'escriviés des volumes, je les trouverois courts, et je n'ay garde de me plaindre que vous me versiez les grâces à pleines mains. Tout ce que vous dites est considérable. La pluspart des Posthumes de l'esprit, ou sont bastards, ou peu dignes du nom de leurs pères, à qui d'ordinaire on rend des offices injurieux... Cela n'excuse pas pourtant la foiblesse ou la langueur de Victorius, car ses oraisons, qu'il n'a pas escrites sans les avoir méditées, sont, s'il se peut, plus débiles et plus mortes que ses lettres... » La lettre, datée du 15 février 1639, est peut-être du 15 mars de la même année.

[3] « Vous m'escrivez », répond Balzac, « les plus jolies choses du monde sur le subjet des grands et des petits dieux, et la distinction que Varron en a fait, dans sainct Augustin, n'approche point de la vostre. Je l'estime, sans en vouloir profiter, et puisque toutes les calamitez que nous

exemples de vengeances qu'ils ont exercées, quand on les avoit oubliés en des festins ou qu'on leur avóit manqué de quelques reconnoissances à celuy qui les a tous présens à l'esprit. Ce sont des petits glorieux qui sont sortis depuis peu de la bourbe de la terre et qui ont fait fortune dans les cieux, qui se desfient tousjours de leur foiblesse et pensent continuellement à leur nouvelle qualité, ne se croyant divins que par les fumées qu'on leur envoye et ne pardonnant point la moindre ombre de mespris qu'on fait d'eux. A telle manière de gens, populace et canaille céleste qui ne s'estiment que hors d'eux mesmes, c'est-à-dire dans nos soins, nos révérences et nos oblations, je croy qu'il est très-périlleux de faillir de respect et de démonstrations extérieures. Quoyqu'ils ne soient pas fort puissans pour bien faire, ils le sont trop pour nuire, et on est tout estonné, quand on les a faschés, qu'ils vous deslaschent[1] des monstres dans vos semailles et qu'ils vous pleuvent la peste dans les villes, ruinant et ravageant[2] tout, de sorte que ceux qui se conduisent par les règles de la prudence ont un soin particulier de ne les pas irriter, et préférablement aux plus généreuses Divinités qui ne sont ny jalouses ny vaines, ils leur immolent des hécatombes et les leur offrent, sinon du cœur, au moins des mains, achetant leur seureté par des devoirs si peu raisonnables.

Je ne veux pas dire que M^{rs}.... soient des Dieux de cette farine, car il me semble qu'ils sont des bienfaisans, et tous ceux qui les connoissent mieux que moy[3] m'en parlent avec beaucoup d'avantage. En tout événement néantmoins, si vous les tenés pour tels, il ne sera que bon que vous les encensiés pour destourner l'orage et pour faire qu'ils vous continuent leur faveur. Celuy qui m'a obligé à vous en escrire[4], comme j'ay fait, m'a tesmoigné qu'il vous en faisoit donner l'avis comme d'une chose qu'il croyoit que vous leur deviés, je veux dire à leur amitié, qui n'estoit point médiocre et qui estoit fort considérée par tout plein de gens. Avec tout cela, soyés en liberté de mon costé, et ne pensés pas qu'en ne le faisant point, j'y trouve rien à dire.

J'ay leu à M. Bourb[on], devant le sieur La Chambre et le conseiller d'Estat Priésac, hier, jour de sa réception[5], l'endroit de vostre lettre où vous louiés les vers latins que je vous ay envoyés. Il fut estimé et célébré comme excellent et le Père qui ne le veut point estre[6] s'en tint infiniment vostre obligé. Le sieur Coletet receut là mesme le

---

sçauroient envoyer ces moindres dieux, sont des calamitez métaphoriques, je demeure dans les termes de ma dernière lettre, et suis resolu d'estre impie, plustost que d'adorer toute sorte de dieux.» Cette lettre (n° V du livre XX) est datée du 20 février 1639; mais comme ce n'est qu'un fragment de la lettre citée dans la précédente note, nous devons lui donner la date approximative du 15 mars.

[1] *Délacher* n'est donné par aucun de nos dictionnaires.

[2] *Ravageant tout.* C'est ainsi qu'il faut corriger, je présume, le contre-sens : *pardonnant tout.*

[3] Chapelain écrivait à M. de Chives, le 16 février 1639 : «A peine suis-je connu de M. le Chancelier.»

[4] L'abbé de Cerisy, le commensal du chancelier Séguier.

[5] Pellisson (*Hist. de l'Académie*, t. I, p. 155) dit que le jour où l'on reçut Esprit et La Mothe le Vayer, c'est-à-dire le 14 février, «pour remplir la seule place qui restoit du nombre de quarante, on proposa dans la même assemblée M. de Balzac, conseiller d'Estat, qui fut reçu huit jours après.» Cela s'accorde bien avec l'indication de Chapelain : «hier, jour de sa réception.»

[6] Ce passage a été reproduit par M. Livet (*Histoire de l'Académie*, t. I, p. 376). L'éditeur

compliment que vous luy faisiés, mais ce fust dans un coin, hors la portée des oreilles de tout le monde, pour éviter les conséquences¹, et cela ira de ce costé là comme vous le souhaittés.

Je n'ay point veu le petit M⁺ Bonair depuis que je vous l'ay escrit. Si vous voulés que je luy encharge le secret de vostre commerce, faittes luy sçavoir qu'il se laisse voir et je m'en acquitteray soigneusement. Il me semble bon enfant et bien digne d'estre exhorté à la vertu dont il a de si bons principes.

Il y a quinze jours que vous devés avoir receu le billet que m'escrivit M⁺ de la Brosse, sur l'envoy de vostre paquet au sieur Giangiacomo².

Je suis, pour ce coup, vostre très importun, mais tout ensemble, Monsieur, vostre, etc.

De Paris, ce 23 febvrier 1639.

M⁺ de Voiture n'a point passé à Turin en revenant de Florence, son voyage s'estant fait par mer sur une galère de rencontre qui venoit droit à Marseille, mais il vient d'apprendre par une lettre de M⁺ le cardinal de la Valette l'extrême desplaisir où il est de la disgrace de l'un de ses frères et de la mort de l'autre, car le pauvre M⁺ de Candalle est mort, comme on le craignoit.

Pour la lettre de parfums, après bien resver, M⁺ Voiture s'est souvenu qu'il l'avoit escrite à M⁺ le m[arquis] de R[ambouillet]³ en Espagne et il la luy demandera.

CCLXVI.
À M. DE VOITURE,
À PARIS.

Monsieur, quand le demy jugement de la Princesse Julie contre les *Supposés* de l'Arioste ne seroit ny équitable ni souverain et que je ne croirois pas m'y devoir sousmettre avec le respect qui est deu aux sentimens d'une personne si accomplie, je ne laisserois pas de le recevoir avec beaucoup de joye, puisqu'il m'a donné le moyen que je cherchois il y a longtemps de m'acquitter de ce que je vous dois. C'est ce qui me fait précipiter le payement de nostre gaigeure et vous envoyer cette paire de gans devant que vous l'ayés bien gagnée, ne pouvant me résoudre à perdre une occasion si favorable pour mon dessein et craignant que si j'attendois jusqu'à la fin, les secondes pensées de nostre juge ne corrigeassent les premières et ne m'ostassent, en me faisant justice, le moyen qu'elle m'a donné de vous la faire. Je luy demande pardon, Monsieur, si je révoque en doute son équité dans cette rencontre. Elle est assés bonne pour me laisser la consolation des plaideurs malheureux à qui l'on permet de s'imaginer qu'on n'a pas bien entendu leur cause, ou qu'on a esté prévenu par leur partie pourveu qu'ils subissent et exécutent ce qui a esté ordonné.

Mais de quoy est-ce que je m'avise de douter d'une chose si manifeste, comme si les Princes pouvoient estre injustes, et si

---

explique par cette citation de Pellisson (p. 186) la plaisanterie de Chapelain : «Nicolas Bourbon se retira dans les Pères de l'Oratoire; mais il ne voulut être obligé à pas une des fonctions, ni même souffrir qu'on l'appelât Père.»

¹ Balzac auroit donc craint de se compromettre en faisant complimenter moins mystérieusement le chantre de la naissance du Dauphin ?

² C'est-à-dire Jean Jacques Bouchard.

³ On n'a qu'une lettre de Voiture au marquis de Rambouillet, alors ambassadeur pour le Roi en Espagne (8 mars 1627), et dans cette lettre, où il est surtout question de la beauté et des succès au Louvre de la princesse Julie en un ballet du 21 février précédent, je ne vois rien sur les parfums.

leur volonté n'estoit pas la règle du droit et de la raison? Il suffit que nostre Princesse ait voulu que je perdisse pour faire que j'aye mérité de perdre, et quand mesme j'aurois souffert quelque tort par son jugement, je ne sçay s'il ne seroit point plus juste de le souffrir que de s'en plaindre, considérant qu'elle n'est pas seulement au-dessus des loix, mais qu'elle est encore meilleure qu'elles. Je paye donc, Monsieur, la gageure que j'ay demy perdue et y trouve mon conte en toutes façons, soit que je m'acquitte envers vous, soit que je luy donne ce tesmoignage de ma déférence. J'aurois à souhaitter que vous y rencontrassiés aussy vostre satisfaction et que de l'une ou de l'autre manière le payement ne vous semblast pas indigne de vous. Je ne pourrois à la vérité que de mauvaise grâce prétendre vous le faire valoir, estant si peu de chose en apparence, et néantmoins je ne sçaurois m'empescher de vous dire qu'il faut qu'il vaille quelque chose, puisque c'est une conqueste que nous avons fait en Espagne et le seul avantage que, de cette année, nous avons emporté sur elle.

Je suis, Monsieur, vostre, etc.

De Paris, ce 1ᵉʳ mars 1639 [1].

CCLXVII.

A M. L'ÉVESQUE DE GRASSE (GODEAU),
À GRASSE.

Monsieur, je suis surpris, je vous l'avoue, du jugement que Mrs les Provençaux ont fait de vous, qui leur aviés conseillé leur bien et leur avantage, sans leur laisser le moindre sujet de vous prendre pour un homme intéressé. Mais, à le bien considérer, puisqu'en cette occasion il y alloit de leur intérêt, il ne faut pas s'estonner si la raison les a importunés, et s'ils ont pris pour courtisans tous ceux qui ont incliné à leur faire ouvrir la bourse. Vous me les avés dépeints plus d'une fois, après beaucoup d'autres, pour gens qui font leur Dieu de leur argent, et qui ne sçauroient estre touchés en une plus sensible partie. Il ne faudroit maintenant autre chose pour vous achever, sinon qu'on s'imaginast de deça que vous avés esté un grand statiste [2] et populaire et qu'il n'a tenu qu'à vous que Mʳ le Gouverneur n'ait obtenu pour le Roy tout ce qu'il avoit demandé. Mais à tout il n'y a qu'un mot à dire, faire tousjours son devoir et laisser *gracchiar chirude*. Il y a trop longtemps que vous apprenés l'italien pour avoir besoin d'interprète. Nous avons veu le sommaire de vostre harangue et l'a-

---

[1] Mrs Rathery et Boutron, dans leur livre sur *Mademoiselle de Scudéry, sa vie et sa correspondance*, ont inséré deux lettres de Madeleine de Scudéry, adressées à Chapelain en mars ou avril 1639, et sous la première de ces lettres (p. 143) ont mis la note suivante, où je corrigerai deux fautes d'impression : «M. Cousin, qui a reproduit cette lettre et la suivante, n'a pas entrepris d'en expliquer les allusions. Nous avons dû aller plus loin que lui. Leur comparaison avec les lettres de Balzac à Chapelain des 15 mars, 15 et 29 avril 1639, et avec la lettre inédite de Voiture au même [*sic* pour : de Chapelain à Voiture], datée du 1ᵉʳ mars de la même année (mss. Sainte-Beuve), nous a fourni l'explication suivante. La comédie de l'Arioste, *I Suppositi*, avait été à l'hôtel de Rambouillet l'objet d'une polémique assez animée. Critiquée par Voiture et par Mˡˡᵉ de Rambouillet, elle avait eu pour défenseurs Chapelain, Mˡˡᵉ Paulet, Georges et Madeleine de Scudéry. Enfin Voiture [lisez : Chapelain] s'avoua vaincu et envoya à Chapelain [lisez : Voiture] une paire de gants, enjeu du défi.»

[2] *Statiste* n'est nulle part. Je suppose que c'est le même mot que celui de *statisticien*, c'est-à-dire celui qui établit, qui dénombre [de στατίζειν].

vons en tout approuvé et loué, d'autant plus que nous vous tenons plus propre à haranguer sur les choses sacrées que sur les prophanes.

Pour l'affaire de Mr de La Valette, il y a décret de prise de corps, comme vous avés sceu, le Roy président à l'Assemblée qu'il fit pour cela des Ducs et Pairs, Mareschaux de France, Conseillers d'État et Présidents au mortier à Saint-Germain il y a trois semaines[1]. Depuis, après la perquisition faitte par forme, il a esté crié à trois briefs jours, et je n'apprens point qu'on ait passé outre à l'instruction de son procès, quoyque cela puisse estre. Madame sa femme s'y conduit admirablement, mais inutilement[2].

Je suis, Monsieur, vostre etc.

De Paris, ce 3e mars 1639.

CCLXVIII.
À M. DE BALZAC,
À BALZAC.

Monsieur, vous avés veu par ma dernière lettre que s'il y avoit quelque chose dans le paquet que je vous envoyay il y a quinze jours, qu'il importast que vous sceussiés, je pourrois sans cesse me souvenir de ce qu'il contient et vous le faire sçavoir, quand Rocolet seroit mort, ou que son valet par yvrongnerie l'auroit porté à l'ordinaire de Lion, au lieu de celuy de Bourdeaux. En tout cas, je vous diray que mon registre m'a fait voir que je vous y parlois de Mr de Bellejoye, de Mr le duc de La Valette (je veux dire du décret de prise de corps et des cris à trois briefs jours) et du petit Mr Bonair ; que je vous envoyois par mesme moyen un Virgile du Caro, qu'un de mes amis m'avoit presté, et la lettre que M. de la Brosse m'avoit escritte sur vostre paquet pour Rome avec quelques Épitaphes du feu R. P. J[oseph]. En voila toute la matière.

Depuis j'ay appris que Rocolet avoit mis le tout avec une boëte que l'on vous avoit addressée, en mesme paquet, et parce que cela sans doute estoit fort pesant, il y a apparence qu'il ne l'a envoyé que par le messager, et que vous l'aurés receu à cette heure. Cependant, je vous remercie de cette obligeante inquiétude que vous tesmoignés pour mes misérables griffonneries[3], et bien que je les en estime très-indignes, je vous avoue que je ne laisse pas de m'en sentir flatté.

Au reste, Monsieur, vous me faittes pitié du mal que je vous ay causé en vous escrivant les sentimens de Mr Lhuillier sur le sujet de Mrs Du Puy[4], et peu s'en faut que je ne sois dans une peine égale à la vostre d'avoir esté l'instrument du trouble que vous

---

[1] Ce fut le 9 février 1639 que se tint l'assemblée dont parle Chapelain. Voir ce qu'en dit Omer Talon dans ses *Mémoires* (Collection de MM. Michaud et Poujoulat, t. VI de la 3e série, p. 64, 65).

[2] Le duc de la Valette avait épousé en secondes noces, le 28 novembre 1634, Marie du Cambout, fille ainée de Charles, marquis de Coislin, baron du Pont-Château, chevalier des ordres du roi, et de Philippe de Bruges. «On fut fort surpris, dit le Père Griffet (tome III, page 184) de voir le cardinal de Richelieu poursuivre avec tant de vivacité un homme qui avait épousé une de ses parentes ; mais le duc de la Valette en usait si mal avec sa femme, que cette alliance ne servait qu'à le rendre plus criminel aux yeux du premier ministre.»

[3] *Griffonnerie* n'est nulle part. On trouve *griffonnage* dans les *Lettres* de Mme de Sévigné, et *griffonner* dans la satire x de Boileau, ainsi que dans le *Misanthrope*.

[4] Chapelain, de la part de Luillier, avait pressé Balzac d'écrire de temps en temps aux frères Du Puy pour les remercier de l'amabilité avec laquelle ils lui envoyaient leurs livres.

m'en faittes paroistre dans la vostre. Si j'estois si heureux que vous n'eussiés point encore escrit à ces Messieurs lorsque vous recevrés cette lettre, je vous conjurerois de n'en rien faire et de chercher plustost vostre satisfaction en cette matière que celle d'autruy. Ces sortes d'offices de bienséance ne se doivent exiger de personne, et moins d'un homme comme vous qui avés protesté publiquement de n'en vouloir plus rendre aucun. Mais il seroit plaisant que M. Lhuillier se défendît par les propres termes de vostre protestation, et qu'il dist que vous n'y avés pas entendu comprendre l'année 1639, qu'il semble que vous ayés prise pour le temps auquel vous vouliés bien recommencer ce commerce. Toutesfois il ne le fait pas encore et vous estes asseuré que je ne luy fourniray point cette excuse de vostre importunité. Si la chose est donc encore à faire, ne la faittes point et me laissés desmesler cette fusée avec luy[1]; je la prens à ma charge, et ne veux me servir du pouvoir que vous me donnés auprès de vous que pour des choses plus nécessaires et d'où vostre contentement dépendra absolument, comme, par exemple, si pour faire réussir auprès de M. le chancelier le dessein de M. de Chives, il estoit nécessaire de luy escrire sur le mariage de sa fille avec le prince d'Enrichemont.

J'ay receu le Victorius sain et entier, de mesme que s'il n'avoit bougé de la bibliothèque Putéane. S'il eût valu la peine de le lire, je l'aurois retenu encore quelque temps pour apprendre ses inclinations et ses habitudes, qui est ce que je cherche le plus dans les lettres des grands hommes. Mais l'ayant pris à plusieurs fois, je l'ay trouvé encore plus languissant que vous n'avés fait, et il me pardonnera si je le réintègre, dès demain, dans sa niche, où les tignes[2] et les vers s'en repaistront en paix désormais, s'ils n'en sont empeschés par d'autres que par moy.

J'eusse fait porter avec soin ce qui s'addressoit à M. Gestin et que vous aviés mis dans le paquet de Victorius, si ce paquet m'eust esté rendu tout entier. Mais je n'ay receu que le livre tout nu, ce qui me fait croire que Rocolet, l'ayant desfait, aura envoyé aussy bien à Mr Gestin ce qui estoit pour luy, qu'à moy ce qui estoit pour moy. Je le verray et m'en esclairciray, et si la chose n'est pas encore faite, je la feray faire sans faillir.

Le Carnaval, qui emporte toutes les soirées de la princesse Julie, nous a empeschés de pouvoir encore lire vostre belle Apologie à l'hostel de Rambouillet, où elle est fort attendue, et vous tousjours fort estimé. Le Caresme, avec la sagesse, nous rendra le loysir qu'il faut pour cela. Encore une fois n'escrivés à personne, non pas à moy-mesme, si cela vous contraint tant soit peu, et accoustumés le monde à vostre silence.

Je suis, Monsieur, vostre, etc.

De Paris, ce 4e mars 1639.

Je vous envoye les *Supposés* de l'Arioste

---

[1] *Démêler une fusée*, c'est pénétrer un mystère, une intrigue, toute espèce d'affaire embrouillée. M. Littré a retrouvé cette métaphore dans la traduction par Malherbe du *Traité des bienfaits* de Sénèque, dans le *Virgile travesti* de Scarron, dans une lettre de Mme de Maintenon et dans les *Mémoires* de Saint-Simon.

[2] Chapelain écrit *tigne*, se souvenant de l'italien *tigna*, venu du latin *tinea*. On trouve *taigne* dans les écrits du XIIIe siècle, et *teigne* dans Ambroise Paré, Olivier de Serres et les écrivains du XVIIe siècle. On lit dans le *Dictionnaire de Trévoux* : « Beaucoup de gens disent *tigne*, et Richelet prétend que c'est ainsi qu'il faut dire; du moins il assure que la plupart disent *tigne*, mais il se trompe, et l'Académie dit *teigne*. »

que M. Voiture m'a rendus. Je vous prie de les bien lire et de m'en donner vostre jugement sérieux à bien ou à mal[1].

CCLXIX.
À M. DE BALZAC,
À BALZAC.

Monsieur, vous me remerciés de la Rhétorique d'Aristote traduitte par le Caro, comme si le présent estoit entier, ou plustost comme si c'estoit un présent et non pas l'acquit imparfait de plus d'une dette. Pour vous en dédire, songés seulement ce que je tiens de vous et avoués que vous estes bien bon de n'avoir pas trouvé à redire si longtemps mon peu de reconnoissance. Mais laissons là ces contestations de civilités, qui ne sont de mise qu'entre de nouveaux amis, et croyés, comme vous le devés, que je ne puis désormais rien vous donner, puisque tout ce que j'ay vous appartient plus qu'à moy mesme, et que je ne prétens avoir liberté de disposer de rien que de ce qui sera indigne de vous.

J'ay connu par l'expérience, ce que je croyois desja extrêmement, que les livres curieux estoient traittés avec beaucoup de respect et de douceur chés vous. Le Victorius en est revenu avec un éclat que je ne me souviens point de luy avoir veu quand il partit de mes mains, et si M^{rs} Du Puy ont les yeux comme moy, ils croiront que vous luy avés donné une robbe neuve, ou du moins que vous avés fait repolir la vieille.

Mr Lhuillier sort de céans pour le remettre en sa place dans la bibliothèque de ses possesseurs. Je l'ay chargé du compliment qu'il leur doit faire pour vous, afin de vous espargner la peine de leur escrire, si vous ne l'avés point prise encore, et luy ay bien fait entendre l'aversion présente que vous avés à complimenter vos amis. De ce costé là, vous n'en devés plus attendre d'importunité, et pour ce qui le regarde je vous puis asseurer que vous estes libre.

Pour les deux Épitaphes, si je m'y connois, le meilleur ne vaut pas grand chose, c'est-à-dire qu'ils sont mauvais tous deux. L'un est affecté et puérile et n'est point de style de tombeau ; l'autre est une satyre et un panégyrique tout ensemble, de sens et de style, meslés de mal et de bien, qui sont de grands défauts pour un ouvrage court et qui donne loysir à l'esprit d'en examiner jusqu'à la moindre partie.

Je suis tout à fait de vostre avis touchant nos deux penultiesmes académiciens, et je vous avoue que le dernier me semble encore bien moins supportable que l'autre[2]. Il y a en tous les deux à réformer sans doute, mais celuy dont je vous parle a les principes viciés, et nous le pouvons mettre entre les incurables. Cependant il plaist à ceux à qui rien ne devoit plaire qui ne fust bon, et il reçoit des bienfaits qui seroient bien mieux

---

[1] On trouvera la réponse de Balzac à ce *post-scriptum* dans la lettre VI du livre XX (p. 786 de l'in-folio). Cette lettre est datée du 15 mars 1639, et, par extraordinaire, elle est exactement datée, car il a bien dû s'écouler une dizaine de jours entre l'envoi de la lettre de Chapelain et la riposte de Balzac. Ce dernier s'excuse de n'être pas plus compétent. «Pour juger en maistre de la comédie que vous m'avez fait la faveur de m'envoyer, dit-il, il faudroit n'estre pas escholier... Je ne laisseray pas pourtant de vous déclarer mon opinion, en attendant vostre arrest, et de vous dire qu'il me semble que *les Supposés* ne font point de déshonneur à Roland leur frère aisné. A mon gré, il ne se peut voir de fable plus ingénieuse, plus nette, ni mieux desmeslée que celle-cy, et la France n'a encore rien veu en ce genre qui mérite de luy estre comparé...»

[2] La Mothe le Vayer et Jacques Esprit. Ce passage a été cité par M. Livet (*Histoire de l'Académie française*, t. I, p. 376).

employés à M⁰ Silhon ou au seigneur Tubero mesme.

M⁰ l'Official me semble un fort homme d'honneur de penser à vos avantages de son chef, et sans en estre sollicité que par son affection seule[1]. Je ne luy pardonne donc pas seulement, mais je le loue mesme et l'ayme de m'avoir faist la proposition qu'il m'a faitte avec la chaleur dont sa lettre est remplie, et que je voudrois que vous eussiés veue pour vostre satisfaction. L'affaire maintenant est ouverte et n'est plus en estat d'estre estouffée. Il faut qu'elle s'achève par nous ou qu'elle s'arreste par d'autres que par nous. Il y a huit jours que j'en parlay encore à l'abbé de Serizy et que je luy tesmoignay que j'attendois cet effet de sa diligence. Je ne puis l'en déprier[2] maintenant sans note de peu de constance, et tout ce que je puis pour vous complaire est de ne l'en rechercher plus et de le laisser agir selon sa lascheté ou selon son courage. Peut estre sera-t-il assés mou pour faire réussir la chose comme vous le désirés, et alors vous aurés vostre conte sans que ny M⁰ l'Official ny moy ayons manqué à ce que nous vous devons.

Cependant j'ay beaucoup de joye de vous voir l'âme en si bonne assiette et capable de mespriser ce que vostre vertu a mis si fort au-dessous de vous. Cela me fait espérer que, dans nos vieux jours, nous philosopherons[3] bien exquisement, et que nous nous esleverons bien au-dessus des choses mortelles. J'anticipe volontiers ce temps-là de l'imagination et en fais le plus doux divertissement de mes incommodités présentes.

Vous escrirés donc aussy peu à M⁰ le Chancellier qu'à M⁰⁰ Du Puy, pour peu que cela vous embarasse, et désormais je jouiray seul de la consolation de vos lettres, puisque vous m'en voulés seul honnorer, et je croiray en jouir d'autant plus légitimement que je vous ay sollicité davantage du contraire. A l'avenir je solliciteray vos amis de ne vous point escrire, ou du moins, en vous escrivant, de vous envoyer quittance de la response et de vous obliger de ne leur rescrire point. C'est ce que j'ay desja fait auprès de M⁰ Hobier[4] qui me doit au premier jour apporter un mot pour vous à cette condition, et dont je ne me serois point chargé s'il ne l'eust stipulée bien expresse. Avec ce tempérament, les lettres de vos serviteurs pourront ne vous desplaire point.

Le compliment que vous faittes dans la mienne à M⁰ de la Brosse est exquis et surpaye extrêmement le soin qu'il a pris de vous servir quoiqu'il l'ayt fait de fort bonne grâce. Je sçay que je le raviray en le luy monstrant. J'attens avec impatience la dernière partie de l'Apologie, et me resjouis fort

---

[1] Balzac avait écrit à Chapelain (lettre déjà citée de la page 783 de l'in-fol.) : « Que direz-vous de Monsieur [de Chives] qui conçoit de temps en temps des pensées ambitieuses pour moy, et vous fait de belles propositions?... »

[2] Le mot *déprier* n'a été trouvé par M. Littré que dans une comédie de Louis de Boissy, de l'Académie française, mort en 1758.

[3] *Philosopher*, qui est déjà dans Montaigne, est aussi dans Saint-Évremond, dans Pascal et dans Nicole, cités par M. Littré, ainsi que dans le P. Rapin, cité par le *Dictionnaire de Trévoux*. On trouve encore *philosopher* dans Malherbe (édition des *Grands écrivains de la France*, Lexique, t. V, p. 462).

[4] Hobier a un petit article dans le *Moréri* de 1759. On y dit que ce personnage, dont le prénom n'est pas indiqué, se fit connaître par des traductions françaises qui sont estimées, telles que celle de la Vie d'Agricola de Tacite (Paris, in-12, 1639), et celle de deux traités de Tertulien *sur la Patience* et sur *l'Oraison* (Paris, in-12, 1640). On y cite l'éloge fait par Balzac (lettre à Chapelain du 30 avril 1639) de sa *sagesse*, de son *bon sens*, de sa *diction chaste et réglée*, etc.

de ce [que] vous me mandés du travail que vous entreprenés ensuitte pour la plus parfaitte femme du monde sans exception. J'iray demain soulager sa langueur de cette bonne nouvelle et vous en rendray conte au premier voyage. J'approuve en tout vostre dessein pour la forme et le stile de vos discours et tant s'en faut que je blasme le titre d'*Entretiens* que vous leur destinés, que je suis bien marry que d'autres l'ayent pris devant vous, mais c'est assés que vous les employerés plus légitimement qu'eux[1]. Vos amis vous auront beaucoup d'obligation de ce que vous proposés de faire. Je ne manqueray pas de leur faire sçavoir d'avance.

Je suis, Monsieur, vostre, etc.

De Paris, ce 11° mars 1639[2]

Je vous priay, la semaine passée, de lire *les Supposés* avec attention et de me mander ce qu'il vous semble de l'art et de l'agréement de cette Comédie et si vous la trouvés bonne ou mauvaise en son genre ou pour Comédie. Je vous fais icy la mesme prière encore et en attens vostre jugement.

CCLXX.
À M. DE BALZAC,
à BALZAC.

Monsieur, vous verrés la transformation d'une lettre prétendue en un placet d'occupation[3] et de préoccupation que M' de Voiture vous envoye, afin de surprendre aussy bien vostre jugement par sa déférence, qu'il a fait celuy de la princesse Julie par ses galanteries. Il vous faut expliquer cet énigme. Je luy avois baillé *les Supposés* de l'Arioste pour se divertir par les chemins et se remettre dans la langue italienne. Au retour de Rome, il me dit qu'ils ne valoient rien et parce que je n'estois pas de son avis, il m'obligea d'en reconnoistre Mlle de Ramb[ouillet] pour juge, laquelle soit qu'elle n'entendist pas assés bien la langue, soit parce qu'en les lisant j'en passay toutes les obscénités[4], qui font traits dans la pièce, soit parce qu'elle ne sçait pas les loix de la Comédie pure et qu'elle n'en gouste que celles qui ont l'esclat des avantures des Romans, tesmoigna sur les deux premiers actes que celle cy ne luy plaisoit. Nous avions fait une gageure d'une paire de gans d'Espagne. Dès le lendemain matin je la luy envoyay,

---

[1] Balzac (lettre déjà citée de la page 789 de l'in-fol.) avait dit à son ami : «J'ai en teste un ouvrage que je veux appeler *Entretiens*, qui seroit d'un stile plus concis et moins oratoire [que les discours sur les Romains], mais qui ne sera ni moins pressant, ni moins agréable. Pour légitimer le titre que je luy veux donner, j'ay l'authorité de deux autheurs qui ont passé devant moy, à sçavoir de feu Monsieur l'Evesque de Genève, et de nostre cher Monsieur Bardin. Il siéra fort bien à mon livre, puisqu'en effet ce sera l'extrait et le résultat des conversations que j'auray eües avec vous et avec d'autres personnes choisies. Là dedans je parleray à mes amis, ou je parleray d'eux...»

[2] Mentionnons une lettre écrite le même jour au marquis de Flamarens (f° 61) et où Chapelain parle du *bon M. de la Lane*. Mentionnons encore (f° 62) une lettre à l'abbé de Saint-Nicolas, auquel Chapelain demande une recommandation auprès du président Le Feron en faveur de son beau-frère, qui avait un procès.

[3] Le manuscrit porte, évidemment par erreur : *de l'occuption*.

[4] Les auteurs de *Mademoiselle de Scudéry, sa vie et sa correspondance* (p. 145, note 2) disent à ce sujet : «Le prologue renferme un certain nombre d'équivoques dont on s'explique que la pudeur de Mlle de Rambouillet et de quelques-uns de ses amis des deux sexes ait pu prendre ombrage.»

non pas comme vaincu ny condanné, mais comme le voulant payer de quelques livres qu'il m'avoit apporté à ma prière, et dont jusqu'alors il n'avoit point voulu prendre ce qu'ils lui avoient cousté.

Je luy escrivis un billet à mesme temps, que vous trouverés icy, et que j'y mets afin que vous voyés toutes les pièces du sac, puisqu'il n'a pas voulu que vous jugeassiés à l'aréopagitique[1] sans connoistre les intéressés. Je vous prens à tesmoin que mon procédé a esté plus sincère et que, vous demandant vostre jugement dès l'autre semaine, sur cette pièce, je ne vous avois pas voulu expliquer le sujet de cette demande, de peur que l'opinion que vous avez que je me connois assés en ces matières, ne fist quelque impression dans vostre esprit qui nuisit au droit qu'il pourroit avoir dans la question. Je continue dans ma prière et dans les mesmes termes, je veux dire que, sans exception [*sic* pour acception] de personne, vous jugiés de la chose par les conditions requises à sa nature et selon droit et équité. Il y a eu de grandes batailles données sur cette matière, et parce qu'il ne pouvoit pas dire que la pièce ne fust régulière pour défendre son jugement, il s'est trouvé réduit à dire que le bon sens estoit meilleur juge de la Comédie que les règles, comme si le bon sens n'estoit pas le père des règles. Mais ne jugés point de cette hérésie et ne jugés que de la Comédie.

De Paris, ce 12 mars 1639.

CCLXXI.

À M. DE BALZAC,
À BALZAC.

Monsieur, l'excuse que j'avois allégué dans mes précédentes pour vous rendre plus supportable la langueur de Victorius, n'est pas recevable pour les Oraisons desquelles on ne peut dire qu'il ne les a pas faittes pour les publier ny qu'elles sont escrittes à des personnes familières. Aussy n'ay-je prétendu le mettre à couvert que par ses lettres dont j'ay creu qu'il n'estoit point garand, puisque ce n'estoit pas luy qui les avoit imprimées, et néantmoins il est vray encore que, veu la condition de ceux à qui pour la pluspart elles sont addressées, il eust mieux fait de les escrire un peu moins lourdement, quand mesme il n'eust regardé qu'eux et qu'il eust esté asseuré que jamais elles n'eussent esté veues d'aucun autre. Cette naïveté est trop naïve et cette familiarité trop familière, et je suis trompé si je les eusse trouvées bonnes ny passables quand je les eusse veues dans leurs propres originaux et dans l'asseurance qu'elles ne verroient jamais le jour.

Il y a une certaine bienséance nécessaire qui oblige sous peine de niaiserie et de stupidité à considérer à qui l'on parle et à choisir ses pensées et ses paroles pour des personnes de lettres ou de qualité relevée, et c'est lorsque les lettres peuvent et doivent mesme emprunter les figures et les mouvemens de l'Oraison. Mais peu de gens se

---

[1] On a souvent prétendu que l'Aréopage siégeait au milieu des ténèbres, mais c'est là une opinion erronée, comme j'ai cherché à le démontrer jadis dans une petite dissertation (*Actes de l'Académie des sciences, belles-lettres et arts de Bordeaux*, 1862, pages 363-366), et comme l'a déclaré plus récemment, avec quelques réserves toutefois, M. E. Dugit, ancien membre de l'École française d'Athènes, dans sa thèse pour le doctorat ès lettres intitulée : *Étude sur l'Aréopage athénien* (Paris, 1867, in-8°, p. 116 et 117). Conf. l'article *Aréopage* donné par M. E. Caillemer dans le *Dictionnaire des antiquités grecques et romaines*, de MM. Daremberg et Saglio, 3ᵉ fascicule, 1874, p. 398.

règlent par ces loix de jugement qui veulent que les choses se facent selon les circonstances. L'un escrit tousjours familièrement, comme Pasquier[1], parce qu'il ne se sçauroit eslever, et l'autre escrit tousjours pompeusement, comme nostre amy de Gomberville, parce qu'il ne se sçauroit abbaisser. En la pluspart des hommes la nature gouverne et non pas l'art. Chacun suit son génie et ne reçoit son précepteur que luy, pour ce que c'est le plus facile et le plus indulgent, et comme l'art seul est ce qui peut porter les productions humaines à leur perfection, de là vient qu'il y a tant d'esprits médiocres et si peu de sublimes et d'excellens. C'est là à peu près le sujet de la dispute que j'ay avec M.r de Voiture sur *les Supposés* de l'Arioste, ou plustost sur la question duquel des deux on se peut servir plus seurement et plus utilement pour juger des ouvrages de l'art, comme Comédies, tableaux, bastimens, etc., ou des règles, ou du bon sens particulier.

Quand, par le placet qu'il vous a escrit et que je vous ay envoyé, vous n'auriés pas connu quel party il tient, vous le verriés aisément par ce que je vous viens de dire. Et certes les choses en sont à un estrange terme lorsque l'on esbranle tous les fondemens des sciences, que l'on appelle de toutes les loix et que l'on se défère plus à soy mesme qu'au sentiment de tous les sages et de tous les siècles. Mais j'ay tort de vous en parler de la sorte. Peut estre que je vous préviens et que j'empesche vostre jugement d'estre libre dans l'arrest que nous attendons de vous sur ces *Supposés*, si vous ne l'avés pas encore prononcé. C'est pourquoy je m'arreste et ne vous dis plus rien là dessus.

Quant au silence que vous voulés garder pour M.r Du Puy, je l'approuve, comme je vous l'ay desjà mandé, je veux dire pour ce qui regarde de leur escrire, car au reste la civilité vous oblige à leur faire sçavoir par moy que vous vous sentés leur redevable de ce dernier livre qu'ils vous ont presté.

Aujourd'huy M.r de Bellejoye m'est venu voir et m'a entretenu à son ordinaire tousjours Plaute, tousjours Apulée, Tertullien, Cassiodore et Sidonius Apollinaris, et pour Térence c'est un chastré, et Cicéron luy passe pour elumbe[2]. Je luy ay prédit qu'un jour, parlant à sa personne, il seroit Cicéronien et qu'il condamneroit ce goust de jeunesse. Il ne se peut dire avec quelles submissions il m'a parlé, et vous m'avés causé cette confusion par le bien que vous luy avés mandé de moy dans la lettre demy latine et demy françoise qu'il dit que vous luy avés escritte. Je feray mes efforts pour la voir, mais je n'espère pas d'y réussir, puisqu'il ne me l'a pas fait voir, lorsqu'il me l'a accusée. Il faut que la manière dont vous le traittés ne luy ait pas semblé assés sérieuse ny assés avantageuse. Si vous m'en envoyés une copie, je la recevray avec beaucoup de plaisir, car sans doute elle est digne de luy et de vous.

J'ay receu, incontinent après, une visite un peu plus considérable, dans laquelle vous avés fait la principalle partie de la con-

---

[1] De quel Pasquier s'agit-il ici? Est-ce d'Étienne Pasquier (1529-1615), le célèbre avocat, dont les *Lettres* parurent pour la première fois en 1586 (Paris, in-4°)? Est-ce de son fils, Nicolas Pasquier (1561-1631), le maître des requêtes de l'hôtel du Roi, le lieutenant général à Cognac, dont les *Lettres* virent le jour en 1623 (Paris, in-8°)? Les lettres du père et du fils ont été réunies dans les deux volumes in-folio de 1723 : *OEuvres d'Estienne Pasquier*... et les *Lettres de Nicolas Pasquier* (Amsterdam, pour Trévoux).

[2] On peut citer, à cette occasion, ce passage du *Dialogue des orateurs* attribué à Tacite : *Ciceronem male audisse a Bruto, ut ipsius verbis utar, tanquam fractum atque elumbem.*

versation. Mr le marquis de Montauzier, qui est icy depuis douze jours à son retour de Ruel où il a presque tousjours esté à la sollicitation de ses affaires, m'est venu gouverner aujourd'huy et s'est délassé l'esprit avec moy en s'entretenant de vous et de vos ouvrages faits et à faire[1]. Surtout il s'est resjouy de la parole que je luy ay donnée que vous travailleriés bientost à celuy qui regarde Mme la marquise de Ramb[ouillet], car il est son dévot aussy bien que moy et voit volontiers ce qui fait à sa gloire. Il vous baise les mains de tout son cœur et vous demande la continuation de ses bonnes graces, dont je l'ay fort asseuré, comme aussy je vous assure fort de la sienne. Entre les raisons qui l'ont empesché de vous donner ces asseurances par luy mesme, celle cy est la principalle qu'il ne vous voudroit point laisser penser qu'il vous escrivist pour tirer une response de vous, vous honnorant pour vostre vertu seule et sans l'intérest de la gloire que vous donnés à tous ceux qui ont des lettres de vous.

Je baise humblement les mains à Mr l'Official sans luy rescrire, et suis, Monsieur, vostre, etc.

De Paris, ce 20 mars 1639.

CCLXXII.
À M. L'ÉVESQUE DE GRASSE (GODEAU),
À GRASSE.

Monsieur, j'attendois tousjours à recevoir de vos lettres pour vous escrire, et vostre paresse causoit la mienne. Enfin il n'y a pas moyen de s'en tenir plus longtemps, ne fust-ce que pour vous dire que Mr d'Andilly à son retour de Pomp[onne] m'a tesmoigné de l'estonnement et quelque chose de plus, que Mr de St Cyran ait esté mis dans le bois de Vincennes, et qu'il se soit passé près d'un an depuis, sans que vous luy en ayés escrit un mot comme s'il n'avoit pas besoin de consolation dans une si fascheuse rencontre, et si l'homme dont est question n'estoit pas dans vostre approbation et dans vostre amitié[2]. Je croy que cela mérite que vous luy faciés un compliment et que, sans entrer fort en matière, vous luy guérissiés l'esprit de l'opinion qu'il a peut estre de vostre inconstance. Et cela pour le sérieux.

Pour le jovial, vous sçaurés, puisque la P[rincesse] Julie vous l'a voulu faire sçavoir, que Mr Voiture et moy sommes en contestation sur la bonté des *Supposés* de l'Arioste, moy tenant pour, et luy contre formellement. Cette excellente personne s'est trouvée de son avis et Mr de Balzac du mien. Mes Arnaulds se sont rangés de mon costé avec Mr de Chavaroche; Mr le marquis de R[ambouillet] est de mes plus zélés; Mr le marquis de P[isani] se tient à son corps par accoustumance; Me la Marquise balance entre deux et croit qu'elle n'est pas si bonne que je dis, mais aussy qu'elle est bien meilleure qu'ils ne disent. Nostre Princesse sol-

---

[1] Le 30 mars, Balzac répondait ainsi à cet article (lettre VII du livre XX, p. 787 de l'in-fol.): «La conférence que vous avez eue avec Monsieur le marquis de Montauzier me donne bien de la gloire. Il a trop de bonté pour moy, et les nouvelles preuves qu'il luy a plû de m'en rendre me sont trop advantageuses. Un jour peut-estre, je luy en pourray tesmoigner mon ressentiment, et j'espère qu'il n'aura point de regret d'avoir honoré de son amitié une personne qui révère sa vertu au poinct que je fais.»

[2] Ce ne fut pas la seule occasion où Godeau fut accusé de tiédeur par ses bons amis les jansénistes. Voir, à ce sujet, une note bien sévère de M. Sainte-Beuve (*Port-Royal*, t. IV, p. 353 et 354), avec citations de reproches adressés par d'Andilly (en juillet 1661) au prélat qui lui paraissait manquer de «la vigueur» et de «la

licite tous ses alliés d'entrer en ligne nouvelle avec elle sur ce sujet et se porte pour chef de la querelle, encore qu'elle ne soit que seconde de V[oiture]. Il y a apparence que vous suyvrés son party et je m'y attens et je vous le pardonne, car je ne me pardonne pas à moy mesme de ne le pouvoir suyvre et de tenir plustost pour la raison que pour son goust. Jugés donc à son avantage sans examiner de si près ma justice et son tort, et si vous m'en croyés, sans lire la pièce mesme, car cela sera plus galand et, pour une si peu importante prévarication, l'équité ne s'en estimera guères blessée ny la partie adverse guères mal traittée. Que si vostre conscience estoit si délicate que de ne me vouloir pas condamner contre vostre sentiment, au moins gardés vous bien de la condamner quand vous trouveriés qu'elle en fust digne. Il faut espargner le sexe, et moy mesme, en cette dispute, depuis qu'elle y est entrée pour une si bonne part, je me suis réduit par respect à me contenter que nos juges prononcent que, pour n'estre pas de son opinion, je n'ay pas perdu le sens.

Je suis, Monsieur, vostre, etc.

De Paris, ce 25 mars 1639 [1].

CCLXXIII.

A M. DE BALZAC,

À BALZAC.

Monsieur, vous avés donné dans mon sens, de tout point, en tout ce que vous m'avés escrit sur *les Supposés* de l'Arioste, et je vous avoue que j'eusse esté bien surpris si vous en eussiés jugé autrement, c'est-à-dire de la sorte que Mr de Voiture s'imaginoit que vous deviés faire. Vostre lettre m'a fait un honneur extrême et a relevé mon party qui n'estoit guères moins que terracé. Ma partie triomphoit de moy et avoit les Déités pour elle, sans que ma justice me servist que de sujet de confusion, lorsque vostre secours inopiné a fait la conversion de ma mauvaise fortune en bonne, et de vaincu m'a rendu victorieux. Tout de bon jamais homme ne fut si attrappé que Mr de Voiture l'a esté, quand je luy ay fait voir vostre sentiment sur cette pièce qu'il avoit si fort condamnée et qu'il n'a peu dire vostre sincère sentiment. Sa seule espérance maintenant est que vous adoucirés vostre arrest par vos premières lettres et qu'en sa faveur vous vous démentirés ou du moins que vous biaiserés.

Pour moy, je vous laisse encore cette liberté, tant je suis esloigné de me vouloir servir d'aucun mesme raisonnable avantage. Mais j'ay peine à croire que vous pensiés, à la seconde veue, autre chose qu'à la première, et qu'un esprit aussy solide que le vostre puisse concevoir deux choses directement contraires d'un mesme sujet. Je me suis trouvé force partisans parmy tous les gens de nostre connoissance, qui ont sceu nostre different, et, lorsque vostre lettre a

---

générosité de ces grands évêques des premiers siècles». D'un autre côté, les jésuites ne manquèrent pas de reprocher, en tout temps, à Godeau de trop incliner vers *Port-Royal*. Voir notamment les *Mémoires du P. René Rapin* (1865, 3 vol. in-8°, *passim*).

[1] Le même jour, Chapelain (f° 65) écrit à la marquise de Flamarens, lui parlant de sa grossesse avec une affection vraiment paternelle, lui adressant toute sorte de bons conseils, et lui donnant, entre autres nouvelles, celle que voici : «M. de Richefons s'est battu pour la seconde fois contre M. de Cominges, et à cette seconde, a esté blessé de deux coups mortels, qui pourtant luy ont laissé quatre jours de temps pour se reconnoistre et demander pardon à Dieu de ses fautes. C'estoit une querelle irréconciliable et qui ne se pouvoit terminer que par la mort de l'un des deux. Je pense que vous devés tesmoigner à Mme de la Trousse vostre desplaisir en ceste occa-

esté veue, le party s'est renforcé de moitié. On m'a crié *je triumphe*, et l'Apollon[1] et la Callioppe[2] du Marais m'en ont célébré sur leur lyre. Vous verrés par les copies des lettres que je vous envoye qui j'entends par ces noms divins, et, parmy mes applaudissemens, vous ne serés pas peut estre marry de voir vos propres louanges[3]. Car si je vous en puis dire mon avis franchement, je croy que ces deux lettres m'ont esté escrittes plus pour vous que pour moy et que ces deux personnes de mérite ont pris cette occasion de vous tesmoigner la passion que vostre vertu leur donne. Je laisse à vostre jugement si vous leur en devés faire paroistre quelque ressentiment dans la première des lettres que je recevray de vous.

J'ay esté ravy de voir vostre Androgyne en l'une et en l'autre partie. Mais j'ay rougi en voyant la françoise, non pas de me voir loué si avantageusement par vous, mais de voir que ces éloges me conviennent si peu, et m'accusent en quelque sorte des défaux contraires aux perfections que vostre libéralité m'attribue. Vous y traittés bien, à mon gré, selon son mérite, l'homme à qui vous l'escrivés, et je suis trompé si ce que vous luy mandés et que je luy ay dit, ne luy donnent de grands scrupules sur sa sorte de sçavoir et ne le rejettent dans la bonne voye d'où sa propre conduitte l'a fort égaré. Je le trouve avec cela un bon enfant et qui est bien digne de vostre charité et de mon service. Tout celuy que je luy pourray dire en vostre considération, je le feray avec zèle, et ne m'en feray pas requérir deux fois. Le dessein de louer et panégiriquer l'Académie ne me revient pas, surtout s'il le veut faire en françois où je doute qu'il soit un fort grand personnage. Pour me le faire avaler plus doucement, il me dit qu'il vous avoit principalement regardé dans ce projet et qu'après vous, il n'avoit considéré personne que moy. Si bien que si Dieu ne nous ayde, nous allons estre collaudés comme il faut. Mais si cela est inévitable, il faut prendre patience et tendre le cou[4].

On a impatience à l'hostel de Ramb[ouille]t

---

sion et prier M. vostre mary d'accompagner vostre lettre de l'une des siennes.»

[1] Georges de Scudéry.

[2] Madeleine de Scudéry.

[3] Mlle de Scudéry écrivait à Chapelain (p. 144 du *Recueil* de MM. Rathery et Boutron) : «Après m'être laissé persuader que dans les réjouissances publiques chacun a droit de dire ses sentimens, j'ose vous assurer que, quand M. de Balzac m'auroit donné l'immortalité en me louant injustement dans une lettre, je ne serois pas si satisfaite, que de voir que par son jugement il vous établit le juge des autres.» Voici ce que Balzac avait écrit à Chapelain (lettre VIII du livre XX, p. 787 de l'in-fol.) : «J'aimerois mieux [à la place de Voiture] me réconcilier avec l'Arioste, que de me battre contre son chevalier [Scudéry]. C'est un dangereux homme que cet Astolphe [toujours Scudéry], et malheur à ceux qui ne sont pas en ses bonnes grâces. Pour moy je mets son amitié au nombre de mes meilleures fortunes, et suis tout glorieux du nouveau tesmoignage qu'il m'en a rendu. Mais que cette sœur qui escrit si élégamment et de si bon sens est digne de luy, et qu'elle est à mon gré une personne excellente! Prestez-moy, Monsieur, une douzaine de vos paroles, pour luy faire le compliment que je luy dois, et dites-luy, de plus, s'il vous plaist, que si j'estois le légitime distributeur de cette immortalité dont vous parlez, elle seroit asseurée d'en avoir sa part.» Cette lettre, datée du 15 avril 1639, doit être reportée au mois précédent. Le début indique qu'elle suivit de près la première lettre où Chapelain avait fait connaître son sentiment : «L'affaire de l'Arioste a donc fait rumeur, et on prend parti en cette occasion?...»

[4] Toute cette partie de la lettre reste inexplicable. Avant moi, on a vainement cherché à savoir de qui et de quoi il s'agissait en cet endroit. M. Livet, qui a reproduit les dernières phrases

de sçavoir ce que vous avés respondu au placet de Mr de Voiture, et je vous confesse que je n'en ay pas moins de désir que tous tant qu'ils sont.

Vous n'avés de response aux lettres que vous me faittes l'honneur de m'escrire que trois semaines après qu'elles sont escrittes, ce qui arrive pour ce que vostre courrier ne nous rend les vostres que le dimanche au soir, lorsque le paquet se ferme pour partir le lendemain devant jour, de sorte qu'il est impossible d'y respondre si promptement, et que je suis contraint d'attendre le courrier suyvant pour vous donner de mes nouvelles. S'il est plus diligent à l'avenir et que je puisse recevoir vos despesches le samedy au soir, vous ne serés plus si longtemps à recevoir les miennes. J'escriray sur le champ et vous rendray mon devoir avec autant de promptitude que jadis quand vos postillons estoient mieux ingambes[1].

Je suis, Monsieur, vostre, etc.

De Paris, ce 26e mars 1639.

CCLXXIV.

A M. DE BALZAC,

À BALZAC.

Monsieur, depuis ma lettre escritte et envoyée à Mr Rocolet, j'ay receu les vostres du 21 de ce mois exquises et merveilleuses en vérité, et de celles qui ont heureusement meslées l'utilité et la douceur[2], la solidité de la doctrine et les grâces de l'éloquence[3]. Par le bruit qu'a fait vostre premier jugement et l'avantage que j'en ay tiré, vous pouvés penser si ce second, particulier et discouru comme il est, m'apporte une satisfaction extrême et s'il me donnera gaigné de tout point. C'est pour cela que je ne m'estens pas sur la louange qu'il mérite, car je craindrois que vous ne creussiés que ce fust pour l'intérest que j'y ay. Je le feray admirer par ceux mesme qu'il condanne, et ce sera par eux que vous en recevrés une louange non suspecte, et que vous sçaurés que je ne vous flatte point en le mettant au rang des choses parfaites.

Si tous vos Discours ou vos Entretiens sont de cet air et de ce caractère, comme je n'en doute point, la France n'aura rien à envier à Rome ny à Athènes en délicatesse de stile, ny en beauté de sçavoir. J'approuve extrêmement que cettuy cy soit du nombre des esleus et suis asseuré qu'il sera en effet admirable. Quant à l'Arioste, je croy qu'il le faut tousjours dire ainsy et tout de mesme le Tasse, le Guarin, et tout le reste des Ita-

---

du paragraphe (t. I de l'*Histoire de l'Académie française*, p. 377), déclare en note qu'il n'a pu découvrir de quel personnage il est question.

[1] M. Littré a trouvé le mot *ingambe* dans une lettre de Mme de Maintenon, dans les *Mémoires de Saint-Simon* et de Duclos, dans les *Confessions* de J.-J. Rousseau. Chapelain reste le premier en date, pour l'emploi du mot *ingambe*. Au xvie siècle, Martin du Bellay écrivait *en gambe*.

[2] Omne tulit punctum, qui miscuit utile dulci,
Lectorem delectando, pariterque monendo.
(Horace, *Art poétique*, vers 343, 344.)

[3] Chapelain veut parler de la première des *Dissertations de critique* intitulée : *Response à deux questions ou du charactère et de l'instruction* de la comédie (*Œuvres complètes*, t. II, p. 509-519). Cette dissertation commence ainsi : «La comedie de nostre Arioste n'avoit garde d'estre receue en vostre cour...» En voici la péroraison : «Ce sera le sage et le sçavant Monsieur Chapelain, qui le vous dira; et je ne sçay pas pourquoy estant à Paris, et à deux pas de l'Oracle, vous avez voulu consulter une Vieille de village... Nostre incomparable amy vous mettra dans le donjon, vous conduira par tous les coins et recoins, vous esclaircira du menu et du particulier de toutes choses. Il sçait ce que j'ignore, et ce que la plupart des Docteurs ne sçavent pas bien : il penetre dans la plus noire obscurité des connoissances anciennes... S'il vouloit, Mon-

liens qui ont escrit depuis Bembe et le Trissin, et, lorsque j'en ay cherché la raison, il m'a semblé l'avoir trouvée dans l'introduction des *Signore* que les Espagnols ont faitte parmy les Italiens depuis qu'ils nous ont chassé du royaume de Naples. Considérés bien, s'il vous plaist, la force de cet article *le* devant le nom propre, vous sentirés que c'est un contracte qui emporte *le seigneur*, ou *le conte*, ou *le cardinal*, etc., et ainsy que, quand on dit l'Arioste, c'est comme si l'on disoit à l'italienne *le seigneur Arioste*, qui seroit parler correctement. Ainsy l'usage du païs ayant sa raison, je ne pense pas qu'il y faille rien innover, et que nous devons appeller les Italiens de la sorte qu'eux mesmes se nomment, puisque nostre oreille s'y accoustume sans peine et que cela se fait sans conséquence pour les autheurs grecs, latins ny françois, où ce seroit barbarisme que d'employer l'article, comme je voy force gens peu considérés qui le font. Le Virgile, l'Aristote, le Cicéron, sont pour moy des monstres plus insupportables qu'à vous, et si un homme avoit dit en ma présence le Du Perron, ou le Coeffeteau ou le Balzac, je ne croy qu'avec toute ma retenue, je ne luy sautasse au colet et ne luy fisse rentrer les paroles dans la bouche. A tout il y a distinction et les circonstances déterminent les choses.

Au reste l'appréhension que j'ay eue qu'il ne mésarrivast de la pièce que vous m'avés envoyée, il y a plus d'un mois, m'a empesché de songer seulement à la laisser entre les mains de personne, et j'eusse creu fort manquer à ma punctualité si je m'en fusse souffert tenter seulement. C'est ce qui a retardé jusqu'icy la lecture que j'en voulois faire moy mesme, car pour ces M^{rs} que vous me nommiés [1], le Carnaval et le Caresme ont eu chacun leur embarras qui m'ont osté le moyen de les pouvoir assembler tous en un mesme jour et à une mesme heure et, pour l'hostel de Rambouillet, moitié ces causes mesmes, moitié la combustion qu'a apportée la question des *Supposés*, n'ont pas permis que nous ayons peu prendre une soirée bien tranquille pour leur donner un régale de cette importance là. Cependant gardés vous bien de croire que je l'aye leue avec peu d'attention et de plaisir, ny que, quand je la feray voir à nos amis, elle puisse jamais leur estre ennuieuse. Je respons sur mon honneur de son succès, et pour en estre seulement le porteur ou le lecteur, j'en attens des éloges ou du moins des caresses extraordinaires.

Dans cette semaine j'essayeray d'adjuster l'une et l'autre assemblée, car je veux, s'il est possible, estre l'histrion [2] et recevoir personnellement [3] toutes les acclamations qu'aura le gros et le détail de l'ouvrage. Si je ne puis par l'obstacle du démon des affaires, qui règne absolument dans Paris et qui traverse les desseins les plus raisonnables, j'useray de la permission que vous me donnés et leur laisseray voir en parti-

---

sieur, il nous pourroit rendre les livres de la *Poétique*, que le Temps nous a ravis : au moins il ne luy seroit pas difficile de réparer les ruines de celuy qui reste...»

[1] Balzac avait écrit à Chapelain (lettre déjà citée de la page 788 de l'in-fol.) : «Je seray bien aise, cependant, qu'elle (Mlle de Scudéry) voye avec Monsieur son frère la première partie de ma relation à Ménandre. Il n'y aura point de mal aussi de la communiquer au sçavant Monsieur de la Motte...»

[2] Il faut croire que Chapelain prenait ce mot dans un sens plus relevé que celuy qui lui est aujourd'hui donné. Peut-être, par *histrion*, Chapelain entendait-il seulement acteur, interprète, sans la moindre nuance défavorable.

[3] On lit ici l'abréviation générale *pnt*, qui, à la rigueur, pourrait signifier *présentement*,

culier ce que j'aymerois mieux qu'ils entendissent en trouppe. Après quoy, je vous rendray conte de vostre gloire.

N'appellés point vieillesse vostre maturité, ny caducité cet âge viril qui est le seul vray aage de l'homme et qu'il seroit à souhaitter que nous eussions dès en naissant. Un homme qui ne passe de guère quarante ans, voit encore autant de la vie devant soy qu'il en a consumé, et peut faire encore de glorieux desseins de longue haleine. Vous estes en estat d'en conduire de trop beaux à fin pour vous qualifier vétéran, et demander par ce titre indirectement d'estre licencié du camp des muses qui attendent encore de grands services de vous.

Si j'eusse peu donner le dégoust que vous avés de l'homme à qui je m'adressay pour l'affaire que vous sçavés[1], je n'eusse eu garde de le faire. Mais s'estant présenté seul à mon imagination capable de la faire réussir, et quand j'eusse eu à choisir, m'imaginant qu'il l'eust traversée s'il n'eust esté chargé, je ne balançay point, quoyque j'en eusse peu d'espérance. Je suis au désespoir de l'avoir ainsy enfournée. Il est vray que l'homme est si mou et, comme je croy, si oublieux des choses dont on ne le sollicite pas tous les jours, que si je ne luy en parle plus, il ne pensera pas que je lui en aye jamais parlé et nous serons toujours en estat de prendre une autre voye. Si c'est celle de M⁵ de Boisrobert, comme M⁵ l'Official m'en a touché quelque chose, je m'offre de luy proposer le négoce, et de l'animer à l'entreprendre avec tout ce que vous m'avés appris d'éloquence, si toutes fois j'en ay jamais rien appris. Vous ordonnerés là dessus.

J'envoyeray chés M⁵ de Gordes chercher M⁵ Bonair pour vous faire esclaircir du succès de vos Blancs[2] que je prie Dieu qui soit bon. Mais le féroce engloutit toutes choses et il n'y a d'argent que pour ceux qui ostent la vie, cependant que ceux qui la donnent consument le peu qui leur en demeure à poursuyvre inutilement ce qui leur est deu. Et le temps est si mauvais qu'on ne se contente pas de ne point payer ses debtes, mais qu'on fouille dans la bourse de tous ceux qui ont réputation d'avoir du bien, si bien que l'on peut dire que les plus heureux sont les pauvres, à qui l'on ne sçauroit rien demander et qui sont par leur misère à couvert de la recherche et de l'impost. Cela soit dit sans murmure, puisque c'est pour obtenir la paix au général, que cette guerre se fait au particulier, et qu'il est bien raisonnable qu'un si grand bien que le repos couste quelque trouble à tout le monde.

J'espère vous envoyer avec cette lettre un cartel que M⁵ de Scudéry d'office a envoyé à M⁵ de Voiture sur le sujet de nostre querelle et des vers qu'un autre inconnu y a joints qui ont esté envoyés aussy. Vous aurés bien certainement la copie d'une seconde lettre que Mlle de Scudéry m'a escritte ce matin après avoir leu *les Supposés*, où vous verrés qu'elle est une ferme amazone, et vous pourrés vous mirer dans les beaux effets que vostre arrest a produits.

Je suis, Monsieur, vostre, etc.

De Paris, ce 26 mars 1639.

M⁵ l'abbé de S¹ Nicolas sort de céans transporté de la beauté de vostre dernière. Je la luy ay leue, et, après, il l'a releue avec admiration et joye. Nous avons conclu que vous n'aviés jamais rien fait de mieux,

---

mais qui, dans ce passage, semble être pour : *personnellement*.

[1] L'homme était l'abbé de Cerisy et l'affaire, la nomination de Balzac comme conseiller d'État.

[2] Monnaie de billon qui se divisait en *grands blancs* ou *gros deniers blancs* de la valeur de dix deniers tournois, et en *petits blancs* ou *demi-blancs* de la valeur de cinq deniers tournois.

c'est à dire qu'il ne s'estoit jamais rien fait de meilleur. Je ne me puis lasser de vous le dire. Vous avés grand tort de vouloir passer pour escolier en ces matières dont jamais les maistres n'ont si bien parlé.

CCLXXV.
À Mlle DE SCUDÉRY.

Mademoiselle, je n'estois pas bien de mon party, mesme devant que d'avoir reconnu que vous le teniés, et le respect que je dois à la Princesse que j'ay pour ennemie m'ostoit la hardiesse de condanner des sentimens dont les contraires jusqu'icy m'avoient semblé les seuls équitables. Mais à présent que je vois les miens appuyés de vostre authorité et protégés par la valeur du généreux Astolfe[1], qui a daigné descendre du ciel pour servir de champion à ma justice, je me détermine et veux bien désormais estre du nombre de mes partisans pour soustenir ma propre cause, à laquelle je me suis affectionné depuis seulement qu'elle est devenue la vostre[2].

Vous voyés, Mademoiselle, jusqu'où s'estend vostre pouvoir de me faire déclarer contre une personne pour qui je me déclarerois contre tout le reste du monde, et combien vostre raison est supérieure à toutes les autres d'avoir sceu fixer les irrésolutions de mon esprit et de ne me laisser plus douter que celle qui toute sa vie a esté aussy juste que Thémis, et qui méritoit de tenir sa place, n'a pas tenu en cette occasion la balance aussy droitte qu'il le falloit. Avec tout cela, je sens une résistance secrette à la contrarier, et j'ayme mieux croire, comme vous, qu'elle parle autrement qu'elle ne pense, et que seulement pour signaler son esprit et son courage, elle défend les foibles sans se soucier qu'ils ayent le droit de leur costé.

Ce seroit icy le lieu de vous rendre très humbles grâces de la part que vous avés voulu prendre en mes intérests, si tous les devoirs et les ressentimens[3] n'estoient pas compris dans la qualité véritable que je prens, Mademoiselle, de vostre, etc.

De Paris, ce 26 mars 1639.

Avec vostre permission j'asseureray icy de mon service et de ma reconnoissance les chevaliers que vous avés engagés dans ma défense, aussy bien l'inconnu que le connu[4].

CCLXXVI.
À M. DE BALZAC.
À BALZAC.

Monsieur, j'ai receu présentement à neuf

---

[1] Astolphe était le nom (emprunté au *Roland furieux*) adopté par Georges de Scudéry dans la lutte contre Voiture. On a déjà vu dans une note d'une lettre précédente une plaisanterie de Balzac au sujet de cet Astolphe.

[2] MM. Rathery et Boutron ont reproduit (*Mademoiselle de Scudéry*, page 142) ces douze premières lignes, et ils disent en note : «Nous l'empruntons [cette lettre] à l'*Isographie*, avec une lacune que nous n'avons pu remplir.» Rien n'était plus facile que de remplir cette lacune à l'aide du manuscrit où se trouvait la lettre tout entière; mais les choses les plus simples échappent souvent aux meilleurs travailleurs, et ce sont là de ces négligences inévitables qui tiennent, comme l'a dit Horace, à la faiblesse de notre nature même, *aut humana parum cavit natura*.

[3] Les *ressentimens* ont été remplacés par les *reconnaissances* dans la copie de cette dernière phrase tirée par MM. Rathery et Boutron de l'*Isographie*. C'est un rajeunissement d'une expression qui est encore dans Racine (*Bérénice*) et même dans Delille (*les Trois Règnes*).

[4] Le chevalier connu était Scudéry; le chevalier inconnu était celui qui avait joint ses vers à la prose de Scudéry et dont Chapelain parlait à Balzac dans la lettre qui précède celle-ci.

heures du soir par la diligence de Mᶜ Rocolet la nouvelle copie de vostre dernière despesche[1] que j'ay trouvée par ses augmentations plus belle et plus éclatante, que quand je la receus premièrement, qui est une chose que je n'eusse pas creu possible, veu l'extrême beauté et le grand lustre qu'elle me fit voir alors, et je n'ay pas esté le seul dans cette admiration. Tout l'hostel de Rambouillet en a esté ravy; tous nos amis, à qui on a peu faire part de la dispute, ne se sont peu lasser de la louer, et Mʳ de Voiture mesme, avec toute sa condannation qu'elle porte, et avec toute l'opiniastreté qu'il monstre à defendre son erreur, n'a pas peu la trouver mauvaise. On y a estimé un jugement exquis à conserver et défendre la cause que vous aviés embrassée, en termes forts et délicats qui prouvent ce que vous voulés et qui cajolent la partie adverse, sans qu'elle s'ose offenser de ce qui l'a choqué, ny puisse prendre vostre sentiment présent que pour un sentiment passé. Mais je vous ferois un trop long discours, si je m'engageois à vous dire toutes les remarques avantageuses qu'on a fait sur cette belle lettre. Il suffit que vous sçachiés qu'on la met au rang des plus rares productions de vostre esprit. Je feray voir aux mesmes personnes ce que vous y avés adjousté, et par ainsy d'une seule victoire vous me ferés avoir deux triomphes, dont le dernier sera encore plus pompeux que le premier.

Au reste je suis marry de l'inquiétude qu'on vous a donnée sur l'escrit qui a couru icy contre Mʳ le Prince sous le nom de Mʳ de la Vallette, comme si l'on croioit que vous en fussiés l'autheur[2]. Je vous puis asseurer que vous estes le premier à qui j'ay ouy dire une imputation si desraisonnable, et qu'il n'y a point d'honneste homme à la Cour ny à Paris à qui il soit tombé dans l'esprit de vous en accuser. C'est une lettre fort injurieuse, et peu ingénieuse, et où il y a mesme des sottises qui ne seroient pas excusables à un escolier. Mais il vaut mieux que je vous en envoye la copie que j'en ay eüe afin de vous calmer l'ame et de vous faire juge vous mesme du peu d'apparence qu'il y a de vous l'attribuer. Un nommé Renier, qui a esté autresfois à Mʳ d'Elbeuf[3], a esté mis dans la Bastille sur de violens soupçons qu'il l'avoit faitte, et d'aujourd'huy seulement Mᶜ le chevalier de la Valette[4]

---

[1] Balzac (lettre IX du livre XX) complimente ainsi son ami de l'empressement qu'il mit à lui répondre : « Il y a bien de l'excès en vos diligences, et vostre bonté m'accable de faveurs et d'obligations. Qu'est-ce que cela, Monsieur? Recevoir une lettre à neuf heures du soir, et y respondre à mesme temps, et si sagement, et si ponctuellement! J'advoue que vous avez sur moy toute sorte d'advantage, et que je ne suis pas capable de si grandes choses. » La lettre, datée du 29 avril 1639, doit être antérieure de quelques jours à cette date. Balzac n'aurait pas attendu presque tout un mois pour répondre à une lettre écrite avec tant de hâte. C'eût été l'extrême lenteur opposée à l'extrême rapidité.

[2] Voici ce que Balzac écrivait à son ami (lettre VII du livre XX déjà citée) : « Il faut que j'adjouste à ce billet l'advis qu'on vient de me donner, qu'il court un libelle à Paris, dont quelques-uns pensent que je suis autheur. Vous pouvez jurer, si on vous en parle, sans crainte de faire un faux serment, que je ne me mesle point de ce mauvais mestier. Vous sçavez combien j'aime mon repos et combien je hai toute sorte d'escriture... Je ne preste ni mes paroles, ni ma cholère à personne; et celuy qui mesprise ses propres injures, n'a garde de venger celles d'autruy.... »

[3] Tallemant des Réaux et les autres contemporains ne disent rien de ce *domestique* de Charles de Lorraine, second duc d'Elbeuf.

[4] Le chevalier de la Valette était un fils naturel de Jean-Louis de Nogaret, duc d'Épernon, dont il porta les prénoms. Il devint lieutenant général de l'armée navale des Vénitiens en 1645;

y a esté mené et quelques uns disent que c'est en qualité d'instigateur. Je ne sçay ce qui en est, mais je sçay bien que vous en devés estre en repos, et faire reprimande à ces mal officieux amis, qui vous vont troubler par des avis si extravagans.

Je suis, Monsieur, vostre, etc.

De Paris, ce 30 mars 1639.

CCLXXVII.
À M. L'ÉVESQUE DE GRASSE (GODEAU),
À GRASSE.

Monsieur, je vous félicite de vostre retour dans vostre royaume, quoyque vous ne régniés que sur des roches et que ce peu de terre que vous avés ne soit fertile qu'en oranges. C'est un grand avantage d'estre sur le sien, et de ne devoir la satisfaction de nostre esprit et de nos sens qu'aux choses que nous pouvons dire propres. C'en est encore un plus grand de n'avoir plus l'embarras de la cohüe, qu'on appelle Estats, où il n'y a point de vertu à l'espreuve de la mesdisance, ni de bonne intention qui ne soit sujette à mille contradictions. Je sens pour vous le plaisir que vous goustés d'estre rendu à vos Muses et à vous-mesme, et je vous envie souvent non pas vostre Évesché, mais la tranquillité et la sérénité d'esprit que vous possédés.

La Stance que vous m'avés envoyée du commencement de l'Ode que vous médités m'en est un tesmoin illustre, car je vous puis dire que je n'ay point veu de plus beau début ny chés vous ny chés aucun autre, et vous auriés grand tort si vous ne luy donniés la suitte qu'il désire. J'ay encore admiré les premiers vers de l'Élégie qui sont dans la lettre de Mᵣ Conrart, et il paroist bien par de si belles productions que vostre esprit prenoit plaisir, en les faisant, à se vanger du temps que vostre assemblée chicanière luy avoit fait perdre.

Je voudrois vous pouvoir entretenir de nouvelles particulières, mais il n'y en a point présentement qui soient dignes de vous. La semaine passée, vous receustes par la P[rincesse] J[ulie] et par moy celle du différent qu'elle veut avoir avec moy sur le sujet des *Supposés* de l'Arioste, en quoy je suis bien marry d'avoir raison pour l'amour d'elle, mais j'en suis bien aise pour l'amour de Mᵣ Voiture, qu'elle appelle son second et qui toutesfois est son premier.

Je connois un peu Mᵣ de Bérule, et devant que Mᵣ le conte d'Alais partist pour Provence, ce gentilhomme me promit amitié en une visite que je fis à son Maistre, duquel je receus un bien favorable accueil. S'il vient icy et que nous le puissions voir, je luy tesmoigneray le soin que vous avés eu de nous informer de son mérite.

Je suis, Monsieur, vostre, etc.

De Paris, ce 1ᵉʳ avril 1639 [1].

---

et mourut le 9 août 1650, des blessures reçues dans un combat livré près des portes de la ville de Bordeaux. Ce ne fut pas seulement en 1639 que le chevalier de la Valette fut mis à la Bastille : il y revint en février 1649, accusé d'avoir semé dans les rues de Paris des billets séditieux. Voir sur le chevalier de la Valette, outre tous les mémoires relatifs à la Fronde, la *Bibliographie des Mazarinades* de M. C. Moreau, où le nom du bâtard du duc d'Épernon est cité tant de fois dans les trois volumes.

[1] Le 7 avril, Chapelain écrit (fº 75) à la marquise de Flamarens, lui reparlant des soins à prendre pendant sa grossesse. Je ne citerai de cette lettre, déjà reproduite tout entière par M. R. Kerviler (*Jean Chapelain*, p. 244-246), que le *post-scriptum*, empreint de toute l'inquiétude d'un rentier menacé de se voir retrancher un quartier : « Paris n'est pas maintenant un trop bon séjour, ne s'y parlant que de l'emprunt ou taxation que le Roy fait sur le bien des personnes aisées, jusques à des sommes fort grandes. » Le même jour,

CCLXXVIII.

A M. DE BALZAC,
à balzac.

Monsieur, voicy le neufviesme jour que je n'ay manié de plume, et comme je la quittay après avoir escrit par le dernier ordinaire, je la reprens pour vous respondre par cettui cy. Mais je ne sçay presque que vous dire tant je me trouve détraqué et estourdy de mon desménagement, et tant il m'a apporté et apporte encore de désordre et de confusion dans l'esprit. Il y a huit jours entiers que je suis en continuel voyage du logis où vous m'avés laissé à celuy que j'ay esté obligé de prendre et quoyque je ne traisne point les chariots, ni ne porte les crochets qui servent à transporter mes meubles, vous devés croire que j'en ay toute la peine et que je porte tout de l'imagination qui souffre et succombe quasi sous le faix.

Ne vous allés pas pourtant persuader que j'aye assés d'opulence pour occuper tout ce temps là ces honnestes officiers si nécessaires à la Republique, ni que je m'inquiette pour aucun de mes meubles qui ne soit pas du nombre de mes livres et de mes papiers. Ce sont ceux là seuls dont le desrangement me donne du chagrin et de l'impatience [1], et dont l'arrangement me donnera bien de

---

Chapelain adressait à Mlle de la Bouchardière (f° 76) des paroles de consolation au sujet de la mort de son père. Le 10 avril, Chapelain (f° 77) écrivait une longue lettre à Balzac, lettre que je ne donne pas en entier, à cause des répétitions qui s'y trouvent. Il y accuse réception à son ami des deux lettres du 26 mars et du 4 avril arrivées «justement dans le temps que je désespérois le plus d'avoir de vos nouvelles par cet ordinaire.» Chapelain craignait pour la santé de Balzac : «Dieu soit loué de ce qu'il vous la laisse bonne, et qu'il m'espargne une douleur de ce costé là qui seroit le comble de toutes les autres.» Il l'entretient de l'éloge qu'a fait de l'auteur du *Prince* le marquis de Montauzier «ces jours passés, dans le cabinet de Mme la marquise de R[ambouillet] et en sa présence,» éloge du genre «de ceux qui veulent estre creus et ne donnent point asseurance d'une estime et d'une amitié vulgaire.» Chapelain ajoute : «Ce qui me sembleroit à propos absolument, seroit que dans la publication [du discours sur les *Supposés* de l'Arioste], les noms de la P[rincesse] Julie et de Mr de Voiture devinssent des estoilles, afin qu'ils ne souffrissent point la honte d'estre menés en triomphe publiquement, et que s'ils ont à estre fouettés, ce ne soit que sous la custode... Mlle de Scudéry verra aussy ce qui la regarde dans vostre lettre, et je voy d'icy la joye extrême qu'elle en recevra. Il faut avouer que c'est une des plus spirituelles et tout ensemble des plus judicieuses filles qui soient en France. Elle sçait très bien l'italien et l'espagnol. Elle fait très passablement des vers. Elle est très civile et de très exquise conversation. Enfin ce seroit une personne accomplie si elle n'estoit un peu beaucoup laide. Mais vous sçavés que, nous autres philosophes, ne connoissons de vraye beauté que celle de l'âme, qui ne passe point, et qu'un jour Mlle de Scudéry aura la consolation de voir Mme de Montbazon aussy peu belle qu'elle, et certes celle-cy est une vraie Aspasie et auroit mérité d'estre née à Athènes du temps de Socrate ou de ses disciples...» Chapelain parle ensuite de l'*Apologie* de Balzac : «Cette belle pièce a esté leue à l'hostel de R[ambouillet] et par moy à deux fois et a eu grandissime audience et grandissime louange. Je ne vous en dis point davantage de peur de vous en dire trop peu, et puis vous connoissés bien ce que des personnes d'excellent esprit en ont deu dire, après y avoir apporté une parfaite attention.» Chapelain lui conseille, de la part de Voiture, de Vaugelas, des dames de Rambouillet, auxquels il se joint, de retrancher quelque peu de la seconde moitié de cette apologie. Enfin il lui signale les «amples mémoires envoyés par M. d'Espernon,» déclarant que le mémoire composé par le précepteur Girard est «plus oratoire,» mais que l'autre est «plus juridique.»

[1] Tous les amis des livres comprendront les sentiments exprimés ici par Chapelain, même ceux qui n'ont pas eu l'occasion de passer par les mêmes anxiétés.

l'exercice et de la poussière¹. Car quelque ordre que j'y aye tenu pour les desmesler et les trouver sous la main quand j'aurois fait assembler et dresser mes tablettes, il m'a esté impossible de le faire exécuter selon mon projet et je prévoy qu'ils me vont bien donner de la peine.

Il m'a semblé, durant tout ce chariage², que je sortois d'une ville rendue et que j'eschappois à la fureur de quelque insolent Victorieux, et afin que vous voyés que la comparaison n'est pas tirée à force, vous sçaurés que je sors de ma vieille habitation par un arrest diffinitif, après l'avoir defendüe dix huit mois contre un usurpateur qui a mis toute son ambition à me desloger, et enfin, malgré toute ma résistance et les avantages que j'ay eus sur luy durant ce long siège aux requestes du palais, assisté des mortiers de la grande chambre, y a fait telle brèche, qu'il a falu céder au plus fort. Mais c'est trop vous parler de cette badinerie.

Je ne receus point de vos lettres, il y a quinze jours, et je creus que vous vous contentiés d'avoir escrit deux fois assés près l'une de l'autre, quand vous m'envoyastes par la seconde une copie augmentée de la lettre que vous m'escriviés pour décider la question des *Supposés*. C'est sans doute ce qui a trompé le sieur Rocolet et qui luy a fait vous escrire qu'il n'avoit rien receu de vous par l'antépénultiesme ordinaire. Par la pénultiesme je vous respondis amplement et vous rendis conte d'assés de choses, particulièrement du succès qu'avait eu vostre Apologie à l'hostel de Rambouillet.

Sur le mesme sujet vous sçaurés qu'elle a esté leue encore chés Mʳ Conrart par Mʳ d'Ablancourt à Mʳˢ Daillé, de la Mothe, Hobier, et son fils le docteur, sans les autres que je ne sçay pas encore, pour ce que mon embarras m'empescha d'y assister, et d'apprendre l'effet qu'elle aura fait dans leur esprit. Je sçay mieux comme elle a réussi chés Mʳˢ Du Puy où le mesme Mʳ d'Ablancourt la leut hier eux présens, Mʳ d'Aligre et Mʳ L'Huillier. Le dernier me vint voir, sur le soir, et me tesmoigna qu'elle avoit esté entendue avec un plaisir extrême, quelque longueur qu'elle peust avoir, et qu'ensuitte on avoit fait une grande confalutation³ sur vostre mérite et sur vostre vertu, chacun le renviant⁴ sur son compagnon.

Je suis bien aise du divertissement que vous a donné l'*Énéide* du Caro, et encore plus de ce que vous avés pris ce sujet pour une des matières de vos entretiens⁵. Elle

---

¹ Balzac (lettre XI du livre XX, p. 790 de l'in-fol.) répond ainsi aux doléances de Chapelain : «Vous ne devez pas douter que mon imagination ne souffre avec la vostre, et j'avale une partie de la poussière dont vous me parlez. Mais je ne laisse pas, outre cela, d'avoir des maux qui me sont propres, et je ne manque point de belles nouvelles à vous mander. Pour l'histoire de vostre demesnagement, vous recevrez celle de trois chevaux qui me sont morts, et du quatriesme qui est bien malade..» Cette lettre est datée du 24 mai 1639 : elle fut écrite bien plus tôt, puisque Chapelain, dans la lettre suivante, qui est du 23 avril, justifie Voiture auquel Balzac reprochait d'avoir condamné trop vite et trop haut la seconde partie de l'*Apologie*.

² *Charriage* est un vieux mot : on le trouve plus souvent dans Commines, dans Amyot, dans Martin du Bellay, que dans les écrivains du xvııᵉ siècle.

³ Entretien familier. M. Littré a recueilli le mot dans les *Mémoires* du cardinal de Retz et dans les *Discours* de Mirabeau.

⁴ Renvier, renchérir, faire davantage, est dans divers auteurs du xvıᵉ siècle, ainsi que dans Bossuet et Mᵐᵉ de Sévigné. Voltaire a eu le tort, comme l'a remarqué M. Littré, de voir dans *renvier* une expression nouvelle.

⁵ Balzac avait écrit à Chapelain (lettre IX du livre XX déjà cité) : «Je vous renvoyerai bientost vostre admirable Italien ; et il faut que je vous

est riche et ne vous fera point de deshonneur. Outre l'éloge de l'autheur je voy que vous loués la langue, dont je vous avoue que j'ay une particulière satisfaction. C'est encore une querelle que j'ay avec Mʳ Voiture qui ne peut souffrir que je la préfère à l'espagnolle, ni les poètes italiens aux poètes espagnols. Mais ne craignés pas que je vous face encore juge de ce différent, ni luy non plus. Il a esté trop mortifié de vostre jugement précédent pour se pourvoir jamais devant vous, et je suis trop généreux plaideur pour me soucier de l'attirer dans mes avantages.

Je sçauray de Mʳ de La Mothe ce que vous désirés sur ces notes de Heinsius infolio. Cependant je suis, Monsieur, vostre, etc.

De Paris, ce 17 avril 1639 [1].

CCLXXIX.
À M. DE BALZAC,
À BALZAC.

Monsieur, il y auroit peu avoir plus de prudence en Mʳ Voiture lorsqu'il se fist entendre publiquement de ce qu'il pensoit de vostre belle Apologie, mais il n'y pouvoit avoir moins de malice ni de dessein de vous désobliger [2]. Je suis asseuré qu'il vous honnore fort et, en ce particulier, je suis tesmoin qu'il prépara les esprits aussy favorablement que j'eusse peu souhaitter, et qu'il aida ma prononciation avec grâce et avec soin, appuyant et célébrant les beaux endroits que nous rencontrions à toutes les pages, de sorte que ce qu'il dit à la fin fut plustost pour monstrer qu'il n'estoit point vostre partisan aveugle que pour faire trouver à dire à un ouvrage dont il avoit donné une belle expectation [3]. Et, en effet, ce qu'il dit ne fit aucun tort à la pièce qui demeura en sa vigueur et dans sa pleine estime auprès des dames qui l'entendirent et qui me prièrent fort de vous en tesmoigner leur extrême satisfaction. Je dis ma coulpe [4] de ne m'en estre pas expliqué assés particulièrement et d'autant plus que ma brièveté et ma liberté presque cynique vous

---

[1] Le 21 avril, Chapelain écrivait à Godeau (f° 82) : «J'excuse facilement vos omissions, pour ce que je veux que l'on excuse les miennes.» Tout en reprochant à l'évêque de Grasse sa négligence, qui est chez luy un défaut naturel, il dit : «Il vaut mieux que... nostre amitié n'attente point sur nostre liberté.» Il y reparle d'Arnauld d'Andilly et il ajoute : «M. L'Escot, le Docteur, est commis pour interroger le prisonnier [l'abbé de Saint-Cyran] sur les chefs que le mémoire de M. de Langres porte, et quelques autres papiers volans semés dans le monde contre advoue, cependant, que je suis ravi de sa traduction de l'*Énéide*. Il me semble qu'il faut juger par là principalement de l'esprit d'Annibal Caro, et de la beauté de sa langue. Quand je la considère dans ce livre, la nostre me fait pitié... J'ay beaucoup de choses à vous dire sur ce subjet, mais il sera mieux de les réserver pour un chapitre de nos *Entretiens*...»

luy. Quant à la question des *Suppositi*, vous vous en estes eschappé d'une agréable manière... Les galanteries de l'hostel de Rambouillet ne se font que pour divertir Artenice qui en a tousjours grand besoin.»

[2] Chapelain répond à ce passage de la lettre XI du livre XX déjà cité : «Il me semble que la liberté de l'amitié n'en doit pas exclure la discrétion, et que les advis fidèles ne se donnent guères en public. Monsieur *** se fust donc bien passé de s'ériger luy-mesme en Monsieur le juge, et eust mieux fait de croire qu'il avoit esté moins attentif à la seconde partie, que de dire que la seconde partie estoit la moins forte.»

[3] Du latin *expectatio*. C'est un mot employé par Amyot et que M. Littré a retrouvé encore dans Bossuet et dans Saint-Simon.

[4] Traduction des mots : *mea culpa*. Tout le monde connaît le vers de la Fontaine :

J'en dis ma coulpe et j'en suis tout honteux,

ont donné sujet de croire que le succès de ma lecture n'avoit pas esté bon, et que vostre mérite avoit souffert quelque diminution entre mes mains, ce que je vous asseure qui n'a point esté.

Depuis, la mesme pièce a esté leue chez M⁰ˢ Du Puy et chés M⁰ Conrart, les personnes que vous aviés nommées présentes. Je vous ay desja mandé comment elle avoit réussi chés les frères. Pour chés M⁰ Conrart, ce ne pouvoit mieux estre, et le mesme M⁰ d'Ablancourt m'en a rendu un tesmoignage tout pareil au premier. Je ne l'ay encore peu apprendre de M⁰ Conrart mesme, que je n'ay veu il y a quinze jours, tant cette taxe des estrangers et des aisés, où trempe fort toute sa famille, l'agite et le tient à présent occupé.

Tous ces jours de dévotion m'ont aussy empesché de voir M⁰ de La Mothe sur le sujet du nouveau livre de Heinsius[1]. Mais j'ay appris de M⁰ L'Huillier ce qui s'en pouvoit sçavoir, qui est que le livre estoit sous la presse et qu'on ne l'auroit encore de quelque temps. Ainsy il faudra avoir encore un peu de patience pour estre esclaircy de la théologie de ce nouveau docteur. Il est blasmé généralement par avance de s'estre jetté dans ces matières et d'avoir quitté celles qui estoient plus de son génie et où il réussissoit si bien. Mais c'est le défaut de l'esprit de l'homme de se piquer tousjours le plus des choses que l'on sçait le moins, seulement parce qu'elles sont nouvelles. La faute de Joseph Scaliger, son maistre, lorsqu'il s'imagina d'avoir trouvé la quadrature du cercle[2], prouva bien l'amour que l'on a pour les premières lumières qui viennent des choses qu'on ne possède pas à fons, mais elle n'est pas de si fascheuse conséquence que celles où le bon homme Heinsius vraysemblablement sera tombé. Cette nature de doctrine ne souffre point qu'on erre impunément et ne souffre point qu'un novice manque d'errer quand il s'abandonne à sa propre conduite.

M⁰ L'Huillier me fit voir hier une lettre de M⁰ Gassendi où il rend un tesmoignage honnorable à la générosité de M⁰ le Conte d'Alais sur vostre sujet que j'ay creu que je vous devois dire pour nostre consolation. Quelque Provençal de considération, imbu sans doute des calomnies du P [rince] des feuilles, ayant pris son party contre vous, ce Prince à qui le discours s'addressoit, le redressa, comme une des principales affaires de son gouvernement et, autant par son éloquence que par son authorité, osta la voix à l'opposant qui eut honte de s'estre engagé dans un party qui se pouvoit si mal défendre.

Vostre lettre sur *les Supposés* a esté aussy leue chés M⁰ˢ Du Puy par M⁰ L'Huillier et admirée de toute la trouppe. Guyet y estoit fait de belles observations dans ses Exercices contre le cardinal Baronius. Heinsius aussi nous descouvrira peut-estre d'excellentes choses sur le Nouveau Testament, quoyqu'il ne soit pas docteur de Sorbonne. Le bon jugement, l'intelligence des langues, et la connoissance de l'Antiquité, sont les seules pièces nécessaires pour son dessein ; et pourveu qu'il les employe de bonne foy nostre parti en tirera plus d'advantage que le sien...» Cette lettre, datée du 8 juin 1639, doit être datée très-probablement du 8 mai de la même année.

---

[1] *Exercitationes sacræ ad Novum Testamentum* (Leyde, 1639, in-fol.).

[2] Scaliger, dont Daniel Heinsius, en disciple reconnaissant, fit une si belle oraison funèbre (*Oratio in funere J. Scaligeri...* dans les *Orationes*, Leyde, 1615, 1620, 1627, etc.), développa ses idées sur la quadrature du cercle dans ses *Cyclometrica elementa* (Leyde, 1594, in-fol.). Balzac répond ainsi (lettre XII du livre XX, p. 791 de l'in-fol.) à cette tirade de Chapelain : «Il se peut faire que Scaliger se soit mespris pour la quadrature du cercle ; mais Casaubon a

présent qui demeura dans le silence. Nostre amy dit que c'est sa façon de louer, et que, tout au moins, c'est un signe infaillible qu'il n'y a rien trouvé à dire, car sa langue n'espargne rien de ce que son esprit n'approuve pas.

Je suis, Monsieur, vostre, etc.
De Paris, ce 23 avril 1639[1].

Les affaires de Piémont ne sont pas bonnes, mais je les trouve encore plus mauvaises de ce que le Roy y envoye Mgr de Longueville.

CCLXXX.
À M. DE BALZAC,
à BALZAC.

Monsieur, vos pertes sont bien plus considérables que mes petits embarras de mesnage, et c'est bien cela que je plains plustost que la peine dont vous me plaignés. En cette rencontre je suis moins philosophe que vous et je vous avoue que je sens la perte que vous avés faitte par une raison moins relevée et moins raisonnable que vous. Il me fasche, en effet, de l'argent que cela vous oste, et je voudrois que vous eussiés encore vos quatre chevaux bien sains et que vous fussiés condamné à ne vous promener qu'à pied de plus de deux mois d'icy. Peut estre que je suis dans ces sentimens à cause que ce mal vous regarde, et que s'il estoit pour moy je le considérerois généreusement comme vous faittes. Tant y a que vostre intérest qui n'est jamais petit pour moy en quelque occasion et matière que ce puisse estre, me fait avoir une basse pensée pour ce coup et me fait pleurer, ce que vos chevaux vous ont cousté, *lacrymis veris*, de sorte qu'en l'estat où je suis, c'est à vous qui avés perdu de me consoler[2].

Quant à la promenade qu'il semble que vous ne puissiés faire qu'en carosse[3], je ne sçay si elle est aussy saine de cette sorte là que de l'autre, et à vous dire ce que j'en pense, j'estime que la première manière n'est bonne que pour ceux qui ne peuvent pratiquer la seconde, comme les femmes et les vieillards qui se doivent contenter de cette image d'exercice, ne pouvant user du

---

[1] Sept jours plus tard, le 30 avril, Chapelain (f° 84) reproche doucement à la marquise de Flamarens d'avoir écrit avec peu de civilité à sa belle-sœur, Mme de la Trousse-du-Fay, avec laquelle elle avait eu à débattre certaines questions d'affaires. «Si vous estiez icy, lui dit Chapelain, il seroit à propos que vous en partissiez pour longtemps, veu le peu de moyen qu'il y a de subsister pour des personnes qui ont la meilleure partie de leur bien sur le Roy qui ne paye plus, dans la disette d'argent où il se trouve, laquelle le porte même contre son inclination à venir à des extrémités pour en trouver qui ont fait fuir de Paris la pluspart des aisés et des estrangers à qui l'on demande d'excessives sommes.» Dans une autre lettre sous la même date, adressée à M. de Flamarens, Chapelain revient sur les mêmes faits et termine ainsi : «Je suis dans une profonde tristesse des malheurs du Piémont, pour l'intérest général et pour le particulier de Mgr de Longueville que je crains fort qui ne s'y perde, veu la puissance des ennemis.»

Le 7 mai (f° 89), Chapelain, craignant que sa lettre à la marquise de Flamarens eût été perdue, lui en envoyait une sorte de duplicata d'une rédaction différente.

[2] Balzac répond de cette façon (lettre XIII du livre XX, p. 792 de l'in-fol.): «Je suis bien fasché de vous avoir parlé de mes pertes, puisqu'elles vous sont si sensibles; mais je ne suis pas fasché d'avoir receu de si belles marques de vostre affection, et de pouvoir attendrir, dans mes intérests, une ame qui est de diamant dans les siens propres. Cette tendresse n'est point indigne de la force des héros, et s'ils ont pleuré autrefois un chien qu'ils avoient aimé, vous pouvez bien plaindre un ami pour avoir perdu quatre chevaux qui luy estoient nécessaires...» La lettre, datée du 20 juin 1639, est du mois de mai de la même année.

[3] Balzac (*ibid.*) discute les objections de son ami: «Je ne demeure point d'accord avec vous que l'exercice du carrosse ne soit qu'une image d'exercice. A la vérité on n'y est pas agité violemment, etc.»

véritable qui se fait par une action modérée de tout le corps. Je vous tiens malheureux si vous estes réduit à ne pouvoir marcher avec vos propres jambes et trouve que ce n'est pas sans sujet que vous parlés quelquesfois de vostre caducité[1]. Mais j'ayme mieux croire que vous dittes l'un et l'autre oratoirement et par figure pour faire entendre que la fleur de vostre jeunesse est passée et que vos mouvemens et vos plaisirs sont moins vigoureux et moins sensibles qu'ils n'ont esté autresfois.

Vostre application du *Tollere humo* est ingénieuse et agréable à vostre ordinaire[2], car vous avés plus ce don qu'homme que j'aye jamais connu. Je vous escrivis, la semaine passée, ce que je croyois de l'intention de Mʳ de Voiture. Il est vray que vous ne doutés pas de son intention et que vous ne l'accusés que d'indiscrétion et d'imprudence. Mais vous ne l'accusés pas de grand'chose, selon luy, qui s'est desjà fait mille torts par cette mauvaise conduitte, sans que rien l'en ait peu chastier, et ses amis se sont accoustumés à l'aymer avec ce défaut qui est sans malice. Vous prendrés, s'il vous plaist, cette habitude avec ses autres amis, et ne luy en voudrés point de mal, en considération des autres excellentes qualités qui sont en luy et de l'amitié qu'il a pour vous véritable.

J'oubliay à vous dire, dans ma dernière lettre, qu'il estoit allé en tiers avec Mʳ de Chavigny et le Conte de Guiche au secours de Mʳ le Cardinal de la Valette, de qui les affaires sont mauvaises, et je doute que ce triumvirat le puisse dégager de l'embarras où nostre mauvaise fortune l'a jetté. Mais, quoi qu'il en arrive, il est tousjours glorieux et honorable au plus petit d'avoir esté associé dans ce voyage avec des personnes de si grande considération[3].

Le chevalier Astolfe et sa sœur ont veu non seulement les lettres que vous aviés trouvé bon qui leur fussent communiquées, mais encore l'Apologie, et de tout en ont remporté un ravissement qui leur dure encore. Je crains que la boutade poétique ne les prenne et qu'ils ne s'emportent à les célébrer avant le temps. Ce n'est qu'adoration, offrandes des encens, etc. *id genus* que vostre modestie, plus que la vérité, vous obligeroit à nommer hyperboliques, si vous les entendiés.

J'ay oublié à vous dire que le mesme homme qui juge si bien de Lope de Vega[4] juge aussy admirablement bien de Térence et luy rend l'honneur qui luy est deu, ce

---

[1] Balzac avait dit (lettre XIII du livre XX de l'in-fol.) : «Ma caducité est encore plus véritable que vos larmes.» Si, comme l'assure Buffon (*De la vieillesse et de la mort*), la caducité ne commence qu'à l'âge de soixante-dix ans, la caducité chez Balzac aurait été singulièrement précoce. Mais, quoi qu'il en dise à Chapelain, on sait qu'il ne faut jamais le prendre au mot.

[2] C'est dans la lettre XI du livre XX (p. 790 de l'in-fol.) que Balzac avait parodié Virgile : «Oserois-je vous dire, après cela, que j'ay un plaisir plus sensible d'estre élevé de cette sorte, que par les louanges des beaux esprits; et de ces deux désirs de Virgile :

..?..............Qua me quoque possim
Tollere humo, victorque virum volitare per ora,

j'explique le premier du carrosse, lequel il met, comme vous voyez, devant la grande réputation.»

[3] Voir, sur la triste situation du cardinal de la Valette, les lettres que lui adresse le cardinal de Richelieu les 8 avril et 20 avril 1639 (Recueil de M. Avenel, t. VI, p. 318). Dans la dernière de ces lettres, Richelieu annonce au malheureux général de l'armée d'Italie l'envoi de M. de Chavigny en qualité d'ambassadeur extraordinaire.

[4] Voir la lettre déjà citée, n° XII du livre XX. Balzac y dit : «Est-il possible qu'avec une goutte de sens commun on puisse préférer les poëtes espagnols aux italiens, et prendre les visions d'un certain Lope de Vega pour de raisonnables compositions? etc.»

qui vous doit passer pour un prodige encore plus grand que l'autre, puisqu'il faut avoir deux sortes d'esprits en un mesme corps pour faire estime en mesme temps de choses si opposées. Peu de gens se prennent bien à juger et sçavent comment il le faut faire, et il n'y a presque personne qui sache en quoy consiste la vraye perfection des choses.

Je suis, Monsieur, vostre, etc.

De Paris, ce 30 avril 1639.

Mʳ le marquis de Montauzier verra la part que vous prenés en ce qui le touche. Je vous asseure qu'il s'en resjouira. Je ne vous en puis parler qu'en futur pour ce que je vous respons tousjours en recevant vos lettre de peur de manquer le courrier qui part dès le lendemain matin, et le dimanche estant le jour de sa dévotion, laquelle, comme vous sçavés, luy fait aller chercher Dieu hors des murailles [1], il n'y a pas eu moyen de le voir.

CCLXXXI.
À M. DE BALZAC,
A BALZAC.

Monsieur, si les Sorbonistes sont des argoteurs [2] et des subtilizeurs [3], je croy qu'on ne peut nier que les Rabins ne soient des songecreux [4] et des superstitieux qui semblent avoir esté plustost disciples de Pythagore avec leurs nombres, que de Moyse et de Salomon. J'en parle, comme ils disent, par cœur et sur le rapport d'autruy, et néantmoins, sur la foy de mes autheurs, et sur la manière de raisonner de quelques uns des disciples de la Synagogue, qui ont parlé une langue que j'entens, je me hazarderay de vous dire que si Mʳ Heinsius n'esclaircit le Nouveau Testament que par eux, il court fortune de demeurer dans son obscurité première. Mʳ d'Allier [5], qui est grec en hébreu et qui a bouquiné [6] tous ces faux Pères, m'a plusieurs fois asseuré qu'il n'en avoit trouvé aucun de raisonnable que ce Rabi Mose de Montpellier [7] qui fut attiré au Grand Caire [8] par un Sultan amateur des gens de lettres, et il m'a fait entendre que son habileté extraordinaire ne venoit que de la communication qu'il avait eue avec nos docteurs, je veux dire Platon et Aristote, dont la solide science luy avoient (*sic*) réglé l'esprit et l'avoient purgé de l'humeur resveuse et fantastique à quoy ils sont tous sujets [9]. Je souhaite avec tout cela que je me sois trompé dans ma conjecture, et que Mʳ Heinsius ait fait une emplette heureuse

---

[1] Le temple de Charenton.

[2] On trouve *hargoteur* dans un texte du xvᵉ siècle cité par Du Cange (vᵒ *argutio*). M. Littré ne cite aucun auteur du xvɪɪᵉ siècle sous le mot *ergoteur*, qui est déjà dans les *Contes* de Cholières. Montaigne, contemporain de Cholières, disait *ergotiste*. *Ergoteur* ne paraît être pleinement entré dans la langue courante qu'avec Voltaire et avec Diderot.

[3] M. Littré rappelle que le mot *subtiliseur* est dans le *Dictionnaire* de César Oudin, mais il ne connaît aucun célèbre écrivain qui l'ait employé. *Subtiliseur* manque aux dictionnaires de Richelet et de Trévoux.

[4] Trévoux cite, pour *songe-creux*, Port-Royal et Saint-Évremond. M. Littré, remontant plus haut, a recueilli cette expression dans Montaigne et dans P. Gringore, la rencontrant encore dans La Mothe le Vayer et dans Thomas Corneille.

[5] Il s'agit là du docte théologien protestant Jean Daillé dont il a été déjà question dans la lettre CXLIX, p. 212, et dont le nom (voir la note 2 de cette page) a été écrit *d'Aillé* par Balzac.

[6] *Bouquiner*, que nous avons détourné de son acception primitive, ne signifiait pas autrefois chercher des vieux livres, mais bien chercher dans des vieux livres, les consulter, les fouiller.

[7] Moïse Ben Maïmoun, appelé vulgairement Maïmonide, naquit à Cordoue, en 1135, et mourut en 1209.

[8] Son séjour au Caire lui a valu le surnom de *Moses Egyptius*.

[9] Balzac se plaint (lettre XIV du livre XX,

en levant, pour l'avantage de tout le Christianisme et la gloire du Livre qui contient tous les mystères de nostre salut, l'opinion que j'ay qu'il est un docteur nouveau et par conséquent dangereux à suyvre, [ce qui] servira à me le faire davantage estimer, s'il se trouve par expérience qu'il ait mieux réussi que les vieux docteurs, et je lui feray amande (*sic*) honnorable d'avoir tenu pour constant, après avoir leu la Response à vostre lettre sur la Tragédie, qu'il raisonne bien plus mal en vieillesse[1] qu'il ne faisoit en jeunesse.

Je ne sçay que vous dire de Guyet, si non que j'en croy tout ce que vous dittes. Mais il seroit malaisé d'obtenir de M^r L'Huillier ny d'aucun de l'Académie Putéane qu'ils mesprisassent son jugement en matière de lettres ni qu'ils entreprissent de le berner[2]. Parmi toute sa brutalité qu'ils condamnent, mais à quoy il les a accoustumés, ils trouvent en luy un sens ferme et net, qui ne pèche, disent-ils, que dans sa rudesse et la brusque manière de le débiter, et je n'ay point ouy dire qu'ils l'ayent convaincu plus d'une fois de s'estre engagé mal à propos dans la dispute en ce lieu là. Au surplus, en cette occasion, il ne vous fist autre tort que de ne vous louer pas, et de demeurer pour

vous dans son humeur ordinaire, et encore ce ne fut pas vous faire tort, selon luy, puisqu'il ne loue jamais personne, ou qu'il ne loue que par son silence, du moins vous pouvés vous asseurer qu'il n'a rien trouvé à redire à l'ouvrage puisqu'il n'en a rien tesmoigné. Pour mon particulier, je luy aurois grande obligation s'il m'avoit traitté aussy favorablement, et qu'il se fust abstenu de me mordre auprès de son Maistre[3], qui n'a jamais eu depuis bonne opinion de mes bagatelles. Il est vray que ce sont bagatelles et qu'elles méritoient cette différence de traittement.

Je manderay en Provence que vous estes tenu fort obligé au Prince[4] qui vous défendit si généreusement contre la Guespe qui vous vouloit piquer. Cela est nécessaire et ne vous engage à rien.

Le *Scipion* de Mr Desmarests a eu le succès à Paris qu'en vos quartiers, c'est-à-dire médiocre et bien au dessous du *Cid*. Cependant comme il faut avouer que le point qui fait la tendresse luy manque et que partout où ce point joue dans le *Cid*, l'avantage est tout entier de son costé, il faut aussy tomber d'accord que, dans les autres parties, le *Scipion* a tous les avan-

---

p. 793 de l'in-fol.) d'avoir été mal compris par son ami: «Je n'ay garde, dit-il, de prendre querelle pour les Rabins, et beaucoup moins contre vous que contre tout autre. Ce sont gens que je ne connois point, et que, quand il vous plaira, je croiray encore plus fous que vous ne me les figurez par vos lettres. Mais il me semble, Monsieur, que ce n'estoit pas sur cette creuse lecture que je fondois principalement la doctrine de Monsieur Heinsius. Outre les langues d'Orient qu'on dit qu'il possède, il a grand esprit naturel, grande connoissance de la bonne Antiquité, et de l'ancienne philosophie, et d'ailleurs, une telle sagacité en matière de critique, que quelquefois ses conjectures approchent de la divination. Il

se peut néantmoins qu'il décline sur ses vieux jours, et c'est un mot commun parmi les Orientaux, *le vinaigre est le fils du vin*, et que le Temps gaste les choses après les avoir perfectionnées...»

[1] Heinsius était plus que sexagénaire quand il répondit à la critique de Balzac.

[2] Balzac (lettre XII du livre XX déjà citée) avait dit : «Pour le ridicule *** [Guyet], on souffre un peu trop de luy. Il ne faudroit pas le laisser régner si absolument, que de temps en temps on le fist souvenir de sa berne, et il en seroit peut-estre plus sage.»

[3] Le cardinal de la Valette.

[4] Le comte d'Alais.

tages, soit pour la bienséance, soit pour la beauté des vers et des sentimens. Dans la constitution, Hyanisbé m'y a tousjours fort dépleu, et je ne puis souffrir qu'une Princesse quitte son païs et devienne vagabonde pour exercer une vengeance qu'elle pouvoit faire par cent de ses chevaliers ou par une armée allant ruiner le païs de celuy qui l'avoit offensée.

Je vous envoye les vers du Père Le Moine dont vous me parlés et en veux vostre jugement devant que vous expliquer le mien suivant vos ordres [1]. Je feray ce que vous ordonnés pour M⁺ Bonair et ne manqueray pas de rempaqueter [2] l'ouvrage après avec le mesme soin que vous aviés apporté pour me l'envoyer. M⁺ l'Abbé de Chastillon me fit dernièrement comprendre que le zèle de ce jeune homme estoit sans science et que, dans vos intérests, il vous promet ce qu'il désire et non pas ce qu'il peut, dont néantmoins il vous prie de luy sçavoir gré. Pour luy, il estoit en peine de n'avoir point encore la procuration qu'il vous avoit demandée et craignoit que, venant trop tard, l'argent qui est prest pour vous payer de l'année passée, ne se divertisse dans l'extrême disette d'argent où l'on est. Je le vis tousjours porté pour ce qui vous touche et certes c'est un bon, généreux et utile amy et qui vaut qu'on le conserve avec soin.

Je suis, Monsieur, vostre, etc.

De Paris, ce 7 may 1639.

CCLXXXII.
À M⁺ LE DUC DE LONGUEVILLE,
À LYON.

Monseigneur, tout Paris croit que les ordres sont changés pour ce qui regarde vostre passage en Italie, mais j'apprens le contraire par ceux qui agissent de deça pour vous [3], sur quoy je n'ay rien à dire si non que je veux espérer, pour ma consolation, qu'à cette année la multiplicité [4] des Généraux fera de meilleurs effets que les passées et que la moisson de la gloire sera assés grande pour vous satisfaire pleinement tous deux. Dieu vueille que vous puissiés arriver à temps pour sauver les principalles pièces de cet Estat qui fait si misérablement naufrage! Mon opinion, avec celle de tout le monde, est que personne ne peut recueillir ce débris que vous, et que si vostre effort ne produit pas ce que l'on désire, c'est que la nature de cette affaire la rendroit irrémédiable [5]. Vous estes proche du mal plus de la moitié que nous, et je ne vous en pourrois dire que de vieilles nouvelles. Celles

---

[1] Voir la lettre si flatteuse pour le P. Le Moine que Balzac écrivit à Chapelain, en réponse à cette phrase (n° XVI du livre XX, p. 794 de l'in-fol.). Le futur auteur du poëme sur *Saint Louis* avait alors trente-sept ans. «Je ne vis jamais, déclare Balzac, une plus heureuse naissance [c'est-à-dire de plus heureux commencements], et vous dis de plus (mais je veux que cela passe pour oracle) que si Monsieur Chapelain est le conseil du Père Le Moine, le Père Le Moine réussira un des grands personnages des derniers temps.» Voir sur le Père Le Moyne une note de la page 545 des *Mélanges historiques. Lettres de Balzac*, n° XLIX.

[2] *Rempaqueter* n'est point dans nos dictionnaires.

[3] Le cardinal de Richelieu annonçait au cardinal de la Valette, le 20 avril (lettre déjà citée), que M⁺ de Longueville allait à son secours avec une nouvelle armée. On lit dans la *Gazette* du 30 avril (p. 236): «Le 28°, le duc de Longueville partit d'ici pour aller commander une armée en Italie.»

[4] *Multiplicité* est un mot du xiv° siècle. M. Littré, pour le xvii°, cite, sous ce mot, La Motte le Vayer, Patru, Nicole et Mᵐᵉ de Sévigné.

[5] *Irrémédiable* a été employé par plusieurs contemporains de Chapelain, mais dans la seconde moitié du xvii° siècle (Bossuet, Bourdaloue, Fénelon, La Bruyère). Déjà le mot se montre dans les *Contes* de Bonaventure des Periers et dans les *Essais* de Montaigne.

que je vous escrivis, il y a huit jours, de la victoire de Bannier sur Maracini et les trouppes de Saxe et impérialles jointes, se confirment de tous costés. Un de mes amis en a receu, hier, des avis de Hambourg du 25 du passé qui portent que Bannier, etc. (*sic*).

Je prie Dieu qu'il donne heureux succès à vos desseins et à mes désirs et suis, Monseigneur, vostre, etc.

De Paris, ce 18 may 1639[1].

CCLXXXIII.
À M. L'ÉVESQUE DE GRASSE (GODEAU),
À GRASSE.

Monsieur, voicy trois ordinaires que je n'ay point de vos lettres. Ce n'est pas ce qui me met en peine, car je juge que vous ne m'escrivés que quand je vous escris, de la mesme sorte que je ne me souviens point bien de vous rendre ce devoir, que quand vous me donnés de vos nouvelles. Ce qui me trouble véritablement, c'est que Mr Conrart est demeuré sans en avoir cette semaine, et que je crains tout de bon que les Espagnols ne vous en ayent empesché et qu'ils n'ayent aussy bien pris, cette année, le siége Épiscopal, qu'ils firent, il y a trois ans, une illustre partie de vostre Diocèse. Je veux pourtant croire que je suis un poltron, et qu'ils auront évité de se jouer à un homme qui a une si sainte et si vaillante crosse.

---

[1] Le 14 mai, Chapelain avait écrit à Balzac (f° 94) une lettre dont je me contenteray de citer quelques passages : «Monsieur, tout de bon vos pertes, vos infirmités corporelles et les justes chagrins qui vous viennent de temps en temps de l'injustice du Siècle pour vous, esbranlent mon âme et la tirent de cette assiette qu'aucun de ces accidents qui me sont arrivés à moy-mesme, n'ont jamais changée, je ne diray pas de la largeur d'un ongle, mais d'une ligne seulement. Je reconnais ingénument ma foiblesse en cela, et confesse que mes maximes m'abandonnent dans la cause de mes amis... Tout ce que vous m'avés escrit sur la ruine de vostre attelage est trop exquis pour le sujet, et mérite que les dames l'admirent... Je tombe d'accord avec vous de l'exercice modéré que le carosse peut faire faire... Je feray mes diligences pour apprendre de Flotte ce que vous désirés sçavoir de M. Mainard, auquel il y a un an que je n'ay escrit, et je crains de m'engager à un commerce avec luy qui me donneroit beaucoup de desplaisir, s'il ne me donnoit point beaucoup de peine, et s'il ne m'emportoit point beaucoup de temps. J'escriray pourtant si vous le désirés... Il me semble que la haine déclarée qu'a pour luy M. de Noailles l'a banny de Paris aussy bien que de sa maison et de celle de M. de Saint-Flour qui estoit jadis son constant Mécène. Il faut advouer qu'il est fort à plaindre dans sa mauvaise fortune, et qu'il est cruel de luy aussy bien que du Tasse, qu'il aille gueux à la sépulture...» Chapelain fait ensuite l'éloge de Perrot d'Ablancourt : «C'est un des plus nobles et plus généreux garçons qui soit en France... surtout je luy dois ce tesmoignage, que je n'ay jamais rencontré de plus naturelle franchise et ingénuité d'âme que la sienne, et il méritoit d'estre né dans le siècle de cette Rome naissante ou de la Sparte, lorsque ses mœurs estoient les plus pures. Il travaille maintenant au Tacite, dont il doit donner, cet hyver, les cinq premiers livres des *Annales* pour continuer selon le succès. Je ne voy point qu'il parle encore de coucher du sien, quoyque je l'en croye très capable, et que je sois résolu à l'y embarquer le plustost que faire se pourra...» Chapelain finit sa lettre en annonçant à Balzac la prochaine publication d'un ouvrage de Scudéry, ouvrage, dit-il, «qu'il m'a recommandé avec le mesme soin que s'il vous l'avoit dédié et qu'il en attendist sa fortune. Cette deffense du théâtre sera plus supportable que son cartel, quoiqu'il ne face rien où il ne laisse imprimé son caractère. Le papier me faut.» Balzac avait gracieusement parlé de Perrot d'Ablancourt dans la lettre XIV du livre XX déjà citée. On a retranché de cette lettre ce que Balzac y disait de Mainard.

J'apprens que dans le dessein qu'ont les amis de Mʳ Gassendi de le faire un des agens du clergé, vous luy donnés vostre suffrage. J'en ay une joye extrême, et si vous aviés besoin d'y estre exhorté, j'y emploierois tout le crédit que vous me donnés auprès de vous.

Je vous renvoye la lettre de Mʳ d'Andilly avec une response du mesme à vostre dernière, par où vous verrés à mon avis la confusion où je le mis en luy monstrant vostre justification. Jamais homme ne voulut plus de mal à sa mauvaise mémoire et toute sa famille luy en a fait une huée qui a achevé de le mortifier. Mʳ Arnaud, le mestre de Camp, m'avoit promis de vous escrire, ce voyage, devant que d'aller à l'armée, mais ses embarras l'en ont empesché.

Je prie Dieu qu'il vous conserve et demeure, Monsieur, vostre, etc.

De Paris, ce 20 may 1638.

CCLXXXIV.

À Mᵍʳ LE DUC DE LONGUEVILLE,

à lyon.

Monseigneur, avec la confirmation de la victoire de Bannier près de Kemnitz qui est d'autant plus merveilleuse qu'elle a esté obtenue par la seule cavalerie [1], nous avons encore appris la prise de Friberg [2], etc., celles de Cologne, etc. Je ne vous dis rien, Monseigneur, des choses qui se passent en Piémont : vous en estes aux portes et en sçavés le menu six jours tousjours devant nous. Mais quelques mauvaises qu'elles soient, je veux espérer pour ma consolation que tout ce mal n'arrive que pour vostre plus grande gloire, et que vostre destinée ne se trouvera pas moindre que celle de Mᵍʳ vostre père et de vostre grand ayeul, mon Conte de Dunois, qui ont mérité le titre de restaurateur de l'Estat, lorsqu'il estoit dans le penchant de sa ruine : le Piémont vous devra aussy sa restauration, si la fortune vous fait justice et j'auray cet ornement nouveau à adjouster à tant d'autres dans les légitimes louanges que je vous prépare dans l'ouvrage que j'ay entrepris.

Je suis, Monseigneur, vostre, etc.

De Paris, ce 20 may 1638.

CCLXXXV.

À M. DE BALZAC,

à balzac.

Monsieur, il y a grande apparence que vous n'estes pas mauvais amy, puisque vous estes si bon ennemy que de prendre la défence de celuy qui, sous couleur de sauver sa réputation, a voulu donner atteinte à la vostre [3]. Voicy la seconde ou troisiesme fois que vous me prenés à partie sur l'intérest d'un homme avec qui je ne suis mal que pour ce qu'il est mal avec vous. Vous voulés que j'estime habile celuy qui imprime que vous ne l'estes pas, et qui sans vous cajoller, n'allègue que de mauvaises raisons pour soustenir sa mauvaise cause. Qu'est cela, Monsieur, et d'où vous vient cette géné-

---

[1] Voir dans la *Gazette* du 13 mai 1639 (p. 253) la relation intitulée : *La signalée victoire obtenue en la bataille de Kemnitz sur les troupes impériales et saxonnes, par le mareschal Banier.*

[2] On lit dans les *Mémoires* de Montglat (t. I, p. 266) : «Le maréchal Banier passa l'Elbe, et entra dans le païs de Brunswick et dans la basse Saxe, où il assiégea Freiberg qu'il ne prit pas et y fut blessé, puis il combattit le général Maracini avec avantage.»

[3] Daniel Heinsius, si chaleureusement défendu dans la lettre XIV du livre XX, déjà citée.

rosité si peu juste? Je croy avoir deviné ce que c'est : vous aymés naturellement l'esprit de Heinsius et, quelque brouillerie que son humeur ait fait naistre entre vous, quelque sujet qu'il vous ait donné de ressentiment, vostre colère cède à vostre inclination et vous ne sçauriés haïr un défaut qui est accompagné de perfections pour lesquelles vous estes si sensible. Vous estes de ces amans que rien ne rebute, et qui baisent encore la main qui les fait mourir.

Puisque vous le voulés, j'ay tort et je vous fais bonnes toutes les choses que vous me dites des avantages que ce grand Personnage a sur les autres sçavans de l'Europe. Il est spirituel, il a un magazin de beau sçavoir, c'est un Prophette ou une Sybille en matière de critique; il est Prince des Poètes modernes grecs et latins, et ne voit point d'Orateur en ce siècle qui parle les langues anciennes mieux que luy. Avec tout cela, permettés moy de vous dire que tous ces dons exquis, quand ils seroient au point que vous le voulés, ne luy serviroient de guères pour esclaircir les difficultés du Nouveau Testament par les Rabins, lesquels, si l'on ne m'a trompé, n'ont travaillé que sur le Vieux, et tiennent avec les Mahométans que l'Evangile est apocryfe. Mais bien qu'ils eussent directement ou indirectement parlé sur le livre de nostre salut, je ne croirois pas encore qu'il en peust tirer de grands esclaircissemens. Car il y auroit tousjours à douter si leurs observations et leurs façons de raisonner seroient recevables, et, cela estant, si le néophyte[1] Heinsius en ses langues orientales en auroit peu tirer le profit que tant de Genebrards[2], de Vatables[3], de Demuys[4], qui en ont fait leur principalle estude, n'auroient peu faire. Pardonnés moy s'il est un peu suspect en cette sorte de travail, et si je persiste à croire qu'il auroit mieux fait pour sa réputation d'éviter cet escueil et de suyvre sa course première, qui estoit si heureuse. Nous verrons par l'effet si mon soupçon est bien ou mal fondé.

Vous aurés receu, devant cette lettre, vostre Apologie que j'envoyay, il y a huit jours, au sieur Rocolet pour vous la faire porter. Il faut que M⁰ l'abbé[5] ait receu vostre procuration dans le temps que vous me marqués, car je l'ay veu deux fois depuis sans qu'il m'en ait reparlé. Ce que je vous puis dire de luy est qu'il affectionne véritablement vos intérests et qu'il les sollicite à l'égal des siens. M⁰ d'Andilly me dit, il y a six jours, qu'il vous avoit veu sur l'estat de cette année entre ceux que son Eminence vouloit qui fussent payés et

---

[1] M. Littré n'a cité, sous le mot *néophyte*, pour le XVIIᵉ siècle, que Bourdaloue et Fléchier. Ici encore Chapelain devient un précurseur, à moins qu'il n'ait été devancé lui-même par Patru, qui, selon la remarque de Richelet, a employé ce mot dans son quinzième *Plaidoyer*.

[2] Gilbert Genebrard, bénédictin de Cluny, professeur d'hébreu au collége de France, archevêque d'Aix, naquit à Riom en 1537 et mourut à Semur en 1597.

[3] François Watebled, dit Vatable, né à Gamaches, mort à Paris en 1547, fut professeur d'hébreu au collége de France, dès la fondation de cet établissement.

[4] Siméon de Muis, natif d'Orléans, fut lui aussi professeur royal à Paris dans la langue hébraïque (22 juillet 1614). Il mourut en 1644, âgé de cinquante-sept ans, étant alors chanoine et archidiacre de Soissons. Voir un grand éloge de ce savant dans le *Moréri* de 1759 (au mot *Muis*). Tallemant des Réaux l'a mentionné (t. II, p. 36), et dans la *Table* (t. VIII, p. CLXXXV), on lui a fautivement donné le prénom de Gabriel.

[5] L'abbé de Boisrobert.

je ne doute point que ce ne soit un effet de la sollicitation de nostre amy.

M. d'Ablancourt vous remercie par luy-mesme du souvenir que vous avés de luy. Il y a six ans que, dans une préface qu'il fit à un livre de *l'Honneste femme*[1], il parla de vous honnorablement, sans penser à vous jamais connoistre. C'est ce qu'il vous veut dire dans sa lettre. J'ay extrait le passage de cette préface qui dit : *Ils n'ont pas respecté les ouvrages de Mr de Balzac, les prophanes n'ont pas mesme révéré le Prince, et le temple du plus grand monarque du monde n'a peu estre inviolable à ces sacriléges.*

Je vous envoye aussy l'*Agricola* de Mr Hobier avec une lettre meilleure que celle qu'il addresse en dédicace à Mr de Mesme[2]. J'ay agi avec eux selon vostre intention et vous ay fait dispense de response. Tous deux sont vrays gens d'honneur et amis seurs, qui méritent qu'on les conserve et qu'on les chérisse.

J'auray, demain ou après-demain, un livret grec latin qu'Holstenius[3] vous envoye de Rome, et que M^{rs} Du Puy me doivent envoyer par le bon M^r d'Ablancourt qui m'a dit que c'estoit un recueil de sentences de philosophes anciens qui jamais n'avoient vu le jour[4].

Pour le bon Mr Silhon j'attens avec impatience que ses diverses affaires luy permettent de s'appliquer fortement au dessein du Conseil de guerre[5], car je vous avoue que j'en espère bien, n'estant question que du conseil, non de l'exécution, pour laquelle il faut estre soldat aussy bien que philosophe, comme feu César et Mr de Rohan, lorsqu'on se mesle d'en parler. Je luy diray vostre souvenir et non pas vostre doute.

Je suis, Monsieur, vostre, etc.

De Paris, ce 22 may 1639.

CCLXXXVI.

À Mgr LE DUC DE LONGUEVILLE,
À LYON.

Monseigneur, je vous escrivis, avant-hier, les nouvelles que j'avois apprises des affaires publiques et les conjectures que l'on avoit de ce que devoit faire l'armée de M^r le Grand Maistre[6], comme de concert avec Mr de Bordeaux[7]. Mais aujourd'huy

---

[1] *L'Honnête femme*, du cordelier normand Jacques du Bosc, parut en 1632 (Paris, in-4°).

[2] C'est à propos de cette traduction d'*Agricola* que Balzac dit, dans la lettre XVII du livre XX, déjà citée, tant de bien de M. Hobier, pour lequel, dit-il, semble faite la définition de *vir bonus dicendi peritus*. Cette lettre, datée du 30 août 1639, est tout au plus du mois de juin de la même année.

[3] Luc Holstenius (Lukas Holste), le savant bibliothécaire du Vatican, était alors âgé de quarante-deux ans. Voir sur cet humaniste une note de la page 742 des *Mélanges historiques. Lettres de Balzac*, n° CXXVIII.

[4] *Demophili, Democratis, et Secundi sententiæ morales, græce et latine, Holstenio interprete, cum notis* (Rome, 1638, in-8°; Leyde, 1639, in-12).

[5] Balzac avait dit à Chapelain (lettre XIV du livre XX, déjà citée) : «Monsieur *** [Silhon] achève-t-il le *Traité du Conseil de guerre*, dont vous m'avez parlé ? Y ayant aujourd'huy un prince d'Orange et un duc de Weymar dans le monde, n'appréhende-t-il point le malheur de ce docteur qui traita de la mesme matière devant Hannibal, et employa toute sa rhétorique à se faire mocquer de luy. Ces princes sont plus petits que n'estoit le Barbare, et nostre ami plus habile que le sophiste. Et partant, je conclus à la continuation de son ouvrage.»

[6] Charles de la Porte, marquis, puis duc de la Meilleraye, était grand maître de l'artillerie depuis l'année 1634 : il allait être nommé maréchal de France le 30 juin, après la prise de Hesdin (29 juin).

[7] Henri d'Escoubleau de Sourdis.

nous avons sceu que les conjectures estoient fausses et qu'au lieu d'assiéger Gravelines, nous nous estions rabbatus à Hesdin autour duquel l'armée est logée de jeudy et la circonvallation tracée. On s'estoit avancé par feinte jusques à Aire, et mesme on avoit pris Lillers, comme pour en faciliter le siége, lorsque tout à coup on est revenu sur ses pas et on a investi Hesdin d'où la cavallerie estant sortie, il luy a esté impossible d'y rentrer. Si la place estoit aussy grande qu'elle est bien située et bien fortifiée, il y auroit de quoy appréhender, mais sa petitesse l'a fait tenir pour perdue veu les forces qui l'attaquent[1].

On n'a encore autre nouvelle d'Hollande sinon que le Prince fortifie Breda pour le rendre inaccessible. Il y a peu de sujet d'espérer que Mʳ de Feuquières puisse faire de siége, veu les grands préparatifs que font les Espagnols de ce costé là, de sorte qu'il semble que leur dessein avoit esté d'entrer dans la Champagne et d'entreprendre quelque chose, s'ils n'eussent point trouvé une si forte opposition.

Je vis hier le fils aisné de M. d'Andilly qui arrivoit de cette armée là, courier de Mʳ de Feuquières[2]. Il me dit que, lundy, on devoit passer la Meuse à Givry sans retardement. Je luy baillay la lettre que vous luy avés fait l'honneur de luy escrire. Il m'a promis de la luy rendre en main propre dans trois jours. Il attendoit aujourdhuy sa despesche pour partir à l'instant.

Pour vous, Monseigneur, comme il y a huit jours que tout le monde croyoit que vous ne passeriés point les monts, à cause de la liberté d'agir qui estoit survenue à Mʳ le Cardinal de la Valette, tout le monde me vient dire, à cette heure, que vous passerés pour y commander seul, comme si l'on vouloit dire que le peu d'affection que les Piémontois ont pour Mʳ le Cardinal de la Valette a esté une raison pour porter le Roy à le descharger de cet employ pour le remettre entre les mains d'une personne qui leur sera plus agréable. Mais ce ne sont que des bruits encore, et que je croy d'autant moins vrays que les services de Mʳ le cardinal de la Valette semblent mériter une meilleure récompense[3]. Si néantmoins cela se trouvoit vray, son malheur seroit vostre gloire, la guerre de Piedmont s'en allant estre à l'avenir la plus esclatante de celles que nous faisons en toutes nos frontières.

On a seigné (sic) Mʳ le Daufin pour ses dents, desquels (sic) il se porte bien.

Monsieur, ayant reconnu que l'Espinay[4], confident de son amour avec Louyson, estoit devenu son rival, l'a chassé à titre de traistre, et Mʳ de Brion, ayant voulu donner

---

[1] Voir dans la *Gazette* (p. 276, Extraordinaire du 26 mai) la relation de la prise de la ville de Lillers et du siége de Hesdin. Voir aussi sur le siége de cette dernière ville, «regardée comme la meilleure place et la plus régulièrement fortifiée qu'il y eut alors en Europe,» les détails réunis par le P. Griffet (*Histoire du règne de Louis XIII*, t. III, p. 197-200).

[2] C'était Antoine Arnauld, alors capitaine d'infanterie sous Manassès de Pas, marquis de Feuquières, son cousin issu de germain.

[3] Chapelain avait raison : le cardinal de la Valette fut maintenu à la tête de l'armée d'Italie.

[4] Sur l'affaire à laquelle sont ici mêlés Jacques de l'Espinay, sieur de Vaux et de Mézières, «gentilhomme de Normandie qui estoit alors comme le favory de Monsieur,» la spirituelle jeune fille de Tours qui s'appelait Louise Roger de la Marbelière, le comte de Brion (François-Christophe de Levis-Ventadour), enfin Gaston d'Orléans, voir les *Historiettes* de Tallemant des Réaux (t. II, p. 285-288). M. P. Paris (*Commentaire*, p. 298 et 299) complète, à l'aide des *Mémoires* de Mˡˡᵉ de Montpensier et de Bassompierre, les renseignements fournis par Tallemant sur les divers personnages de l'historiette.

une lettre de l'Espinay à cette fille, Monsieur, qui l'a sceu et qui l'a convaincu, l'a chassé aussy et luy a défendu de se jamais présenter devant luy. Cette aventure a fait éclat et entretient la Cour aux despens de Mr de Brion qui n'est pas loué d'avoir voulu servir son amy contre son maistre.

Je vous supplie très humblement, Monseigneur, de continuer la lecture de Villars jusqu'au douziesme livre [1], et de vous faire venir de Gênes par Marseille les douze livres d'un Pietro Capriata qui traitte excellemment et à l'égal de Guicciardin les guerres de Piémont et du reste de l'Italie depuis la mort du feu Roy jusques à la paix de Cherasque en 1634. Les deux livres vous seront d'une singulière utilité, outre le plaisir que vous en recevrés [2].

Je suis, Monseigneur, vostre, etc.

De Paris, ce 22 may 1639 [3].

---

[1] Chapelain veut parler des *Mémoires sur les guerres démeslées tant en Piedmont qu'au Montferrat et duché de Milan depuis 1550 jusqu'en 1559*, composés par François de Boyvin, baron de Villars, bailli de Gex, qui était attaché au maréchal de Brissac et qui l'avait suivi au delà des monts. La première édition de ces excellentes relations de nos guerres d'Italie parut en 1606 (Paris, Hovze, in-4°).

[2] *Dell' Historia di Pietro Giov. Capriata, libri (XXIV) contenenti i movimenti d'arme successi in Italia dal 1613 al 1633* (Genova, 1638, in-4°). Deux autres volumes parurent encore, l'un à Venise en 1649, l'autre à Gênes en 1663. La première édition de la première partie avait paru à Gênes en 1626 ou 1627 (1 vol. in-8°). Capriata mourut quelque temps avant la publication du III° volume, à laquelle présida Jean-Baptiste Capriata, son fils. Le bon Chapelain surfait énormément le mérite de Pierre-Jean Capriata, en l'égalant au mérite de Guichardin. M. Étienne n'a pas pensé que ce prétendu rival du grand historien florentin méritât même la plus simple mention dans son livre sur la littérature italienne déjà plusieurs fois cité dans ces notes.

[3] Analysons ici diverses lettres qui suivent celle-ci. Le 23 mai, Chapelain écrit (f° 100) à M. du Fay, au camp devant Hesdin : «Enfin vostre armée s'est attachée à un dessein et nous pourrons désormais sçavoir réglément de vos nouvelles par les courriers.... On s'estoit imaginé Gravelines et le chemin d'Aire que vous aviés pris confirmoit chacun dans cette imagination, lorsque nous avons appris Hesdin avec l'espérance de sa prise. La force de la place feroit peur si la circonvallation en devoit estre fort grande, mais comme vous abondés en cavallerie et que le circuit est petit, je veux croire que vous en viendrés à bout... Vous vous conserverés autant que l'honneur le pourra permettre, sinon pour l'amour de vous, au moins pour l'amour de nous.... » Le 28 mai, Chapelain demandait à Mme de Flamarens (f° 101) des nouvelles de sa santé : «Il y a long temps que je suis en peine de vos nouvelles et de celles de Monsieur vostre mary. Je ne sçay s'il est où vous estes et s'il se porte bien, et je ne sçay où vous estes et si vous estes accouchée.... » Le 4 juin, autre lettre à la même (f° 107), mais celle-là lettre d'affaires, où Chapelain lui donne ainsi sa nouvelle adresse : «Je suis... tousjours logé chés Mr Faroard, procureur en parlement, mais ce n'est plus dans la rue des Cinq-Diamants, c'est près des Filles Pénitentes derrière Saint-Leu. » Revenons en arrière pour indiquer (f° 104) une lettre au «lieutenant Arnaut, » du 31 mai, où il lui dit qu'il se prepare avec joie à l'accompagner à la visite qu'il veut rendre à Mme Saintot pour la consoler dans son affliction, mais que ce jour même il doit aller chez Mme de la Trémouille avec Mlle de Rambouillet, qui lui a fait dire par M. de Vaugelas d'y venir avec elle ; pour indiquer encore (f° 105) une lettre du 3 juin à Conrart (alors à Jonquières), lettre dont voici les premières lignes : «Vous verrés les nouvelles d'Allemagne et des autres lieux dans l'extrait que j'en ay fait faire par mon homme et me pardonnerés ou plustost à mes tracas, s'il n'est pas de main propre. Il escrit mieux que moy et presque aussy correctement que moy, si bien qu'il y a apparence que vous lirés ces sortes de choses aussy volontiers de son escriture que de la mienne. Ce

CCLXXXVII.

A M. DE BALZAC[1],
À BALZAC.

Monsieur, je me doutois bien que les deux hymnes de la Sagesse du P. Le M[oine] vous toucheroient, et que vous en feriés le jugement que vous avés fait[2]. Une si belle pièce ne doit pas estre seulement louée, mais encore admirée, et par elle son autheur peut prétendre place entre les premiers hommes du siècle. Cependant que diriés vous si je vous asseurois que ce grand homme, cet excellent Père de la Sagesse,

---

qu'il faut que je vous die par moy-mesme est la continuation de l'estime qu'on fait de vous [chez Mme de Rambouillet] et chez Mme de Clermont, et de ce dernier lieu je vous diray que l'estime y est jointe à la gratitude des offices que vous avés rendus dans l'affaire qui a exercé cette excellente famille depuis quelques mois et qu'elle a gaignée à pur et à plain, ses parties n'ayant eschappé qu'à la condamnation aux despens à cause du parentage. J'ay charge de toute la maisonnée de vous en tesmoigner leur ressentiment... J'ay receu le paquet de Mr de Grasse, et j'en ay fait faire les distributions... Je vous aurois envoyé le premier livre de la Vierge, s'il ne tesmoignoit désirer que nous le vissions ensemble. Je l'ay leu : il me semble très beau...» Enfin, mentionnons une lettre (f° 108) à M. du Fay de la Trousse, du 4 juin : il apprend à son jeune ami que l'on avait fait courir à Paris le bruit qu'il avait été mortellement blessé devant Hesdin.« Du moins,» ajoute-t-il, «pouvés-vous tirer cette consolation de ce faux bruit que vous avés esté regretté par tout ce qu'il y a de gens d'honneur à Paris et qu'on a dit de vostre vivant un bien de vous qu'on n'a accoustumé de dire que des personnes mortes.»

[1] Je n'ai pas reproduit une lettre écrite à Balzac quinze jours auparavant, le 20 mai (f° 102), parce qu'elle ne m'a point paru aussi intéressante que les autres. Les deux premières pages sont remplies de compliments et de protestations. Voici quelques passages de cette lettre : «La consolation que vous me tesmoignés avoir des telles quelles expressions naïves de mes pensées m'en tiennent lieu d'une très grande dans les diverses occasions de douleur que ce siècle nous présente, et je ne croy pas qu'un homme qui fait profession de fermeté dans l'abandonnement de toutes choses, n'ait sujet de louer la fortune qui n'estend point sa jurisdiction sur le commerce de l'amitié et qui lui en laisse l'usage et les effets libres. Je ne me défens point sur les louanges que vous me donnés là dessus.» Chapelain reproche à son ami de ne pas venir à Paris. Il lui dit que sa solitude a fait de lui comme Armide de Renaud, «avec cette seule différence que vos délices sont innocents... Je suis bien aise que vous ayés remercié nostre amy [Boisrobert] de ses offices qui ont esté ardens et cordiaux et dignes certes qu'il vous en eussiés tesmoigné vostre ressentiment avec moins de répugnance.» Chapelain insiste sur ce point, que Boisrobert est «bon et généreux amy,» ajoutant : «Le Roy a emmené cettuy cy et il doit estre à cette heure à Abbeville entendant alternativement le son des cloches et des canons... Il ne tiendra pas à moy que le bon Colletet ne vous desguise en berger et ne vous mette dans la bouche les plaintes de Tityre rimées... Mr Desmarests me pria de vous faire tenir un de ses Scipions.» Balzac (lettre XV du livre XX, page 794 de l'in-folio) avait écrit à Chapelain, bien avant le 4 août 1639 : «Il y a plaisir de vous voir philosopher sur la matière de l'amitié. Vos subtilités ne sont pas moins solides que délicates. Vous avez fait l'anatomie des plus secrètes parties de vostre âme, et il faut que vous vous soyez bien estudié, pour estre si sçavant en la connoissance de vous-mesme. Ô que vous connoissez un excellent homme, et que je suis malheureux d'en estre séparé ! Ne nous verrons nous jamais ?

Nec dabitur veras audire et reddere voces ?

De temps en temps, il me prend de ces envies violentes, et je serois satisfait, n'en doutez pas, si on pouvoit aller à Paris sans s'approcher de la Cour...»

[2] Dans la lettre XVI du livre XX, déjà citée.

est un des plus foux personnages, ou, pour parler modestement, un des moins sages que nous connoissions? Vous le prendriés pour un paradoxe des moins probables que les Stoïques ayent jamais mis en avant. Et toutesfois il n'est rien de si vray et je croy que la pièce que je vous envoye du mesme et postérieure à l'autre, vous fera voir assés de galimatias et de pensées extravagantes pour avoir la mesme créance que moy sur d'autres gages que sur ma parole. A la vérité, en l'une et en l'autre il a le tour du vers hardy et l'expression capable d'en donner à garder aux duppes. Mais les beaux vers se font par antousiasme (*sic*) aussi bien que par estude, et le menuisier de Nevers[1] a bien monstré que le naturel avoit le principal mérite en cette sorte de poésie qui se renferme dans la versification, de façon que nostre sage n'en est pas moins fou pour cela. Qu'est-ce donc que cela et comment se fait-il que le mesme homme qui est si sensé en un lieu, soit si égaré d'esprit en l'autre? Il m'a semblé qu'il en est de luy comme la pluspart de nos paraphrastes qui se soustiennent assez bien tant qu'ils ont un original connu et estimé pour fondement et qui tombent dès qu'ils prétendent agir de leur chef et se fonder sur leurs propres forces. Tant que ce Père, qui est Régent et en exercice de toutes sortes de disciplines, qui a beaucoup leu et beaucoup d'aquis, qui a la veine naturelle belle et hardie, et qui a grande opinion de luy, tandis qu'il pesche ses matières en bon lieu et qu'il rime les hautes vérités du Christianisme et les sentimens exquis et estudiés des premiers hommes de la moderne antiquité, sa Muse, qui marche sur le solide, ne bronche point et ne fait point d'escars ni d'entrechats ridicules. Mais quand il s'abandonne à son propre sens et qu'il s'en tient à luy mesme, ces beaux vers, lesquels, incorporés avec ces beaux sujets, rendoient un éclat admirable, désormais qu'ils ne sont alliés qu'avec des feuilles de chesne, et qu'ils n'animent que des sentimens morts, par necessité descouvrent son foible et font trouver en luy ce second homme si contraire au premier. Il y a trois mois que je ne le connoissois que de réputation et quelque chose que j'avais veu de luy m'empeschoit de vouloir avoir aucune habitude avec un homme de sa sorte. Maintenant je le connois de veue pour l'avoir veu deux fois en mon logis où il se fit amener par un autre poète de longue robbe qui n'a la cervelle plus rassise que luy. L'entretient (*sic*) que j'eus avec luy fut court, pour ce que ce fut un jour de l'Académie, mais quelque court qu'il fust, il me sembla long comme un de ces jours de dessous le pôle, tant sa mine hagarde[2] et soldate[3] jointe à ses discours vagues et mal concertés, me donnoient d'aversion de cette nouvelle connoissance. Je luy fis peut estre tort, mais ce fut de peur de me le faire à moy mesme, et je vous avoue que, pour le congédier, j'estudiay et affectay froideur et incivilité. Je m'efforçay mesme d'aller jusqu'à la gloire et sacrifiay ma petite réputation d'homme modeste, de peur qu'il ne m'immolast à ses visites et à ses conférences qui doivent estre fort chargeantes. Je luy ay fait dire, depuis, que j'estois son serviteur et, en effet, je le veux bien aymer et favoriser son estime de toute ma puissance, pourveu qu'il me laisse en paix et ne me persécute point de son amitié.

---

[1] Adam Billaut avait alors une quarantaine d'années.

[2] Regnard a dit (*Folies amoureuses*) :
Elle a les yeux troublés et la mine hagarde.

[3] Je ne trouve nulle part l'épithète *soldate*. Montaigne et François de la Noue se servaient, en pareil cas, de l'expression *soldatesque*.

Dieu nous garde des bonnes grâces de gens escervelés ! Vous bruslerés, s'il vous plaist, cette lettre[1] qui ne peut estre veue sans me nuire et que je ne vous eusse point escritte, si je n'estois point de serment de vous parler tousjours en confession dans les choses qui vous peuvent regarder aussy bien que moy ; car qui vous asseure de n'avoir pas au premier jour un compliment fort estendu en prose d'un homme qui fait aussy bien profession de vous y imiter[2], que vous croyés qu'il la face de m'imiter dans les vers, ce que je ne croiray point, avec vostre permission, de peur de passer pour vain, et, en effet, on ne s'amuse pas à imiter des choses qui sont au dessous de soy et la copie suppose tousjours un original plus parfait.

J'ay veu avec une joye particulière la lettre que vous avés escritte au bon M. de Boisrobert qui, en son genre, est excellente et que je feray voir en bon lieu. Il est vray que ce ne sera qu'en secret et sous le sceau, car il n'est pas bon que tout le monde sçache que vous emportés si bien la pièce et que vous estes si capable de vous vanger.

Quand l'abbé sera de retour d'Abbeville où il est allé, je l'en entretiendray et sçauray l'effet qu'elle aura fait dans l'esprit de Monseigneur. Cet esloignement m'empesche de pouvoir sçavoir de luy s'il ne vous pourroit point faire rendre à Angoulesme la somme qu'il vous a fait payer. A son défaut, je verray une personne que j'ay dans l'esprit, et entre cy et le premier ordinaire je sçauray si elle vous peut servir en cela.

Nos amis M. Hobier et M. d'Ablancourt verront leurs éloges dans la lettre que vous m'avés escritte pour eux, qui est certes très-obligeante[3]. Je ne doutois point que la Muse du Marais[4] ne vous remerciast des bonnes paroles que vous m'aviés dittes d'elle dans les lettres que vous m'avés escrittes sur la part qu'elle et son frère avoient prise à vostre intérest. Si vous vous en trouvés mal, il vous en faut prendre à vous mesme. Je me plains desja de la peine que j'auray à luy faire trouver bon si vous ne luy respondés point. Vous estes bien asseuré que j'ignoreray son compliment le plus longtemps que je pourray.

L'autheur de cette nouvelle Poétique est

---

[1] Balzac répond ainsi (lettre XX du livre XX, p. 799 de l'in-fol.) : « Vous ne serés pas mieux obéi que le fût Virgile, lorsqu'il condamna l'*Énéide* au feu. Je n'ay garde de brusler vostre lettre, non pas mesme quand vous me l'ordonneriez par une clause de vostre testament. Bien vous responds-je que je ne la publieray pas, et que le sage pourra faire encore une folie, sans qu'il sache l'opinion que nous avons de celle qu'il a desja faite. Vostre clairvoyante raison a trouvé la vraye cause de sa prodigieuse inesgalité... » Cette lettre, datée du 4 octobre 1639, est du mois de juin de la même année, ou tout au plus du 4 juillet suivant.

[2] Voici l'épigramme que lance Balzac contre son imitateur (*Ibid.*) : « Je vous diray que s'il m'a choisi pour son exemple, je suis aussy malheureux que celuy dont il fut dit que *multas feceral simias, nullos filios.* »

[3] Balzac avait dit (lettre XVII du livre XX déjà citée) : J'ay leu avec beaucoup de consolation les deux lettres de nos deux chers et incomparables amis. J'eusse dit avec beaucoup de joye, si, en l'estat où je suis, j'estois capable de ce doux chatouillement de l'âme. Mais depuis trois jours, je me la trouve si languissante, et le corps si abbatu des mauvaises nuicts que j'ay passées, qu'il n'y a point d'assez bonnes nouvelles pour resveiller ma melancholie. Vous voyez bien que sans cela je me dispenserois aujourd'huy de mon serment, et ne me servirois point de vos paroles, quoyqu'elles soient plus éloquentes que les miennes, pour faire sçavoir à ces excellens amis que je mets leur amitié au nombre des choses qui me sont les plus chères en cette vie... »

[4] Mlle de Scudéry.

un nouveau Père Le M[oine], excellent naturaliste, et qui a fait un petit traité des esprits servans aux sens. Mais il a quitté ce qu'il sçavoit bien faire pour gaster le *Panégyrique* de Pline par des additions et pour faire une comédie du *Promenoir de Montaigne*, de *la Pucelle* que vous connoissés [1], le tout sans doute plustost mal que bien. Nous verrons les imaginations de ce nouveau législateur et je suis trompé si nous les suyvons, car, à ce que j'entens, il ne veut pas suyvre *il maestro di color che sanno :* il le prétend devancer et, pour ce faire, prendre d'autres routes. C'est un homme que je caresse et que je fuis, suivant ma méthode d'agir avec ces testes de vif argent [2].

Le traducteur des *Controverses* se nomme Les Fargues [3] qui peut passer en tiers avec ces M[rs], mais il luy est plus pardonnable d'avoir ce feu volage parce qu'il est Gascon [4].

A présent la fortune l'a réduit à la correction de l'imprimerie du semi capre [5], qui est tousjours malade.

J'estois sur la fin de vostre lettre quand on m'a apporté la vostre du 30. Puisque vous avés veu la *Solitude* [6], je ne vous l'envoyeray point. Je voudrois estre conservé aux bonnes graces de M[r] de La Thibaudière que j'estime fort. J'essayeray à recouvrer la *Sagesse* [7] pour la mettre dans mon prochain paquet.

Le tout vostre, etc.

De Paris, ce 5e juin 1639.

CCLXXXVIII.

À M. CONRARD,
À JONQUIÈRES.

Monsieur, mon mal est presque tout passé [8], et il ne m'empesche plus ny de visites ny de promenades de campagne. M[r] le

---

[1] Mlle de Gournay.

[2] Il s'agit en ce passage d'Hippolyte-Jules Pilet de la Mesnardière, dont il a été déjà question dans la lettre CCXXXII et dont nous allons si souvent retrouver le nom dans cette correspondance.

[3] On lit dans l'*Histoire de l'Académie française* (t. I, p. 136) : «Le sieur de Lesfargues, Toulousain, maintenant avocat au Conseil, fit premièrement présenter à l'Académie une *Paraphrase du second psaume* [28 juin 1638] par Camusat qui l'avoit imprimée, et depuis encore il fut introduit dans la compagnie assemblée [31 janvier 1639] pour lui présenter sa traduction des *Controverses de Sénèque*, qu'il lui dédioit. Il en fit distribuer un exemplaire à chaque Académicien. L'Epitre liminaire fut lue en sa présence, et il en fut remercié par la bouche du Directeur. C'est pour cette raison que dans la *Requête des Dictionnaires* il est dit :

Et le Sénèque faisoit nargue
A votre candidat Lesfargue.

Tallemant des Réaux n'a fait que mentionner Bernard de Lesfargues (*Historiettes*, tome VI, page 286).

[4] C'est-à-dire Toulousain. M. A. Beuchot (*Biographie universelle*) a dit, en vertu d'une induction illégitime : «Cette omission [du nom de Lesfargues dans la *Notice des hommes illustres* qui est à la suite de l'*Histoire de la ville de Toulouse* par J. Raynal, 1759, in-4°] donne à penser qu'il pourrait se faire que Lesfargues ne fût pas de ce pays.»

[5] Ce *Semi-capre* (semi-capro) n'est autre que l'imprimeur-libraire Jean Camusat. On lit dans la lettre XXV du livre XV du tome Ier des *OEuvres* de Balzac (page 753) : «Sçavez-vous que nostre *Semicapro* me veut mettre en prélature? etc.»

[6] Ce doit être l'ode d'Arnauld d'Andilly intitulée : *la Solitude* et qui est une imitation de la fameuse pièce de Saint-Amant, coup d'essai de ce poëte.

[7] S'agirait-il de *la Sagesse* de Pierre Charron (1595, in-8°)?

[8] Chapelain terminait sa précédente lettre à Conrart (analysée dans une note précédente) par ces mots : «Je suis au lit travaillé d'une violente colique.»

marquis de Montauzier auroit aussy esté fort malade, s'il eust esté aussy vieux que moy. Mais la vigueur de l'aage l'en a fait estre quitte pour un jour de fievre et une seignée. Nous allons aujourdhuy à Yerres ensemble et avec l'élite des deux hostels. Vous trouverés icy une response de luy à vostre lettre dont vous luy devés estre bien obligé dans le peu de loysir que ses divertissemens luy donnent et certes ses affaires aussy. On le presse de partir pour Alsace, sans luy donner du pain pour ses garnisons. Il en est monté dans une telle férocité et son chagrin s'est redoublé à tel point, que ce n'est plus une créature raisonnable. Il le faut plaindre cependant, car le voila entre l'appréhension de la Bastille et celle de périr de mal faim (*sic*) aux bords du Rhin. Outre sa lettre, je vous envoye la copie de nos nouvelles. J'y ay oublié l'Italie qui est en mauvais estat et nous ne ferons pas peu si nous sauvons Cazal, cette année. La prise de Turin luy met la corde au col[1], mais si les vivres n'y manquent point, je suis asseuré que ce dernier siége cy sera plus beau que les deux autres, et Mr de la Tour, qui y commande, ne fera point de deshonneur à Mr de Longueville, de la main duquel il est sorti[2].

Il ne se peut dire combien M. le Cardinal de la Valette est décrié de tous ces malheurs. Dieu vueille conserver mon Prince[3] qui le va secourir avec une poignée de gens. Mr de Grasse a fait une églogue mutine dont vous devés seul avoir copie. J'ay envoyé une lettre de M[r] vostre frère à Mr de Jonquières. Je reçoy vostre lettre et vous rens graces de la compassion que vous avés de mon mal qui n'est plus. J'envoyeray vostre lettre à Mlle Paulet et feray vos baisemains chés les dames que vous marqués. Je ne croy point que le sieur de l'Enfourcheure ait encore veu Mlle de R[ambouillet]. L'Evesque de Cahors a esté fort mal[4], mais il n'est pas mort. Je monstreray à M. de Sérisy et à Mr Esprit vos ressentimens. Mr Arnaud est parti pour Thionville. Quand il seroit icy, je n'approuverois pas qu'il agist désormais envers Rose[5] : ce scroit offenser M. le Chancelier et faire croire à Rose qu'on ne croiroit pas que M. le Chancelier eust cette affaire à cœur. Je ne parleray point à Mr Desmarets et envoyeray une lettre à M. de Jonquières par la première occasion.

Je suis très humble serviteur de vos dames.

De Paris, ce 9 juin 1639[6].

---

[1] La ville de Turin fut surprise par le prince Thomas dans la nuit du 26 au 27 juillet 1639. Chapelain a voulu dire : La prise de Turin mettrait la corde au col à Cazal.

[2] Ce M. de la Tour était un maréchal de camp souvent mentionné dans les *Lettres* du cardinal de Richelieu (tomes VI, VII, VIII).

[3] Le duc de Longueville ne tarda pas, en effet, à secourir le cardinal de la Valette, car le P. Griffet, racontant la bataille que le marquis de Leganez et le prince Thomas livrèrent à l'armée française, le 26 juin, pour lui faire lever le siége de Chivas (place investie depuis le 17 du même mois), s'exprime ainsi (p. 218 du volume déjà cité) : «Le combat dura depuis huit heures du matin jusqu'à trois heures après midi. Le duc de Longueville arriva pendant l'action, et sa présence redoubla le courage des Français. Le lendemain les ennemis se retirèrent après avoir fait une perte considérable : Chivas capitula le 28.»

[4] Cet évêque de Cahors était Alain de Solminihac, qui siégea de 1636 à 1659.

[5] Toussaint Rose, qui fut secrétaire du cardinal Mazarin, puis secrétaire du cabinet, puis président de la chambre des comptes et membre de l'Académie française (1675-1701), devait être bien jeune à cette époque.

[6] Le lendemain, Chapelain recommandait à la marquise de Flamarens (f° 112) de bien ménager *le caractère emporté* de Mme de la Trousse, caractère dont il avait lui-même éprouvé des ef-

CCLXXXIX.
À M. DE BALZAC,
À BALZAC.

Monsieur, je fay profession de tendresse aussy bien pour les travaux de ma patrie que pour les malheurs de mes amis, et je vous avoue que cette fermeté dont vous me loués et dont je ne rejette pas la louange, me sembleroit une barbarie et une inhumanité, si je m'en servois pour d'autres intérests que les miens. C'est par là que je prétens justifier la douleur de[1] cette dernière disgrâce, que la France vient de ressentir, m'a causée sans que je puisse perdre la réputation de constant que j'ay acquise auprès de vous. En effet il faut avoir l'ame bien dure pour voir d'un œil sec périr une armée composée de nos frères et de nos amis dans l'espérance d'une victoire signalée et sur le point de donner par elle à l'Estat et à l'Europe la paix que ne veulent point nos ennemis. C'est ce qui est arrivé le 5 de ce mois au corps d'armée avec quoy M⁺ de Feuquières avoit entrepris de prendre Thionville, Picholhuomini estant venu avec dix mille chevaux et sept mille hommes de pied, c'est-à-dire le double contre le simple, au secours de cette place, et, après un combat de neuf heures, hors des retranchemens qui n'avoient peu encore estre en défense, ayant deffait nos trouppes et pris nostre Général blessé à mort d'un coup de canon[2]. Vous ne me demanderés point sans doute en une occasion si douloureuse et qui peut avoir de si fascheuses suittes, que je demeure dans cette apathie stoïcienne qui fait de l'homme un animal contre nature à force de le vouloir eslever au dessus de la nature. Ce n'est pas que je ne croye que la prudence du Roy et de son Conseil ne puisse remédier aux désordres dont menace cette perte. Il y a grande apparence que le siège de Hesdin estant achevé, comme on l'espère, dans le 25 au plus tard, cette armée de 25,000 hommes, qui est devant, pourra seule, non seulement balancer les forces des Pays-Bas, mais leur faire peur encore. Aussy vous priay-je ou de ne point débiter cette mauvaise nouvelle, ou de le faire comme une chose de peu de conséquence, et qui ne ruinera aucun des principaux desseins du Roy. Il faut espargner au peuple les appréhensions des sages et ne luy laisser sentir ses maux qu'avec les correctifs qui les luy peuvent rendre supportables. Mais je me passerois bien de donner de ces avis à l'homme du monde qui a le moins de communication avec le peuple, et je vous demande pardon de cette superfluité.

La lettre que vous m'avés envoyée de M⁺ Conrart est fort belle certes, et il faut confesser par cet exemple que le bon sens a plus de part dans les bons ouvrages pour les rendre tels, que tout le sçavoir du monde, si toutesfois l'on peut dire qu'un homme qui sçait parfaitement la langue françoise et l'italienne, et qui a leu mille traittés de sciences en ces deux idiomes,

---

jets assés mal plaisans. La lettre est pleine d'excellents conseils affectueusement donnés. C'est là le langage d'un sage et sûr ami.

[1] Il y a bien *de*, mais, le sens l'exige, il faut lire *que*. Cela fait, il est vrai, beaucoup de *que*, mais, nous le savons, Chapelain, en pareil cas, ne s'effraye pas facilement.

[2] Ce ne fut pas le 5 juin, mais bien le 7 que Piccolomini entra dans Thionville et mit en déroute l'armée du marquis de Feuquières, lequel ne fut pas blessé à mort *d'un coup de canon*, mais de deux coups de mousquet, dont l'un lui fracassa le bras au-dessus du coude. Feuquières ne mourut que plusieurs mois plus tard, le 13 mars 1640. Sur sa défaite et sur sa captivité les témoignages abondent, et je ne citerai que les documents recueillis par M. Étienne Gallois sous le titre de : *Lettres inédites des Feuquières* (5 vol. in-8°, 1845).

soit ignorant et secouru du bon sens seulement. Il verra la belle tirade dont vous avés voulu payer son compliment, et ce sera bien en cette rencontre qu'il pourra dire que les lettres que vous m'escrivés ne sont pas moins pour luy que pour moy.

Je n'escrivis point à Rome sur les *Supposés* de l'Arioste, mais M. de St-Nicolas, à mon desceu. Je suis de vostre mesme avis pour la capacité ou incapacité du Padre Pallavicino[1], lequel visiblement en parle en escolier, et, selon la populace, s'amuse à la superficie, *e non pesca al fondo*[2]. Son *In grado positivo* est pédantesque et de l'escole. Il veut dire, si je ne me trompe, ce que nous disons *positivement*. Je n'entens point qui est ce poëte Luquois dont Camusat a imprimé le livre[3]. Je ne diray point à Mlle de Scudéry [ce] que vous pensiés à luy faire, afin de vous laisser en liberté, quoy qu'en vérité elle le mérite.

Mon logis est maintenant, puisque vous le voulés sçavoir, proche les Filles Pénitentes, derrière St-Leu.

Je suis, Monsieur, vostre, etc.

De Paris, ce 12 juin 1639[4].

CCXC.

À M. L'ÉVESQUE DE GRASSE (GODEAU),

À GRASSE.

Monsieur, je ne crains point pour Nice, ni pour Grasse par conséquent, et il n'y a guères d'apparence qu'une place qui a autresfois résisté à toute la puissance du Grand Seigneur, appuyée de celle du Grand Roy François, cède maintenant aux efforts du marquis de Leganes et des princes dénaturés de Savoye. Il est vray que s'ils y avoient les mesmes intelligences que dans les autres places qu'ils ont envahies de cette campagne, il y auroit lieu d'appréhender. Mais je ne puis croire qu'un proche parent du bienheureux évesque de Genève soit capable d'une telle infidélité[5].

Nous avons veu icy le traitté de Mme de Savoye avec le Roy en substance. Il nous donne le pied un peu plus ferme en Italie que nous ne l'avions et, avec tout cela, Dieu vueille que nous ne l'y perdions pas tout-à-fait, la prise de Turin couppant chemin au secours de Cazal comme elle fait.

Vous aurés sceu nostre desroute par Pi-

---

[1] Le P. Pallavicino, si toutefois il est question ici du célèbre jésuite, ce qui me paraît douteux, avait alors trente-deux ans : il ne devait devenir cardinal qu'en 1657, année où il publia le second volume de son *Istoria del concilio di Trento* (Rome, in-fol.). Balzac avait écrit à Chapelain (lettre XIX du livre XX, p. 798 de l'in-fol.) : « Le Père Pallavicino ne me satisfait point sur les comédies de l'Arioste... Il se peut que ce Pallavicino soit un grand homme de lettres, mais non pas de celles-cy... »

[2] *Et ne pêche pas jusqu'au fond.*

[3] Balzac répond ainsi (lettre XXII du livre XX, p. 801 de l'in-fol.) : « Le poète Lucquois, que vous ne connoissez pas, est un *** qui a fait une infinité de vers à cent pour un sou, comme disait vostre Marin, et tous *de communi*, comme dit l'Université. Je n'ay pas trouvé un seul grain de sel dans deux ou trois grands poèmes que j'ay eu la patience de lire. Après cela, je luy ai dit Adieu pour jamais. »

[4] Chapelain, le 16 juin, adresse à M. de la Laue (f° 115) une lettre de condoléance dont voici le début : « Vous croirés bien sans doute et sans que je vous en donne icy de plus forte asseurance, que la perte que vous avés faitte de Mr vostre beau-frère m'a autant touché que pas un serviteur qu'il eust et que vous ayés... » Ce beau-frère était un militaire qui venait d'être tué. Chapelain se sert là de cette expression : *une âme aussy sensible que la mienne.*

[5] C'était là un bien *proche parent* de saint François de Sales, car c'était son *propre* frère, comme le remarque le P. Griffet, dont le récit est des plus favorables au gouverneur du château de Nice (*Histoire du règne de Louis XIII*, t. III,

colhuomini au siège de Thionville où la valeur de nostre infanterie, trahie par la lascheté de nostre cavallerie¹, nous a fait perdre la bataille, et prendre nostre Général blessé, comme l'on croit, à mort. C'est une affliction généralle pour l'intérest de la France et particulière pour la famille de M. d'Andilly à qui, comme à M. le Mareschal de Camp Arnauld, vous devés consolation. Je prie Dieu qu'il nous la donne.

Vous trouverés dans ce paquet une response de Mᵐᵉ la marquise de Rambouillet à la dernière lettre que je luy envoyay de vostre part. Je suis bien aise de l'inclination que vous avés à favoriser la prétention de Mʳ Gassendi et croy qu'il en est très digne, mais si cela choque vos intérests et ruine l'espérance que nous avions de vous voir député de deça, je me déporte² de vous en solliciter.

Mʳ Conrart est tousjours à Jonquières, et le pauvre Mʳ Camusat tousjours fort malade.

Le tout vostre, etc.

De Paris, ce 16 juin 1639.

CCXCI.
À M. CONRART,
À JONQUIÈRES.

Monsieur, je ne vous diray point la douleur que m'a apportée la desfaitte de nostre armée devant Thionville, car elle ne se peut dire et c'est bien à présent que je vous puis asseurer que je suis malade et que mon indisposition de l'autre jour n'estoit qu'un jeu au prix de celle cy. L'intérest du public, joint au particulier de mes amis qui perdent tout en cette malheureuse rencontre, me terrace et me fait désirer de n'avoir plus ny connoissance ny sentiment. Mais ce n'est pas là une constance philosophique et j'en ay quelque honte, sçachant principalement que Mʳ de Feuquière, dans son malheur, n'a rien à se reprocher pour sa conduitte, qui ne pouvoit estre meilleure³, et qui eust produit la grande bataille et la prise de tout le Luxembourg, si sa cavalerie n'eust pas combattu avec une lascheté effroyable, ou, pour dire plus vray, eust voulu combattre tant soit peu. Car il n'y a point d'exemple dans aucune histoire que jamais gens de cheval ait (*sic*) plus infamement⁴ abandonné

---

pages 214 et 215). Le rédacteur de *la Gazette* avait de ce gouverneur la même bonne opinion que Chapelain et pour les mêmes motifs. On lit dans le n° du 22 juillet (page 424) : « Ce gouverneur est chevalier de Malte, et frère du bienheureux François de Sales, évesque de Genève, ce qui fait présumer de luy toute franchise et probité, etc. »

¹ Toutes les relations s'accordent sur ce point, que deux fois de suite, le 6 et le 7 juin, ce fut la cavalerie qui prit la fuite tout d'abord et qui causa le désastre de ces deux journées.

² C'est-à-dire : je me désiste, je m'abstiens. La Rochefoucauld, dans ses *Mémoires*, a employé cette expression, que M. Littré retrouve encore dans les *Pensées* de Bourdaloue, de même qu'il la retrouve aussi dans les principaux auteurs du xvᵉ et du xviᵉ siècle.

³ Le cardinal, dit le P. Griffet (tome III, page 195), « quoique très mécontent de voir une campagne commencer par la perte d'une bataille, ne laissa pas de rendre justice à la valeur du marquis de Feuquières : il écrivit au maréchal de Châtillon, que cet officier *méritoit de grandes louanges, puisqu'il avoit fait merveilles de sa personne*, et il fut toujours persuadé, ainsi qu'il l'assure dans son *Testament politique*, que sans une *lâcheté du tout inouïe de sa cavalerie, il eut apparemment évité son malheur.* »

⁴ *Infâmement* n'a été trouvé par M. Littré que dans un texte du xvᵉ siècle cité dans le *Glossaire* de Du Cange.

son devoir et refusé criminellement d'executé (sic) les ordres de son Général. Enfin tout le mal est pour cettuy cy et pour la ruine de sa fortune. Le public a bien receu une playe dans sa perte, mais cette perte (sic sans doute pour *playe*)[1] n'est pas mortelle, et, quoyque nous soyons battus, je ne doute point que nos ennemis ne soient encore sur la défensive, et peut estre que Hesdin ne sera pas le seul mal que nous leur ferons.

Le siège dont vous voulés estre informé va tousjours extrêmement bien[2]. Nous avons repris la demy lune dont le canon de la place nous avait chassé, où le Marquis de Gesvres s'est signalé entre tous les autres, dont je vous avoue que j'ay receu une particulière consolation[3]. Le fossé maintenant est comblé, les mineurs sont attachés au bastion et la mine est si fort avancée que les premières nouvelles que l'on en attend seront qu'elle aura joué. Voilà ce qui s'en sçait icy.

Je suis, Monsieur, vostre, etc.

De Paris, ce 17° juin 1639[4].

CCXCII.
À M. LE MARQUIS DE GESVRES,
AU CAMP DEVANT HESDIN.

Monsieur, j'ay bien de la satisfaction d'entendre parler de vous aux termes avantageux que vous méritez et que vos nouvelles bonnes actions désirent. Mais je vous avoue que je ne suis pas sans une grande appréhension que le malheur enfin ne s'irrite du mespris que vous faittes des occasions qui vous peuvent perdre, et que l'excès de vostre ardeur ne vous prive de l'usage de vostre gloire et vos amis du contentement de vous posséder encore longtemps. Il suffisoit, Monsieur, d'avoir donné avec les enfans perdus à la demy lune que le canon de la ville vous avoit fait quitter et de l'avoir reprise si hautement, sans vous aller encore exposer à l'assaut de la place, lorsque la mine aura joué, comme j'apprens que vous avés résolu de faire.

Je pardonnerois cette démangeaison d'honneur[5], si vous n'en aviés pas tant d'aquis desja, et si vous n'estiés pas obligé de défendre à vostre cœur les actions de simple soldat, pour demeurer en estat de faire celles de capitaine. Le nombre de gens de

---

[1] Était-ce le trouble où la catastrophe de Thionville jetait Chapelain, qui causait toutes ces confusions, toutes ces fautes de grammaire et d'orthographe?

[2] Le siége de Hesdin.

[3] Voir la lettre suivante.

[4] Chapelain, le lendemain, écrivait à M. du Fay de la Trousse, au camp devant Hesdin (f° 119) : «Je croyois vous pouvoir envoyer une relation de nostre malheur de Thionville, mais je ne l'ay pas eu encore. Dieu vueille que vostre cavallerie purge l'infamie qu'a attirée sur nous celle qui estoit dans l'armée du pauvre Mr de Feuquières et qui l'a fait périr par sa lascheté avec la meilleure infanterie du monde. J'espère que ma lettre vous trouvera bien près d'entrer dans Hesdin, puisque les mines sont desja faittes sous les bastions et que nous attendons d'heure à autre l'effet qu'elles auront fait. M. de Bourdeaux est arrivé devant le port de la Couronne. M. de Schomberg entre puissant dans le Roussillon et M. de Veimar se va mettre en campagne. Pour M. de Chastillon, il va commander avec son armée le débris de celle de M. de Feuquières qui ne se montera pas à moins de neuf mille hommes. Il y a apparence que Picolhuomini ne fera pas grand progrès ayant ces forces en teste.»

[5] Expression neuve et pittoresque, dont on peut rapprocher dans le genre comique cette exclamation de *l'Étourdi* de Molière : «J'ai des démangeaisons de mariage aussi.»

conduitte et de commandement que nous avons perdus à Thionville vous doit faire penser à conserver avec un peu plus de soin celuy qui peut réparer cette perte et que Dieu réserve à de grandes choses, si vous ne luy en ostés point la volonté par la profusion que vous faittes de vostre vie. Je suis obligé de vous dire cecy et de vous expliquer par mon sentiment celuy de tous ceux que vous aymés icy. Dieu vueille qu'il devienne le vostre et que nous vous puissions louer également de prudence et de valeur!

M' l'abbé de Saint-Nicolas m'a fait voir aujourd'huy un compliment que vous luy avés fait sur le malheur de M' de Feuquières. Vous avés agi en cela selon vostre générosité naturelle de prendre part aux desplaisirs de vos serviteurs. Et certes celuy cy est tel dans l'esprit de M' de Saint-Nicolas, qu'il ne sçauroit estre plus sensible. Mais avec tout cela je vous puis dire, sans vous flatter, que vous avés esté par ce soin l'une des personnes du monde qui le luy avés rendu autant supportable. Quand vous sçaurés le détail de cette bataille et les extrêmes devoirs que ce malheureux Général a faits pour vaincre, le cœur vous seignera pour luy et vous pardonnerés malaisément à nostre infâme cavallerie qui seule, par son incroyable lascheté, a causé une telle playe à l'Estat. Je suis asseuré que si vous eussiés esté Mareschal de camp dans cette armée, vous estiés capable de faire exécuter les ordres de M' de Feuquières à ces misérables et que la France et luy vous eussent deu la plus grande gloire qu'elle ait eue de cette guerre. Dieu ne l'a pas voulu!

Je suis, Monsieur, vostre, etc.

De Paris, ce 18 juin 1639[1].

CCXCIII.

À M. DE BALZAC,

À BALZAC.

Monsieur, il m'est égal que vous brusliés mes lettres ou que vous les supprimiés, pourveu que ce soit une suppression véritable, comme je n'ay garde d'en douter, après l'asseurance que vous m'en donnés. Et vous me pardonnerés bien cette précaution, veu le péril où je me mets de dire vray sur les ouvrages non seulement d'un Poète, mais d'un J[ésuite] de plus, qui est une nation encore plus vindicative que l'autre. Je persiste dans la raison que j'ay imaginée de l'inégalité de son esprit[2] et me confirme dans mon sens, voyant que c'est aussy le vostre. Si vous l'employés en quelque lieu, je suis asseuré que je ne le reconnoistray plus, tant le vestement et les parures que vous luy donnerés l'auront haussé d'estat et desguisé en mieux. Je n'ay guères plus veu de prose de cet homme que vous, et j'en fay bien le mesme jugement que vous. Cela n'empesche pas qu'il ne se flatte de l'opinion d'estre le plus heureux de vos singes, et je suis d'avis que vous la luy laissiés, afin d'avoir au moins un partisan fidelle dans ce grand corps qui, comme ambidextre[3], combattra pour vous à droit (*sic*) et à gauche et qui se piquera

---

[1] Dans une autre lettre, écrite le 19 du même mois (f° 121), Chapelain adresse encore au marquis de Gesvres les plus chaleureuses félicitations : « On vous donne, » lui dit-il, « quoyque simple volontaire, l'honneur qui semble appartenir principalement à ceux qui ont le commandement. » Chapelain loue son jeune ami de sa modestie autant que de son courage, ajoutant : « En récompense de vostre modestie, le public ne parle que de vous... »

[2] Le P. Le Moine.

[3] *Ambidextre* (qui se sert également des deux mains) est dans Amyot et dans La Bruyère. On trouve dans le *Glossaire* de Du Cange une plai-

de vous servir avec toutes sortes d'armes et aussy bien à pied qu'à cheval.

Si vous m'avés renvoyé le premier livre de la *Rhétorique* d'Aristote traduitte par le Caro, vous l'avés fait contre mon intention qui estoit, comme je vous l'avois escrit, que vous le missiés au nombre des vostres. Pour l'*Énéide*, je feray sçavoir à celuy qui me l'a prestée à qui elle a servy de divertissement, et je suis asseuré qu'il l'en aymera davantage et que j'en auray des remercimens de luy, au lieu de luy en faire. J'auray soin de faire chercher l'*Énéide* in-4° et d'en donner avis au S⁻ Rocolet, si je la trouve, pour ne point outrepasser vos ordres. Ce ne pourra estre pour cette fois par le moyen du S⁻ Camusat qui est malade depuis trois semaines, comme pour mourir, qui certes seroit un dommage notable pour la République des Lettres.

Quant au procès du Caro et du Castelvetro, je crains que nous ne puissions pas trouver à l'achepter, à cause de sa rareté, ces sortes de controverses ne s'imprimant guères plus d'une fois et encore plustost durant que les parties sont dans la chaleur et que la question a passé jusques parmy le peuple. Je n'y oubliray pourtant rien pour vous donner ce contentement et, au pis aller, je vous envoyeray les miens (*sic*), qui reviendra à la mesme chose.

J'attens avec impatience la consolation que vous avés donnée à M⁻ le Cardinal de la Valette. Il y a apparence que vous n'avés entrepris que ce qui regarde la mort civile ou naturelle de M⁻ˢ ses frères. Car, pour ses malheurs d'Italie, j'y croirois vostre peine perdue. Et certes ils sont de telle qualité qu'à moins que d'estre insensible, il n'en sçauroit estre consolable. Aussy sçavons nous que son grand cœur souffre plus de cette seule playe que de toutes les autres ensemble, et qu'il voudroit estre mort de la mort de M⁻ de Candalle et que les affaires du Roy se portassent bien en Piémont.

Je tremble pour M⁻ᵍ⁻ de Longueville qui va soustenir avec des forces si extraordinairement inégales à celles des ennemis, que ce seroit estre téméraire de s'en rien promettre de bon. Tous ces maux passés, présens et à venir vous feront juger en quel estat est mon esprit maintenant et la belle poésie qu'il en faut attendre. J'ay fait trêve avec l'Hélicon pour quelque temps, car j'ay besoin d'estre moins troublé du vray Mars pour estre capable d'estre bien agité des Muses. Thionville et la laschetè et la trahison de nostre cavallerie [me passent] incessamment devant les yeux, et la colère me transporte quelquefois à tel point, que je me sens plus propre à entrer dans la meslée qu'à sonner la trompette.

J'ay veu l'illustre Grotius depuis six jours, illustre par ses ouvrages, par ses malheurs et par ses emplois [1]. Il est sans doute un sçavant judicieux et une grande lumière du

---

sante définition du mot *ambidexter*: «*Judex qui ab utraque parte dona accipit*, qui prend à droite et à gauche.»

[1] Hugues ou Hugo de Groot, dit Grotius, était alors âgé de cinquante-six ans. Il fut ambassadeur de Suède en France de 1635 à 1645. Balzac (lettre XXII du livre XX, p. 801 de l'infol.) dit à son ami : «Laissons les morts enterrer les morts, et trouvez bon que je me resjouisse avec vous de vostre nouvelle connoissance. Je ne vis jamais le visage de Monsieur l'ambassadeur de Suède ; mais il y a longtemps que j'estime son esprit, et, s'il n'avait point mis les Institutes en vers, et débité quelques autres pièces de mesme nature, je l'estimerois encore davantage. Pour son humeur d'estranger, c'est ce qui ne me choque guères; nous sommes tous barbares les uns aux autres, et il y a certaines douceurs à Paris dont je suis plus desgouté que de toutes les rudesses du Septentrion.» La lettre, datée du

siècle. Il travaille maintenant à l'histoire de Suède, dont je croy qu'il fera l'origine à la Liviane[1]. Il a quelques livres de faits de celle de Hollande de depuis le souslèvement[2] et, en ceux cy, il est tout dans l'imitation de Tacite. Il a quelques notes à donner sur le Nouveau Testament[3], et il me dit qu'il n'attendoit pour cela que de voir ce que M' Heinsius en doit bientost publier. L'humeur d'estranger et la condition d'ambassadeur me l'ont fait paroistre dans ce commencement d'une conversation un peu hétéroclite[4]. Je feray la guerre à l'œil avec luy et, si je le puis apprivoiser[5], je prétens en tirer beaucoup d'instruction et de joye.

Je suis, Monsieur, vostre, etc.

De Paris, ce 19 juin 1639.

CCXCIV.

À M. CONRART,
À IONQUIÈRE.

Monsieur, vous estes trop bon François et trop bon amy pour ne pas ressentir autant que vous faittes les maux de vostre Patrie et les afflictions de vos serviteurs. Je vous rends grâces en mon particulier de la part que vous avés pris à la mienne aussy bien qu'à celle de la Maison des Arnauds. Car j'ay souffert ce choq de la mauvaise fortune non seulement comme bon patriote, non seulement comme intéressé en tout ce qui regarde M' d'Andilly, mais encore comme aymé de M' de Feuquière et comme faisant particulière profession de l'honneur, de sorte que je puis dire que j'ay esté terracé de trois coups en cette seule rencontre, qui me feroit autant haïr les Italiens que je les ay aymés. Si mon jugement se laissoit emporter à la passion et si ma raison ne me disoit que nous pouvons bien estre malheureux sans que, pour cela, Picolhuomini ait commis de crime contre nous.

Je feray ce que vous m'ordonnés auprès de ces M" et les asseureray de la part que vous avés prise en leur affliction. Pour la suitte qu'a eue la victoire de nos ennemis, elle paroist petite jusqu'icy et, quoyqu'hier on nous voulust faire croire qu'ils avoient assiégé Mouzon, et mesme pris, je viens présentement de voir une lettre de M' de Boisrobert du xxii qui porte qu'ils, etc. (*sic*).

Il est fascheux que M' le marquis de Montauzier parte sans vous voir. Si son chemin

---

4 novembre 1639, est probablement du 4 juillet de la même année. Pour d'autres appréciations de Grotius par Balzac, voir les *Mélanges historiques* de 1873, *passim*.

[1] C'est-à-dire à la façon de Tite-Live.

[2] Grotius ne composa que l'histoire des Goths et Vandales, conquérants de la Suède: *Historia Gothorum, Vandalorum*, etc. (Amsterdam, 1655, in-8°).

[3] Dès le commencement du xvii° siècle (1602), Grotius avait été nommé historiographe de Hollande. Son livre parut sous le titre de: *Annales et historiæ de rebus belgicis* (Amsterdam, 1657, in-fol.). Grotius l'avait commencé en 1614 et l'avait retouché toute sa vie. Le style, comme Chapelain l'apprenait à Balzac, est imité de Tacite et mérite trop souvent qu'on lui applique le mot d'Horace:

...Brevis esse laboro:
Obscurus fio.

Annotationes in Novum Testamentum (Paris, 1644, in-fol.) La même année parurent dans la même ville ses *Annotationes in Vetus Testamentum* (3 vol. in-fol.).

[4] *Hétéroclite* est déjà dans la *Sagesse* de Charron. Le xvii° siècle semble avoir négligé cette expression, au sujet de laquelle M. Littré ne cite que Regnard, Dancourt, Voltaire et Marivaux. Trévoux signale l'emploi d'*hétéroclite* dans les poésies du P. Du Cerceau.

[5] Apprivoiser, dans le sens métaphorique, est dans Montaigne, dans Perrot d'Ablancourt, dans Vaugelas. M. Littré ajoute à ces noms ceux de La Boétie, de Corneille, de M™° de Sévigné.

n'eust point esté tout à fait opposé, il se fust volontiers détourné de dix lieues pour vous embrasser.

J'ay encor aujourd'hui envoyé, mais par la poste seulement, avec mes lettres, celle que M^r vostre frère m'a apportée pour M. de Jonquière. J'espère pourtant qu'elle luy sera rendue. Dimanche dernier, Mr de Peny se chargea de la précédente.

La dame à qui appartenoient les livres ne les a pas voulu séparer et a creu que ceux que je luy demandois luy feroient mieux vendre les autres. Un libraire luy en a donné deux cent cinquante livres et, selon qu'il les a desja revendus, il gaignera plus de quatre cens francs dessus. Mr de Montauzier a desja acheté le *Nobiliario*[1], 60 livres et le *Herrera* des Indes occidentales[2], 50 livres. Il luy veut vendre 60 livres le *Mariana*[3]; enfin c'est une cherté estrange. Je suis marry que je n'ay esté le libraire pour vous les distribuer au prix qu'ils m'auroient cousté, mais je sçay où est le *Nobiliario* et le *Herrera* qu'on pourra avoir à meilleur conte[4]. Je me resjouis de ce que vostre taxe est payée et que c'est à vostre contentement.

Je verray, demain, Mr Habert à qui je tesmoigneray vostre ressentiment. Je feray le mesme à Mlle Paulet et à Mr de Balzac duquel je ne vous envoyeray point ce qu'il me demande de vous, afin de vous obliger à nous venir plustost revoir.

Je suis, Monsieur, vostre, etc.

De Paris, ce 23 juin 1639.

CCXCV.

À Mgr LE DUC DE LONGUEVILLE,

EN ITALIE.

Monseigneur, vous aurés veu par mes précédentes que ma maladie a esté de peu de durée et que Dieu ne m'a pas voulu laisser longtemps en estat de ne vous point servir. La santé m'est revenue assés bonne pour continuer à vous rendre mes devoirs, et je ne suis plus malade que du desplaisir de [vous] voir languir, en attendant vos trouppes, et de l'appréhension des mauvais succès que peut produire, lorsque vous serés de là les Monts, la foiblesse des forces que l'on pense vous donner. Mais il vaut mieux bien espérer de vostre fortune, et il n'y a point d'apparence que Dieu permette qu'une vertu comme la vostre soit malheureuse. J'ayme mieux croire qu'il vous réserve la gloire héréditaire de vostre maison par la restauration de nos affaires chancelantes en Piémont, et comme ce miracle vous est deu quand il arrivera, je l'admireray, mais ne m'en estonneray pas. Je prie Dieu qu'il fasse réussir mon augure, et cependant je vous diray, Monseigneur, que depuis la perte de la bataille devant Thionville, les ennemis n'ont fait en Champagne aucun progrès et n'ont attaqué que certains petits chasteaux, pour avoir du pain.

Je prie Dieu qu'il vous conserve et suis, Monseigneur, vostre, etc.

De Paris, ce 24 juin 1639.

En fermant cette lettre, je reçois, Mon-

---

[1] Ce *Nobiliario* n'est pas indiqué dans le *Manuel du libraire*.

[2] *Decades de las Indias, ò descripcion de las Indias Occidentales*, par Antoine de Herrera y Tordesillas (Madrid, 1604, in-fol.).

[3] *Historiæ de rebus Hispaniæ lib. XX* (Tolède, 1592, in-fol.). Selon le *Manuel du libraire*, ce volume de l'édition originale et le supplément (*Historiæ Hispanicæ appendix, libri scilicet XXI-XXX, cum indice*, 1616, in-fol.) valent de 12 à 18 francs. Je l'ai tout récemment vu vendre un peu plus cher (30 francs).

[4] Chapelain avait d'abord écrit *marché*. Il a effacé ce mot pour y substituer *conte*.

seigneur, celle qu'il vous a pleu m'escrire du 18. Vostre affection et vostre prudence vous a (sic) fait juger du malheur de Mʳ de Feuquière, ou du moins craindre ce qui est arrivé. J'ay asseuré ses proches que plus il seroit malheureux, et plus vous l'honnoreriés de vostre bienveillance et protection, et certes il en est très digne par l'extrême ressentiment qu'il a toujours eu de vos faveurs. Je prie Dieu que la précipitation du siége de Chivas[1] ne rende point les affaires plus difficiles à restablir. Il seroit bien fascheux que l'ambition l'emportast par dessus la raison.

CCXCVI.
À Mᵐᵉ LA MARQUISE DE FLAMARENS,
À BUZET.

Madame, je loue et bénis Dieu de vostre bonne délivrance et je le loue et bénis au double de ce qu'il luy a pleu vous rendre le fils qu'il vous avoit osté, sitost après vostre perte, et sans doute, comme je l'apprens, avec tous les signes qui vous peuvent faire espérer de l'eslever. Ce vous doit estre une grande consolation d'avoir eu si promptement un si bon remède à vostre douleur, et je m'asseure qu'avec Mʳ vostre mary, Mʳ vostre beau-père et Mᵉ vostre belle-mère, en ont receu un tout autre contentement que quand vostre premier vint au monde. Il sera l'entretien et l'espérance de toute leur maison et, au lieu où il a pleu à Dieu de le faire naistre, vous aurés en eux de bien fidelles secours pour sa bonne nourriture qui est, après vostre affection envers Mʳ vostre mary le plus importans (sic) de tous vos devoirs. Vous estes si sage et si pleine de vertu que vous n'avés point besoin de préceptes pour vous en acquitter. Aussy ne vous en donne-je aucun autre en cette occasion, sinon de ne le perdre guère de veue, et de luy imprimer par vostre exemple, quand il sera en âge de raison, ce qu'il doit à Dieu, à ceux qui l'ont mis au monde et à soy-mesme.

J'attens depuis long temps cet accouchement pour voir vostre guérison parfaitte, qu'il semble que l'on ait remise jusques là. C'est à quoy il importe que vous travailliés à bon escient, afin d'estre plus propre à agir dans toutes les rencontres où vous peuvent engager vos affaires ou le service de la Maison où vous estes entrée, car je ne mets point de différence entre les vostres et les siennes. Surtout durant l'absence de Mʳ vostre mary, qui n'est pas moins accompagnée de péril que d'honneur, redoublés vos prières pour sa conservation et demandés tous les jours à Dieu au pied de l'autel et devant le sacrifice qu'il rende son courage heureux et qu'il vous le rende couronné de gloire.

Si vous n'estiés la modestie et la sagesse mesme, je vous recommanderois d'en tesmoigner plus maintenant que jamais et de laisser voir des marques extérieures de vostre inquiétude durant son danger. Mais c'est à d'autres qu'il faut donner de ces avis et non pas à vous qui n'avés à suyvre [que] vostre beau naturel pour bien faire toutes choses, et qui ne pourriés sans un effort extraordinaire manquer à la moindre de vos obligations.

Jusqu'à présent je n'ay point de mauvaise nouvelle à vous dire de Mʳ du Fay ny de Mʳ le Chevalier. Au milieu des périls il a pleu à Dieu de les garder et j'espère qu'il les gardera encore. Vos bonnes et saintes prières y peuvent beaucoup contribuer. J'escris à Mʳ vostre mary en response de la lettre qu'il m'a escritte pour me donner avis de vostre accouchement. Vous me ferés la faveur de luy envoyer la mienne, s'il vous plaist, et

---

[1] Nous avons déjà vu que la ville de Chivas, investie par l'armée du cardinal de la Valette le 17 juin 1639, capitula le 28 du même mois.

de me mander l'estat de sa santé et de la vostre. Si vostre couche vous en empesche, il suffira que Mlle de la Bouchardière en prenne la peine. Nous l'en croirons à sa parole et serons mesme bien aises de sçavoir par elle comment Dieu aura fortifié son esprit dans son affliction. Sa lettre a été envoyée à Sablé et je n'en ai point eu encore de response.

Je prie Dieu qu'il vous conserve et suis sans réserve, Madame, vostre, etc.

De Paris, ce 25 juin 1639.

CCXCVII.
À Mgr LE DUC DE LONGUEVILLE,
EN ITALIE.

Monseigneur, Depuis ma lettre escritte j'ay recouvert la Relation du malheur de Thionville et le plan du campement et commencement de circonvallation de Mr de Feuquière autour de cette place. Je vous envoye l'un et l'autre et j'espère que, par le narré véritable de cette bataille et la disposition de son camp[1], vous le plaindrés de ce mauvais succès et qu'en attribuant la faute à ceux qui l'ont causé, vous ne l'estimerés pas moins vaincu que vous avés fait victorieux. Il n'a rien tant défendu aux siens que de parler de justiffication pour luy, croyant son action si bonne, quoyque malheureuse, qu'elle parle d'elle mesme et qu'elle le justifie toute seule. Mais ny ses amis de deça ny moy n'avons pas creu que ce fust assés qu'il eust fait toutes choses possibles pour vaincre et qu'il en fust bien asseuré, si le monde ne sçavoit le detail de sa conduitte et ne voyoit par quelle raison ses bons desseins n'ont pas réussy. Il sera au moins heureux dans sa perte qu'il sera équitablement jugé par vous qui luy faittes l'honneur de l'aymer et qui avés une parfaitte connoissance du mestier où jusques là il s'estoit tant acquis de gloire. Et il vous importe mesme en quelque sorte, Monseigneur, que celuy que vous aviés porté à ce haut employ par vostre tesmoignage, soit connu de vous pour n'en avoir pas esté indigne et tel que si la lascheté d'une partie de ses trouppes l'a fait succomber, sous un puissant ennemy, sa conduitte et la fermeté de son courage méritoient des soldats qui aimassent mieux vaincre que fuir avec infamie.

Je prie Dieu qu'il vous conserve et suis, Monseigneur, vostre, etc.

De Paris, ce 26 juin 1639.

CCXCVIII.
À M. DE BALZAC,
À BALZAC.

Monsieur, Je vous escrivis ce que me dicta la douleur dans la première nouvelle de nostre perte et dans l'apparence des mauvaises suittes qu'elle pouvoit avoir, qui n'eussent pas seulement ruiné le Général, mais encore les particuliers qui pensent estre le plus à couvert des injures de la fortune. Maintenant que l'orage s'est arresté, et que nostre armée de réserve a produit l'effet auquel la prudence du Roy l'avoit destiné, que le torrent a esté remis dans ses bornes, et que Mouzon, secouru par Mr de Chastillon, a fait recevoir un affront au victorieux par la perte de plus de mille hommes sous ses murailles aux assauts qu'il luy a livrés inutilement[2], je croy que je puis

---

[1] Ni dans la *Bibliothèque historique de la France*, ni dans le *Catalogue de la Bibliothèque Nationale* (*Histoire de France*), on ne trouve mention de la relation (qui resta sans doute inédite) envoyée par Chapelain au duc de Longueville.

[2] On lit dans l'*Histoire du règne de Louis XIII* par le P. Griffet (t. III, p. 196 et 197): «Après la bataille de Thionville, Piccolomini, fier de sa victoire, se mit en marche pour attaquer Mouzon, place si négligée jusqu'alors, qu'à peine la ju-

user du conseil que vous me donnés et qu'il y a lieu de nous fortifier l'esprit de la philosophie sans passer pour insensibles aux maux de nostre Païs[1]. C'est à cette heure que nous pouvons attendre, avec moins d'inquiétude que le commun, ce que Dieu veut qu'il arrive de nous cette année, et que nous pouvons mesme espérer, après un si grand choq, que la fin vaudra mieux que le commencement, et que si nous n'achevons la guerre cette campagne, nous nous mettrons en estat de la poursuyvre avec avantage à l'avenir.

Je suis bien aise que vous ayés traitté favorablement ma tendresse en cette occasion, et que par vostre sentiment je ne sois obligé à estre dur et impitoyable que pour mes seuls malheurs, me laissant au reste compâtir à ceux de la mère qui m'a eslevé, et des personnes dont la vertu m'a fait rechercher la bienveillance. A la pareille je vous souffriray, quand vous voudrés, quelqu'une de ces louables infirmités qui font le plus grand ornement de la nature de l'homme, et qui mettent différence entre luy et les rochers. En effet soyons fermes, mais ne soyons pas insensibles, quand ce ne seroit que pour donner quelque prix à nostre vertu, qui demeureroit sans mérite si elle ne combattoit point, et qui ne combattroit point si elle ne sentoit les attaques de la fortune[2].

J'ay leu avec admiration ce que vous escrivés à M. le Cardinal de la Valette sur celles qu'il a souffertes de toutes sortes depuis cinq ou six mois et je vous avoue que ce bihais (sic) de traitter la chose en général sans descendre au particulier qui n'eust peu estre qu'odieux, m'a semblé un des plus exquis artifices de l'éloquence dont nous en ayons des exemples parmy la bonne antiquité. Ces M^{rs} les provinciaux qui vous ont exalté cette lettre sont dignes d'estre de la plus fine Court[3], et s'ils ont aussy bon goust

---

geoit-on capable de faire une médiocre défense. Le sieur de Refuge, capitaine au régiment des gardes, y commandoit une garnison de douze cents hommes, auxquels on avait joint six cents bourgeois aguerris. Piccolomini s'imagina qu'il seroit aisé de la prendre d'emblée, sans faire des lignes de circonvallation, et sans ouvrir la tranchée. Il fit d'abord attaquer tous les dehors, qui ne furent emportés qu'après un combat sanglant et opiniâtre. Il perdit ensuite la fleur de son armée à l'attaque d'une demi-lune qu'il ne put jamais forcer, et sur l'avis qu'il reçut, que le mareschal de Châtillon s'avançoit pour le combattre, il leva promptement le siége, après avoir perdu deux mille hommes de ses meilleures troupes.»

[1] Balzac avait écrit à Chapelain (lettre XXI du livre XX, p. 800 de l'in-fol. : «Je suis bien fasché de vostre perte [la perte de Thionville], mais vostre gain n'eust pas achevé la guerre ; et puisque Brisac n'a rien opéré, je ne croy plus que la paix soit en la puissance des hommes. Il faut de nécessité que Dieu s'en mesle, et que ce soit son ouvrage, et non pas le nostre. Cependant ne nous abandonnons point à la douleur ; ne désespérons point de la République, non pas mesme après une bataille de Cannes ; et au pis aller, sauvons-nous dans l'asyle que la Philosophie nous a basti contre les disgrâces de ce monde... » La lettre, datée du 20 octobre 1639, est du mois de juin de la même année.

[2] Chapelain répond ici à une tirade de Balzac (*ibid.*) contre la philosophie de Chrysippe, *cette cruelle marastre qui dans le dessein qu'elle a eu de faire un véritable sage n'en a fait que la morte et insensible représentation.* «Ces sortes de statues,» ajoutait Balzac, «sont pour l'ornement du Portique, et non pas pour l'usage de la vie, et il me semble qu'entre la dureté et la mollesse il y a un tempérament qui s'appelle fermeté.»

[3] Balzac (*ibid.*) avait dit : «Vous verrez quelque chose sur ce subjet dans la pièce que je vous envoye par cet ordinaire, et que je vous avois promise il y a huit jours. Les principaux qui l'ont veue, me veulent persuader qu'elle est belle. Toutefois Monsieur Chapelain n'a pas encore prononcé ; et par conséquent, je ne sçay pas

en toutes choses je ne veux point chercher d'autre tribunal ny d'autre aréopage pour me déterminer sur les matières délicates qui tiennent les esprits partagés. Si vous avés toutesfois besoin de mon suffrage pour vous résoudre de sa valeur, tenés le pour receu et dans la forme la plus avantageuse que vous le sçauriés désirer. Je la feray voir non seulement à Mr de Chaudebonne, mais encore à tous ses amis, n'estant pas chose qui se doive tenir secrette ny qu'il y ait danger de publier, j'entens de la laisser voir, car pour en laisser prendre copie, ce ne sera que quand vous l'aurés permis.

Mr Voiture est encore en Piémont avec ceux qu'on vous a mandé qui en sont revenus [1]. Je ne sçay s'il reviendra avec eux qu'on attend au premier jour depuis la relle [sic pour réelle] consignation des quatre places que le Roy a voulues pour ostage de la fidélité de nos alliés de delà les monts [2]. S'il escrit les succès de son Mécène [3], il ne ressemblera pas à Polybe, au moins en la matière qui ne se peut comparer en rien à celle que Scipion a donnée à son historien, et qui, devant estre traittée par un poète, fourniroit plustost de sujets à une tragédie qu'à un poème héroïque. Toutesfois attendons la fin et voyons si M[r] le Duc de Longueville ne fera point changer de face aux affaires.

Je suis en peine de vostre indisposition : *cura valetudinem* par toutes voyes. Mr de Bourzeys vous a escrit sur le souvenir que je luy tesmoignay que vous avés de luy. La response que vous luy ferés sera d'autant plus obligeante, que vous faittes un peché mortel seulement de vous résoudre à luy escrire [4] et que vous n'avés pas voulu offenser Dieu pour d'autre que pour luy. J'en consoleray nos amis en leur disant que c'est que vous vous fiés plus en leur amitié qu'en la sienne, et que d'ailleurs ils vous avoient prié de ne leur escrire point ce que celluy cy avoit oublié de faire. Pour Mlle Scudéry, je le trouve absolument nécessaire, mais pour n'y plus retourner.

Je suis, Monsieur, vostre, etc.

De Paris, ce 26 juin 1639 [5].

---

bien ce qui en est.» Voir cette pièce, qui est en effet très-remarquable, dans l'in-folio de 1665, où elle forme (p. 1034-1039) la lettre XXX du livre XXVII. C'est plutôt un discours qu'une lettre, comme l'auteur nous l'apprend lui-même dans les observations dont il fait suivre cet éloquent morceau (p. 1039) : «Ce discours fut envoyé en Piedmont à Mgr le cardinal de La Valette, et receu de luy avec de grands tesmoignages de bonté. Immédiatement après l'avoir leu, il demanda une plume et du papier, et me fit l'honneur de m'escrire une lettre très obligeante, mais, de plus, très judicieuse, et du stile d'une âme bien préparée à toutes sortes d'événements... Ç'a esté, à mon advis, une des dernières lettres qu'il ait escrittes, estant tombé malade peu de jours après, de la fièvre qui nous le ravit, et qui par la mort luy donna le repos, qu'il n'avoit jamais pu avoir en sa vie.» Voir encore la lettre XXIV du livre XX, où Balzac dit à Chapelain (p. 863 de l'in-fol.) : «Pour l'amour de moy, appelez discours ma consolation, car outre que vous parlerez proprement, et que c'est *oratio ad Cardinalem*, vous sçavez que je hai le nom de lettre....»

[1] Le comte de Chavigny et le comte de Guiche.

[2] Christine consentit à livrer aux troupes du roi son frère les villes de Carmagnole, de Savillan et de Quérasque, mais elle ne voulut pas leur abandonner la quatrième place réclamée par Richelieu, la citadelle de Montmélian.

[3] Le cardinal de la Valette.

[4] Allusion au vœu qu'avait fait Balzac de ne jamais plus écrire à personne, véritable vœu d'amoureux.

[5] Le même jour, Chapelain écrivit (f° 127) à M. Bouchard, à Rome, une fort longue lettre, d'où je tire ceci : «...Pour le mot de *Panglossie* il ne sçauroit estre plus heureusement formé

CCXCIX.
À M. CONRART,
À JONQUIÈRE.

Monsieur, vous vous desfiés de mon affection, puisque vous faittes scrupule de vous servir de moy et de partager avec M⁰ de Longueville mes devoirs et mon temps, comme si je mettois de la différence entre l'amitié que je vous ay promise et le service que je lui ay voué. Corrigés vous de ces complimens offensifs et ne songés à m'espargner autre peine que celle que me peut apporter cette retenue.

Je désire, au reste, la prise de Hedin deux fois plus que je ne faisois, depuis que vous m'avés descouvert que Paris ne vous auroit point que le Roy [n'eust] mis cette place sous sa puissance. Il y a bien du plaisir de voir vos lettres belles et cordiales comme elles sont, mais il y a encore plus de consolation de voir l'autheur de ces lettres et de luy faire dire en une heure de conversation cent fois autant de choses exquises que ses lettres n'en contiennent, quelques longues qu'elles soient. Disposés vous donc à venir sitost que nous aurons vaincu à nostre tour, et s'il est vray que cette victoire ne puisse guère tarder après le premier jour de juillet, comme on me l'escrit du 27 de ce mois, en nous donnant bientost cette joye, vous pourrés recevoir celle de voir encore M⁰ le marquis de Montauzier, qui ne se peut non plus résoudre à quitter Paris sans vous avoir embrassé, que sans les choses nécessaires à la subsistance de ses trouppes.

On fait croire à toute l'armée que Picolhuomini s'avance vers Hedin pour le secourir. Mais les choses y sont en tel estat pour le recevoir, et il le sçait si bien, qu'il n'y a pas d'apparence qu'il y voulust venir perdre la gloire qu'il a acquise devant Thionville. Et, en effet, les plus sensés sont d'opinion que, etc. (sic).

---

pour le dessein que vous avés eu, et il faudroit estre bien barbare pour ne le pas mettre entre les heureuses productions de ce siècle. [Balzac jugeait ce mot bien différemment, disant : «A quoy songe le seigneur Jean Jacques avec son espouventable titre de *Panglossie?* Voir la lettre XXV du livre XX, p. 804 de l'in-fol.]... Pour le soin que vous avés pris d'honnorer par ce moyen la mémoire de nostre excellent amy (N. C. Fabri de Peiresc), il mérite le nom d'illustre... Il ne s'est jamais rien imaginé de si superbe, ny de si royal pour les testes couronnées dans tous les siècles...» Chapelain annonce ensuite à Bouchard que Voiture est depuis deux mois en Piémont, avec M. de Chavigny et le comte de Guiche, au secours de son patron M⁰ le cardinal de la Valette, lorsque Turin estoit assiégé.... «Pour nouvelle,» ajoute-t-il, «je vous diray qu'enfin à ma sollicitation, et, je puis dire, par mon industrie, l'Académie françoise est engagée à faire le Dictionnaire sur le plan que je vous ay envoyé, et que j'ay fait restablir la pension de M. de Vaugelas, perdue et rayée depuis dix ans, pour y travailler et défricher les matières afin que la Compagnie se résolve. Nous sommes desja bien avant dans l'A, et sans cette guerre qui confond tout, nous l'aurions bien avancé en peu de temps et mis en estat de faire honneur et profit à la France.» [Ce passage a été reproduit par M. Livet, dans son édition de l'*Histoire de l'Académie française*, t. I, p. 177.] Dans le *post-scriptum*, il est question des trois livres *De bello suecico* du seigneur Petro Battista Borgo «dont le stile m'a semblé grave et net sans pompe superflue et, en vérité, comme dit Lipse de Paul Jove, *plane ad historiam*.» — «Il y a un mois,» dit encore Chapelain, «que je dévoray l'histoire de Capriata, autre Génevois [pour Génois] qui fait grand honneur à son pais et à qui, en vérité, il manque peu de chose pour s'égaler aux meilleurs Italiens qui ont escrit en ce genre. S'il eust un peu moins panché du costé d'Espagne et fait moins un Tibère du feu Charles Emanuel, je pense que c'eust esté un historien parfait. Mais il est de Gennes et ne pouvoit faire autrement.»

J'oubliois à vous dire que nous avons perdu le pauvre Camusat après quarante-un jours de fièvre continue avec de grands redoublemens. Il ne croyoit point mourir deux jours devant sa mort, et nous a tous surpris et affligés par cette perte qui est très grande pour les gens de lettres et particulièrement pour Mʳ de Grasse qui en retiroit de très utiles services, et qui le trouvera à dire.

Je suis, Monsieur, vostre, etc.

De Paris, ce 30 juin 1639 [1].

CCC.

À M. L'EVESQUE DE GRASSE (GODEAU),
À GRASSE.

Monsieur, J'attens tousjours Mʳ Conrart de sa campagne pour voir avec luy vostre premier chant de la Vierge. Il semble qu'il y ait pris racine. Alors nous verrons s'il y a lieu de vous faire d'aussy rudes réprimandes que vous en demandés. Le pauvre Camusat enfin est mort après une fièvre de quarante jours accompagnée de redoublemens qui l'ont enfin emporté. C'est une perte notable pour toute la République des lettres, mais particulièrement pour vous à qui il estoit dévoué et acquis sans réserve. Il avoit toutes les bonnes qualités que vous me marqués et on peut dire qu'il n'en avoit aucune mauvaise. La famille a besoin de consolation et d'appuy. J'ay desja promis par avance à sa femme et à ses enfans que vous ne leur manqueriés jamais, non plus que Mʳ Conrart et moy, et je m'asseure que vous le leur confirmerés par vos lettres. Elle continuera le trafic et l'impression, et je me suis chargé en mon particulier d'instruire pour la dernière celuy qu'elle proposera à cette partie de son négoce. Il faut aymer sa mémoire et avoir charité pour la vefve et les orfelins. Je voy tous les amis du défunt portés à contribuer au soulagement de ce qu'il laisse. Vous continuerés de leur envoyer et addresser vos lettres et vos commissions et je croy qu'ils vous en supplieront, comme ils ont fait à moy.

J'attens cet autre poulet [2] dont vous me menacés. Isnard [3] est un grand péripate-

---

[1] Le même jour, Chapelain écrivait à M. le chevalier de la Trousse, à l'armée de M. le maréchal de Châtillon (f° 131) : «Je me réjouys avec vous de ce que la première fois que vous avés veu les ennemis, vous leur avés donné la chasse... Cela me fait bien espérer de la suitte de vos avantures dans la profession que vous avés embrassée par vostre propre choix et je commence à croire que Dieu vous en a inspiré la pensée...» La lettre a été insérée par M. R. Kerviler dans son *Jean Chapelain* (p. 244).

[2] *Poulet*, employé comme synonyme de billet doux et même de simple billet, a été trouvé par M. Littré dans Montaigne, dans Regnier, dans Sully, dans Voiture, dans le cardinal de Retz, dans Molière, dans Mᵐᵉ de Sévigné. Voir dans le *Dictionnaire de Trévoux* une petite dissertation sur ce sujet. On y fait observer que B. de la Monnoye s'est trompé en soutenant que le mot n'a guères été en usage parmi nous que depuis 1610 jusqu'à 1670 tout au plus. Le mot était encore usité en 1759, comme il l'est encore de nos jours, et son emploi remontait bien au delà de l'année 1610, puisque « Madame Catherine, duchesse de Bar, qui mourut dès 1604, s'en servit ingénieusement lorsqu'elle passa par Paris pour aller en Lorraine, disant à son ancien cuisinier, devenu le favori de Henri IV : *La Varenne, tu as bien plus gagné à porter les poulets de mon frère, qu'à piquer les miens.*» La piquante remarque, qui est dans le *Menagiana*, était déjà dans Tallemant des Réaux (Historiette de la Comtesse de Vertus, t. IV, p. 452).

[3] Samuel Isarn, l'auteur de la jolie petite pièce dédiée à Mˡˡᵉ de Scudéry : *la Pistole parlante, ou la Métamorphose du louis d'or* (Paris, 1660, in-12), et quatre fois réimprimée, une fois au xvIIᵉ siècle (Paris, 1661, in-12), deux fois au

ticien[1] et qui s'en explique fortement. Je le croy de la Religion[2] et m'estonne de M[r] le conte d'Alais de l'avoir mis dans sa famille. Du reste, c'est un homme de mérite et que vous pouvés estimer sans vous faire tort[3]. L'arrest du d[uel] est une matière trop funeste pour vous en entretenir, mais le principal pour sa famille est qu'il n'a eu le col couppé qu'en effigie.

J'appréhende les mesmes choses pour M[r] le duc de Longueville qui sont arrivées à M[r] le Cardinal de la Valette. En effet, c'est une chose horrible d'entrer foible dans un païs révolté, appuyé d'une armée victorieuse, et loin de toute sorte d'assistance. Je vous avoue que ma constance s'esbranle à l'aspect des malheurs dont l'estat présent où sont ces deux grands hommes peut estre suyvi. Prions Dieu néantmoins qu'il donne efficace[4] à leurs bonnes intentions et espérons le bien que nous n'avons pas.

Le tout vostre, etc.

De Paris, ce 30 juin 1639[5].

CCCI.
À M. DE BALZAC,
À BALZAC.

Monsieur, la connoissance que j'ay faitte avec M[r] l'ambassadeur de Suède est de celle (sic) que je ne me suis pas proposé de cultiver trop soigneusement, pour ce que je hay à faire la cour, et que de visiter un homme de son présent caractère, c'est une espèce d'hommage, qui ressemble fort à ce que vous et moy haïssons de rendre à des puissances encore plus grandes que les siennes. Du reste, il est très digne d'estre aymé et honnoré, et pour ce qui est du mérite dans

---

xviiie siècle, une fois de notre temps (par M. Édouard Fournier, *Variétés historiques et littéraires*, t. X, p. 235-237). Voir sur cet homme d'esprit, quelquefois appelé *Ysarne*, une note de M. É. Fournier (p. 236 et 237), note où est citée surtout la *Société française au xviie siècle*, de M. Victor Cousin (t. II, p. 195).

[1] Le mot *péripatéticien*, qui est déjà dans Nicolas Oresme sous la forme *perypatheticien*, paraît avoir été très peu employé au xviie siècle. On sait que Racine (*Plaideurs*) a dit *péripatétique*. M. Littré est obligé de descendre jusqu'au temps de Diderot pour trouver un exemple du mot.

[2] Le prénom *Samuel* semble bien donner raison à la conjecture de Chapelain. Pourtant Isarn ne figure pas dans la *France protestante*.

[3] M. Éd. Fournier a dit (p. 237) qu'Isarn dînait souvent chez Godeau avec Chapelain (?), Mlle de Scudéri et Mlle Robineau (?). Ni M. Éd. Fournier, ni l'excellent biographe de l'auteur du *Grand Cyrus*, M. Rathery, n'ont connu le duel dont Chapelain va parler à l'évêque de Grasse.

[4] Pour *efficacité*, comme nous l'avons déjà remarqué.

[5] Le même jour, Chapelain écrivait (f° 131) à M. du Fay de la Trousse, au camp devant Hesdin : «Vos dernières ont esté veues avec beaucoup de ressentiment et de consolation de M[rs] d'Andilly et de Saint-Nicolas qui vous en baisent très humblement les mains. Leur douleur est toujours très grande, mais elle a esté adoucie par les tesmoignages de satisfaction qu'a rendu le Roy de l'action et de la conduitte de M. de Feuquières en cette malheureuse entreprise. Nous venons d'apprendre la capitulation de Hédin...» Le surlendemain, 2 juillet, Chapelain (f° 133) écrivait au même : «J'ay extrêmement ressenti la perte de M. de la Fraizelière pour l'amour de luy mesme et pour l'amour de vous : elle est commune à tous les honnestes gens et les pleurs que vous en jettés sont meslés avec ceux de toute la Cour et de toutes nos armées qui ne connoissent point d'homme de plus de mérite qu'il estoit. Cela mesme vous pouvoit estre un nouveau sujet de douleur de penser que vous avés perdu un amy si aymable, qu'il se fait regretter par tout le monde.»

les lettres, quoyque Heinsius soit un homme rare, je n'ay garde de le mettre en comparaison avec luy. Il luy faut pardonner la versification des Institutes pour ce qu'il est jurisprudent[1] et qu'il fist cette mauvaise galanterie estant encore assés jeune[2]. Il luy sembla sans doute qu'on pouvoit aussy tost rimer le droit que la philosophie, et que Lucrèce ni Empédocle n'avoient pas eu plus de raison que luy de mettre en vers les principes de leurs professions.

Mʳ Ménage, qui me vint voir, il y a quelques jours, et qui est un de ses courtisans réglés[3], en me captant[4] du bien qu'il luy avoit dit de moy, me dit aussy la haute opinion qu'il avoit de vous, et cela me sembla d'autant plus véritable, qu'outre le sujet qu'il y en a, la manière dont il me le dit sentoit moins son compliment et estoit plus naturelle. Pour Mʳ Ménage, vous le devés aymer, car, en vérité, il vous vénère et parle de vous comme je le puis souhaitter[5]. Je luy dis que je vous avois ouy bien parler de luy et des belles lettres qu'il possède, dont il se tesmoigna extrêmement vostre obligé.

J'espère, demain, donner en main propre à Mʳ de Bourzeys vostre response et voir ce que vous luy respondés. Celle que Mʳ l'abbé de Boisrobert vous fait à la lettre dont vous m'envoyastes la copie, sur le sujet de vostre dévastation, me semble fort cordiale et, en vérité, je l'en ayme mieux. Je suis bien de vostre avis pour le reste, que la suitte de ces belles espérances doit estre mise entre les choses douteuses, et néantmoins je voudrois respondre comme si j'y faisois fondement, afin de ne les rendre pas impossibles par le mespris ou la négligence, et de se mettre toujours en estat de voir ce que la fortune veut faire de vous. Mais, pour changer de discours et vous faire une lettre d'estoffes bien différentes, je vous diray que, etc. (*sic*).

Je suis, Monsieur, vostre, etc.

De Paris, ce 3 juillet 1639.

Je vous renvoye une lettre de Mʳ de Boisrobert. Celle que vous avés envoyée à Mʳ le cardinal de la Valette a esté leue et admirée chés la divine Arthénice. J'y en dois faire une seconde lecture, pour ce que la moitié du réduit[6] y manquoit, et Mʳ Voiture n'es-

---

[1] On trouve *juriste* dans Oresme, dans Froissart, etc.; on trouve *jurisconsulte* dans La Noue, dans Fléchier, dans Fénelon, etc.; on ne trouve *jurisprudent* nulle part, si ce n'est, selon la remarque du *Dictionnaire de Trévoux*, dans la *Critique du Légataire* (1708), où (scène III) le mot a été employé ironiquement par Regnard.

[2] La traduction, ou plutôt la paraphrase, en vers latins, du titre Iᵉʳ du second livre des *Institutes* de Justinien se trouve dans les diverses éditions (si nombreuses de 1617 à 1670) des *Poemata* [de H. Grotius] *collecta et edita a Guilielmo Grotio, fratre*. M. Ernest Grégoire, dans l'article *Grotius* qu'il a donné à la *Nouvelle biographie générale*, regarde ce que Chapelain appelle une *mauvaise galanterie*, ce que Balzac critiquait encore plus sévèrement, comme «l'essai peut-être le mieux réussi dans ce genre de tours de force.»

[3] On peut consulter, sur les relations de Ménage (alors âgé de vingt-six ans) avec Grotius, divers passages du *Menagiana* (édition de 1715, t. I, II, III).

[4] *Capter* est pris ici dans un sens favorable qu'il avait souvent autrefois. (Voir le *Dictionnaire* de M. Littré.)

[5] Lire, sur les relations de Ménage avec Balzac, la note 3 de la page 408 des *Mélanges historiques* de 1873, ainsi que quelques autres notes du même recueil (p. 421 et suivantes).

[6] *Réduit* est mis ici pour cercle, assemblée. C'est le contenant pour le contenu. Mᵐᵉ de Sévigné a dit (citée par M. Littré) : «Sa maison sera toujours *un réduit* cet hiver, » et Boileau pensait peut-être à l'hôtel de Rambouillet quand il conseillait (*Art poétique*) de se méfier de «ces *réduits*, prompts à crier merveille.»

toit pas de retour. Mʳ l'Huillier l'a aussy entendu lire et l'a trouvée une chose rare. J'ay veu tout le monde s'arrester à ce mot de *besongne* pour *travail* ou *ouvrage,* et l'on le trouve bas. Je suis de cette opinion aussy[1]. Vous y penserés. Ce pendant[2] je liray : *ouvrage*.

CCCII.
À M. DE LA LANE.

Je ne voulus pas, hier au soir, accroistre vostre affliction ny resveiller celle de Mᵐᵉ vostre sœur par la mauvaise nouvelle que l'on nous avoit donnée de la mort du pauvre Mʳ Arnaud le lieutenant[3], pour ce que je pensois avoir aussy peu de sujet que de volonté de le croire. Mais, à cette heure, que ce malheur n'est que trop certain et que nous sçavons par une lettre de Mᵐᵉ de Feuquières qu'il a esté tué à une sortie que la garnison de Verdun fit, dimanche dernier, sur trois cent chevaux lorrains qui s'estoient avancés jusques auprès des murailles, il m'a semblé que, ni vous ny elle, ne le deviés pas ignorer plus longtemps, afin qu'un aussy homme d'honneur et aussy généreux amy qu'il estoit, ne soit pas plus tard regretté par des personnes comme vous, que je sçay qu'il chérissoit et estimoit autant que chose du monde. Ç'auroit esté vous faire tort que de vous espargner plus long temps cette douleur, et je vous avoue qu'il y va de mon instérest de vous la communiquer, et que j'espère la supporter plus facilement, lorsque vous en aurés pris sur vous une partie.

De Paris, ce 6 juillet 1639.

CCCIII.
À M. DE MARINVILLE,

CAPITAINE ET MAJOR DE LA CAVALLERIE DE M. DE LA FERTÉ-IMBAULT.

À L'ARMÉE DE M. LE MARESCHAL DE CHASTILLON.

Monsieur, je vous fay la visite par escrit que je ne vous ay peu faire de présence, devant que vous partissiés de Paris, quoyque j'aye plus d'une fois esté frapper à vostre

---

[1] Balzac n'accepta qu'à demi le blâme infligé à son expression *besogne*. Voici comment il cherchait à la justifier (lettre XXIII du livre XX, p. 801 de l'in-fol.) : «Pour *besoigne*, j'acquiesce, à mon ordinaire, et suis obéissant, bien que je ne sois pas persuadé, veu mesme qu'*ouvrage* est à trois lignes de là, et qu'il est assez remarquable, pour devoir estre espargné dans un si petit espace. *Besoigne*, dont je me sers métaphysiquement en cet endroit, a une signification plus estendue qu'*ouvrage*, ni que *travail*... Que si on fait scrupule de se servir de *besoigne*, à cause de sa bassesse, par la mesme raison, il faut s'abstenir de *tasche*, de *boutique* et d'*artisan*, qui, à mon advis, ne sont pas plus relevez....» L'apologie du mot *besoigne* s'étend jusqu'au fond de la page 802. Cette apologie, datée du 4 octobre 1679, doit être de la fin de juillet ou du commencement d'août.

[2] En attendant.

[3] On lit dans les *Mémoires* de l'abbé Arnauld (édition de 1756, p. 167) : «Je prenois congé d'elle [de Mᵐᵉ de Feuquières] lorsque je vis arriver Mʳ Arnauld, mon oncle, duquel j'ai déjà parlé, qui, sur la nouvelle de la défaite de M. de Feuquières, avoit pris la poste pour se rendre à Verdun, bien malheureusement pour lui, puisqu'il y perdit la vie. Il avoit aussi une compagnie dans notre régiment; mais il n'y avoit jamais servi et, par beaucoup de raisons de chagrin qu'il avoit, il étoit sur le point de partir pour s'en aller en Hollande, quand cette malheureuse nouvelle lui fit changer de dessein...» Suivent (p. 171-173) de grands détails sur la mort de Simon Arnauld, tué roide de deux balles de mousqueton. Voir encore sur cette mort M. Sainte-Beuve (*Port-Royal*, t. II, p. 11 et 12). Nous avons déjà dit que c'était l'avant-dernier des quatre fils de l'avocat Arnauld, et qu'il était né en 1603, neuf ans avant Antoine Arnauld.

porte pour m'acquitter de ce devoir. Mʳ le chevalier de la Trousse m'en donne le moyen par l'offre qu'il m'a faitte de vous rendre ma lettre, et vous pouvés croire que le principal entretien que j'ay eu avec luy a esté de vous. J'ay appris de luy avec joye la considération où vous estiés dans vostre armée et la bonté des trouppes que vous commandés. Je vous en félicite, et si ma petite raison peut s'avancer jusques dans le proche avenir, je vous en augure les bons succès que vous mérités et la meilleure partie de l'honneur qui s'acquerra dans cette campagne. Je vous regarde comme un des principaux instrumens qui nous doivent réparer la perte que nous avons faitte à Thionville, s'il est vray, comme on le croit à la Cour et icy, que, dans la nouvelle entreprise que l'on va faire, ce sera à Mʳ le mareschal de Chastillon à attaquer à son tour.

Que si les Hollandois, de leur costé, agissent, comme il semble qu'ils en ayent envie, il sera malaisé que vous ne réussisiés, à quelque place que vous vous attachiés, ayant une diversion si puissante que celle du P[rince] d'Orange, piqué de son malheur de l'année passée, et un appuy tel que celuy de M. le Grand Maistre qui, dans le reste de cet esté, ne voudra pas perdre ou diminuer la gloire qu'il s'est acquise par la prise de Hédin.

Vous aurés sceu que, depuis le passage de Mᵍʳ le Duc de Longueville en Italie, le cœur est revenu à nos gens, et qu'ils ont pris Chivas, après 15 jours de siège, à la vene du P[rince] Thomas, à qui on a taillé en pièces cinq ou six cens hommes et qui n'a manqué que de fort peu d'estre pris. Si nous pouvons reprendre Turin cette année, ce ne sera pas mal allé, veu nos malheurs de ce costé là et Casal, qui est enveloppé de tous costés, sera en estat d'estre puissamment secouru, c'est à dire la principalle intention des Espagnols ruinée. Je veux espérer que nous prendrons Salses aussy, quoyque la place se trouve excellente et qu'il se prépare un fort grand secours pour nous en empescher.

Il y a apparence que vous ne ferés pas un moins judicieux journal, cette année, que l'autre, et que vous me ferés aussi l'honneur de m'en donner part. C'est de quoy vous supplie, après vous avoir demandé la continuation de vostre amitié, Monsieur, vostre, etc.

De Paris, ce 6 juillet 1639.

CCCIV.
À M. D'ANDILLY,
À POMPONNE.

Monsieur, vous croirés bien, sans que je vous le die, que je sens une douleur pareille à la vostre dans l'affliction qu'il a pleu à Dieu de vous envoyer par le deceds de Mʳ vostre frère, sçachant non seulement que je n'ay point d'intérests si propres que les vostres, et que tout ce qui vous touche m'est commun avec vous, mais encore qu'outre vostre intérest, j'ay le mien particulier dans ce malheur et que je croirois aussi bien que vous avoir perdu un frère, si ce n'estoit point trop l'abbaisser que de luy donner ce nom pour moy, et si l'amitié tendre et généreuse qu'il avoit pour moy, pouvoit estre appellée fraternelle, sans que je parusse présomptueux. Pleust à Dieu que j'eusse autant de force et de résignation que vous pour supporter ce choq constamment et, comme on dit, faire les choses qui viennent de la main toute puissante et toute juste! Je le prie de me la donner et me rendre capable de la consolation que je vous avoue que je n'en puis encore prendre, et par conséquent qu'il seroit malaisé que je vous peusse donner si vous en aviés besoin. Mais la lettre que vous en avés si sagement et si chrestiennement escritte à Mʳ l'abbé de Saint-Nicolas, me fait bien voir combien vous estes assisté de particulières grâces de Dieu, et combien pour tous les événemens il vaut mieux vous ressembler qu'au reste des hommes.

Sitost que j'ay eu avis de l'accident, j'ay couru chés vous et n'ay abandonné Mʳ vostre frère que bien avant dans la nuit, et sur le point qu'il s'alloit mettre au lit. Il n'a pas voulu que je l'aye passée auprès de luy, quelque instance que je luy en aye faitte. Dieu le fortifiera, s'il luy plaist, et certes il en a besoin, tant il est sensible à cette perte. Je veux espérer que le voyage qu'il fera demain au Portreal calmera sa douleur et le disposera à suyvre vos conseils salutaires.

Mʳ vostre fils est de retour de Normandie pour avoir sa part de la peine que nous souffrons.

Je prie Dieu qu'il vous [le] conserve pour nostre commune consolation, et demeure, Monsieur, vostre, etc.

De Paris, ce 6 juillet 1639.

CCCV.
À M. L'ÉVESQUE DE GRASSE (GODEAU),
à grasse.

Sur tout ce que vous me mandés touchant la prétention mal fondée de Mʳ Gassendi, je ne vous diray autre chose sinon que les amis de delà en sont blasmables et non pas luy qui n'a pensé à cette agence qu'à vive force de sollicitations qu'on luy a faittes, et que, s'il a l'exclusion, il sera ravi de demeurer en son premier estat, sans avoir dépleu à ceux qui désiroient plus son bien que luy. Vous connoissés assés sa vertu et la violente inclination qu'il a pour les lettres, pour juger de luy comme je fais, et pour croire que la voix que vous donnerés à son compétiteur ne le choquera nullement. Je suis plus empesché comment vous vous dégagerés de Mʳ le conte d'Alais, à qui je voudrois que vous n'eussiés point fait si formellement espérer de luy complaire en cette rencontre. Il aura sujet de penser qu'une nouvelle sollicitation aura esté plus puissante auprès de vous que la sienne, et s'imaginera mal aisément que la lettre que vous luy avés escritte d'abord, n'ait esté qu'une civilité de celles que l'on dit de bouche, et sur lesquelles on ne fonde[1] pas ordinairement, pour ce qu'on voit qu'elles ne sont pas préméditées et concertées, comme le sont les lettres qu'on escrit aux personnes de sa qualité. J'ay impatience de sçavoir comment il aura receu ce que vous aurés résolu de luy dire à Antibe et vous me réjouirés bien si vous me mandés que cela ne luy a laissé aucune amertume sur le cœur.

Quant à moy, quoyque j'ayme extrêmement Mʳ Gassendi et que j'eusse grande joye de l'espérance que l'on m'avoit donnée que nous le verrions icy avec un employ honnorable, néantmoins vous sçavés ce que je vous en ay mandé, il y a long temps, et que vos intérests ont toujours esté exceptés. Et cet intérest principalement allant à nous donner le contentement de vous voir icy, jugés vous mesmes s'il y auroit apparence que j'aymasse mieux travailler pour son voyage que pour le vostre, et si, pour cela, je voudrois de plus vous obliger à travailler contre vous. Dégagés vous donc sans scrupule de mon costé et croyés que je n'ay nulle peine en cela, que celle que vous devés avoir à laisser Mʳ le Conte d'Alais bien satisfait de vous, après avoir retiré vostre parole. Mais je me fie en vostre éloquence et en sa bonté qui entrera dans vostre sens,

---
[1] C'est-à-dire : on ne fait pas grand fond. Peut-être faut-il lire on ne [se] fonde pas.

quand vous l'aurés revestu de vos plus belles paroles¹.

Au reste, je ne vous manderay plus que des morts douloureuses. La semaine passée, je vous escrivis la perte du pauvre Mʳ Camusat, et maintenant j'ay à vous dire que nous avons perdu Mʳ Arnaud, le lieutenant, en un combat fait sous les murailles de Verdun entre la garnison et trois cent chevaux ennemis pour enlever le bétail qui paissoit sous leurs coulevrines. Mʳ d'Andilly est à Pomponne fort touché et néantmoins fort constant. Nous avons icy Mʳ de Sᵗ Nicolas qui n'est pas consolable. Toute la famille est en désolation. Je n'ay que faire de solliciter vostre affection pour leur en tesmoigner vostre desplaisir. Mʳ Conrart est de retour d'hier et vous doit escrire. Je suis tout à vous.

De Paris, ce 8 juillet 1639.

CCCVI.
À M. DE BALZAC,
À BALZAC.

Monsieur, j'ay leu vostre lettre de consolation encore une fois à l'hostel de Rambouillet, ou plustost je l'ay ouy lire. Car Mˡˡᵉ de Rambouillet la voulut lire elle mesme pour en mieux gouster les beautés, et ses auditeurs, outre moy, furent : Mᵐᵉ sa mère, Mˡˡᵉ Paulet, Mʳˢ les marquis de Rambouillet, de Pisani et de Montauzier, et Mʳ Voiture. Mʳ de Chaudebonne vint après, qui la leut en son particulier. Il ne se peut dire combien elle fut louée et estimée de tout le monde et les applaudissemens que vous en receustes. J'eus charge de toute la compagnie de vous le faire sçavoir et de vous remercier pour le contentement qu'on en receut de ce que vous avés fait une si belle chose². Puisque vous le trouvés bon, je l'abandonneray à la discrétion de quelques uns de nos fidelles, qui la feront voir aux lieux où ils ont familiarité et devant les plus habiles de leurs connoissances. Surtout je la mettray entre les mains de Mʳ d'Ablancourt, afin qu'il en aye la joye et qu'il la puisse donner au cabinet de Mʳˢ Du Puy. Je sçay que luy et eux se tiendront obligés de la grâce, et que l'ouvrage n'aura point de besoin du secours de nostre amy pour se faire trouver excellent.

Vous m'avés bien resjouy du dessein que vous avés de parler *ex professo* de la conversation des Anciens, et l'addresse du discours ne pouvoit estre meilleure. Je le diray bien à M. d'Ablancourt afin qu'il le face sçavoir à Mʳˢ Du Puy et qu'il ressente l'honneur que vous luy promettiés³. Et certes il en est très digne et c'est un de ces bons hommes dont l'amitié ne vous sera jamais ni chargeante⁴ ni honteuse.

Ma mémoire me fait souvent de ces

---

¹ Ce fut Gassendi qui, grâce à la dévouée protection du comte d'Alais, fut nommé agent du clergé.

² Ce paragraphe a été cité par M. Livet (*Précieux et Précieuses*, p. 36 et 37). Balzac répond bien modestement à son ami (lettre XXIV du livre XX, p. 807 de l'in-fol.) : «Je tomberois en vaine gloire, si je voulois croire vostre relation. Mon escrit ne mérite point les louanges qu'il a receues à l'hostel de Rambouillet, et il y a de l'apparence que c'est à Monsieur le cardinal de La Valette, et non pas à moy, qu'on a fait honneur...» La lettre, datée du 8 novembre 1639, doit être du 8 août de la même année.

³ Nous n'avons pas ce discours sur la conversation des Anciens, qui devait être dédié à Perrot d'Ablancourt. Le tome II des Œuvres de Balzac contient seulement (p. 428-443) une dissertation à Mᵐᵉ la marquise de Rambouillet sur la *Conversation avec les Romains*.

⁴ *Chargeante* pour *à charge*. Le mot *chargeant*, qui était déjà employé dès le xɪɪɪᵉ siècle, a été signalé par M. Littré dans le *Plutarque d'Amyot*.

trahisons pareilles à celle que vous me reprochés avec raison. Pour ce que j'avois receu cette lettre de M⁰ d'Amboise, trois jours devant que l'ordinaire deust partir, j'oubliay lorsque je vous escrivis à vous dire que je l'avois receue, et peut être aussy que je l'avois fait voir à Mʳ Bonair, avec la vostre qui l'accompagnoit, afin qu'il escrivit à Mʳ l'abbé de Boisrobert pour la suppression de la première selon vos ordres. Mais vous verrés que je m'attendis à ce qu'il vous en devoit escrire luy mesme, et qu'ainsy je me laissay plus facilement eschapper.

Je crains d'avoir aussy manqué à vous escrire la mort du pauvre Camusat qui certes est un dommage irréparable pour tous les gens de lettres, mais particulièrement pour moy qui, n'ayant d'habitude avec aucun autre homme de sa profession, et ne me pouvant accommoder à leur ignorance et rudesse, me trouve désorienté[1] et, de tout puissant que j'estois sur luy, maintenant sans aucun crédit pour recouvrer les livres curieux dont, ou moy ou mes amis, pouvoient avoir affaire. Je seray plus de dix ans devant que d'avoir refait un aussy habile libraire et imprimeur que luy, dont je vous avoue que j'ay une mortification et désolation bien grande[2]. Sa femme continue son trafic et je ne luy manqueray point d'assistance, tant pour donner cela à la mémoire du défunt, que pour le donner à nostre propre devoir qui nous oblige à soulager les foibles et aider aux vefves et orphelins.

Mʳ de Bourzeys a receu vostre lettre de ma main et en a eu le ressentiment qu'il doit. En effet, elle est très belle et très obligeante. J'en ay fait tirer copie que j'ay mise avec les autres de ce genre dans le tiroir de mon cabinet qui est réservé pour ce qui vient de vous[3].

Je vis, ces jours passés, Mˡˡᵉ de Scudéry et luy tesmoignay en quels termes avantageux vous m'avés escrit d'elle, et le dessein que vous aviés de luy faire response, lorsque vous auriés veu le livre de son frère et que vous vous porteriés mieux. Elle receut le compliment avec beaucoup de joye, mais retranchée dans sa modestie, et me disant qu'elle n'eust jamais entrepris de vous escrire, si son frère ne luy eust forcée, croyant que vous auriés plus agréable son livre présenté par elle que par luy; que pour la response dont je luy parlois, comme elle s'en tenoit très indigne, qu'elle ne s'y estoit point aussy attendue, et qu'il suffiroit pour sa plus haute ambition que vous

---

[1] M. Littré rappelle que Marguerite Buffet déclare que le terme *désorienté*, dans ce cas, est fort bon; mais il ne cite, aux exemples, que deux écrivains du xviiiᵉ siècle, les deux plus grands, il est vrai, Voltaire et Jean-Jacques Rousseau. Le *Dictionnaire de Trévoux* cite un exemple du xviiᵉ siècle, sous la forme d'une plaisanterie : « Dans la dispute sur la conformité de la foi des Orientaux avec nous touchant l'Eucharistie, M. Alix disoit quelquefois en raillant, que M. Claude, son collègue, étoit *désorienté*. »

[2] Balzac s'associe de la façon suivante aux regrets de Chapelain (lettre XXV du livre XX, p. 804) : « Je regrette extrêmement nostre pauvre Camusat, et c'est un article oublié dans mes précédentes. Il avoit de l'honneur et de la vertu, et s'il eust vieilli dans sa profession, il luy pouvoit rendre sa première gloire. Mais un jour, les livres périront aussi bien que les libraires. » La lettre, datée du 20 novembre 1639, est à peine du 20 août de la même année.

[3] Est-ce la lettre XXX du livre XIV (p. 619 de l'in-fol.) adressée *à Monsieur de Bourzeys, abbé de Cores* ? Cette lettre est datée du 3 mars 1639. Balzac s'y réjouit d'avoir reçu « un compliment de la main qui donne la mort à l'héresie, » ajoutant : « Un grain de vostre encens vaut une masse de celuy des autres, et rien n'est si doux, au goust mesme de la sage Antiquité, que les louanges qui viennent d'une personne généralement louée. »

n'eussiés pas eu désagréable ce qu'elle avoit fait. A ces civilités je repartis comme sachant ce que vous vouliés faire, et quoyqu'elle dissimulast, il me fut aisé de reconnoistre qu'elle espéroit désormais l'honneur que je luy promettois. Si vous ne luy avés point encore escrit, je suis d'avis que vous le faciés à vostre premier loysir, et d'autant plus que son frère me vient d'envoyer un nouveau livre de luy pour vous le faire tenir. Avec tant de matière vous remplirés aisément une ou deux pages d'escriture de quoy la béatifier[1]. Cet *Amour tirannique* a fait un estrange bruit, ce carnaval, à la Cour et à Paris. J'en attens vostre jugement et ce que vous pensés des remarques panégyriques du Sarazin qui a entrepris son éloge plustost que sa défense.

Pour fin, mais triste, je vous diray que Mr Arnaud, lieutenant de la mestre de camp des Carabins, frère de M. d'Andilly, fut tué, ces jours passés, à une sortie que fit la garnison de Verdun sur les trouppes du duc Charles, après y avoir fait des merveilles. C'est une grande perte pour moy qu'il aymoit tendrement. Ce l'est aussy pour vous qu'il honnoroit au dernier point, luy mesme estant fort digne d'estime pour les excellentes qualités qui estoient en luy. M^r d'Andilly et M^r de St Nicolas n'en sont pas consolables[2].

J'ay peur que vous n'ayés escrit à Mr Rocolet sur mes lettres. Quoyqu'il ne m'ait point fait plaisir, il n'a point péché contre vous et par là au moins vous voyés qu'il n'est pas homme à rien faire dans vos intérests sans vos ordres. Il vous est utile. Traittés le doucement, si vous m'en croyés. J'en feray de mesme.

Je suis, Monsieur, vostre, etc.

De Paris, ce 11 juillet 1639.

Vous aurés cet *Amour tirannique* par le messager à qui j'ay donné charge qu'on le porte plustost qu'à la poste, à cause du port. J'ay veu avec beaucoup de consolation dans vostre lettre la bonne opinion que vous continués d'avoir de mon jugement. Mais prenés garde que les termes exquis avec lesquels vous en parlés sont fort approchans de la cajollerie.

CCCVII.
À M. DE BOISROBERT.

Monsieur, j'ay creu vous devoir escrire en mon particulier sur le mesme sujet que vous escrit la Compagnie[3], sachant par ce

---

[1] La lettre que Balzac se proposait d'écrire à Mlle de Scudéri est la lettre XXII du livre XV, page 647 de l'in-fol., commençant ainsi : «Si j'eusse pu obtenir un bon moment de ma mauvaise santé, je vous aurois dit, il y a long temps, que je n'ay ni assez d'humilité pour rejetter les louanges que vous me donnez, ni assez de présomption pour y consentir.» Balzac, après avoir remercié Mlle de Scudéri des éloges qu'elle a donnés à la *Relation à Ménandre*, prodigue les siens à l'ouvrage de Georges de Scudéri. La lettre est datée du 25 juillet 1639. Dans la lettre (déjà citée) de la page 803 de l'in-fol., Balzac promettait en ces termes de s'exécuter : «Il faut pourtant que la Muse du Marais en ait une [lettre], puisque vous l'ordonnez ainsi, et que je ne puis vous désobéir. Mais ce sera, s'il vous plaist, sans tirer à conséquence...»

[2] Dans cette même lettre (de la page 803) Balzac dit : «J'ay appris avec douleur la mort du pauvre Monsieur Arnauld. Il est certain qu'il valoit beaucoup, et je plains bien fort Messieurs ses frères, qui valent infiniment, et pour lesquels j'ay toujours une sincère affection, mais pleine de respect et de révérence.»

[3] L'Académie française. Cette lettre, qui fait tant d'honneur à Chapelain, a été reproduite en entier par M. Livet dans son édition du livre de Pellisson et de l'abbé d'Olivet (t. I, p. 378-381).

que Mr de Bonair a fait entendre à quelqu'un de nous, qu'on ne vous choqueroit point en ne suyvant pas l'affirmative, et connoissant, par mes propres expériences que je vous puis dire toutes choses avec confidence et liberté.

Vous sçaurés donc qu'après la mort du pauvre Mr Camusat, la vefve, s'estant résolue à continuer la librairie, et ayant mesme sceu que quelques uns de la profession briguoient pour estre receus libraires de l'Académie en la place de son mary, sitost que sa douleur luy permit de sortir, fut voir tous ces M^rs chés eux, et les supplia de considérer qu'ils ne pouvoient avec justice escouter personne à son préjudice et à celuy de ses enfans; que la loy luy permettant de continuer l'exercice de son mary et de jouir de tous ses privilèges, il n'y auroit point d'apparence qu'on luy voulust oster celuy qu'elle chérissoit le plus, et sur quoy elle fondoit principalement la subsistance de sa petite famille; que, sans reproche, son mary avoit servy la Compagnie et travaillé pour elle avec beaucoup de despenses, sans en avoir jusqu'icy tiré aucun avantage; que son bien estoit en espérance et qu'elle pouvoit dire qu'il luy estoit acquis et aux siens, par les respects et les services qu'il luy avoit rendus en général et en particulier; que, se trouvant en estat de continuer les mesmes services avec la mesme capacité et assiduité par l'assistance d'un cousin du défunt, nourry de sa main et stilé¹ dans l'imprimerie et la correction des livres, homme d'ailleurs qui a des lettres et qui veut bien quitter l'estude de la médecine pour embrasser cette profession², elle ne sçauroit croire que l'on voulust transporter à un autre un employ si légitimement acquis, et si aisé à conserver en sa maison; qu'elle estimoit sa condition et celle de ses pupilles si considérable en cette affaire, qu'il luy sembloit que son bon droit parloit de luy mesme et ruinoit toutes les prétentions de ses envieux; qu'en un mot, il s'agissoit de sa ruine, qui seroit une cruelle récompense de la passion que son mary avoit eu pour l'honneur et le service de la Compagnie, et, partant, qu'elle nous conjuroit de ne nous rien laisser persuader à son désavantage par ceux qui la vouloient supplanter avec tant d'inhumanité, et qu'elle auroit l'honneur de vous escrire et prier de la protéger dans sa justice auprès de Mgr. de qui elle espéroit toute sorte de grâce.

Voilà, en substance, les choses qu'elle nous a dit à tous séparément, et que j'ay sceu depuis qui avoient touché de compassion tout le monde, sans qu'il y en eust un seul qui balançast à luy garder son inclination et à désirer que la chose luy demeurast, comme luy estant le droit acquis. Mais comme la Compagnie ne se donne la permission de rien déterminer, non pas mesme des moindres choses qui la regardent, sans un ordre particulier de Son Em^ce, qui est l'unique règle de ses volontés, nous

---

Voir, de plus, le récit de Pellisson (*De quelques choses remarquables qui se sont passées dans l'Académie*, t. I, p. 126-129). L'historien de l'illustre compagnie célèbre «la générosité que l'Académie témoigna, après la mort de Camusat, son libraire, ayant, en faveur de sa veuve et de ses enfants, résisté, pour ainsi dire, à la volonté du cardinal, son protecteur.» Le principal mérite de cette résistance appartient à Chapelain. Boisrobert avait transmis d'Abbeville à l'Académie, le 3 juillet 1630, l'expression de la volonté du cardinal. La réponse de l'Académie à Boisrobert est du 11 juillet.

¹ *Stilé*, pour dressé, habitué à, expérimenté, est dans Froissart et dans Henry Estienne.

² Pellisson (p. 128) nous apprend que c'était un nommé Du Chesne, «homme de lettres, qui maintenant est docteur en médecine.»

luy fismes nostre response conditionnelle, ne luy promettant rien que sous le bon plaisir de Son Em^ce, la volonté de laquelle nous apprendrions de vous.

Maintenant, Monsieur, nous apprenons de vous que son inclination est que Mr Cramoisy[1] tienne la place du défunt, et à cela il n'y auroit rien à répliquer si c'estoit une inclination confirmée. Mais comme sa bonté nous laisse la liberté de luy expliquer nos sentimens la dessus, et que nous pensons voir la justice évidente du costé de la vefve sur les choses qu'elle a représentées, j'ay veu la Compagnie se disputer à faire à Son Em^ce ses remonstrances avec très profonde humilité et entière résignation à ce qui luy plaira d'en ordonner, ce qu'il luy semble qu'elle peut faire avec d'autant moins de crainte de desplaire à Son Em^ce, que nous avons tous creu qu'Elle avoit monstré cette inclination pour n'avoir pas esté informée que le deffunt laissast une vefve qui fust en estat et en volonté de suyvre sa profession, et que, d'ailleurs, Mr Cramoisy a déclaré à Mr de Bonair que si la vefve y pensoit et continuoit dans la profession, il ne prétendoit en cela aucune chose à son préjudice. En quoy il a tesmoigné qu'il estoit homme d'honneur et qu'il ne vouloit pas faire à une pauvre vefve chargée d'enfans ce qu'il seroit marry que l'on fist à sa femme et à sa famille s'il luy manquoit, quoyqu'elle soit dès à présent des plus accommodées. Je laisse à vostre générosité d'agir dans l'intérest de cette femme et de la Compagnie, selon que vous le jugerés à propos. Cependant je vous priray de ne me point nommer en particulier et de me croire tousjours, Monsieur, vostre, etc.

De Paris, ce 13 juillet 1639[2].

A vous parler avec ma franchise ordinaire Mr Cramoisy a fait une action inhumaine de faire importuner Son Em^ce pour obtenir cette place au préjudice de la vefve Camusat et de ses pauvres enfans, et, ayant ce dessein indigne d'un homme d'honneur, et que pas un de sa profession ne voudroit avoir eu, il s'est bien donné de garde de s'addresser à vous pour cela, jugeant bien que vous auriés esté pour la justice et que vous auriés dit à Son Em^ce l'estat des choses, ensuitte de quoy il est indubitable que le protecteur des affligés et particulièrement des vefves et des orphelins auroit prononcé en faveur de celle cy, et auroit commandé à l'Académie en cette occasion d'estre bonne et généreuse à son imitation. Je ne dis rien pour vous exhorter à travailler avec vostre addresse ordinaire pour remettre les choses en leur premier estat. Je vous connois dans l'ame et comme je suis asseuré que vous avés pris de vous mesme le party honneste, c'est à dire celuy de l'honneur de Son Em^ce et de la Compagnie en cette rencontre, je suis aussy asseuré que de vous mesme vous agirés comme la raison et la prudence l'exige de vous. Ce dont je vous supplie est que vous ne tesmoigniés point d'avoir receu de lettre de moy la dessus et de ne faire

---

[1] Cramoisy (Sébastien), né à Paris en 1585, y mourut en 1669. Il fut le premier directeur (1640) de l'imprimerie royale établie au Louvre. Il ne fut pas seulement l'imprimeur du Roi, mais encore le libraire du cardinal de Richelieu. Les relations du futur ministre avec Cramoisy remontaient au moins à l'année 1615, comme on peut le voir par une lettre qu'écrivit, dans le mois de mai de cette année, l'évêque de Luçon à celui dont il se disait le *plus affectionné amy* (Recueil de M. Avenel, tome I, page 144).

[2] Le même jour, Chapelain (f° 142) écrivit au mestre de camp Arnauld (à l'armée du maréchal de Châtillon), lui reparlant de la mort de son cousin le lieutenant Simon Arnauld.

voir que celle de l'Académie à Son Em⁽⁰⁾. Il importe que cela se passe ainsy pour moy et, après vous en avoir supplié, comme je fais, je ne doute point que vous ne me faciés cette grâce. Je suis tout à vous sans réserve.

CCCVIII.
À M. L'ÉVESQUE DE GRASSE (GODEAU),
À GRASSE.

Monsieur, ma maladie a esté courte, grâces à Dieu, et ne m'a pas donné tous les moyens d'exercer la patience chrestienne à laquelle vous m'exhortés avec tant de bonté et de charité. Les maux violens ne sont jamais de longue durée. Ils terracent promptement, ou sont promptement surmontés. Si le mien eust eu le mauvais succès que mes amis craignoient, vostre lettre m'eust trouvé dans le tombeau, et j'eusse perdu ces bons avis, desquels je me tiens heureux de pouvoir employer à mon usage et d'en pouvoir profiter à l'avenir dans les espreuves de constance et de résignation qu'il plaira à Dieu de m'envoyer. Vous sçavés que ce n'est pas aux seules afflictions corporelles que ce remède est propre, et nous sommes en un temps où il y a lieu de l'appliquer utilement et souvent à celles de l'esprit. Les pertes de biens qui nous arrivent tous les jours, mais bien plus encore celles d'amis intimes, outre les malheurs de la Patrie, nous sont un exercice de douleur ordinaire dans lequel les sentimens pieux que vous me marqués dans vostre lettre, rencontrent matière à fructifier, soit pour nostre fermeté, soit pour nostre consolation. Je vous en remercie donques de tout mon cœur, comme aussy des oblations que vous avés faittes à Dieu pour mon soulagement, que je ne doute point qui n'en soit venu en la plus grande partie, je dirois en tout si la brièveté de mon mal et le long temps que demeurent les lettres en chemin d'icy à Grasse ne me laissoit croire que j'estois à demy guery, lorsque vous receustes la nouvelle qui vous fist appréhender ma mort.

Nous exerçons icy les œuvres de miséricorde par l'assistance que nous rendons aux affligés. J'entens la vefve du pauvre Camusat et toute la maison de M⁰ d'Andilly[1].

Je suis, Monsieur, vostre, etc.

De Paris, ce 15 juillet 1639[2].

CCCIX.
À M. DE BALZAC,
À BALZAC.

Monsieur, je me repens de vous avoir donné avis de ce qui s'estoit passé entre le sieur Rocolet et moy dans l'affaire qui vous regardoit et dont il m'avoit communiqué[3], puisque son procédé vous a si fort despleu que d'en altérer vostre repos et de vous porter à luy en escrire en termes si rudes. Sa faute ne vous doit point toucher pour mon regard, puisqu'elle ne m'a point touché moy

---

[1] Cette lettre a été publiée en entier par M. R. Kerviler (*Jean Chapelain*, p. 290).

[2] Le même jour, Chapelain (f° 144) demande à la marquise de Flamarens des nouvelles de sa santé. Il suppose que M. de Flamarens est au siége de Salses. Il parle à la marquise du malheur de M. de Feuquières à Thionville et puis de la prise de Hesdin, «où le Roy est entré le quarantiesme jour après que M. le Grand Maistre l'a eu assiégé». Le même jour encore (f° 441) Chapelain écrit à M. de Marinville : «Nous sommes icy aux escoutes dans l'attente de la résolution que prendra le Roy pour l'attaque de quelqu'une des places de Flandres.»

[3] C'est-à-dire : dont il m'avait donné communication. Je ne sais pas de quelle affaire il était question, mais on voit que c'était d'une affaire d'argent, et il me semble que Chapelain fait un peu honte à son ami de la vivacité avec laquelle il avait eu le tort de condamner Rocolet, sans lui tenir compte ni de ses bonnes intentions, ni de ses mauvaises habitudes.

mesme, ayant considéré que ces scrupules et ces incertitudes qu'il m'a fait paroistre estoient autant de respects qu'il avoit pour vous et des effets d'une prudence de marchand qui n'est pas obligé de s'élever jusqu'à la prudence des sages et des magnanimes. Je ne m'offenserois pas mesme d'un véritable déplaisir qu'il m'auroit fait, les personnes de sa sorte ne pouvant pas, ce me semble, esmouvoir la passion dans le cœur d'un philosophe et devant estre plustost regardées, lorsqu'elles nous choquent, avec compassion qu'avec colère. Jugés maintenant si je luy pourrois vouloir mal pour n'avoir failly que par le vice de son raisonnement, qui ne luy a pas permis de voir les choses comme nous les voyons, et luy a conseillé de traitter avec moy comme avec ses semblables. Aussy ne vous ay-je escrit ce que vous avés leu sur ce sujet que dans la crainte que sa circonspection ne nuisist une autres fois au bien de vos affaires, et qu'il ne vous eust fait perdre par ses irrésolutions en cette rencontre une occasion qui ne fust pas aisée de recouvrer. Mais puisque c'est une chose qui se peut faire par tant d'autres voyes et que vostre service n'en est que d'un peu retardé, j'en demeure avec l'esprit tranquille de tous costés et vous prie de n'en vouloir pas plus de mal à ce bon homme que je fais, et que vostre trop vif ressentiment ne vous face perdre en luy un serviteur utile et affectionné, qui est une marchandise encore plus rare en ce temps cy qu'elle n'a jamais esté.

Quant à la condition que Mᵉ le Marquis de Montauzier et moy avions requise de ne point remettre vostre argent icy que quand vous l'auriés receu de delà, ce fust un mouvement que nous eusmes tous deux pour la seureté de la somme et pour vous servir sans péril de vostre part, lequel nous estions bien esloignés de vouloir faire passer pour obligation, n'ayant autre but en cela que de vous monstrer que l'intérest des autres ne nous touchoit point à comparaison du vostre et que vostre seule considération nous faisoit agir là dedans. C'est de quoy je vous prie de luy sçavoir gré, car la manière dont il s'y porta le mérite, et lorsque je luy fis mes excuses de l'avoir employé deux fois inutilement en cette affaire, il me tesmoigna de bonne grâce qu'il n'y avoit regardé que vous et que rien ne luy pouvoit déplaire en cela que ce qui vous y pourroit déplaire. Il est parti maintenant pour Alsace, désespéré du traittement qu'il reçoit de Mʳ de Bullion pour la subsistance de ses trouppes, et en partant, il me chargea fort de vous asseurer de luy et de la passion qu'il a pour vostre vertu.

Je vous ay au reste desja mandé que le sʳ Rocolet s'estoit acquitté, dès il y a un mois de ce que vous luy avés ordonné touchant cette lettre de Mʳ d'Auboise. Je la receus par son moyen et en mesme temps envoyay chés Mʳ de Bonair pour luy en donner part et le prier de faire de Mʳ de B*** que vostre première fust supprimée, ce qu'il n'aura pas manqué de faire estant trop ponctuel dans les ordres qui luy viennent de vous, si bien que de ce costé la le sʳ Rocolet est pur et net, et il n'y a que ma mauvaise mémoire qui soit coupable.

Je chercheray Mʳ Mesnage et luy feray voir ce que vous m'escrivés de luy. Vostre curiosité satisfera la mienne, s'il me donne quelque chose de luy à vous envoyer. Il est sçavant sans doute en l'une et l'autre langue. Nous verrons s'il est despaïsé de l'Université et s'il escrit les choses en honneste homme.

Le seigneur Gian Giacomo[1] a fait imprimer à Rome un recueil des tombeaux de Mʳ de Peyresc composés à sa sollicitation en

---

[1] Jean-Jacques Bouchard.

plus de quarante langues[1]. Il y a longtemps que les yeux [*sic*, sans doute pour vœux] de M^r L'Huillier me demandoient quelques rimes sur ce sujet et l'amitié que le défunt avoit pour moy m'en pressoit aussy. Mais j'attendois tousjours la verve qui m'est enfin venue sur cette Panglossie qui a bien sans doute quelque chose de grand, aussy bien que de comique. Je vous envoye le sonnet que j'ay donné à la mémoire de nostre amy où j'ay essayé de louer à peu de frais le loué et les loueurs[2]. Vous m'en manderés vostre avis avec la mesme liberté que j'ay fait du mot de *besogne*[3], que je croy qui n'a arresté nos gens qu'à cause du voysinage de l'autre mot qui désormais est parmy nous *inter obscœna*. Car, pour la bassesse, elle ne paroist que selon qu'il est enchassé, et je demeure persuadé, après ce que vous m'en avés escrit, que pourveu que ce soit vous qui l'employés, il s'eslèvera par vostre art et par vostre authorité et prendra place parmi les illustres.

M^r l'abbé de Boisrobert a célébré la mareschaussée de M^r de La Meilleraye[4] par un sonnet que je vous envoye. Je verray demain ce que M^r d'Ablancourt me dira de la lecture qu'il a faitte de vostre Discours chés M^rs Du Puy et ce que Mr Conrart a senti en le lisant en son particulier. Ils sont tous deux Charentonneaux aujourd'huy[5] et nous ne nous devons voir qu'à l'Académie.

J'oubliois à vous dire que Mr Ménage, en me parlant de vous, me dit qu'il estoit résolu de vous aller faire une visite à Balzac lorsqu'il fut à Angers la dernière fois, mais que ses affaires luy rompirent ses mesures et luy ostèrent cette consolation.

M^r Du Breton a fait imprimer une lettre latine qu'il vous addresse en vous envoyant son oraison de commande, où je voudrois qu'il se fust passé d'insérer ce que je vous manday, il y a un an, de ce Père qui porte son nom. Je luy en ay dit mon sentiment et luy ay donné de la confusion d'avoir esté ainsy estourdiment divulguer nos mystères et les sacremens de nostre amitié. Vous sçavés combien il est dangereux d'irriter les crabrons et que les M[oines] sont une nation avec qui il n'est pas seulement dangereux d'avoir commerce, mais de qui mesme il est

---

[1] Balzac disoit (lettre XXV du livre XX, déjà citée): « Pour aller jusqu'à quarante, il faut qu'il y en ait vingt-trois que Scaliger ignoroit, et que l'Ame du Parnasse [Peiresc] soit louée en Basque et en Bas Breton. Voilà de quoy faire une musique enragée sur vostre Parnasse. C'est introduire les Barbares dans ce lieu sacré, et n'estre pas moins coupable que ceux qui ouvroient les portes d'Italie aux prédécesseurs du Roy de Suède. »

[2] Ce sonnet est intitulé: *Sur la Panglossie servant de tombeau à M. de Peiresc, conseiller au parlement de Provence*. C'est un des plus faibles de tous les sonnets composés par Chapelain. Tout y est banal, la pensée comme l'expression. Peiresc y est surnommé *Apollon*, *Ame du Parnasse*. Les poëtes italiens y sont ainsi désignés:

Vous, cygnes, que le Tibre eslève sur ses bords.

Enfin, le grand nombre de chantres de la gloire de Peiresc inspire à Chapelain ce tercet:

Son tombeau fut basti par cent peuples divers,
Et le haut Capitole en mille voix estranges
Ouït sur son tombeau gémir tout l'Univers.

[3] Balzac, louant le mauvais sonnet de son ami avec plus de complaisance que de liberté, osa dire (lettre XXV du livre XX déjà citée): « Vostre sonnet me semble beau en perfection. » Pourtant, il faut le reconnaître, Balzac a la pudeur de ne pas insister, il semble qu'il ait hâte de quitter ce sujet embarrassant, comme on s'éloigne d'un terrain qui brûle les pieds.

[4] C'est-à-dire le don du bâton de maréchal de France à La Meilleraye.

[5] Habitants de Charenton, où ces deux calvinistes allaient au prêche. *Charenton au XVIIe siècle*, par Ch. Marty-Laveaux. Paris, Dumoulin, 1853, in-8°. (Extrait du *Moniteur universel* des 6 et 8 août.)

nécessaire, pour sa tranquillité, de ne parler ny en bien ny en mal. J'ay veu la lettre que vous luy avés escrite ou fait escrire par Totila qui est très obligeante. Je luy ay fait bailler 50 livres pour le desdommager de la traduction qu'il avoit entreprise des *Philippiques* à la prière de Camusat et que la vefve n'est pas conseillée d'imprimer.

Je suis, Monsieur, vostre, etc.

De Paris, ce 17 juillet 1639.

CCCX.
À M. L'ABBÉ DE BOISROBERT,
À SAINT-QUENTIN.

Monsieur, il estoit impossible que l'équité de Son Ém^{ce} et l'amour que vous avés pour les choses honnestes laissassent despouiller la famille du pauvre Camusat d'un bien qu'il avoit si bien acquis, sitost que vous auriés esté averti de la disposition où est la vefve de continuer ses services à l'Académie[1]. Aussy ne vous en escrivis-je pas, la semaine passée, comme d'une chose que je craignisse, mais seulement pour accompagner d'un billet confident[2] les sentimens de la Compagnie, par lequel vous peussiés reconnoistre que les très humbles remonstrances qu'elle faisoit à Son Ém^{ce} sur ce sujet partoient du cœur, et n'estoient pas simplement pour satisfaire aux apparences. Je me resjouis, Monsieur, de voir que mes pronostics ayent esté véritables, et vous félicite d'avoir esté l'instrument volontaire du raccommodement de cette affaire, qu'il n'est point fascheux qui eust esté ruiné (*sic*), pour faire après plus esclater la justice de Monseigneur, vostre humanité et charité et la fermeté de la Compagnie dans les mouvemens de raison et de vertu. Je feray sçavoir à cette pauvre vefve l'extrême obligation qu'elle vous a et je sçay qu'elle la ressentira en personne bien née et qui connoist le bien qu'on luy fait.

Je vous pourrois responde aussy de la satisfaction qu'en aura la Compagnie, si Mr Conrart ne le devoit pas faire en son nom, lorsqu'il luy aura communiqué vostre lettre. Je dis en son nom, prenant la plus grande partie pour le tout, car il y a apparence que ce ne sera pas au nom du faux frère qui avoit fait agir Mr Citoys[3] en cette rencontre pour l'intérest de son amy contre l'intérest et l'honneur de la Compagnie.

Au reste, vous pourriés tousjours asseurer Son Ém^{ce} de la continuation des travaux de Mr de Vaugelas, qui fournit aux trois bureaux qui se tiennent toutes les semaines avec assiduité pour l'avancement du Dictionnaire, et je vous proteste qu'il ne s'y peut rien adjuster et que si l'ouvrage réussit un peu long[4], ce n'est pas par la négligence des ouvriers, mais par la nature de la matière,

---

[1] Pelisson dit (*Histoire de l'Académie française*, t. I, p. 128): «Cette lettre [de la compagnie en faveur de la veuve de Camuzat] eut l'effet qu'on souhaitoit, et M. de Boisrobert en écrivit bientôt une autre au secrétaire de l'Académie [26 juillet 1639], contenant l'approbation du cardinal, et le consentement qu'il donnoit que du Chesne fût reçu pour exercer la charge au nom de la veuve. Ainsi, après qu'on eut ordonné une réponse à M. de Boisrobert, pour le remercier, et pour le charger de faire aussi des remerciments très-humbles au Cardinal, du Chesne fut introduit dans l'assemblée [26 juillet 1639], prêta le serment au nom de la veuve, et fut exhorté d'imiter la discrétion, les soins et la diligence du défunt.»

[2] *Confident* pour *confidentiel*. L'expression a été rarement employée.

[3] François Citoys, né à Poitiers en 1572, fut reçu docteur en médecine à Montpellier en 1596. Il mourut dix ans plus tard que le Cardinal de Richelieu, après avoir publié un volume in-4° intitulé *Opuscula medica* (Paris, 1639).

[4] M. Sainte-Beuve, qui a cité ce passage dans l'étude sur Vaugelas déjà mentionnée, se moque du *réussit un peu long* de Chapelain, disant (*Nou-*

qui, comme vous le sçavés par expérience, est espineuse et de grande discution pour la bien traitter. En un mot, on n'y perd pas un moment et Son Ém^ce le peut croire d'un homme comme moy qui en ay esté le promoteur, qui y donne le plus cher de mon temps et qui en passionne l'accomplissement[1] comme y ayant un plus particulier intérest d'honneur que personne.

Vous m'affligés de me dire que vostre santé n'est pas bonne. Au nom de Dieu, soigniés y[2] autant que vostre agitation présente le peut permettre, et quand vous n'auriés pas assés d'affection à vostre conservation pour vous mesme, souvenés vous que le monde honneste et les personnes de mérite ont besoin que vous vous portiés bien. Pour moy, je suis dans une douce langueur que j'appelle santé par accoustumance[3], pour ce qu'elle ne m'empesche pas de faire ce que je dois et que je trouverois sans doute fort rigoureuse si vous la mettiés à l'espreuve et que vous luy donnassiés de l'employ dans les choses qui regardent vostre service.

Je feray entendre à Mr de Vaugelas ce que vous m'ordonnés pour ce qui le concerne et pour Mr Faret. Tous nos autres amis sçauront vostre souvenir et auront cette consolation par moy.

J'ay veu le beau Sonnet que vous avés donné à M^r le Mareschal de la Meilleraye et l'ay rendu public à Paris et l'accompagne où j'ay des amis. Dieu vueille faire prospérer les desseins présens du Roy et de Son Ém^ce !

Je suis, Monsieur, vostre, etc.

De Paris, ce 20 juillet 1639.

CCCXI.
À M. L'ÉVESQUE DE GRASSE (GODEAU),
À GRASSE.

Monsieur, vous auriés perdu un bien qui, pour estre petit, ne laisse pas d'estre fort solide, si ma courte maladie eust eu la mauvaise suitte qu'elle pouvoit avoir, et si j'eusse quitté cette vie pour une autre meilleure. Dieu ne l'a pas voulu encore, et je suis demeuré dans le siècle pour participer à ses biens et à ses maux, c'est à dire pour avoir peu de joye et beaucoup de peine, puisque ce monde est une vallée de larmes, et qu'il n'y a de vrais plaisirs que dans le Ciel. J'en excepte pourtant celuy d'estre aymé de vous au point que vous me le mandés et dont je n'ay jamais fait de doute. C'est avec luy que je contrepèse[4] tous les maux qui m'environnent et qui me veulent accabler, et je

---

veaux lundis, t. VI, p. 349): «Ces lettres tout en faveur de Vaugelas prouvent bien en même temps à quel point il y avait réellement besoin et urgence d'un Vaugelas pour épurer et alléger un peu du style lourd et pesant des doctes Chapelain. Si l'ouvrage réussit un peu long, c'est-à-dire si l'ouvrage est long à terminer : cela peut être du latin ou de l'italien, ce n'est certes pas du français.» Avant M. Sainte-Beuve, M. Livet avait donné, dans son édition de l'Histoire de l'Académie (t. I, p. 382) non-seulement le passage relatif à Vaugelas, mais encore presque tout le reste de la lettre.

[1] C'est-à-dire : désirer avec passion.
[2] Est-ce un lapsus? Faut-il lire: Soignez-la ? ou bien : Veillez-y, songez-y ?

[3] Accoutumance est encore dans Bossuet, La Fontaine, La Rochefoucauld, Boileau, Massillon. Le P. Bouhours lui était favorable, comme aujourd'hui M. Littré, et M. de Châteaubriand a essayé de le rajeunir. On sait qu'il est parfois dans les Essais de Montaigne.

[4] Contrepeser (contrepoiser) est dans les Essais de Montaigne, ainsi que dans le Plutarque d'Amyot comme il était déjà dans l'Institution de Calvin, et, bien auparavant, dans Nic. Oresme et même dans le jurisconsulte Beaumanoir. Ce mot n'a guères survécu au xviie siècle. Le Dictionnaire de Trévoux, après avoir cité l'emploi de contrepeser fait par Saint-Évremond, ajoute que le mot est très-peu usité.

vous puis dire que vous estes le seul ou le premier de ce petit nombre d'amis que j'ay, qui me faittes attendre patiemment dans la terre cette dernière heure qui nous doit donner le vray repos et le parfait contentement.

Au reste, quoyque le malheur de Thionville soit déplorable pour la France et pour le pauvre M. de Feuquière, nostre amy[1] ne s'y estant pas trouvé, n'en a receu autre mal que celuy de voir sa fortune reculée par la cheute de celle de son beau-frère. Je veux croire qu'on ne luy imputera point d'ailleurs de ne s'y estre point trouvé et qu'il achèvera cette campagne plus heureusement que M. de Feuquière ne l'a commencée.

Vos lettres ont esté rendues à M. de S. Nicolas qui fera tenir celle de M. Arnaud. M. Conrart, depuis son retour, n'a fait autre chose que de disposer le mariage de M. le Duchat et de M. Muisson, sa cousine, et belle-sœur[2], si bien que de ce voyage vous n'aurés point son jugement sur vostre Vierge. Il y faudra travailler la semaine qui vient, encores que je croy qu'il n'y aura guère qu'à lire. Et certes je trouvay l'ouvrage fort beau toutes les deux fois que je l'ay leu en mon particulier.

Je suis, Monsieur, vostre, etc.

De Paris, ce 21 juillet 1639.

CCCXII.
À M. DE BÁLZAC,
À BALZAC.

Monsieur, ma relation est fidelle et toute *ad amussim veritatis*[3]. L'hostel de Rambouillet, d'une voix commune, a applaudy à vostre discours avec des acclamations sincères et toutes tellement pour vous seul, que M. le Cardinal de la Valette n'y a eu part que pour le nommer bien heureux d'avoir esté consolé de ses afflictions domestiques avec tant d'éloquence et de délicatesse[4]. J'avois oublié dans le catalogue des auditeurs le cher M. de Vaugelas et il m'estoit eschappé dans la foule. Il se fit ouïr parmi les acclamateurs[5], autant que la douceur de son esprit et la faiblesse de sa voix le peut permettre, sans drapper[6] sur les participes ny sur les Gérondifs, ny coucher de sa Grammaire ni de son Dictionnaire. Mais ce n'a pas esté en ce lieu seul où cette belle pièce a esté admirée. Je l'ay leue en quatre lieux différens et tousjours à vostre grande gloire et avec les mesmes effets qu'à l'hostel privilégié.

La dernière lecture que j'en ay faitte a esté à la marquise de Sablé, qui certes est une digne auditrice[7] et qui sçait bien peser

---

[1] Nous avons déjà vu que M. de Feuquières était la sœur d'Arnauld, le mestre de camp des carabins de France.

[2] Valentin Conrart avait épousé Madeleine Muisson, sa cousine germaine, fille de Jacques Muisson et de Marie Conrart. Le mariage de la belle-sœur du secrétaire perpétuel de l'Académie française avec M. Le Duchat (un parent sans doute du père de l'érudit éditeur de Rabelais et de la *Satire Ménippée*) est indiqué en ces termes par M. Paulin Paris (*Commentaire* de l'*Historiette* de Conrart, t. III, p. 300): «Les trois sœurs de M. Conrart furent : 1° Marie, mariée à François Mandar, médecin du Roi; 2° Jeanne, mariée à Ponthus Petit, contrôleur des eaux et forêts; 3° Catherine, femme d'Abraham du Chat [*sic*], conseiller au parlement de Metz.»

[3] Au niveau de la vérité, comme si elle était tirée au cordeau.

[4] On a vu que Balzac attribuait le succès de son discours au désir que l'on avait eu, chez la marquise de Rambouillet, de donner un témoignage de sympathie au cardinal de la Valette.

[5] M. Littré, sous le mot *acclamateur*, n'a cité aucun de nos écrivains. Le mot manque dans les *Dictionnaires* de Richelet et de Trévoux.

[6] *Draper*, pour *critiquer*, est dans la Satire IX de Régnier et dans la satire III de Boileau.

[7] Le mot *auditrice* n'a été admis ni dans le

toutes les beautés. Je vous puis dire que je la pasmay[1] et qu'elle renvia l'estime de cet ouvrage par dessus toutes les personnes qui l'eussent ouy jusques là. J'appris par cette occasion qu'elle avoit tousjours esté une de vos tenantes généreuses et que Phylarque l'avoit eue pour ennemy aussy tost qu'il avoit paru vostre ennemy. Je connois cette femme depuis deux mois seulement, et je suis bien marry de ne l'avoir pas connue, il y a vingt ans. C'est une Vittoria Colonna et au delà en matière de prose et sans doute il n'y a point de dame en France qui ait tant d'esprit ny tant de belles connoissances[2]. Il est vray que c'est ce que j'y considère le moins. Son vray éloge est qu'elle ayme ses amis, comme je fay les miens avec un courage de Reyne et une ardeur la plus obligeante du monde. Vous pouvés l'aymer sur ma parole ou du moins avoir pour elle une douce inclination. Je ne sçay si je ne passeray point pour vain si je vous dis qu'il y a deux ans qu'elle poursuit mon amitié avec une persévérance qui me fait honte et qu'enfin je me suis laissé conduire à Melle de Rambouillet qui a fait ce marché à des conditions qui me sont trop glorieuses. Ce que vous en sçaurés est qu'elle s'abandonne entièrement à moy. J'entens sauf son honneur et le mien, de sorte que vous n'avés que faire de craindre que les fripons qui barbouillent du papier seront les bienvenus chés elle, lors qu'il s'agira de vostre intérest.

Je suis bien aise que vous donniés le nom de Discours à ce qui aussy bien estoit bien long pour une lettre. Je l'ay ainsy nommée de mon chef par tout où je l'ay produitte et vous ay représenté en habit de consolateur comme un autre Sénèque et un autre Plutarque[3] parlant à vostre illustre amy affligé, d'une tribune ou d'une chaise attaquant sa douleur avec délicatesse et la conduisant à bonne fin.

Ce n'a esté qu'après deux ou trois protestations que vous m'avés faittes de vouloir respondre à la Muse du Marais que je me suis engagé à le luy promettre et depuis que je vous ay sollicité de me dégager. Si vous m'en eussiés creu, vous vous fussiés espargné cette peine, et un compliment dans l'une de mes lettres vous eust mis à couvert du blasme d'incivilité que vous me tesmoignastes si fort. Sus donc *finiamola spediamola* et *allegramente* puisque *sete intrato in questo gineprajo*.

Dictionnaire de l'Académie française ni dans celui de M. Littré. Richelet ne le donne pas non plus, mais on lit dans le *Dictionnaire de Trévoux*: «Quoique quelques personnes se servent de ce mot, il n'est pourtant pas encore marqué du sceau du public.»

[1] M. Littré, qui a cité de nombreux exemples du verbe neutre *pâmer*, n'a cité aucun exemple de l'expression : *pâmer quelqu'un*, le jeter dans une joie infinie.

[2] Balzac (lettre citée dans la note 5) dit avec étonnement : «Est-il possible que vous ayez descouvert à Paris une *Vittoria Colonna*, et que cette Marquise, dont on n'avoit point encore parlé, soit du mérite de la Romaine? Il faut le croire sur vostre parole, révérer à l'advenir ses excellentes qualitez, et sans sçavoir gré de la justice et de la faveur qu'elle nous a faite dans l'affaire de Phylarque. Pour la confirmer dans son opinion, je voudrois qu'elle eust mon Apologie de la sorte que je l'ay retouchée.»

[3] Balzac répond ainsi aux amabilités de Chapelain (lettre XXVI du livre XX, p. 804 de l'in-fol.): «Souffrez qu'avec ma vilaine escriture je vous remercie du beau présent que vous m'avez fait. Je parle de la robe de consolateur qu'il vous a plus de me donner, et de la tribune que vous avez voulu me bastir, dans laquelle je me trouve, de vostre grace, vis-à-vis de Sénèque et de Plutarque.» La lettre, datée du 1er décembre 1639, est tout au plus du 1er septembre de la même année.

Je feray voir à M. l'abbé de S¹ Nicolas la part que vous prenés à son affliction et la manière dont vous parlés de luy et de toute sa famille. Et certes, Monsieur, elle est digne de vostre amitié et de vostre tendresse, car il n'y a lieu en France où vostre mérite soit si bien connu et si estimé.

Si les Suédois continuent à gouspiller la maison d'Austriche comme ils ont commencé ceste année, jusques à avoir assiégé Prague avec une diminution estrange de réputation pour le généralissime Galas, nous ferons bouquer¹ l'Espagne et luy donnerons la paix malgré elle.

Les infirmes et misérables héros me semblent une belle addition dans vostre Discours que je n'ay peu lire encore de cette seconde édition pour ce qu'il est passé midy, que l'on ne me vient que de rendre vostre paquet et que je n'ay jamais que le loysir de courir² vos lettres et d'y respondre tumultuairement. C'est cela mesme qui m'empesche de vous pouvoir envoyer de ce voyage les livres que j'ay de la querelle du Caro et du Castelvetro, lesquels, pour être portés par ce messager, luy devoient estre envoyés dès hier au soir. Vous les aurés dans la huitaine.

Je suis, Monsieur, vostre, etc.

De Paris, ce 24 juillet 1639³.

CCCXIII.

À M. BOUCHARD,

À ROME.

Monsieur, vous serés surpris de ce mot et du sonnet qui l'accompagne⁴. Après avoir passé tant de temps sans avoir rien donné à la mémoire de nostre excellent amy, vous avés deu croire que ma muse s'opiniastreroit dans son silence. Et, en vérité, mes accablemens ordinaires ne me laissoient pas espérer à moy mesme de pouvoir trouver un moment de serain loysir pour m'acquitter d'une si légitime debte. Mais enfin vostre panglossie, je veux dire ce dessein généreux de célébrer sa vertu en toutes les langues connues, m'a piqué l'âme et a donné une estincelle de chaleur à ma veine refroidie, qui a pris le temps que les affaires ne luy vouloient pas donner. Il m'a semblé qu'il seroit honteux à nostre nation que la magnanime Italie eust bien voulu glorifier un François par tant de démonstrations d'estime, et que les François mesme eussent négligé de l'honnorer. J'ay voulu sauver mon païs de ce juste reproche, et, en marquant la vertu de nostre compatriote, tesmoigner quelque ressentiment des éloges que tant d'excellens hommes luy ont donnés. Ça esté, à la vérité, en peu de paroles, et, comme je crains, peu dignes d'eux et de luy. Mais ny mon loysir, ny ma capacité ne m'en ont pas permis davantage, et je l'ay

---

¹ *Baiser par force, céder, se soumettre.* M.-Littré cite, outre deux phrases de Regnard et de Voltaire, cette phrase de Montaigne (*Essais*, livre III): «Il y a plus de braverie et de desdaing à battre son ennemy qu'à l'achever, et de le faire bouquer que de le faire mourir.»

² Lire en courant, parcourir.

³ Le lendemain, Chapelain (f° 152) donnait au chevalier de la Trousse, «à l'armée du mareschal de Chastillon,» les conseils les plus affectueux, lui recommandant notamment de soigner le style de ses lettres. Voici les nouvelles consignées dans le *post-scriptum*: «Mᵍʳ le duc de Longueville m'a escrit du 14 qu'il avoit repris Saluces et Fossan et forcé le chasteau de Bene, après avoir pris la ville d'emblée. On me vient d'asseurer que Salces avoit esté aussy pris de force par Mᵍʳ le Prince. Ce sont deux effets de grande réputation.»

⁴ Le très-médiocre sonnet en l'honneur de Peiresc dont il a été parlé dans la lettre CCCIX, du 17 juillet 1639.

plustost fait pour montrer le chemin à nos poëtes, que pour m'imaginer que ma petite rime peust beaucoup contribuer à la gloire de celuy qui a esté loué et de ceux qui l'ont honnoré de leurs louanges.

Telle qu'elle soit néantmoins, je vous demande en grâce que vous en donniés copie à Mrs Bracciolini, Pollini et Mascardi, afin que toute Rome, que je renferme en leurs personnes, voye que si nous ne sommes pas habiles, au moins ne sommes nous pas mesconnoissans. Vous m'obligerés aussy de les asseurer de mon très-humble service et du respect que j'ay pour leur vertu.

Je voudrois que vous me fissiés sçavoir quels sont les sujets éminents en mérite pour ce qui est des belles lettres en vostre Cour, outre ceux que je vous ay nommés, et M^r le Cardinal Bentivoglio, à qui je croy qu'on doit rendre honneur extraordinaire, sans donner de jalousie à personne. Ayant appris leur nom par vous qui en estes si bon juge, je les recevray avec plaisir en mon secret, et, sur vostre parole, je les débiteray pour ce qu'ils sont parmy ceux de deçà qui font la mesme profession.

Vous aurés sceu la mort du pauvre Camusat, et je m'asseure que vous en aurés esté touché. La Compagnie continue son employ à sa vefve, laquelle, par mon conseil, à quoy elle défère un peu¹, a envoyé à Mgr le Cardinal vostre traduction de la *Congiura*² imprimée. Vous aurés avis sans doute par M^r l'abbé de Boisrobert, qui en a esté le présentateur³, de son succès auprès de Son Ém^ce. Il y a peu que cela a esté envoyé, ce qui fait que je ne vous en puis encore rien dire, mais je ne fais pas de difficulté de vous asseurer par avance qu'elle aura fait la réussite⁴ que nous pouvons désirer. Voyés qu'il m'a eschappé une fraze italienne, et que parmy beaucoup de barbaries en ma langue, j'ay dit une politesse estrangère.

J'ay veu quelques lettres italiennes de vous que j'ay trouvées exquises. Vous me feriés plaisir, si vous en aviés beaucoup de pareilles, de nous les envoyer et je les ferois valoir en bon lieu, surtout celles qui sont dans le stile libre et burlesque, qui est de plus galand homme et plus malaisé à acquérir.

Nous avons sceu icy de plus d'un endroit que le *Ministre d'Estat* avoit esté censuré à Rome⁵. Il m'importe de sçavoir sur quels points précisément il a esté censuré, quels

---

¹ M. Livet a oublié de reproduire, dans son édition des ouvrages de Pellisson et de l'abbé d'Olivet, ce passage où Chapelain parle avec tant de réserve de son influence sur l'Académie.

² La traduction faite par Bouchard de la *Conjuration de Fiesque* de Mascardi.

³ M. Littré n'a cité, sous le mot *présentateur*, que cette phrase d'une lettre de Chapelain à Colbert (du 28 octobre 1664) : «...et que le présent vous fasse quelquefois souvenir du *présentateur*.»

⁴ *Réussite* vient de l'italien *riuscita*. On disait au XVIe siècle *réussissement*. M. Littré donne sur ce mot la petite notice que voici : « De Caillières prétend que *réussite* est dû à un homme de la cour vers 1670, dit pour cela par les plaisants M. de la Réussite. C'est un conte; l'exemple de Molière : *Pour moi, je m'en tiens assez vengé par la réussite de ma comédie* (préface de *l'École des femmes*), est de 1662. » On voit que, plus de vingt ans avant Molière, Chapelain avait risqué le mot *réussite*.

⁵ Le Ier volume du *Ministre d'Estat*, qui avait paru en 1631, venait d'être traduit en italien par Mutio Ziccata (Venise, 1639). Aucun biographe, pas même M. R. Kerviler, n'a parlé de la censure infligée par la cour romaine au livre de Silhon. L'auteur semblait avoir prévu la condamnation dont il fut frappé au Vatican, car il avait ainsi plaidé d'avance, dans son Avertissement, la cause du *Ministre d'État* : « S'il y a quelqu'un qui trouve nos jugemens trop libres, principalement quand je parle du Pape et des choses

ont esté les motifs des censeurs, et s'il est possible d'avoir une copie de la censure. Je vous prie de faire cette diligence qui ne vous sera pas malaisée, comme je croy, puisque les censures ordinairement sont publiques.

Les prises par force de Beine par M⁼ʳ de Longueville et de Salces par M⁼ʳ le Prince[1] rhabilleront un peu nostre réputation en Italie et luy donneront un juste sujet d'espérer restauration. En effet les Espagnols ne réussissent que quand ils n'ont point d'opposition et que tout le païs leur est favorable.

Les hexamètres et les élégiaques du Sʳ Alessandro Pollini m'ont semblé aussy beaux que ses hendecasyllabes, c'est-à-dire admirables. Je ne les ay point encore veus dans un exemplaire que je peusse dire à moy. Si vous mandés à Mʳ vostre frère ou au Sᵍʳ Lilli qu'ils me remettent celuy que vous m'avés fait l'honneur de me destiner, puisqu'il n'y en a point icy à vendre, je le mettray dans mon cabinet en bonne place et vous en auray obligation.

Je suis, Monsieur, vostre, etc.

De Paris, ce 26 juillet 1639.

CCCXIV.
À M. DU MAURIER.

Je vous envoye, Monsieur, le livre espagnol que vous fistes laisser chés moy ces jours passés. Je l'ay leu en courant, et quoyque je vous puisse dire que l'autheur ne soit ny bon historien, ny bon orateur, il est vray pourtant qu'il a de l'esprit et que par endroits j'y ay trouvé des traits qui pourroient estre dits et avoués par les plus habiles hommes que je connoisse. Son stile est inégal et, pour l'ordinaire, affecté. Il traitte ses matières avec la passion qui est naturelle à tous les peuples pour l'amour du païs, ce qui fait qu'encore qu'il manque presque partout à la vérité, je l'excuse sur l'abus général; ce qu'il y a de fort curieux et qui me rend le livre considérable, est ce recueil de lettres du Roy d'Espagne et de consultes de son conseil d'Estat touchant la récompense que le Conte Duc méritoit et ne vouloit point recevoir pour le bon succès de Fontarabie. En quoy ce conte[2] est bien ridicule ce me semble, de vouloir faire croire par ces plumes vénales qu'il a refusé par modestie ce qu'enfin il a accepté, et bien ambitieux de vouloir tirer double récompense de son service, je veux dire de vouloir avoir toutes les gratifications que porte ce recueil et, de plus, la gloire de ne les avoir acceptées que par force; ce qui est bien contraire à cette modestie dont il fait profession et qu'il tesmoigne bien peu en la publiant par l'impression de tant d'originaux

---

de Rome, je le supplie de considérer qu'on ne sçauroit tirer de plus douces conséquences des exemples que j'apporte. Si ces exemples sont faux, je ne les ay point inventez, et les sources en sont fort cognues. Quand donc je parle avec liberté des vices de quelques Papes, et de la corruption de quelques-uns de leurs ministres, je ne pense pas faire tort à la Religion, ny offenser l'Église. ... Tant s'en faut que je croye estre digne de blasme en cette conduite, que je pense sans vanité, si l'on en juge sans passion, mériter quelque chose du Sainct Siége. »

[1] Voir sur la prise de la première de ces villes les *Mémoires* de Montglat (t. I, p. 303), et sur la prise de la seconde, les mêmes *Mémoires* (*ibid.*, p. 213 et 214). Le cardinal de Richelieu écrivit (*Recueil* de M. Avenel, t. VI, p. 445) au cardinal de la Vallette, le 24 juillet 1639, que Louis XIII avait été « extraordinairement aise d'apprendre la reddition de Fossan, de Bene, de Saluce». Dans une lettre du 27 juillet à M. de la Meilleraye (*ibid.*, p. 448), le cardinal se réjouit de la prise de Bene, en même temps que de celle de Salces.

[2] C'est-à-dire Gaspar Guzman, comte d'Olivarès, le premier ministre de Philippe IV.

et d'actes qu'un vray modeste eust supprimé avec soin, d'autant plus que son Prince ne luy eust pas permis, en le forçant de recevoir ses graces, d'estre aussy modeste qu'il eust voulu.

Je vous prie de faire trouver bon à vostre amy que je luy emprunte ce mesme livre dans quelque temps pour le faire voir à Mr de Bienville à qui la lecture n'en sera pas inutile.

J'attens avec impatience des nouvelles du duc de Veimar dont la santé m'a esté faitte douteuse par quelques circonstances que je vous diray demain chés vous [1].

Bene et Salces doivent estre de dure digestion aux Espagnols et il semble que la fortune commence à les vouloir mortifier à leur tour. Vous m'obligerés de me mander ce que vous sçavés d'Allemagne et du glorieux Banier.

Je suis tout à vous.

De Paris, ce 28 juillet 1639.

CCCXV.

À Mgr LE DUC DE LONGUEVILLE,
EN ITALIE.

Monseigneur, il n'y a point de nouvelle, pour si avantageuse qu'elle puisse estre, qui puisse récompenser celle de la perte que vient de faire le parti de la liberté de l'Europe en la personne de Mr le Duc de Veimar, que vous aurés sceu sans doute qui est mort de peste le 18e du courant à Nauvembourg sur le Rhin, qu'il avoit passé là mesme, le 14, pour aller au secours de Hottenwiel assiégé par Lamboy, Général des trouppes de Bavière. Je veux croire que Dieu permettra que nous conserverons son armée et ses places, quoyqu'il y ait assés à craindre de ce costé là. Mais, quand il n'y auroit autre mal que sa mort, il est assés grand pour faire que nous nous plaignons long temps et que nos ennemis en respirent et en tirent de grands avantages.

Dans la désolation où tous les gens de bien sont de ce malheur, il semble qu'ils n'espèrent s'en consoler que par les bons succès que vos nouvelles conquestes promettent du costé d'Italie, et quelques uns mesme s'imaginent, si l'armée de ce Prince ne se dissipe point par les soins et par l'addresse de M. de Guébriant, qui y a grand crédit, que le Roy vous pourra engager à prendre sa place comme le seul capable de la remplir par les raisons de la naissance, valeur, conduitte, libéralité et amour de la Patrie [2]. Les dernières nouvelles etc. (*sic*).

Je prie Dieu qu'il vous conserve et suis, Monseigneur, vostre, etc.

De Paris, ce 29 juillet 1639.

---

[1] Au moment où Chapelain s'inquiétait ainsi de la santé du duc de Weymar, le grand capitaine était mort déjà depuis dix jours (18 juillet). Chapelain, du reste, le jour même où il exprimait ses craintes à M. Du Maurier, annonçait en post-scriptum à M. Du Fay de la Trousse (f° 155) la triste nouvelle qu'il venait de recevoir : «Le pauvre Duc de Veimar est mort de peste à Naumbourg de là le Rhin. C'est une perte irréparable. Guébriant tient pour le présent sa place et soustient ce grand faix en attendant des ordres de la Cour. Ce luy est un bonheur extrême et d'autant plus s'il empesche la dissipation de ces trouppes. Mr le duc de Longueville a repris Salucca, Fossan, Villefranche et forcé Bène; Mr le Prince, Salses. Leganès [est] mort.» Cette dernière nouvelle était fausse : le marquis de Leganès devait vivre encore assez longtemps, et sept ans plus tard (1646) les armées françaises retrouvèrent cet adversaire en Italie.

[2] Ce fut ce qui arriva. Montglat dit (t. I, p. 268): «Aussitôt que ce traité fut signé [le traité avec les principaux officiers de l'armée du duc de Weymar], le duc de Longueville, qui était en Italie, fut nommé général de cette armée.»

CCCXVI.

A M. L'ÉVESQUE DE GRASSE (GODEAU),
À GRASSE.

Monsieur, j'ay jugé de vostre perte pour le pauvre Camusat comme vous mesme, mais je ne croy pas, comme vous, qu'avec luy soit mort tout le service que vous doit sa maison et qu'il est raisonnable qu'elle vous rende. Pour ce qui regarde vos ouvrages imprimés, sa vefve, assistée d'un jeune homme de bonnes lettres, parent du défunt, et qui, demeure chés elle, vous y donnera tousjours tout le contentement que vous sçauriés désirer. L'Académie vous en est une preuve qui l'a retenue en la place de son mary pour libraire de la Compagnie, la préférant à Cramoisy qui avoit brigué cet employ auprès de son Ém^{ce} et qui l'avoit obtenu sous condition qu'il seroit agréé par les Académiciens. Pour ce qui regarde vos autres interests, la mesme vefve pretend vous y rendre le mesme service que son mary et ce jeune homme n'y est pas moins propre ny moins affectionné.

J'ay fait voir vostre lettre du 14, où vous parlez de ces cent escus, à Mr Conrart, afin qu'il traitte ce particulier comme le reste, puisqu'il se trouve icy. J'en parleray néantmoins à la première veue à la vefve ou à son ayde, et vous manderay ce que j'en auray appris.

L'acheminement de la santé de Mr de Feuquière est tousjours grand, et le Roy et les ministres monstrent tousjours d'estre bien persuadés de luy.

J'ay fait tenir vostre paquet à M^r d'Alet[1]. Je donneray vostre lettre à Mlle de Rambouillet, au retour de Suresne, où elle est depuis quelques jours, et à Mlle Paulet aussy.

Je suis le tout vostre.

De Paris, ce 29 juillet 1639.

CCCXVII.

À M. DE BALZAC,
À BALZAC.

Monsieur, il faut que le Sonnet soit passable puisque vous luy donnés une si authentique approbation[2], et je vous avoue que j'en ay quelque complaisance, voyant par ce que vous m'escrivés que je le puis sans offenser la pudeur, et, comme l'on dit, en conscience. Je fus aussy espouvanté que vous au premier éclat de ce tonnerre de panglossie, et je luy refusay mon consentement dans l'opinion que son autheur auroit fait quelque grande disparate[3] dans ce recueil, dont il me donnoit avis, auquel je luy laissay entendre que je ne voulois point avoir de part; et peut [estre] eus-je raison de cette créance, car il n'y a guères d'apparence que les vers qu'il a fait rimer par tous les néophites des colléges de Rome, non seulement dans tous les langages de l'Europe, mais

---

[1] Nicolas Pavillon fut évêque d'Alet de juin 1637 à décembre 1677. On connaît les longs démélés qu'il eut à cause de ses opinions jansénistes, avec Louis XIV et avec la cour de Rome. Le demi-janséniste Godeau était lié avec lui, comme avec la plupart des autres prélats jansénistes de son temps.

[2] Non, il n'était pas même passable, et l'approbation de Balzac était aussi peu sincère que celle qui est donnée par Philinte au sonnet d'Oronte.

[3] *Disparate*, terme vieilli, dit M. Littré, «incartade, action capricieuse et déraisonnable.» M. Littré, après avoir cité, pour l'emploi de ce mot, Mme de Sévigné, Mme de Maintenon et Saint-Simon, s'étonne de ce que l'Académie fasse *disparate* du féminin, bien que le mot soit masculin en espagnol (*disparate*, de *disparar*, faire des sottises, des extravagances). Dès 1639, Chapelain employait le mot au féminin, comme, quelques années plus tard, Mme de Sévigné.

encore en hébreu, samaritain, persien[1], esclavon, arabe, cophita[2], éthiopien, chinois, japonais, mexicain et peuran[3], soient des vers qu'on peust comparer à vos latins ou aux françois de Malherbe. Le seigneur Panglotiste, à vous dire le vray, est un courtisan romain qui fait le pantomime[4] et se met en toutes postures pour plaire et pour parvenir. Il a fait venir un mal de cœur estrange aux Muses putéanes[5] qui l'avoient autresfois receu dans leurs concerts et jugé digne de boire dans leur Asganippe[6], depuis qu'il les a sollicitées publiquement et effrontément de travailler de deça auprès de son Ém[ce] pour le faire couvrir d'une mitre et l'armer de quelque bon pastoral[7]. Cette tentation a causé murmure entre les frères et l'on luy a interdit le feu et l'eau comme un membre corrompu et digne d'estre séparé de leur corps. Il ne vous falloit pas laisser ignorer cette particularité, afin que vous connussiés l'homme tout entier, et que vous vissiés par cet exemple que la vertu n'est pas quelques fois incompatible en un mesme sujet avec le vice[8].

Je feray sçavoir par M[r] L'Huillier si vostre dernière lettre luy a esté envoyée et si Mr Hullon s'est bien acquitté de ce dont le bon Camusat l'avoit chargé. Mr Conrart sçaura aussy la continuation de l'honneur que vous avés pour sa vertu, et j'apprendray de luy ce que vous désirés touchant le sieur Du Moulin[9]. Il me monstra ces jours passés, une lettre que luy escrivit Spanheim, Allemand, célèbre ministre de Genève, autheur du *Soldat Suédois* et du *Mercure Suisse*, où il estoit parlé de vous sans affectation et obligemment[10]. Je luy demanday l'extrait de cet article que vous trouverés icy escrit de sa main.

Pour le sieur Du Breton, il dit si clairement dans sa lettre que le jésuite dont est question s'appelle Du Breton, comme luy, et le jésuite sçait si bien luy mesme les dili-

---

[1] *Sic* pour *persan*.

[2] *Sic* pour *copte*.

[3] *Sic* pour *péruvien*.

[4] Perrot d'Ablancourt est le premier écrivain que cite M. Littré parmi ceux qui ont employé le mot *pantomime* comme synonyme d'acteur ne s'exprimant que par gestes. Puis viennent La Bruyère, Voltaire, Duclos, etc. Le *Dictionnaire de Trévoux* cite encore, à ce propos, une phrase de Saint-Évremond.

[5] Les muses des frères Du Puy.

[6] On se souvient des *fontes Aganippides* d'Ovide.

[7] Livre où sont contenues les prières, les cérémonies, les fonctions qui tiennent à l'épiscopat.

[8] Balzac répond ainsi à ce paragraphe (lettre XXVII du livre XX, p. 805 de l'in-fol.): «Que je suis mal édifié du parasite italien! les Muses Balzacides n'en sont guères moins desgoutées que les Putéanes. Ces devoirs de piété qu'il rendit à la mémoire de son ami me plurent infiniment, et j'en ay rendu tesmoignage. Mais je ne puis souffrir qu'il en veuille faire un trafic.» Cette lettre, datée du 15 décembre 1639, est détachée de la lettre déjà citée, de la même page, que j'ai cru pouvoir mettre au 1er septembre environ.

[9] Balzac avait dit, dans une autre lettre déjà citée (p. 804 de l'in-fol.): «Obligez-moy de sçavoir de Monsieur Conrart, si depuis peu Monsieur du Moulin n'a pas fait imprimer quelques sermons; car de temps en temps je suis bien aise de voir sa façon d'escrire.»

[10] Frédéric Spanheim, né à Amberg (Palatinat) le 1er janvier 1600, mourut à Leyde le 30 avril 1649. Il fut d'abord étudiant à Genève; il y revint en 1627 et y fut nommé professeur de philosophie, puis (1631) de théologie. Il fit paraître (Genève, 1633, in-8°) *le Soldat Suédois ou l'histoire de ce qui s'est passé en Allemagne depuis l'entrée du roi de Suède, en 1630, jusqu'à sa mort*, et (*ibid.*, 1634, in-8°) *le Mercure Suisse, contenant les mouvements de ces derniers temps*.

gences grotesques qu'il fit pour satisfaire à son ambition et qui ont donné sujet à ce que nous nous en escrivismes[1], qu'il est impossible que cela ne soit connu, si sa lettre est veue par le moindre émissaire de ce redoutable corps.

En ce cas le remède est la négative parce qu'en l'estat où sont les choses, les plus honnestes libertés qu'on prend sur le sujet de ces M^{rs} sont de ces reniables et désavouables.

Enfin vous m'avés envoyé de quoy dégager ma parole envers Melle de Scudéry, et je puis désormais aller au Marais, sans craindre que ses yeux me facent des reproches. Je luy remettray vostre lettre entre les mains avec les protestations requises que c'est une fois pour toutes et à la charge de n'y plus retourner. Ce sera néantmoins en termes civils et qui luy feront entendre vostre intention, sans luy faire de querelle. Il a pris une bizarre fantaisie[2] à M^r son frère de me demander mon portrait, ayant entrepris de me mettre au nombre des illustres versificateurs dont il a tapissé son cabinet[3],

quoyque la nature et la raison y résistent. Faittes moy raison, si vous pouvés, de cet insulte[4] et me donnés conseil comment je me dois garentir, ou de quelle sorte je m'y dois conduire.

Je suis, Monsieur, vostre, etc.

De Paris, ce 31 juillet 1639.

CCCXVIII.

À Mgr LE DUC DE LONGUEVILLE,
EN ITALIE.

Monseigneur, je croyois avec tout le monde que la mort de M^r le duc de Veimar seroit le dernier de nos malheurs de cette année, et que la fortune se voudroit réconcilier avec nous par mille bons succès pour nous faire oublier le mal qu'elle nous avoit causé dans la perte d'une personne si consi[dérable]. Mais la nouvelle que nous avons apprise de Thurin affligeante et déplorable nous fait bien connoistre qu'il n'y a point de disgrace qu'elle ne nous vueille faire souffrir[5], et qu'elle nous a pris pour but de toutes ses injustices. C'est une chose

---

[1] Dans la *Bibliothèque des écrivains de la compagnie de Jésus*, on ne trouve aucun auteur du nom de *Du Breton*. On y mentionne seulement le P. *Charles Le Breton*, né à Reims en 1603, admis dans la compagnie en 1618, qui publia, de 1653 à 1663, divers ouvrages en prose et en vers, notamment une *Paraphrase des pseaumes de David* (Paris, 1660) et des *Poésies sur la mort* (*ibid.*, 1662-1663).

[2] J'ai changé *un* en *une*, pensant bien que c'est par inadvertance que Chapelain a fait du genre masculin un mot qui a toujours été du genre féminin, conformément à l'étymologie (φαντασία).

[3] Balzac (lettre XVII du livre XX déjà citée) disait: «Jugez... si j'approuve la curiosité de Monsieur de Scudéry qui vous veut avoir parmi ses illustres. Je désirerois seulement qu'il ne vous donnast point de compagnons indignes de vous.

Car outre le grand poète que je reconnois en vostre personne, j'y trouve encore un grand conseiller d'Estat, secrétaire, ambassadeur, bref tout, en toutes choses, et je n'en parle jamais autrement à ceux qui me demandent qui est ce parfait ami que j'ay à la cour, et cet homme de qui je fais toute ma gloire.»

[4] M. Littré a rappelé qu'*insulte* (en latin *insultus*, en italien *insulto*) était du masculin dans le xviie siècle, et il a donné pour exemples un vers de Corneille et deux vers de Boileau.

[5] «La nuit du 26 au 27 juillet, dit le P. Griffet (t. III, p. 218), le prince *Thomas* fit appliquer le pétard à une des portes [de Turin], et à ce signal toutes les autres furent ouvertes. Ses troupes entrèrent aussitôt dans la ville, et il y fut reçu lui-même aux acclamations du peuple. La duchesse eut à peine le temps de se sauver dans la citadelle avec ses pierreries.»

cruelle et bien dure à supporter à vos zélés serviteurs comme moy de vous voir engagé, avec une poignée de gens, et loin du secours, contre une puissance formidable dans un païs où il n'y a rien qui [ne] vous soit contraire et loin de tout secours.

Avec tout cela, néantmoins je ne puis désespérer de vostre fortune, et ne me sçaurois persuader que Dieu permette que vous succombiés dans une cause si juste et avec de si justes intentions que vous en avés. Vostre cœur et vostre conduitte sont deux pieces assés extraordinaires, et c'est en des occasions pareilles à celle où vous estes maintenant, que le Conte de Dunois s'est le plus signalé et a le plus relevé sa gloire. Nous attendons avec grande impatience le desmeslement de cette fusée et prions Dieu continuellement pour vostre conservation. Je vous envoye, Monseigneur, ce que nous, etc. Je prie Dieu qu'il vous garde de tant de périls et demeure, Monseigneur, vostre, etc.

De Paris, ce 5 aoust 1639.

CCCXIX.
À M. L'ÉVESQUE DE GRASSE (GODEAU),
À GRASSE.

Monsieur, n'ayant point eu de vos nouvelles de cet ordinaire, j'estois tout résolu à ne vous point escrire, lorsque M⁰ L'Huillier m'est venu dire que l'affaire de M⁰ Gassendi estoit en fort bon chemin, et que vous l'y obligiés avec tant de générosité et de bonne grâce, qu'avec M⁰ le Conte d'Alès tous ses amis s'en devoient tenir vos redevables, et qu'en son particulier, il en avoit de très grands ressentimens qu'il me prioit de vous tesmoigner. A ce que je voy, il faut que la chose ait bien changé de face, depuis que vous m'en escrivistes, et qu'il se soit fait de merveilleuses conversions de volontés en ceux qui estoient si peu favorables à nostre amy. Si l'affaire s'achève, je prie Dieu que ce soit pour sa gloire aussy bien que pour nostre satisfaction!

Je vous envoye une lettre de M⁽ˡˡᵉ⁾ de Rambouillet en response de celle que je luy rendis de vous, il y a quelque temps. Pour le présent, elle est fort incommodée d'un rheume, mais nous sçavons à un jour près quand elle en sera quitte et n'en sommes en aucune appréhension. Mᵐᵉ la Marquise s'est un peu remise, mais c'est un peu et sa santé ne diffère guères de la maladie; elle peut se vestir, lire et souffrir la conversation de ses familiers amis. Nous essayons de la divertir et de luy faire oublier ses peines.

Je suis, Monsieur, vostre, etc.

De Paris, ce 5 aoust 1639 [1].

---

[1] Le lendemain, Chapelain écrivait (f° 160) à la marquise de Flamarens : «Après les bonnes nouvelles que nous avons eues de la prise de Salses sans bataille, et sans y avoir perdu aucune personne de considération, surtout sans que Monsieur vostre mary y ait receu aucune blessure, je croy que je me puis resjouir avec vous de ce bon événement et vous exhorter à bien espérer de tout son voyage par un commencement si heureux. Je vous conseille bien néanmoins d'accompagner vostre espérance de vos prières et de les redoubler tous les jours pour mériter de Dieu la grâce que vous en attendés. Quand vous me ferés l'honneur de m'escrire, mandés moy ce que vous sçaurés de la santé de Monsieur vostre mary, laquelle, après vous, je désire plus que personne du monde. J'apprendray aussy volontiers l'estat de celle de vostre mignon, et s'il a esté baptisé en cérémonie, qui l'a tenu sur les fonds et comment on l'a nommé. Il le faut, tous les jours, offrir à Dieu afin qu'il l'ait en sa garde. C'est son soin paternel qui fera valoir tous les vostres et qui le préservera de tous les accidens à quoy ce jeune aage est sujet. Je veux croire qu'il est bien aymé dans toute vostre famille et que Monsieur vostre beau-père ne luy veut pas moins de bien qu'au premier. Lorsqu'il sera en aage de connoissance, il le faut de bonne heure ployer au respect qu'il

CCCXX.

A M. DE LA LANE,

EN BRETAGNE.

Monsieur, je ne vous ay point promis de complimens, mais des nouvelles que vous trouverés assés amples dans le papier qui accompagne ce billet, bonnes et mauvaises selon le cours du monde qui souffre ce meslange et qui ne fait jamais personne en tout heureux ou malheureux. Je vous demande, en récompense, un peu de souvenir et relation succincte de vostre occupation sur la rivière de Loire durant les quatre jours que vous avés passés à n'avoir que des mariniers pour conversation.

Au reste, j'ay l'esprit plein de la conjuration du Conte de Fiesque et ne puis assés admirer que M. l'abbé de Retz, dans une profession si différente à la sienne et à son âge, ait peu réussir si excellemment[1]. Si vous m'avés fait justice, M' le Duc de Retz, son frère[2], aura sceu la continuation de mon respect pour sa vertu et le désir ardent que j'ay d'estre utile à son service.

Vous sçavés ce que nous avons dit icy de M' de Monplaisir et avec combien d'affection je me déclare partout son serviteur et son admirateur. Je vous prie qu'il ne l'ignore pas, et que si vous luy avés donné autresfois quelque estime de ma foiblesse, vous luy donniés maintenant les dispositions nécessaires pour me vouloir un peu de bien, qui est ce que vous sçavés que je souhaitte seulement des personnes de son mérite, et que je croy par mon affection ne pas démériter de luy.

Bien que je vous parle de Mme vostre femme la dernière, je la supplie très-humblement de croire qu'elle est des premières en ma mémoire, et que sa vertu m'est en vénération toute particulière, quoyqu'elle ait tout sujet de me reprocher que [par] mes négligences passées, je ne luy ay pas donné lieu de le croire, mais mal vit qui [ne] s'amende, et j'en veux faire à l'avenir une

---

luy doit porter toute sa vie et l'y porter par vostre propre exemple... »

[1] François-Paul de Gondi, né vers le 20 septembre 1613 (son acte de baptême est daté de ce jour-là), n'avait pas encore alors vingt-six ans révolus. Le cardinal de Retz (*Mémoires*, collection des *Grands écrivains de la France*, t. I, p. 112-114) parle ainsi de son premier ouvrage : «J'en fis assez pour laisser voir que je ne voulois point m'attacher à M. le cardinal de Richelieu, qui étoit un très grand homme, mais qui avoit au souverain degré le foible de ne point mépriser les petites choses. Il le témoigna en ma personne; car l'histoire de la *Conjuration de Jean-Louis de Fiesque*, que j'avois faite à dix-huit ans [donc, si le renseignement est exact, en 1632], ayant échappé, en ce temps-là, des mains de Lozières [Pierre-Ivon de la Leu, sieur de Lozières], à qui je l'avois confiée seulement pour la lire, et ayant été portée à M. le cardinal de Richelieu par Boisrobert, il dit tout haut, en présence du maréchal d'Estrées et de Senneterre : *Voilà un dangereux esprit!*» Le témoignage de Chapelain, qui, dès le mois d'avril 1639, avait eu entre les mains le manuscrit de la très-libre imitation par l'abbé de Retz de l'ouvrage de Mascardi, laquelle imitation ne devait paraître qu'en 1665, confirme, cette fois encore, le témoignage de Tallemant des Réaux invoqué en ces termes par M. A. Feillet (édition des *OEuvres du cardinal de Retz*, tome I, page 113) : «Avons-nous l'ouvrage tel que Retz l'avait fait en 1632, ou peu après, *vers 1639*, comme paraît le croire Tallemant, qui le dit postérieur à quelques sermons (tome V, page 188)?»

[2] Pierre de Gondi, d'abord général des galères, comme son beau-père (Henri de Gondi), devint duc de Retz par son mariage avec sa cousine Catherine, duchesse de Retz (1633). Il fut fait chevalier des ordres du Roi en 1661, et mourut en 1676.

des plus douces pénitences du monde, comme qui diroit luy rendre des soigneux devoirs et, si j'en suis capable, d'utiles services. Avec vostre permission, je luy baiseray icy les mains et demeureray, Monsieur, vostre, etc.

De Paris, ce 6 aoust 1639.

CCCXXI.
À Mlle DE SCUDÉRY.

Mademoiselle, je fus incivil de vous envoyer la lettre de M. de Balzac que je vous devois porter moy mesme, mais vous jetterés cette faute sur les embarras qui m'en ont desja fait commettre tant d'autres envers vous, et qui vous ont deu faire estonner plus d'une fois, que j'use si mal de la permission que vous m'avés donnée, de vous rendre mes devoirs et de vous faire de mauvaises visites. Si vous m'avés pardonné les premières, je veux croire que vous ne me tiendrés pas rigueur pour cette dernière, et que vous vous contenterés du mal que j'ay eu en ne vous voyant pas. J'ay leu la lettre et l'ay trouvée digne de vous et de celuy qui l'a escritte, comme je me l'estois bien imaginé devant que vous me l'eussiés communiquée. Avec vostre permission je la garderay tout aujourd'huy pour la faire voir à une couple de mes amis qui seront bien ayses de voir que Mr de Balzac connoist vostre mérite et luy rend une partie de ce qui luy est deu.

Pour ce qui regarde mon portrait, Mademoiselle, Mr le marquis de Montauzier s'est resjouy[1] lorsqu'il vous a dit qu'il en avoit veu l'esbauche, et vous aurés à luy reprocher qu'en cette rencontre il n'a pas traité assés sérieusement avec vous. C'est une matière sur laquelle je delibère encore, et, à vous dire mon sentiment en liberté, je panche beaucoup plus à supplier Mr vostre frère de me dispenser de luy faire un présent si peu digne de son cabinet[2], et de garder cet honneur pour ceux qui le méritent davantage. Je vous en parle sans cette modestie affectée qui ne diffère guères de la vanité[3], et vous jure que j'appréhende d'estre meslé parmi ces grands hommes qui parent et doivent parer votre illustre réduit. Cela ne pourra estre sans faire tort à leur gloire qui s'offensera d'une société si inégale, et Mr vostre frère doit craindre luy mesme d'en estre blasmé, comme s'estant volontairement trompé par ce choix qui leur est si peu avantageux. J'iray, au premier jour, chés luy essayer de luy persuader que je ne paroisse pas où je n'ay point de place légitime, ou recevoir de luy une nouvelle jussion qui me mette à couvert, et le charge de tout le mal qui en pourroit arriver. Cependant, vous le solliciterés, s'il vous plaist, en ma faveur, et le disposerés à ne me pas faire injustice en me faisant plus de grace que je ne vaux[4]. C'est celle que vous de-

---

[1] Comme nous dirions : s'est amusé, a voulu rire.

[2] M. Rathery, qui a reproduit cette lettre dans *Mademoiselle de Scudéry, sa vie et sa correspondance* (pages 414 et 415), a cité (*Notice sur Mademoiselle de Scudéry*, ibid., page 19) un passage de Tallemant des Réaux sur la collection formée par Georges de Scudéry de «tous les portraits des illustres en poésie, depuis le père de Marot jusqu'à Guillaume Colletet,» ajoutant (note 1 de la page 20) : «Scudéry a donné lui-même la description de son cabinet et de quelques autres peintures, dans un volume que nous recommandons aux curieux : *Le cabinet de M. de Scudéry*, Paris, Aug. Courbé, 1646, in-4°.»

[3] Qui, suivant certains moralistes, est pire que la vanité.

[4] On a imprimé dans *Mademoiselle de Scudéry* (p. 415) : «que je ne *veux*.»

mande pour cette heure avec instance, Mademoiselle, vostre, etc.

De Paris, ce 6¹ aoust 1639.

CCCXXII.
À M. DE BALZAC,
À BALZAC.

Monsieur, vous avés quelquesfois esprouvé des retardemens à la réception de nos lettres, mais il me semble que vous n'en avés point perdu jusqu'icy, et je m'asseure que le paquet vous aura esté rendu un moment après vostre despesche partie, et que le punctuel Rocolet sera absous de la négligence que la lenteur du courier luy a fait imputer. En tout cas, pour mon particulier, ce ne seroit qu'une lettre perdue, où Mᵐᵉ la Marquise de Sablé perdroit plus que moy, puisqu'elle en faisoit le principal sujet, si je ne me trompe, et que je vous y disois une partie du bien que j'ay reconnu en elle². Il me fascheroit davantage que le messager eust égaré le paquet de livres que je luy envoyay par le mesme Rocolet, pour ce qu'ils sont de mes mignons, et qu'il seroit mal aisé d'en trouver autant à vendre dans tout Paris, *quanto egli e grande*. Vous jugés bien que c'est tout ce que j'avois de la querelle du Caro et du Castelvetro, dont vous me tesmoigniés par vos dernières que vous seriés bien aise de vous divertir³.

Au reste, j'ay envoyé vostre response à Mˡˡᵉ de Scudéry, qui s'en est parée comme de raison et qui me l'a envoyée avec un billet, afin que je visse sa gloire et vostre bonté. Elle n'a que faire et a de l'esprit et de l'ambition, si bien qu'elle attaque volontiers et tient ses amis en exercice par ses missives qui, pour bonnes qu'elles soient, sont de fort mauvaises choses pour des personnes occupées comme nous. Quant à vous, je luy pardonne puisqu'elle vous fait produire de belles choses et qu'elle en tire avantage dans le monde, mais pour moy je ne sçay de quoy elle s'avise de me tirer tous les huit jours une response de calibre de celles que je vous fais qui me deshonnore (*sic*), si elle les monstre, et qui ne luy sçauroient faire d'honneur. Je souhaitte quelquesfois d'estre malade ou en prison afin d'avoir une excuse légitime de ne luy point escrire de mauvaises lettres. Car d'avoir le front de la laisser sans repartir, lorsque ses billets m'attrappent chés moy, et dans une santé seulement médiocre, c'est ce que je n'ay peu encore obtenir de moy.

J'attens vostre conseil là dessus⁴ et ce-

---

¹ La lettre porte, à la vérité, la date du 4 août, et c'est cette date qui lui a été donnée dans le recueil de MM. Rathery et Boutron; mais comme ladite lettre est placée dans le manuscrit de Chapelain après deux lettres du 5 août, après deux autres lettres du 6 août, et avant une lettre du 7 août, j'en ai conclu que le chiffre *IV* a été substitué par erreur au chiffre *VI*, et j'ai cru pouvoir rétablir la bonne date.

² Balzac (lett. XXVIII du liv. XX, p. 806 de l'in-fol.) répond ainsi : «Vous avez veu par mes lettres précédentes que j'ay receu toutes les vostres, et que l'éloge de vostre Marquise ne s'est point perdu...» La lettre, datée du 29 décembre 1639, a probablement été écrite trois ou quatre mois plus tôt.

³ Dans la lettre I du livre XXI, p. 808 de l'in-folio, Balzac accuse réception à son ami «des trois volumes de l'affaire du Caro», lui promettant de les lui rendre «avec fidélité,» et l'en remerciant «de tout son cœur.»

⁴ Voici ce conseil (lettre XXVIII du livre XX, déjà citée : «Si c'estoit elle [la marquise de Sablé] qui envoyast les billets, il les faudroit souffrir en patience. Mais la persécution de l'autre n'est pas supportable, et je vous jure que je n'aurois jamais dit de bien d'elle, si j'eusse sceu qu'elle vous assassinast ainsi de ses escritures. J'aurois par là essayé de vous plaindre. La *** [Mˡˡᵉ de Gournay sans doute] se voulut autrefois jouer à moy de cette sorte ; mais je fus plus vaillant que vous, et

pendant je vous diray que M. de Saint-Cyran, depuis trois ou quatre mois[1], n'est veu que de M⁰ l'Escot, théologien député pour l'examiner sur sa créance[2], et qui n'a point passé de semaine depuis sans l'entretenir en forme et amplement deux ou trois fois. Il y en a qui disent que c'est pour le mettre en liberté, après qu'on l'aura recognu pour ce qu'il est, et que cet examen se fait afin de monstrer que le seul intérest de la Religion l'a fait mettre dans le bois de Vincennes. Le temps nous en esclaircira.

M⁰ Le Maistre est toujours le mesme homme, c'est-à-dire reclus, priant Dieu, et estudiant sans que jusqu'icy il ait pris la plume pour escrire que pour la défense du mesme M⁰ de Saint-Cyran, accusé par M⁰ de Langres[3] de plusieurs erreurs qu'il envoya à M⁰ le Cardinal escrit et signé de sa main. On m'a monstré sa response en secret, quoyqu'il ne se soucie pas qu'elle soit secrette, mais ses amis prudens, et qui voyent de plus près la disposition du temps, ne trouvent pas à propos qu'elle se publie, de peur que cela ne luy nuise et à son amy. C'est en vérité une chose fort belle et fort digne de luy[4].

M⁰ Granier, comme je pense vous avoir mandé, est dans le chasteau d'Angers plus que soupçonné d'estre dans les sentimens du Père Seguenot, duquel on prétend qu'il semoit hautement partout la doctrine. On n'a nulle autre nouvelle de luy.

Je loue vostre bon naturel de sentir la perte que nous avons faite du pauvre Camusat, et vostre générosité d'avoir voulu donner ces quatre lignes glorieuses à sa mémoire.

Nous sommes dans les embarras jusqu'aux yeux par la mort du Duc de Veimar et la prise de la ville de Thurin. L'intérest que j'ay à ce dernier mouvement, à cause de Mᵍʳ de Longueville, me donne grande matière de vous entretenir et de déplorer les malheurs publics qui peuvent produire et peut estre ont desja produit le mien particulier, mais cela ne me guériroit pas et vous feroit peut estre malade. Il vaut mieux vous espargner ces desplaisirs en vous les taisant et vous dire seulement que je suis, en quelque estat que je me trouve, Monsieur, vostre, etc.

De Paris, ce 7 aoust 1639.

CCCXXIII.

À M. DU FAY DE LA TROUSSE.

Monsieur, vostre lettre du 4 m'a osté d'une extrême peine. Ayant appris qu'il y avoit eu grand et long combat entre vostre

---

me desfis d'elle courageusement. Elle tira mille fois à faux, et je receus un plein boisseau de billets, sans perdre pour cela ma muette gravité. C'est ainsi qu'il faut traiter cette espèce de dames... »

[1] Balzac avait dit (lettre XXV du livre XX, déjà citée) : «Ne trouvez pas mauvais aussi qu'à tout le moins une fois l'an, je vous demande des nouvelles de Monsieur de Saint-Cyran, de Monsieur le Maistre et de l'infortuné *** [Granier, dont Chapelain va parler].

[2] M. Sainte-Beuve (*Port-Royal*, t. I, p. 502) dit de l'abbé de Saint-Cyran : «Son interrogatoire n'eut lieu que le vendredi 14 mai 1639, un an juste après son arrestation ; il le subit par-devant Jacques Lescot, prêtre, docteur en théologie ; car il avait récusé Laubardemont, comme n'étant pas juge ecclésiastique.»

[3] Sébastien Zamet, qui siégea de 1615 à 1655, comme nous l'avons déjà rappelé.

[4] Balzac répond ainsi à ce discret paragraphe, dans la lettre XXVIII du livre XX, déjà citée : «Au reste, je ne fais jamais de prière incivile, ni ne désire voir ce qu'on tient secret. C'est pourquoy je mortifie ma curiosité par ma discrétion, et me contente de sçavoir que Monsieur le Maistre ne peut faire que des choses excellentes.»

armée et celle des ennemis, je ne me pouvois imaginer que vous n'eussiés point combatu, et dans cette pensée il estoit malaisé que je fusse sans inquiétude. Je loue Dieu que vous n'ayés point eu de la part à la gloire que nos armes y ont acquise, puisque cela ne pouvoit estre sans que vous en eussiés pris la meilleure du péril qui a esté grand, et où grand nombre d'honnestes gens sont demeurés ou morts ou estroppiés. On ne parle point icy de la marche du Cardinal Infant vers le Luxembourg et il n'y auroit guères d'apparence qu'il vous laissast d'un costé, en Flandres, dans le voysinage de Gravelines et de Dunkerque, et le Prince d'Orange, dans celuy d'Anvers, pour nous empescher de prendre une bicoque[1], laquelle a esté obligée de se rendre, comme vous aurés sceu, au 5ᵉ jour du siége, et sera démolie devant que Picolomini mesme puisse estre à Limbourg, où il s'avance pour observer nos autres desseins, de sorte que si Mʳ le Mᵃˡ de la Meilleraye a beau jeu où il est, il n'aura qu'à le poursuyvre et à user du bien que la fortune luy présente.

Je vous ay une particulière obligation du narré ample et exact que vous m'avés voulu faire des prises d'Eperlec et Ruminghen[2] et du combat de Hennuin. Je l'ay fait voir à Mʳ de Sᵗ Nicolas qui en a eu une satisfaction extraordinaire. Il m'a appris que vous en aviés escrit autant à Mʳ de Bernay. Parmy le plaisir que j'ay de recevoir de si bons tesmoignages de vostre affection, je plains la peine que je vous donne et, comme cela augmente mon obligation, cela accroist aussy le desplaisir que j'ay de vous causer de l'importunité.

Vous ne me mandés point qu'est devenu vostre combat[3] et quel ordre vous avés donné afin que cela n'eust point de suitte ny pour le criminel ny pour le civil. Par ma derniere je vous disois au long ce qu'il me sembloit que vous deviés faire pour rompre les mesures de ceux qui voudroient vous en rechercher à l'avenir.

Pour le duc de Veimar, je vous avoue que je n'ay jamais senti une douleur aussy grande. Il vous est aisé de juger les causes de mon ressentiment, sans qu'il soit besoin que je vous les estende icy, et vous n'avés garde de m'en condamner, puisque vous les connoissés et que vous estes, comme moy, [désolé] d'une perte si signalée. Si la maison d'Autriche en avoit fait une aussy grande, nous serions asseurés de la ranger à la raison, de cette campagne. Par là on peut juger combien nous sommes plus estimables qu'eux, de subsister avec tous nos malheurs, et de gaigner des victoires sur eux, et combien ils nous sont inférieurs en mérite d'avoir besoin de ces continuels miracles de fortune pour ne pas succomber tout à fait sous nous.

Je ne vous parle point de la prise de Thurin et de ce qui s'y passe maintenant sous Mʳ le Duc de Longueville et le Cardinal de La Valette, pour essayer de le recouvrer. L'estat où ce malheur m'a mis et le péril que court l'homme du monde à qui j'ay le plus d'obligation, ne m'y laissent penser qu'avec frissonnement. Dieu et son courage l'en ti-

---

[1] Sans doute Marickerke, qui se rendit le 4 août au marquis de Senneterre, lequel avait succédé comme maréchal de camp au marquis de la Freselière (tué devant Hédin, le 29 juin, du dernier coup de fusil que tirèrent les assiégés). M. Littré ne cite de l'emploi du mot *bicoque*, dans le sens de place mal fortifiée, que deux exemples fournis par Mᵐᵉ de Sévigné et par le duc de Saint-Simon.

[2] Montglat (*Mémoires*, t. I, p. 277) dit du maréchal de la Meilleraye : «Le 2 d'Aoust il passa à la vue de Saint-Omer, et prit les châteaux d'Eperlek et de Ruminguen.»

[3] Combat singulier, duel.

reront, si je mérite que mes prières soient exaucées.

Je vous rens très humbles grâces de ce que vous m'avés mandé touchant M⁵ de Jonquières. Mʳ Conrart, qui est vostre serviteur fort zélé, s'en ressent infiniment vostre obligé, et vous supplie avec moy d'avoir encore agréable de luy faire tenir le paquet que vous trouverés dans celuy cy.

Madame vostre femme se porte très bien et vous escrit.

Je suis, Monsieur, vostre, etc.

De Paris, ce 11ᵉ aoust 1639[1].

CCCXXIV.
À M. L'ÉVESQUE DE GRASSE (GODEAU),
À GRASSE.

Monsieur, cette saison est fertile en malheurs et il semble que tous les ordinaires me doivent une mauvaise nouvelle. Il n'y a pas douze jours que j'appris la surprise de Thurin et aujourd'huy j'apprens celle de Nizze[2]. Et icy il n'est plus question de misères publiques, auxquelles je suis sensible jusques à m'en faire blasmer par tous nos amis. La fortune qui prend plaisir

---

[1] Suivent (du f° 165 au f° 170) diverses lettres que je néglige, comme peu importantes. A Godeau, Chapelain (12 août) se plaint de Bouchard et des ports qu'il fait payer pour les paquets de livres envoyés de Rome, disant: « Entre vous et moy, il est estourdy et considère peu les choses. » Au duc de Longueville, Chapelain (12 août et non 12 *juillet*, comme on l'a indiqué par erreur au bas de la lettre) adresse des paroles de condoléance au sujet du malheur de Turin; il lui dit que l'on désire partout qu'il devienne le successeur du duc de Veimar sur le Rhin; il lui donne l'assurance qu'il est désigné par la voix publique, surtout dans l'armée, insistant en ces termes : « C'est tousjours quelque chose de beau et de grande consolation pour vos serviteurs que les vœux publics vous appellent à ce commandement et que la France n'a point creu avoir de personne qui en fust digne que vous. Pour vostre employ de cette heure vous vous en acquittés au gré de tout le monde... » Le même jour (12 août), Chapelain écrit à Mᵐᵉ de Flamarens, la plaignant de sa longue maladie, la complimentant du nom qu'elle a donné à son enfant (*François*) : « Le nom est beau et de bon augure. Je prie Dieu qu'il bénisse l'enfant qui le porte et qu'il le face ressembler en vertu à ceux qui l'ont mis au monde... Vostre séjour à Montestruc [Montastruc, aujourd'hui commune du département de Lot-et-Garonne, arrondissement de Villeneuve-sur-Lot, canton de Montclar] vous rendra encore plus capable de vos affaires... C'est à quoy je vous loue extrèmement de vous attacher... » Il [M. du Fay] est à l'armée que l'on peut appeler aussy bien victorieuse que celle où est Mʳ vostre Mary. Car depuis la prise de Hedin, M. le Grand Maistre, qui est à présent Mareschal de France, a encore combatu les ennemis au dessus de Saint-Omer et a eu un notable avantage sur eux. M. le chevalier [de la Trousse] est à l'armée de M. le Mareschal de Chastillon et a desja assisté à la prise d'une ville qui est Yvoy. » Deux jours après, Chapelain s'excuse auprès de Luillier de l'importunité de Bouchard lui expédiant des ballots non affranchis, et le remercie de certaines corrections faites à des vers latins, corrections qu'il trouve exquises. Enfin, le 16 août, Chapelain félicite le marquis de Gesvres d'avoir été rappelé auprès du Roi, lui apprenant que le cardinal de Richelieu « y a beaucoup aidé, » et lui disant : « Nos malheurs d'Italie apprestent une grande occasion de gloire aux cœurs faits comme le vostre.

[2] On lit dans les mémoires de Montglat (t. I, p. 303) : « Le cardinal de Savoye étoit dans Coni qui ménageoit doucement l'esprit de ceux de Nice; mais pour l'empêcher, le comte d'Harcourt avec l'armée navale entra dans le port de Villefranche pour assurer ce païs dans l'obéissance, et s'opposer au dessein de faire révolter le château de Nice, un des plus forts et des plus importants de tous les États de Savoye. A son arrivée tout parut calme; mais dès qu'il en fut parti, la garnison du château mit le gouverneur dehors et reçut le cardinal de Savoye, lequel y établit son sejour. »

à me travailler, renforce mes afflictions en me rendant particulier le mal public et dans le seul Piémont je trouve Mgr le duc de Longueville et M^r l'evesque de Grasse engagés au point de me faire craindre la perte de l'un et l'autre. Le dernier accident commence, en effet, à me faire appréhender tout de bon pour vous, et je m'enquiers soigneusement de ceux qui sçavent la Provence si vos montagnes sont de si facile accès à ceux qui vous voudroient attaquer, et s'il y a apparence que vous y soyés en seureté des courses de l'Espagne victorieuse.

Toutesfois, tant que le chasteau tiendra pour Madame et que le Cardinal de Savoye n'aura pas plus de gens que j'entens qu'il n'en a, je crois que je ne dois rien craindre. M^r le Conte d'Alais ira à Antibes vous couvrir. On rappellera M. le Conte de Harcour de son estrange voyage en cette saison, et le Roy, qui s'en alloit à Lion pour Thurin, ira bien jusques à Grenoble ou à Aix pour vous[1]. C'est ainsy que je cherche à me consoler. Vous avés sans doute des motifs de consolation plus eslevés et qui vous donnent un plain repos d'esprit, lorsque je l'ay tout rempli d'inquiétude. Je prie Dieu qu'ainsy soit-il, et que vous nous envoyés bientost de quoy nous resjouir des avantages que nous aurons sur nos ennemis, ou de quoy nous fortifier dans les malheurs qui nous menacent.

Je suis en santé et vous remercie du soin que vous tesmoignés avoir de moy pour ce regard. Conservés bien la vostre, afin que vous puissiés résister aux assauts qui vous peuvent venir, si Dieu veut affliger vostre trouppeau, et me croyés tousjours, Monsieur, vostre, etc.

De Paris, ce 18 aoust 1639.

CCCXXV.
À Mgr LE DUC DE LONGUEVILLE.

Monseigneur, quoyque nous ne soyons pas encore asseurés que toute l'armée du feu Duc de Veimar soit résolue à prendre un général de la main du Roy et par conséquent que vostre nouvel employ sur le Rhin soit aussy avantageux que vous le mérités, quel qu'il puisse estre néantmoins, vous me permettrés de vous dire que je m'en resjouis, non seulement pour ce qu'il sert de preuve à toute l'Europe qu'on n'a point creu qu'il y eust d'homme capable de succéder au plus grand capitaine de ce siècle, que vous, mais encore parce qu'il vous donne moyen d'agir seul et de recueillir seul vostre gloire que vous estiés contraint de partager dans le Piémont.

Je me resjouis encore en particulier de ce que vous aurés pour maréchaux de camp Mrs de Guébriant[2] et de Schuntberg[3], que vous connoissés et qui vous connoissent, et qui, l'un et l'autre, vous serviront utilement en un païs où ils sont desjà vieux et dont ils sçavent tout ce qui est nécessaire pour ne se pas mesprendre dans les entreprises. Ce vous est, outre cela, Monseigneur, un avantage bien considérable qu'au mesme temps que la suspension d'armes s'est faitte, en Piémont, où vous fussiés demeuré deux beaux mois sans rien faire, la fortune ait voulu vous ouvrir un moyen de vous occuper glorieusement durant que les autres seront

---

[1] Louis XIII arriva le 21 septembre 1639 à Grenoble, et sa sœur, la duchesse de Savoie, vint l'y rejoindre le 24 du même mois.

[2] Jean-Baptiste Budes, comte de Guébriant, avait été nommé maréchal de camp en 1637,

à l'âge de trente cinq-ans. — [3] Frédéric Armand, comte de Schomberg, qui devait devenir lieutenant général en 1655, et maréchal de France en 1675, n'avait alors que vingt et un ans.

inutiles. Quelques uns à la vérité eussent désiré que vous n'eussiés point signé cette trefve¹ et sachant qu'elle sera mal receue ou plustost le croyant, ils se sont imaginés que la despesche du roy vous ayant osté vos trouppes, vous aurés une couleur² pour ne vous point mesler dans ce traitté. Mais j'ay pensé pouvoir asseurer à ceux qui [ne] m'en ont parlé que par le zèle qu'ils ont pour vostre gloire, que si vous l'aviés signée, il falloit de nécessité que vous le deussiés faire, et que l'estat des choses ne permettoit pas que vous en fissiés difficulté; en un mot que connoissant jusqu'aux fons vos lumières et vostre générosité, je les asseurois que vous ne pouviés estre porté à cela que pour quelque raison si essentielle, comme par exemple la conservation de Cazal, qu'elle deust prévaloir sur toutes les autres. Et c'est de quoy j'estois et suis encore aussy persuadé, comme je les en laissay persuadés.

Les désordres de Piémont ayant fait partir le roy de son armée avec son régiment des gardes entier et ses gendarmes, chevaux légers, mousquetaires et un régiment de cavallerie pour Lyon, vostre employ présent se trouvera bien de ce voysinage, et l'armée que vous commanderés prendra chaleur de cette influence prochaine qui est un nouveau sujet de consolation pour moy et pour tous vos passionnés serviteurs.

Voicy nos nouvelles. Au combat d'entre les Suédois et ceux de Brandebourg en Livonie, etc. (*sic*).

De Paris, ce 18 aoust 1639.

CCCXXVI.
À Mᵍʳ LE DUC DE LONGUEVILLE.

Monseigneur, depuis mes lettres escrittes j'ay voulu profiter du retardement des courriers et ay mis la dernière main au Tombeau de feu Mʳ le duc de Veimar, que je commençay incontinent après avoir receu par Mʳ de Tracy vos dernières³, où je vis ce que j'avois bien creu, je veux dire la sensible douleur que cette mort vous avoit apportée. Il me sembla luy devoir ce tesmoignage de la haute estime qu'il m'avoit donnée pour luy, et sachant l'amitié qui estoit entre vous, je creus en luy jettant quelques fleurs sur sa sépulture⁴, sinon vous rendre un service en sa personne, au moins faire chose qui vous seroit agréable et qui contribueroit aucunement à vostre consolation. Et ce qui m'y a engagé d'autant plus volontiers est l'avis que j'ay eu, depuis deux ou trois jours, de l'élection que le Roy avoit faite de vostre personne pour remplir une place si importante. Car j'ay veu un jour dans cette rencontre de louer le vivant en louant le mort et, sans rien oster à ce der-

---

¹ La trève de deux mois (du 15 août au 15 octobre) selon Montglat t. I, p. 305, de deux mois et demi (du 14 août au 24 octobre) selon le P. Griffet (t. III, p. 219), signée entre les généraux espagnols et les généraux français, grâce à l'intervention du nonce Caffarelli.

² Un prétexte. On sait que Regnier a dit (*satire* xi): «Sous couleur d'aller voir une femme malade.» *Couleur*, pris dans le même sens, se trouve aussi dans Amyot, dans Calvin, dans Montaigne, et même dans quelques écrivains antérieurs.

³ Voir ce sonnet intitulé: *Tombeau de Monsieur le duc de Weymar,* dans le recueil des poésies de Chapelain conservé au département des manuscrits de la Bibliothèque Nationale.

⁴ M. Littré constate que le mot se dit quelquefois pour *tombeau* et il cite cette phrase d'une oraison funèbre de Fléchier: «M. Le Tellier l'avait bien connu, que cette dignité et cette gloire dont on l'honorait n'était qu'un titre pour la sépulture.» M. Littré a retrouvé l'expression *sous cette froide sépulture* dans les *Vaudevires* d'Olivier Basselin, et l'expression *les sépultures de leurs prédécesseurs* dans les *Mémoires* de Philippe de Commynes.

nier, promettre au premier ce grand succès de l'abbaissement de l'Empire qui est si difficile et si nécessaire au bien général. Il ne sera pas malaisé de reconnoistre que c'est de vous, Monseigneur, que j'entens parler par ce mot *aux armes de Louis*, puisque c'est vous qui les commandés[1], et j'eusse bien dit *aux armes de Henry*, si vostre modestie, qui m'est si fort connue, ne m'eust fait rapporter au Roy vos actions et parler de vous sous son nom.

Je prie Dieu qu'il face prospérer vos bons desseins et qu'il vous conserve à l'Estat et à ceux de qui vous estes l'unique espérance, entre lesquels prétend la première place, Monseigneur, vostre, etc.

De Paris, ce 20 aoust 1639.

CCCXXVII.
À M. DE SILHON.

[Monsieur], je vous envoye le sonnet que je vous ay promis, et bien qu'il ne me satisface pas entièrement, il vaut mieux l'envoyer imparfait que de le faire attendre davantage. Ma plus grande peine est l'expression forte de deux ou trois endroits que je suis asseuré qui ne plaira pas au commun, mais il faut servir à la matière et se résoudre à n'estre pas entendu du peuple, pourveu que je conserve la gravité que le sujet requiert, et que les honnestes gens n'y remarquent point de bassesse. Vostre jugement néantmoins sur tout, et, s'il n'est pas conforme au mien, je vous demande en grâce de n'en donner copie à personne que je n'aye

eu l'honneur de vous voir. Vous le pourrés communiquer à Mʳ d'Ouvrier que j'honnore et de qui le goust m'a toujours semblé fort exquis[2].

De Paris, ce 20 aoust 1639.

CCCXXVIII.
À M. DE BALZAC,
À BALZAC.

Monsieur, celle cy sera pour respondre à la vostre du 7 aoust[3], pour ce que je n'appelle pas response le mot que je vous escrivis en la recevant, n'ayant presque pas eu le temps de vous dire que je l'avois receue, à cause qu'elle me fust apportée le dimanche après disné, si tard que je ne sçay si mon billet, par lequel je vous en donnois avis, aura esté assés tost à la poste pour estre enfermé dans le paquet. Et je crains qu'à l'avenir que les jours accourcissent et que par conséquent les couriers seront moins diligens, nostre commerce ne soit un peu retardé, et que vos lettres ne m'estant rendues que le lundy ou le mardy, les responses ne soient remises vers la fin de la semaine pour le commencement de l'autre.

Mais, pour entrer en matière, lorsque j'ay comparé vostre Consolation à celles de Senèque et de Plutarque, j'ay moins creu vous louer qu'eux, lesquels, selon moy, aux belles pièces qu'ils ont faittes de cette nature, auroient de la peine à trouver autant de force et d'éloquence adroitte que vous en avés employée en la vostre. Leur antiquité, qui m'est vénérable, m'empesche d'en faire

---

[1] C'est dans le dernier vers du sonnet que Chapelain a consigné cet éloge indirect du duc de Longueville :

> Et l'Aigle alloit tomber sous mes faits inouis
> Quand la Parque à mes ans vint des bornes prescrire,
> Pour garder ce trophée aux armes de Louis.

[2] Cette lettre, moins la dernière phrase, a été reproduite par M. R. Kerviler dans son *Jean de Silhon* (p. 56).

[3] Cette lettre, dont Chapelain nous donne la véritable date, est la lettre XXVI du livre XX, déjà citée et qui (p. 805 de l'in-fol.) porte la date du 1ᵉʳ décembre 1639.

un parallèle plus odieux et de venir aux particularités qui ne leur seroient pas avantageuses. Je ne vous conseille pas néantmoins d'en entreprendre une nouvelle pour la mesme personne[1] en l'estat où elle est à présent, n'y ayant point d'art qui puisse, à mon avis, fournir d'assés bonnes couleurs pour luy faire paroistre supportable la perte de la réputation, qui est plus sensible que celle des parens, quand mesme ils seroient les meilleurs du monde; et je ne croy pas aussy que vous vous y empressiés fort, la matière estant si délicate et le gré si petit, qui devroit estre bien grand. Car je jurerois ou que vous n'avés point eu de response, ou qu'elle a esté froide et courte[2], de celles qu'on appelle par manière d'acquit[3].

Je viens à M⁰ la marquise de Sablé, de laquelle je ne vous ay rien mandé qui ne soit encore plus grand, et, s'il se peut dire, plus véritable. Ce n'est qu'esprit, qu'ardeur pour ce qu'elle ayme et que générosité pour tous ceux qui ont besoin d'elle. Vous ne pouviés à qui la mieux apparier qu'à la Vittoria Colonna, et s'il y a quelque différence entre elles, c'est que celle cy n'a pas un si illustre mary que l'Italienne, quoyqu'il soit bien d'aussy bonne maison que le Marquis de Pescaire, et qu'elle ne fait point de vers comme [elle][4]. Mais, en récompense, elle escrit beaucoup mieux en prose et a un esprit plus délicat. Je luy feray voir les paroles obligeantes que vous me dittes pour elle, et si elle vous estimoit avant cecy de son chef et gratuitement, vous ne doutés pas, je m'asseure, qu'elle ne vous estime et ayme maintenant beaucoup mieux et avec toute une autre force puisque c'est par obligation, c'est à dire que vous serés maistre chés elle, pour ce qu'elle défère tout à la vertu de ceux qui l'ont obligée à les aymer. Je serois ravy de luy pouvoir faire voir cette belle apologie[5], ou comme elle estoit ou comme elle est retouchée, car il est presque égal, puisque, de quelque façon qu'on la voye, il la faut tousjours admirer. Il est vray qu'il faut que cela dépende entièrement de vous, et je ne croy pas luy devoir faire espérer cette lecture, avant que d'en avoir des paroles plus expresses et plus formelles.

Vous m'avés fait rougir en lisant les choses que vous dittes de moy dans vostre lettre et la trop grande considération que vous faittes sur mes foibles avis et sur mes scrupules mal fondés[6]. Je vous en ay toutesfois une grande obligation, et d'autant

---

[1] Le cardinal de la Valette.

[2] Chapelain se trompait, et Balzac lui-même (p. 1037 de l'in-fol.) a eu soin d'apprendre à la postérité, comme nous l'avons déjà rappelé, que le cardinal de la Valette avait fait le meilleur accueil à son discours.

[3] M. Littré a trouvé cette expression dans Bossuet (*Variations*): «Ce n'était que pour la forme et par manière d'acquit,» et, au siècle précédent, dans le *Plutarque* d'Amyot: «... par manière de descharge et acquit de conscience.»

[4] Vittoria Colonna, fille de Fabrice Colonna, grand connétable du royaume de Naples, naquit en 1490 et mourut en 1547, après avoir déploré dans des vers éloquents la perte de son époux, Ferdinand-François d'Avalos, marquis de Pescara, mort à l'âge de trente-cinq ans, des suites des blessures qu'il avait reçues à la bataille de Pavie, où il commandait l'armée de Charles-Quint. Voir sur la vertueuse amie de Michel-Ange quelques pages de M. L. Étienne (*Histoire de la littérature italienne*, 1875, p. 239-243), et un travail antérieur beaucoup plus étendu de M. Lannau-Rolland: *Michel-Ange et Vittoria Colonne*, en tête de la traduction des poésies du grand sculpteur (Paris, Didier, in-12.)

[5] La *Relation à Ménandre*.

[6] Balzac avait dit à Chapelain (lettre du 7 août, citée dans la note 3 de la page 480): «Mon ambition principale, Monsieur, est de vous satisfaire tout seul; les moindres scrupules qu'il semble que vous ayez, me donnent plus de peine que ne fe-

plus grande que je m'en reconnois moins digne.

Mʳ de Scudéry persévère dans son importunité et me donne tous les jours une demie heure de fièvre avec son bizarre appétit d'avoir ma peinture, laquelle, si je suis contraint de luy bailler, il faudra en mesme temps me résoudre à estre mis tout de rang au milieu ou en suitte des Rotrous, Mairets, Dunois[1], Claverets[2], et autres, qui sont d'une hiérarchie si eslevée au dessus de moy, que j'aurois honte pour eux, et serois embarassé pour moy, si nous nous rencontrions ensemble.

Le Parasite romain s'est plaint à moy par une lettre fort ample de l'Abbé Comique qui ne l'a pas voulu faire évesque, et qui a tourné sa prétention en raillerie, à ce qu'il dit, bien que l'autre me le nie et se plaigne de luy de se laisser ainsy légèrement imprimer au préjudice de ses fidelles amis. Il est vray qu'il m'a avoué que Son Émᶜᵉ s'en estoit moqué, lorsqu'il luy en parla, pour tenter de faire un utile office. Et certes Son Émᶜᵉ ne pouvoit moins faire[3]. Toute cette panglossie est une happelourde[4] pour faire beaucoup de bruit à peu de frais et donner de la réputation à son autheur parmy les Suisses et les Bargamasques[5]. C'est saltinbanquer[6] et jouer des gobelets que de

---

roient les oppositions déclarées de tous les docteurs et de toutes les académies de la terre.»

[1] Il est impossible de lire autrement ce nom, qui a probablement été altéré. Peut-être s'agit-il de Pierre du Ryer, dont il a été déjà question dans ce volume. Il ne se contenta pas de traduire les auteurs anciens : on a de lui, dit l'abbé Goujet (*Bibliothèque françoise*, t. XVI, p. 252): «*Amaryllis*, pastorale qui fut imprimée sans son consentement, et 17 tant tragi-comédies que tragédies. On peut voir les titres de celles-ci, et les dates de leur représentation ou de leur impression, dans l'*Histoire de l'Académie françoise* et dans l'*Histoire du théâtre françois* (t. IV et suivants).»

[2] Jean Claveret, né à Orlénas, mourut en 1666. Ce mauvais auteur dramatique dut une fâcheuse célébrité à son violent pamphlet contre le grand Corneille : *Lettre du sieur Claveret au sieur Corneille, soy disant auteur du Cid* (Paris, 1637, in-8°).

[3] Balzac avait dit (lettre XXVII du livre XX, déjà citée) : «Vous pouvez croire que quand on ne se mocqueroit point de sa *Panglossie*, on ne luy en sçaura pourtant aucun gré. Monsieur le Cardinal souffre volontiers ses panégyriques, et en paye quelques-uns; mais il n'a que faire d'oraison funèbre pour des gens qui ne le touchent en façon quelcouque.»

[4] *Happelourde*, pierre fausse qui a l'éclat d'une pierre précieuse. Ce mot, selon le *Dictionnaire de Trévoux*, est composé de *happer*, qui signifie *prendre*, et de *lourd*, qui veut dire un lourdaud, un sot, parce que ces sortes de faux diamants *prennent*, trompent les sots. «Balzac (lettre XV du livre VII) disait, en 1628, à M. de Serizay : «S'il y a quelque chose de beau dans mes lettres, il faut de nécessité que vous les ayez falsifiées. Et ainsi c'est vous qui êtes l'affronteur, et qui voulez faire passer entre vos mains les hapelourdes pour diamans.» Le mot *happelourde* a été pris dans un sens métaphorique, comme M. Littré l'a remarqué, par Blaise de Monluc, par Charron.

[5] C'est-à-dire les habitants du pays de Bergame, dans l'ancienne Lombardie. Ce pays s'appelait le Bergamasque, et on lit dans le *Dictionnaire de Trévoux*: «Le langage du Bergamasque est le plus grossier de toute l'Italie.»

[6] *Saltimbanquer* est un verbe inconnu. Quant à *saltimbanque*, M. Littré ne cite, pour l'emploi de ce mot, aucun livre antérieur aux *Mémoires* du cardinal de Retz. On pourrait croire, d'après cela, que Paul de Gondi avait rapporté ce mot d'Italie (*saltimbanco*), mais Jean-François Sarasin, mort dès 1654, avait déjà dit, comme l'a rappelé Richelet :

Il n'est saltimbanque en la place
Qui mieux ses affaires ne fasse.

Saltimbanque figure, en 1642, dans la *Seconde partie des recherches italiennes et françoises* d'Antoine Oudin.

prendre ces voyes extraordinaires pour faire parler de soy et aller à ses fins. Il y a de l'affectation et de la puérilité mesme à qui le regarde bien dans le fonds, qui me rend cet amas de fatras sans doute ridicule, sinon insupportable.

Je vay recommencer à faire perquisition de Flotte[1] pour vous esclaircir du lieu où est M⁺ Maynard, mais je ne vous respons de rien, car ces cabarets et ces tavernes sont des mers où je n'ay guères navigé[2] et dont je ne sçay guères la route. Nous verrons si je seray heureux.

Il y a six ou sept ans que je rompis commerce de lettres avec M⁺ de la Pigeonnière, pour ce que je ne pouvois fournir à l'entretien d'un curieux provincial, qui me provoquoit en vers et en prose par presque tous les ordinaires et qui occupoit son oysiveté à mes despens, de sorte qu'il n'y a point d'apparence de luy demander des vers de Du Vivier de mon chef[3]. Il faudra voir si quelqu'un de mes amis le pourra tirer de luy et je ne doute point que M⁺ de Voiture ne le fist mieux que personne, à cause qu'il est chés Monsieur, et de ses fréquens voyages au païs Blésois, où il n'est pas vraysemblable qu'ils ne soient connus assés pour faire obtenir à nostre amy suppliant une grace de plus grande importance. Mais l'importance est d'obtenir de luy qu'il en escrive ou qu'il se souvienne d'en parler. Vous avés des expériences de son humeur libertine[4], et vous croirés aisément qu'un homme qui ne respond pas aux lettres de M⁺ de Balzac n'escrira pas volontiers à un autre. Je luy en feray néantmoins la proposition de vostre part et verray ce qu'il voudra dire.

Comme j'en estois là et prest de finir, j'ay receu vostre despesche du 14[5]. Je suis à demy soulagé de la persécution de nostre nouvelle pucelle[6] par la part que vous prenés au mal qu'elle me fait par ses billets réitérés. Mais je ne me serviray point de vostre remède pour m'en délivrer pour ce qu'il seroit inutile, cette fille estant de la nature des guespes qui importunent également soit qu'on les chasse, soit qu'on ne les chasse point. Je pris d'abord l'expédient de luy respondre sur le genou[7], comme je fais

---

[1] Balzac s'était exprimé ainsi (lettre XXVII du livre XX, déjà plusieurs fois citée) : « Il y a de l'apparence que le fameux Yvrongne est revenu boire à Paris, et qu'il n'est pas si long temps hors du centre de la belle desbauche. Je vous supplie, Monsieur, que par son moyen nous puissions sçavoir où se trouve Monsieur Maynard, pour lequel ma curiosité ne cesse point. »

[2] *Naviger* pour *naviguer* est dans La Fontaine, dans Boileau et jusque dans Montesquieu. M. Littré nous apprend qu'on disait de préférence, au XVIIᵉ siècle, *naviger*, forme qui a duré jusque dans le XVIIIᵉ, et il cite cette remarque de Vaugelas : « Tous les gens de mer disent naviguer ; mais à la cour on dit *naviger*, et tous les bons auteurs l'écrivent ainsi. »

[3] Balzac (p. 805 de l'in-fol.) avait dit à son ami : « Si vous aviez aussi communication avec Monsieur de la Pigeonnière, vous m'obligeriez infiniment de luy demander les œuvres manuscrites de feu Du Vivier qu'il a entre les mains. Je ne pense pas qu'il vous les refuse ; et si vous me les faisiez voir, je vous les renvoyerois en diligence, et avant qu'il sçeust qu'elles fussent venues jusques icy. » Balzac raconte ensuite bien gaiement la mort de ce Du Vivier, mort dont il se déclare quelque peu responsable.

[4] Qui va à l'aventure, expression chère à Mᵐᵉ de Sévigné.

[5] Cette dépêche du 14 août 1639 est datée du 29 décembre (n° XXVIII du livre XX, p. 806 et 807).

[6] Mˡˡᵉ de Scudéry.

[7] Sans façon, quelque chose comme le *stans pede in uno* du poëte. M. Littré ne cite pas l'expression proverbiale *répondre sur le genou*, que je ne trouve pas davantage dans les anciens dictionnaires.

à tout le monde, et creus que cette négligence la rebutteroit de moy quand elle verroit que je ne ferois point d'effort pour elle, et qu'elle ne pourroit tirer vanité des mauvais poulets que je luy escrirois. Après s'estre guindée, pour m'obliger, à une partie de son stile, le pédestre[1] dont je me sers pour elle luy laissera opinion que je la mesprise et pourra m'en délivrer, au lieu que si je ne luy escrivois point du tout, l'espérance de tirer de moy enfin une belle lettre l'opiniastreroit à m'envoyer tous les jours de ses fascheuses douceurs. Je n'en ferois pas ainsy pour celles de la Marquise de S[ablé] auxquelles je répondrois avec plaisir, sinon avec grâce, pour ce que son principe n'est pas d'ambition, mais d'affection, et que, dans les tesmoignages d'amitié qu'elle donne à ceux de sa connoissance, le cœur y a plus de part que la bouche ou la plume. Je ne vois pas que vous courriés fortune d'un assaut de ce costé là. Mais si le hazard vouloit qu'il arrivast quelque jour, vous ne voudriés pas, je m'asseure, qu'elle vous peut reprocher que vous eussiés esté plus civil pour Mᵉ Des Loges que pour elle.

Pour ce qui est du Piémont, ou nostre malheur, ou nostre mauvaise conduitte nous y a réduits, après un vain effort à l'attaque de Thurin, à recevoir la proposition d'une trève de deux mois qui a esté signée sans ordre de la Cour. Par là vous voyés que nous en sommes en nostre particulier quittes pour le deshonneur et que Mʳ vostre neveu, ayant eschappé à la furie des mousquetades le jour de l'assaut, vous n'avés plus gueres à craindre de cette année que les maladies[2].

Quant à Mʳ le Duc de Longueville, le lendemain de la trève, il partit de l'ordre du Roy, pour aller commander les trouppes du duc de Veimar sur le Rhin et est maintenant à Basle. Il me tesmoigna par ses dernières tant de douleur de la mort de ce Prince, que la rencontre de ce que l'on l'a esleu pour luy succeder, jointe à son ressentiment, m'a obligé à faire le tombeau de ce conquérant. Je vous envoye afin que vous me le jugiés.

Je feray sçavoir à Mʳ Conrart ce que vous me mandés touchant Mʳ Spanheim auquel il ne manquera pas de l'escrire. Je sçauray aussy de luy si ce ministre historien a fait quelques autres ouvrages et, en ce cas, j'en envoyeray la liste au sʳ Rocolet afin qu'il les cherche[3]. Compatissés à l'infirmité de ce bon serviteur et payés vous de ce qu'il peut, puisque le fons en est louable et qu'il ne pesche pas à son escient.

Mʳ de Sᵗ Nicolas verra vostre curiosité et vostre retenue touchant ces derniers ouvrages de Mʳ Le Maistre, ce qui l'obligera doublement. J'ay sur ma conscience de n'avoir point encore esté visiter Mʳ Mesnage. J'iray et vous en entretiendray amplement au premier jour[4]. Pour Mʳ Costard, j'ay traitté avec luy de sorte, en deux rencontres où je

---

[1] Souvenir du mot d'Horace : « ...plerumque dolet sermone pedestri. »

[2] Balzac écrivait à Chapelain (lettre XXVIII du livre XX, déja citée) : « Je tremble pour le Piémont, c'est-à-dire pour vous, et pour un petit neveu que j'y ay, qui pourroit bien estre assommé dans la foule. »

[3] Balzac avait dit (ibid.) : « Je suis bien glorieux de la bonne opinion qu'a de moy M. Spanheim; car c'est un homme que j'estime infiniment. S'il y a quelque chose de luy, outre les deux livres que j'ay desja veus, je vous supplie de le dire à mon libraire, afin qu'il me les envoye. »

[4] Balzac (ibid.) s'était exprimé en ces termes si gracieux : « Vous ne me mandez rien de mes amours, je veux dire de M. Conrart et de M. Ménage. Au moins, qu'ils sçachent, s'il vous plaist, l'ardeur que j'ay pour eux. »

l'ay peu, et où je luy ay parlé, que je luy ay mis la confusion sur le visage par un mespris généreux de ce qu'il avoit fait contre moy et par des civilités qui luy firent connoistre que la philosophie nous avoit mis l'ame au dessus de ces bassesses, et qu'il n'avoit pas esté assés honneste homme pour mériter vostre colère. J'en remporte le titre de magnanime par sa bouche, et j'ay sceu depuis par tous nos amis communs qu'il n'avoit jamais tant senti sa faute, que quand je luy fis voir que je n'en avois point de sentiment. Il ne parloit que de venir m'en demander pardon chés moy et sembloit attendre la commodité de Mr Voiture ou de quelque autre pour l'y amener. Six mois se sont passés dans ces protestations, au bout desquels il est parti sans exécuter ce dessein, dont j'ay eu aussy peu de peine que du reste. Je l'estime, mais sa sorte d'esprit n'est pas propre à estre estimée de moy. Je le servirois bien si je pouvois pour l'amour de moy mesme. Je vous prie de le traitter civilement, s'il vous voit.

Flotte est encore aux champs. Je luy feray escrire par le bon Colletet. Mon homme vient de rapporter cette response.

Je suis, tout à vous Monsieur, etc.

De Paris, ce 21 aoust 1639[1].

CCCXXIX.

À Mgr LE DUC DE LONGUEVILLE,

À BASLE.

Monseigneur, si ce que nous avons appris par les lettres de Mr de Guébriant du 11 d'aoust se trouve véritable, que toute l'armée du feu duc de Veimar d'un consentement unanime se dispose à vous reconnoistre et à vous obéir, et attend vostre arrivée avec impatience, je ne sçaurois assés me resjouir de ce nouvel employ que la fortune vous a présenté, et il me paroist d'autant plus glorieux que l'on peut dire que ce n'est pas le Roy seul qui vous le donne comme à ses autres généraux, mais qu'outre cette favorable eslection, les qualités qui se rencontrent en vostre personne vous le donnent aussy et vous font avoir le commandement de cette armée à mesme titre que le feu Duc l'avoit, je veux dire par la grandeur de vostre naissance, par l'estime de vostre vertu et par la volonté de ceux qui la composent, avantages singuliers et que vos zélés serviteurs sont ravis de voir qui ne se trouvent qu'en vous seul.

Mais il faut suspendre cette joye jusqu'à l'accomplissement de l'affaire qui, d'une ou d'autre façon, ne peut plus tarder à se terminer. En tout cas, Monseigneur, vous serés grossy des trouppes qui assiégent à présent Moyen sous Mr du Hallier[2], après que cette

---

[1] Le même jour, Chapelain écrivit à d'Andilly (f° 177) au sujet d'un sonnet que ce dernier lui avait communiqué et qui roulait sur la mort du duc de Weymar. «Le sonnet est extrêmement beau,» dit tout d'abord Chapelain, qui ajoute: «Les huit premiers vers sont sans la moindre tache, le neuvième est sujet à l'objection de l'épithète de *juste,* qui n'est pas trop juste en cet endroit, le dixième est bon, puisque vous le voulés.» Chapelain reproche à son ami d'avoir fait rimer *Rhin* avec *Jourdain.* Après l'examen du sonnet, viennent quelques considérations politiques: «L'employ de M. le duc de Longueville est bien glorieux succédant dans l'intention du Roy au défunt de qui nous avons fait les épitaphes. Mais je suis tousjours en doute que les Suédois et les Allemands le vueillent reconnoistre, et, en ce cas, il feroit peu de choses sur le Rhin avec le peu de trouppes qu'on luy baillera de France.»

[2] «Durant le voyage du Roi, dit Montglat (*Mémoires*, t. I, p. 295), Du Hallier, gouverneur de Lorraine, prit le château de Moyen.» Moyen est aujourd'hui une commune du département de la Meurthe, arrondissement de Lunéville,

place sera prise, et une partie de celles de Mʳ de Villeroy[1] vous pourra joindre, si le Marquis de Sᵗ Martin n'est pas plus fort dans la Conté qu'on nous a dit. Au reste, le bruit est grand de la maladie du Grand Seigneur[2], qui seroit un coup de miracle pour les Vénitiens qu'il menaçoit fort et pour la chrestienté en général, bien qu'en particulier les Impériaux y auroient plus d'avantage que nous.

On a avis de plusieurs villes de Bretagne que Mʳ de Bordeaux s'est remis à la mer, sans que l'on sache de quel costé il tourne.

Je croyois avoir achevé le sonnet, mais l'ayant repassé, j'y ay reformé quelque chose qui le rendra plus digne de la mémoire d'un si grand capitaine. Vous me ferés l'honneur, s'il vous plaist, de ne point regarder la copie précédente et de considérer cettuy-cy, comme celuy que j'avoue.

Je prie Dieu qu'il vous conserve et suis, Monseigneur, vostre, etc.

De Paris, ce 22 aoust 1639[3].

---

canton de Gerbéviller. M. du Hallier était François du Hallier, fils du marquis de Vitry et frère du maréchal de Vitry ; lui-même devint maréchal de France en 1643 et fut dès lors connu sous le nom de maréchal de l'Hospital.

[1] Nicolas de Neufville, marquis, pair (1663), duc de Villeroy, était maréchal de camp depuis 1624 : il fut nommé lieutenant général en 1643, et maréchal de France en 1646.

[2] Amurath IV mourut l'année suivante (8 février 1640), à l'âge de trente et un ans, après un règne de seize années.

[3] Le lendemain, Chapelain écrivait à M. Bouchard (f⁰ 179) : «Quand (sic) à la comédie satyrique qui fut faitte il y a deux ans contre l'Académie, il n'y a point eu d'homme assés hardy pour l'avouer, soit qu'il craignist le ressentiment des particuliers, qui pourtant n'en ont eu aucun, l'ayant mesprisée comme une badinerie fort insipide, soit qu'il appréhendast le chastiment, de l'ordre de son fondateur et protecteur, à qui ce petit attentat pour sa propre considération ne devoit point plaire. Quelques uns l'ont voulu donner à nostre amy Saint-Amand et la pucelle de Gournay l'a asseuré à cent pour cent, mais ny elle ny eux ne l'ont persuadé à personne et il s'en défend comme d'un crime ou d'un sacrilége... » Chapelain l'entretient ensuite de Richelieu, de Boisrobert, de Voiture (qui est en Touraine avec Monsieur) ; il le félicite de l'édition prochaine de son *Histoire ecclésiastique*, et lui dit encore : «Désabusés ces Messieurs les habiles poëtes de vostre Cour de l'estime qu'ils croyent qu'on ait fait en celle-cy de la mauvaise comédie du seigneur Castelli... Parce qu'elle avoit esté représentée avec grand bruit et sur un sujet honorable aux François, Son Éminence a trouvé bon d'envoyer à son autheur, non pour récompense, mais par pure libéralité, la chaisne d'or dont vous me parlés, de laquelle il peut bien tirer profit, mais non pas vanité, car elle seroit mal fondée, cet homme pour estre gratifié n'en estant pas moins mesprisé... » Chapelain finit sa lettre en priant Bouchard de lui envoyer désormais ses paquets de livres par des occasions d'amis, et non en lui en faisant payer le port. Le même jour, Chapelain adresse une lettre toute remplie de compliments (f⁰ 184) au poëte Bracciolini, à Rome, le remerciant du beau présent de ses poésies lyriques : «Vous m'avés envoyé, lui dit-il, un trésor de perles orientales qui tesmoigne bien que la mer qui les a produittes a un fonds non seulement riche, mais encore inespuisable, puisqu'il n'y a ni temps ni saison où vous m'y en demandiés en vain. » Je ne ferai que mentionner une lettre au cardinal Bentivoglio, du 24 août (f⁰ 185), où Chapelain le remercie pompeusement de la troisième partie de son *Histoire des guerres de Flandre*; une lettre au duc de Longueville, du 25 août (f⁰ 186), où il est dit : «Nous sommes dans une merveilleuse attente du succés de vostre voyage sur le Rhin ;» une lettre à M. de la Lane, du 26 août (f⁰ 187), où l'on trouve force plaisanteries sur les voyages maritimes de Mᵐᵉ de la Lane, notamment celle-ci : «Si je ne craignois de cajoler Mᵐᵉ vostre femme,

CCCXXX.

À M. DE BALZAC,
À BALZAC.

Monsieur, je suis estonné de ce qui peut avoir fait tomber dans la conversation de M. L[e] M[arquis][1] et de M. le D[uc] de L[a] R[ochefoucauld] le pauvre M[énage] et comment ce dernier[2], qui n'est jamais avec l'autre que pour luy dire de vieilles douceurs[3], l'a engagé à s'expliquer sur une matière qui estoit si peu de leur génie et de leur inclination[4]. Cela me prouve encore plus que jamais que souvent on joue à la mouche[5] dans le Conseil, lorsqu'on croit qu'on y résout les affaires les plus importantes, et que deux personnes galantes sont bien souvent ensemble sans dire des pointes[6] ny se parler d'amour. Je ne sçay sur quoy se peut fonder M. le m[arquis] de S[ablé] pour condamner de folie un homme qui a réputation d'avoir du sens, et qu'en deux entretiens que j'ay eus avec luy, je n'ay point jugé qu'on peust accuser d'avoir la teste creuse. Je sçay, d'ailleurs, que cette personne n'est pas téméraire dans ses jugemens, et que, pour M. M[énage], la passion ne la peut avoir préoccupée. Pour vous en dire mon opinion, si elle s'est trompée, comme je le croy, c'est qu'elle a trouvé en M[énage] un esprit confit en doctrine[7], de celle des bons anciens, un stile conforme à sa sorte de sçavoir et l'air tout différent de celuy de la Cour qui est le seul qui a cours dans l'estendue de son obéissance. Sur quoy elle aura prononcé désavantageusement pour luy et je ne le trouve pas estrange, pour ce que peu de gens au monde peuvent garder

---

je dirois que sa valeur vient de sa beauté et que Vénus n'avoit garde de craindre le lieu de sa naissance ; » une lettre à Mme de Flamarens, du 27 août (f° 188), où Chapelain maudit la longue et importune fièvre de la jeune marquise; enfin, une lettre à M. du Fay de la Trousse, du 29 août (f° 191), où son ancien *gouverneur* lui recommande de songer « à l'espargne, de s'abstenir du jeu et du prester, » et lui déclare que «sans oeconomie et ordre dans la despense, il n'y a vertu, ny courage qui puisse empescher un homme d'estre malheureux. »

[1] *Sic* pour Mme la marquise [de Sablé], comme le prouve le sens, comme le prouve aussi, du reste, le texte de la page suivante.

[2] Ce dernier n'était pas Ménage, comme on pourrait le croire d'après l'irrégulière construction de la phrase; mais le duc de la Rochefoucauld, le père de l'auteur des *Maximes*.

[3] *De vieilles douceurs!* Le duc de la Rochefoucauld avait alors cinquante ans, et la marquise de Sablé en avait une quarantaine, ainsi que l'établit en ces termes, après le P. Anselme, M. Victor Cousin (*Mme de Sablé*, 1865, p. 85) : «Jusqu'ici on a fait naître Madeleine de Souvré en 1608; mais un document authentique, le *Nécrologe de Port-Royal*, dit qu'elle mourut le 16 janvier 1678, à l'âge de soixante-dix-neuf ans. Elle était donc née certainement en 1599, à peu près avec le xviie siècle... » M. Cousin n'a pas mentionné les galantes relations signalées par Chapelain, et (ce qui est plus étonnant) Tallemant des Réaux n'en a rien dit non plus.

[4] Balzac avait écrit à Chapelain (lettre I du livre XXI, p. 808 de l'in-fol.) : « Je vis hier M. le duc de la Rochefoucaut, qui me dit beaucoup de choses, et entre autres, que vostre *Signora Vittoria* tient le petit homme que nous connoissons pour un petit fou. Cela pourroit estre, puisque le nombre en est assez grand, et peut n'estre pas aussi, puisque la Cour condamne souvent un homme sur une simple grimace.»

[5] Voir sur ce jeu les détails que donne le *Dictionnaire de Trévoux*, au mot *Mouche*.

[6] Le mot *pointe*, comme synonyme de «trait subtil, recherché,» n'a été trouvé par M. Littré dans aucun écrivain antérieur à Corneille, à Boileau, à Scarron, à Pellisson. Il faut joindre à cette liste le nom de Saint-Évremond.

[7] Regnier a dit (*Sat.* 11):

Compagnons de Minerve, et confits en science.

cette équité de n'examiner autruy par son goust propre. Nous faisons tous de nostre façon de concevoir les choses la règle du bien et du mal et louons et blasmons, absolvons et condamnons les hommes, selon que leurs actions s'approchent ou s'esloignent de ce que nous ferions.

Mme la [Marquise] de S[ablé] a veu une si grande différence entre son esprit et celuy de M. M[énage] que, ne s'estimant pas extravagante, elle a creu qu'il falloit qu'il le fust, ne considérant pas que l'extravagance pouvoit estre de son costé, et que quand elle seroit aussy sensée que je la croy et qu'elle l'est en effet, ce n'est pas une bonne conséquence que les choses qui sont différentes soient contraires. Mais voilà bien philosopher sur rien. Autant que je puis juger de l'un et de l'autre, ils sont tous deux gens raisonnables, mais ils ont le débit du raisonnement divers, et ce n'est pas merveille que cette diversité ait fait penser à une dame qu'il y avoit quelque chose de pis, puisque auprès d'elle c'est n'estre pas sage que de ne leur plaire pas.

Vous ne la croirés donc pas davantage lorsqu'elle mesprisera M. M[énage] que lorsqu'elle m'exaltera par dessus tout ce qu'elle a jamais connu, y ayant un excès également blasmable en l'un et en l'autre, et qui est sujet à réformation. Cependant vous le pouvés aymer, mais sans en faire vos délices ny vos amours, de peur qu'on ne vous accuse d'estre facile à gaigner.

Je croy aysement que le *Moyse* est l'idole de l'hostel de L[iancourt], car il a les beautez qu'on y admire le plus [1], et ses défauts sont d'une nature qu'ils n'y sont pas mesme connus de nom. Je croy qu'on y aura fait changer la dédicace qui commençoit *Dame de L[iancourt]* [2]. Je demanderay la Métamorphose et essayeray de vous faire escrire les huit cents vers qu'elle contient pour le premier ordinaire [3]. C'est beaucoup dire que l'*Amour tirannique* vous ait fait faire infidélité au *Cid* [4]. Si son autheur le sçavoit, il l'imprimeroit et trompetteroit contre ceux qui se sont desdits de l'estime qu'ils en faisoient, avant l'impression, sur la tromperie qu'ils ont prétendu que leur avoit faitte l'apparat du théatre et la prononciation des acteurs.

Sarazin est un homme honnoraire de Mr de Chavigny, fils d'un trésorier de France de Caen, qui m'a surpris par l'expression heureuse des maximes de la haute poésie qu'on ne peut nier qu'il n'ait maniées fort agréablement [5]. L'ignorance néantmoins ou la pas-

---

[1] Balzac (lettre I du livre XXI, déjà citée) avait dit : « J'ay appris du mesme autheur [le duc de la Rochefoucauld] que *Moïse sauvé* estoit la passion de Monsieur et de Madame de Liancourt, et qu'on a fait une *Métamorphose* chez Monsieur le Chancelier. »

[2] Le *Moyse sauvé* fut dédié « A la Serenissime Reyne de Pologne et de Suède ».

[3] Il s'agit de la *Metamorphose des yeux de Philis en astres* par Germain Habert, abbé de Cérisy, le commensal du chancelier Séguier (Paris, 1639, in-8°).

[4] Voici le passage de Balzac que Chapelain trouve avec raison fort exagéré (lettre I du livre XXI, p. 809) : « J'ay receu, de plus, le livre de Holstenius, et l'*Amour tirannique* de M. Scudéry, de la lecture duquel je vous confesse que je suis encore tout esmeu et tout agité. Il y a bien quelques petites choses dans cette pièce que je voudrois qu'il reformast, et il pourroit s'en adviser de luy mesme; mais le reste à mon gré est incomparable, qui remue les passions d'une estrange sorte, qui m'a fait pleurer en despit de moy, qui a fait que le *Cid* et le *Scipion* ne sont plus mes délices. »

[5] Chapelain répond ici à cette interpellation de Balzac (*ibid.*) : « Mais qui est, je vous prie, ce galant homme que vous m'avez nommé Sarrasin, et qui se nomme M. d'Arbois ? Le nom m'en plaist, aussi bien que les Remarques... Raillerie à part, ce Sarrasin est un docteur excellent, et qui débite beaucoup de choses d'une manière très agréable... »

sion l'a fait broncher en deux endroits, entre autres ceux de l'*Agnition*[1] et des *Épisodes* qu'il n'a aucunement entendu ou voulu entendre. Mais, avec cela, c'est un galand homme et bien digne d'estre estimé.

Il ne m'a point semblé estrange que M. de L[a] R[ochefoucauld] n'ait jamais ouy parler de Mr de Peyresc[2]. L'estude de ce seigneur n'avoit rien de commun avec celle du défunt qui estoit un vray et solide sçavant et qui regardoit les lectures de M^r de La R[ochefoucauld] comme des amusemens plustost que comme des occupations utiles et dignes d'un homme sérieux. On cherche et connoist volontiers ses semblables. Peut estre que feu M. de Peyresc ne connoissoit aussy par la mesme raison de M^r de L[a] R[ochefoucauld] que sa naissance et [ce] que l'histoire nous a laissé des actions mémorables de ceux de sa maison. Ainsy, pour n'avoir pas esté connu de luy, Mr de Peyresc ne laisse pas d'estre un héros en son genre, et j'espère que sa vie descritte par Mr Gassendi vous en laissera persuadé, lorsqu'elle sera publiée. Pour moy, je suis certain qu'il me sera honnorable d'avoir parlé de luy comme j'ay fait à cause de son mérite plustost que de ma rime.

Vous aurés receu par l'ordinaire précédent le sonnet que j'ay donné à nostre trismégiste[3] duc de Veimar. Vous l'aurés encore par celuy cy avec quelques changemens qui le rendent plus supportable, en attendant qu'avec plus de loysir je le puisse bien achever. Si vous en laissés voir quelqu'un, ce sera ce dernier, s'il vous plaist, duquel j'attens vostre jugement. Mais nous n'avions que faire de rimer sur ce sujet et il suffiroit pour la gloire éternelle de ce Prince qu'on vit les dix lignes d'une si excellente prose par lesquelles vous avés fini ma lettre. Elles sont rares et nous les ferons voir en bon lieu[4].

Le s^r Pyrostome ou autrement Jean-Jacques, car ce Protée se change ainsy tous les jours de nom, vous demande avec humilité la copie des dernières que vous luy avés escritte, lesquelles se sont perdues par le mal-

---

[1] Nos Dictionnaires ne donnent pas cette traduction du latin *agnitio*, reconnaissance. Il a été employé plusieurs fois par Corneille. Voyez *Lexique de la langue de Corneille*, par Ch. Marty-Laveaux.

[2] «Croyez-vous, du reste, Monsieur, avait dit (lettre I du livre XXI, p. 809) Balzac à Chapelain, que M. de la Rochefoucauld n'avoit jamais ouï parler de nostre M. de Peiresc, et que force autres personnes qui ne sont ni barbares, ni ignorantes, ne le connoissent non plus que luy?»

[3] Trois fois grand. Balzac (lettre II du livre XXI, p. 810 de l'in-fol.) écrit à son ami, non le 20 janvier 1640, mais probablement le 20 septembre 1639 : «Le tombeau du duc de Weymar est digne de luy et de vous... Dire que la dernière victoire du Roy de Suède a esté emportée par le duc de Weymar, et qu'il est mort traçant un empire, c'est consacrer sa mémoire par quatre paroles, et c'est luy donner la plus courte et la plus belle louange qu'il puisse jamais recevoir.»

[4] Ces dix lignes sont celles-ci (p. 809 de l'in-fol.) : «Ce seroit celuy-là, Monsieur, qu'il faudroit célébrer en quarante langues, et qui mérite le nom de héros que nous avons mis à si bon marché, et que de nostre grâce tant de gens portent indignement. Je ne parle point de ses premières merveilles, ni ne veux faire icy son histoire. Mais je vous demande si l'histoire mesme d'Alexandre a une plus belle année, que celle dans le cercle de laquelle il a gagné trois batailles, pris trois villes, et fait prisonniers trois généraux ? Il a eu tort, néantmoins (mes Muses me l'ont révélé), de faire tant de choses en si peu de temps. Il est cause par là que la mort s'est équivoquée, et l'a creu beaucoup plus vieux qu'il n'estoit. Elle a pris les derniers quinze mois de sa vie pour une vie toute entière, parce qu'au lieu de compter le temps, elle a compté les victoires.»

heur du temps ou la négligence du sçavantazze Hulon, qui rend mal volontiers office à son parasite de frère.

Vos livres auront esté portés sans faute à Rome, car le paquet en fut mis par Mr de La Brosse entre les mains du gouverneur des enfans de l'Ambassadeur extraordinaire, et recommandés chèrement. Le seigneur Jean Jacques cependant ne les avoit pas encore receus au mois de juin.

Je mettray la lettre addressante à Mr de Bourzeys entre les mains de son frère[1] quand il sera de retour de Liancourt. Traittés doucement le pauvre Rocolet, si vous ne voulés qu'il se pende. Je le voy horriblement mortifié de vos lettres. Flotte est à dix lieues d'icy depuis trois mois affligé de sa goutte d'yvrogne. Je luy ay fait escrire par Colletet et je n'en attens response que dans trois jours. Vous l'aurés au premier ordinaire. Je suis bien aise que le procès du Caro soit arrivé à bon port. Il vous donnera plaisir sans doute et je l'auray bien grand de voir le party que vous prendrés. J'iray voir Mr Voiture à son retour de Liancourt pour voir ce qui se pourra faire touchant les vers de Du Vivier.

Je suis, Monsieur, vostre, etc.

De Paris, ce 28 aoust 1639.

CCCXXXI.

À M. GASSENDI,

À DIGNE EN PROVENCE.

Monsieur, vous avés fait selon vostre vertu et mon courage de ne point procéder avec moy par remercimens en forme pour la volonté peut estre inutile que j'ay eue de vous servir. La profession que nous faisons de la belle philosophie et de cet amour si rare de la sagesse nous unissant d'inclination et d'intérest, et, si je l'ose dire, ne faisant de nous qu'une mesme chose, si l'un de nous remercioit l'autre de ses bons offices, c'est comme s'il s'en remercioit luy mesme. Et quand mesme nous nous considérerions comme personnes distinctes, le plaisir est si grand de faire plaisir à un homme vertueux qu'il paye tout le bien qu'on luy peut faire avec grande usure et, si l'un des deux estoit redevable à l'autre, je ne crains point de vous dire que c'est, à mon avis, celuy qui a eu une si belle occasion d'exercer sa vertu, plustost que celuy qui, par son besoin, la luy a fournie. Ainsy, s'il estoit question de complimens et d'actions de grâces, vous voyés que par bon raisonnement ce seroit à moy à les faire. Mais bannissons ces superfluités de nostre commerce et croyons aussy bien, sans démonstration extérieure, que nos amis ne sont pas ingrats, que nous voulons qu'ils nous croyent leurs amis, encore que nous passions souvent des années entières sans leur en renouveller les asseurances.

Je dis cela pour moy, Monsieur, vous le connoissés bien, et prétens que ce mot seul me tienne lieu auprès de vous d'une excuse très vallable, si je me suis abstenu de vous escrire tant de temps, et si je me suis contenté de vous entretenir en la personne de nostre exellent Mr L'Huillier lequel κατ' ἐξοχὴν[2] est un autre vous mesme.

Pour ce qui regarde vostre affaire[3], j'ay sceu de semaine en semaine l'estat où elle estoit. J'ay remercié par avance Mr de Grasse

---

[1] L'abbé de Bourzeys, frère du trésorier de France. La lettre dont parle Chapelain est-elle celle qui a été insérée dans le livre XVI, sous le n° XXV et avec la date du 25 juin 1639 (p. 691 et 692 de l'in-fol.)?

[2] Par excellence.

[3] L'affaire de l'agence du clergé, dont il a été déjà plusieurs fois question dans cette correspondance.

de l'assistance qu'il vous y rend. J'ay fortifié M⁰ de Chaudebonne dans la volonté que M⁰ de Beaurecueil luy a donnée de vous servir. Enfin j'ay remué tout pour vous acquérir le suffrage de ce M⁰ de Vence, mais, pour ce dernier, il nous a esté jusqu'icy impossible d'y rien faire, n'ayant peu encore sçavoir qui il est et ayant mesme appris que M. Ribier n'en a point nommé encore. Quand il sera déclaré, nous verrons ce qui s'y pourra faire et, en tout cas, nous recourrons à M⁰ de Chaudebonne pour engager Mme la duchesse d'Esguillon à interposer son crédit encore envers luy. Il y a trois semaines que M⁰ Maignhe est à Orléans avec Mme la Comtesse de St Pol et il n'en reviendra qu'à la Toussaints, et ainsy il nous est inutile quand (sic) à présent. Je luy manderay vostre souvenir et vostre ressentiment.

J'ai parlé[1] à tous ceux qui ont ouy traitter de cette affaire dans les termes où vous me parlés quand à l'interest que vous y prenés, et les ay fort asseurés que s'il y avoit de l'ambition, elle estoit dans l'esprit de vos amis et non pas dans le vostre, à qui le succès estoit comme indifférent, et qui ne pouvoit mesme estre bon qu'au détriment de vos belles estudes, à propos desquelles j'ay à vous féliciter de cette rare vie de M. de Peyresc que vous avés faitte et qui immortalisera plus son nom que toutes nos rimes, pour pompeuses qu'elles soient. J'ay impatience que vous y ayés donné la dernière main afin que le public en jouisse, et que nous la puissions voir imprimée pour l'utilité du commun[2].

Aymés moy tousjours, s'il vous plaist, et me croyés, Monsieur, vostre, etc.

De Paris, ce 30 aoust 1639.

CCCXXXII.

À M. L'ÉVESQUE DE GRASSE (GODEAU),
À GRASSE.

Monsieur, sur la nouvelle de la prise de Nizze je fus si alarmé pour vous que je ne songeay presque point au dommage qu'en recevoit le public, et il me sembla que le plus grand mal que causast cet accident estoit celuy dont vous estiés menacé. Depuis, j'ay calmé mon esprit tant par ce que j'ay appris de la fidélité du chevalier de Sales, que par la trève qui s'est faitte en Piémont entre nos généraux et ceux d'Espagne. Mais avec tout cela je ne puis m'empescher de m'affliger de voir par ces progrès des ennemis la paix de plus en plus reculée. Il est vray que Dieu est maistre et sçait trancher ou applanir les difficultés, quand il luy plaist. Je m'asseure que c'est la première et la plus fervente des prières que vous luy faittes.

Le bon M⁰ Gassendi me conjure de vous rendre grâce pour luy de la générosité que vous avés monstrée en son affaire. Je lui ay respondu que les complimens estoient inutiles chés vous et que vous vous payés de vos bienfaits par eux mesmes. En effet, si vous aviés à recevoir remerciment pour cela, il faudroit que vous vous le fissiés à vousmesme, car je tiens que nous ne faisons jamais aucun bien à autruy, que nous n'y prenions la principale part, et que nous ne nous soyons obligés de cet ornement que nous avons adjousté à nostre ame.

Vous aurés dans quelque temps la revision du poème de la Vierge dont la dédicace sera belle estant faitte à elle mesme. Il faut pardonner le retardement aux embarras de M⁰ Conrart qui n'a pas eu un moment à luy

---

[1] Chapelain devait être bien préoccupé en copiant cette lettre, car il a mis : *j'ai parlay* pour *j'ai parlé*. On a vu qu'un peu plus haut il n'a pas évité la fâcheuse répétition : «le plaisir est si grand de *faire plaisir* à un homme vertueux.»

[2] Ce livre, comme j'ai déjà eu l'occasion de le rappeler, parut en 1641.

depuis son retour de Jonquières. Il vous aura mandé le mariage qu'il a fait de Mʳ Le Duchat avec Mˡˡᵉ sa belle-sœur. Je prie Dieu qu'il vous conserve.

Je suis, Monsieur, vostre, etc.

De Paris, ce 1ᵉʳ septembre 1639 ¹.

CCCXXXIII.
À M. DE BALZAC,
à balzac.

Monsieur, je tasche et autant qu'il m'est possible de ne me point conduire dans mes petits jugemens par l'opinion d'autruy, et autant que je défère à la raison, lorsqu'on me la presente, autant suis-je en garde avec ceux qui n'ont que leurs fantaisies à me debiter, et encore plus avec ceux qui me débitent les imaginations des autres. Je vous dis cecy pour la marquise de S[ablé], qui n'a pas sans doute jugé de Mʳ Mesnage par elle mesme, mais par le rapport d'autruy, et, si je ne me trompe, cet autruy est M. Costard qui avoit, il y a quelque temps, grande habitude chés elle ², car Mʳ Voiture m'a appris, depuis quatre jours, qu'ils ne s'aymoient point, et qu'il y avoit entre eux émulation de lettres jusqu'à escrire l'un

---

¹ Le 4 septembre 1639, Chapelain (f° 197) répondait à diverses observations qui lui avaient été présentées par Balzac, au sujet du sonnet sur la mort du duc de Weymar; il y parle ainsi de la commission à donner à Voiture pour les manuscrits du sieur du Vivier : « J'attrapperay nostre Mʳ Voiture et le rendray solliciteur malgré sa paresse. Je ne vous en respons pas pourtant, puisqu'il y aura une lettre à escrire et je suis asseuré qu'il feroit plustost un voyage à Blois que d'y envoyer un billet. » Il avait fait précéder tout cela de la déclaration que voici : « Je n'escris à personne plus volontiers qu'à vous, quoyque j'aye plusieurs amis qui m'y obligent et que le séjour continuel que je fais de Paris m'ait fait choisir pour correspondant par plusieurs personnes qui valent beaucoup, et que je n'en puis ny n'en veux refuser. N'ayés donc point de scrupule de la peine que cela me donne, ny mesme de la presse que je me fais de vous respondre pour ne vous faire pas languir après mes lettres. Car ne vous en escrivant jamais d'ambition et ayant pris la permission de vous, il y a douze ans [les relations épistolaires entre Balzac et Chapelain remontaient donc à l'année 1627], de traitter avec vous en ce genre comme avec une personne ordinaire, je ne puis jamais dire que j'ay esté pressé lorsque j'ay eu une demy-heure pour satisfaire aux principaux points de vos despesches d'une manière que je puisse estre entendu... » Le 6 du mesme mois, Chapelain écrivait (f° 199) à la marquise de Sablé : « Je vous envoye ce trésor de lettres que vous m'avés fait l'honneur de me prester et qui se pourroit nommer le Trésor des chartres d'amour, puisqu'il en contient tous les mystères. Je les ay leues plus de cent fois et je prétens bien en faire un jour mon profit pour dire des douceurs à la petite Armande lorsqu'elle sera en aage d'y respondre... en attendant... je les diray à Mˡˡᵉ de Chalais [c'est, dit Tallemant des Réaux, dans l'*Historiette* de Mᵐᵉ de Sablé, t. III, p. 131, note 2, *une fille d'esprit qui est à elle*]... Pour vous, Madame, je ne croy pas m'en servir jamais... Je vous honnore d'une certaine manière qui approche fort de la révérence qu'on porte aux choses célestes, ce qui fait que je penserois user de quelque profanation envers vous si je ne vous adorois que de l'esprit... »

² M. V. Cousin (*Madame de Sablé*, p. 55, 56) rappelle qu' « à défaut de Voiture, dans le salon de la place Royale, il y avait sa monnaie, et souvent même sa monnaie assez petite, par exemple Costar et la Mesnardière, » et, parlant du premier de ces personnages, que ce « bel esprit d'un ordre inférieur» publia (*Lettres de Monsieur Costar*, in-4°, 1ʳᵉ partie, 1658; 2ᵉ partie, 1659) un assez grand nombre de lettres adressées à Mᵐᵉ de Sablé qu'il avait eu l'occasion de connaitre quand il habitait le Maine, auprès de l'abbé Philibert Emmanuel de Lavardin, le futur évêque du Mans.

contre l'autre[1]. Ce n'est pas que ce Mr Mesnage soit un homme avec qui l'on puisse fonder une amitié solide et permanente. Un de mes amis plus particuliers eut, il y a peu de jours, un entretien avec luy qui me scandaliza un peu. Ils parloient du foible de chacun, et Mr Mesnage dit que la mesdisance estoit celuy de force gens, que pour luy il croyoit excusable, sur quoy il faisoit d'autant plus d'instance pour le faire passer, qu'il avouoit franchement que c'estoit le sien.

Je verray, au premier jour, en quels termes la Marquise m'en parlera et vous manderay s'ils seront conformes à ceux que l'on vous a rapportés. Quant à elle, quoyqu'elle soit femme et sujette à séduction, comme les autres, je la tiens beaucoup moins fragile en cette partie que d'autres qui ont réputation de jugement. Pour l'ordinaire, elle juge sainement et met la vraye différence aux choses. Il y a plus de dix ans que cet intendant nocturne luy est à charge et que sa seule bonté le luy a fait souffrir, et il y a plus d'un an que la patience luy a eschappé et qu'elle l'a banni de chés elle[2]. Vous pourrés aisément croire ce dernier article par les visites que je luy rens, celles de cet homme et les miennes estant incompatibles, et je ne sçay si j'ay contribué à le luy faire chasser, mais je sçay bien qu'estant sollicité plusieurs fois de la voir, comme je faisais d'autres, elle a connu que je [ne] m'en abstenois que pour ce qu'il l'assiégeoit et tirannisoit la conversation.

J'ay leu avec un extrême plaisir toute la tirade de la bonne et mauvaise pédanterie que vous a inspirée l'intérest de Mr Mesnage[3] et je tombe d'accord de tout ce qu'elle contient. Je ne sçay ce qui m'a fait paroistre de mauvaise humeur pour Mr Scudéry, si ce n'est l'importunité qu'il m'a donnée sur le sujet de mon portrait, lequel il m'a certes demandé et redemandé d'une manière bizarre dont il m'eust bien obligé de se passer. Du reste, il a noblesse d'esprit et souvent des expressions très fortes. Dans cet *Amour tyrannique* il s'est surpassé soy mesme. Mais, pour cela, il n'a pas surpassé *le Cid*, quelque défectueux que nous l'ayons trouvé[4]. Je

---

[1] Tallemant rapporte (*Historiette* de Costar, t. V, p. 153) qu'«il disoit que Ménage estoit son meilleur amy.»

[2] Tous ces détails sont ici donnés pour la première fois.

[3] Balzac avait dit (lettre III du livre XXI, p. 811 de l'in-fol.) «que vostre bonté et vostre justice sont grandes!... Ce que vous m'escrivés sur ce subject, est tiré de la plus fine raison, et *ex ipsius visceribus veritatis*, ainsi que parlent Messieurs mes maistres. Il est certain que nos gens de Cour se donnent un peu trop de licence, et qu'ils estendent leur juridiction plus loin qu'ils ne doivent. S'ils ne peuvent souffrir nostre jeune docteur, qui a sacrifié aux Grâces, de quelle façon traiteroient-ils le farouche Heinsius, s'il luy prenoit envie de faire son entrée dans les cabinets? Avec combien de huées en auraient-ils chassé le vilain Crassot et l'indécrotable Demsterus?....» La lettre, datée du 4 février 1640, est, comme on le voit par la date de la réponse, de la fin d'août environ.

[4] Balzac, quelque peu honteux de s'être autant trompé, dit (lettre II du livre XXI, déjà citée) : «Ne vous estonnés point du jugement que j'ay fait de la pièce qui a causé tant de bruit. Je l'ay leue une seule fois à la haste, mais je vous advone qu'elle m'a touché sensiblement et pourtant je persiste en mon opinion, que *** [Scudéry] est un grand poète, et *** [Sarasin] un grammairien d'importance.» Balzac revient encore sur ce sujet (lettre IV du livre XXI) : «J'ay de l'inclination pour l'autheur, et, à vous dire le vray, il me semble qu'on ne le considère pas assés. Il a je ne sçay quoy de noble et de grave qui me plaist. Je parle de la personne, et non pas de ses premiers escrits, où j'advoue qu'il fait un peu trop le capitan...»

ne me hazarderay pas de luy dire mes sentimens sur ses ouvrages pour ce qu'il ne me les demande pas et ne croit pas en avoir besoin. En quoy il a plus de raison, veu mon peu de lumière, qu'à vouloir passer pour sçavant par ses recueils et ses communes citations. Pour alléguer en imprimant, il faut alléguer comme vous. Je vous allois louer amplement et sans y penser, mais le temps me presse.

J'escrivis, il y a huit jours, à Mʳ Voiture pour les vers de Du Vivier : je vous envoye sa response, pour laquelle bien entendu il faut sçavoir qu'il avoit un grand clou[1] au derrière et moy un fascheux sur le haut du nez. Depuis, je l'ay veu et il m'a promis de solliciter cette affaire non par escrit, mais de vive voix, devant qu'il fust quinze jours, ayant un voyage à faire à Blois pour s'acquitter de ce qu'il doit à son Maistre qui, d'ordinaire, le voit bien moins que ses maistresses. Il m'a fait mille protestations d'amitié pour vous que je croy fidelles et, en cette qualité, vous les devés, ce me semble, recevoir et y correspondre de toute vostre puissance.

Je suis bien aise que le sonnet du duc de Weimar vous semble passable en l'estat où il est à présent. Il faut bien que vous en parliés, et on trouveroit estrange que vous eussiés célébré le roy de Suède et [que] vous eussiés négligé celuy cy[2].

La vanité du Parasite romain m'a offensé devant[3] vous, et, en vérité, cette vanité est des plus condamnables, estant si mal fondée.

Le Sʳ Silhon m'a dit qu'il avoit envoyé la lettre à son frère[4]. Il y a apparence qu'elle s'est perdue en chemin avec les courriers. J'asseureray Mʳˢ de Montauzier et Silhon de vostre souvenir. Le dernier travaille aux *Intérests des princes de l'Europe* et, dans deux ans, donnera deux volumes très utiles de cette matière[5]. J'oubliay, la dernière fois, de vous mander que Flotte avoit escrit de sa campagne à Colletet que Mʳ Mainard estoit

---

[1] Ce furoncle si mal placé rappelle cette phrase de la lettre CV de Voiture citée par M. Littré sous le mot *clou* : «Je suis fâché de vostre clou et je vous en plains ; mais, à ce que je puis juger, ce n'est rien au prix de celui que j'ai.» Empruntons encore à M. Littré la citation de la définition du *clou* par Ambroise Paré : «Les vulgaires appellent les charbons clouds, parce que la matière d'iceux cause douleur semblable comme si un cloud estoit fiché à la partie.»

[2] Balzac avait écrit à son ami (lettre IV du livre XXI, p. 812 de l'in-fol.) : «Vous avez retouché heureusement le tombeau du duc de Weimar. Il vaut une des pyramides d'Égypte... N'estes-vous pas d'advis, Monsieur, que ce héros entre dans nos *Entretiens?* Cela se pourra sans violence...» La lettre, datée du 16 février 1640, est une moitié de la lettre citée dans la note 4 de la page précédente, et que j'ai cru devoir attribuer aux derniers jours d'août 1639.

[3] *Avant* vous. Balzac (p. 812) avait ainsi provoqué cette brève condamnation de Bouchard : «On a envoyé la traduction du *Parasite* [la traduction du livre de Mascardi], qu'il a barricadée d'un si grand nombre de mauvais vers, que j'ay failli m'arrester là, sans passer outre. Il est certes admirable de s'estre choisy luy-mesme pour soustenir l'honneur de la France, et pour humilier la présomption de l'Italie....»

[4] C'est à ce frère que Balzac a écrit la lettre XXIV du livre IX : *A Monsieur de Silhon, Mousquetaire de la compagnie du Roi.*

[5] Balzac avait dit (lettre IV du livre XXI, déjà citée) : «Ne verray-je rien de nostre cher Monsieur Silhon pour me remettre en appetit, et ne sçauray-je point que la fortune a eu à la fin quelque remords de maltraiter sa vertu ? J'attends cette nouvelle avec impatience...» Le livre auquel Silhon travaillait était-il celui que le duc de Rohan aurait laissé inachevé, et qui fut publié, en 1639, à la suite du *Parfait capitaine* (Leyde, chez les Elzeviers, in-12) et aussi séparément

tousjours à S‍t Céré et qu'il en avoit des nouvelles tous les quinze jours, qu'en luy envoyant nos lettres il les fera tenir seurement.

Je suis, Monsieur, vostre, etc.

De Paris, ce 11 septembre 1639.

CCCXXXIV.
A M. L'ÉVESQUE DE GRASSE (GODEAU),
À GRASSE.

Monsieur, à mesure que les nouvelles de vos quartiers empirent, mon inquiétude s'accroist et les maux qui vous menacent m'occupent de telle sorte qu'ils ne me laissent presque pas de sentiment pour ceux qu'en souffrira le public. Est-il possible que les affaires de delà les monts soient dans un tel précipice, que les malheurs ne se donnent pas le loysir d'arriver les uns aux autres, et que le seul homme qui restoit fidelle dans l'estat de Madame Réale dans un fort inaccessible ait trouvé un assassin qui l'ait si cruellement payé de sa fidélité[1]? Il est honteux à l'Espagne, aussy bien qu'aux princes de Savoye, d'estre instigatrice de si mauvais moyens d'establir leur domination et d'avoir non seulement [blessé] l'humanité par un guet apens si horrible, mais encore le droit des gens par l'infraction de la trève qui a receu une playe irréparable par cet attentat. Mais ce qui m'en afflige autant est que vous en parlerés en vostre particulier, et que la Provence désormais sera aussy bien sur la défensive par terre, qu'elle l'estoit desja par mer.

J'ay quelque consolation de ce que vous dittes à M‍r Conrart qu'à moins de quatre cent chevaux, les ennemis ne peuvent pénétrer dans vos montagnes. Le plus seur néantmoins seroit de se retirer *in interiora*, ou du moins de faire transporter ce que l'on a de plus précieux aux lieux plus esloignés et plus hors de la portée de leurs courses, car, pour la personne, il ne faut quitter qu'à l'extrémité pour l'exemple. Vous estes sage et courageux. Vous prendrés tousjours le parti le plus honneste et ne précipiterés rien. Dieu vous conserve!

Je suis, Monsieur, vostre, etc.

De Paris, ce 15 septembre 1639.

CCCXXXV.
À M. DE BALZAC,
À BALZAC.

Monsieur, vous me resjouissés bien de me dire que vous voulés faire un chapitre du feu Duc de Veimar, et, dès à cette heure, j'en félicite la mémoire de ce grand héros à qui il ne manquoit que la gloire d'estre loué par vous. Mais prenés garde de ne pas gaster vostre Discours en le chargeant de ma médiocre poésie et de ne mesler par ainsy des pierreries avec des charbons[2]. Je

---

(*ibid.*), sous ce titre : *De l'Interest des Princes et Estats de la chrétienté?* La *Préface*, adressée au cardinal de Richelieu, est l'œuvre de Silhon, selon le *Manuel du libraire*, de l'avocat huguenot Perreaux, selon Tallemant des Réaux (t. VII, p. 273). Le *Traité de l'Interest des Princes* a été réimprimé en 1641, en 1648, etc. Peut-être Silhon avait-il le projet de développer, en deux volumes, les idées incomplétement exprimées par le duc de Rohan en deux cents pages, et n'eut-il pas le temps de faire jamais paraître cet ouvrage qu'il croyait pouvoir donner en 1641!

[1]. Il s'agit sans doute ici du frère de saint François de Sales, le gouverneur de l'imprenable château de Nice. On lit dans l'*Histoire du règne de Louis XIII* par le P. Griffet (t. III, p. 215) : «La mort inopinée du chevalier de Sales, qui arriva peu de temps après, donna lieu aux bruits qui coururent, que le cardinal de Savoye ou ses partisans l'avaient fait empoisonner.»

[2] Balzac (lettre VII du livre XXI, p. 814 de l'in-fol.) dit : «Vostre sonnet est véritablement de ces bonnes choses qui veulent estre considérées,

ne trouve point du tout estrange que ce Prince eust curiosité de sçavoir quelles estoient vos occupations [1]. Il n'estoit pas tellement martial qu'il en fust ennemy des Muses. En luy se rencontroit l'une et l'autre Minerve et je sçay de bon lieu qu'il n'aymoit pas seulement les gens de lettres, mais encore qu'il pouvoit passer pour lettré. Au moins estoit-il poëte [2]; et avoit cela de commun avec Germanicus [3] aussy bien que plusieurs autres choses. J'attens de vous sur ce sujet des choses aussy prodigieuses que le cours de sa vie est merveilleuse (*sic*). Quelle consolation eust-il eue, si l'on luy eust fait espérer ce bien en mourant!

Vous estes bien modéré de dire que vous n'admirés point la conjuration françoise [4]. Ce seroit beaucoup si vous ne la mesprisiés point. Pour l'italienne je ne fais point de doute que vous ne l'estimassiés, si vous la voyés. Jugés par là de la différence qu'il y a, selon mon sens, de l'original à la copie, et si le traducteur a eu bonne grâce de se vanter, dans sa dédicace, qu'il avoit rendu force pour force et beauté pour beauté. Voilà ce que c'est : nous nous piquons ordinairement de ce que nous sçavons le moins. Ce bon homme devroit demeurer dans son latin, ou tout au plus s'estendre jusqu'à la langue romaine, car pour sa naturelle, c'est celle qu'il entend le moins et qui le sert le plus mal.

Fontenay est un village du voysinage de Paris qu'on distingue des autres Fontenais par *l'aggiunta* les Roses [5]. Nostre homme ou plustôt sa famille y avoit une maison fort roturière, et je dis y avoit, pour ce qu'elle a esté vendue pour acquiter ses debtes. C'est de cette seigneurie qu'il a pris ce nom superinduit par grandeur à celuy de Bou-

---

et qu'on estime plus la dixiesme fois que la première. Je ne l'avois point encore trouvé si excellent qu'aujourd'huy, et bien loin d'approuver la comparaison de charbon, dont vous le voulez noircir, j'ay peur que je n'aurois point d'assez riche matière pour le pouvoir enchasser.» Cette lettre, datée du 25 mars 1640, est d'octobre 1639.

[1] Voici ce que Balzac avait écrit à Chapelain (lettre V du livre XXI, p. 813 de l'in-fol.) : «Afin que vous sçachiez que vostre amy est Weymarien aussi bien que vous, je vous apprens que ce héros, peu de temps avant sa mort, s'estoit enquis de moy et de mes estudes, avec des soins qui tesmoignent qu'il en attendait quelque chose. Mr Feret, son secrétaire, qui est un homme de beaucoup d'esprit, a escrit là dessus à Mr de Berstel.»

[2] Les biographes du duc de Weymar ont-ils eu connaissance de cette particularité?

[3] On sait par les témoignages d'Ovide, de Suétone, de Pline l'ancien, que Germanicus ne fut pas moins remarquable poëte que remarquable orateur. On possède quelques fragments de sa traduction en vers des *Phænomena* d'Aratus, bien supérieure à celle de Cicéron.

[4] «Je n'ay point veu,» disait Balzac (p. 813), «la conjuration italienne de Jean Louis de Fiesque, je n'en admire du tout point la traduction françoise, et en trouve l'Epistre [dédicatoire] très-mal plaisante.»

[5] Aujourd'hui chef-lieu de canton de l'arrondissement de Sceaux, à 2 kilomètres de cette ville, à 9 kilomètres de Paris. Les renseignements qui vont suivre avaient été ainsi demandés par Balzac (p. 813) : «Que veut dire *Fontenay Sainte-Geneviefve*? Est-ce nom de seigneurie ou de guerre, ou de mystère? J'ay peur que les rieurs ne seront pas de son costé, et qu'il se pourra faire quelque épigramme *in Polyonymum*, qui rebutera de nostre Cour, et luy dira sur le sujet de ses prétentions en l'Église, qu'on n'a garde de donner de titre à un homme qui en a pris déjà plus d'une douzaine, et qui s'érige luy-mesme en ce qui luy plaist.» Voir (p. 815) d'autres plaisanteries sur «nostre homme de Rome» changeant «son nom en autant de sortes que Tabarin changeoit son chapeau».

chard, lorsqu'il fit le voyage de Rome. Depuis il a mesme traduit et mal traduit son vray nom de Bouchard en Pyrostome [1], comme vous aurés peu remarquer dans cette farce que vous m'allégués à l'imitation des farfantes [2], pédans illétrés de ce pais là, qui par Giovanni Vittori de Rossi affectent de s'appeler Janus Nicius Erythræus [3], suyvant, par une estrange corruption d'esprit, Mélanchton plustost dans ses impertinences que dans ce qu'il a fait de bien [4]. Ste Geneviève est quelque nouveau desguisement dont l'étymologie m'est encore inconnue.

Colletet se porte bien tousjours et [est] tousjours abbatu de la fortune. On peut dire la mesme chose du bon Mr Mainard duquel je vous rendis conte par le dernier ordinaire. Le procès du Caro ne vous plaist pas sans raison. C'est la plus agréable censure qui ait esté agitée depuis que *memini sta per ricordarse*. Quant au mérite des parties il ne faudroit pas estre honneste homme pour mettre en doute si le Caro l'est plus que le Castelvetro, mais, pour rare critique, Castelvetro l'emporte tellement sur son adversaire, qu'à mon avis il n'y a nulle comparaison soit en subtilité, soit en solidité. Il est vray qu'il est hargneux et qu'il passe mesme jusques au tétrique avec quelque teinture de pédantisme, particulièrement en ce qui regarde la présomption et l'affirmation [5].

Je pris, ces jours passés, d'entre les mains d'une des femmes de la Marquise de Sablé une lettre qu'elle escrivoit à Me de la Trimouille à dessein de vous l'envoyer, comme je fais, pour vous donner un essay de l'esprit et de l'air de cette personne [6].

Je suis, Monsieur, vostre, etc.

De Paris, ce 17 septembre 1639.

CCCXXXVI.

À Mlle DE GOURNAY.

Vous estes bonne de m'envoyer ainsy la paix. Je la reçois de vostre main, mais seu-

---

[1] Tallemant (*Historiette* de Bouchard, t. VII, p. 160) se moque du nom de *Pyrostomo* (c'est-à-dire *Bouche-ard*) et des vers à la louange du *Pyrostomo* «qu'il avoit mis au devant de son livre.» Tallemant ajoute que ces vers en toutes langues étaient une nouvelle *Panglossie*.

[2] *Farfante* voulait dire : hâbleur, fanfaron, charlatan. Le mot a été trouvé seulement dans Ambroise Paré, sous la forme *forfante*, par M. Littré, qui le rapproche de l'italien *furfante* (coquin, fripon) et de l'espagnol *farfante*.

[3] Jean Victor de Rossi naquit à Rome en 1577 et mourut en 1657, après avoir publié, sous le nom de Janus Nicius Erythræus, plusieurs ouvrages dont les plus célèbres sont le roman allégorique : *Eudemiæ libri* VIII (Leyde, 1637, in-12) et le recueil intitulé : *Pinacotheca virorum illustrium* (Cologne, 1643, in-8°).

[4] On sait que l'ami de Luther changea son nom allemand en un nom grec qui avait la même signification (c'est-à-dire *terre noire*.)

[5] Balzac écrivait (p. 813 de l'in-fol.) : «Je suis bien avant dans la querelle d'Annibal Caro; mais je ne change point de passion, et l'estime tousjours plus honneste homme que son adversaire, quoyque, peut-estre, son adversaire soit plus grand docteur que luy. Je n'ay guères veu de grammairien de la force de ce Modenois, soit icy, soit dans ses commentaires sur la poétique d'Aristote. Il faut advouer pourtant qu'il pèche quelquefois par trop de subtilité.»

[6] Voici l'éloge que donne Balzac (p. 804) à cette lettre, éloge dont personne jusqu'à présent, pas même M. V. Cousin, n'a su faire application à Mme de Sablé : «L'eschantillon que vous m'avez envoyé est exquis, et cette façon d'escrire me plaist bien davantage que celle d'une infinité d'autres dames si célèbres d'ailleurs par leurs escritures. Elles preschent et déclament la pluspart du temps, et leurs grandes lettres ne sont que de grands corps mal animez. Au lieu qu'icy tout est d'esprit, et que rien n'y sent l'estude ni l'impression.»

lement pour les affaires générales, car pour nos différens particuliers vous sçavés bien qu'ils ne sauroient finir et que vous estes l'irréconciliable[1] ennemie de l'escorcheuse académie. Je suis marry que vous ayés fait juger *pendant ce soir* par ce tribunal que vous ne connoissés pas. Outre que vous y avés esté condamnée, vous luy[2] donnés encore droit de vous y citer quand bon luy semblera, ayant fait cet acte de reconnoissance. Voyés si je suis généreux et si, dans la différence de vos partis[3], je traitte bien avec vous et vous fais bonne guerre. Il est vray que cela vient de plus haut et que, la vertu nous liant, nous ne pouvons avoir de querelle ensemble que pour des lettres et des syllabes. Hors cet intérest, vous pouvés faire estat de mon amitié et de mon service.

Dimanche matin, 18 septembre 1639[4].

CCCXXXVII.
À M. DE BALZAC,
à balzac.

Monsieur, ça esté une belle tirade que celle que vous avés faitte dans la lettre que je viens de recevoir sur ce que je vous avois mandé de nostre amy M[r] M[esnage], et il vaut presques mieux qu'il soit sujet à cette intempérance de langue dont il s'accuse luy mesme, puisque ce défaut vous a fait produire de si rares choses sur ce sujet[5]. Avec cela, je pense qu'il ne se faut engager d'amitié avec luy que de bonne sorte, c'est-à-dire de celle que vous me marqués si agréablement, pour ce que je n'y vois point de seureté pour les naïves bontés comme les nostres, et qu'il n'y a point de plaisir de s'offrir pour marotte volontairement à cette race de Bouchards, de Costards, de M[esnage] et autres joviaux de cette nature, desquels je tiens comme vous qu'il suffit de faire ses comédiens, sans estre le sujet de leurs farces.

---

[1] L'expression *irréconciliable ennemi* est déjà dans l'*Histoire universelle* de d'Aubigné.

[2] M. Livet, qui a reproduit cette petite lettre (*Histoire de l'Académie française*, t. I, p. 383), appliquant aux académiciens ce que Chapelain applique à la compagnie, a lu *leur* au lieu de *luy*.

[3] Il y a bien «*vos partis*», mais le sens exige que nous lisions «*nos partis*».

[4] Le 22 septembre 1639, Chapelain écrit au comte de Guiche, en Dauphiné, lui promettant (f° 207) que l'année 1640 ne s'écoulera pas «sans que nous voyons entre les mains d'un homme jeune encore la marque d'une dignité qui ne s'accorde guère qu'à ceux qui ont vieilli dans la guerre avec avantage et éclat.» La prophétie de Chapelain ne se réalisa pas en 1640, mais en 1641, le futur duc de Gramont n'ayant encore que trente-sept ans. Le 22 septembre, Chapelain écrivit aussi (f° 208) à Mme de Choisy, à Forges, regrettant de ne pouvoir répondre sûrement à cette question : M. de Choisy demeurera-t-il intendant de l'armée du duc de Longueville en la place de M. de Miromesnil? «Les

résolutions de la Cour,» remarque Chapelain, «sont si changeantes qu'on ne sçauroit jamais estre asseuré de rien.»

[5] Balzac avait dit de Ménage (lettre VI du livre XXI, p. 813 de l'in-fol.) : «Quelque inclination qu'il ait à la mesdisance, je ne laisseray pas de le trouver gentil garçon, et mesme galant homme. Que si je ne l'aime pas de cette amitié sainte et sacrée que j'ay pour vous, j'auray une passion pour luy qui ne m'incommodera point, et dont il demeurera assez satisfait. Je le mettray au nombre des charlatans, violons, parfumeurs, faiseurs de ragousts, et de tous ces artisans de volupté, qui sont *virtuosi* en Italie, et comme vous sçavez :

Delectant, Capellane, non amantur.

Ces gens là estoient chassez de la République de Sparte, mais on leur faisoit entrée en celle des Sybarites.» On ne savait pas qu'il fût question de Ménage dans cette lettre (datée du 15 mars 1640, et qui est du 15 septembre 1639). Une bonne édition des lettres de Balzac n'auroit

Je suis marry que vous n'avés receu la visite du Sʳ L.....¹ Sa mine, son esprit, son afféterie, son sçavoir, ses humilités, ses vanités, ses mesdisances, ses flatteries, en un mot sa costardise, vous auroit donné une matière exquise pour un caractère particulier qui eust bien valu vostre Pédant² et qui eust esté l'Idée du pédant de Cour à différence de l'autre. Mais cela se pourra renouer et Mʳ de La Thibaudière, qui en devoit estre le proxénète³, si je m'en souviens bien, ne vous laissera pas mourir sans vous donner cette joye ou ce divertissement.

Nos lettres désormais sont des secrets d'Estat, et ne se doivent non plus laisser voir à qui que ce soit que les mystères de ce genre, pour ce que ce qui ne se dit que pour vous et pour moy et à l'oreille passeroit pour détraction⁴ envers ceux qui ne vous connoistroient pas et ne serviroit qu'à irriter ces crabrons avec lesquels il est mieux d'estre en paix, si l'on ne peut estre en amitié. C'est ce qui m'empesche de vous prier icy de cette suppression religieuse dont nous sommes desja convenus il y a longtemps.

Pour Mʳ Voiture, c'est en vérité un rare esprit et je ne vois point d'homme en France à qui vous deviés faire plus de dépit qu'à luy, car il est vray que vostre mérite nuit au sien et que si vous n'estiés point, il ne seroit pas réduit à n'avoir que la seconde place⁵. Je suis asseuré qu'il vous ayme cordialement et constamment, et si quelquesfois vous avés creu qu'il n'avoit pas assés mesnagé et porté vostre intérest dans l'estime qui estoit deue à quelqu'un de vos ouvrages, c'estoit sans doute plustost par deffaut de jugement que d'affection, dont par conséquent il ne peut estre blasmé puisque l'un n'est pas en nostre puissance comme l'autre, et, à cette heure, de qui peut-on dire qu'il ne se trompa jamais à juger? Du reste, comme je vous dis, il est vostre amy sincère et presque en tout admirateur. Je luy monstreray ce que vous dittes de luy, car il n'est pas encore party pour Blois à cause du séjour de Monsieur à Paris, et je sçay qu'il en aura un [res]sentiment extrême.

Mᵉ la Marquise de Rambouillet, sur ce qu'elle a sceu que vous désiriés ces vers de

---

pas été possible avant la publication des lettres de Chapelain.

¹ A la place de l'initiale L, il aurait fallu l'initiale C, puisqu'il s'agit là de Costar, comme le prouve la phrase même. Balzac dit à Chapelain (lettre IX du livre XXI, p. 816 de l'in-fol.): «Au reste, Monsieur, vous m'avés envoyé un si beau portrait, que je me passerois aisément de l'Original, s'il ne vouloit point prendre la peine de venir icy. Il est à présent à un quart de lieue de Niort, avec M. l'abbé de Lavardin. M. de la Thibaudière dit qu'il a des montagnes de recueils, et qu'il ne lit aucun autheur ancien ou moderne, sur lequel il ne face des observations. Ayant de l'esprit et de l'adresse infiniment, je ne doute point qu'il ne nous face voir un jour les plus belles choses du monde.» La lettre, datée du 25 avril 1640, est du mois d'octobre 1639.

² C'est-à-dire le *Barbon*.

³ M. Littré ne cite, sous le mot *proxénète*, que les mémoires de Sully et le *Claude et Néron* de Diderot. Balzac, dans la lettre IX du livre XXI, déjà citée, disait: «Le rare Monsieur de la Thibaudière ne fait que de partir d'icy, où il a demeuré toute la semaine.»

⁴ *Détraction*, que nous avons à peu près abandonné, est dans le *Roman de la Rose*, dans Joinville, dans Eustache Des Champs, comme dans Corneille, dans Fléchier et dans Massillon.

⁵ Balzac avait ainsi parlé de Voiture (lettre VI du livre XXI, déjà citée): «Pour M. de Voiture, il est tousjours luy-mesme, c'est-à-dire tousjours excellent homme; et s'il a esté dit que la nature n'estoit jamais plus grande que dans les petites choses, tournons cela à l'advantage de ses billets, et préférons-les aux volumes des autheurs asiatiques. Je vous demande la continuation de ses bonnes graces, et vous prie de l'asseurer de mon service. Il y a peu de choses dans le monde que j'estime tant que luy.»

Du Vivier, a fait d'office beaucoup de diligence pour vous procurer ce contentement. Je l'en ai remercié d'avance pour vous et certes quoy qu'il en arrive, ce *motu proprio* est une chose fort obligeante et que je m'asseure qui vous touchera[1].

Vous jugés très sainement de la Métamorphose, mais ce n'est pas chose nouvelle que vous jugiés sainement[2]. Cet entassement d'expressions figurées, outre qu'il jette de belles ténèbres sur la matière traittée, et oblige souvent à aiguiser les yeux de l'esprit pour en pénétrer le sens, corrompt encore la nature de la narration et l'estouffe à force de la charger d'ornemens. Pour la fable, c'est un *nonada*, mais je ne la blasme pas pour cela, car elle est de ces sortes de fables qui sont hors de la jurisdiction d'Aristote et du destroit de la vraysemblance, de celles qui sont véritablement fables au sens que ce mot se prend en nostre langue et non pas à l'autre sens des Grecs qui signifie aventure vraysemblable et sujet de poème épique ou dramatique. Tout Ovide est plein de ces beaux monstres et j'ay hazardé, si j'ose m'alléguer, deux fables de cette nature pour le Roy et pour Mlle Paulet qui n'ont pas eté rejettées[3].

Palène, dont on vous a escrit, est, si je ne me trompe, une comédie desseignée par l'abbé d'Aubignac et exécutée par celuy de Chastillon[4]. Je ne l'ay point veue. Gombaud m'a dit que l'exécuteur n'avoit point réussi. Lisés la, si l'on vous l'envoye. Il faut baiser jusqu'aux embrions de nos amis et donner cela à l'affection qui de soy est diffusive.

Je m'enquesteray de l'habitation fabuleuse ou véritable de ces princes bourrus qui préferent un bout de chandelle à la grande lampe du monde et qui doivent estre les princes des chathuans et des orfrayes[5].

Mr Hobier est auprès d'Orléans à une petite acquisition qu'il a faitte depuis deux mois. Son hoste[6] est presque aux prises

---

[1] Balzac répond (lettre X du livre XXI, p. 817 de l'in-fol.) : «Madame la Marquise de Rambouillet m'oblige tousjours beaucoup plus que je ne mérite...» Cette lettre, datée du 1er mai 1640, est à peine du mois de novembre 1639, et ce qui aurait dû empêcher les éditeurs de la si mal classer, c'est que Balzac y parle, comme d'un événement tout récent, de la mort du cardinal de la Valette, qui est du 28 septembre.

[2] «On m'a envoyé la *Métamorphose*,» dit Balzac (p. 814), «que j'ay leue, sans l'avoir considérée. Je n'ay pas laissé pourtant, dans cette lecture tumultuaire, de remarquer quantité de belles choses, et peut-estre que l'obscurité qui m'a paru en certains lieux, ne vient que du peu d'attention que j'y apportois. Je ne vous parle point de l'invention de la Fable. Pour l'expression des pensées, elle m'a semblé quelquefois bien rafinée, et m'a fait souvenir de cet ancien orateur, qui ne voulait pas dire sans figure : *Je vous donne le bonjour.*»

[3] Balzac (p. 816) revient ainsi là-dessus : «Les Métamorphoses de la couronne impériale et de la lionne céleste ont fondement et rapport, et la première ne peut estre faite pour un autre que pour le Roy de Suède, ni la seconde pour Mlle Paulet. Mais l'invention dont il s'agit [dans le poëme de G. Habert] n'est pas si juste qu'on pourroit s'imaginer.»

[4] Dans le *Catalogue des œuvres laissées par les académiciens* dressé par l'abbé d'Olivet, mention est faite de *La belle Palène*, tragi-comédie, 1642, sous le nom de l'abbé de Boisrobert. Aucun critique n'a réclamé pour l'abbé d'Aubignac la responsabilité du plan de *Palène*.

[5] Balzac avait posé (lettre II du livre XXI, p. 810) cette question à son ami : «Je vous supplie que je sçache au vray ce que c'est de cette ridicule mode de certaines gens, qui en plein jour, et lorsque le soleil n'est obscurci d'aucun nuage, se font servir aux flambeaux.»

[6] Son hoste, c'est-à-dire Godeau. L'évêque de Grasse possédait-il une maison à Paris où résidait Hobier? Hobier, au contraire, avait-il à Paris pignon sur rue et recevait-il quelquefois dans son logis l'évêque de Grasse?

avec les Espagnols depuis la révolte de Nizze et de Villefranche et toutes ses despesches sont plaines de la peur qu'il a des Marannes. Je luy feray sçavoir vostre souvenir et suis, Monsieur, vostre, etc.

De Paris, ce 25 septembre 1639[1].

CCCXXXVIII.
À M. L'ÉVESQUE DE GRASSE (GODEAU),
À GRASSE.

Monsieur, vous avés fait très-prudemment de m'escrire la lettre d'esclaircissement sur le bruit ridicule que certains impertinens ont fait courir parmy les dévots de deçà que vous vouliés permuter vostre Evesché contre des bénéfices simples jusqu'à nommer ceux avec qui vous traittiés. Il faut que ceux qui ont persuadé et ont esté persuadés de cette vision sçachent que vous la désavoués et voyent l'estat de vostre esprit sur cette matière. On ne fera point de copie de la lettre dont il puisse arriver de mal. M' Conrart en aura une, Melle Paulet une autre, et je garderay l'original afin que nous la puissions faire voir à plus de personnes, sans estre obligés de la laisser sortir de nos mains.

N'allés pas croire cependant que nous persécutions le monde pour la voir. Il est demeuré concerté que nous ne la monstrerons qu'à ceux qui ont connoissance de cette nouvelle et qui ont besoin d'estre désabusés. Vous vous fiés bien à nous et ne nous croyés pas trop estourdis dans les choses qui vous regardent.

Nizze est une chose cruelle, mais jusqu'icy il semble que cette place craigne plus qu'elle ne fait craindre, puisque les Nizzards travaillent à tant de forts. Le frère de M' de Genève est un grand perfide et n'est guères digne d'un si bon frère[2]. J'attends au premier voyage des nouvelles de vostre voyage à la Cour, car sans faillir M' le

---

[1] Le lendemain, Chapelain écrivait au duc de Longueville (f° 210), se plaignant de l'incertitude où l'on était toujours en ce qui regardait le commandement des troupes du duc de Weymar. Les anglais insistent, dit-il, pour que le successeur du duc de Weymar soit le prince Palatin. Chapelain félicite le duc de Longueville de sa bonne santé. «Le pauvre Cardinal de la Vallette,» ajoute-t-il, «n'est pas si bien traitté, car j'ay appris, depuis mes nouvelles escrittes, que sa fièvre s'est redoublée et que son mal de teste augmente, estant en danger au jugement des médecins. On croit que son mal vient du desplaisir et que les avis qu'il a eu de la Cour l'ont causé. En effet, il ne veut boire ny manger. Mais cela peut avoir une autre cause. M. Des Noyers a esté fort mal, mais il se porte mieux... Le combat des Hollandois et des Espagnols dans la Manche a esté plus furieux encore que je ne vous ay marqué. On en attend la suitte.» Au marquis de Montauzier Chapelain dit, le même jour (f° 211): «J'appris, avant-hier, chez Mme vostre mère, l'accident qui vous est arrivé et la perte que vous avés faitte de vos chevaux par un incendie... Les dames [de Rambouillet] sont de retour de Vigny, toutes en santé, après avoir dansé deux ballets dont le dernier a de beaucoup effacé l'autre. Il s'est fort parlé de vous à leur retour. Le pauvre M' le Cardinal de la Valette nous fait peur de deçà avec sa fièvre qui empire tous les jours et qui, à ce qu'on dit, est meslée d'une mélancolie qui fait croire qu'il n'estoit pas satisfait de la Cour.»

[2] On a déjà vu que le chevalier de Sales aurait été, au contraire, d'après le P. Griffet, le martyr de sa fidélité à la cause française. Quelle opinion doit-on définitivement garder de la conduite du frère du saint Évêque de Genève? Je n'ose trancher cette délicate question, et je me contente de rappeler que le cardinal de Richelieu ne paraissait nullement sûr (septembre 1639) de la loyauté du gouverneur du château de Nice. (Recueil de M. Avenel, t. VI, p. 506; t. VIII, p. 357).

Cardinal ira avec le Roy à Grenoble et j'approuve fort que vous luy alliés rendre jusques là vos devoirs. M@elle@ de Rambouillet a eu deux jours la fièvre qui luy a quittée. M@e@ sa mère est bien, veu ses maux ordinaires. Dieu vous fasse profète de paix!

Je suis, Monsieur, vostre, etc.

De Paris, ce 29 septembre 1639[1].

CCCXXXIX.
À M. LE MARQUIS DE MONTAUZIER,
À COLMAR.

Monsieur, de quelque temps vous ne devés attendre de nous de nouvelles ny de lettres qui soient gayes, si ce que l'on nous a asseuré icy se trouve vray, je veux dire la mort de M@r@ le Cardinal de la Valette. Mais cette asseurance n'est pas si infaillible qu'elle ne soit contreditte par d'autres courriers et, entre autres, par Montandre qui maintient que, le 27 septembre, il l'a veu encore en vie, quoyque malade à l'extrémité[2]. C'est un esprit de douleur qu'il nous a donné et sur lequel nostre espérance a repris un peu de vigueur, puisque à un si bon corps que le sien il est malaisé de se laisser entièrement abbattre par le mal, et que tant qu'il y restera une estincelle de vie, nous croyons avoir droit de croire qu'il se relèvera et restablira.

Je ne vous diray point la désolation que cette fascheuse nouvelle a causé dans tous les hostels que vous sçavés et l'inquiétude où on y est dans le doute du succès de cette maladie. Jugés le par le sentiment que vous en avés vous mesme et par la connoissance du bon naturel de ces excellentes per-

---

[1] La veille de ce jour, Chapelain parlait ainsi (f@o@ 212) à la marquise de Flamarens de son petit enfant : « ... Vostre mignon que j'ayme sans l'avoir veu et que je désire aussy qui m'ayme lorsqu'il sera capable d'amitié. Je seray bien aise que de bonne heure il s'accoustume à mon nom et que, comme M@me@ sa mère, ce soit un des premiers qu'il prononce... Je vis, il y a quinze jours, M@me@ la Marquise de Sablé qui me demanda de vos nouvelles et me donna occasion de luy faire entendre avec combien de vertu vous vous estiés résolue au voyage de Guienne et avec combien de sagesse et de constance vous persévériés dans le dessein d'y demeurer tant que vostre devoir et le bien de vos affaires vous y obligeront. De l'humeur dont elle est, cela luy passa pour une action héroïque et elle ne se pouvoit lasser de vous admirer. Ensuite je luy dis la substance de la dernière lettre que vous m'avés escritte qui luy sembla sensée et spirituelle de la bonne sorte et vous receustes encore beaucoup de louange de ce costé là. M@me@ la marquise de Rambouillet et M@lle@ sa fille, M@me@ de Clermont, M@lles@ ses filles et M@lle@ Paulet me demandent souvent de vos nouvelles et m'ont, la dernière fois, chargé instamment de vous asseurer de leur souvenir et de leur service. Je vous conserve et fais le plus d'amis que je puis et des bons. J'apprens que M@r@ de Verthamont a obtenu de M@r@ d'Espernon la lieutenance colonelle du régiment de Navarre pour M@r@ le chevalier vostre frère, en quoy il a fort mérité de toute la maison. Je suis d'avis que vous luy en escriviés et à M@me@ sa femme avec ressentiment et que vous faciés tesmoigner à M@r@ d'Espernon par M@r@ vostre mary la part que vous prenés à cette obligation. Nous verrons si la charge vaque et si le Roi l'y voudra recevoir si jeune. »

[2] Ce fut le lendemain, 28 septembre, que le cardinal de la Valette, à l'âge de quarante-sept ans, « finit, » comme parle G. Girard (*Histoire du duc d'Espernon*, p. 525) « une glorieuse vie par une mort très-constante et très-chrétienne. » Il avait été attaqué le 11 du même mois d'une fièvre double tierce, qui devint continue. Comme Chapelain, le cardinal de Richelieu (*Testament politique*) attribue la mort du prélat au chagrin. G. Girard lui aussi (p. 574) trouve dans le chagrin le germe de la maladie qui emporta le belliqueux prélat.

sonnes qui sçavent choisir et aymer ce qu'ils ont choisi. Si Dieu nous console de ce costé la en nous rendant une vie si importante, nous en ferons chanter le *Te Deum* à la Lyonne¹ comme d'une victoire remportée sur la mort, et, au lieu de Tombeau, M⁺ de Grasse fera pour son amy et patron des Soteries² où il se surmontera luy mesme.

Il falloit qu'il arrivast quelque accident pareil à celui qui nous menace de la pour nous faire moins sentir le vostre, quoyqu'il soit tel qu'il nous face frémir encore quinze jours après qu'il est arrivé³. Cependant vous me le passés dans la lettre que vous m'escrivés du 21 pour une légère disgrace et qui ne vous empesche pas de railler, et en cela il y a icy des personnes, qui ne le contant pour rien puisque vous n'y estes pas demeuré, vous ressemblent et le prennent pour matière de raillerie. L'on s'escrie sur cet embrasement de chausses et sur les cris qu'il vous fit faire comme sur une chose fort misterieuse et l'on s'imagine des cheveux, des lettres, un portrait et autres pareilles ustancilles d'amour⁴ capables de faire rougir la plus sage personne du monde, lorsque l'on s'en explique en sa présence. Pour à quoy remédier selon mon pouvoir et d'office, j'ay tesmoigné, comme sur le rapport du jeune Grotius qui vint jusqu'à Lion avec celuy que vous aviés envoyé, que ce qui vous faisoit crier les hauts cris après vos chausses estoit une jolie monstre que M⁺ vostre mère vous avoit donnée. Et il est vray que ce jeune cavalier me le dit ainsy, mais enfin adjoustant quelques autres galanteries que je n'ay point dittes, tant par ce que je ne les crois point, que pour ce que cela eust embarrassé des personnes que j'honnore, au lieu de les débarasser comme estoit mon dessein.

J'attens avec beaucoup d'impatience vostre arrivée à Basle et ensuitte à Colmar. Il n'y a point de soins si obligeans que les vostres et je ne sçay comment vous remercier de la pensée que vous avés eue de m'envoyer ce *Capriata* de Genève ainsy de vostre mouvement. Vous agissés selon vostre cœur et tousjours d'une manière si noble, qu'il faudroit plus d'éloquence que le siècle n'en est capable pour vous en rendre les grâces que vous mérités.

M⁺ Conrart m'a dit que vous aviés eu le mesme soin pour luy, dont je puis vous servir de tesmoin qu'il le ressent comme moy, c'est-à-dire au delà de ce qui se peut dire.

Je suis, Monsieur, vostre, etc.

De Paris, ce 3 octobre 1639.

---

[1] On sait que Mlle Paulet avait une admirable voix, dont, au dire de Voiture, les rossignols étaient jaloux.

[2] *Soteries* : anciens sacrifices que les païens faisoient à leurs dieux, en reconnaissance de la protection qu'ils supposoient leur devoir. (Roquefort, *Glossaire de la langue romane*.) Du grec Σωτήριον, salut, guérison. Il s'agit ici de pièces de vers de réjouissance, d'actions de grâce.

[3] Chapelain le raconte ainsi (f° 213) dans une lettre, du 1ᵉʳ octobre, à M. de Lalane (à Mortagne) : « M⁺ de Montauzier a pensé estre brûlé dans une hostellerie entre Genève et Lion, s'estant sauvé nu au travers de la flamme et ayant perdu par le feu quatorze chevaux avec tout l'équipage. Il plaint surtout ses chausses où il y devoit avoir quelque chose de bien tendre, veu les lamentations qu'il en fait. Il partit, le 21, de Genève, guéri d'une petite blessure qu'il se fit dans cette incendie (*sic*. Chapelain oubliait l'étymologie : *incendium*) et nous attendons de ses nouvelles au premier jour. »

[4] Le mot *ustensile* était féminin au xvııᵉ siècle. La Fontaine et même Fontenelle lui ont donné le même genre que Chapelain. M. Littré dit que la forme régulière du mot serait *ustensille*, au féminin, représentant le mot *ustensilia*.

CCCXL.

À M. DE BALZAC[1],

À BALZAC.

Monsieur, je vous abandonne tout ce qui est à moy et de moy pour vous en laisser disposer comme il vous plaira sans restriction ni condition quelconque. Si vous enchassés mes mauvaises rimes dans vos excellentes proses, mon obligation en sera d'autant plus grande que je le mériteray moins et que vous leur aurés donné une place trop noble. Mais prenés garde de ne vous pas deshonnorer en m'honnorant et surtout souvenés vous, si vous en recevés du blasme, que je n'ay point recherché cette grâce et qu'elle m'est venue de vostre pure libéralité. Je voy bien que vous avés entrepris de me donner de la réputation et quoyque ce ne soit pas le plus grand des biens que je désire, je me sens infiniment obligé à vostre intention, et la gouste bien plus agréablement, m'estant donnée de vostre main que si je la recevois de celle des plus grandes puissances de la terre. Vous y aurés un mérite particulier et dont il ne vous reviendra pas peu de gloire, en ce que, *invita Minerva* mesme[2], vous m'avés rendu fameux par la seule force de vostre crédit et par les seules couleurs de cette éloquence maistresse qui commande en persuadant et qui ne laisse pas en la liberté de l'esprit de douter de la chose du monde la plus douteuse.

Au reste, j'ay eu une extrème consolation de voir que mes sentimens sont conformes touchant la façon d'escrire de Mᵐᵉ la marquise de Sablé. Et certes il ne se peut plus délicatement ni plus flateusement exprimer ses pensées qu'elle a fait dans cette lettre que je vous ay envoyée d'elle, et si toutes celles qu'elle escrit sont de ce stile, comme je le croy, je n'ay garde de douter si je la dois préférer à vostre amie à qui l'on ne sçauroit oster qu'elle n'ait beaucoup d'esprit et qu'elle ne parle bien[3], mais qui aussy escrit si ambitieusement et se pique tellement de quintaine de lettres polies[4], que c'est tout ce que je puis faire que de la souffrir, car toute affectation m'est insupportable et en une femme il me semble qu'il n'y a rien de si dégoustant que de s'ériger en escrivaine[5] et entretenir pour cela seulement commerce avec les beaux esprits. Si je juge bien des choses, vous ne verrés jamais rien de semblable en nostre Marquise qui n'escrit jamais sans sujet et qui n'escrit jamais rien que de son sujet avec une belle nesgligence qui descouvre d'autant plus la beauté de son sens, qu'elle s'efforce le moins à le descouvrir.

Je luy ay fait voir ce que vous me mandés sur sa lettre dont elle a esté transportée, et

---

[1] J'ai laissé de côté une courte lettre à Balzac, du 2 octobre (f° 215), où Chapelain lui dit : « Je vous donne ces deux mots pour prendre acte de ma punctualité et vous tesmoigner tousjours que mesme sans matière je veux entretenir les bonnes constumes. » Il y parle d'une visite de Luillier qui lui a dit tant de bien de Balzac et qui est si bon juge : « Il ne se peut imaginer combien il a le goust exquis pour le discernement des bons et des mauvais escrivains. » Il termine sa lettre par ce compliment, que Balzac, parmi les écrivains, n'est pas seulement le *premier*, mais l'*unique*.

[2] Tu nihil invita dices faciesve Minerva.
(Horace, *Art poétique*, vers 385.)

[3] Mᵐᵉ Des Loges.

[4] Nous avons déjà trouvé dans les lettres de Chapelain l'expression *quintaine*, mais *se piquer de quintaine de lettres polies* me paraît une locution qui donne un cruel démenti à cette phrase de Balzac à son ami (p. 810 de l'in-fol.) : « L'art de votre expression n'est pas moindre que vostre grand sens. »

[5] Le mot *écrivaine* n'est et n'a jamais été français.

elle m'a bien prié de vous en remercier comme d'une grâce qu'elle ressent extrêmement. Je tascheray par le moyen de l'abbé de Bourzeis d'avoir quelque pareil eschantillon de M⁶ de Liancourt. Mais c'est chose que je ne m'oserois encore promettre, car cette personne est la pudeur et la modestie mesme et il faudroit qu'il la trompast pour luy faire recevoir l'honneur que vous luy voulés faire[1].

Quant à nostre amy romain, j'ay imaginé que ce changement si fréquent de noms vient de la fréquente perte qu'il fait des titres et des possessions qui les luy ont fait prendre. J'ay appris que ce dernier de Sᵗᵉ Geneviève[2], toutesfois n'a esté qu'un mois dans sa maison, si bien qu'au premier volume qu'il donnera au public, je m'attens qu'il se battisera de quelque nouvelle sorte. Tout ce que vous dittes sur ce sujet la et sur les femmes autrices[3] est admirable. Il ne se peut non plus rien adjouster au jugement que vous faittes du Castelvetro[4], la tétricité duquel est insupportable à ceux mesmes qui l'adorent. Il est certain qu'il donne trop à son sens et bien souvent sa logique pourroit passer pour sophisterie[5].

Je feray ce que je pourray pour vous faire avoir *del vostro amico Caro* la pièce que vous désirés et ces dial[ogues] du Sperone aussy[6], quoyque ni l'un ni l'autre ne soit pas des communs et que l'on rencontre à tous les coins de rue. Je feray encore la diligence chés la vefve Camusat que vous ordonnés et vous aurés un double du catalogue de ses livres italiens, si son mary luy 'en a laissé un. C'est une bonne femme et à qui ses accablemens ne font pas perdre la connoissance de ce qu'elle doit et qui recevra cet ordre de vous sans doute avec beaucoup de contentement.

Mʳ de Bourzeis le trésorier a receu, il y a plus de six semaines, vostre lettre en

---

[1] Balzac avait écrit à Chapelain (lettre VIII du livre XXI, déjà citée) : « Feu Monsieur le mareschal de Schomberg m'a monstré autrefois des lettres de Mᵐᵉ de Liancourt [Jeanne de Schomberg, femme de Roger du Plessis, marquis de Liancourt] qu'il arrosoit de ses larmes, en me les lisant. Je ne m'advisay pas de luy en demander copie. Il eust esté ravi de me faire ce présent, et nous les conférerions à cette heure avec celles de Vittoria [Mᵐᵉ de Sablé]. Je dis plus, Monsieur, dans le dessein que j'ay de parler de nostre langue, de nostre prose et de nos vers, de nos honnestes gens et de nos femmes de bon esprit, je serois bien aise d'alleguer quelque mot ou quelque ligne de celle cy, et ce seroit peut-estre la seule façon honneste de faire connoistre son esprit au monde advenir. »

[2] Pour la régularité de la phrase, je supprime le mot *lequel* entre *Sainte-Geneviève* et *toutesfois*.

[3] Balzac s'était bien gardé d'employer la détestable expression : *femmes autrices*. Je crains que Chapelain seul au monde ait jamais employé un aussi barbare féminin.

[4] Balzac avait ainsi reparlé de ce critique (lettre VIII du livre XXI, déjà citée) : « Demeurons d'accord que Castelvetro est un grammairien philosophe, qui cherche la vérité avec adresse, et se sert fortement de la raison. Quelquefois, néantmoins, il veut la porter plus loin qu'il ne faut, et je pourrois le reprendre en certaines choses plus justement qu'il n'a repris mon ami. C'est le seigneur Annibal que je nomme ainsi. »

[5] *Sophisterie* est dans le *Roman de la Rose*, dans Oresme, dans Théodore de Bèze, dans Bossuet. Ici, comme bien souvent, Chapelain fournit l'anneau qui dans la chaîne des exemples, joint le xvɪᵉ siècle à la première moitié du xvɪɪᵉ siècle.

[6] Balzac (p. 815) avait dit : « Je vous conjure d'employer vos agens de la rue Saint-Jacques pour me faire recouvrer son *Énéide* (in-quarto), avec les *Dialogues* de Speron Sperone,

main propre. Mʳ Descartes est tousjours en Hollande et toujours philosophant[1]. Mʳ de La Mothe, qui voit souvent le Pere Mersene, ni Mʳ de Rebours[2] ne m'ont point dit qu'il eust rien publié de nouveau, ce qui me fait croire que l'avis qu'on vous a donné n'est pas bien fondé. J'ay donné charge de voir le moine pour m'en esclaircir[3].

Nous avons tousjours très mauvaise espérance de la guérison de Mʳ le Cardinal de La Valette[4]. Je suis tout à vous.

J'allois fermer ma lettre lorsqu'on m'a apporté la vostre du 29[5]. L'obligation que j'ay présentement pour assister à une prédication d'un autre Mʳ Esprit, à quoy vous sçavés qu'on n'oseroit manquer, m'empesche d'y respondre pour cette fois. Ce sera pour le premier ordinaire et il sera mieux que je responde en mesme temps à vous et à Mʳ de La Thibaudière puisque j'ay receu vos lettres en mesme temps. D'avance je vous puis dire que je me sens infiniment obligé à sa courtoisie du bien qu'il me dit de moy, mais, en m'envoyant sa lettre, vous m'en devés aussy envoyer la response.

Je suis, Monsieur, vostre, etc.

De Paris, ce 9ᵉ octobre 1639.

CCCXLI.

À M. LE MARQUIS DE MONTAUZIER,

EN ALSACE.

Monsieur, voicy la rente que je vous dois toutes les semaines. Si *la Gazette* vous apprend toutes ces nouvelles, je n'y sçaurois que faire : c'est la faute de vostre ordinaire qui part un jour précisément devant que je les aye recueillies et qui fait qu'elles me moisissent ainsy sept jours après entre les mains. En tout cas elles serviront à rectifier les relations du Gazetier et à vous apprendre quand il luy arrive de ne mentir pas.

---

pource que j'ay besoin de l'un et de l'autre livre.»

[1] Voici ce qu'en écrivait Balzac (p. 815) : «M. le duc de la Rochefoucaut m'a parlé de quelque nouveauté de M. Des Cartes. Je suis en peine de luy, n'en ayant rien appris il y a *long temps*, et le père Mersenne a tort de ne vous *informer* pas de ce qu'il en sçait.»

[2] Est-ce le janséniste Antoine de Rebours sur lequel M. P. Paris (*Historiettes*, t. III, p. 125) cite l'*Histoire générale de Port-Royal*, de Clémencet (t. IV, p. 136), le *Nécrologe des deffenseurs de la vérité*, par Cerveau (t. III, p. 80), et sur lequel je citerai, de plus, diverses pages du *Port-Royal* de M. Sainte-Beuve (t. I, II, III, IV, V et VI.)?

[3] Le moine, c'est-à-dire le P. Mersenne, dut déclarer à Chapelain que Descartes n'avait rien publié depuis l'année 1637. La première édition des *Méditations* est de 1641 (Paris, in-8°).

[4] Trois jours plus tard, Chapelain écrivait à Balzac (f° 224) : «Enfin le pauvre Mᵍʳ le Cardinal de la Valette est mort le 17ᵉ de sa maladie et le 28ᵉ de septembre, en mauvais estat pour sa fortune et pour sa gloire, mais en très bon pour son âme et pour le ciel. Vous perdés en luy si non un amy, au moins une personne obligée à l'estre et qui peut estre, un jour, l'eust esté, quand l'aage eust affermi ses inégalités et luy eust donné la liberté de bien user des bonnes parties qui estoient en luy. Il est fort plaint et il importe que vous le plaigniés.» Le *post-scriptum* de cette lettre du 12 octobre est ainsi conçu : «M. Conrart m'a monstré un rouleau de cinq estampes d'architecture représentant la maison de M. Huggens dont il a fait tirer le plan pour le proposer aux curieux de cette science et en gratifier ses amis. Il vous regarde comme le premier de ceux qu'il avoit en France et vous en a envoyé cet exemplaire dont M. Conrart s'est chargé.»

[5] Cette lettre du 29 septembre est celle qui, dans l'in-folio de 1665, porte la date du 1ᵉʳ mai 1640 et où il est question d'une visite faite à Balzac par «un de Messieurs Esprit,» si digne «d'estre l'aisné de ce frere qu'il a auprès de Mʳ le Chancelier.»

Nous sommes plus incertains que jamais du succès de la maladie qui attaque Mr le cardinal de la Valette et d'heure en heure nous attendons qu'on nous vienne achever de désespérer par sa mort. Le rapport des médecins que j'ay veu m'en fait faire ce mauvais augure. Dieu vueille qu'il soit faux aussy bien que mauvais! Il est malaisé de vous dire combien on en est touché à l'hostel de Rambouillet. Mlle vous escrivoit quand Mr son père luy vint dire qu'il estoit allé à Dieu, et elle n'eust pas la force de finir sa lettre. Elle m'a dit que Mr de Chavaroche vous l'avoit envoyée en l'estat qu'elle estoit. Jamais chose n'a esté tant de fois creue et mescreue que celle cy et il y a huit jours entiers que le soir et le matin on en a opinion contraire. Cela travaille tous les amis du malade, mais plus que tous Mlle de Rambouillet qui eust esté guérie, il y a longtemps, sans cela. Son mal néantmoins est tout passé à cette heure et elle ne garde plus le logis que pour reprendre ses forces et se baigner.

Je suis, Monsieur, vostre, etc.

De Paris, ce 9e octobre 1639.

CCCXLII.

À M. DE BALZAC,

à balzac.

Monsieur, j'avois respondu à vos précédentes et estois sur le point de fermer mon paquet, lorsqu'on m'a apporté vostre dernière du 10 octobre[1] que je n'ay point voulu remettre à expédier à une autre fois.

Aussy bien avois-je encore beaucoup de choses à vous dire qui n'avoient peu tenir dans les marges de celle que je vous escrivois et j'ay esté bien aise que vous m'en eussiés donné occasion de vous faire une nouvelle despesche pour y comprendre tout ce que j'avois à vous dire.

J'ay veu avec beaucoup de joye tout le bien que vous m'avés escrit du Conte de Fiesque[2], et je vous prie de croire que vous ne luy faittes point de grâce et qu'il est digne de toute la bonne opinion que vous en avés. Il est né avec une vraye ame de Prince, j'entens de vray Prince et tel qu'on le pourroit souhaitter ayant à obéir. Je n'ay jamais rien connu de si humain et de si respectueux pour la vertu qu'il connoist, et bien qu'il se puisse trouver de plus habiles gentilshommes que luy, il a néantmoins assés d'habileté pour connoistre la plus part des vertus raisonnables. Sa mine et son humeur est toute d'homme de grande naissance et qui tient au dessous de soy beaucoup de conditions qui sont poursuivies et révérées par le commun des hommes. Avec cela, sa conversation est la plus commode et la moins contraignante qui soit au monde, et, pourveu que l'on soit son amy, on croit plus souvent estre son supérieur que son inférieur.

Il traitte sans façon et prend plaisir que l'on traitte de mesme. Les cérémonies et les complimens l'offensent, et, gardant tout le cœur qu'il faut pour soustenir les grandes et réelles parties d'un homme de sa condition, il fait vanité de se laisser blasmer

---

[1] Cette lettre du 10 octobre est la lettre X du livre XXI, p. 816-818 de l'in-folio, où elle est datée du 1er mai 1640.

[2] La lettre à laquelle répond Chapelain débutait ainsi: « Les faveurs de M. le comte de Fiesque ne me sont pas des choses nouvelles. Il y a long temps qu'il prend plaisir à m'obliger, et çà a esté un des premiers protecteurs de mes essais.

A Rome mesme, il se déclara ouvertement pour la vérité opprimée contre la calomnie triomphante... Je fais une estime très parfaite de sa valeur. Je prens icy valeur en sa plus large et plus estendue signification, et enferme sous ce mot une infinité d'excellentes qualitez naturelles et acquises, civiles et militaires... » Sur le comte de Fiesque, voir une note de la lettre III, p. 6.

comme s'il en manquoit pour celles qui consistent dans la seule apparence. En un mot, vous n'avés jamais vu d'homme plus naturel et moins sophistiqué que luy. Je voudrois pour son bien qu'il peust captiver son esprit à songer à son propre avantage et à retenir cette nature magnifique qui regarde l'argent comme de la boue et qui le porte à des despenses ruineuses, sans vouloir en considérer le préjudice.

Nous n'avons jamais de querelle que là desssus, mais cette querelle ne finit jamais pour ce qu'il est dissipateur par grandeur de courage, et qu'il a esté conceu sous le signe du Verseau, qu'on dit qui est l'ascendant des prodigues. J'espère néantmoins que le mariage qui s'avance fort de luy et de Mlle de Sully[1] servira de digue à ce torrent de profusion et que, quand il sera mary, il se regardera comme père et non pas en enfant de famille, et qu'il se contentera d'estre libéral. Il verra vostre ressentiment qui est trop obligeant pour vous en faire perdre la grâce et à luy la satisfaction. Il sera aussy bien aise de voir ce que vous m'escrivés de M^r L'Huillier[2], car ils sont fort amis, et c'est luy qui a fait nostre connoissance. Je ne vous dis point comment M^r L'Huillier le ressentira luy mesme. Jugés le par la connoissance que vous avés de son esprit et de l'affection qu'il vous porte.

Le livre de Mr Gassendi est achevé, mais non pas reveu ni corrigé, et il se passera plus de quatre ou cinq mois devant que l'on le mette sous la presse. Ainsy vous avés tout le temps qu'il faudra pour changer vostre belle lettre en un beau discours, et c'est de quoy je vous conjure au nom de M^r L'Huillier à qui je ne sçaurois donner une meilleure nouvelle. Au premier jour, on luy ou moy vous envoyerons une élégie qu'il a faitte sur la mort de son amy que je croy qui vous divertira agréablement et qui vous donnera de luy une plus haute opinion que vous n'aviés encore.

Mr Esprit, qui est auprès de M^r l'abbé de La Rochefoucaud, est partagé en aisné pour ce qui regarde les belles lettres[3]. Il a grande force de cervelle pour bien concevoir et bien juger, grande méthode pour l'arrangement de ses discours et une expression vigoureuse qui imprime puissammemt ce qu'il dit dans l'ame de ceux qui l'entendent. J'ay ouy dire qu'il avoit ravi Tolose, au sortir de ses estudes, par la grandeur de son sçavoir. Il fut en Italie avec M^r l'abbé de Fiesque[4], et comme il a l'esprit à tout, j'entens qu'il s'appliqua aux affaires importantes de cette

---

[1] Ce mariage, qui s'avançait si fort, ne se fit pas, et le comte Charles-Léon de Fiesque épousa, en 1643, Gilonne d'Harcourt, veuve du marquis de Piennes. A sa mort (1660), il laissa sa famille ruinée. Voir les *Mémoires de Mlle de Montpensier* (édition de M. Chéruel, t. III, p. 413 et 414).

[2] Balzac avait dit (p. 817 de l'in-fol.): «Je suis aussi très obligé à M. L'Huillier, *in cujus sanctissima memoria, exul aut etiam damnatus ad bestias, libenter acquiescerem*. Je me console, en effet, presque de tous mes desplaisirs, quand je songe aux bontez que ce cher amy a pour moy. Il me fait l'honneur de m'aimer et il se peut asseurer qu'il n'a point au monde un plus fidèle et plus passionné serviteur que moy.»

[3] Balzac avait bien favorablement jugé ce personnage (*ibid.*): «J'y ay trouvé encore plus de bien qu'on ne m'en avoit dit, et je ne trouve guères de gens de sa force, tant il est sçavant et judicieux.» Tallemant (*Historiettes*, t. V, p. 276) dit que ce frère aîné de l'Académicien était «un petit homme» qui avait «de l'esprit comme un lutin.»

[4] L'abbé de Fiesque, «parent de Mme de Rambouillet,» qui eut pour précepteur ce même Esprit dont il vient d'etre parlé (note 3). Voir les *Historiettes* (t. V, p. 276) et le *Commentaire* de M. P. Paris (*ibid.*, p. 287 et 288), où, entre autres citations, on trouvera des vers de Loret au sujet de la mort (décembre 1654) du frère du comte de Fiesque.

maison et y monstra une dextérité singulière. Mais la profession des lettres qu'il a reprise est plus digne de sa belle naissance, et je me resjouis qu'il se soit venu remettre dans le sein de sa mère la philosophie qui le traittera avec plus de tendresse et le fera vivre avec plus d'honneur. Il sçait que je suis son serviteur et que je me tiens obligé à l'amitié qu'il m'a promise, et, à ce que vous m'apprenés, tenue en disant du bien de moy[1].

Nous sommes de mesme opinion pour ce qui regarde le pauvre M⁺ le Cardinal de La Valette. M⁺ de Grasse ayant sceu l'extrémité de sa maladie partit aussytost pour luy rendre les dernières assistances et n'arriva qu'un jour après sa mort. Je ne sçay si vous devés quelque chose à Mme la marquise de Rambouillet autre que la correspondance de la respectueuse amitié qu'elle a pour vous[2]. Si vostre courtoisie vous oblige à davantage envers elle, je vous déclare qu'il n'y a point de plus humaine créantiere au monde et que vous ne devés jamais craindre d'en estre pressé. Elle aura bien tousjours impatience de voir ce que vous lui avés promis, mais une impatience civile et qui ne vous engage qu'à ce que vous voulés et dans le temps que vous le voudrés. Et certes ceste impatience est plustost obligeante qu'importune, parce que c'est une marque de l'estime qu'elle fait de vous par dessus une infinité de choses et une marque de la bonté de son esprit qui sçait estimer ce qui en est digne. Je luy diray le souvenir que vous avés d'elle et la sorte dont vous m'en parlés.

M⁺ Silhon, ayant fait une lettre au Cardinal Bentivoglio sur le sujet que vous verrés, je luy ay conseillé de vous l'envoyer pour vous divertir et l'ay obtenu sans peine. Il me l'a apportée ce matin et nous avons très longtemps parlé de vous dans les termes que vous pouvés souhaitter. Pour conclusion il m'a dit que vous estiés son maistre, et qu'il ne prend jamais la plume pour escrire chose importante qu'il ne s'aille eschauffer dans vos esprits, fuyant au reste tous les autres de peur d'en prendre quelque vitieuse impression. C'est un homme de bien et d'honneur et dont vous devés faire estat et conte[3].

Je vous envoye encor, outre cette lettre de M⁺ Silhon, une autre lettre de M⁺ Conrart qui accompagnoit le rouleau d'architecture dont il vous parle sans doute et qui m'empeschera de vous en entretenir. Le souvenir de M⁺ Huggens est de galant homme et je luy pardonne la vanité d'avoir fait imprimer sa maison puisque cette estampe luy devoit servir de tesmoignage envers vous de la continuation de sa bienveillance. Si M⁺ Conrart ne vous a point

---

[1] «Au reste,» avait dit Balzac (p. 817), «grand admirateur de vostre vertu, et qui parle de vous comme il faut, pour estre escouté de moy favorablement, quand d'ailleurs il ne me diroit pas les plus belles choses du monde.»

[2] Voici la phrase de Balzac (p. 817) : «Il me souvient bien que je luy dois : mais je demande un peu de respit à cause que je suis accablé d'ailleurs. Je pleure tousjours la mort de M. le cardinal de la Valette, et la philosophie n'a point de remèdes pour m'en consoler.»

[3] Balzac répond ainsi (lettre XII du livre XXI, p. 818 de l'in-fol.) : «Le dernier courrier m'a fait riche, et vous avés esté libéral, tant de vos présens que de ceux d'autruy. La lettre de M. Silhon à M. le cardinal Bentivoglio, est toute pleine de belles et de bonnes choses. Elle ne m'a pas seulement diverti, elle m'a instruit ; et ses judicieuses réflexions sur les endroits plus illustres du livre italien, sont les chefs-d'œuvre d'un ouvrier consommé.» M. R. Kerviler n'a pas manqué de reproduire dans son *Jean de Silhon* (1876, p. 56) cet éloge de la lettre au cardinal Bentivoglio, ainsi que le passage de la lettre de Chapelain relatif à l'entretien qu'il avait eu touchant Balzac avec le publiciste gascon.

protesté qu'il n'attend point de response, je vous le proteste icy pour luy, afin que vous sçachiés que cela vous est libre et que, si vous le faittes, ce sera sans aucune obligation [1].

J'ay donné ordre qu'on fist le catalogue des livres italiens qui sont chés la veuve Camusat pour vous l'envoyer. Il est commencé et sera prest pour le premier ordinaire. Les embarras de cette pauvre famille affligée, tant par la mort du maistre de la maison que par les affaires qu'il a laissées très fascheuses, n'ont pas permis que ce petit service n'ait peu estre sitost rendu.

Je laisse la lettre à Mr de la Thibaudière ouverte afin que vous la brusliés si vous ne jugés pas qu'il ne la luy faille pas porter et que la galanterie que vous y souhaittés y manque [2].

La personne dont vous me demandés un jugement historique a toutes les parties de l'esprit que je vous ay mandées [3]. Pour les mœurs elles pourroient estre meilleures. On luy a reproché en face, en ma présence, quoyqu'en riant, qu'il avoit des principes, de la probité, de la candeur et de la sincérité fort corrompus. J'ay ouy dire fort constamment que c'estoit un cœur intéressé *e che sera messo dietro la reputatione d'huomo da bene*. Par quelques petites expériences je l'ay trouvé fourbe et des plus affinés. Il est dangereux d'avoir amitié, mais non pas habitude, estant de fort bonne conversation. Cela soit dit entre nous deux seuls, car je serois marry que cela luy nuisist dans sa condition présente, et, puis, il n'est pas impossible qu'il ne se soit changé.

Je suis, Monsieur, vostre, etc.

De Paris, ce 16 octobre 1639.

CCCXLIII.
AU DUC DE LONGUEVILLE,
À COLMAR.

Monseigneur, enfin nous avons sceu avec une extrême joye la bonne conclusion de l'affaire qui nous a tenus si longtemps en suspens, et nous nous pouvons maintenant promettre de grands succès des armes du Roy sur le Rhin, puisque les directeurs de l'armée de Mr de Veimar se sont résolus à vous reconnoistre. Le premier de vos exploits de ce costé doit estre considéré dans la victoire que vous avés obtenue sur ces

---

[1] «De libéral vous deviendriez magnifique,» dit Balzac au sujet de la lettre au cardinal Bentivoglio (p. 818), «si vous me pouviez faire souvent de pareils présens; et ils seroient bien mieux receus icy, que le plan du batiment de M*** [Huggens]. Quelle vision est-ce que celle-là? Et que veut dire ce Républicain de tirer vanité de la structure de sa maison, sçachant que ce fut un crime à un autre d'avoir eslevé la sienne une toise plus haut que celle de son voisin? Mme Desloges m'avoit desja annoncé cette importante nouvelle, et m'avoit mandé de plus, que ce hastisseur estoit en grande considération en son païs, et tout puissant auprès de son maistre. Nous verrons ce qu'il desire de moy; car il doit y avoir une lettre avec le pacquet, et il proteste à Mme Desloges qu'il m'en a escrit plusieurs autres que je n'ay pourtant point receues.»

[2] Balzac avait écrit à Chapelain (p. 818), après avoir fait un grand éloge de la conversation et des manières de M. de la Thibaudière : «Si j'eusse sceu que sa lettre vous eust esté incommode, je l'eusse empesché de vous escrire : mais je m'imaginois que douze lignes de vostre stile à tous les jours, ne vous donnoient pas beaucoup de peine; outre qu'à vous dire le vray, l'envoy des gans d'Espagne à M. de Voiture m'agréa si fort, que j'avois envie de voir encore un billet de ce mesme air.»

[3] Balzac répond ainsi à cette tirade (p. 819): «Vous me surprenez estrangement, de me dire que le vieux docteur que nous avons tousjours tant aimé, n'est qu'un fourbe raffiné...»

esprits malaisés à réduire, et que par vostre excellente conduitte vous avés mis au point que vous désiriés. Qui en sçaura bien juger trouvera que cet avantage ne mérite point moins de gloire que ceux que vous avés tant de fois remportés sur ses ennemis, et que, pour en venir à bout, il n'y avoit que vous en France qui le puissiés. Tout le monde m'en vient féliciter, sachant l'intérest que j'y ay, et, parmy la resjouissance publique, j'entens avec un contentement extraordinaire les louanges particulières que chacun vous en donne et la grande espérance que l'on met en vous.

De Paris, ce 17 octobre 1639.

CCCXLIV.
A M. DE BALZAC,
À BALZAC.

Monsieur, soit donc ainsy puisque vous le voulés! J'endureray toutes les louanges qu'on me donnera ou à bon escient ou en raillerie. Je forceray ma propre connoissance et croiray que je ne suis pas seulement homme de bien, mais encore homme de mérite, que ma réputation est légitime et mesmes que l'on ne me fait que la moitié de la justice qu'on me dit, lorsqu'on m'esgale aux premiers poëtes de ce temps[1]. Je m'imagineray encore que je possède tout l'honneur que vous me souhaittés et que mon pourtrait peut estre mis chés Mr de Scudéry entre les testes illustres qu'il ramasse[2]. Car le moyen de contester davantage et principalement avec vous qui disposés souverainement de toutes les couleurs de la rhéthorique et qui, pour mon particulier, me persuadés par vostre seule volonté? Dieu sçait néantmoins ce qui en est, et je crains que vous n'ayés, un jour, à luy rendre conte d'avoir contribué à ma ruine si, quelque jour, je me laisse eslever sur les principes de la vanité.

Je consens bien volontiers à tout ce que vous me dittes de M.^r de La Thibaudière, me semblant avoir remarqué en luy dans les deux ou trois rencontres où je l'ay veu cet agréable meslange, que vous me représentés, de solidité et de galanterie, de philosophie et de gayeté[3], et il est certain que c'est de cette trempe d'hommes qu'on fait les excellentes conversations et dont s'accommodent les plus excellens hommes comme

---

[1] Chapelain répondait ainsi à ce passage de la lettre XI du livre XXI (t. VI, p. 817) : «Mais de m'escrire que vous n'avez point de mérite, et que c'est moi qui vous fais valoir, prenez garde que ce ne soit donner un desmenti au Public, en flattant un particulier.» La lettre de Balzac n'est pas datée et on a eu le tort de la placer entre une lettre du 1er mai et une lettre du 15 mai 1640 : on voit qu'elle appartient au mois d'octobre 1639.

[2] Nous avons déjà cité cette phrase de Balzac (lettre XXVI du livre XX, p. 805) : «Jugez par là si je vous estime, et si j'approuve la curiosité de Monsieur de Scudéry qui vous veut avoir parmi ses illustres. Je desirerois seulement qu'il ne vous donnast point de compagnons indignes de vous.» Les divers biographes de George de Scudéry ne nous ont guère parlé de sa collection de portraits d'hommes célèbres. Tallemant des Réaux dit seulement (VII, p. 52) : «Il part donc pour aller demeurer à Marseille, et cela ne se put faire sans bien des frais, car il s'obstina à transporter bien des bagatelles, et tous les portraits des illustres en poésie, depuis le père de Marot jusqu'à Guillaume Colletet : ces portraits luy avoient cousté; il s'amusoit à despenser ainsy son argent à des badineries.»

[3] Balzac avait écrit à Chapelain (lettre déjà citée dans la note 1) : «Je vous advoue que la compagnie de ce gentilhomme me plaist merveilleusement, elle est meslée du Monde, et des Livres : il y fait entrer du sérieux et du ridicule ce qu'il en faut justement pour tenir l'esprit entre la desbauche et l'estude, dans cet agréable milieu qui participe de l'une et de l'autre.»

vous. Son enjouement m'a paru sage et soustenu d'esprit et d'érudition avec un certain tempérament qui s'esloignoit autant de la brutalité de nos braves, que de la pédanterie de nos latineurs. Si j'avois à le baptiser je croirois ne luy pouvoir donner autre nom que celuy d'Urbain, et, à mon avis, il le mérite mieux que le Pape, quoyqu'il soit le roy d'une cour délicate et qu'il tienne sa place entre les bons rimeurs de son siècle[1]. En effet, je luy trouve ce don d'urbanité[2] que Cicéron affectoit et qui est d'autant plus difficile à acquérir qu'il fait le caractère le plus essentiel et la partie principale qui constitue l'honneste homme.

Je ne luy peus respondre, il y a quinze jours, pour ce que je receus sa lettre et l'autre, en sortant de mon logis pour une affaire qui ne se pouvoit remettre, et, un quart d'heure après, il falloit envoyer mon paquet au Sʳ Rocolet. Je m'acquittay de ce devoir l'ordinaire suyvant, non pas comme vous le désiriés, je veux dire galamment, tant pour ce que je suis mauvais galand que pour ce que je ne pouvois pas respondre dans ce stile, qui suppose familiarité, à un homme qui m'avoit escrit d'un stile si sérieux et si eslevé, que je doutay, deux ou trois fois, si c'estoit à moy que s'addressast sa lettre, et avec qui je n'avois traitté jusqu'icy qu'avec retenue et respect. Je luy devois un remerciment de l'extrême honneur qu'il m'avoit fait en des termes proportionnés aux siens et de la mesme manière, sinon de la mesme bonté. Vous l'aurés receu, il y a huit jours, et je pense que vous m'aurés fait la grâce de la luy envoyer et d'appuyer mes prétentions de vostre authorité, que je ne doute point qui ne soit fort grande sur son esprit.

J'aprens avec beaucoup de joye le pieux article du testament de vostre premier amy[3].

---

[1] Chapelain a déjà parlé d'Urbain VIII poëte.

[2] M. V. Cousin (*la Jeunesse de Mme de Longueville*, 4me édit., 1859, p. 122, note) a dit avec une double inexactitude : «Le mot même d'*urbanité* est de Balzac, un des premiers et des plus illustres habitués de la maison [c'est-à-dire de l'hôtel de Rambouillet.]» — Loin d'être un des habitués de l'hôtel, Balzac n'y mit jamais les pieds, et le mot *urbanité*, loin d'être de lui, se trouve déjà au xviᵉ siècle dans Jean le Maire, au xvᵉ, dans Octavien de Saint-Gelais, au xivᵉ, dans Nicolas Oresme. C'est Ménage qui a dit le premier, en 1672, dans ses *Observations sur la langue françoise* : «Mʳ de Balzac a fait le mot d'*urbanité*, qui a esté bien receu.» En 1674, Bouhours répète à son tour, dans ses *Doutes sur la langue françoise* : «M. de Balzac a fait ce mot comme vous sçavez, et ce fut, je pense, dans le discours *De la conversation des Romains* qu'il l'introduisit la première fois. — Si en leur cause on doit croire leur témoignage, dit-il, ils ont effacé toutes les Grâces et toutes les Venus de la Grèce; et ont laissé son Atticisme bien loin derrière leur *Urbanité*. C'est ainsi qu'ils appelerent cette aimable Vertu du commerce, après l'avoir pratiquée plusieurs années, sans luy avoir donné de nom assuré. Et quand l'usage aura meuri parmi nous un mot de si mauvais goust et corrigé l'amertume de la nouveauté qui s'y peut trouver, nous nous y accoûtumerons comme aux autres que nous avons empruntez de la mesme langue.» (*OEuvres de Balzac*, t. II, p. 432.) Ce que Bouhours conteste, c'est seulement que ce mot ait été bien reçu. Ménage le soutient dans la seconde édition de ses *Observations* (1673), où il ajoute du reste : «Il le faut avoüer, je me suis trompé *en disant* que M. de Balzac avoit fait le mot d'*urbanité*... Ce mot estoit dans nostre langue longtemps avant que M. de Balzac fust au monde.» Maintenant est-ce du moins, comme M. Littré l'assure, Balzac qui a définitivement introduit et autorisé le mot? Ne serait-ce pas plutôt Chapelain? Balzac a bien l'air d'attribuer le mot à son ami, quand il lui écrit (en octobre 1639, page 820 de l'in-folio) : «Ce don d'*urbanité* dont vous félicitez Monsieur de la Thibaudière luy plaira bien fort.»

[3] Ce *premier ami* était le cardinal de la Va-

Peu de gens meurent impénitens, et la bonté divine ne laisse périr que rarement ce qu'elle crée pour sa gloire. C'est une raisonnable charité de ne pas croire tout le mal qui paroist, et, quand on le croit mesme, d'espérer un final amendement. En effet [*Del*]*la vita la fin et di loda lu sera*[1]. C'est la dernière heure qui nous juge et c'est sur elle que nous devons prendre pied pour faire nos jugemens. J'auray soin d'apprendre les sentimens du docteur profane là dessus[2] et j'ay opinion que je n'en apprendray que ce que vous m'en avés desja mandé. Toutesfois il a obligation à sa [mé]moire, et il ne voudra pas peut estre la troubler par ses murmures publics.

Vous verrés par l'autre lettre qui est dans ce paquet la diligence que j'ay faitte pour les livres italiens. J'ay esté surpris de la protestation que vous me faittes touchant ceux que vous avés à moy, desquels je n'ay rien à vous dire, sinon que vous les pouvés garder tant qu'il vous plaira, et que, si j'en estois pressé, j'ay un amy qui en a de pareils et qui me les presteroit de bon cœur.

Je suis, Monsieur, vostre, etc.

De Paris, ce 23 octobre 1639[3].

---

lette. Balzac avait donné à Chapelain les nouvelles que voici (p. 818) : «Monsieur de Thou a envoyé à Monsieur Girard la Relation de la mort de Monsieur le cardinal de la Valette. Il a voulu estre enterré à Thoulouse, dans une Église où reposent les corps de trois Apostres et de plusieurs Saincts. J'y remarque encore beaucoup d'autres sentimens d'une véritable piété, et je vous advoue que c'est en cela où je trouve quelque subject de consolation. Pour le moins, est-ce la seule dont je veuille me servir dans une si grande perte.» On peut voir dans *la Gazette* du 12 novembre 1639 (p. 744) une lettre écrite de Toulouse, le 3 du même mois, qui contient le récit de la translation en cette ville de la dépouille mortelle du cardinal de la Valette. «Le corps, y lit-on, fut amené [à l'église de Saint-Sernin] le 23ᵐᵉ du passé, et receu en grande cérémonie à la porte de Saint-Michel par nostre dit archevesque, assisté des évesques de Rieux, de Mirepoix et de Pamiers, et des chanoines de l'Église de Saint-Étienne.» On ajoute que l'ancien archevêque de Toulouse fut enterré en la chapelle de Saint-Exupère, «nonobstant l'arrivée d'un courrier dépesché par le duc d'Espernon qui demandoit le corps de son fils pour estre mis à Cadillac, au sépulchre de sa famille.»

[1] La fin loue la vie, comme le soir loue la journée. Ce proverbe a été oublié par le P. Ch. Cahier dans son recueil de *quelques six mille proverbes et aphorismes* (Paris, 1856, in-12).

[2] Ce *docteur profane*, c'est François Guyet, l'ancien précepteur du cardinal. Les éditeurs des *Lettres de Balzac* ont malheureusement retranché de la lettre à laquelle répond Chapelain le passage où son ami lui faisait connaître les sentimens du *docteur profane* sur la mort du cardinal de la Valette.

[3] Le 23 du même mois, Chapelain écrivait à Balzac (fº 229) : «Je suis aujourd'huy le facteur de Mʳ Esprit et son agent auprès de vous. Il a receu une lettre de son frère dans laquelle il se loue extraordinairement du bon accueil que vous luy avez fait lorsqu'il fut à Balzac vous rendre son hommage... Le bon Mʳ Esprit, son frère, m'a veu sur ce sujet et m'a conjuré de vous asseurer que tous les trois frères et toute leur famille vous en demeurent redevables.... La pauvre femme [la veuve Camusat] est à la veille de sa ruine, persécutée par Mʳˢ des Gabelles pour une response de douze ou quinze mille francs que fit son mary pour un sien parent employé par eux et qui rend mauvais conte de son administration. C'est un malheur très déplorable, car sans cela elle eut peu faire une fort bonne maison et elle n'attend que l'heure qu'on luy vienne saisir et vendre tout pour une dette qui n'est pas sienne avec une perte et un scandale irréparable. Je vous avoue qu'elle me fait grande compassion.» La lettre de Chapelain est une réponse à la lettre X du livre XXI (*les Œuvres de Monsieur de Balzac*, 1665, t II, p. 817), où Balzac lui annonçait en

CCCXLV.

À Mᵐᵉ LA MARQUISE DE SABLÉ[1].

Madame, je croiray à l'avenir pouvoir faire des fourbes en conscience et ne me repentiray point de celles que j'ay faittes par le passé[2], puisque vous en faittes bien vous mesme et aux personnes qui se confient le plus en vous, j'entens de ces fourbes obligeantes, où le profit est tout entier du costé de celuy qui est trompé. Avoués que vous eustes bien du plaisir, lorsque vous me vistes prendre ainsy bonnement de vos mains la pièce dont la lecture me devoit apporter tant de confusion. Mais, Madame, que Mʳ de la Menardière[3] a mal fait de vous croire, quand vous luy avés persuadé de me donner une place si glorieuse dans son discours[4]. C'est un mauvais office que vous lui avés rendu, en m'en voulant rendre un bon, et il se trouve qu'en cette occasion encore, il a plus de sujet de se plaindre de vous que moy de m'en louer. Par la faveur que vous l'avés obligé à me faire, vous m'avés osté le moyen de luy faire justice, et je suis réduit à n'oser bien parler de luy, parce qu'il a bien parlé de moy[5]. En lisant son ouvrage, j'ay eu à chaque période des sentimens d'admiration que je vous eusse expliqués avec grande joye en vous les rap-

---

ces termes la visite de l'abbé Esprit : « Monsieur l'Abbé de la Rochefoucault a un de Messieurs Esprit auprès de luy, qui m'a fait la faveur de me venir voir, et de demeurer trois jours en ce lieu. J'y ai trouvé encore plus de bien qu'on ne m'en avoit dit, et je ne trouve guères de gens de sa force, tant il est sçavant et judicieux. Au reste, grand admirateur de vostre vertu... » La lettre de Balzac, datée du 1ᵉʳ mai 1640, est des premiers jours d'octobre 1639. Dans une autre lettre (*ibid.*, p. 820), datée du 22 mai 1640, et qui est encore d'octobre 1639, Balzac revient sur la visite de l'Oratorien : « Au reste, Monsieur, que veut nostre cher Monsieur Esprit? Ses civilitez me couvrent de confusion. Ou il me joue, ou il est bon et généreux jusqu'à l'excès, aussi bien que Monsieur son Aisné, qui ne se contente pas d'excuser la pauvreté du village, mais qui abuse encore de son bien-dire à louer la mauvaise chère qu'il y a faite... » Dans cette même lettre, Balzac parle de feu Camusat, ajoutant : « Je plains bien fort l'infortune de sa Veufve, et si j'estois de ces grands Messieurs, qui ont tant aimé le mari, je ne la laisserois pas périr, faute de secours. Mais ce sont-là des gens qui pensent tout donner, quand ils donnent les apparences; et ils aiment bien mieux aller aux obsèques du Mort, que de ressusciter sa famille. »

[1] Rappelons que la marquise de Sablé (Madeleine de Souvré) était alors âgée de quarante ans, que Tallemant des Réaux et M. Victor Cousin ont, l'un en mal, l'autre en bien, tout dit sur cette femme célèbre, et que M. P. Paris, dans le Commentaire de la 126ᵐᵉ *Historiette* (t. III, p. 138-154), a ramené les choses à leur juste proportion.

[2] *Fourbe* était alors souvent employé dans le sens de supercherie. Voir ce mot dans le *Dictionnaire* de M. Littré, où l'on trouve cette citation tirée d'une lettre de Balzac (lettre XXXIII du livre VII) : « Si je sçavais faire des vers, vous pourriez vous douter d'une fourbe. »

[3] H. J. Pilet de la Mesnardière, dont nous avons déjà rencontré le nom dans la lettre inscrite sous le n° CCXXXII, était, comme dit Tallemant des Réaux (t. V, p. 48 et 49) « alors médecin domestique de la marquise de Sablé ».

[4] Ce *discours* parut, l'année suivante, en tête de *La Poétique* (Paris, chez Antoine de Sommaville, in-4°). L'abbé d'Olivet (*Histoire de l'Académie française*, édition de 1858, t. II, p. 98, note 2) dit : « La critique qu'il fit de la *Pucelle* sous le nom de du Rivage après l'apparition du poème est d'autant plus surprenante qu'auparavant, dans le *Discours* qui précède la *Poétique*, il en avait fait l'éloge. »

[5] C'est le gracieux mot si souvent répété de la reine Marguerite à Brantôme, tout au commencement des *Mémoires* : « Je louerois davantage vostre œuvre si elle ne me louoit tant. »

portant¹, si ce que j'ay veu sur la fin du conte de Dunois et de *la Pucelle* ne m'eust point fait perdre la parolle. C'est une chose cruelle, Madame, que je ne vous puisse plus dire par combien de raisons cet avant-propos m'a semblé excellent, sans estre soupçonné de le faire pour rendre la pareille à son autheur et pour encenser celuy qui m'a voulu parfumer de louanges.

Mais s'il est cruel pour vostre regard, il l'est bien davantage pour le regard du public. Car le peuple qui ne peut pas, comme vous, discerner toutes les beautés de cette préface, et qui a besoin, pour en juger sainement, d'apprendre ce que nous en croyons, n'est plus capable de m'entendre sur cette matière ou d'en recevoir l'impression de moy, parce qu'il me considérera comme un juge corrompu ou une partie intéressée. Vous eussiés bien mieux fait, Madame, de laisser parler de ma foiblesse à cet homme rare², selon son sentiment, et selon la vérité. J'eusse eu par là une plaine liberté de dire de luy ce que j'en connois et mes paroles auroient esté d'un poids d'autant plus grand qu'on eust creu que son mérite et la raison me les arrachoit par force de la bouche. Vous avés fait le mal. C'est à vous à le réparer. Cela veut dire, Madame, que désormais, sans vous attendre à nous, vous devés prendre à tache et vous charger seule de publier l'excellence de ce travail et l'authoriser en tous lieux par ce beau crédit que vostre vertu et vos connoissances vous ont donné sur les esprits raisonnables. Et si vous devés souffrir que l'on y trouve quelque chose à redire, ce sera le seul endroit que vous y avés fait mettre pour combler de gloire injustement, Madame, vostre, etc.

De Paris, ce 24 octobre 1639.

CCCXLVI.

À Mʳ LE DUC DE LONGUEVILLE,

À BRISAC.

Monseigneur, enfin il a pleu à Dieu de couronner vostre patience et vostre conduitte par l'ajustement de l'affaire de Brisac, selon le desir du Roy en toutes ses parties. Voilà une belle conqueste sans qu'il y ait eu de sang respandu et voilà un notable service que Sa Majesté reçoit de vous en la plus difficile négotiation qui se soit jusques icy présentée. C'est avoir fait une très utile campagne, que d'avoir mis une si florissante armée que celle de feu M. de Weimar et des places si importantes que Brisac et les autres, dans une entière et plaine disposition du Roy, et je ne vous tiens pas moins glorieux, cette année, d'avoir ainsy conquis Brisac sur nos amis, que Mʳ de Weimar le fut, l'an passée, de l'avoir emporté sur nos ennemis.

Mᵐᵉ de Choisy³, dès hier, me donna avis de ce bon succès sur une lettre du 9ᵉ de

---

¹ Cette admiration n'était pas sincère, comme on va le voir dans un ironique passage d'une lettre de Balzac, et comme on l'a déjà vu, sans doute, dans le *Mémoire sur quelques gens de lettres vivants en 1662*, rédigé pour Colbert, où l'on trouve citée une dure appréciation de tout l'ouvrage dont la préface est ici l'objet de si grands éloges : «Sa paraphrase plutôt que sa traduction du *Panégyrique* de Pline, et sa *Poétique* le font paroitre dépourvu de jugement...»

² Cet homme *rare* en 1639 devint pour Chapelain, en 1662, «un homme dont on ne puisse rien faire, ni sur qui on puisse appuyer aucun dessein où il faille jouir de tant soit peu de cervelle.»

³ Jeanne Hurault de Lhospital avait été mariée, le 8 février 1628, à Jean de Choisy, tour à tour conseiller au Parlement, maître des requêtes, conseiller d'État, etc. Sur Mᵐᵉ de Choisy, à laquelle Chapelain écrivit, le 22 septembre 1639 (f° 208), quelques phrases de politesse, voir la note 3 de la page 427 des *Mélanges his-*

son mary[1] dattée de Brisac, et je ne le pouvois croire veu les difficultés que je sçavois qui l'avoient empesché jusqu'icy. Aujourd'huy vous m'avés fait l'honneur de le confirmer, Monseigneur, et il faut que j'avoue que je n'ay jamais eu de plus sensible joye en ma vie, tant pour le bien qui en revient au public, que pour la gloire particulière que cela vous prépare dans la suitte. Il sera bien fascheux à tous ceux qui vous honnorent de ne vous voir qu'en février en cette cour, mais il faut se résoudre à patienter et souffrir cette privation de vostre personne puisqu'elle est nécessaire delà le Rhin pour le bien du Royaume.

J'observeray exactement le silence que vous me commandés touchant les particularités de la négotiation et attendray avec impatience la suitte de cette affaire et l'establissement des quartiers d'hyver. Car, pour la Cour, je ne doute point qu'on n'approuve avec éloge tout ce qui a esté traitté et conclu sous vos ordres en une affaire de si grande conséquence que celle là.

La Pucelle se sent trop honnorée de vostre souvenir. Elle prend tousjours réputation de plus en plus, et plusieurs mesme en ont imprimé des louanges sans l'avoir veue[2]. Je travaille au 5ᵉ livre et j'espère l'avoir mis en estat pour vostre retour. Mais je voudrois desja estre au 6ᵉ, car il entre dans celuy cy une reveue qui est une pièce qui est d'une peine extrême et qu'on ne lira point, quoyqu'elle soit si essentielle au poëme qu'il seroit estropié si elle n'y estoit. Je tascheray de l'esgayer tout le plus qu'il me sera possible et de la rendre supportable, si je ne puis la rendre agréable.

Je fus tenté deux ou trois fois de faire le Tombeau que vous me faittes l'honneur de m'ordonner[3]. Puis je considéray qu'il en falloit attendre le commandement et sçavoir les intentions pour n'estre pas obligé de le refaire. Ce sera la chose à quoy je m'appliqueray la première, après que je seray sorti d'un pas de la Pucelle qu'il faut tirer d'haleine, si je veux qu'il ne soit point de deux veines différentes, c'est à dire mauvais.

De Paris, ce 24 octobre 1639.

CCCXLVII.

À M. DE BALZAC,
À BALZAC.

Monsieur, je sçay que je donneray beaucoup de joye à Mʳ Silhon quand je luy diray l'estime que vous avés faitte de sa lettre[4]. Celle qu'il fait de vous est telle qu'il

---

toriques de 1873 (lettres de J.-L. Guez de Balzac, n° VII).

[1] Sur l'envoi de M. de Choisy, vers les quatre directeurs de l'armée du duc de Weymar et sur la négotiation qui fut *longue et difficile*, et qu'il *fallut manier avec beaucoup d'art*, voir le P. Griffet, *Histoire du règne de Louis XIII*, t. III, p. 208.

[2] C'était précisément parce qu'on ne la voyait pas qu'on admirait *la Pucelle*. Le mystère favorise l'illusion, suivant le mot si frappant de Tacite : *Major e longinquo reverentia*.

[3] Le tombeau du duc Bernard de Saxe-Weymar.

[4] Balzac avait écrit à Chapelain (lettre XII du livre XXI, p. 818) : « La lettre de Monsieur Silhon à Monsieur le cardinal Bentivoglio est toute pleine de belles et de bonnes choses. Elle ne m'a pas seulement diverti, elle m'a instruit; et ses judicieuses réflexions sur les endroits plus illustres du livre italien, sont les chef-d'œuvres d'un ouvrier consommé. » La lettre de Silhon au cardinal Bentivoglio n'a été mentionnée par aucun des biographes de l'académicien, pas même par M. R. Kerviler, dont la notice est plus ample que toutes celles de ses devanciers. La date de la réponse de Chapelain à Balzac prouve que la lettre de ce dernier n'est pas, comme l'ont marqué les éditeurs de 1665, du 15 mai 1640, mais du mois d'octobre 1639.

choisira plus vostre approbation que celle du cardinal à qui elle est addressée, quoyque ce soit un homme rare et le premier éloquent de son païs. J'ay receu une response de luy au remerciment que je luy fis, il y a deux mois, pour l'exemplaire qu'il m'avoit envoyé[1], par laquelle il renonce au mestier de bonne grâce. Et certes il a assés travaillé pour la réputation et il est désormais temps qu'il se repose, ou, s'il travaille, que ce soit seulement pour la tiare que son astrologue lui destine, car vous sçavés qu'il est sujet papable et qu'il papège[2] avec apparence de succès. Si cela arrive, vous et moy aurons le *gratis* de nos bulles, si nous avons des bulles, qui est ce dont je doute le plus.

Quant à M⁺ Huggens, M⁺ Conrart n'a point receu sa lettre pour vous et il se chargea d'office de vous envoyer son bastiment[3]

qui avoit son addresse à Mᵐᵉ Des Loges[4]. Il peut y avoir de la badinerie dans le dessein de publier ce plan, qui est une chose si odieuse que nos tous puissans de deça n'en oseroient avoir fait autant de leurs palais. Mais il en revient au moins ce bien que les curieux d'architecture ont une pièce complette de ce genre qu'ils n'avoient point et surquoy ils pourront exercer leur critique. La dernière des cinq tables est une belle perspective, à resjouir mesmes la veue de ceux qui ne pipent[5] pas en ce mestier.

Je suis bien aise que mon impromtu sur le triumvirat de Niort[6] vous ait diverti. S'il y a quelque chose de raisonnable, vous me l'avés inspiré, et, si vous relisés bien vos brouillons, vous trouverés, au moins en puissance, ce que vous dittes qu'il y a en effet dans ce que je vous en ay escrit. Si je pouvois aymer ceux que je tiens incapables

---

[1] Un exemplaire de la troisième et dernière parties (en huit livres) *Della guerra di Fiandra* qui venait de paraître (1639).

[2] *Papeger* n'est dans aucun de nos dictionnaires anciens ou modernes. C'est un mot traduit de l'italien et qui signifie : être candidat à la papauté.

[3] Chapelain avait dit à Balzac, dans le *post-scriptum* d'une lettre du 12 octobre (f° 226) : « M. Conrart m'a monstré un rouleau de cinq estampes d'architecture représentant la maison de M. Huggens dont il a fait tirer le plan pour le proposer aux curieux de cette science et en gratifier ses amis. Il vous regarde comme le premier de ceux qu'il avoit en France et vous en a envoyé cet exemplaire dont M. Conrart s'est chargé. » Balzac reçut, avec beaucoup de mauvaise humeur, le *plan du bâtiment* du savant hollandais, disant (lettre déjà citée un peu plus haut, p. 818 de l'in-fol.) : « Quelle vision est-ce que celle-là ? Et que veut dire ce Républicain de tirer vanité de la structure de sa maison, sçachant que ce fut un crime à un autre d'avoir eslevé la sienne une toise plus haut que celle de son voisin ?

Madame Deslogos m'avoit desja annoncé cette importante nouvelle, et m'avoit mandé de plus que ce Bastisseur estoit en grande considération en son païs, et tout puissant auprès de son Maistre. Nous verrons ce qu'il désire de moy ; car il doit y avoir une lettre avec le pacquet, et il proteste à Madame Desloges qu'il m'en a escrit plusieurs autres que je n'ay pourtant point receues. »

[4] Sur Mᵐᵉ Des Loges, voir une note de la lettre LXXV, p. 108.

[5] *Piper* ici, c'est l'emporter sur les autres, c'est exceller. Voir dans le tome XII des *OEuvres complètes de Corneille* publiées par M. Marty-Laveaux et consacré au *lexique* de la langue du grand poëte, p. 181, les citations réunies autour de ce vers du *Menteur* :

> En matière de fourbe il est maître, il y pipe.

[6] Ce triumvirat était composé de l'abbé de Lavardin, de Costar et de Pauquet. Voir, sur les deux premiers, la lettre IX du livre XXI du recueil de 1665, lettre datée du 25 avril 1640 et qui doit être du mois de septembre 1639.

d'amitié, j'aymerois ce triumvir qui a parlé de vous si bien dans la lettre de Mr de La Thibaudière[1]. Mais mon cœur est trop délicat en cette matière, et dans ce commerce il ne souffre jamais qu'on luy donne du faux pour du vray. Je luy rendray bien justice et l'estimeray au double de ce que je faisois, qui est dire beaucoup pour l'avoir rendue si éloquemment qu'il a fait.

Et certes la lettre, ou le panégyrique, ou l'apologie, comme vous voudrés l'appeller, est une des belles choses que j'aye veues, il y a long temps, et que je suis ravi qui vous ait pour sujet. Ce n'est pas, à vous en dire mon sens, qu'elle ait partout le caractère de lettre, et je me trompe si vous n'y avés trouvé celuy de discours ou de harangue. Mais, quoy que ce soit, c'est une belle chose et que je prétens bien faire voir à nos amis et à nos ennemis. Les fréquentes pièces d'érudition dont elle est remplie, et, comme je croy, trop fréquentes pour ce genre d'escrire[2], vous tesmoignent bien ce que Mr de La Thibaudière vous avoit dit de ces magazins de recueils sur lesquels je craindrois que l'esprit de l'homme se soustint plustost que sur ses productions mesmes[3]. Vous estes obligé de l'estimer et de [le] luy tesmoigner, sans considérer s'il sacrifie à sa propre gloire ou à la vertu, puisqu'il en a laissé aller un tesmoignage si considérable et que la pluspart du monde prendra, comme vous le méritès, je veux dire pour sincère et pour cordial.

Le docteur est tel que je vous ay dit, et n'est philosophe ny religieux qu'*in ordine* à la fortune. Son frère vaut moins que luy en sens, mais il vaut mieux en courage et, s'il estoit prudent, il a les parties acquises pour en faire un bon ami[4].

L'Avila dont on vous a parlé[5] me fut apporté, il y a quatre ans, de Rome par le Conte de Fiesque qui m'en fit un extrême cas. Je me contentois d'en croire la moitié et croyois luy faire grâce, et, un jour, voulant vérifier le jugement de ce gentilhomme, je me mis à en lire les deux premières pages

---

[1] S'agit-il là de l'éloge de Balzac que l'on trouve dans la lettre CCXXXVII (*A Monsieur de La Thibaudière*) du recueil intitulé : *Les lettres de Monsieur Costar* (Paris, Augustin Courbé, 1658, in-4°, p. 618-625)?

[2] Chapelain veut parler des citations latines que Costar prodigue dans sa lettre sur Balzac, comme dans la plupart de ses lettres.

[3] Balzac avait écrit à Chapelain, au sujet de Costar, les lignes suivantes (p. 816 de l'in-fol., lettre IX du livre XXI, déjà citée) : «Vous m'avez envoyé un si beau portrait, que je me passerois aisément de l'original, s'il ne vouloit point prendre la peine de venir icy. Monsieur de la Thibaudière dit qu'il a des montagnes de Recueils, et qu'il ne lit aucun autheur ancien ou moderne, sur lequel il ne face des observations. Ayant de l'esprit et de l'adresse infiniment, je ne doute point qu'il ne nous fasse voir un jour les plus belles choses du monde.» L'auteur de la *Vie de Costar*, publiée dans le tome IX des *Historiettes* (1860), donne force détails (p. 46) sur les recueils mentionnés par Balzac et par Chapelain, «lieux communs [qui] estoient un extraict de divers passages d'auteurs latins, grecs, italiens ou espagnols».

[4] S'agit-il là de deux des frères Esprit?

[5] Balzac avait ainsi interrogé son ami (lett. XII du livre XXI, déjà citée) : «Mandez-moi, s'il vous plaist, quelle opinion vous avez d'un autheur italien nommé Davila, qui a escrit l'histoire des guerres civiles de France. Est-il comparable aux Anciens, comme on m'a dit? Sa langue est-elle pure? Son esprit désintéressé? Sa politique solide? etc.» La première édition de l'*Historia delle Guerre civili di Francia di Henrico Caterino Davila* (né le 30 octobre 1576, près de Padoue, mort près de Vérone, en 1631) est de 1630 (Venise, in-4°). On sait combien Mme de Sévigné trouvait Davila admirable (lettres du 14 décembre 1689 et 11 janvier 1690). Voir édition des *Grands écrivains de France*, t. IX, p. 353 et 409.

qui me menèrent insensiblement et par force jusqu'à la fin. Je n'oserois le comparer aux anciens que nous adorons. Mais, pour les modernes, je l'égale au Guicciardin[1] et, si j'en voulois croire les politiques de Rome, à qui j'en ay demandé des nouvelles, je le mettrois mesme au dessus de luy. Les harangues luy manquent, mais les considérations d'Estat y sont en foule et jamais histoire, non pas mesmes les anciennes, ne fut plus utile pour instruire des intrigues et du jeu du cabinet. Son langage est purissime et fluide, tout propre à la narration. Il n'a d'intérest que celuy de la vertu et de la justice et, lorsqu'on l'accuse d'excuser trop sa maistresse la Reyne Catherine, il ne s'est pas encore trouvé un homme qui l'ayt blasmé ny soupçonné de partialité[2]. Depuis quatre ans, je ne l'ay pas eu deux mois en mon pouvoir pour ce qu'estant rare, chacun le demande à emprunter, et la dernière personne qui me l'a rendu est Melle de Rohan, cette héroïne dont parle Mr Silhon[3].

Vous m'obligerés de me conserver la part que vous m'avés donnée aux bonnes grâces de Mr de la Thibaudière, dont je fais une véritable et extraordinaire estime. Il faut ou que le bon Rocelet n'ait pas receu la lettre pour Mr Conrart, ou qu'il ayt creu qu'il la devoit rendre luy mesme. Tant y a que je ne l'ay point eue et, comme je vous escris en recevant les vostres, je n'ay peu encore vérifier ce qui en sera arrivé.

Je receus, il y a quatre jours, avec vostre billet, la lettre de M^r l'Official[4] pour M. Mainard. Je l'envoyay, dès l'instant, au s^r Flotte qui promit de l'envoyer fidellement. Les vers de Mr Mainard, qui estoient dans le billet, sont des plus beaux et plus naturels qu'il ait fait encore[5]. Nous avons veu icy beaucoup de nouvelles épigrammes de luy et toutes dignes de sa réputation. Je voudrois seulement qu'il affectast un peu davantage la pointe à la fin et que la queue fust au moins aussy belle que la teste[6]. Quand il vous verra, je vous prie de le

---

[1] *Dell' istoria d'Italia libri XVI* (Florence, 1561, in-fol.). L'ouvrage de Francesco Guicciardini (né à Florence, en 1482, mort le 22 mai 1540) ne sauroit, quoi qu'en dise Chapelain, être mis en balance avec l'ouvrage de Davila.

[2] Voir les appréciations de Ginguené (dans la *Biographie universelle*) et de M. L. Étienne (*Histoire de la littérature italienne*, 1875, p. 489 et 490). Balzac approuva presque entièrement (non le 1er juin 1640, mais en novembre 1639) l'opinion de son ami (lettre XIV du livre XXI, p. 821) : «Je vérifie tous les jours ce que vous m'escrivez de Davila, et mon advis n'est presque jamais différent du vostre, dont je suis bien glorieux. J'y adjouste seulement que c'est une grande honte à nostre nation d'estre instruite de ses propres affaires par un estranger......» Ce fut sans doute Balzac qui recommanda à son ami Guillaume Girard le livre de Davila, livre que le secrétaire de Jean-Louis de Nogaret lisait à son vieux maistre. (*Histoire de la vie du duc d'Espernon*, édition de 1730, in-4°, p. 54.)

[3] Cette héroïne était-elle Mlle Anne de Rohan, sœur du duc de Rohan, la bossue dont Tallemant cite un si plaisant quatrain (t. III, p. 335), ou la nièce de «cette bonne fille», comme dit encore Tallemant (*ibid.*, p. 430), Marguerite de Rohan, qui devint (1645) la femme de Henri de Chabot et dont Silhon (*ibid.*, p. 424) célébra la vertu qui devait, plus tard, être si contestée?

[4] Claude Girard.

[5] Balzac reproduit ces vers (*A Philis affligée*) dans la lettre XII du livre XXI, déjà citée, et en ajoutant que le caractère lui en semble «bien doux et bien naturel». On retrouve cette charmante petite pièce dans les *OEuvres poétiques de François de Maynard* réimprimées sur les éditions de Paris (Augustin Courbé, 1646, in-4°) enrichies de variantes, revues et annotées par Prosper Blanchemain (Paris, 1864).

[6] Chapelain avait bien raison : c'est surtout

tenir tousjours persuadé de mon service et de mon amitié.

Je suis, Monsieur, vostre, etc.

De Paris, ce 30 octobre 1639.

CCCXLVIII.
A M' LE MARQUIS DE MONTAUZIER,
À COLMAR.

Monsieur, je ne me plains guères de n'avoir point receu de vos nouvelles par le dernier ordinaire de Basle, car je m'imagine qu'elles eussent esté meslées de ce chagrin dont vos dernières estoient remplies, et, tant qu'il soit passé, je penseray avoir gagné quelque chose de n'estre qu'en doute si vous en estes tousjours travaillé. D'icy à quinze jours, quand vous aurés receu toutes les lettres que je vous ay envoyées et que je vous envoye encore, j'attendray des vostres avec toute une autre impatience et ne craindray point de vous y voir si mélancolique, dans l'asseurance que j'ay que vous aurés trouvé dans mon paquet beaucoup de raisons de vous consoler.

Si l'on vous pouvoit mander au long tout le souvenir qu'on a de vous icy, au quartier du Louvre et aux Marais[1], et le bien continuel qu'on y dit de vous avec les vœux qui s'y font pour vostre conservation et pour vostre retour, je suis asseuré que vous vous desferiés de vostre tristesse pour jamais, sçachant mesme qu'elle attriste ceux que vous aymés et leur remplit l'esprit de fascheux pronostiques[2]. Je sçay que vous nous voudrés justifier cette humeur par le sujet que vous donne de l'entretenir la perte que nous avons faitte de M' le Cardinal de La Valette. Mais il y a un tempérament à garder en cela et vous pourés avoir une raisonnable douleur, sans vous laisser aller à une mélancolie obscure qui vous consume inutilement. Nos dames, qui perdent bien autant que vous en luy, sont dans les termes où je vous veux et se servent de la bonté de leur jugement pour ne perdre aucune occasion de se fortifier et consoler. Lorsqu'elles s'affligent d'un mal arrivé, et qui pouvoit n'arriver pas, elles se consolent qu'un mal qui pouvoit arriver, ne soit pas arrivé. Et, pour vous expliquer cet énigme au milieu du desplaisir que leur a donné la mort de cet excellent homme, la guérison de Mlle de Bourbon, estant arrivée heureusement et presque contre leur attente[3], ce bien a contrepesé ce mal, et, parce qu'il est venu le dernier, la joye en eux a prévalu sur la tristesse. Je m'asseure que la mesme chose fera le mesme effet en vous et que vous ne serés pas de ceux qui se resjouissent médiocrement du recouvrement d'une santé si précieuse, ou vous parliés contre vos sentimens dans la dernière lettre que vous avés escritte à Mlle de Rambouillet. J'ay eu charge d'elle de ne vous laisser pas ignorer plus longtemps une chose qu'elle croit, par ce qu'elle sent,

---

le trait final qui doit être piquant dans l'épigramme: *Acumine placet*, comme dit Sidoine Apollinaire.

[1] Au quartier du Louvre, c'est-à-dire à l'hôtel de Rambouillet; au Marais, c'est-à-dire à l'hôtel de Clermont d'Entragues.

[2] Chapelain écrit ce mot comme l'écrivait, au XIVe siècle, H. de Mondeville, cité par M. Littré (*Dictionnaire de la langue française*). On trouve *prognostique* dans les *Essais* de Michel de Montaigne. La plupart des contemporains de Chapelain, et notamment d'Ablancourt, cité par le *Dictionnaire de Trévoux*, donnaient déjà à ce mot son orthographe actuelle.

[3] Anne-Geneviève de Bourbon, alors âgée de vingt ans, allait devenir la duchesse de Longueville (2 juin 1642). M. V. Cousin, qui a parlé (*La jeunesse de Madame de Longueville*, 1859, page 206) de la petite vérole dont elle fut atteinte en 1642 et qui «mit en péril le charmant visage», n'a rien dit de la grave maladie de 1639.

qui vous doit apporter beaucoup de consolation.

Vous trouverés dans ce paquet des lettres de M⁻ le marquis de Pisani, de M⁻ de St Nicolas, de M⁻ Arnaud, de M⁻ de Chavaroche[1], et dans celle-cy des recommandations de tous ceux que vous honnorés de vostre amitié. M⁻ de Grasse, qui est à Mezières à présent, et qui s'en va estre deux fois Evesque[2], vous escrira à son arrivée. Enfin nous ferons toutes choses possibles pour vous desennuyer jusques à ce que Mgr le duc de Longueville vous ramene à ce carnaval. Je luy escris par son courrier très amplement tout ce que vous avés désiré que je luy escrivisse de vos ressentimens et ay meslé ce que j'ay creu qui les luy pouvoit toujours faire croire aussy sincères et véritables qu'ils sont[3].

M⁻ de La Mesnardière a enfin publié le premier volume de sa *Poétique*[4], et, en revenant tantost de la ville, j'en ay trouvé un exemplaire céans pour vous l'envoyer. C'est ce que je ne feray pas veu sa grosseur et grandeur[5], dont il n'y a point de courrier qui se voulust charger pour une si longue traitte, et puis je ne croy pas, selon que je vous connois, que vous voulussiés employer le temps qui vous reste à la lecture d'une matière de chicane poétique, où, pour bien qu'elle soit traittée, il n'y a rien à apprendre pour vous. Cela veut dire que vous la sçavés aussi bien ou mieux que son autheur[6]. Vous ne laisserés pas, s'il vous plaist, de l'en remercier avec vostre civilité ordinaire, soit dans une lettre exprès, soit dans celles que vous m'escrirés. Cependant je vous conserveray le livre et vous le trouverés tout neuf à vostre retour.

Vous trouverés icy encore une fois les nouvelles de tous les endroits où il y a guerre. A l'avenir, je laisseray faire le bon Epestheim[7] pour le septentrion.

Je suis, Monsieur, vostre, etc.

De Paris, ce 4 novembre 1639.

---

[1] Tous ces personnages ont déjà figuré dans les lettres précédentes.

[2] C'est-à-dire : qui va joindre à son évêché de Grasse l'évêché de Vence. Ce dernier évêché avait été laissé vacant par la mort de Pierre du Vair (28 juin 1698).

[3] On lit dans cette lettre, datée inexactement du 4 octobre et qui est du 4 novembre (f° 238) : «Par une seconde lettre que j'ay receue de M⁻ le marquis de Montauzier il me confirme la part que vous avés eu principalle en l'achèvement et conclusion de ce traitté, et par les termes dont il parle j'ay bien reconnu que dans la lettre que vous m'avés fait l'honneur de m'escrire, vostre modestie m'avoit fait beaucoup d'injustice et que vous avés esté prodigue à d'autres de ce qui n'appartenoit presque qu'à vous seul.»

[4] Tous les bibliographes, y compris l'auteur du *Manuel du libraire*, mettent en 1640 la publication de la *Poétique*. Mais peut-être, en novembre et décembre 1639, ne parurent que les exemplaires distribués par l'auteur.

[5] Le volume est un in-4° de 444 pages, avec un discours préliminaire de 36 feuillets non paginés.

[6] Voir une judicieuse appréciation du volume de La Mesnardière, lequel volume devait être suivi de deux autres que la mort de son protecteur Richelieu l'empêcha de faire paraître, dans la *Bibliothèque françoise* de l'abbé Goujet, t. III, p. 109-111.

[7] C'était un Allemand qui habitait Paris et qui, ayant conservé de nombreuses relations avec ses compatriotes, communiquait les nouvelles qu'il en recevait à Chapelain, à Montauzier, etc. Ce personnage, que nous retrouverons plus d'une fois dans cette correspondance, figure, sous un nom un peu différent (*Epstein*), dans une lettre de Denys Godefroy relative à un portrait du général J. Banier, qui a été publiée par M. A. de Montaiglon, dans les *Archives de l'art français*, deuxième série, t. I, 1861, p. 189.

CCCXLIX.

À M. DE BALZAC,
À BALZAC.

Monsieur, nous commençons à nous sentir du changement de la saison, je veux dire de l'accourcissement des jours qui, par un effet contraire, allonge le voyage des courriers et empesche que vos lettres ne soient plus apportées assés à temps pour vous y pouvoir faire response à l'ordinaire. Il est midy et je n'ay point encore de vos nouvelles, et, si je vous veux escrire, il faut que ma despesche soit dans deux heures chés Mʳ Rocolet. Ainsy vous courrés fortune, pour cette fois, de ne sçavoir point si vostre paquet sera arrivé à bon port ou du moins de n'y avoir point de response. C'est à quoy il sera aysé de vous résoudre, les bagatelles que je vous escris sur ce que vous me mandés n'ayant pas la mine de vous donner beaucoup d'impatience et ne vous venant tousjours que trop tost.

Pour cette heure donc, vous n'aurés autre chose sinon que Mʳ Esprit me parle toutes les fois que je le voy de la passion que son frère et luy ont pour vostre vertu et pour l'excellence de vos ouvrages en des termes si ardens qu'il semble qu'ils mettent leur principal bonheur à vous donner cette créance et à tirer de vous un tesmoignage que leur zèle ne vous desplaist pas. J'ose vous asseurer, après une longue observation de l'humeur de cette personne et des espreuves qu'on ne peut démentir, que son discours est du cœur et que vous y pouvés prendre confiance. Et sur ce fondement vous ne ferés point mal de luy faire connoistre dans quelqu'une des lettres que vous m'escrirés, que vous chérissés son affection et que vous croyés qu'elle sera durable. Je l'ay asseuré d'avance de vostre ressentiment et luy ay fait espérer de luy en monstrer quelque chose dans vos despesches[1].

Au reste je ne sçay si vous avés amitié ou habitude avec le médecin M. de La Mesnardiere et s'il a accoustumé de vous envoyer de ses ouvrages quand il les donne au public. Mais j'ay receu le dernier imprimé, avant hier, pour vous le faire tenir, où j'ay veu par ce qu'il y a escrit au commencement qu'il fait ou veut faire profession d'estre de vos passionnés serviteurs. Le livre traitte de l'Art poétique selon la doctrine d'Aristote qu'il a recueillie de ce qu'il en a leu dans Scaliger le père et dans Heinsius. C'est une chose assés merveilleuse qu'un médecin qui n'entend point trop bien le latin[2] et à qui les langues italienne et espagnole ne sont connues que *labiis tenus*, qui n'abonde point en jugement, comme il l'a monstré dans les additions qu'il a faittes au panégyrique de Pline pour l'embellir[3],

---

[1] Balzac donna satisfaction à ce désir de Chapelain dans une lettre qui a été datée du 10 juin 1640 et qui est du mois de novembre 1639. C'est la lettre XV du livre XXI (p. 821 de l'in-fol.), laquelle débute ainsi : «Je ne me connoistrois point en esprits, si je n'estimois extraordinairement ces Messieurs qui portent ce nom par excellence. Mais de plus, leur ayant l'obligation que je leur ay, si je ne les aimois autant que je les estime, permettez-moy de vous le dire en latin, *mihi robur et æs triplex circa pectus esset*. Nostre Monsieur Esprit de Verteuil [c'est à dire celui qui était au château de Verteuil, auprès de M. de la Rochefoucauld], et le vostre de Paris... verront un jour que je ne me contente pas d'un ressentiment secret, mais que je professe ma gratitude.»

[2] Chapelain déclarait en 1662 (*Mémoire à Colbert*, déjà cité) que La Mesnardière était «moins foible en françois qu'en latin.»

[3] La traduction du Panégyrique de Trajan parut à Paris (1638, in-4°). Nous avons déjà vu dans une note précédente que Chapelain, en 1662, y voyait une paraphrase plutôt qu'une tra-

et qui n'a songé aux vers que depuis qu'il a veu que c'estoit une porte pour avoir entrée auprès de Son Em⁽ᶜᵉ⁾ ducale, soit devenu tout d'un coup poète, et non seulement cela, mais encore maistre des poètes par les règles qu'il leur donne de la poésie, et qu'il leur donne plus agréablement et plus solidement qu'aucun n'ait fait en France jusques icy. Vous verrés sa préface et le corps du livre que je mis dès hier entre les mains du sʳ Rocolet, et vous m'avouerés que nos jeunes rimeurs y trouveront d'excellentes leçons et auront moyen de s'y rendre bien plus habiles. Ce n'est pas qu'au fons nous ne voyons bien comment cela s'est peu faire si subitement et que nous ne discernions bien ce qu'il y a de bon d'autruy et ce qu'il y a de mauvais de luy. Néantmoins cela ne laisse pas d'estre admirable, et la France, en vérité, luy a obligation de sa témérité et mesmes de ses fautes, puisqu'il luy a donné un corps qu'elle n'avoit point et qui luy estoit si nécesssaire, dans lequel il y avoit tant de proffit à faire pour ceux de cette profession. Je ne sçay pas si vous le remercierés de son présent par une lettre expresse, et, si vous m'en croyés, vous vous en pouvés dispenser, n'en ayant point receu de luy, mais je sçay bien que vous luy en devés un remerciment dans les miennes et je ne doute point que vous ne le faciés [1].

J'ay fait voir la lettre de Mʳ Costard à tous nos amis et amies et en ay laissé prendre copie à qui a voulu, tant pour luy faire honneur que pour vous faire justice [2].

Je suis, Monsieur, vostre, etc.

De Paris, ce 6 novembre 1639 [3].

---

duction. L'abbé d'Olivet (*Histoire de l'Académie française*, t. II, p. 95) juge de la même façon le travail de La Mesnardière, disant : « Il ouvrit sa carrière par le *Panégyrique* de Pline, dont il publia une paraphrase des plus libres, sans respect pour le tour concis de l'original. »

[1] Voici ce remerciment que l'on trouve dans la lettre XVII du livre XXI (p. 823 de l'in-fol.), lettre datée du 22 juin 1640 et qui doit être des premiers jours de cette même année ou des derniers jours de 1639 : « Si ne faut-il pas finir, sans vous dire que j'ay receu, il y a environ trois heures, le riche présent de Monsieur de la Menardière. Ce que j'ay pû faire depuis ce temps là, ç'a esté de lire le Discours qui est à l'entrée du Livre, où je vous advoue, qu'outre [je corrige ainsi la faute d'impression *entre*] la force du raisonnement et la solidité de la doctrine, j'ay veu des lumières si vives, et en si grand nombre, que j'en demeure tout esbloui. Si j'escrivois encore des lettres, je ne manquerois pas de luy tesmoigner le ressentiment que j'ay d'une si chère faveur. »

[2] Dans la lettre XV du livre XXI, déjà citée, Balzac dit (p. 821 de l'in-fol.) : « Vous avez donc montré à nos Amis et à nos Amies la lettre de Monsieur *⁎*. Il se tromperoit s'il s'imaginoit là-dessus que je voulusse faire trophée des louanges qu'il me donne, et que je fusse encore affamé d'une viande de laquelle je suis soû il y a long-temps. N'ayez pas peur que sa profusion me face changer de volonté, ni qu'elle me donne envie d'escrire des lettres. »

[3] Chapelain, le 11 novembre 1639, écrit (f° 242) à la marquise de Flamarens (à Buzet) : « J'apprens avec beaucoup de joye la confirmation du bon traittement que vous recevés de Mʳ vostre beau-père qui a trop d'honneur et de raison pour en user autrement envers une vertu et une sagesse comme la vostre. De vostre costé ne discontinués jamais de l'honnorer et de le servir et croyés qu'en ces sortes de devoirs on ne pèche jamais par l'excès. » Chapelain parle ensuite à sa jeune amie d'une question qui est toujours bien importante pour une femme, la question des portraits : « J'ay parlé à Bon pour ces portraits. Il m'a dit qu'on ne luy avoit laissé que quinze francs et que le peintre en vouloit vingt. Vous me manderés si vous voulés qu'il donne jusqu'aux deux pistolles. Quand il les aura retirés, je les garderay très volontiers jusques à ce que vous en ordonniés à qui je les bailleray et

CCCL.

À M. DE BALZAC.
À BALZAC.

Monsieur, cette lettre sera de plusieurs pièces. Vous y aurés des nouvelles de Rome, de Blois, de Paris, et le nombre si grand que je ne vous respons pas de n'en point oublier quelqu'une. Je mesnageray donc le papier et, sans autre préambule, je vous diray qu'ayant monstré à M⁰ Esprit tout l'endroit de vostre dernière, où vous parlés si bien de son frère et de luy, et si modestement de la réception que vous avés faitte à toute la famille en la personne d'un seul [1], il creut que vous l'aviés canonisé et n'eust pas voulu estre mort pour rien du monde. En effet sa joye me parut extraordinaire et je reconnus alors plus que jamais la particulière consolation qu'il tire de vostre bienveillance et le grand capital qu'il en fait. Il me supplia, il me fit instance, il me conjura de vous bien confirmer le zèle qu'il a pour vostre service et luy bien conserver la part que je luy ay acquise en vostre amitié. Je suis trompé s'il nous trompe et je croy que nous ne hazarderons rien en le croyant.

Pour M⁰ de La Thibaudière, je tiendray à grand bonheur s'il me veut un peu aymer et si la lettre qu'il m'a escritte n'est point une raillerie. J'ay honte de la response que je luy ay faitte, non pas à cause de luy, auprès duquel je ne me soucie pas de paroistre peu éloquent, mais à cause de vous, de qui je parle moins dignement que je ne devrois. Il est vray qu'il est impossible d'en parler comme il faudroit, et je desfie une douzaine de nos orateurs de s'en acquitter assés bien pour ne mériter pas de censure. Au moins ce que j'en dis est cordial et, si la forme en est mauvaise, la matière ne sçauroit mieux valoir, mais vous le sçavés il y a trop long temps et je croirois me faire tort de vous en faire icy des protestations nouvelles.

M⁰ Conrart a receu vostre lettre [2] et je vous laisse à penser avec combien de ressentiment. Cependant il m'a saintement protesté qu'il ne la prétendoit point lorsqu'il vous escrivit, en vous envoyant cette maison de Huggens, et il semble qu'il appréhende que la peine qu'elle vous a donnée à dicter, n'affoiblisse d'autant l'affection que vous luy avés promise. En un mot, vous estes en liberté avec luy et il vous veut aymer sans charge pour vous et à vostre commodité. Nous avons leu vostre lettre ensemble et, selon qu'elle est couchée, il semble que vous n'ayés pas encore receu ce rouleau d'estampes. C'est de quoy je vous prie de nous esclaircir.

J'ay rendu à la vefve Camusat le catalogue de ses livres italiens où vous ne vous devés pas estonner si vous n'avés rien trouvé de bon, car tout ce que le deffunt avoit de meilleur a esté enlevé, il y a plus de cinq ans, et, depuis, s'estant entièrement donné à l'impression, il n'a pas acheté une seule bibliothèque ny n'a fait venir un seul livre

---

je prendray plaisir que l'on en voye trois dans ma chambre pour son plus grand ornement.» Le *post-scriptum* de cette lettre est ainsi conçu : «Depuis ma lettre escritte nous avons sceu l'attaque des retranchemens de Salses et je vous avoue que je tremble pour M⁰ vostre mary jusques à ce que j'aye nouvelles que Dieu l'a conservé, etc.»

[1] J'ai donné un extrait de cette lettre dans une des notes qui précèdent celles-ci.

[2] La lettre dont veut parler Chapelain est probablement la lettre IX du livre XXIII, datée du 25 octobre 1639 (p. 875 et 876 de l'in-fol.). Si l'on m'objectait qu'il n'y est nullement question du *rouleau d'estampes* envoyé par Huygens, je rappellerais que plusieurs des lettres de Balzac nous ont été données incomplètes, tronquées, et que l'on a dû retrancher de la lettre du 25 octobre 1639 le passage relatif au cadeau du savant hollandais.

du dehors, qui est le commerce le plus utile pour les gens de lettres, s'il ne l'est pour les marchands de son mestier, et il fault icy justifier le président de Mesmes de la dureté que nous croyons qu'il eust pour les intérests de cette famille désolée. Car, la voyant pressée par ses créanciers au point de faire naufrage, contre nostre espérance il ne s'est pas seulement offert de luy prester une partie de la somme qu'on luy demande, mais il l'a donnée et par cette libéralité a arresté pour un temps le cours de la poursuitte. Ce qu'il a donné est mille escus et avec deux fois autant encore que l'on espère qu'elle trouvera à rente, elle mettra sa fortune en seureté.

On ne rencontre point à vendre le volume entier du *Sperone*[1], comme vous le demandés. Mais, si vous m'en croyés, vous n'y aurés point de regrets, car celuy que je vous ay envoyé est ce qu'il y a d'exquis dans ses ouvrages et qui luy a donné la réputation qu'il a. Il fit ces premiers dialogues dans la vigueur de son aage et de la plus belle fleur de son esprit. Le reste au meilleur endroit est de beaucoup au dessous de ces prémices[2] et, généralement parlant, n'est pas digne d'un si grand nom et se sent fort de la langueur qui accompagne la vieillesse. Vous sçavés qu'il a passé quatre vingt ans[3]. Si néantmoins je le descouvre entier en quelque lieu, je ne manqueray pas de l'acheter et de vous l'envoyer.

Il ne me souvient point si vous m'avés mandé que la troisième partie de l'histoire du cardinal Bentivoglio est venue jusques à vous et je serois bien aise de le savoir. J'ay receu une response fort civile de luy à la lettre de remerciement que je luy avois escrite. Je ne sais si vous n'estes point obligé à luy rendre ce devoir.

Vous aurés, avec celle cy, une lettre de Rome que nostre sr Bouchard vous escrit, par laquelle vous verrés qu'enfin vostre paquet luy a esté rendu. Il m'en escrit une longue à laquelle j'attens de respondre que j'aye eu response à celle-cy. Elle mériteroit bien que vous la vissiés, mais cela grossiroit trop vostre paquet. Il y fait le personnage du repenty des prétentions, comme un pénitent qui renonce au vice, et néantmoins par bonnes apostilles il retourne à la charge et, ne pouvant avoir le plus, il se retranche dans la poursuitte du moins. Avec toute cette foiblesse, il faut essayer de le servir et compâtir à l'infirmité humaine. Je luy avois escrit un peu vigoureusement, et, si vous voulés, rustiquement pour le ramener *ad meliorem frugem* et luy faire souvenir de la philosophie dont les faveurs sont bien d'autre estoffe que celles de la fortune. Il en a eu un peu de honte et s'en est voulu purger envers moy[4]. Il m'a envoyé des vers latins au nom du sgr Alessandro Pollini, qui est le poète le plus raisonnable de toute l'Italie[5], et que, pour l'acquit de ma cons-

---

[1] Voir sur Speroni degli Alvarotti, la lettre CCLXV.

[2] C'est par une singulière inadvertance que Chapelain, voulant écrire le mot *prémices*, a écrit le mot *premecices*.

[3] Speroni mourut le 2 juin 1588, âgé de quatre-vingt-sept ans révolus, étant né en 1500.

[4] Balzac (lettre XVI du livre XXI) répond en ces termes (p. 822) à ce passage de la longue lettre de Chapelain (non le 15 janvier 1640, mais à la fin de novembre ou au commencement de décembre 1639) : « Tout ce que vous m'escrivés, et que m'escrit le Romain François, m'a extraordinairement satisfait. Quoyque son ame soit affamée de benefices et malade d'ambition, il a du mérite d'ailleurs et des qualités aimables. N'exigeons des pauvres mortels que ce qu'ils peuvent donner. Ce n'est pas un crime de n'estre pas philosophe, tous les philosophes mesmes n'ont pas esté également désinteressez. »

[5] Comment ce poète, *le plus raisonnable de toute l'Italie*, a-t-il été oublié dans tous nos re-

cience et pour luy rendre justice sans dessein, je lui avois loué dans mes dernières. Vous en trouverés icy une coppie et m'en manderés, s'il vous [plaist], vostre jugement.

Quand le s*gr* Hullon[1] m'aura donné le *Monumentum romanum* Panglottique[2] pour vous, je vous l'envoyeray. Surtout envoyés moy la coppie de ces lettres que vous luy avés escrittes, il y a long temps, et qu'il n'a point receues, car il m'en fait quérimonie[3], et je croy qu'il vous en parle aussy. Ce commerce avec vous luy est sans doute utile à Rome et il s'en pare devant ces monseigneurs et ces éminences, de qui il attend grâces et bénéfice, de sorte que, si, outre celles la, vous luy en escrivés encore une autre pour response à celle cy et pour payement de son *Monumentum*, vous ferés un œuvre charitable.

Venons maintenant au lieutenant général La P[igeonnière][4] qui me semble un des plaisans docteurs que j'aye rencontré de long temps en mon chemin. M*r* de Voiture avec une punctualité extraordinaire, *presens et videns*, le sollicita plus d'une fois pour le recouvrement de ces vers de Du Vivier[5]. Il

---

cueils biographiques, même dans la *Biographie universelle*, où la littérature italienne a été l'objet de soins particuliers, surtout de la part de Ginguené? Comment a-t-il été encore oublié dans nos meilleurs livres sur les écrivains d'au delà les monts, notamment dans l'*Histoire de la littérature italienne*, de M. L. Étienne (1875)?

[1] Ce Hullon, frère utérin de Bouchard, est mentionné dans les *Historiettes* de Tallemant des Réaux (t. VII, p. 158) comme ayant «un bon prieuré de huict mille livres de rente, en Languedoc, nommé Cassan». Le prieuré royal de Notre-Dame de Cassan était un bénéfice simple, dépendant de l'église de Béziers. Il en est fait mention dans le *Gallia christiana*, t. VI, *Instr.* c. 151, 417. Cassan est aujourd'ui dans la commune de Roujan, chef-lieu de canton de l'arrondissement de Béziers. On conserve aux archives de la commune de Roujan un nécrologe du prieuré de Cassan, manuscrit du XIII*e* siècle. Voir le *Polybiblion* d'octobre 1878, p. 380.

[2] *Monumentum romanum Nicolao Claudio Fabricio Perescio factum* (Rome, 1638, in-4°). Ce volume, sorti des presses du Vatican, est excessivement rare et il manque même aux riches bibliothèques d'Aix et de Carpentras, où sont conservés tant de documents imprimés ou manuscrits relatifs à Peiresc. On trouve le *Monumentum romanum* à la Bibliothèque Nationale (Ln^{27}, n° 15,951).

[3] De *querimonia*, mot lui-même venu de *queri*, se plaindre. M. Littré a trouvé *quérimonie* dans Calvin, Scarron et Saint-Simon.

[4] Voir dans l'in-folio de 1665, une lettre de Balzac à M. *de la Pigeonnière, lieutenant général de Blois* (n° XXI du livre VI, p. 220), lettre datée du 7 septembre 1631.

[5] C'est le personnage dont Tallemant des Réaux nous parle ainsi dans une note de son historiette sur Jean Ogier de Gombaud (t. III, p. 240): «En ce temps là un garçon de Blois, nommé du Vivier, avoit fait une comédie en vers où il y avoit tous les idiomes de France; le Gascon, qui estoit, comme vous pouvez penser, un capitan, disoit qu'il estoit aimé de toutes les belles; et parlant des déesses, il dit de la Lune:

Mais elle loge un peu bien haut;
Et puis je la laisse à Gombaud.»

Du Vivier n'a pas de notice dans nos recueils biographiques. Balzac (lettre XXVII du livre XX, p. 805 et 806, lettre mal datée du 15 décembre 1639 et qui est probablement du 15 octobre) avait ainsi réclamé l'intervention de Chapelain: «Si vous aviez aussi communication avec Monsieur de la Pigeoniere, vous m'obligerez infiniment de luy demander les œuvres manuscrites de feu du Vivier qu'il a entre les mains. Je ne pense pas qu'il vous les refuse; et si vous me les faisiez voir, je vous les renvoyerois en diligence, et avant qu'il sceust qu'elles fussent venues jusques icy. Ce du Vivier avoit je ne sçay quoy d'assez bon pour le ridicule...» Balzac raconte ensuite qu'il a, en quelque sorte, causé la mort de Du Vivier, qui lui avait vainement demandé une lettre de consolation, et il me semble qu'il plaisante un peu trop sur ce triste sujet.

prit cette affaire asseurément pour une de celles qu'on rapporte devant luy, tous les jours, en son siège, et creut qu'il la falloit procrastiner[1] et la faire tirer de longue[2], afin qu'elle luy fust utile ou honnorable, qui est le stile de ces M^rs les Grosbonnets. Je vous envoye, à condition de retour, la lettre qu'il m'a escritte sur ce sujet, que Mr de la Thibaudiere n'a garde de trouver galante, ny vous sensée, au moins si vous regardés la fin où il demande terme de six mois pour délibérer, et, après encore il se réserve la liberté de nous donner une exclusion toute nette. Il y a peu de gens dont on puisse faire estat et cela nous doit servir de leçon à tous deux, de n'attendre guères de facilité en nos desseins d'importance, ny de service que de peu de gens.

Certaines particularités que j'ay apprises de l'esprit de M. Mesnage me font croire que M^r de la R[ochefoucauld] ne luy avoit pas fait tort tout à fait. Nous ne sçaurions néantmoins faillir en le considérant comme nous avons résolu.

Outre la lettre que j'ay receue de Mr Bouchard et qu'il vaut mieux que je mette dans ce paquet avec les autres, à condition que vous me la renvoyerés avec vos responses, afin que j'y puisse respondre aussy, j'en ay eu encore une autre que vous trouverés icy et que vous serés bien aise de voir, par ce qu'il s'agit de *Re litteraria*, et que c'est un catalogue des sçavans de Rome que je lui avois demandé. Il y aura aussy des vers à l'antique qu'il a faits en forme d'inscription pour la bibliothèque de son maistre[3] qui sont bien dignes que vous les voyés et que vous luy en parliés.

C'est assés et c'est trop mesme. L'haleine manque à ma plume aussy bien que le papier et vous devés estre aussi las qu'elle d'avoir leu une si longue Gazette et si mal digérée.

Je suis, Monsieur, vostre, etc.

De Paris, ce 13 novembre 1639.

CCCLI.

À M. DE BALZAC,

À BALZAC.

Monsieur, je viens de perdre sept ou huit cent escus et peut estre en ay-je perdu mille. Je ne vous sçaurois bien résoudre le nombre jusques à ce que j'aye consulté un trébuchet qu'on me doit apporter dans une heure. Vous voyés bien par ce trébuchet que la perte que j'ay faitte n'a esté ny par le jeu, ny par un fou marché, ny par une banqueroutte, ny par un vol qui m'ait esté fait. J'ay perdu cette somme sans perdre un double, et, les mesmes espèces me demeurant, la mesme somme ne m'est pas demeurée, et un son de trompette a fait cette diminution dans mon bien. Je me suis trouvé avec sept cent pistolles légères lorsqu'on a publié leur décry, et, s'il n'y avoit que trois ou quatre livres à dire sur chacune, je croirois en estre quitte à assés bon marché. Si j'eusse fréquenté la place et que mon commerce eust esté avec des banquiers ou des partisans, j'eusse deu prévoir cet orage et chercher quelque abry pour m'en

---

[1] *Procrastiner* manque à tous nos dictionnaires, à commencer par celui de Richelet et à finir par celui de M. Littré. C'est la traduction du mot *procrastinare*, différer, ajourner. On se souvient du mot (rapporté par M. Sainte-Beuve) qui a été dit de Fauriel sans cesse remettant d'un jour à l'autre l'accomplissement de ses promesses littéraires, qu'il était *possédé du démon de la procrastination*.

[2] On disait généralement *tirer de long* pour apporter des délais dans une affaire, et le duc de Saint-Simon, par exemple, s'exprime ainsi : « Les courriers du cardinal de Bouillon tirèrent tant de long qu'il parvint à atteindre ce qu'il désirait. »

[3] Le cardinal Barberini.

couvrir. Mais ne vaut-il pas mieux avoir acheté par cette perte le plaisir qu'il y a de ne connoistre point ces sortes d'animaux, et le temps qui m'en est resté pour converser avec nos Muses? Vous sçavés que je suis en un estat pour la fortune que le sage des Stoïques ne me pourroit pas blasmer, quand je travaillerois à l'augmenter. Néantmoins je vous puis dire avec nostre vérité accoustumée que cette playe que j'ay receue en cette partie si sensible pour la pluspart du monde, m'a trouvé sans aucun sentiment, et mesme, puisque ce mal ne m'est pas arrivé par ma faute, je n'ay pas esté marry d'avoir eu cette occasion d'esprouver ma force dans l'effet tout semblable que je m'en estois persuadé, lorsque j'avois médité sur les accidens auxquels nostre vie est sujette. Et certes ç'auroit esté une grande honte à la philosophie si, depuis le temps que nous avons habitude avec elle, nous n'avions pas pris assés de fermeté pour soustenir sans murmure de plus grands chocs encore que celui-cy [1]. Et je me tiendrois bien descheu dans vostre estime si vous croyés que j'eusse besoin d'estre consolé en cette rencontre, et si je voyois, dans la response que vous me ferés à cette lettre, de ce baume éloquent que vous réservés pour l'adoucissement et la guérison de pareils maux. Gardés le, s'il vous plaist, pour ces faibles amis de qui il est dit que *ploratur lacrymis amissa pecunia veris* [2], et ne songés jamais à me consoler que quand j'auray perdu quelque ami véritable, ou que par fragilité j'auray esté un moins rigide sectateur de la belle vertu [3]. Je vous devois donner part de cette avanture, puisque vous voulés prendre part en tout ce qui me regarde. Mais je n'ay pas prétendu vous donner part dans ma douleur, puisque je n'en ay point et ay dessein seulement, en vous escrivant ceci, ou de vous avertir de ce nouvel ordre des monnoyes, afin que vous vous desfissiés et deschargeassiés de ce qui ne pèseroit pas assés, ou, si mon avis vient à tard et que vous ne le puissiés pas, afin que vous vissiés de quelle sorte je souffre cette heurtade [4] de la mauvaise fortune, et que vous ne seriés pas seul constant dans l'adversité.

Je respons à cette heure à vostre lettre du VII [5] et en suis, comme vous, pour le

---

[1] On se souvient de la tirade non moins généreuse d'une lettre où Chapelain annonçait que M. de Bullion venait de lui faire perdre douze cents livres de rente. Son ami le complimente ainsi de sa magnanimité (lettre XVII du livre XXI, p. 822) : « Vostre dernière lettre ne m'a rien appris de nouveau ; elle m'a seulement confirmé dans la haute opinion que j'ay de la forte constitution de vostre ame. Je ne laisse pas d'y voir, à travers, un foible extrêmement beau, et une infirmité véritablement excellente; je veux dire cette tendresse dont vous me parlez, qui vous rend sensible aux pertes que vous faites de vos amis. Ce sont celles-là, Monsieur, qui sont aujourd'huy comptées pour rien. Et combien y a-t-il de gens au lieu où vous estes, qui aimeroient mieux avoir perdu huit cens amis que huit cens escus. »

[2] C'est un vers de Juvénal (*Sat.* XII, v. 134).

[3] *Sectateur*, qui est déjà dans les *Essais* de Montaigne, a été employé par plusieurs contemporains de Chapelain (Rotrou, Pascal, Silhon, Pellisson, etc.), mais peut-être Chapelain est-il le premier qui se soit servi de l'expression *sectateur de la vertu*. Avant lui et autour de lui *sectateur* avait été employé seulement dans le sens de disciple d'un homme. M. Littré n'a retrouvé les mots : *sectateur de la vertu, de la religion*, que dans des auteurs plus modernes, Massillon et Montesquieu.

[4] *Heurtade* n'est ni dans le dictionnaire de Richelet, ni dans celui de Trévoux, ni dans celui de M. Littré. Chapelain serait-il le seul écrivain qui aurait préféré *heurtade* à notre vieux mot *heurt*, cher à Montaigne et à Regnier?

[5] Cette lettre du VII novembre 1639 a été re-

regard de Mr Silhon, la morale duquel et le bon sens ne se peut assés estimer. Pour l'Eloquence il l'a eue à un plus haut point qu'il ne l'a à cette heure, soit que la négligence que la multiplicité de ses affaires peut produire en soit la cause, soit que l'Orateur vieillisse en luy aussy bien que l'homme[1]. Et voyés s'il est de bonne foy. Il y a un mois que m'ayant donné quelques cahiers à revoir sur quelques remarques que j'y avois faittes, il me dit ingénument de luy mesme qu'il se sentoit bien affoiblir en cette partie avec l'aage et que désormais *non dovea più premere* que sur le raisonnement. Vous le devés tousjours fort aymer pour luy rendre justice, car il n'y a personne qui vous soit plus acquis que luy.

La prétention du C[ardinal] B[entivoglio] au souverain pontificat est sa marote, et c'est pour cela principalement qu'il a prévariqué dans son histoire, croyant que les Espagnols seuls luy pouvoient mettre le *Regno* sur la teste. Si lorsque je vous ay mandé qu'il pa-pègeroit[2], j'ay dist que ce fust avec apparence de succès, j'ay eu tort, ou plustost ma plume qui a mis apparence pour espérance[3], et quand (*sic*) à l'espérance, je suis asseuré qu'il l'a formelle, quoyque par les raisons que vous allegués[4] il deust avoir tout le contraire. Mais nous nous flattons tous deux dans les choses qui nous plaisent ou que nous désirons.

Je suis bien aise de voir que nous sommes de mesme avis pour l'éloquence du triumvir[5]. Vous eussiés peu seulement, lorsque vous dittes qu'elle tient plus de La Motte que du Cicéron, dire justement que du Balzac[6], puisque son éloquence est françoise et qu'il vous dit en grosse lettre qu'il a tousjours eu dessein de vous imiter.

Pour le Davila, je ne doutois point que nous ne convinssions ensemble en ce qui regarde son prix, et je souscris au reproche que vous faittes à nostre Nation de se laisser surmonter par des Estrangers dans la connoissance de ses propres affaires[7]. Ce ca-

---

cueillie dans l'in-folio de 1665, sous la date du 22 juin 1640. C'est la lettre XVII du livre XXI, déjà citée dans la note 1.

[1] Silhon était pourtant loin de toucher à la vieillesse, puisqu'il était né, comme nous l'avons rappelé déjà, à la fin du siècle, et qu'il avait, par conséquent, en 1639, une cinquantaine d'années tout au plus, alors que Balzac et Chapelain en avaient à peine cinq ou six de moins. C'est sans doute de Silhon que Balzac veut parler dans la lettre XIV du livre XXI (p. 820 de l'in-fol.) : «J'estime parfaitement le mérite de M***, mais je vous advoue que son livre m'a semblé moins bon, la seconde fois que la première. Vous sçaurez pourquoy, si nous nous voyons une fois en nostre vie, et ce sera dans la ruelle de ce beau lit semé de tulippes, où il se traitera de cette matière et de plusieurs autres, si le Ciel exauce ma prière.»

[2] Lettre du 30 octobre 1639, n° CCCXLVII.

[3] *Habemus confitentem reum.* Chapelain met-tait parfois un mot pour un autre. L'aveu qu'il fait ici explique les nombreux *lapsus* que nous avons déjà eu l'occasion de relever et que nous aurons à relever encore.

[4] Ces raisons, nous ne pouvons les connaître, car on a imprimé, en supprimant la lettre de Balzac, tout ce qui concernait le cardinal Bentivoglio. Plus nous avançons, plus nous voyons combien est infidèle, non-seulement quant aux dates, mais aussi quant aux textes, le recueil des lettres de l'ami de Chapelain.

[5] Costar.

[6] Encore une suppression dans la lettre de Balzac. On y a biffé le nom de La Motte et on s'est contenté de mettre (p. 821) : «Ce que vous me dites de l'autre est très véritable. Son éloquence s'appuye toute sur des lieux-communs, et n'a rien du tout de Cicéron.»

[7] Balzac avait dit (*ibid.*) : «Je vérifie tous les jours ce que vous m'escrivez de Davila, et mon advis n'est presque jamais différent du vostre,

ractère est propre aux Italiens dont le génie est tout politique, et nos François ont un tempéramment presque tout contraire à cette profession. J'en pense voir l'idée, et je ne croirois pas estre mauvais Directeur ou Conseiller d'un homme qui seroit né et qui auroit des lumières nécessaires pour cela.

Ce ne sera pas sans doute le *Ministre d'Estat* dont vous me parlez [1], quoyque son neveu, qui a le goust incomparablement meilleur que luy [2], m'ait dit avec estonnement qu'il avait admiré le Davila seulement dans la traduction du premier livre qu'en avoit fait son oncle [3]. Il ne me dit point du tout qu'il l'eust entreprise par l'ordre de Mʳ le Cardinal, et je tiens ce discours pour apocrife. Je suspens mon jugement pour l'estime que l'on devra faire de cette traduction, et si je ne le suspendois avec effort, je dirois dès à cette heure que l'on n'en devra faire aucune estime, tout l'art des conjectures concluant qu'*un superédificateur de pierreries* [4] est un aussi meschant faiseur de lettres que celui qui escrivit à Mʳ de Boisrobert pour respondre à celle que vous avés escritte, où il estoit si bien parlé de luy, ne sçauroit en mille ans de travail se mettre en estat de faire quelque chose de passable.

J'ay disputé à notre amy la couronne d'olivier qui couronnoit celle d'olivier (*sic*) et le Jourdain, mais il ne s'est peu résoudre à le changer [5].

Je suis, Monsieur, vostre, etc.

De Paris, ce 20ᵉ novembre 1639.

CCCLII.

À M. LE MARQUIS DE MONTAUZIER,

EN ALSACE.

C'est tout ce que je sçay et, à mon avis, tout ce qu'il y a de nouvelles. Hier, je fus à l'hostel de R[ambouillet] où je n'avois esté il y avoit quinze jours. D'abord, on me demanda à voir la lettre que vous m'aviés escritte et l'endroit où il étoit parlé de la Dame [6] fut leu par elle avec consolation et peut-être avec plaisir. Mais, à ce que j'appris de Mʳ de Chavaroche, vous aviés estendu la mesme chose dans une lettre escritte exprès. J'ay beaucoup de joye de la satisfaction que vous avés de Mʳ le duc de Longueville et de celle qu'il a de vous, mais je n'en suis point surpris, vous connoissant l'un et l'autre et sachant vos sentimens de tous deux. Je me sens fort obligé du tesmoignage que vous me rendés de la conti-

---

dont je suis glorieux. J'y adjouste seulement que c'est une grande honte à nostre nation d'estre instruite de ses propres affaires par un estranger, et que la France n'ait point encore produit un historien français.»

[1] C'est-à-dire Silhon, dont le *Ministre d'État* parut en deux parties, la première en 1631, la seconde en 1643.

[2] Quel est donc ce neveu de Silhon, supérieur par le goût à son oncle, et dont aucun biographe ne semble avoir parlé? Était-ce un fils de ce *Monsieur de Silhon, Mousquetaire de la Compagnie du Roy,* auquel Balzac, le 19 décembre 1635, adressa la lettre XXIV du livre IX (p. 421)?

[3] Personne, que je sache, pas même M. René Kerviler, dont j'ai déjà cité l'excellente notice, n'a signalé cette traduction du Iᵉʳ livre de l'histoire de Davila par Jean de Silhon, traduction qui n'a jamais été publiée.

[4] En quel ouvrage Silhon s'est-il rendu coupable de cette phrase? D'ordinaire Silhon écrivait mieux que cela, et beaucoup ont loué la pureté de son style. Rappelons notamment que Guy Patin, annonçant la mort de cet académicien (lettre du 21 février 1667), le proclamait «un sçavant homme qui parloit bien.»

[5] Cet ami, qui s'obstinait à ne pas changer quelque chose d'aussi ridicule, était Godeau, auquel on peut appliquer ici le *nil securius malo poeta.*

[6] Mᵐᵉ de Rambouillet.

nuation de sa bienveillance. Il me la confirme tous les ordinaires par ses lettres. Néantmoins il y a plaisir de le savoir encore de vous, afin de vous en remercier, comme d'une chose que vos bons offices m'ont en partie donnée.

Je feray voir à M^{rs} d'Andilly et de Saint-Nicolas vostre souvenir et à Mme la marquise de Sablé ce que vous me mandés pour elle. Je vous envoye une lettre de Mr de Grasse et une de Mr Conrart. Mr Arnaud est icy pour solliciter ses quartiers d'hyver et s'en doist retourner bientost pour les aller establir. Les Dames sont revenues de Meizières[1]. Si Mr de Chavaroche fait bien, il vous envoyera la lettre en rime que Ration escrivit, au nom de Mr de Meziere, à Mlle de R[ambouillet]. Elle est jolie[2]. Le docteur, de poête comique se fait lieutenant au bailliage de Dreux[3]. On a descrié les pistolles légères et, à cette réforme, je pers deux mille francs. Mais ne m'en plaigniés ny ne m'en consolés, car j'ay de la force de reste pour souffrir ces accidens. Mais je n'en aurois pas assés pour souffrir que vous m'aymassiés foiblement.

Je suis, Monsieur, vostre, etc.

De Paris, ce 20 novembre 1639.

CCCLIII.
À M. DE BALZAC,
à BALZAC.

Monsieur, je vous manday par le dernier ordinaire la perte de mon argent; par cettuicy vous sçaurés celle de ma santé qui s'est trouvée assés mauvaise pour m'empescher de vous la mander de ma main. Ce n'est pas, graces à Dieu, que le rheume que mon médecin appelle rheumatisme[4], peut estre pour faire plus d'honneur à son Art et qui m'a fait garder le lit depuis huit jours, dans la sujettion des remèdes, m'ait mis au nombre des choses déplorées[5]: au contraire aujourd'huy j'y ai remarqué quelque amandement et il y a apparence que, dans sept ou huit jours, je seray fait comme un autre homme; mais c'est qu'une seignée qui m'a esté faite au bras droit m'oste la liberté d'escrire à l'ordinaire et que je treuve qu'il faut moins de contention d'esprit pour dicter un mauvais billet que pour le penser et l'escrire tout ensemble. Je suis en un estat où toute forte attention m'est deffendue, et, si j'avois à vous entretenir de choses abstruses[6], ou de déductions embarassées, je vous demanderois terme de huit ou quinze jours pour les desmesler.

Je vous avoue que j'ay un peu de honte d'avoir eu besoin de recourir en cette occasion à d'autres qu'à ma diette qui m'avoit rendu victorieux jusques icy de tant de semblables ennemis. J'ay un grand reproche à faire à Hippocrate et à ces autres anciens enfans d'Esculape de m'avoir nourry dans cette créance apparemment si raisonnable

---

[1] Les dames de Clermont d'Entragues.

[2] Je ne connais ni cette lettre ni son auteur.

[3] Jean Rotrou, qui venait d'acheter la charge de lieutenant particulier civil, assesseur criminel et commissaire examinateur au comté et bailliage de Dreux.

[4] Chapelain écrit rheumatisme conformément à l'étymologie latine rheumatismus, et à l'étymologie grecque, ρευματισμὸς. M. Littré n'a trouvé le mot rhumatisme que dans La Fontaine et Mme de Sévigné; mais il cite des exemples de la forme reume tirés, au XIIIe siècle, de Joinville, au XVe, de Basselin, au XVIe, d'Olivier de Serres, d'Ambroise Paré et de Michel de Montaigne.

[5] C'est-à-dire des choses perdues sans espoir.

[6] Abstrus paraît avoir été employé pour la première fois par Montaigne, qui a emprunté tant de mots au latin qu'il savait si bien et qu'il parlait aussi facilement que le français. Pour le XVIIe siècle, on ne citait, comme s'étant servi de cette expresion, que Bossuet. Chapelain comble la lacune qui existait, à cet égard, entre les Essais (1580) et l'Avertissement aux protestants (1689).

que le jeusne effaçoit tous ces sortes de péchés de la Nature déconcertée[1]. En effet, il a fallu donner de l'exercice à tous les officiers de la Médecine et jouer des cousteaux et des gobelets[2] pour sortir de ce mauvais pas et combattre un furieux mal de teste, une fluxion sur l'œil droit, un grand mal de dents et une descharge de pituite eschauffée sur la poitrine. Encore bien heureux si, après toutes nos diligences, nous pouvons demeurer maistres du mal entièrement, comme j'y vois de l'apparence! Je ne vous fais point cette grace là pour vous consoler simplement, mais pour vous dire ce que je croy, et dans la huitaine j'ose presque vous promettre de vous en donner de plus grandes asseurances de ma main.

La belle tirade qui regarde M⁽ʳˢ⁾ Esprit dans vostre dernière lettre est bien digne de vous[3], et ravira celuy de deçà à qui je la monstreray quand je seray en pouvoir de le faire. Il faut conclure là ce commerce de compliments qui désormais sera superflu, et si ces M⁽ʳˢ⁾ n'en demeuroient [satisfaits], je ne les en estimerois pas dignes.

J'ay fait voir la lettre du Triumvir à nos amis pour payer à son esprit la part qu'il vous a voulu donner dans cette longue pièce, laquelle néantmoins quelques uns qui le connoissent mieux que moy jurent qu'il a bien plustost fait pour sa vanité que pour vostre gloire et qu'il eust esté bien empesché de tous ces lambeaux dont il l'a tissue, s'il n'eust trouvé un sujet, comme le vostre, pour les employer. Je ne vous ay point considéré là dedans comme ayant nécessité de ses Eloges et Apologies. J'ay seulement voulu tesmoigner à ceux à qui je les ay fait voir que je faisois volontiers le bien contre le mal et qu'entre son humeur et la mienne il n'y avoit guère de ressemblance[4].

Le jugement que vous me faittes du médecin autheur de la *Poétique* ne peut estre plus conforme au mien, et il faut avouer que sa dernière[5] est la plus pardonnable, et qu'elle passera pour louable à plusieurs. J'en attens vostre avis quand vous aurés veu le livre.

Je vous ay desja mandé[6] que quelques disparates[7] de M⁽ʳ⁾ M[énage] m'avoient fait

---

[1] Hippocrate (*Aphorismes*) ne recommande la diète que dans les plus graves circonstances, lorsque, dit-il, «la maladie est à son apogée.» En tout autre cas, il proscrit la diète comme fâcheuse et nuisible. Le passage auquel Chapelain fait allusion se trouverait plutôt dans Galien. Voir, à ce sujet, l'*Histoire dogmatique et morale du jeûne*, par Dom de l'Isle (Paris, 1741, in-12, p. 205).

[2] Les couteaux, c'est-à-dire les lancettes ou les bistouris. Quant aux gobelets, il s'agit là moins de vases dans lesquels on prenait ces potions que prodiguait l'ancienne médecine que des vaisseaux de verre appliqués sur la peau pour produire, en raréfiant l'air par le moyen du feu, une irritation locale.

[3] C'est la tirade déjà citée de la lettre XIV du livre XXI, laquelle commence ainsi : «Je ne me connoistrois point en esprits, si je n'estimois extraordinairement ces Messieurs qui portent ce nom.»

[4] Chapelain répond ici à ce passage déjà cité de la lettre XIV du livre XXI : «Vous avez donc montré à nos amis et à nos amies la lettre de Monsieur [Costar], etc.»

[5] Sous-entendu : œuvre. Les précédentes œuvres de la Mesnardière étaient : le *Traité de la mélancolie* (au sujet des possédées de Loudun), 1635; les *Raisonnements sur la nature des esprits qui servent aux sentiments*, 1638; la *Traduction du panégyrique de Trajan*, 1638.

[6] Voir la lettre du 13 novembre 1639, n° CCCL.

[7] *Disparate*, qui a vieilli, voulait dire incartade, action capricieuse, déraisonnable. Le mot se trouve avec cette acception dans les lettres de M⁽ᵐᵉ⁾ de Sévigné, dans celles de M⁽ᵐᵉ⁾ de Maintenon, dans les *Mémoires* de Saint-Simon, etc.

paroistre l'opinion que l'on avoit de luy chez M⁰ la m[arquise] de S[ablé] assés bien fondée. Je m'en rapporte à ce qui en est.

Je n'ay point sceu encore la vérité de ces Princes lucifages [1], je le demanderay à la première occasion à mes répertoires.

M' de Grasse ne parle point de célébrer la mémoire du deffunt [2], encore moins le Docteur profane [3]. Je n'ay point ouy parler de ces mauvaises louanges qui luy ont esté données : je ne croy pas qu'on les aye veues icy.

Vous trouverés dans ce paquet deux lettres de M' Mainard que Flotte m'a apportée.

Je suis, Monsieur, vostre, etc.

De Paris, ce 27 novembre 1639.

CCCLIV.
À M. MAINARD,
À SAINT-CÉRÉ.

Monsieur [4], j'ay de tout temps fait si grand fondement sur vostre vertu et ay tousjours pris tant de confiance en la bonté de vostre jugement qu'encore que j'aye vescu avec vous sans observer aucune cérémonie et que j'aye laissé passer des années entières sans vous confirmer ce que je vous estois, je n'ay pourtant pas douté un seul moment que vous ne me creussiés autant à vous que ceux qui vous l'asseurent par tous les ordinaires, et j'ay réservé cette sujettion contrainte et désagréable pour ces foibles qui sont tousjours chancelant dans la foy et qui ont besoin d'estre confirmés par de nouvelles et continuelles asseurances. Il m'a semblé que vous ayant mis mon cœur à découvert, vous y voyés tousjours l'affection et l'estime extraordinaire que j'ay pour vous et qu'il seroit inutile de vous dire ce que vous sçaviés aussy bien que moy. Mes affaires, d'ailleurs, qui augmentent plustost que de diminuer, me laissant si peu de temps pour satisfaire à certains devoirs inévitables et à des créantiers qui n'entendent pas raison, j'ay creu que je pouvois user de l'indulgence d'un homme comme vous qui l'entend parfaitement et à qui l'on peut devoir long temps sans l'incommoder et sans en estre poursuyvi à la rigueur.

Vous croirés bien, Monsieur, que si j'estois maistre de moy mesme et que je peusse vivre à mon gré, je n'aurois garde de perdre les avantages qu'un commerce comme le vostre m'apporteroit, soit pour ma consolation, soit pour mon plaisir, soit pour mon honneur, estant un des principaux ornemens de nostre pais et de nostre siècle, il ne me pourroit rien arriver de plus doux ny de plus glorieux que de pouvoir laisser voir entre mes papiers les plus chers un nombre considérable de lettres

---

Chapelain reste jusqu'ici le premier qui ait usé de ce mot traduit de l'espagnol *disparate* (de *disparar*, faire des sottises).

[1] Il y a bien *lucifages*, qui signifieroit qui mange, qui consomme de la lumière, et il s'agirait alors de la lumière artificielle. Peut-être faut-il lire *lucifuge*, qui fuit la lumière. Le mot n'est dans aucun de nos dictionnaires. Balzac avait questionné son correspondant (lettre XXII du livre XXI, page 810 de l'in-folio) sur la «ridicule mode de certaines gens qui, en plein jour, et lorsque le soleil n'est obscurci d'aucun nuage, se font servir aux flambeaux», et ensuite (lettre XXII du livre XXII, p. 841) sur «certains princes estrangers qui se faisaient servir aux flambeaux, aussi bien de jour que de nuit, par une bizarre et mystérieuse cérémonie».

[2] Le cardinal de la Valette.

[3] François Guyet.

[4] Nous n'avons pas, parmi les huit lettres de Mainard à Chapelain, imprimées dans le recueil de 1655, la lettre à laquelle répond ici l'anteur de *la Pucelle*.

escrittes de vostre main et dictées par vostre esprit pour tesmoins de l'amitié dont vous m'honnorés. Il se faut priver de cette gloire quoyqu'à regret, pour obéir à cette dure nécessité qui m'arrache à moy mesme et qui me fait vivre pour autruy. Je vous conjure de m'en plaindre et de croire que cette douleur est une des plus grandes de ma vie.

Je ne vous escris point de ma main pour ce que, depuis quinze jours, je garde le lit ou la chambre dans l'incommodité d'un si fascheux rheume que, pour peu que j'eusse de foy aux médecins, je le croirois une maladie fort dangereuse. Et il ne faut pas qu'elle soit petite, en effet, puisqu'elle m'empesche de vous rendre ce devoir par moy mesme après deux ans de silence. Mais il n'y a pas moyen de demeurer plus long temps sans m'en acquitter, puisque aussy bien entre l'escrire et le dicter il y a si peu de différence.

Incontinent après que j'eus receu vos lettres pour Mr de Balzac et pour Mr de Chives, je les fis partir pour Angoulesme, et je ne doute point qu'elles n'y soient maintenant. S'il y a lieu de réplique et qu'elles me soient addressées, j'useray de la mesme diligence et l'envoyeray chés vostre amy de Paris [1] qui fait si bien l'honneur de vostre réputation. Il me rendit vostre paquet dans le fort de mon mal, et me leut quelques nouvelles épigrammes de vous, c'est à dire très belles, et [qui] par le plaisir de l'esprit me diminuèrent la peine du corps.

Continués, Monsieur, si vous m'en croyés, ce noble et innocent exercice des Muses, et nous donnés un juste volume de vos ouvrages, afin que nous puissions dire aux habiles Estrangers qui cherchent de la poésie parmy tant de rimes de nous, qu'au moins avons nous un Poète qui remplit parfaittement son caractère, et qui du moins en l'un des genres nous empesche de porter envie à l'Antiquité.

Pour la *Pucelle*, elle rougit de vous entendre parler si avantageusement d'elle, et n'espère point de se mettre en veue avec espérance de succès qu'après que vous aurés passé l'œil et la main sur les mauvais ornemens dont je la pare. Vostre age n'est pas si avancé ni elle si jeune que je ne me puisse promettre d'avoir vostre avis sur sa sortie dans le monde : je dirois vostre protection si je la voulois demander à quelqu'un pour elle. Mais, comme c'est une aventurière, il faut qu'elle doive son renom à sa vertu, si elle en possède aucune, et qu'elle se deffende aussy bien des malins après sa mort qu'elle a deffendu la France des Anglois durant sa vie. Je ne souhaitte point que vous en entreteniés Malherbe, si ce n'est qu'il s'apparoisse à vous [2]. Et, en ce cas mesme, prenés bien garde à ne luy en point tant dire de bien, car il se souviendroit sans doute de la foiblesse qu'il a remarquée en moy lorsqu'il vivoit [3], et accuseroit vostre jugement de prévarication ou de peu de lumière, lorsqu'il nous verroit luy débiter pour une chose exquise l'ouvrage d'une personne qu'il avoit si peu de sujet d'estimer. Mon mal ne me permet pas de vous en dire da-

---

[1] M. de Flotte, que Mainard, dans sa correspondance, appelle son *cher maître*. Il a été question de ce grand ami de Mainard dans la lettre CLXXXIII.

[2] Mainard, dans sa lettre, avait sans doute parlé de sa fin prochaine et avait annoncé à Chapelain qu'il entretiendrait Malherbe, dès qu'il le rencontrerait dans l'autre monde, des beautés de la *Pucelle*.

[3] Malherbe étant mort le 6 octobre 1628, ne put guère voir de Chapelain que quelques poésies fugitives, stances, sonnets ou rondeaux, et ne dut pas emporter du nouveau poëte une bien grande idée.

vantage et vous délivre pour ce coup de l'entretien d'un homme qui est bien moins éloquent qu'il n'est, Monsieur, vostre, etc.

De Paris, ce 2 décembre 1639[1].

CCCLV.
À M. LE MARQUIS DE MONTAUZIER,
EN ALSACE.

Voila nos nouvelles[2]. Les vostres du 9 novembre de Schelestat m'ont semblé mauvaises dans le chagrin extraordinaire que vous m'y tesmoignés. Je say bien qu'il est mal aisé d'en avoir plus de sujet. Mais il est mal aysé aussy de trouver un homme à qui Dieu ait donné plus de fermeté d'âme et de lumières d'esprit pour combattre la mélancolie qu'à vous. Je voudrois donc que vous vous servissiés courageusement de ces excellentes parties qui sont en vous et que vous rendissiés vos deplaisirs moindres par la patience et par la constance qui sont les armes que la fortune ne sauroit arracher à l'homme sage et avec lesquelles il surmonte toutes les difficultés.

Je loue vostre bon naturel dans le ressentiment que vous avés de la mort du cardinal de La Valette, et vous en loue d'autant plus que je sais que son amitié n'estoit pas une chose dont vous eussiés trop de sujet de vous contenter. Et, en effet, vos premières lettres parloient de la douleur que vous en aviés comme l'ayant plus par la considération d'un autre que pour la sienne, et cela fut fort bien remarqué par la personne pour qui vous parliés ainsy[3]. Mais

---

[1] Le même jour, Chapelain écrivait au duc de Retz «au Parc Soubise» une lettre toute de compliments (f° 253), et à la marquise de Flamarens «à Montestruc,» une lettre où il n'est guère question que de la maladie dont il vient de parler avec tant de détails à Balzac et que de sa perte de six cents ou sept cents écus «au descry des pistolles légères». Le 4 décembre, Chapelain adressait à Balzac (p. 255) une longue lettre dont il y a peu de chose à tirer. «Voicy,» lui dit-il, «le premier effort de ma main depuis l'affoiblissement que m'a causé ma maladie.» Après lui avoir parlé avec abondance de «nostre Romain», c'est-à-dire de Bouchard, «vain, ambitieux, philosophe de fortune et non pas de vertu», et au sujet duquel il s'écrie : «Dieu nous garde de ces pseudo-philosophes!» il continue ainsi : «M᙭ Desmarets a fait un 1ᵉʳ volume de cinq qu'il a dessein de faire sous le titre de *Rosane*, dédié à Mᵉ d'Aiguillon et dont elle fait partie. Il a fait beaucoup de bruit à cause de cela, et c'est une pièce qu'il faut lire. Mʳ Rocolet vous le doipt achepter, s'il m'en croit, et celuy de Mʳ de Gomberville aussy qui s'appelle *Citherée* et dont il y a desja deux volumes d'imprimés.» Desmarest de Saint-Sorlin ne publia que le premier des cinq volumes annoncés, et on lit dans le *Catalogue académique* de l'abbé d'Olivet : «Rosane, première partie, la seule qui ait paru, Paris, in-8°, 1839. (Savait-on que la duchesse d'Aiguillon eût figuré dans ce roman?)» Quant au roman de Marin Le Roy de Gomberville, *la Cytherée*, suivant le même *Catalogue*, il parut en 4 volumes in-8°, de 1640 à 1642. L'auteur du *Manuel du Libraire* reproduit les mêmes indications, ainsi que M. R. Kerviler (*Marin Le Roy, sieur de Gomberville*, gr. in-8°, 1876, p. 58). Pour concilier ces indications avec celles de Chapelain, il faut admettre que les deux premiers volumes de *la Cytherée*, quoique imprimés déjà en 1639, ne furent mis en vente qu'en 1640.

[2] Chapelain avait commencé sa lettre en informant le marquis de Montauzier de tout ce qui lui avait semblé pouvoir l'intéresser parmi les bruits de la Ville et de la Cour. Mais, en recopiant sur les registres de sa correspondance la lettre du 5 décembre 1639, comme un bon nombre d'autres lettres du même genre, il a eu soin de laisser de côté tout ce qui ne provenait pas, à proprement parler, de lui-même, tout ce qui n'était que l'écho des paroles d'autrui.

[3] Mˡˡᵉ de Rambouillet. Il est évident que Montauzier ne plaignait autant le cardinal de La

c'est qu'un bon cœur comme le vostre n'oublie jamais tout à fait ce qu'il a une fois bien aymé.

Je vous ay, au reste, remercié avec affection du *Capriata* que vous m'avez envoyé[1], moins pour le livre que pour le mouvement obligeant qui vous l'a fait faire, car je veux que vous sachiés qu'il n'y a rien qui me soit si sensible ny si considérable que les tesmoignages de vostre bienveillance dont je ne vous puis faire de remercîmens à l'ordinaire.

Tous nos amis se portent bien et moy mieux que je n'ay fait.

De Paris, ce 11 décembre 1638.

CCCLVI.
A M. DE BALZAC,
à BALZAC.

Monsieur, avant toutes choses je vous diray que je suis guéry et que vous pouvés rayer du nombre de vos peines la douleur que vostre amitié vous aura fait avoir de mon mal. J'en parle ainsy affirmativement, parce que je croy lire dans vostre âme et que je croirois faire tort à cette belle amitié que vous m'avés jurée, si je doutois qu'elle ne vous eust fait faire avec moy communauté de biens et de maux. Et cette confiance ne passera point auprès de vous pour présomption, puisqu'elle est fondée sur vos paroles et sur tant d'effets dont elles ont esté suyvies. Je suis donc remis de cette secousse et en estat, comme devant, de continuer nostre commerce, et de vous rendre les services qui tombent dans l'estendue de mon petit pouvoir.

Pour l'éloge qu'il vous a pleu donner à la fermeté de mon âme dans la rencontre de cette perte que j'ai faitte[2], je l'ay receu avec joye, bien moins pour avoir pensé que cet acte de constance dans le moindre des sujets qui la peuvent exercer fust digne d'une louange si exquise, que pour avoir veu que vostre affection ne fait rien pour moy de médiocre et ne pense jamais bassement de moy. Ces excellentes paroles auroient eu un fondement plus raisonnable en la patience avec laquelle j'ai souffert la force de mon mal et en la résolution à tout ce qui en pouvoit arriver de pis, parce que des trois maux à quoy les hommes sont sujets, comme il seroit honteux au sage de s'esmouvoir pour ceux qui luy arrivent du costé de la fortune, il luy seroit peut estre pardonnable de sentir ceux du corps qui fait partie de l'homme et qui l'attaquent par son foible. Mais je suis bon de me louer ainsy moy mesme ou de vous donner un nouveau champ de me louer. Il suffira du passé, s'il vous plaist, et il vous souviendra que je fais profession de pudeur et que vous ne pourriés recharger[3] sans embarasser ma modestie.

J'attens vos despesches pour Rome et retarde les miennes jusques à ce qu'elles soient venues. Je feray de tout un paquet et j'y joindray le Discours au feu cardinal de La Valette. Mais parce que le nom du s^{r} Jean Jacques[4] est petit à Rome et que, quelque port qu'on y peust mettre dessus,

---

Valette que par sympathie pour la princesse Julie. Mais il dépassa maladroitement le but, et Chapelain lui reproche ici bien discrètement et bien délicatement l'exagération qu'il apporta dans cette douleur de commande.

[1] Il a été déjà question de cet historien génois (lettre CCLXXXVI).

[2] On a déjà vu cet éloge dans la note 1 de sa lettre à Balzac du 20 novembre 1639, n° CCCL.

[3] Revenir à la charge. M. Littré n'a cité, au sujet de l'emploi de ce mot, que deux phrases des *Mémoires* de Saint-Simon.

[4] Bouchard.

il courroit fortune de ne luy estre pas rendu, je prétens pourvoir en mesme temps à la seureté de la despesche et à l'espargne du lesmiant[1], en priant quelqu'un de mes amis de le mettre sous une couverture privilégiée. Ainsi j'espère luy donner le contentement après quoy il soupire, il y a si long temps, et vous délivrer de l'importunité de l'homme qui ne manqueroit pas de vous demander une troisième copie de la lettre qu'il n'a pas receue[2].

Je monstray, ces jours passés, à M. Esprit le grand et obligeant article de vostre précédente qui le regardait et M. son frère[3]. Il est mal aisé de vous dire à quel point il ressentit cette recharge[4] et combien de remercimens il me fit pour la part qu'il croyoit que j'eusse au bienfait qu'il recevoit de vous. Et certes vous le traittiés si bien qu'il eust esté ingrat et insensible s'il m'en eust tesmoigné moins de ressentiment. Je croy que vous pouvés faire estat de luy en toutes choses et qu'il manquera tousjours plustost de pouvoir que de volonté pour vous.

J'ay aussi fait voir à M. de la Mesnardière tout l'endroit de vostre dernière qui accuse la réception de la *Poëtique* et qui parle si obligeamment et du mérite de l'ouvrage et de la sorte dont vous l'avés receu[5]. Jamais homme n'a tant esté touché de chose que cettuy cy l'a esté des termes avec lesquels vous avés voulu honnorer son Discours et, quoyque sa vanité soit extraordinaire, je vous asseure qu'elle en a esté pleinement satisfaitte et qu'il ne désire rien davantage pour cela. Je ne vous diray point tout ce qu'il m'a dit pour vous bien tesmoigner combien il s'en ressent vostre obligé. Le compliment, quoyque éloquent, vous en pourroit estre ennuyeux, et par ce peu que je vous en escris vous jugerés aisément le reste. Il y a une seule chose à craindre en cecy, que vostre civilité n'enfle encore davantage la bonne opinion qu'il a de luy mesme comme chose deue, ce qu'il monstre, à cette heure, ne devoir qu'à vostre libéralité. M. la marquise de Sablé, chés qui il demeure[6], a veu ce mesme endroit et l'a estimé une chose rare comme tout ce qui vient de vous. J'aymerois bien autant son jugement que celuy de l'autre qui ne se trompe pas pour ce que la tirade est exquise, mais qui s'y pourroit tromper si elle ne l'estoit pas, pour ce qu'il y est intéressé.

Je ne vous escris point avec ma liberté d'esprit ordinaire et je suis trompé s'il n'y a bien du galimatias icy[7]. Car dès la première demy page de cette lettre on m'est

---

[1] Faut-il lire : *du gesmissant?*

[2] Balzac disait (lettre XVI du livre XXI) : «J'ay pris plaisir à tous les papiers qu'il m'a envoyez, et j'y en aurois pris davantage, s'ils ne m'obligeoient point à des responses. Mais nous avons affaire à un homme pressant, et qui ne sçait que c'est de donner. Il preste seulement à usure, et trafique en prose et en vers, en l'une et l'autre langue.»

[3] Voir la lettre à Balzac du 24 octobre 1639, note 10, et du 6 novembre 1639, note 1.

[4] Recharge est employé ici dans le sens de répétition. Comme pour *recharger*, M. Littré cite seulement, sous ce mot, les *Mémoires* de Saint-Simon.

[5] J'ai reproduit ce passage dans la note 4 de la lettre à Balzac du 6 novembre 1639.

[6] La Mesnardière était le médecin de la marquise de Sablé, et c'est à ce titre qu'il logeait sous le toit de sa spirituelle cliente.

[7] M. Littré n'a cité, au sujet du mot *galimatias*, aucun auteur antérieur à Balzac (*Socrate Chrestien*, 1652, et *Lettre à Conrart* d'avril 1653). Chapelain serait donc, à ce compte, le premier en date de nos écrivains qui se serait servi de ce mot dont l'étymologie est encore inconnue, car l'explication généralement donnée d'après le docte Huet (avocat plaidant pour le coq de Mathias, et disant *galli Mathias*, au lieu de *gallus Mathiæ*) n'est qu'une mauvaise plaisante-

venu donner des nouvelles de Mr de Longueville, sans les asseurer, qui m'affligeroient au dernier point si elles se trouvoient asseurées. Je m'en vay de ce pas m'en esclaircir. Cependant vous ne parlerés point de ce qui me met en peine pour ce que peut estre n'a-t-il point de fondement[1].

Je suis, Monsieur, vostre, etc.

De Paris, ce 10 décembre 1639.

CCCLVII.
À L'ABBÉ DE CHASTILLON.

Je n'ay jamais tant reconnu la tirannie des médecins que je fis hier et à mon grand dommage. Mon mal m'eust peut estre bien permis de recevoir la joye de voir Son Em{ce} et la belle pièce dont vous le divertistes avec toute la belle Cour[2]. Ces Messieurs ne me le voulurent jamais permettre et par leurs cruelles précautions me furent plus fascheux que mon mal, lequel est trop sur le retour pour le traitter avec tant de délicatesse. Voilà ce que c'est que de s'abandonner à la conduitte d'autruy et de quitter ses anciennes maximes! J'espère sortir bientost de leurs mains et de leur dire un Adieu pour long temps et leur monstrer qu'en la pluspart des choses leur art est un mauvais mystère qu'on peut mespriser sans profanation. La première (chose) que je feray, quand je pourray faire un long voyage, sera de vous aller rendre grâces du souvenir que vous avés eu de moy en une si belle occasion et protester que vous n'estes pas plus constant à me faire du bien que je le suis à en avoir une parfaitte connoissance.

Je suis tout à vous et sans aucune réserve.

Mardy matin, le 13 décembre 1639[3].

---

ric. Les auteurs du *Dictionnaire de Trévoux* citent Perrot d'Ablancourt sur Lucien, à propos de l'emploi de *galimatias*; mais sa traduction des œuvres du philosophe de Samosate parut seulement en 1654-1655 (2 vol. in-4°).

[1] Deux jours après, Chapelain écrivait au marquis de Montauzier (f° 261) : «J'en ay une violente [crainte] que Mr le duc de Longueville ne soit contraint après toutes les conquestes qu'il vient de faire dans le Palatinat de les quitter et de s'en venir vers Metz chercher à vivre, qui seroit un très grand mal pour nous, pour luy et pour vous mesme, qui seriés exposé aux ennemis et sans espérance de secours de cet hyver. Dieu veuille que ma peur soit vaine et qu'il puisse faire le miracle de nourrir une armée en un lieu où il n'y a ni bled ni herbe et qui n'a plus que les loups et les hybous pour habitans.» La *Gazette* du 10 décembre 1639 annonçait (p. 811) que, le 19 novembre, le duc de Longueville s'était venu camper devant la ville d'Oppenheim, qui avait été emportée avec le château sans beaucoup de résistance, qu'il avait passé le Rhin et s'était rendu maître du pays de Rhingau, etc.

[2] Était-ce *les Rivaux amis*, tragi-comédie imprimée à Paris (1639, in-4°), ou bien *les Deux Alcandres*, tragi-comédie imprimée à Paris (1640, in-4°) et réimprimée (*ibid.*, in-4°) en 1642, sous ce nouveau titre : *les Deux Semblables*?

[3] Le 15 décembre, Chapelain (f° 261) annonce à Bouchard l'envoi du discours de Balzac, «nostre ami», au sujet de feu le cardinal de la Valette et de sa dissertation sur les *Supposés* de l'Arioste. Il loue les vers de son correspondant sur la bibliothèque du cardinal Barberin. Voir dans l'*Histoire de l'Académie française*, 1858, t. I, p. 384, le passage relatif aux vers de Bouchard et à ceux du seigneur Pollini, *deux chefs-d'œuvre en leur genre chacun*, et dont les *Bourbon*, les *Sirmond*, les *Petau*, les *Grotius* et *la fleur de l'Académie françoise ont fait un cas extraordinaire;* il entretient de la mort de M. de Saint-Chartres, et ajoute, à propos de la mise à l'index du premier volume du *Ministre d'État*, publié déjà depuis plusieurs années (1631) : «Ce que vous m'avés mandé de la censure du *Ministre d'Estat* est à peu près conforme à ce que l'on m'avoit escrit d'ailleurs, de sorte que mon amy ne peut plus douter du mauvais trait-

CCCLVIII.

A M. LE MARQUIS DE MONTAUZIER,
EN ALSACE.

Monsieur, quel homme estes vous donc et comment se faut-il prendre à vous divertir et à vous consoler puisque les choses du monde qui vous peuvent le plus satisfaire en l'estat où vous estes, au lieu de vous contenter, accroissent vostre chagrin? J'avois sujet d'espérer que j'aurois de beaux remercimens à monstrer dans vostre response aux personnes qui vous avoient escrit et que vous me donneriés ainsy moyen de vous rendre bon office auprès d'elles. Au lieu de cela je n'ay trouvé que des plaintes et des désespoirs et j'ay veu que ces précieuses lettres que je vous ay envoyés pour des préservatifs contre vos maux de cœur, ne vous avoient pas plus proffité que les miennes qui sont sans force et sans vertu. Je vous avoue que cela m'a embarassé et que j'ay douté long temps si je ferois voir ce que vous me mandiés de peur de faire contre l'intention que j'ay de vous servir. Enfin néantmoins je m'y suis résolu après avoir considéré que vous vouliés peut estre parvenir à vos fins par des voyes extraordinaires et qu'il pourroit estre, en effet, que ce chagrin prétendu naturel qui ne peut recevoir de remède que par la présence de vos médecins, les obligeroit plus que toute la sa-

---

tement qu'il a receu à Rome pour tant de bonnes choses qu'il a escrites en faveur de la bonne Religion. Mais ce sont nos Maistres : il ne faut point murmurer.» La condamnation du livre de Silhon par la cour romaine n'a été connue ou du moins n'a pas été indiquée par aucun des biographes de cet académicien. Le 18 décembre, Chapelain s'adressait en ces termes (f° 268) à la marquise de Flamarens (à Buzet) : «Il y a bien long temps que je sçay que vous estes la plus reconnoissante personne du monde et que, quand on vous rend quelque service, il est toujours surpayé par vos ressentimens. Je loue cette vertu et vous conseille de la conserver comme la marque d'une âme généreuse et bien née et qui sert autant que pas une autre à gaigner et à garder l'amitié des gens de bien... J'ay une extrême consolation de voir que mes lettres vous divertissent quelquesfois, et que vous ne croyés pas mal employer le port qu'elles vous coustent... Les vostres sont tousjours bonnes et sensées à vostre ordinaire... Je ne fais que de recevoir vos dernières du 28 novembre où vous monstrés un si beau souvenir de l'hostel de Rambouillet et de toute la famille de M⁰ de Clermont. J'y feray visite exprès pour leur en donner la joye et leur monstrer que vous n'y estes pas aymée et estimée sans raison. Mlle de Rambouillet a eu deux maladies depuis quatre mois qu'on peut appeler petites à comparaison de celle qu'elle a maintenant qui est une fièvre continue avec des redoublemens, des foiblesses et des vomissemens. Les médecins toutesfois disent qu'il n'y a point de péril et qu'elle court seulement fortune d'estre longue...» Le 18 du même mois, Chapelain écrivait à Balzac (f° 269) une lettre qui roule presqu'en entier sur la maladie dont nous avons eu déjà une bien assez longue description. Ce n'est qu'à la fin de cette lettre qu'abandonnant le récit de ses anciens maux, il donne à son ami des nouvelles de «la brouillerie dangereuse qui est arrivée entre le Roy et le Pape sur l'assassinat qui a esté commis de l'ordonnance du Cardinal Barberin en la personne de l'escuier du Mareschal d'Estrées.» Chapelain continue ainsi : «J'ay veu avec beaucoup de plaisir les délicates pensées que vous avés eues sur les sachets que vous avoit donnés cette parente de M^r le Duc de la Rochefoucauld.

........Il n'y a point de genre où vous n'excelliés. Quand Mlle de Rambouillet sera guérie ou plustost dans l'espérance de guérison, je prétens bien luy en faire un régale d'importance. Elle nous a fait peur et nous ne sommes pas bien assurés encore qu'elle nous demeure, quoyque les médecins nous en respondent en quelque façon. Mais c'est que l'amitié panche plustost du costé de la crainte que de la confiance en ces occasions.»

tisfaction que vous eussiés peu tesmoigner de leurs billets et de vos ordonnances.

Il m'est tombé mesme en l'esprit que vous m'escrivés ainsy à dessein et que vous me trompiés en me faisant croire une tristesse qui n'estoit pas ou du moins qui n'estoit pas si grande afin que je la persuadasse mieux en la croyant. Et ce qui m'a donné ce soupçon a esté certaines lettres si douces et si galantes à M⁽ʳ⁾ Conrart sur son sujet et sur celuy de M⁽ᵉ⁾ la Marquise de Sablé qu'on ne sçauroit guères aussy bien escrire qu'elles sont et avoir l'esprit aussy accablé de mélancholie que vous le dittes avoir esté.

Quoy qu'il en soit, j'ay fait l'office tout entier. On a veu ce que vous me mandés et s'il vous sert qu'on vous croye tel que vous le dittes, vous pouvés vous asseurer qu'on vous le croit et que vous faittes la plus grande pitié du monde. Je viens de l'hostel présentement afin de sçavoir comment on avoit pris vos lettres et voir si je n'en pourrois rien tirer qui vous peust resjouir. L'on m'a dit que vos chagrins en donneroient à ceux qui les sçauroient et que la compassion qu'on avoit de vous voir en cet estat leur faisoit encore davantage souhaitter vostre retour. Qu'on ne respondoit point pour ce voyage à vos lettres à cause que les médecins ne vouloient pas qu'après un aussy grand mal que celuy qu'on a eu et dont on ne faisoit que de sortir, on escrivist seulement une ligne, mais qu'on me prioit bien fort de vous faire de très humbles baisemains.

L'homme que vous n'aymés guere[1] a esté présent à tout le discours et m'a prié avec grande instance de vous en faire, de sa part, comme l'homme du monde qui vous honnore le plus et de la meilleure sorte qu'il me seroit possible.

Voilà, à mon avis, les nouvelles dont vous avés le plus de curiosité. M⁽ᵐᵉ⁾ de Grasse et de St Nicolas ont receu vos lettres. J'envoyeray par M. de Tracy, qui part d'icy dans deux jours, le billet que vous m'escrivés sur le ressentiment de l'amitié que M⁽ʳ⁾ le Duc de Longueville vous tesmoigne. C'est pour le mieux que j'en envoyeray l'original.

Je suis, Monsieur, vostre, etc.

De Paris, ce 19 décembre 1639.

CCCLIX.
À M. DE BALZAC,
À BALZAC.

Monsieur, ma santé continue et il y a apparence que je suis quitte de rheumes pour cette année, la grandeur et la violence de celuy qui vous a fait peur pour moy ayant recueilly en luy les deux ou trois autres qui m'estoient infailliblés si ce premier n'eust esté qu'à l'ordinaire. C'est ainsy que je raisonne pour ma consolation, et, si mon raisonnement n'est pas bon pour la solidité de ma conjecture, du moins est il bon pour le repos qu'il me donne et l'appréhension qu'il m'oste, qui sont deux effets que la meilleure des philosophies a bien de la peine à causer. Il faut, selon moy, adoucir les maux de la vie par toutes voyes et, en cette matière, c'est vertu que d'ayder à se tromper soy mesme allant de bihais[2] au but où l'on ne sçauroit arriver de droit fil[3] et se persuadant le bien que l'on désire sans avoir mesme trop de sujet de se le persuader.

---

[1] Voiture. Tallemant des Réaux, je l'ai déjà rappelé, a dit (*Historiettes*, t. II, p. 523) : « Il est vray que les chiens de M. de Montauzier et les siens n'ont jamais trop chassé ensemble. »

[2] Obliquement, de travers. Nous avons déjà trouvé la forme *bihais*.

[3] Couper de droit fil, c'est couper de la toile entre deux fils, sans biaiser. On a dit, par exten-

Je n'oserois, au reste, vous responder aux louanges excessives que vous donnés à la fermeté que vous avés reconnu en moy dans mes pertes et dans mon mal, sinon qu'elles sont excessives et que vous me feriés presque croire que cette constance n'est pas une vertu ordinaire et dont on ne peut bien se dispenser sans blasme. Car l'éloge magnifique n'appartient qu'aux actions héroïques parce qu'elles doivent estre volontaires pour mériter ce nom et que leur principale gloire ne consiste en ce qu'elles ne sont pas d'obligation. Mais pour celles que j'ay faittes et que vous exaltés de vostre grace en cette occasion, vous me permettrés de vous dire que, si elles ne sont ordinaires aux autres hommes, elles le devroient estre et que je ne reçoy pas sans honte de l'applaudissement d'une chose que je fais par devoir et à quoy il me semble que toutes sortes de raisons m'engagent. Ainsy je reçois ce que vous me mandés là dessus tant à mon avantage, bien plustost comme un exercice de vostre esprit que comme une récompense de mon mérite qui sera tousjours très médiocre tant que je ne feray que ce que la raison me commande et que je ne passeray pas jusqu'à faire tout ce qu'elle n'a droit de me conseiller.

Cependant je ne suis pas marry de voir que vous tombés d'accord que Sénèque avoit plus de théorie que de pratique en matière de philosophie stoïque et je ne désespère pas que vous n'en veniés un jour à l'opinion que j'ay commune avec quelques anciens et modernes, que la sagesse estoit toute sur sa langue et que son cœur estoit un cœur de commun [1].

Pour le s^{gr} Jean Jacques [2], sans rebattre la question qui le regarde, je vous diray qu'il se peut bien faire que je vous en aye escrit avec le chagrin qui accompagne les convalescens qui ne sont pas bien remis et que mes paroles se soient senties de la bile qui n'estoit pas bien encore appaisée. Néantmoins je ne saurois départir de l'opinion qu'on ne se peut relascher dans la vertu sans vice ny que ce ne soit un mouvement lasche et injurieux à ce qu'elle vaut de ne l'aymer qu'en qualité d'utile et de la faire servir d'instrument pour parvenir à la fortune. Je luy en ay mandé deux ou trois fois mon sentiment avec liberté, et de la façon qu'il m'en remercie je voy qu'il est persuadé que c'est le bon sentiment, et la protestation qu'il me fait de se jetter entre les bras de la philosophie après ses malheurs, monstre bien qu'il la tient pour le vray port où nous trouvons la tranquillité. Vous pourriés estre d'autant plus de mon avis que vous suyvés dans l'autre partie les maximes qu'il mesprise et que le blasme que je luy donne est une tacite louange pour vous.

Je luy ay envoyé tout ce que j'ay eu de vous pour luy ces deux ou trois ordinaires, mais je crains que la brouillerie qui s'est formée entre Rome et nous [3] ne face périr

---

sion, *de droit fil* pour *en droite ligne*. M. Littré n'a trouvé cette expression métaphorique dans aucun écrivain antérieur à Lesage. Selon le *Dictionnaire de Trévoux*, «on dit figurément et familièrement qu'il ne faut pas aller *de droit fil* contre le sentiment des grands, qu'il ne faut pas les contredire directement.»

[1] Nous n'avons pas la lettre où Balzac concède à Chapelain que Sénèque, *en matière de philosophie stoïque*, brillait plus *par la théorie que par la pratique*.

[2] Bouchard, au sujet duquel Balzac, comme nous l'avons déjà vu, avait écrit à son ami cette phrase indulgente : «N'exigeons des pauvres mortels que ce qu'ils peuvent donner.»

[3] Le P. Griffet raconte ainsi (*Histoire du règne de Louis XIII*, t. III, p. 239 et suiv.) les démêlés de la cour de France avec celle de Rome :

mon paquet en chemin. Je ne puis sçavoir que dans deux mois s'il sera arrivé à bon port. C'est assés de temps pour en avoir beaucoup d'inquiétude. Le Nonce[1] a procédé et parlé insolemment sur la matière qui nous brouille et, comme les ripostes ont esté vertes[2] et qu'en suitte on n'a pas osté seulement à la Nonciature toute jurisdiction en France qu'on luy avoit tolérée, mais qu'on a de plus défendu à tous les prélats du royaume d'avoir aucune communication de bouche ni d'escrit avec le Nonce[3], nous n'attendons que l'heure que le Pape le rappelle, ce qu'il ne fera pas toutesfois s'il est bien conseillé[4].

Je suis, Monsieur, vostre, etc.

De Paris, ce 24 décembre 1639.

CCCLX.

À Mgr LE DUC DE LONGUEVILLE,
EN ALLEMAGNE.

Monseigneur, ce seroit faire tort à Mr de Tracy de vous escrire par luy ce peu qu'il y a de nouvelles publiques dont la saison est fort stérile. Il vous entretiendra du nouvel effort que l'on veut faire pour le secours de Salses et du peu d'espoir que l'on a qu'il réussisse. Il vous dira le menu de la brouillerie que nous avons avec Rome de l'insolent procédé du Nonce, lorsque Mr de Chavigny luy fut demander de la part du Roy réparation de plusieurs injures que la France a receues, depuis peu, sous le nom et l'authorité du St Siège, en la personne de M^r le Mareschal d'Estrées et des siens. Il vous dira où sont les affaires d'Angleterre pour la

---

«Il y avoit long temps que le pape Urbain VIII et le cardinal François Barberin, son neveu, qui avoient la principale autorité dans Rome, cherchoient à lui donner [au cardinal de Richelieu] des marques de leur aversion. Le maréchal d'Estrées [notre ambassadeur auprès du Saint-Siége] eut une dispute fort vive avec le cardinal F. Barberin, au sujet de cinq esclaves Turcs, échappés du palais de l'ambassadeur d'Espagne, qui étoient venus se réfugier dans le couvent des Minimes François de la Trinité du Mont. Quoique cette maison fondée par le roi, qui en étoit le protecteur, dût être regardée comme un asyle inviolable, le cardinal ne laissa pas d'y envoyer deux ou trois cents soldats qui les enlevèrent de force... Le maréchal reçut peu de jours après un autre affront, qui augmenta considérablement la brouillerie des deux cours.» Ici le P. Griffet signale l'assassinat du sieur de Rouvray, écuyer du maréchal d'Estrées, assassinat commis le 28 octobre, avec la complicité, disait-on, du cardinal Barberin. On trouvera sur toutes ces affaires les détails les plus abondants dans le recueil de M. Avenel (t. VI, p. 521 et suiv., p. 635 et suiv.)

[1] Urbain VIII avoit récemment envoyé à Paris, en qualité de nonce extraordinaire, le prélat Scoti, chargé d'exercer la nonciature ordinaire, d'où le pape avait rappelé le nonce Bologneti, sans qu'on en eût préalablement informé le roi de France et son ambassadeur.

[2] Voir le récit de l'orageuse entrevue de M. de Chavigny et du nonce, dans l'*Histoire du règne de Louis XIII*, citée plus haut, p. 241-245.

[3] Le roi, dit le P. Griffet (*ibid.*, p. 246), adressa [16 décembre] une lettre de cachet au Parlement et aux agents du clergé, pour leur ordonner de signifier de sa part aux évêques qui étaient à Paris, une défense expresse d'avoir aucune communication avec M. Scoti, nonce extraordinaire du pape; pour deux raisons : 1° parce qu'il n'avait aucun titre pour exercer les fonctions de la nonciature ordinaire; 2° parce que M. de Chavigny lui ayant déclaré qu'il ne serait plus admis à l'audience du roi, il avait osé dire que la plupart des évêques de France soutiendraient plutôt les intérêts du Pape que ceux de Sa Majesté.

[4] Urbain VIII fut sans doute bien conseillé, car le nonce Scoti ne fut rappelé qu'en 1641, après une réconciliation entre les deux cours, réconciliation qui valut enfin à Mazarin (16 décembre) le chapeau de cardinal.

rébellion d'Escosse et l'embarras où cette Cour là se trouve de ce costé d'où il nous revient le profit que vous jugerés touchant la détention du Palatin[1]. Il ne vous apprendra rien d'Allemagne où vous estes trop avant pour ignorer aucune chose de ce que l'on sait de deça. Enfin il vous donnera part du voyage de Mr le Chancelier en Normandie et du chastiment que le Roy aura ordonné par luy à ceux qui seront convaincus d'avoir trempé dans la sédition[2].

De moy, Monseigneur, vous n'aurés que des plaintes et des tesmoignages de desplaisir de l'estat où nous croyons que vous estes engagé dans un païs qui n'est pas seulement ennemy, mais qui ne vous fournit pas mesme de quoy vivre misérablement, et où vos victoires vous sont aussy inutiles qu'à un autre seroit sa desfaite, de sorte que le plus haut point où les souhaits de vos vrays serviteurs s'eslèvent maintenant est que vous puissiés vous en tirer sans ruine que nostre affection nous fait craindre extrêmement pour vous.

Parmy ceux qui m'ont tesmoigné cette mesme appréhension, je suis obligé, Monseigneur, de vous nommer Me la Princesse[3], laquelle, estant venue voir Me et Mlle de Rambouillet, où j'estois allé pour m'acquitter de ce que vous m'aviés commandé, m'en-

chargea avec affection de vous asseurer de son service et de la douleur qu'elle avoit de vous sçavoir en lieu si périlleux et avec si peu d'espérance de vous revoir icy de cet hyver. Ensuitte elle parla de vous un quart d'heure avec éloge et tendresse et confirma ce qu'elle avoit desjà dit une autresfois à Mlle de Rambouillet, que la Cour ne pouvoit plus recevoir d'ornement que de vous. Les deux personnes que je vous ay nommées consentirent bien facilement à ce qu'elle disoit comme une chose qu'elles avoient dite devant elle et receurent à grâce et faveur particuliere avec joye et respect ce que je leur monstray dans vostre lettre qui les regardoit, mais priant avec instance de vous faire sçavoir combien elles ressentoient cet honneur.

J'ay receu, depuis peu, des nouvelles de Mr le Marquis de Montauzier en response de ce que je luy avois mandé de vos sentimens pour sa vertu. Vous verrés, Monseigneur, par le billet qu'il m'a escrit là dessus, et que je mettray dans cette lettre, à quel point il s'en tient vostre obligé et l'effet que ce tesmoignage a fait dans une âme aussy noble que la sienne.

Pour nouvelle particuliere, la Cour ne s'entretient que de la vie sainte et retirée qué meine Me la Princesse de Guimenay[4] dont le courage s'est abbaissé par le mou-

---

[1] On lit dans la *Gazette* du 19 novembre 1639 (p. 764) : « Le comte palatin a été amené au bois de Vincennes, où il est traité avec tout le respect deu à sa qualité. » Voir sur l'arrestation et sur l'emprisonnement du prince palatin Charles-Louis, neveu du roi d'Angleterre, une note de M. Avenel dans le tome VI des *Lettres du cardinal de Richelieu* (p. 664-666).

[2] Sur la cruelle expédition du chancelier Séguier en Normandie, voir le P. Griffet (t. III, p. 252-256), M. R. Kerviler (*Le chancelier Pierre Séguier*, p. 95-104), surtout le *Diaire*, rédigé par le maître des requêtes François de Verthamont et publié par M. A. Floquet (Rouen, 1842, in-8°).

[3] La princesse de Condé, dont le duc de Longueville allait devenir le gendre deux ans et demi plus tard (2 juin 1642).

[4] La princesse de Guimené (nous disons plutôt aujourd'hui Guemenée) était Anne de Rohan, fille de Pierre de Rohan et de Madeleine de Rieux-Châteanneuf. Elle avait été mariée, en 1617, avec son cousin-germain, Louis de Rohan, prince de Guemené, duc de Montbazon, pair et grand veneur de France, chevalier des ordres du roi, etc. Tallemant des Réaux en parle ainsi (*Historiettes*, t. IV, p. 478) : « C'est encore une belle personne, quoyqu'elle ayt cinquante ans. Hors qu'elle a le visage tant soit peu trop plat,

vement d'une humilité chrestienne jusqu'à demander par escrit à Mesdames de Rohan[1] et de Monbazon[2] pardon si elle les avoit offenséees et qui, se retranchant de toutes choses vaines et inutiles, s'est mise dans une dévotion pratique et dans les exercices de la charité[3]. Cela fait du bruit et édifie extrêmement toutes les bonnes âmes.

Vous aurés sceu par mes précédentes le bannissement de M⁰ de Hautefort hors de la Cour[4]. Par celle cy vous saurés qu'elle a eu ordre de sortir de Paris et de ne prendre sa demeure en aucun lieu qui en fust plus proche que de quarante lieues[5].

Je prie Dieu qu'il vous conserve dans l'extrême besoin que vous en avés et demeure, Monseigneur, vostre, etc.

De Paris, ce 25 décembre 1639.

CCCLXI.

À M. LE MARQUIS DE MONTAUZIER,

EN ALSACE.

Monsieur, quand je ne vous manderois autre chose sinon que Mlle de R[ambouillet] est tout à fait guérie d'une maladie qui nous a fait tous trembler, je croirois vous faire une excellente gazette et vous donner une nouvelle à suspendre vos mélancolies pour trois mois, et vous faire faire des feux de joye dans toute l'estendue de vostre Gouvernement. Il n'y a pas un de nous qui n'en ait fait des resjouissances publiques et si nous avions eu des canons à nostre disposition aussy bien que vous, nous en eussions estourdi Paris pendant trois jours durant.

J'ay en mon particulier cent choses qui m'affligent, perte notable d'argent, une convalescence douteuse, frayeurs continuelles pour l'estat où est M⁰ le duc de Longueville à présent, esloignement de vous, incertitude de ma fortune à venir. Tout cela néanmoins s'est estouffé pour long temps à l'avis que M⁰ de Chavaroche me donna d'abord de cette guérison importante que mes propres yeux m'ont depuis confirmée. Nous verrons quel effet fera en vous la nouvelle que je vous en donne et si vous serés le seul insensible que ce bien là ne touche point. Cette rare personne me demanda, la dernière fois que je la vis, si je vous avois escrit ce qu'elle m'avoit prié, dans le fort de son mal, de vous escrire pour excuse de ce qu'elle ne pouvoit alors faire response à vos

---

il n'y a rien à refaire; elle a les cheveux comme à vingt ans. Je l'aurois, sans comparaison, mieux aymée que Mme de Monbazon; avec cela elle a tout autrement d'esprit, et n'a jamais fait d'emportement comme l'autre.»

[1] Marguerite de Béthune, fille de Maximilien de Béthune, duc de Sully, femme de Henri, duc de Rohan, pair de France, prince de Léon, comte de Porrhoët, morte le 21 octobre 1660.

[2] Marie de Bretagne, que le *Moréri* proclame «l'une des plus belles dames de son siècle,» fille de Claude de Bretagne, comte de Vertus, et de Catherine Fouquet de la Varenne, avait épousé, en 1628, Hercule de Rohan, duc de Montbazon; elle mourut le 28 avril 1657, non à l'âge de quarante-cinq ans, comme on l'a trop souvent dit, mais à l'âge de quarante-huit ans.

[3] Tallemant des Réaux, qui raconte que le prince de Guimené mangeait malproprement, ajoute (t. IV, p. 479): «Enfin, cela est si désagréable à voir, que, pour prouver que la dévotion de sa femme estoit véritable, on disoit que, si ce n'estoit pas tout de bon, elle ne mangeroit pas avec son mary.» Il paraît, du reste, que Mme de Guimené se convertit plus d'une fois, si l'on en croit Tallemant, qui ajoute (p. 484): «Elle a des saillies de dévotion, puis elle revient dans le monde.»

[4] Voir *Mme de Hautefort*, par M. V. Cousin (3ᵉ édition, 1868, p. 38-52).

[5] Mme de Hautefort se retira près du Mans, dans une terre qui appartenait à sa grand'mère, Mme de la Flotte. Ajoutons que le Mans est à plus de cinquante lieues de Paris.

lettres. Je luy dis que cela avoit esté tout le sujet de la mienne et que je n'avois rien oublié qu'à vous faire son mal aussy grand qu'il estoit. Elle approuva le tout et je vis qu'elle n'estoit pas marrie que je luy eusse servi de secrétaire. Si elle ne vous escrit point de ce voyage, ce sera pour l'autre sans faute, quand j'en devrois estre le solliciteur.

Je vous envoye un paquet de Mʳ Conrart où vous trouverés une belle lettre, mais qui le mettra à mon avis aussy mal à l'hostel de Clermont que vous. Il aura bien de la peine à se purger de vous avoir parlé de la M[arquise] de S[ablé] devant que de vous parler des personnes qui nous en voudroient bannir, mais surtout je ne say où il se fourrera lorsqu'elles se verront, mesme derrière la chère Chalais¹, et, à vous dire le vray, il n'y aura autre moyen de s'en desmesler qu'en avouant qu'il est amoureux d'elle. Pour moy je luy persuaderay d'en tomber d'accord et le diray à sa descharge.

Nous attendons avec grande impatience l'effet du crédit de Mᵉ de Brassac et, si elle fait ce que vous espérés, nous luy en ferons un remerciment public et luy donnerons l'éloge de Médecine des cures désespérées. Car, pour ne vous en mentir point, l'espérance que nous en avons est petite et la vanité du refus est bien plus forte en nostre esprit, le bien aussy nous arrivant, il nous sera d'autant plus cher que nous l'aurons moins attendu.

Je suis en peine horrible de Mʳ de Longueville.

Je suis, Monsieur, vostre, etc.

De Paris, ce 25 décembre 1639.

CCCLXII.
À M. DE BALZAC,
À BALZAC.

Monsieur, j'ay eu grande consolation de voir combien vous a touché mon inquiétude et comme vous entrés volontiers en part de mes véritables maux. Si ce qui m'avoit fait vous escrire de Mʳ le duc de Longueville aux termes que vous avés veus duroit encore aussy violent qu'il estoit lorsque je vous l'escrivis, je croy que ce que vous m'avés respondu² auroit apporté du soulagement à ma peine, quoyque ce fust une peine à ne point recevoir de soulagement. Je le sçavois engagé de plus de cinquante lieues dans le païs ennemy avec une armée petite, estrangère, et dont il connoissoit aussy peu les humeurs que la langue et qui, d'ailleurs, ne faisoit que d'estre commise à sa conduitte.

---

¹ Mˡˡᵉ de Chalais était la dame de compagnie de Mᵐᵉ de Sablé. Il est souvent question d'elle dans les *Historiettes* de Tallemant des Réaux (tomes III, V et VI). Suivant ce chroniqueur (tome III, page 131, note 2), c'était *une fille d'esprit*». Voir aussi ce qu'en dit M. V. Cousin dans *Madame de Sablé* (édition déjà citée, p. 37, note 2).

² Balzac avait écrit à Chapelain, non le 1ᵉʳ juillet 1640 (p. 824 de l'in-fol.), mais en décembre 1639 (lettre XVIII du livre XXI) : «Toutes vos craintes ne me font guère moins de peine qu'à vous mesme; mais j'espère que le Dieu des armées sera de nostre costé, jusqu'à la fin de cette campagne. Peut-estre que les beaux hymnes le persuaderont; et cela estant, je ne doute pas que le Prince de Monsieur Chapelain n'en obtienne de plus grandes faveurs que celuy [le prince d'Harcourt] de Monsieur Faret. D'ailleurs, les batailles ne se donnent pas toutes les fois qu'elles se doivent donner; et j'ay remarqué, dans l'Histoire de tous les siècles, que ces grands événemens qui décident les grandes affaires arrivent moins par dessein que par occasions. On se moque là haut de toutes les entreprises d'icybas, et nous ne sommes que les machines et les acteurs des pièces qui sont composées dans le Ciel : *Homo histrio, Deus vero poeta est*... Le cœur me dit que vos Muses chanteront longtemps les triomphes de Monsieur de Longueville.»

Je savois qu'il estoit enfermé entre le Rhin, la Sare et la Moselle en une saison où il n'y a pas un ruisseau guéable et où bien souvent les campagnes mesmes ont besoin d'estre navigées [1]. Je sçavois que d'un costé l'armée de Bavière l'empeschoit de s'estendre en Allemagne et que, de l'autre, celle d'Espagne luy ostoit tout moyen de se retirer en France. Enfin je sçavois que la plus part de sa cavallerie estoit démontée par la disette du fourage qui avoit fait mourir presque tous les chevaux, que l'artillerie et l'équipage des vivres estoient demeurés par le mesme defaut, et que généralement tous les soldats ne subsistoient que de naveaux [2] et de racines dans une solitude de quarente lieues où la conduitte des ennemis ne leur laissoit aucune espérance de mieux et ne leur donnoit pas mesme la consolation de mourir en combattant. Jugés si avec ces mauvaises lumières mes appréhensions estoient mal fondées, et si je devois me promettre qu'un horrible malheur sans une carte de miracle.

Maintenant je n'oserois vous dire que cette carte est venue pour ce que je n'en ay point encore d'asseurance d'assés bon lieu et que j'ay veu souvent des nouvelles aussy universellement receues que celle cy se justiffier enfin très fausses à la confusion des crédules. Tant y a que les dernières qui sont venues de Thionville portent que M^r le Duc de Longueville a tiré avantage de son malheur et, au milieu de tant d'incommodités et de périls, s'est fait voye, comme des destins [3], en rompant toute sorte d'obstacles et prenant Coblens [4] sous le canon d'Ermonstein [5] et à la veue des Impériaux et Espagnols, par où il s'est acquis un passage sur la Moselle et un moyen de vivre aux despens du païs de Trèves et du Luxembourg. Celles de Cologne et de Bruxelles disent que le duc de Bavière, quelque sollicitation que luy ait fait le Cardinal Infant, de faire passer le Rhin à son armée, l'a retirée de dessus le Rhin dans la Vétéravie [6] et le duché de Virtemberg pour hyverner : et celles d'Amsterdam asseurent que le party que M^r le duc de Longueville avoit envoyé sous le commandement du conte de Nassau vers les passages gardés par l'armée de Bek [7], avoit desfait mille cuirassiers des trouppes espagnoles et douze cent mousque-

---

[1] Nous avons déjà trouvé le mot *naviger*, dans la lettre CCCXVIII, p. 483. Voir la note 2 de cette même page.

[2] Navets. On disait anciennement *naveau* (*Dictionnaire de Trévoux*) et plus anciennement *naviel*, *naviet*, *navès*. M. Littré n'indique l'emploi de la forme *naveaux*, *naviaux*, que dans quelques idiomes provinciaux, tels que ceux du Berri et de la Picardie.

[3] Allusion à la première moitié de ce vers de Virgile (*Æneid.*, II, 395) :

Fata viam inveniunt, aderitque vocatus Apollo.

[4] Ville d'Allemagne (province Rhénane), au confluent du Rhin et de la Moselle.

[5] Aujourd'hui Ehrenbreitstein, sur la rive droite du Rhin, vis-à-vis de Coblentz. La ville d'Ehrenbreitstein, dominée par un rocher que surmonte une des forteresses les plus puissantes que l'on connaisse, est souvent mentionnée dans les *Mémoires* de Montglat, dans les *Lettres* du cardinal de Richelieu, etc.

[6] Cette ancienne province d'Allemagne fut nommée la Wetteravie, à cause de la Wetter qui l'arrose et qui est un affluent de la Nidda.

[7] Jean, baron de Beck (appelé Bec ou Bek dans les lettres de Richelieu, dans celles de Mazarin, etc.) fut un des meilleurs généraux de l'Espagne au xviie siècle. Il se distingua surtout à Thionville (1639), à Aire et Honnecourt (1641), devint maréchal général de camp, gouverneur du duché de Luxembourg, et mourut en 1648, à Arras, des blessures reçues, le 20 avril, à la bataille de Lens, où, après des prodiges de valeur, il avait été fait prisonnier.

taires. Si tout cela se trouve vray, ce Prince sera sorty de l'abysme d'une manière la plus glorieuse qui soit arrivée à aucun de nos conquérans, et m'aura tiré d'une peine la plus grande dont mon esprit puisse estre travaillé. Je vous confesse ingénument ce foible, et d'autant plus librement que vous me l'approuviés dès il y a quelque temps, dans les intérests de mes amis en général. Celuy cy en particulier, quoyque je le traitte de maistre, me traitte tousjours d'amy et n'a jamais pris sur moy d'authorité que celle que l'amitié accorde et establit entre personnes égales. Ainsy *plane saxeus et ferreus sim* si, dans d'aussy grands dangers, où il a esté et où il est peut estre encore, mon cœur ne s'attendrissoit et ne prenoit cette légitime dispense de la rigueur de la philosophie d'avoir au moins de l'inquiétude quand il sera en estat de pastir extrêmement. Bien que je ne le deusse pas à la qualité de maistre ny à celle de bienfaicteur, je le devrois au moins à celle d'amy qui m'est plus considérable que toutes les autres.

Mais c'est trop vous entretenir d'une chose seule. Il eust suffi de vous informer succinctement de cette apparente conversion de malheur si je pouvois garder modération lorsque je parle d'une personne où je connois tant de vertus et de bontés extraordinaires. Ce que vous me tesmoignés de vostre amitié et du plaisir que ma convalescence vous a donné me fait plus sentir de joye que mon mal ne m'a fait sentir de douleur. Aymés moy tousjours de la sorte si vous voulés que je vive heureux et glorieux, car, afin que vous le sachiés, je ne suis pas tout à fait désintéressé en vous aymant pour ce qu'outre la satisfaction que vostre amitié m'apporte, elle me tient lieu de mérite dans le monde et mon principal honneur en dépend.

Je n'ay peu encore trouver de *Polyhistor*[1] qui m'ayt peu esclaircir des Princes lucifuges[2]. Je suis ravy du discours que vous faittes sur la lettre escritte à nostre Romain. M[r] L'Huillier ne l'a veu ny ne la verra jusqu'à vostre ordre. L'autheur de la *Poétique* ne manque nullement de mérite et est bon Escrivain. Je vérifie en luy ce que j'ay observé et dit, il y a longtemps, qu'il y a, dans la société, des fascheux honnestes gens et que, pour estre dépourveu de jugement, on ne laisse pas de pouvoir estre homme de mérite. Mr Conrart escrivit, il y a trois mois, à Mr Huggens une lettre qui me sembla alors assés belle pour désirer d'en avoir une coppie afin de vous l'envoyer. Son valet me l'apporte présentement et je n'ay pas le loisir de la relire. Elle sera dans ce paquet. Vous me manderés si la lecture qu'il m'en fit ne m'a point imposé, et si elle estoit digne de faire ce voyage.

Je suis, Monsieur, vostre, etc.

De Paris, ce 1er janvier 1640[3].

---

[1] C'est-à-dire homme de vaste érudition. Allusion à tout ce que savait cet Alexandre, contemporain de Sylla, qui, pour avoir écrit plus d'une quarantaine d'ouvrages sur divers sujets, reçut le surnom de *polyhistor*.

[2] Voy. ci-dessus, p. 533.

[3] Le même jour (f° 278), Chapelain écrivait en ces termes au duc de Retz, qui lui avait demandé des nouvelles du duc de Longueville : « L'arrivée de Mr de Tracy en cette Cour nous ayant appris peu de chose de luy et ce peu encore assés mauvais, que les nouvelles de Cologne et de Bruxelles nous rendoient encore pire, je creus qu'il falloit attendre que nous eussions la confirmation du malheur où l'on disoit qu'il estoit tombé faute de subsistance, ou l'asseurance de son establissement sur le Rhin pour vous en mander quelque chose de certain. Depuis nous avons esté quinze jours dans les plus grandes alarmes du monde, chacun le faisant perdu, enfermé entre deux grosses rivières la Mozelle et le Rhin avec l'armée Espagnole d'un costé et celle

CCCLXIII.

À M. LE MARQUIS DE MONTAUZIER,

EN ALSACE.

Monsieur, vous nous avés quelque obligation de vous[1] escrire avec la punctualité que nous faisons depuis que vous nous avés déclaré que vous ne nous escririés plus. Et certes dans le désir continuel où nous sommes d'avoir de vos nouvelles et l'intérest que nous avons de savoir l'estat de vostre santé et de vos affaires, ce n'est pas une petite vertu à nous ny une foible marque de nostre constance de nous voir désirer cette consolation et de ne laisser pas de vous la donner comme si vous nous rendiés soigneusement la pareille. Ne vous vantés pas, après cela, de nous aymer autant que nous vous aymons, ny d'avoir une charité égale à la nostre. Mais, au lieu de vous en accuser, je vous en excuse, et il ne seroit pas raisonnable que vostre amitié fut aussy forte que la nostre, l'objet de nostre affection estant plus accompli que celuy de la vostre. Il ne vous appartient pas de nous vouloir autant de bien que nous vous en voulons, puisque nous ne sommes pas si aymables que vous. Toutesfois vous pourriés ne nous traitter pas à la rigueur et vous relascher quelquesfois de vos droits pour en faire une générosité à vos amis, vous qui estes généreux de nature et qui souffrés violence quand vous ne le tesmoignés pas mesme à des indifférens. Et je m'asseure que vous le ferés, nonobstant toutes vos cruelles protestations qui véritablement sont cruelles.

Mais, quand vous ne le voudriés pas faire pour nous, il faudra bien que vous le faciés pour Mlle de R[ambouillet] qui sçait faire rompre les vœux les plus solennels et qui en donne l'absolution à l'heure mesme. La lettre qu'elle vous escrivit, la semaine passée, contre mon espérance, ne peut pas demeurer sans response et nous saurons pour le moins par cette voye s'il est vray que vous vous soyés brouillé avec les officiers de la garnison de Brisac et si, pour vous faire donner de certaines contributions, vous avés attaqué et forcé un chasteau qui s'en estimoit exempt par la volonté du Roy. Ce sont les bruits qui servent de surcharge à ce que nous souffrons de nostre absence et de la connoissance de nos maux, et incommodités de delà, et que vous nous ferés bien plaisir de nous esclaircir.

J'ay receu une lettre, il y a deux jours, de Mr de Balzac qui me demande quelques uns des Sonnets que l'on luy a dit que vous aviés faits et parle de vostre personne avec son ordinaire respect et son affection accoustumée[2]. Il faut que l'on en ait veu en Angoumois et que vos gardiens ne soient pas trop fidelles en ce païs là. J'attens vostre response là dessus afin de luy faire la mienne.

Mr de Croisilles est dans le fort de son

---

de Bavière, de l'autre, sur les bras ou sur les costés et dans un païs où toutes ses victoires ne luy donnoient pas un morceau de pain. Enfin il est venu des avis de Cologne et de Hollande qui portent que l'armée de Bavière s'est retirée dans le Virtemberg pour hyverner et qu'un party de cinq regimens de cavallerie et de quatre d'infanterie mené par le comte de Nassau, vers la Mozelle, avoit desfait mille cuirassiers et douze cent mousquetaires de l'armée du Baron de Bek, Gouverneur de Luxembourg.

Et de Thionville, on mande de deçà que le bruit y estoit fort grand de la prise de Coblens par Mgr le duc de Longueville. On croit toutes ces choses à la Cour, et l'on s'en est fort resjouy et j'y voy beaucoup d'apparence par celles qui ont précédé. Néantmoins je ne vous les puis donner pour certaines encore...»

[1] Le manuscrit porte à tort *nous*.

[2] Nous n'avons pas la lettre où Balzac demandait à son ami communication des sonnets de M. de Montauzier.

affaire sur le décret de prise de corps qui fut donné, il y a quelques jours, contre luy[1]. Il se résolut de se constituer prisonnier de luy mesme dans la Conciergerie où il est, et le mesme jour Pilot et sa femme s'y mirent aussy pour juger l'affaire. Mr le Comte de Guiche sollicite ouvertement pour luy et Me d'Aiguillon a veu son rapporteur[2]. Il me semble qu'on doive bien espérer du succès. Mlle Paulet remue ciel et terre et se tue[3].

J'entretins, il y a quatre jours, Me la princesse de Guimenay chés la marquise de Rambouillet et fus témoin oculaire de sa réforme et retraitte qui est un exemple illustre de dévotion et qui estonne toute la Cour.

Je suis, Monsieur, vostre, etc.

De Paris, ce 2 janvier 1640.

CCCLXIV.
A M. DE BALZAC,
à BALZAC.

Monsieur, je ne regarde point la tendresse comme un vice, ou pour parler ainsy que vous, comme une vertu vicieuse de vostre ame puisque je vous en loue et que j'en fay profession ouverte. Quand il n'y auroit autre chose à dire dans la philosophie stoïque que la dureté et l'impassibilité dont elle arme son sage, vous pourriés aussy bien asseurer que je ne serois jamais stoïcien que vous croiriés pouvoir asseurer que St Amant ne seroit jamais Mahométan, quand il n'y auroit point d'autre mal en cette secte que l'abstinence du vin[4]. Je ne serois pas tendre à la vérité d'un moineau ny d'un chien[5], quelque plaisir qu'ils me donnassent et quelque mal qui leur peust arriver. Mais de mes amis et mesmes des personnes de vertu, bien que sans en estre aymé, tout me touche et il ne leur peut arriver de bien ny de mal que je ne le sente autant qu'ils font. Cette qualité est un annexe[6] de la nature humaine et on ne la voit manquer en aucun lieu où se trouve la véritable humanité. C'est d'elle que je tiens qu'on peut dire *aut deus aut bestia*[7] pour ne

---

[1] Il a été question de l'affaire de l'abbé de Croisilles dans les lettres CLVII et CLXIV.

[2] Tallemant des Réaux nous explique ainsi (*Historiettes*, t. III, p. 26) pourquoi le futur maréchal de Gramont et la nièce du cardinal de Richelieu s'intéressaient à l'abbé de Croisilles : «A son arrivée à Paris, il fit connoissance avec un autre Croisilles, aussy languedocien, qui se disoit son parent. Cet homme était gouverneur du comte de Guiche, aujourd'hui maréchal de Gramont, et du comte de Louvigny son frère, qui estoient alors à l'Académie. Il eut aussy entrée à l'hostel de Rambouillet, chez Mme de Combalet et chez Madame la Princesse, par le moyen de Mlle Paulet qui, du costé de son père, estoit sa parente.» Tallemant nous apprend encore (p. 33) que le comte de Guiche protégea Croisilles auprès du cardinal de Richelieu, qu'il avait même l'intention, avec Montauzier, Pisani et le futur abbé Arnauld (alors cornette de carabiniers), de l'enlever de sa prison, pour faire plaisir à leur amie Mlle Paulet.

[3] De cette expression *se tue* il faut rapprocher ce passage de Tallemant (p. 35) : «Mlle Paulet, pendant huict ans, non seulement a sollicité pour luy, d'une aussi grande ardeur que si c'eust esté pour elle, jusques là que tous les ennuys qu'elle en a eus ont peut-estre abrégé sa vie...»

[4] On sait combien Marc-Antoine de Gérard, sieur de Saint-Amant, aimait le vin, qu'il a chanté dans tant de pièces où la verve étincelle, *Bacchus conquérant*, *la Vigne*, *Imprécation*, la *Naissance de Pantagruel*, *Chanson à boire*, etc.

[5] L'expression : *être tendre de* pour *s'intéresser à*, n'a pas été donnée par M. Littré dans son *Dictionnaire de la langue française*. Je ne la trouve pas non plus dans le *Dictionnaire de Trévoux*.

[6] Chapelain fait du mot annexe un mot masculin à cause de l'étymologie (*annexus*).

[7] Pascal répond (*Pensées*, édition de M. E.

la posséder point et, comme la Divinité est unique et que le grand nombre est des brutes, toutes les fois que je verray un homme insensible aux malheurs de qui que ce soit, je pencheray bien plustost à le croire beste qu'à le croire Dieu. J'ayme toutes les vertus qui me font agir conformément à ma nature, et, comme j'ayme à les exercer, et que, dans cet exercice, je trouve mon repos, je les chéris infiniment en ceux que l'amitié a faits des autres moy mesmes. Jugés si en vous et pour mon sujet celle cy me doit estre chère, et si j'y puis rien trouver de foible ou de vicieux. Je vous en remercie donc encore une fois et vous prie de ne la jamais perdre comme je ne la perdray jamais en ce qui vous regardera.

Pour ce qui regarde M⁺ Esprit, je n'ay pas senti les mouvemens jusqu'icy dans l'impression sinistre que l'on m'en avoit donnée. Je ne sçay s'ils me viendront à l'avenir pour ce que je ne sçay si je seray persuadé du contraire. Et vous savés que, pour se porter à quelque chose, il faut estre auparavant persuadé de sa bonté. J'aurois bien de la satisfaction si je pouvois vérifier par la suitte que l'on m'auroit trompé dans la relation que l'on m'a fait de luy. Mais je vous avoue que j'en aurois une bien plus grande si je trouvois que vostre exemple l'eust réformé et que vostre conversation eust opéré en son âme ce qu'on m'a dit que tous les préceptes de la morale avoient inutilement essayé de faire. A son arrivée je luy feray savoir la joye que vous avés de son amitié et la part que vous m'avés donnée de cette joye afin qu'il voye que vous vous estes acquitté de ce que vous luy aviés promis et, afin de l'engager encore par cette circonstance à estre ce qu'il paroist estre.

Je ne sçaurois que dire du retardement de ce roulleau de M⁺ Huggens que je vous ay envoyé[1]. C'est au S⁺ Rocolet[2] à vous en respondre, y ayant trois mois qu'il s'en est chargé. M⁺ Conrart, que j'ay veu depuis pour l'obliger à faire attendre vostre remerciment avec patience, m'a dit qu'il avoit escrit il y a un mois pour faire le sien et que n'ayant autre chose à escrire à ce M⁺ le Hollandois, il ne juge pas dans la familiarité qu'il a avec luy devoir recharger pour cela seulement. Si vous le désirés néantmoins, il passera par dessus ce scrupule et fera avec joye ce qu'il croira de vostre contentement.

M⁺ de Grasse, son cousin, me demanda fort, ces jours passés, de vos nouvelles et me pria de vous asseurer de son service. Il me dit qu'il l'eust fait par luy mesme s'il n'eust respecté vostre vœu et s'il n'eust craint de vous tenter de le rompre. Il n'a plus affaire qu'au Pape pour l'accomplissement de son affaire[3], tout ce qui dépendoit du Roy luy ayant esté plainement accordé. Dès à présent il jouit du revenu de son nouvel Évesché et a toutes les expéditions de la Cour pour la jonction de cette mitre à celle

---

Havet, 1866, p. 100): «L'homme n'est ni ange ni bête.» Sous ce passage le savant commentateur a cité ce mot de Montaigne (*Essais*, livre III, chapitre 13): «Ils veulent se mettre hors d'eulx et eschapper à l'homme, c'est folie: au lieu de se transformer en anges, ils se transforment en bestes; au lieu de se hausser, ils s'abatent;» et ce mot de Balzac, à la fin du *Socrate chrestien*: «Disons davantage : L'homme est fait d'un Dieu et d'une bête qui sont attachés ensemble.»

[1] Voir la lettre du 30 octobre 1639, n° CCCXLVII.

[2] Il a été déjà question du libraire Rocolet dans la lettre LXVII.

[3] Les bulles pour l'union perpétuelle des évêchés de Grasse et de Vence furent signées par le pape Innocent X le 7 décembre 1644. (*Gallia Christiana*, t. III, col. 1181.) Mais Godeau ne devait pas profiter de cette faveur, et il opta pour le siège de Vence. (*Gallia Christiana*, t. III, col. 1230, 1231.)

qu'il porte. Ne vous semble-t-il point que ces deux couronnes en pronostiquent une troisiesme et que le *Regno* le pourroit regarder? Il ne vous le semble pas sans doute non plus qu'à moy. Cependant cela est admirable que la fortune ait fait des choses si extraordinaires pour luy.

Je vous envoye le billet que M⁺ de La Mothe m'a laissé sur ces lucifuges dont je vous avois demandé l'esclaircissement.

Il est vray que M⁺ le Marquis de Montauzier fait des sonnets et de fort beaux et qu'il est au dessus des personnes de sa profession aussi bien dans la poésie que dans la prose. Mais il se contente de monstrer ses vers à ses amis, et je n'en sache point qui ait eu encore le crédit d'en tirer un seul de ses mains. Et, à vous dire vray, je ne désapprouve pas sa conduitte en cela, veu l'humeur du siecle. Je lui manderay ce que vous m'en avés escrit.

Pour M⁺ Le Maistre je tiens absolument faux qu'il face des sermons. Au moins n'en sçait-on rien dans sa famille. Je le voudrois pourtant et prendrois plaisir d'avoir quelque chose de semblable de luy [1].

Je suis, Monsieur, vostre, etc.

De Paris, ce 7 janvier 1640 [2].

CCCLXV.

À M⁰⁺ LE DUC DE LONGUEVILLE,

EN ALLEMAGNE.

Monseigneur, les extraordinaires langueur (*sic*) desquels (*sic*) on tient de deça M⁺ de Tracy, nonobstant ses assidues et violentes sollicitations et la nécessité pressante de vous assister dans l'estat où vous vous trouvés, me donnent le temps de le charger de plus d'une de mes lettres et seront cause que les nouvelles que je vous escriray par luy ne seront guères nouvelles. Mais ce seroit un petit mal si celles que nous attendons de vous n'estoient point mauvaises et que par un miracle de l'assistance de Dieu et de vostre propre conduitte vous vous fussiés conservé au milieu de tant de périls sans tomber dans une totale ruine. Jamais je ne dis pas Prince, mais général d'armée ne s'est trouvé si engagé que vous estes en païs ennemy avec tant d'armées sur les bras et si loin de retraitte. Vous n'avés pas un morceau de pain qu'il ne vous le faille acquérir au prix de vostre sang et bien souvent mesme vos victoires ne vous en donnent pas dans la désolation où est la province où vous avés porté la guerre.

---

[1] Chapelain avait raison : Antoine Le Maitre ne faisait pas de sermons, et M. Sainte-Beuve, qui, dans son *Port-Royal*, s'est tant occupé de ce personnage, ne lui en attribue pas un seul.

[2] Le 8 janvier 1640, Chapelain (f° 286) reproche en deux grandes pages au marquis de Montauzier son silence obstiné, et ajoute : «Vous estes extrêmement plaint de deça... Vos amis vous y souhaittent plus que vous ne faittes vous mesme, entre autres la Princesse que vous sçavés que je ne vois aucune fois sans qu'elle me le tesmoigne. Elle me dit, il y a quelque temps, qu'elle vous avoit voulu donner avis elle mesme de sa guérison puisque je vous l'avois donné de sa maladie. Et il y a quatre jours que m'ayant retenu à faire les Rois chés elle, la première fois qu'elle beut, elle me porta vostre santé de fort bonne grâce, et je la portay ensuitte *al Rey Chiquito*, c'est-à-dire V[oiture], qui la receut avec apparence d'en estre bien ayse et m'en fit raison deux fois. Après souper on leut force vers des uns et des autres et il fut parlé des vostres comme vous le pouvés souhaitter... M⁺ Conrart est attaqué de sa goutte aux mains et aux pieds... On m'a promis de me monstrer une response que Mᵐᵉ vostre sœur [Catherine de Sainte-Maure. mariée, en 1635, à Antoine de Lénoncourt, marquis de Bainville, et qui fut remariée, en 1645, à Philibert Helie de Pompadour, marquis de Laurière] a faitte à M⁺ Arnauld la plus galante et la plus spirituelle du monde. Cela ne me surprendra point, car c'est le défaut de la

Quand nous adjoustons à cela que vostre armée est petite, affoiblie par les combats et la disette et composée la plus part d'estrangers qui ne connoissent pas la moitié de vostre vertu, nous concluons qu'il n'y a personne au monde plus à plaindre que vous, et tremblons à tous les momens du jour pour une vie aussy précieuce que la vostre. On a fait courir plus d'une fois le bruit que vous estiés entièrement desfait et l'estat où nous vous savions ne nous permettoit pas presque d'en croire autre chose. On a fait aussy les avantages que vous avés remportés sur les ennemis plus grands qu'ils n'estoient en effet. Maintenant que j'escris, on les diminue et l'on se contente d'escrire de Cologne que vous avés pris un chasteau, où vous avés trouvé assés de vivre pour couler quelque temps et que vous avés gagné un demy passage sur la Moselle. J'en ay l'esprit si partagé que je ne sçay que juger de vostre fortune présente, et tout mon recours est de prier Dieu qu'il vous la donne bonne.

Cependant il y a apparence que vostre conservation important si fort à la France, le Roy résoudra bien tost vostre secours et despeschera Mr de Tracy avec le contentement que souffrira l'estat des affaires présentes. Ce sont, si je ne me trompe, les dernières paroles qu'il en a tirées et qui nous donnent quelque espoir de vous voir sortir glorieux d'un si grand embarras.

Je receus, il y a quelques jours, une lettre de Mr le duc de Retz pleine d'inquiétude sur vostre sujet et de tesmoignage de la passion qu'il a pour vous et de la part qu'il prend en ce qui vous touche. Je luy ay escrit ce que je savois et luy ay asseuré que ses soins vous seroient très agréables.

Pour nous (*sic*) nouvelles, nous attendons de jour en jour celle de la reddition de Salses aux Espagnols après trois mois et demy de siège et peut estre d'une nouvelle vaine attaque de leurs retranchemens. La place se devoit rendre le jour des Roys à neuf heures du matin si dans ce temps là elle n'estoit secourue [1].

On a aussy asseuré que le prince Thomas avec toute l'armée Espagnolle s'estoit approché de la citadelle de Thurin et commençoit de la circonvaller [2] avec neuf mille paisans sans que Mr le Comte d'Harcourt osast s'avancer pour l'empescher à cause de l'inégalité de ses forces. Pour ce dernier néantmoins on en a douté encore et il y en a mesme qui asseurent que le premier avis est faux [3].

Vostre gouvernement [4] a senti l'indigna-

---

maison et qui est commun à l'un et à l'autre sexe.» Ce passage, jusqu'à la phrase : *Mr Conrart est attaqué*, a été reproduit par M. Livet (*Précieux et Précieuses*, p. 38).

[1] Le marquis de Montglat (*Mémoires*, Ve Campagne) nous fait très-bien connaître toutes les vicissitudes de l'affaire de Salces, d'abord la prise de cette ville sur les Espagnols par le prince de Condé et le maréchal de Schomberg (29 juin 1639), puis la reprise de la place par le marquis de Spinola après l'échec des deux tentatives faites, le 22 octobre et le 1er novembre, par Condé pour secourir les assiégés. «Après la retraite du Prince,» dit Montglat, «le marquis de Spinola fit sommer la place. D'Espenan connaissant qu'ils [les vivres] ne pouvoient durer que jusqu'au 15 de janvier, il fit une trêve pour gagner 15 jours, par laquelle les Espagnols lui devoient fournir des vivres jusqu'au mois de février, auquel temps s'il n'étoit secouru, il leur rendroit la place. Ce traité fut exécuté, et le terme étant expiré, il sortit de Salce et fut conduit à Narbonne.»

[2] *Circonvaller* (de *circumvallare*) n'est dans aucun de nos dictionnaires.

[3] C'était faux, en effet, et, depuis la journée de la Route (20 novembre), la réputation de l'armée espagnole en Italie «alla toujours diminuant,» comme dit Montglat, «au lieu que celle du comte d'Harcourt augmentoit.»

[4] Le gouvernement de Normandie.

tion du Roy et, après Caen, Rouen a receu les gens de guerre, et le Parlement, la Cour des Aydes et les trésoriers de France ont esté interdits[1].

Je prie Dieu qu'il vous conserve et demeure, Monseigneur, vostre, etc.

De Paris, ce 8 janvier 1640.

CCCLXVI.
À M. DOLIVE DU MESNIL,
CONSEILLER AU PARLEMENT DE TOLOZE,
À TOLOZE[2].

Monsieur, lorsque M⁰ Doujat[3] vous a assuré de l'estime que je faisois de vos ouvrages, il vous a exprimé mes purs sentimens et n'a fait que vous redire les choses que je lui en escrivis lorsqu'il m'envoya le volume où vous les avés recueillis[4]. Depuis son retour en ces quartiers, nous en avons parlé plus d'une fois, et, comme j'avois eu le loysir de les considérer plus attentivement, je luy en ay dit aussi plus de bien et, en m'expliquant plus au long, je luy ay fait connoistre que j'en avois observé jusques aux moindres beautés et délicatesses. Je n'ay pas mesme fait de difficulté de luy dire que je vous tenois pour celuy de tous nos escrivains qui ne sont pas nés dans le ciel de la Cour dont le génie estoit le plus éloquent et la diction la plus espurée. Maintenant, Monsieur, je voy par le ressentiment que vous m'en tesmoignés qu'il vous a donné avis de la nouvelle justice que je vous ay rendue, et d'ailleurs j'ay sujet de croire qu'il vous a persuadé que je vaux quelque chose par les offres que vous me faittes d'une amitié aussy précieuse que la vostre.

Et certes, pour ne respondre qu'à ce dernier point, je serois bien peu ce que vous pensés de moy et serois un grand ennemy de moy mesme si je n'acceptois l'offre que vous me faittes et ne tenois à singulière faveur la bienveillance dont vous me voulés honnorer. Que si quelque chose me pouvoit faire délibérer là dessus, ce ne seroit que le scrupule de ne la mériter pas assés et la crainte de n'avoir pas assés légitimement acquis un si grand bien. Il est vray que ce bien est un don et que je le puis recevoir en

---

[1] Chapelain oublie d'ajouter que le corps de ville de Rouen fut aussi interdit pour n'avoir pas fait son devoir en face des révoltés.

[2] Simon d'Olive, seigneur Du Mesnil, appartenoit à une vieille famille parlementaire de Toulouse. Après avoir longtemps fait partie du barreau de sa ville natale, il fut nommé avocat du roi au présidial, puis (au commencement de l'année 1628) conseiller au parlement. Voir sur ce magistrat le *Dictionnaire* de Moréri (t. VIII, p. 56), la *Biographie toulousaine* (t. II, p. 108), etc. Les rédacteurs du *Moréri* déclarent qu'ils ignorent le temps de la mort de Simon d'Olive, mais les rédacteurs de la *Biographie toulousaine* nous apprennent qu'il mourut en 1645.

[3] Il a été déjà question du toulousain Jean Doujat dans la lettre CLXXXII. Le futur académicien avait été reçu avocat au parlement de Paris en 1639, après avoir été reçu avocat au parlement de Toulouse en 1637.

[4] Simon d'Olive a laissé trois recueils, un recueil d'études sur la jurisprudence, un recueil de harangues et un recueil de vers latins. Le premier est intitulé : *Questions notables de droit*, le second *Actions forenses*, le troisième *Sylvarum liber singularis*. Sur les recueils du jurisconsulte et de l'orateur qui ont été réunis, avec la correspondance de l'auteur, dans l'édition de Lyon (Simon Rigaud, 1650, in-4°), on trouvera force détails dans l'article du *Dictionnaire* de Moréri. Les *Questions notables de droit*, qui parurent pour la première fois en 1638, ont été souvent réimprimées. La sixième édition parut en 1782 et la septième en 1787. Dans la *Biographie universelle*, on a oublié de signaler le volume de poésies de Simon d'Olive, qui n'est pas mentionné davantage dans le *Manuel du libraire*.

cette qualité sans le mériter. Je le reçois donc, Monsieur, et m'en tiens d'autant plus vostre obligé par mon mérite et par mes services. Mais peut estre qu'un jour je seray capable de soustenir ce bienfait, et acquerreray ce qu'il me manque pour en estre digne. En tout cas, si je vaux peu du costé de l'esprit, j'ose vous dire que j'ay les parties de l'âme assés bonnes, que ne vous pouvant payer d'une amitié illustre, je vous payeray au moins d'une amitié sincère, fidelle et généreuse, et que si vous n'estes agréablement avec moy, vous y serés au moins en seureté.

J'ay leu les beaux vers que vous aviés préparés pour le secours de Salses, s'il eust pleu à Dieu de le faire réussir et j'ay presque autant pleuré l'interruption d'un poème si excellent que l'avortement d'une si belle entreprise[1]. Il faudroit en louer toutes les lignes qui voudroit les bien louer et ce seroit plustost matière d'un livre que d'une lettre. Aussy, sans m'estendre inutilement en vous y remarquant les grâces que vous y avés mises et que vous connoissés mieux que moy, je me contenteray pour louange de les faire voir à nos amys qui sont les plus capables de les bien gouster, afin de leur donner leur vray prix qui consiste en l'estime des habiles. Je laisse le reste à Mr Doujat et, de peur de vous estre importun, je ne vous diray rien davantage, sinon que je suis et seray tousjours, Monsieur, vostre, etc.

De Paris, ce 11 janvier 1640[2].

CCCLXVII.
À M. DE BALZAC,
À BALZAC.

Monsieur, il seroit pourtant fascheux que

---

[1] On venait d'apprendre que le défenseur de Salces, d'Espenan, n'ayant plus de vivres, avait été obligé de promettre aux Espagnols de leur rendre la place, s'il n'était pas secouru avant le mois de février.

[2] Suit (f° 288, v°) une lettre à M. de la Pigeonnière, lieutenant général au présidial de Blois, à Blois, datée du 10 janvier et à qui sa place dans le manuscrit, après une lettre du 11, semble devoir donner la date du 11 ou du 12. Chapelain lui dit : «J'ay retardé jusqu'à cette heure à respondre à la lettre que vous m'avés fait l'honneur de m'escrire par Mr Voiture pour ce que je l'avois envoyée en Angoumois à Mr de Balzac afin qu'il vit la diligence que nous avons faitte pour lui donner le contentement qu'il désiroit touchant les ouvrages de feu Mr du Vivier...» Il ajoute que Balzac le remercie «de la promesse que vous nous faittes de tenir la main au rassemblement des pièces parfaittes ou imparfaittes de cet excellent homme dont il ne prétend pas seulement jouir dans sa solitude, mais qu'il veut encore faire valoir dans quelqu'uns des Discours où il travaille maintenant et il sera bien aise d'en avoir tout ce qu'il y aura entre les mains de M^r son frère, non pas pour le publier en entier, mais pour en pouvoir tirer les plus beaux traits qu'il enchâssera après avec son art et son jugement, en telle sorte que la réputation du défunt en tirera un notable avantage... Les œuvres d'un si grand homme serviront de cèdre et de baume aux reliques de ceux de vostre amy qui par ce moyen ne periront qu'avec le monde, et il ne luy sera pas d'une petite gloire à l'avenir que l'on voye l'amitié qui a esté entre eux et l'estime que l'un faisoit de l'autre. Les six mois de temps que M^r son frère a pris pour ramasser et ranger ses fragmens sembleront longs à Mr de Balzac qui a impatience d'avoir de quoy pouvoir honnorer la vertu de son amy...» Chapelain recommande, en finissant, d'envoyer les manuscrits «à Mr de Vaugelas, qui loge dans la rue Saint-Thomas proche de Mr Charpentier.» Au f° 290 nous trouvons une lettre à la marquise de Flamarens, du 12 janvier. Chapelain la remercie de l'intérêt qu'elle a pris à sa maladie et lui donne, en *post-scriptum*, cet avertissement : «Vos lettres sont du 18 décembre, et je ne les ay receues que hier bien tard. Vos courriés ont la mine d'aller à pied à faire si peu de diligence.» Le len-

la peine de Totila¹ fust perdue, que j'eusse employé mon crédit en vain et que les Espagnols triomphassent dans Milan du meilleur François du monde². *Tolga dunque il ciel gli auguri*, et croyons pour nostre satisfaction que vostre ample despesche passera heureusement jusqu'à la Ville aux sept montagnes puisque nous savons qu'elle porte avec elle son passeport et qu'en vain elle ne seroit que beauté si elle ne se faisoit respecter par tout ce qu'elle rencontrera de plus barbare. Je ne suis pas aussy tant en peine si elle arrivera à bon port comme je le suis que le seigneur Jean Jacques la reçoive. Car les nouvelles que nous avons de luy sont qu'il a esté aussy brouillé avec le Cardinal Barberin, son maistre, que son maistre l'est avec nous³ et que son accommodement ne s'est fait qu'à condition qu'il vuideroit Rome et viendroit garder nostre frontière en qualité de chanoine de Verdun⁴.

Néantmoins la dernière partie de l'avis n'est pas encore certaine et l'on en attend la confirmation pour l'asseurer. Ce que je vous puis dire de plus, c'est que son retour est apprehendé chés les frères Putéans et que son nom et ses gestes y sont en quelque sorte d'abomination⁵ assés pour faire croire qu'il y sera receu comme une vomique⁶ ou une peste. Je veux croire qu'on luy fait un peu de tort et qu'on pourroit estre un peu plus modéré dans la haine que j'apprens

---

demain, Chapelain écrivait au marquis de Montauzier (f° 293) : « Nous commençons à désespérer de vous voir de cet hyver..... Je vous puis dire..... que l'hostel de R[ambouillet] n'en est pas moins travaillé que moy et que la [Princesse] que nous servons et révérons m'en a tesmoigné un sentiment extrême. Vous avés au moins cet avantage dans vostre exil qu'on se souvient de vous d'une manière la plus obligeante du monde... J'ay demandé, cette après disnée, à la P[rincesse] J[ulie] ce que je vous manderois pour vous consoler. Elle m'a ordonné de vous baiser les mains de sa part et de vous dire que vous manquiés bien icy, où la confusion de la guerre n'empesche pas qu'on ne prépare des ballets et des Comédies et tous les autres divertissemens de la paix... » Chapelain, parlant ensuite du duc de Longueville, déclare que le passage du Rhin «est un party héroïque mais qui tient du désespéré, et si ce Prince sort avec succès de cette entreprise en l'estat où il est maintenant, je ne sçay s'il y aura en l'Europe de général d'armée plus glorieux que luy. Outre l'intérêt du Public que vous savés qui me touche toûjours trop à vostre gré, j'ay encore le mien particulier, mais à tel point que je n'en puis avoir de plus grand au monde, et il ne peut périr sans me faire abysmer. »

¹ C'était le secrétaire de Balzac. Son nom revient souvent dans la correspondance de l'ami de Chapelain. Sur Totila, voir la note 3 de la page 435 des *Mélanges historiques. Lettres de Jean Louis Guez de Balzac*, n° X.

² Ce *meilleur François du monde* n'était autre que Balzac lui-même. Chapelain veut dire par cette plaisanterie qu'il espère bien que la lettre de son ami ne sera pas interceptée à Milan par les Espagnols.

³ Allusion à la querelle, dont il a été déjà question, entre le premier ministre du pape Urbain VIII et le maréchal d'Estrées, ambassadeur de Louis XIII.

⁴ Bouchard ne fut pas nommé chanoine de Verdun et il ne quitta point la ville de Rome, où il ne devait pas tarder à mourir, comme nous l'apprend en ces termes Tallemant des Réaux (t. VII, p. 160) : « Il eut des coups de baston pour s'estre meslé de dire quelque chose contre le mareschal d'Estrées, durant sa brouillerie avec le pape Urbain, et il mourut un an après. »

⁵ Quand on a lu l'*Historiette* de Tallemant des Réaux et le commentaire dans lequel M. Paulin Paris a résumé l'autobiographie de Bouchard, on s'explique à merveille l'horreur que «ce monstre», comme l'appelle le savant éditeur, devait causer à d'honnêtes gens tels que les frères du Puy.

⁶ Selon le *Dictionnaire de médecine* de Nysten

qu'on luy porte. Mais au moins cette géneralle aversion que ses anciens amis ont prise pour luy n'est pas un signe fort favorable, et il est bien mal aisé qu'un homme soit innocent qui a tant d'honnestes gens pour ennemis ou pour accusateurs. Le principal est son frère qui met en fait qu'il l'a voulu despouiller de son bénéfice, ce qu'il a reconnu par plusieurs lettres de luy trouvées après la mort de son père, dans lesquelles il le sollicitoit de faire cette inhumanité[1]. Si cela estoit bien avéré, je ne voy pas qu'il y eust de bonne raison pour l'en deffendre. Mais ce frère pourroit bien mentir, et je ne le tiens pas un autheur infaillible ny un tesmoin sans reproche. Peut estre que l'accusé se purgera[2] et confondra ceux qui l'accusent. Peut estre qu'il nous fera une aussy belle apologie pour luy qu'il a fait une belle louange pour Mr de Peyresc, à propos duquel je vous diray que j'ay entre les mains sa vie escritte en latin par Mr Gassendi, qu'il m'oblige de repasser la plume à la main devant que de la donner à l'imprimeur[3]. Je n'en suis encore qu'au commencement et ne puis vous asseurer de sa beauté que sur la foy de M[r] L'Huillier qui l'a toute leue et sur la haute estime où j'ay son autheur.

En regardant sa fin j'ay trouvé un endroit qui parle de vous et de moy que j'ay fait copier et que vous trouverés avec cette lettre, sur lequel vous pourrés juger du stile de celuy qui l'escrit et *ex ungue* de tout le reste[4]. Je me fusse volontiers passé de faire mettre ce qui me regarde si vous ne vous fussiés trouvé enchassé encore la dedans, et je ne puis penser sans rougir qu'il m'ait associé

(édition de 1858), on appelle *vomique* «une expectoration subite et abondante de pus, de sérosité, ou du contenu purulent ou non de quelque kyste ou cavité naturelle.»

[1] L'*Historiette* consacrée par Tallemant des Réaux à Bouchard débute ainsi : «Bouchard estoit fils d'un apothicaire de Paris dont la femme avoit un fils de son premier mary, nommé Hullon. Ce Hullon avait un bon prieuré de huict mille livres de rente, en Languedoc, nommé Cassan. Bouchard, jaloux de son frère, et espérant qu'il luy resigneroit son benefice, conseilla à son père de l'empoisonner d'un poison lent. Le père n'y voulut point entendre.»

[2] Habituellement le mot *se purger*, pour se justifier, est suivi des mots : *d'une accusation, d'un crime*, etc. M. Littré a trouvé pour la première fois l'expression *se purger* dans ce vers de *Nicomède* de Corneille :

Purge-toi d'un forfait si honteux et si bas.

La lettre de Chapelain est de plus de dix années antérieure à *Nicomède* (1652).

[3] Le livre parut en septembre 1641, sous ce titre : *Viri illustris Nicolai Claudii Fabricii de Peiresc, Senatoris Aquisextiensis vita per Petrum Gassendum præpositum Ecclesiæ Diniensis* (Paris, Cramoisy, in-4°).

[4] Allusion au proverbe : *ex ungue leonem*. La copie du passage de la Vie de Peiresc relatif aux hommages qui lui avaient été rendus par Balzac et par Chapelain n'accompagne pas la présente lettre, mais on trouvera ce passage, qui a été souvent cité, à la fin du VI° livre de l'ouvrage de Gassendi. En une autre occasion, Gassendi fit de Chapelain un éloge bien moins connu et que je vais reproduire. Écrivant, tout au commencement de janvier 1653, au duc d'Angoulême pour le remercier des bontés qu'il avait pour Chapelain, il disait (je me sers ici de la traduction de Bougerel, en sa *Vie de Gassendi*, 1737, p. 369, 370) : «Je crois avoir reçu moi-même toutes les politesses que vous lui avez faites. Chapelain est un homme sçavant, dont les mœurs sont très candides; la beauté de son esprit le dispute à la maturité de son jugement; il est aimé de tous les gens de bien : c'est le plus officieux de tous les hommes ; il n'est pas possible de pouvoir trouver un meilleur ami. J'en dirais davantage si je n'étois pas le sien ; j'ajouterai seulement l'éloge que tout le monde lui donne d'être l'arbitre de la poésie et de l'éloquence.»

en cette partie d'éloquence avec une personne comme vous qui la possède si fort hors de comparaison.

Pour la brouillerie de Rome on me disoit hier qu'il y avoit icy un carme deschaussé envoyé de delà pour en préparer l'accommodement. Il est vray que celuy qui me l'a dit n'est pas un nouvellant[1] des plus seurs de ce monde. Il me semble que vous m'avés fait un peu de tort de ne m'envoyer point de copie de la lettre du triumvir[2]. Quoyque ce ne soit qu'un recueil et un ouvrage de pièces rapportées, le langage du moins en est à luy et vostre exemple a fait que pour l'ordinaire ce langage a ses grâces. Au cas que cela se trouve en celle cy je vous la demande et je seray bien aise de voir ses allégations en[3] un style imité du vostre.

Vous ne me parlés point de vos maux ny de vos pertes et toutes fois vous m'en parlés assés pour me les faire extrêmement sentir. A ce que je voy, je ne seray pas mesme exempt de peine en la personne de mes plus chers amis, et ma mauvaise estoille qui me trouve insensible aux travaux[4] qui regardent la mienne me persécute en la leur afin de m'arracher des plaintes et tirer cet avantage sur ma fermeté.

Je suis plus en peine que jamais de Mr le duc de Longueville que la famine a chassé delà le Rhin avec une petite armée tout prest (sic) à l'abandonner si l'argent luy manque au milieu des ennemis sans espérance de salut. S'il en eschappe, il le faudra canoniser, car il aura fait un très grand miracle.

On m'a donné une inscription en vers latins sur la statue équestre du Roy érigée par Mr le Cardinal au milieu de la Place Royale. Elle est d'un Jesuite de Toloze et elle me semble digne de vous estre envoyée. Vous la trouverés dans le paquet[5].

Je suis, Monsieur, vostre, etc.

De Paris, ce 15 janvier 1640.

---

[1] Aucun dictionnaire ne donne le mot *nouvellant*, et l'on sait que *nouvelliste* se trouve dans Molière, dans La Bruyère, dans les *Conversations* de Mlle de Scudéry, dans les *Lettres* de Racine, etc.

[2] La lettre de Costar dont il a été déjà plusieurs fois question.

[3] Je substitue *en* à *est*, qui est un évident *lapsus calami*.

[4] *Travail* est employé ici dans le sens de peine, et M. Littré a rappelé que c'est là le sens primordial du mot.

[5] Cette inscription a été souvent publiée, notamment dans les descriptions de Paris de Germain Brice, de Piganiol de la Force, et tout récemment par M. Anatole de Montaiglon dans sa *Notice sur l'ancienne statue équestre, ouvrage de Dianetto Ricciarelli et de Biard le fils, élevée à Louis XIII, en 1639, au milieu de la Place Royale, à Paris* (librairie J. Baur). Le savant archéologue, après avoir reproduit (p. 51) les douze hexamètres dont ni Brice, ni Piganiol, ni Patte (*Monumens élevés à la gloire de Louis XV*) ne nomment l'auteur, ajoute (p. 52) : «Nous pouvons l'indiquer d'après une transcription manuscrite que nous avons rencontrée dans un manuscrit de l'Arsenal, *Belles lettres françaises*, n° 131, page 31. On y lit, en tête, cet intitulé : *In statuam equestrem Ludovici XIII, regis Christianissimi, in Plateâ Regiâ positam, auctore P. Vital Therono, Occitano, Soc. Jesu.* Le P. Vital Théron était mort en 1645, puisque c'est dans le courant de cette année que parurent à Toulouse, par les soins de son neveu, et de format in-4°, ses *Reliquiæ poeticæ*, où l'on retrouve nécessairement cette pièce. C'est peut être la seule du recueil qui ait eu les honneurs du marbre, et plus tard Santeul, en passant, devait à coup sûr la regarder de travers pour lui avoir volé une place qu'il aurait si bien remplie.» Voir sur le P. Théron une note des *Mélanges historiques* de 1873, *lettres de Balzac*, n° LVII, p. 563.

CCCLXVIII.

À M. DE BALZAC,
À BALZAC.

Monsieur, Si vous vous portés bien, je vous fais plaisir de le croire, car je n'y suis pas obligé et il ne tient pas à vous que je ne croye le contraire. Je say bien que ce seroit traitter avec vous trop à la rigueur que d'exiger de vos lettres tous les huit jours. Mais puisque vous vous estes volontairement imposé cette loy à vous mesme, vous jugés bien que je dois estre alarmé de vous la voir rompre, et que je serois bien fondé à m'imaginer, si je voulois, que vous n'estes pas en santé dans cette omission où je vous vois tomber cette fois cy. Je ne suis pas toustesfois assés ennemy de mon repos pour me former un si grand mal sur une raison si légère. Peut estre avés vous receu quelque visite de respect qui vous a fait prendre dispense d'entretenir pour cette fois nostre commerce ! Peut estre en avés vous fait quelqu'une par ce temps doux qui a retardé vos communications ! Peut estre avés vous envoyé vos lettres trop tard à Angoulesme ! Peut estre se sont-elles perdues en chemin ou qu'elles sont encore à la poste ! Enfin je veux que tout puisse estre plustost que de penser que vous soyés malade, parce que je ne veux point que vous le soyés. Il sera bien à propos, avec tout cela, que ce courrier cy m'apporte de vos nouvelles pour ce que ma foy vacilleroit si ce silence continuoit, et j'aurois beau vouloir me flatter je sens que l'espérance succomberoit sous la crainte. J'espère encore et ne crains encore point.

Je vous mandois par ma précédente que je commençois à lire la vie de celuy que nous avons loué[1] et que je vous en dirois mon sentiment dans la huitaine. J'en suis maintenant à la fin et je n'ay presque fait autre chose depuis huit jours. Ce que je vous en puis dire est que je souhaitte que vous ayés un pareil historien après que vous aurés rendu le tribut à la nature et qu'il y a longtemps que je n'ay veu d'ouvrage plus net, plus pur, plus divers et de plus grande édification ny qui porte plus d'honneur à son sujet et à son autheur. En quelques endroits il m'a seulement semblé un peu estendu et je l'ay marqué pour y faire prendre garde puisque l'on l'avoit ainsy désiré de moy. Vous prendrés sans doute grand plaisir à l'égalité de cette narration qui ne tombe point, pour estre souvent de matières peu relevées, et pour estre d'un stile qui n'est point relevé, et l'ardeur infatigable que l'homme qui y est représenté a eu pour le bien des lettres et des lettrés, vous touchera infailliblement d'un sentiment assés tendre pour regretter sa mort et aymer sa mémoire[2].

A propos d'homme de lettres, Mr Esprit, de chés M^r le chancelier[3], à ma prière a obtenu de luy des lettres de naturalité pour le Sr Esperstein, Alleman, Calviniste[4], que le Duc de Weimar luy avoit recommandé pour la mesme chose sans effect. Il y a pro-

---

[1] La vie de Peiresc par Gassendi.

[2] On peut rapprocher cette appréciation de toutes celles qui ont été analysées par le P. Bougerel dans sa *Vie de Gassendi* (p. 207-210). Parmi ces appréciations je signalerai celle de Godeau, tirée (p. 209) d'une de ses lettres latines à l'auteur, qui lui avait, comme à Chapelain, communiqué son manuscrit avant l'impression. Bougerel a ignoré que cette même preuve de confiance avait été donnée par son héros à Chapelain.

[3] C'était Jacques Esprit, membre de l'Académie française depuis le 14 février 1639.

[4] Il a été question de ce personnage sous le nom d'Epestheim, dans la lettre du 4 novembre 1689, n° CCCXLVIII.

cédé avec chaleur et générosité si grande que je m'en tiendray à jamais son obligé et je veux commencer à luy payer cette bonne action en vous disant qu'il l'a faitte après que ses deux camarades, plus vieux et plus puissans que luy dans cette faveur[1], s'en estoient laissés prier inutilement par moy, à qui sans vanité ils avoient quelque obligation et, au moins, beaucoup plus que luy. Si Mr son frère est encore en vos quartiers[2], je vous prie de luy en faire tesmoigner mon ressentiment sans néantmoins faire mention de ces Mrs qui ont trouvé bon de n'estre pas si honnestes gens que luy.

J'ay veu représenter *Palène* raccommodée[3] et certes il y a peu de chose à dire au sujet pour faire qu'il fust un des plus beaux du théâtre et si le père eust un peu plus fait paroistre d'agitation lorsqu'il se vit réduire à sacrifier sa propre fille, tout le reste de la passion est assés bien touché pour ne la faire céder à aucune des pièces qui ont le plus et le mieux esmeu la compassion. Tous les vers, à la vérité, n'en sont pas beaux, mais il y en a grande quantité et quelques uns mesmes qui ne sauroient estre meilleurs quand le bon Malherbe revivroit pour y travailler avec sa plus docte lime. L'autheur, qui m'y mena, me dit qu'il avoit receu une lettre de vous sur ce sujet la plus obligeante du monde[4], et je luy confirmay tousjours ce qu'il croyoit de la continuation de vostre amitié.

Mr d'Ablancourt, qui estoit de nostre trouppe, nous fit voir une lettre que vous escrivistes, le mois de septembre dernier, à Mr de la Thibaudière en stile familier[5] et burlesque qui nous sembla très digne de vous[6]. Elle estoit passée de ses mains en celles de Mr Coustard (*sic*)[7] qui l'avoit en-

---

[1] Un des deux camarades était Germain Haubert. Tallemant des Réaux (*Historiettes*, t. V, p. 277) dit de Jacques Esprit : « L'abbé de Cerisy, qui estoit chez Monsieur le chancellier, fit en sorte que le chancellier le prit. » Quant au second camarade, on ne peut pas penser à Paul-Philippe de Chaumont, le futur évêque de Dax, qui fut, comme J. Esprit et G. Habert, le commensal du chancelier, mais beaucoup plus tard. Je suppose que Chapelain a voulu parler soit de Marin Cureau de la Chambre, soit de Daniel de Priezac, tous les deux habitués de l'hôtel Séguier et plus âgés l'un et l'autre que le protecteur d'Epestein.

[2] Le frère aîné de l'académicien, l'Oratorien que nous avons déjà vu installé dans le château de Verteuil, en Angoumois, chez le duc de la Rochefoucauld.

[3] *La Belle Palène*, tragi-comédie de l'abbé de Boisrobert. D'après le catalogue académique de l'abbé d'Olivet, *la Belle Palène* ne parut qu'en 1642.

[4] On n'a pas recueilli dans l'in-folio de 1665 la lettre où Balzac parlait si obligeamment à Boisrobert de sa tragi-comédie.

[5] On lit distinctement *familie*. Il est clair que Chapelain a laissé au bout de sa plume l'*r* final.

[6] Presque toutes les lettres de Balzac à M. de la Thibaudière sont écrites sur un ton enjoué. Voir notamment les lettres XLIX et L du livre XVI, du 12 mai et du 4 août 1638 (dates non garanties), p. 715 de l'in-fol. et la lettre XIX du livre X, du 20 mars 1639, p. 482. — Dans l'intention de Chapelain, *burlesque* ne signifiait que gai, plaisant. C'était, en quelque sorte, un synonyme de *familier*. Sans cela, aurait-il adressé à son ami ce singulier compliment, que son style burlesque, c'est-à-dire *bas*, *trivial*, était très-digne de lui ? Boileau me semble être le premier qui ait donné au mot *burlesque* un sens défavorable. Pour les rares auteurs du XVIe siècle qui ont employé cette épithète, tels que d'Aubigné et les auteurs de la *Satire Ménippée*, burlesque a une signification conforme à l'étymologie (de l'italien *burlesco*, plaisant) : c'est l'opposé des adjectifs *grave*, *sérieux*.

[7] Nous lisons dans l'historiette *Costar* cette note de Tallemant des Réaux (t. V, p. 150) : « On dit que son véritable nom est Coustar, il a cru se desguiser en ostant un *u*. » M. P. Paris

voyée à Mʳ Mesnage et Mʳ Mesnage à Mʳ d'Ablancourt. Nous croyons voir ce sçavant Angevin dans huit ou dix jours de retour de son long voyage et de sa longue maladie [1].

Mʳ de Saint-Nicolas m'apprit, ces jours passés, qu'il s'estoit fait fourrer des fers ardens dans la cuisse en plus d'un endroit pour guérir de sa sciatique [2].

Je suis, Monsieur, vostre, etc.

De Paris, ce 20 janvier 1640 [3].

---

fait, à ce sujet, les observations que voici (p. 162) : «Le nom *Coustard* est deux fois dans le *Bolœana* ; dans le *Menagiana* on trouve *Coustar* et *Coustard* (I, p. 288). Costar lui-même, dans une lettre adressée à *M. de Coustard*, dont il veut passer pour cousin, accuse les imprimeurs d'avoir supprimé une lettre de son nom; mais en pareil cas les imprimeurs ont bon dos, et c'est apparemment par vanité qu'il revenoit alors sur une altération dont la vanité pourroit bien avoir été la première cause. Le père signait *Coustard*, qu'on prononçait apparemment *Coutard*...»

[1] Aucun des biographes de Ménage n'a parlé, ce me semble, de ce long voyage et de cette longue maladie.

[2] Le remède appliqué en janvier 1640 à Henri Arnauld avait déjà été appliqué, quelques années auparavant, à Ménage, et on lit dans les *Mémoires pour servir à la vie de M. Ménage* qui sont en tête du *Menagiana* (édition de 1715, t. I, p. III) : «Ayant été attaqué d'une sciatique, et d'ailleurs dégouté de cette profession, il quitta le Barreau, et s'en retourna à Angers pour faire appliquer le feu sur son mal, ce qui ne se put faire sans d'extrêmes douleurs, qu'il souffrit avec beaucoup de constance : aussi, disoit-il, que si on savoit ce qu'il avoit souffert, on lui erigeroit des statues.» Tallemant des Réaux dit, de son côté (t. V, p. 215) : «Il estoit sujet à la sciatique. A Angers, il souffrit fort patiemment qu'on luy appliquast des fers chauds à l'emboisture de la cuisse, et n'en fut pas pourtant guery.»

[3] Le lendemain, Chapelain (f° 296) écrit à «Mᵍʳ le Chancelier, à Rouen», pour le remercier

---

CCCLXIX.

À M. DE GASSENDI,

PRÉVOST DE L'ÉGLISE DE DIGNE, EN PROVENCE.

Monsieur, je tiens à honneur le désir que vous me tesmoignastes, il y a quelque temps, par Mʳ L'Huillier, d'avoir mon sentiment sur la vie de Mʳ de Peyresc que vous luy aviés envoyée. Maintenant je vous diray qu'outre l'honneur j'y ay trouvé un profit notable, et que par plus d'une raison je suis obligé de vous remercier d'une si rare fa-

de la grâce accordée à Epestein (*sic*), et, le même jour, il remercie (f° 297) M. Esprit de luy avoir fait obtenir cette grâce. Voici le début de cette dernière lettre toute de civilité : «Monsieur, il y a tant de circonstances obligeantes dans la grâce que Mʳ Epestein a receue de Mᵍʳ le Chancelier par vostre crédit, que je ne la considère pas comme un seul bienfait et que je la crois devoir ressentir comme mille. En ces matières je n'emprunte jamais qu'à usure et je pense mal satisfaire à ce que je dois quand je ne rens que la pareille. Jugés à cette heure en quel estat vous m'avés mis et comment je doibs estre satisfait de vostre courtoisie, puisque par son excés vous m'avés mesme osté le moyen de vous rendre la pareille. C'est là proprement rendre un homme ingrat à force de luy faire du bien. D'estre ingrat donc, Monsieur, vous dit que vous pouvés désormais vous vanter que vous avés avantage sur luy, qui est une chose qu'il ne souffre à guères de personnes, et qu'il vous conte désormais entre ses bienfaiteurs qui ne sont, au plus, que deux ou trois en ce monde et d'assés bonne condition pour n'en pas désagréer la société. Tout de bon je ressens plus que je ne vous saurois dire l'important office que vous avés rendu à ce bon homme, et non pas seulement pour le bien qui luy en revient que j'avois fort souhaitté, mais encore pour ce qu'il luy vient par vous et d'une si noble manière. Par cette espreuve d'une si belle chaleur d'amitié je me suis confirmé avec joye dans le jugement que j'ay toujours fait de la noblesse de vostre âme, etc.»

veur. Je vous en rens donc grâces, Monsieur, pour l'un et pour l'autre, et il suffiroit, pour vous en dire mon avis, de vous dire que je vous en rens grâces. Mais, pour ce que ce seroit en termes trop généraux et que vous attendés de moy quelque chose de plus particulier, je vous asseureray que ny dans l'ordre, ny dans le choix des matières, ny dans la candeur historique, ni dans la netteté du stile, je n'ay jamais rien veu de mieux et n'ay veu que peu de chose qui fussent aussy bien. Vous avés donné en cet ouvrage la parfaitte idée d'un héros de lettres et, en rendant justice à vostre amy, vous avés instruit le monde de mille curiosités exquises avec un langage si exquis qu'on est en peine de savoir duquel des deux vous estes le plus louable.

Le siècle à venir participera à cette utilité et bénira ce beau travail, mais le fruit principal qu'il en tirera sera de ce que sans doute un si glorieux exemple proposé à tous les temps ne laissera pas la vertu de ce grand personnage sans imitateurs, et sera comme la semence des nouveaux Mécenes des Lettres et des futurs promoteurs des Sciences, en quoy l'on peut dire que vous ferés plus que Mʳ de Peyresc mesme qui n'a peu exciter à cette entreprise que ceux qui l'ont veu ou qui vivoient de son temps, au lieu qu'en luy prolongeant la vie par le soin que vous avés pris de l'escrire, vous pourrés vous dire l'autheur de toutes les bonnes inspirations qui viendront aux hommes puissans de favoriser les Muses à son exemple. Tout me plaist dans cette pièce et cette pure narration meslée d'une si belle diversité de doctrine délicate en fait la lecture si agréable qu'on ne s'en peut tirer et, quoyque le volume soit gros et la matière n'ait pas la pompe de celles qui composent les évènemens publics, vous avés fait en sorte néantmoins qu'on s'y attache autant que s'il s'y traittoit de la fortune d'Alexandre et de la conqueste de l'Orient. La partie qui m'y touche principalement est celle où vous parlés de la forme de son corps[1], de sa façon de vivre, de ses mœurs et de ses estudes, et je suis trompé si ce n'est celle qui sera la plus utile et la plus estimée. Cependant, avec toute l'admiration que le tout m'a donné, je n'ay pas laissé pour vous complaire de marquer sur un papier, en lisant, tout ce qui m'y a arresté soit par les négligences qui se trouvent dans tous les grands ouvrages, soit par l'ignorance qui m'accompagne tousjours. Vous aurés ce papier avec la présente, et, s'il ne vous tesmoigne mon habileté, il vous tesmoignera au moins mon soin et le zèle ardent que j'ay pour le bon succès de tout ce qui vous touche.

J'ay commencé à jetter quelque fondement pour essayer de vous débarrasser de cette fascheuse affaire qui vous oste le moyen de vous appliquer à la méditation des choses excellentes et à l'instruction de tous les siècles[2]. J'entretiendray Mʳ L'Huillier du menu. Dieu vueille que cela réussisse! J'ay

---

[1] C'est dans le livre VI de la *Vie de Peiresc* que Gassendi a réuni tous les détails qui plaisaient tant à Chapelain. On aura une idée de ces détails parfois bien minutieux en lisant le signalement que Gassendi donne de son ami : «Statura illi justa fuit, habitus gracilis, ampla frons et nasus levi aduncitate a rectitudine deflectens, capillulum flavum, etc.»

[2] Cette *fascheuse affaire* était l'affaire de l'agence du clergé, dans laquelle Gassendi avait pour compétiteur l'abbé d'Hugues, grand vicaire et neveu de Guillaume d'Hugues, archevêque d'Embrun. Voir sur le procès intenté à Gassendi et sur l'arrangement qui survint en 1641, les *Mémoires* de Charles de Montchal, archevêque de Toulouse (1728, 2 vol. in-12); la *Vie de*

un peu de honte de ne vous pouvoir parler du succès que douteusement. Voilà ce que c'est d'avoir à traitter avec les gens qui ne sont que bons et qui ne raisonnent pas comme l'ordinaire des sages. S'il faut que vous succombiés franc dans ce combat et que la personne à qui vous vous estes attendu ne face au moins ce qu'il faut pour vous en tirer honnestement, je vous avoue que j'en demeureray très mal satisfait, et que j'auray cette amertume sur le cœur toute ma vie. Mais il vaut mieux en bien espérer et faire tout ce qui se pourra pour empescher que nostre espérance ne soit vaine.

J'ay veu dans les lettres de nostre amy la confiance que vous avés en mon affection. Vous le devés aussy et en cela vous ne me faittes point de grâce et ne me faittes que justice. Il n'y a rien que je ne fisse pour vostre vertu et mesme sans attendre d'en estre requis pourveu que ce fust en chose qui dépendist de moy ou de mes amis raisonnables. Je croy que vous ferés aussy quelque effort pour me tesmoigner de l'amitié, ou plustost je connoy que vous l'avés desja fait dans l'endroit de vostre ouvrage où vous violentés vostre sujet pour m'y donner une place dont je suis indigne et dont, par conséquent, je vous demeure infiniment obligé.

Je suis, Monsieur, vostre, etc.

De Paris, ce 22 janvier 1640.

CCCLXX.
À Mme LA MARQUISE DE FLAMARENS.
À MONTESTRUC [1].

Madame, Je ne vous escriray cette fois que pour ne vous envoyer pas sans compagnie la lettre que Mme la comtesse de Maure m'a prié de vous faire tenir. Mais pour ce que peut estre elle vous y parle de moy, il est bon que vous sachiés qu'elle a désiré que je la visse et, comme elle dit, que nous fissions amitié ensemble. Ce que vous ne doutés point que je n'aye receu avec joye et tenu à grand honneur, n'y ayant guères de personnes à la Cour qui la vaillent et sa vertu estant relevée par un esprit qui n'en voit guères qui luy ressemblent [2]. Il est vray que ces raisons n'ont pas été les seules qui m'ont fait accepter les offres de sa bienveillance et qu'estant accablé d'affaires aussy bien que de connoissances, peut estre n'eussé-je pas esté au devant de ses propositions, si je ne vous eusse considéré là dedans. J'y ay moins regardé mon avantage que le vostre et je m'y suis porté principalement pour ce que j'ay creu que sa familiarité me serviroit à l'entretenir dans la bonne opinion que vous luy avés laissée de vostre vertu et à nourrir l'affection qu'elle a pour vous dont il ne vous peut arriver que du bien et de la consolation. Et, en effet, la première et seule visite que je luy ay encore faitte s'est presque toute passée à parler de vous et de l'estime qu'elle a tousjours faitte de

---

Pierre Gassendi, par le P. Bougerel; les *Documents inédits sur Gassendi* (1877, p. 19), etc.

[1] Montastruc est une commune du département de Lot-et-Garonne, arrondissement de Villeneuve, canton de Montclar. La famille de Flamarens y possédait une terre considérable avec un château.

[2] Éloge à rapprocher du non moins grand éloge que Balzac a fait à diverses reprises de la nièce du maréchal de Marillac, notamment dans la lettre à Conrart du 25 septembre 1648 (p. 873 de l'in-fol. de 1665), et à joindre aux témoignages flatteurs réunis autour du nom de cette femme si remarquable, par M. V. Cousin (*la Société française au XVIIe siècle*), par M. Léon Aubineau (*Notices littéraires sur le XVIIe siècle;* Paris, 1869, in-8°, p. 92-173) et par M. Ed. de Barthélemy (*Madame la Comtesse de Maure, sa vie et sa correspondance;* Paris, J. Gay, 1863, in-12).

vous, en sorte que je croy que vous pouvés l'aymer et l'honnorer, non seulement comme vostre parente, mais encore comme vostre amie. Elle s'enquit de tout ce qui vous regardoit avec un soin qui me pleut extrêmement et me tesmoigna une joye toute particulière quand je l'asseuray de la grande union en laquelle vous vivés avec Mʳ vostre mary, et vous du bon traittement que vous recevés de Mʳ et de Mᵐᵉ de Flamarens, du soin que vous prenés de vos affaires, de la fermeté que vous tesmoignés à ne point entreprendre de voyage de deçà jusques à ce que vous les ayés mises en bon estat et enfin de la bonne opinion que vous aviés donnée de vous à toute la province. Il luy faut respondre aussy civilement, aussy affectueusement et aussy galamment que vous pourrés, afin qu'elle vous trouve accomplie de toutes choses et qu'elle voye en vous autant d'esprit que de vertu. Vous m'addresserés vostre response et j'en seray le porteur fidelle.

Je vous supplie que Mʳ vostre mary trouve icy mes très humbles baise-mains. Je suis, Madame, vostre, etc.

De Paris, ce 28 janvier 1640.

CCCLXXI.
À M. DE BALZAC,
À BALZAC.

Monsieur, Je respons à vos deux dernières lettres du 16 et du 18 de janvier[1]. Je receus la première lundy et je reçois l'autre présentement contre mon attente. Mais je voy bien que le soleil qui regaigne peu à peu ce qu'il avoit perdu de sa carrière donne moyen à vos courriers de fournir plus promtement la leur. S'ils continuent leur diligence, vous aurés à l'avenir response à vos despesches huit jours plus tost que vous n'avés eu depuis deux ou trois mois.

Je ne connois de gens à recueils que Mʳ de La Mothe[2] et [j'ay] un peu de honte pour luy qu'il vous ait donné si peu de satisfaction sur le sujet de ces brusleurs de jours ou plustost de ces ennemis de la lune et plus naturelle lumière[3]. Il faut voir si nous n'en descouvrirons point quelque autre mieux fourni de ces denrées que luy et, en cette occasion, je suis obligé de plaindre la perte de Mʳ de Peyresc qui nous eust sans doute esclaircy et instruit. J'en feray escrire au bon Mʳ Gassendy pour voir s'il n'a rien tiré sur ce sujet de l'estroitte communication qu'ils ont eu ensemble, ou si, de son chef, il n'en a rien remarqué. Mais je le feray avec discrettion et comme le désirant sçavoir pour moy mesme.

J'ay fait voir à Mʳ Conrart l'endroit où vous parlés de luy si obligeamment et à Mʳ de Grasse le compliment que vous m'aviés ordonné que je luy fisse. L'un et l'autre s'en sont tenus infiniment vos obligés.

Vous m'avés confondu par ce que vous m'avés dit que je m'érige en dogmatiste. C'est ce que je n'ay nullement prétendu jusques icy envers qui que ce soit, mais bien moins envers un homme comme vous qui enseignés tous les peuples par vos rares ouvrages et qui estes le seul livre où je fay profession d'estudier. S'il m'est donc eschappé de vous dire quelque chose qui eust le moindre air d'enseignement, gardés vous bien, s'il vous plaist, de le prendre pour cela, mais plustost pour un essay du profit que j'ai fait avec vous.

Je me sens bien fort vostre obligé du sentiment que vous avés de la fortune présente de Mʳ le duc de Longueville qui continue à

---

[1] Nous ne possédons, dans le recueil de 1663, aucune lettre datée du 16 et du 18 janvier 1640.

[2] François de la Mothe le Vayer.

[3] Voir la lettre du 27 novembre 1639.

estre la plus glorieuse et la plus périlleuse du monde. Depuis mes dernières lettres, il a passé le Rhin à Bacharach, où il est trois fois plus large que la Seine devant le Louvre, on peut presque dire à nage, puisque les plus grands batteaux qui ont servy à trajetter[1] son armée ne contenoient au plus que huit hommes et que tous les chevaux ont nagé cette grande traverse tenus en main par les cavaliers. Cent hommes de là l'eau tailloient en pièces cette petite armée, mais les ennemis n'imaginant point une si grande résolution, avoient laissé le bord de l'eau sans garde. Ce péril cependant estoit le seul moyen de se sauver, et il fut embrassé par une prudence héroïque dont je ne croy pas qu'il y ait beaucoup d'exemples chés les Anciens ny chés les Modernes. Si nous vivons, nous essayerons de luy donner son prix. Mr le duc de Longueville est, à présent, dans la seconde Allemagne, dans le Westervald[2] et ces terres qui appartiennent de là le Mein au Landgrave de Damstad (sic), qu'on dit qui sont de fort bons quartiers d'hyver, et au cas que les Hessiens le voyent pressé par les Bavarois, on croit qu'ils luy donneront la main et empescheront qu'on ne l'opprime. Cela néantmoins n'est pas asseuré pour ce qu'ils sont encore en trève avec l'Empereur. Ce qui est asseuré et fort fascheux est que ces conquestes de deçà le Rhin s'en vont estre attaquées par les Espagnols et par ce moyen toute espérance de retraitte ostée. Voila sa gloire et sa misère qui, à vous dire le vray, me partagent l'esprit extrêmement.

Mr de Grasse a fait une Ode pour le vœu du Roy[3], mais il ne l'a pas encore parfaitte. Vous serés des premiers à la voir quand il y aura mis la dernière main. Là finit la dernière de vos lettres.

Pour satisfaire à la seconde, *laudo egregiam constantemque erga amicos etiam suspicione culpæ non carentes benevolentiam.* Aux deux frères le débat, pour ce que l'un allègue contre l'autre[4], et quand (sic) à nous, jugeons le moins mal de celuy qui est le moins mauvais. En effet il vous sera plus aisé de me donner bonne opinion du Romain que de m'empescher de l'avoir mauvaise du françois.

Je suis entièrement de vostre opinion touchant les vers du Père Terron[5] en ce qui (sic pour qu'*ils*) contiennent. Pour juger néantmoins de son mérite en comparaison de celuy de vostre ennemy réconcilié[6], il faudroit l'avoir veu escrimer dans une arène un peu plus estendue. Ces vers m'ont laissé cette impression de luy qu'il est pur, judicieux, juste et soustenu. Il faut essayer d'avoir quelque autre pièce de luy pour voir *an sibi constet*[7].

---

[1] M. Littré (*Dictionnaire de la langue française*, au mot *Trajet*) dit : «Le xvie siècle employait *trajetter*, traverser, transporter.» On voit que *trajetter* se disait encore presque au milieu du xviie siècle.

[2] Le Westerwald est une chaîne de montagnes entre le Lahn, la Sieg, le Rhin, qui commence en Westphalie, traverse, au Nord, le duché de Nassau et se termine en face de Coblentz.

[3] Le vœu de Louis XIII est, non de 1638, comme on l'a souvent dit, mais de la fin de 1637. Voir la *Déclaration pour la protection de la Vierge, faite vers la fin de décembre* 1637, imprimée dans le XXIIe volume du *Mercure* (1641) et réimprimée dans le recueil des *Lettres du cardinal de Richelieu* donné par M. Avenel (t. V, p. 908-912).

[4] Jacques Bouchard et son demi-frère Hullon.

[5] L'auteur des douze vers latins inscrits sur le piédestal de la statue de Louis XIII, le P. Theron.

[6] Quel ennemi? Serait-ce le R. P. Dom André de Saint-Denys, religieux de l'ordre des Feuillants, l'ancien auxiliaire du R. P. Goulu?

[7] C'est la fin d'un vers de l'*Art poétique* d'Horace (*Ad Pisones*, V. 128) :
Qualis ab incepto processerit, et sibi constet.

Vous estes trop bon de souffrir patiemment la mauvaise société de mérite que M⁽ʳ⁾ Gassendi vous a donnée dans la vie de son amy et encore meilleur de vouloir qu'il y marque plus précisément nostre union et l'amitié dont vous m'honnorés. M⁽ʳ⁾ L'Huillier verra tout ce que vous en dittes et donnera ordre que vostre désir soit satisfait.

Le remerciment de M⁽ʳ⁾ Coustard est fort beau, mais tousjours à sa mode. Je le veux revoir plus d'une fois et le garderay toute cette semaine. Je suis espouvanté[1] de la lettre de M⁽ʳ⁾ Huggens. Il y a tel françois qui s'en feroit honneur, et certes c'est un très galant homme, et bien digne d'une belle response[2]. J'ay trouvé la lettre à l'abbé de Chastillon très galante[3]. J'en seray moy mesme le présentateur. Je vous envoye un remerciment latin du bon Epestein à M⁽ʳ⁾ Esprit pour la naturalité qu'il luy a obtenue de M⁽ʳ⁾ le Chancelier à ma prière. Je croy que par cet eschantillon vous jugerés que *merebatur donari non solum gallica verum etiam romana civitate.*

Je suis, Monsieur, vostre, etc.

De Paris, ce 29 janvier 1640.

CCCLXXII.
À M⁽ᵍʳ⁾ DUC DE LONGUEVILLE,
EN ALLEMAGNE.

Monseigneur, il ne se peut dire combien l'estat où vous vous estes trouvé, depuis deux ou trois mois, a causé de trouble dans l'esprit de vos fidelles serviteurs, ny assés exprimer les violentes appréhensions qu'ils ont eues pour vostre personne. Ils ne pouvoient songer, sans frémir et sans s'imaginer vostre perte, que vous estiés à plus de cinquante lieues de nostre frontière dans un pays ennemy et entièrement ruiné, au milieu de deux armées ennemies et entre deux grandes rivières, au fort de l'hyver, sans ponts ny batteaux pour les passer et sans vivres pour faire subsister vos petites trouppes. Et quand ils avoient nouvelles par les courriers du party contraire que, dans toutes ces incommodités, vous ne laissiés pas de forcer des villes et de conquérir des païs, ils pensoient que c'estoient les derniers efforts d'une vertu héroïque qui se signaloit en mourant. Mais enfin, contre toute espérance, et lorsque nous attendions que vous vous seriés ensevely dans vos triomphes, nous avons appris que cette mesme vertu supérieure à toutes nos craintes et à toute la prudence de nos adversaires, s'estoit fait voye par le plus difficile endroit et avoit eschappé le péril en s'y jettant et en le choisissant le plus formidable.

Il est certain, Monseigneur, que [le] passage du Rhin, au mois de janvier, au lieu où vous l'avés fait, dans des barques et comme à nage pour aller chercher les ennemis jusques dans le cœur de l'Allemagne, ayant une armée au double forte de la vostre, à craindre et non trop esloignée de vostre descente et perdant espérance de la retraitte,

---

[1] *Épouvanté* est employé ici dans un sens si favorable, qu'il équivaut presque aux mots : *Je suis en admiration.*

[2] Si cette belle réponse fut faite, elle n'a pas été recueillie dans le volume de 1665. On y trouve bien (p. 487) une letttre du 1ᵉʳ février 1640 «A Monsieur de Zuylichem, Conseiller et Secrétaire des Commandemens de Monseigneur le Prince d'Orange;» mais il n'y est nullement question du rouleau d'architecture envoyé à Balzac, ce qui me fait craindre que cette lettre, elle aussi, ne soit inexactement datée. Les autres lettres qui, dans le même recueil, sont adressées au même personnage (A Monsieur Huggens, conseiller et secrétaire des commandemens de Monseigneur le Prince d'Orange) sont antérieures à l'époque où nous sommes : l'une (p. 157) est de 1632, l'autre (p. 407) est de 1636.

[3] Il s'agit d'une lettre écrite par Balzac à Boisrobert et que nous n'avons pas.

a je ne sçay quoy de si haut et de si magnanime que le seul dessein pouvoit apporter une grande louange à celuy qui l'auroit, je ne dis pas exécuté, mais seulement cónceu[1], et désormais toute la gloire que César creust avoir acquise pour avoir fait ce mesme passage et presque au mesme lieu[2], n'est qu'une fumée à comparaison de la vostre, veu l'inégalité des cironstances qui se rencontrent dans ces deux actions semblables, ou, sans les examiner, on peut dire qu'avec les avantages qu'avoit César il eust esté infiniment blasmable s'il ne lui eust pas réussi comme il fit, et que dans les désavantages que vous vous trouviés avoir, quand vous l'eussiés manqué, vous en eussiés esté extrêmement excusable. Vous ne l'avés point manqué, Monseigneur, et avés fait un chef-d'œuvre qui n'a point d'égal en ces derniers temps capable de donner la balance aux affaires et de les mettre au point d'une parfaitte restauration.

Et ce qui me contente pleinement en cette grande action, vous ne vous estes pas seulement acquis par là une palme immortelle, mais vous vous estes donné la subsistance qui vous manquoit et sans laquelle, avec toute vostre gloire, il vous falloit résoudre à périr. J'en loue Dieu de tout mon cœur et luy rends grâces de celles qu'il luy a pleu vous faire et à nous en cette occasion de laquelle je me resjouis encor particulièrement pour la matière qu'elle me fournit d'embellir l'ouvrage que j'ay entre les mains et qui en recevra en son lieu une lumière extraordinaire.

Vous croyés bien, Monseigneur, que je n'ay garde de luy faire ce tort que de luy soustraire un ornement qui luy est si naturel, et que je ne suis pas si ennemy de mon propre honneur qu'encore que je ne fusse pas obligé à faire valoir cette merveille par le service que je vous dois, je voulusse perdre pour ma propre considération un brillant comme celuy-là qui peut relever tout ce qu'il y aura d'obscur et bas dans le reste de la pièce. J'attends cependant avec grande impatience quelle suitte aura ce beau passage et je ne désespère pas qu'il ne fasse haster la déclaration de la landgrave pour nous et qu'il ne serve d'une considérable diversion pour Banier dans les grandes oppositions qu'il trouve maintenant en Bohême. Il semble qu'on s'en promette cela dans cette Cour où vostre nom est dans tout le lustre et la considération que vous et vos serviteurs le peuvent souhaitter.

Mr de Tracy, qui part d'icy, après avoir languy et fatigué près de deux mois dans la sollicitation de vos affaires, vous en rendra un conte plus particulier, comme aussy ce peu de nouvelles qu'il y a en cette saison. Les choses du costé d'Italie et d'Espagne estant comme mortes et la guerre ne causant aucun bruit que du costé où vous estes. On croit icy la délivrance des Princes Casimir et Palatin dans peu de jours. Le dernier a peu sortir sur sa parole[3], mais il

---

[1] Presque en même temps que le duc de Longueville franchissait le Rhin, la duchesse mettait au monde (28 janvier 1640) Charles Paris d'Orléans, qui, trente-deux ans plus tard (12 juin 1672), devait être glorieusement tué au passage du même fleuve et dont Boileau, dans sa fameuse épitre, a oublié de célébrer l'héroïque élan.

[2] Jules César franchit le Rhin deux fois : la première fois l'an de Rome 699, la seconde fois l'an de Rome 701 (voir livres IV et VI des *Commentaires*). Quelques-uns ont prétendu que le passage de l'armée romaine s'effectua, en 699 comme en 701, à Andernach, mais aujourd'hui on paraît croire généralement que ce fut à Bonn.

[3] On lit dans les *Mémoires* de Montglat (VIe campagne) : «Durant le mois de janvier, par les instantes prières du Roi de Pologne, le

ne l'a pas voulu que du consentement du roy d'Angleterre dont il attend response et le premier a icy l'ambassadeur extraordinaire, le Palatin de Smolensko, qui vient demander sa liberté.

Je prie Dieu qu'il vous conserve et demeure à jamais, Monseigneur, vostre, etc.

De Paris, ce 3 fevrier 1640[1].

CCCLXXIII.
À M. DE BALZAC,
à balzac.

Monsieur, ce ne sera qu'au mois de mars que vous aurés de prontes responses à vos lettres. Pour celuy cy les couriers ne sont pas encores assés réguliers, et s'ils piquent ferme une semaine, ils se hastent lentement[2] à l'autre et nous font attendre vos despesches au delà du temps qu'il faudroit qu'elles vinssent pour y satisfaire. Mais il importe peu puisque les affaires que nous traittons ensemble sont aussy bonnes une semaine que l'autre et que, pour nostre commerce, *periculum non est in mora*[3].

A cette fois je vous entretiendray peu pour ce que vous ne m'en donnés point de matière et vous savés que je suis muet quand vous ne me touchés point. J'avois oublié, ce me semble, par mes précédentes de vous tesmoigner le desplaisir que j'avois de la perte que Mme vostre sœur[4] et vous avés faitte sur les pistoles. La fortune, qui m'avoit trouvé assés peu sensible à la mienne, a trouvé ce moyen de me faire ressentir cette sorte de calamité que, pour mon regard, j'avois jugé au dessous de ma philosophie, mais qui me donne du sentiment en la personne de mes amis. C'est un effet de cette infirmité dont je ne me veux point desfaire et dans laquelle il est vray que la vertu dont je fais profession rencontre de quoy se contenter. N'est-il pas bien bizarre que l'affection me donne ainsy du contentement, et n'est-ce pas se soustraire encore en souffrant à l'effet du coup de la fortune? En effet je compatis à la peine que vous peut donner cette perte et prens un plaisir secret à voir que je suis capable de cette douleur. Il est remarquable cependant que moy qui fais profession publique de n'estre qu'une mesme chose avec vous en cette occasion, et pour avoir ce sentiment, j'ay besoin de me séparer de vous et de me considérer

---

Prince Cazimir son frère sortit de la Bastille et fut mis en liberté : le Roi le traita à Saint-Germain et le fit manger à sa table, et puis lui permit de retourner en Pologne : il ne vit point Monsieur, à cause qu'il ne lui voulut pas donner la droite chez lui, mais il fut visiter le cardinal sans prétendre la droite chez lui, tant cet homme le portoit haut et tant il étoit redouté de tous les étrangers. L'Électeur Palatin en usa de même, car quoique Luthérien et même Calviniste, qui ne portent aucun respect aux dignitez de l'église, il lui céda dans sa propre maison, et ayant été délivré de prison par la sollicitation du Roi d'Angleterre, son oncle, il ne voulut point voir Monsieur, à cause du rang qu'il prétendoit sur luy comme Électeur de l'Empire, et ne disputa rien au Cardinal, disant qu'il ne luy déféroit pas comme cardinal, mais comme étant le plus grand homme qui fût au monde et qui eût été dans notre siècle.» Conf. la *Gazette* du 3 mars 1640 (page 128), du 10 mars (page 144), du 24 mars (page 176), etc.

[1] Le lendemain, Chapelain (f° 305, v°) adressa au duc de Retz une lettre qui roule en entier sur le duc de Longueville et principalement sur le passage du Rhin.

[2] C'est le *festina lente* du poëte traduit trente-quatre ans avant que Boileau en fît un des vers de son *Art poétique* (1674).

[3] Les hommes de loi disent encore : Il n'y a pas péril en la demeure.

[4] Anne de Guez, mariée avec François Patras de Campagnol ou Campaigno.

comme une autre de peur de sortir de mes principes et de pécher contre mes maximes en me plaignant en vostre personne. Cela toutesfois vous pourra passer pour trop raffiné et il vaut mieux achever cette lettre moins subtilement.

Je vous renvoye vos deux lettres du Triumvir et du secrétaire architecte[1]. La première est fort belle et bien du beau caractère de l'homme qui vous l'a escritte; si elle a attiré une response, je ne serois pas marry de la voir. Pour la seconde, je la trouve très sensée et ce qui m'a le plus surpris, je la trouve pour un Hollandois une chose très extraordinaire. Et ne m'allégués point l'Allemand de vostre voysinage qui, pour escrire mieux françois que cela, me semble moins merveilleux à cause du long séjour qu'il a fait en cette Cour et de l'habitude estroitte qu'il a eue avec des personnes si éloquentes[2].

Je finis en vous disant que si Bannier ne pert point la bataille qui se doit donner ou qui peut estre s'est donnée à cette heure entre luy et le général Picolomini en Bohème,[3] M⁺ de Longueville est le plus glorieux françois que nous ayons veu il y a longtemps. Car depuis le passage héroïque du Rhin dont je vous escrivis la dernière fois, il est allé prendre ses quartiers d'hyver dans la partie de la Hesse que le landgrave de Cassel se plaint qui luy a esté enlevée par celuy de Darmstad, son cousin, et a réduit ce dernier pour rédimer[4] la dévastation de tout son païs, à luy donner 3,600 richedales[5] en[6] certain nombre de chevaux et quartier dans ses villes pour trois mois, chose qui, entre[7] son éclat, a esté d'autant plus agréable à toute l'Allemagne, que ce landgrave est l'instigateur de la guerre qui l'a ruinée et l'autheur de la paix de Pione qui a rendu la géneralle presque impossible. Il y auroit beaucoup de circonstances à considérer pour relever l'action du Prince

---

[1] Le *triumvir* est Costar et le *secrétaire-architecte* est Constantin Huyghens.

[2] Quel est donc cet Allemand transplanté en Angoumois et écrivant si purement notre langue?

[3] Cette bataille ne se donna pas, ainsi que Montglat (*Mémoires*, V° Campagne) nous l'apprend en ces termes : «Il (le duc de Longueville) fit faire un pont de bateaux à Loric, où il passa ce fleuve et joignit le général Melander sur la rivière de Vivare, et les troupes du duc de Lunebourg, puis ils marchèrent tous ensemble vers Herfort, où le maréchal Banier étoit retranché contre les armées Impériale, Saxonne et Bavaroise, plus fortes que la sienne : celle de Brandebourg venoit encore les fortifier; et le duc de Longueville l'aiant apris, hâta sa marche, et arriva promptement à Herfort, où il fut reçu du maréchal Banier avec la joie que peut produire un secours de telle conséquence. Dès le lendemain ces armées se mirent en bataille composées de plus de quarante mille hommes, et sortant de leurs retranchemens se campèrent en pleine campagne sans crainte des Impériaux. Ces deux puissantes armées passèrent l'été à se regarder l'une l'autre sans aucun exploit considérable; et après avoir bien mangé du païs, elles se trouvèrent à la fin de l'automne sur le Weser, où elles se séparèrent pour prendre leurs quartiers d'hiver.»

[4] Les contemporains de Chapelain, tels que La Mothe le Vayer, Patru, ne disent pas *rédimer*, mais bien *se rédimer*. Chapelain, toujours fidèle aux souvenirs de sa latinité, a employé le verbe *rédimer* dans le sens actif que les latins donnaient au verbe *redimere*.

[5] Nous lisons dans le *Dictionnaire de Trévoux* : «Monnoie d'argent batue en Allemagne, qui vaut trois livres... Les Richedales sont aussi monnoie de Danemarck. En François on écrit communément *risdale*, ou *rizdale*. Une *rizdale* vaut environ un écu de trois livres (Voltaire).»

[6] Il faut entendre, je crois, un certain nombre de chevaux d'une valeur de 3,600 richedales.

[7] Parmi l'éclat qu'elle a jeté.

dont je vous escris, si je parlois à un homme moins capable de les voir de luy mesme, et si je n'estois pressé de vous dire que je suis, Monsieur, vostre, etc.

De Paris, ce 5 fevrier 1640.

CCCLXXIV.
À M. DE BALZAC,
à balzac.

Monsieur, j'ay beaucoup de consolation de vous voir interpréter si favorablement et si véritablement mes interprétations de vostre silence et certes vous ne vous trompés pas lorsque vous croyés que mes inquiétudes partent d'une sincère et cordiale affection [1]. Je suis seulement un peu en peine de ce que vous vous purgés avec autant de soin de cette petite discontinuation d'escrire comme s'il m'estoit eschappé de vous tesmoigner que j'attendisse cette faveur ainsy qu'une chose deue et à quoy il n'y eust rien qui vous deust permettre de manquer. Je serois malheureux si vous pensiés que mon amitié fust si tirannique et je mériterois que vous me punissiés d'un silence éternel, si j'avois trouvé à redire à cette courte suspension de nos entretiens. Soyés en liberté, quelque douleur que je puisse ressentir de n'avoir point de vos nouvelles, et ne m'escrivés jamais que quand vous le pourrés faire commodément. Vous avés un secrétaire qui, sans estre aussi éloquent que vous, l'est assés pour nous mettre l'esprit en repos par deux lignes qu'il escrira à vostre libraire de vostre disposition et de vos exercices, lorsque vous ne trouverés pas à propos de le faire par vous mesme.

Mʳ Esprit le jeune sçaura combien vous avés approuvé ce qu'il a fait pour mon amy et je prétens le payer de son bienfait par l'avis d'une approbation si glorieuse.

Pour la vie de Mʳ de Peyresc, quelque belle que je l'aye trouvée, j'avoue avec Mʳ L'Huillier que c'est un ouvrage *affectum quidem at nondum perfectum*, ce qui en retardera un peu la publication à cause que nostre amy en veut conférer auparavant avec l'autheur et y retrancher beaucoup de choses qu'il y trouve trop estendues, pour ne pas dire superflues. Il a pris un extrême plaisir de voir tout ce que vous avés mandé sur ce sujet et j'ay charge de vous dire que vos deux surnoms seront escrits ainsy que vous l'ordonnés. Je luy ay mis entre les mains l'extrait du Discours que vous m'avés envoyé et qui sera imprimé avec l'ouvrage en la forme que vous l'avés disposé [2]. Il m'a prié instamment de vous asseurer de sa passion tendre et violente pour vous, qui

---

[1] Balzac répondit à Chapelain (lettre XX du livre XXI, p. 825) : «Puisque les lettres que vous m'escrivez, sont des bienfaits que je reçois, et celles que je vous escris, des reconnoissances que je rends, vous voyez bien qu'il m'importe de ne vous laisser pas en doute un seul moment de la gratitude de mon âme. Le bon est que vous n'estes ni difficile ami, ni superbe bienfaiteur. Quand j'aurois failli, vostre indulgence chercheroit des raisons pour justifier mon péché, et vous accuseriés non seulement le courrier, Totyla, et Rocolet, mais encore le Sort, les Astres et le Destin, plustost que de me croire coupable.» Cette lettre, datée du 10 juin 1640, doit être de la fin de février ou du commencement de mars.

[2] Ce que Chapelain appelle discours est la lettre de Balzac à L'Huillier, où se trouve le magnifique éloge de Peiresc : «Toutes les vertus des temps héroïques s'estoient retirées en cette belle âme, etc.» Cette lettre, datée du 15 août 1640 (p. 495-497 de l'in-fol.), n'a pas été reproduite dans la vie de Gassendi : elle y a seulement été mentionnée avec cette aimable recommandation : «Pervenere ad me complures. Sed principem locum ea tenent, quibus Io. Ludovicus Guezius Balzacius, celebris ille scilicet, cui nemo non gallice modo, sed latine etiam scribentium, elegantiæ palmam non facile cedat.»

n'est pas une petite chose d'un homme que la plus part de ses amis appellent l'amy dur. Il s'est chargé en mesme temps de dire chés M⁽ʳˢ⁾ Dupuy la visite que M⁽ʳ⁾ de Thou vous a faitte avec M⁽ʳ⁾ de Montrésor[1].

Pour achever de m'accabler, j'ay un procès bizarre où il me va de treize ou quatorze cent escus.

Je suis, Monsieur, vostre, etc.

De Paris, ce 12 febvrier 1640.

Je n'ay rien de M⁽ʳ⁾ de Longueville que ce qui est dans la *Gazette*[2]. Depuis huit jours que je plaide et que l'abominable chicane m'a esteint le feu poëtique et troublé le raisonnement, j'ay pris chés un de mes amys pour me reschauffer, ou au moins pour me divertir de mes noires pensées, un Palingenius Stellatus qui escrivoit sous Léon X et Clément VII en vers pedestres et faciles avec beaucoup de netteté, pureté et exquise doctrine *De moribus instituendis*[3]. Si vous l'avés leu, je vous prie de me mander ce qu'il vous en semble. Si vous ne l'avés point leu, je vous diray que je croy qu'il est digne que vous le lisiés et que son stile, meslé de celuy de Lucrèce et de celuy d'Horace dans ses espitres et satyres, vous donnera plaisir et relasches de vos fortes estudes tant par la diversité des matières qu'il y traitte, que pour ce qu'il ne demande aucune contention d'esprit en le lisant[4]. Il y a mesmes certaines gaillardises qui se sentent de la liberté du temps où il escrivoit et qui passeroient[5]

---

[1] M. de Thou était François-Auguste de Thou, le fils aîné du grand historien, celui qui, l'année suivante, allait si misérablement périr sur l'échafaud de Lyon (12 septembre 1642). L'autre visiteur de Balzac était le petit neveu de Brantôme, Claude de Bourdeille, comte de Montrésor, l'infatigable conspirateur qui allait être obligé de se réfugier en Angleterre pour avoir été le complice de Cinq-Mars. De Thou, Montrésor et leur hôte étaient trois mécontents qui durent dire bien du mal du cardinal de Richelieu dans le petit château caché sous les peupliers du bord de la Charente.

[2] Il est question du duc de Longueville dans presque tous les n⁽ᵒˢ⁾ du 14 janvier, du 4 février, du 14 mars. Voir dans ce dernier n° (p. 149) la *Relation très particulière du passage du Rhin par l'armée du Roy, commandée par le duc de Longueville*.

[3] Pier Angelo Manzelli naquit à Stellata, bourg des environs de Ferrare, au commencement du XVI⁽ᵉ⁾ siècle; on ignore l'année de sa mort et l'on n'a pas de détails sur sa vie. Les noms de *Palingenio* (*Marcello*) sous lesquels ce poëte se fit connaître sont l'anagramme de Pier Angelo Manzolli, et le surnom de *Stellatus* indique le lieu de sa naissance. Le poëme dont Chapelain entretient Balzac est intitulé: *Marcelli Palingenii Stellati,* *Zodiacus vitæ; hoc est, de Hominis vita, studio, ac moribus optime instituendis, libri XII* (Bâle, 1537, in-8°). Cette édition avait été précédée d'une édition sans date qui parut à Venise, vers 1531, selon le *Manuel du libraire* (t. IV, col. 317), vers 1534, selon la *Biographie universelle* (t. XXVI, p. 407), suivie par la *Nouvelle Biographie générale* (t. XXXIII, p. 334). On peut voir sur l'auteur et sur le livre les *Dictionnaires* de Moréri, de Bayle (au mot *Palingenius*), de Prosper Marchand (au mot *Colonna*, t. I, p. 195, note 25), les *Jugemens des savans* de Baillet avec les notes de la Monnoye, les observations de Le Clerc et de Joly sur l'article de Bayle, les *lettres* de Guy Patin, etc.

[4] Bayle rappelle que Palingène était «l'auteur favori du sieur Naudé.» Le *Zodiaque* avait eu beaucoup de succès au XVI⁽ᵉ⁾ siècle, comme le prouvent les nombreuses éditions qui en furent données. Scévolle de Sainte-Marthe avait promis l'entière traduction en vers français de ce poëme, mais il n'en publia que quelques fragments dans ses *Premières Œuvres* (Paris, F. Morel, 1569). Deux autres poëtes du XVI⁽ᵉ⁾ siècle, Jean Avril et Olivier de Magny avaient entrepris une traduction en vers du même ouvrage, mais il ne semble pas qu'ils aient réalisé leur projet.

[5] Il y a, par erreur, *passeroit* dans le manuscrit.

pour de grands blasfêmes en celuy-cy[1], d'où vous pourrés tirer du plaisir. Enfin, j'ay trouvé en ce galant homme un *certo cervel*[lo] *balzano*[2] qui n'est ny tout fat ny tout sage et qui est tout divertissant. Quand vous l'aurés leu et que vous en aurés fait vostre jugement, vous pourrés lire celuy qu'en a fait Scaliger le père dans sa *Poétique* en l'ypercritique[3] et je m'asseure que vous vous rencontrerés. Mais pour en avoir le vray plaisir, il faut avoir le vostre devant.

CCCLXXV.
À M. DE MONSTREUIL[4],
À LONDRES[5].

Monsieur, je vous puis, à cette heure, escrire en seureté et sans plus craindre que vous monstriés mes mauvaises lettres à Mr de Bellièvre, puisque nous l'avons icy[6], et que je ne croy pas que vous despeschiés un courrier exprès pour luy donner une si mauvaise lecture. Je vous escris donc pour vous féliciter de vostre agence présente et de vostre ambassade future[7], bien aise qu'ayant à ne vous point voir de quelque temps, j'aye au moins la consolation que ce soit pour un sujet si honnorable et dont l'esclat rejallit jusques sur ceux que vous aymés. Je ne m'attens point que vous me faciés de responce et ne vous en demande point pour ce qu'ayant esté si secret dans le temps que vous pouviés parler sans crime, il y a apparence que vostre silence se renforcera maintenant que vous estes le vray dépositaire des mistères du Prince et que le bon Harpocrate vous a sellé la bouche de son anneau le plus serré.

---

[1] « Il est certain, » dit Bayle, « qu'il a parlé contre les moines, et contre les abus de l'Église avec une extrême liberté ; et de là vient qu'il paraît dans l'*Index librorum prohibitorum* entre les hérétiques de la première classe. On dit même que son cadavre fut déterré, et brûlé sous prétexte d'hérésie... A cela près, son *Zodiaque* est rempli de bonnes choses. »

[2] Cerveau bizarre, capricieux. *Cervel* est *cervello* qui s'apocope de la dernière syllabe, dans le courant de la phrase, comme les noms semblables (*castello*, *fratello*, etc.).

[3] Voici le jugement de Jules César Scaliger (*Poetices liber sextus, qui et hypercriticus*, p. 731-734. *Editio quinta*) : « Palingenii poema totum satyra est : sed sobria, non insana, non fœda. Ejus dictio pura, versus ac stilus in imo genere dicendi. Quare si noluit melius, ne à nobis quidem id tentandum est. Non placet tamen consilium inscriptionis. Etenim cum humanæ vitæ Zodiacum profiteretur : aut secundum signorum similitudinem, aut ex eorum vi deducere debuit argumenta ad viam nostram explicandam. » Suivent deux grandes pages d'objections.

[4] Sur Jean de Montereul ou de Montreuil, voir une note de la lettre CCXXXV.

[5] Au retour de Rome, nous dit Pellisson, « il fut, avec la même qualité de secrétaire de l'ambassade, en Angleterre, avec M. de Bellièvre... » L'annotateur de l'*Histoire de l'Académie française* a ignoré (t. I, p. 242) que, dès les premiers jours de 1640, Jean de Montreuil était à Londres auprès de M. de Bellièvre.

[6] Le 10 janvier 1640, le cardinal de Richelieu écrit à M. de Bellièvre (Recueil de M. Avenel, t. VII, p. 254) que le roi consent à son retour en France, et ajoute : « Avant que de partir de Londres je seray bien aise que vous preniés le soin de me faire faire deux douzaines de paires de gants blancs de cuir d'Angleterre... » M. de Bellièvre avait été nommé ambassadeur à Londres en septembre 1637.

[7] Montreuil ne devait jamais être ambassadeur, mais, comme nous l'apprend Pellisson (t. I, p. 242), il « fut laissé pour résident en Écosse. Il y servit fort utilement, car il était très-propre à la négociation, d'un esprit souple et adroit, fort concerté, etc. » On trouvera divers détails sur Montreuil diplomate dans le Recueil de M. Avenel (t. VI, p. 756, 770, 797 ; t. VIII, p. 362).

Je vous demande bien de faire faire quelque diligence par le plus habile de vos gens chés les libraires de Londres pour essayer de trouver ces volumes cy de Jordanus Brunces, Nolanus[1], qui y furènt imprimés en 1584, si je ne me trompe[2], et dont peut estre il se trouvera encores quelques exemplaires. Ce sont des volumes in-8° et que je croy de médiocre prix, mais pour cela je le remets à vostre prudence. Les voicy : *Degli heroici furori*[3], *Del'infinito universo e mondi*[4], *De la causa principio et uno*[5], *Spaccio della bestia triomphante*[6]. Il y en a encore un autre latin du mesme imprimé à Francfort 1591 in-8° aussy qui a pour titre *De monade*[7], etc., *De innumerabilibus*[8], etc., que vous me feriés faveur de faire acheter avec les autres si vous le trouviés comme il est assés commun[9] et vous m'envoyeriés le tout par la première occasion d'amy, favorable et seure, parce que je n'en suis point pressé, et quand vous n'en trouveriés qu'une partie, pourveu qu'elle se trouvast entière, il ne faudroit pas laisser, s'il vous plaist, de me la faire prendre et de me l'envoyer aux conditions que vous savés qui peuvent rendre ma prière civile.

Je ne suis pas au reste devenu trop mal audacieux d'employer ainsy familiairement un *semi legato reale*[10] en des bagatelles sans révérer son caractère ny considérer *an in publica commoda peccem*, moy qui dans une

---

[1] Giordano Bruno naquit à Nole (Terre de Labour) vers 1550 et fut brûlé à Rome le 17 février 1600, comme apostat et hérétique. Voir sur ce philosophe le livre de M. Ch. Bartholmess (*Jordano Bruno*, Paris, 1846-1847, 2 vol. in-8°), livre que M. V. Cousin (*Histoire générale de la philosophie*, édition de 1861, p. 326, note 1) trouve « savant, mais trop enthousiaste. »

[2] Chapelain ne se trompait pas : ce fut en 1584 que parurent pour la plupart les volumes qu'il recherchait. Voir le *Manuel du libraire* (t. I, col. 1297-1300).

[3] *Degli Heroici furori dialogi X.* Paris, 1585, in-8°. Paris est là pour Londres. Bruno, comme l'a rappelé M. V. Cousin (ouvrage déjà cité, p. 325), demeura quelque temps en Angleterre, « chez Sir Philippe Sidney, que l'on trouve partout où il y a quelque essai d'indépendance philosophique, religieuse ou politique à protéger. » Le volume, qui, d'après J. Charles Brunet, est fort rare, atteignait déjà le prix de 100 francs dans les ventes du siècle dernier.

[4] Le *Del' infinito universo e mondi* parut à Londres sous la rubrique de Venise (1584). Cet ouvrage et le suivant sont dédiés à Michel de Castelnau, sieur de Mauvissière, ambassadeur de France en Angleterre de 1575 à 1585.

[5] Le traité : *De la causa, principio, et uno* parut aussi à Londres sous la rubrique de Venise (1584).

[6] C'est le plus célèbre des ouvrages de Bruno. Voici le titre complet donné par le *Manuel du libraire* : *Spaccio de la bestia trionfante, proposto da Giove, effetuato dal conseglo, revelato da Mercurio, recitato da Sophia, udito da Saulino, registrato da Nolano. Diviso in tre dialogi, subdivisi in tre parti.* Stampato in Parigi, 1584, in-8°. — Imprimé, croit-on, à Londres, chez Thomas Vautrollier. On a supposé que dans cet écrit allégorique Bruno avait attaqué la papauté.

[7] *De monade, numero et figura liber consequens, quinque de minimo, magno et mensura.* (Francfort, 1591 ou 1614, in-8°.)

[8] Les mots : *De innumerabilibus* ne figurent point dans le titre de l'ouvrage désiré par Chapelain.

[9] Ce traité paraît être resté *assez commun* jusque dans le siècle dernier, où il ne s'est vendu que de 10 à 20 francs, tandis que d'autres volumes de Bruno, comme nous l'avons vu, ont été payés une centaine de francs, quand ils étaient dans des conditions ordinaires, et jusqu'à cinq ou six fois plus cher, quand ils étaient dans des conditions exceptionnelles.

[10] En l'absence de M. de Bellièvre, Jean de Montreuil était un demi-ambassadeur du roi de France.

posture moins considérable avois fait difficulté jusques icy de le divertir tant soit peu et de luy demander le moindre de ses offices. Mais il y a des temps où il est quelquesfois à propos de se monstrer *graviter insolentem* et peut estre ay-je mal fait jusqu'à présent d'user avec tant de retenue d'une affection et d'une bonté pareille à la vostre.

Par le discours de Mr Conrart il m'a semblé connoistre que vous ayés fait vostre dernier voyage d'Angleterre seulement ou principalement pour luy pouvoir envoyer avec bienséance la belle lettre dont il me veut régaler au premier jour, car il m'a dit qu'elle estoit achevée longtemps devant que vous partissiés d'icy. Malherbe m'a dit autresfois[1] qu'ayant à escrire à Mme la princesse de Conti sur la mort de son frère cette belle consolation que vous avés tant veue[2], il luy fit faire un voyage exprès à Saint-Germain afin qu'on ne peust pas dire qu'estant en une mesme ville, il n'avoit qu'à luy dire ce qu'il luy escrivoit[3]. Vous en avés peut estre usé de mesme sur le mesme scrupule, mais avec un peu plus de discrétion, aymant mieux faire un voyage que de le faire faire à vostre amy.

Je suis, Monsieur, vostre, etc.

De Paris, ce 12 fevrier 1640.

CCCLXXVI.
À M. DE BALZAC,
à BALZAC.

Monsieur, vous pouvés penser si la bonne opinion que vous avés de M[r] le duc de Longueville me doit plaire et si j'ay leu avec satisfaction ce que vous m'avés escrit de son passage en Allemagne sur l'avis que je vous en avois donné. Je vous envie la plume qui sait si bien parler des choses, mais seulement pour bien parler de la vertu et des actions de ce Prince, qui seront tousjours héroïques et qui, pour s'égaler aux plus belles des anciennes, n'auront besoin que d'occasions et de matière, au lieu que, pour ce qui me regarde, j'auray tousjours trop de matière pour le louer et n'auray besoin que de ces belles formes que je voudrois vous avoir desrobées.

C'est, au reste, une bien agréable pensée qui vous est venue que ce passage du Rhin s'est fait *auspice Baccho*[4] et du rivage de Bacchara, à quoy j'adjousteray pour la fortifier que ceux qui l'ont fait sont la plus part Allemands, c'est-à-dire peuples bacchiques et qui, plus que nation de la terre, célèbre les orgies de ce Dieu solennellement, sérieusement et fréquemment, de sorte qu'il y a grande apparence qu'ils auront pris

---

[1] Quand François de Malherbe mourut (6 octobre 1628), Chapelain avait déjà trente-deux ans. Tallemant des Réaux a cité (t. I, p. 188) quelques mots dits par Malherbe à Chapelain.

[2] Voir dans les *OEuvres de Malherbe* publiées par M. Lud. Lalanne (t. IV, p. 195-224) la lettre *à Madame la princesse de Conty*.

[3] Piquante anecdote à joindre aux si nombreuses anecdotes recueillies par Tallemant des Réaux dans son historiette de Malherbe, qui est une des plus amples et des plus curieuses de tout le recueil (t. I, p. 270-306). La lettre sur la mort du chevalier de Guise, frère de la princesse de Conti, débute ainsi : «Ne pouvant aller à Saint-Germain sitôt que je désirois, pour une affaire qui m'est survenue, et cependant ne voulant pas faillir à ce que je dois, etc.»

[4] Balzac (lettre V du livre XXII) avait dit (p. 843 et 844) : «... Je ne pense pas que les comtes de Dunois du temps passé ayent plus valu que les ducs de Longueville du temps présent. Le dernier miracle dont vous me faites la relation m'a fait trembler en lisant vostre lettre. Mon imagination en est encore toute effrayée, et j'ay peur pour ceux qui sont passez, comme si je les voyois encore dans le hazard et dans les difficultés du passage... Notez aussi que c'est au rivage de Bacchara (que les Latins d'Allemagne font venir

pour aller à la reconqueste de leur païs de ce breuvage entousiastique[1] qu'on dit que l'on permet aux Turcs mesme de prendre pour aller au combat et à la conqueste des païs d'autruy.

Vous vous défendés merveilleusement du titre que je vous ay donné de mon autheur et de mon livre[2]. Mais je ne say à quel titre vous ne me voulés pas estre ce que vous estes à toute l'Europe et aux autres parties du monde où nostre langage est connu. C'est un mauvais tesmoignage d'amitié parfaitte de me priver seul d'une chose dont vous avés esté libéral aux proches et aux esloignés, aux petis et aux barbares, au siècle présent et au siècle futur. Je n'ay pas si mauvaise opinion de moy ny de vous que de croire que vous me parliés sérieusement quand vous me dittes ces paroles et je les prens comme je dois, je veux dire comme des effets de vostre modestie ou des jeux de vostre esprit. Donques avec vostre permission je demeureray dans mes premiers termes et vous me serés livre, docteur, maistre et tout ce qui fait à l'instruction et à l'ornement de l'esprit humain, sans que je prétende que vous me le contestiés davantage.

Le jugement que vous me faittes du Père Teron me confirme dans celuy que j'en avois fait, quoyque je n'eusse jamais veu de luy autre chose que ce que je vous en ay envoyé. Il est sans doute un très grand et tres judicieux poëte et c'est dommage qu'il est si paresseux que vous dittes[3]. Il auroit peu acquérir beaucoup de réputation et donner beaucoup de contentement aux honnestes gens s'il avoit bien usé de sa longue vie et de la belle inspiration qui luy dure encore dans un aage où le feu s'es-

---

par étymologie de *Bacchi ara*) où se cueille le *Nectar Rhenanum*, qui peut avoir donné de l'enthousiasme à Vostre Armée. » La lettre, datée du 15 février 1641, doit être reportée à la fin de février ou au commencement de mars de l'année 1640. Dans la lettre XXV du livre XXI, datée du 20 septembre 1640, et qui doit être du mois de mars de la même année, Balzac répond ainsi (p. 831) aux compliments de son ami : «Vous faites beaucoup d'honneur à mon extravagance de la nommer Enthousiasme, et je ne pensois pas avoir esté de si belle humeur. Ce n'est qu'en vostre présence que mon chagrin me laisse en repos, et si je n'eusse eu à escrire à monsieur Chapelain, je ne me fusse pas seulement souvenu du voyage du nouveau Bacchus. »

[1] Mot que ne donne aucun de nos dictionnaires et que je ne me souviens d'avoir vu employé par aucun de nos écrivains.

[2] Voici le passage de la lettre de Balzac auquel se rapportent les paroles de Chapelain (p. 844) : «Je ne puis recevoir un honneur que je ne mérite point, ni souffrir que vous m'appelliez vostre Livre, vous qui estes ma Bibliothèque et mon Université. Si vous me faschez, je diray mon Trepié, et mon Oracle, et vous traiteray d'Apollon, ou pour le moins de Prophète et d'homme divinement inspiré. Raillerie à part, vous sçavez bien la haute opinion que j'ay de vostre grand sens, et la déférence que je rends à tout ce que vous prononcez *ex cathedra*. »

[3] Balzac avait dit à son ami (p. 844) : «Puisque vous avez la curiosité de sçavoir qui est le Pere Teron, que je croyois que vous connoissiez mieux que moy, je vous diray que c'est un Poëte qui a plus de soixante-quinze ans. Peu après la naissance du Roy, il fit deux poëmes en petits vers, à mon advis glyconiques ; et le feu Roy sur le favorable récit qui luy en fut fait, commanda à Molin de les traduire. Ils ont pour titre les *Couronnes* et les *Dauphins*, et ont été imprimez à Paris, le Latin et le François *e regione*. Ces deux ouvrages portent leur recommandation, et je suis asseuré qu'ils vous plairont. J'ay veu d'autres choses de luy, où j'ay remarqué un excellent naturel ; mais je sçay d'ailleurs qu'il est paresseux, et l'Ouvrier du monde qui aime le moins son mestier. »

teint dans le sein des mieux eschauffés. Magdelenet *l'hyver à la barbe sonnante*[1] a fait des plus longs vers sur la mesme statue et une inscription pour y mettre de quatre ou de six vers que l'on m'a dit qui sont fort beaux[2]. Il faut essayer de vous les recouvrer pour le premier ordinaire.

Vous m'avés appris bien des nouvelles tirées de la Gazette de M*r* de Thou et toutes vrayes, comme je l'ay vérifié depuis[3]. Vous avés mesme esté cause que j'ay acheté le Philolus du S*r* Bouillaud[4] après lequel il y auroit grande opiniastreté de croire que Copernic fut un extravagant[5] et qu'Aristote eust raison de mettre la terre dans le centre. Je vous avoue que j'ay bien du plaisir de croire que je suis sur la terre comme dans un vaisseau et que je voyage perpétuellement par les lieux autour de ce bel astre que vous aymés tant et qui vous a fait dire que vous estes solaire[6].

Pour récompense de vos nouvelles je vous en diray une fascheuse pour le pauvre Croisilles qui est en prison pour son affaire et qui a desja esté confronté à des curés et à des vicaires qui luy ont maintenu en face que c'estoit luy qu'ils avoient marié[7]. Je vous en diray une autre agréable pour vous qui est que Corneille a fait une nouvelle pièce du combat des trois Horaces et des trois Curiaces où il y a une quantité de belles choses[8] et du même esprit du *Cid*.

---

[1] Chapelain s'amuse à rapprocher du nom de Madelenet une des plus mauvaises métaphores de ce poëte, et Balzac ne manqua pas (lettre VIII du livre XXII) de recommencer la plaisanterie : «Les vers du poète à *la barbe sonnante* sont tels que vous en avez jugé, et je suis tout à fait de vostre opinion.»

[2] M. de Montaiglon n'a ni reproduit ni mentionné les vers de Madelenet dans sa *Notice sur l'ancienne statue équestre de Louis XIII* citée plus haut.

[3] Au lieu de toutes ces nouvelles, on ne trouve dans la lettre de Balzac (p. 844) que cette phrase : «J'avois bien en revanche plusieurs nouvelles à vous demander [*sic* pour mander]... Monsieur de Thou qui m'a fait l'honneur de se destourner de son chemin pour l'amour de moy, a eu la patience de me les dire, et j'ay esté son auditeur durant vingt-quatre heures, qui ne m'ont pas duré vingt-quatre momens, tant ses narrations ont esté agréables.» On voit que la lettre de Balzac a été déplorablement tronquée, et il est facile de constater que plusieurs autres de ses lettres ont subi le même sort.

[4] *Philolaus, seu Dissertatio de vero systemate mundi* (1639, in-4°). Ismaël Boulliau était alors âgé de trente-cinq ans.

[5] Rappelons, à propos de Copernic, que ce fut à la sollicitation de Chapelain que Gassendi écrivit la vie de Copernic, qu'il lui dédia. Voir le recueil intitulé : *Tychonis-Brahei equitis Dani astronomorum coriphei, Nicolai Copernici, Georgii Puerbachii et Joanis Regiomontani, astronomorum celebrium vitæ* (Paris, in-4°, 1654).

[6] J'ai rappelé (*Lettres de Jean-Louis Guez de Balzac*, dans les *Mélanges historiques*, p. 457, note 2) que le cardinal de la Valette prétendait que Balzac était un adorateur du Soleil, et disait, lui empruntant ses paroles, que la lumière entrait dans son âme avec la joie.

[7] On lit dans les *Historiettes* de Tallemant des Réaux (t. III, p. 32) : «M*me* d'Aiguillon envoya chercher M. Vincent [Saint Vincent de Paul], qui fut d'avis d'aller à Linas, y alla en effet, et amena le prestre qui avoit marié Croisilles, et deux marguilliers qui y avoient assisté. Il plante ces trois hommes en sentinelle à un coing de rue, d'où l'on voyoit au visage tous ceux qui sortoient de l'hostel de Soissons. Ces gens reconnurent Croisilles entre cent autres ; il estoit rousseau et facile à reconnoistre.» Les témoins dont parle ici Tallemant des Réaux furent les mêmes qui, au commencement de 1640, déposèrent contre lui.

[8] Ni M. Taschereau (*Histoire de la vie et des ouvrages de P. Corneille*), ni M. Livet (*Pièces justificatives de l'Histoire de l'Académie française*, par Pellisson et d'Olivet), n'ont reproduit ce

Néantmoins je voudrois pour sa perfection qu'il eust inventé et disposé autrement qu'il n'a fait, et s'il l'imprime bientost, je vous envoyeray mes sentiments dessus et la manière que je voudrois qu'il eust tenue pour en faire une chose accomplie [1].

Je vis hier, chés nostre abbé de Chastillon, à qui l'on a fait l'opération pour ses hémmorroïdes et qui en a esté en danger de mort [2], je vis, dis-je, le seigneur d'Amboise [3] à qui je tesmoignay que la satisfaction qu'il vous avoit faitte touchant ce mauvais logement, vous avoit laissé l'opinion de luy qu'il en pouvoit souhaitter, dont il m'a tesmoigné une joye extraordinaire, me protestant qu'il n'avoit jamais eu une plus grande douleur que quand il avoit appris que tous les ordres précis qu'il avoit donnés pour l'exemption de vostre terre avoient esté inutiles par la rencontre de la séparation de son régiment et par le malheur qui voulust que la partie qui avoit l'ordre prit une autre route sans avertir l'autre partie que vostre village estoit sacré pour luy. Il me dit que son desplaisir en estoit d'autant plus grand qu'il vous avoit obligation et que c'estoit la seule occasion dans laquelle il s'en peut revancher.

Je suis, Monsieur, vostre, etc.

De Paris, ce 19 fevrier 1640 [4].

---

curieux passage, qu'ont aussi négligé tous les critiques qui, en ces dernières années, ont écrit l'histoire du théâtre de Corneille, y compris M. E. Picot, l'auteur de la *Bibliographie Cornélienne* (1876).

[1] Balzac (lettre VII du livre XXII) répond, non le 1er mars 1641, mais le 1er mars 1640 (p. 846): «Je seray bien aise de voir les six vers du poëte *perruqué de glaçons* [Madelenet], et le duel des Horaces et des Curiaces, et generalement tout ce qui viendra sous vostre passeport.»

[2] Balzac [*ibid.*] reprend: «Le danger où vous dites qu'a esté nostre parfait Ami, me fait trembler, et mon imagination est blessée de toutes ces armes de chirurgie, et de tous ces remedes cruels, dont vous me parlez. Je luy souhaite une parfaite guerison; et le Senat, et le Peuple Poétique qui luy ont tant d'obligation, luy devroient filer aussi bien qu'aux princes, des vies d'or et de soye, dont j'ay si souvent ouy parler, et luy crier comme à son véritable bienfaiteur:

De nostris annis tibi Jupiter augeat annos.»

[3] S'agirait-il là de Louis de Clermont d'Amboise, marquis de Rénel, qui était alors mestre de camp d'un régiment de cavalerie, et dont le fils et le petit-fils, le premier tué à Valenciennes en 1656, le dernier tué au siége de Chauny, furent également mestres de camp?

[4] Suit (f° 314) une lettre, du 25 fevrier, à la marquise de Flamarens, où Chapelain s'étend sur un procès où il court hasard, dit-il, de perdre douze ou treize cents écus, ajoutant avec un peu d'amertume: «qui est tout ce que Monsieur vostre père a jamais fait pour moy en récompense de mes longs travaux et des diverses assistances qu'il a receues de moi.» — «Pour me divertir agréablement» continue Chapelain, «je sollicite maintenant trente juges pour essayer de n'estre pas dépouillé de cette dernière pièce...» Chapelain reparle encore de ce procès dans une lettre à Balzac, du 27 février, d'où j'extrais (f° 315) les lignes que voici: «Monsieur, la punctualité dont vous me loués n'est pas une chose que je prétende vous faire valoir beaucoup. Il est aisé de vous escrire toutes les semaines une lettre dans le stile où je vous les escris, et j'ay quelquefois honte de moy-mesme de traitter avec un aussy éloquent homme que vous en des termes aussy pedestres et aussy populaires que sont les miens... Mais que dittes-vous de la bizarrerie de la fortune qui m'a voulu encore exercer de cette manière et donner la vexation de solliciter trente juges, de leur parler demie heure à chacun sur un sujet où je ne puis manquer de faire cent incongruités et ensuitte de comparoistre devant la Chambre et estre réduit à lever la main? Il le faut toutesfois et prendre patience, comme dit quelqu'un, mesme en rageant. J'attens avec impatience le discours que

CCCLXXVII.

A M. LE MARQUIS DE MONTAUZIER,
EN ALSACE.

Monsieur, vous me faittes une compassion si grande en l'estat où j'apprens par les vostres que vous estes, que je ne trouve point de paroles pour l'exprimer et je sens vostre mal à tel point que j'oublie les miennes (*sic* pour *miens*) propres, ou ne les mets point en considération au prix de luy. J'ay fait des pertes notables au décry des pistolles légères et un procès qui m'est survenu bizarrement me doit faire craindre d'en faire de plus grandes encore non seulement d'argent, mais de temps, qui est ce que je plains davantage. Avec cela, lorsque je pense à vos justes douleurs, je suis insensible aux miennes et n'ay de desplaisir que pour vous. Ce n'est pas, à vous dire vray, que j'aye jamais espéré qu'on vous donnast vostre congé, cette année, et le refus, quoyqu'il m'ait fort fasché, ne m'a pas beaucoup surpris. Mais la brouillerie d'Haettheim[1] et de vous m'avoit laissé persuader qu'on vous retireroit de l'Alsace et qu'ainsy à quelque chose malheur auroit esté bon. Cela manque à ce que je voy maintenant et je ne me puis consoler que nous ne vous ayons point veu de ce carnaval ny vous nous. Je dis nous pour Mlle de R[ambouillet] qui a esté bien digne de vostre veue dans le ballet qu'elle a dancé avec Mademoiselle[2] où elle a remporté la palme à son ordinaire et qui a bien des fois souhaité que vous fussiés un des tesmoins de sa gloire. Peut estre que dans le paquet que je vous envoye d'elle, vous trouverés la confirmation de ce que je vous dis, et que le soin qu'elle a pris de vous consoler à ma prière vous deschargera d'une partie de vostre affliction.

J'approuve bien, au reste, que vous faciés tout ce que vous pourrés pour sortir honnestement de cet employ. Mais ce n'est

---

vous avés envoyé au *Triumvir* [Costar], et je ne doute point qu'après l'avoir leu je ne luy alloue pour bonnes toutes ses hyperboles et toutes ses pasmoisons... Son affaire n'est qu'ambition... Mr de Voiture en a fait son amy particulier et en parle tousjours comme d'un homme rare... Je vous envoye deux poèmes latins du sieur Madelenet au lieu d'un que je vous promis la semaine passée. La fin de l'Ode à Mr de Bullion me semble belle et bien de l'air d'Horace où il dit : *Vixere forte ante Agamemnona multi*, etc. Le reste ne me semble que pur. La Sylvie (*sic* pour *Silve*) est une pièce de plus d'importance et je m'asseure que vous luy donnerés quelque prix. L'inscription de la fin n'a néantmoins rien de comparable à celle du Père Theron. Il y a aussy de belles choses dans cette Amphitrite Ruelliane, mais la fin m'en semble platte, et il me semble que j'entends la fin d'une Antienne et Oraison.» [En *Post-Scriptum*] : «Je vous prie de me mander comment vous prononcés ces mots *verrés*, *trouverés*, *dirés*, *ferés* et tous les futurs semblables. Je veux dire si c'est avec l'*e* ouvert, tel qu'est l'*e* de *mes*, pronom, ou avec l'*e* fermé, tel qu'est celuy de *dorés*, adjectif.» On trouvera la réponse de Balzac dans la lettre VIII du livre XXII (p. 846 et 847).

[1] Capitaine allemand dont j'ai en vain cherché le nom dans nos recueils biographiques.

[2] On lit dans la *Gazette* du 25 février 1640 (p. 120) : «Dimanche dernier, Mademoiselle dansa son ballet dans l'hostel de Richelieu, et le jeudi ensuivant à l'Arsenal, assistée de Mesdemoiselles de Bourbon, de Longueville, de Rohan et de plusieurs autres.» Et dans la *Gazette* du 3 mars (p. 128) : «Dimanche dernier, Mademoiselle dansa devant Leurs Majestés à Saint-Germain son balet, qui fut celuy du triomphe de la beauté, où il y eut trente-deux entrées, fermées par le grand balet, composé de trois belles troupes.» Voir les détails que donne sur la première de ces fêtes un enthousiaste témoin oculaire, l'abbé de Marolles (*Mémoires*, 1755, in-12, t. I, p. 239 et 240).

pas pour ce que vous croyés y passer inutilement vostre jeunesse et n'y voir point d'occasion où vous puissiés profiter dans vostre mestier. Car je voy former un orage contre vous du costé du Tirol que je crains bien qui ne vous donne trop d'exercice, cet esté prochain, et qui ne vous instruise à vos despens, s'il est vray que vous ayés encore besoin d'instruction en une chose où vous estes si avancé dès il y a longtemps. Dieu vueille que mon augure soit vain parce que d'autre sorte j'y prévoy un bien plus grand mal que celuy de n'estre pas venu cet hyver à Paris.

Je ne say si je vous envoyeray une lettre de Mme la Marquise de Sablé que j'en ay sollicitée et qui m'a promis plusieurs fois de le faire, mais qui est quelquefois paresseuse quoyqu'elle ne soit jamais tiède pour vous. Elle m'en leut une, il y a quinze jours, qu'elle ne m'a point voulu donner à cause que l'occasion qui la fit naistre estant passée, elle a jugé qu'elle ne seroit plus à propos. Si elle n'escrit point, consolés vous au moins sur ce qu'elle ne vous en honnore pas moins, car vous luy estes tousjours très aymable et très estimable, et comme elle parle souvent de vous, elle n'en parle jamais qu'avec éloge soit de vostre bonté, soit de vostre esprit.

Pour M^r le marquis de Pisani, il est plus galant que vous ne sçauriés vous imaginer, et je croy qu'il en donnera jalousie à son demy corps¹ que vous sçavés qui aspire à la royauté de la galanterie. Il me fit, avant hier, pitié (je dis ce demy-corps) de la rude touche qu'il receut en ma présence par Mlle de R[ambouillet] sur quelque liberté suffisante qu'il avoit prise de la vouloir convaincre d'avoir mal dit quelque mot², et certes je ne vis rien jamais de plus humilié que luy ny de plus mortifié.

Je feray tenir seurement à M^r le Duc de Longueville le paquet que vous luy addressés, et je sais bien aise que vous continués tousjours à estre bien persuadé de ses parties héroïques. Il sçaura par moy que vous n'agissés point par simples complimens avec luy et que vous avés une véritable amitié pour luy. Sa posture est haute et grande aujourd'huy et son passage du Rhin et son establissement dans le cœur de l'Allemagne sont des choses d'une telle conséquence pour l'estat présent des affaires, que je ne sçay quel plus digne le Roy pouvoit attendre de qui que ce soit. Néantmoins je tremble pour luy au lieu où il est tant que nous ayons veu Bannier hors de danger d'estre battu. On ne sçait encore que dire de l'affaire de Mr de Croisilles qui a la grande chambre à présent pour juge³.

Je suis, Monsieur, vostre, etc.

De Paris, ce 28 février 1640⁴.

---

¹ Tallemant des Réaux (*Historiettes*, t. II, p. 495) dit : «M. de Pisani vint beau, blanc, blond et droit au monde, mais il eut l'espine du dos desmise en nourrice, sans qu'on le sceust, et en devint si contrefait qu'on ne luy pouvoit faire de cuirasse. Cela luy gasta jusques aux traits du visage, et il demeura fort petit, ce qui sembloit d'autant plus estrange que son père, sa mère et ses sœurs sont tous grands ; on disoit les *Sapins de Rambouillet* autrefois, parce qu'ils estoient je ne sçay combien de frères de grande taille et point gros.» Sur la galanterie du marquis de Pisani, voir un passage de Tallemant des Réaux (*ibid.*) qui confirme pleinement le témoignage de Chapelain.

² Tallemant des Réaux (*ibid.*) nous montre le marquis de Pisani disputant souvent, notamment contre le prince de Condé. Ajoutons, avec le même chroniqueur, que «M. de Pisani avoit beaucoup d'esprit et beaucoup de cœur.»

³ Le marquis de Montauzier avoit été un de ceux qui, pour faire plaisir à Mlle Paulet, prirent la résolution d'enlever son cousin de la prison de l'Officialité.

⁴ Suit (f° 317) une lettre, du 1er mars 1640, à M. de Monstreuil, toute pleine de complimens.

CCCLXXVIII.

À M. DE BALZAC,
à balzac.

Monsieur, la France n'est pas plus piquée contre l'Espagne que je suis ulcéré contre les coquins qui me mettent en procès et contre ceux qui sont cause que j'entre en cette dance. Je plaide avec un certain dépit de me voir engagé dans ce mauvais exercice, que je ne vous sçaurois assés bien exprimer et je peste nuit et jour contre la Fortune qui m'a suscité ce trouble sans que je le méritasse, comme si l'occupation à faire des vers n'estoit pas assés chagrine toute seule. La perte qui m'en peut arriver ne m'est, je vous jure, point sensible, et je me connois assés fort pour la porter, si elle me venoit comme celle du décry des pistolles légères et de réduction des droits. Mais la manière m'en est insupportable, et quand je pense que j'auray à visiter et entretenir trente juges dans un langage qui m'est inconnu sur une matière qui est mon aversion naturelle, il me prend souvent envie de laisser tout perdre et de m'espargner cette exaction dans le doute du gain ou de la perte, et souvent mesme il me vient en fantaisie que le gain asseuré de ma cause ne mériteroit pas que je me donnasse toute cette peine pour l'obtenir.

Pour comble de mal je demeureray encore trois semaines dans cet estat fascheux que l'on appelle incertitude du succès et qui à moy est pire que le mauvais succès mesme, *juxta illud : elapestar del malo e mal peggiore forse che non parebbe il male presente*[1]. Cependant il faut que je sollicite et que je face solliciter. Et voyés si mon mal est grand puisqu'il faut que vous vous en sentiés à cent lieues de moy. En effet j'aurois honte d'employer mes autres amis et de ne vous donner pas une partie de la courvée principalement ayant un de M^{rs} vos cousins pour mon juge. Mon procès est à la première dont Mr de la Nauve fait la meilleure partie, comme vous sçavés. Il suffit de vous dire cela et pour le reste je laisse à vostre bonté d'agir envers luy favorablement pour moy, si c'est chose qui ne vous face point d'autre peine que de luy escrire un mot. En ce cas, sans entrer dans le détail de la cause dont je ne vous importune point, je voudrois seulement qu'il sceust en quelle opinion vous m'avés du costé de la probité, et si vous croyés que je fusse capable de tenir la main à quelque chose d'injuste. Mais ne tenés point cette prière pour faitte, s'il y a la moindre raison qui vous rende la chose difficile, pour ce que j'ay encore d'autres moyens de luy faire recommander mon droit et de l'esclaircir de ce que je suis[2].

J'ay leu avec admiration la response que vous avés faitte à Mr Coustard[3] et j'ay

---

[1] La citation de Chapelain, dûment corrigée, forme ces deux vers :

E l'aspettar del male è mal peggiore
Forse che non sarebbe il mal presente.

On peut ainsi traduire ce dicton : Et l'attente du mal est un mal pire peut-être que ne serait le mal présent.

[2] Balzac (lettre IX du livre XXII) répondit à Chapelain, non le 22 mars 1641, comme on le lit (p. 847 de l'in-fol.), mais le 22 mars 1640 : « Je viens d'escrire à M. de la Nauve, non pas comme je devois, mais comme j'ay pû, dans le mal qui me travaille. Je le conjure par la parenté, et par l'amitié, qui est quelque chose de plus, d'avoir soin de vos interests comme de ma vie, et je m'asseure que vous connoistrez que je ne luy suis pas indifférent. Mais que je suis trompé, de m'imaginer qu'on me considérera, où il s'agit de vous servir! Vostre nom est chéri et respecté de toute la terre, et Monsieur de la Nauve, qui est parfaitement honneste homme, ne visera qu'à vous, dans la bonne justice qu'il vous rendra. »

[3] Cette réponse est intitulée, dans le tome II

trouvé qu'il y avoit lieu d'expirer de ravissement, non seulement d'en pasmer pour un quart d'heure. La pièce, en effet, m'a semblé digne de toutes les plus grandes louanges qu'il luy a sceu donner et je suis assouré que dans l'éloge qu'il vous en a fait, il n'y a pas une seule hyperbole. Il reste à la faire voir à nos amis et amies et à les gratifier d'une si belle et exquise lecture, à quoy vous croyés bien que je n'ay garde de manquer pour l'honneur de l'un et pour le contentement des autres et je suis bien certain de vous en mander des satisfactions et des applaudissemens estranges. Quant à trouver à redire à la grâce que vous avés faitte à cette personne[1], vous me connoissés trop généreux pour en estre capable, et il y a longtemps que dans une douleur plus fraische je luy ay esté moy mesme civil et l'ay confondu de la noblesse de mon cœur, si je l'ose dire, et de ma courtoisie. C'est l'avantage que vous et moy pouvons prendre sur les âmes basses de maistriser nostre passion et de pardonner aux infirmes. Pour moy je n'ay jamais plus de plaisir que quand la Fortune me donne sujet de monstrer la différence qu'il y a entre mon courage et celuy du commun des hommes. Je ne m'apperçois que bien tard que je me loue assés franchement et que je vous fais une confession non pas de mes fautes, mais de mes perfections. Il vaut mieux estre modeste et se contenter de ce qui est dit que je pourrois bien effacer encore sans me faire beaucoup de tort. Vaille que vaille néantmoins et finissons en vous protestant que je suis plus que qui que ce soit, Monsieur, vostre, etc.

De Paris, ce 8 mars 1640.

CCCLXXIX.

À M. LE MARQUIS DE MONTAUZIER, EN ALSACE.

Monsieur, je vous envoyay, l'autre semaine, les lettres de Mlle de R[ambouillet] et de Mme la marquise de Sablé, que je veux croire qui vous auront apporté du soulagement en vos douleurs et en vos misères. Il y en avoit encore d'autres personnes qui ne vous desplaisent pas et qui auront contribué à vostre consolation, si vous estes consolable. Cette fois, je vous en envoye encore sinon des lieux dont vous en désirés le plus, au moins de ceux qui ne vous sont point désagréables et dont vous avés quelquesfois fait vostre joye. Je souhaitte que vos maux en soient charmés et que ces lectures vous servent de relasche en attendant que quelque bon démon vous tire de vostre enfer pour tousjours. Vous commanderés, s'il vous plaist, qu'on rende seurement la lettre à l'un des officiers de vostre régiment et qui sera parmi les vostres.

Mon procès, au reste, me tient lieu d'une autre Alsace et, bien que mon péril ne soit pas égal au vostre, pour ce qu'il n'y va pas de la vie, il ne laisse pas d'estre fort grand et fort inquiétant pour ce qu'il y va du bien, et, en quelque sorte, de l'honneur. Jusques au gain ou à la perte de ma cause j'auray toujours l'esprit partagé et embarassé, et je seray incapable d'aucune production raisonnable. Mais je ne vous devrois point dire cette traverse que me donne la Fortune, car vous estes bon et tendre de vos amis[2], et je ne doute point que vous n'en sentiés de la douleur, qui est une chose

---

des Œuvres complètes de Balzac : *De la grande éloquence. A Monsieur Costar. Dissertation II* (p. 519-530).

[1] Balzac avait traité Costar avec une faveur extrême. Je n'en donnerai d'autre preuve que cette première phrase : « Vostre magnificence est cause de ma disette, et je ne trouve point de belles choses à vous rendre, parce que vous les avez toutes prises. »

[2] Nous avons déjà rencontré (lettre CCCLXIV)

que je voudrois vous oster plustost que de vous la donner. Et il ne m'est arrivé de vous le dire qu'afin que vous voyés qu'au séjour après lequel vous souspirés, il y a des malheurs aussy bien qu'au vostre et que vous n'estes pas le seul qui souffrés.

Mme la marquise de R[ambouillet] m'a monstré par grande faveur la galanterie que vous luy avés escrite qui est rare et qui ne semble point partir d'un esprit aussy affligé que vous me le tesmoignés par vos dernières. Elle a eu quelque honte que vous fissiés fort sur sa beauté, laquelle elle dit estre ensevelie il y a longtemps si elle en a eu quelquesfois aucune partie[1], et il luy a bien fasché, pour vous faire parler avec plus de ressemblance, de n'avoir pas la moitié moins d'aage qu'elle n'a. En vérité la lettre est belle et bien escrite et bien digne d'estre veue chez la M[arquise] du Marais[2]. Mais, pour ce dernier, je ne l'ay peu obtenir et on m'a défendu mesme de faire paroistre que j'en aye aucune connoissance. Je suis en très grande peine pour M[r] le Duc de Longueville, non pas qu'il soit présentement pressé des ennemis et que sa condition soit empirée depuis mes dernières, où je vous mandois sa gloire et son establissement de là le Rhin, mais parce que la continuation de sa bonne fortune dépend du succès des armes suédoises pour lesquelles je vous avoue que j'appréhende fort depuis les nouvelles que nous avons eues icy de la prise de Colin[3] et de Konigsgraetz[4] qui incommodent extrêmement Bannier et qui donnent grande espérance à Picolhuomini de le pousser en désordre de la Bohême. Vous recevrés avis de ce qui se passera entre eux bien devant nous et peut estre que vous sçavés desja par Strasbourg ce que le sort a décidé touchant cette grande affaire.

On ne dit point encore si le Roy ira à Lion pour Italie et pour soustenir ce qu'il a sur le Rhin contre les menaces espagnoles. Les Anglois arment et se font puissans. Si c'estoit contre nous, nous serions attrappés, car nous ne nous y attendons pas. Mais certainement c'est contre l'Escosse qui se prépare, de son costé[5], au cas qu'on luy vueille imposer le joug qu'elle a secoué, l'année passée, par l'abolissement de ses évesques contre la dignité et authorité de son Roy.

L'abbé d'Aubignac[6] ne presche plus et fait des sujets de ballet et des règles pour la comédie. Il compose maintenant un traitté qu'il nomme *la Pratique du théatre*[7] que le s[r] de la Ménardière attend impatiemment

---

cette expression : *tendre de* vos amis, au lieu de : tendre pour vos amis.

[1] La marquise de Rambouillet avait cinquante-deux ans en 1640. Son futur gendre pouvait jusqu'à un certain point parler de sa beauté, puisque Tallemant des Réaux (t. II, p. 505) disait bien plus tard : «Hors qu'elle bransle un peu la teste, et cela luy vient d'avoir trop mangé d'ambre autrefois, elle ne choque point encore, quoyqu'elle ayt près de soixante-dix ans. Elle a le teint beau....»

[2] C'est-à-dire chez la marquise de Sablé.

[3] Kolin, ville de l'empire d'Autriche, en Bohême, sur l'Elbe, à 85 kilomètres de Prague.

[4] Kœnigsgraetz, ville de l'empire d'Autriche, en Bohême, à 102 kilomètres de Prague, sur la rive gauche de l'Elbe, au confluent de l'Adler.

[5] Chapelain avait lu cela dans la *Gazette* du 3 mars, où, sous la rubrique de Londres, on annonçait, à la date du 14 février, que les Écossais fortifiaient leurs frontières et faisaient de grands préparatifs de guerre.

[6] François Hédelin, abbé d'Aubignac, naquit à Paris le 4 août 1604, et il mourut à Nemours le 27 juillet 1676.

[7] *La Pratique du Théatre* ne parut que dix-sept ans plus tard (Paris, Antoine de Sommaville, 1657, in-4°). L'abbé d'Aubignac, comme le rappelle le P. Niceron (*Mémoires pour servir à l'histoire des hommes illustres*, t. IV, p. 129), avait

afin de faire contre, de quoy je me resjouis pour ce que cela sera délectable, et peut estre utile aussy.

Je suis, Monsieur, vostre, etc.

De Paris, ce 8 mars 1640¹.

CCCLXXX.

À M. DE BALZAC,

À BALZAC.

Monsieur, resfueilletés les registres de Totila et vous trouverés que je n'ay point donné d'éloges à ceux que vous aviés donné à M. le Duc de Longueville qui ne leur fussent bien deus, et que j'aurois esté un ingrat de ne vous en tesmoigner pas du ressentiment. Mais pourquoy vous renvoyer à ces registres? Il suffit de vous dire que vous n'avés qu'à vous ressouvenir que vous avés parlé de ce Prince, pour vous faire croire que vous en avés éloquemment parlé. Et certes il n'y a point d'apparence qu'un homme qui relève les moindres choses par la sublimité de ses paroles eust peu rien dire de bas des actions de ce Prince que sans flaterie et sans poésie on peut apeller grandes². Cependant, quoyque victorieux et quoyque couvert de gloire, ses travaux pour cela ne sont pas encore achevés, et la Fortune qui a veu qu'elle luy opposoit en vain des ennemis et des fleuves pour l'empescher de contribuer au restablissement de l'Allemagne, s'est avisée de luy dresser des embusches domestiques et l'a arresté, au milieu de son cours, par une fièvre que des lettres de Nancy et de Sedan font continue, c'est à dire assés périlleuse pour nous faire craindre tout ce qu'il y peut avoir de pis. Jugés par là où j'en puis estre et quelle nouvelle secousse mon esprit a à souffrir!

Je veux toutesfois m'imaginer, pour ma consolation, que ce mal n'est pas si grand qu'on nous le fait, car de deux lettres que nous avons veues de Cologne, l'une dit simplement que M^r le duc de L[ongueville] est indisposé et l'autre qu'il est dans ses incommodités ordinaires, ce qui iroit à quelque forte atteinte de sa sciatique ou, au plus, à quelque légère fièvre, si les marchands qui l'escrivent estoient personnes sur qui on se peust fier. Cela n'empesche pas que je ne passe de mauvaises heures et que mon inquiétude ne soit assés forte pour me tourmenter. Je seray encore quatre ou cinq jours dans cette gesne et Dieu vueille que j'en sois quitte pour cela!

Je fis³ voir, dès il y a six jours, à M^r l'abbé de Chastillon la lettre que vous m'escriviés et que je venois de recevoir sur sa maladie⁴. Il s'en tint extrêmement obligé et me pria de vous en faire ses baise mains très-humbles et, en mesme temps, ses ex-

---

recommencé cet ouvrage pour plaire au cardinal de Richelieu, qui l'avait passionnément souhaité, persuadé qu'il pourroit être d'un grand usage aux poètes en leur épargnant la peine de chercher eux-mêmes dans les livres les instructions dont ils avaient besoin.»

¹ Il y a 5, mais il est bien probable que ce 5 a été mis par inadvertance pour un 8.

² Chapelain répond en tout ce passage à la lettre VII du livre XXII (datée de mars 1641 pour février 1640), lettre où nous lisons (p. 845 et 846) : «Je ne sçay ce que je vous ay escrit, que vous avez trouvé si bon ; mais je sçay bien que vous trouvez bon tout ce que je vous escris, et vous lisez mes paroles avec des yeux capables de toutes les illusions de l'Amitié! O la belle et l'innocente Magicienne!... Quelle apparence neantmoins que sans dessein et sans y songer, j'aye dicté quelque ligne qui soit digne de vostre héros!...»

³ Il y a dans le texte : Je *vis* voir.

⁴ La lettre déjà citée dans la note 14 de la lettre à Balzac du 19 février 1640, et dans la note 1 de la présente lettre. Communiquée par Chapelain à Boisrobert six jours avant le 9 mars 1640, cette lettre était donc arrivée à Paris le 2

cuses, s'il ne vous escrivoit point dans l'accablement de ses affaires et l'estat où son mal l'a mis qui certes n'est pas trop bon, quoyque désormais il luy permette d'aller par ville en carosse et qu'il face estat de faire bientost un voyage à Ruel. Il ne se peut dire combien il a une bonté confirmée et les amis que ses bons offices luy ont acquis.

Son Éminence, durant sa maladie, luy escrivit des vers léonins latins en raillerie, de sa main, qui nous furent un nouveau tesmoignage de la faveur où il le conserve et de la tendresse qu'il a pour luy[1].

Vous avés veu, à cette heure, les vers latins de Madelenet, tant ceux dont je vous avois parlé, que ceux qui louent Mʳ de Bullion et dont je n'ay eu connoissance que depuis. Je seray bien aise d'en avoir vostre avis afin de régler le mien, ou voir si nous les avons conformes[2].

Pour le combat des Horaces, ce ne sera pas sitost encore que vous le verrés, pour ce qu'il n'a encore esté représenté qu'une fois devant Son Éminence, et que, devant que d'estre publié il faut qu'il serve six mois de gaigne pain aux comédiens. Telles sont les conventions des poètes mercenaires et tel le destin des pièces vénales. Mais vous le verrés assés à temps[3].

Le paquet de Mʳ Mainard a été porté chés le sʳ Flotte que vous ne devés point douter qui ne l'envoye soigneusement. Je ne sçay encore que dire du prétendu prestre grec[4], s'il est innocent ou s'il est coupable. De huit tesmoins il n'y en a que trois qui luy maintiennent que c'est luy qui a esté marié[5], les trois autres disent seulement que celuy qui le fust avoit quarante-cinq ans, mais qu'ils ne sçavent si c'est luy. Les deux derniers n'ont point encore esté ouys, et pour luy il monstre une asseurance comme s'il n'estoit point en prison et qu'il fut l'ac-

---

ou le 3 mars au plus tôt, et avoit par conséquent été écrite vers le 20 février.

[1] Ces vers ne paraissent pas être venus jusqu'à nous. Je n'en trouve nulle part la moindre mention, pas plus dans les notices sur Boisrobert que dans les travaux relatifs à la biographie du cardinal de Richelieu. Cette particularité si peu connue n'est pas une des moins piquantes révélations que nous devons à la correspondance de Chapelain.

[2] Balzac et Chapelain furent d'accord sur les vers latins de Madelenet. Voici le jugement rendu par le premier (lettre VIII du livre XXII), datée du 12 mars 1644 et qui doit être du 22 mars 1640, p. 846 et 847 de l'in-fol.) : «La fin de l'Ode à Monsieur de Bullion est meilleure que le commencement; tout au contraire de l'Amphitrite qui tombe après son eslévation, et se soutient sur deux mauvais pieds; car ce seroit trop de la nommer monstrueuse, et de dire d'elle comme des autres divinités de la mer, que

Desinit in piscem mulier formosa superne.

La Silve est belle, mais non pas à mon advis de la dernière beauté, et je voy quelque chose au delà, où la force du Poète n'est pas arrivée.»

[3] Ce passage a été reproduit par M. Taschereau (*Histoire de la vie et des ouvrages de P. Corneille*, 1855, p. 95) et par M. Marty-Laveaux (*Notice sur la tragédie d'Horace*, dans le tome III des *Œuvres de P. Corneille*, 1862, p. 250. M. Marty-Laveaux observe que Chapelain, parlant, dans ce passage, de la première représentation d'*Horace* comme d'un fait tout récent, en fixe par conséquent la date d'une manière fort approximative. «Pour bien se rendre compte de l'injustice des accusations de Chapelain, ajoute-t-il, il faut savoir que Corneille ne pouvait conserver quelques mois ses droits d'auteur sur un ouvrage qu'en en retardant l'impression.» M. Marty-Laveaux regrette (*ibid.*) que Chapelain ne donne pas de détails à Balzac sur les premières représentations, et ne lui nomme aucun des acteurs chargés des principaux rôles.»

[4] L'abbé de Croisilles. On devine l'allusion que fait Chapelain au mariage des prêtres de l'église grecque.

[5] Le prêtre et les deux marguilliers mentionnés par Tallemant des Réaux (t. III, p. 32).

cusateur. Ce seroit dommage qu'il fust pendu.

Je suis, Monsieur, vostre, etc.

De Paris, ce 9 mars 1640[1].

CCCLXXXI.
À M⁰⁰ LE DUC DE LONGUEVILLE,
EN ALLEMAGNE.

Monseigneur, je ne vous diray point quelle extraordinaire douleur m'a apportée la nouvelle de vostre maladie, et le désespoir où je me suis veu jusques à ce que les lettres de Cologne du 5 et celles de Cassel du 4 de ce mois nous ayent asseuré que vous estiés hors de péril et sur le retour de vostre mal. Je ne croy point avoir besoin de m'en expliquer envers vous et pense que vous m'avés fait l'honneur de vous mesme d'en croire tout ce que je vous en pourrois dire et de me conter au nombre de ceux que ce malheur devoit le plus sensiblement toucher. Aussy ne prens-je cette occasion de vous escrire qu'affin de vous asseurer de la douleur publique en cette occasion et de la générale inquiétude où s'est trouvée la France lorsque l'on a appris que vous estiés malade avec danger.

Et, en vérité, Monseigneur, après que nous avons sceu que le danger en estoit dehors, ce ne nous a pas esté une petite consolation de reconnoistre que le siècle n'estoit pas ingrat à vostre vertu et qu'il la payoit au moins de toute l'estime et de toute la tendresse que nous pouvions souhaitter. La Cour, la Ville, les gens d'honneur et le Peuple mesme qui ne connoist que les choses qui luy tombent sous les sens, ont rendu en cette rencontre des tesmoignages si avantageux et si glorieux de ce qu'ils sentoient pour vous, que je ne croy pas qu'on en puisse désirer davantage, et qu'ils n'eussent pas peu faire plus si, dans vostre perte, la ruine commune eust esté infaillible.

Je suis certain, Monseigneur, que vous tiendrés vos travaux et vos souffrances bien satisfaittes, lorsque vous croirés aussy vray qu'il est cet amour de tout le monde pour vous et cet estonnement général dans le hazard où vous avés esté. Une ame aussy grande et aussy animée de la véritable gloire que la vostre ne peut rien avoir de plus agréable que cet applaudissement universel et que cet intérest qui devient public par la part que chacun y veut et croit devoir prendre. Vous avés l'un et l'autre au point que personne ne l'eust jamais plus, et tout ce que vous avés de fidelles serviteurs en ressentent une joye bien particulière. Mademoiselle[2], qui a esté aussy indisposée d'une fièvre, mais très légère à comparaison de la vostre, nous a délivrés d'appréhension presque en même temps que vous, et, après

---

[1] Le 13 mars suivant, Chapelain adressait au marquis de Montauzier (f° 324, v°) une lettre qui roule presque en entier sur la maladie du duc de Longueville, maladie dont la guérison lui paraît «désespérée.» Chapelain proclame son bienfaiteur un «si grand ornement de ce siècle,» et déplore «la perte irréparable que ferait l'Estat en sa personne.» Chapelain dit encore à M. de Montauzier: «Ce qu'on vous a mandé de la rupture de M⁺ de Vivans avec la maison de Clermont est chose trop sérieuse et peut estre que de longtemps il n'y a eu chose plus scandaleuse pour d'honnestes personnes à la Cour. Ce qu'on vous a escrit aussy du degoust qu'a eu Mˡˡᵉ de R[ambouillet] des hardiesses et libertés de M⁺ de V[oiture] est véritable. Mais il ne laisse pas de la voir et d'essayer de se bien raccommoder, ce qui sera assés difficile.» Chapelain termine sa lettre en parlant à M⁺ de Montauzier de Mˡˡᵉ de Chalais qui lui rend grâces de son souvenir obligeant.

[2] Marie d'Orléans, fille du duc de Longueville, future duchesse de Nemours, était alors âgée de quinze ans.

avoir respiré du trouble où ces deux maladies nous avoient jettés, nous avons admiré la sympathie qui se trouve entre vous et elle jusques dans vos maux qui commencent et finissent en mesme temps[1]. Je prie Dieu que vous soyés aussy bien remis à présent qu'elle l'est et que nous soyons quittes par ces maux de tous ceux qui vous doivent arriver à l'un et à l'autre.

Entre ceux à qui le vostre aura esté sensible je suis obligé de vous dire que Mʳ le marquis de Montauzier sera des premiers, car il ne m'escrit jamais qu'avec des termes de passion et de respect pour vous qui ne peuvent partir que d'une âme qui vous est entièrement dévouée. Je joindray à cette lettre une despesche qu'il m'envoya, il y a quelque temps, par laquelle il vous rend conte de ce qui s'est passé entre luy et le colonel Hactheim, desirant estre justifié dans l'esprit de la personne du monde pour qui il a une plus haute estime. La nouvelle sera vieille faute d'occasion, mais elle servira au moins à tesmoigner son zèle et les sentimens qu'il a pour vous. Je suis, Monseigneur, vostre, etc.

De Paris, ce 14 mars 1640.

CCCLXXXII.
A M. DE BALZAC,
À BALZAC.

Monsieur, je crains que vous ne vouliés rompre tout commerce avec moy et que vous ne vous lassiés enfin des entretiens d'une personne si malheureuse et si plaintive. Les malheurs, depuis quelque temps, m'ont pris à tasche et il semble que je sois désormais leur but naturel. L'un ne m'a pas assailly que l'autre charge, et lorsque je pense respirer je me trouve accablé d'un nouveau faix qui m'oste presque l'espérance de me relever. Je ne vous diray ici rien de mes pertes passées ny de celles dont je suis menacé par mon procès. Ce sont de petits maux dont la philosophie auroit honte que je me plaignisse et qu'en effet je meriterois qui fussent plus grands si je leur laissois faire impression en mon âme.

Le seul mal dont je me permettois de me plaindre, entre tous ceux qui me sont arrivés, est la maladie de M. le Duc de Longueville qui esbranle ma fortune jusques dans les fondemens et me met en péril de perdre une des plus douces et plus glorieuses communications que pourroit souhaitter un homme de ma sorte. Et je vous avoue qu'en l'estat où il m'avoit mis je ne croiois pas que la fortune me peust rendre sensible par aucune autre chose. Cependant elle en a trouvé le moyen par la mort de Mʳ de Feuquières[2] qui me vient d'estre apprise par ses deux fils qui en ont apporté la nouvelle au Roy[3]. Il suffisoit, pour en estre extrêmement touché, qu'il fust serviteur zélé et volontaire de Mʳ le Duc de Lon-

---

[1] On lit dans la *Gazette* du 17 mars 1640 (p. 160): «Hier, arrivèrent nouvelles que le duc de Longueville se portoit mieux.»

[2] Manassès de Pas, marquis de Feuquières, né à Saumur le 1ᵉʳ juin 1590, mourut à Thionville, le 13 mars 1640, selon le *Dictionnaire historique de la France* de M. Lud. Lalanne (au mot *Feuquières*); le 14, selon le *Dictionnaire historique, géographique et biographique de Maine-et-Loire*, par M. Célestin Port (au mot *Pas*).

[3] L'abbé Arnauld (*Mémoires*, édition de 1756, p. 187 et 188) dit: «Nous étions prêts de partir avec d'assez bonnes nouvelles pour consoler M. de Feuquières de tous ses malheurs, puisqu'on lui promettoit de le faire maréchal de France et gouverneur de Monseigneur le Dauphin. C'étoit assurément un choix digne du discernement de celui qui l'avait fait, n'y ayant peut-être personne en France qui fût plus capable que lui de cet important emploi. Mais comme nous étions prêts de monter sur nos chevaux de poste qui nous attendoient dans la cour,

gueville porté par luy au généralat d'armée, qu'il fust un grand homme de guerre[1], et tel que le Roy et son Éminence croyent maintenant avoir perdu leur bras droit[2] et enfin qu'il fust mon amy généreux et cordial. Mais sa sorte de mort suspecte de poison de la part des Espagnols qui ne gaignoient rien à sa rançon, à cause qu'il estoit prisonnier de Picolhuomini, après neuf mois d'extraordinaires souffrances[3], et sur l'instant de sa délivrance et d'un employ semblable au précédent, d'autant plus glorieux pour luy qu'il luy estoit donné, malgré le malheur qui l'avoit accompagné, pour tesmoignage que son malheur ne luy estoit point imputé et que la mauvaise fortune n'avoit point passé jusques à son estime et à sa réputation, ces choses, dis-je, me rendent sa mort moins supportable encore et font que je m'en plains, quoyque puisse y trouver à redire l'impassible Zénon[4].

Vous sçavés bien que mon stoïcisme est mitigé et que je me suis permis des exceptions, pour mon usage, à la seureté des préceptes de ces ames ferrées. Vous sçavez bien que je me suis tousjours réservé la liberté des larmes pour la perte de mes amis et des vertus éminentes, et que je tiens ce

---

nous vîmes arriver l'abbé de Feuquières, qui n'étoit pas encore ecclésiastique, qui nous apprenant la triste nouvelle de la mort de Mᵣ leur père, nous précipitèrent, pour ainsi dire, du comble de la paix dans le plus profond abime de la douleur.» Feuquières avait eu de sa femme, Anne Arnauld, fille d'Isaac Arnauld, seigneur de Corbeville, et cousine germaine d'Arnauld d'Andilly, huit enfants. Le futur ecclésiastique dont parle l'abbé Arnauld était François de Pas, qui devint abbé de Relec et grand doyen de Verdun.

[1] Les rédacteurs du *Dictionnaire de Moréri* (au mot *Pas*) déclarent qu'il fut «l'un des plus grands hommes qui aient porté les armes dans le xvııᵉ siècle.» L'abbé Arnauld (*Mémoires* déjà cités, p. 191) assure que le marquis de Feuquières fut «grand en toutes choses, hormis en fortune».

[2] Laissons parler encore l'abbé Arnauld (*ibid.*): «Il avoit servi le Roi dans ses armées depuis sa jeunesse, et avec tant de bonheur qu'il n'avoit jamais été blessé. Il avoit passé par tous les degrés, jusqu'aux premières charges de la guerre.» En ce qui concerne particulièrement Richelieu, les biographes ont dit qu'il fut à la fois le conseiller et l'exécuteur de la plupart des grandes entreprises du cardinal. Aussi le marquis de Feuquières est-il fréquemment mentionné dans la correspondance de Richelieu. Voir (*passim*) les tomes IV, V, VI, VII et VIII. Tallemant des Réaux (t. II, p. 90) nous apprend que «le cardinal de Richelieu luy avoit donné une armée à commander pour le faire mareschal de France, ajoutant : «On l'avoit cru capable de tout, car il commandoit fort bien sous un autre.»

[3] L'abbé Arnauld dit, de son côté (*Mémoires*, p. 190): «Nous apprimes après à loisir les particularités de cette mort, et avec d'autant plus de douleur, qu'elle n'avoit pas été toute naturelle, ni sans soupçon de poison. Il étoit guéri de ses blessures, et il y avoit déjà quelque temps qu'il avoit quitté le régime d'un malade. Un jour maigre on lui servit une fort belle truite dont il mangea assez, quoique sans excès. Peu de tems après il sentit d'extrêmes douleurs, qui devinrent si violentes, que dans l'agitation qu'elles lui causèrent, toutes ses plaies se r'ouvrirent, la fièvre lui prit; et en peu d'heures il fut contraint de succomber à la violence du mal.»

[4] Le nom du fondateur du stoïcisme revient souvent dans la correspondance de Balzac avec Chapelain ; c'est ainsi que l'on trouve (lettre VIII du livre XXII) cette spirituelle plaisanterie : «Zénon couronnera vostre modération, au mesme temps que Justinian vous fera gagner vostre cause.» C'est encore ainsi que l'on trouve (lettre XI du même livre) cette antithèse : «Comme je n'approuve pas le cœur d'acier de Zénon et ses yeux de pierre-de-ponce, je ne sçaurois louer non plus ceux qui sont devenus fontaines aux païs des Métamorphoses, ou qui sont demeurez chassieux tout le reste de leur vie.»

foible si beau et si digne de l'humaine société que je l'ay par élection tousjours préféré à cette fermeté diamantine[1] dont ces M[rs] font une ambitieuse profession. Si maintenant il me venoit nouvelle que le mal de Mr de Longueville fust empiré ou quelque chose de pis, vous jugés assés par ce que je vous ay dit en quel estat je me trouverois et combien je serois peu consolable. *Ma tolga il ciel gli auguri*, et j'ayme mieux croire que les avis de Cologne du vii de ce mois sont véritables, lorsqu'ils font son mal moindre qu'il n'a esté.

Mon procès languit et me fait languir, et par cela aussy bien que par le reste, vous pourrés aisement vous imaginer si mes Muses sont fort tranquilles et si elles ne peuvent rien dicter ny de bon ny de mauvais.

On parle extrêmement d'une trêve générale pour six ou sept ans qui seroit une chose fort souhaittable, et pour laquelle le Pape, qui la procure par ses nonces, recevroit plus de bénédictions qu'il n'en donne. Mais je ne vois point encore bien à quelles conditions elle se feroit, et j'ay peine à croire que l'Empereur y condescendist, au mauvais estat où l'Allemagne a esté mise par les Suédois et par nous. Tout peut estre neantmoins et je n'en doute que parce que je le désire[2].

Mes afflictions et embaras presens et passés m'ont empesché de faire voir ce beau Discours que vous m'avés envoyé[3]. Je suis fort aise du second que vous méditez et m'en resjouis dès à présent avec vous pour la gloire que vous apportera l'un et l'autre. J'agiray envers nostre amy pour vostre pension selon vostre ordre et j'approuve bien que ce soit plustost par entretien que par sollicitation ouverte, où vostre prière ne pourroit estre employée que moins honnestement pour vous[4].

Les livres viendront assés à temps quand ils arriveront, lorsque vous n'en aurés plus affaire. Je suis de vostre opinion pour la prononciation de *trouverés*, et Mr Voiture aussy. Mais nos dames s'en moquent et disent que c'est une affectation de peur de paroistre Parisiens[5].

Je suis, Monsieur, vostre, etc.

De Paris, ce 18 mars 1640[6].

---

[1] M. Littré (*Dictionnaire de la langue française*) ne cite qu'un seul emploi du mot *diamantin* (qui a la dureté du diamant) : c'est l'emploi qu'en a fait un conteur du xvie siècle, Jacques Yver, dans cette phrase de son recueil intitulé : *le Printemps d'Yver* (1572) : «Si vous saviez de quelles fortes et diamantines chaines...»

[2] Balzac (lettre XI du livre XXII, p. 849) accueille ainsi cette nouvelle : «Est-il bien vray au reste, comme vous me mandez, que les Princes se lassent enfin de faire la guerre, et que le Caducée de Messieurs les Nonces aura la vertu de séparer des combatans si aspres et si acharnez les uns contre les autres? Si le Pape est autheur de ce grand bien, il recevra autant de bénédictions qu'il en donne, et l'orateur Jean-Jacques aura droit d'en faire un ample remerciement au nom de toute la Chrestienté.» Cette lettre, datée du 20 avril 1641, est d'avril 1640.

[3] Le Discours : *de la Grande éloquence* dont il a été déjà question et qui forme la seconde des *Dissertations de critique*.

[4] Balzac avait dit (lettre XIII du livre XXII, laquelle n'est point du 12 mai 1641, mais est antérieure au 18 mars 1640 : «Je suis plus en peine de la santé de nostre cher Monsieur l'abbé de Boisrobert que de ma pension. Si par vostre credit et le sien je venois à en estre payé, ce petit secours me viendroit assez à propos pour refaire quelques breches de cette année. Mais je ne pretends pas en devoir remercier que vous et luy...»

[5] Balzac avait, à ce sujet, écrit à Chapelain (lettre VIII du livre XXII) : «Pour le mot dont je vous ay demandé vostre advis, c'est bien se moquer de me renvoyer à moy-mesme. Prononcez, je vous en supplie, car c'est la Cour qui doit regler le Village.»

[6] Suit (f° 330) une lettre à M. de Montauzier

CCCLXXXIII.

À M. DE BALZAC,

À BALZAC.

Monsieur, si vous m'en demandés mon sentiment, je croy qu'il eust mieux valu me laisser perdre mon procès et ne point escrire cette éloquente recommandation en ma faveur, que de prendre la peine de l'escrire en l'estat où vous estiés quand vous la listes[1]. Car vous me donnés le scrupule qu'en travaillant pour le bon gain de ma cause, vous aurés peut estre travaillé à la perte de vostre santé, et cet effort obligeant, à considérer mon intérest d'une sorte, seroit bien désobligeant, à le considérer d'une autre, le proffit qui me viendroit d'un costé ne pouvant estre mis en comparaison du dommage qui me viendroit de l'autre. Mais, Monsieur, ne soyés point malade, s'il est posssible, ne fust-ce qu'afin de m'espargner ce mal dont je n'ay pas besoin et qui me terraceroit dans le branslement où je me trouve par ceux qui l'ont précédé. Que je vous aye cette obligation et à ma bonne fortune de n'estre point mis à cette dernière espreuve qui pourroit estre fatale à ma constance, et en m'ostant un si grand sujet de douleur, laissés moy dans la liberté de m'imaginer que peut estre j'aurois esté capable d'y résister.

Il est vray que je vous fais une prière qui ne dépend pas absolument de vous et qu'il est possible qu'avec tous vos soins vostre mal fust encore le maistre. Faites au moins tout ce qui dépendra de vous et ostés moy le regret que j'aurois si j'apprenois que vous seriés incommodé par vostre négligence.

La lettre, au reste, que vous m'avés envoyée par Mr vostre cousin[2] sent si peu son malade, que, si je ne vous tenois pour très véritable, je penserois que vous ne vous portastes jamais mieux que quand vous l'avés

---

(du 19 mars 1640) où Chapelain parle de la mort de M. de Feuquières, «un si excellent homme», à la suite «d'une recheute neuf mois après sa prise», et de «l'amendement du mal» du duc de Longueville, M. de Tracy ayant écrit que ce prince «est hors de danger». Le 23 mars, Chapelain (f° 331) signale au duc de Longueville la joie que cause sa convalescence, joie *inexprimable* et *universelle*. Parmi les personnages qui ont le plus tremblé pour le malade, il énumère Louis XIII, le cardinal de Richelieu, la duchesse d'Aiguillon, Mlle de Rambouillet, le comte de Guiche, etc. Chapelain fait l'éloge de Le Bois d'Avaugour, gentilhomme nommé major de la ville de Rouen sur la proposition du comte de Guiche; il le connaît beaucoup et le vante outre mesure. Le gouvernement de Verdun est conservé au fils aîné du marquis de Feuquières [Isaac de Pas, qui devint lieutenant général des armées du Roi, ambassadeur extraordinaire en Espagne, vice-roi d'Amérique, etc...] «Le Prince Casimir est sorti de prison et est prest à partir. Le Prince Palatin en est aussy sorti, mais je croy qu'on l'oblige à demeurer encore quelque temps en France. Le premier a veu plus soigneusement qu'aucune autre Princesse Mme la Princesse Marie [la fille du duc de Longueville], et le monde dit qu'il la regarde d'un œil de recherche et qu'elle pourroit bien estre cause de le faire revenir en France. Mais les Espagnols n'ont garde de le souffrir...»

[1] Balzac avait écrit à Chapelain, non le 22 mars 1640, mais le 10 ou le 12 mars 1640, en lui envoyant la lettre de recommandation pour M. de la Nauve (p. 847 de l'in-fol.) : «Il y a plus de trente heures que je souffre.»

[2] Voir la lettre «A Monsieur de la Nauve, conseiller au parlement en la première Chambre des Enquestes», dans l'in-folio de 1665, p. 634. C'est la lettre IX du livre XV. Comme presque toutes les lettres de Chapelain à Balzac, cette lettre est mal datée, et au *10 septembre* 1640 il faut substituer le *10 mars* de la même année.

escrite. Les termes, les couleurs, et l'énergie qui en accompagnent les moindres paroles sont capables d'esmouvoir un Scythe et de persuader un incrédule, et si M⁵ de la Nauve estoit aussy bien toute la Chambre, comme il n'en est qu'une trentiesme partie, je conterois dès à présent mon affaire pour gaignée[1]. Une seule chose m'y embarasse et me fait douter si je la luy dois présenter. Vous y parlés de moy avec tant d'éloge et d'avantage que je ne sçay comment en conscience je la puis laisser voir, ny avec quel front je seray moy mesme porteur d'une louange que je mérite si peu, et que peut estre celuy à qui elle s'addresse jugera que je mérite encore moins[2]. Je la donneray pourtant à toutes fins et principalement afin qu'un si bel ouvrage ait l'estime dont il est digne et que je ne laisse pas périr ce qui est sorty de vous. Il seroit inutile de vous dire que j'en ay un extrême ressentiment et que je vous en rens de très parfaittes actions de grâces. Vous sçavés bien que cela ne peut estre autrement, ayant le cœur comme je l'ay.

Je vous diray bien icy que les nouvelles de l'amendement de M⁵ le Duc de Longueville continuent et que, selon toutes les apparences du monde, il est, à cette heure, tout remis, ce qui m'a apporté un soulagement d'esprit que je ne vous sçaurois exprimer.

Cependant vous sçaurés que M⁵ Coustard est tousjours luy mesme, comme je l'ay tousjours jugé, quelque repentir qu'il ait tesmoigné de deça de sa critique satyrique et quelque bien qu'il ait dit de moy au s⁵ Totila. Car Cherelles Botru[3], sur quelque amère

---

[1] Balzac repousse ou du moins a l'air de repousser ainsi ces éloges (lettre XII du livre XXII, p. 849 et 850) : « A vostre ordinaire, vous faites valoir tout ce que je vous escris, et trouvez la perfection dans des choses qui à peine peuvent passer pour médiocres. C'est l'amitié qui vous desguise ainsi les objets, et qui vous fait prendre l'apparent pour le véritable... S'il y a quelque chose dans ma lettre qui soit digne de l'estime que vous en faites, la Fortune y a plus de part que moy, qui n'y ay contribué que la bonne intention. »

[2] Balzac, en effet, n'avait pas vanté à demi le mérite de Chapelain. Que l'on en juge ! « Jusques icy je vous ay sollicité pour mes amis, mais ce n'estoit pas pour moy-mesme : aujourd'huy c'est pour quelqu'un qui m'est plus proche que moy, et je vous recommande quelque chose de plus que ma propre cause, puisque c'est celle de Monsieur Chapelain. Je tire tant d'advantage de son amitié, et tant de profit de son exemple, que si j'ay de la consolation dans la solitude, et de la bonté dans un mauvais siècle, je luy ay obligation de l'une et de l'autre... Je ne sçaurois luy devoir plus que cela, ni vous dire plus aussi, après vous avoir dit qu'il est tout seul mon Socrate, mon Aristide et mon Phocion. Je vous demande justice pour ces trois justes réunis en un, etc. » Balzac (lettre XII du livre XXII déjà citée) rassure en ces termes son scrupuleux ami : « Pour les louanges qui font quelque peine à vostre pudeur, ne vous imaginez pas, s'il vous plaist, que ce soient des amplifications, ou des lieux communs. Je suis tellement persuadé de vostre vertu, que je pense lever la main et jurer devant mon juge, quand je rends un semblable tesmoignage... »

[3] Adam Bautru, sieur de Cherelles, était un cousin germain de Guillaume de Bautru, comte de Serrant. Tallemant des Réaux (t. II, p. 322) nous le fait ainsi connaître : « Cherelles, la Roullerie et le prieur du Matras, trois frères Bautrus, cousins-germains de celuy dont nous venons de parler, ont esté tous trois fort plaisans en leur espèce. Le premier estoit d'espée ; il avoit de l'esprit et faisoit des vers : c'estoit un vaillant homme. » Selon M. P. Paris (*Commentaires*, p. 328), le sieur de Cherelles fut capitaine au régiment de la marine. M. Célestin Port (*Dictionnaire historique..... de Maine-et-Loire*, t. I, p. 234) lui donne les titres d'« officier du roi, gentilhomme ordinaire de sa Chambre et premier capitaine au régiment de la Couronne », et rappelle

censure qu'il avoit faitte de quelque pièce qui luy estoit eschappée, luy ayant fait dire qu'il se tenoit heureux d'estre chastié *par les verges qui dégoutoient encore du sang des Godeaux et des Chapelains*[1], il pria Mr Menage, dans une lettre qu'il luy escrivit, de faire sçavoir à Mr de Cherelles que l'*on estimoit encore en son païs les verges qui dégoutoient*, etc.[2]

Mr Bonair m'est venu voir avec une Ordonnance des deux mille livres de vostre pension qu'il a tirées de Mr de Chavigny. C'est le meilleur garçon du monde et qui ne respire rien tant que vostre service[3]. Je ne doute point que nostre amy n'employe tout son crédit pour vous faire avoir satisfaction de bonne grace.

Je vous envoye deux sonnets de Malleville[4] où vous verrés que la pauvreté aussy bien que le vin inspire bien les poètes. J'ay des vers du Pere Theron sur la naissance de M[r] le Daufin qui sont beaux, mais non pas comme l'inscription. Si vous ne les avés veus, mandés le moy : je vous les envoyeray.

Je suis, Monsieur, vostre, etc.

De Paris, ce 25 mars 1640.

CCCLXXXIV.
À M. LE MARQUIS DE MONTAUZIER,
EN ALSACE.

Monsieur, outre l'espérance que nous donne la proposition qui a esté faitte à M[r] d'Aiguebonnne[5] du gouvernement de l'une et l'autre Alsace, nous avons encore celle que la trève généralle nous peut donner de vous revoir icy dans peu de temps, mais nous n'espérons rien du congé que vous avés demandé vous mesme, et qu'à moins que l'une de ces deux premières choses arrive, nous ne voyons nulle apparence qu'il vous puisse estre accordé. Nous sommes pourtant bien aise de voir que vous ne vous rebutés pas, pour voir la chose désespérée, et cela nous fait croire que vous nous souhait-

---

qu'il était très savant dans les belles-lettres» et que Ménage a dit de lui : «un très docte et brave cavalier, que je nomme un second Montagne.»

[1] Tallemant des Réaux — presque toujours d'accord avec Chapelain, comme je l'ai déjà remarqué — rapporte lui aussi (t. V, p. 151, note 3) que «Cherelles luy [à Costar] escrivoit une fois : *Ne pensez pas me fouëtter avec vos verges encore toutes degouttantes du sang des Godeaux et des Chapelains.*»

[2] Balzac (lettre XII du livre XXII) oppose ces charitables observations aux plaintes de Chapelain (p. 850 déjà citée) : «Quant à l'autre article de vostre lettre, je vous déclare, Monsieur, que je ne veux point plaider la cause de l'accusé, et d'abord je ne justifie, ni ne condamne personne ; mais je sçay bien que tous les tesmoins qui sont contre luy ne sont pas si fidelles que moy ; et que la pluspart des donneurs d'avis ressemblent aux poètes épiques, qui sur un leger fondement de vérité, bastissent une infinité de mensonges.»

[3] Nous connaissons déjà ce M. de Bonair, qui s'occupait à Paris des affaires de Balzac.

[4] Claude de Malleville, membre de l'Académie française, était alors âgé de quarante-trois ans. Ses *Poésies*, qui parurent deux ans après sa mort (1649, in-4°) et qui furent réimprimées dix ans plus tard (1659, in-12), renferment un grand nombre de sonnets parmi lesquels on remarque le sonnet de la *Belle Matineuse* qui est le 29e du Recueil.

[5] Rostain Antoine d'Urre du Puy-Saint-Martin, seigneur d'Aiguebonne, frère aîné de Claude d'Urre du Puy-Saint-Martin, seigneur de Chaudebonne, mourut le 9 mai 1656, lieutenant général des armées du roi, après avoir commandé dans la citadelle de Turin et avoir été ambassadeur en Savoie. Voir Tallemant des Réaux, t. III, p. 208, et une note de son commentateur (p. 210). M. d'Aiguebonne est souvent mentionné dans la correspondance de Richelieu (tomes IV, V, VII, VIII).

tés bien autant que nous vous souhaittons, qui est vous accorder une grande chose, et presque aussy grande que vostre congé.

Je ne vous manderay point le menu du Balet de Mlle, tant pour ce que je ne l'ay point veu, que pour ce que M^r de R[ambouillet] vous a escrit sur ce sujet et m'a chargé d'un des livres des diverses entrées, qui l'explique tout et qu'il y a un mois que je vous ay envoyé[1].

Des autres nouvelles de la Cour et de la ville, vous sçavés que j'en suis peu curieux, et, lorsque vous m'en avés demandé, je croy que vous songiés à autre chose. J'eusse pourtant essayé de vous servir en cela, allant consulter la personne qui estoit autresfois vostre répertoire et qui vous en informoit si exactement. Mais le malheur veut que je ne suis pas mieux avec elle que vous et il vous peut souvenir que cette mauvaise satisfaction qu'elle a de moy commença avec celle qu'elle a de vous et à peu près pour les mesmes choses, à quoy je pense qu'il s'est adjousté quelque chose que je n'ay peu faire autrement que j'ay fait et qui, à mon avis, a contribué beaucoup à son refroidissement[2]. Ce que je puis faire à l'avenir, si vous demeurés encore longtemps en Alsace, sera de prier M^r de R[ambouillet] ou M^r de Ch[audebonne] de prendre ce soin pour vous et de ne vous rien laisser ignorer de ce qu'ils sçavent en cette matière.

La douleur de la mort de Mr de Feuquière n'est point encore calmée dans nostre esprit. Nous avons bien ces deux maux de moins que nous ne pensions, je veux dire la perte du gouvernement de Verdun et la détention de Mme de Feuquière à Thionville. Car le premier est asseuré au conte de Pas et, pour l'autre, nous avons nouvelle que Mme sa mère est de retour à Verdun et que les Espagnols se sont contentés de garder le corps du défunt[3]. L'armée de M^r le grand maistre sera très belle ; M^r le marquis de Gesvres y sera le premier mareschal de champ. Mr Arnaud y sera aussy avec neuf compagnies de carabins. Vous n'avés pas besoin d'estre exhorté à luy tesmoigner la part que vous prenés en sa perte[4], qui est grande sans doute et qui semble luy oster tout moyen de se relever.

Mme la marquise de Sablé ne me voit point sans me demander de vos nouvelles avec soin et sans joindre ses vœux aux miens pour vostre retour. Je croy vous avoir mandé la rupture de Mr de Vivans avec Mme de Clermont pour une boëte de diamans qu'il prétend que Mlle de Clermont luy a perdue, et qu'elle asseure avec toute sa famille luy avoir rendue[5]. C'est un scandal

---

[1] Le ballet du Triomphe de la Beauté avait été imprimé chez Brunet (Paris, in-4°).

[2] Mlle Paulet, comme on le verra dans une des lettres qui suivent (lettre du 2 avril 1640).

[3] M. Avenel (note 2 de la page 355 du tome VIII des Lettres, instructions diplomatiques et papiers d'État du cardinal de Richelieu) dit, après avoir parlé de la mort du marquis de Feuquières : « Sa femme, de la famille des Arnauld, réclama en vain sa dépouille mortelle, qui ne fut rendue à la France que quand le duc d'Enghien s'empara de Thionville, en 1643. Alors Mme de Feuquières aussi avait cessé de vivre. La lettre qu'elle écrivit à Piccolomini, au sujet du refus qu'on lui faisait du corps de son mari, témoigna d'une noble indignation. Elle a été recueillie par M. A. Gallois, ainsi que la belle lettre adressée par Feuquières à ses enfants une heure avant de mourir (page 257 du tome Ier des Lettres inédites des Feuquières, 1845, 5 volumes in-8°).

[4] En la perte qu'il venait de faire de son beaufrère le marquis de Feuquières.

[5] Sans doute M. de Montauzier demanda plus de détails à son correspondant sur l'affaire dont il lui avait dit quelques mots seulement, car nous allons trouver dans une des lettres suivantes un récit complet de cette affaire.

public et le cavalier en a esté blasmé par tous les honnestes gens, car il en a fait un éclat comme de Turc à More[1] et a eu peu de considération au sexe, à la qualité des personnes et à l'amitié qu'on avoit pour luy dans cette maison.

Je suis, Monsieur, vostre, etc.

De Paris, ce 29 mars 1640.

CCCLXXXV
À Mgr LE DUC DE LONGUEVILLE,
EN ALLEMAGNE.

Monseigneur, nous louons Dieu de toute la puissance de nostre âme et luy rendons grâces infinies de ce qu'il luy a pleu rendre le repos à nostre esprit en vous redonnant la santé que nous avions tenue déplorée[2]. Et cette action de grâces nous est commune avec toute la France qui a creu courir fortune en vostre personne et qui a respiré à l'amendement de vostre mal, comme au soulagement du sien. Mais, entre les personnes qui m'en ont paru le plus touchées, après toute vostre maison, je suis obligé de vous dire que Mlle de Ramb[ouillet] n'a point eu de pareille, et que nous luy devons une particulière reconnoissance de la tendresse qu'elle a tesmoignée en cette occasion. Aussy vous puis-je asseurer, Monseigneur, qu'aucun n'a eu plus de joye qu'elle de vostre guérison et elle eust le soin de me dire, il y a cinq ou six jours, que s'estant trouvée chés Mr le Cardinal au temps où l'on estoit le plus en peine de vous, comme elle en parloit avec sentiment à Monsieur, Son Éminence se vint mesler dans leur discours et leur dit avec des paroles qui ne pouvoient estre suspectes de cajolerie, qu'il ne pouvoit arriver un plus grand mal que vostre perte, qu'en un autre temps il se plaindroit, s'il venoit faute de vous, de se voir privé d'un amy de tel mérite et de telle considération, mais qu'en cettuicy il seroit obligé de plaindre le Roy et la France d'avoir perdu un de ses principaux appuys, et tel que pour les choses que vous faisiés à cette heure, il n'y en avoit aucun qui vous peust succéder[3]. Elle me dit que ces paroles furent suyvies de quelques autres de mesme substance.

Mr le Conte de Guiche me monstra aussy alors grande douleur de vostre mal et beaucoup d'impatience d'en apprendre le soulagement. Hier, je receus une lettre de Mr le Duc de Retz sur le mesme sujet toute pleine d'inquiétude et d'affliction et dans des termes qui font bien voir qu'il parle du cœur et qu'il n'a point de plus forte passion que celle de vostre service[4].

---

[1] M. Littré (*Dictionnaire de la langue française*, aux mots More et Turc) a retrouvé l'expression *de Turc à More* dans le *Roman comique* de Scarron, dans les *Précieuses* de Molière, dans une lettre de Mme de Maintenon de l'année 1683, et dans les *Mémoires* de Saint-Simon.

[2] *Déplorée* dans le sens de *perdue*, sens que l'on retrouve dans cette phrase d'Ambroise Paré citée par M. Littré (*Dictionnaire de la langue française*) : «Il leur demanda de rechef si pour certain ils le tenoient tous pour déploré.» Nous lisons dans le *Dictionnaire de Trévoux* : «On dit dans un sens figuré, au Palais, qu'une cause est déplorée, qu'une affaire est déplorée, pour dire qu'elle ne vaut rien, qu'il n'y a aucune espérance de la faire réussir. On dit figurément qu'une santé est déplorée, pour dire qu'on n'en espère rien, qu'on désespère de la guérison du malade. On appelle une maladie *déplorée*, une maladie sans remède (Académie française). Cette mauvaise phrase a disparu de la dernière édition.»

[3] C'est-à-dire vous remplacer en capacité, en talent. C'est ainsi que Corneille a dit dans *Nicomède* :

Si le grand Annibal n'avoit qui lui succède.

[4] Le même jour Chapelain écrivit (f° 335, v°)

On parle tousjours de cette trefve généralle dont je vous escrivis, la semaine passée, et l'on attend un courier que le Nonce a envoyé en Espagne pour cet effet. Mais cela n'empesche pas que l'on ne se prépare à de grandes choses, cette campagne. Le prince Casimir est party fort satisfait du Roy, de la Reyne et de Mr le Cardinal [1]. Monsieur a esté fort mal satisfait de luy de ce qu'il avoit refusé de luy donner la droite dans les visites qu'ils se devoient faire, ce qui a esté cause qu'ils ne se sont point veus [2].

Je prie Dieu qu'il vous confirme bien en vostre santé et qu'il vous conserve, et je demeure, Monseigneur, vostre, etc.

De Paris, ce 31 mars 1640 [3].

CCCLXXXVI.

À M. DE BALZAC,

À BALZAC.

Monsieur, je suis délivré de l'appréhension que me donnoit la maladie de M. le Duc de Longueville, mais non pas de celle que les Hongrois, les Austrichiens, les Saxons, les Bavarois et les Espagnols me donnent pour luy, qui a ou peut avoir sur les bras toutes ces nations ennemies et beaucoup plus dangereuse que sa fièvre. Il est vray que je me fie en sa conduitte et en sa valeur, que l'amitié de Mr le Landgrave me rasseure un peu et que tant que Bannier ne sera pas plus mal qu'il est, je ne croiray point que nostre armée de delà le Rhin courre la dernière fortune. Ainsy je vous puis avouer que la plus grande de mes craintes est cessée et que mon esprit a repris une assiette assés ferme pour perdre mon procès sans esmotion, si les juges ne veulent pas me rendre justice. Je ne sçay ce qui en arrivera et ma prévoyance ne s'estend pas sur cette nature d'affaires dont j'ay affecté l'ignorance jusques icy. J'en veux bien espérer néantmoins puisque Mr vostre cousin est l'un de ceux qui me jugeront et

---

au duc de Retz à Beaupréau pour lui donner des nouvelles de la convalescence du duc de Longueville.

[1] On lit dans la *Gazette* du 10 mars 1640 (p. 144) : «Le 8, le prince Cazimir, frère du Roy de Pologne, alla saluer à Saint-Germain Leurs Majestez, où il disna à la table du Roy. Le soir du mesme jour, il vint aussi en cette ville visiter Son Éminence dans l'hostel de Richelieu, et fut magnifiquement receu partout. Le lendemain, Son Éminence lui rendit sa visite.» Et dans la *Gazette* du 24 mars (p. 176) : «Le 20e, le prince Cazimir fut conduit à Saint-Germain par le comte de Brulon, introducteur des ambassadeurs et princes étrangers... Le Roy lui donna une bague de très-grand prix.» Enfin dans la *Gazette* du 31 mars (p. 184) : «Cette semaine partit d'ici le prince Cazimir.»

[2] C'est ce que confirme Montglat (*Mémoires*, VIe campagne) : «Il ne vit point Monsieur, à cause qu'il ne lui voulut pas donner la droite chez lui, sur ce que le Roiaume de Pologne étoit électif, et par conséquent qu'il n'en étoit pas successeur comme il l'étoit en France...»

[3] Le 31 mars 1640, Chapelain écrivit aussi (f° 336, v°) à la marquise de Flamarens, lui disant d'une lettre qu'elle venait de lui adresser : «Elle a cette clarté et cet air libre qui est surtout requis dans les lettres.» En revanche, Chapelain reprocha à la cousine de Mme de Sévigné d'avoir mis un peu d'obscurité dans sa lettre à la comtesse de Maure. «Croyés-moy», lui dit-il, «escrivés tousjours comme vous pensés d'abord et comme vous parlés... Je vous connois mieux que vous mesme et sçay que vous vous pouvés fier en vostre sens naturel sans craindre de penser rien qui ne soit raisonnable...» Comme Mme de Flamarens avait accusé Chapelain, en plaisantant, de moins l'aimer depuis qu'elle était éloignée de lui, il lui dit : «Tant que vous serés ce que vous estes, vous serés toujours la première en mon affection...»

que j'ay pour luy une conjuration de vous plus puissante que toutes celles de Médée. Elle est, et je ne sçaurois me lasser de le dire, si ardente et si sincère que je n'y sçaurois rien désirer davantage, et les termes avantageux que vous y avés coulés de moy sont tels que j'y pourrois bien souhaitter quelque chose de moins, car je ne sçay avec quel front je seray le porteur de mon propre éloge, et de quel éloge? Et vous avés mal pourveu à ma modestie lorsque vous avés fait cette excessive profusion de titres glorieux ausquels je n'oserois prétendre ouvertement, quoyque, dans mon secret, je ne m'en trouve pas tout à fait indigne, puisqu'il s'agit de candeur et d'intégrité. Incontinent après Pasques, je croy que je feray cette présentation et que je recueilleray le fruit de vostre crédit, ne doutant point que je n'aye un accueil favorable de M^r vostre parent, et un appuy de mon bon droit en sa personne, après ce que vous avés bien voulu luy en escrire. Vous sçaurés des premiers le succès [1] et, comme j'espère, avantageux, mais, quel qu'il soit, nous le recevrons également et je vous en demeureray également obligé.

Nostre amy est tousjours malade [2] et je crains que son mal ou ses remèdes ou tous deux ensemble ne nous le ravissent à la fin. Ce seroit un double malheur si son indisposition l'empeschoit de faire les sollicitations nécessaires pour vous faire mettre au nombre des recommandés à Mr de Bullion et, de la façon qu'il m'en parla encore il n'y a que trois jours, cela le tenoit en inquiétude et faisoit une bonne partie de son mal. Pour piquer sa générosité et le faire continuer dans les bons mouvemens qu'il me tesmoigna, je luy dis que je ne luy en parlois pas à vostre prière, mais de moy mesme et que je vous connoissois assés généreux pour aymer mieux les marques d'affection qu'il vous donnoit en cela, que toutes les pensions du monde.

J'ay veu Mr Esprit, à son retour de vos quartiers, et luy ay extrêmement asseuré l'estime que vous faittes de luy dont il tire une gloire très grande. Il seroit mal aisé de vous dire de quelle sorte il s'en ressent, et de vous rapporter les termes exquis avec lesquels il s'en explique. Je luy ay pourtant promis de le faire pour luy espargner une lettre et à vous une response qui vous déplairoit, si je vous connois bien.

Les seigneurs de la Mesnardière et de la Chambre vous envoyent par moy, le premier, la théorie et la pratique du Caractère élégiaque [3], à ce qu'il croit, pièce qui fait partie de sa *Poétique*, le second, les Caractères de quelques-unes des passions qui font un juste volume [4], et qui seront suyvis de

---

[1] Résultat, événement.

[2] L'abbé de Boisrobert. Balzac répond, le 12 mai 1640, et non 1641, comme on l'a imprimé à la page 851 de l'in-folio : «Je suis plus en peine de la santé de nostre cher Monsieur l'abbé de Boisrobert que de ma pension.»

[3] *Le Caractère élégiaque* (Paris, in-4°, 1640). Dans le *Catalogue des œuvres laissées par les Académiciens*, l'abbé d'Olivet indique un tirage in-18 avec *erratum* pour l'édition in-4° (Paris, même année).

[4] *Les Caractères des passions* (Paris, in-4°, 1640). Voir, sur Marin Cureau de la Chambre, une note de la lettre CCLX. Balzac (lettre XIII du livre XXII, mal datée du 12 mai 1641) répond ainsi à cette phrase de son ami : «J'attends le livre de Monsieur de la Chambre en très-bonne dévotion, puisque nous entrons dans la semaine saincte. Il doit sans doute avoir trouvé quelque chose de nouveau sur le sujet des Passions, car il y a longtemps qu'il a dessein sur cette matière, et que je sçay de sa bouche, qu'il vouloit la traiter en physicien, et la prendre par un autre biais que n'avoit fait Aristote. Il a l'esprit subtil et hardi, et l'expression agréable; et quand j'estois à Paris, il me deplia quantité d'ex-

deux autres dans leur temps[1]. L'un et l'autre de ces ouvrages vous divertira agréablement et vous ne me resprocherés pas que je vous aye embarassé de deux importans médecins[2]. Ce que j'y trouve de bon, c'est que ces présens ne sont point accompagnés de lettres et que vous serés quitte envers les présentateurs par un article de compliment à chacun dans la première de vos lettres.

J'attens ce que vous me dirés sur l'illustrissime dont vous traitte le poète[3] et je dirois qu'il vous prend pour évesque, s'il ne m'avoit point traitté de mesme, qui ressemble bien moins à un évesque que vous.

Je suis, Monsieur, vostre, etc.

De Paris, ce 1ᵉʳ avril 1640.

J'avois oublié à vous dire dans ma lettre que j'en avois receu une de Mʳ le marquis de Montauzier qui est bien moins pour moy que pour vous. Je vous envoye la lettre mesme afin que vous en lisiés les propres termes et que dans ses termes vous voyés son cœur, car je vous puis asseurer que la langue, la plume et le cœur ne sont en luy qu'une mesme chose. Les misères dans lesquelles il vit en ce malheureux gouvernement et les chagrins continuels qui luy viennent de l'extrémité où il se trouve réduit par le peu de soin que l'on a de sa subsistance, rendent son souvenir encore plus obligeant et l'affection qu'il tesmoigne plus estimable. Vous me renvoyerés, s'il vous plaist, la lettre et je m'asseure qu'avec la lettre vous m'escrirés au moins quelque chose de luy et du bien que vous luy voulés, qui le consolera de ses maux et le resjouira au milieu de sa tristesse.

Pour ce que les ouvrages in-4° de ces Messieurs les médecins font un paquet excessif pour la poste, vous courés fortune de ne les recevoir que huit jours après celuy-cy.

―――

CCCLXXXVII.

À M. LE MARQUIS DE MONTAUZIER,

EN ALSACE.

Monsieur, la mauvaise humeur où vous met la dureté de ceux qui vous tiennent attaché en Alsace comme un grand Prométhée sur le Caucase, vous donne des pensées de vos tendres amis et passionnés serviteurs qui leur sont injurieuses. Vous vous desfiés de leur équité et de leur compassion à cause que d'ailleurs vous estes traitté le moins équitablement et le plus impitoyablement du monde. Vous appréhendez qu'ils ne se lassent de vous divertir et de vous consoler avec leurs lettres, comme si ce petit soin estoit de quelque grande peine, ou comme s'ils n'estoient pas capables de souffrir de grandes peines pour vous. Ne me faittes plus ce tort, Monsieur, et croyés de moy ce qui est, que comme je pense vous devoir ce médiocre soulagement au fascheux estat où vous estes, je prens un plaisir particulier à m'acquitter de ce devoir et que vous me tenés tellement à l'esprit, que je ne pourrois m'en dispenser une seule fois sans m'y laisser un cruel remors et une importune inquiétude.

Escrivés moy tousjours et deschargés

―――

cellentes marchandises. De sorte que pour bien faire, il n'a eu besoin que de sçavoir bien choisir; à quoy il ne sçauroit avoir faibli, connoissant la bonté de son jugement, comme je fais.»

[1] Il n'y en eut pas seulement deux autres, mais cinq autres. Le second volume parut en 1645, le dernier en 1662.

[2] On lit fort distinctement *importans*, mais il semble bien qu'*importuns* vaudrait mieux.

[3] Quel poète? Balzac ne répond pas, dans la lettre citée plus haut, à la question de Chapelain, pas plus qu'il n'y parle d'Esprit et de La Mésnardière. Mais on sait que les lettres de Balzac ne nous ont pas toutes été données *in extenso*.

moy tousjours vostre cœur, et je vous respondray tousjours et vous desployeray tousjours le fond de mes pensées. Je vous diray tousjours quelque chose ou, si je n'ay rien à vous dire, je vous tesmoigneray au moins que j'ay regret de n'avoir rien à vous dire. Je solliciteray ceux et celles de qui je sçay que vous aimés les lettres, de vous en escrire souvent et il ne tiendra pas à moy que vous n'ayés dans vostre désert, sinon le bien que je vous souhaitte, au moins son idée et sa représentation.

Avec ce mot vous trouverés une despesche de Mr Conrart dont l'éloquence suppléera au défaut de la mienne et peut estre y joindray-je un compliment de Mr Arnaud, si les affaires qu'il a à la Cour pour Verdun ne l'empeschent point de le faire, comme il l'avoit proposé.

Pour nouvelles, je ne vous en diray que de nos amis et me deschargeray de celles de la Ville et de la Cour que j'ignore tousjours ou que je ne sçay jamais que des derniers, sur Mr de R[ambouillet] ou Mr de Ch[audebonne], puisque la Lionne s'est rebuttée de vous en informer et que pour vous elle n'est plus charitable. Tout l'hostel de R[ambouillet] se porte bien. Madame mesme a fait quelques visites et il y a espérance que vous la trouverés toute remise à vostre retour. Mlle de Clermont est tousjours foible et languissante et, à ce qu'on croit, malade de douleur de n'estre pas homme pour tirer raison par elle même du cavalier,[1] qui luy a imputé la perte de sa boette. Mlle P[aulet] est tousjours en travail du mal de son cousin[2] dont l'affaire n'avance point et qui est encore dans la prison et, au jugement de ses amis, entre la mort et la vie. Mme la M[arquise] de S[ablé] est aussy en peine de se voir comme obligée à faire un voyage en Anjou, à quoy vous sçavés qu'elle a les plus mauvaises dispositions du monde. Sa santé est fort bonne et son esprit se raffine de jour en jour jusqu'à donner de l'estonnement. Il faut avouer qu'elle escrit bien délicatement et qu'elle a la plus nette mignardise dans ses lettres aussy bien que dans la conversation que l'on puisse souhaitter[3].

Au reste, vous vous estes eschauffé sur le sujet de Mr de Balzac le plus obligeamment pour luy qu'il se pouvoit et je suis asseuré que cet ample tesmoignage de vostre amitié et de vostre estime luy tiendra lieu d'une consolation extraordinaire. Vous pouvés croire que je n'ay garde de luy laisser ignorer, autant ou plus pour luy que pour vous qui mettés vostre ambition à des choses bien plus hautes qu'à conquerir des cœurs faits comme les nostres, et qui nous laissés n'aspirer à rien de plus grand que d'estre aymés et estimés de vous. Je vous rendray conte de la sorte dont il aura receu la faveur que vous luy avés faitte.

Cependant, je suis, Monsieur, vostre, etc.

De Paris, ce 2e avril 1640.

Si dans Colmar ou les autres places de vostre gouvernement il se trouvoit un livre de Kepler nommé *Somnium Kepleri* ou *Astronomia lunaris*[4] et un autre de Galilei appellé *Nuncius Sidereus*[5], je serois bien aise que vous les fissiés prendre. Du moins y en aura-t-il à Strasbourg, si vous estes en paix.

---

[1] M. de Vivaus. Je note que Tallemant des Réaux n'a rien dit de cette scandaleuse affaire.

[2] L'abbé de Croisilles.

[3] Si M. V. Cousin avait connu ce flatteur jugement si bien exprimé, n'aurait-il pas été tenté d'en faire l'épigraphe de son livre sur Mme de Sablé?

[4] *J. Kepleri somnium, seu opus posthumum de astronomia lunari* (Francfort, 1634, in-4°).

[5] *Sidereus nuncius, magna longeque admira-*

CCCLXXXVIII.

À M. DE MONSTREUIL,
À LONDRES.

Monsieur, vous estes accreu de tant de qualités depuis nostre dernière veue que je ne sçay si je puis avec bienséance garder mon ancien stile avec vous et vous parler *alla carlona*[1], comme j'ay fait jusques icy. Ambassadeur, Bienfaitteur, Riche, sont toutes pièces de respect et qu'il ne faut aborder qu'avec de l'encens et des révérences que je serois d'autant plus blasmable de vous refuser que c'est une marchandise aisée à fournir par un poëte. J'attens pourtant vostre déclaration la dessus avant que de changer de note, et cependant je proteste que mon procédé ordinaire sera sans préjudice de ce que je vous dois.

Je respons à deux de vos lettres qui m'ont esté rendues à trois jours l'une de l'autre, et ne puis assés me louer de vos soins et de la peine que vous voulés bien prendre à ma prière. Quand les livres que vous avés trouvés seront venus, je les logeray en la plus éminente partie de mon cabinet et nous marquerons dans nos fastes le jour de leur entrée et par qui ils y sont venus. Mais n'admirés-vous point que vous avés trouvé de cet autheur[2], en Angleterre, tout ce qui n'y a point esté imprimé et que vous n'y ayés rencontré ny le *Spaccio* ny *Dell infinito* qui néantmoins n'ont esté veus que de son impression? Puis donc que cela se rencontre ainsy, souffrés que je me laisse aller à la tentation qui m'est venue de vous prier qu'un de vos gens voye chés les libraires si le *Somnium Kepleri*, autrement *Astronomia lunaris*, et le *Nuntius Sidereus* de Galilei, tous deux latins, n'y sont point. Et je croy asseurément qu'ils y seront, car ils ne sont point imprimés à Londres et cela suffit pour les y faire trouver.

Au reste vous me pouvés envoyer sans scrupule de conscience ces livres que vostre amy croyoit que le docteur Fauste ou le Martin d'Agrippa[3] avoit composés; s'ils parlent de magie, ce n'est que de la blanche et de celle dont les mages et les gymnosophistes faisoient profession, d'où les Sages de la Grèce ont tiré la pluspart de leurs meilleurs principes et qui les a rendus ensuitte les maistres des nations qui ayment à raisonner. On m'en a parlé de la sorte et je l'ay creu sur la foy de mes autheurs. Vous le croyrés aussy sur la mienne lorsque je l'auray verifié *in rem presentem*.

Pour la résolution de vostre difficulté grammaticale, je vous puis asseurer en fidelle académicien qu'il faut dire : «les personnes qui y ont maintenant le plus de crédit».

Je vous rens graces tres humbles de vos nouvelles et vous prie de continuer autant que le permettra *con l'honor la fede*, et l'interest de l'ambassade hors.

Je suis de tout mon cœur, Monsieur, vostre, etc.

De Paris, ce 5 avril 1640.

---

bilia spectacula pandens, etc. (Florence et Venise, 1610, in-4°; Francfort, 1610, in-8°).

[1] «*Alla carlona*, grossièrement, à la bonne foy.» (Ant. Oudin, *Recherches italiennes et françoises*, 1643.)

[2] Giordano Bruno. Voir la lettre n° CCCLXV.

[3] Chapelain veut évidemment parler du prétendu magicien Henri Corneille Agrippa, né à Cologne le 14 septembre 1486, mort à Grenoble en 1535, auteur du *De occulta Philosophia libri tres* (Anvers, 1531) et auquel on a faussement attribué un traité *De Cæremoniis magicis* qui a été inséré dans le recueil de ses œuvres (Anvers, 1534). Voir sur Agrippa l'ample et curieux article du *Dictionnaire critique de Bayle* (p. 287-309 du tome Ier de l'édition Beuchot), article dont on peut dire aujourd'hui comme du temps du P. Niceron (*Mémoires*, t. XVII, p. 32) : «C'est ce que nous avons de meilleur sur cet auteur.»

CCCLXXXIX.
A M. LE PRÉSIDENT MAINARD,
à saint-céné.

Monsieur, j'ay veu vostre lettre en allant à Zénobie[1] et par ce que l'on m'a dit qu'il seroit encore temps d'y respondre vers le soir, j'ay fay le reste de ma dévotion par préférence[2], et suis venu, après, achever le jour avec vous. Et je vous avoue que j'ay eu une sensible consolation de vostre souvenir marqué par tant de bonnes et obligeantes paroles, et j'ay admiré vostre libéralité qui m'a voulu payer le petit soin de donner l'addresse aux paquets qui viennent pour vous de Balzac d'une profusion de tant de grâces et de tant de tesmoignages d'affection. Ce seroit à moy, Monsieur, à vous remercier de ce que vous trouvés bon que je sois l'entremetteur de vostre commerce et que vous ne m'ostés pas le seul moyen que j'ay de vous servir. Car il m'est glorieux de vous pouvoir estre utile mesme dans les moindres choses puisque je ne suis capable des grandes, et je souffrirois avec grande impatience que vous m'eussiés effacé du nombre de ceux que vous estimés à vous et de qui vous attendés service.

Cela estant, jugés si vous auriés raison de douter de ma constance dans l'amitié que je vous ay vouée, et s'il y auroit apparence que vous eussiés besoin de solliciter auprès de moy pour m'empescher de vous manquer de parole[3]. Permettés moy de philosopher ces trois mots avec vous. Je puis bien, par l'embarras des affaires que me cause la vie que je meine et le lieu où je vis, faillir à certains devoirs que requièrent les scrupuleuses amitiés et à un certain menu qu'on ne sçauroit bien rendre dans le monde qu'à un maistre ou à une maistresse, mais [non] à l'essentiel et au solide. M⁽ʳ⁾ de Balzac et moy sommes de sorte que nous n'y sçaurions jamais faillir. Nos affections sont fermes et durables pour ce qu'elles sont justes et elles sont justes pour ce qu'elles sont des effets de nostre jugement plustost que de nostre caprice. C'est pourquoy nous avons quelquesfois offensé certaines gens qui vouloient d'abord nostre cœur que nous ne donnons jamais qu'après une meure délibération et connoisssance de cause. Aussy n'avons-nous jamais rompu les pactes que nous avons jurés et dans le nombre assés considérable des amis que nous nous sommes faits, s'il s'en est trouvé quelqu'un qui se soit lassé de nous, au moins ne se peuvent-ils plaindre que nous nous soyons lassés d'eux et, dans leur haine ou leur indifférence, nous avons tousjours regardé en eux ce qui nous les avoit fait aymer et les avons tousjours aymés.

Il suffit de vous dire cela pour vous asseurer qu'une aussy précieuse personne que

---

[1] S'agit-il là, comme je le crois, de la *Zénobie* de l'abbé d'Aubignac, laquelle ne fut imprimée que sept ans plus tard (Paris, 1647, in-4°)? Est-ce à l'occasion de la représentation dont Chapelain parle avec tant de brièveté, que le duc d'Enghien dit bien spirituellement qu'il savait bon gré à l'abbé d'Aubignac d'avoir si bien suivi les règles d'Aristote, mais qu'il ne pardonnait point aux règles d'Aristote d'avoir fait faire une si mauvaise tragédie à l'abbé d'Aubignac?

[2] Le jour de Pâques, en 1640, fut le 8 avril. Les dévotions dont parle Chapelain seraient donc celles du Vendredi Saint, s'ils ne s'agissait là plu- tôt, ainsi que me le suggère M. Marty-Laveaux, de la *dévotion* à Zénobie.

[3] Nous trouvons dans le Recueil déjà cité des *Lettres de Mainard* (lettre CXCIX) cette phrase : «Pour me rendre heureux selon mon desir, il m'importe de sçavoir si vous estes assez bon pour m'aimer et si je possède deux grandes fortunes en mesme temps [celle d'être aimé par Balzac et par Chapelain]. J'espère que vous me ferez une favorable response, et qu'il me suffit pour estre en vos bonnes grâces que vous me les ayez promises; c'est aussi à quoy je me fie, ne pouvant pas les mériter.»

vous, et de qui nous n'avons jamais eu sujet que de nous louer extrêmement, ne sçauroit estre que très chère et très honnorée dé nous, et non pas comme les autres, par courage, mais par tendresse et obligation. Vostre bienveillance est d'ornement à quiconque la possède et il ne faut que n'estre point fou pour la conserver avec toutes sortes de soins et pour ne rien oublier, afin de ne la pas perdre. Et je dis cela, Monsieur, quand il n'y auroit en vous que la bonté et la générosité. Je vous laisse à penser ce qu'il y faudroit adjouster pour ces rares dons d'esprit et de délicatesse en quoy, depuis Malherbe, il y a si longtemps que vous tenés le premier lieu entre tous ceux qui se meslent de la belle poésie dans ce siècle. Vous estes nostre maistre et le serés tousjours, quelques modestes sentiments que vous ayés de nostre propre mérite, et nous ne vous faisons que justice lorsque nous vous déférons cet honneur.

Il n'y a aucun genre de ce bel art où vous ne peussiés exceller si vous n'estiés point paresseux et quiconque a mis les Odes au point que vous avés fait eust bien fourni l'héroïque et estouffé le son de ma trompette enrouée, si le travail ne luy eust point fait de peur. Vous vous contentés de mettre, en vous jouant, les épigrammes en leur perfection, et, par cet eschantillon, vous voulés que la postérité juge de la grandeur de vostre génie, si vos muses eussent esté plus capables de sujettion.

Je me resjouis du voyage que vous promettés à M⁰ de Balzac[1], mais non pas sans une secrette jalousie de ce qu'il vous possédera seul. Il est vray que je ne puis estre jaloux en cette matière sans une grande présomption. En tout je luy cède la préférence et en vous particulièrement qu'il possède à si bon titre. J'avois eu envie de vous dire que vous aviés un peu de tort de mespriser tant cette Cour et de n'y vouloir pas venir tenir vostre place. Mais le tort n'est pas de vostre costé et il vaut mieux que je vous die que cette Cour est l'injuste qui ne vous force pas d'y venir avec cette sorte de violence qui est agréable à celuy à qui on l'a fait et ces chaisnes, qui sont douces et agréables, parce qu'elles sont dorées.

Je me garderay bien de rien envoyer à Balzac de *la Pucelle* qui puisse rendre vos conversations moins douces[2]. Sa rudesse et sa rusticité ne doit point se mesler dans des entretiens si exquis et doit éviter des oreilles si délicates. Je vous dis vray, je vous appréhende plus tous deux que toute la France ensemble, et je ne pense point à vous sur ce sujet sans un tremblement qui me fait tomber la plume des mains et sans un petit repentir de n'avoir pas choisi un autre mestier que celuy de poëte.

Je ne vous quitte que par force. Le papier me manque, mais non pas la volonté d'estre tousjours, Monsieur, vostre, etc.

De Paris, ce 6 avril 1640.

CCCXC.
À M. DE BALZAC,
À BALZAC.

Monsieur, parmy tant de maux qu'il faut essuyer dans le cours de la vie, je ne sçay si la vie n'est point plustost un mal qu'un bien, et si cet Ancien n'avoit point

---

[1] Mainard avait dit (*ibid*) : « Dès que l'Esté approchera, j'ay résolu d'aller visiter cet illustre amy : Vous serez souvent la belle matière de nos conversations, et serez cause que cent fois le jour nous envoyerons nostre esprit à Paris. »

[2] C'est une réponse à cette politesse de Mainard (*ibid*) : « Si dans cette sçavante solitude il vous plaisoit de nous faire voir quelqu'une des beautez de vostre *Pucelle*, nous aurions de quoy disputer de la félicité avecque tous ceux qui portent des couronnes, et qui disposent du monde à leur fantaisie. »

raison lorsqu'il s'escrioit : *Optimum non nasci*[1]. Cela soit dit néantmoins sans préjudice de nostre philosophie qui nous fait trouver des délices dans le monde qui sont ignorées des sensuels et des âmes basses également, et qui empesche que nous croyons nos maux tout ce que le commun des hommes appelle de ce nom. Nous avons dit desja plusieurs fois que nostre patience est à l'espreuve de la perte de la fortune, des plaisirs du corps et de la santé mesme, et que, quand nous ne serions touchés qu'en ces parties, nous croirons pouvoir encore vivre avec satisfaction et n'aurons point de regret à voir la lumière. Mais, quand on nous touche au cœur et qu'on nous ravit nos amis qui seuls nous font vivre, j'avoue que je murmure et qu'il me desplaist de survivre à ceux qui sont ma véritable vie. C'est ce foible qui autresfois ne vous a pas desplu en moy et que vous croyés qui valoit bien la force de nos stoïques ou qu'au moins vous trouvés plus humain et plus digne de la société. Il est vray qu'il faut s'attendrir avec mesure et ne s'affliger de la mort de ceux qu'on ayme qu'à proportion de l'amitié qu'on a pour eux.

Celuy dont vous me consolés si vigoureusement[2], bien qu'il fut fort aymé et fort estimé de moy, n'estoit pourtant pas de ceux dont l'absence ne me peust estre supportable et que je ne peusse pleurer sans me désesperer. Sa mort m'a esté d'autant sensible pour le dommage qu'elle apporte à une famille à qui je suis dévoué par obligation, que pour mon intérest particulier, et je l'ay bien autant plaint comme bon patriote que comme bon amy. En un mot, il me touchoit au cœur, mais il me touchoit aussy à l'esprit et je ne regardois pas plus en luy l'affection qu'il avoit pour moy que les services qu'il estoit capable de rendre à son païs, en quoy j'estois bien esloigné de penser de luy comme le commun a fait sur la relation des lasches qui l'abandonnèrent à Thionville, et je ne sçay quelle justice il y pourroit avoir de mettre en question la réputation d'un homme qui, depuis vingt ans, estoit en possession de vaincre, que le duc de Weimar avoit préféré quatre ans devant pour estre son lieutenant général à tout ce qu'il avoit de chefs de sa nation dans son armée, avec qui M. le Duc de Longueville avoit battu et ruiné le duc Charles dans le Comté et dans la Lorraine, et qui [dans le] combat où il commandoit les forces du Roy en chef a bien pu succomber par le nombre des ennemis et la désobéissance des siens, mais non pas lascher le pied et n'est venu en la puissance de son adversaire que percé des coups qui enfin l'ont mené au tombeau[3].

On a conservé l'honneur à l'admiral de Chastillon après la perte de quatre batailles[4]. M. le mareschal de Bouillon, pour avoir

---

[1] C'est Pline qui a dit dans le chapitre Ier du livre VII de son *Histoire naturelle* : « Itaque multi exstitere, qui non nasci optimum censerent, aut quam ocissime aboleri. »

[2] Le marquis de Feuquières. Balzac (lettre XI du livre XXII, datée du 20 avril 1641 et qui est du 20 mars 1640) avait non sans rudesse écrit à Chapelain (p. 849) : « Quoy qu'il en soit, le Roy de Suède est mort, et le duc de Weimar aussi ; et si on ne meurt à la guerre et dans les combats, on vient mourir dans les festes et dans les triomphes. Regardons donc tous les hommes comme perdus, ou comme prests à se perdre. Tenons toutes les heures de nostre vie pour climateriques. Attendons de mauvaises nouvelles par tous les courriers, et concluons que le seul moyen de n'estre point affligé, c'est de n'estre point de ce monde. En effet, Monsieur, ou il faut voir périr les autres, ou il faut périr soy-mesme... »

[3] Je ne sais si la mort du marquis de Feuquières a jamais inspiré une plus éloquente tirade.

[4] Gaspard de Coligny fut successivement battu

esté malheureux toute sa vie, n'en a pas perdu le titre de grand capitaine [1] et Mʳ de Feuquières, pour avoir peri glorieusement et beaucoup plus que les autres, verra sa mémoire tachée et son honneur mis en compromis! Vous estes trop équitable juge des actions humaines pour avoir pesé la sienne à la balance des simples ou des malins et par vostre propre expérience vous avés trop reconnu quel beste estoit ce peuple dont vous me parlés [2], pour l'avoir creu du mérite ou du démérite d'un homme qui estoit rachepté aux despens de ceux qui auroient eu le plus d'intérest à sa punition et à qui ceux la mesme donnoient une armée à conduire qui en venoient de perdre une sous son commandement. C'est trop insister là dessus parlant à une personne aussy esclairée que vous.

Nous n'avons point encore de nouvelles de cette trefve tant désirée, mais ce que nous sçavons certainement c'est qu'il ne tiendra qu'aux Espagnols que cela ne soit. Car, pour le roy de Hongrie, la retraitte que Picol[lomini] vient de faire de la Bohème tesmoigne trop sa foiblesse pour laisser croire qu'il voulust opiniastrer la guerre malgré le conseil de Madrid.

J'ay veu l'abbé de Chastillon en peine de vostre pension et de quelque autre qu'il affectionne, après la vostre, sur ce que son mal ne luy permet de la solliciter que par de foibles procureurs et qu'il craint que l'estat ne soit clos devant sa guérison et le partement du Roy qui s'approche [3]. Il ne désespère de rien néantmoins. J'ay agy en cela comme vous le désirés.

Vous verrés par une lettre de M. Mainard, que je vous envoye, ce qu'il me mande touchant le paquet que je luy fis tenir il y a quelque temps par vostre ordre. Il se fust bien passé des hyperboles qui me regardent dans ce papier. Mais il est poëte et il croioit rimer et parler à un poëte de ceux qui se gonflent à tous vents. Je croy qu'il m'ayme et m'en tiens fort honnoré. Mais je croy aussy qu'il me donne tout cet encens à vostre seule considération qui est comme s'il vous le donnoit à vous mesme. Vous me renvoyerés la lettre, s'il vous plaist, car tout m'est cher d'un si honneste homme. Je suis estonné qu'il ne vous a escrit par cette voye ce qu'il m'escrit.

Je suis, Monsieur, vostre, etc.

De Paris, ce 7 avril 1640.

à Dreux (1562), à Saint-Denis (1567), à Jarnac et à Moncontour (1569).

[1] Henri de la Tour d'Auvergne, vicomte de Turenne, duc de Bouillon, auquel Henri IV donna, en 1592, le bâton de maréchal de France, mourut à Sedan, le 25 mars 1623, âgé de soixante-sept ans.

[2] Balzac (lettre citée plus haut) avait choqué son ami en disant de Feuquières : «Bien que son mérite soit assez problématique dans l'esprit du Peuple.» A la protestation de Chapelain il répondit en s'excusant ainsi (lettre XIV du livre XXII, datée du 25 mai 1641 et qui doit être du mois d'avril 1640, p. 851 et 852) : «Je ne vous ay pas escrit que je fusse de l'advis du Peuple, en ce qui regarde sa reputation, et je n'ay jamais favorisé l'injustice, qui luy a esté rendue par quelques personnes mal informées. Je suis pourtant bien aise d'avoir donné matière à une Apologie de douze lignes. Vous deffendez sa vie bien plus vigoureusement que je ne vous ay parlé de sa mort; et après les exemples des illustres malheureux si judicieusement alleguez, il y a plaisir de vous voir maltraiter cette beste à plusieurs testes, contre laquelle vous interessez presque tous les honnestes gens.»

[3] Louis XIII arriva le 9 mai à Soissons. Il quitta cette ville le 19 mai pour se rendre à Charleville.

CCCXCI.

À M' LE MARQUIS DE MONTAUZIER,

EN ALSACE.

Monsieur, je suis bien aise de voir par vos lettres que les miennes vous sont rendues fidellement et que la correspondance du bon Epestein est aussy seure que je vous l'avois asseurée. Mais je suis bien fasché de voir non seulement que l'espérance de vostre retour s'affoiblit de plus en plus, mais que vous estes réduit en Alsace à cette misère de mettre tout vostre bonheur à ne pas mourir de faim et de quereller vos meilleurs amis pour vous ayder à trouver à vivre. Selon moy, ces travaux vous sont des travaux d'Hercule, et je vous trouve plus vaillant de n'y succomber pas que d'avoir desfait le Duc Charles et pris Brisac avec le Saxon dont j'ay fait l'épitaphe[1]. Munissés-vous de constance afin d'aller jusques au bout glorieusement et consolés vous par l'asseurance que je vous donne que vous estes très plaint par les personnes de qui le souvenir vous est cher, et que vous n'avés point de mal qu'elles ne partagent avec vous. Après tout, il est impossible que cela dure encore longtemps et, en dépit de la mauvaise fortune, *dabit Deus his quoque finem*[2].

Vous m'avés surpris, je l'avoue, lorsque vous m'avés escrit les difficultés qu'il y a eu à resoudre M' vostre Intendant à vous asseurer vostre miserable subsistance. Il n'y avoit que huit jours que Mlle sa sœur m'avoit dit chés M' de Clermont que l'Alsace ne vivoit que sur son crédit et que jamais homme de sa profession ne s'engagea si librement ni si aveuglement que luy pour le service du Roy, si bien que dans le deplaisir de vostre absence je pensois au moins avoir ce sujet de consolations que vous ne peririés pas faute de secours. Mais je voy bien que la Demoiselle se vouloit faire honneur par ce discours et donner relief à la médiocrité de l'employ de son frère. Il faut qu'il ait reconnu qu'on n'est pas trop pront de deçà à degager les gens qui se sacrifient pour les affaires publiques et que cette consideration ait refroidy l'ardeur qu'il avoit du commencement. Car je le tiens homme d'honneur et hors cet intérêt de sa propre conservation qui marche tousjours devant tous les autres, je ne doute point qu'il n'entrast volontiers dans les vostres et qu'il ne fist toutes choses pour vostre satisfaction.

Vous n'aurés point de nouvelles par cette voye cy des personnes de qui vous en désirés le plus. La marquise de S[ablé] est si enrhumée qu'à peine parle-t-elle, et Mlle de R[ambouillet] est encore à Yerre où elle a passé la semaine sainte. Je voulois engager le Marquis, son frère, à vous informer du menu de la cour et de la ville, mais il m'a dit qu'il ne vouloit pas oster cette matière à Mlle sa sœur et que c'estoit ce qui l'avoit empesché de vous escrire plus de six fois, sachant qu'elle prenoit plaisir à vous instruire de toutes ces sortes de nouvelles et, pour luy, ne se pouvant résoudre à vous escrire pour vous faire un simple compliment. Voilà de quoy il a couvert sa paresse, et j'ay fait semblant de luy allouer pour bonne sa mauvaise raison[3].

---

[1] Le duc Bernard de Saxe-Weymar.

[2] *Æneis.*, lib. I, vers. 198.

[3] Chapelain, toutes les fois qu'il trouve l'occasion de parler du marquis de Pisani, cesse de montrer son habituelle bonhomie et semble quelque peu malveillant pour le fils de Mme de Rambouillet. Peut-être avait-il sur le cœur quelque piquante épigramme du malicieux jeune homme! Peut-être n'avait-il pas ignoré que, comme le rapporte Tailemant des Réaux (t. III, p. 265), « le marquis de Pisani, en je ne sçay quels vers qu'on a perdus, disoit :

J'avois des bas de Vaugelas
Et des bottes de Chapelain. »

Le corps est plus vray que jamais[1] et la comtesse de M[aure] m'apprit, ces jours passés, que Vaillac s'en estoit fait[2], si bien que désormais ce sera un party redoutable. Quand nous n'aurions autre sujet de vous souhaitter icy, il suffiroit de songer que vous estes le seul qu'il redoutte, et que nous avons souvent besoin de vous pour le mortifier. J'ay fait, depuis peu, habitude avec cette dame qui, entre mille bonnes parties, a celle-là particulièrement d'estre son ennemie déclarée et d'en parler fort agréablement. Je ne croy pas avoir eu en ma vie plus de plaisir que de luy entendre raconter les approches de V[oiture] lorsqu'il se mit en teste de la desbaucher et le progrès et la fin désastreuse de cette sienne avanture[3]. Elle en a, à la vérité, perdu la tendresse de l'hostel de R[ambouillet] et de la marquise, sa très chère, mais, en récompense, elle s'est délivrée de tirannie et a satisfait son cœur. Dans nos entretiens, j'ay remarqué qu'elle vous a en singulière estime et peut estre, à vostre retour, la jugerés-vous digne de vos visites et de vostre amitié.

M⁰ Arnaud, autre anticorps, mais moins acharné, est demy brouillé avec le marquis de P[isani] sur le sujet de la boette de M. de Vivans et de cette scandaleuse querelle, le Marquis se plaignant qu'il l'en fait partout le principal autheur et le boute feu unique afin de se divertir aux despens des deux parties, de quoy il se défend comme d'un meurtre, ayant reconnu que cette réputation ne luy seroit pas avantageuse, et ne voulant point passer pour homme qui ayme mieux son plaisir que ses amis. Vous sçavés ce qui en est mieux que qui que ce soit. L'autre partit, avant hier, pour Verdun avec contentement pour la famille de M⁰ de Feuquières en toutes choses; il ne reviendra point qu'à la fin de la campagne. Vous trouverés icy une lettre de luy qu'il ne peust escrire, l'autre semaine, à cause de la multitude de ses affaires. Je vous envoye aussy un Traitté du caractère elegiaque et une Élégie de modelle du médecin qui a fait la Poétique[4]. Vous en jugerés.

Je suis, Monsieur, vostre, etc.

De Paris, ce 9 avril 1640.

CCCXCII.

A M⁰ LE DUC DE LONGUEVILLE,

EN ALLEMAGNE.

Monseigneur, nous avons eu la dernière et plus certaine confirmation de vostre convalescence par M⁰ de Chambois[5], dont nous avons renouvellé nostre joye et nos actions de grâces à Dieu d'un si grand bien et si nécessaire à nostre vie et à nostre repos. Il nous a néantmoins dit que vos forces n'es-

---

[1] Le corps, c'est-à-dire un petit groupe de mauvais plaisants, de faiseurs de quolibets, à la tête desquels se trouvait le marquis de Pisani.

[2] Probablement Jean-Paul de Gourdon de Genouillac, comte de Vaillac, baron de Montferrand, né le 12 mai 1621, qui devint premier écuyer et capitaine des gardes françaises de Philippe de France, duc d'Orléans, et lieutenant général des armées du Roi, et qui mourut le 18 janvier 1681. Voir sur lui les *Mémoires* du duc de Saint-Simon (à l'année 1707).

[3] Ni les biographes de Voiture, ni ceux de la comtesse de Maure, depuis l'époque de Tallemant des Réaux jusqu'à notre époque, n'ont connu cette particularité.

[4] De Jules Pilet de la Mesnardière.

[5] C'est le gentilhomme dont il est question dans ce passage des *Mémoires* de Mᵐᵉ de Motteville (t. III, 1869, p. 164), au sujet du voyage du roi et de la reine en Normandie (1650) : «Chamboi, qui commandoit dans le Pont-de-l'Arche, et qui avoit ordre de Madame de Longueville de rendre la place à la première sommation du Roi, la remit aussitôt, moyennant deux

toient pas encore revenues et qu'il falloit encore quelque temps pour vous rendre capable d'action. Dieu vueille que l'amour que vous avés pour la gloire et la passion du service du Roy ne vous rejettent point plustost dans le travail que vostre santé ne le permettra! Je vous demande pardon, Monseigneur, si je me desfie un peu de vous de ce costé là.

Pour moy j'ay eu un si grand esbranlement d'esprit par la crainte que m'a donnée vostre maladie, que j'ay esté incapable de m'appliquer à rien de fort depuis. Je sens néantmoins à présent la vigueur qui me revient et sitost que le fascheux temps qu'il fait sera changé, je me propose de commencer le sixiesme Livre afin de vous en pouvoir donner encore deux à la fin de la campagne et fort semblable à celle que vous faittes à cette heure, horsmis à la vérité que je n'ay point de Rhin à faire passer au conte de Dunois et qu'il ne va à Rheims, au travers de la France, qu'en la belle saison et sans avoir d'ennemis considérables qui s'opposent à sa marche. Il est bien raisonnable aussy qu'il me laisse à dire de vous quelque chose de plus que de luy et je m'asseure qu'il le souffrira sans envie.

Des deux Princes estrangers que nous avions dans le bois de Vincennes[1], le Polonois est party de la Cour assés satisfait, si l'on en excepte la rigueur que Monsieur a exercée envers luy, ne l'ayant jamais voulu voir pour ne luy pas donner la droitte, non pas mesme à l'hostel de Guise et ayant défendu à Mademoiselle[2] de se trouver au bal que le landgrave de Hesse luy vouloit donner chés Mme de Rohan et où tout le monde avoit esté prié, ce qui rompit l'assemblée. Il ne passera pas loin de vos trouppes en s'en retournant en son païs. Le prince palatin est à l'hostel des ambassadeurs, deffrayé par le Roy, et il doit estre encore icy quelque temps. Il a eu son audiance avec satisfaction réciproque et Sa Majesté, les deux fois qu'il l'a veue, a pris peine à l'obliger[3].

La mort de Mr de Feuquières a fait continuer à M^r le mareschal de Chastillon qu'on croit qui se fust, sans cela, reposé cette année. Son ordre est d'aller à Amiens, ce qui fait juger que la place qu'on attaquera, cette campagne, sera du costé de la Champagne et force gens croyent que ce sera Thionville[4]. M. le Grand maistre a dit qu'il auroit quatre-vingts canons en batterie le 15 du mois prochain, ce qui seroit une chose inouie. En effet, tout l'effort de cette année sera de ce costé là et par l'armée qu'il commandera.

M^r le Duc d'Anguien, Mrs de Nemours, Mrs de Vendosme et tous les volontaires seront dans cette armée. Je prie Dieu que ce soit pour Thionville. Cela ne pourroit que vous estre avantageux et serviroit à vous donner communication avec nous par le droit chemin. Les Espagnols paroissent fort vers Fontarabie et Mr de Grammont crie

---

mille pistoles qu'il demanda pour les frais de la garnison.» Voir aussi les *Mémoires* de Montglat (XVIe campagne, p. 107 du t. III de l'édition de 1728).

[1] Le prince Cazimir et le comte Palatin.

[2] Anne-Marie-Louise d'Orléans n'avait pas encore treize ans révolus.

[3] La *Gazette*, qui annonçait, dans le n° du 24 mars 1640 (p. 176), que le comte Palatin était, cette semaine, «sorti du bois de Vincennes,» annonçait, dans le n° du 7 avril (p. 195), que «le 3 de ce mois le prince Palatin alla à Saint-Germain où il fut conduit par le duc de Chevreuse et le comte de Brulon».

[4] Ce fut Arras. Le siége fut commencé le 13 juin, et les trois maréchaux de Chaulnes, de Châtillon et de la Meilleraye se rendirent maîtres de la place le 10 août de la même année.

au secours ! Mr le Conte de Harcourt aura fort à faire en Italie où le Marquis de Leganes est fort puissant[1] et il est mal aisé de faire passer les monts à nos soldats à l'ordinaire. De la conservation de Chivas dépend celle de Casal. Le Cardinal de Savoye vit pacifiquement avec nous et couvre la Provence des Espagnols qui s'en desespèrent.

Je prie Dieu qu'il vous conserve et suis, Monseigneur, vostre, etc.

De Paris, ce 14 avril 1640[2].

---

[1] Le comte d'Harcourt ouvrit la tranchée devant Turin le 16 mai, et, malgré tous les efforts du marquis de Léganez, il entra dans cette ville le 24 septembre.

[2] Le même jour Chapelain adressa (f° 347) à Balzac une lettre où abondent les compliments et où je ne trouve à citer que ces deux passages : «Il [M. Bonair] me dit que Mr l'abbé de Chastillon s'estoit traisné à Ruel pour faire la sollicitation de vostre pension auprès de Son Eminence et qu'il en avoit eu de très bonnes paroles... Enfin j'ay leu à Mme la Marquise de Rambouillet et à Mlle sa fille, Mr de Voiture présent, le discours de l'Eloquence que vous m'avés envoyé. Il faudroit bien du temps et moins de rheume que je n'en ay pour vous dire toutes les exclamations qui furent faittes et toutes les louanges qui vous furent données. Pour abréger, l'on vous fit justice, et l'estat où cette lecture avoit mis Mme la Marquise la fit sortir de sa retenue ordinaire, et l'obligea à me dire qu'elle ne seroit point contente que le *Discours de la Vertu ancienne et romaine* ne fust fait, et qu'elle croyoit que vous estiés obligé par vostre propre intérest à ce travail, n'y ayant point de doute que la matière ne donnast à la grandeur de vostre esprit toute l'élévation dont il estoit capable, et qu'en cette occasion vous ne fissiés le plus grand de vos miracles.» Ce passage a été cité par M. Livet dans *Précieux et Précieuses* (p. 37 et 38). — Le 17 avril, Chapelain se décide enfin à donner au marquis de Montauzier (f° 348) des détails sur une affaire dont il lui avait souvent parlé brièvement : «L'affaire de Mr de Vivans est qu'il maintient qu'une boette de diamans que lui donna la Reyne d'Espagne à son voyage de Madrid et qu'il fait valoir deux ou trois mille francs s'est perdue entre les mains de Mlle de Clermont à qui il prétend l'avoir laissée en garde lorsqu'il s'en alla au siège de Hedin, et Mlle de Clermont qu'elle la luy a rendue devant qu'il partit pour ce voyage, ne voulant plus en demeurer chargée, et la chose a passé si avant que toute la Cour l'a sceu et s'en est entretenue aux despens de l'un et de l'autre, en sorte que la demoiselle et toute sa famille ont creu estre obligées de s'en purger comme d'un larcin volontaire que l'on leur imputoit. Mme de Clermont s'est eschauffée jusques là que de luy faire dire qu'il ne mettroit jamais le pied chés elle ou du moins de le dire à tant de gens qu'il ne le peut ignorer. Pour V[oiture] il a esté plus de quinze jours tout à fait brouillé avec la personne que vous sçavés [Mlle de Rambouillet] et l'esclat a esté si grand que ses amies du Marais et du fauxbourg Saint-Germain ont jugé que c'estoit un accommodement dont elles se debvoient mesler. Il estoit malaisé que de si puissantes entremetteuses ne réussissent pas auprès d'elle qui, à dire le vray, ne sera jamais entièrement irréconciliable avec luy. Et s'il est permis de parler franchement d'une personne que nous croyons tous deux digne d'une vénération particulière, cet homme par la considération de sa sorte d'esprit et par le divertissement qu'il luy donne en cette partie, est son foible jusques à en scandaliser tous ses amis. Je croy pourtant qu'il se souviendra longtemps de la touche [c'est-à-dire du coup, expression employée aussi par d'Ablancourt dans sa traduction de Lucien : *Ils s'écoutent tous et craignent la touche*] qui a donné grande joye à tous ceux de sa connoissance qui pèsent équitablement ses vertus et ses défauts. Vous ne m'escrivés jamais que cette personne ne veuille voir vos lettres...» — Le 21 avril, Chapelain (f° 349) écrit à la marquise de Flamarens : «Je voy bien que vous craignés de m'affliger en me mandant la grande brouillerie qui se prépare entre Mr vostre mary et Mr son père sur le sujet

CCCXCIII.

À M. DE BALZAC,

A BALZAC.

Monsieur, je respons à deux de vos lettres, l'une du 9 de ce mois que je receus il y a six jours, et six heures après que j'eus envoyé la mienne au bon Rocolet, l'autre du 16 que je reçois présentement, à dix heures du soir, par la punctuelle diligence du mesme Rocolet lequel en vérité vous sert avec grande passion et mérite que je vous rende ce tesmoignage [1].

Je suis d'accord avec vous touchant ces vitieuses anticipations de maux [2] et vous me faittes souvenir de ce que j'ay dit plusieurs fois desja, que cette prudence dont l'homme se glorifie par dessus tous les animaux est un des plus grands bourreaux de sa vie. Et certes je tiens, en ce particulier, la condi-

---

du mariage de Mlle vostre belle-sœur...» Chapelain se plaint doucement de n'avoir appris cette nouvelle que par l'abbé de Flamarens. Comme il était question d'un procès, Chapelain recommanda de l'éviter, disant qu'il faut avoir cent fois raison pour plaider contre un père. Il vante l'*humeur douce* de la marquise de Flamarens, ajoutant que *l'honneur d'une femme ne consiste pas seulement en sa chasteté, mais en sa modestie et en toute autre sorte de bienséance*. Il engage son amie à continuer à mener une *vie vertueuse et exemplaire*. Dans une lettre du même jour, Chapelain (f° 351) entretient le marquis de Flamarens de la brouillerie amenée par le contrat de mariage de Mlle de Flamarens. Le même jour encore, Chapelain (f° 353) s'adresse ainsi au duc de Longueville : «Monseigneur, vostre passage du Rhin se trouve aujourd'hui une affaire si importante, non seulement pour l'action en soy, mais encore pour ses suittes, qu'il asseure les Suédois des armes Impériales et maintient la France dans la raisonnable espérance de rendre la liberté à l'Allemagne et de donner enfin la paix à l'Europe... Ce ne vous est pas une petite gloire d'estre l'appuy mesme des victorieux et la resource de ceux qui jusqu'icy ont esté la resource des autres [tels que le maréchal Bannier]..... Nos nouvelles de la Cour sont que le Roy se prepare pour suyvre avec un petit corps l'armée de M. le Grand-Maistre qui doit estre très-puissante et où il y doit avoir quatre ou cinq Princes volontaires et tout ce qu'il y a de noblesse. M^r le Mareschal de Chastillon et Mr de Chaunes commandent chacun un corps en Picardie vers Abbeville et vers Péronne. Il y a trois rendez-vous différens pour oster la visée aux ennemis du siège que l'on veut faire. Je ne croy vous devoir laisser ignorer la recherche que M^r le duc d'Anguien fait de Mlle de Brezé après en avoir esté demander la permission avec M^r le Prince à Son Éminence.»

[1] Les deux lettres du 9 et du 16 avril 1640 ne figurent point, à ces dates, dans le Recueil de 1665. Je reconnais une des deux dans la lettre XV du livre XXII (p. 852) datée du 4 juin 1641. Balzac y répond ainsi à ce que son ami lui avait écrit du bon accueil qui avait été fait, chez la marquise de Rambouillet, au discours de l'*Éloquence* : «Ce grand sermon a donc esté desplié à l'hostel de Rambouillet, et vous avez eu assez de courage pour le lire, et Monsieur de Voiture assez de patience pour l'escouter! En voilà desja trop, à dire le vray, et je n'ose croire le reste, ni m'imaginer que j'aye mérité les acclamations dont vous me parlez. Elles sont pour la souveraineté de l'Éloquence, et non pas pour la médiocrité de la mienne; elles sont pour Démosthène, et non pas pour moy; on a applaudi au Texte, et non pas au Prédicateur.»

[2] Balzac (lettre XVI du livre XXII, p. 853) parle ainsi de ceux qui, selon le mot spirituel de la princesse Marie d'Orléans, se plaisent à manger leur malheur en herbe : «Il est certain qu'il fait bon quelquefois n'estre pas animal si raisonnable, et que la trop grande prévoyance donne souvent bien de la peine, et adjouste aux véritables maux tous les maux imaginables. Mais ne vous en desplaise, Monsieur, je ne croy pas que vous soyez de ces malades par anticipation, etc.» Cette lettre, datée du 15 juin 1641, est des premiers jours de mai 1640.

tion du beuf et de l'âne bien meilleure que la sienne. Cette stupidité innocente est une vertu qu'il faudroit achepter de la moité de nos avantages. Nous en serions plus naturels et moins chimériques, nous ne verrions que ce que nous voyons, et nous ne sentirions que ce que nous sentons, au lieu qu'avec ces belles lunettes d'approche[1] nous nous remplissons la fantaisie d'illusions et en agitons la basse partie de nostre âme comme à la présence de quelque grand mal. Je me veux un mal que je ne vous sçaurois dire d'estre un de ces *heautontimorumenos*[2] et vous me feriés une faveur singulière, si vous me pouviés desfaire de cette cruelle prévoyance qui me fait souffrir les peines par avance et qui me tourmentent mesme souvent pour des images de choses qui ne sont et ne seront jamais.

Il n'y eust pas moyen d'envoyer plustost au messager les livres des médecins[3], et le retardement de quinze jours n'est pas un trop grand mal et vostre curiosité n'en devra pas estre beaucoup mortifiée.

Vous avés trouvé le secret de l'illustrissime et cela est digne de vostre sagacité[4]. Mais croyés vous que ce docteur, vain et fanfaron comme il est[5], se contente de l'excellentissime? Son *par regibus ipsis contemptu rerum*, me fait croire que ce sera bien allé s'il nous en quitte pour l'Éminentissime et, puisqu'il s'égale aux Roys, je crains qu'il ne nous vueille obliger à le traitter de Sérenissime. La Comédie françoise manquoit de Docteur et le bon Apollon nous a envoyé cettuicy qui, par mille raisons que vous connoissés, a mieux mérité qu'aucun autre le nom de docteur de Comédie. L'autre est plus renfermé dans sa profession[6] ou, au plus, il ne s'escarte guères et ne prend que des matières qui y ont affinité. Le volume que je vous ay envoyé de luy est son chef d'œuvre et je suis trompé si le corps ne vous en satisfait. J'en apprendray volontiers vostre sentiment[7] comme aussy de l'Epistre que les délicats mettent audessus des nues.

L'autheur des *Vérités françoises*[8] se nomme Bienville, est gentilhomme et nostre amitié s'est commencée il y a plus de vingt

---

[1] Balzac compliment en ces termes son ami de sa pittoresque expression (p. 883) : « Je n'ay pas seulement leu avec joye vostre lettre du 22 de ce mois, mais je l'ay leue avec profit, et me suis desja pourveu de ces belles lunettes d'approche dont vous estes l'inventeur, et qui me serviront en temps et lieu. »

[2] Tout le monde connaît la *Comédie de Térence* représentée pour la première fois l'an de Rome 591, au mois d'avril. Tout le monde sait par conséquent que l'*heautontimorumenos* est celui qui se punit soi-même.

[3] La Mesnardière et Cureau de la Chambre.

[4] Nous n'avons pas la lettre ou du moins la portion de la lettre dans laquelle Balzac avait montré tant de sagacité.

[5] La Mesnardière.

[6] Cureau de la Chambre.

[7] Balzac (p. 853) exprime son sentiment de cette façon : « J'ay receu enfin le beau livre de Monsieur de la Chambre, et en suis à la moitié. Que je souhaiterois qu'il fust aussi gros que le Calepin, pour faire durer davantage mon contentement! Je vous jure que je n'ay jamais rien leu avec plus de plaisir, ni qui m'ait touché plus sensiblement. Quelques autres nous avoient donné avant luy des pièces de fripperie, et des traductions desguisées. Cettuy-cy nous fait voir un vray et parfait original... »

[8] Balzac avait adressé (p. 851) la question suivante à son ami : « Mais qui est, je vous prie, l'autheur des *Veritez Françoises*, qui m'a fait la faveur de m'envoyer ses livres? Le jour mesme que je les receus, un autre les prit; et ne les ayant point leus, je ne sçaurois que vous en dire. Cependant je vous supplie qu'il sçache que je luy suis obligé de son présent, et que je l'en remercie de tout mon cœur. »

ans ¹. Il est trop diffus, mais il est net et son livre est arsenac ² rempli de très bonnes armes. Il sçaura que vous avés receu son livre et que vous l'estimés et vous en sentés son obligé.

Je vous manday, la semaine passée, ce que M⁺ Bonair m'avoit appris touchant la sollicitation de vostre pension. Depuis, je n'ay peu aller chés nostre amy ³ ayant esté arresté au lit et au logis par mon rheume de printemps qui s'est rendu plus fascheux que d'ordinaire par la mauvaise disposition de la saison.

Mon procès dort encore et on ne me conseille point d'en presser l'expédition à cause que je jouis et que c'est à mes parties à courre.

J'ay leu avec une extrême joye la lettre que vous escrivés à M⁺ le marquis de Montauzier ⁴ et je sçay qu'il en aura une extrême consolation, et d'autant plus que je suis asseuré qu'il ne m'a escrit ce que vous avés veu avec aucune pensée que vous deussiés prendre cette peine, et qu'il sera aussy surpris que satisfait lorsqu'il trouvera dans mon paquet ce tesmoignage volontaire de vostre affection. Il m'a plusieurs fois dit qu'il ne vous escrivoit point de peur que vous ne creussiés que ce fust pour tirer responce de vous, quoy que vous fussiés un des hommes du monde pour qui il avoit plus d'estime et de passion.

Je vous demande pardon si je me suis emporté en parlant de M⁺ de Feuquières. Ce n'estoit pas à vous à qui je parlois sur cet article, mais au peuple qui prend et donne tout sans peser et de qui il est quelquesfois permis à un philosophe de se plaindre. Je n'ay garde de croire qu'il y ait rien qui vaille dans ce que je vous ay dit là dessus, et ce seroit une merveille que je fusse *eloquens ex tempore,* moy qui ne le suis pas mesme quand on m'a donné trois mois à proposer une harangue de six périodes.

Le pere Theron n'a plus que de la cendre chaude dans l'esprit ⁵ et je suis surpris de voir tant de différence entre l'inscription de la Place Royale et le *Jordanus captivus* de cet autheur. Je suis bien scandalizé de luy d'avoir passé un si grand temps de sa belle veine sans l'employer, lorsqu'il le pouvoit,

---

¹ M. de Bienville n'est mentionné dans aucun de nos recueils biographiques, et son livre ne figure dans aucun de nos recueils bibliographiques.

² Le mot *arsenac* est écrit par-dessus le mot *magasin.* Chapelain écrivait *arsenac* comme l'avaient écrit Rabelais et Malherbe, comme l'écrivaient, de son temps, Balzac et Ménage.

³ L'abbé de Boisrobert.

⁴ C'est la lettre XV du livre XI (p. 508), datée du 25 novembre 1638, et qui, comme on le voit, est du mois d'avril 1640. Ce qui ne permet pas de douter que ce ne soit là que Chapelain déclare avoir lu *avec une extrême joie,* c'est cette allusion à la difficulté qu'éprouvait Montauzier de faire subsister son armée, difficulté dont il entretenait alors sans cesse Chapelain : « Est-il vray que non-seulement j'amuse vostre loisir, mais aussi que je guérisse vostre tristesse, et que des ouvrages, qui n'estoient que des jouets des oisifs, soient devenus les remèdes des affligés?... Je demanderois à Dieu, encore pour l'amour de vous, la fertilité de ce bon Prélat [sans doute Camus, l'évêque de Belley], qui a semé de livres toute la France, et qui comptoit dernièrement le soixante-quinzième de ses volumes. Ce seroit afin de vous en envoyer des convois de temps en temps, et d'obliger par mon exemple ceux qui font languir les troupes du Roy, à ne vous laisser non plus manquer d'argent et de munitions, que j'aurois soin de vous fournir d'Histoires et de Discours. »

⁵ Balzac avait écrit à Chapelain (p. 852, lettre déjà citée) : « Toutes les gouttes de sang qui restent au vieux Jesuite sont encore belles, et son couchant mesme est plein de lumière. »

à sa gloire et à vostre contentement. Il mériteroit par sa paresse de faire de plus mauvais vers encore en sa caducité qu'il n'en fait.

Je suis bien aise d'apprendre que vous avés une voye pour vous entre communiquer Mr Mainard et vous, sans faire le circuit de Paris. C'est un homme d'honneur et qui vaut bien celui que vous luy faittes.

Je suis, Monsieur, vostre, etc.

De Paris, ce 22 avril 1640 [1].

CCCXCIV.

À M. DE BALZAC,

À BALZAC.

Monsieur, vous me croyés sans doute, encore que vous fassiés semblant de ne me pas croire, pour ce qui regarde les applaudissemens que vostre discours de l'Éloquence a eu à l'hostel de Rambouillet. Vous en connoissés trop la beauté et sçavés trop d'ailleurs combien ce monde est plein de justice pour n'estre pas persuadé que vous en

---

[1] Le 24 avril 1640, Chapelain écrit à M. de Montauzier (f° 355) : « Je ne sçay si je me trompe, mais je crains moins... les ennemis que la faim et les intendans à qui vous avés à faire. Les plaintes que nous faisons à vostre occasion se réduisent là pour cette heure et nous ne mangeons plus de bons morceaux que nous ne vous le souhaittions et que nous n'ayons regret de manger sans vous. Et quand je dis nous j'entens l'Hostel de la rue Saint-Thomas et ceux du Marais où vous sçavés que l'on vous honnore... Vostre misère nous rend tous misérables... » A la fin de cette lettre il est question en termes assez obscurs d'un personnage dans lequel je crois reconnaître Voiture, qui, suivant son habitude, aurait éprouvé de grandes pertes au jeu, et qui « a entrepris une certaine dame du fauxbourg nommée La Grillière [serait-ce une madame de la Grilière dont Daniel du Moustier avait fait le portrait, au bas duquel il inscrivit, selon Tallemant des Réaux, t. III, p. 491, ce mot vengeur : *Elle n'a oublié qu'à payer ?*], assés riche et qui le referoit de toutes ses pertes, s'il la pouvoit espouser. Mais il y a quelque chemin à faire et l'on m'a dit qu'elle n'y mordoit pas... » — Le surlendemain, Chapelain déclare à M. d'Olive du Mesnil (f° 357) qu'il n'accepte pas ses complimens sur la *belle lettre* dont son correspondant toulousain le félicite. «Je vay,» lui dit-il, «tousjours au sens et me mets peu en peine des paroles... » Il assure qu'il se tient dans «le genre familier qui est le caractère de la conversation et des lettres qui le représentent,» ajoutant : «Si j'y avois mesme quelque attention, ce seroit seulement pour prendre garde qu'il ne m'y eschappât rien qui peust paroistre recherché et trop beau pour n'estre pas soupçonné de cette affectation contraire à la naïveté si requise dans les lettres. Je sçay bien que cette opinion n'est pas commune, mais je croy sçavoir que c'est la bonne... » — Le 28 du même mois, dans une lettre au duc de Longueville (f° 358), Chapelain exprime l'espoir que Bannier a repris de nouvelles forces en s'approchant de ce prince, et que, de son côté, ce prince a affaibli le parti des Impériaux par quelque combat avantageux contre les troupes de Bavière... «Mr d'Andilly prie tous les jours Dieu des mesmes choses et par ses prières qui sont saintes et efficaces me fortifie dans mon espérance... C'est un des hommes du monde qui a le plus d'attachement à vostre personne et qui sent le plus vos biens et vos maux... Mademoiselle [la fille du duc de Longueville] se porte bien à merveilles et elle grandit à veue d'œil, croissant encore et s'avançant plus de l'esprit que du corps. Il ne se peut rien adjouster à sa raison naturelle ny au soin qu'elle a de se faire informer par tout le monde de l'estat où vous estes maintenant... Mr le Grand Maistre est party d'icy il y a six jours, Mr le duc d'Anguien deux et Mr le marquis de Brezé partira dans trois sans faute... Faret m'a dit aujourd'huy [au sujet de Casal] que son maistre [le comte d'Harcourt] estoit party avec ce qu'il avoit de trouppes pour essayer d'y en jetter pour le faire durer jusques aux chaleurs.»

avés esté souverainement loué, et que toutes les périodes en ont esté admirées. Mais, pour vour monstrer d'abondant[1] que je vous ay dit vray, il faut que je vous die ce que j'avois obmis dans ma relation afin de ne me pas trop estendre. Je ne leus pas seulement ce discours, mais je puis dire que je le releus, n'y ayant presque point eu de page qu'on ne m'obligeast de relire pour la seconde fois, tant toutes choses y touchoient l'esprit de mon auditoire. Si vous me faschés, je vous diray de plus que je n'y ay point fait de visite depuis, qu'on ne m'en ait parlé avec éloge et qu'on n'en ait donné une extrême envie à ceux qui s'y trouvoient présens.

Au reste, j'appréhende que vous n'ayés pris pour un vray ressentiment ce que je vous ay mandé de la personne à qui il s'addresse[2] et croy qu'il est nécessaire que je vous asseure que je n'ay eu autre motif pour vous en escrire comme j'ay fait que de vous esclaircir de l'humeur de l'homme pour vostre intérest plus que pour le mien, estant mal aisé que sa demangeaison de se signaler[3] aux despens d'autruy ne s'estende jusques à vous parmy ses familiers et d'autant plus jusques à vous que vostre mérite vous a eslevé au dessus des autres, car c'est un critique généreux et qui croiroit faire tort à son calemar[4] et à son stilet de les employer contre une vertu ordinaire et une réputation commune, si bien que, si vous estes asseuré qu'il vous respecte et qu'il vous dispense de ses atteintes, vous me feriés desplaisir de vous retrancher de sa communication pour moy qui me suis endurci de ce costé là et désormais m'y attens sans le trouver ni mauvais ni estrange. Le portrait que vous m'en avés envoyé est de bonne main[5], et, si je ne me trompe, je le vis il y a vingt ans chés Mr le président de Thou[6]. Et certes il ressemble extrêmement à celui de Florent Chrestien dans l'humeur,

---

[1] De plus, outre cela. Cette locution, souvent employée par La Fontaine, a vieilli, mais elle n'est pas inusitée, selon la remarque de M. Littré (*Dictionnaire de la langue française*). Les auteurs du *Dictionnaire de Trévoux* (édition de 1761) se montraient plus sévères pour l'adverbe *d'abondant* : « Ce mot vieillit, et ne se dit guère qu'au palais pour marquer la surabondance de droit. »

[2] Costar. Balzac avait écrit à son ami (lettre XV du livre XXII, qui est non du 24 juin 1641, mais du mois d'avril 1640, p. 852) : « J'ay considéré ce que vous m'escrivés du Docteur ironique, et je sçauray un de ces jours, *an sit deploratæ salutis, aut ad meliorem frugem redire possit...* »

[3] Le mot *démangeaison*, employé dans un sens figuré, n'a été retrouvé par M. Littré que dans des écrits postérieurs à 1640, tels que la traduction de l'*Imitation* par Corneille, diverses comédies de Molière, divers discours de Bossuet et de Bourdaloue.

[4] On lit dans le *Dictionnaire* de Richelet (édition de 1759) : « Mot hors d'usage, dont Sarazin s'est servi en riant. Il veut dire cornet d'écritoire, et l'écritoire même. » Le *Dictionnaire de Trévoux* donne ces autres explications : « *Calmar*. Quelques-uns écrivent calemar. Étui, canon d'une écritoire portative pour mettre des plumes et un canif. Ce mot n'est guère en usage qu'au collège... » On trouve *calamarium* dans le *Glossaire* de Du Cange.

[5] Ce portrait en six lignes latines est dans la lettre XV du livre XXII déjà citée. Balzac avait fait précéder et suivre ce portrait de ces deux phrases : « Je veux vous faire part de ce que je viens de lire de Florent Chrestien, qui à peu près estoit de l'humeur de nostre homme. » — « La différence qu'il y a entre eux, c'est que celui-cy a passé cinquante ans, et que sa mesdisance est maladie, et non pas jeunesse. »

[6] Chapelain se trompait, comme son ami (lettre XVII du livre XXII, p. 854) le lui rappela : « Ce n'est pas Monsieur de Thou qui peint si bien Florent Chrestien ; c'est un de ses amis.

mais non pas dans l'objet de ses Ménippées[1], nostre ténuité[2] nous obligeant à mettre les distances que la poésie a mise entre le grand Ronsard[3] et nous.

M[r] L'Huillier, dont vous me demandés des nouvelles[4], ne me voit jamais sans me demander des vostres, et tousjours avec passion pour vous. Il est vray que, depuis trois mois, je l'ay peu veu à cause de son desmenagement qui l'occupe tout entier dans le rangement de sa bibliothèque[5]. Il a encore l'occupation de la comédie italienne qui est cause que je le vois quelquesfois, lorsque son reflus vient jusques à moy.

Pour Mr Menage je luy dois deux ou trois visites qu'il m'a faittes depuis son retour quoique ç'ait esté sans me rencontrer. Je n'ay veu Mr Grotius qu'une seule fois encore et j'en dis ma coulpe, car il est très digne d'estre visité par bien d'autres gens que moy. Vous serés cause que j'y retourneray quand ce ne seroit que pour luy donner la joye d'estre estimé de vous, et à vous la satisfaction de luy avoir fait sçavoir vostre estime[6].

Je commence à n'espérer plus si bien de l'affaire de Ruel[7] depuis que j'ay veu les sollicitations ardentes de nostre amy pour vous et pour trois autres du nombre desquels est Mr de Vaugelas entendues avec froideur par la disette où se trouvent les royales finances. Néantmoins nostre amy ne

---

Scœvola nempe Sammarthanus in aureolo Elogiorum libello, digno, me judice, omnium Bemborum et Sadoletorum invidia.» La lettre, datée du 1er juillet 1641, est de mai 1640.

[1] On sait que Florent Chrestien (né à Orléans en 1541, mort à Vendôme en 1596) fut un des plus mordants rédacteurs de la *Satyre Ménippée*. On lui attribue (voir l'*Introduction* de l'édition donnée par M. Ch. Read, chez Jouaust, 1876, p. v) la harangue du cardinal de Pelleve, qui est le chef-d'œuvre du recueil. Selon un moins sûr témoignage (*ibid.*, p. 310), il aurait été l'auteur de la harangue du recteur Roze.

[2] Le mot *ténuité* était alors bien rarement employé. M. Littré (*Dictionnaire de la langue françoise*) ne cite, au sujet de ce mot, aucun écrivain du xviie siècle.

[3] Balzac proteste ainsi (lettre déjà citée, p. 854) contre l'épithète dont Chapelain gratifie l'auteur de la *Franciade* : «Mais est-ce tout de bon que vous parlez de Ronsard, et que vous le traitez de Grand, ou si c'est seulement par modestie, et pour opposer sa grandeur à nostre tenuité? Pour moy, je ne l'estime grand que dans le sens de ce vieux proverbe: *Magnus liber, magnum malum*; et me suis déclaré là-dessus dans une de mes lettres, que vous avez laissé passer, sans y former d'opposition. Puisque la chose est faite, il n'y a plus lieu de s'en desdire, et il faudroit que Monsieur de Malherbe, Monsieur de Grasse, et vous fussiez de petits poètes, si celuy-là peut passer pour grand.»

[4] Il n'est pas question de L'Huillier dans la lettre de Balzac à laquelle répond Chapelain, lettre qui, comme tant d'autres lettres du Recueil, a subi des coups de ciseaux.

[5] Savait-on que L'Huillier possédait une bibliothèque assez considérable pour que l'arrangement de ses livres l'absorbât pendant trois mois?

[6] Il n'y a pas un mot sur Grotius dans la lettre de Balzac déjà citée, mais dans une lettre précédente (n° XXV du livre XXI, p. 830) on lit : «Ne sçauray-je point si vous vous estes remis dans le chemin de l'Hostel de Monsieur l'Ambassadeur de Suède?... Voyez cet excellent homme et devenez son confident; vous verrez cette incomparable histoire qu'il tient prisonnière depuis tant d'années... Tout ce qui part de luy, n'est en singulière recommandation, et outre la solidité de la doctrine, la force du raisonnement, et les grâces de la langue, j'y remarque un certain charactère de probité qui fait que, nostre foy exceptée dont malheureusement il est estranger, on se peut fier en luy de toute autre chose.»

[7] L'affaire de la pension.

se rebutte pas et [est] résolu de pousser jusqu'au but devant que de lascher la main et désespérer de la chose. Je vous puis jurer saintement que vous estes celuy qui le touche le plus, quoyque vous soyés celuy qui l'en presse le moins[1].

J'auray joye de voir Mr vostre neveu[2] et de luy tesmoigner par mes avis et par mes services combien vous m'estes cher en luy, et combien sa propre vertu me sera tousjours considérable. Il ne me faut point dire qui estoit feu Mr son père[3], l'ayant veu en mon jeune aage et me souvenant extrèmement de la haute réputation de courage où il estoit à la Cour.

Il est vray que le sr Paul Fiesque se mesle d'affaires, mais non pas d'affaires [d'Estat], au moins jusqu'icy[4], si ce n'est qu'on ait pris pour paix ce discours de la trève duquel les Espagnols nous ont befflés[5], et qui se traittoit entre le nonce de France et celuy d'Espagne, le Sr Paul agissant pour celuy de France comme ayant l'interim de la Nonciature, à cause du degoust qu'a donné Mgr Scotti au Roy et aux Ministres qui ne l'ont point voulu recevoir pour Nonce[6].

Je vous envoye l'extrait qui vous regarde dans la lettre italienne que j'ay receue du Sgr Pyrostome[7] et qui vous tesmoignera qu'il a receu vostre gros paquet.

Je suis, Monsieur, vostre, etc.

De Paris, ce 29 avril 1640.

---

[1] Balzac (p. 854) dit sur ce point : « Je suis au désespoir de donner tant de peine à Monsieur l'abbé de Boisrobert, qui n'en sçauroit prendre en l'estat qu'il est, sans un notable préjudice de sa santé. Obligez-moi de luy dire, quand vous le verrez, que pourveu qu'il se porte bien, et que Dieu me conserve un si cher ami, je ne me plaindray ni du malheur du temps, ni du mien particulier. »

[2] Bernard Patras de Campaigno. Le passage relatif à ce neveu de Balzac est un de ceux qui ont été supprimés dans la lettre où déjà nous avons noté tant de retranchements.

[3] François Patras de Campaigno. Voir sur ce beau-frère de Balzac la *Généalogie des Patras, seigneurs de Ligardes et de Campaigno* (Paris, in-4°, 1775).

[4] Balzac (lettre XV du livre XXII, déjà citée) avait (p. 852) donné à Paul Fiesque ce grand éloge : « Quelqu'un m'a dit que le seigneur Paul Fiesque est à la Cour, et qu'il se mesle de l'affaire de la paix. Si cela est, j'en espère bien ; car c'est un Démon dans les négociations, et non pas un homme, et je ne croy point qu'en tout le monde il y ait un esprit plus souple, plus adroit, ni plus intelligent que le sien. »

[5] *Béfler*, selon le *Dictionnaire* de Richelet, « vieux mot qui ne peut entrer que dans le burlesque, et qui signifie moquer, se moquer, tromper. (Il a vu ses espérances béflées.) » *Beffler*, selon le *Dictionnaire de Trévoux*, « mener un homme par le nez comme un buffle, le tourner en ridicule, se moquer de lui, le tromper. »

[6] Voir sur le nonce Scoti, prélat connu comme un des plus ardents parmi ceux de la faction espagnole à Rome, deux notes de M. Avenel (*Lettres du cardinal de Richelieu*, t. VI, p. 521 et suiv.; p. 648 et suiv.) et divers documents, les uns publiés dans ce même volume (p. 650-656), les autres analysés dans le tome VII (p. 252). A la page 685 du tome VI, on trouve dans une lettre de Richelieu à M. de Chavigni (fin d'avril ou commencement de mai 1640) un passage relatif à l'abbé Paul Fiesque, chargé par Mr le nonce « de faire savoir au roy pendant l'estat auquel il est, ce qu'il voudroit faire cognoistre sur le sujet du repos de la Chrestienté, etc. » Voir encore (*ibid.* p. 693) une lettre du cardinal « à M. Paul Fiesque », du 20 mai 1640, laquelle débute ainsi : « Monsieur, l'estat auquel M. Scoti est avec le roy ne me permettant pas de luy escrire comme je ferois sans cela, je m'adresse à vous à ce que vous luy fassiez entendre la response que je puis faire à la lettre qu'il m'a faict la faveur de m'escrire; je désire la paix avec tant de passion qu'il n'y a rien que je ne veuille faire en mon particulier pour une sy bonne fin. »

[7] Jacques Bouchard.

CCCXCV.

À M. LE MARQUIS DE MONTAUZIER,
EN ALSACE.

Monsieur, je vous escris cette fois cy pour ce qu'il est mardy et pour ne pas manquer aux bonnes coustumes et non pas pour que j'aye aucune chose à vous mander, de sorte qu'il vous coustera du port pour néant et seulement pour estre asseuré que ma punctualité ne se relasche jamais pour mes amis, principalement lorsqu'ils sont esloignés et que le souvenir qu'on leur tesmoigne leur peut apporter quelque consolation.

Mais sera-t-il dit qu'il n'y ait rien dans cette lettre qui luy puisse faire mériter ce nom, et que je vous aye empli une page d'escriture qui ne signifie rien et qui ne vous apprenne aucune chose? Quand je ne vous dirois autre nouvelle sinon celle de tous nos amis et amies, ce seroit assés pour ne croire pas avoir escrit inutilement. Il faut pourtant vous mander autre chose encore et vous dire que la suffisance de vostre aversion[1] a esté mortifiée, ces jours passés, et le sera encore à l'avenir par un ordre précis qui est venu de Ruel à tous ceux qui font part[2] de l'Académie, d'avoir à opter dans trois jours, ou d'y donner ses soins et ses assistances régulières, lorsqu'ils seront à Paris et qu'ils ne seront point malades, ou de faire place à beaucoup de personnes de considération qui demandent à y entrer. Et cet ordre sérieux, et tesmoigné par Mme la duchesse d'Aiguillon, qui y estoit présente, a eu un tel effet que nostre homme s'est résolu de contraindre son libertinage, et de venir plustost à l'Assemblée en enrageant que de la négliger comme il avoit fait, de peur d'attirer sur luy[3] l'indignation de celuy qui peut toutes choses. La nouvelle s'en est espandue[4] partout où il est connu, et amis et ennemis s'en sont resjouis presque également et luy en ont fait des huées qui le persécutent. L'Académie mesme ne s'en est pas abstenue et s'est resjouie en sa présence et à ses despens de l'avoir veu venir par force au lieu où il faisoit profession de ne venir point de son bon gré. Peut estre y adjousterés vous les vostres[5] au lieu où vous estes et que ce petit passe temps suspendra pour un moment les chagrins qui vous accablent ordinairement. Je le souhaitte et vous en souhaitte encore des soulagemens d'autre importance, comme celuy qui vous honore plus que toutes choses et qui est véritablement, Monsieur, vostre, etc.[6]

De Paris, ce 3o avril 164o.

---

[1] Voiture. Nous avons déjà vu que le marquis de Montauzier détestait Voiture, qui le lui rendait bien.

[2] Sic pour partie.

[3] M. Livet, qui a reproduit (Histoire de l'Académie française, t. I, p. 384 et 385) tout ce passage, depuis : «Il faut vous dire,» jusqu'à : «de son bon gré,» a mis sur eux au lieu de sur lui.

[4] M. Livet (ibid.) a remplacé espandue par répandue.

[5] Les vostres, c'est-à-dire, si je comprends bien l'ellipse, vos huées.

[6] Suit (f° 361, v°) une lettre, du 5 mai, au duc de Longueville, auquel, après bien des compliments, Chapelain envoyait quelques nouvelles : «Les nostres [entreprises] ne sont point encore commencées de deçà, mais elles sont sur le point d'éclorre, M^r le Grand Maistre estant à Guise et ses trouppes grossissant tous les jours. On ne sçait point encore où tombera cet orage... Les ennemis paroissent assés forts vers Valenciennes où l'on dit qu'ils ont pris leur place d'armes... On ne dit point que Mr de Bourdeaux soit encore à la mer, quoyque l'Italie ait grand besoin de sa présence... Mr de Coupauville, abbé de la Victoire, antien serviteur de M^r le Conte d'Alais, et fort chéry de Mr de Chavigny, homme d'honneur et d'esprit et l'un des plus zélés serviteurs que vous ayés, ne se peut lasser de publier vostre gloire et le fait avec efficace et

CCCXCVI.
À M. CONRARD.

Vous m'avés fait une grâce singulière de me donner à voir la dernière lettre que Mʳ Admirault[1] vous a escritte. Je l'ay leue avec attention et l'ay releue avec plaisir, mais extrême, et avec une certaine complaisance, en lisant ce beau jugement qu'il fait de l'ouvrage que vous sçavés[2], de m'estre rencontré en tout dans son sens sur cette matière, et je vous avoue que je ne me suis peu empescher d'en avoir meilleure opinion de moy. Croyés moy, Monsieur, cet autheur a la cervelle très gaillarde et très mince, et il y a peu de solidité en tout ce qu'elle contient[3]. Les observations de sa prose et de ses vers[4] partent d'un esprit d'une autre trempe et monstrent bien la différence qu'il y a entre un fanfaron et un homme d'effet. Vous sçavés ce que je vous ay dit, il y a long temps, de l'un et de l'autre et combien j'ay de regret que l'un soit si près de nous et l'autre si éloigné[5]. J'ay rougy et le papier m'a pensé tomber des mains lorsque j'en suis venu à l'endroit où il se moque de moy sous une si délicate louange. Je vous prie d'effacer ces deux lignes de sa lettre afin que vous la puissiés garder sans scrupule, et qu'il n'y ait rien à dire à sa perfection[6]. Et lorsque vous luy escrirés, obligés moy de luy mander que, nonobstant cette raillerie, je suis son grand estimateur et son serviteur plus que très humble. Ce que je vous puis dire de plus des larcins de Mʳ de L[a] M[esnardière], est qu'ils ne sont point ingénieux ni gusmaniques[7], mais grossiers, car de copier ainsy Mʳ de L'Escale[8], ce n'est pas desrober en coupeur de bourses, mais voler en brigand sur les grands chemins.

Ce 5 may 1640.

---

poids aux plus beaux cabinets de la Cour. J'ay creu que ces services volontaires devoient estre connus de vous.»

[1] C'est Moïse Amyraut, qui, selon *la France protestante* (2ᵉ édition, Iᵉʳ volume, 1876, col. 185), fut «un des théologiens les plus distingués et les plus influents du xvɪɪᵉ siècle;» il naquit à Bourgueil, en Touraine, au mois de septembre 1596, et mourut à Saumur le 8 janvier 1664.

[2] Cet ouvrage, comme le reste de la lettre le fait assez comprendre, était *la Poétique* de La Mesnardière.

[3] On a déjà vu, dans plusieurs lettres à Balzac, que Chapelain tenait en très-médiocre estime le médecin de la marquise de Sablé. L'abbé d'Olivet n'a pas été moins sévère que Chapelain pour La Mesnardière (*Histoire de l'Académie française*, t. II, p. 99).

[4] Les observations consignées par Amyraut dans la lettre à son coreligionnaire Conrart.

[5] Amyraut était alors à Saumur : il avait été nommé recteur de l'académie de cette ville en 1639 et principal en 1640. Il passa, du reste, presque toute sa vie à Saumur, d'abord comme élève de Cameron, puis (à partir de 1626) comme pasteur, à la place de Daillé, et comme professeur de théologie.

[6] Les auteurs de *la France protestante*, après avoir énuméré les quarante ouvrages d'Amyraut, disent (col. 205) que «la forme en est peu agréable,» mais «que sous cette enveloppe il se cache tant de jugement, de finesse d'esprit, d'érudition, que de nos jours encore ils peuvent être étudiés avec fruit.»

[7] Allusion au célèbre roman (1599-1605) de *Gusman d'Alfarache* par Mateo Aleman, roman que G. Ticknor (*Histoire de la littérature espagnole*) regarde comme la peinture la plus achevée qui ait jamais été faite des mœurs de la Péninsule sous le règne de Philippe III, et où il signale notamment une grâce et un esprit qui brillent davantage au milieu de pages écrites dans le castillan le plus pur.

[8] Jules-César Scaliger, auteur de *la Poétique* (*Poetices*, lib. VII, Lyon, 1561).

CCCXCVII.

À M. DE BALZAC,

à balzac.

Monsieur, il n'y a point d'homme pour qui je voulusse davantage avoir de l'esprit que pour vous, non point pour estre plus estimé de vous que je ne le suis, mais afin de posséder vostre estime à meilleur titre et rougir moins des éloges que vous me donnés. Il y a, croyés moy, quelque scrupule et quelque conscience de souffrir d'estre loué d'un homme comme vous sans le mériter, et je vous avoue qu'y prenant plaisir j'ay regret que vos louanges soient gratuites et m'excite à valoir quelque chose afin qu'elles ayent fondement et que je ne les doive pas toutes à vostre libéralité. Pour un mot raisonnable qui m'eschappera entre mille communs vous vous rescriés si obligeamment que je m'en couvre tout de honte, et reconnois ce que j'ay de long temps remarqué que les amis sont de mauvais tesmoins et qu'il n'y a point de miroir concave qui grossisse tant les objets que fait l'amitié *che spesso occhio ben san fa veder torto*[1]. Mais ce seroit bien assés que mes lunettes d'approche ne vous despleussent pas sans vous en vouloir servir et courre fortune d'en tirer un mauvais service[2].

Il est vray que vous estes un admirable artisan et que vous relevés tousjours par l'employ des choses la bassesse qui se peut rencontrer en elles. Ce que vous mettés en œuvre prend un nouvel éclat de vostre agencement et, au sortir de vos mains, n'est plus reconnaissable[3]. Vous en userés en maistre et en souverain et j'auray joye de voir mes simples transplantés dans vos beaux jardins.

J'en ay eu une bien grande de voir dans la suite de vostre lettre que vous estiés de mon opinion touchant cette prudence persécutante et ennemie de l'humaine tranquillité et que telle fois on seroit plus heureux d'estre beste que d'estre homme[4]. La plus grande partie du mal pour l'ordinaire estant la connoissance que l'on a de son mal, et plusieurs ayant trouvé la guérison de leurs souffrances dans l'ignorance ou dans la létargie. Que vous semble du petit Astianax qui rioit à son père dans le temps qu'il alloit combattre Achille, c'est à dire qu'il alloit à la mort[5]? Que vous semble de ce pourceau

---

[1] Nous avons déjà trouvé cette citation dans une lettre à Balzac, du 25 septembre 1632 (p. 4).

[2] On a déjà vu les éloges donnés par Balzac à Chapelain dans une des notes d'une autre lettre.

[3] Chapelain avait écrit *réconciliable* pour *reconnaissable*.

[4] Le passage auquel répond ici Chapelain a été reproduit dans une précédente lettre.

[5] *Iliade*, chant VI. Les souvenirs de Chapelain l'ont trompé : Astyanax ne rit pas : il pleure, au contraire. Voici le passage infidèlement cité par le correspondant de Balzac : «A ces mots, le magnanime Hector veut prendre son fils entre ses bras; mais l'enfant, troublé à la vue de son père, se jette en criant dans le sein de sa nourrice; il est effrayé par l'éclat de l'airain et la crinière, qui sur le sommet du casque flotte d'une manière menaçante : le père sourit ainsi que cette tendre mère.» Un peu plus loin, le poëte mentionne un vers délicieux, le «sourire mêlé de pleurs» d'Andromaque recevant des mains d'Hector Astyanax qu'il a enfin réussi à embrasser sans avoir posé à terre le casque qui inquiétait l'enfant. Mais nulle part, dans le texte, il n'est question d'Astyanax riant à son père. Balzac a commis la même petite erreur que Chapelain, lui qui a mis ceci dans la lettre XVIII du livre XXII (p. 584): «Tout ce que vous dites est très beau, et non seulement le petit Astianax rit à son père Hector qui va mourir par la main d'Achille, mais il rit encore à Ulysse son bourreau qui va le jeter d'une tour en bas.»

qui mangeoit de si bon appétit au fonds du vaisseau battu de la tempeste dans les temps que les passagers et les matelots mesmes désesperés de leur salut lassoient les oreilles des Dieux avec mille vœux inutiles[1]? Croyés moy que, dans le mauvais temps, la sérénité de l'huistre qui se renferme sous son toit naturel, *senza un pensiero al mondo*, est d'un merveilleux usage pour le passer et qu'il n'y a point de sublimité de sçavoir ny de force de raisonnement qui se puisse comparer en ces rencontres à l'utilité de son ignorance, surtout, en ce qui regarde les maux à venir, dont l'incertitude qui suspend naturellement l'esprit entre la crainte et l'espérance et qui l'empesche de se déterminer et de s'affermir dans une résolution, est, à mon avis, le pire estat où il se puisse voir. Au moins l'espreuvé-je ainsy en moy mesme. Et pour respondre à vostre doute, qui m'est trop avantageux[2], je vous diray que la philosophie qui me fait attendre de pied ferme le mal certain et faire, comme ils disent, de nécessité vertu, m'abandonne lorsqu'il est dans l'incertitude et me laisse au nombre de ces foibles dont vostre courtoisie me veut tirer. L'espoir qui balance l'appréhension et qui se coule dans mon âme détend sa vigueur, et, amollissant ses nerfs, la rend moins propre à soustenir et à digérer l'effort de la tempeste, de sorte que, contre les règles communes, dans mes combats pour estre vaillant, il faut que je croye qu'il n'y a point de resource, et que *una salus victo nullam sperare salutem*[3].

Je vous ay fait la un long prosne[4], mais je ne sçavois de quoy remplir mon papier et vous estes accoustumé à ces sortes d'escapades. Je feray voir tout l'endroit de vostre lettre qui parle si bien des Caractères des passions à l'autheur[5] et luy en donneray copie afin qu'il s'en pare et qu'il vous en sache gré plus d'une fois. Je suis ravy du jugement que vous avés fait[6] de l'épistre, qui est à la vérité jolie, mais d'un caractère peu convenable à un médecin qui escrit à un chancelier[7]. Nos petits amis s'arrestent

---

[1] Diogène de Laërte (livre IX, chapitre XI) nous apprend que Posidonius rapportait de Pyrrhon le trait suivant : «Surpris par une tempête, et voyant ses compagnons consternés, il resta calme et, pour relever leur courage, il leur montra un pourceau qui mangeait à bord du vaisseau, et leur dit que le sage devait avoir la même tranquillité et la même confiance.» Conférez Plutarque, *Sur les moyens de connaître les progrès que l'on fait dans la vertu* (chap. XI); Rabelais, *Pantagruel* (livre IV, chap. XVIII), etc. Balzac (lettre XVIII du livre XXII, déjà citée) répond ainsi (p. 855) : «Non seulement le pourceau fait bonne chère dans la tempeste, tandis que les hommes font des vœux, mais à l'heure mesme qu'on luy met le cousteau dans la gorge, il ne sçait si on le chatouille, ou si on le blesse.»

[2] Balzac avait dit à Chapelain (lettre XVI du livre XXII, p. 853) : «A quoy employeriez-vous la raison philosophique, qui corrige la raison commune, si elle ne vous servoit à mespriser ce que les autres craignent, espèrent, admirent, etc.?»

[3] Transformation du vers de Virgile (*Énéide*, lib. II, v. 344) :

Una salus victis, nullam sperare salutem.

[4] Balzac répond (p. 854) avec une spirituelle amabilité (lettre XVIII du livre XXII, déjà citée) : «Tant que vous prosnerez de la sorte, je prendray un grand plaisir d'estre de vostre paroisse, et n'ayez pas peur que je me plaigne jamais que monsieur le curé soit trop long.»

[5] Cureau de la Chambre. J'ai reproduit dans une lettre précédente l'*endroit* dont parle Chapelain.

[6] Par distraction *faite*, dans le texte, a été substitué à *fait*.

[7] L'Épître de La Mesnardière à Séguier n'est pas mentionnée dans la lettre de Balzac dont il est ici question.

peu à ces[1] bienséances et donnent tousjours à l'hameçon de l'affetterie à temps et hors de temps.

Je vous envoyay, la semaine passée, le livre de M⁴ de La Mothe pour l'instruction de Mᵍʳ le Daufin[2]. C'est un hommage qu'il vous rend à l'ordinaire et dont je seray bien aise de luy pouvoir monstrer l'agréement dans vos premières lettres[3]. La Cour est partie sans résolution sur les pensions et avec grande désolation pour les sieurs de Vaugelas, Gombaud, Bienville, qui ont leur disné assigné là dessus. Heureux ceux qui ont assés de bien et de philosophie pour se tirer du nombre de ces[4] désolés! Et je vous avoue que j'ay une consolation particulière de vous voir de ces heureux, et de n'avoir sollicité vostre intérest là dedans que comme de moy mesme, sans y engager en aucune sorte vostre nom.

Mʳ l'abbé de La Victoire est devenu fort mon amy et a commencé le premier à lier cette amitié par ses bons et puissants offices auprès de mon Rapporteur. Je voudrois luy pouvoir monstrer dans mes premières quelque marque de vostre joye de cette nouvelle liaison et de l'assistance qu'il m'a rendue, car je l'ay asseuré que vous y prendriés part. Vous avés fait plus de la moitié de nos conversations toutes les fois que je l'ay veu et je l'ay trouvé généreux, constant et fidelle. Je luy dois rendre ce tesmoignage auprès de vous et vous consoler de l'injustice que vous fait la fortune par la justice que vous rend la vertu[5]. J'ay eu l'honneur de voir Mʳ vostre neveu et de l'entretenir et certes il m'a semblé un fort sage et honneste gentilhomme.

Je suis, Monsieur, vostre, etc.

De Paris, ce 6 may 1640[6].

---

[1] J'ai mis *ces* à la place de *ses*.

[2] *De l'instruction de Monseigneur le Dauphin*, (Paris, in-4°, 1640). Ce traité, dédié au cardinal de Richelieu, a été réimprimé dans les *Œuvres* de François de la Mothe Le Vayer (édition de Dresde, 1756, in-8°, t. I, p. 61-382). On lit dans l'*Avertissement* de l'éditeur (p. 20): «Ce livre, suivant le jugement des Savans, est une des meilleures productions de notre auteur.»

[3] Balzac, tenant compte de la recommandation de son ami, lui écrivit (lettre XIX du livre XXII, p. 855 et 856): «Monsieur de La Mothe Le Vayer m'a appris beaucoup de choses que je ne sçavois pas, et m'a confirmé dans quelques unes que je sçavois. Il ne se peut voir d'ouvrage plus riche ni plus rempli que le sien, et il m'a infiniment obligé de m'en faire part. Je vous supplie de luy tesmoigner le ressentiment que j'ay de cette faveur, et de me conserver en ses bonnes grâces.» Cette lettre, datée du 15 juillet 1641, est de mai 1640.

[4] Comme plus haut, il y a dans le texte *ses* au lieu de *ces*.

[5] Balzac ne pouvait manquer de mettre dans sa réponse un mot flatteur pour un homme qui lui rendait si bien justice. Voici ce mot (lettre XVIII du livre XXII, déjà citée): «Que j'ay leu de bon cœur l'article de vostre lettre, où vous me parlez de Monsieur l'abbé de La Victoire, et que je me resjouis de cette société renouvellée. Outre que j'ay passion pour luy, il n'y a guère de preslats dans toute nostre Hierarchie que j'estime davantage, et à mon sens ses entretiens ordinaires valent bien des sermons preparez de la plupart de nos Messieurs.»

[6] Suit (f° 365) une lettre du 8 mai adressée au marquis de Montauzier et où Chapelain le félicite des vers qu'il vient d'envoyer à Conrart et qui sont *fort beaux et forts passionnés*. Dans cette même lettre Chapelain nous apprend que Pierre Arnauld se consola assez vite de la mort du marquis de Feuquières: «Mʳ Arnauld dont vous me parlés a porté très courageusement son affliction et, quand il partit d'icy pour l'armée, il estoit assés remis pour converser à l'ordinaire et mesme estre quelquefois plaisant. A cela véritablement a contribué le bon estat où il a mis par ses sollicitations la fortune de la maison de feu son beau-frère...»

CCCXCVIII.

À M. DE BOISROBERT.

Monsieur, puisque mes indispositions ordinaires, mes procès et mes engagemens ne me permettent en aucune manière d'entendre à la glorieuse proposition que vous me fistes hier d'un employ si considérable près de Mᵉ Mazarin lorsqu'il ira à Cologne, plénipotentiaire du Roy[1], j'ay creu vous en devoir faire une autre qui sera encore plus avantageuse à mondit sieur Mazarin et qui vous apportera plus d'honneur, si Dieu veut qu'elle soit acceptée. Après avoir long temps songé aux personnes que je jugeois le plus propres pour le service de mondit sieur dans la secrétairerie de cette grande commission, enfin je me suis arresté sur Mʳ Du Maurier[2] qui a le bien d'estre connu de vous et qui fait profession d'estre de vos plus passionnés serviteurs, comme sur celuy qui avoit le plus les parties nécessaires pour remplir dignement cette place.

Vous sçavés, Monsieur, si je fais profession de vérité et si je suis capable de la trahir pour chose quelconque et principalement en celles où vostre honneur peut estre engagé. Avec cette vérité donques je vous diray qu'outre qu'il est homme de bonne condition et fils d'un ambassadeur de France en Hollande[3], bien né, bien nourri et avec toutes les bonnes parties qui servent à faire un homme d'honneur, il a encor cet avantage de n'avoir pas besoin d'employ pour se tirer d'incommodité, et ce principe d'aymer l'action pour la seule amour de la vertu et l'aversion qu'il a à l'oysiveté. Il parle et escrit fort bien sa langue. Il parle et escrit fort bien la latine. Il parle passablement l'italienne. Il a voyagé, outre l'Italie, et la Hollande, où il a esté eslevé, en Allemagne, Suède, Dannemark et Pologne[4] et en a rapporté une médiocre teinture de la langue allemande. Ses voyages ont esté faits avec attention et utilité et il y a peu de choses considérables soit dans l'ordre des Estats du Nord, soit dans leurs intérests qui ayent eschappé à sa curiosité. Il dresse une relation de cette nature aussy bien qu'homme que je connoisse soit en latin, soit en françois. Il a les mœurs très pures, la conversation douce, l'humeur officieuse. Il est respectueux envers ceux qui sont au dessus de luy, sociable avec ses égaux, et humain à ses inférieurs. Il fait profession d'une fidélité inesbranlable et d'un secret impénétrable, se donnant tout entier à quiconque il se donne. Depuis deux ans qu'il est revenu du Nort où il estoit allé avec Mʳ d'Avaux, il

---

[1] Le futur cardinal Mazarin, alors âgé de trente-huit ans, n'alla pas traiter de la paix générale à Cologne : il fut envoyé, quelques mois plus tard, à Chambéry comme ambassadeur extraordinaire, pour réconcilier la duchesse de Savoie avec ses deux beaux-frères. Voir *Histoire du règne de Louis XIII* par le P. Griffet (t. III, p. 298 et 299).

[2] Le secrétaire que Chapelain présente ici est Louis Aubery, seigneur Du Maurier, le plus célèbre des quatre fils de Benjamin Aubery : il naquit à Paris le 24 juillet 1609 et mourut en son château du Maurier, en 1687, ayant abjuré la foi protestante.

[3] Benjamin Aubery représenta la France à la Haye de 1613 à 1624.

[4] C'est ce que nous retrouvons dans *la France protestante* (2ᵉ édition, 1876, t. I, col. 457) : « Lorsqu'il eut terminé l'étude du droit, son père, qui le destinait aux affaires publiques, l'envoya dans diverses cours de l'Europe afin qu'il complétât par ses propres observations les connaissances qu'il pouvait avoir acquises dans les livres. C'est ainsi qu'il visita successivement la Pologne, la Prusse, le Danemark, la Suède, les villes anséatiques, Rome même. On voit aussi par ses Mémoires que l'État des Provinces-Unies et celui de l'Angleterre lui étaient parfaitement connus. »

s'est attaché à Monseigneur et a connu par la bonté de S. Ém°° que ses devoirs ne luy estoient pas importuns et qu'il n'estoit pas fasché de le voir entre ses courtisans volontaires[1]. Mr de Chavigny le connoist. M^{le} comte de Guiche l'ayme. Enfin je luy trouve toutes les conditions qui le peuvent rendre agréable et mesme souhaitable à Mr de Mazarin par dessus moy et par dessus tout autre, ce qui a fait que, pour satisfaire à la promesse que je vous fis, hier, de penser à quelqu'un qui pust remplir dignement cette place, je me suis rabbatu sur luy et l'ay veu afin de luy donner l'envie de songer à un employ si honnorable. Et je vous diray franchement que je n'ay point eu de peine à le luy persuader, estant homme de sens et qui en connoist le mérite, principalement lorsque je luy ay dit que si vous n'aviés point, depuis, jetté la veue sur quelque autre de vos amis, vous luy feriés l'honneur de mesnager cette proposition avec soin, et sans y laisser aller du sien, et que si la chose se concluoit, vous feriés en sorte que Mr Mazarin le considéreroit comme un homme de sa condition et de son mérite. Vos intérets saufs et ceux de vos amis, je vous recommande de tout mon cœur ceux de la personne que je vous propose[2] et demeure, Monsieur, vostre, etc.

A Paris, le 8 may 1640.

Si vous trouvés à propos de monstrer ma lettre à Mr Mazarin, cela sera à la descharge de vostre mémoire. S'il estoit parti devant que vous l'eussiés veu[3], vous pouvés luy escrire un mot et luy envoyer la mesme lettre pour le mesme effet[4].

---

[1] Les auteurs de *la France protestante* disent à ce sujet : «Son désir de marcher sur les traces de son père, lui fit rechercher les bonnes grâces du cardinal de Richelieu, lequel lui promit en effet quelque faveur; mais lassé à la fin de *piquer inutilement les coffres de la Cour et de se repaître de ses vaines fumées*, voyant d'ailleurs *sa fortune enterrée* avec le cardinal, il résolut de se retirer dans ses terres, adoucissant son déplaisir par cette réflexion philosophique que s'il n'avoit rien fait dans le monde, c'était parce qu'il avait tousjours fait profession de droiture et de sincérité, qualités incompatibles avec les défauts de la Cour.»

[2] Tout cet éloge de l'auteur des *Mémoires pour servir à l'histoire de la Hollande* mérite l'attention des biographes.

[3] Mazarin était encore à Paris le jour où Chapelain écrivait ces mots, car le même jour Richelieu rédigea, étant à Nanteuil, un billet «pour M. Mazarini, à Paris», dans lequel nous lisons (*Recueil* de M. Avenel, t. VI, p. 691) : «Le roy envoyant en Italie le s^r Chantelou, commis de Mr de Voyers, pour faire recherche des plus excellents peintres, sculpteurs, architectes et autres fameux artisans, et les faire venir en France, je conjure Monsieur Mazarin de luy vouloir bien donner des lettres pour ses amis de Rome, afin d'assister le dict Chantelou et faciliter l'exécution du commandement que S. M. luy a faict sur ce sujet.»

[4] Le 10 mai 1640, Chapelain (f° 368) écrit au duc de Longueville : «Monseigneur, depuis la nouvelle de la retraite de Banier nous avons tousjours esté dans une appréhension bien grande non seulement pour luy, mais encore pour vous, jugeant qu'il ne se pourroit affoiblir de forces et de réputation que vous n'en ressentissiés le contre coup au lieu où vous estes...» Il raconte ensuite à son protecteur qu'on luy a offert la place de secrétaire d'ambassade : «Le Roy ayant fait venir Mr Mazarin en cette Cour pour se servir de luy en qualité de plénipotentiaire dans le traitté de paix qui se minutte, j'appris il y a quatre jours par une personne qui est du secret que M^r le Cardinal et mondit sieur de Mazarin avoient jeté les yeux sur moy pour secrétaire de cette célèbre Ambassade et que, sur ce que cette personne avoit représenté a mondit s^r Mazarin que malaisément je m'y résoudrois, à cause de l'engagement que j'avois à vostre service, il luy respondit qu'il n'y avoit rien d'incompatible à cela, que ce n'estoit qu'une affaire de six mois au plus et que s'agis-

CCCXCIX.

À M. DE BALZAC,

À BALZAC.

Monsieur, quoy que vous vouliés dire, la gloire est douce à celuy qui l'a méritée[1], et il n'y a que les larrons d'honneur et les plagiaires à qui cette insensibilité que vous vous attribués peut estre bien séante. Tant qu'un homme fera ce que vous faittes, il sera injuste envers sa propre vertu s'il ne reçoit avec plaisir la reconnoissance volontaire que le monde luy en donne. J'ay quelquesfois cherché quel estoit le devoir du sage en matière de louange et je pense avoir rencontré le vray lorsque je me suis résolu que le tempérament qu'il y pouvoit apporter estoit de ne point faire les bonnes actions par le motif de la gloire, comme faisoit le *Vesanus juvenis* qui le premier a eu le surnom de Grand[2], mais d'estre bien ayse que, les ayant faittes pour elles seules, elles eussent produit ce beau fruit qui leur est si naturel que, pour l'ordinaire, il est la marque de leur bonté.

Jouissés sans scrupule, Monsieur, de ce beau fruit de quelque part qu'on vous l'envoye, mais goustés le principalement lorsqu'il vous viendra de l'hostel de R[ambouillet], parce que c'est la meilleure terre de la terre et qui rend le meilleur conte de ce qu'on y sème de bon. Cependant j'apprens avec beaucoup de consolation que le canal par où ces applaudissemens passent jusques à vous les rend encore plus agréables à vos oreilles que s'ils vous estoient portés par ailleurs[3] et, en cela, j'exerce un grand acte de foy de vous en croire ainsy à vostre simple parole, ayant tant de raisons d'ailleurs pour me le dissuader si vostre parole seule ne balançoit pas dans mon esprit toutes les raisons qui se présentent au contraire. Vous pouvés bien vous imaginer que je ne discontinueray pas volontiers un commerce qui m'est si avantageux et que vous me tesmoignés qui vous est si agréable, tant que je verray que vous y trouverés de la douceur et du divertissement.

Je ne me souvenois plus d'avoir veu Florent Chrestien dans M⁰ de Sainte-Marthe, quoyque ce soit le lieu où il est tiré le plus au naturel, et l'idée confuse d'une lecture de vingt ans dans M⁰ de Thou m'en estoit demeurée qui m'avoit fait vous escrire que

---

sant du service du Roy, auquel tout autre devoit céder, il me le feroit plustost commander par Son Éminence. » Chapelain annonce au duc de Longueville qu'il a refusé le secrétariat et luy demande ses ordres pour le cas où l'on reviendrait à la charge. Il lui communique les nouvelles suivantes : « Il y a six jours que nous eusmes nouvelles par un courier de M⁰ de Savoye que M⁰ le Conte de Harcourt avoit secouru Cazal, tué deux mille hommes aux assiégeans, forcé leurs retranchemens et pris quatre canons... Les pluies continuelles ont rompu tellement tous les chemins sur nostre frontière de Picardie et de Champagne qu'il n'a pas esté possible de faire avancer le canon, et ainsi les siéges résolus ne sont pas encore commencés. Le Roy marche avec son armée et Son Éminence est à Soissons... »

[1] Balzac (p. 854) avait dit (lettre XVII du livre XXII, déjà cité) : « Je suis sourd depuis quelque temps au bruit des applaudissements, et dur aux aiguillons de la gloire; mais je suis tousjours sensible aux effets de l'amitié, et c'est elle qui me rend précieuses des choses qui de soy me seroient très indifférentes. » Il reparle de la gloire dans la lettre XIX du même livre (p. 855).

[2] Alexandre le Grand. Chapelain fait allusion à ces vers de Juvénal (sat. X, vers. 170 et 171) :
Unus Pellæo juveni non sufficit orbis;
Æstuat infelix augusto limite mundi.

[3] Balzac (p. 854) avait ainsi parlé des louanges de Chapelain : « Je ne m'en soule jamais, *tam gratum est a te laudari*. Et tout le goust que je trouve à celles des autres, vient de l'assaisonnement que vous y mettez. »

je pensois que vous l'eussiés copié de là. Voicy les termes dont ce grand historien parle de luy, après sept ou huit lignes de sa naissance et de son érudition : « Interdum mordacior ita tamen ut non tam sensum doloris in eorum ingeniis quos mordebat quam stimulum ad se ab iisdem amandum relinqueret. Itaque Petrus Ronsardus qui poeticam nostra ætate ad summum culmen evexit et Vidus Faber Pibracius a me tam sæpe honorifice appellatus postquam a Florente aculeate pertricti sunt ab eodem amari et laudari in magna gloria parte duxerunt[1]. »

Vous croyés par ce que Mr de Thou dit là de Ronsard que j'ay peu sérieusement et avec authorité luy donner le titre de grand. Mais pour m'expliquer en quoy je croy qu'il le mérite, il faudroit plus de loysir que je n'en ay cette fois cy. En gros, je vous puis dire que nous n'aurons point de querelle sur ce sujet ensemble.

L'affaire des pensions seroit, il y a longtemps, une affaires ruinée, si nostre amy[2] estoit fait comme les autres hommes, c'est à dire qu'il eust moins d'affection et plus de circonspection. Au dernier voyage qu'il a fait à Royaumont[3] depuis le partement de nos puissances, il prit le temps de la bonne nouvelle de Cazal[4] et retourna à la charge si heureusement qu'il obtint une demie asseurance de la recommandation seule efficace pour le payement. Il en attend le billet de jour en jour, mais je suis d'avis que nous ne l'attendions que de bonne sorte. Je luy feray voir l'endroit de vostre lettre qui le regarde et je m'asseure que je luy en feray jetter quelques larmes de tendresse[5]. Il est revenu pour ne voir la Cour qu'au retour de la campagne et, s'il est payé de sa pension, il fera un voyage à Bourbon pour essayer de guérir de sa langueur.

Je feray la diligence du Père Mersenne[6] pour Mr Descartes[7] qu'on m'a dit que le milord Digby avoit attiré en Angleterre[8] où il imprimera sa Phisique[9]. Mr Bouchard sçaura que vous avés sceu son ressentiment par tant de belles choses que vous luy avés envoyées. Il n'est encore bénéficier ni cis-

---

[1] Lib. CXVII, à l'année 1596.

[2] L'abbé de Boisrobert.

[3] L'abbaye de Royaumont était située dans la commune actuelle d'Asnière-sur-Oise, département de Seine-et-Oise, canton de Luzarches, arrondissement de Pontoise, à 48 kilomètres de Versailles. Nous voyons par diverses lettres à M. de Chavigny (*Recueil* de M. Avenel, t. VI, p. 687, 689, 690) que le cardinal de Richelieu était à Reaumont (*sic*) le 3 mai 1640, le 4 mai et le 5 mai.

[4] La brillante affaire de Casal, où le comte d'Harcourt fut si vaillamment secondé par le vicomte de Turenne, est du 29 avril 1640.

[5] Nous avons déjà cité dans une note le passage que Chapelain jugeait capable de tant attendrir l'abbé de Boisrobert.

[6] Le P. Marin Mersenne, religieux minime, né le 8 septembre 1588, près d'Oizé (Maine), mourut à Paris le 1er septembre 1648. On sait que ce géomètre et ce philosophe fut le constant ami et le ferme défenseur de Descartes.

[7] Il a été déjà question de l'éminent philosophe dans la lettre CVII et dans une des notes de cette lettre.

[8] K. Digby, né à Londres en 1603, mourut dans la même ville en 1665. Il avait connu Descartes en France, mais on avait trompé Chapelain quand on lui avait dit qu'il avait attiré en Angleterre son illustre ami. En 1640 Descartes ne quitta pas la Hollande.

[9] Aucun des ouvrages de Descartes ne porte le titre de *Physique*. Peut-être Chapelain a-t-il voulu parler de la Métaphysique, qui parut l'année suivante, sous ce titre : *Meditationes de prima philosophia, ubi de Dei existentia et animæ immortalitate*, etc. (Paris, 1641, in-8°) ; ouvrage traduit quelques années plus tard, par le duc de Luynes, sous ce titre : *Les méditations métaphysiques de René Descartes* (Paris, 1647, in-4°).

montin[1] ni transmontin[2] dont il luy fasche plus qu'à personne du monde. Je suis tout troublé d'une fantaisie qui a pris à Mʳ Mazarin de me vouloir avoir pour secrétaire de sa Plénipotentiairerie[3] sans me connoistre et sans sçavoir si je le voulois ou le pouvois et, ce qui m'embarasse, c'est qu'il me menace de me le faire commander par Mʳ le Cardinal, qui seroit pour moy une extrémité estrange. J'ay conjuré cette tempeste d'abord du mieux que j'ay peu, mais je crains que ma conjuration ne l'appaise point et qu'elle ne me cause la guerre sous prétexte de m'employer à faire la paix. L'employ sera glorieux et utile à qui l'aura, mais pour moy il ne me seroit que mortel et romproit le cou à la Pucelle.

Je me recommande à Dieu pour cela et demeure, quoy qu'il arrive, Monsieur, vostre, etc.

De Paris, ce 13 may 1640[4].

CCCC.
À M. DE VOITURE.

Monsieur, mon homme vous porte un livre dont Mʳ de La Mothe m'a chargé pour vous. C'est un présent qu'il vous fait en qualité d'académicien[5]. Par là vous voyés qu'encore que vous ne puissiés rien apprendre n'ay que faire de vous en représenter l'importance, la connoissant tout autrement que moy, puisque vous estiés dans la place lorsqu'elle fut secourue si glorieusement il y a dix ans. Un des fruits sera sans doute que vous n'aurés, de cette année, aucun embarras de cette armée du Tirol qui se fust sans doute formée vers le haut de l'esté... Au reste il n'y a pas un des six sonnets qui n'ait ses beautés et ses grâces, quoyque d'ailleurs aussy il y ait des lieux qui pourroient estre mieux. Nous les reverrons, cet hyver, ensemble et je vous marqueray du doigt en trois mots ce que je souhaite pour leur perfection. Cependant continués cet innocent exercice et polissés l'Allemagne par vos divertissemens... Vous m'avés ravy d'estre monté sur vos grans chevaux en me mandant ce qu'il vous semble du caractère élégiaque de Mʳ de la Menardière, à quoy je ne vous diray autre chose sinon que c'est un fanfaron de lettres et [en] un mot des baron de Fœneste de grande bave et de peu d'effet. Il faut que par le premier ordinaire Mʳ Conrard vous envoye la copie d'un sage jugement que luy en a fait un de ses amis [Amyraut] afin que vous ayés le plaisir de voir confirmer le vostre... Je suis en peine de Mʳ le duc de Longueville que la retraitte de Bannier met en extrême péril. »

---

[1] « Bénéficier de ce côté-ci des monts. » M. Littré ne cite aucun exemple sous ce mot, qu'il écrit *cismontain* (*Dictionnaire de la langue française*).

[2] « Bénéficier de l'autre côté des monts, » synonyme d'« ultramontain ». M. Littré a trouvé le mot *transmontain* dans une satire de 1625.

[3] *Plénipotentiairerie* ne se trouve nulle part. Il semble que ce mot si long et si dur ait fait peur à tout le monde. Mais Chapelain, nous l'avons déjà souvent constaté, ne redoutait pas ce qu'Horace appelle si plaisamment *sesquipedalia verba*. Rappelons ici que le mot *plénipotentiaire* était, à l'époque où nous reporte la présente lettre, d'introduction récente dans la langue, et M. Littré ne l'a rencontré dans aucun ouvrage antérieur au *Discours à la Régente* de Balzac, discours qui est de 1643.

[4] Le lendemain, Chapelain accuse réception au marquis de Montauzier (f° 371, v°) des lettres qui lui ont été remises par Mʳ de la Perche : « Je ne vous diray point avec quelle joye j'ay veu un homme qui vous ayme presques autant que je fais... Cependant je vous diray que nous avons eu une grande victoire à Cazal, ayant forcé les retranchemens des ennemis et desfait l'armée espagnolle, qui estoit de plus d'un tiers que la nostre. Je ne sçay si la relation en sera publiée assés à temps pour l'enfermer dans ce paquet. L'action est des plus déterminées et des plus mémorables qui se soient faites de mémoire d'hommes, et je

[5] C'était probablement le livre dont il a été déjà question, *De l'instruction de M. le Dauphin* (Paris, in-4°, 1640). M. Livet a reproduit le

à l'Académie, vous ne laissés pas d'y pouvoir profiter et, de la sorte que je vois que l'on vous y estime, si vous y rendiés un peu plus de sujétion[1], non seulement ou vous y donneroit tous les jours des livres, mais je croy que l'on en feroit en vostre honneur.

En récompense de ce petit office, je vous en demande un autre que je tiendray pour bien grand. Vous me promistes de faire voir Mr de Cumont[2] pour mon procès, lorsque je vous monstray la liste de mes juges. L'affaire s'en va bientost sur le bureau[3] et, dans la semaine qui vient, je pourray avoir besoin qu'on le voye. Faittes en, s'il vous plaist, un article de vostre Agenda[4] et instruisés si bien les personnes que vous voulés employer à cette sollicitation, qu'elles croyent force bien de moy et qu'elles en disent encore da-

vantage. Je verray bien si vous avés bonne mémoire, je ne dis pas si vous avés de l'affection, car il me semble que je la voy et je n'en sçaurois avoir plus d'asseurance.

Je vous donne le bonjour et suis, Monsieur, vostre, etc.

Le mercredy à midy 15 may 1640.

CCCCI.

À M. D'ABLANCOURT.

Vous estes bien fascheux d'abandonner ainsy, je ne dis pas seulement l'Académie dont vous estes un si ferme pilier, mais encore vos amis particuliers dans le fort de leurs affaires. Il faut avoir de l'affection de reste pour vous pardonner ces duretés là. Je vous les pardonne cependant pourveu que, devant que de partir[5], vous voyés ces trois

---

premier paragraphe de cette lettre (*Histoire de l'Académie française*, t. I, pièces justificatives, p. 385).

[1]. Voiture, insouciant et léger, négligeait fort, parait-il, ses devoirs d'académicien. Les reproches de son exact et zélé confrère sont bien délicatement glissés sous d'aimables compliments.

[2] Tallemant des Réaux (t. I, p. 260) parle d'un Mr de Cumont, «le conseiller, homme d'esprit, qui de tout temps estoit le galant de Mme de Langherac [la troisième femme du maréchal de La Force],» et «qui estoit si avare, qu'il est mort dans son pourpoint, faute d'une chemisette.» M. P. Paris nous apprend (t. VI, p. 490) que cet Abimélech de Cumont était fils de René de Cumont, comme lui conseiller au Parlement. Le savant commentateur rappelle aussi (t. I, p. 268) qu'il fut un des trois conseillers que Mme de Guise, chargée, en 1654, d'accommoder Monsieur avec sa fille Mademoiselle, proposa pour arbitre des prétentions respectives, et il cite l'éloge qu'en fait Mademoiselle dans ses *Mémoires*: «C'estoit un homme de beaucoup d'esprit et de mérite, fort éclairé dans sa profession...» M. Chéruel, qui avait oublié de consulter les *Historiettes*, n'a pas donné le plus petit renseignement sur M. de Cu-

mont (*Mémoires de Mlle de Montpensier*, t. II, 1858, p. 342).

[3] M. Littré emprunte à un document du XVIe siècle (*Mémoires de Condé*) cette phrase: «Le procès est sur le bureau,» et à un poëte du XVe siècle, Guillaume Coquillart, cette autre phrase: «les pièces dessus le bureau.» On lit dans le *Dictionnaire de Trévoux*: «*Bureau*... C'est aussi la table sur laquelle le rapporteur met les pièces d'un procès qu'il rapporte. Et c'est en ce sens qu'on dit qu'il est au bureau, qu'il a mis un procès sur le bureau...»

[4] M. Littré n'a cité, sous le mot *agenda*, que le *Turcaret* de Le Sage. Dans le *Dictionnaire de Trévoux* on avait cité ce vers de La Fontaine:

Attendez que je voie un peu notre agenda.

[5] Perrot partait pour la campagne, probablement pour la terre dont il portait le nom. On sait qu'aujourd'hui Ablancourt est toute une petite commune du département de la Marne, dans le canton de Vitry, à 14 kilomètres de Châlons. Tallemant des Réaux (t. V, p. 25) dit du sieur d'Ablancourt: «Il s'est acoquiné à la province, et il ne vient presque plus icy que quand il a un livre à faire imprimer.»

messieurs de Cumont, de La Nauve et de Canaye[1] de la bonne sorte, je veux dire que vous leur faciés croire ce que vous croyés de moy, particulièrement sur la probité et intégrité. Celuy qui a rendu Cicéron éloquent en nostre langue et luy a fait gaigner toutes les causes qu'il a voulu[2], me fera sans doute gaigner la mienne, s'il employe cette mesme langue éloquente en ma faveur. Faittes le donc avec d'autant plus d'efficace que vous avés la justice et la vérité de vostre costé et par cet office puissant adoucissés moy l'amertume que vous m'avés laissée en l'âme par cette si pronte résolution de partir de Paris. Je vous enyoye le nombre de placets que vous m'avés demandé tant pour vos conseillers que pour ceux que vous vous faittes fort de faire solliciter par Mr le président Perot[3]. Mais au cas que vous l'engagiés à me rendre cet office charitable, tesmoignés luy, s'il vous plaist, que mon ressentiment en sera d'autant plus grand que je l'ay moins mérité de luy et l'asseurés qu'il aura en moy à l'avenir un serviteur bien zelé et bien fidelle. S'il se donne cette peine, obtenés de sa bonté que ce soit avec chaleur et comme d'une chose qu'il affectionne. Car vous sçavés ce que c'est des ordinaires recommandations. Il suffira que ce soit la semaine qui vient et sans s'incommoder.

Je vous baise les mains de tout mon cœur et vous embrasse de la pensée en vous disant à Dieu.

Mercredy à midy, 15 may 1640[4].

---

[1] Nous connaissons déjà MM. de Cumont et de la Nauve. Quant à Jacques de Canaye, il est mentionné dans les *Portraits des membres du Parlement*. On retrouve encore son nom parmi les parlementaires frondeurs, à côté de celui de Cumont, dans un pamphlet de 1652 : *L'esprit de guerre des Parisiens*. Voir *Bibliographie des Mazarinades*, par M. C. Moreau (t. I, p. 372).

[2] Perrot d'Ablancourt avait traduit les discours pour Quintius, pour la loi Manilia, pour Ligarius et pour Marcellus, dans le recueil intitulé : *Huit oraisons de Cicéron* (Paris, in-4°, 1638).

[3] C'était Jean Perrot, sieur de Fercourt, président aux enquêtes, cousin germain de Perrot d'Ablancourt. Patru, auteur d'une notice sur son intime ami d'Ablancourt, rappelle que la famille des Perrot est ancienne dans le Parlement et alliée à tout ce qu'il y a de plus illustre dans la robe. Voir, tant sur la famille que sur le président Perrot, les premières pages de l'étude M. R. Kerviler : *Nicolas Perrot d'Ablancourt* (Paris, 1877, gr. in-8°).

[4] Cette lettre a été imprimée par M. R. Kerviler dans l'étude que je viens de citer (p. 36 et 37). — Chapelain, le 19 mai, écrivait au duc de Longueville (f° 376) : « Les nouvelles d'hier [c'est à dire reçues hier] du 13 may, escrites par le Conte du Plessis-Praslin, sont que la résolution ayant esté prise d'assiéger Thurin avec l'avant-garde qu'il commandoit, il attaqua le pont et le faux bourg de Po et, après un combat opiniastre, le força, les six cens hommes qui le gardoient ayant esté tous ou tués ou prisonniers, et qu'en mesme temps le reste de l'armée avoit attaqué les dehors, du costé opposite, et les avoit emportés, si bien que la ville est maintenant assiégée et de si près qu'il y a grande apparence de la prendre, ayant la citadelle pour nous. On parle fort d'une ligue achevée de conclurre entre le Pape et les Vénitiens pour la conservation de la liberté de l'Italie... Du costé de Hainaut nous attaquons par un siége formé Charlemont, et le Prince d'Orange, à ce qu'on mande, est desja descendu à la Philippine, et quant à ce qu'on a dit que les Anglois avoient fourny 4 ou 5000 hommes au Cardinal Infant, nous sçavons certainement que cela est faux et que le Roy d'Angleterre a besoin de toutes ses forces contre l'Escosse qui est toute en armes... Les mauvais temps qui ont continué plus d'un mois ont travaillé l'armée, Mr le Grand Maistre, et ont ruiné son équipage; elle ne laisse pas d'agir vertement. Nous n'avons rien encore de nostre armée navale qui devoit estre à présent à la mer. Par ma précédente, Monseigneur, je vous escrivis le trouble où m'avoit mis la proposition qui me fut faitte de la part de Mr Mazarin comme se fai-

CCCCII.

A M. DE BALZAC,

À BALZAC.

Monsieur, je m'abandonneray donc à la verve philosophique toutes les fois qu'elle me prendra, puisqu'elle vous divertit et que ses transports ne vous passent pas pour disparates[1]. Mais, pour ce coup, son taon ne m'a point piqué[2] et sans m'eslever à la contemplation, je ne traitteray avec vous par extraordinaire que *de agibilibus* et des nouvelles individuelles.

Le seigneur Tubero aspire, dit-on, à l'instruction vocale aussi bien que littérale de nostre jeune prince pour faire le Plutarque dans cette Cour[3]. Néantmoins il est fort réservé sur cette matière et je croy qu'on tient cette chose plustost de quelque devin ou de quelque faiseur de conjectures que de sa propre confession. Je voudrois de tout mon cœur qu'il occupast cette place et que son ambition desguisée eust cette satisfaction, car en effet je voy peu de gens qui ayent plus de parties nécessaires à cet employ, et, s'il manque de quelques unes, il n'est pas de merveille[4] qu'un homme ne soit pas tout parfait. Avec tout cela je vous puis dire quoy que par pure divination que son désir sera vain et qu'il aura tiré son coup à faux, s'il est vray qu'il ait eu cette visée. Vous serés estonné quand, quelque jour, je vous diray le nom d'une personne de vos amis qui craint ce que cet autre désire et qui fait autant de diligence pour destourner de soy cet honneur que l'autre en fait pour en appro-

---

sant fort de la volonté de M^r le Cardinal pour aller servir de secrétaire de l'Ambassade extraordinaire et plénipotentiaire auprès de luy à Cologne dans la négociation de la paix. Je vous escrivis aussy que j'espérois que le refus que j'avois fait... auroit opéré qu'on ne m'en parleroit plus, et que M^r le Cardinal ne me feroit point faire par le Roy un commandement si contraire à mon inclination et à mon devoir...» Chapelain termine sa lettre en suppliant le duc de Longueville de lui faire connaître ses intentions à ce sujet.

[1] On lit dans le *Dictionnaire* de Richelet : « Quelques-uns se servent de ce mot, quoique espagnol, pour signifier des choses dites à contretemps.» Les auteurs du *Dictionnaire de Trévoux* disent: « Terme que nous avons pris des Espagnols, pour signifier écart, inégalité dans la conduite, dans le discours, dans la pensée...» M. Littré n'a trouvé le mot que dans des pages écrites après 1640, dans les lettres de Mme de Sévigné, de Mme de Maintenon, dans les *Mémoires* de Saint-Simon. Le dictionnaire de Trévoux cite une phrase du docte Huet sur la dureté et les *disparates* de Properce.

[2] Malherbe a employé cette métaphore (*Œuvres complètes*, édition de M. Lud. Lalanne, t. I, p. 319):

Et le taon des guerres civiles
Piqua les âmes des méchants.

[3] Citons ce passage de l'*Histoire de l'Académie française* (t. II, p. 120) : « Quand il fut question de donner un précepteur au Roi (c'est du savant Naudé que nous apprenons ceci, et je me sers de ses propres termes), on jeta premièrement les yeux sur M. de La Mothe-le-Vayer, comme sur celui que le cardinal de Richelieu avoit destiné à cette charge, tant à cause du beau livre qu'il avoit fait sur l'éducation de M. le Dauphin, qu'eu égard à la réputation qu'il s'étoit acquise, par beaucoup d'autres compositions françoises, d'estre le Plutarque de la France; mais la Reine ayant pris résolution de ne donner cet employ à aucun homme qui fût marié, il fallut par nécessité songer à un autre.» L'abbé d'Olivet ajoute (en note) que ceci est tiré du *Dialogue de Mascurat* (p. 375).

[4] Descartes a dit dans les *Mondes* : « Ce n'est pas merveille, s'il faut une force assez sensible...» M. Littré, qui cite cette phrase, qui cite aussi les expressions: *Ce n'est pas merveille de*, *Ce n'est pas merveille que*, ne semble pas avoir connu la forme : *Il n'est pas de merveille que*.

cher[1]. Et peut estre l'avés vous desja deviné par cette circonstance qui est de la fine et solide philosophie dont vous ne connoissés guere de gens qui facent vraye profession comme luy.

Le livre que je vous ay envoyé est une enfilade de lieux communs[2] et les trois derniers articles de l'astrologie, magie et chimie[3] le sont tellement qu'ils en scandalisent tout le monde. Les anciens ne tomboient point dans ces crudités là et assaisonnoient les viandes qu'ils avoient prises hors de chés eux de tant de délicats ingrédiens que le goust mesconnoissoit leur origine et les prenoit pour choses propres à ceux qui les apprestoient. Puisque vous avés dessein sur les mesmes matières, gardés vous bien de vous en rebutter pour cela.

Vous sçavés que les sujets sont *in medio posita* et de tout le monde et que la louange de l'ouvrier est dans l'art et non pas dans les matériaux. Souvenés vous du vostre à mettre les pierreries en œuvre et croyés certainement que, pour avoir manié celles cy, cet artisan ne se les est pas rendu propres et n'a point occupé la gloire que vous y prétendiés.

Je feray voir à M. l'abbé de La Victoire vostre exultation[4] sur nostre naissante amitié[5]. Je sçay qu'elle luy passera pour un tesmoignage grand de celle que vous avés pour son mérite. Il verra aussy mon éloge dans la recommandation que vous faittes de mon procès à M. vostre cousin[6], mais ce sera après luy avoir monstré l'ordre que vous m'en donnés si exprès.

---

[1] On a généralement ignoré que Chapelain avait été désigné, un moment, pour faire l'éducation de Louis XIV. Ce que l'on sait mieux, c'est qu'il fut, plus tard, question de lui pour l'éducation du fils aîné de ce prince. C'est l'historien de l'Académie française qui nous l'apprend en ces termes (t. II, p. 137) : «Je parle d'une vertu rare : en voici un trait, dont je fournirai la preuve à qui voudra. Dès que M. le duc de Montauzier fut nommé gouverneur de M. le Dauphin, il jeta les yeux sur M. Chapelain pour la place de précepteur, et même obtint l'agrément du Roi, avant que d'en avoir parlé à M. Chapelain. Qu'arrive-t-il? Que M. Chapelain résiste à M. de Montauzier, et refuse obstinément ce glorieux emploi, alléguant que son grand âge le rendoit trop sérieux, trop infirme, pour qu'il pût se flatter d'être agréable à un prince encore si jeune. Faut-il d'autres marques d'un parfait désintéressement?» Balzac (lettre XIX du livre XXII, faussement datée du 15 juillet 1641, car elle est de plus d'une année antérieure à cette date) répondait ainsi à ce que lui écrivait son ami : «Je ne pense pas que celuy sur qui on jette les yeux pour l'instruction du Prince, soit un autre que celuy qu'on voudroit employer pour la négociation de la paix. Ce sont des pensées qui ne luy font point de tort, et cette destination qui le juge digne de choses si hautes et si importantes, ne luy doit pas estre désagréable, quoyqu'il n'ait pas dessein d'aider à la faire réussir. En cela, Monsieur, mes sentiments seront tousjours conformes aux siens; et soit qu'il aille à Cologne, soit qu'on le loge au Palais-Royal, soit qu'il tienne bon dans son cabinet, je croiray qu'il ne se peut mieux faire que ce qu'il aura fait.»

[2] Le livre déjà mentionné de La Mothe le Vayer : *De l'instruction de M. le Dauphin*.

[3] Dans l'édition des Œuvres de François de La Mothe le Vayer (Dresde, 1759), voir les pages 254-327 du tome Ier pour l'*Astrologie judiciaire*, les pages 327-353 pour la *Chymie*, les pages 353-379 pour la *Magie*.

[4] Ce mot n'est dans aucun de nos dictionnaires vieux ou nouveaux. Chapelain l'a tiré du latin *exsultatio* qu'il avait surtout trouvé dans Sénèque, auteur qu'il lisait beaucoup.

[5] La joie excessive, l'*exultation* de Balzac venait de se manifester dans une lettre déjà citée (n° XVIII du livre XXII) : «Que j'ay leu de bon cœur l'article de vostre lettre, où vous me parlez de Monsieur l'abbé de La Victoire, et que je me resjouis de cette société renouvellée!...»

[6] M. de la Nauve, souvent nommé déjà.

L'homme à qui en veut Thubero (sic) touchant le roy de Suède est nostre amy Mʳ Silhon qui a dit quelque chose de ce prince dans sa préface sur le livre de Mʳ de Rohan[1] qui pouvoit estre interprété à témérité ou à précipitation. Mais ça esté bien plus modestement que l'instructeur n'a voulu faire croire et je vous diray bien qu'il en est demeuré quelque petite amertume sur le cœur à l'accusé.

Le vœu du Roy ne se voira, comme je croy, qu'avec la seconde partie des œuvres chrestiennes de nostre double evesque[2], et, pour les Horaces, les comédiens qui ne les ont encore représentés que trois fois au peuple[3] et qui en sont les maistres parce qu'ils les ont payés, ne souffriront pas qu'on les imprime sitost et ainsy Mˡˡᵉ vostre niepce sera encore quelque temps sans en pouvoir estre divertie[4]. Mais qu'elle se console sur ce que ce n'est pas le *Cid*.

J'ay veu tout ce que vous mande Mʳ Bonair et tout ce que vous luy mandés. Je souhaitte plus que luy que vous soyés payé d'une pention si légitime, mais je ne l'espère pas tant, et quoyqu'il n'y ait rien de nouveau qui m'en face douter, j'en doute néantmoins et vous conseille de la mettre au catalogue *de futuris contingentibus*. Si la chose a bon succès, je m'offre pour gardien fidelle, encore que ce soit un soin que je ne suis capable de prendre avec joye que pour vous.

Mʳ Silhon sçaura vostre souvenir et Mʳ d'Ablancourt vostre estime. Le dernier est allé en Champagne porter à Mʳ le Cardinal son Tibère qu'il luy dédie[5]. Après le présent fait, je croy que nous en aurons et que ce sera par mes mains que passera le vostre. Mʳ de La Chambre a veu toute la tirade de vostre lettre sur son livre[6] et en a pris volontiers la copie que je luy avois préparée. Le Père Mersene vous baise fort les mains et m'a asseuré que Mʳ Descartes a

---

[1] Silhon, dans la Préface du *Parfait capitaine* (Paris, Aug. Courbé, 1638, in-4°), avait sévèrement blâmé «l'extrémité de vaillance» du feu roi de Suède. Voici un extrait des deux pages (non numérotées) où Silhon condamne, tout en l'admirant, la trop bouillante ardeur de Gustave-Adolphe: «La précipitation dont il usa à Lutzen, où il n'avoit besoin que d'un peu de patience pour vaincre, est inexcusable, et il n'y a pas lieu de colorer ny de défendre son procédé, d'avoir sans nécessité mis en hazard avec sa personne tout le fruit de ses peines passées, et toutes les espérances de sa future grandeur..... Encore Gaston de Foix est-il moins à blasmer, pour s'estre précipité en un péril manifeste, à la journée de Ravenne, et pour avoir souillé par sa mort le gain de cette bataille. Car outre qu'il se trouvoit alors en la fleur de sa jeunesse, où l'impétuosité et la violence sont plus pardonnables, qu'en un âge plus meur et plus avancé, la mort de ce prince fut plustost l'effet d'un soudain mouvement de courage, et d'une surprise de jugement, que le fruit d'une témérité préméditée, comme la mort du Roy de Suède.»

[2] Godeau, évêque de Grasse et de Vence.

[3] Ce renseignement sur les trois représentations d'*Horace* qui avaient été données avant le 19 mai 1640 a échappé à l'attention de M. Taschereau et à celle de tous les autres historiens de Corneille.

[4] Marie de Campaigno, fille de François Patras de Campaigno et d'Anne Guez, venait de se marier (février 1640) avec Bernard de Forgues, seigneur de Neuillac, maréchal des camps et armées du Roi. Voir sur cette nièce de Balzac une note des *Mélanges historiques* de 1873, p. 408, et divers renseignements dans les pages 508, 748, 807, 822 du même recueil.

[5] C'est-à-dire le premier volume de sa traduction des *Annales* de Tacite (Paris, 1640, in-8°). — Le cardinal de Richelieu était à Soissons le 18 et le 19 mai 1640 (*Recueil* de M. Avenel, t. VI, p. 691-694).

[6] La lettre déjà citée qui, dans l'in-folio de

receu vostre lettre. Il m'a confirmé ce que l'on m'avoit dit que les Anglois nous ravissoient cet excellent homme[1].

M. L'Huillier ne me voit point sans que vous faciés la plus agréable part de nostre entretien. M. de La Thibaudière m'a fait l'honneur de me visiter, où il fust tousjours parlé de vous et de M. Coustard duquel je voy qu'il est passionné, et certes c'est un esprit non commun et qui seroit bon, s'il estoit bon[2].

J'ay léu à M° la marquise de Rambouillet ce que vous promettés de dire de Fabius Maximus, son parent, et des Decies, Brutes[3], etc., qui, tout au moins, luy touchent par alliance. Elle a esté ravie de la promesse, mais elle le sera bien plus de l'effet qu'elle craint qu'il ne vienne que lorsqu'elle n'y sera plus. Elle est vostre admiratrice et vostre partisane[4] et moy, je suis, Monsieur, vostre, etc.

De Paris, ce 19 may 1640.

CCCCIII.

À M. LE MARQUIS DE MONTAUZIER,
EN ALLEMAGNE.

Monsieur, par la response que je receus du bon Epestein en luy envoyant nostre dernière despesche pour vous, je reconnus que vous l'aviés embarassé par les nouveaux ordres que vous luy donniés de vous faire tenir vos paquets par Nancy, pour ce qu'il n'a point de correspondance en cette ville là, et qu'il craint qu'en les envoyant par cette voye, ils ne courussent fortune de se perdre. Si M. de la Perche eust peu demeurer un peu davantage à Paris et conférer de cette affaire avec le bon homme, nous eussions pris nos mesures pour cela et eussions réglé ce nouveau commerce. A faute de cela, nous avons continué comme auparavant par Basle, la voye estant seure, quoy que longue; s'il revient bientost, nous résoudrons promptement ce qu'il faudra faire et vous en donnerons avis.

Pour nouvelles, je suis dans le fort de ma sollicitation et vous puis jurer qu'elle me couste plus que ne fera la perte de mon procès si mes juges sont ignorans ou injustes. Toutes nos illustres s'en remuent le plus obligeamment du monde et l'une d'entre elles, qui tient la première place dans vostre estime[5], à donner le bransle à tout le bel hostel de Condé en ma faveur. Quand vous luy escrirés, je vous prie de luy marquer que je vous l'ay mandé avec res-

---

1665 (p. 853), porte la fausse date du 15 juin 1641.

[1] Malgré la confirmation faite par le P. Mersenne de ce qui avait été dit du départ de Descartes pour l'Angleterre, le philosophe ne quitta pas la Hollande, comme nous l'avons déjà rappelé.

[2] C'est-à-dire si l'homme lui-même était bon, si, en d'autres termes, son cœur valait son esprit.

[3] Balzac avait dit (lettre XVI du livre XXII, p. 853): «Pour moy, je voudrois bien dire quelque chose à nostre héroïne, sur le subjet des Brutes, des Scevoles, des Camilles, des Fabrices, des Scipions, des Catons, des Cesars et des Mecœnes. Mais pour cela il faut plus de gayeté que je n'en ay; et si vous ne priez vostre Dieu de l'esprit et de la lumière de dissiper les nuages de mon âme, tout y est triste et noir au delà de ce qui se peut imaginer.»

[4] Le mot *partisane*, qui a été signalé par M. Littré, pour le xv° siècle, dans les *Mémoires* de Philippe de Commynes, et pour le xvi° siècle, dans l'*Histoire universelle* de d'Aubigné, n'a été aperçu par lui dans aucun écrivain du grand siècle. Il s'est cru obligé de descendre jusqu'au milieu du xviii° siècle pour trouver le mot *partisane* dans une lettre de Voltaire, mais les auteurs du *Dictionnaire de Trévoux* ont cité l'emploi de *partisane* dans une lettre de 1634, citation suivie de cette observation : «Ce mot, hazardé par quelques écrivains, n'a pas fait fortune.»

[5] M* de Rambouillet.

sentiment extrême et vous ne luy dirés rien que de vray.

Avec cette vexation d'esprit croyés vous que l'on puisse songer à rien de raisonnable et ne craignés vous pas que dans ce que je feray après l'arrest, il ne se coule beaucoup de mots barbares et de pensées qui sentent le chicaneux[1]?

On a fait un factum de l'affaire de M⁽ᵉ⁾ de Croisilles que je croy que Mlle Paulet vous envoyera. Un de mes amis qui est intelligent m'a dit qu'il estoit fort bien fait et qu'il portoit sa créance à sa justification entière. Je le verray entre cy et huit jours et vous en manderay mon sentiment[2]. Quelqu'un me dit hier que celuy qui le chargeoit s'estoit absenté et retiré en Angleterre[3] et que les dépositions des tesmoins sont toutes pleines de contradictions. Dieu vueille qu'il en sorte à son honneur!

M⁽ʳ⁾ le marquis de Pisani part, après demain, pour l'armée de M⁽ʳ⁾ le G[rand] M[aistre][4]. Il m'a dit ce jourdhuy que sa trouppe est si grande et si considérable par la qualité des personnes qui la composent qu'elle pourra passer pour un renfort à l'armée. Ils sont trente Maistres entre lesquels il y a deux Princes et quelques Ducs. M⁽ʳ⁾ de Saint-Maigrin en est aussy[5] qui a tardé jusqu'à présent à cause d'un procès qu'il avoit et qu'il a gaigné. Il dit qu'il y alloit de plus de quatre vingts mille escus pour luy.

Je voulois obliger M⁽ʳ⁾ le Marquis de Pisani à vous escrire, du moins en partant. Mais il m'a prié de considérer qu'il estoit paresseux et que, sur son départ, il avoit mille affaires comme si celle là ne devoit pas estre la principale. En un mot nos amis ayment fort leurs aises et se fient bien en nostre foy touchant l'affection qu'ils ont pour nous.

M⁽ᵉ⁾ la Marquise de Sablé a eu une bien grande joye du souvenir que vous avés d'elle et a pris bien du plaisir à voir ce que vous me mandés sur son sujet et sur celuy de nostre nouveau maistre de la Poétique[6]. Ce n'a pourtant pas esté sans quelque remors dans l'imagination que le mespris qu'elle nous en a fait n'ait fait cette mauvaise im-

---

[1] On trouve *chicaneur* dans Rabelais (*Pantagruel*), dans Bouchet (*Serées*), dans les *Cent nouvelles nouvelles*, dans les *Poésies* de Ronsard, dans les *Satires* de Regnier, etc., mais je ne trouve *chicaneux* nulle part. Ce n'est, du reste, autre chose que la forme familière que la prononciation de la conversation d'alors donnait à tous les noms en *eur*.

[2] On conserve à la Bibliothèque Nationale plusieurs pièces relatives au long procès de l'abbé de Croisilles, notamment (*Collection* Du Puy, vol. 651, folio 149) une pièce imprimée (4 pages in-folio), sans date (mais de 1646), qui débute ainsi : *Plaise à nos seigneurs de Parlement les trois chambres assemblées avoir pour recommandé en justice le bon droict de M. J. B. de Croisilles, prestre, prisonnier en la conciergerie du palais depuis huict années, contre damoiselle Esperance Levrault, partie civile.* J'y ai vainement cherché le *factum* qui, d'après Chapelain, parut en mai 1640.

[3] Tallemant des Réaux (*Historiette* CXII : *Croisilles et ses sœurs*) nous apprend (t. III, p. 35) que Van Broc «cessa de poursuivre après la mort de Monsieur le Comte [6 juillet 1641], voyant qu'il n'y avoit plus de bénéfice à tenir.»

[4] L'armée commandée par le maréchal de la Meilleraye entra dans le Hainaut, investit Charlemont, abandonna bientôt cette place, et alla assiéger Arras, qu'attaqua, d'un autre côté, l'armée commandée par le maréchal de Châtillon.

[5] Jacques Stuer [et non Estuer] de Caussade, marquis de Saint-Mégrin, fut colonel d'un régiment de cavalerie et capitaine des chevau-légers de la garde du roi, etc. Il fut tué, en juillet 1652, au combat de la porte Saint-Antoine. Il est question de lui dans presque tous les mémoires du temps.

[6] Jules Pilet de la Mesnardière.

pression en nostre esprit et n'ait ainsy ruiné l'estime qu'il eust peu acquérir sans cela.

M⁰ Conrart vous envoiera la copie de la lettre dont je vous parlois dans ma précédente, où vous verrés que ce n'est point M[énage] qui a ruiné de réputation M[esnardiere], mais luy-mesme.

Vous aurés sceu la mort de Vaillac[1] tué par Camillac[2] en duel au retour de Piémont sur le chemin de Grenoble. Le malheur est arrivé par son second qui, s'estant laissé tuer d'abord, donna moyen au second de Camillac de venir à luy et de luy ayder à tuer son homme. Il est fort plaint, et en mon particulier, j'y ay regret à cause de luy et à cause du marquis de Flamarens, son amy intime et qui en sera inconsolable[3].

Mlle de Chalais s'est sentie infiniment obligée de ce que vous m'avés escrit pour elle et est vostre admiratrice aussy bien que vostre servante tres humble. Elle est partie d'aujourd'huy pour Bourbon.

Je suis, Monsieur, vostre, etc.

De Paris, ce 21 may 1640[4].

---

[1] C'était Louis, marquis de Vaillac, fils de Louis de Gourdon, seigneur de Genouillac, comte de Vaillac, et de Françoise de Cheirandour, dame d'Aubepeyre. Voir dans le *Moréri* de 1759 la généalogie de la maison Gourdon de Genouillac (t. V, p. 306).

[2] *Sic* pour Canillac. Ce gentilhomme appartenait à cette famille dont les méfaits donnèrent tant d'occupation à MM. les Commissaires chargés de tenir les Grands jours. Voir les *Mémoires de Fléchier sur les Grands jours d'Auvergne en 1665* (Paris, Hachette, 1862, p. 54-75, 275-282, etc.). Déjà, l'année précédente, les deux adversaires avaient cherché à se rencontrer. Le cardinal de Richelieu écrivit, le 29 juin 1639, d'Abbeville au maréchal de la Meilleraye (*Recueil* de M. Avenel, t. VII, p. 287) : «Ma nièce m'escrit que le jeune Canillac est parti de Paris en poste, pour aller à Hesdin, où est M. de Vaillac, pour se battre avec luy. M. le Grand maistre les fera, s'il luy plaist, arrester tous deux, il les envoiera icy séparément.» Le 27 octobre 1641 (*ibid.*, p. 298), le cardinal recommandait au surintendant de «faire prendre le beau Canillac.» Le 24 du même mois, Bouthillier (*ibid.*, p. 298, note 2) s'était plaint à Richelieu de «l'insolence d'un gentilhomme, qu'on appelle le beau Canillac,» qui bouleversait toute l'Auvergne, ajoutant : «Ce beau Canillac est celuy qui tua Vaillac, comme sçayt Vostre Eminence; il a faict bien d'autres pires actions, à ce qu'on dit, que celle-là, pour lesquelles il ne pourroit esviter la mort, son procès luy estant faict... Je voudrois de bon cœur qu'il fust dans la Bastille.» On lit dans la *Gazette* du 26 mai 1640 (p. 306) : «(De Grenoble, le 19 mars.) Le comte de Vaillac et le sieur de Canillac, s'estans rencontrés sur le chemin d'Italie en suite d'une vieille querelle, le premier est demeuré mort sur la place.»

[3] Le marquis de Flamarens vengea la mort de son ami en tuant le meurtrier, comme nous l'apprend Mlle de Montpensier (*Mémoires*, t. II, 1858, p. 113) : «Le marquis de Flamarin fut tué [au combat de la porte Saint-Antoine, juillet 1652], dont j'eus beaucoup de déplaisir, étant mon ami particulier depuis le voyage d'Orléans, où il m'avoit suivie et très bien servie. L'on luy avoit prédit qu'il mourroit la corde au cou, et il l'avoit dit souvent pendant le voyage, s'en moquant et le disant comme une chose ridicule, ne se pouvant persuader qu'il seroit pendu. Comme l'on alla chercher son corps, on le trouva la corde au cou en la même place où quelques années auparavant il avoit tué Canillac en duel.»

[4] Chapelain, le 23 mai, écrit à M⁰ Bouchard, à Rome (f° 380, v°) : «Pour la *Congiura* de M⁰ l'abbé de Retz, je vous confirme que c'est un ouvrage différent de celuy de M⁰ Mascardi, quoyque ce soit le mesme sujet qu'il traitte et que le travail en est assés beau, sinon pour aller du pair avec l'italien, au moins pour ne luy céder de guères, ce qui n'est pas une petite louange pour un jeune seigneur ni un petit augure de la grande capacité qu'il aura un jour dans les matières politiques. Il travaille maintenant sur la vie de Moyse à peu près avec le mesme dessein de ce père espagnol qui sur cette mesme vie a traitté presque toutes les questions d'Estat et de guerre sous le titre de

CCCCIV.

À M. DE BALZAC,
À BALZAC.

Monsieur, il y a apparence que vous vous estes despité contre Totila de ce qu'il ne vous rendoit point le secours de ses mains qui vous est si nécessaire et que vous vous estes lassé de faire son office en m'escrivant avec les vostres mesmes. Car je n'ay eu nulles nouvelles de vous par luy ni par vous de cet ordinaire, ce qui me fait plaindre au double de ce que [je] faisois sa maladie qui cause ce désordre et qui me prive d'une de mes plus grandes consolations. Mais bien que ce défaut me laisse à sec et m'oste le moyen de vous entretenir à l'ordinaire, il ne faut pas laisser de vous escrire à l'ordinaire puisque j'ay les mains libres et qu'il me couste peu d'escrire des choses de peu.

Vous me demandiés par l'une de vos précédentes[1] si l'épithète de *Grand* que j'avois donné à Ronsard estoit sérieux[2] ou ironique et vouliés mon sentiment exprès là dessus. J'avois alors beaucoup d'autres choses à vous dire plus nécessaires que celles là, et à peine avois-je assés de temps pour vous le dire. Maintenant que je suis sans matière et sans occupation, je puis bien prendre celle-cy pour remplir ma page et satisfaire à vostre désir plustost tard que jamais.

Ronsard sans doute estoit né Poète autant ou plus que pas un des modernes, je ne dis pas seulement françois, mais encores espagnols et italiens. Ça esté l'opinion de deux grands sçavans de delà les Monts, Sperone[3]

Governador Christiano. Je n'en ay encore rien veu et n'ay encore rien à vous dire... J'ay fait que M᷎ l'abbé de Chastillon a parlé à S. Em. de l'ancienne affection qu'il [le poète Bracciolini] avoit pour cette couronne, de son mérite, de ses ouvrages et de sa haute réputation dont elle demeura très satisfaite et tesmoigna d'estre bien aise d'apprendre tout cela. L'office se fit en présence de M᷎ Mazarin qui appuya tout ce que dit nostre amy et luy fut un tesmoin très favorable de toutes les vérités que je l'avois obligé de dire... Rendés-luy grâces de ma part de son beau Poème de la *Bulgaréide*... L'Académie travaille tousjours au Dictionnaire, et avance comme dans les Compagnies, c'est-à-dire lentement. Entre plusieurs ouvrages des Académiciens [depuis] deux jours il s'en est publié un de grand applaudissement, qui est les *Annales de Tacite* en françois; j'entends les cinq premiers livres de la traduction de M᷎ d'Ablancourt.» Ces dernières lignes, qui nous apprennent d'une manière si précise la date de la publication du premier volume du *Tacite* traduit par d'Ablancourt (21 mai 1640), ont été reproduites par M. Livet (*Histoire de l'Académie française*, t. I, p. 385). A la suite de la lettre à Bouchard, on trouve (f° 384, v°) une lettre du 26 mai à la marquise de Flamarens. Chapelain lui parle du mariage «de M᷎ˡˡᵉ vostre belle-sœur où ny M᷎ vostre mary ni vous n'avés voulu assister ny contribuer.» Il lui conseille d'éviter tout procès, ajoutant : «Je le plains [M. de Flamarens], je vous plains, je me plains moy-mesme qui, pour surcharge de malheur, comme si mes pertes passées et peut-estre futures ne suffisoient pas pour me terracer, me vois encore à la veille d'estre accablé par le mal qui vous pend sur la teste.»

[1] La lettre dont parle Chapelain est la lettre XVII du livre XXII, si mal datée du 1ᵉʳ juillet 1641 (p. 854).

[2] On a reproduit, dans le tome second du *Tableau de la poésie française au XVIᵉ siècle* (édition donnée par M. Jules Troubat chez Alph. Lemerre, 1876, petit in-12, p. 69-72), la plus grande partie de la présente lettre, depuis les mots : *Vous me demandiez*, jusqu'aux mots : *qui ont le bon goût de l'Antiquité*. Mais la reproduction n'a pas été des plus exactes, et, par exemple, on n'a pas laissé au mot *épithète* le genre masculin que lui attribue Chapelain, comme Balzac et comme Vaugelas, mais on a imprimé : *étoit sérieuse*.

[3] Voir sur Sperone une note sous la lettre CCLXV du présent volume, p. 392.

et Castelvetro [1], dont le dernier, comme vous avés peu voir dans les livres que je vous ay envoyés, le compare et le préfère à son adversaire Caro [2] dans la plus belle chose et de plus de réputation qu'il ait jamais faitte, et le premier le loue *ex professo* dans une élégie latine qu'il fit incontinent après la publication de ses Odes Pindariques. Mais ce n'est pas plus leur sentiment que le mien propre qui m'oblige à rendre ce tesmoignage de son mérite. Il n'a pas, à la vérité, les traits aigus de Lucain et de Stace, mais il a quelque chose que j'estime plus qui est une certaine égalité nette et majestueuse qui fait le vray corps des ouvrages poétiques, ces autres petits ornemens estant plus du sophiste et du déclamateur que d'un esprit véritablement inspiré par les Muses.

Dans le détail, où [3] je le trouve plus approchant de Virgile, ou, pour mieux dire, d'Homère que pas un des poètes que nous connoissons, et je ne doute point que, s'il fut né dans un temps où la langue eust esté plus achevée et plus réglée, il n'eust pour ce détail emporté l'avantage sur tous ceux qui font ou feront jamais des vers en nostre langue. Voilà ce qui me semble candidement de luy pour ce qui regarde son mérite dans la Poésie françoise. Ce n'est pas, à cette heure, que je ne luy trouve bien des défauts hors de ce feu et de cet air poétique qu'il possédoit naturellement, car on peut dire qu'il estoit sans art et qu'il n'en connoissoit point d'autre que celuy qu'il s'estoit formé luy mesme dans la lecture des Poètes grecs et latins, comme on le peut voir dans le traitté qu'il en a fait à la teste de sa *Franciade*, d'où vient cette servile et désagréable imitation des anciens que chacun remarque dans ses ouvrages, jusques à vouloir introduire dans tout ce qu'il faisoit en nostre langue tous ces noms des Déités grecques, qui passent au peuple, pour qui est faitte la poésie, pour autant de galimatias, de barbarismes et de paroles de grimoire, avec d'autant plus de blasme pour luy qu'en plusieurs endroits il déclame contre ceux qui font des vers en langues estrangères, comme si les siens, en particulier, n'estoient pas estrangers et inintelligibles.

C'est là un défaut de jugement insupportable de n'avoir pas songé au temps où il escrivoit, ou une présomption très condannable de s'estre imaginé que pour entendre ce qu'il faisoit, le peuple se feroit instruire des mystères de la religion payenne. Le mesme défaut de jugement paroist dans son grand ouvrage, non seulement dans ce menu de termes et matières inconnues à ce siècle, mais encore dans le dessein, lequel, par ce que l'on en voit, se fait connoistre assés avoir esté conceu sans dessein, je veux dire sans un plan certain et une œconomie vrayment poétique et marchant simplement sur les pas d'Homère et de Virgile, dont il faisoit ses guides, sans s'enquérir où ils le menoient. Ce n'est qu'un maçon de poésie et il n'en fust jamais architecte, n'en ayant jamais connu les vrays principes ny les solides fondemens sur lesquels on bastit en seureté.

Avec tout cela, je ne le tiens nullement mesprisable et je trouve chés luy, parmy cette affectation de paroistre sçavant, toute une autre noblesse que dans les afféteries ignorantes de ceux qui l'ont suivy et jusqu'icy, comme je donne à ces derniers l'avantage dans les ruelles de nos dames, je croy qu'on

---

[1] Voir sur Castelvetro une note sous la lettre CCCXL du présent volume, p. 505.

[2] Voir sur Caro (Annibal) une note sous la lettre CCCXXXV du présent volume, p. 497.

[3] Cet *où* a été supprimé dans l'édition définitive du premier ouvrage de M. Sainte-Beuve (p. 70).

le doit donner à Ronsard dans les bibliothèques de ceux qui ont le bon goust de l'Antiquité[1].

J'aurois encore beaucoup de choses à dire, mais le papier s'accourcit et il faut que j'y garde place pour vous asseurer du ressentiment que Me de Ramb[ouillet] a eu de la nouvelle asseurance que je luy ay donnée que vous travailleriés à son discours, comme aussy de la joye que Mrs Silhon et Ablancourt ont eu de sçavoir qu'ils ont part en vostre souvenir; ils vous baisent tous deux les mains de tout leur cœur et le dernier vous envoye par moy ce qu'il a traduit de Tacite et que j'ay envoyé, il y a trois jours, au bon Mr Rocolet.

Ne vous mettés point en peine du compliment pour l'autheur des vérités françoises[2]; il se fera à vostre contentement. J'ay fait donner en main propre à Mr Bonair le paquet qui s'addresse à luy. Je ne doute point qu'il ne vous rescrive. Mon procès me persécute tousjours.

Je suis, Monsieur, vostre, etc.

De Paris, ce 27 may 1640.

J'ay visité M[r] l'abbé de La Victoire sur vos ordres et pour luy monstrer ce que vous m'escriviés de luy. Il le ressentit extrêmement et me tesmoigna pour vous une constante estime et une amitié non commune. Il me dit mesme qu'en un festin où estoient tous les bons favoris[3] et les tiercelets de favoris[4] dont il estoit l'un, il avoit veu avec plaisir extrême reschauffer Mr de Chavigny[5] sur vostre sujet et[6] vous penserés aisément qu'il ne demeura pas muet. En un mot vous y eustes toutes les voix et en cette occasion au moins vostre vertu fut payée de légitimes louanges[7].

---

[1] M. Sainte-Beuve a rappelé (p. 69) que Chapelain était fils de Jeanne Corbière, «fille elle-même d'un Michel Corbière, ami particulier de Ronsard, et avait été nourri par sa mère dans l'admiration du vieux poëte.» M. Sainte-Beuve n'a pas manqué (p. 67-69) de citer l'opinion exprimée sur Ronsard par Balzac dans son 31e entretien et dans la lettre à laquelle répond ici Chapelain.

[2] Nous avons déjà vu (lettre CCCLXXII) que c'était M. de Bienville.

[3] Les favoris du cardinal de Richelieu.

[4] C'est-à-dire les favoris d'un ordre inférieur. C'est un terme emprunté au langage de la fauconnerie. Régnier a employé l'expression : *tiercelets de poëtes*. D'autres ont dit : *tiercelets de savants*.

[5] On sait que Léon Bouthillier, comte de Chavigny, fut un des agents les plus dévoués, mais aussi les plus aimés du cardinal de Richelieu.

[6] Je remplace *a* par *et*, la méprise étant évidente.

[7] Chapelain (f° 388, v°) écrit à Montauzier, le 28 mai, lui faisant d'abord l'éloge de M. de la Perche : «Vous estes heureux d'avoir un si honneste homme autant à vous qu'il l'est...»; lui parlant ensuite bien malicieusement de La Mesnardière : «J'adjousteray que ce bon seigneur pour marque de son habileté et de la grande intelligence qu'il a de la langue latine, outre les choses remarquées par cet amy de Mr Conrart [Moïse Amyraut], a pris *Cirenœus* pour un poëte élégiaque encore que ce ne soit que le païs de Callimaque;» lui donnant enfin les nouvelles que voici : «Vous verrés sans doute dans la despesche de Mr Conrart qu'il s'en va à Bourbon avec sa famille pour guérir de tous leurs maux. C'est un malheur pour moy qui tire beaucoup de satisfaction d'une amitié aussy solide que la sienne... Celuy [le siége] de Charlemont ne s'est point commencé et le bruit court que nous allons vers Mommedy ou Thionville. Le brave Vivans estant allé à la guerre avec 200 chevaux et, comme on dit, n'ayant pas bien fait battre le bois où il vouloit dresser une embuscade, a esté attaqué et battu des ennemis qui l'avoient dressée et il en est demeuré des nostres sans combat, en fuyant, plus de 60, dont il est cruellement mortifié. Je croy que cela ne desplaira pas trop à quelques femmes que vous avés au Marais [c'est-à-dire aux dames de Clermont].» Le surlendemain, Cha-

CCCCV.

À M. DE BALZAC,
À BALZAC.

Monsieur, si ce n'est que par paresse que je n'ay point de lettre de vous ces deux derniers ordinaires, je prens patience et vous le pardonne, mais si c'est par maladie ou par quelque fascheux accident, je ne vous le puis aussy pardonner. Vous m'estes plus responsable de vostre santé et de vostre tranquillité que de toute autre chose et je me puis passer, à un besoin, que vous m'escriviés, mais non pas de vostre santé et de l'asseurance que rien ne trouble le repos de vos belles estudes. Durant l'inquiétude où j'en suis, je ne sens presque point celle que me donne M^r le duc de Longueville à la veille de donner une bataille sur les confins de la Bohême qui doit vuider la question de la liberté de l'Europe et de ma fortune particulière, ny celle que j'ay de voir traisner mon procès dans l'incertitude de l'événement. Je voulois poursuivre mes lamentations lorsque le valet de Rocolet m'a rendu vostre despesche du 27 may par laquelle je voy, graces à Dieu, que mes appréhensions estoient vaines.

Vous m'avés bien satisfait d'approuver mes sentimens sur le sujet de la gloire[1]. Je n'en oserois pas responder comme vous, mais néantmoins puis-je asseurer que, quels qu'ils soient, ils sont ingénus et que, s'ils ne vont au but de la vérité, ils y visent de toute leur puissance, et icy je vous feray une déclaration que peut estre vous ay-je desja faitte, que l'amour de la vérité me possède à un point qu'avec vostre amitié j'en fais la principale consolation et pasture de mon esprit, et cette inclination estant un bien qui n'est en prise ni de Mr de Bullion ni des Espagnols, je m'en tiens si riche que, quelque disgrâce qui me puisse arriver, je ne croiray jamais estre ruiné et penseray avoir quelque chose de meilleur que ceux qui m'auront mis en chemise.

Celuy sur lequel quelques uns ont jetté les yeux pour mettre en pratique la théorie de M^r de La Mothe est celuy là mesme que vous avés imaginé[2]. Mais vous m'en croirés, s'il vous plaist, comme à un homme qui sçait le fons de ses pensées, cette pensée d'autruy le contriste, quoyqu'elle soit la plus avantageuse qu'on peust avoir pour luy et bien qu'il soit résolu à s'accommoder à la volonté de ses maistres; si la chose arrive, il est très esloigné de tesmoigner qu'il en fust bien aise et n'obéira qu'à regret. Il connoist la Cour extrêmement et en est fort déduppé[3]. Il sçait l'estat présent des choses et la grande

---

pelain adressa (f° 389, v°) au marquis de Gesvres une lettre de recommandation et d'éloge pour le beau-frère de M. Conrart, «un fort honneste gentilhomme qui commande, ce me semble, le régiment de Bretagne comme premier capitaine et qui a aussy l'honneur d'estre de vostre brigade.»

[1] La lettre dont parle ici Chapelain est la lettre XIX du livre XXII, laquelle, comme il nous l'apprend, était datée du 27 mai 1640 et qui a reçu (p. 856 de l'in-folio) la date du 15 juillet 1641. Voici le passage auquel répond Chapelain : «Je vous ay dit mille fois, et vous le redis encore celle-cy, que vous trouvez tousjours la raison en quelque lieu qu'elle soit cachée. Je ne sçay quelle opinion avoit Ciceron de la Gloire, dans les Livres qu'il en a faits; mais je sçay bien que la louange ne vaut ni plus ni moins que vous l'estimez. Vous l'avez mise à son juste prix; et non seulement la rigueur philosophique, mais encore l'humilité chrestienne la gousteroit de la manière que vous l'apprestez.»

[2] Déclaration qui répond à la phrase, déjà citée plus haut, de la lettre (du 27 mai 1640) où Balzac avait laissé voir qu'il avait deviné que c'était Chapelain qui était proposé pour l'instruction du Prince.

[3] Le mot dédupper n'a jamais été français. Du

difficulté qu'il y auroit à se conduire de sorte que les partis opposés peussent estre contens de luy. Et quand cela ne se rencontreroit point ainsy, il sert avec satisfaction et liberté un certaine Impératrice qu'on appelle Vertu, dans la Cour de laquelle il n'y a que des triomphes et des couronnes et jamais de cheute en bien faisant. Il a encore société avec les filles de cette grande Reyne qu'on appelle Muses et, à vous le dire en confidence, il a de l'amour pour l'une d'elles dont il espère n'estre pas mal traitté[1]. Jugés s'il y a apparence qu'on le puisse arracher de là de son bon gré et si tant de charmes innocens se laisseront vaincre par les faux attraits qui règnent dans les palais du monde.

Je monstreray à Mr de La Mothe l'endroit de vostre lettre qui le touche[2]. Je vous en envoye une de Mr le marquis de Montauzier en response de la vostre et vous l'envoye ouverte pour ce qu'il a couppé la soye[3], afin que je visse, dit-il, si je la devois supprimer ou non. Il vous escrit cavalièrement, mais très sincèrement, et, quoyque ce soit l'homme de France de sa condition qui escrive le mieux, je sçay qu'il a évité avec soin de passer pour cela auprès de vous et qu'il seroit au desespoir si vous pensiés que, dans l'affection qu'il tesmoigna pour vostre vertu, lorsqu'il m'escrivit la lettre que vous avés veue, il y entrast le moindre intérest d'ambition ny le moindre désir de tirer de vous par escrit des marques de vostre amitié.

J'ay bien creu asseurément tout ce que vous me mandés touchant la négociation de Mr Bonair auquel j'ay fait rendre vostre paquet en main propre.

Je suis, Monsieur, vostre, etc.

De Paris, ce 4 juin 1640[4].

CCCCVI.

À M. DE BALZAC,

À BALZAC.

Monsieur, je serois un grand téméraire si je m'érigeois d'authorité privée en juge d'une si haute question qui est celle du rang que Ronsard doit tenir dans nostre Poésie et de la comparaison qui se peut faire entre luy et ceux qui l'ont suyvi. Quand aussy je vous ay escrit ce que vous en avés veu, ça esté un simple avis et aussy précipité comme sont touttes les choses que je vous envoye[5] et

moins je ne le trouve dans aucun de nos dictionnaire d'autrefois ni d'aujourd'hui.

[1] Calliope, la muse de l'épopée.

[2] Balzac avait dit (lettre du 27 mai, p. 855 et 856) : «Monsieur de La Mothe le Vayer m'a appris beaucoup de choses que je ne sçavois pas, et m'a confirmé dans quelques-unes que je sçavois. Il ne se peut voir d'ouvrage plus riche ni plus rempli que le sien, et il m'a infiniment obligé de m'en faire part. Je vous supplie de luy tesmoigner le ressentiment que j'ay de cette faveur, et de me conserver en ses bonnes grâces.»

[3] Le fil de soie que l'on croisait sur une lettre, une fois pliée, et dont on retenait les bouts sous la cire qui recevait l'empreinte du cachet de l'expéditeur.

[4] Le 5 juin, et non, comme on l'a écrit par mégarde, le 5 mai, Chapelain (f° 399, v°) adressa ses félicitations au marquis de Gesvres sur le choix que le Roi et Son Éminence avaient fait de lui «pour fortifier Mr le mareschal de Chastillon d'un corps si considérable que celuy que vous luy menés.»

[5] Chapelain répond ici aux compliments de la lettre XX du livre XXII, datée du 20 août 1641 et qui est de la fin de mai 1640 (p. 856) : «Escrivez-moy à la haste tant qu'il vous plaira, et appellez comme vous voudrez les choses que vous me faites l'honneur de m'escrire. *Divina Responsa, propositiones æternæ veritatis*, et s'il y avoit quelques termes plus nobles, je les employerois volontiers en cette occasion. Il est certain que le Génie et le Jugement sont les deux parties essentielles du Poète, et je demeure

que je puis dire que je dérobe à mes autres nécessaires et fascheuses occupations. Vous n'y ferés donc pas plus de considération qu'il ne mérite et n'en demeurerés pas moins dans vostre opinion pour peu que la mienne vous choque, n'estant pas asseuré de la garder si j'y repensois avec attention, ou au moins si je repassois ce poète qui me laissa l'impression que je vous ay expliquée dans un âge assés jeune pour me desfier de mon jugement d'alors.

Cependant, s'il me souvient bien de celuy que je vous en ay fait dans mes précédentes, il me semble qu'il n'est pas fort esloigné du vostre. Vous ne le blasmés bien dans la lettre latine à M¹ Silhon¹ que de cette licence effrenée dont il a usé dans la versification, de cette négligence de la diction, de cette hardiesse à former des mots et de cette audace à forcer la nature des figures et à donner pour bonnes toutes ses façons de parler et toutes ses pensées par une insupportable présomption qui ne l'abandonnoit point. Et, en tout cela, nous sommes très conformes et, si je ne me trompe, j'y ay remarqué à peu près tous ces défauts comme vous, aussy bien que cette mauvaise manière d'imiter les antiens qu'il a prise plustost en escolier qu'en homme de la Cour et selon le goust du collège que selon celuy du cabinet. Mais je ne regarde pas dans la poésie les perfections opposées à ces défauts comme celles qui font le Poète principalement et qui luy acquièrent le nom de Grand. Selon moy, il y a deux parties qui constituent sa différence spécifique et qui doivent servir de règle pour reconnoistre si le Poète est Poète légitime ou non, et ce sont le génie et le jugement. Qui a ces deux conditions est plus grand poète avec tous les défauts dont nous accusons Ronsard que ceux qui ont les qualités opposées, et à qui ces conditions manquent. Que si Ronsard avoit aussy bien le jugement que le génie, je ne ferois point de difficulté de luy donner l'avantage sur tous nos modernes, comme ayant ce qui fait l'essence du Poète et qui rend Virgile ce grand miracle de nature qui n'a jamais eu de pareil. Ronsard a du génie et il paroist partout où il n'a point voulu paroistre sçavant, et c'est dommage comme vous dittes que ce beau naturel et cette imagination féconde ne se sont rencontrés dans un temps comme celtuicy qui veut que l'on soit ajusté aussy bien que libre et dans lequel les Poètes sont réglés par le goust de la Cour plustost que la Cour par le goust des Poètes.

Quant au jugement de M¹ de Malherbe², je l'estime peu pour la haute Poésie et pour les choses qu'il y fait principalement considérer. Il l'argueoit et vouloit que cette igno-

---

très persuadé de tout ce que vous m'avés dit là-dessus. Mais après m'estre sousmis entièrement à vostre authorité, vous voudrez bien que je contente un peu ma raison. Permettez-moy donc de relire Ronsard; car la dernière fois que je le leus, il me sembloit que c'estoist plustost la matière et le commencement d'un poète, qu'un poète achevé, et que dans le feu dont son imagination estoit eschauffée, il y avoit beaucoup moins de flamme que de fumée et de suye.» M. Sainte-Beuve n'a pas cité ce pittoresque passage de l'adversaire de son cher Ronsard.

¹ Voir cette lettre qui roule sur les poëtes et sur les orateurs dans les *Epistolæ selectæ*, à la fin du tome II des *OEuvres de Monsieur de Balzac* (1665, p. 64 et 65). Balzac avait dit (lettre XX du livre XXII): «J'ay escrit en latin à Monsieur Silhon ce que je pensois... Relisez cet endroit pour l'amour de moy à vostre loysir, et m'en mandez vostre opinion, afin que je sçache si la mienne est bonne, et si je m'y dois tenir.»

² Balzac (lettre XX du livre XXII) avait dit: «Vous sçavez la fantaisie de feu Monsieur de Malherbe, qui effaça de sa main le volume entier et ne pardonna pas à une syllabe. Je n'ay pas approuvé cette rigueur si universelle, etc.»

rance fust une vertu dont il a longtemps infecté son siècle. C'estoit un borgne dans un royaume d'aveugles, et, comme il avoit ses lumières fort bornées, je croy qu'un homme de lettres doit bien se garder de le prendre pour guide dans les opinions qu'il doit suyvre, s'il ne veut broncher bien lourdement. Ce qu'il a d'excellent et d'incomparable, c'est l'élocution et le tour du vers et quelques élévations nettes et pompeuses dans le détail qu'on pourra bien imiter, mais jamais égaler. Ces parties toutesfois ne sont guères plus poétiques qu'oratoires, et ceux là ne luy ont guères fait de tort qui ont dit de luy que ses vers estoient de fort belle prose rimée[1].

Mais c'est trop ayant à vous respondre sur un article de vostre lettre bien plus important, puisqu'il s'agit de recevoir un nouvel amy dans mon cœur. Et certes, Monsieur, il n'y auroit rien de si aisé à me persuader que d'aymer un homme que j'estime, si je n'avois eu des raisons pour croire qu'il ne m'estimoit pas et que, par conséquent, il estoit fort éloigné de m'aymer. Je ne vis que d'amitié, ou bien je ne sens de consolation dans la vie que celle qui me vient du commerce de mes amis, de sorte que si vostre souveraine éloquence m'asseure que ce grand changement s'est fait en Mʳ Coustart et qu'il vueille fort aymer celuy qu'il mesprisoit fort, si vous me voulés servir de caution que son amitié sera généreuse et sincère et qu'il m'avertira, à l'avenir, de mes defauts par charité plustost que par jalousie et en particulier plustost qu'en public, sur vostre parole je luy ouvriray mon cœur et luy donneray place dans un lieu qui est assés noble et qui ne reçoit rien qui n'ait le caractère d'une magnanime bonté. Mais je suis bon de douter que vous le vouliés pleiger envers moy puisque vous ne le pouvés faire en termes plus exprès que vous faittes[2], et je suis plaisant de capituler avec vous pour recevoir son amitié puisque vous tenés mon cœur entre vos mains et qu'il suffit que vous l'y vouliés introduire pour l'y loger au lieu qui luy plaira le plus. Je l'y reçois donc sans condition pour ce qu'il le veut, pour ce qu'il le mérite et pour ce que vous le désirés, et je ne vous diray rien davantage pour le passé sinon qu'une des choses qui m'y a le plus touché a esté de voir qu'un honneste homme entre mille, sans sujet, ait mieux aymé estre mon ennemy que mon amy et, pour cette heure, je vous diray que son amitié, si elle est sincère, me sera d'autant plus chère qu'il luy aura fallu faire plus de chemin pour me la donner. Je verray sa lettre avec beaucoup de satisfaction et y respondray avec tout le ressentiment dont je seray capable, mais ayant à luy accorder mon amitié, je suis bien aise de prévenir son compliment, et donner à vostre puissante entremise ce que je n'eusse pas eu tant de plaisir à luy accorder qu'à vous.

Je suis, Monsieur, vostre, etc.

De Paris, ce 10 juin 1640[3].

---

[1] Chapelain me paraît avoir été un plus équitable appréciateur de Ronsard que de Malherbe.

[2] Balzac s'était exprimé ainsi (lettre XX du livre XXII): «Je ne puis assez louer le bon sens, la sagesse et la magnanimité que vous apportez dans le traité dont je vous ay fait l'ouverture. J'espère que le succès en sera heureux, et que vous ne me reprocherez point ma crédulité, ni ne vous repentirez de la confiance que vous avez eue en moy... J'ay toutes les certitudes morales qui se peuvent avoir de la foy d'un autre, et si je n'estois asseuré par là de vous donner un ami à toutes espreuves, je n'aurois garde d'estre l'instrument de la nouvelle amitié que je vous propose...»

[3] Le 12 juin, Chapelain transmet tous ses

CCCCVII.

A M. CONRART,
à BOURBON.

Monsieur, je n'ay bien sceu qu'à cette heure que l'on vous pouvoit escrire sans courre fortune de perdre sa peine, je veux dire que vous estiés arrivé à Bourbon et en estat de ne pas laisser périr nos despesches chés le messager. Mais quand je vous aurois plustost sceu au lieu où vous estes, je ne croy pas que je me feusse peu resoudre à vous donner de nos nouvelles qu'à présent, car quelle nouvelle vous devois-je plustost mander que celle de la réception de nostre amy dans l'Académie[1] et comment vous le pouvois-je plustost mander qu'à cette heure puisque ce n'est que d'après disné qu'il y a fait son entrée et qu'il s'est honnoré de ce grade en l'honnorant? Je ne vous oserois dire combien il a satisfait tout le monde soit par sa mine, soit par sa modestie, soit par son éloquence[2], de peur de vous donner trop de regret de n'y avoir pas esté présent, et certes vous avés bien manqué à vous mesme aussy bien qu'à luy en cette rencontre, et je ne sçay lequel des deux a le plus à se plaindre en cela, ou luy de vous, ou vous de vous. Mais il ne vous le faut point reprocher puisque vous en estes assés puni par la privation du plaisir que vous eust donné cette assistance et que, d'ailleurs, vous avés eu une raison de ne vous y pas trouver qui a passé par dessus toutes les raisons, s'agissant de vostre santé sans laquelle il n'y a point de véritable joye.

---

vœux au marquis de Gesvres (f° 402, v°), le louant de vivre civilement, librement, avec les officiers, «n'y ayant jamais de porte fermée pour eux chés vous,» et ajoutant: «l'exemple du pauvre cardinal de La Valette qui tenoit si souvent cabinet dans l'armée et qui par là en estoit si peu aymé des gens de guerre, servant d'avertissement bien utile à ceux qui commandent des gens nés libres comme vous faittes.»

[1] M. Livet, qui a reproduit tout le passage relatif au nouvel académicien (*Histoire de l'Académie française*, t. I, p. 386), dit en note: «Il semble qu'il soit question ici de Perrot d'Ablancourt; et cependant d'Ablancourt avait été nommé en 1637. Comment aurait-il tant tardé à prendre possession de son titre?» On ne s'explique guères, en effet, que Perrot d'Ablancourt, élu en même temps que le poète Bourbon (23 septembre 1637), ne soit venu siéger que près de trois années plus tard. Signalons une autre difficulté. Comment s'agirait-il ici de Perrot d'Ablancourt, qui venait de quitter Paris un mois auparavant, ainsi que nous l'avons vu dans la lettre que lui adressa Chapelain le 15 mai, et qui s'était retiré en province pour «veiller sur son bien qui n'étoit pas grand,» comme parle son biographe Patru? D'ailleurs n'a-t-on pas remarqué, dans la même lettre de Chapelain, cette phrase qui fait jouer un rôle si considérable à d'Ablancourt parmi ses confrères: *l'Académie dont vous estes un si ferme pilier?* Au nom de Perrot d'Ablancourt j'aurais proposé de substituer le nom de l'avocat Olivier Patru, si ce dernier n'avait été admis à l'Académie (en remplacement de François de Porchères-d'Arbaud) deux mois et demi après que la présente lettre eût été écrite, c'est-à-dire le 3 septembre 1640.

[2] Ce mot aurait rendu plus acceptable encore, en l'absence d'une date aussi précise que celle du 3 septembre 1640, la conjecture de la note précédente, car l'historien de l'Académie française s'exprime ainsi (t. I, p. 159): «Vous aurez remarqué sans doute que le nombre de quarante, dont elle doit être composée, ne fut rempli qu'à la réception de M. de Priézac, en l'année 1639, cinq ou six ans après son premier établissement. M. Patru, *qui fut le premier reçu ensuite*,—(d'Ablancourt n'aurait donc pas été admis en juin 1640?)—entrant dans la Compagnie, y prononça *un fort beau remercîment*, dont on demeura si satisfait, qu'on a obligé tous ceux qui ont été reçus depuis d'en faire autant.» Le *fort beau remercîment* s'accorderait à merveille, on en conviendra, avec l'*éloquence* tant vantée par Chapelain.

Si vous revenés bientost, vous aurés bientost celle que vous avés manquée, car nous avons eu charité pour vous et avons obligé nostre orateur à mettre par escrit sa harangue afin de la mettre à vostre retour dans vos archives¹, mais j'ay peur que cela ne vous tente guères estant en un lieu de perpétuelle resjouissance, dans l'espérance d'une parfaitte guérison de tous vos maux, entre une femme que vous aymés extrêmement et une maistresse de qui vous n'estes point du tout hay et plus près de soixante lieues que nous de nos triomphes d'Italie². Voilà des attraits que je vous confesse qui passent les nostres et que nous aurons beaucoup d'obligation à vostre vertu de vous faire quitter quelque tard encore que ce puisse estre.

Au reste, Monsieur, il est arrivé une mort laquelle, quand elle ne seroit bonne qu'à faire revenir plustost que vous ne voudriés Melle de Ch[alais], ne devroit pas nous faire jetter beaucoup de larmes³. Elle vous expliquera ce que c'est si elle ne l'a desja fait, car je crains qu'elle n'en ait receu la nouvelle trois jours devant que l'on vous rende ce mot. Somme que cette compagnie vous estant ravie par cette occasion⁴ il y a apparence de croire que vous ne demeurerés en ce lieu que le temps qui sera nécessaire absolument pour vous guérir.

Je ne vous mande rien d'Italie, quoyqu'il y ait mille choses dignes d'estre sceues, puisque les gazettes qu'on vous a envoyées vous ont appris tout ce que nous en sçavons, et pour la Hollande et l'Allemagne j'espère vous en escrire demain les nouvelles que le bon Epestein me doit faire voir.

Je baise les mains très humblement à Melle vostre femme et à M. et Melle Le Duchat⁵ et suis, Monsieur, vostre, etc.

De Paris, ce 12 juin 1640⁶.

CCCCVIII.
À M. LE MARQUIS DE MONTAUZIER,
EN ALSACE.

Monsieur, si le marquis de Sablé n'estoit point mort, je ne sçaurois que vous escrire

---

¹ N'oublions pas que Conrart était secrétaire perpétuel de l'Académie française et qu'en cette qualité il avait la garde de tous les documents qui intéressaient la Compagnie.

² Voir sur ces triomphes dus au comte d'Harcourt, si bien secondé par le vicomte de Turenne, les *Mémoires* de Montglat (VI° campagne).

³ On lit dans la *Gazette* du 16 juin 1640 (p. 408) : « Le 4° du courant, mourut promptement d'apoplexie, dans sa maison de Boisdaufin, Philippes de Laval, marquis de Sablé, cy devant gouverneur d'Anjou, et fils du mareschal de France du mesme nom. » M. V. Cousin s'est trompé en mettant la mort du marquis au 14 juin (*Madame de Sablé*, édition de 1865, p. 16). Ménage s'était trompé bien plus encore, lui qui faisait mourir le mari de Mme de Sablé en 1639, comme le rappelle M. P. Paris (*Historiettes* de Tallemant des Réaux, t. III, p. 138).

⁴ C'est-à-dire en résumé, pour conclusion. On trouve cette forme de langage dans La Fontaine :

Somme qu'enfin il ne lui manquait rien.

⁵ S'agit-il là de parents de l'érudit Jacob Le Duchat (né à Metz le 23 février 1658)? Comme Conrart, les Le Duchat appartenaient à la religion protestante.

⁶ Je ne ferai que mentionner une lettre à M. de Monstreuil, du 13 juin 1640 (f° 404), où Chapelain accuse réception des livres de Bruno et du Sommaire de Kepler, avec force remerciments et compliments, celui-ci par exemple : *Il n'y a rien de si bon ni de si officieux que vous*; et une lettre au duc de Longueville, du 15 juin (f° 404, v°) qui roule sur les nouvelles de sa jonction avec le maréchal Bannier, de sa marche vers les Impériaux pour leur livrer bataille, sur l'émotion causée par ces importantes nouvelles. Chapelain dit à son protecteur : « Vous estes dans la plus haute posture et dans l'estat le

de ce voyage, car je ne vous veux entretenir ni de mon procès ni des appréhensions où je suis pour Mʳ le duc de Longueville, d'un costé pour ne vous pas importuner, et, de l'autre, pour ne vous pas affliger. Mᵐᵉ la Marquise de Sablé donques est vefve et une des plus honnestes vefves que j'aye jamais connue; elle ne rit ni ne pleure et, sans grimacer[1] son dueil ny monstrer une constance scandaleuse dans un aussy important changement que celuy la, elle garde le vray tempérament necessaire pour ne donner aucune prise sur soy[2]. Je ne l'ay veue qu'une fois depuis cet accident, mais tous ceux qui la voyent et qui l'ont veue depuis moy m'en rendent le mesme tesmoignage, si bien que l'on dit que cette condition lui sied si bien que c'est dommage qu'elle ne luy est plus-tost arrivée. Il y a six jours qu'elle est en cet estat et ce n'est que d'aujourd'huy que Mᵐᵉ de R[ambouillet] l'a veue, Mᵐᵉ la Duchesse d'Aiguillon l'ayant emmenée à Ruel où elle a tousjours demeuré depuis huit jours pour la divertir dans une maladie qui la travaille fort et qui ne connoist point de meilleur remède que sa conversation. Nous avons parlé extrêmement de vous et de la consolation que vous serés obligé d'envoyer par escrit à l'affligée, à quoy elle m'a bien ordonné de vous mander que vous ne manquiés pas.

Vous recevrés désormais vos lettres par Nancy selon vos ordres, ayant averti Mʳ Epestein de la voye que vouliés qu'il tint pour cela. Mʳ de La Perche est arrivé de la Cour de ce soir. Je ne sçay ce qu'il y aura fait, mais il vous en informera luy mesme par la lettre qu'il a dit tantost en passant qu'il vous escriroit.

Je vous baise très humblement les mains et suis, Monsieur, vostre, etc.

De Paris, ce 15 juin 1640.

CCCCIX.

À M. COUSTARD,

À SAINT-LIGNIÈRE.

Monsieur, sur la parole de Mʳ de Balzac je m'abandonnerois à la discrétion du plus cruel de mes ennemis. Jugés par là s'il me sera malaisé de me livrer sur cette mesme parole à celuy qui recherche si obligeamment mon amitié et qui m'offre la sienne de si bonne grâce. Mais j'ay tort de dire que je me veux livrer à vous sur la parole de nostre amy. Ce ne seroit pas traitter assés noblement avec vous de vouloir d'autre caution de vous que vous mesme, et s'il y avoit quelque hazard à courre au commerce que nous allons avoir ensemble, j'aymerois mieux le courir en me confiant en vous que de ne le courir pas en m'en desfiant. Un homme qui a le cœur de Mʳ de Balzac entre ses mains, qui partage celuy de Mʳ de Voiture avec ses plus chères inclinations et qui a l'approbation de Mʳ de Saint-Nicolas après une longue connoissance[3], peut bien servir de garent à autruy, mais non pas à en avoir besoin pour luy mesme principalement envers une per-

---

plus glorieux où prince françois se soit jamais veu, et si Dieu bénit vos intentions, il n'y aura point de louange qui ne soit au dessous de vostre mérite. Vous avés en vos mains le sort de l'Europe...»

[1] M. Littré n'a cité de l'emploi du mot *grimace*, pris dans le sens de «simuler laidement», qu'un seul exemple tiré de Buffon: «L'on voit à nu toutes les difformités du vice grimaçant la vertu.»

[2] Ce mariage du marquis et de la marquise de Sablé n'avait pas été heureux. Voir ce qu'en dit M. Cousin, d'après le récit de Mˡˡᵉ de Scudéry (*Madame de Sablé*, 1865, p. 16-20).

[3] Voir dans les *Lettres de Monsieur Costar* (Paris, Augustin Courbé, 1658, in-4°) plusieurs lettres écrites à *Monsieur Arnauld, abbé de Saint-Nicolas* et *au mesme estant evesque d'Angers* (p. 311-329).

sonne qui fait sa loy des volontés de cet innocent triumvirat et qui ne peut n'aymer pas ceux qu'il ayme.

J'accepte donc, Monsieur, le party que vous me présentés; je reçois les protestations d'amitié que vous me faittes et ne [rends] responsable que vous de l'asseurance que vous m'en donnés. J'en attens des consolations proportionnées à la vertu dont j'apprens que vous faittes estroitte profession et à la beauté de vostre esprit qui ne m'est pas connue d'à cette heure. Je vous offre, de mon costé, parmy beaucoup de défauts que vous n'ignorés pas et qui me font renoncer à vostre estime, un cœur qui est assés généreux pour prétendre à vostre affection et pour la mériter. C'est toutte ma richesse et de quoy je paye; c'est ce qui m'a acquis ce que j'ay d'illustres amitiés, et c'est ce que j'espère qui vous attachera à la mienne avec des liens qui ne se romperont jamais. Il est, à la vérité, un peu sévère dans les maximes de la Vertu, et, en cette matière, sa délicatesse a quelque chose de rustique. En récompense il ne sçait ce que c'est d'intérest; il n'est sujet ni à bassesse ni à lascheté; il n'est ni soupçonneux ni jaloux ni visionnaire; il ne se donne point à demy et n'est capable de se détacher que pour un outrage.

Je sçay, Monsieur, que ces conditions ne vous sçauroient déplaire, et je pense le bien mettre auprès de vous que de vous les déclarer. Il dépendra de vous de me faire connoistre si je pense juste et si je ne me trompe point dans mon opinion. Quant à l'esclaircissement que vous me faittes, comme ne m'en voulant point faire, je me garderay bien d'y respondre pour ne pas traitter en accusé un homme de si grand mérite et que je regarde désormais comme mon amy. Commençons, je vous prie, nostre alliance par une amnistie génerale, et tirons un rideau sur ce qui s'est passé de peur de détremper de quelque amertume une joye aussy pure que me doit estre celle d'avoir fait une acquisition de telle importance, et ne nous souvenons que de ce qui nous peut plaire, et sans songer si nous avons autrefois eu sujet de nous plaindre de la fortune, songeons seulement que nous en avons maintenant beaucoup de nous louer d'elle, qui nous fait offrir un bien que nous serions mesme heureux d'obtenir en le recherchant.

Aymons nous comme si nous n'avions jamais fait autre chose, et n'ayons jamais de contestations ensemble qu'à qui sçaura le mieux aymer. Pour mon regard, je suis asseuré, quelque grand effort que vous faciés en cette douce guerre, que ce sera tout ce que vous pourrés faire de n'estre pas surmonté par moy. Je vous pourrois donner force respondans de la candeur de mes paroles, mais je vous demande la condition que je vous fais et vous supplie de me croire sur ma foy, Monsieur, vostre, etc.

De Paris, ce 16 juin 1640 [1].

---

[1] On trouve dans le recueil cité plus haut deux lettres à *Monsieur Chapelain, Conseiller du Roy en ses Conseils* (p. 681, 683). La première de ces lettres est une réponse à la lettre de pardon de Chapelain. En voici le début : « Il n'y a pas un mot dans vostre lettre, qui n'ait touché mon cœur, et qui ne m'ait donné une extrême passion d'entrer bien avant dans le vostre. Il est si bon et si genereux, et vous m'en avez dit et persuadé tant de merveilles, que vous ne sauriez m'y avoir accordé une si petite place, que je ne croye vous en devoir de très humbles remerciemens. Je vous les rens, Monsieur, avec toute l'affection dont je suis capable; et si vous voyiez les ressentimens que j'en ay, vous ne vous trouveriez pas trop mal payé de vostre present... » Costar termine sa lettre par cette prière qui dut singulièrement *chatouiller l'orgueilleuse faiblesse* du poëte : « Envoyez moy quelque chose de vostre façon, et ne rejettez pas la très humble supplication que je vous en fais. Ce n'est pas seulement pour avoir le plaisir de voir les plus beaux

CCCCX.

À M. L'ÉVESQUE DE GRASSE,

À MÉZIÈRE.

Monsieur, si vous escriviés aussy mal que moy, que vous eussiés autant de lettres que moy à escrire, que vostre esprit fut partagé comme le mien entre les événements douteux de la guerre et d'un procès, vous me pardonneriés plus aisément que vous ne faittes de ne vous avoir point escrit depuis vostre partement de Paris, principalement les nouvelles ne vous touchant point et n'y ayant rien à vous mander que des nouvelles. Mais il faut avoir encore cette persécution avec les autres et elle n'est pas si grande que je ne la puisse bien supporter venant de vous. M⁽ʳ⁾ Conrart en fait autant que vous depuis son arrivée à Bourbon afin qu'il n'y ait pas un de mes amis qui me donne patience et chacun me regarde au milieu de mes embarras comme si j'estois dans une tranquillité profonde et que je n'eusse besoin que d'occupation. Dieu vous le vueille bien pardonner à tous et m'endurcir le front contre vos reproches!

Tout de bon, je suis accablé et de la plus mauvaise humeur du monde, mais je la charme en pensant aux délices dont vous jouissés sur cette claire rivière et dans ce beau Palais où nous avons passé autresfois des heures si heureuses[1]. Je ne comprens point comment les Muses vous ont abandonné en ce lieu et pourquoy vous y avés trouvé plustost l'esprit épistolaire que le poétique. Toutesfois, je l'ay deviné, c'est que vous avés tary les Muses et qu'elles n'ont plus rien à vous donner. Vous ne sçauriés vous eslever plus haut que vous estes par leur ayde, et elles ont [honte] de se présenter à vous inutilement.

Je vous félicitte sur le succès de vostre prose et m'attens à avoir bien du plaisir et de l'édification à la lecture de cet ouvrage sacré qui doit accomplir[2] le volume de vos Épistres. Je suis en peine du danger que vous avés couru sans sçavoir encore quel il est : il est vray qu'il vaut mieux que vous l'ayés couru que non pas que vous ayés à le courre. Dieu vous préserve à l'avenir comme il a fait au passé! C'est une grande honte à Mézière et à Dreux de vous avoir en leur sein et de souffrir que vous n'y soyés pas en seureté.

Je ne sçay desquels de nos amis vous me demandés des gazettes, car pour ceux du Marais, M⁽ᵉˡˡᵉ⁾ Paulet seroit bien marrie que j'eusse couru sur son marché[3] et, pour la rue Saint-Thomas, j'y vais si rarement depuis que M⁽ᵉˡˡᵉ⁾ de Rambouillet est à Ruel, que je suis aussy ignorant que vous de ce qui s'y passe. Quant aux autres, fors M⁽ʳ⁾ Conrart qui vous escrit, je ne sache point à Paris pour qui vous ayés grande curiosité. Expliqués vous plus clairement là dessus et, après cela, nous aviserons à vous satisfaire. Jouissés de vos Champs Élysées et regardés nous de là avec quelque pitié errans comme sur les bords de quelque autre Achéron.

Je suis, Monsieur, vostre, etc.

De Paris, ce 17 juin 1640.

---

vers qui ayent jamais esté faits en nostre langue, que je vous demande cette grâce; c'est aussi pour me mettre en réputation dans cette province, et pour me pouvoir vanter à tous nos honnestes gens, qui vous estiment, comme l'on fait partout ailleurs, un des premiers hommes du siècle, que je ne vous suis pas indifférent...» Balzac (lettre XIX du livre XXI) félicite avec effusion son ami du «pardon qu'il a si noblement accordé à Costar.»

[1] Le château de la famille de Clermont, à 5 kilomètres de Dreux.

[2] Accomplir, achever de remplir, compléter.

[3] M. Littré (*Dictionnaire de la langue française*, au mot *marché*) a rappelé que M⁽ᵐᵉ⁾ de Sévigné a dit (lettre du 22 avril 1671) : «On m'a conté d'elle deux histoires un peu épouvantables : je supprime pour l'amour de Dieu, et puis ce serait courir sur le marché d'Adhémar.»

CCCCXI.

À M. DE BALZAC,
A BALZAC.

Monsieur, je n'ay point encore receu de vos nouvelles de ce voyage, mais c'est sans alarme et sans inquiétude. Je me puis passer huit ou quinze jours de cette consolation pourveu que je m'imagine que vous soyés en santé et je m'imagine aisément qu'une plante solaire comme vous[1] ne peut estre qu'en bon estat dans le temps où le soleil est le plus maistre de l'air et le plus dégagé de brouillards et de nuages. Je me figure que quelqu'un vous a encore enlevé pour quelque visite, ou quelque promenade, et vous avés à douze lieues aux environs de Balzac d'assés honnestes voysins pour me faire penser que, mesme sans estre enlevé, vous avés esté tenté de leur aller rendre par cette belle saison les civilités qu'ils vous ont faittes.

Cependant je ne manque pas de matière pour vous entretenir, car j'ay receu la lettre de Mr Coustart dont vous me donniés avis par vos dernières et j'ay reconnu la constante volonté que vous luy avés inspirée de m'aymer et de désirer que je l'ayme. En ces choses où vous intervenés avec vostre authorité, il n'y a rien à dire. Quant j'aurois creu Mr Coustart cent fois plus incapable d'une vertueuse société que je ne me l'estois persuadé, vostre attestation m'auroit fait changer ma créance tout au contraire quand je la luy aurois trouvée favorable. Il suffit pour moy que vous l'ayés veu à loysir une seule fois et que vous en ayés bien jugé pour m'asseurer que je n'aurois fait un jugement injuste. Qui est digne de vostre bienveillance et de vos mystères est digne de me commander et d'entrer en maistre dans mon cœur. Je luy en ay ouvert toutes les portes. Je l'y ay mis croyant qu'il y vouloit estre et il y est mesme quand il ne le voudroit pas. Mais, comme c'est vostre ouvrage, j'ay creu vous en devoir rendre un conte exact. C'est pourquoy vous aurés, avec ce mot, la copie de celuy qu'il m'a escrit et la response que je luy ay faitte, dont je me veux promettre qu'il sera satisfait. Je ne dis pas du stile dont je ne conteste avec personne, surtout en une matière aussy sérieuse qu'est celle de l'amitié, mais de la manière avec laquelle j'ay receu ses offres et luy ay fait les miennes. S'il y a quelque chose à achever en cela, je le laisse à vostre affection et à vostre prudence qui font toutes leurs opérations parfaittes aussy bien que vostre esprit.

Mr de La Thibaudière me fit voir, la semaine passée, une lettre de Mr Coustart[2] où il parloit à peu près au mesme sens qu'il m'a escrit sur le désir que nous fussions amis, ce qui m'eust peu servir de confirmation. Enfin, Monsieur, c'est une affaire faitte et de laquelle il n'y a plus rien à douter de ma part. Je veux croire que de la sienne il n'y aura pas plus de sujet de doute.

Je fis voir en mesme temps à Mr de La Thibaudière les reproches que vous luy faisiés sur son silence de Xaintonge et de Paris dont je le vis avec un peu de confusion. Trois jours après, il me revit et me donna la lettre

---

[1] Allusion à l'amour qu'avait Balzac pour la lumière du soleil, amour dont il a été déjà question dans cette correspondance.

[2] Le recueil des *Lettres de Monsieur Costar* renferme deux lettres *à Monsieur de La Thibaudière* (p. 618-625 et 631-633). Dans ces deux lettres il est grandement question de Balzac, que Costar vante excessivement, disant, par exemple, qu'il ne conçoit *rien de si grand ni de si beau* que son esprit, mais il n'est pas dit un seul mot de Chapelain. Nous n'avons donc pas, dans ce volume de près de mille pages, la lettre que mentionne ici le correspondant de Balzac.

que vous trouverés dans ce paquet pour vous. Il se plaignit extrêmement de M⁵ vostre niepce qui ne luy avoit pas tenu parole, ayant souffert qu'on la mariast sans luy[1]. Mais je croy que ces plaintes seront aisées à appaiser et que, pour le satisfaire, il ne sera pas besoin d'en venir au démariage[2].

Mon procès me travaille plus que jamais. Je sollicite, à cette heure, tout de bon, et j'espère que, dans trois semaines, j'auray accouché de ce monstre et que je me le mettray hors de l'esprit d'une ou d'autre façon.

Pour M⁵ de Longueville, qui est ma noble inquiétude, si la suitte respond au commencement, il convertira mes tristesses en joye, et me consolera de tout le mal que la chicanne me pourra faire et de tout le ravage que cette Cravate[3] s'appreste à faire dans mon petit champ. La *Gazette* vous apprendra les particularités, mais elle ne vous dira point avec combien de grandeur, de courage, d'industrie, de despense, ce Prince a entrepris de soustenir le soustien de l'Allemagne[4] et de le dégager du plus mauvais pas où il se soit jamais trouvé.

Je suis, Monsieur, vostre, etc.

De Paris, ce 17 juin 1640[5].

CCCCXII.
À M. CONRART,
À BOURBON.

Monsieur, je vous escrivis sur la fin de la semaine passée, ayant pris à peu près mes mesures pour vous faire recevoir mes lettres au temps que vous deviés arriver à Bourbon. J'y fis joindre les nouvelles que nous avions et qui n'estoient guères autres que celles de la *Gazette* suyvante, mais qui vous devoient estre portées trois ou quatre jours plustost. Il y avoit aussy un billet pour M⁵⁵ Chalais que je m'estois imaginé qui le trouveroit en

---

[1] Nous avons rappelé (sous la lettre du 19 mai 1640) que Marie de Campaigno avait été mariée (février 1640) avec Bernard de Forgues, seigneur de Neuillac.

[2] M. Littré n'a trouvé le mot *démariage* que dans les *Mémoires* de Saint-Simon. Ce mot, qui manque dans le *Dictionnaire* de Richelet, a été admis dans le *Dictionnaire de Trévoux*.

[3] Chapelain ne trouve pas de nom plus odieux à donner à la chicane que celui de ces *Cravates* ou *Croates*, lequel, depuis le commencement de la guerre de Trente ans, était devenu synonyme de pillard, de brigand. Voiture a dit dans une de ses lettres : «Toutes les cruautés des Croates ne sont point comparables aux siennes.» Le même Voiture a aussi employé le mot *Cravate*. D'après le *Dictionnaire de Trévoux*, «quand on parle, en terme de guerre, des soldats de Croatie, il faut dire *Cravate*, c'est l'usage en notre langue.»

[4] Le maréchal Banier.

[5] Le même jour, Chapelain écrivait à M. de Montauzier (f° 412) : «L'Académicien dont les mortifications vous plaisent [c'était Voiture] n'est pas trop mal assidu et nous commençons à descouvrir qu'il a tourné les espérances de sa fortune du costé de Son Éminence depuis la mort du Cardinal de La Valette. Nous verrons comment il luy réussira. Depuis le raccommodement avec la Princesse Julie, il a esté brouillé avec la Marquise pour quelque rapport qu'il luy avoit faitte (*sic*) et qu'il a eu bien de la peine à interpretter pour n'y pas engager sa protectrice... Pour surcharge, il a empesché Mesnardière d'entrer auprès de M⁵ de Chavigny en disant qu'il estoit fou, dont la Marquise a esté aussy fort en colère contre luy, pour ce que cet homme luy retombe sur les bras qui l'incommode... Si à force de pareilles incertitudes [ne faudrait-il pas lire *incartades*?] il force cette personne à se détacher de luy et à ne se plaire plus en sa compagnie, vous aurés de quoy vous resjouir, et luy de quoy enrager, ce logis estant l'un de ses deux Empires dont il luy seroit fort sensible d'estre privé. Mais sa bonne fortune et sa hardiesse le rajuste tousjours et pour ne se pas trop promettre, il faut que vous vous contentiés du tourment que cela luy donnera jusques à ce qu'il soit bien remis...»

meilleure santé que vous ne me mandés, autrement je l'eusse traittée avec un peu moins de gayeté que je n'ay fait dans cette badinerie. Tout de bon c'est une des personnes du monde que j'estime davantage et il ne luy peut arriver de bien ny de mal que je n'y participe et que je ne répute comme arrivé à moy-mesme. Vous sçavés bien qu'il y a toutes sortes de raisons pour cela et qu'on ne se fait pas moins d'honneur que de plaisir en aymant et honnorant une vertu si confirmée et si agréable que la sienne [1].

Puisque vous avés tant trouvé de crédit auprès de Mr de Lormes [2] sur les éloges de Mr de Balzac [3], je vous prie d'employer auprès de luy ceux qu'il m'a autresfois donnés pour l'obliger conjointement avec vous à prendre soin d'une santé aussy mal asseurée qu'est celle de vostre excellente fille [4]. C'est un homme qu'on peut opposer à toute l'Antiquité dans la médecine, sans parler de ses autres qualités d'honneste homme qui seules l'ont fait considérer depuis si long temps comme un des ornemens de nostre Cour. Les Eaux où vous estes ne furent jamais si puissantes que depuis qu'il y préside, et si on ne luy veut point faire de tort, on avouera que c'est plustost son génie qui leur donne la vertu que non pas leur vertu qui face valoir son génie. Je me resjouis avec vous non seulement de la guérison parfaitte que vous rapporterés de là par son moyen, mais encore de la liaison que vous ferés avec un mérite aussy rare que le sien, et si l'on vous pouvoit envier quelque bonne fortune, je ne vous dissimule pas que je vous envierois celle-là plus qu'aucune qui vous puisse arriver.

Je ne vous tiens pas peu heureux encore d'avoir rencontré là M[r] l'abbé d'Aubignac [5]. Ce seroit assés pour cela qu'il fust l'honneste homme que nous le connoissons, mais il y a de plus qu'il est vostre amy et que vous y aurés des conversations sçavantes et confidentes [6]. Vous avés la mine de vous entreramener [7] et de ne vous séparer qu'au faux bourg Saint-Jacques. Je vous demande cependant un peu de souvenir de moy lorsque

---

[1] Voilà un témoignage qui est à joindre à tous les témoignages favorables rendus à Mlle de Chalais par Mlle de Scudéry, par Voiture et même par Tallemant des Réaux.

[2] Le docteur Charles de Lorme ou de l'Orme, sieur de Beauregard, naquit vers 1584 et mourut le 24 juillet 1678. Voir l'*Historiette CCXV* (t. IV, p. 258-260) et le *Commentaire* de M. P. Paris (p. 260-263), où sont réunis divers extraits des lettres de Guy Patin et des *Essais de médecine* de Bernier. Tallemant des Réaux en parle ainsi : «Pour de l'Orme, les eaux de Bourbon, qu'il a mises en réputation, l'y ont mis aussy luy-mesme. On dit qu'il pretendoit que ceux de Bourbon luy erigeassent une statue sur leurs puits; il se fit faire intendant des eaux, et puis vendit cette charge. On l'accuse d'avoir pris pension des habitants pour y faire aller bien du monde, et il y a grande apparence...»

[3] Balzac paraît avoir été très-lié avec le docteur. Il lui disait déjà, le 8 décembre 1629 (lettre XXIV du livre VIII, *à Monsieur de Lorme, Médecin ordinaire du Roy, et Thresorier de France à Bordeaux*, p. 367 de l'in-folio de 1665) : «Ce n'est pas d'aujourd'huy que je profite de vostre amitié. Il y a long temps qu'elle m'est utile...» Voir deux autres lettres *à Monsieur de Lorme, Conseiller du Roy en ses conseils, et Médecin de Sa Majesté*, l'une du 8 janvier 1641, l'autre du 12 août 1639 (*ibid.*, p. 486 et 588).

[4] C'est-à-dire Mlle de Chalais, qui paraît avoir été paternellement aimée par Conrart.

[5] François Hedelin, abbé d'Aubignac, était alors âgé de trente-six ans. Nous allons le retrouver dans plusieurs des lettres qui suivent celle-ci.

[6] C'est-à-dire intimes, pleines d'une mutuelle confiance. M. Littré ne cite pas un seul exemple de l'emploi de cette épithète.

[7] *Entreramener* n'est dans aucun de nos dictionnaires.

vous parlerés de vos communes amitiés, et de ne me conter, non plus pour luy que pour vous, entre les médiocres.

J'escriray à M⁰ de Balzac la galanterie que vous me mandés et luy feray le remerciement que vous dittes luy devoir pour le proffit que vous ont fait ses lettres.

Je vous ay mandé, dès l'autre semaine, le veuvage de M⁰ la marquise de Sablé. Je ne l'ay peu voir depuis que pour luy faire le compliment accoustumé en ces rencontres. Sitost que la foule des condoléances sera escoulée, je luy feray sçavoir la mémoire que vous avés d'elle et luy feray plaisir. Je feray le mesme à l'hostel de Rambouillet et chés M⁰ de Clermont quand mes affaires me pourront permettre d'y aller. Mes accablemens sont au delà de ce que vous pouvés l'imaginer et je ne sçay comment j'ay peu prendre le temps de vous escrire cette lettre. Je ne bouge de chés des substituts et des procureurs généraux qui mortifient d'importance ma gloire par leur rudesse et leur mauvaise gravité.

Vous aurés tousjours ce qui me viendra de nouvelles, si ce n'est lorsque Renaudot les aura fait crier¹. Pour cette fois je ne vous diray autre chose sinon qu'Arras est assiégé et que nous avons plus de trente mille hommes devant². On tient pour asseuré qu'il n'y a pas deux mille hommes de guerre dans la place. On s'est desja saisy du pont et d'une abbaye qu'on estime un poste fort avantageux.

J'escris à M⁰ de Montauzier par M⁰ de La Perche et luy fais les baise mains que vous m'ordonnés. Pour brieveté j'en fais à toute vostre compagnie et vous demande leurs bonnes graces à tous aussy bien qu'à vous à qui je suis sans réserve, Monsieur, vostre, etc.

De Paris, ce 18 juin 1640³.

CCCCXIII.
À M. CONRART,
à bourbon.

Ce sera seulement pour accompagner les nouvelles que nous avons et principalement d'Allemagne, car pour celles de Piémont j'ay observé, estant autrefois à Bourbon, qu'on les avoit fort fraisches par la voye de Lion, et d'autres choses je n'ay guères rien à vous dire depuis mardy que je vous escrivis assés amplement de tout. Néantmoins je vous diray que je leus hier à M⁰ la marquise de Sablé l'endroit de vostre lettre où vous parlés d'elle et de M⁽ˡˡᵉ⁾ de Chalais, et qu'elle en receut une consolation bien grande. Elle fut bien ayse aussy d'apprendre que nostre amie se portast mieux et cela la luy fait attendre avec plus de patience. Elle vous baise les mains et vous recommande à elle et me

---

¹ On annonçait à haute voix dans les rues de Paris la mise en vente de chaque numéro de la *Gazette*.

² La ville d'Arras avait été investie le 15 juin par les armées réunies du maréchal de Châtillon et du maréchal de la Meilleraye.

³ Suit (f° 415) un billet non daté adressé à M. d'Andilly. Chapelain le remercie d'avoir soumis quelques-uns de ses vers à une dame d'une grande sainteté : « Que si vous pouviés obtenir la mesme grâce pour le reste et que cette mesme excellente bonté se voulust bien encore estendre sur les autres esbauches que vous avés veues, j'aurois d'autant meilleure espérance de ma sainte héroïne qu'elle auroit passé par les mains d'une autre héroïne qui ne court pas moins qu'elle la carrière de sainteté... Il vaut peut estre mieux que ma guerrière demeure dans sa rusticité naturelle que de l'ajuster aux despens de ces heures qui se peuvent dire sacrées puisqu'elles ne s'occupent qu'à la prière ou à la contemplation du souverain bien. Je vous envoye le troisième livre pour en disposer comme il vous plaira... »

recommande à elle aussy. Je serois fou si je m'oubliois.

Je vis, il y a six jours, Melle de Scudéry qui me resveilla sur son sujet et je fus bien aise qu'elle en parlast avec l'affection qui me parut en elle [1]. Je vis hier Mr Mesnage qui fait imprimer sa response à M^r d'Aubignac [2]. Nous verrons comment il couvrira ce mommon [3], et ce conflict ne se passera point sans produire de belles lumières. Il m'a dit qu'il y avoit quelque chose sur le caractère élégiaque de M^r de La Mesnardière, d'où vous pouvés juger qu'il y aura un combat en tiers. Car ce dernier n'est pas un homme à se laisser pincer sans rire ou, pour mieux dire, sans crier. Mr Mesnage croit aussy que M^r d'Aubignac ne s'en taira pas [4]. Il me dit sur ce que quelqu'un disoit que M^r d'Aubignac et vous estiés brouillés, qu'il avoit asseuré que non pour ce que vous beuviés ensemble.

De Paris, ce 22 juin 1640 [5].

---

[1] M. V. Cousin (*La société française au XVIIe siècle*, t. II, 1866, p. 408-411) a reproduit une lettre «remplie d'affection» écrite, de Marseille, le 13 décembre 1644, par Mlle de Scudéry à Mlle de Chalais, «dame de compagnie de la marquise de Sablé, femme de mérite, que Mme de Sablé traitait comme une amie, et à laquelle écrivaient les plus beaux esprits et les plus grands seigneurs.» M. Rathery, qui a reproduit la même lettre dans son volume sur *Mademoiselle de Scudéry* (p. 166-170), rappelle que Mlle de Chalais était l'amie intime de la sœur de l'auteur d'*Alaric*.

[2] *Réponse au Discours sur l'Heautontimorumenos de Térence* (Paris, 1640, in-4° de 102 p. sans nom d'auteur). J'emprunte à l'excellent *Dictionnaire historique, géographique et biographique de Maine-et-Loire*, par M. Cél. Port, les renseignements bibliographiques qui suivent (t. II, p. 647): «Réimprimé en 1652, avec le discours de d'Aubignac, — de nouveau à part, Utrecht, Ant. Schouten, 1690, in-8° de 264 pages, avec des additions et une préface où il s'explique sur la riposte injurieuse publiée en 1655 par son adversaire; — et Amsterdam, 1715, in-8°, avec la *Pratique du Théâtre*, de d'Aubignac. Il s'agit en tout de savoir si la comédie dure dix ou quinze heures.»

[3] *Couvrir le momon*, dit M. E. Sommer (*Lexique de la langue de Madame de Sévigné*, 1866, t. II, p. 106), c'est proprement accepter au jeu de dés un défi porté par des masques. Conférez les articles *Momon* du *Dictionnaire de Trévoux* et du *Dictionnaire* de M. Littré. Madame de Sévigné et Molière écrivent *momon*. La Noue et d'Aubigné, comme Chapelain, écrivent *mommon*, ainsi que Perizonius cité par Trévoux. Rappelons, puisqu'il est question ici de Ménage, qu'il faisait venir le mot de Momus, le fou des dieux, et avec assez d'apparence, ajoutent les auteurs du *Dictionnaire universel* de 1771. M. Littré croirait plutôt à l'origine germanique du mot.

[4] Ménage avait bien raison. Voir *Térence justifié, ou deux dissertations sur la troisième comédie de Térence intitulée Heautontimorumenos, contre les erreurs de M. Gilles Ménage, avocat au parlement* (Paris, 1656, in-4°). Ce recueil renferme la brochure publiée, en 1640, sous le titre de *Térence justifié*, à l'occasion d'une conversation entre Ménage et l'abbé d'Aubignac.

[5] Suivent, sans parler de diverses lettres au marquis et à la marquise de Flamarens (f° 417 et aussi f°s 421-424), deux lettres du 23 juin (f°s 419 et 420), l'une au duc de Longueville, qu'il félicite *de ce don qui est égal en vous de vous faire adorer des vostres et redouter des ennemis*; l'autre au marquis de Montauzier, auquel il dit: «Mr de Croizilles a eu enfin des conclusions du Procureur général qu'il nomme cruelles avec Mlle sa Cousine [Mlle Paulet] et que force gens appellent favorables, et ces conclusions sont qu'il sera renvoyé devant l'Official, son juge naturel. Si elles sont suyvies, son affaire sera longue encore et il aura au moins ce mal d'une fort ennuyeuse prison, dont je prie Dieu de le délivrer bientost et par une bonne porte. Il y a deux jours que Mlle de R[ambouillet] partit d'icy avec Mme la Princesse [de Condé] pour aller en pelerinage à Nostre Dame de Chartres et de là à l'abbaye de Mr de Meinac en Berry, si je ne me

CCCCXIV.

À M. DE BALZAC,
À BALZAC.

Monsieur, peut estre qu'en finissant ma lettre je recevray l'autre, comme l'autre fois, et qu'en fermant mon paquet, j'auray encore le déplaisir de la laisser huit jours sans response. Il n'y a remède pourtant et il vaut mieux employer le temps que le courrier me donne pour respondre à vostre dernière, qu'en attendant encore un peu celle qui n'est possible pas encore arrivée, me mettre en hazard de ne pouvoir de cet ordinaire faire de response ni à l'une ni à l'autre.

On dit que M^r le Prince est cause de ce retardement, j'eusse dit désordre si je n'estoit point assés bon courtisan pour adoucir les choses par les termes et si le respect que je dois à sa condition ne me rendoit plus respectueux envers luy que ne sont la pluspart des hommes. En effet, reculer au lieu d'avancer les courriers en une saison si belle et une suspension si grande des esprits pour les nouvelles et pour les affaires, c'est un procédé bien hétéroclite[1] et qui rendroit bien excusables ceux qui se donneroient la liberté d'en murmurer. Pour moy, je n'en murmure qu'entre mes dents et suis prest à luy pardonner, puisque les nouvelles que j'attens de vous ne m'inquiettent point pour cette heure et que les dernières que j'en ay eues ne m'en faisoient rien craindre de mauvais.

Mais me voila desja presque au milieu de mon papier et je ne vous ay encore rien dit qui vaille la peine de l'entendre ny qui responde à vos précédentes. Vostre espérance des bons succès de la marche de M^r le duc de Longueville m'est un augure favorable qui me soulage l'esprit et qui me tient lieu d'une douce victoire. Je prens acte de vostre profétie et somme le ciel de l'accomplir dans son temps[2]. Vous estes un orateur qui vaut bien une douzaine des meilleurs poëtes de ma connoissance, et je me fierois mieux en vos prédictions qu'aux leurs. Et puis vous n'estes pas tellement orateur que vous ne soyés aussy poëte, et le *vates* ne vous appartient pas moins qu'à ceux qui s'en piquent le plus[3]. Vous nous avez monstré en langage romain combien les Muses vous estoient amies et la part que vous avés aux bonnes grâces d'Apollon. C'est de peur de nous deshonnorer mesme que vous ne voulés pas rimer en nostre langue et ayant[4] tant d'autres partages éminens, par affection et par pitié vous nous laissés celuy là afin que nous vivions et qu'on nous regarde sans mespris dans le monde. Je croy donc en ce que vous me promettés et j'espère de vostre espérance.

Et, de fait, depuis que vous m'avés escrit, nous avons eu sujet de croire que vos inspirations estoient des bonnes, car on nous a appris que ce prince n'eust pas plus-

---

trompe. Ce beau voyage nous la desrobera, à leur conte, quinze longues journées...»

[1] Les deux plus anciens de nos écrivains qui, d'après les exemples cités par M. Littré, auraient employé le mot *hétéroclite*, seraient Charron et Regnard.

[2] Balzac écrit à son ami (lettre XX du livre XXI, non du 10 juin 1640, mais des premiers jours de juillet, p. 825) : «Je prens grande part, n'en doutez pas, aux grandes nouvelles d'Allemagne, et je feray un feu de joye en mon particulier, lorsque votre Prince en aura mérité de publics. Plust à Dieu, Monsieur, que ce fust luy qui fust le libérateur de la Chrestienté, et que je fusse son prophète, et vous son historien.»

[3] Balzac (*ibid.*) répond ainsi à ces compliments : «Si on est Prophète et Poëte au prix que vous dites, ce sont des charges qui sont à bon marché...»

[4] *Ayants* avait été mis là pour *ayant*.

tost joint le mareschal Bannier à Erfort[1] qu'il marcha droit à Picolomini et d'abord luy fit quitter le poste qu'il avoit pris autour de Salfeld et que luy ayant donné desja plusieurs touches fort rudes, il le poussoit de vallée en vallée dans l'espérance d'un plus grand événement[2]. Dieu vueille achever cet ouvrage comme il l'a commencé! L'Europe sera libre et nous serons heureux. Là est le gros des affaires et le reste n'est qu'accessoire. Si nous sommes là victorieux, nous vuiderons la question et serons victorieux partout. Dans l'espérance où je suis, je vous avoue que je regarde Mr le duc de Longueville comme nostre Hercule et que j'attens de luy, non seulement mon establissement particulier, mais encore le salut général.

J'ay mandé à Mr le marquis de Montauzier comment vous avés receu sa lettre et je sçay que cette manière *nobile et schietta* le ravira comme celle qui a un parfait rapport à son humeur. L'affection que vous tesmoignés d'avoir pour sa vertu est juste, car c'est une véritable vertu, mais une vertu esclairée et accompagnée de tous ces ornemens que nous aymons mieux en ceux qui ne sont pas vertueux.

J'ay remercié en vostre nom Mr d'Ablancourt qui vous en remercie. Si vous avés trouvé son présent beau, il l'aymera et sera bien aise de vous avoir fait un hommage agréable. J'ay veu Mr Mesnage et nous avons fort parlé de vous. Il est tousjours en fantaisie de vous aller faire visite[3], et Dieu sçait quand cela sera, combien il vous contera[4] de nouvelles des sçavans et des ignorans, des candidats de l'Académie et de ceux qui *repulsam passi sunt* en ces derniers temps dans la poursuite d'un lieu en vostre célèbre compagnie[5]. Ensuitte il ira vous entretenir plus de deux jours de la question des douze heures remuée par l'abbé d'Aubignac et imprimée[6]. Il est vray que ce ne sera qu'après avoir veu la response qu'il luy a faitte et qui s'imprime aussy, où je suis trompé si l'abbé ne succombe. Je suis à l'ordinaire, Monsieur, vostre, etc.

De Paris, ce 24 juin 1640.

CCCCXV.

À M. CONRARD.

Je croiois attendre à vendredy pour respondre à vostre lettre, mais me trouvant une

---

[1] Montglat (*Mémoires*, VIe campagne) écrit *Herfort*. C'est en réalité Herford, en Westphalie, au confluent de l'Aa et de la Werra, à 24 kilomètres de Minden.

[2] Le Père Griffet (*Histoire du règne de Louis XIII*, tome III, page 276) raconte que l'Empereur ayant rassemblé une armée formidable, commandée par le comte Piccolomini et par le général Hasfeld, Bannier, qui n'avait pas assez de troupes pour lui résister, fut obligé d'appeler à son secours l'armée du duc de Longueville, qui joignit la sienne le 16 mai auprès d'Herford; mais que la mort de sa femme, qu'il perdit au commencement du mois de juin, le mit hors d'état de rien entreprendre. On décampa donc le 12 de ce mois, et tout le reste de la campagne se passa en marches inutiles et en escarmouches insignifiantes.

[3] Balzac (lettre XX du livre XXI, déjà citée) accueille ainsi cette nouvelle : «Si Monsieur Mesnage me fait l'honneur de me venir voir, je le recevray à bras ouverts, et mon Hermitage se tiendra tout glorieux d'avoir receu un tel Hoste.»

[4] *Constera*, dans le manuscrit.

[5] Ce passage, depuis : *J'ay veu M. Mesnage*, a été publié par M. Livet (*Histoire de l'Académie française*, t. I, p. 386 et 387).

[6] Balzac dit sur ce point (lettre XX du livre XXI, p. 825) : «Je ne connois point l'Abbé d'Aubignac, ni n'ay ouï parler de sa Question des douze heures, ni ne sçay qui sont ces *candidati tam infeliciter ambitiosi*. Vous m'obligerez de m'en faire un petit article.»

heure de loysir, il vaut mieux se descharger de cette dette dès aujourdhuy et mesnager le temps qui peut estre, une autresfois, ne sera pas si favorable. J'ay mesme résolu de respondre au silence de nostre Maistresse[1], puisqu'elle n'a pas voulu que je respondisse à ses paroles ny à ses escrits. Et certes j'aurois bien un peu de sujet de m'en plaindre, si je ne considérois que vous la tenés de si près qu'elle n'a peut estre pas le loysir de se moucher, que vous ne luy donnés pas le temps de parler, ou si vous luy en laissés la liberté, que ce n'est que pour vous et non pas pour nous autres qui sommes si malheureux que de n'estre pas malades, ou si maladroits que de ne le pouvoir feindre pour aller après elle chercher du soulagement à nostre passion.

Toutesfois j'ay tort aussy de me plaindre de vous, vous pouviés me faire encore pis que vous n'avés fait; vous pouviés ne luy pas faire voir mes plaintes et c'est grâce que de luy avoir donné mon billet. Jamais rival ne fut si officieux que vous et il est inouy encore que de deux personnes qui ayment en mesme lieu, l'une servist de fidelle confident à l'autre. C'est de quoy je vous rens grâces pour vous le revaloir en temps et lieu, mais non pas d'avoir souffert qu'elle monstrast ce billet à d'autres qu'à vous.

Tout de bon, ceux qui ne me connoissent pas me prendront pour un estrange homme d'user ainsy gaillardement avec une personne aussy retenue qu'est Melle de Chalay, et je crains d'y avoir perdu la réputation de sagesse que mes amis m'avoient donnée. Le stile aura scandalizé Mr de Lorme, quelque approbation qu'il luy ait pleu donner à cette raillerie, et si j'allois à cette heure à Bourbon, je croy qu'il me voudroit traitter de la folie plustost que des obstructions et de tous ces autres maux dont il est le vray Esculape. Je vous supplie, en le remerciant très humblement de ma part du beau madrigal qu'a produit cette bagatelle, de luy dire que je ne suis pas trop fou et qu'il m'arrive peu souvent de faire de ces escapades et que quand je les fais, j'ay encore la discrétion que ce soit fort en particulier. Du reste, si vous ne luy prestés point les louanges dont vous le faittes l'autheur, je vous prie de luy dire aussy que je le recevrois volontiers de luy, si je m'en connoissois un peu digne, pour ce qu'il y a long temps que j'ay ouy dire qu'un des plus sensibles plaisirs est d'estre loué par un homme louable, mesme quand l'éloge ne peut estre soupçonné d'intérest. Il est vray que je ne lui suis pas si inconnu qu'il vous a dit, s'il a la mémoire aussy bonne que le jugement, et qu'outre plusieurs rencontres où je l'ay veu et où il m'a veu, nous en eusmes encore une, il n'y a pas deux ans, chés M^r le Duc de Longueville et en sa présence, qui m'avoit fait croire que je luy aurois laissé quelque légère idée de moy. Pour luy, il y a long temps que j'ay la sienne gravée dans l'âme, et dès le temps qu'il me donna l'élégie latine que M^r son cousin avoit faite contre l'injustice de Mr Servin[2], le regardant dès lors comme un de nos premiers hommes, et qui méritoit autant de gouverner les esprits que les corps.

---

[1] Mlle de Chalais, comme on le voit quelques lignes plus bas.

[2] Il s'agit là de l'*injustice* éprouvée par Louis Servin, avocat général au Parlement de Paris, qui mourut subitement le 19 mars 1626, en adressant de fermes remontrances à Louis XIII qui tenait son lit de justice pour obtenir certains édits bursaux. La généreuse mort de Servin a été célébrée en de beaux vers par Abel de Sainte-Marthe, mais bien plus éloquemment encore dans ce distique du conseiller Bouguier :

Servinum una dies pro libertate loquentem
Vidit, et oppressa pro libertate cadentem.

Nous avons fait aujourd'huy de nouveaux officiers, et Mr Gombaud, qui s'estoit opiniastrement déposé du vicariat de la chancellerie, par une justice de la fortune s'est luy mesme, en distribuant les billets, donné celuy qui portoit le nom de Chancelier, dont vous auriés ry si vous aviés veu sa surprise. Mr de Vaugelas s'est trouvé directeur qui feroit tres bien la charge, s'il avoit la voix un peu plus haute[1]. Mr Patru a veu ce que vous m'escrivés de luy et m'a dit qu'il avoit receu une lettre de vous où je croy que vous luy estallés davantage la matière. J'ay des conclusions qui me sont encore inconnues, et mon procès pourra ne se juger qu'à vostre retour.

Très humbles baisemains à vostre compagnie.

De Paris, ce 25 juin 1640.

CCCCXVI.
À M. L'ABBÉ D'AUBIGNAC.

Monsieur, je me pourrois plaindre de l'excès de vos civilités, si elles n'estoient si éloquentes. Mais comme, d'un costé, j'ay honte de me voir excessivement loué, de l'autre j'ay plaisir de voir des paroles si choisies, et à cette fois cy la volupté l'emporte dans mon esprit sur la raison. Il se fait je ne sçay comment que, pourveu qu'un homme parle bien, il n'importe pas qu'il die vray et que la beauté de l'art répare la difformité de la matière. Je ne me plains donc point des agréables flateries dont vous m'avés voulu honnorer parce qu'elles sont agréables et qu'il est encore inouy qu'on soit choqué par ce qui donne du plaisir. Je me plains bien de ce qu'après trois ou quatre ans de connoissance, et, ce me sembloit, d'amitié de vostre part, aussy bien que de la mienne, vous me remerciés de ce qu'à cette heure je vous reçois au nombre de mes amis. Vous m'avés surpris, je vous l'avoue, et m'avés fait faire des réflexions désavantageuses à tous deux. Si vous avés douté de mon affection après vous l'avoir promise, c'est signe que vous ne l'avés pas agréé quand je vous l'ay donnée, et si vous ne m'avés pas voulu pour amy, il y a apparence que vous ne me l'avés pas esté. Croyés moy, Monsieur, cette matière est un peu délicate et mérite d'estre traittée avec considération. Je suis franc et je diray mesme noble. Quand j'asseure quelque chose, il est vray, principalement ce qui dépend de moy, douter de ma parole, c'est me faire tort. Je vous ay dit, il y a long temps, que je vous honnorois. Vous m'en pouvés croire, puisque je vous le disois et, si vous ne m'en avés pas creu, il y a trois ans, qui m'asseure que vous en croyés à cette heure, puisque je ne vous en ay donné de preuve que ma parole et que je ne suis pas plus véritable que j'estois? Pardonnés à ce petit ressentiment que je ne vous pouvois dissimuler, ayant esté touché en une partie trop sensible, et croyés, s'il vous plaist, à l'avenir, que je ne suis point vostre amy depuis peu et que, quand j'ay mandé à Mr Conrart que je vous estimois, je ne luy ay point dit une chose nouvelle. Vous faittes, il y a long temps, partie de ceux auxquels vous vous resjouissés que je vous associe. Ainsy je vous donne vous mesme pour compagnon dans mon estime et par là vous voyés que vous avés grande raison de vous en resjouir, puisque je vous mets en la meilleure compagnie que vous pouviés souhaitter.

Pour ces autres Messieurs dont vous me parlés, comme vous me tesmoignés que la société vous en agrée, je vous puis tesmoigner aussy qu'ils se trouvent fort bien de vous, et que dans mon âme il n'y a point

---

[1] Paragraphe reproduit dans l'édition de 1858 de l'*Histoire de l'Académie française*, t. 1, p. 387.

de parties qui vous divisent. Aussy les honnorant tous au point que je fay et ne pouvant penser à la perdre sans esmotion non plus que vous, je feray tousjours ce qui me sera possible pour vous conserver en bonne intelligence, ne m'imaginant rien de pire pour mon repos que la nécessité violente de prendre party, s'il arrivoit que vous vinssiés à vous diviser[1]. J'espère que cela ne sera jamais et que je jouiray en paix de toutes mes amitiés et, à un besoin, serviray de conciliateur quand le besoin auroit fait naistre entre eux quelque occasion de discorde; M^r l'abbé de Chastillon me seconderoit sans doute en ce dessein, s'il ne m'y prévenoit mesme, n'estant pas moins bon amy que moy et ayant beaucoup plus de crédit et dexterité que je n'en ay en toutes choses.

J'attens vostre retour avec impatience et d'autant plus que je sçay qu'il ne sera pas sans vostre santé. Car je me puis bien passer encore quelque temps de vous voir, mais non pas de vous sçavoir guéry et en estat de nous donner les belles choses que le monde attend de vos veilles.

Je suis, Monsieur, vostre, etc.

De Paris, ce 28 juin 1640.

CCCCXVII.

À M. CONRART,
À BOURBON.

Vous me consolés et mettés ma modestie à l'espreuve et je diray mesme au hazard. Car je ne suis point en garde de vous et ayant accoustumé de vous entendre parler véritablement, je serois capable de me laisser attrapper aux railleries si elles n'estoient point si descouvertes. De véritables improntus, des esbauchemens de pensées, des billets escrits avec toute sorte de nonchalance et comme nous conversons ordinairement, auroient peu plaire aux excellentes personnes dont vous me parlés! Cela seroit bon à dire si ces personnes estoient du commun et si vous n'estiés point là pour les divertir de vos délicatesses non communes. C'est pourquoy aussy je ne suis point en peine de ce que vous me mandés et ne crains pas qu'on me copie, comme il semble que vous m'en vouliés faire peur. Quelque loysir qu'on ait au lieu où vous estes, on n'est pas pourtant réduit à ce mauvais passe-temps, et si l'on en a fait la mine, ç'a sans doute esté une feinte pour voir ce que vous en diriés.

Mais laissons cela pour vous dire que Mr de Grasse est de retour de Dreux plus tost de quinze jours qu'il ne pensoit pour servir en une affaire d'importance chrestiennement une personne qu'autresfois il eust servie dans des mouvemens bien contraires[2]. Il se porte extrêmement bien et vous désire fort icy, disant que, puis qu'il n'a plus que trois mois à demeurer icy, vous n'en sçauriés estre dehors un jour sans luy faire le plus grand tort du monde. Il a achevé ses lettres canoniques. Il falloit dire Epistres, mais ce qui est escrit est escrit. J'avois dans l'esprit la lettre qu'il mettra au devant du second volume des OEuvres chrestiennes que nous leusmes hier avec attention et esprit de censure. Elle n'est pas longue, et est pleine de beautés, mais de ces beautés graves qui sentent bien la dignité qu'il porte et qui plaist sans affec-

---

[1] Chapelain fait ici allusion à la querelle relative aux choses de théâtre dont il a été déjà question, et dans laquelle l'abbé d'Aubignac avait à la fois pour adversaires Ménage et Le Mesnardière.

[2] Cette affaire d'importance était l'affaire de l'abbé de Croisilles, cousin de Mlle Paulet, à laquelle Godeau donnait en cette occasion toute sa *charité*, après lui avoir autrefois donné toute sa *tendresse*.

tation. Je n'ay rien veu encore de luy si judicieux ni si plein. Sur le chemin de Dreux il fit deux ou trois pseaumes en se curant les dents et ne sachant que faire. Il nous les garde pour les lire ensemble à vostre retour.

Je respons à une lettre de M⁰ d'Aubignac et laisse la mienne ouverte afin que vous la voyés auparavant. Vous verrés à Paris les termes de la sienne que j'ay mis à couvert pour la pouvoir monstrer. Après avoir leu celle que je luy escris, vous me ferés la faveur de la cacheter et de la luy bailler.

Je suis ravy de ce que vous ramenés M⁰ˡˡᵉ Chalais et je ne comprens point de quel droit sans vous on l'auroit promenée trois mois, comme vous dittes, par la campagne devant que de nous la restituer. La lettre qu'elle m'a escritte lorsque je ne m'y attendois plus est très digne d'elle, et m'a bien confirmé dans l'estime que je faisois de sa vertu. Guérissés, ou non; vous aurés tousjours bien gagné à Bourbon d'avoir esté cinq ou six semaines continuellement avec elle. Mais j'ay tort de mettre en doute si vous guérirés, car quand les eaux vous seroient inutiles, son entretien seul est capable de vous rendre la santé.

De Paris, ce 28 juin 1640.

CCCCXVIII.

À M⁰ʳ LE DUC DE LONGUEVILLE,
EN ALLEMAGNE.

Monseigneur, en revanche de la nouvelle que vostre marche et les heureux commencements de vostre campagne avoient fait respandre, par toute l'Allemagne, de la desfaitte entière des Impériaux, les Espagnols firent courir le bruit, il y a six ou sept jours, que la bataille s'estoit véritablement donnée depuis, et qu'après un grand combat enfin nous l'avions perdue. Nous ne fusmes pas, à la vérité, plus d'un jour dans l'appréhension que la chose ne fust comme ils la publioient, mais il vous sera aisé à croire que ce jour nous dura plus d'une année et que si nous n'en eussions, le lendemain, justifié la fausseté, il eust esté impossible de nous consoler.

Grâces à Dieu, nous sceusmes, Monseigneur, que les choses estoient tousjours au mesme estat, que vous assiégiés les ennemis dans leurs vallées et que vous leur présentiés tous les jours la bataille inutilement. Tout Paris respira à cette nouvelle, et au lieu qu'il vous avoit loué, un jour devant, les larmes aux yeux, il vous loua alors avec toutes les marques de resjouissance imaginable, et prit plaisir à lire le menu de vostre jonction avec M⁰ le mareschal Bannier, l'accueil qu'il vous avoit fait et les choses qui s'estoient passées sous vostre conduitte et la sienne, depuis le 16 de may jusques au 25, comme je l'avois fait imprimer sur les originaux [1].

Depuis cela, nous sommes dans une attente plus reposée de ce qu'il plaira à Dieu qu'il arrive de la grande affaire que vous avés entre les mains, que chacun reconnoist pour la principalle et pour laquelle on redouble les vœux et les prières de tous costés. Après celle-là, Monseigneur, on est encore fort suspendu d'esprit sur l'évènement des deux sièges de Thurin et d'Arras, lesquels ne peuvent réussir sans porter un grand coup pour la bonne cause et rendre la Maison d'Austriche raisonnable pour la paix. En l'estat où sont ces deux sièges, il n'y a presque désormais rien qui les puisse faire manquer que le défaut de vivres et la ruine des convois. C'est à quoy il est visible que les Espagnols tendent d'un et autre costé, ceux d'Italie ayant

---

[1] On sait que Chapelain avait soin d'insérer dans la *Gazette* la relation de tous les faits d'armes du duc de Longueville.

eu ordre de Madrid ne hazarder aucun combat, comme ils s'en donnent bien de garde, et du costé de Flandres, la vieille maxime de ne point donner de bataille s'y observant encore, et d'autant plus que s'ils la perdoient, ou s'ils ne la gaignoient point, ils auroient en mesme temps le prince d'Orange sur les bras avec trente mille hommes.

Nous apprenons d'Espagne que la forteresse d'Oran, en la coste de Barbarie, est attaquée des Mores avec grande puissance et que les Espagnols ont encore occupation de ce costé la[1].

Le Prince d'Orange, ayant deux fois tenté en vain le passage du canal de Gand, se tient encore dans son camp de Maldeghem et occupe une partie des trouppes ennemies dans l'incertitude de ce qu'il peut entreprendre.

Pour nostre siège d'Arras, [il] est formé et nous avons repoussé les ennemis toutes les fois qu'il s'est présenté (sic) pour jetter des secours dans la place où il n'y a pas deux mille hommes de guerre en tout. J'ay nouvelles du camp du 27 de ce mois qui promettoient la circonvallation parfaite au 30 au plus tard. Lamboy est campé vers Bapaume à deux lieues de nous, et le 24, ayant envoyé de sa cavallerie pousser nos gardes, nous la ramenasmes battant jusqu'à ses retranchemens, et là nostre ardeur ayant engagé la pluspart des officiers et des volontaires, le pauvre M{{r}} de Breauté y a esté tué, M{{r}} le Marquis de Gesvres blessé et pris avec Aiguebelle[2]. Il y a eu encore d'autres personnes de marque tués ou blessés[3] et une quarantaine de cavaliers. Les ennemis y ont perdu 400 hommes tués ou noyés. Tout fondra là et ce sera un siège mémorable. Dieu vueille donner d'heureuses suittes à vostre grande entreprise! car, selon qu'elle réussira, elle donnera le bransle à tout le reste, mais surtout qu'il luy plaise vous conserver!

Je suis, Monseigneur, vostre, etc.

De Paris, ce 30 juin 1640[4].

---

[1] Les historiens ne font pas mention de cette attaque d'Oran par les Maures, et la *Gazette* n'en dit rien non plus. Du reste, tout le temps que durèrent les deux expéditions espagnoles, Oran ne cessa, pour ainsi parler, d'être investi par les indigènes.

[2] On trouve dans la *Gazette* du 30 juin (p. 444) un article contenant la *Chasse donnée à la cavalerie d'Arras, et la défaite de 400 Croates de Ludovic, de 2000 fantassins et de quelque cavalerie espagnole*. Voici le passage résumé dans le récit de Chapelain : «La cavalerie des ennemis voulut soustenir son infanterie, et pour cet effet fit ferme quelque temps : mais elle ploya enfin et fut poursuivie par les nostres tousjours tuans et frappans avec tant d'ardeur que le marquis de Gesvres, mareschal de camp et capitaine des gardes, ayant passé par dessus une digue jonchée de corps morts des ennemis et pénétré jusque dedans leur camp, garni de 6 pièces de canon, après avoir rendu là, comme partout ailleurs, des preuves de son courage, et ayant esté blessé en quatre ou cinq endroits, y fut fait prisonnier par les ennemis ralliez de leur fuite...» La *Gazette* annonce aussi la mort du «marquis de Breauté, mestre de camp du régiment de Picardie,» et la blessure du sieur d'*Aiguebère*, que Chapelain appelle *Aiguebelle*. Il faut décidément dire *Aiguebère*, divers contemporains, notamment Tallemant des Réaux (t. III, p. 179), ayant écrit ainsi le nom du gouverneur du Mont-Olympe.

[3] Le rédacteur de la *Gazette* énumère parmi les morts les sieurs de Nieuvillette et Miremont, capitaines, La Rochegiffard, cornette, La Loupe, La Londe et le baron de Radretz, volontaires, et parmi les blessés, les barons du Tour, de Chaumont et d'Ort, les sieurs d'Ezigni, Cominges, Morvilliers, Aubry et Saint-Luc, officiers...

[4] Le même jour, Chapelain envoya les mêmes nouvelles (f° 430, v°) au marquis de Montauzier : «Monsieur, je vous voulois escrire et

CCCCXIX.

A M. DE BALZAC,
À BALZAC.

Monsieur, je serois bien marry que vos calomniateurs eussent veu la dernière lettre que vous m'avés escrite à l'endroit principalement où vous parlés de mes sentimens sur les parties essentielles du Poète. Ils auroient, à ce coup, un titre contre vous duquel vous ne vous pourriés défendre et il faudroit que vous confessassiés franc que vous avés porté l'hyperbole jusqu'à l'excès en cette occasion. Souvenés vous de vos termes et, après les avoir bien considérés, jugés si l'affection ne vous emporte pas autant en ma faveur qu'autrefois la haine et l'envie ont fait emporter contre vous ces mauvais Aristarques de nostre siècle. J'avoue bien que je vous ay parlé sur ce sujet selon les vrays principes de cet art et que la vérité se trouve dans mes paroles. Mais, après tout, qu'est-ce qu'un peu de bon sens et de bonté ingénue qui me fait tousjours aller autant que j'ay de lumière du costé de la vérité? Rien ne me plaist tant au monde que de me voir approuvé de vous et je ne donnerois pas vostre suffrage favorable pour les bonnes grâces d'une maistresse que j'aurois trop long temps poursuivie ny pour cette couronne de laurier pour laquelle je me suis condamné à rimer à perpétuité.

Cependant, quand vostre approbation est si éclatante et revestue de tant de magnifiques ornemens, au lieu de me satisfaire, elle m'estonne, et ne me trouvant pas proportionné à cette pompe, j'entre en doute si c'est par jeu ou tout de bon que vous me traittés si bien, et si je suis vrayment ce personnage que vous dittes ou si je n'en suis point un de théâtre. Modérés les éloges que vous donnés à vostre amy, Monsieur, si vous voulés qu'il les reçoive et qu'il en face proffit et ne hazardés point par ces beaux excès ou à luy faire penser que vous ne le loués pas sérieusement, ou à luy faire perdre la seule chose qu'il a de bon qui est sa modestie.

Pour l'autre article dont vous me monstrés tant de satisfaction, je vous puis asseurer que je l'ay encore plus grande et que plus je vay en avant, plus je m'asseure que Mr Coustard sera mon amy du cœur et que cette société sera douce et agréable. Il y a quinze jours que je vous en escrivis afin que vous vissiés de quelle sorte je correspondois à l'affection qu'il me faisoit paroistre. Je n'ay rien à y adjouster sinon que, comme j'ay esté le dernier à aymer, je seray aussy le dernier à rompre l'amitié et qu'il ne tiendra qu'à luy qu'elle ne soit éternelle. C'est de quoy vous le pourrés asseurer avec autant de certitude pour le moins que vous m'avés asseuré de ses bonnes intentions pour l'avenir et vous me ferés faveur de me mander comment il aura receu ma response et vos asseurances.

Je vous rens grâces de vostre souhait quant à ce qui regarde nostre Achilles[1]. Sincèrement je le crains plus que je ne le désire, ou, pour mieux dire, je le crains un peu et ne le désire point du tout. Je veux

---

n'avois rien à vous mander que l'avantage que nous avons eu le 24 de ce mois sur la cavallerie de Lamboy dont nous avons tué ou noyé plus de 400 hommes, mais avantage funeste, puisque le marquis de Gesvres y a esté blessé de sept ou huit coups et pris et le marquis de Breauté avec le chevalier de La Louppe, le marquis de La Londe, Mombanot et quelques autres officiers tués pour s'estre trop avant engagés dans le retranchement des ennemis.»

[1] Il s'agit là du futur Louis XIV, pour l'éducation duquel, comme nous l'avons déjà vu, on avait songé à Chapelain, lequel aurait été le Chiron de ce nouvel Achille.

dire pour ma consolation que c'est une pensée favorable de mes amis qui me fait beaucoup d'honneur et qui ne me causera point de peine. Je ne suis point fasché qu'on ait assés bien jugé de moy dans le monde pour me désigner cette magistrature, et je vous jure que s'il y avoit quelque chose qui me peust chatouiller l'esprit dans cet employ, ce seroit cette opinion que j'en pourrois estre digne et que désormais il ne m'y sçauroit rien arriver qui m'apportast autant de satisfaction, non pas mesmes ces mîtres et ces crosses que vous m'augurés et qui vous siéront bien mieux entre les mains et sur la teste.

Je suis tousjours en peine de M' le Duc de Longueville qui est si engagé dans la Misnie que, pour estre maistre de la campagne, il n'en vit pas plus à son aise, et, quoyque redoutable aux Impériaux, ne laisse pas de me faire appréhender pour luy. Au dernier combat fait entre nostre cavallerie et celle de Lamboy, j'ay perdu le marquis de Breauté[1] et je ne sçay si je dois dire aussy le marquis de Gesvres, qui a esté pris après huit blessures, ayant percé jusques dans le camp des ennemis. Je suis tousjours malheureux de quelque costé.

Mon procès ne s'avance point depuis que j'ay éu des conclusions favorables.

Je suis, Monsieur, vostre, etc.

De Paris, ce 1" juillet 1640[2].

---

[1] Puisque Chapelain reparle encore du marquis de Breauté, qui paraît avoir été un de ses amis, rappelons que Pierre de Breauté, fils d'Adrien de Breauté et de Françoise de Roncherolles et époux de Marie de Fiesque, dame d'honneur de la reine mère, n'avait pas encore vingt-huit ans quand il fut tué devant Arras. «Il se distingua tellement à l'armée,» selon le *Moréri* (t. II, p. 250), «que le maréchal de Bassompierre, qui ne prodiguoit pas ses louanges, le regardoit comme un homme capable de parvenir aux premières charges de l'État.» Voici les paroles mêmes du maréchal (*Mémoires*, édition de M. de Chantérac, t. IV, p. 336): «Le marquis de Gesvres, mareschal de camp, y fut pris, et Breauté, sergent de bataille, et mestre de camp du regiment de Picardie, tué, quy fut certes un très grand dommage; car c'estoit un homme à parvenir un jour aux plus grandes charges.»

[2] Le 4 du même mois, Chapelain (f° 435) adresse à Conrart mille plaisanteries sur leur commune *maistresse*, M¹¹ᵉ de Chalais : «... Je m'asseure que si nous ouvrons bien les yeux quand nous serons tous rassemblés à Paris, nous nous reconnoistrons plus d'une douzaine de ces amans de toute taille et tous amis comme cochons. Ce seroit folie d'espérer de la posséder toute entière...» Chapelain ajoute bien galamment qu'«il est juste qu'ayant les dons d'une Reyne, elle ait plusieurs courtisans et sujets...» Abandonnant ce sujet, après l'avoir traité en une page et demie, Chapelain reprend : «Paris commence à vous trouver fort à dire et M' l'Evesque de Grasse est [si] ennuyé de vostre esloignement qu'il s'en pensa plaindre, avant-hier, en public dans la chaise [on disait alors quelquefois *chaise* pour *chaire*] de la Visitation, estant sur l'article de ceux qui manquent à leurs amis au besoin. Je ne sçay plus que respondre à l'Académie où personne ne sçauroit remplir vostre place qui est la seule qui n'y est point sujette à changement. Tous nos autres amis murmurent de vostre long séjour à Bourbon, et disent qu'ils n'eussent jamais creu que vous les eussiés oubliés pour un verre d'eau. M' Desmarests est un de ceux là à qui il a esté bien fascheux de ne vous présenter pas sa *Roxane* entre les premiers depuis qu'elle a receu la lumière de l'impression... M' Gilbert eust bien souhaité aussy que vous eussiés assisté à la représentation de sa *Marguerite françoise* et que vous eussiés esté l'un de ses acclamateurs. Je la vis et vous dois dire que jamais première pièce d'autheur ne réussit comme celle-là qui me tira des larmes en quelques endroits et qui me toucha presque partout.» Gabriel Gilbert, poëte des plus obscurs, est l'auteur d'un poëme sur l'*Art de plaire*, d'un recueil de *Poésies diverses*, de

CCCCXX.
À M. DE BALZAC,
À BALZAC.

Monsieur, je vous respons tout malade de ce fascheux rheume qui ne se contente pas de me faire la guerre durant l'hyver qui est le vray temps de sa campagne, mais qui encore fait des courses sur moy en esté et m'incommode d'autant plus que je suis moins couvert et que j'attens moins ses attaques. Il est vray que pour cette fois je ne puis bien me plaindre de ses surprises ny bien dire qu'il m'attaque en esté; car il est malaisé de croire par le temps qu'il fait depuis plus d'un mois que nous ne soyons pas à la brune et que l'hyver n'ait pas hasté son retour ou prolongé sa durée jusqu'à cette heure[1]. Il y a bien sans doute du changement dans la disposition des corps et des mouvemens célestes à voir ce renversement de toutes choses et cette confusion des saisons. Mais souffrons nostre rheume sans nous amuser à des spéculations inutiles et disons que cette lettre servira de response à vos deux dernières des xxiii juin et du ii juillet[2] ayant receu cette dernière assés à temps contre l'ordinaire. Je ne pouvois ressentir rien avec plus de joye que la satisfaction que vous monstrés de mon procédé envers Mʳ Coustard. Comme je me suis porté à l'aymer et à le croire de mes amis pour l'amour de vous, j'ay obtenu ma fin si je vous ay pleu en le luy tesmoignant quand je serois assés malheureux pour ne luy avoir pas tesmoigné à son contentement. Je veux pourtant espérer qu'il n'en sera pas moins satisfait que vous et que mes bonnes intentions trouveront en luy de l'agrément aussy bien que de la correspondance. Cette humanité si tendre et si délicate dont vous me le loüés et que vous me donnés pour son principal caractère ne peut estre sans gratitude lorsqu'il y a sujet d'en faire pa-

---

Psaumes en vers français et d'une quinzaine de pièces de théâtre dont la première en date est cette *Marguerite de France* qui avait tant ému Chapelain et qui a laissé la postérité si indifférente. Chapelain a reparlé de cet auteur avec une grande bienveillance dans le *Mémoire de quelques gens de lettres vivans en 1662* : «Gilbert est un esprit délicat, duquel on a des odes, de petits poèmes, et plusieurs pièces de théâtre pleines de bons vers; ce qui l'avoit fait retenir par la Reine de Suède, pour secrétaire de ses commandemens.» Le lendemain du jour où Chapelain écrivit à Conrart, il adressa (f⁰ 437) à Montreuil ces agréables reproches : «Vos humilités sont excessives. Vous sçavés bien que depuis la fameuse querelle du Prince des feuilles, les hyperboles sont presque toute marchandise de contrehande et qu'il les faut employer avec retenue et discrétion.»

[1] Balzac répond ainsi aux doléances de Chapelain (lettre XXI du livre XXI, datée du 1ᵉʳ août 1640, p. 826) : «Que veut dire vostre rheume, de vous venir attaquer au mois de juillet, et de ne se contenter pas de vous faire la guerre en plein hyver, qui est le vray temps de sa campagne, *ut optime et ingeniosissime scribis?* Vous pouvez l'adjouster avec raison aux autres prodiges que nous avons veus et que nous voyons.

[2] L'in-folio de 1665 renferme (p. 822-823 et 824-825) une lettre du 22 juin 1640 et une autre du 10 juillet 1640. La première est mal datée, comme nous l'avons remarqué déjà (note de la lettre CCCXLIX), mais la seconde semble bien datée, car Balzac y donne à son ami ces éloges auxquels répond ici Chapelain : «Vous estes le dernier des bons et des magnanimes, et s'il y a encore de la générosité sur la terre, disons hardiment qu'elle se cache dans vostre cœur, et qu'elle se manifeste dans vos paroles. Celles que vous avez escrites à Monsieur Costar, pour response à sa lettre, m'ont si fort satisfait en toutes façons, que je ne sçay ce que j'en dois le plus estimer... Elles apprivoiseroient les tigres et enchanteroient les dragons.»

roistre¹, et je n'attens pas de luy désormais de dureté ni de sévérité en rien de ce qui me regarde. Je n'ay pas esté moins scandalizé que vous et que tous nos autres amis de la mauvaise action de graces que nostre cher M. d'A[blancourt] a faitte pour celle² qu'il prétend d'avoir receue lors qu'il a esté admis entre les Académiciens françois³. Mais personne n'a osé le destourner de cette tentation pour les sujets que vous pouvés penser, et en tout cas il en reviendra ce bien que ceux qui connoistront le mérite de nostre amy prendront bonne opinion de cette Compagnie, voyant qu'un si homme d'honneur que luy s'en est presque tenu indigne et que nous avons beaucoup accreu son estime de l'y avoir bien voulu souffrir. J'ay esté en mon particulier confondu de ce qu'il a voulu mettre à la fin de son Epistre, et ce qui vous y a choqué au commencement ne m'a semblé qu'une peccadille à comparaison. Je ne m'en plaindray pourtant point icy de peur que vous ne m'accusiés d'affecter de la modestie, et vous laisseray juger dans vostre cœur si je n'ay pas occasion de me plaindre de luy⁴. La lettre de Mʳ Columby⁵ m'avoit esté autresfois communiquée par luy mesme lorsqu'il perdoit son temps à Fontainebleau et à Saint-Germain aussy bien que moy. Elle n'est ny bonne ny mauvaise, mais elle eust esté la meilleure pièce de son ouvrage s'il eust fait ce qu'il avoit promis et dont il y avoit desja quelque chose d'esbauché. Car quelque petite lumière que j'aye dans les ténèbres de cet autheur, je vous puis dire dans le secret ordinaire qu'il n'y voyoit du tout goutte et qu'en plus d'une conférence que nous avons eue ensemble sur cette matière j'avois honte de ce que je l'y voyois ignorer. Et certes il n'est pas estrange qu'un homme ne soit pas fort confident de Tacite qui a eu Justin en sa disposition et ne se l'est peu rendre familier⁶. Cette plume enfin s'est mutinée contre le siècle et l'a privé de ses productions, le voyant infatué d'une trouppe de jeunes gens qui gattoient le mestier et imposoient à la Cour et au peuple par des jeux de bagatelles. Nous ne la voyons plus

---

¹ Balzac avait dit (*ibid.*) : «Je ne doute point qu'à l'advenir, il ne soit un de vos plus grands admirateurs, et que vous connoissant tel que vous estes, il ne vous donne son cœur, qui est un des plus nobles et des plus fermes que je connoisse.»

² C'est-à-dire pour la *grâce*. On pourrait aisément s'y tromper.

³ M. R. Kerviler (*Nicolas Perrot d'Ablancourt*, 1877, p. 34) déclare que «nous n'avons aucun renseignement sur la réception académique de Perrot d'Ablancourt.» En voici du moins un que M. Livet avait déjà fait connaître, ayant reproduit (*Histoire de l'Académie*, t. I, p. 387 et 388) tout le passage relatif à la mauvaise harangue du célèbre traducteur.

⁴ Balzac complimente ainsi son ami, au sujet de cette tirade (p. 826) : «Peut-on accuser plus humainement la *⁎⁎⁎* de nostre nouveau confrère?»

⁵ Balzac (*ibid.*) continue ainsi : «Sçauroit-on mesler la raillerie et le *tout de bon* avec plus d'adresse, sur le subjet de l'Adieu de Monsieur de Colomby à l'Académie, de la malédiction qu'il a donnée à son siècle, et du peu d'intelligence qui estoit entre luy et Tacite, au temps mesme de leur plus grande familiarité?» Voir sur François de Cauvigny, sieur de Colomby, natif de la ville de Caen, parent et disciple, mais mauvais disciple de Malherbe, le *Moréri* de 1759, où l'on cite sur lui l'*Origine de Caen* de Huet, les *Divertissemens* de Moisant de Brieux, l'*Histoire de l'Académie* de Pellisson. Voir encore sur cet obscur académicien les *Historiettes* de Tallemant des Réaux (t. I, II et VII), les *Œuvres* de Malherbe, édition des *Grands écrivains de la France* (t. I, p. LXX, t. IV, p. 72-78).

⁶ Colomby fit imprimer en 1613 une partie du livre Iᵉʳ des *Annales* de Tacite (Paris, in-8°). Sa traduction de Justin (Tours, in-8°) parut en 1627, selon Pellisson; en 1616, selon l'abbé d'Olivet. Le *Moréri* donne raison à ce dernier.

depuis qu'ayant esté admise dans l'Académie elle s'y fust introduitte par une invective contre elle et une harangue préparée dans laquelle elle avoit pris la tasche d'en montrer l'inutilité. Après cette action héroïque elle s'envola et nous ne sçavons ce qu'elle est devenue. Au reste, je ne sçay de quel ton je vous ay parlé du retardement de vos lettres ny à qui j'en ay donné la faute, mais je sçay bien que ce n'a pas esté à vous et que quand je vous ay marqué qu'elles ne m'estoient pas rendües d'assés bonne heure pour y pouvoir faire response, ce n'a esté que pour vous avertir que ce n'estoit pas par négligence que je n'y respondois pas. Il ne se peut rien de plus soigneux que le bon Rocolet, mais souvent le courrier arrive tard; les facteurs distribuent tard les lettres, et quelques fois ses gens contre ses ordres tardent à me les apporter. On ne sçauroit régler tant de pièces différentes, il faut s'y accommoder et aussy bien en cela qu'aux choses de plus grande importance et résoudre à *non sibi res sed se submittere rebus*[1].

Pour les affaires d'Allemagne après quelques avantages légers que nos armées ont eus sur celle de l'Empereur, enfin Picolomini a quitté son poste et nous le nostre. Bannier suit Picolomini dans la Franconie et M⁺ le Duc de Longueville se va opposer à Hasfeld et Valh dans la Vesfalie pour couvrir Hesse et Lunebourg. Vous voyés par là que l'affaire n'est pas encore décidée et qu'il y a encore à craindre pour le général et pour mon particulier. Cependant jamais général françois ne fut si glorieux aux païs estrangers et je ne sçay si je me flatte mais je voy dans ce Prince au cours de sa fortune et par ses pérégrinations de guerre qu'il y a bien en luy du Thésée et mesme de l'Hercule ou, si vous ne souffrés pas la comparaison en prose, qu'il y a bien de l'Artus et de l'Amadis et de ces fabuleux modernes *che di sogni empion le carte*. Dieu veuille qu'il soit le libérateur que vous luy augurés et que ce soit à luy à qui je sois obligé de la tranquillité publique et de la mienne privée.

Je vous ay dit de M⁺ Mesnage ce qu'il m'a dit pour ce qui touche son voyage à Balzac; ce sera à luy à vous tenir la parole qu'il m'en a donnée, dont je pretens le sommer plus d'une fois si j'apprens que vous le souhaittiés. Je n'ay point encore pénétré ce dessein de prestrise et ne le croy point. Au moins scay-je bien qu'il va tous les jours au Palais. L'abbé d'Aubignac est M⁺ Hedelin de qui vous avés veu un discours imprimé sur l'*Heautontimorumenos* de Térence contre M⁺ Mesnage quoy que sans se nommer ni son adversaire à quoy M⁺ Mesnage respond présentement. Si vous n'avés point eu le premier il faudra vous les envoyer tous deux ensemble. Pour le candidat c'est le mesme abbé qui pensant avoir un pied dans l'Académie *repulsam passus est* en faveur de M⁺ Patru nostre amy et excellent advocat, à cause d'un libelle qu'il avoit fait contre la Roxane de M⁺ Desmarests qui avoit charmé les puissances[2].

Je ne vous dis rien sur la sollicitation de l'affaire de M⁺ votre neveu par alliance sinon que je donneray les listes à ces Messieurs que vous me nommés et encore à quelques autres pour voir les Juges qu'ils connoistront dans le temps nécessaire et quand j'en seray averti. Les protestations icy seroient inutiles. Je ne laisseray rien à faire de ce qui dépendra de moy. En mon parti-

---

[1] Citation décidément chère à Chapelain, car c'est au moins pour la troisième ou la quatrième fois que nous la rencontrons dans ses lettres.

[2] M. Livet (p. 388) a donné ce paragraphe, en imprimant *votre ami* au lieu de *nostre ami*.

culier je n'en connois qu'un, encore est-ce grande merveille, veu ma profession et le peu de moyen que j'ay de faire de ces connoissances et de les cultiver. Mon amy s'appelle Yvon que je rempliray de tout mon feu. Si vous m'en aviés sollicité avec plus de cerémonie et moins de confiance vous auriés offensé mon amitié qui se persuade toute seule par ses principes et s'irrite contre les couleurs.

Je suis, Monsieur, vostre, etc.

De Paris, ce 8 juillet 1640.

CCCCXXI.
A M. LE MARQUIS DE MONTAUZIER,
EN ALSACE.

Monsieur, j'aurois assés de choses à vous mander ce voyage, si je ne craignois d'oster le plaisir à quelques personnes, que nous honnorons[1], de vous les mander elles-mesmes et d'estre les premières à vous en faire la relation. Car la fille pourroit bien estre semblable à la mère, qui m'a défendu en termes exprès d'escrire cette chose à Mʳ Arnaud, ayant résolu d'avoir les gans de cette nouvelle et de faire plustost un effort sur elle que de souffrir qu'aucun autre la prévinst à la luy faire sçavoir. Il me semble mesme que la fille m'a fait la mesme deffense pour vous et qu'elle m'a obligé à chercher à vous entretenir d'autre matière que celle là, et que les «l'année est bonne» sur le chant de daye dandaye, (sont) comme chose qu'elle se réservoit et qu'elle ne vouloit pas qui se profanassent entre mes mains. Cependant j'aurois bien autant de droit qu'elle à vous la mander, l'ayant devinée devant elle, et je pense luy faire un grand sacrifice de m'en empescher, n'estant pas mesme asseuré que dans le paquet que je vous envoye d'elle vous y trouviés ce qui nous a donné un si grand estonnement à tous.

Mais je m'avise, à cette heure, que je suis bien simple de m'estre imaginé que je vous pouvois tenir en peine devant la lecture de toute la page précédente et vous donner grande curiosité de sçavoir ce que sans doute vous sçavés desja. Il ne falloit pas qu'il y eust de lettre de Mˡˡᵉ de R[ambouillet] dans mon paquet pour vous faire lire ma lettre la première, et si vous la lisés après la mienne, qui peut-il y avoir de plus que ce que je vous ay dit jusqu'icy? Je ne puis donc plus que de mauvaise grâce vous conter que la boete de Mʳ de Vivans s'est retrouvée dans le cabinet de Mˡˡᵉ Paulet[2], puisque Mˡˡᵉ de R[ambouillet] vous l'aura desja appris par la lecture que vous venés de faire, et il vaut mieux que je vous die que la lecture que vous venés de faire est un effet de ma sollicitation aussy bien que de vostre mérite. Je luy fis voir vostre dernière que vous demandiés si pitoyablement qu'on suyvist les ordres que vous aviés donnés pour l'envoy des despesches qu'on vous feroit et tiray le consentement de les hazarder par Nancy, puisque vous asseuriés qu'il n'y avoit point de hazard désormais à courir. Peut-estre vous en aura-t-on dit quelque chose et que vous aurés veu que mon soin a achevé ce que vos paroles avoient commencé. C'est toutesfois trop faire valoir ses offices. N'en parlons plus et disons seulement que Mʳ Conrart est arrivé d'hier de Bourbon encore tout estourdy du batteau, mais en beaucoup meilleure santé que quand il partist d'icy. Il vous eust escrit sans les divers embarras qui l'occupent à cette arrivée et il m'a prié de l'excuser envers vous pour ce coup et de vous asseurer tousjours de son service tres humble.

La Marquise se souvient toujours fort de

---

[1] Mᵐᵉ et Mˡˡᵉ de Rambouillet. — [2] On se souvient de tout le scandale qu'avait causé la disparition de cette boîte.

vous et ne voit jamais rien de spirituel qu'elle ne le vous souhaitte aussytost pour divertissement. Elle m'a promis une lettre folle de Mʳ Voiture qui vous en servira, si ce n'est que l'autheur ne gaste l'ouvrage. Mʳ de Vaugelas m'a dit qu'il en avoit escrit une latine à Mʳ de Chavigny qui est admirable¹. Nous essayerons de l'avoir aussy pour vous l'envoyer. Il n'est pas bien avec la M[arquise], quoyqu'il la voye assés souvent et je ne la voye point qu'elle ne se plaigne à moy de ses suffisances et négligences.

On espère bien d'Arras et on ne désespère pas de Turin. Je suis tousjours en peine de Mʳ de Longueville qui poursuit Piccolomini dans un païs où tout luy est contraire et où il n'y a que son courage qui le fasse subsister.

Je suis, Monsieur, vostre, etc.

De Paris, ce 14 juillet 1640².

CCCCXXII.

A M. DE BALZAC,

À BALZAC.

Monsieur, loués moy, blasmés moy, je suis à vous. Vous pouvés me traitter comme il vous plaira sans que j'aye droit de vous contredire en aucune chose. Vous me serés donc obligé, puisque vous voulés que cela soit, et il ne sera plus permis de demeurer dans ma juste modestie, puisque vous croyés qu'elle est vitieuse et que je me fais tort en la conservant. Je sçay, Monsieur, que je suis sans mérite, mais je prétens en avoir un très grand à vous complaire en cecy, car je violente mon humeur à un point estrange et, en vous donnant mon humilité, je vous sacrifie ce que j'aymois le mieux en moy et qui m'estoit le plus convenable.

Je receus, avant hier, une lettre de Mʳ Coustard en response de la response que je luy avois faite. Elle est toute pleine de ressentiment de la résolution que j'ay prise de l'aymer et, si je l'en veux croire, il ne luy est guère rien arrivé de plus agréable dans sa vie. Si Dieu veuille que ce ne soient point des paroles et que nostre commerce à venir soit aussy franc de son costé que du mien, il se peut asseurer qu'il ne hazarde rien avec moy et que si je ne luy rens de grands services, je luy garderay au moins une grande fidélité. Et, pour moy, il me pardonnera si je n'en croy pas autant de luy jusques à l'expérience, pour ce que, s'il ne se trouvoit pas tel que vous avés creu et que vous m'avés fait croire, il me seroit doublement sensible, soit de ce qu'il m'auroit manqué, soit de ce que je me serois persuadé qu'il en auroit esté incapable. Je souhaitte de tout mon cœur que ma prudence soit vaine et que je me puisse blasmer

---

[1] Voir cette lettre (*Butillerio Chavienio V. Victurus, S. P. D.*) dans l'édition des *Œuvres de Voiture* donnée par M. A. Roux, édition où elle porte le n° CXCVIII (p. 391-393), et dans l'édition donnée par M. A. Ubicini, édition où elle porte le n° 212 (t. II, p. 80-82). M. Roux se contente de dire que la lettre est antérieure à l'année 1642, et M. Ubicini croit devoir lui attribuer la date de 1639. Ce dernier a confondu la *Roxane* de Desmarets, dont parle Voiture, et qui est de 1640, avec la *Rosane* du même auteur, qui parut en 1639 (Paris, in-8°).

[2] Le lendemain, Chapelain adressa (f° 451) à Balzac une lettre que je ne reproduis pas, parce que c'est une simple lettre d'affaires. Chapelain y dit à son ami qu'il s'occupera des intérêts de sa nièce (Mᵐᵉ de Forgues), qu'il était bien inutile de la lui recommander de nouveau, qu'il en a déjà parlé à «Mʳˢ de Vaugelas, Silhon, Conrart, et pour comble l'hostel de Rambouillet, qui m'ont promis chacun de voir ou faire voir les juges commissaires.» Il ajoute que MM. de Chaudebonne et Voiture ont promis aussi d'agir avec chaleur et il promet enfin de voir M. Lhuilier et M. d'Aligre. Il s'étend ensuite sur son propre procès qui n'est pas encore terminé.

quelque jour d'avoir esté trop soupçonneux. Nous aurons moyen de le gouverner et de faire une plus estroitte liaison avec luy si les propositions qui ont esté faittes à Mʳ de Chavigny par MMʳˢ de La Thibaudière et Voiture pour l'attirer de deça ont lieu. En ce cas, vous vous consolerés des visites que vous perdrés en considérant que nous les gaignerons et que ce bien demeurera dans la société de ceux que vous considérés comme d'autres vous mesmes. Il s'agit, en ces propositions, de le préposer à la conduitte des enfans de ce ministre et par mesme moyen de [le] donner au père pour compagnon de lecture et pour entretien¹.

Le médecin La Mesnardière avoit espéré cet employ par nostre amy de Couppauville² et s'est pensé pendre de s'en estre veu esloigné par nostre autre amy. Il prend toutesfois patience et se résout de s'en venger sur les poëtes dans le second volume de sa Poétique³ qu'il prétend donner après qu'il aura veu le succès de son Poëme dramatique dont il a donné des lambeaux dans le premier⁴.

Pour mon procès je ne sçay ce que ce sera parce que je ne sçay si mes juges seront justes, mais, quoyqu'il arrive, comme nous ne ferons point de feux de joye pour la victoire, nous ne prendrons point aussy le cilice ou le dueil pour la perte et essayerons en l'une ou en l'autre fortune de nous faire voir modérés. Je ne croy pas pouvoir garder cette modération dans le succès de l'affaire de Mᵉ vostre niepce qui ne peut aller mal sans m'affliger extrêmement, ni réussir bien sans m'apporter une joye extraordinaire. Je l'ay sollicitée avec ardeur et l'ay fait sollicker de mesme par les amis que vous m'aviés marqués et par ceux que j'ay connus propres à vous rendre ce service. Ils s'y sont tous portés en gens d'honneur et affectionnés à vostre personne et à vos intérests. Mʳ de Chaudebonne en a veu deux, Mʳ Saintot et Mʳ de Boville. Vous verrés par les billets que je vous envoye avec cette lettre quels ont esté les autres solliciteurs et qui ils ont sollicité. J'ay creu leur devoir cette justice et à vous cette matière de gratitude dont je les ay asseurés par avance, sachant bien que vous l'aurés tout ce qu'on la peut avoir. Quand l'affaire se rapportera pour ce qui regarde le procès verbal, qui est ce qui se jugera par commissaires, nous remettrons encore les fers au feu⁵, et employerons les mesmes personnes qui s'y sont offertes de bon cœur.

J'ay eu l'honneur de voir Mʳ de Forgues⁶ et l'ay trouvé un fort honneste gentilhomme, mais un peu trop cérémonieux en mon endroit.

J'ay envoyé chés le bon Rocolet le discours de Mʳ Hedelin sur la comédie de Térence *Heautontimorumenos* et la response de Mʳ Mesnage pour vous les faire tenir par le messager. Vous les aurés bientost, s'il a fait les diligences requises. C'est un petit présent que vous fait Mᵉ Camusat qui a hérité de

---

¹ Ces circonstances ont été ignorées de Tallemant des Réaux (*Historiettes*, t. V) et de l'auteur anonyme de l'ample *Vie de Costar* publiée par M. P. Paris dans le tome IX de son édition des *Historiettes* (p. 1-135).

² Cl. Duval de Coupeauville, abbé de La Victoire.

³ Ce second volume n'a jamais paru.

⁴ Ce poëme dramatique était intitulé *Alinde*. L'historien de l'Académie française nous apprend (t. I, p. 97) que cette tragédie, d'où sont tirés quelques-uns des exemples donnés dans la *Poétique*, «n'eut point de succès».

⁵ M. Littré a retrouvé l'expression *mettre les fers au feu* dans une comédie de Noel de Breton, sieur de Hauteroche, mort en 1707, et dans les *Mémoires* du duc de Saint-Simon.

⁶ Bernard de Forgues, neveu par alliance de Balzac.

son mary le zèle qu'il avoit pour vostre service et le ressentiment des obligations qu'il vous avoit. On m'a dit que M⁽ʳ⁾ Hedelin répliquoit.

Je suis, Monsieur, vostre, etc.

De Paris, ce 22 juillet 1640[1].

CCCCXXIII.
À M. DE BALZAC,
À BALZAC.

Monsieur, mon rheume a passé comme un torrent; trois jours l'ont veu naistre et mourir, et il est disparu aussy promptement que s'il eust appréhendé d'estre trouvé en dommage et hors des limites de sa jurisdiction. J'en suis délivré il y a plus de quinze jours et je n'eusse pas pensé l'avoir jamais eu si vostre tendresse ne m'en eust raffraischy la mémoire[2]. Le chaud qu'il a fait depuis ne m'a pas guéri seulement de son froid, mais il l'a effacé de ma pensée et désormais je souffre par celuy qui m'a empesché de souffrir. Je croy vous avoir dit autresfois que l'esté estoit mon vray ennemy contre lequel je ne trouve point de deffense, et, comme dit l'autre, *non vale elmo ne scudo*[3]. Enfin, après bien lanterner[4], et reculer, cet esté est venu sur la fin de juillet et sans l'amour qu'il a pour la canicule[5], je ne sçay encore s'il eust voulu paroistre de cet an, tant il s'estoit accoustumé à l'air de Lybie. Mais c'est trop badiné sur mon mal et sur le dérèglement de la saison. Ma raillerie est plus froide que mon rheume, quoy que vous vouliés dire[6], et il seroit bien mal aisé mesme dans l'humeur où je suis d'estre agréable en ce genre principalement devant un aussy grand maistre que vous.

Au reste, vous m'avés espouvanté en me reprochant ces infâmes vers de Vida[7], comme si c'estoit par là que je vous eusse vanté ce

---

[1] Le 26 juillet, Chapelain adressa (f° 461) au marquis de Pisani une lettre toute remplie de compliments et où l'on remarque un vif éloge du marquis de Saint-Maigrin, ami du fils de M⁽ᵐᵉ⁾ de Rambouillet, lequel venait de se distinguer dans un combat livré devant Arras. Le 28 du même mois, Chapelain annonce à Costar (f° 466) qu'il a montré sa lettre à l'abbé de Saint-Nicolas, à Ménage, à Voiture, ajoutant ces bons conseils sur la simplicité avec laquelle il faut écrire à des amis : «Tous soins et tous ajustemens sont incompatibles avec l'amitié et je ne m'imagine jamais cette âme de la société avec la pompe et les ornemens dont tant de gens [la] revestent, que je ne pense voir une de ces coquettes qui, non contentes de leur beauté naturelle, se couvrent toutes de fard et employent toute sorte d'artifices pour tromper ceux qui courent à l'apparence et qui ne la sçavent pas distinguer de l'effet. L'amitié est nue comme la vérité : elle ayme comme elle à se présenter sans desguisement et sans préparation...»

[2] Voir (note 1 de la lettre du 8 juillet 1640) ce que Balzac avait écrit à Chapelain (lettre XXI du livre XXI, datée du 1ᵉʳ août 1640, et qui est du mois précédent).

[3] Contre lequel *ne vaut ni casque (heaume) ni bouclier (écu)*.

[4] M. Littré a retrouvé *lanterner* dans les *Mémoires* du cardinal de Retz, dans les *Lettres* de M⁽ᵐᵉ⁾ de Sévigné, dans les *Mémoires* de Hamilton sur le chevalier de Gramont, etc. Le *Dictionnaire de Trévoux* cite aussi Senecé à propos de l'emploi de cette expression.

[5] La plaisanterie de Chapelain ne vaut pas mieux que celle de Balzac (lettre XXI du livre XXI) : «Que la Canicule meure de froid si elle veut!»

[6] Balzac (*ibid.*) avait dit : «Mais, Monsieur, vous estes de bonne compagnie pour un malade, et il faut advouer que les nuages de vostre rhume ne troublent point la sérénité de vostre esprit...»

[7] Voici les réflexions dont Balzac avait fait précéder et suivre (*ibid.*) six vers où Vida a mis le plus mauvais goût : «J'ay veu, depuis quelques jours, en deux postures bien différentes un homme que vous m'avez estimé : et à la sortie de sa *Poétique*, qui m'a plû extrêmement, je suis

poète. Je les renie de bon cœur et, si vous voulés, je le renie luy mesme quoyqu'il ait fait de fort belles choses. Mais est-il possible qu'un homme qui a fait une Poétique où il y a des endroits dignes de l'Antiquité et ces beaux poèmes des eschets et des vers à soye qui sont demeurés uniques dans leur genre[1] ait barbouillé le papier de ces ordures que vous m'avés marqués? Je vous avoue qu'encore que je le voye, j'ay peine à le croire, tant la chose est choquante et hors de raison. Il m'avoit semblé que c'estoit assés de vous avoir dit que M⁵ d'Aubignac estoit M⁵ Hedelin pour vous esclaircir en cette matière. Vous n'y voyés goutte toutesfois et c'est comme qui ne vous auroit dit rien[2]. Il faut donc parler plus ouvertement. M⁵ d'Aubignac est M⁵ Hedelin. M⁵ Hedelin *autem* fut naguères précepteur de M⁵ le marquis de Brezé et est encore son domestique. L'une de ses plus fortes ambitions a esté d'entrer dans l'Académie et il y avoit grande apparence qu'il eust esté le premier receu, s'il n'eust point fait un libelle contre la *Roxane* de M⁵ Desmarests où il blasmoit le goust de Son Em⁵⁵ et de M⁵ d'Aiguillon qui l'avoient estimée[3]. Dans ce temps Porchères d'Arbaud se laissa mourir et, plusieurs se présentant pour remplir cette place, le libelliste[4] entre autres, M⁵ Patru, nostre amy et très galant homme, l'obtint d'une commune voix et le précepteur eust l'exclusion dont *moult dolent fut et plaintif*[5].

Il y a huit jours que j'ay envoyé au bon Rocolet les deux discours poétiques dont l'un est de l'abbé tondu[6] et l'autre du satirique Père Mesnage[7], lequel m'est venu voir et s'est excusé de ne vous avoir pas envoyé cet ouvrage sur le peu de cas qu'il en faisoit, comme s'il vouloit faire croire qu'il y avoit plus de respect à ne le vous pas présenter. Il est certes très agréable et plein de beau savoir. Je voudrois seulement qu'il eust l'urbanité dont nous vous louons sans avoir la morda-

---

tombé par malheur sur ces vers qui m'ont fait mal au cœur, et dont je fais conscience de souiller ce papier blanc... Je ne veux pas que le poète se guinde tousjours, et aille tousjours par haut; mais je ne veux pas aussi qu'il se laisse jamais cheoir dans la boue, et beaucoup moins dans quelque autre matière plus sale. Fracastor descend et s'abaisse quand il veut. Celuy-cy rampe et se veautre dans ces six vers, et semble prendre plaisir à l'ordure.»

[1] Le *De bombyce* et le *De Ludo Scacchorum* parurent pour la première fois, avec le *De arte poetica* et les autres vers latins de Vida, à Rome, en 1527 (in-4°). Le poème de la Christiade vit le jour huit ans plus tard (*Christiados lib. VI*, Crémone, 1535, in-4°).

[2] Balzac (p. 827) avait ainsi répondu à Chapelain : «Je ne connois pas plus monsieur Hedelin, que je ne connoissois l'abbé d'Aubignac; mais je seray bien aise de commencer nostre connoissance par l'endroit que vous me marquez. Vous me ferez donc la faveur de m'envoyer le pour et le contre...»

[3] Ni dans les *Mémoires* du P. Niceron, ni dans le *Manuel du libraire*, ni dans aucun autre recueil bibliographique, n'est mentionné le libelle de l'abbé d'Aubignac contre la *Roxane* de Desmarests de Saint-Sorlin.

[4] Se serait-on attendu à trouver le mot *libelliste* dans un document de 1640, alors que M. Littré, dans le *Dictionnaire de la langue française*, n'a cité, au sujet de l'emploi de ce mot, que Voltaire et P. L. Courier?

[5] Ce passage, depuis les mots : *M. d'Aubignac est M. Hedelin*, a été imprimé dans l'*Histoire de l'Académie française*, édition de 1858, t. I, p. 388 et 389.

[6] L'*abbé tondu*, c'est l'abbé d'Aubignac, dont le discours (sur l'*Heautontimorumenos*) a déjà été mentionné.

[7] Chapelain plaisante en donnant à Ménage le titre de *Père*. L'adversaire de l'abbé d'Aubignac ne prit les ordres sacrés que huit ans plus tard. Ce fut le 29 novembre 1648 qu'il reçut le sous-diaconat de la main de l'archevêque de Paris.

cité¹ dont il semble qu'il vueille tirer louange. Il me dit, à nostre dernière veue, que M⁰ Grotius se tenoit obligé à vous de quelque citation que vous avés bien voulu faire de ses vers en quelqu'une de vos pièces où il prétend que vous les avés immortalisés.

J'ay mis en main propre à M⁰ d'Ablancourt le discours que vous luy avés envoyé par moy dont il a une joye et un ressentiment extrême. Après avoir dit cecy, il n'y a plus de paroles qui puissent exprimer ce qu'il a senti à la promesse que vous luy faittes de luy en donner un autre en public sur le sujet de son Tibère. Peut estre vous l'escrira-t-il devant que de s'en aller en Champagne.

Je suis très marry que la première partie du procès de M⁰ vostre neveu ait mal réussy après tant de bonnes sollicitations que j'avois faittes et fait faire. Il faut espérer que la dernière ira mieux, le droit en estant plus net dans les formes. Du moins ne laisseray-je rien à faire de ce qui dépendra de moy ou de mes amis. J'en ay encore parlé aujourdhuy à M⁰ de Coupauville qui s'est offert de faire puissamment solliciter les présidens et de solliciter luy mesme M⁰ Meusnier qui est son amy, mais je luy ay dit qu'il n'estoit pas juge, mais solliciteur contre M⁰ de Forgues en cette affaire.

Il y a trois ou quatre mois que vous me mandastes que vous n'attendiés que le partement d'un gentilhomme de vos amis, pour me renvoyer les livres de Caro, du Castelvetro et du Varchi² que je vous avois envoyés. Depuis je n'y ay songé qu'à cette heure qui m'a pris une appréhension que vous les ayés baillés à ce gentilhomme qui aura oublié à les rendre, voyant que M⁰ vostre neveu est venu par qui vous les auriés envoyés si vous les eussiés eu encore. Cela soit dit pour estre esclaircy non pour les demander, si vous en avés affaire encore.

Je suis, Monsieur, vostre, etc.

De Paris, ce 29 juillet 1640³.

---

¹ *Mordacité* est déjà dans les œuvres d'Ambroise Paré. M. Littré ne cite, sous ce mot, aucun autre écrivain. Le *Dictionnaire de Trévoux* donne cet exemple emprunté à un obscur auteur (Baraton, mort en 1720) dont les *Poésies diverses* parurent en 1704 : « Le célèbre Arétin par sa mordacité. »

² Benedetto Varchi, né en 1502, à Florence, mourut près de la même ville en 1565. Il fut à la fois poëte et historien. Ami de Caro, de Bembo, il brilla surtout par la pureté et l'élégance du style. Voir, sur cet auteur des *Sonetti* et de *Storia fiorentina*, l'*Histoire de la littérature italienne* par L. Étienne (1875, p. 342 à 461, *passim*).

³ Le 4 août, Chapelain (f° 469) annonçait au marquis de Montauzier la nouvelle que voici : «Hier nous fusmes à Yerre avec elle [Julie d'Angennes], les dames du quartier Saint-Eustache, Mˡˡᵉ Paulet, M⁰ Voiture et moy. Croyés que vous y fustes souhaité extrêmement....» Le 5 août (f° 471), Chapelain adressait à Balzac une lettre où il est surtout question de l'affaire du neveu de cet ami. Après lui avoir exprimé ses regrets à ce sujet, il déclare en ces termes qu'il n'a point d'insensibilité : «Je ne scaurois avoir la sérénité du pourceau de ce philosophe qui mangeoit de grand appétit durant la tempeste.» La partie la plus intéressante de cette lettre est le *post-scriptum* que je vais reproduire : « Vous trouverés dans ce paquet la coppie d'une lettre que le chevalier de Fiesque escrivit à son frère l'Abbé et qui m'a semblé digne d'estre veue de vous... Je vous envoye aussy un sonnet italien que le comte Bardy, résident de Florence en cette Cour, a fait et m'a donné et que j'estime un des plus beaux de cette langue. Je ne doute point que vous ne le goustiés pour sa propre beauté, mais il y a encore une autre raison qui vous le doit rendre agréable, qui est que son autheur gouste vos ouvrages à tel point qu'il m'a dit que ce sont les seuls François pour l'éloquence qui l'arrestent et qui l'instruisent avec plaisir. Il connoist assés nos graces pour en

CCCCXXIV.

À M. LE MARQUIS DE MONTAUZIER,
EN ALLEMAGNE.

Monsieur, je ne vous diray point le détail de ce qui s'est passé à l'attaque de nos retranchemens d'Arras[1] pour ne pas courir sur le marché du bon Espestein et pour ne remplir pas tout ce papier de nouvelles de guerre. Il suffira de vous dire qu'il ne s'est rien passé de plus beau ny de plus royal en celle cy que ce combat qui d'abord fit espérer au Cardinal Infant de secourir la place et ensuitte ayant mis la chose en balance cinq heures durant à la prise et reprise diverse de ce fort de Ranzau, enfin se finit à nostre avantage et avec perte de quinze cent hommes de leurs meilleurs au moins[2]. Et ce qui rend l'action plus considérable, c'est qu'elle s'est passée entre les deux plus grandes armées que la France et l'Espagne ayent mise ensemble depuis Charles Quint et François Ier, le Cardinal Infant estant présent et le Roy n'estant pas loin[3], pour une des plus importantes places des Païs Bas dont la perte, outre la réputation, est de notable préjudice à la couronne d'Espagne.

Le marquis de Fors[4], faisant très bien[5], y a eu le petit os du bras gauche cassé, mais sans péril[6]. Le chevalier de La Trousse a receu une mousquetade au travers du corps, mais la plus favorable du monde, et dont nous croyons qu'il sera guéry dans trois semaines. Mr de Marinville, qui commandoit les cavaliers au quartier de Ranzau et qui arresta les ennemis entrés dans les lignes et tirans vers la ville, y a eu le coup de pied rompu, et je crains bien qu'il n'en demeure estropié. Je ne vous marque que mes amis ou ceux de ma connoissance. Depuis, nous

---

estre bon juge, ou, pour le moins, pour ne l'estre pas mauvais, et sçait assés ce que c'est que d'éloquence pour ne pas prendre le faux pour le vray. A l'âge de vingt-trois ans il fit l'oraison funèbre du frère du Grand-Duc mort de peste en Allemagne que j'ay veue et qui l'a bien mis avec moy, de sorte que son estime vous doit tenir lieu de quelque chose.»

[1] Voir beaucoup de détails sur cette affaire dans un article spécial de la *Gazette* du 8 août 1640, intitulé : *L'attaque faite par les Espagnols contre le camp du Roy devant Arras, le deuxième de ce mois, où les ennemis ont perdu environ douze cens hommes et eu plus de trois cens blessez*. Voir encore dans le numéro du 10 août un article supplémentaire : *Relation du combat naguères donné devant Arras, où il est demeuré plus de deux mille des ennemis morts ou blessez*.

[2] Ici Chapelain est d'accord avec la *Gazette* du 8, qu'il venait de lire; mais, on l'a remarqué sans doute, du 8 au 10 le chiffre des morts et des blessés avait singulièrement grossi (*viresque acquirit eundo*), et l'on était déjà à 2,000 au lieu de 1,500.

[3] Louis XIII et le cardinal de Richelieu, dit le P. Griffet (*Histoire du règne de Louis XIII*, t. III, p. 271), «s'étoient avancés jusqu'à Amiens, pour être plus à portée d'avoir des nouvelles du siège : ils en recevoient tous les jours, et ils envoyoient sans cesse des ordres et des avis aux trois maréchaux.» Voir sur le siége d'Arras une importante note de M. Avenel (*Lettres, instructions diplomatiques et papiers d'état du cardinal de Richelieu*, t. VI, p. 711-714) et diverses autres notes (p. 716-718).

[4] François Poussart, seigneur du Vigean. La terre et seigneurie de Fors (Poitou) avait été érigée en marquisat, l'année précédente, en sa faveur (mai 1639).

[5] La *Gazette* du 8 août rend le même hommage à la bravoure de cet officier : «Le marquis de Fors, mestre de camp du régiment de Navarre, faisant généreusement, comme il a de coustume, y receut un coup de mousquet au bras.»

[6] Chapelain se trompait : la blessure était si dangereuse, que le marquis de Fors, qui avait à peine atteint sa vingtième année, en mourut quelques jours après, le 28, comme nous l'apprend la *Gazette* (n° du 1er septembre 1640, p. 620).

avons eu nouvelles que la mine de Mr le Grand Maistre a joué si heureusement que les bourgeois, craignant d'estre pris de force, ont capitulé et donné des ostages de sorte qu'à présent la chose est achevée et le Roy doit estre maistre d'Arras[1]. Mais j'en ay plus dit que je ne voulois.

Avant hier, je fus à l'hostel de Rambouillet où M[ademoiselle] me demanda quelle nouvelle j'avois de vous. Je luy fis lire le dernier billet que vous m'escrivistes par lequel vous me donniés avis d'avoir receu le paquet où je vous envoyois la lettre que j'en avois tirée à son retour de Berry. Sa volonté est que vous brusliés toutes celles qu'elle vous escrit après les avoir leues, quoyqu'il n'y ait ny galanterie ny affaire d'Estat, et cette volonté luy est venue depuis qu'elle a sceu qu'on a vendu à l'inventaire du Cardinal de La Valette les lettres qu'elle luy escrivoit en Italie[2], jusques à dire qu'elle n'escriroit plus à qui que ce soit, si elle n'estoit asseurée qu'on deschirast tout ce qu'elle escriroit, comme elle fait, quand on luy escrit.

Les désordres qu'ont causé les dernières lettres de Mr Voiture pour avoir esté monstrées par la Marquise[3] adjoustent fort à cela et semblent luy faire vouloir tout de bon ce que d'abord je creus qu'elle ne disoit qu'en raillerie. Si elle vous l'ordonne, ou faittes le, ou faittes mine de le vouloir faire.

Quelques uns de nos amis qui ont veu le factum qui a esté fait contre celuy de Mr de Croisilles l'ont trouvé pressant. Je ne sçay qu'en dire, pour ce qu'en ces matières je ne croy qu'à mes yeux, et encore je ne prononce point décisivement, parce qu'elles ne sont pas de ma jurisdiction, ny de ma connoissance, et j'ay observé par plusieurs expériences qu'en ce qui regarde les arts, les loix et les sciences, le seul bon sens ne suffit pas pour bien juger, et qu'il faut avoir la pratique de ces choses pour ne se laisser pas imposer par son imagination ou par celle d'autruy.

J'attens tousjours avec grande impatience le temps de vostre retour que je mets, à tout rompre, à la fin d'octobre. On nous mande que vous avés fait la récolte heureuse autour de vos places.

Je suis, Monsieur, vostre, etc.

De Paris, ce 10 aoust 1640.

CCCCXXV.

A M. DE BALZAC,
À BALZAC.

Monsieur, ne vous repentés point de m'avoir escrit la dernière de vos lettres. Elle vaut trop et a eu trop d'approbation de ceux qui sont dignes de la donner pour n'estre pas bien aise de vous estre laissé aller à un si bel anthousiasme (*sic*)[4]. Tout

---

[1] On lit dans la *Gazette* du 11 août: «Sur le soir du mesme jour [c'est-à-dire du 7], une de nos mines joua avec tant de succez, que tout le rempart des ennemis en fut éboulé, et que la terre avoit renversé une pièce de leur canon du bastion dans le fossé, dans lequel nos soldats ont fait ensuite leur logement... Ce que les assiégez voyans et nos soldats prests de donner assault, sur une nouvelle sommation qu'on leur a fait le 8 de se rendre, ils ont demandé à parlementer...» Ce fut le 10 août que les Espagnols sortirent d'Arras et que les Français y entrèrent.

[2] Une de ces lettres (sans millésime, la date du jour étant seulement indiquée) figure dans le *Catalogue de la collection de lettres autographes de M. Alfred Sensier*, rédigée par M. Étienne Charavay (in-4°, 1878, p. 111 et 112), n° 747. L'orthographe en est singulière (*parse* pour *parce* et *selles* pour *celles*). La lettre se termine ainsi: *Vostre tres humble et tres obéisente servante*, DANGENNES.

[3] La marquise de Sablé. Voir plus loin la lettre à Montauzier du 14 septembre 1640.

[4] Balzac (lettre XXV du livre XXI, p. 831)

84.

l'hostel de Rambouillet en a esté ravi et en a voulu une seconde et troisiesme lecture. La Marquise de Sablé s'en est pasmée, et nostre délicat amy et le sien[1] s'en est rescrié contre sa coustume, et en a fait des admirations qui vous auroient pleu. Les deux premières pages de transport sont merveilleuses et la réflexion de la troisiesme le renvie encore sur ce qui l'a précédée. Mais vostre transport a excité le mien et je vous ay parlé jusques icy d'une lettre sans vous dire ce qu'elle contient, comme vous m'avés parlé une demie heure de M᷉ Desbarreaux[2] sans me dire que c'estoit de luy que vous me parliés[3]. Il est vray que les choses que vous m'en disiés luy sont si particulières et ces illustres desseins peuvent si peu estre conceus par d'autres que par luy que quand vous ne l'eussiés point nommé à la fin[4], je n'eusse pas laissé de le deviner et de le connoistre à son air et à son alleure. Le nouveau Père Denis ayme donc à faire voyage aussy bien que le vieux[5], et, sans aller sur le bord du Gange, sçait se faire des Indes du païs de Frontignan. Le double projet de trouver la vérité et le bon vin n'est pas, comme vous dittes, une pensée à qui celles des Césars et des Alexandres se peus-

---

répond : «Vous faites beaucoup d'honneur à mon extravagance de la nommer enthousiasme, et je ne pensois pas avoir esté de si belle humeur...» La lettre, datée du 20 septembre 1640, est bien plutôt du 20 août de la même année. On peut se demander si la lettre A Monsieur des Barreaux (n° XXVI du livre XV, p. 650 et 651 de l'in-folio de 1665), et où il est question du séjour de l'épicurien au château de Balzac, ne doit pas être datée du 20 août 1640 plutôt que du 12 octobre 1641, à moins que le voyage en Angoumois de l'été de 1640 n'ait été recommencé dans l'automne de 1641, ce qui me paraîtrait bien douteux.

[1] Voiture.

[2] Jacques Vallée, sieur des Barreaux, était alors dans sa quarante et unième année. Voir sur ce personnage une note des Mélanges historiques de 1873, mise sous une lettre de Balzac du 4 juillet 1644, p. 540.

[3] Balzac avait écrit à Chapelain (lettre XXIII du livre XXI, datée du 24 août 1640 et qui est tout au plus du commencement de ce mois, p. 828) : «Mais il faut laisser toute autre matière pour faire le récit de l'entreprise héroïque d'un galant homme qui a passé en ce païs, et qui va chercher la vérité et le bon vin par mer et par terre. Pour cet effet, il médite un pèlerinage vers Monsieur Descartes, à l'imitation de celuy d'Apollonius vers Hiarchas. Neantmoins, il remettra la vérité et Monsieur Descartes à l'année prochaine, et ne passera pas la mer, de cette campagne; mais, cependant, son autre dessein mérite d'estre sceu de tout l'univers. Il est parti exprès de Paris, pour voir venir naistre et mourir le soleil à Balzac, pour aller manger ensuite tous les melons et toutes les figues de Gascogne, et de là prendre le chemin de Languedoc, afin de faire vendange à Frontignan...»

[4] Des Barreaux n'est pas nommé dans le texte de 1665 (ici, comme en tant d'autres passages, modifié par les éditeurs); on a remplacé son nom par la périphrase que je souligne : «Comme j'achevois ma lettre, *celuy qui en est le subjet* est arrivé icy au galop, et m'a rendu une seconde visite, *matutinam, siccam et sobriam*. Je vous diray, pourtant, que cette sobriété est intéressée, et qu'il n'a pas desjeuné de peur de faire tort à un grand disner qui l'attendoit à Angoulesme. Ainsi son abstinence mesme a l'intempérance pour objet...» C'est peut-être ici l'occasion de faire remarquer combien la publication des lettres de Chapelain éclaire d'un jour nouveau un grand nombre de lettres de Balzac et rendra plus facile l'édition définitive que l'on donnera bientôt, je l'espère, de la correspondance, sinon des œuvres complètes, de l'auteur du *Socrate chrétien*.

[5] C'est-à-dire aussi bien que Bacchus, appelé par les Grecs *Dionysos*. Chapelain répond ainsi à la plaisanterie de Balzac (p. 828) : «Vous sçaurés que d'abord il me parla de vous comme je veux qu'on en parle, et que cette introduction

sent comparer¹. Nous verrons comment il l'exécutera et s'il s'acquittera aussy bien de celle qui regarde l'Angleterre que de celle qui regarde la Provence. A vous en dire toutesfois mon opinion, je croy que, l'année qui vient, il n'ira point chercher Monsieur [Descartes]² et qu'il se contentera de ce voyage cy pour tous les deux. Il croira sans doute qu'ayant trouvé le vin il aura trouvé la vérité, et, si l'on le veut obliger de la chercher ailleurs, il alléguera que préférablement à tout autre lieu la vérité est dans le vin, et qu'une pipe de Frontignan contient plus de lumières et de connoissances que tous les escrits de la philosophie ancienne et moderne. J'ay regret que nous ne puissions monstrer ce beau tableau à son amy, qui ne l'est plus³, et que les considérations que vous avés le privent et quelques autres de ses amis du plaisir qu'ils auroient à entendre une chose si rare. Ils ne la verront point néantmoins puisque vous le défendés⁴.

Pour le triumvir⁵, le croyés-vous si détaché du monde et si engagé à l'amour de dame Sophie, qu'il résistast à la tentation d'une mitre ou d'une crosse qui luy sembleroit infaillible avec l'esprit qu'il a, s'il avoit pour appuy le Ministre auprès duquel l'on travaille de deça pour le mettre⁶? S'il estoit capable d'une si belle résolution, je vous avoue que je redoublerois l'estime et l'amitié que vous m'avés donnée pour luy et que désormais je me lierois à luy par mon jugement aussy bien que par le vostre. Quand toutesfois il se laisseroit persuader de se mettre en chemin d'estre Evesque, je n'aurois garde d'y trouver à redire, et j'y profiterois mesme en cela que nous le verrions plustost icy.

---

m'a si fort plu, que quand il eust traisné après luy Menades, Silènes, Asnes et Panthères, je n'aurois sceu fermer ma porte à ce train extraordinaire.» Tallemant des Réaux (*Historiettes*, t. IV, p. 49) dit : «Il pouvoit avoir trente-cinq ans [c'est une erreur, des Barreaux étant né en 1599] quand il fit partie avec un nommé Picot et autres qui leur ressembloient, d'aller escumer toutes les délices de la France; c'est-à-dire de se rendre en chaque lieu, dans la saison de ce qu'il produit de meilleur. Balzac, qu'ils virent en passant, appela des Barreaux *le nouveau Bacchus*.»

¹ Balzac avait dit (*ibid.*) : «Alexandre n'a jamais eu une si belle pensée. La conqueste des Indes n'est rien en comparaison, et donnez-vous bien de garde de me parler une autre fois des voyages de vostre Thésée [le duc de Longueville].»

² Il semble bien que Chapelain avait deviné juste : je ne trouve nulle part la mention d'une visite faite par des Barreaux à Descartes en 1641. Le silence de Tallemant des Réaux et de Bayle (*Dictionnaire critique*, au mot *Des Barreaux*) est surtout significatif. On ne comprend guère que Chapelain parle d'un voyage en Angleterre, alors que Descartes était en Hollande : il eut le malheur d'y perdre en 1640, à Amersfoort, près d'Utrecht, sa fille naturelle Francine, âgée de cinq ans. On sait qu'il ne quitta la Hollande que pour se rendre en octobre 1649 auprès de la reine Christine, à Stockholm, où il mourut quelques semaines plus tard (11 février 1650).

³ S'agirait-il ici de François Luillier, qui, comme le rappelle M. P. Paris (*Historiettes* de Tallemant des Réaux, t. IV, p. 195), fut lié avec des Barreaux, comme avec Gassendi, Peiresc, La Mothe le Vayer?

⁴ Nous ne trouvons point cette défense dans la lettre à laquelle répond ici Chapelain.

⁵ Costar. Balzac (lettre XXVI du livre XXI, p. 831) accueille ainsi la communication de Chapelain : «Je pardonne la pédanterie à nostre ami, s'il est asseuré de la prélature, et s'il en a caution bourgeoise.»

⁶ Le comte de Chavigny, comme nous l'avons déja vu. Balzac en parle avec une irritation qui ressemble fort à la rancune d'un homme trompé (p. 831):«Celuy auprès duquel on le veut placer a quelquefois le dehors et l'apparence d'un honneste homme; mais le fonds est d'un fourbe confirmé. Et après les protestations que je sçay

Je ne sçay, au reste, ce que vous avés trouvé dans le billet de Mʳ Voiture qui vous a dépleu. Car je vous asseure qu'il a agi avec chaleur auprès de quelques uns des juges de Mʳ de Forgues, et qu'encore à cette heure c'est le principal instrument que j'aye pour presser le rapporteur de l'expédier de ce Parlement, ce qu'il fait de fort bonne grâce[1]. Mʳ d'Argence[2] me vint hier visiter et me promit de m'advertir du temps qu'il vous faudroit remuer pour solliciter le procès verbal, afin que je peusse faire de mon costé, et de celuy de tous nos autres amis, ce qui sera possible et nécessaire.

Je ne sçay si vous dittes vray, ou si vous vous moqués lorsque vous m'escrivés que *** vous a escrit la plus belle lettre du monde. Il me l'avoit monstrée devant que de vous l'envoyer, et je vous avoue qu'elle ne me semble rien moins que cela, et les personnes de nos amies à qui il en a donné des copies devant que de nous l'envoyer, n'en avoient pas d'autre opinion que moy, mais sans doute vous vous moqués de luy et de moy et vous me trompés afin que je le trompe. Je le tromperay donc sur vostre parole. Cependant je suis, Monsieur, vostre, etc.

De Paris, ce 11 aoust 1640[3].

---

qu'il a faites et de vive voix et par escrit, c'est folie que de s'en promettre quelque chose.»

[1] Balzac répond (p. 831) : «Jamais affaire ne trouva plus de protection que celle que je vous ay recommandée, et c'est à vous principalement que nous en devrons le bon succès. Vous avez obligé Monsieur de Voiture à plier sa gravité pour l'amour de moy, ce Monsieur de Voiture qui ne parle jamais sans persuader...»

[2] C'était un gentilhomme de l'Angoumois fort lié avec Balzac et dont il est souvent question dans les lettres de ce dernier. Voir notamment *Mélanges historiques* de 1873, p. 413, 480, etc.

[3] Chapelain, le 18 août 1640, écrit au marquis de Montauzier (fº 480) qu'il n'a pas cru devoir imaginer de prétextes pour l'excuser de n'avoir point écrit à l'hôtel de Rambouillet, faute de pouvoir montrer sa lettre : «J'eusse perdu le crédit qui eus esté bien pis que de laisser voir dans vostre lettre qu'une desbauche forcée et de complaisance vous avoit fait manquer à vostre devoir. Cette desbauche ne vous a point fait de tort. On a seulement trouvé à dire que vous eussiés fait des comparaisons libertines sur la fin... Tous ces jours cy, celle dont je vous parle [la princesse Julie] s'est baignée et purgée et elle s'en porte bien maintenant. Mᵉ sa mère rajeunit, ou du moins reprend forces nouvelles...» Chapelain entretient ensuite son ami de l'affaire de Mʳ de Forgues, «gentilhomme de vos quartiers, qui a espousé cette belle niepce de Mʳ de Balzac, que vous estimés quelque chose.» Il lui dit encore qu'il lui envoie une lettre latine de Balzac à Mainard, «fort louée par tous ceux qui l'ont veue,» ajoutant : «Je vous prie de me mander vostre jugement, qui n'est pas moins bon pour les choses latines que pour les françoises.» J'ai négligé deux lettres du 9 août, écrites l'une (fº 473) à M. du Fay de la Trousse, l'autre (fº 474) à M. de Marinville. Au premier, Chapelain envoie des remercîments pour sa relation de l'attaque des retranchements d'Arras, et il lui dit qu'il a été «loué de tous ceux qui l'ont veue non moins de bon escrivain que de sage capitaine.» Chapelain ajoute : «L'honneur que le pauvre Chevalier s'est fait dans le combat n'a pas esté si heureux puisque ça esté aux despens je dirois presque de sa vie ayant un coup qui lui passe au travers du corps.» A M. de Marinville, Chapelain adresse des félicitations au sujet de sa brillante conduite devant Arras et des condoléances au sujet de sa blessure. Il réclame de lui la suite de sa Relation, ajoutant que le comte et la comtesse de Maure lui demandent souvent de ses nouvelles. Mentionnons enfin une lettre du 10 avril (fº 475) à la marquise de Flamarens. En voici le début : «Madame, je ne fus jamais si touché ni si consolé tout ensemble d'aucune lettre que je l'ay esté de celle que je receus il y a trois jours de vous. J'y ay trouvé mil traits de sagesse, de crainte de Dieu, de bon naturel, de patience, d'intelligence, et en

CCCCXXVI.

À Mⁿ LE DUC DE LONGUEVILLE.

Monseigneur, si nos espérances n'ont pas esté vaines, nous sommes arrivés au temps où l'on doit travailler à bon escient à vous fortifier d'hommes et à vous mettre en estat d'estre encore une fois redoutable aux Impériaux. Car enfin Dieu a permis qu'après un siège de deux mois ou environ Arras soit tombé entre les mains du Roy à la veue du Cardinal Infant et après les vains efforts qu'il avoit faits pour jetter du secours dans la place en attaquant nos lignes avec toutes ses trouppes, et je ne douterois point, Monseigneur, qu'une bonne partie des nostres ne vous fussent envoyées présentement si nous n'avions point encore l'affaire de Turin à vuider, laquelle, selon le bruit commun, oblige le Roy à s'avancer vers la frontière d'Italie pour en presser la redition[1]. Les sages néantmoins jugent impossible qu'on vous laisse sans secours aussy bien à la fin de la campagne qu'au commencement, et quand vous ne seriés pas aussy considérable au Roy que vous estes, ils croyent que le péril qui nous menace du costé de l'Allemagne est assés grand pour faire qu'on pense à l'éviter en vous renforçant, tant pour vous y conserver, que pour empescher que les princes que vous avés fait déclarer pour nous ne se repentent de son alliance, et ne songent à se mettre à couvert en nous abandonnant. Mʳ de Sihemidbey, Mʳ de la Croisette, et Mʳ de Chambois ne laisseront rien sans doute à faire pour vos intérests auprès de Mʳˢ les Ministres. Et quant à nous, nous ayderons vos desseins, et porterons vostre cause avec nos vœux et nos prières, puisque nous ne pouvons autrement.

De Rome nous avons nouvelles qu'il se traitte une ligue entre le Pape et les Vénitiens et le duc de Parme, pour la défense de leurs estats, qui donne une extraordinaire jalousie aux Espagnols, l'ambassadeur Castel-Rodrigo en ayant parlé avec très grand ressentiment au Pape, l'accusant d'esloigner par ce procédé la paix dont ils font mine d'avoir le plus grand désir du monde. Le dernier courier assure que cette ligue est presque conclue, ce qui ne pourroit arriver sans une notable diminution de crédit pour le Roy d'Espagne, qui auroit par ce moyen à se garder delà les Monts d'autres puissances que de la nostre, et pourroit par la encore estre obligé à entendre à la paix pour conserver le sien.

Quant à Turin, on dit aussy qu'il y a quelque traitté en campagne qui pourroit bien enfin nous faire avoir la ville et le P[rince] Thomas de nostre costé, ce qui se fortifie par les propositions que le Cardinal de Savoye, son frère, a envoyé faire à Mʳ le Conte d'Alais qui portent en substance qu'il désire se ranger au parti du Roy. Nous attendons encore de ce costé la ce qu'il plaira à Dieu qui en réussisse. Mais nostre principalle inquiétude et impatience regarde la

un mot de tout ce que j'ay souhaitté qui fust en vous pour vous rendre accomplie...»

[1] Louis XIII, après la prise d'Arras, ne tarda pas à quitter Amiens (premiers jours de septembre) : il arriva le 7 de ce mois à Saint-Germain-en-Laye. Il y resta jusqu'au 25, jour où il alla coucher au château d'Écouen. Il se rendit le lendemain à Chantilly, où le même jour arriva le cardinal de Richelieu, qui revenait de Picardie. Louis XIII n'eut pas à s'avancer vers la frontière d'Italie, car le comte d'Harcourt ne tarda pas à se rendre maître de Turin. Ce grand succès était déjà connu en France le 25 septembre, comme on le voit dans une lettre de ce jour écrite à Louis XIII par Richelieu (*Recueil* de M. Avenel, t. VI, p. 730) : «Je ne sçaurois assez me resjouir de la prise de Thurin, dont il a pleu à Vostre Majesté me donner avis.»

seureté de vostre personne et l'avancement de vos hauts projets, qui recevroient avantage si tout ce que je vous mande succédoit heureusement. J'en prie Dieu et qu'il vous conserve tousjours.

Je suis, Monseigneur, vostre, etc.

De Paris, ce 18 aoust 1640.

CCCCXXVII.

À M. DE BALZAC,
À BALZAC.

Monsieur, l'homme de qui vous vous plaignés ne vous fait point de tort. C'est un enfant gasté dont tout le monde peut trouver mauvais les insolences, hormis le père qui luy en laisse prendre l'habitude, et qui mesme luy en a donné des louanges[1]. Je vous avoue que vous me surpristes lorsque vous me mandastes, il y a quinze jours, que cette personne vous avoit escrit une si belle lettre, et que je vis cette lettre en mesme temps dans vostre paquet. Car, après l'avoir leue avec attention, j'y vis de l'esprit par endroits, mais je ne fus point de vostre avis, que ce fust une belle lettre. Enfin, par celle que j'ay receue depuis, j'ay reconneu que j'estois de vostre avis, et que, la croyant gaillarde, j'en avois le mesme sentiment que vous. J'ay reconneu que vous ne m'en aviés parlé de la sorte qu'afin qu'il vist que vous l'aviés receue, et que vous l'estimiés, et qu'afin qu'il ne s'attendist point d'en avoir response.

Pour la Marquise, elle ne trempe point là dedans, et si elle le sçavoit, elle le désavoueroit, comme ayant pris son nom en vain. Elle a trop de sens pour s'ériger en protectrice d'un homme qui se soutient de luy mesme et qui, possédant la couronne de l'éloquence, ne s'appuye que sur ses propres forces, et ne relève en cela que de la déesse Persuasion et de sa plume. Et puis à quel propos parler de protection à un homme qui n'a plus d'ennemis et qui voit au dessous de soy tous ses jaloux et tous ses rebelles? Je la raviray néantmoins, lorsque je luy diray le dessein que vous avés de luy addresser vos Apologies[2]. Et certes elle est digne de cette marque d'honneur par la

---

[1] De qui s'agit-il? Serait-ce du marquis de Pisani, célèbre par ses incartades, et qui avait toujours été traité avec une indulgence voisine de la faiblesse, à titre de fils unique, par son père Charles d'Angennes, marquis de Rambouillet? Serait-ce d'un autre jeune homme, un des *petits maîtres*, Guy de Laval, le fils de la marquise de Sablé? Mais le père de ce dernier était mort, comme nous l'avons vu, le 4 juin 1640, et la phrase de Chapelain semble bien indiquer que le père de l'*enfant gasté* était en vie au moment où la présente lettre fut écrite. D'autre part, d'après un passage de Balzac qui va être cité dans la note suivante, c'est bien plutôt du marquis de Laval que du marquis de Pisani qu'il serait ici question. Je laisse à la sagacité du lecteur le soin de résoudre ce petit problème, au sujet duquel je n'ose me prononcer.

[2] Balzac écrivit à Chapelain (lettre XXVII du livre XXI, mal datée du 8 octobre 1640, p. 832) : «Je fais mettre au net ma seconde Apologie, et vous les envoyerai l'une et l'autre, pour les présenter de ma part à Madame la Marquise de Sablé. Je pense qu'il faudra les luy dédier après cela. Et bien qu'il y soit traité en beaucoup d'endroits de plusieurs poincts de doctrine, qui sont au dessus de la portée ordinaire des femmes, ma dédicace ne sçauroit estre trouvée mauvaise, estant faite à une femme extraordinaire. Outre que j'ay un grand exemple qui la justifie : et peut-estre n'avez-vous pas remarqué que Diogène Laërce adresse sa parole à une dame de son temps, dans les vies qu'il a escrites des philosophes...» On sait que les Apologies de Balzac ne parurent que plus de dix ans après la mort de leur auteur, dans le tome Ier des Œuvres complètes (1665), parmi les *Dissertations chrestiennes et morales* (p. 283-415). La première de ces dis-

grande estime qu'elle fait de tout ce qui vient de vous, et par le bon goust qu'elle a pour toutes les bonnes choses.

J'ay leu et releu avec un plaisir extrême et jusques à l'admiration la belle Epistre latine que vous envoyés à Mr Mainard[1], et je suis très marry que cela ne vous prend que par verve, autrement je vous exhorterois de vous solliciter souvent et de ne pas laisser tarir une vaine (*sic*) qui coule si doucement et fait un bruit si haut et si harmonieux tout ensemble. L'opinion générale de tous ceux à qui je l'ay desja leue est qu'elle est meilleure encore que la première[2], quoyque la première fust si belle qu'il ne sembloit pas qu'on en peust faire une seconde qui en peust approcher. C'est mon sentiment aussy, et tout de bon vous devriés vous exercer plus souvent en ce genre que vous ne faittes. Vous verrés par le billet de Mr de Saint-Nicolas combien il s'en est tenu obligé. Mr Mesnage l'a veue et admirée et, devant luy, Mr Lhuillier[3].

Ces trois, avec Mr Conrart, Mr de Voiture, Mr de Vaugelas et l'Hostel de Rambouillet, agiront vertement pour l'intérest de Mr de Forgues, lequel aura eu aujourdhuy, comme je croy, ce qu'il demandoit avec tant d'instance, que son procès fust mis sur le bureau. Car, hier au soir, Mr de Voiture fit héroïquement sur un billet que je luy envoyay et obtint par un effort de son crédit et de son éloquence que le rapporteur commenceroit aujourdhuy à le mettre devant M[rs] quoyqu'une partie du procès eust esté retirée par les parties, ce qu'il luy protesta qu'il n'eust fait pour qui que ce soit que pour luy, non plus que Mr de Voiture ne luy eust demandé pour aucune autre personne que pour vous. Je vous prie que, dans la première lettre que vous me ferés la faveur de m'escrire, il y ait un bon article pour luy en tesmoigner vostre ressentiment.

Je ne suis point pressé des livres italiens, et il suffit que je sache qu'ils ne sont point perdus. Me Camusat croit vous devoir ce que vous voulés recevoir d'elle comme une grâce et rougit de vostre remerciment[4]. Le Scipion de Claveret[5] est un

---

sertations est intitulée : *Sur le retardement de la publication de ses Apologies.* Les apologies sont dédiées à P. de Marca, au cardinal de Bentivoglio, à Menandre, au marquis de Montauzier, etc.

[1] *Ad Franciscum Mainardum invitatio* (Joan. Lud. Guezii Balzacii Carminum liber primus, p. 2 et 3 de la seconde partie du tome II des OEuvres complètes).

[2] *Ad Franciscum Mainardum, Roma reducem, querela* (ibid., p. 1 et 2).

[3] Balzac avait écrit à Chapelain (lettre XXIV du livre XXI, mal datée du 4 septembre 1640, p. 829) : «..... Ma dernière lettre latine envoyée, quelqu'un m'a asseuré que c'estoit une pièce incomparable. Voilà un grand mot pour un courtisan peu assidu de vostre Apollon, et pour un docteur en langue vulgaire. Aussy n'ay-je pas tant de foy, que je croye d'abord estre citoyen romain, parce qu'un provincial me l'a dit. C'est donc à vous, Monsieur, à m'esclaircir là-dessus de la vérité, et si vous voulez associer Monsieur l'Abbé de Saint-Nicolas dans le jugement de cette importante affaire, je vous envoye une nouvelle copie des pièces, que vous mettrez, s'il vous plaist, entre ses mains. Il est, sans doute, *rerum nostrarum acerrimus et integerrimus judex, possidetque in supremo gradu, ut Magistri loquuntur, facultatem judicatricem.* Observez-y toutes mes fautes, et me faites la faveur de les marquer, afin que je les corrige : car c'est une dangereuse chose de parler une langue morte.»

[4] Nous avons vu que la veuve de Jean Camusat avait envoyé à Balzac des livres italiens.

[5] On ne connaît, au XVIIe siècle, qu'un seul écrivain du nom de Claveret, c'est Jean Claveret, né à Orléans vers 1590, mort en 1666. Ce fut un mauvais auteur dramatique (*l'Esprit fort*, comédie, 1637; *le Ravissement de Proserpine*,

advocaceau¹ qui a esté chifflé² de son Epistre. La bonne femme l'a arrachée de tous les livres qui luy restent de cette impression, voyant qu'elle les deshonnoroit. Et, en vérité, le corps de la traduction n'est pas mesprisable.

J'ay veu le vilain endroit de Vida qui m'a fait mal au cœur³. Mʳ de Saint-Nicolas a veu l'éloge que vous faittes de luy dans vostre apostille, et vous en demeure très sensiblement obligé, et l'hostel Rambouillet l'apostille du dernier billet que vous m'avés escrit, dont il s'est senti fort vostre redevable et m'a chargé de vous le bien tesmoigner.

J'ay envoyé le paquet de Mʳ Mainard en Auvergne. Pour les vers, je tiens pour les premiers aussy bien que vous sans balancer. Je vous les envoye pourtant avec une addition d'importance qui est de luy et que je suis estonné qu'il ait supprimée.

Mʳ le Conte Bardi⁴, de qui est le sonnet italien que je vous ay envoyé⁵, et qui a pour titre *Bella donna chinuecchia*, m'a donné la copie de l'Oraison manuscritte de Mᵍʳ La Casa pour exhorter les Vénitiens à la ligue avec le Pape, Henri II et les Suisses. Vous m'avés mandé que vous l'aviés : je vous prie de m'en dire vostre jugement⁶.

Je suis, Monsieur, vostre, etc.

De Paris, ce 19 aoust 1640⁷.

---

tragédie, 1639; *l'Écuyer ou les faux nobles*, 1665, etc.) et un mauvais traducteur (*Valère-Maxime*, Paris, 1659, 2 vol. in-12). Il eut une fâcheuse célébrité pour avoir écrit divers libelles contre le grand Corneille. (Voir M. J. Taschereau, *Histoire de la vie et des ouvrages de P. Corneille*, 1855, p. 64-69 et p. 304 et 305; M. Ch. Marty-Laveaux, *Œuvres de P. Corneille*, t. I, p. 385 et 386; t. III, p. 26-29; t. X, p. 403; M. E. Picot, *Bibliographie Cornélienne*, p. 470 et 471.)

¹ Je ne trouve nulle part ce diminutif méprisant.

² On écrivait alors tantôt *siffler*, tantôt *chiffler*. Voir *Mélanges historiques* de 1873, *Lettres inédites de Balzac*, p. 522 et 533 et *Œuvres du cardinal de Retz* (édition des *Grands écrivains de la France*, t. II, p. 20; t. III, p. 154, 392, 405; t. IV, p. 81). M. Littré (*Dictionnaire de la langue française*) n'est pas allé assez loin en déclarant que «l'on a dit *chiffler* jusqu'au commencement du xvıı° siècle.» Il aurait fallu mettre: jusqu'au delà même de la première moitié du xvıı° siècle.

³ Le passage cité dans la lettre XXI du livre XXI, p. 826 de l'in-folio de 1665. Chapelain se sert de la même expression dont Balzac s'était servi : *ces vers qui m'ont fait mal au cœur*. Balzac a reparlé de la *vilenie* de Vida (lettre XXIII du livre XXI, p. 829).

⁴ Dans une lettre écrite au marquis de Montauzier le 25 du même mois (f° 485), Chapelain faisait un grand éloge du comte Bardi, «ambassadeur de Florence en cette Cour et depuis peu de mes bons amis,» vantant surtout la beauté de son esprit.

⁵ Balzac dit à son ami (lettre XXIV du livre XXI, p. 829): «Le sonnet du Résident italien, et la lettre du cavalier de vingt ans, sont fort à mon goust, et vous m'avez obligé de m'avoir régalé de ces deux rares présens.» Si Balzac, par les mots *cavalier de vingt ans*, a voulu désigner un *très-jeune homme*, ce serait plutôt le marquis de Laval, qui était alors dans sa dix-huitième année, que le marquis de Pisani, qui était alors dans sa vingt-cinquième année.

⁶ Balzac répond ainsi à l'interpellation de Chapelain (lettre XXVII du livre XXI, datée du 8 octobre 1640 pour septembre, p. 832): «Je ne sçay si j'admirerois à présent la Harangue de Monsignor della Casa; mais il est vray que je l'ay admirée autrefois, et que j'ay eu dessein de la publier, avec des notes de ma façon. Cette envie ne m'est pas encore passée, et je vous prie d'en faire tirer une copie bien correcte, afin que, quand je vous envoyerai la mienne, vous puissiez voir, par la conférence des deux, lequel des manuscrits sera le meilleur. A mon gré, ce Florentin a esté parfaitement judicieux. Il avoit veu l'idée de la suprême éloquence.»

⁷ Chapelain écrivait, le 20 août, au marquis

CCCCXXVIII.

À M. DE BOISROBERT.

Monsieur, quand je n'aurois autre raison de vous escrire que celle de me resjouir de vostre santé, dont M⁰ Bonair nous donna hier de certaines nouvelles, il suffiroit pour ne pas laisser partir M⁰ Faret sans luy demander place pour une lettre parmy celles dont il s'en va chargé vers vous[1]. Mais l'ordre qui nous est venu vers le mesme M⁰ Bonair de la part de S. Em⁰ᵉ de travailler chacun à relever selon nos forces la gloire du Roy dans la prise d'Arras, m'oblige par une raison nouvelle à vous escrire et à vous prier de voir le sonnet que je vous envoye sur ce sujet[2]. S'il ne vous desplaist pas, vous le pourrés faire voir à S. Em⁰ᵉ comme un effet de son commandement, et vous soulagerés ses défauts avec vostre addresse et bonté accoustumée. Vous m'obligerés aussy de tesmoigner à S. Em⁰ᵉ qu'ayant d'abord pensé à luy attribuer l'honneur de cette conqueste et de la rapporter toute entière à ces soins glorieux et à cette prudence divine, à qui en effet elle est toute deue, je me souvins de la modestie avec laquelle elle refusa, il y a cinq ou six ans, que je parlasse d'Elle, sur des matières dont le mérite luy estoit commun avec Sa Majesté[3], et je consideray que sur celle-cy mesme, elle n'avoit pas souffert que, dans la Relation succincte de ce siège et de cette prise, il y fut fait aucune mention d'Elle, comme ne voulant pas seulement donner ses veilles et ses travaux au Roy, mais encore sa propre gloire[4]. Cela me détermina à ne le point nommer dans le sonnet, mais le Roy seulement, sachant d'ailleurs que ce procédé de ses serviteurs déclarés comme moy estant une marque visible de sa modération, ce silence luy estoit plus avantageux que les plus éclatantes louanges, pour ce qu'il ne luy fait point perdre les louanges qu'elle mérite et qui sont naturelles à ses grandes et esclatantes actions, et qu'il fait croire de plus que s'il les

---

de Gesvres (p. 484) : «Dans le glorieux malheur qui vous arriva à Sailly je suis asseuré, sans attendre de vos lettres, que vous avés pensé à moy, et que vous avés creu [que] de tous ceux qui vous en avoient plaint, j'estois celuy qui l'avoit fait avec plus de véritable douleur, quoy qu'il n'y ait eu personne en France qui n'en eust une douleur véritable. Et je vous avoue que cet accident m'affligea plus qu'il ne me surprit, sachant de longue main combien les grands périls avoient de charmes pour vous...» Chapelain annonce à son ami que le marquis de la Varambon est mort de ses blessures. Voir sur la mort de ce gentilhomme, qui avait été *pris fort blessé*, Montglat (*Mémoires*, VI⁰ campagne). Le 26 août, Chapelain donnait à Balzac (f⁰ 487) les nouvelles que voici : «Il ne se peut agir avec plus de chaleur dans l'affaire de M⁰ de Forgues que font M⁰ˢ de Saint-Nicolas, de la Victoire, Lhuillier, Silhon, de Grasse, Mesnage, Patru, Conrart, Vaugelas, Voiture et l'hostel de Rambouillet, mais M⁰ de Forgues craint que le seul M⁰ Meusnier ne soit plus puissant à luy nuire que toute nostre trouppe à le servir. Dieu vueille que son appréhension soit vaine!...»

[1] L'abbé de Boisrobert était en ce moment à Amiens, où le cardinal de Richelieu séjourna jusqu'au 7 septembre suivant.

[2] On ne retrouve pas le sonnet dont parle ici Chapelain dans le recueil manuscrit de ses poésies que j'ai si souvent cité.

[3] Les biographes du cardinal de Richelieu n'ont pas signalé, ce me semble, la particularité rappelée par Chapelain et où il faut voir peut-être encore moins une sincère modestie qu'une habile précaution. En s'effaçant ainsi, le cardinal ne trouvait-il pas le meilleur moyen de désarmer la jalousie d'un prince inquiet, ombrageux?

[4] Le nom du cardinal de Richelieu ne se trouve pas, en effet, une seule fois dans la relation donnée dans la *Gazette*.

fait, c'est pour elle mesme, et non pas pour en estre loué. Je ne sçay si j'auray bien pris son sentiment la dessus et si mes conjectures luy sembleront raisonnables, mais j'ay creu faire pour le mieux. Vous me ferés l'honneur, s'il vous plaist, de m'en esclaircir, et de me mander si vous aurés trouvé à propos de monstrer la pièce et le succès qu'elle aura eu.

Je sçauray bien volontiers aussy la vérité du bénéfice de mı cents livres de rente, dont on me dit que vous aviés rempli vostre indult, afin de m'en resjouir avec vous et avec nos amis, s'il est comme on me l'a voulu faire croire. Obligés moy de ne me le laisser pas ignorer, et de me croire tousjours, Monsieur, vostre, etc.

De Paris, ce 29 aoust 1640 [1].

CCCCXXIX.
À M. DE BALZAC,
À BALZAC.

Monsieur, un moment après avoir receu vostre dernier paquet, je l'envoyay à Mʳ Ménage, puisqu'il estoit plus pour luy que pour moy. Il y vit vostre affection dans son éloge avec tel ravissement qu'il ne parloit d'autre chose à tout le monde [2], et je fus deux jours sans revoir ma lettre, pour ce qu'il ne vouloit pas qu'aucun de ses amis manquast à la voir. Enfin il me la rapporta, et nous fusmes trois heures ensemble à ne parler que de vous et de Mʳ Grotius [3]. Il m'avoit escrit, le matin, une lettre que je vous envoye pour s'excuser de vous faire ses remercimens luy mesme. Je vis bien pourtant à son discours que les doigts luy démangeoient et qu'il ne se vouloit pas fier tout à fait en moy du compliment qu'il vous en devoit, de sorte que vous pourrés recevoir au premier jour de son éloquence épistolaire, de laquelle, si vous vous trouvés embarassé, vous ne vous prendrés, s'il vous plaist, qu'à vous. C'est en vérité un très galant homme, et peu digne des mauvais offices qu'on luy avoit faits auprès de moy. Il a beaucoup de sçavoir, et le feu de son esprit est capable d'en allumer d'autres. Il imagine aigu et repart de mesme [4], si toutesfois certaines

---

[1] Chapelain écrivit au marquis de Montauzier, le 1ᵉʳ septembre 1640 (p. 489) : «L'affaire de Mʳ de Croisilles fut hier jugée au Parlement, les trois chambres assemblées, et il fut renvoyé à son juge ordinaire, l'Official de Paris, où il avoit demandé d'estre renvoyé dès le commencement. Néantmoins Mᴵᴵᵉ Paulet croit qu'on luy a fait injustice de ne le pas juger au fond... Hier matin, Mʳ Conrart partit d'icy en diligence pour s'en aller à Jonquière où est sa sœur malade sur un avis bien funeste, quoyque non tout à fait certain, de la mort de son beaufrère qu'on luy a mandé qui a esté assassiné entre Arras et Dourlens, à un quart de lieue du convoy...» Dans une lettre à la marquise de Flamarens, du même jour, Chapelain (f° 491) annonce que la marquise de Sablé est «veufe et dévote» et que «Mʳ le chevalier [de la Trousse] vaut guéry de sa blessure,» ce qui signifiait qu'il était pour ainsi dire guéri, à peu près guéri.

[2] Balzac avait écrit à Chapelain (lettre XXV du livre XXI, mal datée du 20 septembre 1640, p. 830) : «J'ay pesté plusieurs fois contre les longueurs des messagers, mais certes ce n'estoit pas sans cause, puisqu'ils me privoient d'une excellente lecture, et m'empeschoient de m'entretenir avec nostre Monsieur Ménage. Son livre eust donné de la jalousie à Juste Lipse, et eust mis Lambin au désespoir. Il m'estonne et, je m'asseure, il vous satisfait... Sa doctrine est exquise. Il va la puiser en des sources esloignées des grands chemins, et que le Peuple n'a point encore souillées...»

[3] Il est fort question de Grotius dans la lettre à laquelle répond Chapelain. J'en citerai quelque chose un peu plus loin.

[4] C'est-à-dire : il a l'imagination vive et la repartie aussi.

responses ingénieuses, qu'il m'a récitées, luy sont venues sur le champ et non pas après coup. Il confesse ingénument qu'il a l'humeur satyrique et qu'il s'empesche mal-aisément de dire un mot qu'il croit bon [1].

Du reste, dans un long entretien que j'eus avec luy sur le sujet de Mr Costard, je trouvay ses maximes nobles et son inclination généreuse. D'amis intimes qu'ils estoient [2], j'ay reconneu qu'ils estoient passés à l'indifférence, et que, s'ils ne se haïssoient, au moins ils ne s'aymoient plus, et, s'il en faut croire celuy cy, la cause de ce raffroidissement vient toute de l'autre, qui l'a débité partout pour médisant [3], qui l'a désavoué pour amy, et qui a payé les réelles assistances qu'il luy a faittes de mesconnoissance et de reproches mesmes. Je me rapporte à ce qui en est, et cependant vous demande secret.

Pour Mr Grotius, sa qualité d'ambassadeur m'a empesché de luy rendre les devoirs que j'eusse volontiers rendus à sa qualité de grand personnage dans les lettres [4]. A vous en parler à cœur ouvert, cette dignité l'embarasse et embarasse ceux qui ont à traitter avec luy. Elle l'a tiré de l'ordre des sçavans et ne l'a pas mis dans celuy des grands politiques, et il s'est fait un certain meslange de conditions en luy par cet employ qui le faict un homme médiocre d'un homme extraordinaire qu'il estoit. Ce n'est pas qu'il ne soit aussy habile ou plus encore qu'auparavant, mais c'est que luy, que le sçavoir n'enfloit pas, s'enfle de l'ambassade et tient une certaine morgue que les esprits libres ne souffriroient qu'à peine en ceux qui l'envoyent et dont il n'est que l'image. Ainsy je vous avoue qu'après avoir rendu à son mérite ce que je luy devois, je ne croy pas que je m'empresse fort à son audience, et je me contenteray de converser avec luy dans ses ouvrages où je le trouve meilleur que chés luy [5]. Il me dépite d'estre si longtemps à publier son histoire des troubles de Hollande [6], et je ne sçay par quelle bizarrerie un jurisconsulte, un critique, un poëte, un historien, un ambassadeur laisse le soin de toutes ses occupations pour devenir théologien et chercher l'Arminianisme dans le Nouveau Testament. Il n'y a pas moyen de luy pardonner cette fantaisie qui recule l'accomplissement de tant de belles choses et prive le monde de ce qu'il désire il y a si longtemps. Vous verrés dans le billet de Mr Mesnage comme il a receu ce

---

[1] Tallemant des Réaux nous montre Ménage (*Historiettes*, t. V, p. 214) médisant «du tiers et du quart,» et il ajoute (p. 215) : «A Angers, quoyque tout Angevin pour l'ordinaire soit goguenard et mesdisant, il estoit fort descrié pour la mesdisance.» Il serait trop facile de multiplier les témoignages relatifs à l'*humeur satyrique* de Ménage.

[2] C'est à cette époque sans doute que Costar «disoit que Ménage estoit son meilleur ami.» (*Historiettes*, t. V, p. 153.)

[3] Costar devait avoir sur le cœur quelques mauvaises plaisanteries de Ménage, telles que celle-ci, par exemple, rapportée par Tallemant des Réaux (*ibid.*, p. 215) : «Il disoit qu'il y avoit trois plaisans prédicateurs à Angers : Costar, qui n'avoit qu'un sermon, le prieur des Matras, qui n'en avoit que la moitié d'un, car il demeura à my-chemin, et le prieur de Pommier, qui demeura la bouche ouverte, et ne prononça pas une parole.»

[4] Balzac avait ainsi parlé de Grotius (p. 830) : «Mais ne sçauray-je point si vous vous estes remis dans le chemin de l'hostel de Monsieur l'Ambassadeur de Suède, et si vous estes meilleur courtisan d'esté que d'hyver?»

[5] Ces détails sur Grotius sont d'autant plus intéressants, qu'on les trouverait moins ailleurs.

[6] Balzac (p. 830) avait dit : «Voyez cet excellent homme et devenez son confident ; vous verrez cette incomparable histoire qu'il tient prisonnière depuis tant d'années...»

que vous disiés de luy dans vos dernières. Il luy a depuis renvoyé vos vers par un page avec beaucoup d'estime et de la pièce et de l'autheur.

Je ne sçay ce qui arrivera de ce qui a esté proposé du triumvir[1] et il y a long temps que je n'en ay ouy parler; si la chose se doit faire, ce ne sera qu'après avoir mis dans les quartiers d'hyver. Je croy le proposant tel que vous dittes[2], mais il s'en faut venger en le mesprisant, qui est la plus belle vengeance que puisse prendre le magnanime.

Le rheume que j'ay n'est point venu du redoublement des copies des beaux vers que vous m'avés envoyés[3]. Au contraire je le seiche à leur feu, et j'espère de leur en devoir bientost l'entière cure. C'est un tribut annuel que la rigueur du temps exige de moy à tous les quartiers, n'y ayant point de saison qui ne vueille que je luy rende hommage, et que je le paye de cette monnoye.

J'ay retiré le privilège des mains de nostre amy[4] et n'attens que le partement de M' de Forgues pour vous l'envoyer. Je suis honteux de ses civilités et de ses ressentimens. Je vous prie d'y faire apporter de la modération, afin que je me puisse reconnoistre dans ses paroles lorsqu'il parlera de moy. J'ay eu plus d'ardeur et plus d'inquiétude pour son intérest que pour tous ceux que j'auray jamais. Je crains néantmoins que mon affection n'ait esté fort peu utile, mais par la connoissance que j'ay prise de sa vertu, je ne crains pas que par ma foiblesse il juge de mon affection.

M' l'abbé de Boisrobert est auprès de S. Em^{ce} et gouverne celuy qui nous gouverne[5]. On nous mande d'Amiens qu'il se porte bien, et quelqu'un nous a dit qu'un indult qu'il avoit a esté rempli d'un bénéfice qui vaut quatre cents livres de rente et qui est au païs du Maine[6]. Nous verrons si l'avis est certain.

Je vous envoye un sonnet que l'on m'a arraché pour la prise d'Arras. Il vous souviendra, en le lisant, de la maxime de Vida dans sa *Poétique : Nec jussa canas*[7].

Je suis, Monsieur, vostre, etc.

De Paris, ce 2 septembre 1640.

CCCCXXX.

À M. CONRART,

À JONQUIÈRES.

Je vous avoue que j'eus une grande con-

---

[1] Costar, qu'il s'agissait de placer auprès du comte de Chavigny.

[2] Le comte de Chavigny, à la sincérité duquel Balzac croyait si peu, comme nous l'avons vu dans une précédente lettre.

[3] Balzac avait écrit à Chapelain (p. 831, lettre XXVI du livre XXI déjà citée) : «Mon infatigable faiseur de copie a travaillé pour vous cette semaine, et veut à toute force que vous voyiez mon dernier latin, pour ce qu'il luy semble fort bien escrit... Qu'il vous tue donc de cette *crambe* si souvent *repetita*, pourveu que vous ne laissiez pas de vous bien porter d'ailleurs, et qu'elle ne vous ramène pas vostre rhume.»

[4] Conrart.

[5] Ceci confirme tout ce que l'on savait déjà du singulier ascendant qu'avait pris l'abbé de Boisrobert sur le cardinal de Richelieu, et notamment ce qu'affirme Tallemant des Réaux (*Hist*. t. II, p. 391) : «Souvent il disoit au cardinal tout ce qu'il vouloit, quoyque le cardinal ne le voulust pas. Il sçavoit son foible, et voyoit bien que S. E. aimoit à rire.»

[6] Un frère de Boisrobert possédait un canonicat au Mans, comme nous l'apprend Tallemant des Réaux (*Hist*., t. II, p. 408) : «Il y a trois ans qu'il mena Durville au Mans pour y vivre avec un de ses frères qui est chanoine...»

[7] Que Vida a donc raison, et combien de grands poëtes ont échoué de tout temps dans les compositions de commande, dans les vers officiels!

solation, dimanche matin, lorsque j'appris que M⁽ vostre beau frère en estoit quitte pour estre prisonnier. Ce qui nous eust esté un mal sans ce mauvais bruit de sa mort¹, nous est devenu un remède et on diroit que la fortune a voulu faire favorablement ce circuit de nouvelles pour vous rendre plus doux et plus supportable l'accident qui luy est arrivé. Il faut louer Dieu de ce que des maux de cette nature il nous a donné à souffrir le moindre. J'attens à la première occasion que vous nous mandiés le particulier de tout. Cependant vous estes bien louable d'avoir couru au plus pressant, et d'estre allé promptement vers Mᵉ vostre sœur pour l'assister dans son malheur, quel qu'il peust estre, et la fortifier dans sa douleur. Tous vos amis de deça l'ont ressentie comme elle pour l'amour de vous, et j'ay fort resjouy tous ceux qui m'en sont venus tesmoigner leur desplaisir, lorsque je leur ay dit l'estat présent de la chose.

Vous trouverés dans ce paquet plusieurs lettres sur ce sujet qui ne peuvent manquer de vous estre fort agréables, partant de personnes dont vous chérissés tant l'amitié. J'ay fait faire l'office là dessus à l'hostel de Rambouillet, comme vous le désiriés, car je ne l'ay peu faire moy mesme à cause d'un rheume à mon ordinaire qui me tient à la chambre depuis six jours. M⁽ de Chavaroche m'en vint hier faire le compliment et me dire, de la part de ces excellentes personnes, ce que vous pouvés souhaitter. Vous nous manderés quel sera vostre séjour en Picardie et si M⁽ l'Evesque de Grasse aura besoin de vous y aller dire adieu. Il parle tousjours de partir au mois d'octobre. Je vous prie de me faire la faveur d'asseurer Mᵉ vostre sœur et Mᵉ vostre femme de mon service très humble et de me croire tousjours ce que vous sçavés ce que je vous suis.

De Paris, ce 5 septembre 1640.

CCCCXXXI.

À M. LE MARQUIS DE MONTAUZIER,

EN ALSACE.

Monsieur, la lettre que je vous envoye vous doit estre d'autant plus chère qu'elle a esté escritte sans que je l'aye sollicitée², car, suyvant vos ordres, j'ay voulu estre moins chaud amy pour reconnoistre si vous seriés plus heureux adorateur. J'aprens par là qu'il est quelques fois à propos de hazarder quelque chose et risquer de perdre peu pour voir si l'on ne gaignera pas beaucoup. Nous verrons si cette bonne fortune vous continuera ou si vous aurés encore besoin de mes soins et de mes diligences. Je ne vous diray nulles nouvelles de ce costé là, puisque vous les pourrés apprendre de l'original mesme.

M⁽ le marquis de Pisani vous devoit aussy escrire et je l'en vis, hier, solliciter par cette rare personne. Mais il n'est pas estrange qu'il ne l'ait pas fait de cet ordinaire et vous ne luy aurés pas peu d'obligation s'il surmonte sa paresse entre cy et le prochain pour s'acquitter de ce devoir. Il revint de l'armée assés maigre. Maintenant il est tout remis. Il a repris son embonpoint. Il a une fleur de beauté sur le visage ou plustost de santé qui n'a pas de pareille et sa teste est la plus exquise perruque et la plus belle monstre de cheveux que vous ayés jamais veue. Enfin c'est désormais un tel galand qu'il n'y a point de maris qui ne le redoutent, et qu'il y a peu d'amans qui se tiennent asseurés où il est³.

---

[1] Nous avons vu, dans un extrait d'une lettre de Chapelain à Montauzier du 1ᵉʳ septembre, que le bruit de l'assassinat du beau-frère de Conrart avait couru à Paris.

[2] Ai-je besoin de dire qu'il s'agit là d'une lettre de Mˡˡᵉ de Rambouillet?

[3] Ce n'est point sans quelque ironie que le bon Chapelain parle de la bonne mine et des

Mr Conrart est encore en Picardie, auprès de sa sœur, pour la consoler, non pas de la mort de son mary dont l'avis estoit faux, mais de sa prison, ayant esté attrappé par la garnison de Bapaume ou de Béthune, comme il revenoit d'Arras chés luy. Nostre amy me mandoit, il y a trois jours, qu'il espère le revoir dans huit et qu'il ne croit pas partir d'où il est qu'après sa délivrance. Cela me fait craindre que nous ne le revoyons de quelque temps.

J'ay leu avec beaucoup de satisfaction les nouvelles que vous avés eues du Résident de Suède à Benfeld, et, s'il continue à vous en donner, vous m'obligerés de m'en envoyer copie. Il semble par vos dernières de Cologne et de Hollande que nostre party reprend un peu de vigueur en Allemagne, et qu'on ait lieu de s'en promettre quelque chose de bon. Tous les avis que nous avons de Cassel sont que M^r le Duc de Longueville brusle de donner bataille et que depuis la pleine jonction du Duc de Lunebourg avec Bannier, elle a esté résolue en plein conseil de guerre, ensuitte de quoy nous avions desfait six escadrons à pied et pris cinq canons, et que les Impériaux se trouvoient fort engagés et en un estat à ne se pouvoir guères bien desdire de combattre, qui est ce qui luy est surtout défendu. Dieu vueille tout bien conduire et conserver, du moins M^r le duc de Longueville à la France, et à ses amis!

Je vous envoye un sonnet que j'ay fait par commandement sur la prise d'Arras. Vous en jugerés et je verray volontiers si vous vous estes rencontré avec S. Em^ce et nos patrons de la Cour. Cependant je vous feray les complimens de Mr de Cerisy sans les faire. Il s'est tenu infiniment obligé à vostre bonté, lorsque je luy leus vostre lettre où vous faisiez si honorable mention de luy.

Je suis, Monsieur, vostre, etc.

De Paris, ce 7 septembre 1640.

CCCCXXXII.
À M. CONRART,
à jonquières.

Il m'ennuye de n'avoir point de lettres de vous et de ne vous point escrire. Pour le premier qui ne dépend pas de moy, je prens patience. Pour l'autre je m'en acquitte quoyqu'avec ma négligence ordinaire, non pas toutesfois par manière d'acquit. J'envoyay vostre paquet à Melle Chalais incontinent après l'avoir receu. Depuis, je l'ay veue et elle m'a dit que vous luy aviés escrit aussy gaillardement que si M^r vostre beau-frère avoit pris Béthune, et qu'il en eust amené les principaux officiers prisonniers chés luy. Mais je luy expliquay le sujet de cette joye en l'asseurant qu'il seroit bientost libre, et que nous vous reverrions bientost icy. Mandés moy si j'ay dit vray, ou plustost lorsque vous me l'avés mandé par vos dernières. On vous trouve fort à dire partout où vous estes connu et aymé. C'est vous nommer beaucoup de gens en peu de paroles. Il n'y a nulles nouvelles sinon qu'on lève huit mille hommes dans Paris et dans l'Isle-de-France, comme l'on croit, pour assiéger Bapaume. M^r le marquis de Brezé a battu les Espagnols vers le destroit [1]. Les Castalans sont plus souslevés que jamais, et embarassent le

---

bonnes fortunes du marquis de Pisani. On a déjà sans nul doute remarqué la malice avec laquelle le correspondant de Montauzier loue presque uniquement les cheveux d'emprunt du frère de la princesse Julie.

[1] M. A. Bazin (*Histoire de France sous Louis XIII*, t. III, 1846, p. 62) raconte ainsi la victoire navale dont Chapelain apprit bien tard la nouvelle, ce semble: «La flotte française, sous le commandement du jeune marquis de Brézé, fils du maréchal, partit de la Rochelle, parcourut l'Océan autour de la péninsule espagnole, et,

roy d'Espagne¹. On espère bien tousjours de Turin, quoyque nous ayons dix mille malades dans nos trouppes. Il n'y a que l'Allemagne où je crains que nous ne succombions. Je vous envoye un sonnet de moy que M⁰ le Cardinal a veu et trop approuvé. Je vous en envoye encore un de M⁰ Coletet, tous deux sur la prise d'Arras.

Baise mains très humbles à vos dames.

De Paris, ce 9 septembre 1640.

CCCCXXXIII.
À M. D'OLIVE DU MESNIL,
CONSEILLER AU PARLEMENT DE TOLOSE.

Monsieur, nous avons tous grande obligation à cet amy qui a eu le pouvoir de vous faire entreprendre un ouvrage si difficile à exécuter que celuy de la notice de l'Empire² dans un stile qui sembloit incapable de la bien exprimer, comme est le poétique, et en si peu de vers que ceux dans lesquels vous l'avés comprise. Lorsqu'il vous fit cette prière en pensant ne travailler que pour luy, il travailloit pour tout le monde, et d'un bien particulier il en faisoit un public. Vous avés donné par ces beaux vers un nouveau lustre à la gloire romaine, et avés comme ressuscité l'estendue de sa domination qui ne vivoit plus que dans les livres et dans la mémoire de ces sçavans qui ne valent guères mieux que des morts, puisqu'ils passent la pluspart de leur vie ensevelis dans leurs cabinets et parmy la poussière des bibliothèques. Qui veut rendre les choses d'un usage commun, il ne suffit pas de les escrire : il les faut rimer et revestir de nombres et de mélodie. L'harmonie de la versification est le bausme qui empesche les ouvrages de vieillir et de se corrompre, et le charme qui fait que tout le monde les lit et les retient³. Toutes matières se conservent pourveu qu'elles soient renfermées dans ce cèdre, et le temps n'a point de pouvoir sur elles pourveu qu'elles soient mises en la garde de ce cyprès. Nous n'avons aucuns historiens entiers et nous n'avons presque rien perdu des bons poètes. Tel est l'avantage qu'a le vers sur la prose pour ce qui regarde la perpétuité des productions de l'esprit. Et c'est ce qui autresfois, dès les temps héroïques, a obligé Orfée et Cunis⁴, Homère et Hésiode, Pythagore, Théognis et Focilide, et, depuis, Empédocle, Lucrèce et Virgile et tant d'autres qui les ont suyvis de renfermer la morale ou la physique et les préceptes des arts dans les mesures de la poésie, jugeant qu'il n'y avoit rien dans la nature qui résistast bien à

---

trouvant près de Cadix la flotte d'Espagne qui se rendait aux Indes, lui livra combat (22 juillet) en vue de cette ville. Les Espagnols y perdirent leur vaisseau amiral, quatre galions et deux autres vaisseaux ; le reste prit sa retraite dans le port, devant lequel le jeune amiral s'arrêta plusieurs jours pour défier l'ennemi qui n'osa plus reprendre la mer. »

¹ On trouvera sur la révolte des Catalans les plus abondants et les meilleurs renseignements dans l'*Histoire du règne de Louis XIII* par le P. Griffet, 1758, t. III, p. 278-291.

² Il s'agit là d'une traduction en vers du précieux document intitulé *Notitia dignitatum*, qui nous a conservé un si exact tableau de l'empire romain. La plus récente comme la meilleure édition du texte de cette notice est celle qui a été donnée par M. Otto Seeck (Berlin, 1876, in-8°). On n'a jamais, que je sache, mentionné spécialement, même dans la *Biographie toulousaine*, la traduction tant louée par Chapelain.

³ La pensée pouvait-elle être plus ingénieusement, plus poétiquement exprimée?

⁴ Ce personnage m'est complétement inconnu. Il faut sans doute sous ce nom lire le nom de Linos, le prétendu fils d'Apollon et de Calliope. Voir sur Linos l'*Histoire de la littérature grecque* par Ottfried Müller, traduite par K. Hillebrand. Paris, 1866, t. II, p. 33-36).

la voracité des longs siècles que ce que cette nimphe immortelle avoit osté de leur jurisdiction.

Vous avés fait comme eux, Monsieur, et par ce poème excellent que vous m'avés envoyé, vous avés pourveu à la seureté de la réputation de Rome. Quand tous les registres et tous les fastes seront bruslés ou rongés de vers, on sçaura tousjours par vos vers ce qu'elle fut jadis, et ceux qui ne sçauront pas lire mesme ne l'ignoreront pas, pour ce que le livre des bons vers est la mémoire qui se les imprime naturellement et sans y penser. Il faudroit vous faire un trop long remerciment qui vous le voudroit faire comme vous le méritès. Je vous laisseray juger par ce que je vous ay dit combien je ressens cette faveur, et pour la reconnoistre selon ma foiblesse, je vous envoyeray quatorze vers françois que Mʳ le Cardinal a exigés de mon devoir après le fameux siège de cette ville dont vous avés pris occasion dans les vostres de si bien parler. Vous les prendrés pour une petite rétribution mal proportionnée à la grâce que vous m'avés faitte, et croirés, s'il vous plaist, que je ne vous l'eusse pas envoyée si j'eusse eu présentement quelque chose de mieux.

Mes amis verront vostre poème, et il ne tiendra pas à moy que vous n'en ayés la louange que vous en méritès du public.

Je suis, Monsieur, vostre, etc.

De Paris, ce 13 septembre 1640.

CCCCXXXIV.

A M. LE MARQUIS DE MONTAUZIER,
EN ALSACE.

Monsieur, je vous conseille d'attendre encore un nouvel ordre pour ce qui est de brusler les lettres qu'on vous escrit[1], quand ce ne seroit que pour ne pas donner lieu au mauvais augure. Peut estre que cet ordre ne viendra point et je commence à croire qu'il ne fust donné que par occasion puisqu'on m'a donné pour vous de nouvelles despesches sans clause ny condition, de sorte que c'eust esté prudemment fait à moy de ne vous point tourmenter de cet avis, et de voir avant que de vous l'escrire si c'estoit une volonté bien déterminée. Pour estre trop punctuel et trop officieux, je m'apperçois tous les jours que je fais de ces fautes et que mes amis ont sujet de se plaindre du trop de soin que j'ay de ce qui les regarde.

La lettre de Mʳ de Voiture qui donna matière à ce commandement, quoyque lointaine, est[2] une lettre qu'il escrivit, il y a trois mois, à Mʳ d'Emery[3] pour le remercier de vingt huit mille livres qu'il luy donnoit du sien, pour vingt huit mille qu'il avoit en rentes sur le Roy, dont il ne pouvoit tirer un sol, sauf à Mʳ d'Emery de s'en faire payer par son crédit. Cette lettre ayant esté monstrée par Mᵉ la marquise de Sablé à quelqu'un et l'affaire ayant, depuis, esté empeschée par Mʳ de Bullion, la marquise a esté accusée d'avoir esté cause de ce malheur, pour ce que Mʳ de Bullion a pris prétexte de ne pas faire la chose, sur ce que Mʳ de Voiture publioit cette grâce, qui feroit croire au monde qu'en l'estat où est l'espargne, les surintendans feroient des profusions de l'argent du Roy. En effet la chose est demeurée, et la marquise en est demeurée très mortifiée, quoyqu'elle ne tombe point d'accord que cette lettre ait esté veue par son moyen.

---

[1] Les lettres de Julie d'Angennes. Voir plus haut la lettre du 10 août 1640.

[2] Michel Particelli, sieur d'Emery, alors intendant des finances de France, fut de 1643 à 1648 contrôleur général des finances, et mourut à Paris le 23 mai 1650. Voir sur ce personnage une note mise dans les *Mélanges historiques* de 1873, sous une lettre de Balzac du 1ᵉʳ août 1644, p. 550.

[3] Le manuscrit porte *et*.

Voila ce que vous désirés sçavoir de ce costé là.

Je vous envoye la seule latine que Mʳ Voiture a escritte à Mʳ Chavigny et que j'ay esté prendre, ce matin, chés luy sous couleur de la vouloir envoyer à Mʳ de Balzac, croyant que vous ne vouliés point estre nommé pour cela. Quant à celle qu'il a escritte en vieux langage[1], il me semble estre asseuré que Mᵉˡˡᵉ de Rambouillet ou Mʳ Conrart vous l'ont envoyée, et quand je ne l'aurois pas creu, je ne croy pas que j'en eusse grossi mon paquet par ce que je m'imagine que ce stile n'est pas de vostre goust.

Pour mon procès, je ne suis pas marry qu'il ait [esté] remis après la Sᵗ-Martin. C'est une trève de plus de deux mois, qui m'est commode, et qui ne me nuit de rien, puisque je suis en possession. En récompense, j'ay sollicité et fait solliciter l'affaire de Mʳ de Forgues, et ce qui a esté plaisant quelque temps, c'est que, sur le point du jugement, on nous fit entendre que c'estoit contre un de vos cousins germains qu'il plaidoit, dont tout l'hostel de Rambouillet fut tout contristé à cause qu'on s'y estoit remué en faveur de mon amy. Enfin toutesfois nous avons sceu que sa partie ne vous estoit de rien et que c'estoit un proche parent de Mʳ de Brassac et non pas de Mᵉ, qui néantmoins l'avoit voulu faire passer pour ce que je vous ay dit. Au reste, cette jalousie dont vous me parlés et cette protestation que vous me faittes de n'y prendre aucun intérest, me font descouvrir, malgré vous, *veteris vestigia flammœ*[2]. Mais ne vous en mettés point en peine; je suis discret et me sçais taire. Il n'en arrivera point de désordre pour cela.

Les affaires d'Allemagne me tiennent tousjours fort inquiet, et ce respit que Gleen[3] a [à] Creutznach[4], et par conséquent à vos deux Alsaces, pourroit bien estre fatal à Mʳ le Duc de Longueville contre lequel et contre Bannier trop de forces s'assemblent pour ne pas craindre qu'enfin ils ne soient opprimés. Mais il ne faut point mesler mes maux à ceux que vous souffrés de tant de sortes, et il vaut mieux que je vous die que je vous envoye trois lettres qui sans doute vous apporteront beaucoup de consolation. Il y a un paquet aussy pour Mʳ de Bellebat[5] que l'on m'apporte désormais tous les vendredis sans me voir ny me faire rien dire, comme si mon logis estoit le bureau de la poste, et je ne puis croire sinon que c'est quelque lutin qui me connoist de bonne volonté, et qui n'est pas homme de grande cérémonie. Je vous l'envoye comme les autres

---

[1] Voir parmi les *Lettres en vieux langage* qui ont été recueillies par tous les éditeurs des *Œuvres* de Voiture, notamment par M. A. Ubicini (t. II, 1855, p. 253-267) et par M. A. Roux (1858, p. 439-448), la *Lettre de Monsieur le comte de Saint-Aignan, estant prisonnier, à Monsieur le comte de Guiche* (Au très-hault, très-preux et très-renommé Chevalier Guicheus; Guisan le Pensif, seigneur de l'Isle invisible, desire honneur, liesse, et mande humbles salutz). Cette lettre et les suivantes furent écrites par le *chevalier Voiturio* vers la fin de l'année 1639. L'abbé Arnauld (*Mémoires*, édition de 1756, p. 176 et 177) nous apprend que «M. le comte de Saint-Aignan, qui avait toujours eu l'esprit galant, étoit alors passionné pour le vieux gaulois... Ce n'étoit tous les jours que billets en langage d'Amadis...»

[2] C'est le mot de Didon à sa sœur Anne: *Agnosco veteris vestigia flammœ* (*Æneis*, lib. IV, v. 23).

[3] Sur ce général de l'armée allemande, voir les *Lettres du cardinal Mazarin* publiées par M. Chéruel, t. I, p. 717, 731, 764.

[4] La ville de Creutznach, qui est à 30 kilomètres sud-ouest de Mayence, fut prise par les Français en 1644.

[5] Henry Hurault de l'Hospital, sieur de Belesbat, comte de Beu, d'abord conseiller au Parlement de Paris, puis maître des requêtes, mourut en mars 1684.

lettres pour le rendre à son addresse, si vous le trouvés bon, car je ne vous contrains point à cela.

Le beau frère de Mʳ Conrart est de retour de sa prison, et il en est quitte pour six cents francs de rançon, et le cheval sur lequel il estoit.

Je suis, Monsieur, vostre, etc.

De Paris, ce 14 septembre 1640.

CCCCXXXV.
À M. DE BALZAC,
à balzac.

Monsieur, vous faittes trop de cas de peu de chose lorsque vous mettés à si haut prix le présent que je vous ay fait de moy mesme, et que vous le comparés à la faveur des Joyeuses et des Espernons[1]. Mais de peur de continuer cette métaphore trop long temps, j'ayme mieux tomber d'accord que je vaux la peine d'estre aymé de vous, et que quand je me suis donné à vous, je vous ay donné une pièce assés précieuse qui se garde d'elle mesme, qui n'est point sujette aux larrons, et que *nec Jovis ira, nec ignes*[2], etc., et je doute pourtant que mon cœur vous puisse tenir lieu de toutes ces charges, pensions, dignités et grâces que vous dittes, et je me contenterois bien qui (*sic*) vous servist d'adoucissement à la juste douleur que vous devés avoir des injustices que vous fait vostre siècle en tant de sortes. Je recevrois une grande consolation si je pensois estre capable de vous la donner, et je vous avoue que je m'en estimerois davantage.

Quand vous voudrés, nous sçaurons si c'est avec Sénèque ou avec Épictète que vous faittes vostre noviciat dans la religion des Stoïques, car voilà desja la seconde fois que vous me parlés de Zénon avec grande ferveur[3], et si je ne me trompe, vous avés engagement avec cette belle secte. Les gens dont vous vous plaignés et que vous dévoués si agréablement aux Dires[4] et que vous en-

---

[1] Balzac (lettre XXVIII du livre XXI, p. 833) avait écrit à Chapelain (non le 19 octobre 1640, mais dès les premiers jours du mois précédent) : «M'ayant fait présent de vous-mesme, qu'est-ce qu'Ephestion a jamais receu du Roy son Maistre, qui soit comparable à ce que vous m'avez donné ?» Dans une autre lettre (n° XXII du livre XXI, p. 827), lettre faussement datée du 12 août 1640, Balzac revenait encore là-dessus : «Je suis heureux d'estre aimé de vous : aussi ne changerois-je pas cette bonne fortune avec celle de tous les favoris qui sont dans le monde.»

[2] Balzac (p. 833) s'était exprimé ainsi : «Je trouve en vostre amitié pensions, bénéfices, charges, dignitez, et généralement toutes les grâces que la faveur peut attendre de la Royauté, parce que j'y trouve de quoy me passer de toutes ces graces.»

[3] Nous avons signalé, sous une précédente lettre, plusieurs passages des lettres de Balzac relatifs à Zénon. Balzac (lettre XXXI du livre XXI) se défend ainsi (p. 835) d'être stoïcien : «Tant qu'il vous plaira vostre favori, et j'espère que je ne feray rien qui m'en rende indigne. Mais, s'il vous plaist, ne me prenez pas pour sectateur de Chrysippe. Si vous le faisiez, vous auriez subjet un de ces jours de m'accuser de légèreté, et d'appeler Apostat celuy que vous appelez Novice... Il me semble pourtant, si je me souviens bien des paroles de ma lettre, que j'ay simplement parlé de cette orgueilleuse philosophie, sans m'estre déclaré ni pour, ni contre. Je suis d'une secte plus humaine...» Cette lettre, datée du 24 novembre 1640, doit être du 24 septembre de la même année, la réponse en ce cas ayant été envoyée huit jours après la réception de la présente lettre.

[4] De *Diræ*, «furies». Virgile a dit de ces déesses de la vengeance (*Æneis*, lib. IV, v. 473) :

...Ultricesque sedent in limine Diræ.

Le mot *Dires* se trouve dans le *Dictionnaire de Trévoux*.

voyés si élégamment en Enfer, sont bien esloignés de servir une vertu si sévère et d'aymer autant la véritable équité¹. Le hazard ou la passion fait leur avis et l'orgueil et l'opiniastreté le dictent, selon qu'ils raisonnent et qu'ils se conduisent dans leurs jugemens, il vaut presque mieux avoir tort qu'avoir raison, et l'on est presque plus asseuré de gaigner sa cause par l'injustice que par la justice. Mon droit est tout autrement difficile à desmesler que celuy de Mʳ de Forgues, et les apparences ne sont guères moins pour ma partie que pour moy. Jugés par là ce que je dois attendre, cet hyver, des faux prestres de Thémis, qui se permettent de violer ses plus saintes loix par complaisance ou par caprice, et auprès de qui toute autre chose a du crédit que le mérite et l'honnesteté! Je suis outré du traittement qu'a receu d'eux Mʳ de Forgues en une affaire qui, selon mon sens, estoit sans difficulté.

J'ay fait voir à Mʳ l'abbé de Sᵗ-Nicolas le ressentiment que vous avés de ses offices et les termes obligeans avec lesquels vous parlés de luy. Vous sçavés bien sans doute comme il a receu le tout, sans que je vous le die. L'accommodement de la brouillerie que nous avions avec le Pape pour cet escuier du mareschal d'Estrée luy couste l'évesché de Thoul pour laquelle Sa Sainteté et le Roy ont convenu de la personne du seigneur Paul Fiesque, vice-nonce en France et négociateur du traitté². Un autre se désespèreroit d'avoir perdu trente mille livres de rente et une mitre qui le faisoit seigneur au temporel comme au spirituel d'une des plus belles villes du royaume. Il parle de cela comme de rien et va son train ordinaire sans songer seulement si jamais il a esté nommé.

Mʳ Silhon trouve un peu estrange que vous ayés tant soit peu douté de la vehemence de son zèle et m'a prié de vous le reprocher³.

Nous avons veu en bonne compagnie la protestation que vous faittes si éloquemment de n'entendre point parler dans vos beaux vers⁴ de la Cour *in concretto*, mais seulement *in abstracto*, sans application à aucune cour de l'Europe, et l'on vous a receu à protester et à en demander acte⁵.

Les carmes de Mʳ de la Thibaudière valent trop d'argent. Je ne sçay s'il pourra obtenir de nous que nous quittions les vers pour les carmes⁶, quand le Père Léon⁷ en seroit mesme d'accord.

Nostre amy Mʳ de Chaudebonne est ma-

---

¹ Il s'agit là des juges du neveu de Balzac maudits par ce dernier.

² Paul de Fiesque, dont nous avons déjà rencontré le nom, siégea jusqu'en 1645.

³ Balzac avait dit (lettre XXVIII du livre XXI, déjà citée) : « Mais puisque nous sommes sur le chapitre de l'excellente amitié, celle de Monsieur Silhon est-elle pour moy au mesme degré de chaleur que je la laissay partant de Paris? Si cela est, comme je n'en puis pas douter, me voilà doublement heureux, et je vous supplie aussi de l'asseurer qu'il n'a point un plus fidèle serviteur que moy.

⁴ Les vers latins à Mainard dont il a été question plus haut.

⁵ Balzac avait écrit à Chapelain (p. 858, lettre XXII du livre XXII, déjà citée) : « Vous verrez bien que je jette tout mon fiel contre la vieille Cour de Rome, afin de ne donner pas lieu à l'équivoque? »

⁶ M. de la Thibaudière vouloit substituer au mot *vers* le synonyme *carmes*, vieux mot (venu de *carmen*) dont le *Dictionnaire de Trévoux* dit : « Il est hors d'usage. » Selon les rédacteurs de ce dictionnaire, Blaise de Vigenère a employé le mot *carmes* dans sa traduction des *Commentaires* de J. César.

⁷ C'est un jeu de mots, le père Léon étant *carme* déchaussé. Voir sur ce religieux, qui donna l'absolution au cardinal de Richelieu mourant et qui lui ferma les yeux, l'*Histoire du règne de Louis XIII* par le P. Griffet (t. III, p. 578).

lade d'une fièvre tierce qui nous a fait peur du commencement[1]. Hier, son accès estoit diminué de moitié. Le pauvre Mascardi est mort. Je suis asseuré que vous le pleurerés, et peut estre luy ferés vous son épitaphe. C'estoit l'orateur d'Italie, et le soin de ses honneurs funèbres vous regarde comme à son collègue et son héritier[2].

Un homme de qualité m'a voulu faire croire que, depuis la response de Heinsius imprimée, vous luy aviés escrit une lettre longue et sçavante où vous le traittiés comme il le mérite. Mandés moy ce qui en est, et s'il est vray, envoyés nous la pièce, afin que nous vous applaudissions avec connoissance de cause. J'ay respondu en tout évènement que je croyois que cela n'estoit pas[3].

Un jeune advocat général du Grand Conseil, nommé Salomon, Bordelois[4], a fait, depuis peu, une longue lettre françoise à Mr Grotius sur la dernière partie de l'histoire du cardinal Bentivoglio, où il a pris la peine d'insérer tout entier, à ce qu'on m'a dit, cette pièce de vous qu'on a imprimée depuis peu en Hollande et que vous désavoués[5]. Il a passé pour plagiaire et a esté exsibilé[6].

Je vous envoye la copie d'une lettre latine

Balzac lui adressa une lettre, qui est la XIVe du livre VIII (p. 355): *Au très-révérend Père Léon, prédicateur de l'Ordre des Carmes de la Réforme de France, en la province de Touraine* (25 août 1635).

[1] M. de Chaudebonne avait une déplorable santé, et dans une lettre datée du 1er décembre 1638, déjà citée, Balzac disait (n° XXX du livre XIX): «Je suis en peine de nostre Monsieur de Chaudebonne, que vous appelez le sage malade.»

[2] Il a été question de Mascardi dans la lettre CLVII. Balzac accueillit avec une grande indifférence la nouvelle que lui annonçait son ami (lettre déjà citée, n° XXXI du livre XXI): «Mascardi est mort, et nous mourrons aussy bien que luy. Mais estoit-il si éloquent que vous dites? Je n'ay veu de sa façon que certaines harangues académiques, qu'on me monstra il y a quatorze ou quinze ans, et je vous advoue que je trouvay sa prose italienne aussi poétique que celle de Ciampoli.»

[3] Balzac répond (p. 836): «Je n'ay escrit ni longue, ni courte lettre à Monsieur Heinsius. Il faut, pourtant, qu'il soit quelque chose de ce qu'on vous a dit: car l'Allemand, dont je vous parlay l'autre jour, nommé *Joannes Fredericus Gronovius*, me tint le mesme langage, et je ne scay si quelque officieux inconnu se sera voulu jouer de luy et de moy.»

[4] Henri-François Salomon, sieur de Virelade, naquit à Bordeaux le 4 octobre 1620 et mourut dans cette ville le 2 août 1670. Chapelain avait raison de l'appeler *jeune advocat général*, car il n'avait que dix-huit ans quand il obtint cette charge importante. L'habile Gascon eut encore un singulier bonheur, quand, à vingt-quatre ans, il fut nommé membre de l'Académie française, étant en concurrence avec le grand Corneille (12 août 1644). Voir sur ce personnage une étude de M. René Kerviler intitulée: *H. F. Salomon de Virelade et sa correspondance inédite* (1620-1670). Paris, Dumoulin, 1876, grand in-8°.

[5] Tallemant des Réaux, dans son historiette *Salomon-Virelade* (t. V, p. 206-208), après nous avoir appris que «M. Chapelain le fit recevoir [à l'Académie], disant qu'il falloit mettre des gens de qualité,» ajoute: «Il adressa à M. Grotius, alors ambassadeur de Suède en France, qu'il ne connoissoit point, un discours auquel il avoit fait un mauvais commencement et une mauvaise fin; mais le reste estoit de Balzac. Là il parloit à M. Grotius comme à un amy familier, et Grotius disoit qu'il ne le connoissoit pas.» Dans le *Catalogue des œuvres laissées par les Académiciens*, l'abbé d'Olivet mentionne ainsi l'opuscule de Salomon: «*Discours d'État à M. Grotius, etc.* (Paris, in-8°, 1640).»

[6] Je ne trouve ce mot nulle part, pas même dans le *Dictionnaire de Trévoux*. Chapelain l'a tiré du latin *sibilare*, siffler.

de nostre amy[1] à un homme qui a esté autrefois le vostre[2]. Je l'ay furée[3] de luy pour vous, Mandés m'en vostre avis.

Je suis, Monsieur, vostre, etc.

De Paris, ce 16 septembre 1640[4].

CCCCXXXVI.
À M. MESNAGE,
à paris.

Monsieur, je n'ay garde de manquer à envoyer seurement à Mr de Balzac les livres que vostre homme me vient d'apporter, mais parce qu'ils ne peuvent faire ce voyage que par le messager, nostre amy sera plus longtemps à les recevoir que le paquet qui partira par le premier ordinaire avec l'Élégie de nostre autre amy[5], que j'avois apprestée pour luy envoyer, et que je retiendray afin que vous soyés son présentateur général, et qu'il n'ait obligation qu'à vous cette semaine. Au reste, il n'est bruit que de vos présens et il n'y a point de nation qui ne se sente de vos grâces. Mr Lilii[6] me vint voir, avant hier, et me dit que vous luy aviés aussy donné le *Tacite* de l'amy Ablancourt. Il faut que vous ayés une mine de livres, plus riche que celle du Potosi[7]. Vous obligés assés par vostre amitié sans y adjouster vos largesses. Mais vous voulés vous asseurer de vos amis par toutes voyes, et vous penseriés qu'on vous eschapperoit si vous n'aviés lié que d'une chaisne les cœurs que vous avés conquis.

Il faut attendre quel sera le ressentiment de vostre esclave d'Angoumois[8] sur vos profusions, et comment il exprimera la honte ou le plaisir d'avoir esté accablé ainsy de vos bienfaits. Ils portent leur prix et leur recommandation avec eux, et il seroit inutile que je me misse en peine de luy en relever le mérite. C'est pourquoy je luy en laisseray le jugement à luy seul pour ne pas faire un autre panégyrique à Hercule[9], et ne pas vouloir persuader une chose qui se persuade toute seule. Je luy parleray seulement du bienfaiteur, et l'asseureray qu'il luy est encore plus acquis que ses livres et que [cette] acquisition ne sera jamais sujette à retrait.

Désormais que le Palais dort, et que l'on peut faire quelque fondement sur vos matinées, j'yray plus souvent vous chercher que je n'ay fait depuis quelques jours, et ce sera avec d'autant plus de joye qu'en faisant mon devoir, je feray profit de vostre conversation de laquelle on ne sort jamais que meilleur et que plus sçavant.

Je suis, Monsieur, vostre, etc.

De Paris, le 17 septembre 1640[10].

---

[1] Ménage.

[2] Daniel Heinsius.

[3] Furer, de *fur*, voleur. *Furer* ne se trouve pas plus qu'*exsibiler*, et je soupçonne fort Chapelain d'avoir en ces deux occasions fait du néologisme malheureux.

[4] Balzac répondit (lettre XXXI du livre XXI, p. 836, déjà citée) : «Le latin de nostre ami me semble bien net, mais sa flatterie m'est insupportable... Ce nouvel autheur me desplaist, à cause qu'il cajolie les gens qui n'en valent pas la peine.»

[5] Cet autre ami serait-il François L'Huillier et s'agirait-il là de son élégie sur la mort de Peiresc, déjà mentionnée ici avec l'éloge que lui donne Balzac dans la lettre XXII du livre XXII (p. 858 de l'in-folio)?

[6] Italien ami de Chapelain et dont le nom se trouve plusieurs fois cité dans sa correspondance.

[7] Montagne du Pérou célèbre par ses inépuisables mines d'argent.

[8] Balzac. La métaphore des *chaînes* amène et explique la métaphore de l'*esclave*.

[9] Allusion à une expression proverbiale des Grecs venue de cette anecdote : Un rhéteur avait composé un panégyrique d'Hercule. «Quel besoin de louer Hercule, s'écria Diogène, et qui donc songe à l'attaquer?»

[10] Dans un simple billet à Conrart qui n'est pas

CCCCXXXVII.

À M. LE MARQUIS DE MONTAUZIER,
EN ALSACE.

Monsieur, vous vous défendés d'une certaine manière de la petite raillerie que je vous fis sur ce que vous m'aviés tesmoigné ne désirer pas que je sollicitasse les responses de vos lettres, qu'elle me feroit presque croire ce que je ne croyois point en les escrivant. Néantmoins en ces matières si délicates le plus seur et le plus séant est de croire les gens à leur parole et de n'estre pas plus curieux que de raison. Je croiray donc à l'avenir que cet ordre ne vient pas de cet humeur[1] que vous appellés bizarre[2], et que je trouve juste, n'y ayant point de doute que les tesmoignages de bienveillance qui ne sont pas de nostre mouvement propre et que nous ne donnons qu'à force d'en estre recherchés, satisfait (sic) mal ceux qui les reçoivent quand ils ont le cœur bon comme vous et comme moy.

Au reste, j'ay veu M⁶ la Marquise de Sablé et luy ay monstré l'endroit de vostre lettre où vous vous plaignés si obligeamment de son oubly, et dittes de si belles choses du souvenir que vous conservés d'elle. Cela l'a touchée et luy a donné une joye extrême. Elle a esté bien aise de voir que vous la consideriés tousjours et que vous estimiés quelque chose d'estre dans sa mémoire. Mais elle m'a grondé en mesme temps de ce que je ne vous avois pas mandé toutes les fois que je luy avois ouy parler de vous, comme d'un des hommes du monde qui est le plus dans son approbation. Pour pénitence elle m'a ordonné de vous escrire que le mesme jour que vous faisiés ces plaintes, elle, Melle de Ramb[ouillet], M^r son frère, Mr Voiture et moy vous souhaittions pour sixiesme à un souper délicieux qu'elle nous donna[3], et qui ne luy sembloit pas accompli par ce que vous y manquiés, et que ce mesme jour elle engagea la partie pour en refaire un autre où seroient les mesmes personnes, mais seulement pour l'amour de vous, lorsque vous seriés revenu de Barbarie[4] en cette Cour. Je m'acquitte du commandement avec attestation de la vérité de ce que dessus comme en estant tesmoin oculaire.

Je vous remercie de la part que vous prenés en mon affliction pour la mort de Mr de Marinville[5]. Je ne vous console jamais

---

daté (f° 505), Chapelain reproche à son ami de ne pas rentrer à Paris et il justifie ainsi le Tasse des reproches qui lui ont été si souvent adressés : «Le Tasse est le plus grand poète de tous les siècles, après Virgile, soit pour la diction, soit pour le jugement. Il a aymé des ornemens que Virgile eust rejettés, mais ça esté pour s'accommoder au goust de son temps et de sa nation.» Ne semble-t-il pas que Chapelain a prévu, vingt-sept ans à l'avance, le vers de son ennemi Boileau (Satire IX), à propos de ce clinquant qui charmait Mme de Sévigné (lettre du 23 juillet 1677) :

A Malherbe, à Racine préférer Théophile
Et le clinquant du Tasse à tout l'or de Virgile?

[1] Le mot latin humor est masculin, et Rabelais et Amyot, cités par M. Littré, ont donné le même genre au mot humeur. Dans un des manuscrits des Mémoires du cardinal de Retz on trouve cet humeur (édition des Grands écrivains de la France, t. I, p. 157).

[2] Plusieurs des contemporains de Chapelain écrivaient bigearre, et Vaugelas remarque que bigearre et bizarre se disent également. Encore au milieu du xviii° siècle, comme nous l'apprend le Dictionnaire de Trévoux, il y avait «quelques gens» qui se servaient du mot bigearre, «mais mal.»

[3] La marquise de Sablé, qui passait pour être quelque peu gourmande, avait une des meilleures tables de tout Paris.

[4] C'est ainsi qu'on appelait l'Allemagne.

[5] Il a été déjà souvent question de cet officier supérieur, grand ami de Chapelain.

de ces sortes de pertes, mais je les porte plus patiemment, lorsque mes autres amis qui restent m'aydent par leur sentiment à les souffrir. Vous l'avés connu et sçavés ce qu'il valoit, mais quand il auroit eu cent fois moins de mérite, c'est une raison assés grande et la principalle pour me le faire regretter de ce qu'il avoit beaucoup d'affection pour moy.

Je croy vous devoir mander que M¹ de Contenant[1], pour quelque mort qui estoit arrivée près de sa demeure, et par ses gens commandés par luy, ayant esté poursuyvi en justice, et prise de corps obtenue contre luy, fut attaqué dans son église par vingt archers, et, après quelque combat, porté par terre de quatre coups de carabine, dont on croit qu'il ne mourra pas[2]. Ensuitte ils l'enlevèrent et le menèrent à Estampes dans la prison où il est encore et d'où on croit qu'il seroit aisé de le retirer, si M¹ de Vendosme ne se mesloit point de la chose[3] en vengeance de ce qu'il a fait appeler M¹ de Beaufort, il y a trois mois, par le Prince de Courtenay[4].

Pour les nouvelles de M¹ Mokel, quelques vieilles qu'elles soient, elles seront toujours bonnes, pourveu que ce ne vous soit point trop de peine de les envoyer quérir.

Mᵉ la Marquise de R[ambouillet] a eu, depuis huit jours, une fluxion sur la bouche et sur les dents qui luy a fait des maux estranges. Elle en est un peu soulagée maintenant. Mᵉˡˡᵉ sa fille est enrhumée et a eu besoin de se faire seigner. Elle garde le logis.

Je vous envoyay, la semaine passée, des lettres de plusieurs et, entre autres, de M¹ le marquis de Pisani qui est plus galand

---

[1] C'était Timoléon de Bauves, baron de Contenant, fils de Henry de Bauves ou de Boves et de Philippe de Châteaubriand. C'est le héros d'une *Historiette* de Tallemant des Réaux (t. IV, p. 283-288). Le cardinal de Retz (*Mémoires*, édition citée plus haut, t. I, p. 204) parle ainsi de ce personnage : «Contenan, capitaine de la petite compagnie de chevau-légers du Roi, brave, mais extravagant et scélérat.»

[2] Tallemant des Réaux (t. IV, p. 285) nous apprend que Coustenan (c'est ainsi qu'il écrit le nom du terrible gendre de Mᵐᵉ de Gravelle) ayant, comme un des principaux gentilshommes du Vexin, obtenu le gouvernement de Mantes en l'absence du prince de Henrichemont, «fit le petit tyran avec autant d'impunité que si c'eust esté dans la Bigorre,» et il raconte (p. 286 et 287) diverses aventures tragiques arrivées à Coustenan, qui finit par être tué d'un coup d'arquebuse par un paysan dont il avait violé la femme. Tallemant ne paraît pas avoir connu l'épisode dont Chapelain entretient Montausier, mais on trouve dans le commentaire de M. P. Paris (p. 289) l'intéressante addition que voici : «Henry Arnauld parle dans sa correspondance avec Barillon d'une autre affaire que Coustenan s'étoit attirée : Coustenan, dit-il, a esté pris par le prévost de l'Isle, à Gravelles; il est blessé. Deux de ses gens furent tués, et il en tua deux. Il vouloit empescher un prieur, proche de là, de prendre possession. (Lettre du 12 septembre 1640.)»

[3] Déjà, comme Tallemant des Réaux nous en avertit (t. IV, p. 285), lorsque le baron de Contenant avait, «une belle nuict,» enlevé «tous les arbres fruittiers» d'«un advocat du Parlement, nommé Chandellier,» qui «avoit une maison entre Mantes et Meulan,» ç'avait été «par la permission de M. de Vendosme» que l'avocat, combattant avec énergie *pro domo sua*, «le fit prendre à Estampes, d'où il fut mené à la Conciergerie,» où «le voyant prisonnier, chascun le chargea,» et il «estoit en danger d'avoir la teste coupée,» si le chevalier de Tonnerre (Henry de Clermont-Tonnerre) ne l'avait fait évader. L'abbé Arnauld atteste aussi que le duc de Vendôme mettait de l'animosité dans *la chose*, comme dit Chapelain : «M. de Vendosme l'entreprend d'une estrange façon...»

[4] Voir encore à ce sujet l'extrait donné par M. P. Paris (t. IV, p. 289) de la correspondance de l'abbé Arnauld, dont la complète publication serait si désirable.

que jamais et plus incorporé[1]. M⁵ de Chaudebonne a la fièvre double tierce. Nous avons creu du commencement qu'elle nous le pourroit faire perdre; maintenant que les excès ont diminué de moitié, nous en espérons bien.

M⁵ Conrart est tousjours à Jonquières, mais plus gay que quand il y alla à cause du retour de son beau-frère qui est libre et sain dans sa maison.

Je suis, Monsieur, vostre, etc.

De Paris, ce 21 septembre 1640.

CCCCXXXVIII.
À M. DE BALZAC,
à BALZAC.

Monsieur, il y a apparence que si le billet que je vous ay envoyé de M⁵ Mesnage vous a pleu, la lettre qu'il vous escrit à cette heure vous ravira, puisque vous estimés tout de luy et plus par conséquent les choses qu'il aura le plus polies[2]. Je parle ainsy de sa lettre sans l'avoir veue, ne croyant pas qu'il y eust personne assés hardy pour vous escrire avec négligence du moins la première fois, ny que la liberté de nostre amy aille jusques là que de vouloir occuper vos yeux à une lecture qu'il ne pense digne de vous. Et certes quand je me souviens du stile pédestre et vulgaire avec lequel j'ay tousjours traitté avec vous, je m'en fais conscience à moy mesme et me reconnois effronté jusques à l'excès. Mais tout le monde ne fait pas si bon marché de sa réputation que moy en matière d'esprit, et ne se contente pas comme je fais de la louange que peut acquérir la bonté à un homme.

Avec la lettre, vous aurés des vers latins de M⁵ L'Huillier[3] et de M⁵ Grotius. J'avois les premiers et vous les eusse envoyés, ce voyage. Mais il faut laisser le champ libre à M⁵ Mesnage, et luy faire valoir tous les soins qu'il a voulu prendre pour vous. Il vous marquera sans doute dans sa lettre tous les livres de M⁵ Grotius qu'il vous envoye[4]

---

[1] Que veut dire Chapelain? Est-ce une allusion au peu de corps qu'avait le marquis de Pisani (in étant pris dans un sens privatif)? Incorporé ne se trouve dans aucun dictionnaire, et l'on se demande pourquoi Chapelain ne s'est pas servi du mot incorporel, qui est non seulement dans Montaigne, mais dans quelques textes du XVᵉ siècle.

[2] Balzac fut, en effet, ravi des éloges que lui prodigua Ménage, comme le prouve la lettre qu'il lui écrivit (n° 1 du livre XV, p. 626 et 627): «Si vostre passion est aussi vraye qu'elle est éloquente, et si elle allume autant de feu dans vostre âme, qu'elle jette de lumière en vos paroles, n'en desplaise à Socrate, je suis le plus heureux amant qui se mesla jamais de faire l'amour aux belles âmes. Dans un petit espace j'ay trouvé mille rayons de ce premier et souverain Beau, après lequel a couru toute l'ancienne philosophie, et vous sçavez si bien peindre ce que vous sçavez bien concevoir, que quand vous ne me donneriez que cette image, j'aurois desja trop receu de vous...» Cette lettre, la première qui ait été écrite par Balzac à Ménage, est datée du 5 novembre 1639: il faut la dater du mois de septembre 1640, car il y est question du papier que vous presta Monsieur Chapelain, papier que ce dernier, dans sa lettre du 2 de ce même mois, déclare avoir déjà communiqué au nouvel ami de Balzac. Balzac annonce à Chapelain qu'il vient d'envoyer à Ménage une lettre toute pleine de passion (p. 857, n° XXI du livre XXII, avec la fausse date du 20 août 1641, qui doit être remplacée par la date du 20 ou 25 septembre 1640).

[3] Balzac vante ainsi les vers de L'Huillier (p. 858, lettre XXII du livre XXII, datée du 25 août 1641 pour 12 ou 25 octobre 1640): «Mais vous ne me disiez point que Monsieur L'Huillier est un ancien Romain travesti, et qu'il fait des vers élégiaques et approchans de ceux d'Ovide. Je voudrois bien les voir à la suite de la vie de son ami Monsieur de Peiresc, afin de les voir avec toute la pompe et toutes les lumières de l'impression.»

[4] Balzac avait dit au sujet des œuvres de

et dont j'ay chargé le bon Rocolet pour vous les faire tenir par ce messager. Il y en a assés pour combler une petite charette, et je croy que vous vous estonnerés de la grosseur du paquet.

Je voudrois avoir assés de mémoire pour satisfaire vostre curiosité sur les bons mots de nostre amy[1]. Mais je suis aussy bien destitué de cette partie que des autres qui la devroient récompenser[2]. En voicy pourtant un qui s'y est attaché et que je ne croy pas que j'en sorte jamais. On disoit que Pagan[3] se plaignant de ce qu'on l'avoit voulu obliger de haranguer à l'Académie de la vicomtesse d'Auchy[4], disoit que c'estoit sans raison qu'il portoit les armes et faisoit ce que les autres disoient. Nostre amy qui estoit présent, en la présence d'un de ces jolis académiciens, repartit tout court : Il ne fait donc que des sottises, car ils ne disent autre chose. A l'avenir, je seray soigneux de les marquer, ou je le priray de commander à son Tiron qu'il les recueille de sa bouche et qu'il en face un volume qui nous fera moins regretter la perte de ceux de Cicéron.

Quant à Mr Grotius, ayant ses livres, vous en avés sans doute le meilleur, car, quoyque sa conversation soit très sçavante, elle est accompagnée de je ne sçay quel faste de légat qui me la fait appréhender[5], et j'ay

---

Grotius (lettre XXV du livre XXI, déjà citée) : «J'ay leu son livre *de Jure belli et pacis*, qui est de très grande instruction. J'ay receu, il y a long temps, *Mare liberum*, et depuis deux Tragédies, et quelques Poésies sacrées. Mais j'ay perdu un juste volume de ses vers imprimé à Leyde, que je voudrois bien ravoir. Il a fait encore beaucoup d'autres choses dont je vous supplie de prendre une liste et la donner à mon libraire, afin qu'il ne me manque rien des œuvres de ce grand personnage. Tout ce qui part de luy m'est en singulière recommandation, et outre la solidité de la doctrine, la force du raisonnement et les grâces de la langue, j'y remarque un certain charactère de probité....» On peut voir un autre grand éloge de Grotius, «celuy de la naissance duquel nostre siècle doit estre superbe,» «un vivant que le Président Jannin opposoit aux plus grands morts de l'Antiquité,» dans une lettre de Balzac à Ménage (n° II du livre XV, p. 627 et 628), lettre datée du 30 septembre 1639 et que je croirais volontiers du 30 septembre 1640.

[1] Balzac avait dit de Ménage, en répondant à la lettre de Chapelain du 2 septembre 1640 (p. 834, n° XXIX du livre XXI) : «Je suis si satisfait de la lettre que vostre ami vous a escrite, qu'un second compliment ne sçauroit rien adjouster à ma satisfaction. J'ay creu, au contraire, que je serois incommodé de cet excès, comme de deux disnez en un jour, et vous sçavez bien qu'on se soule des meilleures choses. Il est certes très galant homme et tel que vous me le figurez. Souvent ce qu'il dit mérite d'estre allegué. Mais n'y aura-t-il point moyen d'avoir quelques-unes de ses responses ingénieuses qu'il vous a recitées? N'importe pour moy qu'elles soient venues après coup, ou sur le champ, qu'elles soient nées en présence, ou apportées du logis, pourveu qu'elles soient ingénieuses...»

[2] C'est-à-dire : qui devraient me dédommager de l'absence de celle-là.

[3] Blaise François, comte de Pagan, né le 3 mars 1604, à Avignon, mourut le 18 novembre 1665, à Paris. Voir son épitaphe citée par M. P. Paris (*Commentaire des Historiettes*, t. I, p. 338 et 339). On regrette que ce savant militaire, qui fut le maître de Vauban, et qui est l'objet de si favorables articles dans les *Hommes illustres* de Perrault et dans le *Dictionnaire* de Moréri, se soit rendu ridicule en s'enrôlant parmi les académiciens de la création de la vicomtesse d'Auchy.

[4] Tallemant des Réaux (*Historiette de la vicomtesse d'Auchy*, t. I, p. 328) prétend que l'on accusa Pagan de s'être fait faire sa harangue, dont se moqua si cruellement l'abbé d'Aubignac, «qui a tousjours de la bile de reste,» selon la remarque du chroniqueur, lequel a l'air de plaindre «le pauvre Pagan.»

[5] On a vu que, dans une lettre précédente, Chapelain signalait la morgue de Grotius. Balzac

remarqué qu'il ayme à parler et à alléguer sans beaucoup se soucier de connoistre ceux à qui il parle. Un de mes amis m'a dit qu'au contraire quelques fois, lorsque les gens ne luy plaisent pas, il ne leur parle pas, quoyqu'ils soient teste à teste, et compose des vers en leur présence avec tous les branslemens de teste et les autres grimaces et gesticulations qui sont inséparables de la composition des vers [1]. Ces deux défauts, quoyqu'opposés, partent d'un mesme principe, d'un esprit qui se considère fort et qui ne regarde rien hors de soy. Il a bien sans doute encore de l'orgueil dans la fantaisie qu'il a de composer une religion chrestienne à sa mode qui ne soit ni catholique ni huguenotte, et de faire une nouvelle église en raffinant l'arminianisme [2], quand il n'y devroit avoir de fidelles que son ministre, la Milletière [3] et luy. En effet on dit qu'il a fait son pasteur de son opinion et qu'avec la Milletière ils forment seuls cette église qu'il s'est imaginée et en font la liturgie chés luy. Et son caprice est si eschauffé pour cela, qu'il pense qu'il doit prendre le temps de son ambassade, qui le rend inviolable, pour pouvoir escrire et publier ses sentimens en cette matière au grand dommage des belles lettres qui perdent tout ce qu'il feroit de raisonnable soit comme poète, soit comme historien. Je n'ay encore veu personne qui ayt rien leu ny entendu de son histoire de Hollande et je vous avoue que je n'ay guères de plus grande curiosité que celle là, laquelle peut estre eust il contentée, si je luy eusse voulu laisser la *Pucelle* en sa disposition. Mais ayant les mains liées de ce costé là, et ayant esté obligé de le luy refuser, j'eusse eu mauvaise grâce de luy demander à voir aucune chose. Celuy qui m'engagea à le voir me dit en mesme temps qu'il me rendroit la visite. Je me moquay de luy et fis la mienne sans avoir la pensée qu'il le fist ny qu'il le deust faire. Il s'est trouvé de mon avis et j'ay, depuis, raillé mon amy qui en est plus mortifié qu'il ne devroit estre [4]. Ça esté avec peine que je vous ay rendu conte de ce particulier. Mais vous l'avés ainsy voulu et vous n'estes pas un homme à qui je puisse rien refuser.

L'ambassadeur italien dont je vous ay envoyé le sonnet [5] pèche dans l'autre excès

---

(p. 834, lettre déjà citée) donne ainsi raison à son ami : «Je suis l'ennemi des morgues et de la gravité affectée, et partant je vous laisse à penser si j'entre dans vos sentimens sur le subjet de l'Ambassadeur.»

[1] La phrase est piquante, surtout dite par un homme du métier. — Le mot *gesticulation*, que Godeau, en 1629 et non au commencement du xvii° siècle, comme l'a dit M. Littré (*Dictionnaire de la langue française*), croyait nouveau (*Discours sur les œuvres de Malherbe*, Paris, in-4°), est déjà dans le Ier livre des *Serées* de Guillaume Bouchet, lequel Ier livre parut en 1584.

[2] Balzac (p. 384) s'associe encore aux idées de son ami : «Que veut-il dire avec sa théologie Arminienne, et son schisme dans le schisme? Je voudrois bien qu'il se fust guéri de cette maladie *quem sacrum jure nominis*, et que quelque bon Démon nous l'eust remis dans le bon chemin. Le Chancelier de Suède [Oxenstiern], qui ne se picque point de controverse, devroit estre ce bon Ange, et luy ordonner, sous peine d'estre mal payé de ses Estats, de descouvrir le thresor qu'il cache, je parle de l'histoire qu'il tient secrète.»

[3] Sur Théophile Brachet de la Milletière, mort en 1665, voir le *Dictionnaire critique* de Bayle (avec les observations de l'abbé Le Clerc) et la *France protestante* de M. M. Haag, ainsi que l'*Historiette* de Tallemant des Réaux (t. VI, p. 455-458).

[4] Chapelain n'était-il pas encore plus mortifié que son ami, du peu courtois procédé de l'ambassadeur des Provinces-Unies? Toute cette tirade, toute la tirade d'une lettre précédente, laissent percer un dépit extraordinaire.

[5] Cet ambassadeur était le comte Bardi.

et me confond de ses civilités. Pour deux visittes que je luy ay faittes il m'en a fait douze et ne s'abstient de m'en faire davantage que par l'appréhension de m'incommoder. Il m'a fait quelquesfois honte quand il me prie de trouver bon qu'il me voye et que je ne m'en trouve point importuné.

L'affaire de M' de Forgues a esté jugée avec beaucoup de perte pour luy sans doute et nous nous en plaignons partout. M' de La Thibaudière cependant me dit, avant-hier, qu'il avoit veu sa partie qui pestoit contre les juges et disoit qu'il avoit perdu son procès. Nous en sollicitons encore un autre contre eux au Conseil, mais c'est à petit bruit parce que les vacations ont emmené presque tout le monde de Paris. Je verray trois conseillers d'Estat et M' de Saint-Nicolas deux maistres des requestes dont l'un est le rapporteur.

M' de la Thibaudière m'embarassa, avant-hier, me demandant d'où venoit que vous ne luy aviés point respondu et sur ce que je luy dis que vous le croyés à l'armée, il me dit qu'il vous avoit encore escrit qu'il n'y estoit pas et me rendit muet.

Je sçauray plus amplement encore par mes avis quelle opinion a M' Grotius du Père Strada. Ce que j'en sçay desja est qu'il l'a trouvé diligentissime et a reconneu avoir appris dans sa propre histoire beaucoup de choses de luy.

Guiet admire vos vers latins. Mandés moy ce qu'il vous semble des siens sur la bierre et de la response de l'ambassadeur Suédois.

Hier nasquit un second fils au Roy.

Je suis, Monsieur, vostre, etc.

De Paris, ce 23 septembre 1640 [1].

CCCCXXXIX.
À M. DE BALZAC,
À BALZAC.

Monsieur, vous m'avés ravy de la déclaration que vous m'avés faitte devant toutes choses de demeurer satisfait de l'hostel de Rambouillet, car il ne falloit point que pour un mot entendu cette maison vous

---

[1] Le lendemain, Chapelain, reparlant à Balzac du procès de M. de Forgues, insistait sur les services rendus par Voiture, qu'il appelait *animæ dimidium tuæ*, donnait des présidents à mortier du parlement cette spirituelle définition : *qui sont les demi-dieux de la robbe*, et s'étendait en ces termes sur la harangue dont nous l'avons déjà vu entretenir son ami : «L'oraison de M' de la Casa m'a semblé une production digne de l'Antiquité et de cet air là mesme. C'est l'éloquence de Démosthène dans le stile de Cicéron. Il me semble que je voy ce Grec persuadant les Athéniens à se liguer avec toutes les autres Républiques de la Grèce contre Philippes et son ambition. Je luy trouve ce mesme génie, cette mesme abondance de raisons, ces mesmes inductions et ces mesmes délicats développemens d'intrigues pour produire l'évidence dont il avoit affaire pour faire prendre à ses concitoyens le party qui leur estoit le plus utile. Il raisonne et presse partout et, autant que la langue italienne le peut souffrir, les argumens y paroissent serrés et ne laissent pas respirer l'auditoire. J'approuve fort que vous la donniés au public, et que vous mettiés ce trésor en seureté en l'insérant parmy vos ouvrages, et le vray temps seroit celuy-cy où il s'agit de la mesme affaire, et où la maison d'Austriche ne fait pas moins de peur à l'Europe qu'elle faisoit alors, outre que peut estre que la paix estant faitte, on ne permettroit peut estre pas si aisément qu'on l'imprimast, surtout avec des notes qui sans doute ne seroient pas favorables aux Espagnols.» — Dans une lettre du 11 septembre 1640, adressée à l'abbé de Boisrobert (fol. 497) nous lisons ce passage déjà imprimé par M. Livet (*Histoire de l'Académie française*, t. I, p. 389) : «L'Académie ne sçait que c'est de vacations [*pour* vacances]. On travaille tousjours, et M" de Bourzeys et de Porcheres, redevenus Directeur et Chancelier, tiennent la main à l'avancement de l'ouvrage.»

perdist ny que vous la perdissiés. Et cela eust esté cruel que le lieu du monde où il y a plus de contentement d'estre honnoré et où vous l'estes davantage et avec plus de connoissance de cause et de fermeté eust esté retranché du nombre de vos inclinations, comme il eust esté insupportable à ces excellentes personnes d'estre privées d'une amitié aussy tendre que la vostre, et qu'elles ont si long temps et si ardemment souhaittée. Je leur ay fait sentir la supposition dont elles se sont estonnées et non sans un modeste ressentiment qu'on leur eust ainsy imposé, et une joye particulière de vous avoir servi sans blesser les intérests de leur amy [1]. Mais je ne leur ay point fait connoistre que vous sceussiés rien de tout cela, afin de ne leur point laisser de doute en l'esprit si vous n'en auriés point esté choqué, et si vous n'auriés point rabatu quelque chose de vostre bienveillance, quo je sçay qu'elles chérissent trop pour en souffrir la moindre diminution. Je vous prie donc, Monsieur, de continuer à aymer ce qu'il y a de plus accompli dans le sexe en la personne de ces deux dames, et de vouloir estre tousjours aymé et estimé parfaittement par celles qui le sçauront tousjours mieux faire, et avec plus de lumières qu'aucune que vous connoissiés.

En récompense je vous abandonne la Pédante et le Pédant, et souscris au repentir que vous avés d'avoir abusé le monde des louanges que vous leur avés prestées et dont vous les avés desguisés [2]. J'eus en très grand mespris le mary dès il y a sept ans que l'Abbé de Chastillon me monstra une lettre qu'il avoit escrit sur une autre si belle que vous aviés escritte de luy à cet Abbé [3] et j'en pensay faire mourir de douleur et de honte le neveu, nostre amy [4], quand je la luy monstray. Je ne sçay ce que c'est que de la femme, sinon que je voy bien à cette heure que c'est une artificieuse indigne du rang qu'elle tient dans le grand monde, quand elle se voudroit deffendre de son mensonge en alléguant qu'il est officieux et pour les intérests de son mary.

Je suis marry de vous avoir donné l'alarme du costé des lettres de Mʳ de Voiture. Mais n'avés vous point de tort de l'avoir prise si chaude et n'avés vous point pensé que c'estoit un paresseux insigne qui n'escrit qu'en amour et en bouffonnerie et encore assés rarement [5]? Ne craignés point de voir de ses lettres, à

---

[1] Il s'agit du procès du neveu de Balzac, M. de Forgues, contre un proche parent de l'ami des dames de Rambouillet, le marquis de Montauzier.

[2] Balzac avait écrit à son ami (lettre XXX du livre XXI, p. 835): «Je suis très mal édifié du procédé de la Pedante, ainsi que l'appelle nostre ami Thibaud [sans doute de la Thibaudière]. Si elle n'a ordonné à son gentilhomme de mentir, il a menti de son chef. Il y a long temps que je suis ravi d'avoir droit de les effacer, et d'imiter la vengeance de Virgile, qui punit ceux de Nole de cette façon...» La lettre, datée du 15 novembre 1640, doit être du 15 septembre de cette année. Quant au *Pédant* et à la *Pédante*, il s'agit de Mʳ et de Mᵐᵉ de Brassac.

[3] Chapelain veut parler de la lettre XII du livre V adressée à *Monsieur de Boisrobert* et datée du 16 avril 1633, ce qui fait bien les *dès il y a sept ans*. Dans cette lettre, qui est plus longue que belle (p. 162-164), Balzac avait fait un immense éloge du gouverneur de l'Angoumois, de son «éminente vertu,» de sa «connoissance,» qui «s'estend si loin, et embrasse un si grand nombre de choses,» de «son éloquence,» etc. Balzac revint à la charge dans une lettre *à Monseigneur le comte de Brassac*, du 30 mai 1633 (n° XVIII du livre VI, p. 216-218): il y confirme et y exagère encore les compliments dont sa lettre à Boisrobert était remplie et dont M. de Brassac l'avait remercié.

[4] Le marquis de Montauzier.

[5] Balzac avait dit avec effroi (p. 835): «Vous avez grand tort de désirer que Monsieur *** m'es-

quoy vous soyés obligé de respondre, car effectivement il n'a point eu de véritable intention de vous en envoyer, et, quand il l'auroit eue, elle luy seroit passée il y a long temps. S'il vous escrivoit néantmoins vous n'auriés pas plus de peine à luy respondre qu'à M⁰ Coustard, et je le trouverois bien aussy raisonnable.

Cependant je vous rens grâces de la foy que vous me gardés et de la crainte que vous tesmoignés d'avoir de me faire tort, j'ay pensé dire cocu, en gardant correspondance de lettres avec d'autres¹. Je me tenois bien marié avec vous, mais je ne croyois pas le mariage des ames si austère que celuy des corps, et estois capable de vous souffrir sans esmotion de ces sortes de galanteries innocentes pour vous laisser la liberté que vous me laissés et permettre que vous escrivissiés à une couple de vos bien aymés, puisque vous me permettiés de remplir de mes lettres toutes les parties de la terre et tous les Cabinets de mes amis.

Je vous conforte dans le dessein que vous avés de donner l'oraison de Mgr della Casa avec vos notes et suis bien aise que vous vous disposiés à ces autres travaux qui doivent honnorer la vertu de nos deux royales marquises². La dernière est pénitente³, mais ne laisse pas d'estre raisonnable, et sa dévotion n'a pas estouffé l'amour de la société. Pour l'autre, c'est une âme impératrice et un corps en qui il n'y a rien à souhaitter que de la santé.

Je feray sçavoir à M⁰ Mesnage le tesmoignage du Germain⁴. Pour les Horaces de Corneille, on ne vous en sçauroit servir pour ce que le poète est à Rouen, et que le poème est de ces marchandises qui sont à vendre et non à donner⁵. Je vais aux champs pour huit jours. J'oubliois à vous dire que j'ay leu vostre compliment à M⁰ de Grasse chés moy, hier, en la présence de M⁰ de Forgues qui vous tesmoignera, à son retour, de quelle sorte il luy parla de vous. Il s'en va à Amiens prendre congé de S. Em⁰⁰ avant que de partir pour Provence, où il s'en va attendre l'expédition de son second evesché.

Je remets Lope de Vega et le Père Strada pour la première fois⁶ et demeure, Monsieur, vostre, etc.

De Paris, ce 25 septembre 1640.

CCCCXL.

AU COMTE BARDY,

AMBASSADEUR DU GRAND-DUC.

Monsieur, ce n'est pas sans beaucoup de

---

crive. Il ne me feroit point de plaisir de vous exaucer; quoyque ses lettres soient admirables, il faudroit que je respondisse à ses admirables lettres.»

¹ On lit (p. 385): «Vous estes, certes, un estrange homme. Je me suis donné à vous; mon âme s'est jointe à la vostre, et cela estant, ne voulez-vous point que je vous garde fidélité? et ne considérez vous point que toute autre communication me seroit reprochée?»

² On lit encore (ibid.): «Beasti me du jugement que vous faites de Monsignor della Casa, et de l'approbation dont vous authorisez mon dessein. J'y travailleray au plustost, et n'oublieray pas ce que je dois aux deux incomparables Marquises.»

³ Mᵐᵉ de Sablé.

⁴ Balzac avait dit (p. 835): «Si vous voyez Monsieur Ménage, je vous prie de luy dire qu'un gentilhomme Allemand, recens Papinii commentator, passa hier icy pour me voir, et me parla de luy et de son ouvrage, si advantageusement, que ma Rhétorique ne peut rien adjouster à l'éloge qu'il m'en fit.»

⁵ Ce petit passage a été cité par M. Taschereau (Histoire de Corneille, 1855, p. 96), avec cette observation que rien ne me paraît justifier: «Chapelain, qui ne se souciait pas de concourir au débit de l'œuvre imprimée...»

⁶ Dans la lettre déjà citée, XXIX du livre XXI, Balzac avait demandé (p. 834) «quel jugement

honte que je vous renvoye si tard les deux excellens livres que vous m'avés fait l'honneur de me prester, et en cela je crains de n'avoir pas seulement péché contre la bienséance, mais encore contre vos délices, que je ne doute point que vous fissiés de ces deux lectures, puisque je n'en ay point eu d'autres tout le grand temps que je vous en ay privé. En effet, Monsieur, il est mal aisé de rien voir de plus pur florentin, ny de plus plein d'esprit et de vigoureuse expression que la traduction du seigneur Davanzati[1], et il l'a tellement emporté dans mon jugement sur toutes les autres qui ont esté faittes de Tacite[2], que je suis résolu de ne plus lire que celle là, et une des choses pourquoy je désire autant la paix, c'est afin que j'en puisse faire venir un en seureté de Florence.

Pour les vers de Chiabrera[3], outre la pureté et le beau tour qu'ils ont, je leur trouve une sublimité et une majesté dans les Odes et dans les Chansons, qu'il laisse derrière tous les autres, que j'ay veus jusques icy, de telle sorte qu'il m'a semblé un autre Horace ou un autre Pindare[4] et plus propre à satisfaire les âmes eslevées que le commun des hommes.

Je vous les renvoye tous deux, Monsieur, sans oser entreprendre de vous en faire de remerciment de peur de le faire au dessous de mon ressentiment et de ce que mérite vostre courtoisie. Si je n'eusse point desja tant attendu à vous les rendre, j'eusse encore attendu huit jours qui sera le temps de mon retour de la campagne, afin de vous les remettre moy mesme entre les mains, et réparer en quelque sorte par ce respect la faute que j'ay faitte de les tant garder.

Il y a plus d'un mois que je remis entre celles de M^r Du Maurier la harangue de Mgr della Casa qu'il désira lire devant que de vous la rendre. Je veux croire qu'il l'aura fait incontinent après, le connoissant punctuel et fort soigneux de ce qui vous regarde.

Mon homme vous fera voir un endroit de la dernière lettre de M^r le marquis de Montauzier par où vous connoistrés que j'ay fait

---

Grotius portait sur l'histoire du P. Strada,» ajoutant : «Je vous prie aussi que je sçache quel est le vostre de toutes les Comedies Espagnoles; car celles que j'ay veues, m'ont ennuyé.»

[1] Bernard Davanzati Bostichi naquit à Florence le 30 août 1529 et mourut le 29 mars 1606.

[2] Ginguené n'a pas moins loué que Chapelain le travail de Davanzati. Voici ce qu'il en dit : «Cette traduction est un chef-d'œuvre de pureté de style, de force, de précision et d'élégance.» M. Daunou, dans l'excellent article sur *Tacite* qu'il a donné à la *Biographie universelle*, confirme tous ces éloges et ajoute ces renseignements bibliographiques : «Le premier essai de la traduction célèbre de Davanzati parut à Florence, in-4°, en 1596 : elle a été publiée ensuite chez les Juntes, en 1600, in-4°; chez Nesti, aussi à Florence, en 1637, in-folio; à Venise, en 1677, in-4°; à Padoue, chez Comino, en 1755, 2 tomes in-4°; à Paris, chez Quillau, en 1760, 2 vol. in-12; à Bassano, en 1790 et 1803. 3 vol. in-4°, y compris les additions; à Milan, 1799, 9 vol. in-12, avec le texte; à Paris, 1804, 3 vol. in-12, revus par Biagioli.» M. L. Étienne (*Histoire de la littérature italienne*, 1875, p. 464) dit que le traducteur Davanzati est fort admiré comme modèle de concision, mais qu'il est quelquefois plus obscur que Tacite.

[3] Gabriel Chiabrera naquit à Savone le 8 juin 1552 et mourut dans cette ville le 14 octobre 1637.

[4] Que l'on n'accuse pas Chapelain d'exagération! Ginguené déclare lui aussi que «de tous les poëtes modernes auxquels on a donné le nom de Pindare, aucun ne paraît l'avoir mieux mérité que le Chiabrera; c'est la même élévation, le même feu, la même audace que le poëte thébain.» Moins enthousiaste, M. L. Étienne (ouvrage cité plus haut) déclare (p. 429) que «c'est un Ronsard italien.»

ce que vous m'avés ordonné, et que ce gentilhomme est véritablement digne de ce nom par le bon jugement qu'il fait de vous.

Je suis, Monsieur, vostre, etc.

De Paris, ce 25 septembre 1640 [1].

CCCCXLI.
À M. DE BALZAC,
À BALZAC.

Monsieur, je m'estonnois bien si vous estiés tout de bon devenu l'un de ces bigots et superstitieux stoïques qui chimérisent [2] sur la vertu et s'en forment une idée que les actions humaines ne peuvent exprimer, et quoyque je vous eusse trouvé grand partisan de Sénèque, il m'avoit semblé que son esprit vous piquoit plus que ses maximes, et que vous trouviés plus à admirer qu'à imiter. Cependant il est vray qu'en quelqu'une de vos précédentes, vous jouastes le personnage d'un docteur du Portique [3] et après vous estre fort noblement eslevé, et si haut que vous creustes qu'il y avoit de l'excès dans vostre philosophie, vous me dittes : *Voila que c'est d'estre escolier de Zénon et d'avoir commerce avec ces âmes hautaines, etc.* [4] Ce fut aussy ce qui m'obligea à vous demander esclaircissement sur cette nouvelle profession de foy que vous m'avés donné tout tel que je le souhaittois et que je l'attendois.

Je suis donc ravy, Monsieur, que vous ayés une manière libre de philosopher et que vous soyés des ecclésiastiques [5]. C'est sans doute la plus naturelle de toutes et celle dont tout le monde peut estre, sans pourtant convenir d'aucun autre principe que de celuy de n'estre assujetty à aucun et de se garder la liberté de condamner ses propres maistres. Nostre raison ne peut estre soumise qu'à la raison et il n'y a rien qui la cabre davantage que l'authorité lorsqu'on la veut faire passer pour indubitable. Je me moque des αὐτὸς εὖτε [6] et de cette déférence aveugle aux sentimens d'un homme qui en cette qualité, quelque parfait qu'il soit, ne peut manquer d'estre sujet à errer. Des maximes que posent les philosophans, je

---

[1] Le lendemain Chapelain écrivait à Montauzier (f° 510) : «Si je ne partois point présentement pour La Trousse, où je seray cinq ou six jours, j'aurois porté à M⁺ le comte Bardy l'éloge que vous faittes de son sonnet dans ma lettre et l'espérance de vostre amitié qui paroist le plus obligeamment du monde dans ce que vous m'escrivés sur son sujet. Mon homme fera cet office en mon absence... Le Roy a eu deux courriers de la prise de Turin et M⁺ le Prince un du siège du port de Rozes par 25,000 Catalans qui ont pris pour chefs M⁺ˢ d'Espenan et Plessis-Bezançon. M⁵ la Marquise de Rambouillet se porte mieux et M⁵ˡˡᵉ est guérie de son rheume.»

[2] *Chimériser* est déjà dans le *Dictionnaire* d'Oudin, mais M. Littré ne cite, après cela, au sujet de l'emploi de ce mot, que Fontenelle, né seulement en 1657. Le *Dictionnaire* de Richelet ne donne pas le mot *chimériser*, qui est dans le *Dictionnaire de Trévoux* avec l'exemple tiré de Fontenelle.

[3] Chapelain avait donc oublié ces formelles déclarations de son ami (lettre XXI du livre XX, p. 800) : «Je n'approuve pas plus que vous cette cruelle marastre (la philosophie de Chrysippe)... Ces sortes de statues sont pour l'ornement du Portique, et non pas pour l'usage de la vie, et il me semble qu'entre la dureté et la mollesse, il y a un tempérament qui s'appelle fermeté.»

[4] Je ne retrouve pas cette citation dans les lettres de Balzac à Chapelain. Appartenait-elle à quelque lettre qui aurait été perdue? Ou bien serait-ce un fragment supprimé d'une des lettres que nous possédons?

[5] Manque-t-il quelque chose à cette phrase? Telle qu'elle est, j'avoue que l'explication m'en paraît difficile.

[6] *Sic*. Chapelain a voulu citer en grec l'équivalent du *magister dixit*.

n'admets que celles qui s'ajustent à ma conception, et qui sont universellement receues par les personnes de bon sens. Ce que l'authorité fait au plus dans mon esprit, c'est de me donner curiosité d'examiner s'il y a lieu de l'admettre pour règle, et si la réputation du Docteur est un effet de son mérite ou de la foiblesse de ses escoliers [1]. Mais bride en main et faisons alte [2]. Il suffit de cela pour ce coup, et ayant si peu de temps et de papier de reste, il vaut mieux en cette occasion se souvenir du *dictum* qui enseigne que *philosophandum paucis*. J'auray grande joye de voir dans vostre seconde Apologie comme vous vous estes desfait de Chrysippe et comme vous ne convenés pas avec Crantor.

Nostre amy philosophe d'une autre sorte pour luy [3]. Il accommode la flatterie avec la sincérité et, n'espérant pas persuader par ses louanges sordides, il ne croit point faire de tort à sa vertu. Il se contente de monstrer de l'esprit, et ne prétend pas que l'on le croye, et je trouve qu'il n'a pas trop de tort d'en user ainsy, puisqu'il se rencontre des gens si sots de se contenter des simples paroles sans se soucier du cœur. Je pense qu'Aristippe estoit à peu près comme cela, et qu'il ne croyoit pas indigne d'un galand de la vertu de rhabiller ses affaires et faire fortune par des cajoleries.

Vous avés leu Roxane et vous n'avés pas sceu que son autheur estoit Mr Desmarets. Vrayment cela me paroist une des plus estranges choses du monde. Mais je suis un niais; vous l'avés bien sceu et n'avés tesmoigné de l'ignorer que pour faire une plus belle figure [4]. Le secret de cette louange n'est donc pas en son autheur, mais en cecy que vous aviés peu ne pas sçavoir; cette Roxane, je ne sçay par quel destin, ou, si je le sçay, je ne l'oze dire, ayant pleu à la personne que vous sçavés [5], nostre amy, pour faire le bon courtisan, a voulu faire croire qu'elle luy auroit pleu aussy, et jugeant que sa lettre luy seroit monstrée, y a mis cet éloge contre son sentiment, et cela je le sçay de sa propre bouche, après quoy on se pourra fier aux louanges de telles gens [6].

---

[1] Balzac approuve ainsi les idées de son ami (p. 857) : « Vive donc cette belle liberté, et ne souffrons plus de tyrannie en matière de philosophie. Vous le dites admirablement, que *nostre raison ne doit obéir qu'à la raison, et que l'authorité est un joug que la Religion seule a droit d'imposer à l'esprit de l'homme.* »

[2] *Alte*, comme en espagnol et en italien, *alto*. M. Littré a cité ce vers de l'*Étourdi* de Molière :

Alte un peu; retenez l'ardeur qui vous emporte,

et cette phrase tirée des *Remarques* de Vaugelas (1647, in-4°) : « Dans tous les livres et dans toutes les relations qui se sont faits en ces dernières guerres, on n'a point vu *halte* imprimé ni écrit avec une *h*; et ce n'est que depuis ce temps-là qu'on a commencé à écrire ce mot, dont M. Coëffeteau n'a jamais osé se servir, n'étant pas encore en usage dans le beau style. »

[3] Voiture, dont il a été parlé à ce sujet dans une lettre précédente.

[4] Balzac se défend d'avoir eu recours à cette feinte (p. 858) : « Ne croyez pas au reste que je face le fin sur le subjet de Roxane. Si je l'ay veue, je vous jure qu'il ne m'en souvient point. Or je ne pense pas que ma mémoire soit une pièce confisquée à ce poinct là, car elle me rend encore d'autres bons services. »

[5] Le cardinal de Richelieu. Selon une anecdote du temps (voir une note de la page 727 du tome VI du *Recueil* de M. Avenel), le cardinal aurait eu grande part à la composition de *Roxane*.

[6] Voiture avait dit, dans sa lettre déjà citée au comte de Chavigny : « *Roxanam his diebus diligentissime legi. Quid de ea sentiam quæris? Nihil, mehercule, usquam elegantius, nihil ornatius, nihil sublimius, dignum denique Alexandro et Armando. Quo propius inspexi, eo mihi pulchrior visa est, tamque absoluta, ut nihil in ea, præter aliquem novum desideres*... »

J'esclairciray mon amy touchant cette prétendue lettre qu'on veut que vous ayés escritte à Heinsius, et je feray mes diligences pour descouvrir s'il y a eu une véritable que l'on vous attribue. Pour moy, je croy que c'est une imagination, n'en ayant jamais ouy parler qu'à cette seule personne.

Je vous envoye celle que nostre autre amy[1] dit assés plaisamment que M⁏ Salomon et vous avés faittes[2], dans le billet qu'il m'a escrit, en me l'envoyant. Je l'ay prié de trouver bon qu'elle fist le voyage de Balzac et luy ay respondu qu'au plus tard il l'auroit dans trois semaines. Je sçay plus mauvais gré à ce mauvais advocat général de ce qu'il a fait revoir une chose que vous vouliés qui fust supprimée, que du larcin qu'il vous en a fait avec tant d'imprudence. Car il ne l'a pas emportée loin, et comme un malhabille coupeur de bourse, il s'est laissé prendre sur le fait. Je ne voy pas, de la façon que cela est receu dans le monde, qu'il vous nuise en rien. Au contraire, on loue vostre magnanimité qui perd avec si peu de regret de si belles choses.

Je suis trompé si vous ne trouvés Mascardi éloquent homme, lorsque vous aurés leu la *Congiura*[3] dans son original, car pour la copie de nostre Romain[4], elle n'est pas reconnoissable. Cet original est assés rare; il faudra néantmoins vous le trouver si vous en avés curiosité. Il a fait autresfois les harangues dont vous me parlés, et qui n'ont rien de semblable à celles que vous verrés dans cette pièce. Il a fait encore des leçons académiques sur le tableau de Cebès[5] où il y a plus de sçavoir que d'excellence de stile. Son dernier ouvrage est *dell' arte historica* qui est très bien escrit et de bon sens avec autant d'ornement que le peut souffrir le stile dogmatique[6]. Cette mort a esté funeste à l'Italie et aux bonnes lettres, car il avoit commencé l'histoire qu'il promet dans sa préface de la *Congiura*, et il y a apparence qu'escrivant au mesme lieu et en compétence de M⁏ le cardinal Bentivoglio et Famiano Strada, il en avoit fait un ouvrage d'ambition.

J'espère que ma lettre trouvera M⁏ Mainard chés vous[7] et, avec vostre permission, elle sera receue en tiers entre vous deux, afin que je face partie de vostre conversation en la sorte que je suis, puisque ce ne peut estre en la sorte que je voudrois. Je ne luy dis point que je suis tout à luy; ce seroit luy faire croire que je doute qu'il le croye, et, après l'en avoir asseuré une bonne fois, sa vertu ny vostre constance ne permettent pas qu'il en puisse douter ny qu'il soit besoin que je luy en renouvelle les asseurances. Ce sera donc par coustume plustost que par

---

[1] Ménage.

[2] Balzac (p. 858) insiste sur l'étrange procédé de ce magistrat : «Est-il possible qu'un homme escrive des lettres de supererogation, et à un autre homme [Grotius] qu'il ne connoist pas? et que ce mesme homme ait encore l'imagination assez forte, pour se persuader qu'il connoist cet homme, que cet homme luy a escrit [voilà bien des hommes] et luy a envoyé l'Histoire du cardinal Bentivoglio, et qu'il luy a communiqué la sienne. Sans mentir, j'ay trouvé mon Antipode...»

[3] *Congiura del conte Gior. Luig. de Fieschi* (Venise, 1627, in-4°).

[4] Bouchard, dont la traduction, publiée sous le nom de Fontenay Sainte-Geneviève, parut, comme nous l'avons déjà vu, en 1639 (Paris, in-8°) et reparut en 1682 (in-8°).

[5] *Discorsi morali su la tavola di Cebete* (Venise, 1627, in-4°).

[6] *Dell' arte historica trattati* v (Rome, 1636, in-4°). Il en a été question dans une précédente lettre.

[7] Cette lettre ne trouva pas Mainard au château de Balzac, car le 19 novembre suivant ce poëte n'y était pas encore arrivé, comme on peut le voir dans l'in-folio de 1665, page 864, sous la fausse date du 29 novembre 1641.

nécessité que je vous diray à tous deux que je suis, Monsieur, vostre, etc.

De Paris, ce 6 octobre 1640.

Je vous envoye à tous deux un sonnet que j'ay fait encore sur la naissance de Mr le duc d'Anjou[1], en quoy je seray d'autant plus coupable, s'il est mal fait, que je l'ay fait volontairement et sans commandement ny prière. Mandés m'en vos sévères avis et luy faittes son procès à la rigueur et autrement que vous ne me le voulés faire sur le bord de vostre belle Charante. Je me resjouis que le Conseil nous ait rangés du Parlement et que Mr de Forgues soit party d'icy avec cette bonne bouche. A ouïr parler sa partie, il l'a gaigné aussy au Parlement, et Mlle de Rambouillet m'en parla hier avec joye, me tesmoignant qu'elle estoit bien aise qu'une chose qu'elle avoit autant affectionné eust bien réussi, principalement la partie de Mr de Forgues n'estant point véritable parent de nostre amy.

CCCCXLII.

À Mgr LE DUC DE LONGUEVILLE,
EN ALLEMAGNE.

Monseigneur, les lettres du 20 de Cassel escrittes par Mr de la Boderie et par d'autres personnes de créance ont achevé de nous mettre l'esprit en repos du trouble et de la peine extraordinaire où la maladie de V. A. nous avoit mis[2], et nous sçavons au moins, à cette heure, que de tant de périls que vous courés, Dieu a retranché celuy de la fièvre qui n'est pas des moins grands pour estre des moins esclatans. La consolation qu'en a Mademoiselle est proportionnée à la douleur qu'elle avoit ressentie, et on voit sa santé redoubler à mesure qu'elle est asseurée que la vostre se restablit. Il est difficile, Monseigneur, de voir en un mesme sujet plus de bon naturel, de sagesse, d'esprit et de grâce que nous en observons tous les jours en elle[3], et parmy vos travaux vous devés avoir beaucoup de satisfaction d'apprendre les accroissemens notables de vertu en une personne qui vous est si chère. Celles qui ont l'honneur de la voir à toutes les heures vous en pourront dire plus de particularités et vous en donner plus de joyes. Pour moy, je vous diray en général qu'elle attire l'affection de toute la Cour et que, par ses paroles et ses actions, elle a fait prononcer à Me la marquise de Ramb[ouillet] qu'elle n'avoit rien à y souhaitter davantage, sinon que vous en fussiés le spectateur et l'auditeur.

Pour nouvelles, le ravitaillement d'Arras a fini tous nos desseins de cette année du costé de Flandres et nous ne tenons plus la campagne que pour nettoyer plusieurs petits forts et chasteaux qui peuvent rendre les en-

---

[1] Philippe de France, duc d'Anjou et plus tard duc d'Orléans, était né au château de Saint-Germain en Laye le 21 septembre précédent. Ce sonnet nous a été conservé dans le recueil des Poésies de Chapelain déjà si souvent cité (Fonds franç.; nouv. acquis. vol. 1890). Il est adressé à *Monseigneur le Dauphin sur la naissance de Monseigneur le duc d'Anjou*. Le début en est bien pompeux :

Tandis que mon Grand Roy, qui sur les Roys du monde,
Est ce que Jupiter est sur les autres Dieux,
Tonne de toutes parts, etc.

[2] Le P. Griffet (*Histoire du règne de Louis XIII*, t. III, p. 277) dit : «Le duc de Longueville tomba malade le 1er septembre d'une fièvre continue, qui l'obligea de se faire porter à Cassel. La fièvre, qui l'avoit quitté, le reprit le 26 avec plus de violence, et sa santé devint si languissante, qu'il demanda au roi la permission de revenir en France.»

[3] Marie d'Orléans, la future duchesse de Nemours, avait alors quinze ans révolus.

virons de Péronne et de Dourlens mal seurs pour la communication de ces villes avec Arras, entre lequel et Dourlens on a fait un fort où il y a quatre cens hommes pour la mesme fin. Du costé de l'Italie, le bruit est grand et comme certain qu'on n'est pas satisfait de deçà de la capitulation de Turin, où l'on est persuadé qu'avec un peu de patience, le secours estant impossible par les troupes de Catalogne, on auroit eu Mr le P[rince] Th[omas] et toute la garnison à discrétion[1]. Mr de Bordeaux a aussy mal satisfait la Cour par l'inutilité de sa campagne cette année, et l'on tient qu'il a ordre de se retirer à une de ses abbayes[2] et que le bailly de Forbin[3] a eu commandement d'aller avec toutes les galleres et tous les vaisseaux à la coste de Catalogne favoriser cette province dans son souslèvement qui est tel désormais qu'il ne sçauroit aller plus avant, sinon lorsque ce peuple donnera bataille à son Roy qui s'appreste pour le venir chastier. Cependant nous avons fait lever le siège de Lella[4] frontière de Roussignol[5] et de Catalogne, et on forme un corps pour assister puissamment les Cata-

---

[1] Le cardinal de Richelieu, écrit le P. Griffet (*Histoire du règne de Louis XIII*, t. III, p. 263), avait fait mander par le roi au comte d'Harcourt, «qu'il étoit pour le moins aussi important de faire le prince Thomas prisonnier de guerre, que de prendre la ville même de Turin; que l'on savoit qu'il manquoit de poudre, et qu'il ne lui restoit de vivres que pour trois semaines, et que s'il ne tenoit qu'à prolonger le siège d'un mois pour l'obliger à se rendre prisonnier, on ne devoit pas balancer de prendre ce parti, parce que si l'on étoit une fois maître de la personne de ce prince, il ne seroit pas possible aux Espagnols de continuer la guerre avec succès dans le Piémont. Cet ordre ne fut point exécuté. Le prince Thomas eut la liberté de sortir de Turin par une capitulation qui fut signée le 19 septembre... Le cardinal de Richelieu, qui auroit mieux aimé que l'on eut prolongé le siège, attribua cette précipitation à l'impatience naturelle des François.» La lettre analysée par le P. Griffet ne se retrouve pas dans le *Recueil* de M. Avenel.

[2] Richelieu était depuis quelque temps très-mécontent de Sourdis: il lui écrivait déjà le 8 août 1640 (*Recueil* de M. Avenel, p. 718): «J'ay esté bien estonné et plus fasché d'avoir veu, par vostre lettre du 27 juillet, que les galères d'Espagne ayent débarqué l'infanterie et la cavalerie... Le plus considérable et quasi le seul service que vous pouviés rendre estoit d'empescher leur descente...» Le 21 septembre suivant, Richelieu (*ibid.*, note 2) accentuait ainsi son blâme: «Je suis extrêmement fasché du mauvais succès qu'a eu tout vostre employ de cette année,» ajoutant (t. VII, p. 270): «Vous pouvés aller vous rafraischir chés vous...» Voir encore une réprimande assez verte adressée à l'archevêque de Bordeaux le 10 novembre 1640 (t. VI, p. 733). La disgrâce définitive de Henri de Sourdis n'éclata qu'en septembre 1641.

[3] Le bailli ou commandeur de Forbin (on écrivait souvent *Fourbin*) avait toute la confiance de Richelieu, qui, dit M. Avenel (t. III, p. 549), «en fit le mentor de son neveu, Du Pont de Courlay, général des galères.» Ce marin, de la même famille que le chevalier Claude de Forbin, a été oublié dans tous nos dictionnaires biographiques, excepté dans celui de M. Jal, qui a reproduit deux lettres inédites du bailli (article *Baron d'*Allemagne).

[4] *Sic* pour Ille (aujourd'hui commune du département des Pyrénées-Orientales, arrondissement de Prades, canton de Vinça). «Ce fut (voir les *Mémoires* de Montglat, VIe campagne, 1640) le maréchal de Schomberg qui par son approche obligea les Espagnols à lever le siège de la petite ville nommée Illes,» petite ville dont le nom a été, de nos jours, rendu célèbre par une des plus émouvantes nouvelles de Prosper Mérimée, *la Vénus d'Ille.*

[5] *Sic* pour Roussillon.

lans qui demandent ligue offensive et deffensive avec nous.

Je prie Dieu qu'il conserve V. A. et suis, Monseigneur, vostre, etc.

De Paris, ce 14 octobre 1640.

CCCCXLIII.
À M. LE MARQUIS DE MONTAUZIER,
EN ALSACE.

Monsieur, il n'y a point de vacations pour moy, et comme je suis dissipé et distrait, si Dieu ne m'ayde, je ne voy pas comment je pourray tenir parole à M^r le duc de Longueville et au public dans l'affaire de la P[ucelle], laquelle en vérité a grand sujet de se plaindre du peu de temps que je luy donne et des infidélités que je luy fais. Il faudra prendre une bonne fois résolution de quitter toutes choses pour elle, et s'en plaigne après qui voudra. Mais aussy pourquoy estes vous absent et pourquoy me suis-je persuadé, ou m'avés vous persuadé que je vous estois nécessaire dans le peu de soin que vos autres amis ont de vous? Pourquoy Mr de Balzac exige-t-il de moy, toutes les semaines[1], une longue lettre comme une chose qui seule le peut consoler dans les divers chagrins de la solitude? Pourquoy Mr Conrart va t-il exprès à Bourbon et à Jonquières des trois mois entiers pour m'obliger à luy envoyer des nouvelles de tous ses amis, et souvent des publiques mesmes? Pourquoy M^r le duc de Longueville me commande-t-il par toutes ses despesches de le tenir punctuellement informé de toutes choses par tous les ordinaires? Pourquoy M^r l'abbé de Saint-Nicolas m'escrit-il trois fois le jour et tire-t-il autant de fois des responses[2]? Pourquoy M^r Du Maurier m'engage-t-il par ses continuels billets à respondre à ses soins et à ses civilités[3]? Pourquoy Mr du Fay, Me de la Trousse, Me de Flamarens, de familiers et d'estrangers, M^r d'Olive du Mesnil, Mr Bouchard et mille autres m'occupent-ils par leurs complimens, par leurs communications de sçavoir ou pour leurs affaires? Enfin pourquoy ne puis-je estre trois momens chés moy en repos que je ne sois assiégé de visites? Pourquoy ay-je tant de bons amis et de bonnes amies à visiter et pourquoy dois-je tant d'assiduité à l'Académie? Une bonne banqueroutte me délivrera de tout cela, si toutesfois c'est estre délivré d'une chose que de l'abandonner à regret, mais je ne sçay si j'auray encore sitost le courage de le faire.

Quand vous serés icy vous accroistrés le nombre de mes attachemens et servirés à me retenir dans cette agréable perte de temps. Je ne sçay si j'auray rien à vous monstrer de nouveau, car encore qu'il y ait un cinquiesme livre de fait depuis vostre départ, la matière ne m'en plaist pas assés pour vous l'oser exposer, et je croy que je vous divertiray avec toute autre chose. Mais vous me parlés de vostre retour comme d'une chose douteuse, et il semble que vous craigniés que Mr Des Noyers ne vous cloue encore pour un an sur le bord du Rhin. Espérons mieux de nostre fortune, Monsieur, et ne croyons pas si inhumains des gens à qui la fortune a esté si humaine cette année.

---

[1] L'énumération que l'on va lire des prouesses épistolaires de Chapelain ne doit pas être prise tout à fait au sérieux; mais pour ce qui regarde Balzac, les mots *toutes les semaines* n'ont rien d'exagéré.

[2] *Trois fois le jour!* Ici nous sommes en pleine hyperbole. Le recueil même des Lettres de Chapelain, à moins de le supposer infiniment incomplet, ne permet pas d'admettre que les deux amis aient échangé la dixième partie de ces innombrables billets.

[3] Les lettres à Du Maurier sont relativement en petit nombre dans le recueil de Chapelain.

Mandés moy, je vous prie, en attendant, si M⁺ de Souffrise ou sa femme sont de vos parens, ou s'ils ne le sont que de M⁺ de Brassac. J'ay besoin de cet esclaircissement pour le repos de mon esprit.

Le jugement que vous faittes de la lettre latine de V[oiture] est bon. C'est du latin et puis c'est tout. Aussy n'en fait-il pas grand cas et le bruit qu'on en a fait vient plus de ses admirateurs que de luy mesme. On a remarqué comme une imprudence qu'il ait loué extrêmement M⁺ d'Emery en une lettre où il avoit loué M⁺ le Cardinal, cette société estant odieuse, car ce qu'il y a dit de Roxane, qu'il n'estime point, a esté seulement afin d'applaudir au sentiment de Son Em⁽ᶜᵉ⁾ pour ses fins, sachant bien que M⁺ de Chavigny la luy feroit voir aussy bien qu'il avoit fait ses lettres en vieux langage.

Je n'ay point veu le M[arquis] de P[isani] depuis qu'il a receu vostre response, si bien que je vous ne sçaurois encore mander l'effet qu'elle a fait et comment il aura senti l'attaque que vous me dittes que vous luy donnés; ce sera pour la semaine qui vient.

M⁽ᵉˡˡᵉ⁾ Aubry¹ est accordée à M⁺ de Narmoustier. M⁺ la marquise de Sablé, en lisant l'avis qu'on luy en donnoit, leut Montauzier au lieu de Narmoustier et en fust surprise et faschée, tant pour ce qu'elle est ennemie du mariage que pour ce qu'elle croit que cela eust fait tort à une personne que nous connoissons tous² et pour qui seule elle souffriroit que vous entrassiés dans les liens de mariage. Je luy sceus bon gré de son sentiment. Mais considérés comme tout le monde fouille dans vostre secret et s'intéresse dans vos inclinations.

Je viens de quitter le comte Bardy qui a impatience de vostre retour pour vous dédier³ sa personne.

Je suis, Monsieur, vostre, etc.

De Paris, ce 14 octobre 1640.

CCCCXLIV.

À M. DE BALZAC,

À BALZAC.

Monsieur, vous me dittes que vous estes malade, et vous ne me dittes point quelle est vostre maladie. C'est proprement me laisser croire que vous les avés toutes, ou du moins me faire passer par toutes les douleurs que peuvent causer à un homme qui ayme comme je fais tous les maux à mesure que mon imagination irrésolue me les représente l'un après l'autre en mon amy. Mais cecy pourroit estre trop fin pour estre receu, et je me croy que je me fusse peu passer de cette délicatesse. Je vous diray donc qu'après l'avoir bien considéré je me suis imaginé que vostre mal n'estoit pas fort grand puisqu'il avoit permis que vous m'escrivissiés à l'ordinaire et que vous escrivissiés mesme extraordinairement à M⁺ de la Thibaudière.

---

¹ Renée-Julie Aubry fut mariée seulement en 1649 à Louis de la Trémouille, duc de Nermoustier ou Noirmoustier. Voir ce que Tallemant des Réaux, dans ses Mémoires, raconte (tome II, page 520) de M⁽ᵐᵉ⁾ Aubry et de M⁺ Montauzier.

² Est-il besoin de dire qu'il s'agit là de M⁽ˡˡᵉ⁾ de Rambouillet?

³ *Dédier*, «consacrer». M. Littré n'a cité d'autre exemple de l'emploi de ce mot au XVIIᵉ siècle que cet exemple tiré de Scarron :

Ce n'est que maroquin perdu
Que les livres que l'on dédie.

Le *Dictionnaire de Trévoux*, qui avait déjà donné cette citation, avait aussi cité cette phrase de M⁽ˡˡᵉ⁾ de Scudéry : «L'auteur qui rabaisse trop le livre qu'il *dédie* n'est pas judicieux en faisant un si mauvais présent.» Mais dans ces deux exemples il s'agit d'un *livre*, tandis que dans la phrase de Chapelain il s'agit d'un *homme*.

Qui est capable de ces soins, n'est travaillé ni de la goutte ni de la gravelle, et je pense mesme que la fièvre ne le tourmente pas beaucoup, si bien que je conclus que vostre mal est un mal commode et qui ne trouble point les offices de la société, pour la guérison duquel il faut faire des vœux modestes, et qu'on ne vous obligeroit que médiocrement de souhaitter à vostre descharge[1].

J'ay trouvé de la lettre de Mʳ Mesnage ce que vous m'en escrivés. Elle est pure pour le stile et tendre pour les sentimens. Et certes je suis persuadé que son affection est très sincère, et que dans la recherche qu'il fait de vous, il y a bien autant de zèle que d'ambition. Les retraittes néantmoins pour lire la lettre où vous parliés de luy, ces exultations secrettes[2], ces baisers redoublés[3] *e tutte queste altre moïne*[4] me semblent passer un peu le vraysemblable, et ne se devoir prendre que figurément pour relever la chose et luy donner un plus beau corps. Mais, à vous dire mon sentiment là dessus, je l'ay trouvé imprudent d'avoir despensé et employé d'abord toutes ses couleurs sur une lettre qui ne luy estoit point escritte. Il les falloit réserver pour celle que vous luy escrirés pour laquelle il faut qu'il demeure muet, s'il ne veut répéter les mesmes choses. Un bon mesnager n'eust pas jetté toute sa poudre aux moineaux et se fust gardé une poire pour la soif[5]. Nous verrons pourtant comment il s'en desmêlera et peut estre a-t-il des magazins inconnus et qu'il nous estallera des pièces de mise et qu'il n'aura point esté chercher en la boutique de l'hyperbole.

J'ay sceu de luy ce que vous désiriés apprendre du sentiment de Mʳ Grotius sur le Père Strada[6]. Le Hollandois estime infiniment le Romain et confesse avoir appris beaucoup de choses dans son histoire qui luy serviront à illustrer la sienne. Mais si mon valet m'a bien rapporté[7], cette histoire, que je croiois qui deust estre ensevelie encore nombre d'années et dont personne n'a encore veu quoy que ce soit, doit bientost estre rendue publique. Et je vous avoue que je ne désire guere rien plus que cette publication afin de m'esclaircir du mérite de son autheur dans la politique, qui n'est pas une nature de chose qui puisse estre

---

[1] Balzac (lettre XXIII du livre XXII, p. 859 de l'in-fol.) écarte ainsi les objections de Chapelain : «Je me plains incessamment des maux que je souffre. Mais asseurez-vous qu'il n'y a rien du comédien au récit que je vous en fais, et qu'il ne se passe jour que je n'aye subjet de dire des injures à la Médecine, qui ne me donne aucun soulagement.» La lettre, datée du 30 août 1641, est de la fin de septembre ou du commencement d'octobre 1640.

[2] Balzac, dans la lettre à Ménage déjà citée, disait à son trop enthousiaste nouvel ami (p. 626 de l'in-fol.) : «Le secret que vous avez cherché, et la solitude que vous vous estes faite, pour jouir sans tesmoins du papier que vous presta Monsieur Chapelain, m'oblige de m'escrier : *Honni soit qui mal y pense*... Mais que diray-je de ce que vous fermastes la porte sur vous, et vous fortifiastes en vostre chambre, afin que personne ne vous troublast en la possession d'une douzaine de lignes...»

[3] «Les longs et avides baisers que vous donnastes ensuite à ce papier qui portoit mon nom, etc.» (*Ibid.*) Le lecteur, comme Chapelain, trouvera ces exagérations quelque peu ridicules.

[4] *Moïne*, caresses, cajoleries, mignardises.

[5] On diroit que par la spirituelle familiarité de son style Chapelain a voulu montrer combien Ménage, dans ses phrases de rhétorique, avait dépassé la mesure. Si le contraste n'est pas cherché, il faut avouer que cela en a bien l'air.

[6] Balzac, nous l'avons déjà vu, avait demandé (p. 839 de l'in-fol.) quel était le jugement de Grotius sur l'histoire du P. Strada.

[7] C'est-à-dire : m'a fait un rapport exact de ce qui lui a été dit.

maniée par toutes sortes d'esprits, et je dis des plus sçavans mesmes. Cet ouvrage, en effet, establira ou esbranlera sa réputation auprès des personnes équitables et je veux espérer que ce sera le premier[1].

Pour Mʳ de la Thibaudière, j'ay envoyé vostre response chés luy et je n'ay garde de douter qu'il ne l'ayt receue, mais je suis en doute s'il en est demeuré content, non pas que je ne l'aye trouvé très belle, mais parce qu'il ne me l'est pas venu monstrer depuis sept jours qu'elle luy a esté portée. *Staremo a vedere*[2] comment il aura pris vostre civilité. Il avoit veu l'apostille que vous vouliés qu'il prist pour argent content. Mais je vis bien dès lors qu'il ne la prenoit que pour un prélude à la pièce qui devoit suyvre, et le temps luy a bien duré entre l'aspostille et la lettre. Je suis estonné qu'il m'ait dit qu'il avoit rechargé après celle que je vous avois envoyée de luy, et qu'il ne soit pas vray. Il le faisoit sans doute pour voir si je ne luy avois point escroqué vostre despesche et avoit envie de me surprendre et me faire couper[3].

Vous aurés, avec cette lettre, une lettre de Mʳ de Grasse avec un livre qu'il vient de faire imprimer[4]. J'eusse bien voulu qu'il se fust contenté de vous envoyer le livre sans l'accompagner de sa lettre. Mais il a creu vous devoir traitter avec cette cérémonie et a creu qu'il estoit plus honneste et plus obligeant. C'est une response qu'il vous faudra faire encore, et que vous vous estes attirée par le compliment que vous m'obligeastes de luy faire il y a un mois. Une autre fois vous irés plus bride en main. Cependant il faut prendre patience.

Je vous envoye la traduction latine du sonnet que je fis pour Arras il y a un mois et que vous avés veu. C'est un jeu d'un conseiller au parlement de Toloze nommé d'Olive du Mesnil[5], qui a désiré mon amitié et avec qui, depuis un an, j'entretiens correspondance. Il est des bons latins de ces quartiers là et, sans contredit, le meilleur françois, comme son volume des Arrests en robe rouge et actions *forenses* en fait foy. Il y a aussy une autre pièce du mesme.

Je suis, Monsieur, vostre, etc.

De Paris, ce 15 octobre 1640[6].

---

[1] C'est-à-dire que l'ouvrage établira définitivement, consacrera sa réputation. Balzac (p. 859) l'espéroit aussi : «L'Histoire de Monsieur Grotius sera belle, n'en doutons point, et sa politique ne sçauroit estre mauvaise. J'ay veu un livre qu'il a composé *De antiquitate Reip. Batavicæ*, après quoy je le tiens capable de tout.»

[2] Nous resterons à voir, ou tout simplement, nous verrons comment.

[3] Balzac (p. 859) répond : «Jugez... si le compliment que je vous ai envoyé pour le gros *⁎* n'est pas plus qu'il ne devoit attendre, voire qu'il ne devoit désirer (ce que je dis en qualité de malade), tant pis pour luy et pour moy. Mais s'il en fait le fasché, le repos et le silence dont je jouiray me consoleront de la perte d'une amitié babillarde et ambitieuse.»

[4] *Paraphrase sur les épistres canoniques* (1640, in-12).

[5] Balzac dit (p. 859) : «Je sçay bon gré à Monsieur le conseiller de Thoulouse de vous avoir traduit en latin. Vous voyez par là que vos vers sont d'or, et qu'il ne vous en donne que la monnoye, puisqu'il vous rend quatre mots pour un.»

[6] Le lendemain, Chapelain (f° 520) écrivoit à M. du Fay de la Trousse : «Les Catelans continuent tousjours dans leur soushèvement. Mʳ de Schomberg a fait lever le siège de Hille (*sic*) que les Castillans du Conté de Roussillon assiégeoient pour nous oster la communication avec les révoltés. Mʳ de Bordeaux s'est retiré à son Archeveché, et le bailly de Fourbin est allé avec les gallères et vaisseaux à la coste de Catalogne pour donner chaleur à cette rébellion... Mʳ le duc de Longueville a esté malade à la mort...» A ce même duc de Longueville, Chapelain, le 19 du même mois, annonçait ainsi (f° 521) l'envoi d'un sonnet : «Le sentiment si tendre qu'on en a tes-

CCCCXLV.

A M. DE GASSENDI,

à AIX.

Monsieur, je suis si rempli de la belle lecture que je viens de faire des discours où vous respondés à Fortunius Licetus[1] sur la résolution de vostre problème touchant la [grandeur] de l'ombre au soleil levant et au midy[2], que de long temps je ne penseray autre chose et ne m'entretiendray d'autre spéculation. Tout ce que j'ay entendu de ces matières délicates et si peu conceues à la manière du commun m'a satisfait si plainement, que je n'y souhaitte rien davantage et j'ay bien reconneu que ce que je n'en entendois pas ne venoit pas du manquement de l'expression, qui ne peut estre plus pure ni plus latine, mais du défaut de mon esprit à qui manquent quelques uns des principes nécessaires pour cette connoissance. Si toute la philosophie à laquelle vous travaillés et que vous restitués est traittée de cette sorte, comme il n'y a pas lieu d'en douter, et que le monde sera heureux lorsque vous luy en ferés présent, et que le bon sçavoir va estendre ses limites à la ruine du sçavoir imaginaire! Je vous avoue que je ne souhaitte guère rien plus que la publication de cette solide physique qui se preuve par des exemples palpables et qui ne suppose rien qu'on puisse raisonnablement disputer. De plus en plus je descouvre combien la Provence fait de tort à Paris et combien nous perdons d'agréables et d'utiles conférences par vostre esloignement, lesquelles tombent peut estre à présent dans une terre infertile. Ce n'estoit pourtant pas, Monsieur, ce que nostre bon Mr L'Huillier[3] s'estoit promis et nous avoit promis et ce que nous espérions de jour en jour depuis six ou sept ans qu'un si grand espace de

---

moigné [de la maladie paternelle] Mademoiselle m'a semblé une chose digne d'estre célébrée... et je l'ay fait dans le sonnet que je luy ay addressé et qui sera avec cette lettre.» Le même jour Chapelain écrivait ainsi (f° 521, v°) au marquis de Montauzier : «Quoyque les festins de Me la Marquise de Sablé soient exquis et qu'ils méritent qu'on vienne de bien loin pour en estre, je ne vous conseille pourtant pas de quitter l'Alsace d'un moment plustost que vous ne devés pour cela. Ce seroit hazarder de perdre vostre primogéniture pour une esculée (sic) de poix [escuellée sans aucun doute, mot que l'on trouve sous cette dernière forme dans Joinville], vostre gouvernement pour une souppe délicate.»

[1] Fortunio Licetti, né à Rapallo en 1577, mourut octogénaire à Padoue en 1657. Il professa successivement la philosophie à Pise, à Padoue, à Bologne, et, à partir de 1645, la médecine à Padoue. Le P. Niceron a énuméré (t. XXVI) cinquante-quatre des publications de cet érudit, et sa liste n'est pas complète.

[2] *Epistola de magnitudine solis humilis atque sublimis*. Cette lettre avait été écrite dans le mois d'août 1640. Elle a été imprimée, avec trois lettres sur le même sujet, en 1642 (Paris, Hacqueville) et réimprimée dans les *Opera Omnia* (Lyon, 1658). Gassendi, comme nous l'apprend le P. Bougerel (*Vie de Pierre Gassendi*, p. 188), avait chargé Gabriel Naudé de communiquer la lettre qu'il lui avait écrite sur la grandeur apparente du soleil à F. Licetti, «regardé comme un des plus sçavans d'Italie.» Le professeur de Bologne adressa, avec beaucoup d'éloges, quelques objections au prévôt de l'église de Digne, qui, dans une seconde lettre, celle dont il est ici question, expliqua de nouveau ses idées.

[3] Ce fut Lhuillier qui communiqua à Chapelain, «dont la réputation était alors fort grande,» dit le P. Bougerel (p. 189), la réponse à Licetti. Gassendi adressa sa quatrième et dernière lettre sur la grandeur apparente du soleil à Chapelain (13 janvier 1641). Cette lettre se terminait par ces modestes paroles dont j'emprunte la traduction au P. Bougerel (p. 189 et 190) : «Je vous envoie la lettre de Fortunio Licetti uniquement pour

terre nous sépare. Mais il faut prendre patience[1] et se consoler sur ce que si nous ne vous entendons, nous vous lisons et que vous nous instruisés par escrit d'une partie des choses que nous apprendrions de vostre bouche.

Au nom de Dieu, ne nous laissés eschapper aucune de ces belles lumières que vous avés principalement dans les choses de la nature qui est la partie du sçavoir la plus mal seure et qui est voilée de plus espaisses tenèbres. Escrivés les comme vous avés fait la vie de Mr de Peyresc[2] et ce discours[3] et donnés leur la clarté que ces productions portent sur le front. Le siècle vous admirera et les âmes philosophiques vous regarderont comme le fondateur ou le restaurateur de la vraye science.

Je ne voy jamais nostre amy que je ne luy demande des nouvelles de vos estudes et que je ne le [presse] de vous exhorter à ne les interrompre point, pour vostre gloire et pour l'utilité commune. Je l'ay aussy prié plus d'une fois de vous demander ce qu'il vous semble du Philolaus de Mr Bouillaud[4] et si vous tenés pour réelle cette démonstration mathématique qu'il a donnée de la mobilité de la terre. Je ne vous demandois point de discours estendu la dessus, mais seulement un article dans l'une de vos lettres, croyant bien que cette question estant l'une des principales de vostre physique, vous l'avés traittée *ex professo* au lieu où elle doit se rencontrer. Si donc vous ne luy avés point respondu sur cette matière, je vous prie de m'y respondre succintement en sorte seulement que je puisse sçavoir si sa preuve vous satisfait et s'il y en a ou peut avoir une meilleure. Ce que je dis pour ce que, sur la fin de son livre, j'ay remarqué qu'après avoir establi l'opinion de Copernic[5] comme la meilleure, et s'y estre en quelque manière arresté, il confesse ingénument qu'il y a encore une ou deux difficultés dans ce systhème qui luy donnent peine et sur lesquelles il semble encore douter de sa vérité.

---

vous obéir; ce que je n'aurais pas fait si vous ne l'aviés pas exigé absolument de moi, à cause des grands éloges qu'il me donne : je vous l'envoye, mais je vous prie d'estre bien persuadé que je me crois bien différent du portrait qu'il a fait de moi. Je ne vous le communique que pour vous faire connaître que je ne puis rien vous refuser...»

[1] Chapelain n'eut pas à prendre longtemps patience : dès les premiers jours de février 1641, Gassendi était arrivé à Paris, où il devait passer à peu près tout le reste de sa vie.

[2] Chapelain parle du manuscrit qui, comme nous l'avons vu, lui avait été communiqué : le livre ne parut qu'en septembre 1641.

[3] C'est-à-dire la lettre à Fortunio Licetti, qui, selon l'observation du P. Bougerel (p. 189), «est plutôt un traité qu'une lettre, puisqu'elle contient trente-quatre articles.»

[4] *Philolaüs, seu de vero systemate mundi* (1639, in-4°). Sur les relations d'Ismaël Boulliau (alors âgé de trente-cinq ans) avec Gassendi, voir le livre du P. Bougerel (p. 103, 120, 189, 359, etc.).

[5] Rappelons ici que, quelques années plus tard, Gassendi composa la Vie de Nicolas Copernic, à la prière de Chapelain, auquel il la dédia (*Præfatiuncula ad Joannem Capellanum*). Cette Vie, qui parut avec les Vies de Tycho-Brahé, de Georges Puerbach et de Jean Muller, à Paris (1654, in-4°), reparut dans le tome V des *Opera omnia* (p. 497). Les Vies de Puerbach et de Regiomontanus furent aussi dédiées à Chapelain (*Vita Peurbachii et Regiomontani cum præfatiuncula ad eumdem Capellanum*, p. 517 de ce même tome V). On peut lire dans Bougerel l'intéressant récit d'une visite faite par Chapelain et par Ménage à Gassendi, visite à la suite de laquelle ce dernier, exauçant le vœu des deux amis, se décida à joindre aux biographies de Tycho-Brahé et de Copernic celles de Peuerbach et de Regiomontanus (p. 387-391).

Il suffira de huit lignes de vostre main là dessus, attendant que nous puissions voir le problème examiné à font dans vos ouvrages ou que vous nous l'expliquiés vous mesme de vive voix. Cependant je vous répète icy que je n'ay jamais rien leu avec plus de plaisir et d'édification que vostre discours à Licetus et vous proteste que je n'estime personne plus que vous et que je suis autant que personne, Monsieur, vostre, etc.

De Paris, ce 20 octobre 1640.

CCCCXLVI.
À M. DE BALZAC,
À BALZAC.

Monsieur, à une personne aussy valétudinaire que vous, c'est une espèce de bien lorsqu'elle sent moins de mal et le relasche que vous avés au vostre me tient lieu d'une bonne nouvelle. Mais est-il vray, que pendant vos douleurs, vous ayés escrit à M' Ménage la lettre qu'il m'a monstrée et que les vers qui sont dedans soient des fruits de vostre indisposition? A vous dire le vray, il n'y a guère d'apparence, et si je n'avois un excès de foy pour tout ce que vous me dittes, je croirois en lisant ces belles choses ou que vous les avés faittes en pleine santé, ou que vostre maladie estoit de celles qui enlèvent l'esprit au dessus de luy mesme et font parler grec et prophétiser ceux qui en sont affligés [1].

J'ay veu cette belle pièce [2] avec une satisfaction qui seroit malaisée à vous dire et si l'ambition de nostre amy n'est comblée à cette fois, il en a plus que César et en peut disputer avec Alexandre. Nostre amy M' L'Huillier m'a dit qu'elle avoit esté leue en plain cabinet des frères Puteans, *magnis comitiis* [3], et tous les confrères assemblés jusques à l'Intrépide [4] qui l'approuva mesme avant que d'avoir veu les vers qui le déifioient. Il m'a dit que lorsqu'on en vint là, il fust surpris et se couvrit d'une honte [5] qu'on ne peut appeler mauvaise, puisque c'est le caractère des gens d'honneur [6]. Ce fut la seule chose qu'il n'y loua point quoyqu'il la sentist la plus louable et qu'en effet

---

[1] Balzac répond (lettre XXV du livre XXII, p. 860): «Croiray-je que ma melancholie prophetize; que ma fièvre parle grec?... Oui, Monsieur, je croiray tout cela, puisque tout cela est confirmé par vostre solennelle approbation, et que je voy bien que ce n'est pas d'un ton ironique que vous vous escriez: Ô les belles choses! Ces belles choses ne me plaisent néantmoins qu'en tant qu'elles vous ont pleu; il est certain qu'elles sont nées dans la douleur et dans le chagrin, parmi les plaintes et les grimaces.» La lettre de Balzac, datée du 16 septembre 1641, est de la fin d'octobre ou du commencement de novembre 1640.

[2] C'est la pièce intitulée: *De hypercritico Galeso, ad Ægidium Menagium, Ludus poeticus*, dans *Carminum liber primus*, à la fin du tome Ier des Œuvres complètes, p. 14 et 15.

[3] «Croiray-je, dit Balzac (p. 860), que mes lettres ont receu des applaudissemens d'une compagnie qui s'assemble deux fois le jour, pour siffler tout le reste de la France?» — Presque en même temps Balzac chargeait Ménage (lettre II du livre XV, p. 628, datée du 30 septembre 1639, et qui doit être du 30 octobre 1641) de mille complimens pour MM. Du Puy, ajoutant, au sujet d'un voyage à Paris qu'il voudrait bien effectuer: «Ce n'est pas le Louvre qui m'y attire, c'est le cabinet des excellens frères...»

[4] François Guyet.

[5] «Croiray-je, dit encore Balzac (p. 860), que mes louanges ont fait rougir le visage de fer de l'Épicurien Colotes?»

[6] Allusion à ce que raconte Diogène de Laërte dans la Vie de Diogène de Sinope (*Vies et doctrines des philosophes de l'Antiquité*, liv. VI, ch. II): «Une autre fois, il vit un jeune homme qui rougissait: Courage, lui dit-il, c'est là la couleur de la vertu.»

elle le soit. Car bien que vous ne faciés jamais de vers que très beaux et dignes du bon siècle et que vostre indignation[1] égale tout ce que vous avés fait de mieux jusqu'icy, néantmoins par mon jugement et par celuy de tous ceux qui les ont veus les uns et les autres, ceux que vous avés faits pour l'hypercritique ont une certaine fleur qui leur donne sinon plus de force, au moins plus d'agrément.

M⁻ Voiture, à qui je les montray, il y a trois jours, les admira et les apprit par cœur, et, l'ayant veu depuis, il m'en parla avec transport comme d'une des plus belles choses qu'il eust jamais veue. Nous leusmes aussy l'Indignation à qui il donna grande louange, ne se pouvant lasser de dire du bien de vous et de s'appeller heureux d'estre aymé d'une personne de si grand mérite. Vous fistes toute nostre conversation et, le voyant persuadé que vous excelliés dans le vers latin plustost que dans la prose, je tiray vos lettres latines dont il leut la première avec estonnement, s'accusant avec grande candeur de l'injustice qu'il vous avoit faitte et me protestant tousjours que vous n'aviés point de cœur plus acquis que le sien[2].

Vous avés parfaittement bien jugé des vers que vous trouvastes dans mon paquet, il y a trois semaines. Ils sont de Gaumin l'hyperbolique[3] et peut estre sont-ce les meilleurs qu'ils ait jamais faits. Car, en effet, il y a bien du feu et la diction n'en est pas mauvaise. C'est une chanson pour se raccommoder à la Cour, où il s'estoit ruiné pour avoir parlé trop hardiment en Parlement et avoir eu l'ambition d'estre le martir du corps des maistres des requestes. C'est à Dijon qu'il les a faits où il fut relégué au sortir de la Bastille. J'estois à la campagne lorsqu'un de mes amis les apporta chés moy. Mon homme que j'y avois laissé en fit deux copies et d'office vous en envoya une en mon absence, jugeant que je l'eusse fait si j'eusse esté à Paris. J'ay trouvé dans la mienne les mesmes fautes que vous avés trouvées dans la vostre, et peut estre mon valet ne les a-t-il pas toutes faittes, et que son original y a contribué aussy.

Au reste, Monsieur, nous devons aller remercier M⁻ Ménage en corps s'il est vray que ce soit par l'amour de luy et pour contenter son ambition que vous voulés imprimer un nouveau volume de vos lettres[4]. Mais pourquoy le diriés-vous s'il n'estoit vray et

---

[1] *Indignatio in poetas Neronianorum temporum ad nobilissimum Sammauranum Montoserii marchionem, majoris operis fragmentum* (dans Joan. Lud. Guezii Balzacii Carminum liber tertius, p. 38 et 39). Chapelain n'exagérait pas en trouvant ces vers «dignes du bon siècle,» puisque, comme l'a rappelé M. P. Paris dans une piquante note des *Historiettes* de Tallemant des Réaux (t. IV, p. 111), plusieurs renommés critiques français et étrangers, notamment parmi ces derniers, Burmann et Wernsdorff, ont attribué l'*Indignatio*, où la langue est si belle et la pensée si énergique, à Turnus, poëte du siècle d'Auguste.

[2] Balzac (p. 860) renvoie ainsi à Voiture tendresses pour tendresses : «Asseurez-le, s'il vous plaist, Monsieur, de la chaleur et de la fermeté de ma passion. Dites lui encore que je l'estime esgalement en toutes les langues qu'il veut parler, et que mes tablettes sont pleines des belles choses qu'il m'a dites.»

[3] Voir sur Gaulmin (Gilbert) une note sous la lettre XCVII du tome I, p. 140. Les détails donnés ici complètent tout ce qui avait été déjà dit par les biographes et par les critiques sur ce maitre des requêtes au langage si hardi et que le prudent Chapelain surnomme l'*hyperbolique*.

[4] Balzac avait dit de Ménage (p. 857 de l'infolio) : «Puisqu'il a autant d'envie de voir son nom dans mes lettres, que Cicéron en avoit de voir le sien dans les histoires de Luceius,... je vous supplie de luy dire que je l'aime tant, qu'encore que je haïsse tout ce qui s'appelle lettre,

qui vous obligeroit à m'y faire engager ma parole envers luy, si vous n'aviés dessein de la dégager? Pour moy je m'en resjouis d'avance et le vay publier partout de peur que vous ne vous en repentiés, et que le public soit privé de ce bien.

Je me resjouis aussy de l'affection que vous me tesmoignés pour l'hostel de Rambouillet, mais ce ne sera pas luy faire justice entière si vous ne l'aymés plustost pour l'amour de luy que pour l'amour de moy [1], et croyés moy encore une fois qu'il n'y a rien de plus estimable par soy mesme que les deux Dames qui luy donnent tant de réputation.

Je suis tout de vostre opinion pour ce qui regarde l'Egidius Ménage et je ne le blasme pas seulement comme vous pour ce que l'idiome y est meslangé, mais encore pour ce qu'escrivant en latin il falloit de nécessité dire Menagius et que ce n'eust pas esté une moindre disconvenance de mettre Gilles Mesnage en un mesme idiome à la teste d'une lettre d'un idiome différent. Ma règle en ces choses est que le seul droit qu'a l'escrivain est de donner aux noms propres la terminaison en la langue où il escrit, quoyque Carademus [2] par un trop grand scrupule le pratique à la Ménage et qu'il se doit encore plus garder de traduire les noms propres à la manière de Paule Émile [3] qui appelle Quadrigarius celui qui se nommoit Charpentier et de Mr de Thou qui faisoit un Interamnas de ces M[rs] d'Antragües [4]. Je plains la peine que la lettre vous a donnée, mais vous avés pris cette peine volontairement et, si l'on y réplique, je vous laisse en liberté de n'y point repartir, et je ne croy pas que l'homme s'y attende [5] quand mesme il vous donneroit le bonjour de la part de Grotius [6].

Mr Silhon me demande une lettre qu'on luy a dit que vous aviés escrit à Mr Huggens. Je luy ay respondu que vous n'en aviés point escrit ny à Huggens ny à Heinsius. Néantmoins je n'en suis point asseuré que vous ne me le mandiés. Mais, à propos, n'avés vous point remercié ce Mr Huggens de ce beau plan de sa maison? Pour moy, je croy que, l'honneur sauve, vous ne vous en sçauriés dispenser, et depuis le temps que le présent a esté fait, vous avés eu loysir d'en monstrer vostre gratitude.

Mr Gombaut fait une tragédie de ma-

---

j'en feray imprimer un volume... » Répondant à la présente lettre de Chapelain, il s'exprime ainsi (p. 860 et 861) : « Il faut advouer que ce remerciement que vous voulez faire en corps à Monsieur Ménage est une invention bien digne de vous et de cette amitié qui sçait si bien chercher de nouveaux biais et de nouvelles manières de m'obliger. Je seray homme de parole, n'en doutez pas : mais pour faire le volume plus raisonnable, il faudroit que vous m'aidassiez, et qu'il me fust permis de tirer des lettres que vous avez de moy ce qui se pourroit communiquer au public, sans profaner nos mystères. »

[1] Balzac avait dit (page 857) : « Ne vous estonnez point si je suis partisan juré des excellentes personnes dont vous me parlez; si vous vouliez, je serois du costé de mes ennemis, s'il m'en reste encore. Et comment n'estimerois-je pas les Déesses à vostre recommandation, puisque je ferois l'hymne des Harpies sur vostre parole ?»

[2] Je suppose qu'il faut lire Camdenus et qu'il s'agit là de William Camden, le savant antiquaire et historien, l'auteur de Britanniœ descriptio (1586) et des Annales rerum anglicarum regnante Elizabetha (1615-1625). Né à Londres en 1551, il y mourut en 1623.

[3] Paul Émile, né à Vérone vers 1460, mort en 1529, publia en 1500, par ordre de Louis XII : De rebus gestis Francorum libri IV.

[4] Historiarum sui temporis, etc. lib. XCI, XCII, XCIII, etc.

[5] L'homme, c'est Ménage.

[6] Ce bonjour fut donné, et Balzac écrivit une nouvelle lettre à Ménage pour le remercier de la commission (lettre II du livre XV).

tière ancienne et à l'antique. C'est les Danaïdes [1].

Je suis, Monsieur, vostre, etc.

De Paris, ce 20 octobre 1640.

CCCCXLVII.
A Mr L'ABBÉ DE SAINT-NICOLAS,
à POMPONNE.

Il faut que Mr le Mareschal d'Estrée soit un antipape, veu l'instance que fait le Pape pour sa révocation [2], et ça esté une merveilleuse prudence au Roy d'envoyer un homme tel que celuy la, qui fait peur à celuy sous qui tout le monde tremble, et qui luy devoit faire avoir des grâces par sa mauvaise humeur que la conduitte et l'industrie de cent autres ne luy auroient peu faire obtenir. C'est sçavoir tirer le bien du mal d'une agréable manière, et pour le Mareschal le succès fera voir en luy que ses défauts sont des vertus, et qu'il le faudra récompenser de ce dont on auroit puni un autre.

Je suis de vostre avis pour la prétention du duc de Parme. Néantmoins quand la chose se feroit, elle ne seroit pas estrange. La Princesse seroit souveraine et engageroit un Prince puissant à demeurer éternellement françois par le bien qu'elle auroit en France.

Je vous envoye les nouvelles que Mr du Maurier et Mr Epestein m'ont communiquées; vous me les renvoyerés, s'il vous plaist. Je trouve facétieux qu'on fait accroire à Mr de Léon [3] que Bannier est ruiné par la retraitte de Mr de Picolomini et que Mr de Prieuzac m'en ait fait une grande condoléance. Vous ne le croirés pas sans doute et espérerés bien désormais avec moy de nos affaires d'Allemagne.

Quoy que vueille dire le Comte de Guiche, je ne croiray point l'affaire des douze gallères jusqu'à confirmation.

Très humbles baise-mains à la bonne compagnie de Pomponne.

Je commence à craindre tout de bon que Mr de Montauzier ne soit malade. Il a son congé [4].

---

[1] Les *Danaïdes*, représentées avec infiniment peu de succès (voir Tallemant des Réaux, t. III, p. 145), ne furent imprimées qu'en 1658 (in-12). On trouvera une excellente analyse de cette tragédie en cinq actes et en vers dans le *J. Ogier de Gombauld* de M. R. Kerviler (p. 59-66).

[2] Le maréchal d'Estrées, si désagréable à Urbain VIII, devait rester à Rome jusqu'en 1642.

[3] C'était Charles Brulart, cousin du chancelier Brulart de Sillery. Il mourut, en 1649, doyen des conseillers d'État. Il avait représenté le roi de France à Venise et à la diète de Ratisbonne.

[4] La lettre n'est pas datée. Elle doit avoir été écrite, si nous en jugeons par la place qu'elle occupe dans le manuscrit, où l'ordre chronologique est presque toujours observé, vers le 26 ou le 27 octobre. Elle est suivie (f° 526) d'une lettre à Montauzier, du 27 du même mois, où Chapelain lui reproche son silence, lui parle de son congé, vante l'amabilité des paroles de la princesse Julie pour son futur époux, lui annonce que la marquise de Rambouillet a recouvré non-seulement la santé, mais la beauté, ajoutant: «La Marquise de Sablé, que nous allasmes voir ce soir là mesme, s'en tesmoigne presque amoureuse tant elle luy en fit d'admirations... Le bon Mr de Chavaroche est devenu chapelain, et possède désormais une chappelle au Maine de quatre-vingts ou cent escus de rente qui ne l'oblige à estre prestre ni marié. C'est un présent de Mr le marquis de R[ambouillet] qui en est patron. Vous en serés sans doute bien aise quoyque le présent soit petit.» Chapelain adressa, le 28 octobre, à Balzac (f° 527) une lettre où les compliments tiennent une large place. Les considérations philosophiques y sont aussi très abondantes. Voici les seuls passages intéressants de cette lettre : «Dieu vueille que Mr Descartes soit celuy qui doit faire toutes ces merveilles, et que nous ne mourrions pas sans avoir veu ce soleil esclos qui ne

CCCCXLVIII.

A M. DE CAMINADE,

PRÉSIDENT À MORTIER AU PARLEMENT DE TOLOZE [1].

Monsieur, si le président M⁀ de Grammon [2] avoit esté bien persuadé de moy, il m'auroit creu m'estre assés considérable par luy mesme sans employer une authorité comme la vostre pour m'obliger à le bien recevoir. Son mérite est si éclatant qu'il se descouvre dissiperoit pas seulement les ténèbres de l'ignorance, mais suffiroit seul pour toutes les sciences !... Pardonnés-moy ma berlue lorsque je me suis imaginé que vous m'aviés escrit que Roxane avoit passé par vos mains. Je croy sur vostre parole que je me suis abusé. Roxane est une tragi-comédie de M⁀ Desmarests qui fut représentée, l'année passée, avec assés d'applaudissement et qui est imprimée depuis trois mois. Je ne vous dis de Salomon autre chose sinon que vous vous estes bien gardé de vous mesprendre, mais inutilement, puisque Guyet a trop assuré que vous luy aviés monstré il y a vingt ans ce Discours qui est inséré dans cette lettre bigarrée... A propos de vos Apologies, trouvés-vous à propos d'y laisser l'endroit où vous parlés de Du Moustier? C'est un crabron [de *crabro*, frelon] que je ne voudrois pas irriter. Je ne connus jamais une langue plus venimeuse. Je croyois M⁀ Mainard chés vous il y a longtemps et je vous plains d'estre si longtemps privé d'une si chère compagnie. Vous ne m'avés point envoyé les six vers de son épistre où vous chargés sur Rome comme jadis Pétrarque. » Balzac (lettre XXVI du livre XXII, p. 861 et 862 de l'in-fol.) répond à Chapelain, non le 10 octobre 1641, mais le 10 novembre 1640 : « Au lieu de six vers dont je vous avois parlé, vous allez voir qu'ils ont crû jusques à trente. Peut-estre qu'ils plairont à ceux qui connoissent la Cour de Rome, comme vous faites... La bouche de Du Moustier a desja versé tout son venin contre moy, et il ne sçauroit que rejouer ses vieilles pièces. Mais vous souvenez-vous bien, Monsieur, de l'endroit où il est désigné ; car il me semble que je dis simplement que le portrait de Philarque a esté fait par le peintre des héros et des héroïnes, comme il se qualifie luy mesme en ses titres le peintre du Roy et de la Reine. Si ces termes sont injurieux, je ne me connois ni en termes, ni en injures... »

Il s'agit là de Daniel du Moustier ou Monstier, né le 14 mai 1574 à Paris et mort dans cette ville le 21 juin 1646. Voir sur ce bizarre personnage une curieuse historiette de Tallemant des Réaux, avec un curieux commentaire de M. P. Paris (t. III, p. 490-501). Tallemant, comme Balzac et Chapelain, l'appelle *Du Moustier* ; Malherbe, dans ses lettres à Peiresc, l'appelle *Du Monstier* ; mais, selon l'observation de M. Lud. Lalanne (*Œuvres complètes de Malherbe*, t. I, p. cxxv), « l'orthographe véritable est Dumoustier. Du moins c'est ainsi qu'il a signé ses portraits et des vers insérés dans les recueils du temps. »

[1] C'était Philippe Gaubert de Caminade, un des membres les plus lettrés du parlement de Toulouse, et qui fut un des correspondants de F. de Mainard.

[2] Voir sur Gabriel de Barthélemy, sieur de Gramond, président au parlement de Toulouse, deux notes des pages 484 et 485 des *Mélanges historiques* de 1873 (*Lettres de J. L. Guez de Balzac*, n° XXVII). Le même jour où Chapelain écrivit à M. de Caminade, il écrivit aussi à M. de Gramond (f° 529), qui l'avait consulté au sujet du style de l'ouvrage qu'il allait publier (*Ludovicus XIII sive Annales Galliæ ab excessu Henrici IV*, Paris, 1641, in-folio). Chapelain indique de nombreuses corrections à introduire dans le texte de cette histoire des premières années du règne de Louis XIII. Voici deux de ses observations : « J'osterois ce qui suit,.... qui n'est qu'une reditte dont il faut se garder partout, mais surtout dans une position d'histoire, où il n'y doit avoir rien de superflu et où tout doit porter coup..... Cela me semble aussy, non seulement trop figuré, mais encore trop de l'air du panégyrique, dont l'histoire se doit esloigner avec soin, si l'historien ne veut perdre cette authorité qui le fait juge des actions humaines... » Chapelain ajoute : « Je ne connois personne avec qui vous puissiés communiquer plus utilement..... que M. d'Ouvrier qui a le goust de la latinité très délicat, et qui est

tout seul, et il n'y a que les aveugles qui ayent besoin qu'on les avertisse. Il faut qu'il m'ait pris pour avoir mauvaise veue, lorsqu'il vous a fait prendre la peine de m'escrire en sa faveur. Mais je luy pardonne toute la mauvaise opinion qu'il a eue de moy puisqu'elle m'a produit un souvenir si précieux que celuy que vous me tesmoignés, et j'achepte volontiers cet avantage au prix de toute la réputation que mes amis m'ont fait acquérir. Ce que j'ay à vous dire, Monsieur, n'est point un compliment, et c'est du cœur que je vous parle. Vous estes l'une des personnes du monde de qui la bienveillance m'est aussy chère et qui m'a donné autant d'estime de soy. Je pense avoir d'assés bonnes lumières de ce que vous estes et de ce que vous valés pour ne me pas tromper, en disant que vous ne laissés rien à souhaitter en vous, et que quiconque possède vostre amitié se peut vanter d'avoir un trésor à luy tenir lieu de toutes choses. Je me veux un mal extrême, ou plustost je le veux à mes embarras ordinaires qui m'ont empesché, toute l'année que vous avés passée en cette Cour, de vous cultiver aussy soigneusement que vous en estes digne, et de jouir d'un bien dont vous me faisiés si bon marché.

Mr Doujat[1] vous tesmoignera de quelle sorte je luy ay tousjours parlé des hautes qualités de vostre ame et de la solidité que j'avois reconnue en vostre esprit, qui vous fait distinguer par moy de beaucoup de personnes qui pensent estre fort estimables, et qui vous rend égal à ces hommes eslevés que nous establissons volontairement arbitres de nostre honneur et de nostre fortune. De temps en temps mesme je vous ay fait rendre par luy de petites marques du cas que je faisois de vous, et s'il m'a tenu parole, vous avés sceu que je vous conte entre mes richesses et que je ne veux point perdre ce que vous m'avés une fois donné.

Voyés, après cela, Monsieur, si je ne dois pas avoir regret que M^r le Président de Grammon soit si honneste homme puisque par sa vertu il m'oste le mérite que j'eusse eu à le servir sur vostre recommandation et que, quoy que je peusse faire pour luy, vous n'aviés pas sujet de croire que je le face pour l'amour de vous. Mais, pour m'en consoler, commandés moy quelque autre chose encore où il y ait plus de peine qu'à honnorer un fort homme d'honneur, afin que par la difficulté de l'exécution, le pouvoir que vous avés sur moy paroisse davantage. Cependant je vous diray qu'ayant receu tard vostre lettre, je n'y ay peu respondre que tard, et j'ay voulu de plus attendre que j'eusse veu l'histoire de cet excellent personnage afin de vous dire avec plus de fondement que ce sera un ouvrage qui fera honneur à la France aussy bien qu'à luy. Je luy ay donné mes avis sur son travail parce qu'il les a exigés de moy, non pas pour ce qu'ils luy fussent nécessaires, et je m'y suis d'autant plus facilement résolu qu'il m'a semblé que vous m'y aviés engagé. S'il se résout à imprimer son volume, vous ne le reverrés pas sitost en vos quartiers. Car traittant de matières chatouilleuses et délicates, je prévoy que les ministres n'en souffriront pas la publication qu'ils ne l'ayent fait auparavant examiner, et vous scavés quel temps il faut pour cela. J'en favoriseray la réputation de toute ma puissance, et pour le faire encore avec plus de plaisir en sa personne, je m'imagineray de servir la

---

vostre fidelle. Il y a encore un jeune advocat de vos quartiers nommé Doujat qui est ferme dans la langue latine, et qui m'ayant tesmoigné d'estre fort vostre serviteur, tiendroit sans doute à honneur, si vous luy commandiés, de repasser vos cahiers et de vous en dire ses observations. »

[1] Voir, sur le futur académicien Jean Doujat, une note de la lettre CLXXXII.

vostre pour la part que vous y prenés. Je vous demande en récompense la continuation de vos bonnes grâces, et que M⁰ le premier Président[1] sache par vous que j'ay tousjours sa vertu en vénération, et que je vous suis à tous deux également et véritablement, Monsieur, vostre, etc.

De Paris, ce 1ᵉʳ novembre 1640.

CCCCXLIX.
M. DE PEYRARÈDE[2].

Monsieur, je ne suis pas assés ennemy de moy mesme pour refuser le bien que vous m'offrés, et je ne juge pas assés mal des choses pour m'imaginer que mon Stace peust estre enlaydi par les beautés que vous luy voulés redonner[3]. Je vous l'envoye donc et ne considère pas la demande que vous m'en faittes comme un emprunt, mais comme un présent d'importance, puisque vous ne le désirés que pour l'enrichir et luy restituer du vostre les diamans et les perles que l'injure des temps et l'ignorance des copistes luy avoient fait perdre. Désormais il ne sera que lumière après que vous luy aurés rendu ses brillans et que vous en aurés banni les ténèbres. Au reste, M⁰ de Saumaise est un trop grand homme pour estre mis en balance avec moy. Il est l'objet de mon respect et de ma déférence, et cette comparaison que vous en faittes est la seule chose que j'ay trouvée à dire dans vostre billet obligeant, puisque bien que ce ne soit que par compliment et bien loin de vostre pensée, ces grands génies, mesme par jeu, ne souffrent point de comparaison.

Je suis, Monsieur, vostre, etc.

De Paris, ce 3 novembre 1640.

Monsieur de Lozière[4] me fait trop de faveur de vouloir se divertir avec ce poète sur mon exemplaire. Je vous prie de luy dire que je m'attens de voir de ses observations et restitutions meslées parmy les vostres[5], et que je ne croy pas qu'il me voulust estre moins libéral que vous.

---

[1] Jean de Bertier, seigneur de Montrabe, mort le 28 avril 1653.

[2] Jean de Peyrarède était un gentilhomme protestant né à Bergerac (Dordogne), qui mourut vers 1660. Voir sur ce personnage, à la fois poète et érudit, une note de la page 719 des *Mélanges historiques* de 1873.

[3] Peyrarède s'était beaucoup occupé d'améliorer le texte de Stace corrompu par les copistes. Balzac, le 27 novembre 1645, racontant (*Mélanges historiques*, p. 719) la visite que venait de lui faire Peyrarède, écrivait à Chapelain : « Il m'a parlé d'environ quatre ou cinq mille corrections sur Horace, Stace, etc., et m'en a dit quelques-unes que véritablement j'ay admirées. » Bayle (*Dictionnaire critique*, au mot *Peyrarède*) rappelle que l'abbé de Marolles le cite souvent dans ses remarques sur Stace. Ce même abbé de Marolles (*Dénombrement où se trouvent les noms de ceux qui m'ont donné de leurs livres*, etc. à la suite des *Mémoires*, édition de 1755, in-12, t. III, p. 335) mentionne les observations de Peyrarède sur Térence et «ses hémistiches latins achevant des vers de Virgile imparfaits, dédiés à la Sérénissime Christine Reine de Suède.»

[4] C'était Pierre Yvon, sieur de Lozières, qui fut successivement conseiller d'église au parlement de Paris (18 janvier 1636), conseiller d'État ordinaire, intendant du Dauphiné, etc. Voir ce que dit de lui Tallemant des Réaux (*Historiettes*, t. VI, p. 277-286).

[5] Était-ce simplement par politesse, ou bien par conviction, que Chapelain parlait si avantageusement du savoir de M. de Lozières, lequel était, on le voit, un de ces protecteurs de Peyrarède mentionnés dans le *Mémoire des gens de lettres vivans en 1655* rédigé par Costar : «Il est réduit présentement à expliquer les poëtes aux gens de condition?» Chapelain, s'il était sincère en cette occasion, jugeait mieux Lozières que ne le

CCCCL.
À M. DE BALZAC,
À BALZAC.

Monsieur, si j'avois à vous dire tout le bien que j'ay trouvé en M⁽ʳ⁾ Girard[1] durant deux heures de conversation, vous n'auriés pas une lettre, mais un livre, et ne recevriés mon paquet de trois semaines. Il vaut mieux que je vous le laisse à penser, et d'autant plus que, quoyque je vous en entretinsse un mois de suitte, je ne vous en dirois rien que vous ne sceussiés mieux que moy. Je vous diray donc seulement, pour ramasser tant d'excellentes parties en un petit espace, qu'à mon gré et selon mon goust, c'est une personne accomplie, et je n'ay point pratiqué d'homme qui engageast sitost les cœurs à l'aymer, ni qui donnast plus promptement une haute opinion de soy à ceux qui le pratiquent[2]. M⁽ʳ⁾ L'Huillier se trouva heureusement chés moy lorsqu'il me fist l'honneur de me venir voir et m'ayda à le gouverner avec sa grâce ordinaire, sans que je peusse bien connoistre lequel des deux recevroit plus de satisfaction[3]. Nous ne parlasmes que de vous et je m'apperceus que la matière nous rendoit tous éloquents, et nous faisoit tous jusqu'à moy de bonne compagnie.

Nous nous récriasmes principalement sur les vers latins que vous avés faits pour M⁽ʳ⁾ Guyet[4], et M⁽ʳ⁾ Girard se fist bien fort de l'en rendre reconnoissant par raison ou par intérest, quoyqu'il espérast que ce deust estre plustost par l'un que par l'autre. Et certes ils sont trop beaux pour estre payés d'ingratitude, et afin que vous ne jugiés pas, Monsieur, que je m'aveugle en ce qui vous re-

---

faisait Tallemant des Réaux disant, à propos du mauvais poëte toulousain Bernard de Lesfargues (*Historiettes*, t. VI, p. 297) : « Mais son véritable support fut Lozières. Lesfargues luy disoit : *Bous estes le dispensateur de la Gloire*, et le flattoit sur toutes choses; de sorte qu'il s'y adomestiqua si bien, qu'avec une insolence de Gascon, quoyque l'autre n'y songeast pas, il luy dit un jour : *eh bien, Monsur, este chambre que bous me boulez donner chez bous est-elle preste?*... Lozières estoit pesant, et ne sçavoit quasy rien; il lisoit avec ce fou; ils virent la poétique... »

[1] Il s'agit là de Guillaume Girard, le biographe du duc d'Épernon. Il a été déjà question de lui dans le texte et dans les notes de la lettre LIII, page 82. Balzac l'avait recommandé à son ami dans la lettre XXIII du livre XXII (p. 859 et 860 de l'in-folio) : « Voicy ce Monsieur Girard que je vous avois tant promis et qui est venu exprès à Balzac, pour avoir son passeport, ce qu'il dit, ne voulant pas se présenter à vous sans une de mes lettres. Je ne vous y referay point son éloge, parce que je ne me deffie point de vostre mémoire... » Tout en disant cela, Balzac s'étend en une demi-page sur le mérite de Girard, qu'il appelle un *diamant*, un *chef-d'œuvre*, etc. La lettre se termine ainsi : « Son cher frère [Claude] est toujours ma consolation ordinaire, et je ne vous sçaurois bien exprimer les avantages que je reçois de son ingénieuse amitié. » La lettre, datée du 6 septembre 1641, est des premiers jours de novembre 1640.

[2] Balzac (lettre XXVII du livre XXII, p. 862 et 863 de l'in-folio) dit à ce sujet, non le 20 octobre 1641, mais très-probablement le 20 novembre 1642 : « Vous voyez que je ne vous promets pas de vrais diamans pour vous en donner de faux... Je vous diray que la gloire de mon jugement ne m'est point si chère, que celle de mon ami, et que j'aime beaucoup mieux que vous estimiez Monsieur Girard par son propre mérite que la recommandation d'autruy. »

[3] Balzac (*ibid.*) s'applaudit ainsi de la présence de L'Huillier à cette entrevue : « Mais que je suis aise de l'heureuse rencontre de Monsieur L'Huillier en cette première conférence, et que ce nom me resjouit en quelque lieu de vos lettres que vous le mettiez! »

[4] Il s'agit là des vers dont, à propos de l'*Indignatio in poetas Neronianorum temporum*, il a été déjà question dans la lettre CCCCXLVI, pages 708 et 709.

garde, je vous dois dire que c'est le goust de Mr Grotius qui m'a glorifié lorsque j'ay appris par Mr Ménage qu'il avoit esté principalement touché de celuy qui commence *Vindice quo*, et des deux autres suyvans, lesquels s'estoient d'abord emparés de ma mémoire, quelque mauvaise qu'elle soit, et m'avoient semblé comparables aux plus beaux de tous les anciens. Mais, puisque cela m'a fait parler de Mr Grotius, il faut encore vous dire qu'il s'est tenu infiniment obligé du bien que vous dittes de luy et a prié nostre amy de vous bien asseurer de son ressentiment et de la grande estime qu'il fait de vostre esprit, duquel, quoyqu'il admire tout, il célèbre néantmoins le plus les productions latines, prose et vers, sans doute parce qu'il n'est pas si bon juge des françoises. Mrs Du Puy ont chargé nostre amy de vous faire un grand remerciment du bien que vous dittes d'eux dans la lettre que vous luy avés adressée, et de ne vous pas faire croire qu'ils facent plus de cas de l'amitié de qui que ce soit que de la vostre.

Je suis bien marry que vos maux soient si véritables que vous me les asseurés, et je ne comprens pas comment, au milieu des douleurs de la goutte ou de la gravelle, on peut estre aussy agréable et aussy éloquent que vous estes. Que si vous sentés le plaisir que vous donnés aux autres, vous avés un grand remède contre le mal et vous n'estes pas des plus à plaindre.

Le Gros[1] a enfin avoué qu'il a receu vostre response et j'aurois creu à son discours qu'il en estoit fort satisfait, si Mr Ménage ne m'avoit point dit qu'il y avoit longtemps qu'il la promettoit à Mrs de Meré[2] et à Mr Brisson, et qu'il la promettoit grande et ample. Sur quoy nostre amy avec sa liberté ordinaire luy avoit dit plus d'une fois qu'il ne la devoit point attendre ni penser vous obliger à escrire toutes les fois que la tentation de vous escrire luy viendroit. Tout cecy entre nous, s'il vous plaist.

Les vers que vous avés veus de la Sulpitia hollandoise[3] ne sont pas les meilleurs qu'elle a faits. Elle escrit en prose fort élégamment et j'ay veu des lettres françoises d'elle qui font honte à celles de beaucoup de nos Dames.

Ce qu'on vous a dit de l'hébraïsme de

---

[1] M. de la Thibaudière. Voir la note 9 de la lettre à Balzac du 15 octobre 1640.

[2] Ces MM. de Meré (d'autres écrivaient Méré) étaient Josias Gombaud, écuyer, seigneur de Plassac, qui devait publier en 1648 un volume intitulé : *Lettres de M. de Plassac*, et Antoine Gombaud, chevalier de Meré, qui mourut le 29 décembre 1684 dans son château de Baussay. Sur ce dernier, voir une note de la page 626 des *Mélanges historiques* de 1873, *Lettres de J. L. Guez de Balzac*, n° LXXVIII. J'y ajouteray ce que dit des deux frères le même écrivain dans la lettre XVII du livre XXII (p. 863 de l'in-folio) : «Je souhaiterois bien aussi, Monsieur, qu'il vous plust fait entendre par quelque sarbatane à Messieurs de Mairé que je les honore et les estime extrêmement. Ce sont personnes qui m'ont tesmoigné hautement leur amitié, et de qui j'ay receu mille bons offices... Celuy des deux frères qu'on nomme le chevalier est poète et entend le latin, je dis la finesse et la délicatesse du latin. Il me souvient toujours des observations ingénieuses qu'il a faites sur quantité de passages des poètes, dont je ne me fusse jamais advisé.» Voir une lettre de Balzac à M. *Du Plassac-Meré* (p. 513 de l'in-folio), et deux autres à M. *le chevalier de Meré* (p. 516, 529).

[3] On sait que Sulpitia, femme de Calanus, cultiva non sans gloire la poésie vers la fin du 1er siècle de l'ère chrétienne, et qu'il nous reste d'elle une vigoureuse satire au sujet des philosophes exilés par Domitien (*De edicto Domitiani*). La *Sulpitia hollandaise* était Mlle de Schurmann (Anne-Marie), alors âgée de trente-trois ans. Voir, sur cette femme célèbre, une note de la page 712 des *Mélanges historiques* de 1873, sous la let-

Mᵉ la Princesse de Guimené[1] est très vray[2], et il y a desja longtemps qu'en matière de sçavoir elle a laissé Mᵉ de Blérancourt[3] derrière. Mais ce rabinage[4] ne luy empesche pas de dire ses heures, car un de nos amis a si bien travaillé qu'elle est à présent en continuelles prières[5] et je pense que je ne mentirois pas quand je dirois qu'elle dit mesme son bréviaire et plus soigneusement que beaucoup d'ecclésiastiques que je connois.

L'histoire de Flandres de Mʳ Grotius est composée de vingt sept livres et il l'imprimeroit, s'il trouvoit un libraire qui le voulut entreprendre. Il faudra essayer d'en persuader quelqu'un.

Au retour de Mʳ Flotte, je sçauray des nouvelles de Mʳ Mainard dont vous m'avés mis en peine.

Je remis vostre lettre à Mʳ de Grasse, comme il montoit en carosse pour Provence.

Nous la leusmes et la trouvasmes une merveilleuse chose. Je me chargeay de vous en baiser les mains de sa part et de vous tesmoigner son ressentiment extrême. Il me pria aussy de vous envoyer la seconde partie de ses œuvres chrestiennes aussy tost qu'elle seroit achevée d'imprimer. Il vous respondra sitost qu'il sera arrivé chés luy.

Je suis, Monsieur, vostre, etc.

De Paris, ce 4 novembre 1640.

CCCCLI.
À M. DE BALZAC,
A BALZAC.

Monsieur, croiés tousjours tout ce que je vous dis, principalement lorsque je vous parleray de vous, et que je loueray ce que vous faittes. Vostre créance aura deux fondemens, ma véracité et vostre mérite. Pour ce qui regarde les sentimens de l'intrépide[6].

---

tre CXVI. Dans cette note est rappelé cet éloge donné par Balzac, le 15 mai 1646, à la *merveilleuse fille*, comme il l'appelle : «Ses vers ne sont pas les moindres de ses merveilles. Je ne pense pas que cette Sulpitia, que Martial a si hautement louée, en fist de plus beaux, ni de plus latins.» De cet éloge rapprochons la phrase à laquelle répond ici Chapelain, phrase tirée de la lettre XXIII du livre XXII, déjà citée : «Je n'avois point ouï parler de cette sçavante Hollandoise, et je vous advoue que son épigramme m'a surpris : il y a du sens et du latin ; et la Romaine Sulpitia n'en eut pas fait une meilleure...»

[1] Anne de Rohan, fille de Pierre de Rohan et de Magdelaine de Rieux, mariée avec son cousin germain Louis VII de Rohan, prince de Guemenée, duc de Montbazon, etc. Voir l'Historiette de Tallemant des Réaux intitulée : *M. et Madame de Guimené* (t. IV, p. 478-484).

[2] Balzac avait dit (p. 859, déjà citée) : «Est-il vray aussi que Madame *⁎* se mesle de rabiniser, et qu'elle estudie le Talmud, au lieu de dire ses heures? Voilà, certes, qui est beau, et c'est bien enchérir sur l'Italien et sur l'Espagnol des autres dames.» Paul Colomiès (*Gallia Orientalis*, 1665, in-4°) parle ainsi de cette dame : «Domina de Guimené, princeps. Lutetiæ apud D. Hardy hujus principis Horas (ut vocant) vidi hebraïce et gallice excusas; unde colligo ipsam fuisse hebraici idiomatis haud ignaram. Claruit A. 1625.» (*Pauli Colomesii Opera*, Hambourg, in-4°, 1709, p. 261.)

[3] Bernard Potier, seigneur de Blérancourt, lieutenant général de la cavalerie de la France, mort en 1662. Tallemant des Réaux, dans l'historiette sur *M. et Madame de Blairancourt* (t. IV, p. 501-503), rappelle que «cet homme a voyagé et a mesme fait des livres de ses voyages.»

[4] M. Littré n'a cité aucune autorité sous le mot *rabbinage*, qu'il définit ainsi : «Par dénigrement : L'étude qu'on fait des livres des rabbins. *Perdre son temps au rabbinage.*»

[5] Tallemant des Réaux dit (t. IV, p. 484) : «Elle a des saillies de dévotion, puis elle revient dans le monde.» Voir ci-dessus la lettre CCCLX.

[6] François Guyet.

et du docte réduit où il régente magistralement[1], je vous les ay mandés de bonne foy sur le rapport des amis L'Huillier et Ménage, et j'ay creu facilement qu'ils me rapportoient la vérité, pour ce que ce qu'ils me rapportoient estoit conforme à mon opinion, et que je tiens ces Mrs justes et raisonnables[2]. Mais c'est une chose bien merveilleuse que vous faciés ces belles choses sur la roue et parmy les tortures que vous donnent la sciatique et la gravelle. Ce seroit assés en ce fascheux estat de bien souffrir sans bien agir, et vostre patience seroit assés louable, sans de si rares productions d'esprit[3]. Il est vray que c'est à vous à faire des choses tout extraordinaires, et ce qui seroit assés pour moy ne suffiroit pas pour remplir une âme aussy grande que la vostre. Vous rapporterés donc cette vertu, Monsieur, à vostre propre force plustost qu'à la consolation que vous tirés de nostre commerce, et au plaisir que vous recevés en pensant à nostre amitié.

Je dis au commerce et à l'amitié que nous avons ensemble, et ne comprens point là dedans Mr de Voiture, qui certes est capable par son idée de reschauffer ce beau fons de belles images que vous avés naturelles et acquises, et de vous faire faire une reveue bien agréable des richesses que vous garde vostre mémoire ou vostre imagination. Je luy ay monstré l'endroit de vostre lettre où vous parlés si obligeamment des siennes, qu'il a ressenti, comme il doit[4], et si je l'en eusse voulu croire, je vous en eusse fait une longue de remerciment pour luy. Il est très constant à vous honnorer, et partout où il a voix en chapitre, vostre vertu ny vostre gloire n'y souffrent aucune diminution, ayant en luy un tenant ferme et de grand crédit[5].

J'ay monstré aussy à Mr Ménage les termes par lesquels vous vous engagés de nouveau à donner un volume de vos lettres au public à sa considération, et je l'ay averti du remerciment solennel que nous luy devons faire pour cela, dont il ne se sent pas d'excès de joye.

Je ne vous respons rien à la demande que vous me faittes des lettres que j'ay de vous en cas que vous vous résolviés à cette bonne œuvre[6], n'ayant garde de croire que les archives de Totila vous puissent manquer et qu'il vous vueille refuser les copies qu'il tire de vos originaux devant que de les abandonner à la fortune. En tout cas néantmoins mon cabinet sera vostre recours et vous y trouverés à choisir dans l'abondance dont vous m'avés fait riche.

Je serois bien aise que vous m'eussiés envoyé coppie de cette lettre à Mr Huggens, si c'est une lettre à laisser voir, comme je le pense. Quelque peu guindée, ou, pour mieux parler, quelque peu soustenue qu'elle soit, elle doit estre belle, quand mesme il vous y auroit obligé de luy dire vostre avis de sa maison, et qu'il auroit fait de son architecture une matière de vostre critique[7].

Pour ce qui est de laisser ma *Pucelle* entre les mains de l'Ambassadeur Suédois, vous me pardonnerés, s'il vous plaist, si je ne suys

---

[1] Le cabinet des frères Du Puy.

[2] Voir les citations des notes 3 et 5 de la lettre à Balzac du 20 octobre 1640.

[3] Voir les citations de la note 1 de la susdite lettre.

[4] Voir (*ibid.*) les citations de la note 8.

[5] Voir (*ibid.*) les citations de la note 10.

[6] Voir cette même note 10.

[7] C'est la lettre V du livre XIII, *à Monsieur de Zuylichem*, conseiller et secrétaire des commandemens de Monseigneur le Prince d'Orange, du 25 janvier 1640 (p. 560 à 562 de l'in-folio). Balzac y parle fort au long du plan de la maison de son correspondant hollandais.

pas vos ordres[1]. Si elle avoit eu à sortir des miennes contre le commandement du Prince à qui elle appartient plus qu'à moy, ç'auroit esté pour passer dans les vostres, lorsque vous luy avés fait l'honneur de la désirer, et je vous avoue que je n'ay jamais guères fait plus de violence à mon inclination pour suyvre mon devoir qu'en cette rencontre, et que plus d'une fois je murmuray contre la sévérité de la vertu qui n'excepte pas mesme l'amitié intime dans les loix qu'elle nous prescrit.

J'eus un peu de honte pour vous et beaucoup pour l'Évesque, à qui je rendis, il y a quinze jours, vostre lettre[2], voyant le Monseigneur à la suscription[3] et dans le corps mesme. Je ne sçaurois dire si cela luy fit la mesme peine qu'à moy, car il ne fit aucune démonstration d'y avoir pris garde. Mr de Voiture a ry extrêmement de vostre apostille, et m'a dit que, revenant d'Italie et ayant envie de luy escrire en passant, il s'en estoit abstenu seulement par cette raison, qu'il craignoit qu'il ne s'offensast s'il luy donnoit du Monseigneur et qu'il ne le prist pour une raillerie. Voyés combien vous estes plus modeste que luy et que Mr de la Mothe-Aigron[4].

Mandés moy, je vous prie, de qui sont les vers latins que vous m'avés envoyés. I y en a certes de fort beaux.

Le Conseiller de Toloze[5] a encore traduit le sonnet dont vous me parliés, et y a joint une espèce de Généthliaque[6] que j'essayeray de vous envoyer.

Vous aurés avec cette lettre un sonnet que j'ay donné à Mlle de Longueville sur la maladie de Mr son père. J'ay envoyé à Mr Rocolet deux exemplaires du discours de Mr Ménage, qu'il m'a apportés pour vous[7], avec mille excuses s'il ne vous escrivoit point, lesquelles j'ay avidement receues, le louant mesme de sa paresse de peur qu'il ne vous parust trop diligent. Mr Flotte m'a dit que Mr Mainard devoit partir le deuxième de ce mois de Cahors, où il estoit, pour aller passer six semaines de temps chés vous, mais qu'il craignoit qu'un grand rheume qui le travailloit alors ne retardast un peu son voyage[8].

---

[1] Balzac avoit écrit à son ami (p. 861, déjà cité) : «Il me semble au reste que vous devez contenter la passion de Monsieur l'Ambassadeur, qui désire trop violemment vostre Pucelle pour en estre refusé. Elle ne sera point en danger de son honneur chez un si homme de bien.....»

[2] Godeau.

[3] Balzac ne donnait pas seulement le *Monseigneur* à Godeau, mais à tous les évêques auxquels il eut l'occasion d'écrire, par exemple aux évêques d'Angoulême, de Nantes, d'Agen, de Poitiers, etc.

[4] C'était un ami et un correspondant de Balzac. C'est à lui qu'est adressée la lettre XV du livre Ier, datée du 4 septembre 1622, qui commence ainsi (p. 24) : «Il fit hier un de ces beaux jours sans soleil que vous dites qui ressemblent à cette belle aveugle dont Philippe second estoit amoureux.»

[5] D'Olive du Mesnil. Le jour même où Chapelain parloit à Balzac du magistrat poëte, il écrivoit à ce dernier (f° 537 v°) : «Vous redoublés vos faveurs sans regarder si je les mérite, ni si je m'en pourray jamais revancher et il y a en cela quelque chose de bien magnanime, puisque vous me faittes ces grâces de vostre propre mouvement sans y estre convié par aucune vertu que j'aye....» Ces faveurs étaient : «la paraphrase dont vous avés voulu illustrer le sonnet pour Mgr le duc d'Anjou et autres beaux vers que vous y avez joints sur le mesme sujet.»

[6] Discours, poëme relatif à la naissance d'un enfant. Le mot *généthliaque*, pris dans ce sens, est cité dans le *Dictionnaire* de M. Littré sans aucun exemple.

[7] Le discours contre l'abbé d'Aubignac, dont il a été déjà question dans plusieurs précédentes lettres.

[8] Balzac (lettre XXVIII du livre XXII, p. 863) accueille ainsi cette nouvelle : «Ce que vous a

Nous avons veu icy une réfutation de l'Optatus Gallus[1] fait par M. de Saint-Blancat, orateur, historien et poète[2], et par cette pièce nous avons conclu qu'il estoit meilleur orateur que tout. En effet c'est le meilleur latin que nous aurons veu de luy, et il y a des mouvemens d'éloquence qui ne sont point mesprisables. Je feray ce que je pourray pour vous le faire voir, quoyqu'il soit difficile, à cause qu'il n'y en a que cinq ou six exemplaires à Paris[3].

Je suis, Monsieur, vostre, etc.

De Paris, ce 11 novembre 1640.

CCCCLII.

A Mgr LE DUC DE LONGUEVILLE,

EN ALLEMAGNE.

Monseigneur, il n'y a plus que l'arrivée de V. A. en cette Cour qui puisse rendre nostre joye plus complette qu'elle n'est, puis qu'après une campagne la plus glorieuse et de plus grand avantage pour nos affaires que jamais Prince et Général françois ait faitte, nous vous sçavons désormais guéry de la longue maladie que vos derniers et excessifs travaux vous ont causée, et que le Roy, touché et obligé de vos grands services, a esté aussy pront à vous envoyer vostre congé que M. de Tracy à le demander, sans doute dans le désir que Sa Majesté [a] de reconnoistre au moins par des louanges dignes de si belles actions celuy qui a eu le cœur assés grand pour les faire et pour conférer de vive voix des moyens de les continuer pour le parfait restablissement de la liberté germanique. Je veux espérer, Monseigneur, que ce sera icy la dernière des lettres que vous recevrés de moy de là le Rhin, et que celles que je vous escriray par les ordinaires suyvans vous trouveront parti pour ce retour après lequel il y a si long temps que nous souspirons.

Et, selon ce que nous apprenons de nouvelles de delà, l'armée impériale sera désormais retirée vers la Franconie et vous pourrés faire vostre chemin avec une médiocre escorte en toute sureté. C'est de quoy nous prions Dieu de tout nostre cœur et que le froid de la saison ny l'agitation de la mer ne nuyse point à vostre santé qui ne doit pas estre encore trop confirmée, veu le peu de temps qu'il y a que vous estes libre de vostre mal.

La saison est stérile de nouvelles à cause du repos que prennent les armées de tous costés. Le Prince d'Orange médite de grands desseins pour relever sa réputation diminuée parmy les peuples depuis ses malheurs des deux ou trois années dernières[4] et on attend

---

dit le célèbre buveur m'a tiré de peine; car comme l'affection est ingénieuse à mal augurer, et conclure tousjours au pis, j'appréhendois desja quelque chose de plus funeste qu'un rhume...»

[1] C'est le célèbre pamphlet de Charles Hersent contre le prétendu projet qu'aurait eu le cardinal de Richelieu de devenir patriarche en France : *Optati Galli de Cavendo Schismate liber parœneticus* (Paris, 1640, brochure de 39 pages in-8°).

[2] Sur Jean de Saint-Blancat, voir la lettre CLXXXII.

[3] *Joannis Samblancati, Tolosatis, confutatio parœnetici de Cavendo Schismate* (Toulouse, 1640, in-8°). Balzac (lettre XXVIII du livre XXII, déjà citée) répond : «Je seray bien aise de voir de la prose oratoire de M. de Sainct-Blancat. Il a du feu et de l'esprit...» Cette lettre est datée du 29 novembre 1641; elle est du 19 novembre 1640, et c'est Balzac lui-même qui nous indique en ces termes le jour où elle a été écrite (p. 864) : «Nous voicy au dix-neufième de ce mois, et il ne lui faut [à Maynard] que quatre jours pour venir de chez luy à Balzac.»

[4] Allusion à l'échec du prince d'Orange dans son entreprise contre Anvers (1638). Ce ne fut que quatre ou cinq ans plus tard que Frédéric-Henri de Nassau releva sa réputation, comme dit Chapelain, par deux faits d'armes des plus glo-

ses propositions de deça. Le Roy d'Angleterre a esté contraint d'accorder un parlement libre à ses sujets de l'un et de l'autre royaume, les Escossois demeurants armés jusqu'à son accomplissement, ce qui tesmoigne la foiblesse de ce gouvernement là[1]. On croyoit, ces jours passés, que Mʳ le Conte d'Harcourt assiégeoit Verrue. A présent on dit qu'il a pris Pontdesture, mais il y a moins d'apparence encore à ce dernier[2]. Mᵉ de Savoye, par les derniers avis, estoit encore à Suse préparant et ramassant son train pour faire son entrée dans Turin[3]. Les nouvelles de la continuation de la révolte des Catalans sont pleinement confirmées par le Plessis Besançon[4] qui est depuis deux jours en cette Cour venu en diligence de Barcelonne pour achever avec le Roy le traitté qu'il y estoit allé esbaucher avec eux. On n'en sçait point au vray les conditions. Le plus vraysemblable est que le Roy les assistera de certaines forces pour lesquels ils donneront des ostages et que la république qu'ils formeront sera sous sa protection. Il y a auprès de Mʳ le Prince à Pésenas quatre de leurs députés.

Je prie Dieu qu'il vous conserve, et suis, Monseigneur, de V. A., etc.

De Paris, ce 16 novembre 1640[5].

---

rieux: d'abord en prenant le Pas-de-Gand (5 septembre 1644), puis en s'emparant de la ville de Hulst, dont la possession était si avantageuse à la Hollande comme place frontière (4 novembre 1645).

[1] Le 3 novembre 1640 s'était ouvert le *Long Parlement* avec lequel Charles Iᵉʳ allait bientôt engager une lutte qui devait être si funeste à ce prince.

[2] Chapelain avait raison de douter de ces deux nouvelles: le comte d'Harcourt, après avoir pris Turin, n'assiégea ni Verrue ni Pontdesture.

[3] Montglat (*Mémoires*, VIᵉ campagne) raconte que d'Harcourt ayant annoncé la nouvelle de la prise de Turin à la duchesse de Savoye, qui était à Chambéry, elle partit aussitôt pour «revenir dans sa ville capitale où elle fit une entrée magnifique le 20 de novembre, et y rétablit sa demeure comme devant...» Conférez *Histoire du règne de Louis XIII* par le P. Griffet, où l'on voit (t. III, p. 297) que cette princesse «fit son entrée à Turin le 18 novembre, dans un carrosse de deuil, couvert de velours noir brodé d'or.»

[4] Bernard de Besançon, seigneur du Plessis, devint maréchal de camp en 1645, lieutenant général en 1653 et il mourut en mars 1670. Il est souvent question de lui dans les *Lettres* du cardinal de Richelieu, qui l'employa souvent comme ingénieur (t. III, p. 135, t. IV, p. 724, etc.). Voir encore les *Mémoires* de Bassompierre (édition de M. de Chantérac, t. III, p. 337 et suiv.; t. IV, p. 40, 102 et 103), les *Historiettes* de Tallemant des Réaux (t. II, p. 247, 290, surtout 342 (avec note de M. P. Paris).

[5] A la suite de cette lettre, nous trouvons (f⁰ 539) une lettre à Balzac du 18 novembre 1640. Les deux premières pages roulent sur la raison. Chapelain, acceptant les compliments de son ami qui lui disait (lettre XXVI du livre XXII, p. 861): «Il ne se peut pas plaider plus fortement pour la royauté de la Raison contre la tyrannie de l'autorité, etc.,» répond: «Je ne me défens point de vous avoir parlé raisonnablement de la raison,» et il recommence de plus belle. Revenant ensuite sur l'incident Du Moustier, il ajoute: «Je ne scay quelle resverie m'auroit fait croire que Du Moustier fust traitté dans vostre Apologie comme il le mérite. Mais n'y ayant que ce que vous me mandés, il n'en faut pas retrancher une sillabe.» Je reproduis tout un important passage sur Corneille: «Corneille m'est venu voir et m'a demandé en grâce que j'obtinsse de vous d'oster dans vostre lettre à Scudéry ces termes: «Les juges dont vous estes convenus», pour ce qu'il nie d'estre jamais convenu de nostre compétence sur l'affaire du *Cid*. Cependant vous ne luy pouvés complaire en cela sans choquer Scudéry qui en garde l'original comme une relique et qui croiroit que vous eussiés changé d'inclination pour luy. Mon sens seroit que vous m'escrivissiés que

CCCCLIII.

À M. L'ÉVESQUE DE GRASSE,

à GRASSE.

Monsieur, puisqu'il a pleu à Dieu de vous conduire en santé jusqu'à Lion par un temps si fascheux, je veux espérer que le reste de vostre voyage sera heureux quelque façon que face le Rhosne pour servir de voiturin[1] jusqu'en Provence. Vous portés avec vous trop de sainteté pour courre aucune fortune sur ce fleuve d'où plusieurs personnes sont eschappées sans miracle, bien qu'elles fussent beaucoup moins bonnes que vous. Et ne conterions nous pour rien la vertu chrestienne de Mr de Toulon[2] qui pourroit seule sans la vostre mesme réprimer les vens et commander aux tempestes? Ma lettre sans doute vous trouvera au moins à Aix en aussy bon estat que vous estiés à Lion, lorsque vous m'escrivistes, et si elle tarde tant soit peu par les chemins on vous la pourra rendre dans vostre demeure épiscopale. Je vous plains, avec tout cela, de ce que vous y arriverés sans vostre aumosnier, et que vous serés quelque temps privé d'une pièce si nécessaire. Vous trouverés enfin que celuy dont vous vous estes desfait, quelque soldat qu'il fust, vous estoit du moins utile par sa santé qui le rendoit inséparable de vous et qu'il pouvoit au moins payer de mine. Il faut avoir patience et rendre grâces à Dieu

---

vous n'imprimeriés plustost pas la lettre que de leur déplaire à l'un et à l'autre. Voyés toutesfois si *por bien de paz* vous voulez vous abbaisser jusques là et priver vostre volume d'un si grand ornement. Les Poëtes sont bizarres et ne prennent point les choses comme il faut jamais. Celluicy, après cette harangue, m'en fit une autre bourrue. Dès l'année passée je luy dis qu'il falloit changer son cinquiesme acte des *Horaces* et luy dis par le menu comment, à quoy il avoit resisté tousjours depuis, quoyque tout le monde luy criast que sa fin estoit brutale et froide et qu'il en devoit passer par mon advis. Enfin de luy mesme il me vint dire qu'il se rendoit et qu'il le changeroit, et que ce qu'il ne l'avoit pas fait estoit parce qu'en matière d'avis, il craignoit tousjours qu'on ne les luy donnast par envie, et pour destruire ce qu'il auroit bien fait. Vous rirés sans doute de ce mauvais compliment, pour le moins si vous estes comme moy qui me contente de connoistre les sottises sans m'en esmouvoir ny fascher.»

M. Taschereau a reproduit ce récit dans son livre sur Corneille déjà si souvent cité (p. 104 et 105). M. Marty-Laveaux, qui a aussi reproduit ce récit dans sa *Notice sur le Cid* (*OEuvres* de P. Corneille, t. III, p. 47 et 48), ajoute (note 1 de la page 47) que Pellisson l'avait déjà donné, «mais en abrégé et sous forme indirecte, dans la *Relation contenant l'histoire de l'Académie françoise*, p. 205 et 206.» Signalons encore une lettre à M. d'Ouvrier du 19 novembre 1640, auquel Chapelain dit (f° 540) : «Je gronderay Mr Silhon de ce qu'il avoit souffert que vous l'employassiés auprès de moy pour ces livres italiens, comme s'il n'eust pas bien sceu que vous y pouviés tout de vostre chef et que son entremise n'estoit nécessaire que pour d'autres ou qui n'ont pas tant de mérite que vous, ou de qui le mérite ne m'est pas si connu que le vostre.» Chapelain le prie de venir prendre dans son cabinet, quand il en aura besoin, tout ce que ce cabinet a de curieux, ajoutant qu'il sait qu'un tel emprunteur respecte dans les livres «la vertu des grands maistres qui en ont enrichi le monde.» Il le charge de transmettre ses compliments au P. Petau, et, lui parlant aussi du président de Grammond, il s'exprime de cette façon : «Mon principal avis fut qu'il vous consultast soigneusement et que je ne connoissois point d'homme qui fut meilleur juge de la bonne latinité que vous.»

[1] De l'italien *vetturino*, qui signifie à la fois voiture et voiturier. M. Littré n'a cité, au sujet de l'emploi du mot *voiturin*, qu'une phrase de Châteaubriand.

[2] Jacques Danès de Marly fut évêque de Toulon de mai 1640 à 1658. Ce prélat allait probablement, à ce moment, prendre possession de son siége.

de ce que vous en estes quitte pour si peu. Nous avons deça chacun de quoy nous plaindre si nous voulions, et, quand je n'aurois que mon procès, vous jugés bien que j'en aurois assés de raison. Je ne me plains point pourtant et m'arme de résolution.

Vous m'avés bien fait plaisir de me mander l'achapt que vous avés fait de l'histoire de l'Ammirato[1] et des trois volumes de Ramusio[2]. Ce sont deux livres à orner une bibliothèque, et je me tiendrois malheureux si je ne les avois pas.

Je suis, Monsieur, vostre, etc.

De Paris, ce 20 novembre 1640.

CCCCLIV.
À M. DE BALZAC,
À BALZAC.

Monsieur, ne vous resjouissés point avec moy du bonheur que vous m'avés donné en me donnant la connoissance de Mʳ Girard, puisque ma mauvaise fortune m'a empesché d'en jouir et que la fois que je l'ay veu chés moy a esté la première et dernière sans qu'il m'ait esté possible encore de descouvrir où cette belle vertu se retire, ny qui sont les jaloux qui la cachent à mes yeux. Vous croyés bien sans doute que je n'ay rien oublié pour essayer de revoir une chose si souhaittable et que je ne suis coupable du malheur qui m'en a privé jusqu'icy. Mais peut-estre ne croirés vous pas que mon inquiétude a passé jusqu'à me faire douter que cet excellent homme n'ait pas trouvé en moy le bien que vous luy aviés promis et que ce que j'interprétois à civilité, lorsqu'il refusoit de me dire son logis, n'ait esté une véritable résolution de ne me le point dire afin de n'estre pas chargé des visites d'un importun? Je seray bientost esclaircy si ma crainte est judicieuse, et si cette pensée n'est point une imagination, deussé-je aller au devin et faire tourner le sas[3] pour sçavoir qui m'a desrobé ce trésor, mon malheur ou mon peu de mérite. Si vous luy escrivés, obligés moy de luy tesmoigner la peine où j'en suis et les choses que je vous ay mandées de nostre entreveue[4].

Je raviray Mʳ L'Huillier quand je luy monstreray l'obligeante manière dont vous parlés de luy en cette rencontre[5]. Et certes vous avés bien raison d'en aymer le souvenir et d'estre bien aise d'apprendre la continuation de l'amitié qu'il vous a vouée, car vous n'avés personne sans exception qui vous soit plus véritablement acquise que luy ni sur qui vous puissiés faire de fondement qui soit plus solide. Cette délicatesse de goust qui luy fait trouver si peu de gens dignes de son affection et de son estime doit relever

---

[1] Sur Scipion Ammirato, voir la lettre VII du présent volume, p. 14.

[2] Jean-Baptiste Ramusio, né en 1485 à Trévise, mort en 1557 à Padoue, publia en 3 volumes in-folio à Venise un recueil de relations de voyages, *delle navigationi e viaggi raccolti*, etc. (1550-1556-1559). Voir sur les diverses éditions de ce recueil le *Manuel du libraire* (t. IV, p. 1100-1102).

[3] M. Littré (*Dictionnaire de la langue française*) dit : « *Faire tourner le sas*, prétendu mode de divination à l'aide d'un sas qu'on fait tourner sur la pointe de ciseaux, » et il cite, à ce sujet, un passage de La Bruyère et deux passages du *Gil-Blas* de Lesage.

[4] Balzac (lettre XXX du livre XXII, p. 866) explique ainsi ce qui paraissait tant inquiéter Chapelain : « Les divers emplois que Monsieur Girard a pour son maistre [le duc d'Épernon] sont sans doute les jaloux et les larrons dont vous vous plaignez, et qui l'ont empesché de vous revoir. Son frère, à qui de vostre consentement je monstre toutes vos lettres, n'a pas manqué de luy mander vos belles inquiétudes, et cette desfiance si injustement conceue et si agréablement exprimée que vous avez de vous-mesme. »

[5] Voir la note 3 de la lettre du 11 novembre 1640.

auprès de vous les tendres sentimens qu'il a pour vous et la haute considération dans laquelle vous luy estes. Il est vray que je vous fais un discours superflu, et que, pour croire tout ce que je vous dis, vous n'avés que faire de mon tesmoignage, l'ayant si bien connu par vous mesme.

Je n'ay point veu le visage du jeune Pape[1] il y a quelque temps. Croyons de luy et de ce qu'il m'a dit tout ce qui luy sera avantageux et qui nous devra le plus satisfaire. Au pis aller, quand nous nous tromperions, ce seroit à nostre profit, et en vérité je ne pense pas que nous nous trompions. De mon costé, je prétens bien le combler de satisfaction lorsque je luy diray tout ce que vous estes résolu de faire pour sa gloire, et vous pouvés penser si j'en perdray une seule parole et si je ne l'appuieray pas de toute ma rhétorique pour rassasier ou du moins calmer son ambition[2]. La dernière fois qu'il m'a fait l'honneur de me venir voir, il me fit connoistre qu'il se tenoit désobligé de Mr de Plassac pour avoir monstré à l'hostel de Rambouillet une lettre qu'il luy avoit autresfois escritte, et que, soit pour la matière, soit pour la forme, il croyoit ne pouvoir estre veue sans luy faire tort. Mr de Plassac nous dit depuis qu'il en tiroit à peine le salut, et qu'il estoit au désespoir d'avoir perdu ses bonnes grâces. Mr Ménage, avec sa liberté ordinaire, m'a dit plus de nouvelles de luy et de M[r] son frère[3] que je n'en désirois, et il m'eust bien suffi de sçavoir par vous qu'ils estoient fort honnestes gens sans apprendre de luy qu'ils s'estoient fait riches par d'estranges voyes[4]. Il est vray que, selon le temps qui court, ces deux choses peuvent estre compatibles, et, en effet, nous voyons des princes et des principaux officiers de la maison du Roy qui ne s'en trouvent pas moins gens d'honneur pour estre convaincus de cela.

Le mesme Mr Ménage est la sarbatane[5] par laquelle j'ay fait tenir vos beaux vers au Chevalier. A la première veue je sçauray comment il aura receu cette grâce et, selon

---

[1] Surnom donné, je ne sais pourquoi, à La Thibaudière, que, de son côté, Balzac surnommait *le Gros*.

[2] Chapelain fait allusion ici à ces promesses de Balzac (lettre XXVII du livre XXII, déjà citée) : «Pour le Gros, je veux croire qu'il vous a parlé tout de bon; et partant il n'y aura point de mal de luy dire qu'il se verra en plus d'un endroit du volume que je fais exprès pour Monsieur Ménage. Il se verra encore dans mon latin et dans mes discours; et s'il ne m'aime que pour estre imprimé, voilà, à mon advis, de quoy satisfaire sa vanité, et par conséquent de quoy redoubler son affection.»

[3] Antoine Gombaud, chevalier de Meré.

[4] On ne retrouve rien de pareil dans le *Menagiana*, où il est question deux fois du chevalier de Meré (édition de 1715, t. Ier, p. 306; t. II, p. 363) et une fois de M. de Plassac-Meré (t. II, p. 364). Ménage rappelle qu'il a dédié au chevalier ses *Observations sur la langue française* et que ce fut lui qui introduisit ce personnage chez Mme de Lesdiguières, d'où il passa chez la maréchale de Clérambaut.

[5] M. Littré dit, sous le mot *sarbacane* : «La forme correcte est *sarbatane*, qui se trouve dans Balzac,» et le savant philologue rappelle qu'en espagnol, en italien, en arabe, on donne toujours à ce mot la désinence *tana*. *Sarbataine* est dans Rabelais et *sarbatane* dans les *Essais* de Montaigne, dans la relation des Voyages de François Pyrard (1611), citée par le *Dictionnaire de Trévoux*, dans le *Mascurat* de Gabriel Naudé, dans le *Roman bourgeois* de Furetière et dans les *Propos rustiques d'Eutrapel*, par Noël du Fail, sieur de la Hérissaye, cités par M. Ch. Defrémery, de l'Institut (*Revue critique* du 8 avril 1874, p. 91 et 92). Je retrouve à l'instant même la forme *sarbatane* dans une des lettres du cardinal de Retz que vient de publier M. R. Chantelauze (*Le cardinal de Retz et l'affaire du chapeau*, in-8°, 1878).

cela, je verray s'il mérite le titre d'honneste homme que vous luy donnés à la teste de vostre Barbon[1].

Vostre lettre de M⁺ de Grasse ou à M⁺ de Grasse (il faut sçavoir comment cela se doit dire de M⁺ de Vaugelas) a esté trouvée rare[2], comme en effet elle l'est. Quelqu'un désiroit quelque changement à la fin depuis l'endroit où commence le compliment, mais ça esté sans l'opiniastrer, et en ne laissant pas de l'admirer.

Je suis, Monsieur, vostre, etc.

De Paris, ce 23 novembre 1640.

CCCCLV.

À M. DE BALZAC,

À BALZAC.

Monsieur, il n'y a rien de si doux dans la vie que l'amitié et, pour venir d'abord de la thèse à l'hypothèse, l'affection que vous avés pour moy est ce que je sens de plus délicieux dans la vie[3]. Je ne considère point icy qu'elle m'est glorieuse et qu'elle fait la meilleure partie de ma bonne réputation. Cet intérest, quoyqu'il soit honneste, n'est pas digne d'un philosophe qui peut aymer la gloire, mais qui n'agit pas assés noblement quand il n'agit que par ce principe. L'intérest que je cherche et que je trouve en vostre amitié est la satisfaction intérieure que me donne la possession de ce trésor, qui ne dépend point de l'opinion du vulgaire et qui est aussy solide et aussy peu périssable que la vertu qui le produit. Mais comme j'en tire un avantage si notable, je ne souhaitte aussy rien tant que de n'en demeurer pas ingrat, et de faire que mon affection ne vous soit pas tousjours inutile. Si je ne vous puis donner la mesme satisfaction de moy que je reçois de vous, ny remplir vostre esprit d'une aussy belle idée que vous faittes le mien, je voudrois au moins vous payer mon bonheur de quelque divertissement agréable, et ne perdre aucune occasion de vous plaire ou de vous amuser.

Jugés par là, Monsieur, quelle mortification j'ay eue lorsque j'ay esté réduit à ne vous pas accorder la seule chose que vous avés désirée de moy, depuis que vous

---

[1] Le Barbon, composé déjà, comme on le voit, en 1640, ne fut publié qu'en 1648 (Paris, Aug. Courbé, in-8°). En tête du Barbon tel qu'il a été inséré dans les Œuvres complètes de 1665 (t. II, p. 689-717), on ne trouve pas le nom du chevalier de Méré, mais seulement celui de Ménage, auquel l'opuscule est dédié.

[2] Cette lettre ne paraît pas avoir trouvé place dans le recueil de 1665, où du reste les lettres à Godeau sont excessivement peu nombreuses. Je n'en compte dans tout l'énorme volume que quatre au plus : une du 26 novembre 1631 (p. 262), la deuxième du 10 mai 1632 (p. 179), la troisième du 12 avril 1639 (p. 533), la dernière du même jour et de la même année (p. 585).

[3] Sous ces lignes de Chapelain, il convient de placer les premières phrases de la lettre déjà citée de Balzac (lettre XXX du livre XXII) : « C'est fort peu de chose que mon amitié, et quand elle ne seroit pas fascheuse, elle est si stérile et si inutile, qu'il faut estre entièrement désintéressé pour s'en trouver bien. Mais la vostre que n'est-elle point? Je n'oserois m'engager dans une matière si vaste, et il me suffit de vous dire, comme de coustume, que c'est l'unique joye de ma vie et tout le plaisir de mon esprit. » A cela Chapelain répondit, le 23 décembre 1640, dans une lettre toute remplie de compliments et dont je ne citerai que ce passage (f° 356 v°) : « Monsieur, ne dittes jamais que vostre amitié soit stérile et inutille, puisqu'elle fait riches ceux que vous en honnorés, mais d'un thrésor de gloire et de satisfaction qui n'a pas son semblable en la terre, et que si on l'osoit la prétendre autrement que de grâce, ces avantages qu'on en tire y feroient aspirer tout le monde comme à un bien qui ne se peut estimer... »

m'ayinés, et qu'un commandement supérieur m'a empesché d'user pour vostre contentement d'un bien (si toutesfois ma Pucelle est un bien) qui m'estoit d'autant plus propre que je ne le devois point à la fortune et qu'il est une pure production de mon petit esprit. Il à fallu pourtant me résoudre à cette dureté, et je vous avoueray que, me faisant une extrême peine à moy-mesme, je n'ay pas conté entre les moindres obligations que je vous ay, de vous avoir veu souffrir ce refus sans peine, et j'ay conneu que je n'avois pas seulement en vous un amy bienfaisant, mais encore indulgent, qui se pouvoit passer de ma complaisance et qui ne se piquoit que de m'obliger[1].

Rien de semblable ne se rencontroit pour moy en la personne de M^r l'ambassadeur de Suède. Je n'ay point fait aussy d'effort sur mon esprit, lorsque j'ay esté sollicité de luy mettre la *Pucelle* entre les mains[2] et que je m'en suis excusé parce qu'il n'estoit que Mr Grotius, et qu'il n'estoit point Mr de Balzac, à qui je ne puis rien dénier sans me faire violence, estant contre nature de retenir une partie de soy après en avoir donné le tout.

Je veux espérer que les craintes que vostre bonté vous cause sur le sujet de Mr Mainard se trouveront vaines, et peut estre que ce qui n'est qu'espérance en moy est certitude maintenant en vous, c'est à dire que vous jouissés possible à cette heure de cette compagnie que vous attendés depuis si long temps avec tant d'impatience. Mais soit que vous la possédiés maintenant, ou que vous ne la deviés posséder qu'au printemps, je me resjouis dès cette heure du plaisir que vous en tirerés et d'autant plus que je me persuade que si je ne suis pas assés heureux pour estre un des personnages de vostre conversation, j'en seray au moins quelquefois la matière, et vaudray au moins quelque chose dans vos discours[3].

Le jugement que vous avés fait du livre de Mr de Priesac est conforme à celuy de tout le monde[4] et non seulement de deça, mais encore de delà les Monts. M^r le cardinal de Bentivoglio en a escrit dans vostre mesme sens à Mr de Saint-Nicolas, et, si je puis,

---

[1] Ceci explique un passage jusqu'ici bien obscur (p. 863 de l'in-folio) de la lettre de Balzac du 19 novembre 1640 (datée du 29 novembre 1641) : «Vous n'avez pas osé me la mettre entre les mains, et il y eut donc en cela un grand combat entre vostre inclination et vostre devoir? Ces paroles, Monsieur, sont très obligeantes, quand mesme elles ne seroient pas véritables : mais estant véritables, comme elles sont, elles me touchent très sensiblement...» Le lecteur de Balzac ne pouvait évidemment deviner que l'article *la* désignait *la Pucelle*, dont il n'est nullement question dans ce qui précède, la lettre ayant été tronquée en cet endroit.

[2] On a vu que Balzac (lettre XXV du livre XXII) avait conseillé à son ami «de contenter la passion de Monsieur l'Ambassadeur, qui désire trop violemment vostre Pucelle, pour en estre refusé.» Déjà précédemment Balzac avait insisté pour que son ami communiquât à Grotius les premiers chants du poëme.

[3] Balzac, ne voyant pas arriver Mainard, avait écrit à Chapelain (p. 864 de l'in-folio) : «C'est un objet de nouvelle inquiétude, s'il ne vient bientost, ou s'il ne me fait sçavoir la cause de ce second retardement. La seule rigueur de la saison est une excuse trop légitime, pour ne pas venir. Et quoyque j'aye grande passion de le voir, je ne sçay si je dois désirer qu'une teste qui m'est si chère s'expose à toutes les injures du Ciel irrité, et qu'à l'âge de soixante ans ou environ [Mainard avait alors cinquante-huit ans], il mesprise les menaces du *Dieu perruqué de glaçons, l'hyver à la barbe sonnante*, qu'un autre poëte appelle le Dieu de la vieillesse.»

[4] Voir sur Daniel de Priézac une note de la lettre CLIII. Voici comment Balzac (p. 864 de l'in-folio) avait parlé du livre en question (*Ob-*

je vous envoyeray, ce voyage, l'endroit de sa lettre où il en parle. Je donneray aussy celuy de la vostre à Mʳ de Saint-Nicolas afin qu'il l'envoye à Rome, et que l'éloquent de ce païs là ait la joye de s'estre rencontré dans le sentiment de l'éloquent de celuy-cy. Mʳ de Priesac verra l'un et l'autre, et Dieu vueille que son ressentiment ne le porte point à vous en remercier par escrit!

Outre les vers latins que vous m'avés envoyés pour Mʳ de Voiture, il m'a encore prié de luy donner ceux où vous descrivés si noblement la critique de Mʳ Guiet, et m'a asseuré que, depuis six jours, Mʳ de Chavigny luy avoit parlé de vous et de vostre mérite, comme nous le pouvons soubaitter. Je luy ay laissé penser que cela ne vous déplairoit pas, sachant pour mon regard ce que j'en devois croire[1].

J'ai donné à Mʳ Rocolet deux exemplaires de Mʳ Ménage, et vous ne m'en accusés qu'un. Je vous ay envoyé par ce messager le livre de Mʳ de Rohan[2] que Mʳ Silhon m'a prié de vous faire tenir avec mille baise mains de sa part. Je vous envoye une Oraison latine de Mʳ Bouchard prononcée devant le Pape *nudius tertius*, comme qui diroit à l'Ascension dernière[3], et partie de Rome dès le mois de juillet, mais celuy qui l'a apportée estoit monté sur une tortue et n'arriva qu'avant hier. J'en attens vostre jugement, comme du sonnet que je fis, il y a dix mois, sur le passage du Rhin de Mᵍʳ le duc de Longueville, qui s'estoit égaré parmy mes papiers et que je n'ay retrouvé que depuis six jours. Il sera dans ce paquet. Je vous rens grâces de vos avis sur le précédent qui pourtant estoit le subséquent.

Je suis, Monsieur, vostre, etc.

De Paris, ce 2ᵉ décembre 1640.

CCCCLVI.
À M. L'ABBÉ DE CERIZY[4].

Monsieur, vous avés bien creu sans doute que je n'avois pas besoin d'estre exhorté à un travail qui regardoit l'honneur de Mᵍʳ le Cardinal et le service de Mᵍʳ le Chancelier[5].

---

servations sur un livre intitulé: Philippe le Prudent, etc., composé en latin par D. Jean Caramuel Lobkowitz, etc. (Paris, in-8°, 1640): « Mon libraire m'envoya dernièrement un livre de Monsieur de Priesac, dans lequel j'ay trouvé grand nombre de belles choses. Ce qu'il dit du sien est tousjours bon, et il s'approprie si habilement ce qu'il emprunte de l'Antiquité, qu'il est difficile de distinguer l'estranger d'avec le naturel. Sa diction, au reste, est noble et n'a rien de la barbarie de nos provinces. Mais, outre cela, il faut advouer qu'il se sert admirablement de son art, et que toutes les fois qu'il manie la jurisprudence, c'est de telle sorte que ses plus sèches espines fleurissent entre ses mains. » La brochure de D. de Priézac, commandée par le cardinal de Richelieu, était un plaidoyer en faveur de la maison de Bragance contre le roi d'Espagne.

[1] On a vu ci-dessus que Balzac, comme Chapelain, n'avait nulle confiance dans les promesses du très peu sincère M. de Chavigny.

[2] *Traité de la guerre* (1640, in-4°).

[3] La traduction de Chapelain me semble singulièrement libre, et je ne puis m'empêcher de faire observer que *nudius tertius* ne veut dire autre chose, en réalité, que: c'est aujourd'hui le troisième jour. Ainsi, quand Cicéron écrit à Atticus (XIV, 11): *Nudius tertius dedi ad te epistolam*, ceci signifie simplement: il y a trois jours que je t'ai envoyé une lettre. Mais Chapelain s'amusait peut-être en donnant une aussi grande extension aux mots *nudius tertius*.

[4] Voir sur cet abbé une note de la lettre XCVIII, du 6 mars 1637, p. 139.

[5] Le 27 novembre 1640, Chapelain écrivit à l'abbé de Cerizy (f° 543) pour le remercier d'un bon office qu'il lui avait rendu auprès du chancelier Séguier et pour l'assurer de sa reconnaissance.

Un seul de ces noms illustres me pouvoit faire entreprendre des choses plus difficiles encor, et l'un et l'autre ont pour moy un naturel aiguillon qui me sollicite continuellement de contribuer à leur gloire et à leur contentement tout ce qui dépend de ma foiblesse. Et pleust à Dieu qu'en ce que j'ay resvé sur le mémoire que vous m'avés donné, vous trouvassiés autant de succès que j'ay trouvé de plaisir et que mes imaginations respondissent à la dignité des sujets et au désir que j'ay eu qu'elles n'en fussent pas indignes! Mais, pour venir au fait, le premier et second tableau ne pouvant estre mieux figurés que par les fables que vous m'avés dittes, pour le troisiesme qui doit représenter Son Em^{ce} comme Surintendant de la marine, je voudrois faire un Éole présenté par Junon à Neptune pour avoir les vents sous son pouvoir. Il faudroit prendre Neptune au bord d'un antre marin présentant à Éole une fourche à deux pointes avec des freins et des mors, et luy monstrant le roc qui sert de prison aux vents pour les gouverner. Cette figure donneroit tous les rapports tant de la puissance sur la mer que de la personne qui avoit contribué à le faire obtenir. Si toutesfois les choses qui sont depuis arrivées empeschoient Mgr le chancelier d'y faire entrer Junon, il ne faudroit mettre dans le tableau que Neptune et Éole, comme il a esté marqué.

Pour le quatriesme, qui doit représenter la desfaitte des Anglois en Ré[1], j'avois pensé à la fable de Niobé et de ses enfans tirés à coups de flèches par Apollon et par Diane vengeant Latone, et se vengeant eux mesmes de l'audace de cette reyne, qui leur disputoit les honneurs divins. D'un costé, Niobé représenteroit l'Angleterre, et ses trouppes desfaittes seroient figurés par ses enfans tués. De l'autre, Latone représenteroit la France qui verroit avec joye Apollon et Diane du haut d'un costeau tuant ses ennemis, et Apollon seroit la figure du Roy et Diane celle de Son Ém^{ce}, laquelle, comme Diane ne luit que du feu de son frère, reconnoist aussy son éclat et sa puissance de Sa Majesté. Tous deux rapporteroient encore à Apollon et à Diane, en ce que, comme ces Dieux se desfirent de Niobé et de ses enfans par leurs flèches, ils se desfirent des Anglois par leurs trouppes sans passer avec elles en Ré.

Pour le cinquiesme qui doit représenter la prise de la Rochelle[2], j'ay creu qu'on pouvoit faire un Apollon qui tue le grand serpent Python, la Rochelle estant assés bien figurée par ce serpent qui infectoit toute la terre de son haleine, et le Roy et Son Ém^{ce} pouvant estre confusément représentés par Apollon seul, puisque leur présence et leur action ont également contribué à cette prise.

Je voudrois adjouster un tableau pour la réduction du Languedoc où Son Ém^{ce} acheva les restes du party huguenot par la réduction de plus de trente villes[3], et pour représenter cette grande merveille, je ferois un Hercule qui couppe les testes à l'hydre, et auprès de luy Iolaus qui, avec un flambeau à la main, brusle le col de chacune de ces testes afin qu'elles ne reprissent plus. En cette figure Hercule représenteroit le Roy et Iolaus Son Ém^{ce}, laquelle par sa prudence rendit le travail de Sa Majesté heu-

---

[1] Les Anglais furent chassés de l'île de Ré par le maréchal de Schomberg et le comte de Toiras, le 8 novembre 1627.

[2] La Rochelle capitula le 29 octobre 1628 et Louis XIII y fit son entrée solennelle le 1er novembre.

[3] En 1622 furent réduites, en Languedoc, les villes de Negrepelisse, Saint-Antonin, Montpellier, etc. En 1629, fut réduite celle de Privas, réduction suivie du traité de paix d'Alais conclu avec les Huguenots le 28 juin de la même année.

reux et trouva moyen de l'empescher d'estre éternel.

Pour le dixiesme tableau, qui doit représenter les Espagnols chassés de Corbie et de Picardie[1], je ferois l'attaque des Cieux par les Géans pour ce qu'ils estoient enfans de la Terre, et n'avoient point de part au ciel, comme les Titans qui doivent représenter les grands abbatus au sixiesme pour ce qu'ils estoient des Dieux, et avoient le Ciel pour demeure quand ils luy firent la guerre.

Il ne m'est rien venu pour le siège de Casal[2] quoyque j'y aye fort pensé. Je ne me rebutte pas pourtant et il ne tiendra pas à y songer que je n'essaye à rencontrer quelque chose qui peust servir de figure à ce grand évènement, et satisfaire Mgr le Chancelier aussy en cette partie. Vous luy tesmoignerés, s'il vous plaist, mon zèle, et me croirés tousjours, Monsieur, vostre, etc.

Mercredy matin, 5° décembre 1640.

CCCCLVII.

À M. L'ÉVESQUE DE GRASSE,

À GRASSE.

C'est ce qui vous trompe, Monsieur, de croire que je sois enchanté de Me de Saint-J[   ][3] et qu'elle m'ait pris par les oreilles[4]. Ce n'est pas qu'il n'y ait de l'enchantement en nostre affaire, mais si vous y avés bien pris garde, c'est moy qui l'ay charmée et non pas elle qui m'a charmé. A moins que de l'estre auroit-elle eu continuellement les yeux sur mon visage, et auroit-elle mesprisé pour moy tant d'honnestes personnes et vous le premier qui l'escoutés aussy bien que moy? Mais, afin que vous en sachiés davantage et que vous voyés jusqu'où s'estend mon pouvoir, elle n'est pas seulement mon amante, mais elle est encore mon mespris, et sa constance est telle que mon mespris ne la rebutte pas. Elle prend patience de ce que je ne la rebutte point, et si elle s'en plaint, ce n'est qu'afin que ce soit une preuve de sa passion et du cas qu'elle fait de mes grâces. Elle s'en console sur les billets qu'elle a receus de moy, et, pour s'en honnorer, elle les monstre partout où elle se trouve, ce que je luy souffre pour ne pas trop faire le cruel. Vous voyés par là que j'ay beaucoup de liberté puisque j'ay la mienne et la sienne, et que je fais d'elle comme des choux de mon jardin[5]. La Pucelle se trouve en seureté de ce costé là, et le Conte de Dunois ne sera point en peine de m'arracher ses lauriers de dessus la teste par dépit des mauvais myrthes de cette fausse Vénus qu'il ne verra jamais que sous mes pieds.

Mais c'est assés folastré. J'ay rendu vos lettres à Mrs de Saint-Nicolas et Arnaud qui vous feront response. Je suis ravi que vous soyés arrivé à Aix de si bonne humeur qui ne peut estre qu'avec la santé parfaite. Vous pouvés croire que nous en ferons une resjouissance publique à l'hostel que vous sçavés. Mandés moy ce que vous ont coustés

---

[1] La ville de Corbie fut reprise aux Espagnols le 14 novembre 1636.

[2] Le comte d'Harcourt, après avoir ravitaillé (octobre 1639) Casal, qu'assiégeaient les Espagnols, les battit devant cette ville (29 avril 1640).

[3] Je n'ai pu deviner le nom de cette dame au sujet de laquelle Chapelain va, selon son expression, se montrer si folâtre dans presque toute cette lettre.

[4] C'est-à-dire qu'elle m'ait séduit par des paroles. Le mot a été redit par Charles X au sujet de l'éloquence enchanteresse de M. de Martignac, orateur qu'il comparait, comme nous l'ont appris les *Mémoires* de Châteaubriand, à la fameuse cantatrice Judith Pasta.

[5] M. Littré, qui a cité Scarron pour le proverbe: *Faites-en des choux, des raves*, n'a cité aucun de nos écrivains pour le proverbe: *Il en fait comme des choux de son jardin*.

vos trois volumes de Ramusio et de quelle année ils sont tous trois. Mandés moy aussy le mesme de l'histoire florentine de l'Am[irato].

De Paris, ce 7 décembre 1640.

CCCCLVIII.
À M. GASSENDY,
PREVOST DE DIGNE, EN PROVENCE.

Monsieur, je ne vous ay point loué dans mes précédentes pour vous donner les louanges que vous méritès qui ne sont pas la matière d'une lettre aussy tumultuaire[1] que celle là. Je l'ay fait seulement pour vous exprimer les sentimens intérieurs que j'ay de vostre vertu et de vostre exquise science qui ne me laissent point penser à vous sans tendresse et sans ce respect que les âmes raisonnables doivent aux âmes excellentes. Mais ce n'est pas la première fois que je vous les ay tesmoignés; je ne croy pas aussy que vous en ayés esté surpris comme d'une chose nouvelle et ce que vous m'avés respondu là dessus est plustost un effet de la modestie qui accompagne tousjours les grands hommes, que la véritable opinion que vous avés de vous, puisqu'ayant descouvert tant de choses cachées, il est impossible que vous ne connoissiés pas en vous ce qui n'est ignoré que de ceux qui ne vous connoissent pas. Le peu donc que je vous en ay dit est très vray et nous ne contesterons plus jamais là dessus inutilement ensemble, non plus que je ne rediray plus les mesmes vérités pour ne pas solliciter vostre pudeur.

Je vous diray seulement que M.ʳ L'Huillier m'a bien fait plaisir de vous obliger à permettre l'impression de cette pièce[2], et ce plaisir a redoublé lorsqu'il m'a appris qu'il y en joindroit une autre de semblable sujet avec quelque traitté de M.ʳ Bouillaud dont il se feroit un juste [volume]. J'ay esté seulement d'avis que quand ces ouvrages se publieront, vous y fissiés une petite préface dans laquelle vous tesmoigneriés que la publication ne s'en faisoit que pour chercher la vérité des choses qui y sont traittées, et vous résoudre de leur certitude ou de leur fausseté, selon que vous verrés qu'elles seront approuvées ou condamnées du public, n'affirmant rien dans des matières si abstraites et ne vous donnant la liberté d'en parler que pour esventer la question, et la voir décider par d'autres, sousmettant le tout au jugement de ceux qui ont droit de régler les opinions, et à qui souverainement en appartient la censure. Cela m'a semblé nécessaire à cause de cette belle doctrine des atomes qui, ayant passé par un canal descrié, et faisant partie de celle d'un philosophe qui n'a pas trop bon bruit[3], oblige un homme prudent de protester d'abord, que l'on l'a embrassée sans conséquence. Mais c'est à vous, qui estes le maistre, de juger ce qui est nécessaire, et ce qui ne l'est pas, et de prendre le parti que vous jugerés le meilleur, sans vous arrester à mes pensées informes.

Vous me donnés un sensible desplaisir en m'apprenant vostre occupation présente, je veux dire cette multitude de procès[4] qui vous desrobe le temps qui est deu à la philosophie, et dont elle vous demandera conte quelque jour. Terminés cette mauvaise guerre et venés enfin jouir de la paix parmy nous, comme vous nous le faittes espérer.

---

[1] Nous avons déjà trouvé *tumultuairement* dans ne des premières lettres de ce volume.

[2] La lettre à Fortunio Licetti : *De apparente magnitudine*, etc., déjà mentionnée plus haut.

[3] Epicure.

[4] Ce n'était pas comme simple particulier, c'était comme représentant du chapitre de l'église cathédrale de Digne, comme *prévôt* de cette église, que Gassendi avait tant de procès sur les bras.

J'ay mille choses à apprendre de vostre bouche. J'ay cent doutes qui vous attendent pour les esclaircir et qui ne se peuvent proposer que de vive voix. La Provence, qui vous a possédé sept ans de suitte pour la dernière fois, n'aura pas sujet de se plaindre de nous, qui avons eu une patience trop longue pour d'aussy ardens amateurs de vostre vertu, et qui pouvions vous réclamer, il y a long temps, avec beaucoup de justice. Monseigneur le Conte d'Alais[1] se pourra plaindre de vostre voyage avec plus de raison, mais il est si bon et si généreux qu'il nous donnera son intérest pour quelques mois et ne nous voudra pas priver de la consolation qui nous manque par vostre absence si longuement prolongée. Je ne vous diray point icy l'extrême ressentiment que j'ay de l'honneur qu'il m'a fait de me juger digne de sa bienveillance. Il faudroit vous en parler un jour entier et vous en parler en des termes proportionnés à la grandeur de ce prince et de mon obligation, dont je vous avoue que je ne me tiens pas capable. C'est aussy ce qui m'empesche de luy en rendre très humbles grâces par moy mesme qui croy traitter plus respectueusement avec luy en ne luy escrivant point que si je luy escrivois moins dignement que je ne dois. Vous me ferés donc, s'il vous plaist, la grâce de luy tesmoigner ce que je sens, et vous dirés justement ce que je sens lorsque vous luy dirés ce que je dois sentir après une faveur si grande, et je ne sache personne qui le puisse mieux que vous. Je vous supplie aussy, après l'avoir assuré de mon zèle, de mon respect, de ma reconnoissance et de mon service, d'asseurer aussy M⁽ʳ⁾ de Beaurecueil de ma gratitude dans les nouvelles obligations que je luy ay et du désir que j'ay de m'en revancher en chose qui luy fust agréable et utile.

Je vous prierois aussy de me conserver aux bonnes grâces de M⁽ʳ⁾ de Beuil, si M⁽ʳ⁾ de la Victoire ne s'en estoit point chargé. Si vous le faittes néantmoins, vous m'obligerés sensiblement, ce gentilhomme n'ayant guères d'égaux dans mon estime, et estant un des objets de mon inclination.

Je vous rens grâces de l'esclaircissement que vous m'avés donné touchant le *Philolaus redivivus* de vostre amy[2]. Il m'instruit et me satisfait plainement. J'ay veu aussy la lettre que vous avés escritte à M⁽ʳ⁾ L'Huillier et à laquelle vous me renvoyés sur l'expérience que vous fistes, il y a quelque temps, à Marseille, des poids tombants du mast d'une gallere qui voguoit à toute force en temps serain et calme, et j'ay trouvé tout cet endroit si curieux que je l'ay joint à ceux de Galilée où il traitte la mesme question[3].

J'ay receu par M⁽ʳ⁾ de Vaugelas la copie de l'oraison de M⁽ʳ⁾ Bouchard qui certes est belle par le sujet.

Je suis, Monsieur, vostre, etc.

De Paris, ce 7 décembre 1640.

CCCCLIX.

À M. DE BALZAC,
À BALZAC.

Monsieur, je commence ma lettre par où vous avés fini la vostre, et ne puis tarder davantage à me pleindre de la créance que

---

[1] Louis Emmanuel de Valois, comte d'Alais, fils de Charles de Valois, duc d'Angoulême, avait été nommé, dans l'automne de 1637, gouverneur de Provence, en remplacement du maréchal de Vitry. Voir, sur ses excellentes relations avec le grand philosophe provençal, les *Documents inédits sur Gassendi*, déjà cités (1877, gr. in-8°, p. 18, 34).

[2] Ismaël Boulliau.

[3] Voir là-dessus *Vie de Pierre Gassendi*, par le P. Bougerel, 1737, p. 186.

vous me tesmoignés avoir de ma froideur pour Mʳ Coustart, après les asseurances que je vous ay données du contraire à l'un et à l'autre[1]. A quoy reconnoissés-vous donc que je ne vous accorde pas de bon cœur l'affection que vous m'avés demandée pour luy et dont sur vostre parole et sur la sienne je l'ay trouvé si digne? Ce ne peut estre sans doute à ce que je vous en ay escrit, ou s'il m'a eschappé quelque chose qui vous ait donné opinion que je ne fusse pas autant persuadé de luy que vous le désirés, m'abandonnant à luy autant que j'ay fait, vous m'en devriés sçavoir encore plus de gré, puisqu'ainsy j'aurois fait à vostre considération ce que je n'aurois pas fait pour la sienne. Mais détrompés vous, Monsieur, et me croyés, s'il vous plaist, que je me suis livré à luy aussy bien pour l'amour de luy que pour l'amour de vous, et qu'il y a quatre mois que je suis son serviteur et que je croy qu'il est mon amy. Et je vous avoue qu'ayant regardé cette amitié comme une chose establie, j'ay esté surpris de voir que vous l'aviés conceue comme douteuse encore, et vous m'avés par là fait imaginer que Mʳ Coustart est peut estre dans le mesme soupçon, d'autant plus que luy ayant respondu à sa dernière lettre aussy cordiallement que le pouvoit souhaitter nostre naissante amitié, il n'a pas trouvé à propos de continuer nostre commerce et a, depuis, laissé passer plus de trois mois sans me faire sçavoir au moins qu'il avoit receu celle que je luy escrivois. Si cela est, je vous supplie de l'esclaircir et de le bien asseurer que si mon affection luy est un peu considérable, il en doit faire estat absolument et croire, en la recevant, qu'il me fait encore plus de plaisir qu'à luy.

Au reste, quoyque je ne vous estime pas trop sincère dans la trop obligeante approbation que vous donnés à mes incartades philosophiques, vous m'encouragés pourtant à les continuer quand la verve m'en prendra, et, quelque peu raisonnables qu'elles soient, je ne craindray point d'en charger le papier, puisque ce ne sera que pour vous et qu'il y a desja quelque temps que j'ay perdu la honte. Je ne trouve rien à dire que vous ne me repartiés point sur cette matière, et m'attens de la voir traittée avec beaucoup d'autres à fonds dans les discours où vous travaillés.

Vos vers latins sont tels que je vous ay mandé au jugement de tout ce qu'il y a de bon goust en cette ville, et c'est dommage que vous ne vous y plaisés plus que vous ne faittes tant pour le public que pour vostre particulier.

Le tempéramment que vous avés trouvé pour satisfaire l'esprit bourru de Corneille le doit tellement contenter que, s'il ne le reçoit pas avec mille joyes, je suis d'avis que vous laissiés l'endroit comme il estoit. Je luy diray que vous avés eu la bonté de vouloir imprimer ce lieu de la sorte : *Les juges dont on m'a dit que vous estes convenus*, car des deux c'est celle qui me semble la meilleure[2].

Mʳ de Forgue a pris la peine de me rap-

---

[1] Nous n'avons pas la lettre où Balzac reprochait à Chapelain sa froideur pour Costar. Du reste, par une étrange coïncidence, la correspondance de Balzac avec Chapelain s'arrête au mois de décembre 1640, pour ne recommencer qu'au 31 août 1643 (voir le recueil de 1873), et, d'autre part, comme on le sait, la correspondance de Chapelain avec Balzac s'arrête à ce même mois de décembre 1640.

[2] M. J. Taschereau (*Histoire de la vie et des ouvrages de Corneille*, p. 105) a reproduit ce passage, en le faisant précéder et en le faisant suivre des lignes que voici : «En vérité, Corneille était bien autorisé à ne croire que médiocrement à la franchise de Chapelain et à la sincérité de l'intérêt qu'il lui faisait voir. Balzac, beaucoup plus indépendant et plus juste, se montra, malgré les incitations contraires de la lettre qu'on vient

porter luy mesme les livres italiens [1] et j'ay esté si malheureux de ne m'estre pas rencontré chés moy et de n'avoir peu encore apprendre où il loge. Hier, je vis Mʳ de la Thibaudière qui s'offrit de solliciter pour luy, quoyqu'il plaidast contre son parent, et me fit fort sur la passion qu'il a pour vous et pour tout ce qui vous touche. Je pris l'occasion de luy dire ce que vous aviés désiré touchant les divers endroits de vos œuvres où vous faisiés dessein de parler de luy et vous pouvés croire qu'il en fut ravi.

Il y a douze jours que j'ay fait mettre entre les mains du sʳ Rocolet le livre de Mʳ de Rohan et, hier, je luy envoyay un panégyrique de Mʳ le Cardinal pour vous que le Père le Bosc, cordelier, autrefois sécularisé, et maintenant remis dans la règle et l'habit[2], a composé pour préface à un livre qu'il appelle le Philosophe indifférent[3]. Vous

---

de lire [celle du 17 novembre 1640], disposé à se rendre au vœu très légitime de Corneille. C'est ce que nous apprend le passage suivant d'une autre lettre, également inédite, que Chapelain lui écrivait le 8 décembre... Balzac ne tint pas encore compte de ce dernier conseil, car, en réimprimant cette lettre, à laquelle Corneille a rendu justice avec effusion [Avertissement de 1648], il la modifia ainsi (p. 542 de l'in-folio) : «... Il n'y a pas un des juges, dont le bruit est que vous estes convenus ensemble.....» Conférez Notice de M. Marty-Laveaux sur le Cid, page 48 du tome III des Œuvres de P. Corneille. Balzac, dans un passage que l'on n'a pas remarqué (lettre XXIX du livre XXII, p. 865 de l'in-folio), répond ainsi aux observations de Chapelain, non le 24 novembre 1641, mais le 24 décembre 1640 : «Que les soupçons de *ₓ* sont mal fondez quand vos advis luy sont suspects, et qu'il s'imagine pouvoir estre digne de vostre envie! Il ne me souvient du tout plus de la lettre sur laquelle il veut regratter. Mais c'est une affaire de grande importance, soit pour luy, soit pour son antagoniste [Scudéry]. Il y a de plus sages fous aux Petites Maisons que ces tireurs d'esclaircissemens. Néantmoins puisque nous sommes obligez de donner à un chacun autant de satisfaction que nous pouvons, si je dis : on m'a dit ou le bruit court, au lieu de parler affirmativement, ne pensez-vous pas que ce soit un tempérament qui doive satisfaire le soupçonneux?...»

[1] Balzac avait, au sujet de ces livres italiens, écrit, quelques jours auparavant, ceci à Chapelain (p. 858 de l'in-folio) : «J'eusse donné à Monsieur Girard vos trois livres italiens, s'il eust passé par icy, comme il me l'avoit promis. Mais il a esté obligé, à ce qu'on m'a dit, à prendre une autre route.»

[2] Jacques du Bosc, écrivain normand des plus féconds et des plus oubliés, fut d'abord cordelier : il quitta son couvent vers l'an 1630, étant déjà prêtre et bachelier de Sorbonne, et il rentra dans son ordre vers 1640, comme nous l'apprend le Dictionnaire de Moréri. Conférez le Dictionnaire critique de Bayle au mot Bosc et la Bibliothèque du Richelet par l'abbé L. Josse Le Clerc (au même mot).

[3] Le Philosophe indifférent n'a pas été mentionné par Beuchot dans l'article de la Biographie universelle où il énumère tant d'autres productions du P. du Bosc. Mais l'historien de l'Académie française nous parle ainsi de la Préface de ce livre, laquelle fut sans doute tirée à part : «En l'année 1641 [Registres, 16 novembre 1641. Sic. D'après la lettre de Chapelain, ne faut-il pas se demander si l'on ne devrait pas lire 1640?], le Père du Bosc, cordelier, prédicateur du Roi, connu pour être l'auteur de l'Honnête femme, et de plusieurs autres ouvrages, après avoir fait imprimer un Panégyrique du cardinal de Richelieu, se présenta à l'entrée d'une des conférences de l'Académie et offrit un exemplaire de son livre à chacun de ceux qui s'y trouvent, dont il fut loué et remercié.» Ce Panégyrique du cardinal de Richelieu a été omis dans la Bibliothèque historique de la France. Dans la Bibliotheca universa Franciscana (t. II, in-4°, 1732, p. 97), on donne au Philosophe indifférent et au Panégyrique du cardinal de Richelieu (Paris, in-4°) la date de 1643. Il est étonnant que les auteurs de la bibliographie franciscaine n'aient pas été mieux informés en ce qui regarde la publication des ouvrages d'un de leurs

verrés, par la lettre que Mʳ Conrart vous escrit et par le billet qu'accompagnoit sa lettre, et que je vous envoye, combien ce Père souhaitte vostre approbation. Je serois bien aise que vous l'en trouvassiés digne. Durant que son autheur a esté dans le siècle, il a fait *l'Honneste femme*[1] et les *Lettres des dames*[2] avec assés d'applaudissement. Il a esté bon de vous le faire davantage connoistre par là.

Mʳ Ménage, à ce que j'ay appris de Mʳ L'Huillier, a fait des endécassilabes sur vostre sujet, lesquelles il m'adresse[3]. Il faut qu'il les relêche et repolisse puisqu'il ne me les a pas encore fait voir. Mais je le vay resveiller et, en quelque estat qu'ils soient, je veux qu'il me les baille au plustost pour le prochain ordinaire.

J'ay fait voir à Mʳ de Priézac l'éloge que vous avés fait de son livre. Je l'ay fait voir aussy à l'Académie qui l'a loué extrêmement et qui en a regardé nostre amy avec plus d'estime. Mʳ le Chancelier l'a veu aussy et, sur cette occasion, a très bien parlé de vous[4]. Je ne vous diray point la joie et le ravissement du loué qui ne se peut bien dire, et je crains qu'il n'essaye de vous l'exprimer luy mesme, m'ayant dit plus d'une fois qu'il vous en vouloit remercier, comme vostre très obligé. Et certes c'est un homme d'honneur, et dont vous pouvés faire estat. Il est en peine si Mʳ Rocolet vous a envoyé le livre de la part de l'autheur ou de celle de l'imprimeur à cause de quelque chose de semblable où il prétend que Mʳ Rocolet l'a mal servi, faisant les présens en son nom, sans parler de l'autheur, quoyqu'il luy en eust donné l'ordre exprès.

J'apprens que Mʳ de Saumaise a un tel ascendant[5] sur le d[octeur] Heinsius qu'il ne passe plus que pour un escolier auprès de luy et ainsy vos vengeances se font sans que vous vous en mesliés.

Je vous envoye un sonnet que je fis il y a dix mois sur le merveilleux passage du Rhin de Mᵍʳ de Longueville, et que j'ay retouché, ces derniers jours, par occasion.

Voila une jolie lettre et bien assortie. Vous vous en passerés néantmoins, en attendant mieux.

Je suis, Monsieur, vostre, etc.

De Paris, ce 8 décembre 1640.

CCCCLX.

À M. DE BALZAC,

À BALZAC.

Monsieur, je n'escris plus qu'à vous depuis quelque temps, non pas que j'aye renoncé à tout autre commerce que le vostre,

---

plus célèbres confrères, de celui qu'ils proclament eux-mêmes *vir in scribendo politissimus*.

[1] *L'Honneste femme* parut à Paris, en 1632, avec une préface de Perrot d'Ablancourt, ami de l'auteur. D'après Tallemant des Réaux (*Historiettes*, t. V, p. 25), d'Ablancourt ne fit pas seulement la préface, mais «luy et Patru raccommodèrent fort le livre du père du Bosc.» Voir ce que rapporte encore Tallemant du Cordelier (t. V, p. 151, et t. IV, p. 143), et ne pas négliger une excellente note de M. P. Paris (t. IV, p. 145).

[2] *Nouveau recueil des lettres des dames de ce temps, avec leurs responses*. Paris, Aug. Courbé, 1635, petit in-8°.

[3] On trouve dans *Ægidii Menagii poemata* (*octava editio prioribus longe auctior et emendatior, et quam solam ipse Menagius agnoscit*, Amsterdam, 1687, page 29) des vers *Ad Janum Ludovicum Balzacium*, où l'ami de Chapelain est proclamé *Gallicæ linguæ pater atque princeps*. Voir encore (*ibid.*, page 82) d'autres vers intitulés : *Ad Joh. Capellanum de novo libello Balzacii*.

[4] Ce passage a été reproduit par M. Livet (*Histoire de l'Académie française*, t. I, p. 389). Il faut y corriger une faute d'impression (1649 pour 1640).

[5] C'est-à-dire une telle supériorité.

mais parce que, la saison ayant ramené à Paris la pluspart de ceux à qui j'avois accoustumé d'escrire, mes lettres sont converties en visite, et je n'ay plus besoin de les entretenir que de vive voix. Et pleust à Dieu que j'en peusse dire autant de vous et que vostre campagne, qui dure il y a cinq ou six ans, eust une fin aussy bien que les autres! J'ay petite opinion de moy en toutes choses, et néantmoins je me persuade que si vous veniés vous reposer pour un temps à la Cour, vostre présence eschaufferoit ma froideur, et mon imagination stérile se rendroit assés féconde par le beau feu qui vous accompagne pour vous paroistre moins sèche dans la conversation animée que dans les escritures mortes. Mais ne troublons point vostre repos par nos désirs, et si vous avés résolu de couler vostre vie dans ces conquestes littéraires jusqu'à ce que vous vous soyés rendu maistre universel de l'orbe[1] des sciences, nous ne vous envions point cette gloire, et ne préférons point nostre intérest à vostre satisfaction.

J'ay esté bien aise de voir dans vos dernières l'apologie de vostre amy Plassac, et je prétens bien m'en servir pour excuser ceux de mes amis qui se trouveront un jour ou coupables ou accusés de pareil crime[2], ce qui ne peut manquer d'arriver ayant tant d'amis que j'en ay et cette contagion ayant esté si générale. En effet, la multitude des criminels ne peut pas seulement causer l'impunité du crime, mais encore elle le peut en quelque sorte authoriser, ou du moins le rendre supportable, pour ce que les actions qui se sont rendues communes perdent aussy bien leur laideur que leur beauté, et ont cela de la coustume qu'encores qu'elles soient mauvaises, on s'y laisse aller sans le trouver estrange, comme si l'usage les pouvoit légitimer[3].

Au reste, ça esté Mr de la Thibaudiere qui, en présence de ce même Mr de Plassac, m'a appris que c'estoit au chevalier à qui vous addressiés vostre *Barbon*, et je veux croire qu'il est digne du titre que vous luy avés donné dans vostre dédicace.

Mr de Grasse leut vostre lettre en partant, et Mr Conrart la retint originale pour la faire voir à nos amis, et je croy que c'est tout ce qu'il peut faire à présent que de l'avoir receue.

Je n'ay esté consolé des incommodités que le dégel m'apporte par les fluxions dont je suis persécuté, qu'en m'imaginant qu'il vous a soulagé de celles que le froid dernier vous a causées[4]. Mais n'est-ce pas une chose

---

[1] M. Littré, qui a trouvé le mot *orbe* dans un recueil du XIIIe siècle, le *Trésor* de Brunetto Latini, a été obligé de descendre jusqu'aux auteurs du XVIIIe siècle pour le retrouver. La phrase de Chapelain représentera désormais, dans l'histoire de ce mot, le siècle de Louis XIV.

[2] On se souvient d'avoir lu plus haut que Ménage, le caustique Ménage, avait donné à Chapelain de très-fâcheux renseignements sur la probité de Josias Gombaud, seigneur de Plassac.

[3] *Légitimer*, que l'on voit dans *le Songe du Vergier* (XIVe siècle), que l'on revoit au XVIe siècle dans Olivier de Serres et dans Pierre Pithou, n'a été indiqué par M. Littré dans aucun écrivain du XVIIe siècle. Ici encore la correspondance de Chapelain donne à la chaîne un anneau de plus.

[4] Balzac craignait horriblement le froid, comme on le voit dans les dernières phrases de la dernière lettre à Chapelain du recueil de 1665 (n° XXX du livre XXII, p. 866) : «Je ne sçay plus que vous dire tant je suis morfondu; car, mon cher Monsieur, cet hyver me tue, et me trouve jusques dans le feu. Je ne le nomme pas seulement rude et fâcheux, mais cruel, impitoyable, Scythe, Suédois et Norvégien. S'il continue, je seray contraint de prendre congé de vous jusques à ce que nous soyons bien avant dans l'année prochaine.»

bizarre que, malgré nostre union, il se trouve des rencontres où vostre mal est mon bien et è *converso*?

L'illustre desbauché[1] n'est pas encore de retour de ses Indes et je m'attens qu'après avoir esté planter les vignes au delà de la Ciutat[2] et de Frontignan[3], il aura donné par la tempeste dans quelque isle de Naxe[4] et que, ce qui l'arreste encore en chemin, aura esté quelque nouvelle Ariadne qu'il aura trouvé digne de sa consolation.

Le grammairien dont vous me parlés est tout ensemble digne de vostre bienveillance et de vostre mespris, quoyque plus du premier que de l'autre. Il y auroit trop de choses à dire sur son sujet et ce seroit plustost matière d'histoire que de lettre. Quelque jour, Mʳ l'abbé de La Victoire vous en divertira, car c'est un de ses bons chapitres.

Je vous envoye une Sylve panégyrique dont vous me manderés vostre avis. L'autheur en est inconnu. Vous aurés aussy par cet ordinaire les vers de Mʳ Ménage qui sont vostre éloge, aussy bien que l'autre est celuy de Mʳ le Cardinal. Il m'a fort asseuré que c'estoient les seuls qu'il eust jamais faits. En parlant de Mʳ de Saumaise, il m'a dit avoir appris de luy, le jour de devant, qu'il eust respondu à la response que Heinsius a faitte à vostre dissertation, si on ne l'eust point asseuré que vous y faisiés response vous mesme.

J'ay envoyé à Mʳ Flotte le paquet pour Mʳ Mainard. Ce fut une grande resverie de vous mander que le duc de Veimar fist des vers. Celuy que je m'imaginois qui fust original de cette nouvelle[5] me l'a fort désavouée et ne m'a dit autre chose sinon qu'il estoit fort éloquent en sa langue, comme fort judicieux en tout.

Je suis à l'ordinaire, Monsieur, vostre, etc.

De Paris, ce 15 décembre 1640[6].

CCCCLXI.

À M. DE BALZAC,

À BALZAC.

Monsieur, je dicte cette fois cy parce que je ne puis escrire, la fièvre du rheume qui me tient depuis deux jours au lit m'ostant la

---

[1] Des Barreaux.

[2] La Ciotat est un chef-lieu de canton du département des Bouches-du-Rhône, arrondissement de Marseille, à 35 kilomètres de cette ville.

[3] Chef-lieu de canton du département de l'Hérault, arrondissement de Montpellier, à 22 kilomètres de cette ville.

[4] Naxos, autrefois dans les Cyclades, aujourd'hui dans l'Archipel. Ce fut là que Bacchus recueillit Ariane abandonnée par Thésée.

[5] C'est-à-dire, qui aurait annoncé le premier cette nouvelle, qui en aurait été la source première (*d'origo*, origine). Cette tournure n'a pas, ce me semble, été signalée par les philologues. Je ne la trouve pas, du moins, dans le *Dictionnaire* de M. Littré.

[6] Le 20 décembre, Chapelain écrivait à Bouchard (f° 552 v°) : «C'est bien grand dommage que le pauvre Mascardy soit mort, et il y a trois mois que je vous en tesmoignay ma douleur dans la mesme lettre où je me resjouissois avec vous de la chanoinerie de Verdun que Mᵍʳ l'Éminent Cardinal Barberin vous a donnée. Vous estes bien louable de luy avoir voulu procurer des honneurs funèbres aussy bien qu'à Mʳ de Peyresc, et les Italiens dont il estoit une des principales lumières devroient avoir grande honte d'avoir été prévenus par un estranger comme vous... Nous attendons dans quelque temps icy Mʳ Gassendi avec qui nous resoudrons toutes les difficultés de Mʳ de Peyresc et fondrons cette belle cloche. J'ay veu depuis peu une response de luy à Fortunius Licetus sur certaine question naturelle, si exquise et si rare que je ne voy rien de mieux ny de plus solidement philosophé chés tous les Anciens... En attendant cela [c'est-à-dire, le droit sur l'abbaye de Saint-Pierre de Cannes], je pense que vous devés estre averti que Mʳ Hullon, vostre frère,

force de la main et presque celle de la parole. Pour tout autre, je me fusse dispensé, cet ordinaire, de cette sorte de devoir, mais pour vous, il n'y a mal qui tienne. Car une amitié qui doit durer jusques après le mort, ne permet pas que je vous manque à la moindre chose durant la vie, et l'inquiétude où je m'imagine que vous seriés de n'avoir point de mes lettres me seroit un plus grand mal que celuy que le rheume me fait souffrir.

Mais, pour respondre à la vostre, il est si vray que je suis pour Mr Costart dans les sentimens que je vous ay mandé, [que] j'ay eu toutes les peines du monde à me remettre[1] ce que Mr Menage me dit de luy vers le temps que vous me marqués, et si vous ne m'en eussiés fait souvenir, je vous asseure que cette mesdisance avoit fait si peu d'impression en mon esprit que jamais elle ne me fust revenue, et que si vous m'eussiés demandé en termes généraux ce que je croyois de nostre amy, je ne vous eusse sceu respondre autre chose, sinon que je le croyois nostre amy. Vous pourrés donc vous mettre en repos de ce costé là et luy aussy, si vostre scrupule avoit passé jusques-là, n'y ayant point de doute que, tant qu'il sera ce que vous croyés, je luy seray tousjours ce que vous avés désiré. Il a trop de vertu et de mérite pour n'estre pas honnoré et aymé par une personne qui ne fait cas que de la vertu, tant qu'il demeurera vertueux, et vous estes trop clairvoyant dans ces sortes de choses pour prendre l'apparence pour l'effet et le faux pour le vray.

Quant à Mr de Priesac, vous n'avés rien à craindre. Son compliment viendroit désormais à tard et je commence à croire que c'estoit un compliment qu'il me faisoit, lorsqu'il me disoit qu'il vous vouloit escrire, et qu'il prétendoit, en vous le mandant, que cela luy tinst lieu de lettre et de remerciement, non pas qu'il n'eust eu grande envie de vous escrire. Mais ceux qui, comme luy, ont soin de leur honneur, songent à deux fois quand ils ont à vous escrire, et il y en a peu de ceux qui ne sont pas fous qui hazardent, comme moy, à vous entretenir d'un stile pédestre. Au reste, il seroit bien malaisé, quelque protestation publique que vous puissiés faire de ne vouloir point de commerce avec les escrivains, que vous vous en puissiés défendre, à moins que de faire de vostre solitude un désert aussy sauvage et aussy inaccessible que celuy de M^r le Maistre qui, depuis sa retraite du monde, n'a pas mesme permis à mon amitié d'y entrer. Ce sera bien assés que vous vous en deschargiés en partie, et que ces protestations vous servent à vous délivrer des ambitieux importuns qui n'ont rien à faire, et qui sont bien aises de pouvoir dire qu'ils ont grande communication avec vous.

Pour vos amis je ne sçay pas mesme s'il seroit à propos de garder un si opiniastre silence, puisque vous estes homme et que vous estes obligé à pratiquer avec eux ce

---

s'est fort plaint à plusieurs personnes, entre autres à Mr Ménage, qui me l'a dit, des efforts que vous aviés faits auprès de M^r vostre père pour luy faire user de son authorité afin de vous faire donner le bénéfice que possède vostre frère en le luy arrachant, dont il dit avoir les preuves par les lettres qui ont esté trouvées de vous après la mort du défunt...» Le même jour, Chapelain (f° 555 v°) envoyait à d'Olive du Mesnil cet accusé de réception : «J'ay receu deux nouveaux exemplaires de vostre *Otium silvestre* par les mains de Mr Doujat qui se monstre très officieux pour les choses qui vous regardent.» Chapelain promet d'envoyer un des deux exemplaires en Angoumois et «de l'exposer aux yeux de Mr de Balzac, c'est à dire du père de toutes les grâces.»

[1] Me rappeler, me remettre en mémoire.

devoir de la société. Et ne me demandés point à quoy bon toutes ces escritures? Quand elles ne serviroient point à la gloire de celuy qui les fait ny à la satisfaction de ceux qui les reçoivent, elles servent du moins à passer la vie dans l'action, qui est une des obligations de l'homme et pour laquelle seulle la nature l'a fourni de tant de nobles instrumens qui ne peuvent demeurer qu'avec crime sans estre employés, et quel avantage croyés vous que c'est de pouvoir passer sa vie dans une action perpétuelle pourveu qu'elle soit innocente comme celle cy!

Je suis de vostre avis pour ce qui regarde le panégyrique que je vous ay envoyé, et que vous devés avoir receu il y a quelque temps. Son autheur[1] se desfroqua par desbauche, et s'est renfroqué[2] par ambition. Il ne médite pas moins qu'une mitre et a mis tout le moine au dehors. Il ne se peut nier qu'il n'ait de l'esprit et du stile, et que si l'on récompensoit ces parties là, il ne fust assés bien fondé pour prétendre une double mence[3] dans son convent. Nous avons veu un Père Coffeteau[4] et un Père Deslandes[5] qui ont passé de la cuculle[6] à l'épiscopat avec moins de sujet que ne feroit cettuicy, s'il avoit un mesme ascendant qu'eux. Mandés moy, je vous prie, ce qu'il vous semble de son ouvrage sans considérer la matière, puisqu'elle n'est pas de luy.

Le génie et le stile d'Heinsius me semblent, comme à vous, tout autrement estimables que ceux de Saumaise et j'aymerois mieux lire une satyre que le premier auroit fait contre moy qu'une oraison que le dernier auroit fait à ma louange. Nos messieurs du quartier de Saint André[7] ne seroient pas sans doute de cet avis et il me semble avoir reconneu que pourveu que les choses que dit un homme soient belles, ils ne font point de différence entre l'autheur et le traducteur, et qu'ils font plus de cas d'un recueil de lieux communs s'ils sont beaux, que du plus bel esprit du monde. En vostre fait néantmoins je ne suis pas de vostre avis pour la préférence que vous donnés à Heinsius et[8] Saumaise, car ne s'agissant que de combattre par allégations de passages celuy qui ne vous a combattu qu'avec ces sortes d'armes, et l'éloquence ny la fleur d'esprit n'ayant point de lieu dans cette querelle pour sa décision, il est certain que l'arsenal de Saumaise estant mieux fourni que celuy d'Heinsius, apparemment la victoire luy en fust demeurée, et ce dernier cy ne jouiroit pas d'un triomphe imaginaire avec lequel il impose aux ignorans. J'ay esté tenté deux ou trois fois de faire faire compliment de

---

[1] Jacques du Bosc, dont il a été question dans la précédente lettre.

[2] *Renfroqué* n'a jamais été français. C'est un mot dont Chapelain ne se sert que pour plaisanter.

[3] *Sic* pour *mense* (de *mensa*), table, et, par extension, revenu qui est le partage des religieux.

[4] Nicolas Coeffeteau, après avoir été nommé (1617) évêque de Dardanie *in partibus*, devint évêque de Marseille en 1621.

[5] Il s'agit là du Père F. Noël Deslandes, dominicain, auteur d'une harangue funèbre prononcée à Paris, en l'église de Saint-Merry, au service fait pour le repos de l'âme de Henri IV (Paris, 1610, in-8°). Prédicateur du roi Louis XIII, il fut évêque de Tréguier de 1636 au 19 août 1645. Voir sur lui l'ouvrage du Père Touron (t. V, p. 268-278).

[6] De *cuculla*, capuchon, cape. *Cuculle*, que l'on ne trouve dans le *Dictionnaire* de M. Littré qu'avec le sens de *scapulaire*, était encore usité, dans le sens de «robe que portent au chœur certains ordres religieux». Voir le *Dictionnaire de Trévoux* aux mots *cuculle* et *cucule*.

[7] Messieurs du Puy et ceux qui se réunissaient autour d'eux dans l'hôtel de Thou, rue des Poitevins, derrière Saint-André-des-Arts.

[8] *Sic*. Il faudrait *sur*.

vostre part à Mʳ Saumaise sur ce sujet, et je m'en suis abstenu attendant ce que vous me manderiés là dessus afin de le faire encore plus efficace.

Le chagrin qui vous a mené dans la solitude s'entretient et s'accroist dans la solitude, et il ne faut point que vous espériés jamais d'en guérir en ce lieu là, quoyqu'au rapport de Mʳ de la Thibaudière, ce soit un des plus beaux lieux du monde. Vous avés une vertu qui n'est point née pour les bois, ny pour les antres; elle demande un théâtre et des applaudissements pour se bien porter, et certes vous ne luy faittes pas moins de tort qu'à nous de la tenir si long temps ensevelie.

Je ne diray rien du sʳ Rocolet à Mʳ de Prieusac.

Je suis bien aise que la réformation de ce vers ne vous a pas dépleu.

Je ne puis plus parler que pour vous dire que je suis, Monsieur, vostre, etc.

De Paris, ce 30 décembre 1640[1].

---

[1] C'est ici la dernière lettre que nous possédions de Chapelain à Balzac. Comme la correspondance entre les deux amis dura jusqu'en février 1654, époque de la mort de Balzac, on peut calculer qu'à raison d'une lettre par semaine en moyenne, il nous manque plus de six cents lettres écrites, du commencement de 1641 jusqu'au commencement de 1654, par Chapelain à celui que, nous venons de le voir, il surnommait si aimablement *le père de toutes les grâces*.

APPENDICE.

LISTE DES LETTRES DE CHAPELAIN,
ÉCRITES DE JANVIER 1641 À DÉCEMBRE 1658,
DONT L'EXISTENCE A ÉTÉ SIGNALÉE.

DATES.	SUSCRIPTIONS DES LETTRES.	ANALYSES DES LETTRES.
1641. 27 juin.	Au duc de Longueville.	Voir *Musée des Archives Nationales*, Paris, H. Plon, 1872, in-4°, p. 486 et 487. Lettre relative à la campagne d'Allemagne et aux succès remportés par le comte de Guébriant, lieutenant du duc de Longueville.
3 juillet.	Au même.	3 pages in-4°. Voir *Dictionnaire des autographes vendus* (Bibliothèque Nationale, Fonds français, Nouvelles acquisitions, n° 3084) et *Manuel de l'amateur d'autographes*, dans le journal *l'Amateur d'autographes*, publié par M. Charavay (n° du 16 octobre 1863, p. 314-316). Cette lettre, qui a figuré à la vente Dolomieu, à la vente Charon, à la vente Fossé-d'Arcosse, etc., est indiquée par divers rédacteurs de catalogues d'autographes comme fort curieuse, ayant l'air d'avoir été plutôt écrite par un homme de guerre que par un poëte, et n'étant remplie que de détails militaires. C'est, à proprement parler, une relation des opérations en Champagne et en Picardie des armées commandées par Louis XIII.
2 octobre.	A Jacques Carpentier de Marigny.	Voir Goujet, *Bibliothèque françoise*, t. XVII, p. 194.
1642. 20 juillet.	A Pierre Corneille.	Voir Goujet, *Bibliothèque françoise*, t. XVIII, p. 162.
25 août.	Au même.	*Ibid.*
1643. 16 août.	Au même.	*Ibid.* p. 163.
1644. 13 octobre.	A M. de Lionne.	2 pages pleines in-4°. Voir *Dictionnaire des autographes vendus* et *Manuel de l'amateur d'autographes*. Dans cette lettre Chapelain recommande à Lionne un parent de Mme de Sévigné, M. de la Trousse, qui voulait obtenir un congé et qui «se disculpe d'avoir eu aucune part au siége de Tarragone, quoiqu'il ait eue grande aux peines et aux pertes qui s'y sont faites... et malgré la maladie qui luy avoit commencé dès qu'on se préparoit au siége de Lérida.»
5 novembre.	A Pierre de la Lane.	Voir Goujet, *Bibliothèque françoise*, t. XVII, p. 315. A la page suivante, Goujet donne un extrait de cette lettre de consolation sur la mort de Mme de la Lane.

DATES.	SUSCRIPTIONS DES LETTRES.	ANALYSES DES LETTRES.
1645. 19 janvier.	A Mlle de Scudéry.	3 pages in-4°. Voir *Manuel de l'amateur d'autographes*. Cette lettre, qui a été imprimée par MM. Réthery et Boutron dans leur volume sur *Mademoiselle de Scudéry*, p. 177, fait aujourd'hui partie de la collection d'autographes de M. René Kerviler, ingénieur des ponts et chaussées à Saint-Nazaire, correspondant du Ministère de l'instruction publique, lauréat de l'Académie française.
12 avril.	A la même.	Cette lettre, qui, comme la précédente, avait été mentionnée dans le Catalogue Laverdet en 1862, et qui avait été achetée par M. Rathery, a été publiée par lui dans le volume déjà cité; on la trouvera page 418 de cet intéressant volume.
14 juillet.	A la même.	2 pages in-folio. Voir *Manuel de l'amateur d'autographes*. Chapelain dit dans cette lettre que Conrart est un autre lui-même.
16 septembre.	A M. de Lionne.	2 pages in-8°. Voir *Dictionnaire des autographes vendus* et *Manuel de l'amateur d'autographes*. Cette lettre, inscrite en 1838 dans le *Bulletin* de Fontaine sous le n° 739, est mentionnée comme «très jolie et relative au mariage de M. de Lionne», dans un Catalogue de lettres autographes publié par la maison Charavay, en 1874, n° 38. On en retrouve la mention dans le *Catalogue* de la Collection de lettres autographes de M. Alfred Sensier rédigé par M. Étienne Charavay (1878, in-4°, p. 68, n° 479).
1646. 4 janvier au 4 juillet.	Diverses lettres à Georges de Scudéry.	L'abbé Goujet en parle ainsi (*Bibliothèque françoise*, t. XVII, p. 145): «Scudéry séjourna à Marseille la plus grande partie au moins de l'année 1646. On le voit par les lettres que Chapelain lui écrivit depuis le 4 janvier de cette année jusqu'au 4 juillet suivant....» Goujet cite (p. 146) un assez long passage de la lettre du 4 juillet 1646, dans laquelle Chapelain remerciait Scudéry de l'envoi de son *Cabinet*, recueil de vers sur des tableaux, estampes, statues, possédés par l'auteur ou vus par lui en Flandre, en France, en Italie.
19 juin.	A Mlle de Scudéry.	3 pages in-8°. Voir *Dictionnaire des autographes vendus*; *Manuel de l'amateur d'autographes*. Dans cette lettre, qui a figuré à la vente Chalabre en 1833, à la vente Collier de Beaubois en 1847, etc., Chapelain remercie Mlle de Scudéry d'avoir bien voulu lui faire présent de l'amitié de Mascaron, «chose si précieuse, dit-il, que j'eusse cru vous priver de la principale de vos richesses en l'acceptant, si elle eust esté de ces biens ordinaires qu'on ne peut donner et retenir en mesme temps».
4 août, 9 octobre, 25 octobre.	A Esprit (Jacques).	Voir Goujet, *Bibliothèque françoise*, t. XVIII, p. 5.
1647. 21 février.	Au même.	Voir Goujet, *Ibid*.

DATES.	SUSCRIPTIONS DES LETTRES.	ANALYSES DES LETTRES.
1647. 17 juillet.	A Mlle de Scudéry.	3 pages in-4°. Cette lettre, qui, du cabinet de M. Monmerqué avait passé dans celui de M. Rathery, a été publiée par ce dernier dans le volume sur Mlle de Scudéry déjà cité plusieurs fois (p. 426). La même lettre est mentionnée, avec la qualification *superbe*, dans le *Catalogue d'une intéressante collection de lettres autographes provenant de deux cabinets connus* (Paris, Charavay, 1874, n° 89), et dans le *Catalogue* de la Collection des autographes de M. Laurent Veydt (Paris, Charavay, 1878, n° 171).
1648. 15 mars, 17 juillet, 6 novembre.	A Esprit (Jacques).	Voir Goujet, *Bibliothèque françoise*, t. XVIII, p. 7.
7 décembre.	A Pierre de la Lane.	Voir Goujet, *ibid.*, t. XVII, p. 315.
1649. 4 avril.	Au même.	Voir Goujet, *ibid.*
2 septembre.	Au même.	*Ibid.*
1650. 24 septembre.	A Balzac.	Voir Goujet, t. XVIII, p. 238 (sur Jean Doujat).
1652. 8 novembre.	A Pierre Corneille.	Voir Goujet, t. XVIII, p. 163.
1653. 14 février [1], 2 mars.	A Jacques Carpentier de Marigny.	Voir Goujet, t. XVII, p. 194.
1654. 2 septembre.	A Arnauld d'Andilly.	Voir les *Historiettes* de Tallemant des Réaux, édition de M. Paulin Paris, t. IX, 1860, p. 51, note 1. Le savant commentateur reproduit une grande partie de cette lettre qui faisait partie de la collection d'autographes de M. Monmerqué, et où Chapelain répond d'une façon très-modeste à de sévères observations qui, le 31 août précédent, lui avaient été adressées par d'Andilly au sujet des corrections à introduire dans le manuscrit de *la Pucelle*.
1655. 12 janvier.	A Honorat de Bueil, marquis de Racan.	Voir Goujet, *Bibliothèque françoise*, t. XVII, p. 209.
19 octobre.	A Jean-Louis Faucon de Ris, seigneur de Charleval.	Voir Goujet, t. XVIII, p. 343.

[1] En ce même mois de février, le 23, Chapelain écrivit une lettre, dont le destinataire est inconnu, au sujet d'un passage de l'épître adressée par Sulpicius à Cicéron pour le consoler de la mort de Tullia, sa fille. Il y parle ainsi du savant ministre Jean Daillé : «Je suis si persuadé de sa lumière que je me départs dès cette heure de mon sentiment, s'il ne se rencontre pas en tout avec le sien.» Voir *Œuvres diverses* de Jean Chapelain (manuscrit 19847 du Fonds français, f° 58-61).

DATES.	SUSCRIPTIONS DES LETTRES.	ANALYSES DES LETTRES.
1656. 22 septembre, 28 novembre, 29 décembre.	A Jean de Montigny.	Voir Goujet, t. XVII, p. 235 et (pour un extrait de la dernière lettre) p. 240.
1657. 25 janvier, 22 février, 29 avril.	Au même.	Voir Goujet, t. XVII, p. 235 (avec extraits de ces trois lettres aux pages 239 et 240).
1658. 18 décembre.	Au duc de Longueville.	3 pages. — Voir *Dictionnaire des autographes vendus* et *Manuel de l'amateur d'autographes*. Cette lettre, qui faisait partie de la collection Monmerqué, fut vendue 30 fr. 50 cent. en 1837. A en juger par le prix toujours croissant des autographes, elle vaudrait plus de 100 francs aujourd'hui.

CORRECTIONS ET ADDITIONS.

Page 9, lettre V, à M. DE BALZAC. *Ajoutez :* Pour cette lettre, comme pour les lettres suivantes jusqu'au n° XLV, l'indication du lieu de destination manque dans le manuscrit.

Page 9, lettre V, *supprimez* la cédille sous le mot *receu*, comme en tous les autres passages du volume où sous le même mot ce signe aurait été introduit.

Page 13, lettre VII, à M. DE GRANIER. *Ajoutez :* Cette lettre a été publiée dans les *Mélanges de littérature* de Camusat (p. 101-121) sous la fausse date du 10 décembre 1631 et la fausse adresse : à *M. l'abbé de Boisrobert.*

Page 23, note 6, dernière ligne, *au lieu de* Régnier, *lisez* Regnier.

Page 24, même note, ligne 3, rétablissez ainsi le vers de Regnier :

Ne couche de rien moins que l'immortalité :

Page 25, note 1, ligne 2, *ajoutez :* Note communiquée par M. Charles Read, ancien rédacteur en chef du *Bulletin de la Société de l'histoire du protestantisme français.*

Page 35, lettre XVII, à M. DE BOISROBERT. *Ajoutez :* Cette lettre a été insérée dans les *Mélanges* de Camusat (p. 122-136), avec la date du 9 juin 1633 et diverses infidélités.

Page 39, note 1, dernière ligne, *au lieu de :* dans la note 2 de la page suivante, *lisez :* dans la note 3 de la page 41.

Page 51, lettre XXVII, à M. DE PEYRESC. *Ajoutez :* Le même jour (5 octobre 1633), Chapelain écrivit à Gassendi une lettre que l'on s'étonne de ne pas trouver dans le recueil des Minutes de sa correspondance à côté de la lettre que l'on vient de lire. M. Mouan, ancien conservateur de la bibliothèque de la ville d'Aix, a publié deux fois, avec d'intéressantes observations, la lettre à Gassendi d'après une copie conservée dans cette bibliothèque (*Correspondance de Peiresc*, tome III), de l'autographe qui appartient à la bibliothèque d'Inguimbert, à Carpentras (registre XLI, tome II). La première édition de la lettre de Chapelain à Gassendi est de 1860 (*Bulletin du bibliophile*, p. 1447-1451); la seconde édition est de janvier 1877 (*Revue de Marseille et de Provence*, p. 11-14).

Page 57, lettre XXXII, à M. DE BOISROBERT. Dernière ligne de la lettre, *au lieu de :* 1863, *lisez :* 1633.

Page 60, note 1, lignes 7 et 8, *au lieu de :* la Germaine, *lisez :* la Germanie.

Page 68, note 4, lignes 5 et 6, *aux mots :* préface qui fut sa première publication, *ajoutez :* du moins sa première publication signée, car la traduction anonyme du *Guzman d'Alfarache* la précéda de plusieurs années.

Page 110, note 4, lignes 8 à 12, *ajoutez :* L'ouvrage annoncé de M. L. Valfrey a paru sous ce titre : *Hugues de Lionne, ses ambassades en Italie (1642-1656), d'après sa correspondance conservée aux archives du Ministère des affaires étrangères* (Paris, Didier, 1877, in-8° de XCVI-359 pages). Quant aux documents cités d'après le *Bulletin de la Société d'archéologie de la Drôme*, il en a été fait un tirage à part qui forme un volume grand in-8° intitulé : *Lettres inédites de Hugues de Lionne, ministre des affaires étrangères sous Louis XIV, précédées d'une notice historique sur la famille de Lionne*, annotées et publiées par le Dr Ulysse Chevalier (Valence, 1879, 254 pages).

Page 111, lettre LXXVI, à L'ABBÉ DE SAINT-NIcolas. Dernière ligne de la lettre, *au lieu de:* 1637, *lisez:* 1636.

Page 113, lettre LXXVIII, à M. Maynard. Dernière ligne de la lettre, *ajoutez:* Entre cette lettre du 16 mai 1636 et la lettre suivante, du 26 août de la même année, se place un billet que Chapelain a négligé de transcrire dans le registre de sa correspondance et que je donne ici d'après l'original (Bibliothèque Nationale, fonds français, n° 9539). Ce billet, dont je dois la communication à un obligeant ami, M. Alfred Morel-Fatio, est adressé à Peiresc, à la suite d'une lettre de Luillier à l'admirable érudit, lettre qui se termine ainsi : « Je quitte la plume pour la bailler à Monsieur Chappelain qui veut vous saluer. »

« Monsieur, je me suis rencontré heureusement chés Mousieur Lhuillier pour vous pouvoir renouveller les offres de mon très humble service et vous asseurer que vostre vertu m'est tousjours en singulière vénération. Je serois bien coupable d'avoir tant demeuré sans vous escrire, si je ne vous avois creu assés bon pour dispenser de complimens un homme qui en autre chose a le malheur de vous estre inutile. Si vous m'aymés, je vous le devray à vous seul et à la recommandation de M' Lhuillier, à qui je l'ay demandée avec ardeur, car de mon chef je n'eusse osé me le promettre. — Je suis, Monsieur, vostre très humble et très passionné serviteur. Chapelain. »

Page 127, note 2, ligne 2 de la seconde colonne, *au lieu de:* parmi ses dissertations de critique, *lisez:* parmi les dissertations de critique.

Page 168, lettre CXVII, à M. le marquis de Montauzier (*et non au marquis de Montauzier*), à la date, *lisez:* 1637, *au lieu de:* 1633.

Page 289, lettre CCI, à M. le marquis de Montauzier, à la date, *lisez:* 1638, *au lieu de:* 1636, et *ajoutez* cette note qui a été oubliée et qui devient la seconde et dernière de ladite lettre : Le même jour (3 septembre 1638), Chapelain (fol. 367) remercie M. de Merinville de l'envoi de son journal militaire, et, après avoir applaudi au succès du duc de Weimar dans le combat livré devant Brisach à l'armée commandée par Gœtz et Savelli, il ajoute : « Je vous apprendray par celle-cy la victoire de nostre armée navale qui a desfait l'ennemie devant Fontarabie, d'où l'on tire un grand préjugé de la prochaine prise de cette place. »

Page 291, lettre CCIII, à M. l'évesque de Grasse (Godeau), à la date, *lisez:* 1638, *au lieu de:* 1640.

Page 447, note 2. C'est par erreur qu'il a été dit que Samuel Isarn ne figure pas dans la *France protestante*. Ce spirituel écrivain y a obtenu vingt-deux lignes (t. VI, p. 21). Puisque j'en trouve l'occasion, j'ajouterai que l'on trouvera dans la *Biographie Castraise* de Nayral (1833-1836, 4 vol. in-8°) une notice beaucoup plus étendue (t. II, p. 298).

Page 459, note 5, ligne 2, *avant les mots:* Charenton au xvII^e siècle, *ajoutez le mot:* voir.

Page 461, note 6, ligne 2, *au lieu de:* Régnier, *lisez:* Regnier.

Page 482, note 2, ligne 1, *au lieu de:* Orlénas, *lisez:* Orléans.

Page 557, note 1, *ajoutez:* On lit dans une lettre du cardinal de Retz à l'abbé Charrier, écrite de Paris, le 25 novembre 1651 : « Malgré tous vos nouvellans de Rome, les affaires de M. le Prince sont fort décousues. » M. R. Chantelauze, qui a publié cette lettre dans *Le cardinal de Retz et l'affaire du chapeau* (Paris, Didier, 1878, t. II, p. 48), met sous *nouvellans* cette note : « De l'italien *novellante*, nouvelliste. Retz a francisé le mot. » On voit que Chapelain l'avait déjà francisé plus de dix ans auparavant.

Page 559, note 1, *au lieu de:* Germain Haubert, *lisez:* Germain Habert.

Page 623, note 5, ligne 3, *au lieu de:* Ablancourt est toute une petite commune, *lisez:* Ablancourt est une toute petite commune.

www.ingramcontent.com/pod-product-compliance
Lightning Source LLC
Chambersburg PA
CBHW070055020526
44112CB00034B/1274